D1692905

Gerhard Jordy
Die Brüderbewegung in Deutschland

Gesamtausgabe

Gerhard Jordy
Die Brüderbewegung in Deutschland
Gesamtausgabe

ISBN 978-3-89436-948-4

1. Auflage

© 2012, Christliche Verlagsgesellschaft mbH, Dillenburg
www.cv-dillenburg.de
Satz: CV Dillenburg
Umschlag: CV Dillenburg
Druck: CPI Books, Leck

Printed in Germany

Gerhard Jordy
Die Brüderbewegung in Deutschland

Teil 1

Das 19. Jahrhundert:
Englische Ursprünge
und
Entwicklung in Deutschland

VORWORT

Lohnt es sich eigentlich, in einer Zeit, in der die Gemeinde den Blick vorwärts auf die Verkündigung des kommenden Herrn richten sollte, kirchengeschichtliche Themen zu bemühen, zudem noch mit der Geschichte der Brüderbewegung eine allem Anschein nach unbedeutende Randerscheinung der Kirchengeschichte? Ist es nicht vielmehr überflüssig oder – wie andere meinen werden – gar gefährlich?

In ihrer Einstellung zur Geschichte – und gerade zu der der eigenen Herkunft – schwankt die Gemeinde zwischen zwei Extremen:

Auf der einen Seite können wir ein ängstliches Festhalten an den aus der Vergangenheit überlieferten Traditionen beobachten. Unreflektiert wird die »Lehre der Väter« übernommen und weitergegeben, was bis zur Bildung einer sterilen Orthodoxie gehen kann, wo man es nicht einmal mehr wagt, die Formulierungen der Väter einer modernen Sprache anzupassen.

Auf der anderen Seite finden wir eine völlige Missachtung der Geschichte, wie sie dem Massenmenschen unseres technischen Zeitalters eigen ist. Die recht geistlich klingende Begründung vieler Christen, dass eine Beschäftigung mit der eigenen gemeindlichen Herkunft nicht vonnöten sei, da ja alles geistliche Leben aus der Verbindung zum gegenwärtigen Herrn hervorgehe, ist dabei nur der »christliche« Beitrag zur Geschichtslosigkeit unseres fortschrittsgläubigen Jahrhunderts.

Aber wie einerseits die Lehre der Väter nur dann ihren Wert behält, wenn sie von jeder Generation aus einem lebendigen Glauben heraus neu erworben wird – aus einem Glauben, der die Souveränität des Geistes Gottes jeder Überlieferung gegenüber anerkennt –, so ist andererseits nicht zu leugnen, dass der im Bilde Gottes geschaffene Mensch als ein geistiges auch ein geschichtliches Wesen ist, dem wir nur gerecht werden können, wenn wir uns bewusst machen, wie sehr wir in unserem Denken durch die Geschichte geformt sind. So hat auch die Geschichte der Kirche Christi für die Beschäftigung mit ihr nicht nur musealen Wert und auch nicht nur erbaulichen Nutzen. Die Entwicklung der Gemeinde Jesu Christi findet in ihren vielfältigen Erscheinungsformen und in ihren Bekenntnissen und Zeugnissen in der Geschichte statt, und nur in der Begegnung mit dieser Vergangenheit können wir uns Klarheit über unseren eigenen Standort in einer zweitausendjährigen und weltweiten Kirchengeschichte verschaffen.

Die Brüderbewegung ist nur eine sehr begrenzte Erscheinung in der großen Palette der christlichen Gemeinschaftsformen, sie ist aber auch nicht ohne den Zusammenhang mit den Erneuerungsbestrebungen seit der Reformationszeit zu sehen. Dieser Zusammenhang bei aller eigenständigen Entwicklung soll auf den folgenden Seiten aufgezeigt werden. Deutlich sollte aber ebenfalls werden, wie die Brüderbewegung Gedanken und Erkenntnisse aufnimmt, die schon lange mehr oder weniger ausgeprägt vorhanden waren, und sie z. T. mit einer bedingungslosen Konsequenz vertritt, die die Vorzüge und Nachteile des neuen Weges um so schärfer hervortreten lässt.

Geistliches Leben hat seinen Ursprung in Jesus Christus und entzieht sich insofern der Beurteilung durch den Historiker. Nur durch die Wirkung des Geistes Gottes kann uns die Geschichte der Gemeinde Jesu ein Zeugnis der Gnade Gottes sein, auch dann, wenn sich menschliches Versagen nicht übersehen lässt.

Dem Historiker bleibt nur der bescheidene Versuch, Geschichte so darzustellen, wie sie sich gemäß den Quellen darbietet, um die Beurteilung und Auswertung dem Leser zu überlassen.

Aber bei allem Ringen um Objektivität enthält jede geschichtliche Darstellung ein Stück Interpretation. Ich bekenne, dass mein Verständnis des Themas nicht zu trennen ist von der Dankbarkeit, die ich der Brüderbewegung insgesamt schulde, der ich mich – von meinen Eltern und Großeltern her bereits in der dritten Generation – zugehörig fühle und in deren Mitte ich seit Jahrzehnten erfahren darf, was Gemeinschaft der Kinder Gottes bedeutet.

Dieses Buch will in keiner Weise wissenschaftliche Ansprüche erheben. Es soll einen ersten Überblick über ein kleineres Teilstück der Kirchengeschichte der letzten 150 Jahre verschaffen und zugleich bei dem derzeitigen Ringen um den Standort unserer Brüderversammlungen zum Verständnis von der Vergangenheit her beitragen.

Werke, die ich dankbar benutzen durfte, sind im Literaturnachweis am Ende des Buches aufgeführt, wo auch auf die Quellenlage und -benutzung eingegangen wird.

INHALT

Einleitung 7

I. Die Anfänge in England und Irland

1. Puritanismus – Methodismus – Erweckungsbewegung 11
   Puritanismus (17. Jhdt.) 11
   Methodismus (18. Jhdt.) 12
   Erweckungsbewegung (19. Jhdt.) 13
2. Dublin – Bristol – Plymouth 15
   Dublin (A. N. Groves) 15
   Bristol (Georg Müller) 18
   Plymouth (B. W. Newton) 22
3. John Nelson Darby: Leben und Werk 28
   Bis zum Kirchenaustritt 1834 28
   Bis zur Spaltung der Brüderbewegung 1848 31
   Bis zu seinem Tod 1882 35
4. John Nelson Darby: Lehre 37
   Einheit der Kirche durch Trennung vom Bösen 39
   Darstellung der Einheit der Kirche im Abendmahl 42
   Gegenwart des Heiligen Geistes und Priestertum aller
   Gläubigen 44
   Die Folgen im Denken und Leben der Brüderbewegung . 47

II. Die Anfänge in Deutschland

1. Täufertum – Pietismus – Erweckungs- und
   Gemeinschaftsbewegung 50
   Täufertum (16. Jhdt.) 50
   Pietismus (17./18. Jhdt.) 51
   Erweckungs- und Gemeinschaftsbewegung (19. Jhdt.) 53
2. Freikirchen und deutsche Staatskirchen im 19. Jhdt. 55
3. Die ersten Brüderversammlungen in Deutschland 59
   Württemberg (Georg Müller und Peter Nippel) 59
   Rheinland (Julius Anton von Poseck) 62
   Elberfeld (Heinrich Thorens) 66

III. Carl Brockhaus: Leben und Werk

1. Bis zum Austritt aus dem Brüderverein (1852) 73
    Herkunft – Beruf – Familie 73
    »Alles in Christo« 75
    Der Evangelische Brüderverein 77
2. Brockhaus und Darby 86
    Literarischer und persönlicher Einfluss 86
    Die Eigenständigkeit von Carl Brockhaus 88
    Die Übernahme der Lehre Darbys 89
3. Ausbreitung der Bewegung bis zum Tod von
    Carl Brockhaus (1899) 93
    Persönliche Verhältnisse 93
    Erste Versammlungsgründungen 94
    Mitarbeiter und Konferenzen 96
    Reisetätigkeit 98
    Verhältnis zu anderen Kirchen 101
    Anfeindungen und Verfolgung 102
    Gefahr der Verweltlichung 103
    Die Zeitschrift 105
    Das Liederbuch 106
    Die Bibelübersetzung 108
    Bewahrung der Einheit 111
    Die Persönlichkeit 114

Zeittafeln 116

Anhang
    1. Schreiben der Gemeinde Haarzopf an den preußischen
       König vom 6. Februar 1847 119
    2. Aus einem Brief Carl Brockhaus an seine Frau vom
       10. Juni 1853 120
    3. Brief John Nelson Darbys an Carl Brockhaus 122
    4. Ansprache H.C. Voorhoeves bei der Beerdigung von
       Carl Brockhaus (Mai 1899) 124

Literaturverzeichnis 127
Quellennachweis 130
Namenregister 133

EINLEITUNG

Wie die meisten evangelischen Erweckungs- oder Gemeinschaftsbewegungen ist auch die Brüderbewegung eingebettet in den großen Strom der reformatorischen Entwicklung, der im 16. Jahrhundert aufgebrochen und in seinen vielen Verästelungen bis heute nicht zum Abschluss gekommen ist. Schon in der Reformation Luthers, Zwinglis und Calvins zeigt sich der Grundsatz alles reformatorischen Denkens und Lebens, indem hier »das Verhältnis des einzelnen zur Kirche Christi abhängig« ist »von seinem Verhältnis zu Christo«, wie es der evangelische Theologe Schleiermacher um 1800 einmal formuliert hat. Die Rechtfertigung des Sünders vor Gott versteht sich hier allein aus dem Glauben an das einmalige Opfer Jesu Christi, des Sohnes Gottes, und dieser Glaube hat nichts anderes zur Grundlage als die Autorität der Bibel, und von diesem Glaubensverhältnis zum lebendigen Christus wird nun auch das Verhältnis zur sichtbaren Gemeinde Christi gesteuert.

Zu diesem Punkt wird jede reformatorische Bewegung wieder zurückkehren oder hier neu ansetzen, wenn im protestantischen Raum institutionelle Erstarrungen – oft genug hervorgegangen aus der unheiligen Allianz von Thron und Altar – das Verhältnis des einzelnen Christen zur Kirche, meist einer Staatskirche, zum Selbstzweck werden lassen. Gegen die territorial oder traditionell gebundenen Kirchen mit ihren an staatlichen und gesellschaftlichen Interessen orientierten Tendenzen werden sich immer wieder Christen zu Freikirchen oder Gemeinschaftsbewegungen zusammenschließen, wobei allerdings nur die vorbehaltlose Beschränkung auf die Autorität der Bibel diese Bewegungen vor Sektenbildung bewahren kann. Die Aufsplitterung dieser protestantischen Bewegungen in viele Gruppen, oft bis zur Selbstauflösung getrieben, ist – menschlich gesprochen – eine natürliche Folge des individualistischen Prinzips, das der Reformation von Anfang an innewohnt, ist aber zugleich auch der Nährboden für immer neue Erweckungen. Auch die Brüderbewegung wird dabei keine Ausnahme machen.

Anthony Norris Groves
1795—1853

Georg Müller
1805—1898

Hermann Cornelius Voorhoeve
1837—1901

John Nelson Darby
1800—1882

Heinrich Thorens
1817—1864

Carl Brockhaus
1822—1899

Wilhelm Brockhaus
1819—1888

Julius Anton von Poseck
1816—1896

I. Die Anfänge in England und Irland

1. Puritanismus – Methodismus – Erweckungsbewegung

Puritanismus (17. Jhdt.)

Schon bei den Puritanern in England, dem Mutterland der Brüderbewegung, finden wir 200 Jahre vor deren Beginn auf der einen Seite den Aufstand gegen eine Institution, die als Anglikanische Kirche die Lösung von Rom zumeist nur aus staatlichen und dynastischen Interessen vollzogen und keine wirkliche innere Wende erfahren hatte, zum anderen aber auch die Zersplitterung in viele Gruppen. Hier finden wir schon den Vorwurf, dass die Anglikanische Kirche nicht den Maßstäben der Bibel entspreche, und auch den Anspruch, die Bibel zur Norm des gesamten Lebens werden zu lassen. Mag auch die Meinung der Puritaner zur Cromwell-Zeit, das Reich Gottes lasse sich im irdischen Dasein verwirklichen, ein Irrweg gewesen sein, dennoch wurde der Puritanismus (purus = rein) zum Herzstück der englischen Reformation: die Erweckung zur Bibel, zum Gebet, zum Handeln aus dem Glauben; der Wille, im täglichen Leben die Führungen Gottes zu suchen; die Naherwartung des wiederkommenden Herrn waren Grundsätze, die über die puritanischen Kreise hinaus die englische und auch die amerikanische Lebensart durchdrungen haben.

In dem eindrucksvollsten Buch jener Epoche, in dem Werk des baptistischen Kesselflickers John Bunyan (1628-1688), »Des Pilgers Reise aus dieser Welt in die kommende«, finden wir schon die drei Hauptmotive, die immer wieder – wenn auch mit unterschiedlichen Schwerpunkten – die Hauptanliegen aller freikirchlichen Bewegungen sein sollten:

1. Gewissenserweckung in der Buße vor Gott,
2. Gnadenerfahrung durch das Heil in Christus,
3. Glaubenskampf in der Gemeinschaft der Heiligen bis zum Ziel.

Auch das Prinzip der Selbständigkeit der Einzelgemeinde können wir schon im Puritanismus beobachten, die völlige Unabhängigkeit von weltlicher Obrigkeit, vom Bischofsamt oder von einer Synode. Die Ablehnung jedes geistlichen Amtes in der Gemeinde ist damit eng verbunden. Independentismus, d. h. Unabhängigkeit (von jeder staatlichen und kirchlichen Obrigkeit), und Kongregationalismus (Congregation = Versammlung), d. h. Priestertum aller Gläubigen in den Zusammenkünften, waren also Wesensformen puritanischer Gemeindeversammlungen.

Die aus dem Calvinismus hervorgehenden schottischen Presbyterianer mochten nicht ganz so weit gehen, die grundsätzliche Gleichberechtigung aller Glieder der Gemeinde stand auch bei ihnen obenan, und selbst die Wahl der Ältesten (= Presbyter) kann nicht darüber hinwegtäuschen, dass der Älteste von der Aufgabe, von der Funktion her, nicht vom Amt her bestimmt war.

Wenn die Baptisten durch die uneingeschränkte Praktizierung der Glaubenstaufe hervorragten, so pflegten die Quäker, die sich selbst »Gesellschaft der Freunde« nannten, in ihren Versammlungen ganz besonders nach dem Grundsatz der Geistesleitung zu verfahren, indem sie so lange warteten, bis einer von ihnen vom Geist geführt wurde, das Wort an die Gemeinde zu richten, mochte ihnen auch das sichtbare Ergriffenwerden durch den Heiligen Geist den Spottnamen »Quäker (= Zitterer)« eintragen. Später wird gerade in der Brüderbewegung dieses Prinzip, die Versammlung der uneingeschränkten Leitung durch den Geist Gottes zu unterstellen, eine nicht unwesentliche Rolle spielen.

Ob nun Kongregationalisten, Presbyterianer, Baptisten oder Quäker, dem anglikanischen Staatskirchentum gegenüber waren sie alle Nonkonformisten, d.h. Nichtangepasste. Geprägt waren sie alle von einer starken Endzeiterwartung, und wichtig war in jedem Fall die Verantwortung jedes einzelnen Gemeindegliedes, und beides löste immer wieder neue dynamische Bewegungen aus. Der puritanische Einfluss hat die USA zum klassischen Land der Kongregationalisten gemacht, und als im Zeitalter der Aufklärung der Schwung des englischen Puritanismus erlahmte, sollte der Geist Gottes aus dem glimmenden Feuer eine neue helle Flamme entfachen.

Methodismus (18. Jhdt.)

So hat der Methodismus um die Mitte des 18. Jahrhunderts als eine gewaltige Erweckungsbewegung die Massen erfasst. Ihr Gründer, John Wesley (1703-1791), weist bezeichnende Parallelen zum 100 Jahre jüngeren J. N. Darby auf.

Als Geistlicher der englischen Hochkirche, selbst aus einer alten anglikanischen Pfarrerfamilie stammend, rang er lange um ein Leben in strengster Heiligung, bis er 1738 durch die Begegnung mit Herrnhutern das Erlebnis der Heilsgewissheit erfuhr. Damit wurde er dann zu dem Volksmissionar, der gerade die einfachen Menschen in großer Zahl aus Sünde und Gottesferne herausführen konnte, woraus ihnen die in Rationalismus und Verweltlichung erstarrte Staatskirche nicht herauszuhelfen vermochte. Bußkampf und Gnadendurchbruch hin zur völligen Heilsgewissheit und das rechte Verhältnis zwischen Rechtfertigung und Heiligung waren die zentralen Themen seiner Verkündigung. Später werden Darby wie Carl Brockhaus gerade an diesen Fragen in ihrer Entwicklung einsetzen.

Wesley verstand sich zunächst nicht als der Gründer einer Bewegung außerhalb der Staatskirche, der Methodismus wurde aber schließlich durch die Eifersucht der Anglikaner hinausgedrängt, wie es andererseits auch schwer ist, Glaubensbewegungen von erwecklicher Dynamik innerhalb der Zäune einer Traditionskirche zu halten. Die Brüderbewegung des 19. Jahrhunderts sollte diese Erfahrung ebenfalls machen.

Der Methodismus aber drängte zum in puritanischer Gesetzlichkeit erstarrten Amerika hinüber, das mit ihm zum beispielhaften Land der periodisch wiederkehrenden Erweckungsbewegungen und Massenevangelisationen wurde.

Erweckungsbewegung (19. Jhdt.)

In den ersten Jahrzehnten des 19. Jahrhunderts setzte in England und Irland eine neue Welle erwecklicher Bewegungen ein, in deren Zug sich viele Christen von der in liturgischem Pomp, hohem Dogma und Ämterhierarchie erstarrten anglikanischen Hochkirche ab- und der Gemeinschaft Gleichgesinnter unter dem Wort Gottes zuwandten. Es waren vornehmlich Adlige und Gebildete des Bürgertums, die mit der offiziellen Staatskirche und deren katholisierenden Tendenzen, aber auch mit dem Separatismus der Freikirchen unzufrieden waren und nach geistgeprägter Gemeinschaft sowie nach der wahren Einheit der Kirche suchten. Darüber hinaus waren gemeinsames Gebet, intensives Bibelstudium und die Erörterung noch unerfüllter Prophetie Anliegen jener Zirkel, »societies« genannt, wie diese Gruppen überhaupt wieder von einer starken Endzeiterwartung bestimmt waren.

Dabei suchte man durchaus nicht neue Gemeinden zu bilden, sondern blieb zunächst in den Kirchen, denen man ursprünglich angehörte, trachtete aber nach der geistlichen Einheit mit anderen ernsten Christen und nach einer Betätigung des Glaubens auch außerhalb der einengenden Kirchenzäune. Die Amtshandlungen wie Taufe und Begräbnis überließ man getrost den offiziellen Kirchen. Ganz gewiss nahmen diese Einstellung und das daraus folgende Verhalten Gedankengut und Ziele der dann 1846 in London gegründeten Evangelischen Allianz vorweg, und sicherlich haben sie zu deren Verwirklichung beigetragen.

Uns heute mag nach 130 Jahren praktizierter Allianz das Tun jener Menschen als nicht besonders beachtlich erscheinen, wir sollten uns aber darüber im klaren sein, dass die Freiheit, die wir heute in kirchlichen Angelegenheiten gewohnt sind, zur damaligen Zeit in keiner Weise gegeben war. Selbst in privaten Kreisen galt es als unstatthaft, über Lied, Gebet und Bibellese hinaus auch noch das Wort Gottes auszulegen – dies sollte eben nur ordinierten Geistlichen vorbehalten bleiben –, von der Austeilung des Abendmahls ganz zu schweigen. Insofern beruhte das Vorlesen aus Andachtsbüchern, wie es z.B. der junge Georg Müller 1825 in Halle erlebte,[1] nicht etwa auf der rhetorischen Unfähigkeit der Mitglieder eines solchen Kreises, sondern auf den Vorstellungen einer Zeit, in der – wie in Deutschland – die Laienpredigt vom Staat noch bestraft werden konnte. Gewiss waren die Verhältnisse in England etwas freiheitlicher als im polizeistaatlichen Preußen, aber die religiösen Ansichten der vom Staatskirchentum maßgeblich beeinflussten Gesellschaft übten auch hier einen gewissen Druck aus.

Um so mehr muss man das mutige Verhalten jener Männer und Frauen bewundern, die sich nicht scheuten, sich die Missachtung der Gesellschaft und die Feindschaft der Staatskirche zuzuziehen, wenn sie sich in kleinen Hauskreisen zu Wortbetrachtungen und Gebet versammelten.

2. Dublin – Bristol – Plymouth

Dublin (A. N. Groves)

Ein solcher Kreis von gläubigen Männern in Dublin, der Hauptstadt Irlands, das damals noch unter britischer Herrschaft stand, sollte zur Urzelle der Brüderbewegung werden, obwohl sich wenig später auch Bristol, Plymouth u.a. Orte Englands zu Zentren dieser Bewegung herausbildeten. Dublin hat aber unbedingt einen gewissen zeitlichen Vorsprung für sich.

Hier war es der Zahnarzt und Theologe Anthony Norris Groves (1795-1853), der als erster die oft noch recht unklaren Zielsetzungen jener Kreise konsequent zu Ende dachte und zu dem Ergebnis kam,

»dass Gläubige, die sich als Jünger Christi versammeln, frei seien, das Brot miteinander zu brechen, wie ihr Herr sie ermahnt habe; und dass, soweit die Handlungsweise der Apostel ein Wegweiser sein könnte, sie jeden Tag des Herrn dafür benutzen sollten, sich des Todes des Herrn zu erinnern und seinem letzten Befehl zu gehorchen.«[2]

Dies war für einen Anglikaner und »strengen Kirchenmann«,[3] wie es Groves ursprünglich war, ein kühner Gedanke in einer Zeit, in der, wie schon oben bemerkt, die Anmaßung kirchlicher Amtstätigkeiten fast einem Eingriff in staatliche Hoheitsakte gleichgeachtet wurde; er ist aber zu verstehen aus dem Gehorsam, mit dem jene Leute damals bereit waren, der Bibel zu folgen. Immerhin war ein solches Vorgehen im England der Independenten und Kongregationalisten nicht ganz so ungewöhnlich wie im noch viel mehr staatskirchlich geprägten Deutschland. In der Konsequenz von Bibelstudium, Erkenntnis und Handeln ist Groves aber so typisch für die Menschen jener Erweckungszeit, dass auf ihn als den gewissermaßen geistigen Vater der Brüderbewegung näher eingegangen werden soll.

Schon jung mit einer erfolgreichen Zahnarztpraxis in Exeter (Südwestengland) ausgestattet und glücklich verheiratet, war Groves andererseits von dem Gedanken beseelt, mit allen Kräften Gott als Missionar zu dienen, ein Vorhaben, dem sich allerdings zunächst seine Frau entgegenstellte. Nachdem Groves eine Zeitlang die Bibel unter Ausschluss jeder anderen Lektüre gelesen hatte, kam das Ehepaar überein, sein Leben in materieller Hinsicht um Jesu willen zu ändern. Zuerst gab es ein Zehntel seiner Einkünfte zur Linderung der Not im aufbrechenden industriellen Zeitalter, dann gab es ein Viertel den Armen und schließlich das gesamte Einkommen, soweit es nicht für die eigenen unmittelbaren Bedürfnisse benötigt wurde. In einer Schrift legte Groves 1825 die Summe seiner biblischen Erkenntnisse dar:

> »Das christliche Motto sollte sein: Arbeite hart, verbrauche wenig, gib viel, und alles für Christus!«[4]

Und er war ein Mann, der nicht nur darüber sprach, sondern auch danach handelte. Hier zeigt sich ein Wesenszug jener Menschen der Erweckungsbewegung: sie setzten das, was sie durch eifriges Studium der heiligen Schrift erkannt hatten, unbedingt in die Tat um. Genauso handelte dann Groves im Blick auf die zweite Frage, die ihm am Herzen lag, die Frage nach der Einheit der Gläubigen in Christus.

Als das Ehepaar sich zu dem gemeinsamen Entschluss durchgerungen hatte, den Ruf in die Mission nach Bagdad anzunehmen (1825), begann Groves in Dublin mit dem Theologiestudium, um sich von der Kirchlichen Missionsgesellschaft (Church Missionary Society) für den Missionsdienst als Geistlicher ordinieren lassen zu können. Er blieb aber in Exeter wohnen, ließ die Praxis durch einen Verwandten weiterführen, nahm bei einem Privatlehrer, Henry Craik, einem jungen schottischen Theologen, Unterricht und fuhr nur zu den vierteljährlichen Prüfungen nach Dublin.

Hier aber kam er in einen Kreis um den Rechtsanwalt John G. Bellett, in dessen Haus man sich privat zu Gebet und Austausch über die Bibel traf. Hier lernte er auch einen jungen anglikanischen Hilfsgeistlichen kennen, John Nelson Darby. In diesem Kreis stellte Groves die ihn überraschende Ähnlichkeit zwischen der hier praktizierten und der im Neuen Testament bezeugten Gemeinschaft unter Christen fest. Und konsequent machte er im Frühjahr 1827 den oben genannten revolutionären Vorschlag, die erworbene Einsicht in die Tat umzusetzen und gemeinsam das Abendmahl zu feiern. Dem vermochten allerdings die Freunde angesichts ihrer anglikanischen Bindungen noch nicht zu folgen. Aber 18 Monate später, Ende 1828 – Groves hatte inzwischen die Freiheit gewonnen, ohne kirchliche Ordination aufs Missionsfeld zu gehen –, sollte er kurz vor seiner Abreise nach Bagdad seinen Vorschlag wiederholen und noch erweitern, nämlich:

> »Dies ist ohne Zweifel Gottes Wille mit uns, dass wir als Jünger in aller Einfachheit zusammenkommen und weder auf eine Kanzel noch auf einen

Pfarrer Wert legen sollten, sondern darauf vertrauen, dass der Herr uns auferbauen will, indem er uns aus unserer Mitte zu unserem Nutzen dient, wie er es für gut erachtet.«

Und diesmal bezeugte Bellett:

»Als er diese Wort sprach, war ich gewiss: meine Seele hatte die rechte Einsicht erlangt; und dieser Augenblick – ich erinnere mich an ihn, als sei es erst gestern gewesen, ja, ich könnte genau die Stelle zeigen - bedeutete die Geburt meines Geistes.«[5]

So hoffte man, zur Ursprünglichkeit der urchristlichen Kirche zurückkehren zu können, indem man die Auslegung der Bibel und die Austeilung des Abendmahls nicht mehr von der Person eines ordinierten Theologen abhängig machte, sondern allein von der Freiheit des Geistes Gottes.

Aber es sollte dann noch ein Jahr dauern, ehe sich Bellett mit drei anderen Freunden, Darby, Dr. Cronin und Hutchinson, im Hause des letzteren zum gemeinsamen Brotbrechen traf. Es war im November 1829, und es kann als wahrscheinlich gelten, dass Darby, immer noch anglikanischer Geistlicher, der Motor der Entwicklung war, sicher aber auch der Arzt Dr. Cronin, der als früherer Katholik bei Freikirchen keine Befriedigung gefunden und schon vorher mit wenigen Gleichgesinnten das Abendmahl gefeiert hatte, während Bellett und Hutchinson sich aus den schon genannten Gründen zunächst nur zögernd dem Vorgehen anschlossen.

Bald verband man sich mit einer anderen kleinen Gruppe von Christen ähnlicher Zielrichtung, die sich schon etwas länger in Dublin zum Brotbrechen getroffen hatte und worunter auch ein Freund Groves' war, J. V. Parnell, der spätere Lord Congleton. Der Grund ihres Tuns lag ganz einfach darin, dass diese um die Einheit der Gläubigen bemühten Christen keine Kirche gefunden hatten, wo sie alle gemeinsam das Abendmahl feiern konnten, ohne dass der eine oder andere von ihnen ausgeschlossen gewesen war.

Im Mai 1830 mietete man auf Vorschlag Parnells einen öffentlichen Saal, sicher auch mit dem Motiv, einfacheren Geschwistern die Scheu zu nehmen, die sie angesichts der damaligen Klassenunterschiede beim Betreten des Hauses eines reichen Mannes haben mussten. Auch hier zögerten wieder Bellett und Hutchinson, ihrer Gemeinschaft einen derartig offiziellen Charakter zu geben, schlossen sich aber dann doch nicht aus, womit gewissermaßen die erste öffentliche Brüderversammlung ins Leben gerufen war.

Darby war zu jener Zeit wahrscheinlich in England, wohin er den Einladungen ähnlicher Kreise gefolgt war. Denn auch in England hatten die neuen Gedanken inzwischen Wurzeln geschlagen, und an verschiedenen Orten, besonders im Süden der Insel, begannen sich Christen zu versammeln, wenn auch noch nicht mit der biblisch begründeten Konsequenz, wie es in Dublin erfolgt war.

Bristol (Georg Müller)

Unabhängig von Dublin, nicht aber von den Gedanken Groves, sollten sich die Geschehnisse in Bristol entwickeln.

Nachdem nämlich Groves aufs Missionsfeld abgereist war, sah sich sein Hauslehrer Henry Craik (1805-1866), vom Leben und von den Ideen seines um zehn Jahre älteren Schülers nicht unbeeindruckt, zunächst ohne Beschäftigung, konnte dann aber eine ähnliche Stelle in Teignmouth (wie Exeter im Südwesten Englands) antreten. Hier sollte er nun den Mann kennenlernen, der ohne Zweifel später zu den bemerkenswertesten Persönlichkeiten der Brüderbewegung und zu den herausragenden Glaubensmännern des 19. Jahrhunderts überhaupt gehören sollte, Georg Müller (1805-1898).

Der junge Deutsche – Craik wie Müller wurden im Sommer 1829, als sie sich trafen, gerade 24 Jahre alt – hatte damals schon einen ungewöhnlichen Weg hinter sich. Nach einer glaubenslosen und wüsten Jugend hatte er sich während seines Theologiestudiums in Halle a. d. Saale nach dem Besuch eines Hauskreises gläubiger Christen im Jahre 1825 bekehrt und war, um Missionar zu werden, Anfang 1829 nach England gegangen. In London hatte er in der Mission unter Juden gearbeitet und war zur Ausheilung einer schweren Krankheit an die Südküste nach Teignmouth gekommen. Hier lernte er Henry Craik kennen, der inzwischen in einer dortigen Baptistenkapelle zu predigen pflegte.

Von Groves aber hatte Müller schon vorher in London gehört und war von seinem Beispiel sehr berührt worden. Gewiss wurde er jedoch durch die Verbindung mit Craik noch mehr darin bestärkt, seine Lebensumstände völlig vom Willen Gottes abhängig zu machen. Deshalb trug er, zurückgekehrt nach London, seiner Missionsgesellschaft den Wunsch vor, ohne Gehalt zu arbeiten, und zwar »wann und wo der Herr es ihm zeige«.[6] Die Gesellschaft lehnte ab, und so löste er sich Ende 1829 von ihr. Auch als Georg Müller gebeten wurde, das Predigeramt in einer kleinen Baptistenkapelle in Teignmouth zu übernehmen (Anfang 1830) – Craik war inzwischen Prediger im benachbarten Shaldon –,, lehnte er bald ein festes Gehalt ab und behielt sich dafür die Freiheit vor, jederzeit dem Ruf Gottes, wohin auch immer, zu folgen. Ähnlich wie bei Groves finden wir bei ihm die bemerkenswerte Haltung, der einmal erkannten Wahrheit ganz praktisch konsequent zu folgen. Müller ist von diesem Entschluss zeitlebens nicht mehr abgegangen und war sich auch mit seiner in dem selben Jahr geheirateten Frau, einer Schwester von Groves, völlig darin einig, im buchstäblichen Gehorsam dem Wort Gottes gegenüber freiwillig Armut auf sich zu nehmen und nur das Notwendige von Gott zu erwarten, alle anvertrauten Güter aber im Dienst des Herrn zu verwenden. Mit dieser bedingungslosen Abhängigkeit von der Gnade Gottes baute er dann später ein Werk auf, das weltweit bekannt werden sollte.

Einig war er sich in dieser Haltung auch völlig mit seinem Freunde Henry Craik, mit dem ihn eine Freundschaft und Arbeitsgemeinschaft verband, die bis zum Tode Craiks 1866 ungetrübt anhielt. Als Craik im März 1832 zur Verkündigung des Evangeliums nach Bristol gerufen wurde, bat er Müller, ihm dabei zu helfen. Von zwei dortigen freikirchlichen Gemeinden aufgefordert, in Bristol die Arbeit fortzusetzen, lösten sich die beiden Freunde nach eingehender Prüfung vor Gott von Teignmouth und begannen in der großen Stadt mit dem Dienst, Craik in der Gideonskapelle, Müller in der Bethesda-Kapelle, allerdings wieder unter der Bedingung der oben genannten Grundsätze, wodurch sie sich bis in die materielle Existenzsicherung nur von der Gnade Gottes abhängig machen wollten.

Auch im Blick auf die Einheit der Kinder Gottes verfolgten die beiden Freunde bald eindeutig die Linie ihrer Erkenntnisse aus der Heiligen Schrift. Am 13. August 1832 versammelten sie sich mit noch einem Bruder und vier Schwestern zum erstenmal in der Bethesda-Kapelle,

»ohne irgendwelche Satzungen, nur mit dem Wunsch, so zu handeln, wie es dem Herrn gefallen sollte, uns durch sein Wort Licht zu geben.«[7]

Müllers Biograph Pierson bemerkt dazu:

»Von da an war die Bethesda-Kapelle eine Versammlung von Gläubigen, die das Neue Testament als einzige Grundlage des kirchlichen Lebens festzuhalten suchten.«[8]

Notwendigkeit der Bekehrung, Gemeinschaft in Anbetung und Verkündigung, Heiligkeit des Lebens und Trennung von der Welt, evangelistische Wirksamkeit in Wort und Tat, völlige Abhängigkeit von Gott, das waren die Grundsätze, denen sich die wenigen Christen unterwerfen wollten; und dass dies nicht bloß gute Vorsätze waren, zeigt die folgende Entwicklung deutlich.

Schon 1834 gründeten Müller und Craik eine Bibelgesellschaft, um in Alltags- und Sonntagsschulen das Evangelium und darüber hinaus überhaupt die Bibel zu verbreiten. Und wieder zwei Jahre später, am 11. April 1836, nahm Georg Müller die ersten Kinder in das von ihm gegründete Waisenhaus auf, womit ein Werk begann, das sich zu einem gewaltigen Unternehmen mit 2000 Waisenkindern in fünf großen Häusern ausweiten sollte. Und bei alledem blieben die Freunde stets den einmal gefassten Grundsätzen treu, ein reines Glaubenswerk zu betreiben, das allein von der Gnade Gottes abhängig war. Sie hatten erkannt, dass andere Bibel- oder Missionsgesellschaften oft nicht die Mittel anwandten, die sie allein für schriftgemäß hielten. So lehnten sie es ab, jemals Schulden zu machen oder Geld von ungläubigen Spendern anzunehmen. Welche Glaubenserfahrungen und Gebetserhörungen der »Waisenvater von Bristol« bei dieser Methode, nach Maßgabe Gottes von der Hand in den Mund zu leben, gemacht hat, füllt schon allein ein stattliches Buch.

Es war auch immer Georg Müllers Anliegen, dass seine Gemeinde eine Missionsgemeinde sei. Obwohl sein Schwager Groves mit mehreren anderen hinausgezogen war, in Indien ein Missionswerk zu gründen, und 1833 Craik und Müller unter Übersendung des Reisegeldes aufgefordert hatte, ihm zu folgen, hatten sich doch die Freunde nach zwei Wochen des Wartens und Prüfens vor Gott dafür entschieden, in Bristol zu bleiben. Aber es war ihr andauerndes Gebet, dass die eigene Versammlung in die Lage versetzt werde, Missionare hinauszusenden. Gott hat ihr Gebet erhört, Müller konnte im Laufe seines Lebens sehen, dass aus seiner Gemeinde wenigstens 20 Missionare hinauszogen.

Dabei wuchs die Versammlung in Bristol stetig, auch nachdem man sich 1840 von der Gideonskapelle getrennt hatte, weil dort einige Glieder sich nicht den Grundsätzen Müllers und Craiks anschließen wollten. Schon 1834 waren etwa 200 Brüder und Schwestern in der Gemeinschaft der Versammlung; 1866, beim Tode Craiks, zählte man in der inzwischen wieder auf zwei Gemeinden gewachsenen Gruppe

(Bethesda und Salem) etwa 1000 Glieder; und beim Tode Müllers (1898) gab es in Bristol zehn Versammlungen.

Müllers Biograph Pierson fasst die innere Entwicklung folgendermaßen zusammen:

»Von der Zeit an, wo jene sieben Kinder Gottes sich im Jahre 1832 zusammengeschlossen hatten, war die Gleichstellung der Gläubigen sowohl als Vorrecht wie als Pflicht nach den Begriffen des Neuen Testaments dort aufrechterhalten worden. Der eine oberste Leiter war der Heilige Geist und unter ihm diejenigen, die er beruft und ausrüstet ... . Es war für die verschiedenen Arten des Dienstes immer eine beträchtliche Zahl von Brüdern und Schwestern vorhanden, die durch den Geist dazu berufen und ausgerüstet waren. «[9]

Pierson schildert eine Gebetsstunde, wie er sie noch zu Müllers Lebzeiten in der Bethesda-Kapelle mitgemacht hat. Da seine Schilderung sehr treffend wiedergibt, wie man sich in der Brüderbewegung zu versammeln pflegte und es zum großen Teil bis heute noch tut, soll seine Darstellung, die ein typisches Bild einer »Versammlung« zeichnet, hier folgen:

»Es herrscht da ursprüngliche, apostolische Einfachheit. Niemand leitet (die Versammlung) als der Geist Gottes. Ein Lied wird von einem Bruder vorgeschlagen. Dann werden Gebetsanliegen vorgelesen, gewöhnlich mit bestimmter Namensnennung derer, für die Fürbitte verlangt wird. Dann folgt Gebet, Lesen des Wortes Gottes und Ansprache, ohne dass vorher irgendwie besprochen wurde, welche Person etwa die Ansprache oder die Schriftverlesung übernehmen sollte. Die vollste Freiheit herrscht unter der Leitung des Geistes. Die Tatsache solcher Leitung ist oft deutlich erkennbar. Es tritt oft eine merkwürdige Übereinstimmung des Gebetes und Gesangs, der verlesenen Schriftstelle und der daran sich anschließenden Bemerkungen zutage. Eine geistliche Übereinstimmung macht sich spürbar. Nach mehr als einem halben Jahrhundert sind diese Montagabendbetstunden noch immer ein geheiligter Mittelpunkt der Anbetung und Fürbitte und sind bis jetzt unverändert geblieben.«[10]

Mit den übrigen Brüderkreisen in England hatte Bristol viel Verbindung; schon zwei Monate nach jener ersten Versammlung im Jahr 1832 war auch J. N. Darby dort, predigte in beiden Kapellen und schrieb an einen Freund:

»Der Herr tut dort ein beachtliches Werk, in dem, wie ich hoffe, unsere lieben Brüder M. und C. reich gesegnet werden mögen.«[11]

Plymouth (B. W. Newton)

Darby reiste überhaupt in jenen Jahren in Irland und England viel umher, wohin er auch eingeladen wurde. Noch immer war er anglikanischer Priester (clergyman), hatte allerdings seinen Gemeindedienst in Irland schon etwa 1829 aufgegeben. Seine geistliche Stellung ebnete ihm aber den Weg zu den Kanzeln des Landes, so dass er nicht nur in freikirchlichen Kreisen, sondern auch im Rahmen der anglikanischen Kirche predigen konnte.

Im Sommer 1830 wurde Darby nach Oxford eingeladen, wo sich an der Universität ein Kreis junger Akademiker auf Grund von biblischen Interessen und Ansichten zusammengefunden hatte, in denen sie Darby nur bestärken konnte. Es war ein Kreis hochbegabter und sehr gebildeter Männer mit großen Zukunftsaussichten, wohin Darby hier gekommen war. Eingeführt hatte ihn Francis W. Newman, der jüngere Bruder des später zur katholischen Kirche konvertierten und zum Kardinal aufgestiegenen John Henry Newman, der sich damals um die Aussöhnung zwischen römischer und anglikanischer Kirche bemühte. F. W. Newman kannte Darby schon von Dublin her, wo er 1827/28 Hauslehrer beim Schwager Darbys, einem hochangesehenen Juristen, gewesen war und seitdem dem »irish clergyman«, wie er Darby nannte, ein Gefühl der Verehrung entgegenbrachte. Dieses Gefühl übertrug sich auf die Oxforder Freunde, zwar nicht so sehr auf W. E. Gladstone, den späteren großen liberalen Premierminister des Britischen Weltreiches, der damals auch Darbys Ansprachen hörte, um so mehr aber auf Newmans Freund B. W. Newton und dessen Freund G. V. Wigram.

George Vicesimus Wigram (geb. 1805), 20. Kind (vgl. den kuriosen Namen Vicesimus = 20.) einer reichen geadelten irischen Kaufmannsfamilie, war ursprünglich Gardeoffizier gewesen, hatte sich aber nach seiner Bekehrung dem Theologiestudium zugewandt, um dem Ruf Gottes nachzukommen. Seine biblischen Konkordanzen in hebräischer, griechischer und englischer Sprache fanden die Anerkennung der Fachwelt. Er sollte später einer der unentwegtesten Mitstreiter Darbys werden, selbst auf Kosten seiner engsten sonstigen Freundschaften.

Benjamin Wills Newton (geb. 1807), aus einer Quäkerfamilie stammend und mütterlicherseits mit Fox, dem Gründer der »Gesellschaft der Freunde« im 17. Jahrhundert, verwandt, selbst aber Glied der

Anglikanischen Kirche, hatte schon in jungen Jahren an der Universität glänzende Abschlusszeugnisse erzielt und sich jenem reformerischen Kreis angeschlossen, der sich gegen die katholisierenden Tendenzen in der Hochkirche wandte und sich um eine prophetische Auslegung der Bibel bemühte.

In beidem sahen sich die Freunde in Obereinstimmung mit Darby, dem sie wie einem »lang vertrauten Freund (F. W. Newman)«[12] folgten. In mehreren nachmaligen Besuchen Darbys in Oxford vertiefte sich das Verhältnis. Später wird der Streit zwischen Darby und Newton die Tragödie der Trennungen in der Geschichte der englischen Brüderbewegung einleiten. Zunächst aber sollte die Verbindung zwischen Darby, Newton und Wigram für die junge Bewegung sehr fruchtbringend, ja geradezu gestaltgebend sein.

Newton überredete nämlich Darby 1831, ihn und Wigram nach Plymouth (an der Südwest-Küste Englands) zu begleiten, wo sich ein Kreis von Gläubigen um einen ehemaligen Seeoffizier, P. F. Hall, versammelte. Hall, Sohn eines Theologieprofessors, zog durch seine Predigten über prophetische Fragen und durch seine kompromisslose Verkündigung im Blick auf das praktische Leben – in seinem Buch »Jüngerschaft« trat er z. B. für konsequenten Pazifismus ein – eine große Zahl von Zuhörern an. Wigram, von Haus aus sehr begütert, erwarb nun eine Kapelle, in der von jetzt ab regelmäßig, besonders über prophetische Fragen, gepredigt werden konnte. Ganz sicher wollte Wigram damit keine neue Kirche gründen, sondern nur eine praktische Möglichkeit schaffen, sich mit anderen Christen unter dem Wort Gottes versammeln zu können, wie man sich denn auch nur montags traf, um die aus den verschiedensten Denominationen stammenden Teilnehmer im Blick auf die Sonntagsgottesdienste nicht in Gewissensnöte zu bringen. Aber bald wurde das Abendmahl, das man zunächst nur an Wochentagen in privaten Kreisen gefeiert hatte, in die Kapelle verlegt, und schließlich hielt man die Versammlungen am Sonntag ab. Darby und Newton waren anfangs mit dieser Entwicklung nicht recht einverstanden, hatten sie doch angesichts ihrer staatskirchlichen Bindungen Vorbehalte gegenüber offiziellen Gemeinschaftsgründungen und öffentlichen Abendmahlsfeiern; schließlich predigte Darby immer noch in anglikanischen Kirchen.

Newton aber sollte sich früher noch als Darby von der Staatskirche trennen und die Leitung der sehr schnell wachsenden Versammlung in seiner Heimatstadt übernehmen, nachdem Darby seinen Reisedienst in

Irland wieder aufgenommen hatte und Hall und Wigram sich an anderen Orten Englands um die Gründung von Brüderversammlungen bemühten.

So übte Newton an diesem wichtigen Platz in den ersten Jahren einen entscheidenden Einfluss aus. Coad stellt ihn als einen ernsten und mit Führungsfähigkeiten ausgestatteten Mann von großer Ehrenhaftigkeit dar.[13]

Bald sollte sich zeigen, dass die Form des Zusammenkommens durch die große Zahl der Menschen, die Hall durch seine Predigten angezogen hatte, dem Ablauf der Versammlungen nicht besonders günstig war.

Es gab unbegabte und ungebildete Leute, die die freie Form des Versammelns dazu missbrauchten, sich zur Geltung zu bringen. Newton war es nun, der hier leitend eingriff und für einen geordneten Ablauf sorgte. Darby, der in den nächsten Jahren Plymouth immer wieder gelegentlich besuchte, war damit durchaus einverstanden, weil sich seine Ansichten über die absolute Geistesleitung damals noch nicht so weit entwickelt hatten, wie es seine spätere Lehre ausdrückt.

Im Gegenteil, Darby hegte gerade der Versammlung in Plymouth gegenüber ein tiefes Gefühl der Verbundenheit. Mit dem dortigen Kreis mochte er sich äußerlich wie innerlich identifizieren können, wenn er am 13. April 1832 schrieb:

> »Plymouth, das kann ich versichern, hat für mich die Erscheinung des Christentums verändert, weil ich Brüder fand, die zusammen handelten.«[14]

Plymouth wurde sehr bald ein Zentrum der neuen Bewegung und überstieg die geistlichen Möglichkeiten von Dublin und Bristol bei weitem, wie Plymouth überhaupt den etablierten Kirchen gegenüber eine aggressivere Haltung einnahm als die erstgenannten Orte und damit in eine bestimmte Richtung der Entwicklung wies.

Diese Entwicklung verstärkte sich, als sich zwei weitere anglikanische Geistliche der Versammlung anschlossen: J. L. Harris und H. Borlase, die sehr bald eine Zeitschrift herausbrachten, »The Christian Witness (= Das christliche Zeugnis)«, in der die Grundsätze der jungen Bewegung dargelegt werden konnten. Auch als später die Zeitschrift in den Besitz der Brüder in Bristol übergegangen war, blieb Plymouth mit seinem Bibel- und Traktatverlag ein Zentrum für die Druckerzeugnisse der Brüderbewegung, so dass Darby nachmals den

Namen »Plymouth Brethren« darauf zurückführte, dass in Plymouth die meisten Veröffentlichungen der Brüder erschienen seien.

Die Versammlung in Plymouth wuchs schnell. Waren es 1835 noch etwa 80 Gläubige, die sich trafen, so kamen wenige Jahre später schon mehrere Hundert zusammen, und 1868 sprach Darby im Blick auf Plymouth – allerdings nach seiner Trennung von den dortigen Geschwistern in abschätzigem Sinn – von »nicht mehr als 700«.

Auch die äußerliche Art des Versammelns wurde durch die Plymouth-Brüder geprägt. Die Frontseite des Saales wurde von dem Abendmahlstisch eingenommen, von wo aus es auch üblich war, die Versammlung anzusprechen. Die Sitzreihen gruppierten sich in drei Blöcken halbkreisförmig um dieses Zentrum.

Allerdings war die Versammlung nicht nur mit sich selbst beschäftigt, sondern wirkte evangelistisch und glaubensfestigend in der ganzen Umgegend, und die Frauen scheinen in den ersten Jahren im geistlichen Leben der Gemeinschaft eine größere Rolle gespielt zu haben als später. Alles in allem wirkten Lehre und Handeln der Versammlung in Plymouth so prägend auf die gesamte Brüderbewegung, dass der Name »Plymouth Brethren« für diese Bewegung insgesamt durchaus eine gewisse Berechtigung hatte.

Auffällig ist, dass es sich bei den »Brethren« um eine ausgesprochen »junge« Bewegung handelte, nicht nur im Blick auf die so überraschend schnell verlaufende Entwicklung, sondern auch auf das Alter der maßgebenden Leute. Das Durchschnittsalter jener Männer der ersten Generation betrug z. Z. der ersten Gemeinschaftsbildungen kaum 30 Jahre. 1830 waren Groves 35, Darby und Cronin 30, Chapman (s. u.) 27, Müller und Craik 25, Wigram 25, Newton 23 Jahre alt; der älteste von ihnen überhaupt war Harris mit 37. Dies mag über das offensichtliche Wirken des Geistes Gottes hinaus die Schwungkraft und Lebendigkeit erklären, mit der die neuen Gedanken in die Tat umgesetzt wurden.

Auch an anderen Orten sollte sich nun die Bewegung in den dreißiger Jahren ausbreiten. Gruppen, die sich aus ähnlichen Motiven wie die in Dublin, Bristol und Plymouth zusammengefunden hatten, nahmen Verbindung miteinander auf; man besuchte und beeinflusste sich gegenseitig.

In Hereford (West-England) stellte der oben erwähnte Kapitän P. F. Hall den Kontakt zu den »Plymouth-Brethren« her, in Scarborough (an der ostenglischen Küste) war es der Arzt Dr. Rowan, der dann wieder Verbindung nach Hereford und London anknüpfte, und in Barnstaple (Südwest-England) begann schon im Sommer 1831 ein junger Londoner Rechtsanwalt, R. C. Chapman, zu predigen und bewirkte, dass in diesem Ort und in der Umgebung eine Anzahl von Versammlungen entstand. Chapman, sprachgewandt und von gewinnendem Wesen, breitete auf Reisen auch die Bewegung in Irland und Spanien aus, und seine durch und durch geistliche Persönlichkeit ließ ihn in einem nahezu hundertjährigen Leben zum Patriarchen der späteren englischen »Offenen Brüder« werden. Durch ihn wurde das kleine Barnstaple zu einem »Mekka« der Brüder.[15]

Im Norden Englands breitete sich die Bewegung durch starken Zugang aus Quäkerkreisen aus, wozu B. W. Newtons verwandtschaftliche Bindungen viel beitrugen. Zum anderen hatte die Praxis der Zusammenkünfte und überhaupt die außerordentliche Stellung, die die Brüder allen anderen Kirchen gegenüber einnahmen, so viel Ähnlichkeit mit Wesen und Form der Quäker, dass schon von daher manche Übereinstimmung gegeben war.

In Irland regte Darby in unermüdlichen Reisen zu Bibelstunden und damit zur Bildung von Brüderkreisen an. Von der Staatskirche her gesehen, diente seine Arbeit aber der Einführung des Laienpredigertums, und als der anglikanische Klerus sich dagegen wandte und die Laienpredigt überhaupt verbot, verteidigte Darby in einer Kampfschrift gegen Bischof, Klerus und Staatskirche »das Recht, ja die Pflicht« jedes Christen, das Evangelium zu verkünden.[16]

Mit Darby ist auch die Ausbreitung der Brüderbewegung über den Rahmen der Britischen Inseln hinaus in hervorragendem Maße verbunden. Ab 1836 bereiste er den Kontinent, besonders Frankreich und die Schweiz, später auch Deutschland und die Niederlande, immer wieder von Zwischenaufenthalten in Großbritannien unterbrochen. Ab 1862 besuchte er Nordamerika, dann Spanien und Italien; er durchquerte 1874/75 die USA bis nach San Franziska und bestärkte im Anschluss daran die Kreise der Brüder in Australien und Neuseeland.

Die Anfänge in London sind mit dem oben erwähnten G. V. Wigram verbunden, der 1831 von Plymouth gekommen war und sich nun nach dem dort gestalteten und erlebten Vorbild um die Gründung von Versammlungen in dieser großen Stadt bemühte. 1838 spürte Wigram die Notwendigkeit, die verschiedenen Londoner Versammlungen zu einer gewissen Zusammenarbeit zu bewegen. Er schrieb darüber an Darby und bildete – offensichtlich mit dessen Einverständnis – eine Zentral - Versammlung (»central meeting«) am Samstagabend, wo die alle Kreise betreffenden Angelegenheiten geregelt werden sollten.

Hier zeigt sich, dass die Brüderbewegung, die einmal begonnen hatte als ein loser Zusammenschluss von Christen zu brüderlicher Gemeinschaft in Gebet, Wortbetrachtung und beim Abendmahl, anfing, eine Eigenentwicklung zu nehmen. Mehr und mehr verstand man sich als eine eigenständige Gruppe gegenüber allen anderen Kirchen und Freikirchen, und zwar als eine besondere Gruppe, die sich gerade darin von allen anderen Denominationen unterschied, dass sie nicht eine Denomination sein wollte. Dabei konnte man nicht verhindern, dass sich mit dem wachsenden Selbstbewusstsein auch der nun einmal dem Menschen innewohnende Parteigeist entwickelte und aus der Frontstellung gegenüber den anderen Kirchen ein Gefühl der Eigenkirchlichkeit hervorbrachte, auch wenn man es nicht wahrhaben wollte.

Aber schließlich war man ja gerade durch die Anfeindungen der offiziellen Kirchen darauf gestoßen worden, dass eine schriftgemäße Gemeinschaft nach den Maßstäben des Neuen Testaments bei ihnen nicht zu finden war, und so hatte man sich mit der Zeit mehr und mehr von ihnen getrennt. Darby z. B. hatte den letzten Trennungsschritt 1834 vollzogen, weil er, wie er später schrieb, »den Leib Christi suchte«.

Bei alledem war man aber zunächst sehr weitherzig. Es wurde von keinem verlangt, die Kirche, der er ursprünglich angehörte, zu verlassen, und bis in die vierziger Jahre konnte man oft anglikanische Geistliche in ihrem Priesterrock in den Versammlungen der Brüder sehen.

Dass dies nicht so blieb und die Brüderbewegung dogmatisch wie organisationsmäßig eine Eigenentwicklung nahm, die ihren Anfängen nicht entsprach, ist untrennbar mit dem Namen J. N. Darbys verbunden. Seine Persönlichkeit und seine Lehre haben die Brüderbewegung in eine Richtung gewiesen, die ihr auch in Deutschland als »Christlicher Versammlung« einen ganz besonderen Platz im Kreis christlicher Freikirchen geben sollte. Auf Darby muss daher im nächsten Abschnitt etwas ausführlicher eingegangen werden.

3. John Nelson Darby: Leben und Werk

Bis zum Kirchenaustritt 1834

Darby wurde 1800 als jüngster Sohn einer reichen irischen Aristokratenfamilie in Westminster bei London geboren, wo die Familie trotz ihrer Güter in Irland lange lebte. Sein Vater war Lord John Darby; sein Onkel, Sir Henry Darby, kämpfte als erfolgreicher Admiral in der Flotte Lord Nelsons gegen das napoleonische Frankreich, und er wird die Patenschaft des größten englischen Seehelden für den jüngsten Spross der Darbys vermittelt haben, der diesem zu Ehren den zweiten Vornamen »Nelson« erhielt.

Bei dem Reichtum und Ansehen der Familie, wozu sich noch hohe Begabung und großer Fleiß des Sohnes gesellten, stand Darby vor einer glänzenden Karriere. Schon mit 14 Jahren trat er in Dublin ins Trinity College ein, das er 1819 verließ, ausgezeichnet mit der Gold-Medaille für seine Kenntnisse in klassischen Sprachen. Sein Vater hatte ihn Jura studieren lassen, sicherlich, um dem Sohn als Schwager eines der angesehensten Juristen Irlands, S. Pennefather, der mit Darbys ältester Schwester verheiratet war und später Oberrichter Irlands wurde, eine erfolgreiche Laufbahn zu eröffnen.

Doch Darby durchkreuzte die hochfliegenden Pläne seines Vaters. Kaum ans irische Gericht berufen, brach er in schweren inneren Kämpfen die Karriere ab und studierte Theologie. Der Vater, nicht einverstanden mit dieser Wendung der Dinge, enterbte den widerspenstigen Sohn und söhnte sich mit ihm erst kurz vor seinem Tode aus. Dennoch blieb Darby finanziell zeitlebens völlig unabhängig, weil ihm von einem Onkel ein beträchtliches Vermögen vermacht wurde.

Für den jungen Theologen aber begann eine jahrelange Zeit – er spricht später von sieben Jahren – inneren Ringens um die Gerechtigkeit vor Gott. Wie Luther und Wesley versuchte er, durch asketische Lebensweise und religiöse Übungen zur Heilsgewissheit zu kommen, und dieses Suchen setzte er auch nach seiner Priesterweihe (1826) während der Arbeit in seiner ersten Gemeinde in der Grafschaft Wicklow (südlich von Dublin) fort. Unermüdlich war er in seiner weitläufigen Gemeinde, oft bis Mitternacht, unterwegs, um der armen Landbevölkerung seelsorgerlich zu dienen. Seine von Askese gezeichnete Erscheinung ließ ihn unter den zahlreichen Katholiken jener Gegend für einen Heiligen gelten.

Im gleichen Jahr noch wandte sich der junge Priester – so streng hochkirchlich er auch war – in einer Streitschrift gegen seinen Erzbischof, der ihn gerade ordiniert hatte, in der er – angeregt durch einen konkreten Fall: Zwang der irischen Konvertiten zum Eid gegenüber dem englischen Oberhaupt der Kirche – die unbiblische Verbindung von Staat und Kirche heftig angriff und schon einen Vorgeschmack davon gab, wie kämpferisch und rücksichtslos er ein Leben lang für eine als richtig erkannte Wahrheit eintreten sollte.

Im November 1827 bahnte sich für Darby eine entscheidende innere Wandlung an. Durch eine Beinverletzung gezwungen, mehrere Monate im Dubliner Haus seines Schwagers Pennefather zu verweilen, hatte er die Muße zu intensiver Beschäftigung mit der Bibel und gelangte schließlich zur völligen Heilsgewissheit, indem er erkannte, dass nicht religiöses Leistungsstreben, sondern nur Jesus Christus und sein Opfer allein ihn vor Gott rechtfertigen konnten. Von jetzt ab war die Bibel unbedingte Autorität für ihn, und von dieser eindeutigen Haltung her gelangte Darby auch in Kontakt zu dem Kreis um seinen früheren Studienfreund Bellett (s. S. 16). Hier lernte er Groves und Cronin kennen, hierher kehrte er bei späteren Besuchen in Dublin immer wieder zurück, während er im Hause seines Schwagers zum erstenmal F. W. Newman traf, der ihn später in Oxford einführen sollte (s. S. 22).

Die Gemeinschaft mit den Brüdern um Groves und Bellett bestärkte Darby sicherlich in der Erkenntnis, dass in der Anglikanischen Kirche die wahre Gemeinde Jesu Christi nicht zu finden sei, obwohl er andererseits als anglikanischer Priester den radikalen Vorschlägen Groves' zunächst nicht zu folgen vermochte. Etwa 1829 aber zog er aus diesen Einsichten die Konsequenz und gab sein Pfarramt auf, allerdings ohne die Kirche zu verlassen – Priester blieb er sowieso – und ohne aufzuhören, als Wanderprediger durch Irland zu ziehen. Ein Zeitgenosse urteilte über Darbys Entschluss:

> »In der Fülle der ihm zufallenden Arbeit wurde es ihm klar, dass er mit seinem Pfarramt weder das heilige Amt, das Wort Gottes zu verkünden, noch die praktische Seelenpflege aufgegeben habe, dass er aber, wie der große John Wesley, die ganze Welt als sein Kirchspiel gewonnen habe.«[17]

Wieder hatte Darby eine Laufbahn abgebrochen, weil er sich um seiner

Glaubenserkenntniswillen nicht anders verhalten konnte. Seinem Studienfreund und Amtsbruder James Kelly erläuterte er seinen Schritt:
> »Es waren nicht die oder jene sakramentalen oder priesterlichen Systeme – so leblos diese Dinge auch sind –, die mich aus der Staatskirche getrieben haben; der Grund war vielmehr der, dass ich den Leib Christi, die gläubige Gemeinde, suchte, und die fand ich nicht in ihr. Es gibt Kirchspiele, wo kaum eine bekehrte Seele ist ... . Wenn aber z. B. Paulus in diese Kirche käme, so dürfte er überhaupt nicht predigen, weil er nie ordiniert wurde. Hat aber ein Gottloser die Ordination empfangen, dann hat er Rang und Recht, Pfarrer zu sein ... . Diese Einrichtung steht im unmittelbaren Widerspruch mit der Schrift.«[18]

Wie wenig aber Darbys Schritt mit einem Kirchenwechsel, etwa im Sinne eines Übertritts zu einer Freikirche, zu tun hat, zeigt seine Antwort auf die Frage der Kirchenleitung, welcher Kirche er sich nun anschließen wolle:
> »Keiner, ich habe nichts mit den Dissenters (Freikirchlern) zu tun und bin jetzt übergegangen in die *eine* Kirche.«[19]

Im gleichen Jahr, 1829, traf sich Darby mit seinen Freunden im Hause Hutchinsons zur gemeinsamen Abendmahlsfeier (s. S. 17); ob er aber im nächsten Jahr den Schritt in die Öffentlichkeit schon freudig begrüßt hätte, lässt sein Verhalten in Plymouth (s. S. 23) bezweifeln. Immerhin war und blieb er bis 1834 auch nach eigenem Verständnis anglikanischer Priester. Dennoch machte er sich die Gedanken der Brüderbewegung mehr und mehr zu eigen und bestärkte in rastlosen Reisen an vielen Orten die entstehenden Kreise.

Auf den Konferenzen, die eine sehr fromme adlige Dame, Lady Powerscourt, anfangs der dreißiger Jahre auf ihrem irischen Schloss veranstaltete, formten sich Darbys Ansichten im Umgang mit den Persönlichkeiten der Erweckungsbewegung weiter, besonders im Blick auf die Beurteilung der Staatskirche unter endzeitlichem Aspekt, und als er in den Jahren 1832/33 durch das von gesellschaftlichen Interessen gesteuerte Verhalten der Anglikanischen Kirche zu neuen Kampfschriften gegen die Bischöfe gedrängt wurde, bildete sich bei ihm die Erkenntnis heraus, dass die etablierte Kirche, auf deren Erneuerungsmöglichkeit er immer noch gehofft hatte, unter das Urteil der endzeitlichen Gerichte gefallen sei, worunter er aber bald auch alle kirchlichen Denominationen überhaupt rechnen sollte. Die wahre Kirche war für ihn nur noch außerhalb aller menschlichen Einrichtungen zu finden.

Darby zog jetzt die für ihn einzig mögliche Konsequenz: er trat 1834 aus der Staatskirche aus und suchte fortan, auf Reisen die freien Kreise erweckter Gläubiger zu stärken und im Sinne seiner Erkenntnis von der wahren Einheit der Kirche zu belehren.

Bis zur Spaltung der Brüderbewegung 1848

Darbys Erkenntnis richtete sich dabei immer mehr auf die Frage nach der wahren Einheit der Kirche. Unter dem Eindruck, dass alle kirchlichen Einrichtungen – Staats- oder Freikirchen – als Menschenwerk dem Verfall preisgegeben seien und unter das Gericht Gottes fielen, hielt er für den einzig gangbaren Weg der wahren Gläubigen die absolute Trennung von allen religiösen »Systemen«. Vielmehr sollten sich die wirklichen Christen ganz einfach gemäß Matthäus 18,20 versammeln und so die Einheit in der Trennung von allen Kirchen suchen. Denn die bestehenden Kirchen wurden für ihn zum Bösen (»evil«) schlechthin, in dem und mit dem es natürlicherweise keine Einheit des Leibes Christi geben konnte, und so wurde für Darby die Trennung vom Bösen geradezu zum göttlichen Prinzip der Einheit der Kinder Gottes. Seit seinem Kirchenaustritt vertrat er diese Gedanken mit wachsender Intensität und Konsequenz, und zwar nicht nur im Blick auf die Zugehörigkeit anderer Christen zu Kirchen, sondern auch im Blick auf die von seiner Bibelauslegung abweichenden und damit als »evil« gekennzeichneten Lehrmeinungen.

Groves, der im Januar 1835 von Indien nach England zurückkam, um Mitarbeiter für die Mission zu suchen, bemerkte als erster die Veränderung, die sich im Denken und Verhalten Darbys und damit auch in manchen Kreisen der Brüder vollzogen hatte. Seine Befürchtungen legte er im März 1836, kurz vor seiner Wiederausreise aufs Missionsfeld, in einem langen Brief[20] an Darby dar. Groves beklagt, das Darby »jene Grundsätze verlassen« habe, die sie einst gemeinsam verwirklichen wollten. Schließlich hatte man sich ja einmal versammelt, um die Zäune, die die verschiedenen Kirchen zwischen den Kindern Gottes aufgerichtet hatten, zu überwinden. Nun aber muss Groves Darby vorwerfen:

> »Sie werden all das Böse der Systeme, von denen Sie bekennen, sich getrennt zu haben, in Ihrer Mitte aufleben sehen.«

Denn:

»Ihre Vereinigung wird täglich mehr eine solche der Lehre und Meinung als eine des Lebens und der Liebe.«

Groves erinnert noch einmal an die Zeiten des Anfangs in Dublin, wenn er schreibt:
»Ich habe unseren Grundsatz der Einheit stets verstanden als den Besitz des gemeinsamen Lebens oder des gemeinsamen Blutes der Familie Gottes. Dies waren unsere frühen Gedanken, und sie sind meine gereiftesten. Die Wandlung, die Ihre kleinen Gemeinschaften (wörtlich: Leiber) durchgemacht haben, nicht länger als Zeugnis für die herrliche und einfache Wahrheit einzustehen, sondern als Zeugnis gegen alles, das sie als Irrtum verurteilen, hat sie meinem Verständnis nach in ihrer Zeugnisstellung vom Himmel auf die Erde heruntergebracht.«

Und er fasst sein Urteil zusammen in die Worte:
»Licht, nicht Leben ist der Maßstab der Gemeinschaft geworden.«

Leider war Darby von der Richtigkeit seiner Position viel zu sehr überzeugt, als dass ihn Groves' prophetische Zeilen zu einem Wandel in seinen Auffassungen veranlassen konnten. Vielmehr trugen gerade in den folgenden Jahren mehrere Aufenthalte in der französischen Schweiz dazu bei, dass sich seine Lehre der Trennung vom Bösen noch mehr festigte und schließlich zum wichtigsten Verhaltensgrundsatz überhaupt wurde. So kam es, dass er Mitte der vierziger Jahre bei seiner Rückkehr nach England eine Reihe kleinerer freikirchlicher Kreise in Genf, Lausanne u. a. Orten zerspalten zurückließ, weil nicht alle Gläubigen dort der Unerbittlichkeit der Lehre Darbys zu folgen vermochten.

Auch die 1846 erfolgte Gründung der Evangelischen Allianz, zu der aus vielen Ländern fast 1000 Persönlichkeiten der Erweckungsbewegung nach London gekommen waren, fand bei Darby kein zustimmendes Echo mehr. Zwar ging es auch ihm wie den Christen der Allianz um die Einheit des Leibes Christi, da er sie aber gerade in der Trennung von den Gliedern der bestehenden Kirchen verwirklichen wollte, konnte er für die Einheit in der Begegnung der einzelnen Gläubigen aus den verschiedenen Kirchen kein Verständnis aufbringen, wie eben die anfänglichen Ziele der Brüderbewegung nicht mehr die seinen waren.

Die Rückkehr Darbys nach England zu dieser Zeit war u. a. auch von der Absicht getragen, Verhältnissen in Plymouth entgegenzutreten, die nach seiner Meinung nicht mehr den von ihm für richtig erkannten Grundsätzen entsprachen. In Plymouth war immer noch B. W. Newton die einflussreichste Persönlichkeit der inzwischen sehr groß gewordenen Versammlung (s. S. 24). Gerade gegen diesen sehr begabten und selbstbewussten Mann, der seine Meinung kaum weniger unbeirrt und unbeugsam zu vertreten wusste als Darby, glaubte Darby vorgehen zu müssen. Dabei ging es hauptsächlich um die Frage des Priestertums aller Gläubigen. Wir erinnern uns, dass Newton bei den Anfängen in Plymouth mit Zustimmung Darbys die Leitung in den Versammlungen übernommen hatte, um für einen geordneten Ablauf zu sorgen (s. S. 24). Mittlerweile aber hatte sich Darby in Verbindung mit seiner Lehre der Trennung vom Bösen so sehr der Auffassung einer absoluten Geistesleitung bei den Zusammenkünften zugewandt, dass er die dirigierende Position Newtons und die Absprache der leitenden Brüder über den Predigtdienst als Rückfall in den Klerikalismus, also in das Böse, verurteilte.

Leider wehrte sich Newton nicht gerade mit geistlichen Waffen, und so kam es zu einem Machtkampf zwischen den beiden so ähnlichen Männern, in dem Newton schließlich, wegen einer unbedachten Schrift über »Die Leiden Christi« von Darby als Irrlehrer gebrandmarkt, unterlag und im Dezember 1847 Plymouth verließ. Er gründete in London eine eigene Freikirche, was in gewissem Sinne Darby und seine Anhänger in ihrer Auffassung über Newton bestätigte.

Der Versammlung in Plymouth aber hatte Darby schon vorher die Gemeinschaft aufgekündigt, weil sie die seiner Meinung nach unbiblischen Verhaltensweisen und schließlich auch die Irrlehren Newtons geduldet habe. Noch schlimmer wurde es jedoch für die Entwicklung der Brüderbewegung, als er sich in der folgenden Zeit von jedem Kreis der Brüder trennte, der noch mit Gliedern der Versammlung in Plymouth Gemeinschaft pflegte.

Ausgerechnet Bristol war es, wo Darby dieses Prinzip zum erstenmal durchexerzieren sollte. Die dortige Bethesda-Gemeinde (s. S. 19) hatte 1848 mehrere Glieder der Versammlung in Plymouth aufgenommen, die ihren Wohnsitz gewechselt hatten. Obwohl man in Bristol die Rechtgläubigkeit der neuen Brüder überprüft hatte, warf Darby der Versammlung vor, das Böse bei sich zu dulden, und kündigte ihr die Gemeinschaft auf. Müller, Craik und acht andere Brüder erklärten daraufhin in dem »Brief der Zehn«[21], dass sie es als unbiblisch und mit dem Geist der Brüderbewegung als unvereinbar betrachteten, sich von Christen zu trennen, die nicht gegen die Grundwahrheiten der Schrift verstießen.

Darby aber antwortete am 26. August 1848 von Leeds aus mit dem sogenannten »Bethesda Circular«, das in ganz Großbritannien verbreitet wurde. Er beschuldigte die Bethesda-Gemeinde der Duldung des Bösen in ihrer Mitte und warnte alle englischen Versammlungen vor der Aufrechterhaltung der Gemeinschaft mit ihr:

> »Diejenigen, die Personen von Bethesda aufnehmen, identifizieren sich damit mit dem Bösen, denn die Gemeinschaft, die so handelt, ist als Ganzes verantwortlich für das Böse, das sie zulässt.«[22]

Damit hatte Darby wie ein Papst eine Gemeinde im ganzen exkommuniziert und sich eine Rolle angemaßt, die Groves schon zwölf Jahre vorher in jenem oben zitierten Brief vorausschauend so charakterisiert hatte:

> »ihre Herrschaft wird – vielleicht unbemerkt und unausgesprochen - eine solche werden, in der erdrückend die Autorität von Menschen gespürt wird; Sie werden mehr bekannt sein durch das, wogegen Sie zeugen, als durch das, wofür Sie zeugen, und faktisch wird es sich bestätigen, dass Sie gegen alles zeugen, ausgenommen gegen sich selbst.«[23]

Der »Bethesda-Streit« vertiefte sich, als Anhänger Darbys in blindem Parteieifer weitere Streitschriften gegen Craik und andere Brüder verfassten und sie der Irrlehre bezichtigten. Sicher hatte Darby eine solche Entwicklung nicht beabsichtigt, aber die Geister der Trennung, die er gerufen hatte, waren jetzt nicht mehr aufzuhalten. Seine Lehre, die man von nun an als Darbysmus bezeichnen kann, fiel in ihrem Absolutheitsanspruch und ihrer bedingungslosen Anwendung dem ursprünglichen Ziel der Brüderbewegung in den Rücken.

Denn es zeigte sich bald, dass Männer wie Müller und Craik, die als Persönlichkeiten und mit ihrem Werk hohes Ansehen unter vielen gläubigen Christen genossen, nicht als einzelne mit ihrer Gemeinde zu exkommunizieren waren. Viele andere Brüder, und gerade die der Anfangszeit, wandten sich von Darby ab, darunter Robert Chapman mit den Versammlungen um Barnstaple (s. S. 26), A. N. Groves, der Außenmissionar und geistige Vater der Brüderbewegung, Lord Congleton, früher J. V. Parnell (s. S. 17), und auch J. L. Harris in Plymouth. Nur J. G. Bellett löste nicht das Band zu seinem alten Freund aus den Dubliner Tagen, blieb aber in seiner von Güte und Liebe geprägten Art immer ein »seltsamer Darbyst«, den man mit den Brüdern der anderen Seite »Arm in Arm durch die Straßen Dublins« spazieren sehen konnte.[24] Auch viele frühere Quäker gingen nicht den

Weg Darbys. P. F. Hall in Hereford blieb zunächst auf seiner Seite, wenn auch nicht gerade glücklich; später aber sollte auch er sich von ihm trennen. Sie alle bildeten hinfort den Zweig der Brüderbewegung, der als »Open Brethren (= Offene Brüder)« bis heute bekannt ist.

Doch das Ansehen Darbys, das er besonders durch seine zahlreichen Reisen erworben hatte, trug dazu bei, dass sich eine große Zahl der englischen Versammlungen ihm anschloss. Diese »Exclusive Brethren (= sich abschließende Brüder)« bildeten daher auch zunächst den größeren Teil der nun gespaltenen Bewegung.

Fortan gingen beide Zweige ihren eigenen Weg, ein Resultat, das Darby sicherlich selbst zutiefst bedauerte, das er aber, gebunden an seine Lehre, die für diese Zeit als abgeschlossen gelten kann, nicht zu ändern vermochte. Immerhin brachte er es für seine Person fertig, auch von den Brüdern der anderen Seite mit einer gewissen Liebe und Achtung zu sprechen, und dies gelang ihm selbst oft besser als den eifernden »Darbysten«. Als einer seiner Anhänger geringschätzig von Robert Chapman redete, unterbrach ihn Darby abrupt mit den Worten: »Lasst Robert Chapman in Ruhe: wir sprechen über die himmlischen Örter, er lebt in ihnen.«[25] Diese persönliche Haltung Darbys konnte allerdings nicht verhindern, dass er durch Lehre und Handeln die Tragödie der Spaltung in der Brüderbewegung eingeleitet hatte.

Bis zu seinem Tod 1882

Auch die Zeit nach der Spaltung der Brüderbewegung ist bei Darby durch eine rastlose Reisetätigkeit gekennzeichnet, allerdings in einem noch viel größeren Ausmaß als in den Jahren vor 1848. So hat er den europäischen Kontinent bis zu seinem Tod sehr intensiv besucht, daneben aber auch Nord- und Südamerika und sogar Australien und Neuseeland.

1854 kam er zum erstenmal nach Deutschland, wo er bei Carl Brockhaus in Elberfeld weilte, mit dem zusammen er das Neue Testament aus dem Griechischen ins Deutsche neu übersetzte, und von diesem Besuch ab ist sein Einfluss auf die deutsche Brüderbewegung in Lehre und Entwicklung von entscheidender Bedeutung gewesen (s. S. 86 ff.).

Der Zweck der Reisen Darbys bestand darin, christliche Versammlungen gemäß seiner Lehre zu gründen und zu festigen, indem er versuchte, gerade aus den erweckten Kreisen der bestehenden Kirchen

35

Anhänger für seine Idee der Einheit durch Trennung herauszurufen und zu sammeln. Damit trat bei ihm der Gedanke der Evangelisation und Mission immer mehr zurück, obwohl er durchaus die Notwendigkeit von Bekehrung und persönlicher Heilsgewissheit vertrat. Aber unter dem Eindruck, in der Endzeit zu leben, erschien ihm beim Warten auf den wiederkommenden Herrn die Trennung vom Bösen am wichtigsten. So ist es auch verständlich, dass er die Länder der Ostkirche und die afrikanischen und asiatischen Missionsgebiete - letztere waren ja gerade das Ziel von A. N. Groves (gest. 1853) gewesen – auf seinen Reisen nicht berührt hat. Darby ging es eben viel mehr um die Sammlung der wahren Gläubigen als um die Missionierung der Ungläubigen.

Trotz der zahlreichen und ausgedehnten Reisen ist Darby in einem sehr bedeutenden Ausmaß schriftstellerisch tätig gewesen. Seine Erbauungsschriften und Kommentare zu biblischen Büchern sind von seinem Mitarbeiter und Schüler William Kelly (1821-1906) herausgegeben worden und umfassen 34 Bände (»Collected Writings«), sein sehr umfangreicher Briefwechsel ist nur zum kleineren Teil gedruckt erschienen, soll es doch nach Darbys eigenen Angaben vorgekommen sein, dass er in einer Woche allein 50 Briefe schrieb. Viele seiner Schriften sind schon zu seinen Lebzeiten in andere Sprachen übersetzt worden, besonders auch ins Deutsche, wodurch sein großer Einfluss auf die deutsche Brüderbewegung zu erklären ist.

Bei der offensichtlichen Sprachbegabung Darbys konnte er auch viel Übersetzerarbeit selbst leisten. So hat er das Neue Testament aus dem Griechischen nicht nur in seine Muttersprache übersetzt, sondern auch in das Französische und Italienische; zu der Übersetzung ins Deutsche, 1854/55 in Elberfeld, hat er entscheidend beigetragen. Auch an der Übersetzung des Alten Testamentes aus dem Hebräischen ins Englische und Deutsche hat er intensiv mitgewirkt, und im Alter von fast 80 Jahren übersetzte er das Alte Testament innerhalb von sechs Monaten ins Französische.

Dies alles zeigt, dass Darby nicht nur eine außergewöhnliche geistige Schaffenskraft besessen hat, sondern auch von einer körperlichen Konstitution gewesen sein muss, wie sie nur wenigen Menschen zuteil wird. Bis ins 81. Lebensjahr vermochte er weite Reisen zu unternehmen und täglich 16 Stunden am Schreibtisch zu arbeiten.

Erst ein leichter Schlaganfall hemmte in seinem letzten Lebensjahr sein unermüdliches Wirken für die Sache des Herrn. Darby starb 1882 in Bournemouth (an der englischen Südküste) und wurde dort unter großer Beteiligung – etwa 1000 Personen – begraben.

Die Beurteilung seiner Wirksamkeit bleibt umstritten. Wie so oft bei großen Persönlichkeiten finden wir neben viel Licht auch viel Schatten. Und mag er zahlreichen Gläubigen seiner Zeit das Licht des Wortes Gottes in einem besonderen Maß erschlossen haben, daneben fallen aber auch tiefe Schatten auf die verderbliche Wirkung seiner Lehre der Einheit durch Trennung vom Bösen.

Für diese Seite seines Lebenswerkes ist es bezeichnend, dass die »Exclusive Brethren« noch kurz vor Darbys Tod selbst ihre erste größere Trennung hinnehmen mussten. Ausgerechnet Darbys Freund und Altersgenosse aus den Dubliner Tagen, Dr. Edward Cronin, und Darbys engster Mitarbeiter, William Kelly, wurden 1879 das Opfer von Auseinandersetzungen, deren Inhalt völlig unwichtig ist, in denen aber Rechthaberei, Partei- und Streitsucht triumphierten, und das gegenüber Männern, deren Liebe zu allen Kindern Gottes und deren Treue gegenüber den erkannten Schriftwahrheiten seit einem halben Jahrhundert bekannt waren. Weitere Spaltungen sollten nach Darbys Tod folgen.

Es ist die Tragik dieses wahrhaft großen Mannes und Knechtes Gottes, dass er der sichtbaren Einheit der Kirche Christi um so mehr Schaden zufügte, je mehr er mit dem Absolutheitsanspruch seiner Lehre und der Autorität seiner überragenden Persönlichkeit um ihre Verwirklichung rang.

4. John Nelson Darby: Lehre

Darbys Lehre ist deshalb für das Verständnis der Entwicklung wichtig, die die Brüderbewegung – auch in Deutschland – genommen hat. Allerdings kann sie hier nicht in ihrer Gesamtheit umfassend dargelegt, sondern soll nur in ihrer Bedeutsamkeit für Lehre und Leben der Brüder skizziert werden.[26]

Für Darby war die Bibel inspiriertes Wort Gottes und unbedingte Autorität. Als sprachkundiger Theologe bemühte er sich kritisch um die ursprüngliche Textgestalt, als wiedergeborener Christ vermochte er, erleuchtet durch den Geist Gottes, sie auszulegen, wobei er, wie er meinte, längst verschüttete Wahrheiten ans Licht bringen durfte. Doch nicht alles, was Darby lehrte, war wirklich originell, wie er auch selbst wusste; in vielen Grundwahrheiten der Heiligen Schrift traf er sich mit anderen Gläubigen jener Zeit. Und gerade die charakteristischsten und lebendigsten Merkmale, die die Brüderbewegung - besonders die Offenen Brüder – bis heute geprägt haben, waren schon Allgemeingut in diesen Kreisen, bevor Darby seine besondere Lehre entwickeln konnte. Dass andererseits seine Ekklesiologie, die Lehre von der Kirche, sich zu einer mit Irrtümern behafteten Sonderlehre mit verderblichen Konsequenzen für die Brüderbewegung entwickeln sollte, zeigt wohl die menschliche Seite, die fast jedem geistlichen Aufbruch innewohnt, darf aber auch nicht verdecken, dass Darby auf anderen Gebieten in Wort und Schrift in großem Segen gewirkt hat.

Im Jahr 1878 beantwortete Darby die Anfrage eines Redakteurs der französischen Zeitung »Le Francais« nach einer Auskunft über »Die Brüder, ihre Lehre usw.« mit einem langen Brief.[27] Dieses Schreiben von acht Druckseiten ist nicht nur thematisch interessant, sondern auch im Blick auf die Gewichtigkeit, die Darby den einzelnen Lehren zubilligt.

Auf knapp *einer* Seite legt er die Grundwahrheiten dar, die die Brüder mit den anderen wahren Christen teilen. Dazu gehören:

1. Die Göttlichkeit von Vater, Sohn und Heiligem Geist,
2. Die Gottheit und Menschheit Jesu,
3. Die Auferstehung und Verherrlichung Jesu,
4. Die Gegenwart des Heiligen Geistes auf Erden,
5. Die Wiederkunft Jesu gemäß seiner Verheißung,
6. Das Werk der Erlösung durch die Sühnetat Christi.

Dies sind die Wahrheiten, die Darby als unerlässlich ansieht, wenn man »in unserer Mitte ... zugelassen werden« will, die aber auch »andere so gut glauben wie wir«.

Dann aber kommt er zu dem, »was uns von jenen unterscheidet«. *Eine* weitere knappe Seite verwendet Darby darauf, die Stellung des Christen zu erläutern. Seiner Errettung völlig gewiss, braucht der Gläubige zum Opfer Jesu Christi nichts mehr hinzuzufügen.

Schließlich gelangt Darby zu dem, was ihn am meisten bewegt: auf *fünf* Seiten legt er das Thema der Kirche und ihrer Einheit dar.

Damit hat der Verfasser dann auch schon fast alles gesagt. Die Verpflichtungen für das praktische Leben, die er ganz kurz auf der letzten Seite als Folgerung aus den bisherigen Ausführungen darlegt, sind sicher auch von anderen ernsten Christen so gesehen worden. Eine

Ausnahme macht dabei wahrscheinlich nur der kurze Hinweis auf die regelmäßige sonntägliche Feier des Abendmahls.

Wenn man davon ausgeht, dass auch die Frage der Heilsgewissheit im gesamten reformatorisch – pietistischen Raum eine große Rolle gespielt hat, bleibt eigentlich nur die Lehre über die Kirche als das Sondergut Darbys übrig, allerdings eng verbunden mit dem Thema des Abendmahls und dem der Geistesleitung. Letztere Frage ist aber wiederum schon bei den Quäkern in ähnlicher Form gesehen und praktiziert worden. Darbys Lehre von der Kirche, die das Denken und Handeln nicht nur der englischen Exclusive Brethren, sondern auch das der deutschen Brüder weitgehend geprägt hat, muss daher etwas näher erläutert werden.

Einheit der Kirche durch Trennung vom Bösen

Die Frage nach der Einheit der Kirche ist das zentrale Thema, das Darby seit Anfang der dreißiger Jahre bewegt, das ihn aus der Staatskirche getrieben und dann nicht mehr losgelassen hat. Über mehrere Entwicklungsstufen ist er zu seinem eigentümlichen Kirchenbegriff gekommen. Ausgangspunkt war der Versuch, durch gesetzliche Werkfrömmigkeit Gott zu gefallen, was Darby so weit trieb, bis er körperlich angegriffen war. Als er sich durch eifriges Bibelstudium zur völligen Heilsgewissheit durchgerungen hatte und er sich seiner unantastbaren, aber auch heiligen Stellung in Christus bewusst geworden war, begann er, die offiziellen Kirchen und ihre Gläubigen mit der Elle der Heiligen Schrift zu messen. Sehr bald konnte er erkennen, dass hier, verglichen mit dem Zeugnis des Neuen Testamentes, durch Staatskirchentum und Kirchenspaltungen ein Verfall eingetreten war, der es dem wahren Heiligen in Christus nahelegen musste, sich von den in stetem Verfall begriffenen etablierten Kirchen abzusondern. »Beim Lesen von Apostelgeschichte 2 und 4 wurde es mir leicht, zu erkennen, wie weit wir von dem, was Gott einst auf dieser Erde errichtet hat, entfernt waren. Wo war die Kirche zu finden? Ich verließ die englische Kirche, da sie es nicht war. ... und da ich die Einheit des Leibes Christi verstanden hatte, zogen die verschiedenen andersdenkenden Sekten mich ebensowenig an.«[28] Dabei muss man wissen, dass Darby später alle kirchlichen Vereinigungen außerhalb der »Versammlungen« als »Sekten« bezeichnen kann. Die Begründung für seine Absonderung oder Trennung (»separation«) vom Bösen (»evil«) legt Darby in seiner Lehre von der Kirche genauer dar.

Darby geht davon aus, dass die Kirche als Leib Christi eine wahrhafte Einheit ist, und sie war es zu Beginn nicht nur in himmlischer, sondern auch in irdischer Wirklichkeit. Denn am Anfang ist der Leib Christi als Haus Gottes eine Realität auf Erden, aufgebaut aus den lebendigen Steinen der Erlösten, die Christus selbst eingefügt hat. Als solches Haus Gottes ist es auch eine Einheit, deshalb durfte an jedem Ort nur eine Versammlung bestehen. Die Verantwortung für den Weiterbau des Hauses überließ Gott den Menschen, den Gläubigen, in eigener Verantwortung unter der Leitung des Heiligen Geistes.

Aber wie schon in jedem heilsgeschichtlichen Zeitalter (oder Haushalt, Ökonomie) des Alten Testamentes wurde der Mensch auch in dem neutestamentlichen Zeitalter der Gemeinde seiner Verantwortung nicht gerecht. Er versagte, und der Verfall war die unausweichliche Folge. Das Haus Gottes degenerierte zum »Großen Haus«, in dem es seitdem nicht nur »Gefäße zur Ehre«, sondern auch »zur Unehre«, also Ungläubige, gibt. Schon Paulus hat diese Wandlung miterlebt, wenn er im ersten Timotheusbrief (3,15) noch vom Haus Gottes schreibt, im zweiten Timotheusbrief (2,20) aber schon vom großen Haus sprechen muss. Dieses »Große Haus« ist dann in Staatskirchen immer größer geworden und hat immer mehr »Gefäße zur Unehre« aufgenommen, so dass der Verfall der Kirche trotz vieler reformatorischer Versuche immer reißendere Fortschritte gemacht hat.

Nun kann Darby aus dem Alten Testament zeigen, dass Gott niemals einen Zustand, der durch die Schuld des Menschen verdorben wurde, wieder hergestellt hat, ob es sich um das Versagen Adams im Paradies oder um den Abfall Israels vom Sinaibund handelt. »Gott stellt niemals eine Ökonomie wieder her, die der Mensch durch seine Untreue verdorben hat.« Deshalb ist auch jede reformatorische Unternehmung zur Herstellung der Einheit eine Anmaßung des Menschen und von vornherein zum Scheitern verurteilt.

Dennoch bleibt der Leib Christi seinem himmlischen Wesen nach Wirklichkeit und wahrhafte Einheit. Die wahren Gläubigen, die ihm angehören, bilden im »Großen Haus« analog zu den Verhältnissen in den alttestamentlichen Haushalten einen »Überrest«, und für diese »kleine Herde« gilt es nun, sich von dem im Verfall begriffenen »Großen Haus« mit seinen verweltlichten Kirchensystemen zu trennen, und zwar gemäß der Mahnung in 2. Timotheus 2,19.21:

Darbys Lehre von der Einheit durch Trennung

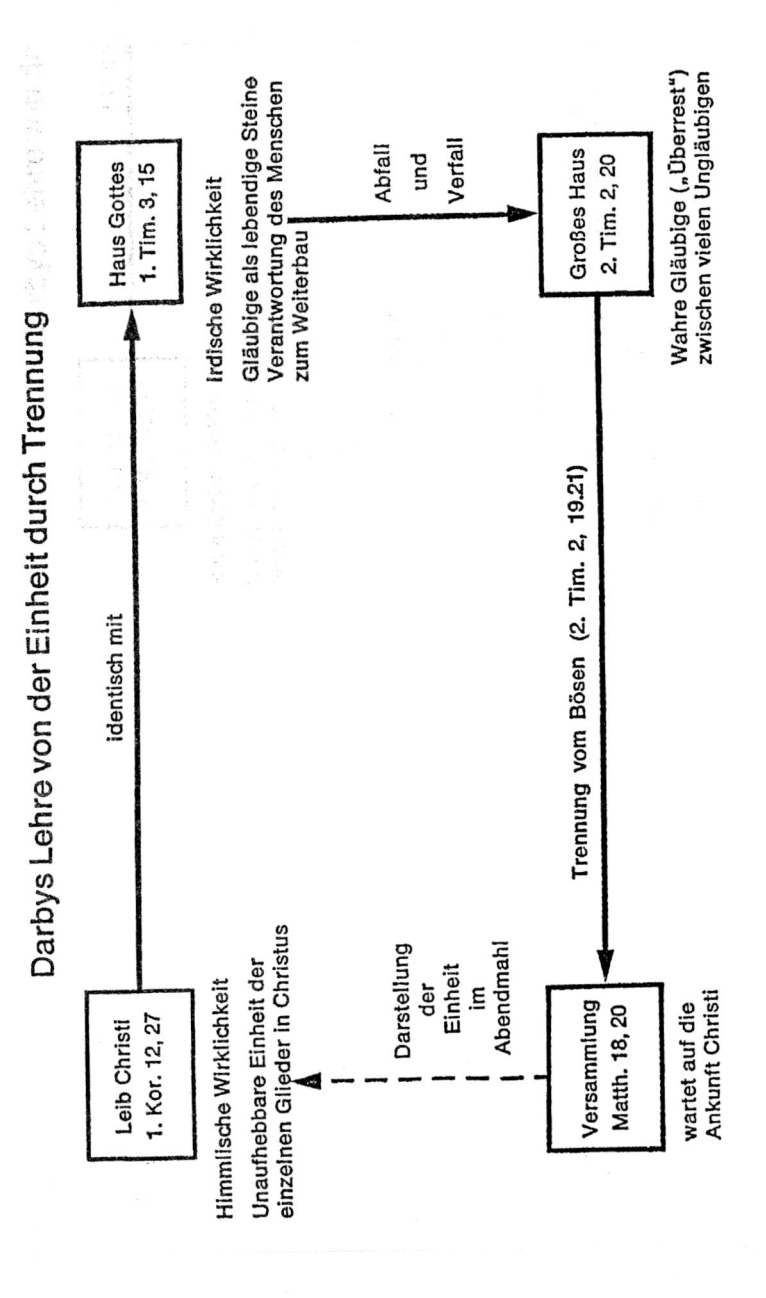

```
┌─────────────────┐                          ┌─────────────────┐
│  Leib Christi   │      identisch mit       │   Haus Gottes   │
│  1. Kor. 12, 27 │ ───────────────────────► │   1. Tim. 3, 15 │
└─────────────────┘                          └─────────────────┘

Himmlische Wirklichkeit         Irdische Wirklichkeit
Unaufhebbare Einheit der        Gläubige als lebendige Steine
einzelnen Glieder in Christus   Verantwortung des Menschen
                                zum Weiterbau
                                                    │ Abfall
                                                    │ und
                                                    │ Verfall
                                                    ▼
                                          ┌─────────────────┐
                                          │   Großes Haus   │
                                          │   2. Tim. 2, 20 │
                                          └─────────────────┘

        ┌─────────────────┐                Wahre Gläubige („Überrest")
        │                 │                zwischen vielen Ungläubigen
        │  Darstellung    │
        │  der            │          Trennung vom Bösen (2. Tim. 2, 19.21)
        │  Einheit        │
        │  im             │
        │  Abendmahl      │
        │                 │
        │◄╌╌╌╌╌╌╌╌╌╌╌╌╌╌  │
        ▼                                          │
┌─────────────────┐                                ▼
│  Versammlung    │                      
│  Matth. 18, 20  │ ◄──────────────────────
└─────────────────┘

wartet auf die
Ankunft Christi
```

»Der Herr kennt, die sein sind; und: Jeder, der den Namen des Herrn nennt, stehe ab von der Ungerechtigkeit! ... . Wenn nun jemand sich von diesen (Gefäßen zur Unehre) reinigt, wird er ein Gefäß zur Ehre sein, geheiligt, nützlich dem Hausherrn, zu jedem guten Werk bereitet.« Und diese Absonderung erscheint Darby um so wichtiger, als er seine Zeit als Endzeit versteht, in der die Ankunft Christi und das Gericht Gottes über das »Große Haus« nahe sind.

Allerdings ist es mit der negativen Zielsetzung der Trennung nicht getan, sondern diejenigen, die begriffen haben, dass sie sich absondern müssen, sollen sich nach Matthäus 18,20 zum Namen Jesu hin versammeln, um die himmlische Einheit des Leibes Christi auf Erden »darzustellen«. Denn die Einheit der Kirche kann auf Erden nicht erreicht werden, solange noch Gläubige in den dem Verfall und Gericht preisgegebenen Systemen verharren, und jeder Versuch, dennoch die Gemeinde in ihrem ursprünglichen Zustand wiederherzustellen, wäre nur die Neugründung eines solchen Kirchensystems, wie es die Freikirchen z. B. sind. Daher darf die Einheit nur »dargestellt« werden, und diese »Darstellung« kann nach Darby auch nur bei der Feier des Abendmahls erfolgen.

Darstellung der Einheit der Kirche im Abendmahl

Die Entwicklung der Brüderbewegung zeigt, dass das Abendmahl schon früh eine zentrale Rolle gespielt hat. Da es jenen Christen um die Praktizierung der Gemeinschaft ging, machte ihnen gerade das Abendmahl, das sie zunächst noch getrennt in ihren jeweiligen Kirchen feiern mussten, deutlich, wie sehr ihnen die wahre Gemeinschaft fehlte. Das gemeinsame »Brotbrechen«, zu dem man sich schließlich in Dublin u. a. Orten im Gehorsam gegenüber Gott durchrang (s. S. 17; 23), war es dann auch, das in besonderem Maße die Entwicklung in eine selbständige Gemeinschaftsbildung wies. Und da die Apostelgeschichte vermuten lässt, dass die ersten Christen regelmäßig am ersten Tag der Woche, dem Auferstehungstag Jesu, zum Mahl des Herrn zusammenkamen, nahmen auch die Christen jener jungen Bewegung jeden Sonntag wahr, dem Wunsch des Herrn nachzukommen und gerade am Tisch des Herrn das Erlebnis der Gemeinschaft mit ihm und untereinander zu haben. Und sicherlich war schon damals der beachtenswerte Gesichtspunkt im Denken der Brüder vorhanden, dass die gemeinschaftliche Anbetung beim

Gedächtnismahl einen höheren Platz einnehme als die gegenseitige Erbauung.

Für Darby verband sich aber nach seinem Kirchenaustritt das Abendmahl mehr und mehr mit der Frage nach der Einheit des Leibes Christi, gemäß dem Wort im 1. Korintherbrief (10,17): »Denn ein Brot, ein Leib sind wir, die vielen ...« Diese Einheit war darum für ihn nur noch im Abendmahl darzustellen, denn gerade dieses Mahl hatte der Herr als Ausdruck der Einheit hinterlassen. Dabei drückt für Darby das Wort »Abendmahl« mehr die Anbetung Jesu in der Erinnerung an sein Opfer aus, der »Tisch des Herrn« dagegen »die Darstellung der Einheit«. Schon im 2. Band des »Botschafters« (1854), der Zeitschrift, in der Carl Brockhaus zum großen Teil die Gedanken seines Freundes Darby in Deutschland veröffentlichte, finden wir den Aufsatz »Gedanken über des Herrn Abendmahl«,[29] der wie viele andere Übersetzungen aus Darbys Schrifttum das Denken der deutschen Brüderbewegung entscheidend geprägt hat. Hier rückt Darby – er ist mit Sicherheit der Verfasser des anonymen Artikels - das Abendmahl nicht nur in den Mittelpunkt der Zusammenkünfte, sondern verleiht ihm auch mit unerbittlicher Schärfe jenen Ausschließlichkeitscharakter, der eine wahrhafte Abendmahlsfeier außerhalb des Kreises der »Brüder« ihrem Wesen nach gar nicht für möglich hält.

> »Nur da kann des Herrn Mahl sein, wo der ganze Leib des Herrn, die Einheit aller Gläubigen anerkannt wird ... Wenn anders, so hört der Tisch auf, des Herrn Tisch zu sein, sondern wird der eigene Tisch einer Sekte ... . Ich sage, der Heilige Geist kann nicht in allen Spaltungen der bekennenden Kirche wohnen ... . So soll auch der Tisch des Herrn an irgendeinem Orte die Darstellung der Einheit der ganzen Kirche sein, und wo dieses nicht ist, da ist auch nicht der Tisch des Herrn ... . Der rechtschaffene Geist wird jede Spaltung von sich abwerfen, ... prüfen, dass nichts mit dem Mahle, woran er teilnimmt, verbunden sei, welches die Einheit der Kirche hindert.«

Damit ist deutlich, dass für Darby der Tisch des Herrn nur noch bei den Gläubigen ist, die sich um die Darstellung der Einheit des Leibes Christi bemühen und sich deshalb frei von kirchlichen Systemen im Namen Jesu versammeln. Auch eine Teilnahme an Abendmahlsfeiern in Kirchen und Gemeinschaften ist für ihn völlig ausgeschlossen, denn dort kann ja wegen der Vermischung mit dem Bösen und der Zurückweisung der Gläubigen anderer Kirchen niemals die Einheit zu finden sein. Im Gegenteil, es wäre ein Schlag gegen die vom Herrn geschaffene Einheit.

> »Ist es möglich, herzlos und eigenwillig den Leib Christi zu zerreißen und durch menschliche Grenzen und Satzungen teuer erkaufte und geliebte Glieder von Seinem Tisch zurückzuweisen? Gewiss, es könnte nicht sein, wenn alle Gläubigen den dargebrachten Leib und das vergossene Blut unseres Herrn Jesus Christus recht im Geist auffassten. Diese Wahrheit würde sie frei und aller Ketzerei und Spaltung ein Ende machen.«

Es lässt sich nicht leugnen, dass im Blick auf Darbys Lehre von der Einheit der Kirche seine Gedanken zum Abendmahl einer gewissen Folgerichtigkeit nicht entbehren. Leider wurde aber gerade dadurch die Gemeinschaft am Tisch des Herrn, die einmal die in die Tat umgesetzte »herrliche Wahrheit (Groves)« der Anfangszeit gewesen war, zum Trennungsmerkmal in den Versammlungen der Brüder: Wer noch mit anderen Christen Gemeinschaft pflegte – etwa gar beim Abendmahl –, konnte nicht »zugelassen« werden.

Weniger zur Trennung führend als die gottesdienstliche Form der Versammlungen bestimmend, erwies sich schließlich der dritte Fragenkomplex, der aber ebenfalls mit Darbys Anliegen, Darstellung der Einheit, eng verbunden ist.

Gegenwart des Heiligen Geistes und Priestertum aller Gläubigen

Ganz gewiss ist das Bewusstsein von der Gegenwart des Heiligen Geistes beim Zusammenkommen der Gemeinde Jesu nicht erst von Darby entwickelt worden. Auch die Einsicht, dass jeder Gläubige im Blick auf seine Berufung Priester im Heiligtum ist, war dem Neuen Testament schon immer zu entnehmen und von daher nicht neu. Schon die Quäker hatten sich ausdrücklich unter dem Zeichen des allgemeinen Priestertums versammelt und dabei auf die Leitung (»Erleuchtung«) durch den Heiligen Geist vertraut. Ähnlich dachte und handelte man in den Versammlungen der Brüder, hatte doch Groves schon ganz am Anfang zuversichtlich erklärt:

> »dass der Herr uns auferbauen will, indem er uns aus unserer Mitte zu unserem Nutzen dient, wie er es für gut erachtet« (s. S. 16 f.).

Darby verband aber auch dieses Thema mit der Frage nach der Einheit der Kirche. Im Hause Gottes, der einheitlichen Kirche des Neuen Testaments, war der Heilige Geist für ihn noch uneingeschränkt der Leiter jeder Ortsgemeinde, er ordnete in den Versammlungen, was zu ordnen war. Dann aber trat der Verfall ein, und an die Stelle des Heiligen Geistes trat das Fleisch, das durch Organisation und Ämter, kurz, durch Klerikalismus, für Einheit und Ordnung zu sorgen versuchte. An die Stelle Gottes war damit der Mensch getreten.

Wiederum ist auch dieser Gedanke für Darby ein Argument, sich absondern zu müssen. Denn nur in der Trennung vom Bösen, von den durch Kleriker geleiteten Systemen, hat der wahre Christ die Möglichkeit, sich völlig der Leitung des Geistes Gottes zu unterwerfen und so nach dessen Willen die Einheit der wahren Kirche darzustellen. Es gilt also für den einsichtigen Christen, sich der Leitung des Heiligen Geistes konsequent anzuvertrauen. Dies sei nötiger als große Erweckungen, meinte Darby. Die Christen sollten:

1. sich einfach im Namen Jesu versammeln,
2. um die Wirksamkeit des Heiligen Geistes bitten,
3. auf die Offenbarung der Gaben desselben warten und
4. die offenbar gewordenen Gaben anerkennen und nutzen.[3o]

Gaben sind allerdings für Darby nicht nötig im Blick auf den »Gottesdienst (oder Kultus)«, worunter er ausschließlich die Anbetung am Tisch des Herrn versteht. Hier verwirklicht sich für ihn das allgemeine Priestertum in vollendeter Weise. Alle Gläubigen sind gleichermaßen im Allerheiligsten versammelt, um Gott Opfer des Lobes darzubringen und die Einheit des Leibes Christi darzustellen. Der Geist leitet einzelne Glieder an, sich zum Mund der Versammlung zu machen: im Gebet, im Vorlesen von Bibeltexten, im Vorschlagen von Anbetungsliedern.

Anders sieht es Darby im Blick auf die gegenseitige Erbauung und auf die Verkündigung vor Ungläubigen. Hier sollte auf Gaben gewartet, die Gaben sollten anerkannt und genutzt werden. Obwohl es sich bei der Ausübung solcher Dienste für Darby nicht um Priesterdienst im obigen Sinn handelt, ist die Frage nach den Gaben und den aus ihnen hervorgehenden Diensten später meistens mit dem Thema des allgemeinen Priestertums verbunden worden. Denn in jedem Fall sind alle Zusammenkünfte der Gläubigen abhängig von der Leitung durch den Heiligen Geist, und er erwählt, wen er will.

Nun unterscheidet Darby deutlich zwischen

Amt und Gabe.

Ämter mit göttlicher Legitimation hat es für ihn nur in der Kirche des Neuen Testaments gegeben. Wie die Apostel durch Jesus Christus sind die Ältesten und Diener durch die Apostel bzw. durch ihre unmittelbaren Mitarbeiter (z. B. Timotheus, Titus) eingesetzt worden. Mit dem Verfall der Kirche ist aber die Möglichkeit einer solchen Einsetzung geschwunden. Insofern kann es heute keine vom Herrn bestätigten Ämter mehr geben. Alle klerikalen Ämter in den verschiedenen Kirchen sind fleischliche Einrichtungen.

> »Gott kann den verschiedenen Sekten und Konfessionen in der christlichen Kirche keine Ältesten geben: denn dadurch würde er die Parteien anerkennen; und dies kann er nimmer tun.«[31]

Dafür erweckt aber Gott *Gaben*, die der Erbauung der Kirche dienen sollen. Sie sind als Gnadengaben vom Herrn den einzelnen Gliedern der Kirche gegeben, z. B. die Gabe des Hirten, des Lehrers, des Evangelisten, sind an kein Amt gebunden und stehen unter der Leitung des Geistes Gottes der Versammlung zur Verfügung. Sie sind auch nicht an eine Ortsgemeinde gebunden – wie es die Ämter waren – und dienen gerade deshalb wiederum der Einheit des gesamten Leibes Christi. Ihre Bindung an ein Amt, etwa durch Ordination, eine Amtseinführung durch ein kirchliches System, ist Anmaßung des Menschen, denn das Offenbarwerden der Gabe genügt vollkommen als Beweis der göttlichen Berufung und als Verpflichtung zur Ausübung des entsprechenden Dienstes. Für den so »Begabten« gilt es nur, abhängig vom Herrn und gehorsam zu sein, damit der Geist ihn uneingeschränkt leiten kann. Gewiss haben nicht alle Glieder die gleiche Gabe, aber der Geist muss jeden Bruder gebrauchen können, wenn er will, was in einem klerikalen System unmöglich wäre.

Dabei beschränkt sich Darby im allgemeinen auf die »Öffentlichen« Gaben, die bei den Zusammenkünften hervortreten, er schließt aber auch nicht aus, dass jeder Christ alle vom Herrn auferlegten Pflichten unter der Leitung des Heiligen Geistes zu erfüllen habe. Sein Interesse gilt aber wirklich nur den Gaben, die in den Versammlungen benötigt werden. Denn gerade die Gaben der evangelistischen Verkündigung und der Belehrung sind für ihn von besonderer Wichtigkeit, führen sie doch den Christen zu der Erkenntnis, in der er allein den Priesterdienst, die Anbetung des Herrn und die Darstellung der Einheit beim Abendmahl, wahrnehmen kann.

Die Folgen im Denken und Leben der Brüderbewegung

Es kann nicht übersehen werden, dass in jedem Kapitel der Lehre Darbys Einsichten enthalten sind, die von der Botschaft des Neuen Testaments wieder Seiten sichtbar machen, die durch den Wust einer jahrtausendealten Kirchengeschichte – und dies auch im protestantischen Raum – verdeckt waren.

Ganz gewiss ist die Zusammenführung der wahren Gläubigen beim Abendmahl ein Zeugnis der Einheit des Leibes Christi, einer Einheit, die in der Menge der z. T. gegeneinander wirkenden Staats- und Freikirchen kaum zu bemerken ist.

Sicher kann auch die Gewichtung, die das Abendmahl durch Darby erfahren hat, den Christen davor bewahren, dass ihm persönliches und gemeindliches Tun – auch im guten geistlichen Sinne – den Blick für die zentrale Stellung verdunkelt, die Jesus Christus und sein Opfer für uns einnehmen, kann auch immer wieder neu die Augen öffnen für den Grundsatz, dass nicht geistlicher »Betrieb«, sondern Verherrlichung Gottes der Sinn christlichen Lebens ist.

Und ganz gewiss ist das Bewusstsein von der Gegenwart des Geistes Gottes, von der Notwendigkeit, sich seiner Leitung zu unterstellen, bis heute hin ein wesentliches Merkmal der Brüderbewegung geblieben, das sich formal in dem weitgehenden Verzicht auf hauptamtliche Mitarbeiter (Prediger, Pastoren) äußert und seinem inneren Anliegen nach die Gaben möglichst aller Glieder der Gemeinde aktivieren will. Denn sicherlich kennt das Neue Testament keinen Unterschied zwischen Priestern (Theologen) und Laien.

Wenn heute zuweilen nach der Existenzberechtigung der Brüderbewegung im Kreis der Freikirchen gefragt wird, kann gewiss geantwortet werden, dass die genannten Merkmale ein legitimer Beitrag zum Zeugnis der Kirche in dieser Welt sind.

Andererseits darf nicht verschwiegen werden, dass Einseitigkeilen und Überspitzungen ihre zweifelhaften und beschämenden Folgen auf die Brüderbewegung gehabt haben.

Gerade der Wunsch, in den Versammlungen der Brüder die Einheit der Kirche Christi darzustellen, führte zu mehr Zerrissenheit, als es vorher gegeben hatte. Denn leider blieb es nicht bei der Absonderung von offensichtlicher Sünde oder auch von verweltlichten Kirchensystemen, sondern artete zur Trennung von jedem Bruder aus, der noch mit Kindern Gottes anderer Kreise Gemeinschaft pflegte oder sich den

Ansichten Darbys nicht unterwarf. Und schließlich ist die Einheit der Kirche nicht im Tun des Menschen begründet – auch wenn er diese Einheit nur »darstellen« will –, sondern in der Person Jesu Christi; vielleicht liegt es an der Außerachtlassung dieses Grundsatzes, dass Darbys Zielsetzungen statt in der Darstellung der Einheit in der Darstellung von Trennungen in der Brüderbewegung endeten.

Auch die Beschränkung des »Gottesdienstes« auf das Abendmahl hat nicht unwesentlich zur Herausbildung eines Sonntagschristentums beigetragen, bei dem es darauf ankam, sonntags »seinen Platz einzunehmen«, bei dem aber im übrigen die Fülle des geistlichen Lebens zu kurz kam. Ebenso hat die Beschränkung des neutestamentlichen Priesterdienstes auf die Sonntagvormittagsstunde den Blick dafür verdeckt, dass unser ganzes Leben und nicht zuletzt auch unser Leib (Röm 12,1) Hingabe, Opfer für den Herrn sein sollen.

In gleicher Weise hat auch die Konzentrierung des Themas der Geistesleitung und der Gaben auf die »Versammlungen« als Zusammenkünfte die Sicht für die Fülle der Lebensäußerungen einer Gemeinde verschlossen. Geistesleitung will überall im täglichen Leben stattfinden, Gnadengaben gehören für die ganze Breite menschlicher Existenz zum Reichtum der Kirche Christi.

Und wollte Darby die »Ordnung des Amtes« durch die »Ordnung des Geistes« ersetzen – bei seiner berechtigten Ablehnung des Klerikalismus verständlich –, so wurde leider oft daraus eine »Ordnung der Willkür«, weil nun einmal vermeintliche Geistesleitung zu menschlicher Willkür ausarten kann. Das geistliche Überlegenheitsgefühl einer pneumatischen Elite, die meinte, die Geistesleitung auf ihrer Seite zu haben, hat auf diese Weise die Tragödie der Trennungen über die Brüderbewegung gebracht.

Sogar im Blick auf die Zusammenkünfte hat das vom Ansatz her so fruchtbare Prinzip der Geistesleitung und des allgemeinen Priestertums Unzulänglichkeiten hervorgebracht. Zwar wusste auch Darby, dass allgemeines Priestertum nicht allgemeines Rednertum in den Versammlungen bedeutet, aber schon sein Mitarbeiter Mackintosh klagte:

> »Leider, leider sehen wir in unseren Versammlungen häufig Leute aufstehen, die gesunder Menschenverstand, um nicht von Geistlichkeit zu reden, auf ihren Sitzen halten sollte. Wir dachten oft, dass eine Klasse von Unwissenden, die sich selbst gerne hörten, die Versammlung als einen Ort

betrachten, wo sie etwas gelten könnten, ohne die Mühe von Schule und Studium.«[32]

Geltungsbedürfnis und falsche Bescheidenheit, kurz, unsere menschlichen (»fleischlichen«) Eigenschaften machen den Versammlungen bis heute zu schaffen, weil man über die Anerkennung der Geistesleitung und des allgemeinen Priestertums hinaus kaum zu greifbaren Ordnungsstrukturen im Leben der Gemeinden gefunden hat.

Die Frage der menschlichen Leitungsverantwortung ist durch die Idealisierung der Geistesleitung bis heute nicht befriedigend beantwortet worden. Zwar leugnet man heute nicht mehr, dass es Älteste gibt, aber man sieht keine Vollmacht zu ihrer Einsetzung, wie es schon Darby tat. Und ob die demokratische Wahl von Ältesten eine gangbare Alternative ist, kann im Blick auf die Unvereinbarkeit zwischen politischen Prinzipien und dem Neuen Testament mit Fug und Recht bezweifelt werden. So bleibt für viele Versammlungen nur der Grundsatz, dass auch Älteste an ihren Gaben erkannt und anerkannt werden, ein Zustand, der wiederum nicht von allen akzeptiert werden will, weil er menschlichem Geltungsdrang und Machtstreben in der Gemeinde zu oft den Weg ebnet.

Die Darstellung der sehr gerafften und auf ihre Grundlinien reduzierten Lehre Darbys mag manchen Beurteilern im Blick auf das vorliegende Thema immer noch als zu umfangreich erscheinen, die große Wirkung dieser Lehre auf die Entwicklung der Brüderbewegung ist jedoch nicht zu bestreiten. Die Tatsache, dass der deutsche Zweig heute mindestens in drei parallelen Teilentwicklungen verläuft, ist von der Lehre Darbys nicht zu trennen. Die folgende Darstellung der deutschen Brüderbewegung wird zeigen, dass diese Lehre sie maßgeblicher beeinflusst hat, als es für ihre eigene Einheitlichkeit und für die Verherrlichung Gottes gut war.

II. Die Anfänge in Deutschland

1. Täufertum – Pietismus – Erweckungs- und Gemeinschaftsbewegung

Täufertum (16. Jhdt.)

Man könnte annehmen, dass Bewegungen, die sich darum bemühten, Gemeinden nach den Grundsätzen des Neuen Testaments zu bilden, in Deutschland, dem Mutterland der Reformation, besondere Freiheit genossen hätten. Dem war aber gar nicht so, im Gegenteil, nicht nur von seiten der römisch-katholischen Kirche wurden sie grausam verfolgt, auch die reformatorischen Landeskirchen gingen mit Gewalt gegen sie vor. Das bekamen im 16. Jahrhundert jene Christen zu spüren, die im Rahmen der Täuferbewegung in die Geschichte eingegangen sind.

Das Täufertum hat seine Wurzeln in den Gemeinschaften der »heimlichen Kirche«, die schon im Mittelalter außerhalb der Papstkirche gestanden, die die Kirche als Ketzer blutig verfolgt, die aber im Untergrund immer weitergelebt hatten: in den Waldensern im Westalpengebiet, in den »Bruderschaften vom gemeinsamen Leben« in den Niederlanden, in den böhmisch-mährischen Brüdern. Mit dem Aufbruch der Reformation drängte die verborgene Bewegung verständlicherweise an die Öffentlichkeit. Die Schweiz und Süddeutschland wurden vornehmlich zum Wirkungsgebiet des Täufertums, das seinen Namen von der Glaubenstaufe erhielt, die jene Christen damals praktizierten. Der Umwelt, seit 15 Jahrhunderten an die Kindertaufe gewöhnt, erschien die Taufe von Erwachsenen als das Absonderlichste an der neuen Bewegung. Jenen Gläubigen selbst aber war die Glaubenstaufe nur ein Moment ihres Bemühens, Gemeinden nach dem Vorbild der neutestamentlichen Urkirche zu bilden, wozu nach ihrer Erkenntnis Bekehrung, Geistesleitung, Bildung brüderlicher Gemeinschaften abseits der Staatskirche, Missionseifer und einfacher Lebensstil gehörten. »Brüder« nannten sie sich oft schlicht, den Namen »Wiedertäufer«, den ihnen die Kirchen katholischer und protestantischer Konfession voller Hass beilegten, empfanden sie als Schimpfnamen.

Die Feindschaft der offiziellen Kirchen hat die Geschichte der Täufer zu einer furchtbaren Leidensgeschichte werden lassen. Besonders den Reformatoren kann der Vorwurf nicht erspart werden, dass sie sich an den »Brüdern« des Täufertums schwer versündigt haben, und dies nicht erst zu der Zeit, als durch die Exzesse der »Wiedertäufer« in Münster (1534/35) die Täuferbewegung, die in keinem inneren Zusammenhang mit den dortigen Geschehnissen stand, in Verruf geraten war. Gehasst, verfolgt, gefoltert, enthauptet, ertränkt – Zwingli z. B. hielt das Ertränken für eine angemessene Abwehr des Täufertums –, verbrannt, so liest sich die Geschichte jener Christen, die gegen die Verweltlichung der Kirche – auch der reformatorischen – nicht mit Programmen, sondern mit ihrem Leben protestierten.

Aus dem Zusammenbruch des fast bis zur Ausrottung verfolgten Täufertums retteten sich nur Reste in die Niederlande, wo sie sich um den ehemaligen friesischen Priester Menno Simons (1492-1560) scharten und später als Mennoniten in Rußland und Amerika weltweit bekannt wurden.

Die Reformatoren und ihre Nachfolger glaubten, durch Festhalten an der reinen Lehre, durch Orthodoxie, das Schiff der evangelischen Kirche zwischen der katholischen Gegenreformation und den Schwarmgeistern, wofür sie die Täufer hielten, hindurchsteuern zu können. Sie übersahen aber dabei, dass menschliche Vernunft allein der Kirche weder Geist noch Leben einzuhauchen vermag.

Pietismus (17./18. Jhdt.)

So hat sich in Deutschland schon früh der Widerstand gegen die in Orthodoxie erstarrte reformatorische lutherische Kirche geregt, die nur in Stolz auf die lutherische Institution und in der Bewahrung ihres Dogmas stagnierte und zum geistlichen Leben ihrer Glieder kaum noch etwas beitragen konnte. Im Gegensatz zu ihr wurde die Bewegung des Pietismus der umfassende Versuch, die Grundsätze des Urchristentums in der Gegenwart zu verwirklichen, ein Ideal, das später in der Brüderbewegung des 19. Jahrhunderts noch einmal eine zentrale Zielsetzung sein sollte. Männer wie Spener, Francke und Zinzendorf setzten gegen die Lehre das Leben aus Gott, gegen das Rechtfertigungsdogma die Wiedergeburt, gegen das Amt den Geist. Auf Buße und Bekehrung des grundsätzlich unter der Macht der Sünde seufzenden Menschen antwortete Gott in seiner Gnade mit der Wiedergeburt zu einem neuen Menschen, der sich nun im vollen Bewusstsein der Heilsgewissheit und Gotteskindschaft in Gemeinschaft, Mission und Liebe (z. B. in sozialen Diensten) betätigen konnte. Das praktische Glaubensleben sollte geprägt sein von persönlichem Bibelstudium, von allgemeinem Priestertum in der Gemeinde, von einer erwecklichen Predigt und von einem Tatchristentum, das den sozialen Dienst der Liebe nicht scheute.

August Hermann Francke (1663-1727) wurde mit seinem Waisenhaus in Halle a. d. Saale und dem Werk der Bibelverbreitung, mit seinen damit verbundenen Glaubensführungen zum Vorbild Georg Müllers, dem das Lebensbild Franckes im Jahre 1833 Anstoß zu seinem großen Glaubenswerk in Bristol wurde (s. S. 20).

Beim Grafen von Zinzendorf (1700-1760) ist schon das Ringen um die Einheit der Kirche Christi zu spüren, sie sollte in Herrnhut ganz praktisch gelebt werden, indem er dort mit seiner »Brüderunität« konfessionelle Gegensätze zu überbrücken suchte. Lebendige Triebkraft war aber dabei immer wieder die Gemeinschaft mit dem gemeinsamen Herrn Jesus Christus, wie es Zinzendorf einmal ausdrückte:

»Wir müssen mit dem Heiland in Person bekannt werden, sonst ist alle Theologie nichts. Darin besteht die Brüderreligion.«

Sogar Darbys Lehre vom Verfall der Kirche ist im Pietismus schon vorgebildet, und zwar in Gottfried Arnolds (1666-1714) »Unparteiischer Kirchen- und Ketzerhistorie«, in der die Geschichte der Christenheit als ein fortschreitender Verfall – vornehmlich bei den Großkirchen – angesehen wird, den auch die Reformation nicht aufzuhalten vermocht habe.

So zeigt der Pietismus schon wesentliche Grundgedanken, die hundert Jahre später in der Brüderbewegung aufgegriffen, umgeformt und z. T. neu formuliert werden sollten.

Allerdings ist der Pietismus eine typisch deutsche Erscheinung, obrigkeitsfromm und damit sich auch in die Staatskirche einordnend. Mit dem gegen Staat und Staatskirche revoltierenden Puritanismus Englands hat er wenig gemein. In der Absonderung von den offiziellen Kirchen wird dann auch später die Brüderbewegung eher dem Puritanismus oder auch dem Täufertum ähneln als dem Pietismus in seiner Bindung an die evangelischen Landeskirchen.

Erweckungs- und Gemeinschaftsbewegung (19. Jhdt.)

Zunächst aber sollte der Pietismus in die Erweckungsbewegungen des 19. Jahrhunderts münden, die in den Ländern Nord-, West- und Mitteleuropas vielen Menschen zum Segen wurden.

Mit dem Zeitalter der Aufklärung im 18. Jahrhundert waren die evangelischen Landeskirchen in Deutschland in großem Maß einem trockenen Rationalismus verfallen, zu dem die weithin von der Bibelkritik bestimmte Theologie ihr Teil beitrug. Die Geburtswehen des aufbrechenden Industriezeitalters ließen die Angehörigen des vierten Standes, die Arbeitermassen, in immer tieferes Elend sinken und entfremdete sie mehr und mehr einer Kirche, die weder auf die soziale Frage noch auf die Frage nach dem ewigen Heil eine Antwort wusste.

In diese Lücke stießen die Erweckungsbewegungen in den verschiedenen Teilen Deutschlands mit ihren oft recht unterschiedlichen Strömungen geistlichen Lebens, ob es sich nun um Bibel-, Missions- oder Gemeinschaftsbewegungen oder daneben auch um Dienste der Diakonie oder der Inneren Mission handelte. Immer standen bei den sich bildenden Gemeinschaftskreisen frohe Heilsgewissheit und auf Bekehrung zielende Verkündigung, enge Gemeinschaft der Gläubigen unter dem Wort Gottes und im Gebet, biblizistische Grundhaltung und Naherwartung Christi, schließlich aber auch ein geheiligtes Leben im Vordergrund des Denkens und Handelns.

In Schlesien und Berlin war es der Baron von Kottwitz (1757-1843), der sich nicht nur unter Aufopferung seines Vermögens um die Armen, z. B. um die schlesischen Weber, kümmerte, sondern der auch seelsorgerlich vielen Menschen, Gebildeten wie Ungebildeten, Reichen wie Armen, zum Segen wurde.

In Pommern sammelte der adlige Gutsbesitzer Adolf von Thadden (1796-1882) Standesgenossen und Landarbeiter um die Bibel, er wurde zum Mittelpunkt der pommerscheu Erweckungsbewegung, von der auch Otto von Bismarck, der spätere Reichskanzler, beeinflusst wurde. Dass zur Verkündigung des Evangeliums die tätige Hilfe für Kranke, Alte, sozial Heruntergekommene gehörte, war für Thadden dabei selbstverständlich.

Der Hannoveraner Louis Harms (1808-1865) trug mit seiner geisterfüllten Predigt zur Erweckung in Hermannsburg bei und gab damit den Anstoß zur Gründung der Hermannsburger Mission, während der Schwabe Johann Christoph Blumhardt (1805-1880) Bad

Boll in Württemberg zum Mittelpunkt seiner weitreichenden seelsorgerlichen Tätigkeit machte.

Als im Jahre 1816 der Pfarrer Gottfried Daniel Krummacher (1774 bis 1837) nach Elberfeld kam, entstand hier durch sein Wirken eine Erweckung, die ein reiches geistliches Leben im Wuppertal zur Folge hatte und 1828 zur Gründung der »Rheinischen Missionsgesellschaft« führte. In zahlreichen Hauskreisen sammelten sich die »Stillen im Land«, so dass das Wuppertal bald spöttisch das »Muckertal« genannt wurde. Es war aber auch das Anliegen jener Gläubigen, das Evangelium ins Land hinauszutragen, um möglichst vielen Menschen die Freude der Heilsgewissheit in Jesus Christus zu vermitteln. Zu diesem Zweck war schon 1814 eine »Bergische Bibelgesellschaft« gegründet worden, und seit 1848 bemühte sich die »Evangelische Gesellschaft« um die Verbreitung des Evangeliums in der näheren und weiteren Umgebung. Zwei Jahre später begann der »Evangelische Brüderverein« von Elberfeld aus seine Boten hinauszusenden (s. S. 67).

Zum großen Segen wurde das Wirken der Elberfelder und Barmer Christen für das Siegerland, das schon im 18. Jahrhundert unter dem pietistischen Einfluss Jung-Stillings und Tersteegens Erweckungszeiten erlebt hatte, nun aber seit 1822 einen zweiten geistlichen Aufbruch erfuhr. Hier war es ganz besonders der Gerbermeister Tillmann Siebel (1804-1875), der unter dem Einfluss Krummachers das Feuer der Erweckung ins Siegerland brachte, wo sich das geistliche Leben in zahlreichen Hausversammlungen entfaltete. Ab 1848/50 sollten dann auch aus dem Wuppertal die Sendboten der »Evangelischen Gesellschaft« und des »Evangelischen Brüdervereins« kommen und für eine weitere Ausbreitung und Festigung der Bewegung sorgen.

Es muss betont werden, dass alle hier genannten erwecklichen Bewegungen nicht den Boden der Landeskirchen verließen, sondern sich stets als »Kirchlein in der Kirche« verstanden, obwohl ihnen dies von Kirchenleitungen und vielen Pfarrern wahrhaftig nicht leicht gemacht wurde. Wenn selbst Männer wie der Rittergutsbesitzer Adolf von Thadden wegen ihrer Hausversammlungen und ihres schlichten Bekennermutes nicht nur Spott ernteten, sondern auch polizeiliche Verhöre und sogar Strafen auf sich nehmen mussten, wenn es dem Pfarrer Blumhardt an seinem ersten Wirkungsort Möttlingen untersagt wurde, an Nichtgemeindegliedern Seelsorge zu üben, wenn im Siegerland immer wieder Auflösungen von Hausversammlungen und

Verhaftungen durchgeführt wurden, kann man ungefähr ermessen, mit welcher Selbstverleugnung die Gläubigen jener Erweckungszeit zu ihrem Bekenntnis stehen mussten. Die von trockenem Rationalismus und bibelkritischem Liberalismus geprägte Kirche sah in den erwecklichen Kreisen unkontrollierte Konkurrenzunternehmungen, die sie im Blick auf das feste Bündnis von Thron und Altar mit staatlicher Hilfe zu unterdrücken suchte. Weder gegen Unglaube noch gegen Verweltlichung ging die Kirche vor, sondern gegen die Frommen, die »Mucker«, die sich herausnahmen, neben den offiziellen Gottesdiensten eigene Erbauungsstunden abzuhalten.

Erst 1848 kam mit dem Versammlungs- und Vereinigungsrecht in Preußen, einer liberalen Errungenschaft jenes Revolutionsjahres, mehr Freiheit für die »Stillen im Land«. Aber auch jetzt noch konnte man als Kirchenmitglied die Zustimmung der Kirche für inoffizielle Erbauungsstunden nur gewinnen, wenn man diese als Veranstaltungen von Missionshilfevereinen und dergl. tarnte, bis sich dann die Landeskirchen zum Ende des 19. Jahrhunderts hin mit der immer weiter um sich greifenden Gemeinschaftsbewegung abfanden. Im »Gnadauer Verband« von 1888 erhielt diese Bewegung nicht nur ihre Dachorganisation, sondern in gewissem Sinne doch auch ihre innerkirchliche Anerkennung. Die landeskirchlichen Gemeinschaften haben den nach 1870 aus den angelsächsischen Ländern verstärkt herüberkommenden Gedanken der Evangelisation und Erweckung innerhalb der Volkskirche nicht mehr zur Ruhe kommen lassen und im volksmissionarischen Sinn bis heute am Leben gehalten. Viele bewusste Christen sahen es als ihre Aufgabe an, gerade innerhalb der Volkskirche mit ihren vielfältigen Möglichkeiten der Breitenwirkung evangelistisch dort zu wirken, wo viele Menschen erreicht werden konnten.

2. Freikirchen und deutsche Staatskirchen im 19. Jahrhundert

Andererseits zeigten sich in Deutschland seit der Jahrhundertmitte auch separatistische Neigungen, die bis dahin in diesem ausgeprägt staatskirchlichen Land kaum hervorgetreten waren, ganz im Gegensatz zum angelsächsischen Raum, wo die Puritaner die Anerkennung der Freikirchen schon 200 Jahre früher erkämpft hatten. Die unduldsame Haltung der deutschen Kirchenleitungen gegenüber den erweckten

Kreisen mochte zu dieser neuartigen Erscheinung beitragen, aber das Ringen mancher Christen um die Bildung von Gemeinden im Sinne des Neuen Testamentes führte zuweilen notwendigerweise zur Trennung von der Staatskirche. Es erschien solchen Gläubigen nicht mehr mit ihrer Überzeugung vereinbar zu sein, im Großverband der Landeskirchen in Gemeinschaft – oft auch Abendmahlsgemeinschaft – mit vielen Ungläubigen, dazu noch unter den Kanzeln freisinniger Prediger zu bleiben; das Bekenntnis zur Glaubenstaufe sollte ebenfalls oft den Trennungsschritt zur Folge haben.

Auch die sich seit der Revolution von 1848 langsam wandelnde Einstellung des Staates gegenüber freikirchlichen Bewegungen trug zu deren Belebung bei. Preußen, der weitaus größte Staat in Deutschland, ging darin seit 1848 mit dem Versammlungs- und Vereinigungsrecht voran, obgleich das bis 1918 andauernde landesherrliche Kirchenregiment der preußischen Könige erst 1873 den Kirchenaustritt als zulässig erklärte. Immerhin aber hatte sich die preußische Regierung schon vorher neuen Religionsgemeinschaften gegenüber auch ohne förmliche Erlaubnis verhältnismäßig großzügig gezeigt, was man längst nicht von allen Regierungen der deutschen Mittel- und Kleinstaaten sagen kann.

So wurde 1855 auf der 2. Internationalen Versammlung der »Evangelischen Allianz« in Paris über die Schikanen Klage geführt, die freikirchliche Kreise im außerpreußischen Raum Deutschlands zu erdulden hatten.[33] Versammlungsverbote, Predigerverhaftungen, Geldstrafen, Ausweisungen kamen im süddeutschen wie norddeutschen Raum immer wieder vor, wenn nur eine Anzeige der offiziellen Kirchenbehörden vorlag. Der preußische König Friedrich Wilhelm IV. versprach 1855 einer Delegation der »Evangelischen Allianz«, sich bei den übrigen deutschen Regierungen für Abhilfe einzusetzen, jedoch dauerte es noch lange, bis sich der Gedanke der Religionsfreiheit wirklich durchsetzte. Mecklenburg z. B., das zu den geistlich unfruchtbarsten Gebieten Deutschlands zählte, erlaubte erst 1907 baptistische Gottesdienste.

Aber auch eine staatlicherseits zugestandene Religionsfreiheit war noch längst keine im täglichen Leben praktizierte, genauso wenig wie etwa die in den USA eingeführte gesetzliche Gleichberechtigung der Farbigen schon deren gesellschaftliche Achtung zur Folge hätte. Von Behinderungen freikirchlicher Beerdigungen auf kirchlichen Friedhöfen – es durfte dabei kein Wort gesprochen werden – bis zu gesellschaftlicher Diskriminierung gab es im 19. und auch noch im 20. Jahrhundert vielfältige Möglichkeiten, »Dissidenten« das Leben zu erschweren; und schließlich waren bis 1875 die Pfarrer im Deutschen Reich die Standesbeamten und damit für jede Eheschließung (= Trauung!) zuständig.

Wie schwer sich deutsche Kirchenleitungen in der Anerkennung freikirchlicher Bewegungen taten, zeigt schon die Geschichte der »Evangelischen Allianz« in Deutschland. Vor der Teilnahme an deren 1. Weltkonferenz in London, 1846, warnte ein führender preußischer Lutheraner:

> »Es heiße die Kirche verraten, wenn man sich mit den Cananitern, Hethitern, Amoritern, Pheresitern, Hevitern und Jebusitern der Neuzeit verbrüdern und verschwägern wolle. Nicht Friede, Friede rufen, sondern: ›Hie Schwert des Herrn und Gideon‹.«[34]

Dies mochte in der Formulierung übertrieben sein und wurde schließlich auch nicht veröffentlicht. aber die Ansicht vieler offizieller Kirchenvertreter gegenüber den Freikirchen ist damit gekennzeichnet. Auf den Allianztagungen des 19. Jahrhunderts kamen selbst von den Kirchenmännern, die daran teilnahmen, die Vorwürfe der Proselytenmacherei und überhaupt aggressiven Verhaltens gegen die Freikirchen nicht zur Ruhe, während auf der anderen Seite die Anklagen gegen die Landeskirchen wegen ihres intoleranten Vergehens nicht verstummten. Erst 1919 war mit der Gründung der Weimarer Republik für die Freikirchen in Deutschland die volle religiöse Gleichberechtigung erreicht, wenn man von einigen finanziellen Vorrechten der großen Kirchen absieht.

Im Gegensatz zu den calvinistischen Ländern Westeuropas und Nordamerikas, wo sich das freikirchliche Prinzip seit dem 17. Jahrhundert voll entfalten konnte, ist Deutschland durch seine enge Verbindung von Thron und Altar bis über den Zusammenbruch der Monarchien 1918 hinaus also immer ein Land der Staats- und später Volkskirchen geblieben, in dem die Freikirchen in eine gewisse Außenseiterrolle gedrängt wurden, in der sie bis heute im Bewusstsein sowohl strenger Lutheraner wie auch der kirchlich nicht gerade interessierten Massen geblieben sind. Für das 19. Jahrhundert gilt dies in vermehrtem Maß.

Dennoch war seit der Jahrhundertmitte die Bildung freikirchlicher Bewegungen nicht mehr aufzuhalten. Schon 1834 gründete Johann Gerhard Oncken (1800-1884) in Hamburg die erste baptistische

Gemeinde, ehe es 1849 zum »Bund der vereinigten Gemeinden getaufter Christen« kam; seit demselben Jahr, 1849, breiteten sich auch die freikirchlichen Methodisten von Bremen aus über Deutschland aus; und 1854 gründete Hermann Heinrich Grafe (1818-1869) in Elberfeld nach dem Vorbild staatskirchenfreier Gemeinden in der Westschweiz und in Lyon die erste »Freie evangelische Gemeinde« in Deutschland, die der Ausgangspunkt eines sich 1874 bildenden Bundes wurde. Grafe war es auch, der in Verbindung mit dem Elberfelder »Evangelischen Brüderverein« und Carl Brockhaus am Anfang der Brüderbewegung in Deutschland eine gewisse Rolle spielen sollte, jener Bewegung, die nun Ende der vierziger Jahre mit ihren ersten Versammlungen auf deutschem Boden zu finden ist.

Die Trennung von der Staatskirche war damals für viele Christen kein leichter Entschluss. Vielen erschien ein solch radikaler Schritt hinaus aus der trotz aller Einschränkungen mit Liebe und Ehrfurcht betrachteten Kirche zu schwer, zumal es in Deutschland keine freikirchliche Tradition gab, und so ist es verständlich, dass die freikirchlichen Gemeinschaften durchsetzt waren mit Gläubigen, die – soweit sie nicht überhaupt in landeskirchlichen Gemeinschaften ihre geistliche Heimat fanden – bis an ihr Lebensende der Staatskirche die Mitgliedschaft nicht aufkündigten, obwohl sie für ihre Person der Gemeinschaft und dem Frömmigkeitsstil der freikirchlichen Bewegungen den Vorzug gaben.

Am wenigsten mochte dies bei den Baptisten zutreffen, die durch die Glaubenstaufe von vornherein einen scharfen Trennungsstrich zur Volkskirche zogen; dagegen finden wir bei den übrigen Bewegungen, wo die Glaubenstaufe mindestens nicht so im Vordergrund stand, zunächst jene bezeichnende Mischung von traditionsbewusster Bindung an die Kirche und praktischer Absonderung zum Freikirchentum hin.

In diesem Mittelfeld sollte auch die Brüderbewegung in Deutschland z.T. ihren Anfang nehmen, ähnlich der Entwicklung in England, wo man ja auch in der ersten Zeit Mitgliedschaft in Kirchen (allerdings auch in Freikirchen!) und brüderliche Versammlung ohne weiteres miteinander zu verbinden vermochte. In Deutschland führte jedoch die feindselige Haltung der Staatskirche schneller zum Separatismus, als es deutscher Mentalität im Blick auf die Kirchentradition entsprach und als es manchem Gläubigen lieb war, zumal dann der schnell einsetzende Einfluss Darbys in der Brüderbewegung bei vielen zur bewussten Trennung von der Landeskirche führte.

3. Die ersten Brüderversammlungen in Deutschland

Württemberg (Georg Müller und Peter Nippel)

Es kann mit Sicherheit angenommen werden, dass die erste Brüderversammlung in Süddeutschland 1843 in Stuttgart unter dem Einfluss Georg Müllers entstanden ist. Zu jener Zeit gab es dort eine kleine Baptistengemeinde, die mit dem damals schon wegen seiner Glaubenserfahrungen bekannten Waisenvater von Bristol in Verbindung kam[34a]. Auslösendes Moment für diesen Kontakt war eine Dame, die in der Stuttgarter Baptistengemeinde getauft werden wollte. Als man ihr aber als Bedingung für die Taufe das Versprechen abverlangte, nie wieder mit ungetauften Gläubigen oder Angehörigen der Staatskirche das Abendmahl zu feiern, lehnte sie es ab, sich die Freiheit zur Gemeinschaft mit anderen Christen auf diese Weise einschränken zu lassen. Sie reiste nach Bristol, weil sie von der freien Art gehört hatte, in der englische Gläubige um den bekannten Georg Müller Gemeinschaft – auch am Tisch des Herrn – pflegten. Aus dieser Verbindung entwickelte sich ein Briefwechsel zwischen Müller und einem der führenden Männer der Stuttgarter Baptistengemeinde, dem Rechtsanwalt Dr. Römer, was schließlich zu einer Einladung Müllers nach Stuttgart führte, denn man wollte von dem Mann, der selbst die Entwicklung vom Baptistenprediger zum Gründer und Leiter einer der bekanntesten englischen Brüderversammlungen durchschritten hatte (s.· S. 18 ff.), hören, wie er über die Abendmahlsgemeinschaft mit Christen anderer Kirchen dachte.

Georg Müller hatte zu jener Zeit selbst die Überzeugung gewonnen, nach Deutschland reisen zu sollen. Er hatte dafür mehrere Gründe.[35] Er wollte jene Christen in Deutschland ermutigen, die sich unter den damals noch sehr schwierigen Umständen von der Staatskirche getrennt hatten; er glaubte, dass er als Deutscher ganz besonders in Deutschland diese Aufgabe habe. Als sich ihm dann in Stuttgart eine Tür öffnete und zudem das bis dahin fehlende Reisegeld gespendet wurde, verließ Müller mit seiner Frau im August 1843 Bristol, wohin er erst nach einem siebenmonatigen Aufenthalt in Deutschland wieder zurückkehrte.

Am 19. August 1843 traf Georg Müller in Stuttgart ein und erhielt in der ihn herzlich aufnehmenden Gemeinde Gelegenheit, sonntags und wochentags zu predigen. Verschiedenen Lehrirrtümern konnte Müller in seiner ruhigen und freundlichen Art entgegentreten, so etwa der Ansicht, dass ohne Taufe die Wiedergeburt nicht möglich und dass es Sünde sei, mit Gliedern der Staatskirche, die noch nicht die Glaubenstaufe empfangen hätten, Abendmahlsgemeinschaft zu pflegen.

An der Abendmahlsfeier, die nach wenigen Wochen turnusgemäß in der Gemeinde stattfinden sollte, entzündete sich dann aber auch ein Streit, der zur Spaltung der kleinen Gemeinschaft führen sollte. Eine kleinere Gruppe um den Gemeindeältesten Schauffler war der Meinung, dass Müller wegen seiner Lehrmeinungen die Teilnahme am Abendmahl verweigert werden und das man sich von ihm trennen müsse, während die Gruppe um Dr. Römer die Gemeinschaft mit dem ihr liebgewordenen Bruder nicht auf diese Weise einschränken wollte. Georg Müller schreibt dazu:

»Ich bat die Brüder dringend, davon abzusehen und zu bedenken, was für ein Skandal, ja Schock dies für die Gläubigen wäre.«

Doch blieben einige unzugänglich, und so wurde die Trennung schließlich unvermeidlich. Müller schreibt:

»Am Abend des gleichen Tages feierten wir zusammen das Mahl: zwölf Geschwister der siebzehn Gemeindeglieder, zwei Schweizer Brüder, eine englische Schwester, meine Frau und ich.

Dies alles ist nur ein Anfang. Aber es ist ein Anfang. Das, was ich ersehnte, der Anlass meiner Reise, war eine kleine lebendige Gemeinde in Deutschland, die sich auf die Heilige Schrift gründet und ein Licht wäre für ihre Umgebung. Der Anfang – wenn auch nur ein kleiner Anfang – war gemacht. Durch die Mischung von Irrtum und Wahrheit war die Erkenntnis der lieben Brüder so sehr getrübt, dass sie auf allen Gebieten Belehrung brauchten. Aber der Herr wird weiterhelfen.«[36]

So war in Süddeutschland die erste Versammlung im Geiste der Brüderbewegung ins Leben gerufen worden.

Wenige Jahre später bildete sich auch in Tübingen ein kleiner Kreis. Anfang 1848 war in diese Stadt aus Zürich eine Witwe von Graffenried mit ihren Kindern übergesiedelt. Die Kinder waren dem aus Elberfeld stammenden Hauslehrer Peter Nippel anvertraut, der wie Georg Müller in Halle Theologie studiert hatte und ein entschieden gläubiger Mann war. Von Halle aus war er als Hauslehrer in die Schweiz gegangen. Hier waren er wie auch Frau von Grafienried mit Darby und seinen Lehren bekannt geworden und nicht unbeeindruckt geblieben. Nippel verkündete nun in Tübingen das Evangelium, sammelte einen kleinen Kreis von

Gläubigen, und schon 1849 feierte man zusammen das Abendmahl. Die bis 1850 bei dem Tübinger Verlag Osiander erschienenen Schriften Darbys wurden mit Sicherheit ebenfalls von Peter Nippel übersetzt. Es waren Schriften, die den Zustand der Kirche und die Frage nach ihrer Einheit behandelten, die also schon die »Trennung vom Bösen« betonten, wie sie von Darby seit seinem Schweizer Aufenthalt vertreten wurde, und gewiss verstand sich auch der Kreis um Peter Nippel als eine Brüderversammlung im Sinne Darbys, zumal Darby im Jahre 1850 von der Schweiz aus die Familie Graffenried besuchte.

Überhaupt hatten die Graffenrieds einen nicht unbedeutenden Freundeskreis in Tübingen; so verkehrten sie u. a. mit dem Dichter Ludwig Uhland, dem Komponisten Friedrich Silcher, der Schriftstellerin Ottilie Wildermuth und verschiedenen Professoren der dortigen Universität. Der Sohn besuchte das Gymnasium zusammen mit dem Schweizer Alfred Rochat, der später bei der Übersetzungsarbeit an der »Elberfelder Bibel« mitwirken sollte. Gesellschaftlich ähnelte der Kreis in Tübingen am meisten den Anfängen der Brüderbewegung in England.

Es ist verständlich, dass die Tübinger Brüderversammlung einen Rückschlag erlitt, als die Familie Grafienried im Winter 1851/52 in die Schweiz zurückkehrte. Auch Peter Nippel wandte sich wieder diesem Land zu, wo sein Name später noch in Züricher Brüderkreisen zu finden ist. Von Tübingen aber weiß die »Württembergische Kirchengeschichte« zu berichten, dass die kleine Gruppe dort 1890 noch 41 Glieder gehabt habe, nachdem »die meisten bald wieder in die Landeskirche zurückgekehrt« seien.

Wie es die Tübinger von Anfang an waren, gerieten auch die Stuttgarter, die bis 1848 mit Georg Müller in Verbindung geblieben waren, nach der Bethesda-Trennung (s. S. 33) unter den Einfluss der Anhänger Darbys, was selbst ein Besuch Müllers in Stuttgart nicht wieder rückgängig machen konnte. So kam es, dass die einzige unter dem direkten Einfluss Georg Müllers entstandene Brüderversammlung in Deutschland dann doch nicht eine Versammlung der »Offenen Brüder« wurde, sondern sich dem Hauptstrom der nun bald unter der Führung von Carl Brockhaus stehenden Bewegung anschloss.

Sehr fruchtbar sollte aber der süddeutsche Raum und überhaupt der Boden des schwäbischen Pietismus für die Entwicklung der Brüderbewegung nicht werden.

Später noch wird Carl Brockhaus auf Grund seiner Reiseerfahrungen öfters klagen, das er in Süddeutschland – etwa im Gegensatz zu Schlesien – wenig Eingang gefunden habe, obwohl er es ungefähr zwanzigmal bereiste.

>»Im ganzen ist der Herr wenig wirksam in Württemberg; es ist viel Frömmigkeit, aber wenig wahre Achtung vor dem Wort Gottes vorhanden.«[37]

Gemeint war hier sicher der Umstand, dass speziell die Lehre der Brüder nicht genügend Anerkennung fand, wie es auch aus folgendem Briefausschnitt hervorgeht:

>»Ich muss sagen, dass das süßliche und so oft vom Teufel inspirierte Wesen hier in Württemberg mir ein Greuel und Ekel ist. Es ist mir, als wenn die Zahl derer, die sich einfach im Namen Jesu versammeln, in diesem Lande nie groß sein würde.«[37]

Auch von Stuttgart und Tübingen weiß Brockhaus später nicht mehr viel Gutes zu berichten:

>»Die beiden kleinen Versammlungen hier (in Tübingen) und in Stuttgart sind ganz verkommen; die einzelnen Glieder sind meist in keinem guten Zustande und verstehen wenig von der Wahrheit … .Es gibt hier viel Christentum; aber alles bewegt sich in Satzungen oder Irrtümern. Was früher Kraft und Leben war, ist jetzt mehr Form und Gewohnheit geworden. Fast alle Versammlungen bedürfen sehr der Erfrischung.«[37]

Zukunftsträchtiger sollte sich dagegen die Brüderbewegung vom Rheinland her entwickeln.

Rheinland (Julius Anton von Poseck)

Völlig ohne Verbindung mit dem Süden sollte die Brüderbewegung im Westen Deutschlands ihren Anfang nehmen. Im Jahre 1842 entsandte die Continental-Society in London, eine freie evangelistische Gesellschaft, einen jüngeren Deutschen, der sich in England bekehrt hatte, als Missionar nach Westdeutschland: Heinrich Christian Weerth. Auch Johann Gerhard Oncken (1800-1884), der Gründer der deutschen Baptistengemeinden, war 1823 nach seiner Bekehrung in England durch diese Gesellschaft von London nach Harnburg entsandt worden. Weerth aber muss in England starke Impulse im Sinne der Brüderbewegung empfangen haben, denn er sammelte in den folgenden Jahren in der näheren und weiteren Umgebung Düsseldorfs Kreise von Gläubigen, die auch das Abendmahl zusammen feierten.

Als sich bis 1847 in Haarzopf »eine ziemlich bedeutende separierte und independente (= getrennte und unabhängige) Gemeinde« gebildet hatte, richteten die Brüder am 6. Februar 1847 ein Gesuch an den preußischen König, ihnen im Blick auf die ihnen notwendig erscheinende Trennung von »allen kirchlichen Parteien« – man hört Darbys Sprache! – religiöse Duldung zu gewähren[38] (s. Anhang, S. 119).

Die freie Sprache, die Weerth im Sinne der Lehre Darbys führte und mit der er die Unabhängigkeit der Christen von Regierung und Kirchenbehörden forderte, brachte jedoch die Kirchenleitung gegen ihn auf. Und noch war die preußische Regierung nicht geneigt, Ausnahmen vom staatskirchlichen Prinzip zuzulassen. Weerth wurde von den Düsseldorfer Behörden die Ausübung von Gottesdiensten jeder Art untersagt, und als er dennoch fortfuhr, u. a. in Düsseldorf Bibelstunden abzuhalten und das Abendmahl zu feiern, wurde er als Leiter mit 50 Talern bestraft und schließlich sogar zu sechs Wochen Gefängnis verurteilt, nachdem der Staatsanwalt sechs Monate beantragt hatte. Die Brüder richteten ein Gnadengesuch an den König, und endlich reiste Weerth im Jahr 1848 mit einer Bittschrift nach Berlin, wo ihm in den Wirren der Revolutionszeit die Strafe auf dem Gnadenweg erlassen wurde. Im nächsten Jahr wanderte er aber dann mit einem Teil der Gläubigen aus der Gemeinde in Haarzopf nach Nordamerika aus, wahrscheinlich mit der nicht unberechtigten Hoffnung, in der neuen Welt freiere Zustände für die Religionsausübung zu finden als im staatskirchlichen Deutschland.

Seine Arbeit wurde fortgesetzt von Julius Anton von Poseck, der sich nunmehr um die Brüderkreise im Düsseldorfer Raum intensiv kümmerte. Poseck scheint schon vorher in Düsseldorf mit Weerth zusammengearbeitet zu haben, und er sollte die entstehende deutsche Brüderbewegung in den ersten zehn Jahren ganz erheblich beeinflussen. Interessant sind bei ihm manche Parallelen zum Leben Darbys.

Julius Anton von Poseck (1816-1896) entstammte einer Familie des sächsischen Uradels, von der ein Zweig im 18. Jahrhundert katholisch geworden war. Sein Vater war allerdings, obwohl selbst auch katholisch, mit einer evangelischen Frau, einer verwitweten von Zitzewitz aus Pommern, verheiratet, und die sechs Kinder dieser Ehe wurden alle evangelisch getauft, so auch Julius, 1816 im pommerschen Zirkwitz geboren. Seltsamerweise wurde Julius, als die Familie nach Westfalen übergesiedelt war, als einziges Kind katholisch erzogen, wahrscheinlich aus dem Wunsch des Vaters heraus, die katholische Priestertradition, die in der Familie stark verankert war, mit diesem Sohn fortzusetzen. Konsequenterweise studierte Julius auch seit 1836 in Münster katholische Theologie, brach aber dieses Studium ab und widmete sich seit 1838, zuerst in Berlin, dann in Bonn, der Rechtswissenschaft. Seit 1843 war er bei der Düsseldorfer Regierung als Referendar beschäftigt, ehe er sich einer Tätigkeit im Zeitungswesen zuwandte, was schon auf seine schriftstellerische Begabung hinweist.

Seit 1842 hatten seine religiösen Ansichten eine grundlegende Wandlung erfahren. Bei der 600-Jahrfeier des Kölner Domes, im August 1842, war er – noch als Bonner Student – wie durch ein Wunder dem Tod entgangen: ein vom Domgerüst herabstürzender Stein erschlug ein junges Mädchen an dem Platz, von dem es Poseck unmittelbar zuvor verdrängt hatte. Dieses Erlebnis brachte ihn zum Nachdenken über die Ewigkeit. Seine evangelische Schwester – die Familie war inzwischen nach Düsseldorf verzogen – führte ihn unter die erwecklichen Predigten eines damals in großem Segen wirkenden Pfarrers, so dass Poseck nach kurzer Zeit die Freude der Heilsgewissheit erfuhr.

Später wurde er, vielleicht durch H. C. Weerth, mit dem Gedankengut der Brüderbewegung bekannt, obwohl nicht ganz sicher ist, durch wen Poseck zuerst Darbys Schriften kennengelernt hat. Jedenfalls erschienen beim Verlag Ed. Schulte in Düsseldorf von 1849 bis 1852 zahlreiche Schriften Darbys, von denen die meisten Poseck übersetzt hat. Später hat er sogar bis 1855 Schriften Darbys im Selbstverlag veröffentlicht, ehe dann alles beim Verlag Carl Brockhaus erschien.

Im Jahre 1848 lernte Poseck in Düsseldorf William H. Darby, einen älteren Bruder J. N. Darbys, kennen, der sich dort zu jener Zeit um die Ausbreitung des Gedankengutes der Brüderbewegung mühte. Beide Männer wohnten zeitweise in einem Haus zusammen, und sicherlich hat William H. Darby ganz erheblich dazu beigetragen, die Lehre seines berühmten Bruders dem jungen Juristen nahezubringen. In ihrem Haus hielten sie Versammlungen ab, wohin auch erweckte Gläubige aus den Orten der Umgebung kamen, um gemeinsam das Wort Gottes zu betrachten und das Brot zu brechen. Poseck gab seinen Beruf auf und widmete seine gesamte Zeit, unterstützt von W. H. Darby und zeitweise auch von G. V. Wigram (s. S. 22), der Sammlung und Betreuung von Gläubigen in den sich bildenden Kreisen. Über Düsseldorf hinaus wurden u. a. auch in Benrath, Hilden, Haan, Ohligs,

Rheydt, Kettwig und Mülheim a. d. Ruhr Bibelstunden und Abendmahlsfeiern abgehalten. Die mit der Revolution von 1848 erlangte Versammlungsfreiheit war dieser Entwicklung günstig.

Ebenso kam die Pressefreiheit seit 1848 der ausgedehnten Übersetzer- und Schriftstellertätigkeit Posecks sehr zugute. Große Mengen von Traktaten und umfangreichen Schriften standen zur Verfügung; sie wurden den Besuchern der Bibelstunden kostenlos mitgegeben - »soviel die Rocktaschen fassen konnten« – und trugen zur Verbreitung von Darbys Gedankengut nicht wenig bei. Seit dem Frühjahr 1852 übersetzte Poseck die Bibelkommentare Darbys und veröffentlichte sie als »Betrachtungen über das Wort Gottes« im Selbstverlag (ab 1855 beim Carl Brockhaus Verlag, Elberfeld). Sicher hat Poseck mit dieser eifrigen Übersetzertätigkeit den Einfluss Darbys auf die deutschen Brüderkreise in großem Ausmaß gefördert, zugleich hat er aber auch die Sprache der noch jungen Bewegung entscheidend geprägt.

Die Eigentümlichkeit des Poseckschen Stils mag daher rühren, dass er als ehemaliger Katholik nie die Sprache der Reformatoren oder des Pietismus kennengelernt hatte und erweckliche Literatur zuerst und hauptsächlich nur in der englischen Diktion Darbys aufnahm. Der aus seiner Übersetzertätigkeit hervorgegangene Stil ist gekennzeichnet durch den immer wiederkehrenden Gebrauch bestimmter Ausdrücke, die fortan nur in der Literatur der Brüder vorkommen und sowohl Wortschatz als Predigtstil der Brüderbewegung lange bestimmt haben. Sogar heute noch ist dieser Stil mindestens in den Kreisen vorherrschend, in denen man eifrig bemüht ist, auch im Äußerlichen die Traditionen des 19. Jahrhunderts streng zu wahren. So waren jedem, der in Brüderkreisen beheimatet war, Ausdrücke vertraut, die er in einer bestimmten Zusammenstellung nur hier hören konnte: z. B. »Grundwahrheiten«, »Grundsätze«, »Überlieferungen«, »Vorrechte«, »Bedürfnisse der Versammlung«, »in Bezug auf (z. B. Israel)«, »Zustand«, »Verantwortlichkeit des Menschen«, »Tage des Verfalls«, »Überrest«, »Haushaltung«, »Absonderung«, »den Tisch aufrichten«, »den Tisch bedienen«, »seinen Platz einnehmen«; unter den Eigenschaftswörtern treten besonders »kostbar« und »köstlich« (z. B. »kostbare Wahrheiten«) immer wieder auf.

1853 schuf Poseck auch ein Liederbuch für die junge Bewegung, das zuerst nur 16 Lieder enthielt, dann aber schnell erweitert wurde und später bei Carl Brockhaus als »Kleine Sammlung geistlicher

Lieder« auf 147 Lieder anwuchs (s. S. 106). Schon die 2. Auflage, die 1856 in Hilden im Selbstverlag herauskam, enthielt das von Poseck selbst gedichtete Lied »Auf dem Lamm ruht meine Seele«, das übrigens nicht das einzige Beispiel seiner dichterischen Fähigkeiten ist.

1854 verlegte Poseck seinen Wohnsitz nach Barmen im Wuppertal, wo ihn in demselben Jahr noch J. N. Darby besuchte, 1856 nach Hilden; dort bestand seit 1849 eine der ersten deutschen Brüderversammlungen. Schließlich siedelte Poseck 1857 nach England über, wo er sich verheiratete. Seine einzige Tochter, Helene von Poseck, stand lange Zeit im Missionsdienst in China. Trotz seines Berufes als Professor der Philologie widmete er zeitlebens seine Hauptkraft der Reichsgottesarbeit im Rahmen der Brüderbewegung.

Mit dem deutschen Zweig hielt er stets Kontakt. Die Behauptung des Grafe-Biographen (s. Lit.-Verzeichnis) W. Hermes, dass der Weggang des hochgebildeten und allen anderen deutschen Brüdern an Wissen weit überlegenen Mannes den Brüderkreisen in Deutschland nicht völlig unwillkommen gewesen sei, wird nicht ganz von der Hand. zu weisen sein. Es ist Darby gewesen, der Poseck veranlasste, nach England zu gehen, »damit er aus dem Gefecht komme; er war den Elberfeldern zu sehr Gelehrter, und sie kamen mit ihm nicht gut aus«.[39]

Der Gegensatz, in den er nach 1882 wegen seiner kritischen Beurteilung der englischen Trennungen (s. S. 37) zu den für Darby Partei ergreifenden deutschen Brüdern geriet, war insofern sicherlich nicht nur sachlich begründet, aber davon wird später (s. S. 111 ff.) zu sprechen sein.

Zunächst muss der Ort näher beleuchtet werden, der sich für die Ausbreitung der deutschen Brüderbewegung als von allergrößter Bedeutung erweisen sollte: das Wuppertal, und hier ganz besonders die Stadt Elberfeld. Auch Posecks Übersiedlung nach Barmen im Jahre 1854 war für diese Entwicklung symptomatisch.

Elberfeld (Heinrich Thorens)

Seit den Tagen Gottfried Daniel Krummachers (s. S. 54) war die Erweckung im Wuppertal nie mehr ganz zum Stillstand gekommen. Gerade hier gab es immer wieder Menschen, denen die Sache Gottes ein Herzensanliegen war, wie es schon die Gründung der »Bergischen Bibelgesellschaft (1814)«, der »Rheinischen Missionsgesellschaft

(1828)« und der evangelistisch eingestellten »Evangelischen Gesellschaft (1848)« gezeigt hatte.

Auch das Freikirchentum hatte in den Schwesterstädten Elberfeld und Barmen seine besondere Heimstätte. Die vom preußischen König angeordnete Union der Lutherischen und der Reformierten (Calvinischen) Kirche wurde gerade im Wuppertal verhindert, im Gegenteil, 1847 bildete sich in Elberfeld eine unabhängige reformierte Gemeinde, eine Art staatsfreier Volkskirche, was allerdings zu jener Zeit nur durch die Beziehungen einflussreicher Gemeindeglieder (Familie von der Heydt) zum preußischen Königshaus möglich war. In Barmen wurde 1852 eine Baptistengemeinde gegründet, ihr erster Prediger, Julius Köbner (1806-1884), hatte auch in den Kreisen der Evangelischen Allianz einen Namen; seit 1853 sammelte sich in Elberfeld ein Brüderkreis um Heinrich Thorens und Carl Brockhaus; und 1854 folgte, wieder in Barmen, die Gründung der ersten deutschen Freien evangelischen Gemeinde durch Hermann Heinrich Grafe (1818 bis 1869).

Gerade die Bildung der beiden letzteren freikirchlichen Kreise ist eng verbunden mit dem »Evangelischen Brüderverein« in Elberfeld, auf dessen Entstehung und Entwicklung deshalb im folgenden näher eingegangen werden muss.

Die Wirren der Revolutionszeit von 1848 hatten in besonderem Maß gezeigt, wie tief große Teile der Bevölkerung dem christlichen Glauben entfremdet waren. Um dem mit einer intensiveren Verkündigung des Evangeliums zu begegnen, gründete Pastor Ludwig Feldner (1805-1890) 1848 in Elberfeld die »Evangelische Gesellschaft für Deutschland«, und zwar nach dem Vorbild ähnlicher Gesellschaften in Frankreich, Belgien und der Schweiz. Allerdings hatte sich die »Evangelische Gesellschaft« von vornherein vorgenommen, nur im Rahmen der Kirche im volksmissionarischen Sinn zu wirken, was ihr naturgemäß von seiten der Kirchenleitungen viele Fesseln auferlegte. Mit der Zeit passte sie sich auch mehr und mehr der Zielsetzung der »Inneren Mission« Johann Hinrich Wicherns an, die immer den sozial verelendeten und deshalb der Kirche entfremdeten Menschen und nicht so sehr den verlorenen Sünder in den Vordergrund ihrer Bemühungen stellte.

»Die Bekehrung des Sünders zu Christo«[40] war aber gerade das Hauptziel jener Brüder, die am 19. Juni 1850 in Vohwinkel (Wuppertal) zusammenkamen, um den »Evangelischen Brüderverein« zu gründen. Frei von jeder konfessionellen Bindung sollte er jedem wahren Christen offenstehen. Es sollte das besondere Anliegen aller Mitglieder sein, das Evangelium vom Erlöser Jesus Christus im Bergischen Land zu verbreiten. Zu den Gründungs- und ersten Vorstandsmitgliedern des Vereins, die schon am 3. Juli 1850 eine Satzung beschlossen und einen Aufruf an die Öffentlichkeit erließen, gehörten der Gymnasialdirektor von Elberfeld, Dr. Carl W. Bouterwek, der Kaufmann Carl W. Neviandt aus Mettmann und dessen Schwiegersohn Hermann Heinrich Grafe, Fabrikant in Elberfeld, der für die nächsten zwei Jahrzehnte die Seele des evangelistischen Unternehmens werden sollte. Der Sitz des Vereins war Elberfeld. Als Schrift- und Geschäftsführer verpflichtete man den damals 28 jährigen Lehrer Carl Brockhaus. Darüber hinaus wurden »Lehrbrüder« oder »Sendboten« angestellt, die durch das Verteilen von Traktaten, durch Hausbesuche und das Abhalten von Versammlungen im Bergischen Land und in der weiteren Umgebung das Evangelium verkünden sollten. Alle Mitglieder verpflichteten sich, mit allen zeitlichen und finanziellen Mitteln kräftig mitzuwirken.

Diese freie Verkündigung der frohen Botschaft, ohne Unterordnung unter ein kirchliches Amt, ganz auf dem Boden des allgemeinen Priestertums, war für die damalige Zeit unerhört. Von landeskirchlicher Seite wurde dem Verein der Vorwurf gemacht, in der Kirche Spaltungen hervorzurufen und das kirchliche Amt zu missachten. Auf dem Kirchentag 1851 in Elberfeld wurde der Versuch unternommen, durch einen Beschluss die Tätigkeit des Vereins zu unterbinden:

> »Alle freie Vereinstätigkeit muss mit dem Leib Christi und dadurch auch mit dem Amte in lebendige gliedliche Verbindung treten ... . Jede andere Tätigkeit, die sich nicht eingliedern, sondern eine amtliche Stellung neben dem Amte einnehmen will, muss zurückgewiesen werden.«[41]

Dabei muss man berücksichtigen, dass damals schon der Hausbesuch bei einem Kranken eine amtliche Tätigkeit bedeutete.

Um so mehr ist der Mut jener Brüder zu bewundern, die neben den offiziellen Kirchentagsveranstaltungen Versammlungen mit Allianzcharakter abhielten, so etwa Bouterwek in der Aula des Gymnasiums, was in privaten Kreisen durchaus auf Verständnis stieß und dem Verein neue Freunde zuführte.

Ganz gewiss barg dieser von jeder kirchlichen Bindung freie Evangelisationsverein über sein Missionsziel hinaus auch Anliegen, die nicht ausdrücklich in den Satzungen des Vereins genannt waren. Das nur »jeder evangelische Christ« Mitglied werden konnte, »der die erlösende Kraft des Evangeliums an seinem eigenen Herzen erfahren« (§ 2 der Satzung)[42] hatte, zeigt, wie deutlich man die Trennungslinie zur Staatskirche ziehen wollte, die man mit ihren vielen ungläubigen Mitgliedern nicht mit Unrecht für unfähig hielt, sich selbst zu missionieren. Die Gleichberechtigung »auf dem Grunde christlicher Brüderlichkeit« (§ 6) deutet auf das Prinzip des allgemeinen Priestertums hin, das hier jenseits aller kirchlichen Ämter praktiziert werden sollte. Auch die Einheit der Kirche Christi konnte auf dem Boden des Brüdervereins mindestens in dem Stück gelebt werden, dass die Mitglieder ungeachtet ihrer »persönlichen Glaubensüberzeugung« (§ 4) das Evangelium verkünden und Gemeinschaft miteinander haben konnten. Gerade für Grafe, dem seit seiner Bekanntschaft mit der Freien Gemeinde in Lyon die Einheit der Kinder Gottes ein Hauptanliegen war, stellte der Brüderverein insofern eine Ersatzgemeinde, eine »Notgemeinde«[43] gegenüber einer Staatskirche dar, von der er sich innerlich schon gelöst hatte.

Die Parallelen zu den Anfängen der Brüderbewegung in England 20 Jahre vorher sind unverkennbar; auch der ausdrückliche Wille, keine neue Kirche zu gründen, sondern ganz einfach nur im Namen Jesu zu wirken und das Evangelium zu verkünden, zeigt, dass hier Intentionen verwirklicht werden sollten, die der Erweckungsbewegung überall eigen waren.

Aber wie die englischen Brüderkreise sehr schnell den Schritt zur Eigenkirchlichkeit vornahmen, auch wenn sie das zunächst gar nicht wahrhaben wollten, so mussten auch die Väter des Brüdervereins recht bald die Grenzen erkennen, die dem Verein als Ersatzgemeinde gesteckt waren. In England war die gemeinsame Feier des Abendmahls ein erster Schritt zur selbständigen Entwicklung gewesen. Dass man im Brüderverein zur Wahrung der konfessionellen Neutralität und amtskirchlichen Integrität den Sendboten untersagt hatte, das Abendmahl auszuteilen, und dass man auch bei den Vereinszusammenkünften in Elberfeld darauf verzichtete, das Abendmahl miteinander zu feiern, deutet an, dass man sich der Gewichtigkeit dieser Frage hinsichtlich einer nicht erwünschten Eigenentwicklung bewusst war. Zugleich aber musste dabei die »Notgemeinde« in Kauf nehmen, ein wesentliches Kennzeichen der christlichen Gemeinde von dem Gemeinschaftsleben des Vereins auszuschließen.

Letztlich liegt hier der Schlüssel, dass zwei hervorragende Vorstandsmitglieder des Brüdervereins, Hermann Heinrich Grafe und Carl Brockhaus, im Blick auf die Gemeinde nach dem Maßstab des Neuen Testaments keine Befriedigung in diesem Verein fanden. Carl Brockhaus sollte sich der in Deutschland gerade entstehenden Brüderbewegung zuwenden, und Grafe suchte sein Gemeindeideal mit der Gründung der ersten deutschen Freien evangelischen Gemeinde zu verwirklichen. Evangelisation und Gemeinde lassen sich eben auf die Dauer für konsequent biblisch denkende Christen nicht voneinander trennen.

In ihrer Einstellung zum Brüderverein unterschieden sich die beiden Männer aber zutiefst. Während Grafe auch als Gründer einer Freikirche bis zu seinem Tod (1869) im Vorstand und gar Vorsitzender (1854-1869) des Brüdervereins blieb und dessen konfessionelle Neutralität gegen Baptismus und Brüderbewegung verteidigte, verließ Brockhaus den Verein, weil er dessen Satzungen nicht mehr mit seinen Überzeugungen vereinbaren zu können glaubte. Diese Überzeugungen waren ohne Zweifel durch Darbys Lehren geprägt, und dass sie es waren, ist dem stillen Einfluss jenes Mannes zuzuschreiben, der das Gedankengut Darbys nach Elberfeld trug und der damit diese Stadt zum Mittelpunkt der deutschen Brüderbewegung machte: Heinrich Thorens (1817-1864).

Er war der Sohn eines Gastwirtes im Kanton Neuchâtel, also französisch sprechender Schweizer. Aber schon auf der höheren Stadtschule in Biel lernte der junge Thorens auch Deutsch. Schon früh, um 1830, bekehrte er sich als Frucht der Erweckungsbewegung in der Westschweiz. Als Darby Anfang der vierziger Jahre nach St. Croix bei Yverdon kam, schloss Thorens sich dessen Lehrauffassungen an und trat aus der Staatskirche aus.

Die Schule hatte er inzwischen mit Auszeichnung verlassen und sich seiner Neigung und Begabung entsprechend der Musterzeichnerei zugewandt. Um sich in diesem Fach weiterzubilden, verbrachte er einige Zeit in Lyon, von der dortigen Seidenindustrie angezogen, und dort traf er den fast gleichaltrigen Grafe, der sich ebenfalls zur Weiterbildung im Seidengewerbe 1841/42 in Lyon aufhielt. Die beiden jungen Männer und entschiedenen Christen schlossen Freundschaft, obwohl sie charakterlich sehr unterschiedlicher Natur waren, Thorens die kleine Brüderversammlung in Lyon besuchte, während sich Grafe der dortigen von Adolphe Monod gegründeten Freien Gemeinde anschloss.

1846 holte Grafe seinen Freund, einen in seinem Fach überaus fähigen Mann, als Musterzeichner in die mit seinem Schwager betriebene Textilfirma Grafe & Neviandt in Barmen. So sehr Thorens mit seiner Begabung und seinem Fleiß zur Belebung des Geschäftes beitrug, folgenschwerer war sein Einfluss in geistlicher Richtung.

Zunächst ging er allein seinen Weg, besuchte die Brüderversammlungen in Düsseldorf und Hilden und hatte Verbindung mit Poseck und William H. Darby, der ihn in Elberfeld besuchte. Seit 1850 lernte er aber auch die »Lehrbrüder« des Brüdervereins kennen, die in Grafes Haus ein- und ausgingen, und bald wurde der stille, bescheidene Mann zum Lehrer der Brüder, indem er die an sich schon der Staatskirche entgegenstehenden Grundsätze des Vereins von Darbys Lehren her noch radikalisierte. Thorens war es, der die Mehrzahl der »Lehrbrüder« – unter ihnen auch den Schriftführer Carl Brockhaus - dahingehend beeinflusste, die Einheit der Kirche in der Trennung von allen Organisationen und Satzungen zu suchen und das Abendmahl nicht länger aus ihrer Tätigkeit zu verbannen. Jede Woche kam man in der Wohnung von Carl Brackhaus zum Studium des Wortes Gottes zusammen. Ernst Brockhaus, der älteste Sohn von Carl Brockhaus, schreibt in seinem Lebensbild des Vaters über diese Zusammenkünfte:

»Dies diente sehr zur Förderung seines (d. h. des Vaters) Verständnisses der Wahrheit, besonders auch des Wesens der Kirche oder Versammlung Christi, ihrer Einheit durch den Geist Gottes, ihrer Verbindung mit dem Haupte droben, ihrer himmlischen Stellung usw. Hierzu trug besonders Bruder *Thorens* bei, der diese Wahrheiten bereits in seiner Heimat, in der französischen Schweiz, kennengelernt hatte. Weiter leitete der Geist Gottes ihn dahin, dass er allmählich einsah, dass es nicht nach Gottes Willen ist, Vereine zu gründen und Satzungen aufzustellen, wonach Boten des Evangeliums von Menschen angestellt, ausgesandt und besoldet werden, dass diese vielmehr von dem Herrn selbst gerufen werden müssen und auch Ihm und nicht einem Verein Rechenschaft schuldig sind. Schließlich kam er zu der Erkenntnis, dass auch die Landeskirchen und andere religiöse Gemeinschaften und Benennungen menschliche Einrichtungen seien, Erzeugnisse des menschlichen Willens und der Untreue der Gläubigen, ... dass man diese verlassen, sich von den Ungläubigen trennen und sich allein mit Gläubigen im Namen Jesu versammeln müsse, mit einem Wort, dass man zu dem zurückkehren müsse, »was von Anfang war«.[44]

Deutlicher war kaum auszudrücken, wie stark der Einfluss Darbys über Thorens wirksam wurde, den Brockhaus noch später in Briefen an seine Frau grüßen ließ als »unseren und besonders mir so lieben Bruder Thorens«.

Thorens' Verhältnis zu Grafe wurde übrigens durch diese Vorgänge nicht getrübt, seine vornehme Gesinnung, ja Demut sicherten ihm allseitige Anerkennung. Seine freie Zeit widmete er der Aufgabe, Jesus Christus als Heiland zu verkünden, besonders unter den Webern seiner Firma, sein Einkommen stellte er zum großen Teil mildtätigen Zwecken zur Verfügung, so dass nach seinem frühen Tod (1864) seine Familie ohne Mittel dastand. Aber sowohl die Elberfelder Brüderversammlung – ein Freund der Familie Brockhaus bezeichnete den Heimgang des 47-Jährigen als einen großen Verlust für die Versammlung – als auch die Firma Grafe & Neviandt traten für die Familie ein. Thorens hatte zwei Söhne und zwei Töchter, die geistlich den Weg des Vaters gingen.

Als die ersten »Lehrbrüder« begannen, gegen die Satzungen des Vereins zu verstoßen, indem sie Versammlungen mit Abendmahlsfeiern abhielten, war die Auseinandersetzung im Brüderverein unabwendbar (1852). Dort hatte man sich nun vornehmlich mit dem Mann auseinanderzusetzen, der jetzt in die erste Linie trat, der nicht nur kongenial die Lehren Darbys aufzunehmen fähig war, sondern der auch die Begabung hatte und die starke Persönlichkeit war, diesen Lehren in Deutschland Durchschlagskraft zu verleihen: Carl Brockhaus. Der Grafe-Biograph W. Hermes, der seine Ausführungen gern mit biblischen Bildern umrankt, kennzeichnet die damalige Situation der deutschen Brüderbewegung folgendermaßen:

>»So hatte die neue Bewegung in Julius Anton von Poseck gewissermaßen ihren Apollos und in Heinrich Thorens ihren Ananias erhalten. Die paulusartige Führerpersönlichkeit erstand ihr in Carl Brockhaus .« [45]

III. Carl Brockhaus: Leben und Werk

1. Bis zum Austritt aus dem Brüderverein (1852)

Herkunft – Beruf – Familie

Die Geschichte der Familie Brockhaus ist bis in die Zeit um 1250 zurückzuverfolgen und der Herkunft nach auf dem Gut Brockhausen bei Unna in Westfalen zu lokalisieren. Es war ein Geschlecht von Unternehmern und Kaufleuten, das sich nach Westfalenart durch Tatkraft und Zähigkeit auszeichnete. Auch Theologen sind aus der Familie hervorgegangen, und zwei Theologen waren es auch, die im 17.Jahrhundert die zwei Linien des Stammes begründeten, die Söhne des Pastors Ernst Brockhaus in Altena.

Zum Stammvater der Soest-Leipziger Linie wurde der um 1673 geborene Adolf Henrich Brockhaus, Pastor in Soest. Unter seinen Nachkommen sind die Besitzer des weltbekannten Leipziger Verlagshauses F. A. Brockhaus zu finden.

Der um 1668 geborene Hermann Eberhard Brockhaus, Pastor in Plettenberg, steht am Anfang der Plettenberger Linie, aus der Pfarrer, Tuchmacher und Lehrer hervorgehen sollten.

Diesem Zweig entstammte auch Carl Friedrich Wilhelm Brockhaus, am 7. April 1822 als Sohn des Lehrers Friedrich Wilhelm Brockhaus zu Himmelmert bei Plettenberg geboren.

Der Vater war ursprünglich Tuchmacher gewesen und besaß auch als solcher seit 1814 das Meisterrecht, nebenbei beschäftigte sich der nicht ungebildete Mann aber damit, junge Leute zu unterrichten, war er doch um 1813 schon für kurze Zeit Sekretär beim Grafen von Plettenberg gewesen. Als man nun in Himmelmert eine kleine Schule einrichtete, wurde Friedrich Wilhelm Brockhaus von dem ihm wohlgesinnten Pfarrer für den Lehrerposten vorgeschlagen, und der Autodidakt bestand die Lehrerprüfung, ohne jemals ein Seminar besucht zu haben. Aus einer gewissen inneren Berufung heraus wurde er damit zum ersten Lehrer seines Geschlechts, und seit 1819 nahm er 33 Jahre lang pflichtbewusst sein Lehramt wahr. Vier seiner Söhne hat er auf den Lehrerberuf vorbereitet, ehe sie dann das Lehrerseminar besuchten.

Carl Brockhaus, das sechste von 14 Kindern und der zweite Sohn seiner Eltern, erwählte ebenso wie sein älterer Bruder Wilhelm (1819 bis 1888) den Lehrerberuf. Als 18jähriger ging er nach Soest zum Lehrerseminar, das er von 1840 bis 1842 besuchte und wo er die Abschlussprüfung mit Auszeichnung bestand. Sein jüngster Bruder Albrecht, ebenfalls Schüler des Soester Seminars, berichtet, dass Carl »wegen seines ernsten, gesetzten Wesens und seiner Charakterfestigkeit der Liebling der Seminarlehrer« gewesen sei.[46]

Seine erste Lehrerstelle trat Carl Brockhaus 1843 in Breckerfeld an, einem Städtchen in der Nähe von Hagen i. W. Hier erlebte der junge Mann, der in seinem Elternhaus zur Gottesfurcht im Sinne eines moralisch einwandfreien Lebens erzogen worden war, im Dezember 1845 seine Bekehrung, indem er in Jesus Christus die Vergebung seiner Sünden und damit Frieden mit Gott fand. Sofort wollte er auch anderen von seinem Glück mitteilen, und mit Erlaubnis der Breckerfelder Pastoren hielt er in der Schule und auf den Höfen der Umgebung Bibelstunden ab. Schon hier zeigte sich seine große evangelistische Gabe, die ihn ein Leben lang auszeichnen sollte.

1848 heiratete er Emilie Löwen (geb. 1829), die zweite Tochter des Müller- und Bäckermeisters Johann Peter Löwen, in dessen Haus er in seiner Breckerfelder Zeit wohnte. Das Mädchen hatte sich wie auch manch anderer Besucher der Bibelstunden durch das Zeugnis des jungen Lehrers bekehrt. Mit Emilie Löwen, die ihrem Mann auf seinem nicht alltäglichen Lebensweg äußerlich wie geistlich mit großem Verständnis zur Seite stand, führte Carl Brockhaus eine überaus glückliche Ehe, die 51 Jahre währen sollte und in der dem Paar 13 Kinder geboren wurden.

Kurz vor seiner Heirat wurde Brockhaus als Hauptlehrer an die Volksschule »Am Neuenteich« in Elberfeld versetzt.

Mit diesen äußerlich so einschneidenden Ereignissen ging aber zeitlich zugleich auch ein jahrelanger innerer Kampf zu Ende, der das Leben, die Verkündigung und damit auch den Weg von Carl Brockhaus entscheidend prägen sollte: sein Ringen um das Bewusstsein einer vollkommenen Erlösung in Jesus Christus, eine innere Auseinandersetzung, die die Breckerfelder Zeit z. gr. T. ausgefüllt hatte. Darauf muss hier näher eingegangen werden.

»Alles in Christo«

Im Elternhaus war Carl Brockhaus dazu angehalten worden, in Gottesfurcht danach zu streben, das Gute zu tun und das Böse zu meiden, und bis zu seiner Bekehrung kämpfte er auch darum, »ein edler und guter Mensch zu werden«.

Doch erkannte er bald, dass auf diesem Wege der Mensch vor Gott nicht gerechtfertigt werden konnte, im Gegenteil, der Widerspruch zwischen der Gerechtigkeit Gottes und der eigenen Sündhaftigkeit trat ihm immer greller entgegen, bis er im Dezember 1845 in Jesus Christus seinen persönlichen Erlöser fand. Acht Jahre später schrieb er darüber:

> »Ich erkannte in Wahrheit, dass das Lamm Gottes auf Golgatha alles bezahlt, mich erlöst und innig mit Gott versöhnt hatte. Meine Sünden waren mir vergeben, weil Jesus die Schuld entrichtet; von ihrem Dienste war ich befreit, weil der Sohn Gottes mich frei gemacht hatte. Die Not war verschwunden und stiller Friede wohnte in meinem Herzen.«[47]

Jetzt begann er, in Breckerfeld Bibelstunden abzuhalten.

Aber das Glück der ersten Bekehrungsfreude wurde abgelöst durch eine Periode erneuter innerer Kämpfe. Wieder folgten Jahre des Ringens mit der Sünde. Die Einsicht, dass auch der in Christus Erlöste noch immer Berührung mit der Sünde habe, brachte ihn »der Verzweiflung nahe«. Es war eine Zeit, die er später als ein »ungläubiges Herabsehen auf mich selbst ›statt‹ gläubigem Aufsehen auf Jesus« charakterisierte.[48]

Schließlich jedoch – um 1848 – gelangte Brockhaus, besonders durch eifriges Lesen des Römer- und des 1. Johannesbriefes, zu der Entdeckung, die man die Entdeckung seines Lebens nennen kann: in Jesus Christus gibt es die vollkommene Erlösung von der Sünde.

> »Nun erst verstand ich, dass Jesus Christus nicht allein um unserer Sünden willen dahin gegeben, sondern auch um unserer Gerechtigkeit willen auferweckt ist. Er wurde um meinetwillen angesehen als der Übeltäter und musste sterben, und ich werde nun um Seinetwillen als der Gerechte betrachtet und lebe.«[49]

Nicht nur die Vergebung der Sünden, sondern auch die Erlösung von der Sünde in einem geheiligten Leben bedeutete ihm jetzt der Glaube an Jesus Christus.

Dieser Gedanke steht fortan im Mittelpunkt seines Denkens und wird ihn sein Leben lang nicht mehr loslassen.

1859 veröffentlichte Carl Brockhaus im »Botschafter« einen längeren Artikel, »Alles in Christo«, den man als seine wichtigste Schrift bezeichnen kann. Hier stellte er unter dem Motto »Ihr seid vollendet in Ihm (Kol 2, 10) « klar heraus,
> dass der Mensch ein verlorener Sünder ist,
> dass es in seiner Hand kein Heilmittel gegen die Sünde gibt,
> dass Gott dieses Heilmittel hat: das Blut Christi,
> dass die Auferstehung Christi der Beweis für einen zufriedengestellten Gott ist,
> dass es nur des Glaubens bedarf, um der Errettung teilhaftig zu werden,
> dass das Blut Christi zweierlei schafft:
> a) Reinigung von den Sünden,
> b) Befreiung von der Macht der in uns wohnenden Sünde durch Gemeinschaft mit Christus (wir sind »mitgekreuzigt« nach Röm 6,6).[50]

War Carl Brockhaus ein Perfektionist, der die Sündlosigkeit in einem vollkommenen Heiligungsleben lehrte? Es ist ein Vorwurf, der gegen die Brüderbewegung im allgemeinen und gegen Brockhaus im besonderen immer wieder erhoben worden, aber dennoch in keiner Weise berechtigt ist.

Brockhaus trennte scharf zwischen Stellung und Zustand des Christen.

> »In dem auferstandenen Christus ist der Gläubige in eine ganz neue Stellung versetzt worden ... Der Glaube nimmt schon jetzt seinen Platz in dieser neuen Stellung ein und verwirklicht sie durch die Kraft des Heiligen Geistes.«[51]

Doch räumt Brockhaus ein, dass wir

> »diesen gesegneten Platz jetzt nur durch den Glauben einnehmen können. Bleibt das Auge auf uns selbst gerichtet, so finden wir nach wie vor nichts als Sünde ... Der Glaube aber ... klammert sich ... an Christum Jesum. Er beschäftigt sich nicht mit dem, was wir getan haben, sondern mit dem, was Christus getan hat – nicht mit dem, was wir sind, sondern was Er ist.«[52]

Das Vorrecht dieser gesegneten Stellung ist Brockhaus so einzigartig wichtig, dass die Beschäftigung mit dem Zustand, dem Wandel des Christen darüber in den Hintergrund tritt, obwohl auch er weiß, dass, »solange der Gläubige hienieden ist, die Sünde in seinem Fleisch«[53] zu finden ist und dass es der Verantwortung des Christen überlassen bleibt, sich eines würdigen Wandels zu befleißigen. Zwar kann der traurige sündhafte Zustand eines Christenlebens die Freude an der gesegneten Stellung in Christus nehmen, die Stellung selbst, die auch dem schwächsten Gläubigen zu eigen ist, kann ein mangelhafter Zustand nicht aufheben.

Bei dem Ernst, mit dem Brockhaus Christ war, kam es ihm nicht in den Sinn, dass eine solche dogmatisch zwar richtige, aber praktisch einseitige Sicht zu sittlicher Laxheit verführen könnte. Im Gegenteil, für ihn war ein würdiger Wandel erst von dem Bewusstsein der gesegneten Stellung in Christus her möglich.[54]

Diese Frage war auch der Punkt, an dem sich Brockhaus mit Darby traf. Darbys starke Betonung der vollkommenen Rechtfertigung in Jesus Christus musste einen Mann faszinieren, der wie Darby (s. S. 28 f.) in jahrelangen inneren Kämpfen und intensiver Schriftforschung eine Einsicht errungen hatte, die er nun bei Darby bestätigt finden sollte. Während aber für Darby nach Erlangung der völligen Heilsgewissheit dieser Abschnitt seines Lebens abgeschlossen war und er sich fortan seinem großen Thema der »Einheit der Kirche« zuwandte, blieb für Brockhaus das Bewusstsein, »alles in Christo« zu haben, zeitlebens das zentrale Thema seiner Verkündigung. Es kann mit Sicherheit angenommen werden, dass von hierher sein späteres enges Verhältnis zu Darby zu verstehen ist und dass er auch nur von dieser Grundlage her den übrigen Lehren Darbys gefolgt ist, dies allerdings mit der ihm eigenen konsequenten Art. Sein Verhalten im Evangelischen Brüderverein sollte es zeigen.

Der Evangelische Brüderverein

Bedrückend empfand es Carl Brockhaus an seinem neuen Wirkungsort als Hauptlehrer in Elberfeld, wohin er 1848 kam, dass es ihm hier nicht gestattet wurde, in der Schule Bibelstunden abzuhalten. Doch er ließ sich nicht entmutigen und besuchte die Eltern seiner Schüler, was ihm Gelegenheit gab, ihnen das Heil in Jesus Christus zu bezeugen. Als im folgenden Jahr, 1849, die Cholera in der Stadt wütete, besuchte er, zusammen mit dem gläubigen Pastor Künzel oder allein, furchtlos die Kranken und Sterbenden, um sie mit der Frohen Botschaft zu trösten. Obwohl Künzel und Brockhaus später kirchlich ganz verschiedene Wege gingen, blieben sie durch das aus der gemeinsamen Arbeit entstandene Band brüderlicher Achtung und Liebe stets verbunden.

Schon 1848 hatte Brockhaus sich an der Gründung der »Evangelischen Gesellschaft für Deutschland« (s. S. 67) beteiligt, deren Schriftführer er wurde; 1849 gründete er mit einigen Freunden im Blick auf die aus Revolutionswirren, Cholera und sozialem Elend hervorgehende Not unter den Kindern der Stadt den »Elberfelder Erziehungsverein«, der sich die Unterbringung und Erziehung verwahrloster Kinder zum Ziel setzte. Mit der Zeitschrift »Der Kinderbote« versuchte er als Schriftleiter, zur Finanzierung der Arbeit des Vereins beizutragen.

Dennoch befriedigte diese Art der Arbeit, die im Rahmen der Landeskirche und eigentlich im Sinne der »Inneren Mission« Wicherns betrieben wurde, Carl Brockhaus letztlich nicht; dieser »unleugbar für den Dienst am Evangelium« »geborene« Mann[55] fühlte die innere Berufung zur freien Verkündigung der Heilsbotschaft.

Die Gelegenheit dazu kam, als er im Sommer 1850 durch eine Zeitungsanzeige auf den »Evangelischen Brüderverein« (s. S. 67) aufmerksam wurde. Der neu gegründete Verein suchte einen Schrift- und Geschäftsführer. Brockhaus meldete sich, die Bekanntschaft mit dem Vorstandsmitglied und Schwiegervater Grafes Carl W. Neviandt, mit dem zusammen er schon zu den Gründern der »Evangelischen Gesellschaft« gehört hatte, stellte schnell das Vertrauen zu den übrigen Vorstandsmitgliedern her, man sah in seinem Kommen einen Fingerzeig Gottes, übertrug ihm die vorgesehenen Aufgaben und nahm ihn sofort in den Vorstand auf.

Als Schrift- und Geschäftsführer hatte Brockhaus wohl das wichtigste Amt im Verein inne. Er hatte die hauptberuflich auszusendenden »Boten« oder »Lehrbrüder« für die Arbeit zu gewinnen, anzustellen und im einzelnen über ihre evangelistische Arbeit zu wachen. Mit der Zeit wurden es elf »arbeitende Brüder«, die hinausgingen, Traktate und Bibeln zu verteilen, Hausbesuche zu machen und Bibelstunden abzuhalten, und die Carl Brockhaus zu betreuen hatte. Regelmäßige gemeinsame Bibelbesprechungen sollten dazu dienen, die Boten, die während ihrer Arbeit ganz auf sich allein gestellt waren, in biblischer Erkenntnis und geistlicher Haltung der Zucht des Geistes Gottes und der Vereinsgemeinschaft zu unterstellen.

Mit Feuereifer warf sich Brockhaus auf die neue Arbeit. Man kann ohne Übertreibung sagen, dass die Blüte des Vereins in diesen ersten Jahren seiner Tatkraft zu verdanken war, obwohl er als jüngstes Vorstandsmitglied damals erst 28 Jahre alt war. Mit der immer stärkeren Intensivierung der Arbeit hing es zusammen, dass er noch 1850 aus dem »Elberfelder Erziehungsverein« austrat und auch die Schriftleitung des »Kinderboten« niederlegte. Hier wurde sein älterer Bruder Wilhelm (1819-1888), Lehrer in Rüggeberg (in der Nähe von Hagen i. W.), sein Nachfolger. Auch Wilhelm Brockhaus wurde übrigens Mitglied des Brüdervereins, ebenso wie der jüngere Bruder August (1823-1851), der von Beruf Hilfsschullehrer war, aber schon mit 28 Jahren an der Schwindsucht starb. Die Zeitschrift des Brüdervereins stellte ihm das Zeugnis »eifrigen und treuen Arbeitens« aus.[56] Von Wilhelm Brockhaus wird später noch in anderem Zusammenhang zu sprechen sein.

Angesichts des Eifers und der Begabung, die Carl Brackhaus in seiner Arbeit zeigte, ist es nicht verwunderlich, dass man vom Vorstand aus bald an ihn mit der Frage herantrat, ob er nicht ganz, also hauptberuflich, in den Dienst des Vereins zu treten gewillt sei. Brockhaus betrachtete »diesen Ruf als einen Ruf von Gott«[57] und sagte zu, bekam er doch endlich die Gelegenheit, Gott zu dienen, wie es seinem Wunsch und seiner Begabung entsprach, nämlich frei das Evangelium zu verkünden, indem er neben seiner bisherigen Tätigkeit auch die ersehnte Aufgabe eines Boten wahrnahm. Ihm wurde das Gebiet um Volmarstein und überhaupt um Hagen i. W. als Arbeitsfeld übertragen. Darüber hinaus reiste er aber auch in anderen Gegenden, z. B. im Siegerland. So gab Brockhaus im Oktober 1850 seinen Lehrerberuf auf; musste natürlich auch seine Dienstwohnung Am Neuenteich räumen und stellte sich fortan ganz dem Werk des Herrn zur Verfügung.

Auch an der von Bouterwek und Grafe im Februar 1851 gegründeten Zeitschrift des Vereins, der Wochenschrift »Der Säemann für Mission in der Heimat und häusliche Erbauung«, wirkte er führend mit, besaß doch der Schriftleiter Bouterwek nicht den volkstümlichen Stil, um eine breitere Leserschaft zu erreichen, wie er Brockhaus in Wort und Schrift ganz besonders zu Gebote stand. Die Zeitschrift hatte schon in den ersten Jahren eine Auflage von 4000 Stück, eine Zahl, die nach dem Ausscheiden Brockhaus' aus dem Brüderverein nie wieder erreicht wurde.

Im Mai desselben Jahres, 1851, wurde beschlossen, in Elberfeld eine Schule für die zukünftigen Boten des Vereins einzurichten, wofür sich Brackhaus ganz besonders einsetzte. Mancherlei Misshelligkeiten mit kirchlichen Stellen, aber auch persönlicher Art hatten gezeigt, dass es nicht vorteilhaft war, sowohl Lehre als Arbeitsstil völlig der Selbstbildung der Boten zu überlassen. Acht Schüler hatten sich schon gemeldet, die in der ersten Hälfte der Woche von Bouterwek, Grafe und Brockhaus unterrichtet wurden, in der zweiten Wochenhälfte mit Brockhaus oder einem anderen Boten an Hausbesuchen und Bibelstunden teilnehmen sollten. Das Sitzungsprotokoll des Vereins sagt dazu:

> »So werden sie theoretisch und praktisch zugleich in ihren Beruf eingeführt und sind nicht auf einmal aller brüderlichen Leitung und Anweisung entblößt.«[58]

Als man am 1. Mai 1852 in der Auestraße in Elberfeld ein Haus mietete, war dieses Gebäude dann nicht nur der Sitz der Verwaltung mit dem Vereinssekretär Brockhaus, der hier auch Wohnung nahm, nicht nur die Bibel- und Schriftenniederlage, nicht nur der Ort der Vereinssitzungen, die bisher im Gymnasium stattgefunden hatten, sondern es sollte auch der Ausgangspunkt der oben genannten »Evangelistenschule« werden, für die Brockhaus schon als Hausvater vorgesehen war. Zunächst aber eröffnete man hier eine Sonntagschule (mit ca. 90 Kindern) und hielt dreimal in der Woche Bibelstunden ab, während man sich in Barmen ebenfalls einmal wöchentlich zu einer Versammlung traf. Die Boten kamen hier mit den übrigen Vereinsmitgliedern zu monatlichen Sitzungen zusammen, berichteten aus ihrer Arbeit, worauf dann noch biblische Fragen und Vereinsangelegenheiten besprochen wurden.

Trotz der Anfeindungen durch Kirchenvertreter und z. T. auch durch Behörden, die die unabhängige Stellung des Vereins – völlig ohne synodale oder pfarramtliche Aufsicht – nicht anerkennen wollten, stand das Werk sichtlich unter dem Segen Gottes, und die Boten oder »arbeitenden Brüder« konnten oft von freudiger Aufnahme des Evangeliums und von Bekehrungen berichten. Allerdings blieben auch Verfolgungen nicht aus, und oft wurden »die Versammlungen der Gläubigen von dem Prediger (= Pastor) geächtet, von dem Bürgermeister verboten und von der Polizei unterdrückt«, heißt es in einem Sitzungsprotokoll des Vereins.[59] Dennoch wurden nach zweijährigem Bestehen des Vereins schon an etwa 160 Orten Versammlungen abgehalten. Dass neben Grafe besonders Carl Brockhaus Motor und Seele dieser aufblühenden Arbeit war, ist unbestritten.

In der Auestraße, und zwar in der Wohnung von Brockhaus, traf man sich aber auch wöchentlich im brüderlichen Kreis zur Wortbetrachtung, und hier war es, wo Heinrich Thorens das Vorstandsmitglied Brockhaus und andere Lehrbrüder im Sinne der Anschauungen Darbys beeinflusste (s. S. 71), so dass es schließlich zu Lehr- Auseinandersetzungen im Brüderverein kam.

Dem Brüderverein fehlte ja bei seiner evangelistischen Tätigkeit die Basis einer biblischen Gemeinde, auf die man um der konfessionellen Neutralität willen verzichten zu müssen glaubte (s. S. 69). Es wundert daher nicht, dass gerade die profiliertesten Vertreter des Vereins sich immer mehr mit den Forderungen ihres eigenen Herzens auseinanderzusetzen hatten, dem Anspruch des Wortes Gottes gehorsam zu sein.

Schon im Mai 1852 hatte sich der Verein gegen den Vorwurf zu wehren, den Baptisten »allen Vorschub« zu leisten und »mit denselben in geheimer Verbindung« zu stehen,[60] was immerhin zeigt, dass mindestens von Anhängern, wenn nicht von Mitgliedern des Vereins unterschwellig Bestrebungen ausgingen, einen für biblisch erkannten Weg, nämlich den der Glaubenstaufe, auch zu beschreiten. Der Brüderverein, der sich in seiner Arbeit strikt der kirchlichen Amtshandlungen wie Abendmahl oder gar Taufe und Trauung enthielt, wies damals im »Säemann« auf seine »freie« – und das hieß doch auch wohlwollend neutrale – Stellung gegenüber allen kirchlichen Gemeinschaften hin, um anzudeuten, dass er weder den Kirchen durch »Amtsanmaßung« zu nahe treten wollte noch Baptisten von der Vereinsmitgliedschaft ausschloss.

Nicht mehr wohlwollend neutral wurden aber die Kirchen von jenen Brüdern betrachtet, die sich Darbys Lehre von der Einheit der Kirche durch Absonderung und von der Darstellung der Einheit beim Abendmahl zu eigen gemacht hatten. Und dies war im Jahr 1852 nicht nur bei Carl Brockhaus der Fall, sondern auch bei einer Reihe der »arbeitenden Brüder« des Vereins, was dazu führte, dass sie sich nicht mehr an die erklärte Neutralität des Vereins hielten.

Im Juli d. J. wurde einer von ihnen, Wilhelm Alberts, beschuldigt, im Oberbergischen nicht nur evangelistische Versammlungen abgehalten, sondern auch »das Abendmahl ausgeteilt« zu haben,[61] »wodurch in der ganzen Umgegend eine große Aufregung entstanden und die Feindschaft gegen die Wirksamkeit des Vereins sehr vermehrt worden sei.«[62] Allerdings wurde zu diesem Zeitpunkt noch eingeschränkt, dass Alberts seinem Verständnis und persönlichen Bedürfnis nach nur in privatem Kreis das Brot gebrochen habe, und deshalb wurde unter dem Einfluss Grafes festgestellt, dass er zwar »unweislich« – im Blick auf die öffentliche Wirkung –, aber nicht gegen die Statuten des Vereins gehandelt habe. Aber der Tatbestand macht doch deutlich, dass man damals im Rahmen der Vereinstätigkeit begann, sich in der Weise der »Brüder« zu versammeln, was ohne Zweifel über die Ziele des Brüdervereins hinausging.

Gewiss sah sich Brockhaus mit seinen Anhängern damals noch nicht im Gegensatz zum Brüderverein. Deutlich macht das sein Verständnis des Falles Alberts. Er betrachtete nämlich die Angelegenheit im Widerspruch zu Grafe so, dass Alberts zwar »gegen den buchstäblichen Ausdruck der Statuten«, nicht aber gegen »Sinn und Geist« des Vereins verstoßen habe.[63] Sicher war es gerade die allen »Systemen« gegenüber freie Stellung des Brüdervereins, in der Brockhaus zunächst noch eine Möglichkeit sah, die unter dem Einfluss Thorens' erworbenen Erkenntnisse in die Tat umzusetzen.

Nur so ist zu verstehen, dass wir noch zu dieser Zeit seine Unterschrift unter dem Aufnahmeantrag des Evangelischen Brüdervereins an den Evangelischen Bund (heute: Evangelische Allianz) in London finden,[64] dem damals noch nicht viele Deutsche angeschlossen waren. Brüderverein wie Evangelische Allianz müssen damals für ihn Formen gewesen sein, mit denen man seiner Erkenntnis nach der Einheit der Kinder Gottes näherkommen konnte. Gewiss hatte er Darbys Lehrsystem damit nicht völlig erfasst – noch nicht –, wie er auch sicher nicht Darbys abfälliges Urteil über die Evangelische Allianz kannte (s. S. 32). Zudem stand bei ihm immer die vollkommene Erlösung des Menschen durch Jesus Christus im Vordergrund seines Denkens.

Aber gerade dieser Punkt sollte zum Anlass genommen werden, dass es zum Streit im Brüderverein kam. Grafe, Bouterwek u. a. warfen Brockhaus und einigen Boten vor, im Blick auf die Heiligung der Vollkommenheitslehre anzuhängen, ein Missverständnis (s. S. 76), das bei der Ausdrucksweise Brockhaus' erklärlich, aber ganz gewiss auszuräumen gewesen wäre und sicher nicht zu einer Trennung führen musste, die fast den Untergang des Brüdervereins herbeigeführt hätte.

Die wirkliche Ursache für die Auseinandersetzung lag tiefer, nämlich dort, wo schon Wilhelm Alberts Anstoß erregt hatte, also in dem Versuch einiger Lehrbrüder, sich mit anderen Gläubigen im Sinne Darbys von allen kirchlichen Systemen zu trennen und die Einheit der Kirche im Abendmahl darzustellen. Gegen eine solche eigenkirchliche

Entwicklung des Brüdervereins wandten sich Grafe, Bouterwek und ihre Freunde, teils um der Erhaltung des Vereins willen, teils aus der Ablehnung der Lehre Darbys heraus, die mindestens Grafe aus seiner Lyoner und Schweizer Zeit und aus seiner Freundschaft mit Thorens nicht unbekannt war.

In der entscheidenden Sitzung am 11. Dezember 1852 war dennoch fast nur von der »Heiligungstheorie« die Rede, um derentwillen man die an ihr festhaltenden Brüder bat, »brüderlich und in Liebe« ihren Austritt aus dem Verein zu erklären, zumal Carl Brockhaus sich schon am Vormittag nach einer Vorversammlung in kleinerem Kreis zum Austritt durchgerungen hatte. Im Verlauf der Sitzung schlossen sich ihm noch sechs Lehrbrüder an.

Bezeichnend ist aber, dass der bekannte Tillmann Siebel aus dem Siegerland (s. S. 54) auf Wunsch einiger Mitglieder die Vorwürfe gegen die zum Austritt aufgeforderten Brüder mit einem eigenen Bericht zu erhärten hatte, dass nämlich »Bruder Alberts in jener Gegend Propaganda für den Separatismus unter den jungen Erweckten gemacht, die nachher kaum ihn und andere Gläubige noch als Brüder angesehen«,[65] und dass Grafe die Nützlichkeit jener Zusammenkünfte im Privatkreise bestritt, mit deren nichtöffentlichem Charakter Alberts sich zu verteidigen suchte.

Ganz offensichtlich war man im Brüderverein bemüht, den wahren Grund für die Auseinandersetzung und Trennung nicht an die Öffentlichkeit kommen zu lassen: die separatistische Wirksamkeit einiger hauptberuflicher Mitarbeiter im Sinne der Brüderbewegung. Die Gegnerschaft der offiziellen Kirchen hätte sich sonst noch mehr verstärkt, es sollte den Feinden des Vereins kein erneuter Grund zur Kritik gegeben werden. Deshalb verlegte man wichtige Aussprachen, wie die mit Carl Brockhaus, in eine Vorversammlung, der Vorsitzende Bouterwek unterbrach Ausführungen zum Thema Separatismus sehr schnell, auch die von Tillmann Siebel, und schließlich beschloss man sogar, von der entscheidenden Sitzung nur so viel im »Säemann« zu veröffentlichen, »als zur Aufklärung der wichtigen stattgefundenen Veränderung und demnächst zur Folge habenden Reorganisation des Vereins nötig sei«.[66]

Die »bewusst einseitige Information der Öffentlichkeit«[67] hatte, wie gesagt, ihre Gründe, andererseits gibt der Bericht im »Säemann« dann doch einen Hinweis auf die wahre Ursache der folgenschweren Trennung: Ein Mitglied des Vorstandes – neben den beiden anderen

Vorstandsmitgliedern Grafe und Henn, die im Verein blieben, kann es sich nur um Carl Brockhaus handeln – habe sich immer mehr an die angeschlossen, »welche unseren Verein grundsätzlich verwerfen«. Dies entspricht genau dem Bild, das der älteste Sohn von Carl Brockhaus, Ernst, von dieser Situation entworfen hat. Es heißt dort, dass sein Vater »allmählich« erkannte,
> »dass es nicht nach dem Willen Gottes sei, Vereine zu gründen und Satzungen aufzustellen, wonach Boten des Evangeliums von Menschen angestellt, ausgesandt und besoldet werden.«[68]

Etwas weiter heißt es:
> »Je mehr ihm über alles dieses die Augen aufgingen, desto mehr kam es naturgemäß in der Art seiner Vorträge in den Bibelstunden zum Ausdruck. Er verkündigte nicht allein das lautere Evangelium der Gnade ohne gesetzliche Beimischung, sondern auch die Stellung des Gläubigen in Christus vor Gott und die Notwendigkeit der Absonderung von den Ungläubigen.«[69]

Damit ist letztlich der wahre Grund der Trennung Carl Brockhaus' vom Evangelischen Brüderverein gekennzeichnet.[70]

Carl Brockhaus trat am 11. Dezember 1852 mit den »Lehrbrüdern« Alberts, Schwarz, Weber, Bröcker, Effey und Eberstadt aus dem Evangelischen Brüderverein aus; auch sein Bruder Wilhelm schloss sich ihnen an.

Da auch der »Lehrbruder« Steinheck seinen Austritt erklärt hatte, waren von den elf hauptamtlichen Mitarbeitern nur noch drei für den Verein verfügbar, wovon zwei nur für Hausbesuche und Schriftenverbreitung, also nicht für Bibelstunden in Frage kamen.

Die Existenz des Vereins war damit bedroht, zumindest musste die Arbeit zunächst erheblich eingeschränkt werden. Aber auch eine große Zahl der Vereinsmitglieder und der an 160 Orten in Bibelstunden gesammelten Personen schloss sich der Brüderbewegung an, die gerade durch die Trennung im Brüderverein einen gewaltigen Aufschwung nahm. Im Sieger- und Sauerland, im Wittgensteiner Land, in Solingen und in Wuppertal traten ganze Versammlungen auf die Seite von Carl Brockhaus und seiner Anhänger. Etwa 2000 bis 3000 Leser, d. h. die Hälfte der Gesamtzahl, bestellten den »Säemann« ab, eine Lücke, die Brockhaus bald mit seiner eigenen Zeitschrift füllen konnte. Was für den Brüderverein fast eine Katastrophe war, stellte für die Brüderbewegung einen Aufbruch dar, die erst von diesem Zeitpunkt ab breitere erweckte Kreise erreichte.

Nur langsam überwand der Brüderverein unter Grafes Leitung die große Erschütterung. Grafe selbst, von der Notwendigkeit einer biblisch ausgerichteten Gemeinde zutiefst überzeugt, wurde zwei Jahre später zum Gründer der ersten Freien evangelischen Gemeinde in Deutschland, blieb aber bis an sein Lebensende auch Vorsitzender des Brüdervereins.

Aber auch für Carl Brockhaus war die Situation alles andere als angenehm. Er war sich schon vor dem Austritt darüber im klaren gewesen, was auf ihn zukam an materiellen Schwierigkeiten, aber er fühlte sich in Übereinstimmung mit dem Wort und Willen Gottes. Auch seine Frau war darin völlig mit ihm einig und hatte ihm, als er zur Generalversammlung ging, gesagt: »Nimm keine Rücksicht auf mich und die Kinder, sondern handle nur nach deiner Überzeugung!«[71] Der Austritt aus dem Brüderverein war für ihn kein mutwilliger Schritt zur Eröffnung einer neuen Bewegung, sondern bedeutete Armut und Entbehrung. Zwei Jahre vorher hatte er seinen sicheren Lehrerberuf aufgegeben und stand nun mit Frau und drei Kindern vor dem wirtschaftlichen Nichts, wenn er auch bis zum 1. Mai 1853 in der Wohnung des Vereins verbleiben konnte. Es war ein Weg des Glaubens, auf dem ihn Gott aber auch nicht zuschanden werden ließ. 1875 schrieb er in einem Brief darüber:

> »Fast alle meine Freunde und leiblichen Verwandten zogen sich von mir zurück, hielten mich für töricht und eigensinnig und meinten, dass es mir weder von Herzen um die Sache des Herrn zu tun sei, da ich den gesegneten Platz der Arbeit ohne Not verlassen habe, noch um das Wohl der Familie, da ich sie leichtfertig der Not preisgebe. Nur einige wenige billigten meinen Schritt. Die Tür zur Wirksamkeit war beinahe ganz verschlossen. Eine monatliche Schrift des Vereins, die an 2000 Abonnenten zählte (Brockhaus meint offensichtlich die nach seinem Ausscheiden verbliebene Rest-Leserschaft des »Säemann«), warnte mit großem Ernst vor mir und einigen anderen Brüdern und beschuldigte uns grober Irrtümer. Es war in der Tat eine Zeit großer Aufregungen und bitterer Erfahrungen. Der Herr aber war mir nahe, sehr nahe, und Er ist es bis heute geblieben und wird es auch bis ans Ende sein. Meine Familie ist in der Zeit herangewachsen bis zu dreizehn Kindern ... und zwei Pflegekindern, und ich muss zur Ehre des Herrn und zum Preise Seines Namens bekennen, dass wir nie Mangel gehabt haben.«[72]

2. Brockhaus und Darby

Literarischer und persönlicher Einfluss

Die Überzeugungen, für die Carl Brockhaus den Glaubensschritt wagte, hatte er sich, was die Frage nach der Einheit der Kirche betraf, in den letzten zwei Jahren angeeignet. Denn es ist anzunehmen, dass erst mit seinem Eintritt in den Brüderverein (Juli 1850) die Bekanntschaft mit Heinrich Thorens entstanden war. Thorens, länger als jeder andere in seiner Umgebung mit den Gedanken Darbys vertraut, kannte auch Poseck, und wahrscheinlich hat er schon damals die von ihm übersetzten Schriften Darbys an Brockhaus weitergeleitet. Denn schon im ersten Jahrgang seiner neuen Zeitschrift »Der Botschafter in der Heimat« (1853) übernahm Brockhaus zahlreiche Artikel Darbys oder anderer Autoren der Brüderbewegung, deren Gedanken er fortan in Wort und Schrift mit Überzeugungskraft vertrat. Die beiden ersten Jahrgänge des »Botschafters« (1853 und 1854) ent-halten allein 19 Artikel, die von Darby verfasst sind. Es sollte auch nicht mehr lange dauern, bis er den großen Mann der britischen und europäischen Brüderbewegung persönlich kennenlernen sollte.

Deutschland hatte bis zu dieser Zeit kaum im Gesichtskreis Darbys gelegen. 1853 regte sich bei ihm aber der Wunsch, auch die Bekanntschaft deutscher Brüder zu machen. Wahrscheinlich hatte ihm Thorens das Heft des »Säemann« zukommen lassen, das vom Austritt Brockhaus' und seiner Freunde aus dem Brüderverein berichtete und Darby zu dem Ausruf veranlasst haben soll: »Die Brüder möchte ich kennen lernen.« Sicherlich war es auch wieder Thorens, der wenig später die persönliche Verbindung der beiden Männer hergestellt hat, denn vom 2. Mai 1853 besitzen wir einen Antwortbrief Darbys aus Südfrankreich an Brockhaus, in dem Darby dem deutschen Bruder Mut machen möchte, den angefangenen Weg fortzusetzen[73] (s. Anhang, S. 122 f.). Als Darby im Oktober 1853 von zahlreichen Bekehrungen im Rheinland hörte, verstärkte sich sein Wunsch, nach Deutschland zu kommen.

Ein Besuch rückte in greifbare Nähe, als 1854 ein Freund Posecks, vielleicht wieder Thorens, William Darby und Wigram (s. S. 64) gebeten hatte, nach Deutschland zurückzukehren, weil die Lehre der Sündlosigkeit unter den Brüdern aufgetreten sei. Sicher zielte er damit nicht auf Carl Brockhaus, sondern eher auf Anhänger, die seine Lehre missverstanden und verabsolutiert hatten. William Darby antwortete mit der Ankündigung:

> »In kurzem kommt mein Bruder Nelson nach dort, er hat tief getrunken aus der Liebe Christi und hat viel Erkenntnis. Er ist ein Vater in Christo. Er wird in Deutschland überwintern.«[74]

Im September 1854 kam Darby wirklich von London aus ins Wuppertal, kehrte zuerst bei Poseck in Barmen ein und besuchte dann auch Brockhaus in Elberfeld. Aus diesem ersten und kurzen Besuch entstand eine dauernde Verbundenheit der beiden Männer, die bis zu Darbys Tod 1882 währen sollte. Darby kam bis 1878, also innerhalb eines Vierteljahrhunderts, nachweislich noch achtmal nach Deutschland, der Aufenthalt dauerte »zweimal sogar über sechs Monate«[75]. 1855 reiste Brockhaus auf Anraten Darbys nach England, wo er bei dem Sohn eines mit Darby befreundeten Bruders englischen Unterricht hatte. Sicher sollte die Erweiterung der Sprachkenntnisse einer noch intensiveren Auf- und Übernahme der reichen englischen »Brüder«-literatur dienen.

Zweimal war ein längerer Aufenthalt Darbys in Elberfeld mit wichtigen Arbeiten verbunden: Im Winter 1854/55 übersetzte er mit Brockhaus und Poseck das Neue Testament aus dem Griechischen ins Deutsche, womit die »Elberfelder Bibel« ihren Anfang nahm (s. S. 108); 1869/70 übersetzte Darby mit Brockhaus und dem Holländer A. C. Voorhoeve (s. S. 100) das Alte Testament aus dem Hebräischen in die deutsche Sprache. Auch bei der Herausgabe der »Kleinen Sammlung Geistlicher Lieder« (s. S. 106) hat Darby bei einer der Auflagen beratend mitgewirkt.

Elberfeld gehörte in diesen Jahren zur festen Reiseroute Darbys, wenn er den Kontinent besuchte. Überhaupt schätzte er die deutschen Brüder ganz besonders, wie ein Brief Darbys an Brockhaus, geschrieben 1867 aus New York, deutlich zeigt:

> »Geliebter Bruder! Die Schwestern hatten ganz recht, wenn sie sagten, ich liebe die deutschen Brüder herzlich ... Ich bin sozusagen auch im Schweizerland zu Hause. In Frankreich hat Gott mich reichlich gesegnet. Viele der arbeitenden Brüder haben das Wort mit mir studiert, und mit vielen bin ich sehr eng verbunden ... Ich liebe sie herzlich. Nirgendwo aber fühlte ich mehr Verwandtschaft als mit den deutschen Brüdern ... Die Einfachheit und das Wohlwollen der deutschen Brüder hat mein Herz von Anfang an gewonnen. Ich habe Teil an ihrer Freude und ihren Leiden, als wenn es meine eigenen wären.«[76]

1874 weilte Darby in Dillenburg und Elberfeld, war dort zum letzten Mal auf der Konferenz anwesend und reiste dann in Begleitung von Rudolf Brockhaus, dem Sohn Carl Brockhaus', nach Frankreich, Süddeutschland und in die Schweiz. Im allgemeinen aber galt in Deutschland Carl Brockhaus als der selbstverständliche Reisebegleiter Darbys, wenn er die deutschen Brüderversammlungen besuchte. Andererseits ist es bezeichnend für die eigenständige Art von Brockhaus, dass er es bei den Besuchen Darbys eher vorzog, selbst dem Verkündigungsdienst nachzugehen, als nur seinen britischen Freund zu begleiten, so sehr er ihn auch persönlich schätzte. Ein Brief vom 6. August 1878, den Brockhaus von Stuttgart aus an seine Frau schrieb, lässt dies erkennen:

> »Man erwartet Darbys Ankunft in Stuttgart täglich und denkt, dass er in diesem Falle einen guten Begleiter an mir finden werde. Doch bin ich selbst nicht ganz der Meinung. Wenn eine andere Begleitung vorhanden ist, so werde ich mich drücken; denn ich habe diese weite Reise nicht gemacht, um unsern lieben Bruder Darby zu hören, so gerne ich anders auch bei ihm bin und ihn höre, sondern um selbst mit der mir verliehenen Gabe zu dienen.«[77]

Die Eigenständigkeit von Carl Brockhaus

Diese Sätze sind symptomatisch für das Verhältnis der beiden Männer. Bei aller brüderlichen Verbundenheit und Gleichartigkeit ihrer Lehrauffassungen waren sie doch beide so ausgeprägte starke Persönlichkeiten, dass Brockhaus trotz des Altersunterschiedes von 22 Jahren nie wirklich in die Abhängigkeit des Älteren geriet. Gerade in der Frage einer vollkommenen Erlösung des Gläubigen in Christus waren die beiden völlig selbständig zu gleichartigen Erkenntnissen gekommen, und es wurde schon erwähnt, dass die Geistesverwandtschaft auf diesem für Brockhaus zentral wichtigen Gebiet sicher bei ihm den Ausschlag dafür gab, Darbys Lehre von der Einheit der Kirche lückenlos zu übernehmen (s. S. 77).

So konsequent er dann dieses Lehrsystem auch vertrat, nie spielte es in seiner Verkündigung die beherrschende Rolle, wie es bei Darby seit 1835/40 der Fall war. Immer stand bei Brockhaus mehr die eine biblische Wahrheit im Mittelpunkt seines Denkens, Redens und Schreibens, für Zeit und Ewigkeit »alles in Christo« zu besitzen. Damit gab er auch der Verkündigung in den deutschen Brüderversammlungen ihren ganz besonderen Akzent. Coad, einer der Historiker der britischen Brüderbewegung, schreibt, dass man es dem Ansehen des »Darbysmus« geradezu schuldig sei, zu betonen, dass seine Ausbreitung in Deutschland und Holland durch wahrhaft evangelische Anstrengungen erfolgt sei (»it ought to be emphasized that much of this expansion was by genuine evangelistic effort«).[78]

Erst 1856 trat Brockhaus auch nominell aus der Landeskirche aus – übrigens wie Darby mit 34 Jahren –, zwei Jahre später als Grafe, obwohl er doch schon seit vier Jahren die Lehre von der »Einheit durch Trennung« in Wort und Schrift und dazu seit 1853 in einer eigenen Zeitschrift vertrat; diese Frage war ihm eben doch nicht in dem Maße innerstes Herzensanliegen wie der Heilsweg und die Vollkommenheit in Christus.

Es wäre also völlig falsch, Brockhaus als den Statthalter Darbys in Deutschland ansehen zu wollen, hat er doch der deutschen Brüderbewegung ihr eigenständiges Gepräge gegeben, das sich von der bei den Exclusive Brethren in gewissem Sinne zum Darbysmus ausgearteten englischen Entwicklung deutlich unterschied. Dass er es auch fertigbrachte, aus den deutschen Brüderversammlungen Spaltungen, wie sie in England leider üblich waren, fernzuhalten, lag sicher nicht nur an seiner starken Persönlichkeit – davon kann man bei Darby nicht weniger sprechen –, sondern auch an der mehr auf das Heil in Christus ausgerichteten Art der Verkündigung in Deutschland, wo Lehrunterschiede nicht sofort zu Trennungen führen mussten. Georg von Viebahn und Emil Dönges sind dafür Beispiele.

Die Übernahme der Lehre Darbys

Andererseits lässt sich nicht leugnen, dass Brockhaus mit der Übernahme der Lehren Darbys diesen den Weg nach Deutschland geebnet hat. Stets hat er die Forderung der Trennung von allen »Systemen« mit Überzeugung vertreten und damit das für Außenstehende pharisäisch anmutende Überlegenheitsgefühl der deutschen »Brüder« gegenüber allen anderen Denominationen gefördert. Gewiss hat er die Allianzgesinnung, die er im Brüderverein gezeigt hatte, im Grunde seines Herzens nie aufgegeben, betonte er doch immer die unsichtbare Einheit der Gläubigen über die Schranken aller Kirchen hinweg, aber an der in den letzten Jahrzehnten des 19. Jahrhunderts kräftig aufstrebenden Evangelischen Allianz beteiligte er sich nicht und brachte damit die Brüderbewegung in eine Außenseiterrolle gegenüber allen Freikirchen und landeskirchlichen Gemeinschaftskreisen, die das Evangelium mit nicht geringerer Treue verkündigten als die »Brüder«. Wenn Brockhaus die »unsichere und unklare Stellung« der Christen in den Denominationen mit »Mangel an wahrer Erkenntnis« entschuldigte[79], stand dahinter das elitäre Bewusstsein, dass nur die »Brüder« im Schriftgehorsam sagen konnten: »Wir versammeln uns im Namen Jesu.« Es war das Gefühl, historisch wie geistlich eine außerordentliche, einmalige Stellung einzunehmen. Mit Recht konnte H. C. Voorhoeve am Grab von Carl Brockhaus ihn als den Mann rühmen, »der die herrliche Bewegung für die Wahrheit der Absonderung der Kinder Gottes ... in Deutschland anregte«[80].

Neben der »vollkommenen Stellung in Christus« hat dieses Thema weithin die Verkündigung in den Brüderversammlungen zwar nicht bestimmt, es war aber doch ein unüberhörbarer Bestandteil. Dass dabei hinter der »Trennung vom Bösen«, mit der immer die Trennung von religiösen Systemen gemeint war, die Trennung vom sittlichen Bösen zurücktrat, kann nicht geleugnet werden, obwohl sie für Brockhaus und viele andere sicher selbstverständlich war. Damit haftete aber der Verkündigung in der Brüderbewegung eine gewisse Praxisferne an, die sie bis ins 20. Jahrhundert nicht verlor.

Auch für Brockhaus war es eine Grundwahrheit, dass die Einheit der Kirche Christi *nur im Abendmahl dargestellt* werden konnte. Der Tisch des Herrn spielte damit auch im Gemeinschaftsleben der deutschen Brüderbewegung eine herausragende Rolle. An den eigenmächtigen Abendmahlsfeiern der »Lehrbrüder« hatte sich schon der Streit im Brüderverein entzündet, und nach ihrem Austritt aus dem Verein wurde von Brockhaus und seinen Freunden in seiner Wohnung in der Elberfelder Deweerthstraße »der Tisch des Herrn ... wieder aufgerichtet als der Platz der Anbetung und der Verkündigung des Todes des Herrn und als der Ausdruck der Einheit des Leibes Christi«[81].

Aber es ist doch bei Brockhaus ein Unterschied im Vergleich zu Darby zu spüren. Wohl ist auch für ihn der Tisch des Herrn die Offenbarung der Einheit des Leibes Christi und erfordert deshalb die Trennung »von allen Sekten und Parteien«, deren »Einrichtungen nur Tisch der Parteien und Sekten sind«[82], aber Brockhaus betont doch mehr seinem Hauptanliegen gemäß die Freude über das vollbrachte

Werk Christi, den Dank, die Anbetung, das Anschauen des Herrn und ganz praktisch auch die Folgerung, die besonders in unserer – auch in der Gemeindebetriebssüchtigen Zeit seinen Wert nicht verloren hat, dass nämlich hier der Christ lernt, von sich abzusehen, um sich am Quellort der Liebe neu zu orientieren.

Die Bedenken gegen die sonntägliche Wiederholung – das Abendmahl könne zur Gewohnheit werden –, die also auch schon vor hundert Jahren vorhanden waren, werden mit dem Hinweis auf das Gebet und das Lesen der Bibel zurückgewiesen, die wegen ihrer regelmäßigen Übung auch zur Gewohnheit werden könnten. Die sonntägliche Feier des Abendmahls mit ihrem besonderen Anbetungscharakter ist bis heute ein nicht wegzudenkender Bestandteil im Leben der deutschen Brüderversammlungen geblieben.

Differenzierter war die Einstellung zur *Tauffrage*. Darby war der Taufe gegenüber uninteressiert, er sah in ihr ein Zeichen des Todes, das den einzelnen betraf und keinerlei Verbindung zum Leib Christi hatte. Deshalb ließ sich die Taufe auch nicht in sein System von der Einheit der Kirche eingliedern. So führte er ein Leben lang Kindertaufen durch und hielt sich aus den in England entstehenden Streitfragen über die Taufe möglichst heraus.

Diese Unterbewertung der Taufe hatte auch ihre Wirkung auf die deutsche Brüderbewegung, obwohl hier viel stärker als in England die Ansicht verbreitet war, dass der Glaube unbedingt die Voraussetzung der Taufe zu sein habe, so dass man die »Brüder« im 19. Jahrhundert oft einfach den Baptisten zurechnete. Dennoch wurde die Taufe aus der Lehre weitgehend ausgeklammert. Der »Botschafter«, in dem die Hauptthemen der »Brüder«-lehre in gewissen Abständen immer wieder in ausführlichen Artikeln behandelt wurden, brachte erst im 80. Jahrgang (1932), im Todesjahr Rudolf Brockhaus', einen Aufsatz über die Taufe. Aber auch jetzt wies der Verfasser, wahrscheinlich Rudolf Brockhaus, darauf hin, dass es nicht der Zweck des Artikels sei, »zu einer Entscheidung darüber zu gelangen, an welchen *Personen* und zu welcher *Zeit* sie ausgeübt werden solle«. Vielmehr wollte sich der Verfasser nur über Wesen und Bedeutung der Taufe äußern. Es fällt kein Wort über die Gläubigentaufe.

Sicherlich war die Einstellung zur Taufe in den deutschen Brüderkreisen unterschiedlich, aber sie nahm eben im Lehrgefüge einen derartig untergeordneten Platz ein, dass man sie nie zu einer Streitfrage werden ließ. Die Zugehörigkeit zur Versammlung entschied sich immer am Abendmahl. Erst seit dem Zweiten Weltkrieg sollte in dieser Haltung eine Änderung eintreten.

Was Darby über die Gegenwart und Wirksamkeit des Heiligen Geistes, über das allgemeine Priestertum, über Gnadengaben und Ämter, kurz über die *Geistesleitung* lehrte, wurde ebenfalls von Brockhaus voll übernommen. Dies hat die Eigenart der Brüderbewegung in Deutschland in ihrer Ablehnung aller Ämter, besonders des Predigtamtes, entscheidend geprägt. Allerdings hat dieser Punkt aber auch zu der Meinung verführt, dass nur in den Versammlungen der Brüder die Geistesleitung wirklich zum Ausdruck komme, wodurch andere Gemeinschaftsformen allgemein abqualifiziert wurden. Andererseits hatten anerkannte Führergestalten wie Carl und Rudolf Brockhaus die Leitung im Ganzen, andere Brüder in den einzelnen Versammlungen fest in den Händen, was zwar bei diesen wirklich geisterfüllten Männern nicht unbedingt ein Nachteil sein musste, aber die schon in England aufgetretenen Missstände, wo Geltungsbedürfnis und Gewohnheit die Geistesleitung zuweilen ausschalteten, blieben auch in Deutschland nicht aus. Immerhin aber gab es nur wenige Gemeinschaftsformen, wo dem Wirken des Geistes Gottes so viele Möglichkeiten eingeräumt und die Verantwortung und der Wunsch jedes einzelnen Bruders, darauf zu hören, so wachgehalten wurden wie in den Versammlungen der »Brüder«.

Um die Bedeutung von Carl Brockhaus für die »Lehre der Brüder« zu charakterisieren, mag an dieser Stelle ein außenstehender und kritischer Beobachter, ein Vertreter der Freien evangelischen Gemeinden, zu Worte kommen, der 1919 im »Gärtner« u. a. schrieb:

»Es ist nicht zu bezweifeln, dass Brockhaus durch sein fleißiges Bibelstudium ein ganz guter Kenner, aber auch in mancher Hinsicht ein einseitiger Ausleger der Heiligen Schrift war. Durch großen Fleiß und schriftstellerische Begabung hat er der ›Elberfelder Versammlung‹ einen großen Schatz in und mit seinem reichen Buchverlag hinterlassen. Angezogen durch Schriften Darbys mit seinen vielen Neuheiten, wie mit seinem Radikalismus gegen manchen alten theologischen Zopf, und durch jene theologisch gebildet, hat er in den Spuren seines großen Lehrers Auslegungen und Lehren mit einer Energie vertreten, die sowohl durch ernsthafte Betonung der ›Schriftgemäßheit‹ als auch durch Allegorie und Einseitigkeit zur Aufmerksamkeit nötigten.«[83]

3. Ausbreitung der Bewegung bis zum Tod von Carl Brockhaus (1899)

Persönliche Verhältnisse

Carl Brockhaus war Ende des Jahres 1852 frei, seinen Überzeugungen, für die er den Glaubensschritt gewagt hatte, nach Kräften zu leben, und er war sicher nicht der Mann, dies nur für sich allein zu tun. Es war ihm klar, dass er sich weiterhin ganz in die Arbeit des Reiches Gottes stellen sollte und dass dies für ihn, der völlig ohne Existenzsicherung war, auch äußerlich ein Weg des Glaubens sein musste.

So lehnte er 1854 das Angebot holländischer Freunde ab, mit seiner Familie nach Winterswijk in Holland überzusiedeln, wo »ein lieber Bruder, der auch ein gut Teil dieser Welt Güter besitzt«[84], ihm ein Haus zur freien Verfügung stellen wollte. In Holland gab es schon eine Reihe großer Brüderversammlungen, und Brockhaus war von vielen Gläubigen dort aufgefordert worden, sich in Holland niederzulassen. Aber er konnte die Annahme eines solchen Angebots sicher nur als einen fleischlichen Ausweg betrachten.

Manchmal kamen ihm zwar in der ersten Zeit, wenn es gar zu knapp herging, Zweifel, ob sein Entschluss richtig gewesen war, aber immer wieder hatte er Erlebnisse, die ihn bestärkten, an dem eingeschlagenen Weg festzuhalten. So übergab ihm einmal ein Bruder genau die Summe Geldes, die ihm für die Miete fehlte und die ein Bruder in England für ihn übersandt hatte. Als er ein anderes Mal schon so weit war, wenigstens für die halbe Zeit Arbeit anzunehmen – sein Schwager Julius Löwen bot ihm in seinem Geschäft die Möglichkeit dazu –, ließ er von diesem Plan wieder ab, als ihn Gaben und Briefe erreichten, die ihn aufforderten, weiterhin seine ganze Zeit dem Werk des Herrn zur Verfügung zu stellen.

Für ihn selbst und seine Familie ergaben sich mancherlei Veränderungen. Am 1. Mai 1853 verließ er die Wohnung im Haus des Brüdervereins und zog in die Deweerthstraße in Elberfeld. Dort versammelte er sich mit einigen Gleichgesinnten zur Betrachtung der Bibel, zum Gebet und natürlich zur Feier des Abendmahls.

Im Jahr 1856 konnte er mit Hilfe von Freunden am »kleinen Engelnberg«, der späteren Baustraße, in Elberfeld ein bescheidenes Heim erwerben, einen großen Garten mit einem kleinen Haus, einer früheren Senfmühle. Zehn Jahre später erbaute er für die inzwischen größer gewordene Familie ein zweites Haus, in dessen unterem Stockwerk auch die wachsende Elberfelder Versammlung einen Saal erhielt. Später war auch dieses Haus im Blick auf die Ansprüche der großen Familie und des Verlages zu eng, so dass Brockhaus 1875 auf dem noch freien Teil des Grundstücks ein großes Vorderhaus erbaute und das kleine Gebäude als Schriften- und Bibellager und für den Versand benutzte.

Erste Versammlungsgründungen

Von vornehrein begann Brockhaus mit eigener Missionstätigkeit und versammelte sich mit den Gläubigen in der Weise, wie er es gemäß seiner Erkenntnis nun für richtig hielt. Er vertraute dabei auf das Wort Jesu: »Wo zwei oder drei versammelt sind in meinem Namen, da bin ich in ihrer Mitte (Mt 18,20).« Mit Brockhaus nahm die Brüderbewegung in Deutschland jetzt in wenigen Jahren den Aufschwung, der ihr bisher trotz der Anfänge in Württemberg und im Rheinland gefehlt hatte.

Sicher war es dabei für ihn günstig, dass er durch seine Arbeit und seine Reisen im Dienst des Brüdervereins schon in den verschiedenen Orten Verbindungen und Freunde besaß, bei denen er trotz aller Anfeindungen von seiten des Vereins anknüpfen konnte. Schon am 11. Februar 1853 erklärten in Breckerfeld, also am ersten Wirkungsort Brockhaus' überhaupt, 22 Gemeindeglieder ihren Austritt aus der evangelischen Kirche. Sie überreichten beim Königlichen Kreisgericht in Hagen ein Schreiben, in dem sie ihre Glaubensauffassungen und die Absicht darlegten, sich als »Evangelische Brüdergemeinde zu Breckerfeld« zu versammeln.

Dies blieb kein Einzelfall. Schon im nächsten Jahr wusste die empörte Kirchenbehörde zu berichten, dass die »sektiererische Bewegung«, die man den »Anabaptisten (Wiedertäufern)« zurechnete, mittlerweile in Breckerfeld 26, in Rüggeberg 8, in Schwelm 17, in Vörde 5 und auch in Gevelsberg 5 Personen aufweise. Im Doorn bei Rüggeberg, wo Wilhelm Brockhaus Lehrer war, entstand unter seiner Leitung ebenfalls eine Versammlung, bald auch in Elberfeld, ebenfalls in weiter entfernten Orten, zunächst in denen, die zum Missionsgebiet des Brüdervereins gehört hatten. Im Bergischen Land, im Sauer- und

Siegerland, im Dillkreis und im Wittgensteiner Land fanden sich Kreise der »Brüder« zusammen. Schon in den ersten Jahren seines Bestehens wurde der »Botschafter« in Laasphe in über 100 Exemplaren gelesen[85], und in Dillenburg baute man schon 1857 ein Versammlungshaus. Zuweilen waren es nur wenige Gläubige, die sich Brockhaus und seinen Freunden anschlossen und in ganz geringer Zahl begannen, sich »im Namen Jesu zu versammeln«, ein andermal war es der Teil einer Gemeinschaft oder ein ganzer Kreis von Gläubigen.

Allerdings lässt sich nicht leugnen, dass das alles auch Trennungen zwischen Menschen zur Folge hatte, die bisher als Kinder Gottes Gemeinschaft miteinander gepflegt hatten. So kehrten die Brüder, die mit Brockhaus den Verein verlassen hatten, ins Siegerland zurück und gründeten dort mit den ihnen bekannten Christen Versammlungen im Sinne der Brüderbewegung. Auch Tillmann Siebel, der die Gläubigen, z.B. in Weidenau, »unter Tränen« beschwor, »vereinigt zu bleiben und das Band brüderlicher Gemeinschaft nicht zu zerreißen«[86], konnte die Entwicklung nicht aufhalten. An zahlreichen Orten, in denen im Zuge der Erweckungsbewegung (s. S. 54) Kreise von Gläubigen im Rahmen der Landeskirche entstanden waren, fasste die Brüderbewegung Fuß, und da es deren Auffassung gebot, sich nicht mehr innerhalb eines kirchlichen Systems zu versammeln, mussten notwendigerweise Trennungsstriche quer durch die bestehenden Gemeinschaften gezogen werden. »Ein Teil der Gläubigen wandte sich von Tillmann Siebel als einem unentschiedenen Mann ab, obwohl sie fast alle in den Jahren zuvor durch seine Zeugnisse zum Herrn bekehrt worden waren.«[87] »Unentschieden« war allgemein das Urteil der »Brüder« über diejenigen, die ihre kirchlichen Bindungen nicht lösen wollten oder konnten.

Auch im Wittgensteiner Land, dem sich der Brüderverein einmal zugewandt hatte, fassten Brockhaus und seine Mitarbeiter Fuß und zogen, besonders in Laasphe, »fast alle Gläubigen in die Trennung hinein«. Der Brüderverein konnte dort später nicht mehr wirken und stand »bald vor verschlossenen Toren«[88].

Dabei muss man aber bedenken, dass es den einzelnen Christen sehr oft eine ernste Gewissensfrage war, dem Wort Gottes gehorsam zu sein. Wenn in den Gemeinschaften der Erweckten die Frage aufkam, ob die Volkskirche eine Gemeinde im Sinne des Neuen Testaments sei, wenn nach dem rechten Verständnis von Taufe und Abendmahl gefragt wurde, waren Auseinandersetzungen darüber nicht

immer um des Friedens willen auszuklammern, wie es das Beispiel eines landeskirchlichen Gemeinschaftskreises in Frohnhausen (Dillkreis) – allerdings aus einer etwas späteren Zeit – zeigt:
> »Ein ernstes Fragen kam unter ihnen auf und oft auch eine erregte Auseinandersetzung über gewisse Bibelstellen. Manche Brüder, die der Kirche zugetan waren, wollten es so halten, dass in den Bibelbesprechstunden die obigen Fragen übergangen würden. Dies konnten aber die anderen nicht gutheißen, denn es war für sie ein Ausweichen vor dem Worte Gottes. Sie wollten der Schrift in allem gehorsam sein. Ein Ringen um biblische Wahrheiten brach immer wieder auf. Nicht wenige wertvolle Brüder und Schwestern ließen sich in diesem Ringen zum Übertritt in die ›Elberfelder Versammlung‹ bewegen. Es war ihnen schmerzlich, dass man nicht alle biblischen Wahrheiten in der Gemeinschaft besprechen wollte.«[89]

Auch nach Frohnhausen war die Versammlung ziemlich früh von Dillenburg her gekommen.

Bei allem Bedauern über die geschilderten Trennungen muss man aber auch zugeben, dass Brockhaus durch die Verkündigung des Evangeliums vielen Menschen zum Segen geworden ist. Viele kamen als solche zu einer »Christlichen Versammlung« – ein Name, der sich für die Gemeinschaften der »Brüder« durchsetzte –, die vorher geistlich tot oder Suchende gewesen waren, in welcher kirchlichen Beziehung sie auch gestanden hatten.

Mitarbeiter und Konferenzen

Carl Brockhaus war nicht der Gründer der Brüderbewegung in Deutschland, er wurde aber in wenigen Jahren zu ihrer anerkannten Führerpersönlichkeit, zumal Julius von Poseck 1857 nach England ging. Ausschlaggebend dafür waren neben seiner Tatkraft, seiner völligen Hingabe an das Werk, seiner literarischen und rhetorischen Begabung, seinem verlegerischen Organisationstalent schließlich sein volksnaher Stil, mit dem er in Wort und Schrift die Menschen zu erreichen wusste.

Von nicht unerheblicher Bedeutung war aber auch für den Aufschwung der Bewegung, dass von Anfang an eine Reihe Gleichgesinnter zur Verfügung stand, die sich wie Brockhaus in die Arbeit stellten. Mit den Brüdern, die wie er aus dem Brüderverein ausgetreten waren (s. S. 84) und sich mehr oder weniger auch vollzeitlich dem Verkündigungsdienst zugewandt hatten, blieb er in Zusammenkünften verbunden, die man Konferenzen nannte. Mehrmals im Jahr versammelte man sich zu Gebet und Wortbetrachtung, wie es schon früher im Brüderverein üblich gewesen war. Für den Zusammenhalt des immer größer werdenden Werkes waren die Konferenzen wichtig, um in Lehre und Zucht Differenzen zu vermeiden und das gegenseitige Vertrauen zu erhalten. Brockhaus schrieb selbst darüber:

»Ich erkenne immer mehr, wie nötig und nützlich solche Konferenzen für das Werk sind. Nicht nur wird die Erkenntnis im Worte vermehrt, sondern auch das Band unter den Arbeitern aufrecht gehalten und die Einheit des Geistes bewahrt.«[90]

Einer seiner treuesten Mitarbeiter in den ersten Jahrzehnten war sein älterer Bruder Wilhelm (1819-1888). Auch er war der Tradition des Vaters gefolgt und Lehrer geworden. Seit 1842 unterrichtete er in der Schule Im Doorn bei Rüggeberg (unweit von Hagen i. W.), hatte sich dort bekehrt, geheiratet und war 1850 dem Evangelischen Brüderverein beigetreten. Sein Leben hatte sich also ähnlich dem seines Bruders Carl gestaltet.

Wilhelm Brockhaus besaß ganz besonders die Gabe des Erzählens. Als sein Bruder Carl aus dem »Elberfelder Erziehungsverein« austrat und auch die Schriftleitung des »Kinderboten« niederlegte, wurde er sein Nachfolger und machte diese Zeitschrift mit zeitweise 23000 Beziehern zur meistgelesenen ihrer Art in Westdeutschland. 1854 gab er seinen Lehrerberuf auf und wurde freier Schriftsteller, siedelte aber erst 1866 nach Elberfeld über.

Neben der Verkündigung des Evangeliums, worin er seinem Bruder zur Seite stand, trat Wilhelm Brockhaus besonders als christlicher Erzähler hervor. Bekannt geworden ist er als Verfasser der aus 20 Bänden bestehenden Reihe »Saat und Ernte«, spannend dargebotenen christlichen Jugenderzählungen meist historischen Charakters, die bis in die dreißiger Jahre unseres Jahrhunderts immer wieder neu aufgelegt und z. T. sogar übersetzt worden sind. Stets war das Ziel seines Erzählens die Entscheidung für Christus.

Natürlich hat er auch für die Zeitschrift seines Bruders geschrieben, Lieder für das Liederbuch der »Brüder« gedichtet und viele der Lieder seines Bruders vertont; auch die Melodie zu dem Lied Posecks »Auf dem Lamm ruht meine Seele« stammt von ihm.

In etwas anderer Richtung als sein Bruder Carl war auch Wilhelm Brockhaus ein vielseitig begabter Mann, der seine Gaben in den Dienst Christi zu stellen wusste.

Reisetätigkeit

Von großer Bedeutung für die Wirkung, die Carl Brockhaus erzielte, war seine unermüdliche Reisetätigkeit, die der Darbys durchaus an die Seite zu stellen ist. Zwischen Ostpreußen und Württemberg, zwischen Schlesien und Ostfriesland bereiste er in viereinhalb Jahrzehnten fast ununterbrochen alle deutschen Länder; im Ausland waren es die Niederlande und die Schweiz, die ihn immer wieder anzogen. Aus 195 erhaltenen Briefen an seine Frau lässt sich erkennen, mit welcher Rastlosigkeit Brockhaus durch Mitteleuropa gezogen ist. Der folgende Überblick über die Jahre seiner Reisetätigkeit soll dies verdeutlichen (von den fehlenden Jahren sind keine Briefe erhalten)[91]:

1852: Westfalen
1853: Nassau
1854: Holland, Nassau
1855: Holland, Württemberg, Nassau
1856: Westfalen
1861: Baden, Württemberg
1863: Mark Brandenburg, Schlesien, Württemberg
1864: Westfalen, Nassau
1865: Nassau
1866: Schweiz. Württemberg
1867: Württemberg, Schlesien, Schweiz, Nassau
1868: Schweiz, Württemberg
1869: Nassau, Holland
1870: Holland, Westfalen, Schlesien
1871: Nassau
1872: Württemberg, Schweiz
1873: Ostfriesland, Württemberg, Holland
1874: Rheinland, Schlesien, Nassau, Württemberg, Schweiz, Ostfriesland
1876: Nassau, Württemberg, Schweiz
1877: Schlesien, Schweiz, Württemberg
1878: Elsass
1879: Nassau, Schweiz
1880: Mark Brandenburg, Sachsen, Nassau
1881: Schlesien, Mark Brandenburg. Ostpreußen
1882: Schlesien, Württemberg, Nassau
1883: Schweiz, Nassau, Württemberg, Mark Brandenburg
1884: Württemberg, Schweiz, Mark Brandenburg
1886: Schlesien, Bayern, Sachsen, Mark Brandenburg

1887: Nassau, Elsass, Schweiz
1888: Mark Brandenburg, Schlesien, Schweiz
1889: Westfalen, Nassau, Brandenburg
1889: Westfalen, Nassau, Mark Brandenburg
1891: Rheinland
1892: Sachsen, Mark Brandenburg, Württemberg
1893: Mark Brandenburg, Schlesien
1895: Nassau, Siegerland

Deutlich lassen sich die von Brockhaus bevorzugten Gebiete erkennen, die z. T. bis heute Kerngebiete der Brüderbewegung geblieben sind.

Neben seinem eigentlichen Ausgangsfeld zwischen Ruhrgebiet und Siegerland mit Elberfeld als geistigem Mittelpunkt war es besonders der Dillkreis (Nassau), der ihn immer wieder anzog.

Aber auch Württemberg hat er etwa zwanzigmal bereist, obwohl er die schwäbische Frömmigkeit nicht gerade vorteilhaft beurteilte (s. S. 61 f.). Aber von den dortigen Kreisen aus waren vielerlei Verbindungen nach Frankreich, in die Schweiz und in die Niederlande geknüpft, die auch für ihn anregend waren.

Sehr gern weilte er in Schlesien, wo seine Verkündigung gut aufgenommen wurde.

Im Elsass, das nach 1871 dem Deutschen Reich angeschlossen war, arbeitete er mit dem in Gehweiler wohnenden Schweizer Ch. Vodoz zusammen, der auch die deutschen Brüderversammlungen besuchte.

Verhältnismäßig spät scheint Brockhaus nach Sachsen gekommen zu sein, wo allerdings schon der in Düsseldorf lebende Engländer Travers William Bayly (1853-1935) seit 1885 wirkte. Völlig uneigennützig stellte dieser Mann Zeit und Vermögen in den Dienst des Evangeliums. Nicht nur in den großen Städten wie Leipzig und Chemnitz entstanden Versammlungen, ganz besonders befruchtet wurde das Vogtland, wo die Bewegung in den achtziger Jahren ihren Anfang nahm und mit der Zeit ganze Ortschaften erfasste (z. B. Vielau, Rempesgrün). Brockhaus betrachtete sich aber damals schon – im Gegensatz zu dem um 30 Jahre jüngeren Bayly – als zu gebrechlich, um in dieser verkehrsmäßig noch unerschlossenen Gegend zu arbeiten, wo die Gläubigen noch stundenlange Fußmärsche zu den Versammlungen zurücklegen mussten. Er schrieb darüber 1886 an seine Frau:

»Des Herrn Werk beginnt auch in hiesiger Gegend sich ein wenig auszubreiten, und die Geschwister freuen sich sehr, wenn sie von Arbeitern im Werk besucht werden. Sie kommen stundenweit her, um einer Abendversammlung beiwohnen zu können ... Es freut mich sehr, dass ich den Geschwistern in hiesiger Gegend ein wenig dienen kann; allein ich sehe, dass es eigentlich kein Arbeitsfeld für mich ist. Die Wege und Berge hier erfordern jüngere Kräfte.«[92]

Wenig Aufnahme fand Brockhaus in Norddeutschland; in Emden spricht er von fünf Gläubigen, die am Brotbrechen teilnehmen; und auch Berlin gehörte nicht zu den fruchtbaren Arbeitsfeldern, 1877 zählt es etwa 30 Anhänger[93]. 1874 teilt er aus Berlin mit:

»Die Vorurteile der hiesigen Christen gegen uns sind sehr groß, und man warnt mit großem Eifer von allen Seiten. Bei anderen Christen hier wird allerlei über uns gesprochen, selbst das unsinnigste Zeug ... Georg Müller aus Bristol soll uns auch nicht das beste Zeugnis, besonders Bruder Darby, gegeben haben.«[94]

Erst später bildeten sich auch in der Reichshauptstadt einige größere Brüderversammlungen, darunter auch eine der Offenen Brüder, auf die der im Brief erwähnte Besuch Müllers in Berlin hinweist.

In Holland weilte Brockhaus gern, weil er sich dort unter Freunden fühlen konnte, unter denen Hermann Cornelius Voorhoeve (1837 bis 1901) herausragte.

Er war der Sohn eines Bankiers und zunächst dem Vater in diesen Beruf gefolgt, aber nach seiner Bekehrung als Zwanzigjähriger hatte er sich ganz dem Werk des Herrn zugewandt. Zugleich schloss er sich der holländischen Brüderbewegung an und trat aus der Niederländischen Kirche aus. 1858 kam er nach Elberfeld, von wo aus er nach Schlesien reiste, um dort – als 21jähriger (!) – das Evangelium zu verkünden. Er hatte zu diesem Dienst eine ganz besondere Gabe. In Holland nahm er in vielerlei Beziehung die gleiche Stellung ein wie Brockhaus in Deutschland. Er bewies im Dienst für seinen Herrn große Tatkraft, und obwohl die Absonderung auch für ihn ein ernstes Anliegen war, stand die Verkündigung des Evangeliums bei ihm immer im Vordergrund. Dem dienten nicht nur seine vielen Reisen, neben Holland auch in Deutschland, Frankreich, Belgien, England und der Schweiz, sondern auch mehrere Zeitschriften, ein christlicher Abreißkalender und viele Bücher und Schriften, die sich durch seinen klaren und volkstümlichen Stil auszeichneten. Wie Brockhaus war er auch ein begabter Liederdichter. 1869/70 beteiligte er sich an der

Übersetzung des Alten Testamentes für die »Elberfelder Bibel«; zu diesem Zweck zog er mit seiner Familie – er war mit einer Deutschen verheiratet und hatte zwölf Kinder – extra für diese Zeit nach Köln. Einer seiner Söhne, der homöopathische Arzt Dr. N.A.J. Voorhoeve, wurde Schwiegersohn von Carl Brockhaus, bei dessen Beerdigung sein Freund H. C. Voorhoeve die Ansprache hielt.

Auch die Schweiz bereiste Brockhaus sehr gern. Hier war die Lehre der »Brüder« schon etwas länger heimisch als in Deutschland, hier konnte er auf den Schweizer Konferenzen manche Anregung für seinen Dienst empfangen. Zwei seiner Töchter heirateten in die Schweiz.

Verhältnis zu anderen Kirchen

Meistens konnte Brockhaus auf seinen Reisen bei bestehenden Versammlungen anknüpfen, auch wenn es oft nur ganz schwache Anfänge in Stubenversammlungen waren, wo einzelne Gläubige ihre Wohnung zur Verfügung stellten. Im Anschluss daran konnten noch durch Hausbesuche Menschen erreicht und seelsorgerliche Dienste wahrgenommen werden.

Aber auch andere erweckte Kreise konnten durchaus Anknüpfungspunkt für seine Arbeit sein – anfangs sprach Brockhaus auch in baptistischen Gemeinschaften –, und deshalb predigte er zuweilen gern in Gegenden, wo die »Christliche Versammlung« noch unbekannt war und daher keine Vorurteile gegen sie bestanden. So schrieb er aus Emden:

»Die Christen hier kennen uns nicht; deshalb sind sie ziemlich frei von Vorurteilen. Es wird sich vielleicht bald ändern, wenn Hamburg es hört ...«[95]

»Hamburg« war die Leitung der deutschen Baptisten, die sich natürlich dagegen wehrte, wenn Brockhaus in ihren Gemeinden für die »Brüder« warb.

Denn gewiss hat Brockhaus in seiner Arbeit viel das Evangelium verkündigt, aber es darf auch nicht verschwiegen werden, dass er immer wieder – und nicht ohne Erfolg – versucht hat, Gläubige anderer Kreise für die Brüderbewegung zu gewinnen, was so weit gehen konnte, dass er sich über den Niedergang einer freikirchlichen Gemeinschaft zugunsten der »Versammlung« zu freuen vermochte. Für Breslau hoffte er 1863, »dass die dortige Baptistengemeinde nach und nach ganz aufhören wird und die Aufrichtigen unter ihnen sich zu den Brüdern halten werden«, im Blick auf Berlin freute er sich 1877, dass dort eine ganze Anzahl, darunter einer, »der 22 Jahre bei den Baptisten war«, zur »Versammlung« überwechselte, »weil die Wahrheit sie frei gemacht« hatte, und auch von den Methodisten wusste Brockhaus Anhänger zu gewinnen; in Dillenburg schlossen sich so viele den »Brüdern« an, dass man schon meinte, »dass ihre Kapelle bald ganz verwaist sein werde«[96].

Gerechterweise muss man allerdings sagen, dass man Brockhaus' Vorgehen nicht als Proselytenmacherei im üblichen Sinn bezeichnen kann, da er von der Einzigartigkeit des Weges, durch Absonderung die Einheit des Leibes Christi darzustellen, viel zu sehr überzeugt war, um irgendeinen anderen Kreis von Gläubigen als gleichberechtigt akzeptieren zu können. Deshalb ist besonders eine Kritik von unserem heutigen Selbstverständnis her ungerecht. Wenn der größte Geschichtsschreiber des 19. Jahrhunderts, Leopold von Ranke, einmal gesagt hat, dass »jede Epoche unmittelbar zu Gott« sei, so gilt das ganz sicher auch für die Kirchengeschichte und ihre herausragenden Persönlichkeiten.

Anfeindungen und Verfolgung

Schon die Entbehrungen und Verfolgungen, die Brockhaus und andere Brüder auf sich genommen haben, deuten an, dass der Dienst dieser Männer weit über einen bloßen Gruppenegoismus hinausging.

Es war klar, dass sich die Kirchen gegen die »Sektierer« wandten und versuchten, mit Hilfe der staatlichen Behörden die separatistische Bewegung zu unterdrücken. Auch der Evangelische Brüderverein, der in seiner Arbeit oft selbst Schwierigkeiten mit den Landeskirchen hatte, warnte, wie die Dinge nun einmal liefen, vor Brockhaus und seinen Anhängern. Zuweilen musste man sich vor Gericht auf die bestehenden Gesetze berufen, um sich vor den Obergriffen untergeordneter Behörden zu schützen, die der Meinung waren, der Staatskirche Amtshilfe leisten zu müssen.

Ganz besonders waren die ersten Jahre von massiver Verfolgung gekennzeichnet. Im Siegerland musste Brockhaus 1853 mit anderen Brüdern nach einem zehnstündigen Marsch noch einmal vier Stunden

»in den Wäldern umherstreifen«, weil er und seine Mitarbeiter »von den Gendarmen gesucht« und arretiert werden sollten. Der Bürgermeister hatte erklärt, er wolle Alberts haben, »und wenn er in jedem Haus eine Wache aufstellen solle«.

Erst gegen 22 Uhr wagte man sich im Schutz der Dunkelheit in den Ort und wurde durch die Gärten ins Haus geleitet. Die Versammlung dauerte dafür dann bis halb zwei Uhr nachts. »Da kannst Du leicht denken, wie sehr wir ermüdet waren«, schrieb Brockhaus an seine Frau. Am nächsten Abend wurde er mit August Eberstadt in Dillenburg aus einer Versammlung heraus verhaftet, in Arrest gesteckt, einen Tag später nach Herborn gebracht, dort unter dem Spott der Leute mehrfach durch die Stadt geführt, verhört, vor Gericht gestellt und schließlich über die Grenze nach Hessen abgeschoben, d. h. des Landes verwiesen. Das Abhalten religiöser Versammlungen war eben im Herzogtum Nassau, wozu Dillenburg gehörte, verboten[97] (s. Anhang, S. 120 ff.).

Im Königreich Sachsen gab es noch in den achtziger Jahren Schwierigkeiten mit der Kirche und den Behörden. 1887 half einem Bruder erst die Berufung auf das Glaubensfreiheit gewährende Reichsgesetz von 1871, um ihn vor dem Gericht in Plauen im Vogtland vor der Verurteilung wegen Abhaltens von religiösen Versammlungen zu bewahren. Überhaupt erreichten die Brüder auf der höheren Ebene der Gerichte Freispruch, während ihnen im Umgang mit den unteren Behörden – und der war das übliche – Schikanen und Behinderungen und von seiten der Bevölkerung Spott und Ablehnung widerfuhren. Selbst die Tageszeitungen warnten vor ihnen.

»Im Leiden Gott zu verherrlichen«, wie Brockhaus an seine Frau schrieb, war für jene Brüder damals nicht nur eine leere Phrase.[98]

Gefahr der Verweltlichung

Doch schon nach der ersten Anfangs- und Pionierzeit musste Brockhaus feststellen, dass die Gefahr geistlicher Verflachung auch den Versammlungen der »Brüder« drohte. Auch das 19. Jahrhundert kannte Zeiten, in denen es für viele wirtschaftlich aufwärts ging, z. B. die Gründerjahre nach 1871, was nicht ohne Folgen für die geistliche Haltung mancher Christen blieb. Mehrfach äußerte Brockhaus seine Sorgen in dieser Richtung:

> »Es ist nicht zu verkennen, dass an vielen Orten mehr oder weniger Schlaffheit vorhanden ist und dass das Zeugnis seine erste Frische verloren hat.«[99]

Oder:
> »Das Wesen der Welt ist nach der einen oder der anderen Seite hin sehr in die meisten Versammlungen eingedrungen und verflacht und verweltlicht die Seelen immer mehr und mehr.«[100]

Interessant ist in diesem Zusammenhang, dass Brockhaus 1886 in den im Verhältnis zum Westen 30 Jahre jüngeren sächsischen Versammlungen des Vogtlandes noch die geistliche Frische einer Anfangszeit zu finden glaubt und sie den Gläubigen Westdeutschlands als Vorbild entgegenstellt:

> »Sie kommen stundenweit her, um einer Abendversammlung beiwohnen zu können. Das wird auch heute der Fall sein. Wie wenig wird bei uns der große Vorzug erkannt, den die dortigen Geschwister vor den hiesigen haben, und wie wenig wird dem Herrn dafür gedankt!«[101]

Beachtenswert erscheint aber noch ein anderer Gesichtspunkt, den Brockhaus vorbringt. Auch er muss schon darüber klagen, dass unter den Geschwistern der »Versammlung« das Verständnis für die besondere Weise, in der sie sich versammeln, zurückgeht:

> »Ich wiederhole, dass wir sagen, wir sind im Namen Jesu versammelt, aber im Grunde denken doch die meisten nichts anderes, als gleich den übrigen Christen zu kommen, sich hinzusetzen und irgendeinen mehr oder weniger begabten Bruder zu hören, statt mit der Gegenwart des Heiligen Geistes zu rechnen. Ich glaube, dass die Erkenntnis dieser Dinge nicht mehr in der früheren Frische bei den älteren Geschwistern ist, und bei den jüngeren gibt es wenige, die sie je gehabt haben.«[101]

Hier wird schon eine Erscheinung gekennzeichnet, die der deutschen Brüderbewegung um so mehr anhaften sollte, je mehr sie sich zeitlich von den Ursprüngen ihrer Lehre entfernte. Die Zahl derer, die ihren »Platz« in der Versammlung im Sinne Darbys recht zu würdigen wussten, nahm mit der Zeit ab. Das musste nach unserem heutigen Verständnis nicht unbedingt ein geistlicher Niedergang sein. Mehr und mehr gab es aber – und das gilt besonders für das 20. Jahrhundert – auch in der »Christlichen Versammlung« Geschwister, die hier »gleich den übrigen Christen« einfach nur einer bewusst nach dem Neuen Testament ausgerichteten Gemeinde angehören wollten, ohne sich über deren besonderen Anspruch viel Gedanken zu machen. Von diesem Standpunkt aus musste einmal die Frage nach der Überwindung der Trennung von anderen Freikirchen aufbrechen.

Die Zeitschrift

Die Arbeit von Carl Brockhaus wäre nur unvollständig beschrieben, würde nicht auch ein Umriss von dem literarischen Werk vermittelt, das er in Verbindung mit seinem Verlag und seinen Mitarbeitern hervorbrachte. Drei Zeugnisse dieser äußerst vielseitigen Arbeit haben bis heute – 120 Jahre später – nicht ihre Bedeutung verloren:

1. seine Zeitschrift, der »Botschafter«,
2. das Liederbuch, die »Kleine Sammlung Geistlicher Lieder«,
3. die Bibelübersetzung, die »Elberfelder Bibel«.

Sofort nach dem Austritt aus dem Brüderverein war sich Brockhaus klar darüber, wie wichtig auch die literarische Arbeit für den Zusammenhalt und die Festigung der jungen Bewegung war. Schon 1853 gab er deshalb den ersten Jahrgang der Monatszeitschrift »Der Botschafter in der Heimat« im Selbstverlag heraus, wobei der Titel Anklänge an den »Säemann für Mission in der Heimat und häusliche Erbauung«, die Zeitschrift des Brüdervereins, nicht leugnen kann. Genau wie dieses Blatt, an dem Brockhaus bis 1852 eifrig mitgearbeitet hatte, sollte auch seine Zeitschrift evangelistisch ausgerichtet sein, die er deshalb (auf dem Titelblatt) unter das Motto stellte: »Lasset euch versöhnen mit Gott!«

Der 2. Jahrgang (1854) erschien dann unter dem Titel »Botschafter des Heils in Christo«, ein Name, der der Zeitschrift bis zum 80. Jahrgang (1938) blieb. Auch jetzt sollte das Motto »Der Herr ist nahe« sicherlich auf die notwendige Bekehrung und Heilsannahme hinweisen.

Der Charakter des Blattes änderte sich aber schnell, es wurde eine Zeitschrift für gläubige Christen und behandelte in vielen Artikeln die Lehre der »Brüder«. Mit der Übernahme vieler Obersetzungen aus dem Englischen und Französischen wirkte der »Botschafter« daran mit, die Lehre der Brüderbewegung in Deutschland in ihrer Eigenart und Einheitlichkeit zu verbreiten und zu erhalten und hatte darüber hinaus einen geradezu sprachregelnden Einfluss.

Am Anfang erschien die Zeitschrift in etwa 3000 Exemplaren und kam bis zum Jahrhundertende auf eine Auflagenhöhe von etwa 8000 Stück, für die damalige Zeit eine beachtliche Zahl. Um 1930 hatte der »Botschafter« ungefähr 14.500 Bezieher. Seit 1939 erscheint das Blatt unter dem Titel »Die Botschaft«, z. Z. im 119. Jahrgang (1978), da einige Kriegsjahrgänge ausfallen mussten, ist aber in seinem Inhalt längst nicht mehr auf das Gedankengut der »Brüder« beschränkt.

Später wurde der Zeitschrift vierteljährlich eine Beilage, »Mitteilungen aus dem Werk des Herrn in der Ferne«, hinzugefügt, die auch die außenmissionarischen Belange erfassen sollte, hatten doch die englischen Brüderversammlungen eine Reihe von Missionaren in den Nahen Osten und nach China ausgesandt.

Für die Kinder gab Brockhaus das Blatt »Für die lieben Kleinen« heraus, aus dem sich später die evangelistischen »Samenkörner« entwickeln sollten. Daneben druckte er natürlich viele Traktate und Einzelschriften, um die Lehre der »Brüder« zu verbreiten. Von Poseck übernahm er die Herausgabe der Bibelkommentare von Darby, Mackintosh u. a., die bei ihm als »Betrachtungen über das Wort Gottes« erschienen. Sicher hat diese ausgedehnte literarische Arbeit zur Ausweitung der Brüderbewegung in Deutschland nicht unerheblich beigetragen.

Das Liederbuch

Schon Poseck hatte 1853 begonnen, für die entstehenden Versammlungen ein Liederbuch zu schaffen, das deren besonderem Anliegen, der Anbetung beim Abendmahl, entgegenkommen sollte (s. S. 65). Nachdem Poseck nach England verzogen war, erschien ab 1858 die »Kleine Sammlung Geistlicher Lieder« beim Brockhaus-Verlag und wuchs im Laufe der Zeit auf 147 Lieder an. Neben Poseck ist es ganz besonders Carl Brockhaus gewesen, dem das Buch viele Lieder verdankt; über 60 werden ihm zugeschrieben, von denen viele sein Bruder Wilhelm vertont hat. Zu den übrigen Verfassern aus den Reihen der »Brüder« gehören Wilhelm und Rudolf Brockhaus, Julius Löwen, Emil Dönges, H. C. Voorhoeve und schließlich J. N. Darby mit zwei Liedern, die Poseck übersetzt hat.

Auch von den Kirchenliederdichtern der Barockzeit, z. B. Paul Gerhardt und Johann Scheffler, und des Pietismus, Tersteegen, Zinzendorf, Klopstock, wurden Lieder übernommen. Sie wurden allerdings z. T. umgedichtet, um ihre Texte der biblischen Aussage besser anzupassen, nicht immer zu ihrem künstlerischen Vorteil, und auch die inhaltliche Aussage ist nicht in jedem Fall bibelgetreuer geworden. Man fragt sich, ob die Brüder damals wirklich die Originale der jeweiligen Lieder vor sich hatten. Leider haben auch gerade diese Umdichtungen dazu beigetragen, die Vorurteile aus erweckten Kreisen gegen die »Brüder« wegen ihrer scheinbaren Arroganz, alles besser zu wissen, zu vermehren.

Von Darby, der an sich kaum Einfluss auf das Liedbuch hatte, ist eine besondere Art von Liedern übernommen worden, die man als »Wüstenlieder« bezeichnet, weil sie dem »Wüstenweg der Gemeinde Jesu« gewidmet sind. Die zwei von Darby aufgenommenen Lieder gehören in diese Richtung, und auch Carl Brockhaus hat sich davon für eine Reihe von Texten anregen lassen.

Eine größere Rolle spielen aber ohne Zweifel die Lieder, die sich mit der Wiederkunft Christi beschäftigen, eine biblische Wahrheit, die von der Brüderbewegung ganz besonders stark herausgestellt wurde.

Den weitaus größten Platz nehmen die Lieder ein, die die Freude über eine vollkommene Erlösung ausdrücken und darum dem Gedächtnis der Leiden Christi und dem Lob und der Anbetung Gottes gewidmet sind. Hier wurde wirklich etwas geschaffen, was bisher mindestens in der Vielfalt des Ausdrucks nicht vorgelegen hatte.

Andererseits gibt es Grundaussagen der Bibel und Gebiete im Glaubensleben der Gemeinde, die in den vorhandenen Liedern überhaupt nicht angesprochen wurden, ein Umstand, der von der konzentrierten Ausrichtung der anbetenden Versammlung auf den kommenden Herrn Zeugnis ablegt, dem aber doch auch eine gewisse Einseitigkeit anhaftete. Durch die Schaffung mehrerer Anhänge hat man seit den dreißiger Jahren versucht, dem hier vorliegenden Mangel abzuhelfen.

Aber im Blick auf das Anliegen, das bis heute ein zentrales im Gemeindeleben der Brüderbewegung geblieben ist, die Anbetung des Erlöser-Gottes beim Abendmahl, gilt für die »Kleine Sammlung Geistlicher Lieder« noch heute, was schon um die Jahrhundertwende Generalleutnant Georg von Viebahn gesagt hat:

> »Ich kenne und liebe viele andere geistliche Lieder und gebrauche sie in meinem Hause; aber ich kenne kein anderes Liederbuch, welches in jeder Zeile so mit dem Worte Gottes übereinstimmt und die Anbetung der versammelten Gläubigen so zum Ausdruck bringt.«[102]

Die Bibelübersetzung

Von größerer Bedeutung als diese Lieder und weit über den Kreis der Brüderbewegung hinaus wirksam sollte sich jedoch die Bibelübersetzung erweisen, die als »Elberfelder Bibel« »in der ganzen evangelischen Christenheit Deutschlands, zumal auch in den Gemeinschaftskreisen, Beachtung gefunden hat«.[103] Die Zielsetzung, die Brockhaus und seine Freunde bei dieser Arbeit beseelte, bei der die Bibel aus dem griechischen bzw. hebräischen Grundtext, auch unter Einbeziehung verschiedener Lesarten, ins Deutsche übersetzt wurde, ist in den Vorreden der einzelnen Ausgaben dargelegt worden, nämlich »dem einfachen und nicht gelehrten Leser eine möglichst genaue Übersetzung in die Hand zu geben«.

Der Mut von Carl Brockhaus, der weder eine höhere philologische noch theologische Vorbildung besaß, ist dabei zu bewundern. Aber er war zutiefst davon überzeugt, dass zu einem echten Verständnis der Gedanken Gottes auch eine wortgetreue Bibelübersetzung gehörte. Immerhin gewann er nicht nur gelehrte, sondern auch gläubige Mitarbeiter. Für das Neue Testament waren es Darby, der nicht nur ein gründlicher Kenner der alten Sprachen und theologisch gebildet war, sondern sich auch seit 30 Jahren mit der Erforschung der Bibel beschäftigte, und Poseck, der als Theologe und Jurist ebenfalls gute Voraussetzungen mitbrachte.

Schon im Winter 1854/55 unterzogen sich Brockhaus, der an seiner eigenen sprachlichen Weiterbildung viel arbeitete, Darby und Poseck der großen Mühe, das Neue Testament zu übersetzen. Die Hauptlast lag dabei ohne Zweifel bei Poseck, der als einziger Teilnehmer ausgebildeter Altphilologe und Deutscher zugleich war, während man bei Darby bei aller Bewunderung seiner großartigen philologischen Fähigkeiten alten wie neuen Sprachen gegenüber doch bedenken muss, dass Deutsch nicht seine Muttersprache war. Poseck musste ihn oft darauf aufmerksam machen, dass die vorgeschlagene Übersetzung zwar richtig, aber kein geläufiges Deutsch war. Dennoch setzte sich Darby in vielem durch, was in der zweiten Auflage dann wieder zurückgenommen werden musste. Besonders Partizipien, die zwar dem Englischen, nicht aber dem Deutschen entsprechen, mussten aufgelöst werden, so dass im ganzen sich dann doch die Diktion Posecks durchgesetzt hat.

Auch das Wort »Versammlung« ist sicher auf Wunsch Darbys in die Übersetzung aufgenommen worden. Poseck sprach sich später -

allerdings erst nach seiner Trennung von Darby – grundsätzlich dagegen aus.[104]

Darby schrieb über die Arbeit am 20. April 1855:
>»Die Übersetzung war eine große Übung für mich. Ich habe sie als einen notwendigen Dienst unternommen; ich kann sie Gott anempfehlen und sie Ihm anvertrauen. Zufrieden bin ich nicht damit als mit einem Werk, das ich sorgsam genug angefertigt hätte, aber ich glaube, wir haben an ihr die beste und treueste Übersetzung, die wir besitzen. Die Brüder finden sie sehr einfach und gut verständlich, weit mehr als irgendeine, die sie schon hatten.«[105]

An Darbys Urteilen ist sicher richtig, dass die »Elberfelder Bibel« im Vergleich zu den vorhandenen Obersetzungen in der Worttreue unübertroffen war, und auch in der Verständlichkeit konnte sie sich mit der damaligen Luther-Bibel durchaus messen. Dass aber ein geläufiger Stil gegenüber einer möglichst wörtlich genauen Verdeutschung ins Hintertreffen geraten war, ist auch bekannt, obwohl sich die Übersetzer der Notwendigkeit bewusst waren, dass die Grenze der »Genauigkeit nicht so eng gezogen werden« durfte, »dass dadurch der in eine andere Sprache übertragene Satz alle Verständlichkeit verlieren und folglich ohne Sinn bleiben würde« [106].

1859 folgte die Herausgabe der Psalmen, und 1871 konnte mit der Fertigstellung des Alten Testaments die ganze »Elberfelder Bibel« erscheinen. Am Alten Testament hatten 1869/70 wieder Brockhaus und Darby, diesmal aber zusammen mit dem Holländer H. C. Voorhoeve gearbeitet. Der Natur der Sache nach schritt diese Arbeit nicht so schnell voran, wie es sich die Übersetzer wünschten. »Die Arbeit dauert länger, als ich gehofft hatte; ich bin mir nicht ganz klar, wie ich sie zu Ende bringen soll«, schrieb Darby im Dezember 1869 und weiter im Januar 1870: »Ich bin mit der Arbeit überlastet, um so mehr, als es mir darauf ankommt, dass das Werk fertiggestellt wird und ich mich anderer Arbeit widmen kann.«[107] Auch ein Brief von Brockhaus bezeugt die Mühe, die sich die Übersetzer in ihrer großen Gewissenhaftigkeit machten:

>»Wir arbeiten mit allem Fleiß, denn jeder sehnt sich nach den Seinigen, und doch geht's langsam vorwärts. Es ist eine schwere und doch so wichtige Arbeit, die nicht überrumpelt werden darf. Wie froh werden wir alle sein, wenn einmal das Werk vollendet ist! ... Das Buch Hiob ist schwer und nimmt uns viel Zeit weg. Es will uns oft die Ungeduld beschleichen, allein das Bewusstsein, dass wir es mit dem Worte Gottes zu tun haben und es für viele

teure Kinder Gottes zum Segen sein wird, gibt uns immer wieder Mut und Ausharren .«[108]

Gewiss war auch die »Elberfelder« Übersetzung kein Werk, das nicht auch der Verbesserung bedürftig gewesen wäre. So sind in den folgenden Jahrzehnten immer wieder Revisionsarbeiten vorgenommen worden. Am Alten Testament führte sie der Schweizer Gelehrte Dr. Alfred Rochat durch, während das Neue Testament von Dr. Emil Dönges durchgesehen wurde.

Der Schweizer Altphilologe Alfred Rochat hatte schon in seiner Jugendzeit die Anfänge der Brüderbewegung auf deutschem Boden miterlebt, als er um 1850 in Tübingen das Gymnasium besuchte und mit der Schweizer Familie Grafienried befreundet war (s. S. 61). Später war er Privat-Dozent an der Hochschule in Zürich, konnte es sich aber dann von seinen Vermögensverhältnissen her leisten, sich als Privatgelehrter zurückzuziehen. Er nahm seinen dauernden Wohnsitz in Stuttgart, wo ihn Rudolf Brockhaus während seiner militärischen Dienstzeit näher kennenlernte. Der entschieden gläubige Mann, der nicht nur große philologische, sondern auch biblische Kenntnisse und Interessen hatte, erbot sich, das Alte Testament noch einmal zu überarbeiten, und sein Angebot wurde um so dankbarer angenommen, weil Rochat als wohlhabender Mann keinerlei Honorar für seine Tätigkeit beanspruchte. Viele Jahre hat er sich zusammen mit Rudolf Brockhaus nicht ohne Erfolg um die Verbesserung des alttestamentlichen Textes bemüht.

Emil Dönges, 1853 geboren, war ebenfalls Altphilologe und außerdem Gymnasiallehrer, der seinen Beruf aufgegeben hatte, um seine ganze Kraft dem Werk des Herrn zu widmen. Er machte sich um den Text des Neuen Testaments verdient. Er sollte später durch seine literarische Tätigkeit hervortreten.

Um die Mitte des 20. Jahrhunderts zeigte sich dann aber, dass die »Elberfelder Bibel« sowohl sprachlich wie in einigen Fällen auch textkritisch mit der Entwicklung der Zeit nicht Schritt gehalten hatte, wie es überhaupt an der Zeit war, die stilistischen Härten, die ihr anhafteten, zu mildern, ohne das Prinzip der Texttreue zu verlassen. Deshalb wurde sie einer gründlichen Revision unterzogen. Nach jahrelangen Arbeiten erschienen 1975 Das Neue Testament und die Psalmen, das übrige Alte Testament soll folgen.

Die »Elberfelder Bibel« wurde nicht nur die Bibelübersetzung der deutschen Brüderbewegung, deren Werbewirkung sie stark erhöhte, sondern war auch in den deutschsprachigen Gemeinschaftskreisen als Grundlage des Bibelstudiums sehr beliebt. Den Angriffen, die sie als Dilettanten-Machwerk, Darbysten-Bibel oder gar Sektierer-Bibel – weil sie jahrzehntelang von der Sekte der »Zeugen Jehovas« benutzt wurde – herabzusetzen suchten, mag das Zeugnis eines Mannes entgegentreten, der mit seiner eigenen Bibelübersetzung als Fachmann zu gelten hat, Dr. Hermann Menge. Er schrieb 1920 an Rudolf Brockhaus:

> »Mit Ihrer »Elberfelder Bibel« bin ich seit vielen Jahren bekannt, und zwar in der Weise, dass es in Deutschland gewiss nicht viele Personen gibt, die das Buch genauer kennen und höher schätzen als ich, auch dasselbe angelegentlicher empfohlen haben, als es von mir bei den verschiedensten Gelegenheiten geschehen ist. Das Alte Testament ist für unser Volk seit Luthers Tagen nirgend besser verdeutscht worden als in Ihrer Bibelausgabe, und der Segen, den die Elberfelder Bibel gestiftet hat, kann nicht leicht zu hoch angeschlagen werden.«[109]

Bewahrung der Einheit

Ein besonderes Verdienst Carl Brockhaus' war es, dass er es in den 45 Jahren, in denen er sich um die deutsche Brüderbewegung mühte, verstand, fast jede Trennung unter den deutschen »Brüdern« zu verhindern. Dass das Erbübel der englischen Exclusive Brethren, die doch auch mit dem Programm der Einheit der Kirche angetreten waren, für die ersten 80 bis 90 Jahre vom deutschen Boden fernblieb, ist ohne Zweifel ihm zu verdanken. Natürlich war es für die deutschen Verhältnisse günstig, dass die ersten englischen Trennungen um Newton und Georg Müller (Bethesda-Trennung, s. S. 33) schon abgeschlossen waren, als die Bewegung nach Deutschland hinübergriff. Dass dabei die Open Brethren den Exclusive Brethren um Darby für Jahrzehnte das Feld allein überließen – mit der Ausnahme Georg Müllers in Stuttgart (s. S. 59 f.) –, diente auch der Einheitlichkeit der Bewegung in Deutschland.

Selbst bei der Kelly-Trennung um 1880 (s. S. 37), die in die Verhältnisse der englischen Exclusive Brethren so tiefgehend eingriff, verstand es Brockhaus, die Einheit in Deutschland zu sichern, indem er sich fest auf Darbys Seite stellte. Dies war bei einem Mann wie Brockhaus sicher nicht Zweckopportunismus, und gewiss war er zutiefst überzeugt, dass das Recht auf seiten Darbys war. So ist auch seine scharfe Ablehnung der Poseckschen Position zu verstehen, obwohl man zugeben muss, dass Poseck in diesem Fall die klarere Sicht vertrat.

Julius von Poseck, seit 1857 in England, war Jahrzehnte hindurch ein loyaler und eifriger Mitarbeiter Darbys gewesen; die Kelly-Trennung war ihm aber nun doch ein Anlass, dem darbystischen Ausschluss-System entgegenzutreten. In einer Schrift »Christus oder Park-Street?« – Darby gehörte zur Londoner Park-Street-Versammlung, die seine Partei vertrat – stellte Poseck die unsinnigen Trennungsgründe ausführlich dar und wies auf den unbiblischen Tatbestand hin, die Beschlüsse einer Versammlung für unfehlbar zu halten und jeden zu exkommunizieren, der nicht die Meinung der eigenen Seite vertrat, weil jeder die Leitung durch den Heiligen Geist für sich in Anspruch nahm. Poseck kam zu dem Ergebnis:

>»Hier befinden wir uns auf dem geraden Weg nach Rom! Nur dass wir statt eines unfehlbaren Papstes eine unfehlbare Versammlung haben. Das Wort Gottes wird beiseite und die Beschlüsse der Kirche an dessen Stelle gesetzt. Wohin ist es mit uns gekommen?«[110]

Poseck, der sich auf die Seite Kellys stellte, hatte sich mit dieser Schrift an die deutschen Brüder gewandt, fand aber hier kein Gehör. Im Gegenteil, einmütig scharten sie sich hinter Carl Brockhaus und seinen Schwager Julius Löwen (1822-1907), der in diesem Streit besonders hervortrat, und dachten nicht daran, von dem einmal eingeschlagenen Weg in den Spuren Darbys zu weichen. Zweifelnde, wie Bruder Harbig in Schlesien, wurden überzeugt. Poseck wurde seinerseits scharf angegriffen. Carl Brockhaus nannte ihn gar in einem Brief vom 26. September 1883 einen »Wolf unter den dortigen Schafen ... Ich flehe zum Herrn, dass Er sein Werk zuschanden mache, sich über ihn selbst aber zu erbarmen.«

Natürlich konnte mit dieser allgemein vertretenen Haltung die Einheit der »Christlichen Versammlung« in Deutschland erhalten werden. Ob aber der Wahrheit an sich und der Bewusstseinsentwicklung der deutschen Brüderbewegung im ganzen damit gedient war, lässt sich bezweifeln. Jedenfalls führte die Auseinandersetzung nicht zu einer Einsicht über die mit Darbys System beschrittene Sackgasse der Trennungen, die Poseck in ihrer verderblichen Wirkung mittlerweile erkannt hatte. Die späteren Ereignisse gaben übrigens Poseck recht, nämlich durch die 1926 erfolgte Wiedervereinigung der Darby- und Kelly- »Brüder« in England. Sie konnte erfolgen, weil der

Ausschluss von 1881 jetzt nach eigenem Eingeständnis weder auf falscher Lehre noch auf sündhaftem Wandel, sondern nur auf dem Gehorsam der Ausschließenden gegenüber der Zentralleitung beruht hatte. Dass damals Parteigeist und blinder Gehorsam die Wahrheit unterdrückt hatten, war von Poseck schon 44 Jahre vorher festgestellt worden, hatte doch Darby, der die Geister, die er gerufen hatte, nicht mehr los wurde, selbst einsichtsvoll geseufzt: »Tatsächlich, wenn ich lange genug lebte, würden sie auch mich ausschließen.«[111]

Aber noch in anderer Hinsicht gab die Geschichte Poseck recht, nämlich im Blick auf die Selbstbesinnung der deutschen »Brüder« nach 1937. Die Trennungen in England, die schroffe Ablehnung seiner Darlegungen und seiner Person durch die deutschen Brüder hatten Poseck zu der Erkenntnis geführt, dass der »Sektenbaum des Darbysmus und Brüderismus« mittlerweile die einmal erkannte Wahrheit in ihr Gegenteil verkehrte:

> »Wir begannen auf unsere Mitchristen in der Weltkirche herabzublicken und uns selbst als Philadelphia, das heißt als einen Überrest anzusehen und zu beäugeln, nicht als einen Gnaden-Überrest, sondern als einen ›treuen Überrest‹, der dem Herrn sehr wohlgefällig wäre, und wir dankten Gott, dass wir nicht wie andere Christen in der Weltkirche wären. Die Folge davon war, dass wir weder ›sein Wort‹, noch ›das Wort seiner Geduld bewahrten‹ und jetzt nahe daran sind, auch ›Seinen Namen‹ zu verleugnen, so dass wir uns auf dem geraden Weg befinden, zum ›Lager‹ zurückzukehren, wovon wir ausgegangen waren.«[112]

Mehr als ein halbes Jahrhundert musste noch vergehen, bis sich auch in Deutschland diese Selbsterkenntnis Bahn brach, obwohl Poseck gewiss noch nicht deutlich sah, dass die Wurzel der darbystischen Trennungen, die er kritisierte, im System der Absonderung selbst lag. Denn in gewissem Sinn blieb Poseck immer ein Vertreter dieser Absonderung und im Herzen ein Anhänger Darbys, der für ihn bis zuletzt der Mann blieb, »den Gott als den größten Zeugen der in der Heiligen Schrift niedergelegten göttlichen Wahrheiten in diesen gefährlichen Zeiten und letzten Tagen erweckt hatte«.[113]

Für seine wenigen Freunde in Deutschland gab Poseck eine Monatsschrift »Worte der Wahrheit in Liebe« heraus, fand aber im Allgemeinen wenig Resonanz. 1896 starb er in Lewisham bei London. Seine Lieder in der »Kleinen Sammlung« erinnern bis heute an diesen treuen Zeugen Jesu, der vielen Menschen zum Segen war und der Erkenntnis nach schon zwischen den Zeiten stand.

Bei allem Bedauern, dass die beiden bedeutendsten Vertreter der deutschen Brüderbewegung im 19. Jahrhundert schließlich getrennte Wege gehen mussten, wird man es doch Brockhaus zugute halten, dass er die deutschen Versammlungen in Einigkeit zusammenhielt und Deutschland das traurige Schauspiel der englischen Verhältnisse ersparte. Als um 1890 von England her eine neue Welle von Abspaltungen auch Deutschland erreichte – sie waren aus spitzfindigen Lehrstreitigkeiten um einen gewissen F. E. Raven entstanden –, war es wieder Carl Brockhaus, der mit der ganzen Autorität seiner Persönlichkeit und seines Ansehens Trennungen im deutschen Brüderkreis verhinderte, wenn auch gerade im Wuppertaler Raum einige Gruppen der »Ravenschen« oder »Englischen Brüder« entstanden. Damit hatte er die Voraussetzung für eine ruhige und stetige Entwicklung der deutschen Brüderbewegung für die nächsten 40 Jahre geschaffen. In dieser Hinsicht hatte er also für Deutschland mehr erreicht als Darby für England.

Die Persönlichkeit

Es war nicht der einzige Erfolg, auf den er dankbar zurückschauen konnte. Während der Zeit seines Dienstes war die Zahl der Gläubigen in den »Christlichen Versammlungen«, derer, die »am Tisch des Herrn in Gemeinschaft« waren, auf etwa 20 000 angestiegen, seine unermüdliche Arbeit war nicht ohne Frucht geblieben.

Bei alledem war Brockhaus ein weltoffener und nüchterner Mann, der sich an den kleinen Schönheiten dieser Welt erfreuen konnte. Religiöser Schwärmerei und fanatischer Askese war er durchaus abhold. Gerade geistliche Übertreibungen liebte er gar nicht. Eine ältere englische Schwester in Stuttgart, die »so geistlich« war, »dass man gut zwei Brüder daraus machen könnte«,[114] war nicht nach seinem Geschmack. Kinder mit ihrem natürlichen Wesen liebte er dagegen sehr. Mit ihnen konnte er in seiner gütigen und freundlichen Art sehr gut über Jesus Christus sprechen und ist so vielen Menschen schon in ihrer Jugend zum Segen geworden.

Überhaupt war er ein ausgezeichneter Seelsorger, der die Gabe hatte, erweckte Menschen zur Heilsgewissheit zu führen. Sein Bruder Wilhelm, der mehr Erweckungsprediger war, nannte ihn deshalb manchmal scherzhaft »Geburtshelfer« und sagte etwa zu ihm: »Carl, du musst jetzt da und dorthin! Da gibt's Arbeit für dich. – Was ich zu tun vermochte, habe ich getan.« Aber auch in der Förderung und Festigung des Glaubens, im Trösten der Leidtragenden sah Brockhaus bis an sein Lebensende seine Aufgabe. Noch in den letzten Jahren, als das Gehen ihm schon schwer wurde, unterzog er sich dieser selbstgestellten Pflicht in vielen Hausbesuchen in den Städten des Wuppertals.

Als Carl Brockhaus im Alter von 77 Jahren am 9. Mai 1899 in Elberfeld entschlief, hatte die »Christliche Versammlung« in Deutschland den Mann verloren, der ihr den Stempel seiner Persönlichkeit aufgedrückt hatte. An seinem Grab sprachen sein Freund H. C. Voorhoeve und sein Sohn Rudolf. Mit Recht konnte Voorhoeve von Brockhaus sagen, dass es in der Kirche Gottes nur wenige Männer gibt, »die so viele Gaben in sich vereinigten«, wie dies bei ihm der Fall war. »Unser heimgegangener Bruder war ein Hirte, ein Lehrer, ein Evangelist. Das kommt selten vor. Es ist eine herrliche, gnadenreiche Ausnahme«[115] (s. Anhang, S. 124 ff.).

Wirklich ist die Vielseitigkeit im Leben von Carl Brockhaus nicht zu übersehen und nicht ohne Erfolg geblieben. Ein kritischer Betrachter urteilte 1919 über ihn, dass seinem Wissen nach »kein kirchlicher oder freikirchlicher Führer des letzten Jahrhunderts in Deutschland gleichen Erfolg gehabt« habe.[116]

Seine Führernatur, die Menschen um sich zu sammeln verstand, seine gewinnende, von Liebe geprägte Art, die immer wieder bei Christus zusammenführte, sein Organisationstalent, das die Fäden der an sich organisationsfeindlichen Bewegung zu halten vermochte, sein mit Oberzeugung vertretener Lehrstandpunkt, hinter dem der ganze Mensch stand, und schließlich sein vorbildliches Leben, das voller Hingabe für Christus war, hatten die »Christliche Versammlung« in Deutschland zu einer starken und geschlossenen Bewegung werden lassen, die neben den übrigen freikirchlichen Benennungen, zu denen sie allerdings nicht gerechnet werden wollte, ihren Platz durchaus behauptete.

Zeittafeln

1. Für die Entwicklung in England

1795-1853	Anthony Norris Groves, Zahnarzt, Theologe
1795-1864	John Gifford Bellett, Jurist
1800-1882	Edward Cronin, Arzt
1800-1882	John Nelson Darby, Jurist, Theologe
1803-1902	Robert Cleaver Chapman, Jurist
1805-1879	George Vicesimus Wigram, Offizier, Theologe
1805-1866	Henry Craik, Theologe
1805-1898	Georg Müller, Theologe
1807-1899	Benjamin Wills Newton, Theologe
1821-1906	William Kelly, Theologe

1825	Groves beschließt, Missionar zu werden
1826	Darbys Priesterweihe
1827	Groves schlägt bei Bellett Abendmahlsfeier vor
1827-1828	Darby krank in Dublin (Heilsgewissheit); Anschluss an den Groves-Kreis
1828 Nov.	Groves verzichtet auf kirchliche Ordinierung und schlägt freie Versammlung unter Verzicht auf Ämter vor
1829	Groves geht aufs Missionsfeld
	Craik und Müller treffen sich in Teignmouth
Nov.	Erste Abendmahlsfeier in Dublin (Bellett, Cronin, Darby, Hutchinson)
1830	Darby in Oxford
Mai	Erste Abendmahlsfeier in öffentlichem Saal in Dublin
1831	Gründung der Versammlung in Plymouth (Wigram, Newton)
1832	Gründung der Bethesda-Versammlung in Bristol (Müller, Craik)
1833	Gründung der ersten Versammlung in London (Wigram)
1834	Darby legt Priesteramt nieder und tritt aus der Anglikanischen Kirche aus
1836	Groves-Brief an Darby (Gefahren der Absonderungslehre!)

1837	Darbys erster Besuch in Genf
1838	Zentral-Versammlung in London (Wigram)
1845	Beginn der Auseinandersetzung zwischen Darby und Newton
1847	Newton verlässt Plymouth
1848 Aug.	Bethesda-Circular Darbys
	Trennung in Exclusive und Open Brethren
1879/81	Kelly-Trennung
1890	Raven-Trennung
1926	Wiedervereinigung der Exclusive und »Kelly« -Brethren

2. Für die Entwicklung in Deutschland

1816-1896	Julius Anton von Poseck, Theologe, Jurist
1817-1864	Heinrich Thorens, Textil-Musterzeichner
1819-1888	Wilhelm Brockhaus, Lehrer
1822-1899	Carl Brockhaus, Lehrer
1837-1901	Hermann Cornelius Voorhoeve, Bankier, Theologe
1842-1849	H. C. Weerth arbeitet im Düsseldorfer Raum
1842	Posecks Bekehrung in Düsseldorf
1843	Georg Müller in Stuttgart. Erste Abendmahlsfeier
1846	Heinrich Thorens in Elberfeld
1847 Febr.	Gemeinde Haarzopf bei Düsseldorf beantragt religiöse Duldung
seit 1848	Poseck, William Darby und Wigram arbeiten im Düsseldorfer Raum.
	Erste Versammlungen in diesem Gebiet (Hilden, Kettwig usw.)
	Peter Nippel in Tübingen
1849	Erste Abendmahlsfeier in Tübingen
1850	Gründung des Ev. Brüdervereins in Elberfeld (Grafe, C. Brockhaus)
1852 Dez.	Carl Brockhaus tritt aus dem Brüderverein aus
1853 Febr.	Gründung der Versammlung in Breckerfeld
	Erster Jahrgang des »Botschafters«
1854	Darby zum erstenmal in Elberfeld
1854/55	Übersetzung des Neuen Testaments

1857   Poseck geht nach England
1869/70   Übersetzung des Alten Testaments
seit 1882   Auseinandersetzung mit Poseck wegen Kelly-Trennung

Anhang

1. Schreiben der Gemeinde Haarzopf an den preußischen König vom 6. Februar 1847

Allerdurchlauchtigster, Großmächtigster König!

Allergnädigster König und Herr!

Seit mehreren Jahren fanden wir uns durch Genossenschaft an kirchlichen Sünden in unserem Verhältnisse zu unserem Schöpfer, Erlöser und Herrn getrübt. Dies trieb uns zu ernster Untersuchung seiner Gemeindeordnungen, im Neuen Testament gegeben. Dadurch sind wir zu der niederbeugenden Überzeugung gelangt, dass wir uns überaus sehr gegen diese Verordnungen vergangen haben. Da gedachte Vergehungen aus den Missbräuchen herrühren, die in allen kirchlichen Parteien leider mehr und mehr eingerissen sind, so blieb uns nichts übrig, als aus den kirchlichen Verbindungen herauszutreten, in denen wir durch verlängerte Beteiligung an jenen Missbräuchen zu Frevlern hätten werden müssen, und wir mussten uns zur gemeinsamen Unterwerfung unter Gottes Gemeinde- oder Kirchenordnung verbinden. Durch die größte aller Nöte, durch die des Gewissens, gedrungen, nähern wir uns dem Thron Ew. Königlichen Majestät mit anliegenden Gründen unsers Austritts, die wir an die Prediger der betreffenden Gemeinden (Kettwig und Mülheim a. d. Ruhr) eingesandt haben, wie auch mit der Erklärung über unsere Vereinigung zur christlichen Gemeinde, und bitten, dass Ew. Königliche Majestät uns Dero erhabener Huld würdigen wollte, zur Allerhöchst eigenen Durchsicht und Prüfung der Anlagen nach den darin angedeuteten Aussprüchen Gottes.

Eingedenk der böswilligen List des finstern Menschenfeindes, der nicht ermangeln kann, menschliche Missverständnisse zu benutzen, um, wenn es möglich wäre, Ew. Königliche Majestät zu bewegen, unsere Gewissensnot durch Duldungsweigerung noch zu erhöhen, heben wir unser Auge zum Gott Himmels und der Erde empor, flehend, dass er unser schonen und die Huld unsers geliebten Landesvaters uns gewähren wolle, damit wir in aller Gottseligkeit und Ehrbarkeit die Ströme bester Segnungen stets mit dankerfüllten Herzen mögen von Gott herabflehen können über Ew. Königliche Majestät, über Dero Haus und Reich.

In Erwartung der huldreichen Duldung unseres Königs ersterben wir als Ew. Majestät
Untertänigste
die christliche Gemeine Haarzopf

(Abgedruckt bei: G. Ischebeck, Blätter aus vergangenen Tagen, in: Der Gärtner, 28. 1919, S. 58)

2. Aus einem Brief Carl Brockhaus' an seine Frau vom 10. Juni 1853

... Des Abends gegen 7 Uhr kamen wir in Dillenburg bei den lieben Gebrüdern Richter an, die sich sehr freuten. Gegen 9 Uhr nahmen wir an einer Versammlung teil, die in einem anderen Hause stattfand. Es wurde nach Gebet und Gesang aus dem Briefe an die Philipper Kap. 2 vorgelesen, und ich wurde dann aufgefordert, etwas zur Erbauung zu sagen, wozu ich große Freudigkeit hatte. Etwa vierzig Zuhörer waren versammelt. Kaum hatte ich eine kleine halbe Stunde gesprochen, als zwei Gendarmen eintraten und die Fremden aufforderte, vorzutreten. Dies geschah, und nachdem die Papiere durchgesehen, wurden wir arretiert und mussten zum Bürgermeister folgen. Auf der Straße rotteten sich viele Leute zusammen, weil man es schnell heraus hatte, wer wir waren. Der Bürgermeister befahl, uns ins Gefängnis zu bringen; die Brüder Richter waren uns gefolgt, wollten beim Bürgermeister ein gutes Wort einlegen, auch Bürgschaft leisten, aber nichts half. Wir kamen in Arrest.

Der Gefangenenwärter durchsuchte alle unsere Taschen, nahm die Sachen fort, zeigte beim Weggehen auf die hölzerne Pritsche und sagte spottend: »Da ist Ihr Ruhebett; wir haben's hier halters nicht besser!« Dann riegelte er die dicken Türen fest zu, und wir waren im tiefsten Nachtdunkel hinter eisernen Gittern; doch war unser Gemüt sehr ruhig und unser Herz getrost. Wir trafen einen Kollegen an, der wegen Schlägerei saß. Er war schnell bereit, uns dies zu erzählen, und als er nun auch unser Vergehen wissen wollte, sagten wir ihm, dass er hier sitze, weil er dem Teufel gedient, wir aber, weil wir dem Herrn Jesus gedient hätten. »Ja«, erwiderte er, »so geht's in der Welt zu.« Doch hörte er aufmerksam zu, als wir ihm das Heil in Christo verkündigten, und er benahm sich nun sehr artig gegen uns. Die sieben- bis achtstündige Tagereise hatte uns müde gemacht; am anderen Morgen waren wir es noch mehr, und einige Stellen des Körpers schmerzten mich, da das ganze Lager nur aus Holz bestand. Gegen halb neun kam ein Polizeidiener nebst einem Gendarmen und holte uns zum Rathause. Dieses und unser Gefängnis lagen beide am äußersten Ende der Stadt, aber in entgegengesetzter Richtung, und so mussten wir in der Mitte unserer Begleiter durch die ganze Hauptstraße, und lachend und spottend kamen die Leute überall an die Fenster und in die Türen. Der Bürgermeister nahm uns zu Protokoll, und wir wurden dann desselben Weges zurückgeführt und von da eineinehalbe Stunde weiter nach Herborn zum Kreisamt, um daselbst unser Urteil zu hören. Unser Begleiter war, wie sie sagten, der frechste Gendarm; aber wir waren sehr ruhig. Unterwegs kamen zwei Brüder auf uns zu, die uns freudig begrüßten und uns ermahnten, getrost auf Jesus zu sehen. Der Herr gab uns schnell Gelegenheit, unserem Begleiter das Evangelium zu verkündigen. Er nahm es sehr willig auf und suchte sogar am Ende, als ich bei Gelegenheit des harten Lagers gedachte, mich mit den Worten zu trösten: »Die ersten Jünger des Herrn Jesu haben's doch oft noch viel schlimmer gehabt.« Er wollte auch, dass alle Leute in Dillenburg solche »Baptisten« wären wie wir, dann würden sie gewiss nicht einen so schweren Dienst haben. Kurz, sein ganzes Benehmen gegen uns war ungemein freundlich und liebevoll.

Als nun das Protokoll abgegeben und der Kreisrichter eben hineingesehen hatte, hieß es ohne sonst ein Wort: »Bringen Sie die Leute in Arrest!« und so mussten wir wieder zu einem anderen Teil der Stadt Herborn und wurden eingesperrt. Hier fanden wir zwei Gesellschafter; der eine Vagabund, der andere hatte Streit gehabt. Der Herr gab uns wieder Freudigkeit zur Verkündigung Seines Wortes, und wir haben alle Hoffnung, dass namentlich der erstere zur Bekehrung gebracht wird. Er wurde von dem Worte sehr ergriffen, und so viel er anfänglich schwatzte, so still wurde er nachher und setzte sich sehr nachdenklich in eine Ecke. Nach einer Stunde, etwa zwölf Uhr mittags, wurden wir wieder durch einen dritten Gendarm auf das Kreisamt geführt, und es wurde uns gesagt: »Das Abhalten der religiösen Versammlungen ist hier verboten; heute nachmittag werden Sie über die Grenze transportiert.« Und zum Gendarmen sich wendend, sagte der Kreisrichter: »Führen Sie die Leute wieder in Arrest und lassen Sie ihnen etwas Essen geben!« So wurden wir denn wieder zurückgeführt, und es wurde uns die Gefängniskost gebracht, die uns aus dem einfachen Grunde etwas schmeckte, weil wir sehr hungrig waren. Gegen ein Uhr holte uns ein vierter Gendarm ab, um uns über die Grenze zu transportieren. Dieser Mann benahm sich sehr artig gegen uns, führte uns um die Stadt und zeigte sich auch unterwegs sehr zartfühlend. Als der Gendarm wieder umkehrte, überreichte er uns unsere Pässe, und denke Dir, was wir zum allerwenigsten erwarten konnten, dass man nämlich allerlei Bemerkungen hätte machen können, war nicht einmal geschehen.

Nun waren wir wieder frei, und unser Herz war voll Lob und Preis über all das Vorgefallene. Wir waren ohne die geringste Aufregung geblieben. Ob Gefängnis, Stube oder das Zimmer des Landrats oder Kreisrichters, überall waren wir ganz unbefangen und ruhig und getrost. Ja, ich habe es so recht erfahren, was die Gnade und Kraft unseres Gottes vermag. Sein Name werde gepriesen! Amen.

(Abgedruckt in: Die Botschaft 1939, S. 107 f.)

3. Brief John Nelson Darbys an Carl Brockhaus

G ..., 2. Mai 1853. Lieber Bruder! ich freute mich sehr, Ihren Brief zu erhalten, und da ich glaube, dass Sie nicht französisch können, will ich versuchen, Ihnen einen deutschen Brief zu schreiben, obgleich ich in dieser Sprache zu schreiben nicht gewohnt bin. Ich habe dennoch Ihren Brief vollkommen verstanden; er hat mich sehr interessiert, um so mehr, lieber Bruder, da wir alle im gleichen Zustande sind – dieselben Schwierigkeiten, dieselben Leiden, dieselben Prüfungen uns überall beggenen. Man muss sich vor diesen Anstrengungen des Feindes nicht fürchten, weil stärker ist, der mit uns ist, als der wider uns ist. Nur muss man sich nahe beim Herrn halten und mit Ihm wandeln, damit wir Seine Stärke besitzen und das Bewusstsein haben, dass der Herr selbst mit uns ist, auf dass die Klarheit Seines Angesichts auf uns glänze. So werden wir ohne Zweifel in dem rechten Wege wandeln, in dem Seinigen, und weil unsere Augen einfältig sind, so wird unser ganzer Leib voll Licht sein. Dann werden die Schwierigkeiten, die uns gewiss auf dem ganzen Wege begegnen, keinen Zweifel in unsere Herzen werfen; wir werden die Gegenwart des Herrn in der Prüfung finden und Seine Freude wird unsere Herzen erfüllen. Wir werden mehr als Sieger sein, durch den, der uns geliebt hat. Gott sei mit Ihnen, lieber Bruder; ich freue mich herzlich in dem Herrn, dass die Wahrheit sich deutlich in den Herzen der Seinen offenbart auch in den Gegenden, wo Sie wohnen. Gott sei Dank, es ist Seine Arbeit; Er selbst allein kann es tun; Er selbst allein kann es erhalten. Möge Er Ihnen alle Geduld und alle Demut geben, damit Sie mit Christo wandeln; möge Er Sie stärken, Seinen Dienst bis an's Ende zu erfüllen.

Hier segnet uns Gott. In vielen Orten arbeitet der Heilige Geist und führt die Seelen nach dem Brunnen des Lebens und gibt vielen vom Wasser des Lebens zu trinken. Die Versammlungen, besonders in G., werden immer zahlreicher besucht und überall werden mehr oder weniger Seelen von Gott erweckt. Es waren ungefähr dreißig Arbeiter in unseren Versammlungen zu Montpellier. Wir haben fünfzehn Tage lang viel in dem Worte Gottes zusammen geforscht; haben den Propheten Micha, den 1. Brief des Johannes, das 5. Buch Mose, einige Kapitel vom 2. Korinther-Briefe, das Evangelium Matthäus, einen Teil vom 1. Brief an Timotheus betrachtet, und das Evangelium Johannes flüchtig durchgelesen. Auch haben wir uns noch über verschiedene andere Punkte unterhalten, z. B. über die Ordnung Gottes in der Weltgeschichte vom Anfang bis zum Ende, um den Stand der Kirche zu erklären, in Verbindung mit dem Vorsatze Gottes darüber. Die Gegenwart Gottes hat uns erfreut, und die Brüder sind voll Freude und Frieden in ihre Arbeitsfelder zurückgekehrt.

Der Friede Gottes sei mit Ihnen, lieber Bruder. Mit herzlicher Liebe in Christo Jesu Ihr Bruder J. N. D.

(Abgedruckt bei: »Der Botschafter« in der Heimat. 1. Jahrgang. 1853; Neudruck 1950 bei E. Paulus, Neustadt a. d. Haardt, S. 170 f.)

4. Ansprache H. C. Voorhoeves bei der Beerdigung von Carl Brockhaus (Mai 1899)

Als Text wurde 1. Thessalonicher 4,13-18 gelesen.

Diese Worte des Apostels zeigen uns den wahren Boden, auf dem wir in einer so traurigen Stunde wie die gegenwärtige stehen. Wir weinen am Sarge unseres teuren Freundes und Bruders. Wenn unser geliebter Herr am Grabe seines Freundes Lazarus weinte, obwohl er wusste, dass einige Augenblicke später der Verstorbene aus seinem Grabe hervorkommen würde, sollen wir da nicht weinen, wenn unser geliebter Bruder, dem wir alle so viel verdanken und den wir alle so innig liebten, von uns genommen ist? Aber wir weinen nicht als solche, die keine Hoffnung haben. Nein, wir haben eine herrliche Hoffnung, und wir haben zugleich viel Ursache, dem Herrn zu danken.

Der größte Dulder des Alten Bundes hat gesagt, als ihm alles genommen war: »Der Herr hat gegeben, der Herr hat genommen, der Name des Herrn sei gelobt!« Wir sprechen ihm nach: »Der Herr hat gegeben.« Ja, er hat uns viel gegeben in unserem lieben Bruder Carl Brockhaus. Es gibt wohl nur wenige Männer in der Kirche Gottes, die so viele Gaben in sich vereinigten, wie dies bei ihm der Fall war. Hirten, Lehrer und Evangelisten hat der Herr verheißen, seiner Versammlung zu geben, und unser heimgegangener Bruder war ein Hirte, ein Lehrer, ein Evangelist. Das kommt selten vor. Es ist eine herrliche, gnadenreiche Ausnahme. Vor allem war er ein Hirte. Wir wissen es alle, mit wie viel Treue und Liebe er den Schafen Christi nachging und die Seelen pflegte. Fast jeder von uns wird sich wohl seines guten Rates erinnern, den er ihm gegeben, oder einer heilsamen Ermahnung, die er von ihm empfangen hat. 0 dass wir es nicht vergessen möchten! Dass die durch ihn gesprochenen Worte des Trostes, der Ermahnung oder der Ermunterung doch noch oft in unseren Herzen erwogen werden! Dann wird er noch zu uns reden, obwohl er gestorben ist. Er hatte ein weites Herz für alle und für alles. Sein Ohr stand offen, um die Schwierigkeiten und Klagen anzuhören, und selten ging der Klagende oder Seufzende ungetröstet von dannen. Er war ein Hirte, wie es wenige gibt, der vor allem die Schafe zu dem obersten Hirten und Aufseher, zu unserem Herrn Jesus Christus zu leiten wusste.

Aber unser heimgegangener Bruder war nicht nur Hirte, er war auch Lehrer. Wer das Vorrecht hatte, den herrlichen Konferenzen so viele Jahre hindurch beizuwohnen, der ist tief davon durchdrungen. Wie klar und deutlich, wie ergreifend und praktisch erklärte er das göttliche Wort! Und wir alle hörten ihn so oft – einige noch am vorletzten Sonntag in diesem Saale – die Worte des Herrn erklären und verkündigen.

Und ein Evangelist – ja, das war er auch, das war er selbst in besonderer Weise! Viele von euch und viele Hunderte mit euch können von ihm sagen, was der holländische Dichter so schön ausgedrückt hat:

»'k zal daar den vriend myn dank betalen,
die my tot Jesus leiden wou.«
(Dort werd' dem Freund den Dank ich zahlen,
der mich zu Jesus leiten durft'.)

Gewiss, wenn der Augenblick kommt, wo wir den Thron des Herrn umringen und wo einem jeden die Krone zuteil werden wird, dann wird eine große Zahl sich hinstellen und, wie die Philipper in Paulus, in ihm ihren Vater in Christo erkennen und ihm danken.

Gott hat uns also in unserem Bruder viel, sehr viel gegeben. Doch wir sind nicht hierher gekommen, um Menschen zu loben. Nein, alle Ehre, aller Ruhm kommt allein dem Herrn zu. Er gibt die Gaben. Er sendet seine Diener. Er verleiht die Kraft, und er sendet seine Segnungen. Von ihm allein kommt alles. Er gab uns Carl Brockhaus, und er gab ihn so viele Jahre, beinahe ein halbes Jahrhundert. So sagen wir dankbar: »Der Herr hat gegeben!«

Aber wir müssen jetzt hinzufügen:«Der Herr hat genommen!« Wenn viel gegeben worden ist, dann wird auch viel genommen, wenn das Gegebene verschwindet. Wir danken Gott für das, was er gab, aber wir trauern jetzt darüber, dass er es nahm. Wir haben viel verloren, viel mehr, als wir denken können. Männer wie Carl Brockhaus werden nicht ersetzt. Bei allen Reformationen und Erweckungen hat Gott Männer gegeben, die durch seine Kraft Herrliches vollbracht und Großes gewirkt haben. Und wenn später die Kirchengeschichte des jetzigen Jahrhunderts geschrieben werden wird, dann wird gewiss auch der Name Carl Brockhaus genannt werden als der des Mannes, der die herrliche Bewegung für die Wahrheit der Absonderung der Kinder Gottes und ihrer Aufnahme dem Herrn entgegen in die Luft in

Deutschland anregte. Und so wie nach Luther kein anderer aufgestanden ist, so wird auch Carl Brockhaus nicht ersetzt werden. Doch – es werden andere Gaben gegeben werden. Bis Jesus kommt, wird durch seine Gnade seiner Versammlung nichts mangeln. Das bleibt unsere Zuversicht.

Der Herr hat gegeben! Der Herr hat genommen! Er hat viel gegeben. Aber der gegeben hat, hat auch genommen. Er weiß, was er tut, und darum sagen wir mit Hiob: »Der Name des Herrn sei gelobt!« Wenn wir auch weinen, wir verzagen nicht. Unser Gott, der gibt und nimmt, er bleibt. Wir loben seinen Namen für alles, was er uns in unserem Bruder so viele Jahre hindurch gegeben hatte. Wir loben seinen Namen, dass er ihn zu sich genommen hat in die ewige Ruhe nach vollbrachter Arbeit. Wir loben vor allem seinen Namen, weil er derselbe ist und bleibt, gestern und heute und bis in Ewigkeit, weil seine Liebe uns nahe bleibt, sein Wort unveränderlich ist, weil seine Gaben uns fortwährend dargereicht werden. Wenn wir an unseren Bruder denken, dessen irdische Hülle wir der Erde übergeben wollen. dann freuen wir uns, dass er bei Jesu ist, den er so innig geliebt und dem er so treu gedient hat. Und wenn wir an uns denken, an die Versammlung Gottes auf dieser Erde, dann danken wir Gott für die herrliche Hoffnung, die uns geschenkt ist und an die uns die Worte des Apostels aufs neue erinnert haben. Bald kommt der Herr Jesus, um alle die Seinigen aufzunehmen in das herrliche Haus des Vaters, wo er eine Stätte für uns bereitet hat. Dann werden die Entschlafenen auferweckt und die Lebenden, die übriggeblieben sind, verwandelt werden, um allesamt, alle in einem Nu, dem Herrn entgegengerückt zu werden und ewig bei ihm zu sein. Dann sehen wir den teuren Heiland von Angesicht zu Angesicht. Dann findet auch das Wiedersehen statt, nicht mehr in menschlicher Schwachheit, sondern in himmlischer Herrlichkeit. Das sei unser aller Trost! Harren wir aus bis ans Ende, geliebte Brüder! Noch wenige Augenblicke, und die Pilgerreise ist beendet und wir genießen ewige Ruhe und ewige Freude bei Jesus. Amen.

(Abgedruckt in: Die Botschaft 1940, S. 88 f.)

LITERATURVERZEICHNIS

Die Literaturangaben umfassen nur die wichtigsten Werke, die über die betreffenden Fragen einen Überblick verschaffen oder im einzelnen genauer Auskunft geben und auch heute noch für jeden Interessierten erreichbar sind. Einige Werke enthalten gute Aufstellungen der weiterführenden Literatur und ausführliche Quellenangaben (besonders Coad, Geldbach, Lenhard).

Für die Entwicklung in Großbritannien (Kap. I) musste – schon aus zeitlichen Gründen – auf eine ausgiebige Quellenbenutzung verzichtet werden. Ich habe mich hier im wesentlichen auf das sehr ausführliche und auch wissenschaftlichen Ansprüchen genügende Werk von F. R. Coad gestützt, das allerdings noch nicht in deutscher Sprache vorliegt.

Für die Entwicklung in Deutschland wurden neben der angegebenen Literatur auch ungedruckte Quellen und kleinere Schriften (z. B. Jubiläumsausgaben) benutzt. Allerdings lässt die lückenhafte Quellenlage in Deutschland, wie sie sich aus der organisationsfeindlichen Art der Brüderbewegung ergibt, noch manche Wünsche offen. Immerhin hoffe ich, dass die Grundlinien dennoch klar und unverzerrt hervortreten.

Die Lehre der Brüder ist mit allen wesentlichen Themen im »Botschafter«, z. T. mehrfach, aber auch in Einzelschriften dargelegt worden. Dabei handelt es sich zunächst sehr oft um anonyme Obersetzungen von Schriften Darbys u. a. englischer oder französischer Autoren (vgl. hierzu die Rolle Posecks, S. 64 f.). Im 20. Jahrhundert treten mehr und mehr lehrhafte Ausführungen deutscher Brüder hinzu, hauptsächlich aus der Feder von Rudolf Brockhaus.

A. Zur geschichtlichen Entwicklung in Großbritannien:

1. Broadbent, E. H.: Gemeinde Jesu in Knechtsgestalt Dillenburg 1965
2. Coad, F. Roy: A History of the Brethren Movement. Paternoster Press 1968
3. Geldbach, Erich: Christliche Versammlung und Heilsgeschichte bei John Nelson Darby. Wuppertal 1971
4. Turner, W. G.: John Nelson Darby. Ein Lebensbild. Huttwil (Bern) o. J. (1928)

5. Ischebeck, Gustav: John Nelson Darby. Seine Zeit und sein Werk. Witten/Ruhr 1929
6. Pierson, Arthur T.: Georg Müller von Bristol. In dt. Übersetzung. 4. Aufl., Dinglingen (Bad.) 1910
7. Warns, Johannes: Georg Müller und John Nelson Darby. Ein Rückblick auf den sogenannten Bethesdastreit zu Bristol im Jahre 1848. Wiedenest (Rhld.) 1936
8. Remmers, Arend: Gedenke! eurer Führer. Lebensbilder einiger treuer Männer Gottes. Schwelm 1983
9. Müller, Georg: Und der himmlische Vater ernährt sie doch. Tagebücher. Wuppertal 1985

B. Zur geschichtlichen Entwicklung in Deutschland (19. Jhdt.):

1. Eylenstein, Ernst: Carl Brockhaus. Ein Beitrag zur Geschichte der Entstehung des Darbysmus in Deutschland, in: Zeitschrift für Kirchengeschichte, 46. 1927 (N. F. 9), S. 275-312
2. Einiges aus der Geschichte der Brüder, in: Botschafter des Heils in Christo/bzw. Die Botschaft, 86. 1938 (Heft 9) bis 88. 1940 (Heft 7/8)
3. Hermes, W.: Hermann Heinrich Grafe und seine Zeit. Witten/ Ruhr 1933
4. Ischebeck, Gustav: Blätter aus vergangenen Tagen, in: Der Gärtner, 28. 1919, S. 2 ff. (in Fortsetzungen)
5. Karrenberg, Kurt: Der Freie Brüderkreis. Ein Zweig der »Brüderbewegung« in Deutschland, in: Viele Glieder – ein Leib (Hgg. von Ulrich Kunz). Stuttgart 1953, S. 210-229
6. Lenhard, Hartmut: Die Einheit der Kinder Gottes. Der Weg Hermann Heinrich Grafes (1818-1869) zwischen Brüderbewegung und Baptisten. Witten/Wuppertal 1977

C. Zur Lehre der »Brüder«:

1. Bibelauslegung:

Für das 19. Jahrhundert ist die Lehrauffassung zwar in vielen Einzelschriften, aber im wesentlichen auch vollständig im »Botschafter« wiedergegeben worden. Er ist nacheinander unter drei Titeln erschienen:

»Der Botschafter« in der Heimat. 1. 1853.
Botschafter des Heils in Christo. 2. 1854-86. 1938.
Die Botschaft. 87. 1939-89. 1941; 90. 1949-119. 1978.

2. Kirchengeschichte:

Die Sicht der Kirchengeschichte ist wiedergegeben in:

Andrew Miller: Allgemeine Geschichte der Christlichen Kirche. 3 Bd. Elberfeld o. J. (1880); 3. Aufl. 1969 Neustadt/Weinstr.

Der »Botschafter« und die sonstige Literatur erschienen im 19. Jahrhundert im Verlag C. Brockhaus, Baustraße Nr. 52, Elberfeld

QUELLENNACHWEIS

[1] Pierson 19
[2] Coad 20
[3] Coad 19
[4] Coad 17
[5] Geldbach 17
[6] Pierson 43
[7] Coad 44
[8] Pierson 219
[9] Pierson 223
[10] Pierson 224
[11] Coad 45
[12] Coad 60
[13] Coad 62
[14] Geldbach 24
[15] Coad 72
[16] Geldbach 29
[17] Ischeheck 26
[18] Botschafter 1938, 288
[19] Botschafter 1938. 288
[20] Coad 287-291 (Vollständiger Abdruck des Groves-Briefes, allerdings mit Druckfehler im Datum: 1863 statt richtig 1836)
[21] Coad 297-300 (Vollständiger Abdruck des •Briefes der Zehn•)
[22] Geldbach 46
[23] Coad 287
[24] Coad 159
[25] Coad 161
[26] Darbys Lehre ist ausführlich dargelegt bei Geldbach.
[27] J. N. Darby, Die Brüder, ihre Lehre usw. (1878), Deutsch Elberfeld o. J.
[28] J. N. Darby, a.a.O., 3
[29] Botschafter 1854, 161ff.
[30] Botschafter 1862, 113ff.
[31] Botschafter 1873, 235ff.
[32] Ischebeck 110
[33] Vgl. E. Beyreuther, Der Weg der Ev. Allianz in Deutschland, Wuppertal 1969,29ff.
[34] E. Beyreuther, a.a.O., 14
[34a] Zum Folgenden: Müller 139-145
[35] Pierson 130ff.
[36] Müller 142
[37] Eylenstein 287
[38] Gärtner 1919, 58 (Vgl. Anhang Nr. 1)
[39] Gärtner 1919, 82
[40] F. Koch, Der Evangelische Brüderverein in Elberfeld von 1850--1900, Elberfeld 1900, 5
[41] Hermes 132

[42] Satzung des Brüdervereins vom 3.7.1850 (vollständig bei Hermes 119)
[43] Lenhard 62
[44] Ernst Brockhaus, Ein Lebensbild (seines Vaters Carl Brockhaus), zitiert bei Eylenstein 299
[45] Hermes 162
[46] Botschaft 1939, 32
[47] Botschafter 1853, 26 (Neudruck 1950 bei E. Paulus, Neustadt a. d. Haardt)
[48] Botschafter 1853, 27
[49] Botschafter 1853, 34
[50] Carl Brockhaus, Alles in Christo, 12. Aufl., Wuppertal 1951
[51] Carl Brockhaus, a.a.O., 20
[52] Carl Brockhaus, a.a.O., Zlf.
[53] Carl Brockhaus, a.a.O., 18
[54] Carl Brockhaus, a.a.O., 23
[55] Hermes 163
[56] Hermes 126
[57] Hermes 126
[58] Gärtner 1919, 26
[59] Mitgliedssitzung vom 10. 4. 1852, Sitzungsprotokoll
[60] Mitgliedssitzung vom 14. 5. 1852, Sitzungsprotokoll
[61] Mitgliedssitzung vom 31. 7. 1852, Sitzungsprotokoll
[62] Generalversammlung vom 14. 8. 1852, Sitzungsprotokoll
[63] Generalversammlung vom 14. 8. 1852, Sitzungsprotokoll
[64] Aufnahmeantrag vom 14. 8. 1852
[65] Mitgliedssitzung vom 11. 12. 1852, Sitzungsprotokoll
[66] Generalversammlung vom 18. 12. 1852, Sitzungsprotokoll
[67] Lenhard 70
[68] siehe Anmerkung 44
[69] maschinenschriftlich nach Ernst Brockhaus, a.a.O.
[70] Die gesamte frühere Literatur führt die Trennung im Brüderverein auf die Heiligungsfrage zurück. Erst Lenhard hat aus den Quellen nachgewiesen, dass die entscheidenden Gründe eher in der Verbreitung der Gedanken Darbys unter den »Lehrbrüdern« lag.
[71] maschinenschriftlich nach Ernst Brockhaus, a.a.O.
[72] Botschaft 1939, 96
[73] Botschafter 1853, 170f. (Vgl. Anhang Nr. 3)
[74] Gärtner 1919, 67 und Ischeheck 148
[75] Brief von Carl Brackhaus 1890, zitiert bei Eylenstein 295
[76] Botschaft 1940, 46
[77] Botschaft 1940, 22f.
[78] Coad 87
[79] Botschafter 1853, 174
[80] Botschaft 1940, 89 (Vgl. Anhang Nr. 4)
[81] Gärtner 1919, 82 (zitiert nach Ernst Brockhaus, a.a.O.)
[82] Botschafter 1874, 225ff.
[83] Gärtner 1919, 82
[84] Carl Brackhaus an seine Frau, zit. bei Eylenstein 285
[85] Eylenstein 286

[86] H. Severing, Die christlichen Versammlungen des Siegerlandes, 1881, zit. bei J. Schmitt, Die Gnade bricht durch, Gießen 1958. 294
[87] H. Severing, a.a.O.
[88] H. Severing. a.a.O., zit. bei Schmitt. a.a.O., 409
[89] Ich will bauen meine Gemeinde. Jubiläumsschrift der Freien ev. Gemeinde Frohnhausen/Dillkreis, 21
[90] Botschaft 1939, 120
[91] Aufstellung nach Eylenstein 284
[92] Botschaft 1939, 135
[93] Eylenstein 286
[94] Eylenstein 290
[95] Eylenstein 289
[96] Eylenstein 289
[97] Botschaft 1939, 107f. (Vgl. Anlage Nr. 2)
[98] Eylenstein 291
[99] Botschaft 1939, 120
[100] Eylenstein 290 101 Eylenstein 290 1o2 Botschaft 1940, 10
[103] Eylenstein 292
[104] Worte der Wahrheit in Liebe 1888, zit. bei Gärtner 1919, 67
[105] Botschaft 1939, 143
[106] Vorrede zur 1. u. 2. Ausgabe des NT (1855)
[107] Ischeheck 160
[108] Botschaft 1939, 144
[109] Botschaft 1939, 144
[110] Ischeheck 127
[111] Ischeheck 129
[112] Ischeheck 128
[113] Hermes 155
[114] Eylenstein 291
[115] Botschaft 1940, 88f. (Vgl. Anlage 4)
[116] Gärtner 1919, 91

NAMENREGISTER

Alberts, Wilhelm 81-84, 103
Arnold, Gottfried 52

Bayly, Travers William 99
Bellett, John Gifford 16 f., 29, 34
Bismarck, Otto von 53
Blumhardt, Johann Christoph 53f.
Borlase, Henry 24
Bouterwek, Carl W. ... 68, 79-83
Brockhaus, Pastor Adolf
  Henrich 73
Brockhaus, Albrecht 74
Brockhaus, August 79
Brockhaus, Carl .. 13, 35, 43, 58, 61f., 65, 67, 68-115
Brockhaus, Pastor Ernst 73
Brockhaus, Ernst 71
Brockhaus, Friedrich Wilhelm 73
Brockhaus, Pastor Hermann
  Eberhard 73
Brockhaus, Rudolf ... 88, 91, 92, 106, 110. 115
Brockhaus, Wilhelm . 74, 79, 84, 94, 97, 106, 114f.
Bröcker, Th. 84
Bunyan, John 11

Calvin, Johann 7
Chapman, Robert
  Cleaver .... 25f., 34f.
Coad, F. Roy 24, 89
Congleton, Lord (= J. V. Parnell)
  .... 17, 34
Craik, Henry . 16, 18-21, 25, 33f.
Cronin, Edward ... 17, 25, 29, 37

Darby, Sir Henry 28
Darby, Lord John 28
Darby, John Nelson 12, 13, 16-18, 21-49, 58, 60f., 62f., 64-66, 70-72, 77, 86-92, 98, 106f., 108f., 111-113

Darby, William H. ... 64, 71, 86f.
Dönges, Emil 89, 106, 110

Eberstadt, August 84, 103
Effey, Richard 84

Feldner, Ludwig 67
Francke, August Hermann .. 51f.
Friedrich Wilhelm IV.,
  König von Preußen 56, 62f.

Gerhardt, Paul 106
Gladstone. W. E. 22
Grafe, Hermann Heinrich ....
  .... 58, 67-72, 79-85, 89
Graffenried, Frau von . 60 f., 110
Groves, Anthony Norris .. 15-21, 25, 29, 31 f., 34, 36, 44

Hall, Percy Francis 23-25, 34
Harbig 112
Harms, Louis 53
Harris, James Lampen .. 24 f., 34
Henn, C. F. W. 84
Hermes, W. 66, 72
Heydt, Familie von der 67
Hutchinson, Francis 17, 30

Jung, Heinrich, gen. Stilling .. 54

Kelly, James 30
Kelly, William .... 36 f., 111f.
Klopstock, Friedrich Gottlob ....
  106
Köbner, Julius 67
Kottwitz, Baron Ernst von 53
Krummacher, Gottfried Daniel
  .... 54, 66
Künzel, Pastor .... 77 f.

Löwen, Emilie 74, 85
Löwen, Johann Peter 74

Löwen, Julius 93, 106, 112
Luther, Martin 7, 28

Mackintosh, Charles Henry ....
.... 48, 106
Menge, Hermann 111
Monod, Adolphe 70
Müller, Georg 14, 18-21, 25,
 33f., 52, 59f., 60, 61, 100, 111

Neviandt, Carl W. 68, 78
Newman, Francis W. 22f., 29
Newman, John H. 22
Newton, Benjamin Wills ....
.... 22-26, 32f., 111
Nippel, Peter .... 60f.

Oncken, Johann Gerhard ....
.... 57f., 62

Parnell, John Vesey (siehe Lord
 Congleton)
Pennefather, Serjeant .... 22, 28 f.
Pierson, Arthur T. 19, 21
Poseck, Julius Anton von ....
 63-66, 71, 72, 86, 87, 96, 106,
 108 f.,111-114
Powerscourt, Lady 30

Ranke, Leopold von 102
Raven, F. E. 114
Rochat, Alfred 61, 110
Römer, Rechtsanwalt Dr. 59
Rowan, Andrew 26

Schauffler 60
Scheffler, Johann 106
Schleiermacher, F. D. E. 7
Schwarz, Fr. 84
Siebel, Tillmann 54, 83, 95
Silcher, Friedrich 61
Simons, Menno 51
Spener, Philipp Jakob 51
Steinbeck, Wilhelm 84

Tersteegen, Gerhard 54, 106
Thadden, Adolf von 53, 54
Thorens, Heinrich 67, 70-72,
 81, 82, 86

Uhland, Ludwig 61

Viebahn, Georg von 89, 107
Vodoz, Ch. 99
Voorhoeve, Hermann Cornelius ..
 87, 90, 100f., 106, 109, 115
Voorhoeve, N. A. J. 101

Weber, Wilhelm 84
Weerth, Heinrich Christian ....
.... 62f., 64
Wesley, John 12f., 28
Wichern, Johann Hinrich 67
Wigram, George V. 22-27, 64, 86
Wildermuth, Ottilie 61

Zinzendorf, Nikolaus Ludwig
 Graf von 51f., 106
Zwingli, Ulrich 7, 51

Gerhard Jordy
Die Brüderbewegung in Deutschland

Teil 2

1900-1937

VORWORT

Die Darstellung der Zeitgeschichte, also eines Zeitraumes, der die in der Gegenwart lebenden Generationen um fasst, ist von jeher umstritten gewesen. Zu sehr scheinen die eigene Erfahrung und die subjektive Meinung mit den Geschehnissen der Zeit verflochten, als dass man ein abgewogenes, objektives, allen Seiten gerecht werdendes Bild erwarten dürfte. Die Geschichte der deutschen Brüderbewegung im 20. Jh. bildet da keine Ausnahme. Im Gegenteil: die sie so besonders erschütternden Ereignisse von 1937 haben nicht nur diese Ereignisse selbst, sondern auch die Jahrzehnte davor und danach einem Meinungsstreit unterworfen, der bis heute nicht abgeschlossen ist.

So ist es verständlich, dass bis in unsere Tage immer wieder dringend gewarnt wird, die Geschichte der »Brüder« könne, ja dürfe noch nicht geschrieben werden; der Abstand zu den Vorgängen von 1937 sei noch zu gering. Noch fühlten sich zu viele Personen durch die damaligen Ereignisse und ihre Folgen persönlich betroffen, als dass sie ein Urteil darüber anzuhören bereit seien.

Nun geht es hier ganz gewiss nicht um die Beurteilung und schon gar nicht um die Verurteilung von bestimmten Verhaltensweisen. Gerade bei der Betrachtung kirchengeschichtlicher Ereignisse gilt das Wort der Bibel: »Der Mensch sieht auf das Äußere, aber der HERR sieht auf das Herz« (1Sam 16,7). Was geschichtlich dargestellt werden kann, ist »das Äußere«, sind die sichtbaren, die aus schriftlichen Quellen hervorgehenden Ereignisse. Wer wird sich darüber hinaus anmaßen wollen, geistliche Tatbestände zu beurteilen? Dies dürfen und müssen wir Gott überlassen, der allein ein »Richter der Gedanken und Gesinnungen des Herzens« ist (Hebr 4,12). Uns Heutigen bleibt es aufgegeben, Entscheidungen und Beweggründe – auf welcher Seite auch immer – auch dort zu verstehen zu suchen und zu achten, wo wir aus unserem Gewissen heraus eine andere Handlungsweise für angemessener halten.

Andererseits können wir uns der Frage nach der geistlich berechtigten Eigenständigkeit der Brüderbewegung im 20. Jahrhundert nicht entziehen. Mit der Berufung auf die geschichtliche Herkunft im vorigen Jahrhundert, für die der erste Band dieses historischen Überblicks Verständnis zu erwecken gesucht hat, kann es nicht getan sein. Mehr denn je stellt sich heute die Frage nach dem spezifischen Beitrag der Brüderbewegung zum Zeugnis der Kirche Christi im evangelikalen

Bereich. Sie ist seit 1937 nicht mehr zur Ruhe gekommen und bis zum Zweifel an der Existenzberechtigung der Brüderbewegung überhaupt auf die Spitze getrieben worden.

Die geschichtliche Rückbesinnung auf die Entwicklung der vergangenen acht Jahrzehnte unseres Jahrhunderts, auf das »Ringen um Einheit und Selbstverständnis« einer Bewegung, die einmal mit elitärem Selbstbewusstsein und dem Panier der Einheit der Kirche Christi angetreten war, möchte dazu beitragen, dass ein Standort gefunden werden kann, der den historischen Anspruch einer sichtlich unter Gottes Gnade stehenden Vergangenheit mit den Forderungen des heiligen Geistes in der Gegenwart harmonisch verbindet.

Manchem mag die Darstellung des Zeitabschnitts bis 1937 zu ausführlich geraten sein. Wir sollten aber bedenken, dass jene Jahre unsere heute noch lebende ältere Generation z. T. entscheidend geprägt haben. Viele Spannungen von heute ergeben sich aus den damals gewonnenen Vorstellungen und Überzeugungen, und im Vergleich zu jener Zeit mag den Älteren – berechtigt oder unberechtigt – die Entwicklung nach 1945 nicht immer als ein geistlicher Fortschritt erscheinen. Kenntnis einer Zeit, die die Älteren und teilweise auch unsere Gemeinden bis heute geformt hat, sollte deshalb – neben der unersetzlichen brüderlichen Liebe – zum gegenseitigen Verstehen beitragen. Zu leichtfertig wird heute oft im Blick auf die historische Entwicklung der deutschen Brüderbewegung von den Irrtümern der Väter gesprochen, zu überheblich wird ihre schließlich aus biblischen Überzeugungen hervorgegangene Lehre abgetan. Wenn schon ein großer Historiker der profanen Geschichte den Eigenwert jeder vergangenen Epoche als gleichberechtigt mit der Gegenwart anerkannte, weil jede Epoche »unmittelbar zu Gott« sei (Leopold von Ranke), sollten wir auch als Christen uns die Achtung und das Verständnis für das Denken und Tun unserer Väter bewahren und damit zur Lösung von Spannungen beitragen, die bis heute aus dem Widereinander von überkommenen und von neu erworbenen Überzeugungen die Einheit der deutschen Brüderbewegung in Frage stellen.

Allen, die, älter als ich, mir mit ihren Erinnerungen, Erfahrungen und ihrem Rat bei der Abfassung dieses Bandes geholfen haben, möchte ich an dieser Stelle herzlich danken. Zu besonderem Dank bin ich Herrn Ulrich Bister, Herborn-Hörbach, verpflichtet, der durch Material seines reichhaltigen Archivs wertvolle Hilfe leisten konnte.

Der Verfasser

INHALT

Vorwort 3

Einleitung 11

I. Die Freikirche ohne Namen (1900-1937)

1. Rudolf Brockhaus, die Führerpersönlichkeit 13
2. Reisebrüder 15
3. Konferenzen 19
4. Evangelisation – Georg von Viebahn 21
5. Schrifttum 25
   Rudolf Brockhaus und sein Verlag 25
   Dr. Emil Dinges und sein Verlag 27
   Eigenart des »Brüder«schrifttums 30
6. Soziale Werke 34
   Christliche Pflegeanstalt Schmalkalden-Aue 35
   Altenheime »Friedenshort« und »Elim« 36
   Kinderheime 37
   Schwestern-Mutterhaus »Persis« 38
   Spendensammelstellen 40
7. Das »Werk des Herrn in der Ferne« 42
   Die »Brüder« und die Außenmission 42
   Ägypten 44
   China 48
8. Das Verhältnis zu den »anderen« 51
   Absonderung 51
   ...und die großen Kirchen 52
   ...und die Freikirchen 54
   Gemeinsames 57
   Trennendes 57
9. Bewahrung von Lehre und Einheit 58
   Der Standpunkt 58
   Die Verteidigung der Lehre – der »Schriftenstreit« 60
   Die Verteidigung der Einheit 67
   Zwischen Absonderung und Allianz 70
   Wider die Irrlehren 79

10. Das Leben in den Versammlungen 84
11. Ausgang der Ära Rudolf Brockhaus 92
12. Erneuerungsbestrebungen 94
   »Die Tenne« 94
   Die Stündchenbewegung 103

II. Die Offenen Brüder in Deutschland bis 1937

1. Die Entwicklung in Großbritannien seit 1848 113
   Unabhängigkeit 114
   Ausbreitung 116
   Soziale Verantwortung 118
   Außenmission 120
   Die britischen Offenen Brüder heute 124
2. Die Entwicklung in Deutschland 125
   Die Anfänge: Georg Müller und
      Dr. Friedrich Wilhelm Baedeker 126
   Toni von Blöcher und die Gemeinde in der
      Berliner Hohenstaufenstraße 128
   Ausbreitung und Schrifttum 131
   Gemeinsames in der Unabhängigkeit 136
   Bedeutende Persönlichkeiten 140
3. Die »Bibelschule für Innere und Äußere Mission« 142
   Die Erweckung in Russland, Dr. Baedeker und
      die Allianz-Bibelschule 142
   Berlin (1905-1919) 145
   Wiedenest (ab 1919) 147
4. Das Verhältnis zwischen »offenen«
      und »Elberfelder« Brüdern 149
   Anziehung und Abstoßung 149
   Unabhängigkeit oder Einheit? 151
   Abendmahl oder Tisch des Herrn? 155
   Der gemeinsame Beitrag zum Zeugnis der Kirche 160

Anhang

1. Liste der »Elberfelder« Reisebrüder um 1928 164
2. Reiserouten der »Elberfelder« Reisebrüder um 1930 166
3. Brief der holländischen Brüderversammlungen an die
   deutschen »Brüder« im Ersten Weltkrieg (August 1915) ... 171

4. Missionsbericht Otto Blädels aus Ägypten (29. Juni 1905) 172
5. Bericht Otto Blädels über den Einsatz des Missionssegelbootes »Nil-Taube« in Ägypten (21. Mai 1912) 175
6. Brief Otto Blädels zum Besuch von Ernst Brockhaus u.a. in Ägypten (10. Mai 1913) 178
7. Briefe Heinrich Rucks über die Arbeit in Hungergebieten Chinas (1912) 179
8. Bericht Dr. Hans Neuffers über das Missionshospital »Haus der Barmherzigkeit« in China (Oktober 1923) 181
9. Briefe von russischen Gläubigen an die deutschen »Brüder« (1913) 184
10. Kriegsbrief aus Russland (2. September 1915) 186
11. Veröffentlichungen in den »Mitteilungen aus dem Werk des Herrn in der Ferne« über die Lebensmittel- und Kleidersendungen nach Russland (1933-1937) 188
12. Bittbriefe von russischen Gläubigen (1934-1936) 190
13. Dankesbriefe von russischen Gläubigen für Geld- und Sachspenden der deutschen »Brüder« (1933-1936) 191
14. Bericht Wilhelm Walters über den Reisedienst unter den Gemeinden der Offenen Brüder in Baden und Württemberg (1925) 197
15. Bericht über die Raumnöte der Offenen Brüder in Schlesien (1925) 201
16. Auszüge aus den Ansprachen bei der Beerdigung von Rudolf Brockhaus (23. September 1932) 202

Literaturverzeichnis 207

Quellennachweis 212

Namenregister 220

Übersicht über die in den Bänden 1 und 2 angeführten Mitglieder der Familie Brockhaus 222

Rudolf Brockhaus
1856–1932

Dr. Emil Dönges
1853–1923

Heinrich Grote
1864–1930

Ernst Brockhaus
1848–1915

Georg von Viebahn
1840–1915

Fritz Feldhoff
1874–1950

Johannes Warns
1874–1937

Dr. Friedrich Wilhelm Baedeker
1823–1906

August Freiherr von Wedekind
1875–1948

Toni von Blücher
1836–1906

Christian Schatz
1869–1947

Albert v.d. Kammer
1860–1951

EINLEITUNG

Das 19. Jahrhundert hatte der Brüderbewegung in Deutschland eine ruhige und stetige Entwicklung gewährt. Sieht man von den Widerständen ab, denen die »Christliche Versammlung« wie alle freikirchlichen Kreise gegenüber der Staatskirche ausgesetzt war, lässt sich nicht leugnen, dass sie – allerdings in der sich selbst gesetzten Abgeschlossenheit – mitschwamm in dem großen Strom der Erweckungs- und Gemeinschaftsbewegung jener Zeit. Mochte sie im Konzert der Landes- und freikirchlichen Gemeinschaften einen recht eigenwilligen Part spielen, für Außenstehende waren auch die deutschen Brüderversammlungen nur eine Benennung, die mit den anderen Gemeinschaftsgruppen zusammen das geistliche Leben des ausgehenden 19. Jahrhunderts in Deutschland bestimmte.

Sicher spielte die Brüderbewegung in diesem Konzert nicht die erste Geige, hatten doch die zahlreichen Zweige der landeskirchlichen Gemeinschaftsbewegung eine größere Breitenwirkung, sie behauptete aber dank der erfolgreichen Arbeit eines Carl Brockhaus mit einer wachsenden Zahl von Anhängern und einer Literatur von starker Ausstrahlung durchaus ihren Platz. Von den äußeren Umständen her war ihr weiterhin eine ruhige Entwicklung sicher, was durch die Zunahme an konfessioneller Freiheit z.Z. der Weimarer Republik noch in verstärktem Maß zu erwarten war.

Aber gerade die Stürme des 20. Jahrhunderts sollten die deutsche Brüderbewegung nicht unbehelligt lassen. Schien noch der Erste Weltkrieg, abgesehen von den Reformbemühungen einiger jüngerer Leute in der Nachkriegszeit, nahezu spurlos an ihr vorüberzugehen und sie – wie überhaupt das deutsche Bürgertum – im Denken kaum anzutasten, so bedeuteten die Maßnahmen der nationalsozialistischen Diktatur und die Begleiterscheinungen des Zweiten Weltkrieges Eingriffe, die an den historischen Grundlagen der »Christlichen Versammlung« rüttelten.

Das Jahrhundert der Gegenwart mit seinen revolutionären und erschreckend chaotischen Zügen sticht ab von dem vergleichsweise beschaulich ruhigen 19. Jahrhundert. Dem Menschen von heute ist es aus vielerlei Gründen nicht mehr möglich, sich von den Geschehnissen der Welt abzukapseln und sich ganz auf sein Innenleben und auf die Welt des Glaubens zu beschränken. Der Mensch des vorigen Jahrhunderts konnte es noch, weil die staatliche, bürgerliche und sittliche

Ordnung vorgegeben, scheinbar fest gefügt und – wie man meinte – großenteils mit den biblischen Vorstellungen in Übereinstimmung war. Das Jahrhundert der Weltkriege und dauernder krisenhafter Spannungen, grausamer Diktaturen und schrecklicher Massenmorde, worin gerade das deutsche Volk einen traurigen Ruhm erlangte, das Jahrhundert der Technik, der Massenmedien und der Auflösung hoher Ideale und vieler sittlicher Normen riss die Stützen äußerlicher Ruhe und Ordnung ein und setzte die deutsche Brüderbewegung sowohl gewaltsamen Zugriffen als auch verführerischen Einflüssen vielfältiger dämonischer Kräfte aus.

Es ist gewiss nicht leicht, in dieser verwirrenden, bis heute nicht abgeschlossenen Entwicklung den sinngebenden roten Faden zu verfolgen. Sicher ist, dass die politischen, sozialen und geistigen Bewegungen dieses Jahrhunderts in nicht geringem Maß in das Leben der deutschen Brüderbewegung hineinwirkten und es bedeutsam verändert haben. Öffnung im Sinne der Evangelischen Allianz, aber auch Spaltung sind die Folgen gewesen. Die Beurteilung aus den eigenen Reihen reicht vom »Gehorsam unter der züchtigenden Hand Gottes« bis zum »Versagen in der Stunde der Versuchung«. Darüber hinaus sind auch das Gemeindeleben und das Verhalten des einzelnen Christen vom prägenden Druck der Wohlstandsgesellschaft seit dem Wirtschaftswunder im Westen spürbar beeinflusst und verändert worden. Die Versuche, in diesem Verwirrspiel einen eigenen, der Geschichte der Brüderbewegung entsprechenden Standort zu finden, sind zahlreich. Sie reichen vom eisernen Festhalten an der Tradition – oft »Gehorsam« genannt – bis zur Forderung nach einem Aufgehen in größeren Gemeindekreisen, ja, in einer allgemeinen evangelikalen Bewegung. Insofern ist die zweite Hälfte der 130 jährigen Geschichte der Brüderbewegung viel weniger von einheitlichen Tendenzen geprägt, als wir es für das 19. Jahrhundert feststellen konnten. Unser pluralistisches Zeitalter hat auch bei denen seine Spuren hinterlassen, die sich in besonderem Maß auf den *einen* Herrn, den *einen* Geist und die Darstellung des *einen* Leibes Christi, der *einen* Kirche, berufen haben.

Zunächst aber, in den ersten Jahrzehnten unseres Jahrhunderts, sollte davon noch wenig zu spüren sein.

I. Die Freikirche ohne Namen (1900-1937)

1. Rudolf Brockhaus, die Führerpersönlichkeit

In das 20. Jahrhundert trat die deutsche Brüderbewegung als eine festgefügte Einheit. Der Tod von Carl Brockhaus (1899) bedeutete für die stetige Entwicklung keinen Bruch, kaum einen Einschnitt. Denn in Carls Sohn Rudolf (1856-1931) besaß die »Christliche Versammlung« eine Persönlichkeit, der die Gabe der Leitung in außerordentlichem Maß zu eigen war; Rudolf Brockhaus war eine ausgesprochene Führernatur.[1]

Er wurde 1856 in Elberfeld als fünftes Kind seiner Eltern geboren, besuchte bis zur Primareife die höhere Schule und erlernte seiner Neigung entsprechend in einem Bauunternehmen in Mülheim am Rhein das Baufach. Nach Beendigung seiner Lehre diente er als Einjährig-Freiwilliger in einem Grenadier-Regiment in Stuttgart und hatte die Absicht, danach eine höhere Bauschule zu besuchen. Er fühlte dann aber doch die Berufung, sich ganz Gott zur Verfügung zu stellen und widmete sich fortan den Aufgaben im väterlichen Verlag. Immerhin hatte er jedoch in jenem Mülheimer Baugeschäft seine Frau, Therese Scheidt, die Tochter des Chefs, kennengelernt, mit der er von 1881 bis zu seinem Tod eine glückliche Ehe führte; zwölf Kinder wurden ihnen geschenkt.

Schon früh wuchs Rudolf, der in seiner Jugend eine klare Bekehrung erlebt hatte, in die Aufgaben hinein, die das Leben seines Vaters Carl Brockhaus beherrschten. Im Verlag in Elberfeld hatte er sich, während sein Vater rastlos durch Deutschland reiste, der Zeitschriften anzunehmen. Der Verbesserung des alttestamentlichen Textes der »Elberfelder Bibel« zusammen mit dem Altphilologen Dr. Alfred Rochat (s. Bd. I, Seite 110) galt sein besonderes Interesse, bis er schließlich von 1894 ab den väterlichen Verlag selbst zu leiten hatte. Aber auch in die Reisetätigkeit zog ihn der Vater, der die geistliche Reife und die Fähigkeiten des Sohnes sehr wohl erkannt hatte, mehr und mehr hinein, und bald zeigte sich die große Lehrbegabung Rudolfs als Schriftsteller wie als Redner, mit der er in seiner stilistisch wie pädagogisch geschickten Art noch seinen Vater übertraf.

Es waren Fähigkeiten, die ihm für über drei Jahrzehnte die geistige Leitung der deutschen Brüderbewegung übertragen sollten. Dabei blieb er als Redner und Schriftsteller stets auch für den schlichten Hörer bzw. Leser verständlich, weil er jedes rhetorisch gekünstelte oder sich wissenschaftlich gebärdende Wortgeklingel ablehnte. Ein Zeitgenosse urteilt über ihn:

> »Seine Ausführungen waren gründlich, bündig, knapp, jedes Wort abgewogen. Bei alledem sprach aus seinen Worten die tiefe Liebe zu seinem Herrn und die unermüdliche Sorge für die Geschwister. Er hatte die schöne Gabe, mit schlichten, einfachen Worten in heiliger Begeisterung große Dinge zu sagen.«[2]

Seine Schriftkenntnis und -erkenntnis waren groß. Schon früh mit in die Verantwortung für die Brüderversammlungen hineingenommen, entwickelte Rudolf Brockhaus wie sein Vater eine ausgedehnte Reisetätigkeit, indem er in zahllosen Versammlungs- und Hausbesuchen viele Kontakte knüpfte und sich dabei als ein begnadeter Seelsorger erwies, der bald überall in den deutschen Brüderkreisen volles Vertrauen genoss.

Aber nicht nur diese herausragenden Fähigkeiten waren es, die Rudolf Brockhaus als Nachfolger seines Vaters an die Spitze der Brüderbewegung stellen sollten, mehr noch trugen dazu die Qualitäten seines Charakters bei. »Den großen Einfluss im Bereich der ›Christlichen Versammlung‹ verdankte er seiner Lauterkeit, Vertrauenswürdigkeit und Bescheidenheit, mehr noch als den reichen Geistesgaben als Prediger und Schriftsteller«, sagt sein Sohn Walter von ihm.[3]

Natürlich ist Rudolf Brockhaus nie ein offiziell eingesetzter oder gewählter Führer der »Christlichen Versammlung« gewesen; so etwas konnte es in einer Bewegung, die die Leitung durch den Geist Gottes zu einem ihrer wichtigsten Grundsätze erhoben hatte, nicht geben. Auch sein Name und seine Herkunft konnten letztlich nicht dafür ausschlaggebend sein, dass man seine leitende Stellung »einfach als selbstverständlich«[4] ansah. Die Selbstverständlichkeit, mit der seine Führerrolle insgesamt nicht etwa nur akzeptiert, sondern auch ehrlich anerkannt wurde, beruhte eben auf seiner ausgesprochenen Führerpersönlichkeit, die mit geistigen und geistlichen Gaben in hervorragender Weise ausgestattet war. Die Verehrung, die dem 1932 Heimgegangenen von Zeitgenossen entgegengebracht wurde, ist noch nach einem halben Jahrhundert zu spüren.

2. Reisebrüder

Selbstverständlich war ein so großer Kreis, wie ihn die »Christliche Versammlung« im damals noch ungeteilten Reichsgebiet darstellte, nicht allein von Rudolf Brockhaus abhängig, was den Reise- und Lehrdienst betraf. Wie schon sein Vater stand er in der Gemeinschaft mit einer ganzen Reihe von sogenannten »Reisebrüdern«.

Diese »Reisebrüder« waren selbst im Kreis der Freikirchen eine ungewöhnliche Einrichtung, die die »Christliche Versammlung« von den anderen Gemeinschaftsformen, die sich zumeist auf ortsgebundene Prediger stützten, unterschied. Sie hängt zusammen mit dem Anspruch, den biblischen Grundsatz des allgemeinen Priestertums so treu wie möglich zu verwirklichen und jeden Ansatz zum Klerikalismus zu vermeiden.

Als eine in gewissem Sinne ähnliche Einrichtung kann man höchstens den 1852 im Siegerland gegründeten »Verein für Reisepredigt« (seit 1974: Evangelischer Gemeinschaftsverband Siegerland und Nachbargebiete e.V.) bezeichnen, dessen erster Präses der bekannte Tillmann Siebel war (vgl. I,54). Dieser Verein sollte die zahlreichen landeskirchlichen Gemeinschaften des Siegerlandes mit einem regelmäßigen Predigtdienst versehen.[5] Auch hier wurde der Verkündigungsdienst von nur wenigen hauptberuflichen »Reisepredigern« neben vielen »Laienpredigern« getan. Carl Brockhaus hat diesen Verein gekannt, aus dessen Kreis heraus verschiedene Versammlungen entstanden sind. Es ist interessant, dass im gleichen Jahr, 1852, in der »Christlichen Versammlung« der Dienst der Lehr- oder Reisebrüder begann. Auch der Evangelische Brüderverein (I,67ff.; 77ff.), dem Carl Brockhaus als Geschäftsführer angehört hatte, kannte das System der reisenden »Lehrbrüder« oder »Boten«. Carl b Brockhaus war 1850-1852 selbst einer von ihnen gewesen. Aber dort war es keine Gruppe von Gemeinschaften, die sich diesen Dienst der Reisebrüder verordnete, sondern ein Verein mit evangelistischen Zielsetzungen sandte seine »Boten« zur Verkündigung des Evangeliums und zur Festigung der Gemeinschaften im Glauben.

War nun die Siegerländer Institution eine aus der Not geborene Maßnahme, nämlich die vielen kleinen Gemeinschaften wenigstens einmal im Monat mit einer »richtigen« Predigt zu versorgen, so stand in der Brüderbewegung der schon genannte Grundsatz des allgemeinen Priestertums obenan. Prinzipiell sollte daher in den einzelnen Versammlungen der Verkündigungsdienst von den am Ort ansässigen Brüdern durchgeführt werden, wobei nachbarschaftliche Hilfe zwischen verschiedenen Versammlungen in der näheren Umgebung durchaus selbstverständlich war. Denn die Erfahrung zeigte, dass nicht alle Gemeinden in gleicher Weise mit für den Predigtdienst begabten Brüdern ausgerüstet waren. Wichtig aber war, dass dieser Dienst ohne offizielle Ausbildung, ohne Amt und ohne feste Besoldung geschah, maßgebend sollte die Leitung durch den Heiligen Geist sein, der den jeweiligen Bruder im gegebenen Augenblick zum Dienst berief.

Andererseits war schon in der Anfangszeit nicht zu verkennen, dass eine gewisse Kontaktpflege zwischen den einzelnen Versammlungen vonnöten war, um ein Auseinander fallen in Lehre und Zucht zu vermeiden. Dabei sahen es verantwortungsbewusste Brüder als neutestamentliche Notwendigkeit an, wie die Apostel oder ihre Mitarbeiter die verschiedenen Versammlungen zu besuchen und ihnen in Ermahnung und Seelsorge und in der Lehre, dem besonderen Gedankengut der »Brüder«, zu dienen. Dabei sollte auch im evangelistischen Sinne gearbeitet werden, in einem Dienst, den Carl Brockhaus ganz besonders gepflegt hatte. Hausbesuche bei den einzelnen Familien sollten neben der öffentlichen Verkündigung den genannten Anliegen dienen.[6]

Solch einer Aufgabe im Raum des gesamten Deutschen Reiches aber wäre schon Carl Brockhaus allein nicht gewachsen gewesen, und so hatte er von Anfang an eine Reihe von Mitarbeitern, zunächst die mit ihm aus dem »Evangelischen Brüderverein« ausgetretenen »Lehrbrüder« (I,96). Es ist nicht von ungefähr, dass auch die Bezeichnung »Lehrbrüder« für die Reisebrüder im Gebrauch war, hatte doch Carl Brockhaus die Aufgabe und die besondere Art der Tätigkeit der »Boten« oder »Lehrbrüder« des »Evangelischen Brüdervereins«, den Reisedienst, für die neue Bewegung übernommen. Maßgebend aber war bei ihm, dass die Sicherung der Existenz nicht von der Besoldung durch eine Institution abhängig gemacht wurde, sondern nur noch von den Gaben, die Gott den Reisebrüdern durch die Hand der Geschwister zukommen ließ. Man lebte eben »aus Glauben«. Dass schon Carl Brockhaus in diesem Glauben zwar auf Proben gestellt, aber letztlich nicht enttäuscht wurde, ist bereits dargestellt worden (I,93).

Maßgebend war auch, dass man die Tätigkeit oder gar das Berufsziel eines Reisebruders nicht anstreben konnte. In der Regel waren es »gestandene Männer«, die sich in Familie, Beruf und Gemeinde bewährt hatten, deren Verkündigungsdienst allgemein anerkannt war und die nun auf der Höhe ihres Lebens, oft zwischen 40 und 50 Jahre alt, aus der Mitte der Versammlung in den vollzeitlichen Dienst berufen wurden, zu dem sie durch ältere Reisebrüder oder auch durch ihren eigenen Geschwisterkreis aufgefordert worden waren. Dabei verließen diese Männer oft ansehnliche und gut bezahlte Stellungen, um von nun an im oben genannten Sinne »aus Glauben« zu leben.

Der Vorteil einer solchen Reisebrüderordnung ist offensichtlich: Hier streben keine gemeinde- und z. T. auch weltfremden jungen Theologen einen Brotberuf an, sondern Männer in wirtschaftlich gesicherten Stellungen bringen das Opfer, diese Sicherheit aufzugeben; und sie wissen zugleich aus jahrzehntelanger Erfahrung um die Belastung des berufstätigen Christen, der im Raum der Gemeinde nicht nur Hörer sein will. Gewiss kann man einwenden, dass es an der notwendigen Ausbildung doch wohl gemangelt habe, und sicherlich waren die Reisebrüder keine Theologen im üblichen Sinne, dafür aber besaßen sie aus langjährigem Selbststudium in der Heiligen Schrift ein wirklich hervorragendes Bibelwissen, und – was wahrscheinlich noch schwerer wog – die Bibel war ihnen unbedingte Autorität. Zum biblischen Wissen und zur geistlichen Erfahrung kam oft eine natürliche rhetorische Begabung, was insgesamt den Dienst der Reisebrüder den Versammlungen durchaus begehrenswert machte. Und waren auch die einzelnen Reisebrüder nicht zu jedem notwendigen Dienst, z.B. dem des Hirten, des Lehrers oder des Evangelisten, in gleicher Weise geeignet, so war dies ein Mangel der durch das System des Reisedienstes, bei dem ein Ort nacheinander von verschiedenen Brüdern besucht wurde, mehr ausgeglichen werden konnte, als es bei einem ortsgebundenen Prediger möglich war. Andererseits lässt sich nicht leugnen, dass bei diesem System manchen Gemeinden der Dienst eines eigenen Hirten und Ältesten fehlte. Es war ein Mangel, der durch die wenigen Hausbesuche der Reisebrüder nur unvollkommen ersetzt werden konnte.

Die Zahl der Reisebrüder war z. Z. von Carl Brockhaus noch recht beschränkt, und erst im 20. Jahrhundert konnte man der Notwendigkeit Rechnung tragen, den vielen kleinen und größeren Versammlungen eine intensivere Betreuung zukommen zu lassen. Daher wurden nun mehr und mehr Brüder in den Reisedienst berufen. Als

Rudolf Brockhaus 1932 starb, arbeiteten auf dem Gebiet des Deutschen Reiches etwa 6o bis 70 Reisebrüder.

Stellvertretend für all die Männer, die sich diesem nicht einfachen Dienst widmeten, soll einer dieser Reisebrüder, dessen Werdegang typisch zu sein scheint, kurz vorgestellt werden: Fritz Feldhoff (1874 bis 1950).

Geboren in Duisburg-Meiderich, wuchs er in Baerl am Niederrhein auf. Obwohl aus einer damals ungläubigen Familie stammend, erlebte er als Zwölfjähriger eine klare Bekehrung und war fortan ein Zeuge seines Glaubens. Nicht nur einige seiner Schulkameraden, sondern auch seine Eltern und mehrere seiner Geschwister – die Familie stand seiner neuen Überzeugung zunächst sehr ablehnend gegenüber – wurden durch sein Zeugnis bewusste Christen.

Beruflich war er seit seinem 19. Lebensjahr (1892) 32 Jahre lang in einem Duisburger Großhandelsgeschäft tätig, zuerst als Vertreter, später als Prokurist.

Neben seinem Berufs- und Familienleben – er war seit 1899, verheiratet und hatte sechs Kinder – widmete Fritz Feldhoff, der sich früh der Brüderbewegung angeschlossen hatte, seine ganze Zeit dem Dienst in der Versammlung, wobei nicht nur seine Begabung als Evangelist und Lehrer zutage trat, sondern auch seine Liebe, mit der er dem einzelnen seelsorgerlich nachging. Seine Geschäftsreisen verband er mit Diensten in den verschiedenen Gemeinden.

Es ergab sich daher folgerichtig, dass er sich 1925 nicht der Aufforderung verschloss, aus dem mit Erfolg betriebenen Kaufmannsberuf auszuscheiden und fortan vollzeitlich als Reisebruder zu arbeiten. Der Glaubensschritt des Fünfzigjährigen erschien um so gewagter, weil seine sechs Kinder sämtlich noch in der Ausbildung standen. Dennoch hat er seinen Entschluss nie bereut und diente, auch schriftstellerisch nicht unbegabt, die letzten 25 Jahre seines Lebens mit ganzer Kraft dem Werk, in das er sich gewiss nicht nur durch Menschen berufen wusste.[7]

Die Besuchsroute der Reisebrüder wurde auf den sogenannten »Reisebrüderkonferenzen« festgelegt, auf denen Rudolf Brockhaus mit einer gewissen Selbstverständlichkeit die Leitung hatte.

Der ausgearbeitete Reiseroutenplan für 1932[8] enthält 68 Routen für das Gebiet des Deutschen Reiches, wozu noch sieben Reiserouten in der Schweiz, in Österreich, Polen, Dänemark und im Elsaß kamen. So erfassten z.B. zwei Routen die thüringischen Versammlungen – für

Sachsen benötigte man allein neun, für das heutige Nordrhein-Westfalen 27 –, die ein Reisebruder zu betreuen hatte. Er sollte damals folgende Orte besuchen:

> Eisenach, Mihla, Waltershausen, Gotha, Seebach, Erfurt, Weimar, Jena, Eisenberg, Großenstein, Blankenburg, Probstzella u. Umg., Ilmenau, Frankenhain u. Umg., Suhl, Heinrichs, Meiningen, Hermannsfeld, Rappershausen, Sülzdorf, Römhild, Walldorf u. Umg., Seeba u. Umg., Kaltenlengsfeld, Aue, Schmalkalden.

Von den Reisebrüderkonferenzen aus, die in der Regel vierteljährlich abgehalten wurden, konnte die Einheitlichkeit in der Lehre gewahrt und auch jede einzelne Versammlung in Deutschland erreicht und beeinflusst werden. Die Reisebrüderkonferenzen bedeuteten also eine gewisse Zentralisierung der Brüderbewegung, die sonst jede Organisationsform bewusst vermied.

3. Konferenzen

Natürlich war das Leben in den einzelnen Versammlungen längst nicht nur von den Reisebrüdern bestimmt, vielmehr waren es gerade jene Männer, die als Christen und kraftvolle Persönlichkeiten am Ort des Gemeinschaftslebens ihren Kreis von Gläubigen wesentlich beeinflussten. Hierbei mag es zuweilen recht menschlich-subjektiv zugegangen sein und gewiss auch nicht immer geistlich; und dass die einzelnen Versammlungen auch regional unterschiedlich geprägt waren, hatte schon Carl Brockhaus feststellen müssen (I,61f.).

Um so mehr waren sich diejenigen, die sich für die Gesamtbewegung verantwortlich fühlten, darüber im klaren, dass mindestens die örtlich führenden Brüder die Begegnung und den Austausch miteinander nötig hatten, damit eine kontinuierliche und gleichmäßige Entwicklung der »christlichen Versammlung« gewährleistet war. Schon Carl Brockhaus hatte deshalb die jährlich wiederkehrenden Konferenzen eingerichtet, die aber erst unter seinem Sohn Rudolf jene Größe und Bedeutung erlangten, die sie in seiner Zeit auszeichneten. Sicher hängt diese Ausweitung des Konferenzbetriebes aber auch damit zusammen, dass erst im 20. Jahrhundert das Reisen für breitere Kreise möglich und üblich wurde.

Zur Gewohnheit wurde, dass man sich im Frühjahr in Elberfeld und im Herbst in Dillenburg traf, womit die alten Zentren der Brüderbewegung auch weiterhin ihre Bedeutung behaupteten, zumal diese Orte auch die beiden Verlage der Brüderbewegung, R. Brockhaus in Elberfeld und Geschw. Dinges in Dillenburg, beherbergten. Darüber hinaus wurde aber auch einmal im Jahr im Osten des Reiches eine Konferenz abgehalten, etwa in Berlin, wo die Versammlung in der Bergstraße im Stadtteil Wedding ein gewisses Zentrum war, oder auch in Schlesien.

Ursprünglich war der leitende Gedanke gewesen, nur diejenigen auf den Konferenzen zusammenzuführen, die »ausschließlich im Werke des Herrn tätig« waren und die »in den örtlichen Versammlungen am Wort« dienten. Im Laufe der Zeit erfreuten sich aber die Konferenzen eines solchen Zuspruchs, dass die führenden Brüder 1930 feststellen mussten, »dass bei wachsender Teilnehmerzahl der eigentliche Zweck solcher Konferenzen mehr und mehr verloren geht und ihr Segen in Frage gestellt wird«. Deshalb schlugen sie vor, in Zukunft nur noch die Elberfelder Konferenz der Allgemeinheit offen zu halten, während die Dillenburger Konferenz »tunlichst zu dem früheren Charakter zurückgeführt werden« sollte.[9] Der Wandel in der Auffassung über den Zweck von Konferenzen zeigte sich in späterer Zeit darin, dass man eher über spärlichen Konferenzbesuch klagte, so dass 1954 sogar die Frage erörtert wurde, ob man die Dillenburger Konferenz nicht mehr einberufen sollte.[10]

Im Mittelpunkt der Konferenzen stand immer der Gedankenaustausch über einen Abschnitt der Bibel, zu dem jeweils jeder der anwesenden Brüder Ausführungen machen konnte. Kennzeichnend war, dass die einzelnen Beiträge nicht vorher festgelegt waren, weil man sich auch hier ganz vom Geist Gottes leiten lassen wollte.

Hunderte von Gläubigen, in der Mehrheit Brüder, strömten auf diesen Konferenzen zusammen, und neben den verschiedenen Rednern, die hier zu Worte kamen, war es wieder meistens Rudolf Brockhaus, der in seiner klugen und zugleich schlichten Art das Wesen dieser Großzusammenkünfte bestimmte und durch seine Schriftauslegung das Lehrgut der »Brüder« vermittelte. In Zweifelsfragen gab Rudolf Brockhaus den Ausschlag, und die vereinheitlichende Wirkung der Konferenzen im Blick auf die Lehre war groß. Für viele Gläubige gehörten sie aber auch zu den Ereignissen, die sie in ihrem geistlichen Leben, im glaubenden Denken und Tun, ganz besonders prägten.

4. Evangelisation – Georg von Viebahn

Waren die Konferenzen stark von der Lehre und dem besonderen Gedankengut der »Brüder« bestimmt, so fehlte andererseits in der Verkündigung der »Christlichen Versammlung« die evangelistische Seite der biblischen Botschaft nicht. Immerhin war dies eine Richtung, die schon Carl Brockhaus mit Begabung wie Eifer eingeschlagen hatte, und geradezu ein Merkmal der *deutschen* Brüderbewegung, das aus ihrer Geschichte im 19. Jahrhundert nicht wegzudenken ist (I,88f.114).

Rudolf Brockhaus fehlte allerdings die ausgesprochen evangelistische Gabe seines Vaters; er war Hirte und Lehrer, was jedoch nicht bedeutete, dass die Botschaft des Evangeliums aus der Verkündigung der Versammlungen verschwand. Vielmehr glich ein Teil der Reisebrüder, z.B. Heinrich Grote (1864-1930) oder Paul Schwefel (1874-1960), die Einseitigkeit der führenden Persönlichkeit aus; und die wachsende Zahl derer, die sich zur »Christlichen Versammlung« hielten und durchaus nicht nur im Zuge einer Proselytenmacherei dazu gestoßen waren, zeigt deutlich, dass das Angebot des Heils in Christus auch weiterhin zu den zentralen Aufgaben der Brüderbewegung gehörte.

Dabei traten auf dem Gebiet der Evangelisation zwei Männer hervor, die als bedeutende Evangelisten unbedingt erwähnt werden müssen: Georg von Viebahn und Dr. Emil Dinges.

Georg von Viebahn[11] war ein Evangelist von außerordentlicher Begabung und starker Aktivität und hat die Brüderbewegung im Blick auf die Verkündigung des Evangeliums ungemein befruchtet. Er entstammte einer rheinischen Familie, die schon 1728 durch den »Soldatenkönig« Friedrich Wilhelm I. geadelt worden war und dem preußischen Staat viele Offiziere und höhere Regierungsbeamte gestellt hatte. Sein Vater war zuletzt Regierungspräsident in Oberschlesien mit dem Sitz in Oppeln, wo Georg, 1840 im westfälischen Arnsberg geboren, das Abitur ablegte, ehe er, eigenem Wunsch und der Familientradition folgend, in ein Berliner Garde-Regiment eintrat.

Schon früh erschloss sich Georg von Viebahn den Fragen des Glaubens und erlebte als Fünfzehnjähriger eine bewusste Bekehrung. Als er 1859 das Elternhaus verließ, um seine militärische Laufbahn zu beginnen, war es ihm im Gebet ein ernstes Anliegen, sich im Soldatenberuf als treuer Christ zu erweisen; die Treue zum Königshaus war sowieso selbstverständliche Familientradition.

Seiner hervorragenden Begabung und vorbildlichen Haltung entsprechend durchlief Georg von Viebahn eine Karriere, die über die gewohnte Norm einer Offizierslaufbahn hinausging und von dem Erfolg gekrönt war, 1893, mit 53 Jahren, Generalmajor zu sein, nachdem er 1864, 1866 und 1870/71 an allen drei sogenannten deutschen Einigungskriegen der Bismarckzeit teilgenommen und sich ausgezeichnet hatte. Auch später hatte er sich in den verschiedensten Dienststellungen bewährt und war außerdem zum Kronprinzen und späteren Kaiser Friedrich in ein näheres persönliches Verhältnis getreten.

Immer aber war es sein besonderes Anliegen geblieben, über seine soldatische Pflichterfüllung hinaus auch seinem himmlischen Herrn mit Treue zu dienen. Immer suchte er während seiner gesamten Dienstzeit Brüder, die ebenso wie er – gleich in welchem Dienstrang – Jesus Christus liebten, und nie unterließ er es, diesen Jesus Christus mit Bekennermut als seinen Herrn und Heiland zu bezeugen.

Durch seine erste Frau, eine Holländerin, kam Georg von Viebahn mit der Brüderbewegung in Berührung und blieb fortan der »Christlichen Versammlung« in besonderer Weise verbunden. Sicher empfand er allen Kindern Gottes gegenüber echte Liebe, wie er auch auf den Blankenburger Allianzkonferenzen bald eine führende Stellung einnahm, dennoch fühlte er sich nach seiner Bibelerkenntnis nirgendwo so hingezogen, wie zu *den* Christen, denen die Einheit der Gemeinde Jesu Christi so sehr am Herzen lag. In seiner Schrift »Was ich bei den Christen gefunden habe, die sich nur im Namen Jesu versammeln« legte er klar davon Zeugnis ab. Daneben war es gerade Georg von Viebahn, der durch sein Vorbild die evangelistische Verpflichtung in der Brüderbewegung am Ende der Ära von Carl Brockhaus neu belebte.

Schon als Regimentskommandeur in Trier (1889-92) richtete er in der katholischen Stadt auf eigene Kosten ein evangelisches Soldatenheim ein, weil ihm das Seelenheil seiner Leute am Herzen lag. Noch mehr aber stand ihm dann 1893 als General in Stettin, wo er mit seiner Familie die »Versammlung« besuchte, die religiöse Oberflächlichkeit des Offiziersstandes und nur äußerliche Kirchlichkeit der vielen jungen Soldaten im deutschen Millionenheer vor Augen, so dass er seinen Wunsch, das Evangelium in größerem Ausmaß zu verbreiten, zur Tat werden ließ. Ab 1895 gab er selbstverfasste Traktate heraus: »Zeugnisse eines alten Soldaten an seine Kameraden«, die auch über das Heer hinaus Verbreitung fanden. In den 21 Jahren bis zu seinem Heimgang schrieb er 1100 vierseitige Traktate; anfangs betrug die Auflage 5000 Stück, zuletzt waren es bis zu 170000. In diesen Schriften zeigte er sich als begnadeter Evangelist; er vermied jeden süßlich-frommen Stil, sondern er wusste die Traktate in seiner männlich-herben Sprache inhaltlich interessant zu gestalten und mit einer klaren Verkündigung des Evangeliums zu verbinden.[12] Viebahns »Zeugnisse« wurden schließlich die damals »verbreitetsten Traktate im Volk«.[13]

1896 nahm Georg von Viebahn als Generalleutnant seinen Abschied, um sich ganz in den nun auch mündlichen Dienst als Botschafter des größten Herrn zu stellen. Zur gleichen Zeit trat er auch aus der evangelischen Landeskirche aus, deren damals großenteils liberale und unbiblische Verkündigung er seinem Gewissen nach nicht mitzutragen vermochte. Gerade in seiner kompromisslosen Art, das ganze Wort Gottes völlig ernst zu nehmen, sah er sich mit den Brüdern der »Versammlung« auf derselben Seite.

So sehr Viebahn aus dem von ihm so geliebten Soldatenberuf nur mit Schmerz scheiden konnte, mit um so größerer Freude wandte er sich nun mit seiner ganzen Kraft der Verkündigung des Evangeliums zu. Vor Offizieren und Soldaten hielt er in den deutschen Garnisonstädten Vorträge und wurde darüber hinaus im In- und Ausland ein bekannter und gesegneter Evangelist, der viele Menschen zum Glauben an Jesus Christus führen konnte und auch nicht den Spott fürchtete, als »Dissidentenpfarrer« bezeichnet zu werden. Ausgehend von Glaubenskonferenzen und Freizeiten, auf denen er die Erweckten weiterzuführen bestrebt war, kam es schließlich zum »Bund gläubiger Offiziere«. 1899 begann er mit der Herausgabe der Vierteljahresschrift »Schwert und Schild«, in der er besonders auf praktische Glaubensfragen einging. Der zunächst nur der Zeitschrift beigefügte Bibellesezettel mit den kurzen Erläuterungen des Generals fand weite Verbreitung. (Nach Viebahns Tod wurde der Bibellesezettel von seiner Tochter Christa weitergeführt, die sich allerdings 1914 von der »Christlichen Versammlung« getrennt hatte und später das Diakonissenmutterhaus Aidlingen gründete.[14])

Die Viebahn verliehene Gabe, seine Gedanken in klarer und formvollendeter Sprache weiterzugeben, beeindruckte immer wieder

Leser und Hörer. Ernst Lange, ein Offizier, der sich den Offenen Brüdern angeschlossen hatte, bezeugt:

> »Er war der gewaltigste Evangelist, den ich in meinem Leben gehört habe. Das Geheimnis war dabei die Übereinstimmung seiner Worte mit seiner Person... Er war wirklich ein Redner von Gottes Gnaden. Die Fülle passender Beispiele und anschaulicher Geschichten aus dem Leben, die vollendete Klarheit und Reinheit seiner Sprache, die Würde und der tiefe Ernst, die sich niemals eine nachlässige Wendung oder gar ein Haschen nach billigen rhetorischen Wirkungen gestattete, – vor allem aber die brennende Liebe zu seinem Herrn und die Sehnsucht, andere zu ihm zu führen, die man ihm abfühlte, – man spürte nicht, wie die Zeit verflog, und wünschte nur, er möchte nicht aufhören. Groß ist die Schar derer, die durch ihn zu einer klaren Willenshingabe an den Herrn gekommen sind.«[15]

Es war natürlich, dass dieser so reich begabte Mann überall in den Gemeinschaftskreisen ein gern gehörter Redner war, sowohl auf den Blankenburger Allianzkonferenzen wie auch auf den Wernigeroder Konferenzen der »Deutschen Christlichen Studentenvereinigung«. Überhaupt suchte er für seine evangelistische Arbeit die Anlehnung an alle bibelgläubigen Kreise landes- und freikirchlicher Prägung, wodurch das Evangelium um so mehr in die breiten Massen getragen wurde.

Mit vielen bekannten Evangelisten und Gemeinschaftsleuten jener Zeit war er befreundet, so mit Ernst Modersohn, der von ihm schrieb:

> »Er war fürwahr ein Großer im Reiche Gottes. Nicht um seiner hohen sozialen Stellung willen. Gewiss ist es nichts Alltägliches, wenn ein Generalleutnant das Evangelium verkündigt. Es zieht natürlich viele Leute an, wenn sie hören, dass ein General ›predigt‹. Aber das war es doch nicht, was ihm seine Stellung und Bedeutung im Reiche Gottes gab. Sondern das war es, dass er ein Mann war voll Heiligen Geistes und von hohen Gaben.«[16]

Modersohn nennt vier Grundsätze[16], die das Denken, Sprechen und Schreiben Georg von Viebahns besonders auszeichneten:

1. Die Trennung des Christen von der Welt;
2. die Einheit des Volkes Gottes;
3. die Unantastbarkeit des Wortes Gottes;
4. das Warten auf den kommenden Herrn.

Die vier Gesichtspunkte machen deutlich, was den General so sehr gerade mit den Brüdern der »Christlichen Versammlung« verband.

Regelmäßig besuchte er die Konferenzen und beteiligte sich hier an der Wortbetrachtung. In seiner schlichten Art wollte er, der das Recht hatte, sich als »Euer Exzellenz« anreden zu lassen, Bruder unter Brüdern sein und wies jede Ehrung im Blick auf seine hohe Stellung zurück: »Lassen Sie den ›General‹ beiseite und den ›Bruder‹ voranmarschieren!« Dass er in seiner originellen Art der Brüderbewegung gegenüber auch ein Gebender war, bezeugt ein Außenstehender, wenn er urteilt, dass von Georg von Viebahn »eine starke Befruchtung auf den deutschen Darbysmus, besonders auf die jüngeren desselben« ausgegangen sei.[17]

Sicher war die stärkere Betonung evangelistischer Arbeit in der Brüderbewegung nach dem Ersten Weltkrieg[18] nicht nur eine Folge der schweren Kriegserfahrungen, sondern auch der unermüdlichen Arbeit des Generals von Viebahn.

Andererseits hatte auch der 13 Jahre jüngere und schon früh mit Viebahn befreundete Dr. Emil Dinges (1851-1921) stets die Verpflichtung gesehen, die Verkündigung des Evangeliums in den Kreisen der »Christlichen Versammlung« zu verstärken. Nur drei Jahre älter als Rudolf Brockhaus, gehörte er mit ihm zur zweiten Generation in der Brüderbewegung; es waren die Männer, denen es aufgegeben war, das Erbe der Väter zu wahren. Dass neben der Bewahrung der überkommenen Lehre, neben dem Zusammenhalt der deutschen Brüderkreise, was unbestritten zum großen Teil Rudolf Brockhaus' Leistung war, auch die evangelistische Note in Wort und Schrift nicht zu kurz kam, dass sich in die glaubensvertiefende Belehrung auch neue, originelle Töne mischten, war ohne Frage das Verdienst von Emil Dinges. Sicherlich ist es neben v. Viebahn ganz besonders ihm zuzuschreiben, wenn seither die evangelistischen Impulse in der deutschen Brüderbewegung nicht mehr zum Stillstand gekommen sind. Da Dinges aber heute meistens als Schriftsteller in Erinnerung geblieben ist, soll auf ihn erst im nächsten Kapitel näher eingegangen werden.

5. Schrifttum

Rudolf Brockhaus und sein Verlag

Die Verbreitung der den Brüdern eigentümlichen Literatur hatte schon im 19. Jahrhundert eine wichtige Rolle gespielt. Die Gedanken Darbys u.a. englischer wie schweizerischer Autoren waren durch viele Einzelschriften und schließlich seit 1853 durch den »Botschafter« verbreitet worden, und diese Schriften hatten wesentlich zur Entwicklung der Brüderbewegung in Deutschland beigetragen. Poseck hatte durch seine Übersetzungen den literarischen Stil geprägt (I, 64f.), und der Verlag von Carl Brockhaus in Elberfeld war auf diese Weise in der zweiten Hälfte des 19. Jahrhunderts zum geistigen Zentrum der »Brüder« im deutschsprachigen Raum geworden (I,105f.).

Mit der Übernahme des Verlags durch Rudolf Brockhaus, der das Unternehmen 1894 nun erstmals gerichtlich als »R. Brockhaus-Verlag« eintragen ließ, erschienen im »Botschafter« immer mehr Aufsätze des neuen Verlegers, der nicht nur ein gewandter Schreiber, ja Schriftsteller war, sondern auch ein Bibelausleger, der sich in biblisch-theologischer Erkenntnis und pädagogisch angemessener Darstellung mit vielen gläubigen Theologen messen konnte. Dabei befolgte er den Grundsatz, die Bibel durch die Bibel zu erklären. Wie sein Vater ist Rudolf Brockhaus auch als Dichter hervorgetreten; 10 Lieder im Liederbuch der »Christlichen Versammlung«, den »Geistlichen Liedern«, stammen aus seiner Feder.

Die schriftstellerische Begabung, die Rudolf Brockhaus besaß, und die Lehrautorität, die er in den deutschen Brüderkreisen genoss, führten dazu, dass er schließlich den »Botschafter« »so gut wie allein«[19] schrieb, darüber hinaus aber auch mit mehreren Einzelschriften und Büchern an die Öffentlichkeit treten konnte. Wie die meisten Schriften des damaligen R. Brockhaus-Verlages und der deutschen Brüderbewegung überhaupt bestanden auch die Arbeiten von Rudolf Brockhaus inhaltlich aus einer Mischung von theologischer Lehre und geistlicher Erbauung, wobei zuweilen die eine oder andere Seite mehr hervortrat. Eine Schrift wie »Die Versammlung, das Haus Gottes, und der Leib Christi« mochte mehr lehrhaften, eine andere wie »Über das Verhalten des Gläubigen zur Ehe« mehr praktisch-erbaulichen Charakter haben.

Hatte Carl Brockhaus mit der Herausgabe der »Elberfelder« Bibelübersetzung ein Werk geschaffen, das in seiner Wirkung und Bedeutsamkeit die übrigen Veröffentlichungen des Verlages bei weitem übertraf, so fiel in die Zeit von Rudolf Brockhaus die Erstellung der »Elberfelder Bibelkonkordanz«, eines zweiten Großwerkes des Verlags. Sie war die Lebensarbeit eines Vetters von Rudolf, Wilhelm Brockhaus in Emdenau (Waldeck), der ein Werk schuf, das in seiner Genauigkeit und ins einzelne gehenden Aufgliederung wohl einmalig in deutscher Sprache ist.

Als die umfangreiche Konkordanz 1937 erschien, lebten allerdings Verleger und Verfasser nicht mehr, und der R. Brockhaus Verlag stand mittlerweile unter der Leitung des ältesten Sohnes Rudolfs, Wilhelm Brockhaus (1882-1964), der schon im letzten Lebensjahrzehnt des Vaters mehr und mehr die Leitung des Verlags übernommen hatte, als Rudolf Brockhaus fast völlig durch seine Reisen zu den Versammlungen und Konferenzen sowie durch seine schriftstellerische Tätigkeit in Anspruch genommen war. Der Sohn Wilhelm war es auch, der den R. Brockhaus-Verlag endlich aus dem Winkel des nur direkt vertreibenden Verlags herausführte und die Verbindung zum Buchhandel knüpfte, was sein Vater allerdings »nur ungern sah«[20]. Bis dahin hatte der Verlag fast ausschließlich für den beschränkten Leserkreis innerhalb der Brüderbewegung gearbeitet, wobei die Reisebrüder gewissermaßen als Kolporteure wirkten und darüber hinaus nur der eigene Versandbuchhandel zur Verbreitung der Literatur beitrug. Die kleinen Auflagen erhöhten dabei aber nur unnötig die Preise, während der Anschluss an den Buchhandel nun zu einer vermehrten Verbreitung der Literatur der »Christlichen Versammlung« beitrug.

Wie sich noch zeigen wird, entsprach diese Öffnung des Verlags aus seiner kommerziellen Enge auch einer entsprechenden geistigen Bewegung, die sich in den zwanziger Jahren bemerkbar machte (s. S. 94ff.), denn »jede Entwicklungsphase der Brüder« machte der Verlag mit, und umgekehrt übte er seinen Einfluss auch auf ihren Werdegang aus«[21].

Dr. Emil Dinges und sein Verlag

Dieser Werdegang wurde seit dem Ende des 19. Jahrhunderts noch von einem zweiten Verlag sehr wirksam beeinflusst, den Dr. Emil Dinges in Dillenburg gegründet hatte. (Außerdem existierte noch der kleine und weniger bedeutende Verlag Heinrich Schuchardts in Hemer i.W.) Auf diesen Mann, der die deutsche Brüderbewegung z.Z. der zweiten Generation als Schriftsteller und Redner, als Lehrer und Evangelist neben Rudolf Brockhaus wie kaum ein anderer befruchtet hat, muss hier näher eingegangen werden.[22]

Dr. Emil Dinges, 1853 als zweiter Sohn eines Lehrers in Becheln bei Bad Ems geboren, wuchs in einer gottesfürchtigen Familie auf. Der Vater, der die außerordentliche Begabung des Jungen erkannte, schickte ihn trotz schmalen Einkommens und einer großen Familie zuerst auf die Realschule in Bad Ems, dann auf das Realgymnasium in Elberfeld. Hier kam Emil Dinges zum erstenmal in Kontakt mit Gläubigen der »Christlichen Versammlung«, als er nämlich den Söhnen Julius Löwens (I, 93.106.112). des Schwagers von Carl Brockhaus, Unterricht erteilte. Obwohl Löwen sich sehr des Jungen annahm, um ihm den Weg des Glaubens zu weisen, kam es bei Dinges zunächst noch nicht zu einer klaren Entscheidung. Dies geschah erst in England, wo er für 18 Monate zum Studium der englischen Sprache Praktikant an einer Schule war und wo er endlich die Schriften las, die Löwen ihm gegeben hatte. Auch in England kam er in Verbindung mit lebendigen Christen; er lernte die Quäker, dann die »Offenen Brüder« kennen und blieb schließlich bei den »Geschlossenen Brüdern«, die ja der »Christlichen Versammlung« in Deutschland entsprachen.

Nach der Rückkehr aus England studierte er in Marburg die neueren Sprachen mit dem Berufsziel des höheren Lehramts, und nach einem Studienaufenthalt in Paris promovierte er zum Dr. phil., um dann für mehrere Jahre als Gymnasiallehrer an das Gymnasium in Burgsteinfurt zu gehen.

So sehr Emil Dinges einerseits am Lehrerberuf hing, noch mehr drängte es ihn, sein Leben ganz in den Dienst Jesu Christi zu stellen, hatte er doch schon als Student das Evangelium verkündigt. Daher schied er – und zwar gegen den begreiflichen Widerstand der enttäuschten Angehörigen –, ungefähr im gleichen Alter wie Carl Brockhaus 30 Jahre vor ihm, aus dem Lehramt, um zunächst für zwei Jahre im Verlag Brockhaus zu helfen (1884-1886). Er half bei der Übersetzung der Kirchengeschichte Millers (I,129) und nahm seit dieser Zeit an den Revisionsarbeiten an der »Elberfelder Bibel« teil (I,110).

1886 siedelte er nach Frankfurt am Main über, wo er seine Lebensgefährtin fand, die für seine innere Berufung großes Verständnis hatte. Aus der 1887 geschlossenen Ehe gingen neun Kinder hervor. 1899 zog die Familie nach Darmstadt. Wie sein Freund Georg von Viebahn verlor er zwei Söhne im Ersten Weltkrieg.

Verbunden mit dem Namen Dinges ist vornehmlich Dillenburg durch den dortigen Verlag der »Geschw. Dinges«, über den Emil

Dinges ab 1888 eine rege schriftstellerische Tätigkeit entfaltete. Zuerst erschien seinem Hauptanliegen entsprechend die Evangeliumszeitschrift »Gute Botschaft des Friedens, ein Wegweiser des Heils für jedermann« (ab Januar 1888), die neben dem fast rein erbaulich lehrhaften »Botschafter« des Brockhaus-Verlages eine echte Lücke füllte, wenn man von den erwecklichen Kurzerzählungen der »Samenkörner« absieht, und die »wohl nicht mit Unrecht das beste Evangeliumsblatt Deutschlands genannt worden ist«[23]. Als »Christliche Friedensbotschaft aus der ewigen Heimat für Deutsche im Ausland« fand es auch über die deutschen Grenzen hinaus Verbreitung. Dinges redigierte diese Zeitschrift bis zu seinem Tode und ließ sie im Ersten Weltkrieg in großer Zahl an der Front und in den Lazaretten verteilen.

1891 folgte das illustrierte Sonntagsschulwochenblatt »Freund der Kinder«, das vielen Sonntagsschulbesuchern bis heute ein Begriff geworden ist. Der Lehrer Emil Dinges zeigte hier seine pädagogische Begabung, biblische Sachverhalte in kindertümlicher, anschaulicher Weise darzustellen.

Neben diesem Kinderblatt war es aber dann die Zeitschrift »Gnade und Friede, eine Monatsschrift für Gläubige«, die besonders in den Kreisen der »Christlichen Versammlung« bekannt war. Emil Dinges gab sie seit 1910 heraus und schuf mit dem zwar kleinen, aber inhaltlich recht anspruchsvollen Blatt in der ihm eigenen anschaulichen Sprache eine wertvolle Ergänzung zum »Botschafter«. Nach seinem Heimgang wurde es von Otto Kunze (1870-1954), ebenfalls Lehrer und wohnhaft in Darmstadt, in gleichem Geist und gleichem Gewand herausgegeben. Auch Otto Kunze zeichnete sich durch eine klare und gut verständliche Sprache aus. Die Behandlung biblischer Themen wurde in dieser Zeitschrift durch kurze erbauliche Erzählungen, durch Gedichte und Lieder (mit Noten) aufgelockert. Die journalistisch geschickt eingestreuten Zwischenüberschriften erwiesen der Lesbarkeit biblischer Artikel einen großen Dienst.

Neben den drei Zeitschriften gab Emil Dinges auch einen Abreißkalender, »Der Bote des Friedens«, und einen Familienkalender, »Botschafter des Friedens«, heraus. Wurde auch der Dillenburger Abreißkalender – so sein heutiger Titel – aus der kritischen Einstellung der »Brüder« gegenüber allen kirchlichen Bräuchen heraus auf einer Konferenz zuerst als »Gebetbuch« bespöttelt[24], so setzte er sich doch bald unter vielen deutschsprachigen Christen und gerade in den

Kreisen der »Christlichen Versammlung« bis nach Amerika hin durch. Emil Dinges konnte kurz vor seinem Heimgang 1923 noch den 25. Jahrgang redigieren.

Natürlich trat Dinges auch mit Einzelschriften an die Öffentlichkeit. Am bekanntesten wurde sein Werk über die Offenbarung, »Was bald geschehen muss«, das im Blick auf die prophetische Aussage ein Muster tiefschürfender Erkenntnis und zugleich bescheidener Zurückhaltung darstellt.

Viele zogen aber dem Schriftsteller noch den Redner Dinges vor, weil er überaus packend zu predigen vermochte. Allerdings litten seine Hörer oft darunter, dass er trotz guter Vorsätze zu schnell sprach, wenn er von dem Thema der betreffenden Bibelstelle mitgerissen wurde. Sein Freund v. Viebahn, so wird erzählt, »wollte ihm einmal helfen und hatte gesagt, er wolle aufstehen, wenn Dinges wieder gar zu rasch spräche. Aber der vor Eifer glühende Prediger vergass die Abmachung während des Redens und fragte nachher den General: ›Sag mal, warum hast du eigentlich die ganze Stunde hindurch gestanden?‹«[25]

Wie Viebahn ließ sich Dinges nicht darin beirren, allen Christen, auch über den Kreis der Brüderbewegung hinaus, mit seinen Gaben zu dienen, besonders was die Verkündigung des Evangeliums betraf.

»Wisset ihr nicht, dass an diesem Tage ein Oberster und Großer in Israel gefallen ist (2Sam 3,38)?« So kommentierte Rudolf Brockhaus den Heimgang seines Freundes am 7.12.1923 in der »Tenne«, der Jugendzeitschrift der »Brüder«. Mit Emil Dinges war »ein eifriger Evangelist von seltener Begabung, ein treuer Führer der Gläubigen mit einem Herzen voller Liebe« dahingegangen, »der seine Fähigkeiten rückhaltlos in den Dienst seines göttlichen Meisters gestellt hatte«[26]. Das schönste Zeugnis stellten ihm aber die holländischen Freunde aus, wenn sie im Blick auf den zitierten Eingangssatz von Rudolf Brockhaus schrieben, worin sie die besondere Größe von Emil Dinges sahen:

> »Rufen Freunde sich sein Bild vor Augen, so leuchtet ihnen daraus vor allem eins entgegen: seine Liebe. Und hierdurch war er groß.«[27]

Eigenart des »Brüder«schrifttums

Überblickt man die neben den wenigen Einzelschriften erscheinenden Periodika der Brüderbewegung z.Z. der zweiten Generation, ergibt sich ein Bild, das von der Vielfältigkeit literarischen Schaffens zeugt, was der folgende Überblick verdeutlichen soll:

Evangelistische Zeitschriften:
1. Samenkörner (R. Brockhaus), von 1865; bis 1980; 995 Hefte;
2. Gute Botschaft des Friedens, ein Wegweiser des Heils für jedermann (Geschw. Dinges), seit 1888;
3. Zeugnisse eines alten Soldaten an seine Kameraden (G. v. Viebahn), 1895-1915;

Erbauungszeitschriften:
4. Botschafter des Heils in Christo (R. Brockhaus), seit 1853;
5. Gnade und Friede, eine Monatsschrift für Gläubige (Geschw. Dinges), 1910-1939, ab 1940 vereinigt mit der »Botschaft«;
6. Schwert und Schild, Vierteljahresschrift mit Bibellesezettel (G. v. Viebahn), 1899-1915;

Kinder-und Jugendzeitschriften:
7. Freund der Kinder (Geschw. Dinges), seit 1891;
8. Die Tenne (Tenne-Verlag), 1923-1974 (s. S. 94ff.);

Missionszeitschrift:
9. Mitteilungen aus dem Werke des Herrn in der Ferne, Vierteljahrsschrift (R. Brockhaus), Beilage zum »Botschafter« 1878-1937; 1878-1910 unter dem Titel: Mitteilungen aus dem Werke des Herrn in unseren Tagen; zunächst unregelmäßig, später vierteljährlich;

Kalender:
10. Botschafter des Friedens, Familienkalender (Geschw. Dinges), seit 1891;
11. Der Bote des Friedens, Abreißkalender, auch in Buchform (Geschw. Dinges), seit 1900;
12. Dillenburger Kindergabe, Kinder-Abreißkalender (Geschw. Dinges), seit 1932.

Die Blätter Georg von Viebahns (Nr. 3 und 6) fallen bei dieser Aufstellung allerdings insofern aus dem Rahmen, als sie zwar vom Geist der Brüderbewegung beeinflusst, aber hauptsächlich nicht für deren Leserkreis konzipiert waren. Deshalb fanden sie auch mehr als die anderen Blätter im gesamten Raum der Gemeinschaftsbewegung

Verbreitung, wo auch der Bibellesezettel durch des Generals Tochter, Christa von Viebahn (1873-1955), weitergeführt wurde. Christa von Viebahn, die mit der Familie Dinges eng befreundet war, hatte auch an den Kalendern des Dinges-Verlages und am »Botschafter« mitgearbeitet, dazu auch »Brüder«literatur aus dem Englischen und Französischen übersetzt, ehe sie sich 1914 der Landeskirche zuwandte.[28]

Gerade in einer Zeit, in der die neuen uns heute zur Verfügung stehenden Medien wie Rundfunk, Fernsehen und auch Schallplatten u. dergl. noch gar nicht oder kaum vorhanden waren, bedeutete das christliche Schrifttum sehr viel, jedenfalls mehr als heute. Seine Wirkung übertrifft überhaupt im kirchlichen Raum oft das gepredigte Wort, da es nicht nur am Sonntag oder zur festgesetzten Stunde verfügbar ist und auch die Grenzen der Denominationen überspringen kann. Festigung wie Ausbau und Ausweitung der deutschen Brüderbewegung sind deshalb sicherlich mit der intensiven Verbreitung ihres Schrifttums verbunden. Mit der Weitergabe christlicher Literatur an Außenstehende vermochten auch diejenigen am Verkündigungsdienst mitzuwirken, denen das Talent zum Reden fehlte. Die Zeitschriften konnten darüber hinaus durch die Regelmäßigkeit ihres Erscheinens das Gemeinschaftsbewusstsein und auch die Meinungsbildung beeinflussen. So ist der feste Zusammenhalt der deutschen Brüderbewegung bis zum Tod von Rudolf Brockhaus nicht zuletzt auf die verbindende Funktion ihres Schrifttums zurückzuführen. Dagegen konnten die Verkünder von Sonderlehren, wie z.B. Ravens Anhänger (I,114; s. auch S. 67f.), ohne intensive literarische Möglichkeiten keinen nennenswerten Einfluss ausüben.

Gemeindliche Informationen jedoch, die man gewöhnlich neben der Erbauung und Belehrung von solchen Blättern erwartet, sucht man in den Zeitschriften der Brüderbewegung jener Zeit vergebens. Kein Hinweis auf Gemeinden oder Besuche durch Reisebrüder ist in ihnen zu finden. Zu den Konferenzen wurde hier weder eingeladen noch darüber berichtet. Selbst die Autoren-Namen der Zeitschriftenartikel und auch vieler Einzelschriften wurden meistens verschwiegen, selten einmal durch Initialen gekennzeichnet. Nur für die übrige Verlags-Literatur wurde auf den Deckblättern der einzelnen Zeitschriften-Nummern geworben. Ganz selten finden sich Hinweise auf besondere Ereignisse, so z.B. auf den Ausbruch des Ersten Weltkrieges[29] oder auf den Heimgang von Rudolf Brockhaus[30], aber auch nur auf diesen Deckblättern, die später nicht mit eingebunden wurden. Im großen und ganzen gehen die äußeren Geschehnisse der Welt und auch der Versammlungen nahezu spurlos an den Zeitschriften vorüber, wenn man von der »Monatlichen Beilage zur Guten Botschaft des Friedens« absieht, wo zu aktuellen Ereignissen Stellung genommen wurde. Ehe man die Zeitschriften äußeren und persönlichen Angelegenheiten öffnete, versandte man lieber an die Versammlungen einen Sonderdruck als Rundschreiben, wie z.B. im Oktober 1915 den Brief der Schweizer »Brüder«, in dem den unter der Not des Weltkrieges leidenden deutschen Gläubigen Trost und Ermunterung zugesprochen wurde.

Dass dennoch auch die Weltereignisse nicht ohne Eindruck auf die »Brüder«kreise blieben, kann man noch am ehesten den »Mitteilungen aus dem Werke des Herrn in der Ferne« entnehmen, wo man sich sowieso der Natur der Dinge nach mehr mit äußeren Tatsachen abgeben musste. Erster Weltkrieg und Nachkriegszeit mit ihren politischen und wirtschaftlichen Problemen wirkten sich auf dem Gebiet der von internationalen Beziehungen stark beeinflussten Außenmission so spürbar aus, dass die »Mitteilungen« im gewissen Sinne zu einem Spiegel des Zeitgefühls in der »Christlichen Versammlung« wurden. So gab Ernst Brockhaus, ein Neffe Rudolfs, der sich besonders der die Mission betreffenden Fragen angenommen hatte, Anfang 1924 in einem »Rückblick und Ausblick« sicher das Empfinden vieler wieder, wenn er schrieb:

»Das Jahr 1923 war wohl für die meisten von uns das aufreibendste und schwierigste Jahr, das wir bisher durchlebt haben.... Im Geschäft, im Haushalt, in den Krankenhäusern und Wohltätigkeitsanstalten, überall dieselbe hoffnungslose Bedrängnis und Ratlosigkeit. Wir erinnern uns an die Not der christlichen Verlagsanstalten, und dass selbst der Bibeldruck aus eigenen Mitteln nicht mehr fortgesetzt werden konnte . Da kam Ende des Jahres, wie durch ein Wunder von oben, der Stillstand des Währungszerfalls. Mit einem Male verschwanden die unübersehbaren, kopfverwirrenden Nullenreihen.... Als die Not aufs Höchste gestiegen schien, hat der Herr die vielen Gebete... beantwortet und uns diese große Erleichterung in unserer Drangsal gewährt.... Aber noch ein weiterer Segen ist uns zuteil geworden. Die Befestigung unserer Währung ermöglicht es uns, wieder mehr an unsere Brüder in der Ferne zu denken.«[31]

Da die »Mitteilungen« zudem fast ausschließlich die brieflichen Berichte der Missionare vom Missionsfeld enthalten, geben sie naturgemäß – auch in der Rückspiegelung heimatlicher Nachrichten – viele persönliche Eindrücke und Daten wieder, wie sie sonst in der gedruckten Literatur der Brüderbewegung jener Zeit kaum zu finden sind.

Die auffällige Faktenarmut der übrigen Zeitschriften hatte selbstverständlich ihre Gründe. Zunächst sollte Gottes Wort allein im Mittelpunkt stehen. Weder die Ereignisse aus der politischen noch aus der religiösen Welt, weder Namen noch Nachrichten aus den Kreisen der »Brüder« sollten der Bibel ihren einzigartigen Rang streitig machen; immer sollte es ausschließlich um die Verkündigung des Evangeliums und um das Erkennen der Gedanken Gottes gehen.

Der ausgesprochene Informationsmangel hing aber auch damit zusammen, dass man jeden konfessionellen Charakter einer freikirchlichen Bewegung ablehnte. Die Christen, die sich »ganz einfach nur zum Namen Jesu hin versammelten«, konnten sich selbstverständlich auch in ihren Zeitschriften nur ganz allgemein an Christen wenden. Streng wurde darauf gesehen, dass die Zeitschriften nicht als Organe einer Denomination erschienen, obwohl natürlich Namen des Verlags und nicht zuletzt Sprache und Themenauswahl dem Kundigen zeigten, wohin das jeweilige Blatt gehörte. Die Selbstbescheidung gegenüber allen historischen Fakten aber trug der Brüderbewegung später den Vorwurf der Geschichtsfeindlichkeit ein.

6. Soziale Werke

Dennoch lässt sich nicht leugnen, dass die deutsche Brüderbewegung in der Ära der zweiten Generation mittlerweile, ohne es sein zu wollen, den Charakter einer relativ festgefügten Freikirche angenommen hatte. Das System der Reisebrüder und Konferenzen unter der Führung von Rudolf Brockhaus, das Schrifttum mit seiner konsolidierenden Wirkung umspannten die Brüderversammlungen im Deutschen Reich mit einem festen Netz vereinheitlichender Faktoren. Ob in Ostpreußen oder im Siegerland, in Schlesien oder Württemberg, in jeder Versammlung konnte man die gleichen Bräuche, z.B. bei der Sitzordnung, und den gleichen Geist, etwa in der Sprache, finden. So ist es nicht verwunderlich, dass sich eine derart festgefügte Gruppe auch ihre eigenen sozialen Werke[32] schuf.

Christliche Pflegeanstalt Schmalkalden-Aue

Am Anfang dieser Bemühungen stand schon ziemlich früh die »Christliche Pflegeanstalt Schmalkalden-Aue«. Ihre Gründung geht zurück auf den Schneidergesellen Johannes Saal (gest. 1904), der, selbst kinderlos, es als seine Aufgabe ansah, schwachsinnigen Kindern um Jesu Christi willen eine Heimat zu bieten. Für diese Arbeit hatte er sich im Dienst eines kirchlichen Missionsvereins in sogenannten Irrenanstalten als Pfleger ausbilden lassen, gründete dann aber, nachdem er sich der »Christlichen Versammlung« angeschlossen hatte, 1873 bei Meiningen (Thüringen) eine »Privatblödenanstalt«. Glaube und Liebe dieses Mannes erinnern an Georg Müller, denn sein Eigenkapital am Anfang betrug neun Kreuzer (= ca.30 Pfennig), und doch schuf er ein Glaubenswerk, das schon seit über hundert Jahren Bestand hat.

Zehn Jahre später gelang es in Zusammenarbeit mit Dr. Emil Dinges, der der Arbeit schon früh beratend und helfend verbunden war, im Dorf Aue bei Schmalkalden (Thüringen) mehrere größere Häuser zu erwerben, die der wachsenden Insassenzahl Platz boten. 1883 siedelte »Vater Saal« mit 14 schwachsinnigen Kindern nach Aue über, wo auch die Zahl der Mitarbeiter zunahm.

1899 übergaben die Eheleute Saal ihrem Freund Dr. Dinges die Anstalt als »nominellem Besitzer und Treuhänder«, als der er sie zunächst allein verwaltete, sie dann aber – in weiser Voraussicht vor seinem Heimgang – 1920 dem neu gegründeten Verein »Friede euch« in Darmstadt übertrug. Als Zweck des Vereins war angegeben: »Ausübung christlicher Liebestätigkeit an Hilfsbedürftigen jeder Art, besonders an Schwachsinnigen, Gebrechlichen, Waisen und Alten«.

Mit dem Ausscheiden Johannes Saals waren auch hinfort die Positionen des Leiters bzw. Vorstandsvorsitzenden und des Hausvaters, der die praktische Leitung hatte, getrennt. Letztere Aufgabe übernahm von 1899-1930 Gustav Klein.

Wie im viel bekannteren und größeren Bethel »Vater Bodelschwinghs« bestand auch in Aue der Grundsatz, den Hirngeschädigten durch Arbeitstherapie zu helfen, indem man sie im Schuhmacher-, Sattler- und Schneiderhandwerk, in Gartenbau und Landwirtschaft, die Frauen auch in der Nähstube beschäftigte. Bildungsfähige Kinder erhielten Schulunterricht.

Als Emil Dinges 1923 heimging, bestand die Anstalt ein halbes

Jahrhundert und hatte bis dahin 595 Pfleglinge aufgenommen. Zu jener Zeit betrug die Zahl der männlichen Insassen 70, die der weiblichen 64 mit etwa 15-20 Mitarbeitern. Die Leitung im Vorstandsvorsitz übernahm jetzt bis 1948 der Regierungsrat Gustav Dieterich in Stuttgart.

1930 konnte ein drei Kilometer von Aue entfernter Landwirtschaftsbetrieb, das Gut Röthof, erworben werden, der der Anstalt nicht nur räumliche Ausdehnung und Erweiterung der Arbeitstherapie, sondern auch Eigenversorgung durch die notwendigsten Lebensmittel bot, in den Jahren der Weltwirtschaftskrise und des Zweiten Weltkrieges kein geringer Vorteil. Die Nöte, die der Anstalt wenig später unter der nationalsozialistischen Herrschaft entstehen sollten, konnte zu dieser Zeit noch niemand ahnen.

Altenheime »Friedenshort« und »Elim«

Hatte sich die Anstalt Aue besonders der Not der Schwachsinnigen angenommen, so war bald auch das Problem der Hilfsbedürftigkeit im Alter in das Blickfeld der »Brüder« getreten, wie es auch der Vereinszweck des oben genannten Vereins »Friede euch« angegeben hatte. Schon einige Jahre vorher, im August 1913, war in diesem Sinne ein Verein von etwa 6o Mitgliedern gegründet worden, nachdem man im heutigen Wuppertal-Ronsdorf ein passendes Grundstück erworben hatte. Zu diesem Verein gehörten u.a. Rudolf Brockhaus, Dr. Emil Dinges und Fritz Feldhoff.

Mitten im Ersten Weltkrieg, am 3.Dezember 1915, konnte man nach dem Bau von zwei Häusern das »Christliche Altersheim Friedenshort« eröffnen, dessen Leitung die Krankenschwestern Amanda Hohage und Emmy Brockhaus, eine Nichte von Rudolf Brockhaus, übernahmen, die durch den Krieg aus ihrer Tätigkeit als Missionsschwestern in Ober-Ägypten verdrängt worden waren (s. S. 46f.). Grundstücks- wie Baukosten waren ganz durch Spenden aufgebracht worden. Als später die Anmeldungen zum Heim immer zahlreicher wurden, erstellte man bis 1928 noch ein drittes Haus, so dass zu dieser Zeit etwa 40 hilfsbedürftige alte Menschen, besonders aus den Kreisen der »Christlichen Versammlung«, hier Wohnung und Pflege fanden.

Wenig später, 1929, fasste man den Entschluss, auch für das östliche Deutschland ein ähnliches Altersheim zu schaffen. Im Januar

1930 gründeten etwa 50 Brüder den Verein »Christliches Alters- und Schwesternheim Elim«, der im mecklenburgischen Crivitz, in der Nähe von Schwerin, ein ländliches Kurhaus mit einem großen Park erwerben konnte, das noch in demselben Jahr, am 17. August, mit den ersten 16 Insassen belegt wurde. Erster Heimleiter wurde der bisherige Anstaltsleiter von Aue, Gustav Klein.

Zwar war das neue Heim recht abgelegen, was für den Besuch von Angehörigen etwas ungünstig war, dafür aber hatte es mit seinem Blick auf Stadt Crivitz und Crivitzer See eine wunderbare Lage, und schließlich war es in dem bis dahin geistlich recht unfruchtbaren Mecklenburg als ein missionarischer Stützpunkt gedacht.

Auch dieses Haus konnte samt dem einige Jahre später erstellten Anbau durch Spenden schnell schuldenfrei gemacht werden. Überhaupt litten beide Heime dank der vorhandenen Gebefreudigkeit keine Not; vermochten die oft mit sehr geringen Renten ausgestatteten Insassen die schon recht niedrig gehaltenen Pensionspreise – 1930 in Crivitz 70 Mark monatlich – nicht voll zu zahlen, wurde die fehlende Differenz von der heimischen Gemeinde getragen.

Kinderheime

Dem Dienst an elternlosen Kindern widmeten sich zwei kurz hintereinander gegründete Kinderheime, die durch ihre beschränkte Größenordnung (ca.20 Kinder) den Rahmen familiärer Betreuung gewährleisteten. Es war zunächst das »Kinderheim Obermühle« im württembergischen Waldenburg, gegründet 1921, um das sich Elisabeth Neuffer sehr verdient machte, dann die »Kinderheimat« in Plettenberg-Oesterau im westfälischen Sauerland, gegründet 1923.

Zu letzterem Vorhaben hatte Dr. Nico Voorhoeve (1854-1922) aus Den Haag, Schwiegersohn von Carl Brockhaus (I,101), stark die Initiative ergriffen, Paul Brockhaus aus Oesterau, ein Bruder Rudolfs, stellte das geeignete Grundstück zur Verfügung, und bald stand auch ein großer Freundeskreis hinter dem Werk. Den Vorsitz übernahm Ernst Brockhaus (s. S. 33); mit im Vorstand waren die beiden Heimleiterinnen, Mimmi Brockhaus, Tochter von Paul Brockhaus, und ihre Cousine Emilie Voorhoeve, Tochter von Dr. Nico Voorhoeve. Nachdem diese Schwestern den Dienst an den Kindern über 30 Jahre verrichtet hatten, übernahmen zwei Persis-Schwestern die Heimleitung.

In diesen Häusern, die den Charakter einer christlichen Familie trugen, durften im Laufe der Jahre viele Waisen eine glückliche Kinder- und Jugendzeit verleben, ehe sie in ein eigenständiges Berufs- und Familienleben entlassen werden konnten. Dass viele von ihnen gläubige Christen wurden oder selbst eine soziale Tätigkeit ergriffen, ist sicherlich nicht nur eine Nebenerscheinung dieses Zweiges der Diakonie, der noch durch Heime, die mehr aus privater Initiative einzelner entstanden, erweitert wurde, so durch die »Heimat für Heimatlose« der Schwester Jutta von Berlepsch im thüringischen Seebach und durch das Heim des Ehepaares von Hirschfeld am gleichen Ort.

Schwestern-Mutterhaus »Persis«

Hatte der Dienst an Schwachsinnigen, Alten und Waisenkindern schon den Gedanken der Diakonie in den Brüderversammlungen gefördert, die Gründung einer Diakonissenschaft kam dem noch mehr entgegen. Sicher begab sich damit die »Christliche Versammlung« recht spät auf ein Gebiet, das die Landeskirche und die anderen Freikirchen schon wesentlich früher betreten hatten. Baptisten, Methodisten und Freie evangelische Gemeinden besaßen zu dieser Zeit schon längst Diakonissenhäuser, während die »Brüder« mit begreiflicher Reserve einer Einrichtung gegenüberstanden, die auf Konfessionalisierung und Zentralisierung hinwies. Es war auch wirklich nicht von ungefähr, dass das Mutterhaus, als es dann schließlich doch gegründet wurde, im Zentrum der deutschen Brüderbewegung, in Elberfeld, entstand und somit den Trend zur Freikirche unterstrich.

Immerhin war in den zwanziger Jahren auch in den Kreisen der »Brüder« der Ruf nach Diakonissen und nach einem Mutterhaus laut geworden, besonders im Blick auf öfter geäußerte Wünsche nach Gemeindeschwestern und Helferinnen in den sozialen Werken. Ab Ostern 1929 fanden darüber mehrere Besprechungen statt, in denen man sich angesichts der bestehenden Alternative zwischen einem Diakonissen-Mutterhaus und einer freieren Schwesternschaft für die erstere Lösung entschied. Selbstverständlich aber war für alle, dass »dieses Mutterhaus seinen Grundsätzen nach auf dem Boden biblischer Absonderung« zu stehen hatte und sich so dem besonderen Status der »Brüder« anpasste. Seine Aufgaben wurden folgendermaßen formuliert:

» 1. geeignete junge Schwestern, die willens sind, Persis-Dienste zu tun, zu Diakonissen auszubilden und nach beendeter Ausbildung (mit Staatsexamen als Abschluss) in Familien oder Gemeinden (Versammlungen) zu entsenden, ohne den Bereich des Dienstes damit zu begrenzen,
2. bereits ausgebildeten Schwestern Aufnahme zu gewähren zur Mitarbeit am Dienst für den Herrn und zum Mitgenuss aller Vorrechte der Mutterhausfamilie, als da sind ein Heim, Austausch mit gleichgesinnten Schwestern, die Möglichkeit, die Versammlung zu besuchen usw.«[33]

Nach der Gründung am 11. September eröffneten dann am 1. November 1929 die ersten vier Schwestern unter dem fördernden Beistand verschiedener Brüder in Elberfeld das Schwestern-Mutterhaus »Persis« e.V., wobei der Name »Persis« an den treuen Dienst der von Paulus im Römerbrief (16,12) genannten Frau anschließen sollte. Schwester Käthe Strothmann war die erste Oberin, die mit dem schon mehrmals genannten Ernst Brockhaus und mit Willy Meyer den ersten Vorstand des Vereins bildete, der seinen Zweck darin sah, »weibliche Personen zur Ausübung christlicher Liebestätigkeit heranzubilden, sei es zur Krankenpflege, zur Pflege von Kindern in Kinderheimen, zur Betreuung von Alten und Gebrechlichen oder zur Ausübung von Diakonie und Fürsorgewesen in den Gemeinden«.

Käthe Strothmann (1894-1976) war Kind gläubiger Eltern aus der Elberfelder Brüderversammlung und war zuerst kaufmännisch tätig gewesen, ehe sie noch mit 27 Jahren Krankenschwester geworden war. Sie hatte dann als Gemeindeschwester in der Elberfelder Brüderversammlung in der Baustraße gearbeitet. Diesen Dienst übte sie zunächst auch weiter aus und übernahm daneben die Ausbildung im Mutterhaus. Ihr Monatsentgelt von 120 Mark für ihre Arbeit als Gemeindeschwester steckte sie in das Mutterhaus. Sie war 35 Jahre alt, als sie die Leitung des Hauses übernahm, und hat diesen Dienst 40 Jahre gewissenhaft versehen, wobei ihr ihre gleichermaßen kaufmännische wie krankenpflegerische Ausbildung eine große Hilfe war.

Die Anfänge waren mehr als bescheiden. Die vier ersten Schwestern – neben der Oberin die Hausschwester Emmi Theis und zwei Schülerinnen- bewohnten zuerst eine Parterrewohnung, erhielten aber 1933 ein eigenes Haus in der Von-der-Tann-Straße Wuppertal-Elberfelds. Freund und Berater jener Anfangsjahre war ihnen nicht zuletzt Rudolf Brockhaus.

1934 gab es schon 15 Persis-Schwestern, und nach 20 Jahren hatte sich die Schwesternschaft, gemessen an den Anfängen, verzehnfacht, trotz der Wirren der NS-und Nachkriegszeit. Wenn diese Zahl auch für ein Diakonissen-Mutterhaus klein erscheint, so darf doch nicht übersehen werden, dass durch den stillen Dienst der wenigen Schwestern in Gemeinden, Krankenhäusern und Heimen ganz entsprechend der anfänglichen Aufgabenstellung unverhältnismäßig viel segensreiche Arbeit geleistet worden ist.

Spendensammelstellen

Die in den verschiedenen Bereichen gegründeten Werke im Raum der »Christlichen Versammlung« machten mit der Zeit eine zentrale Steuerung der finanziellen Betreuung notwendig. Waren auch die einzelnen Werke jeweils von besonderen Freundeskreisen getragen, so zwangen wachsende Differenzierung der Arbeit und unterschiedlicher Bekanntheitsgrad der einzelnen Zweige doch zu einem finanziellen Ausgleich von einem zentralen Punkt her, wo Übersicht über das Ganze gegeben war.

Natürlich war es klar, dass derartige Gelder zunächst bei Rudolf Brockhaus zusammenflossen, dessen Person und Verlag sowieso eine gewisse Mittelpunktstellung einnahmen, andererseits dezentralisierte man auch wieder die Kanalisierung der Spenden, um dem Wirken des Geistes Gottes auch im Blick auf die Gaben freien Raum zu lassen, wobei Rudolf Brockhaus immer noch die Möglichkeit zum Ausgleich gegeben war, wie es eine der bei ihm untergebrachten Spendensammelstellen mit dem kuriosen Titel »wo am nötigsten« andeutete.

Aber auch von der Ausweitung des Werkes her ergab es sich, dass Rudolf Brockhaus, bei dem bis 1912 alle Spenden zusammenflossen, von einer »Reichsspendenverwaltung« entlastet wurde, indem man für die einzelnen Werke oder Bedarfszweige Spendensammelstellen einrichtete und sieben Brüder bestimmte, die über die Verwendung der Gaben zu entscheiden hatten[33a], zumal mit dem Anfang des neuen Jahrhunderts auch die Außenmission ins Blickfeld der deutschen »Brüder« getreten war. Die immer wieder in den »Mitteilungen aus dem Werk des Herrn in der Ferne« veröffentlichten Konten veranschaulichen diesen Tatbestand. 1924 gab es inzwischen zwölf verschiedene Sammelstellen der »Gaben für die einzelnen Teile des Werkes des Herrn«:

1. Werk im Ausland (Außenmission): Ernst Brockhaus, Düsseldorf
2. Werk im Inland: Ernst Löwen, Milspe
3. Bedürftige: Rudolf Brockhaus, Elberfeld
4. »wo am nötigsten«: Rudolf Brockhaus, Elberfeld
5. Bau von Versammlungsräumen: Christl. Vereinigung für Wohltätigkeit und Mission, Elberfeld
6. Unentgeltliche Schriftenverbreitung: R. Brockhaus Verlag, Elberfeld
7. Unentgeltliche Schriftenverbreitung: Geschw. Dinges Verlag, Dillenburg
8. Christliche Anstalt für Schwachsinnige in Aue bei Schmalkalden: Gustav Dieterich, Ludwigsburg
9. Altersheim in Ronsdorf: Ernst Freudewald, Barmen
10. Heimat für Heimatlose, Seebach: Jutta von Berlepsch, Seebach
11. Kinderheim Obermühle
12. Kinderheim Oesterau[34]

Bis 1935 traten noch hinzu:

13. Unterstützungskonto der »Tenne« und für Jugendarbeit bei Ernst Brockhaus, der inzwischen auch die Kasse »Werk im Inland« verwaltete
14. Altersheim in Crivitz
15. Schwestern-Mutterhaus »Persis« e.V.

Außerdem wurde die Darlehenskasse für Versammlungsräume aufgeteilt auf

a) den Freistaat Sachsen in Leipzig,
b) das übrige Deutschland in Wuppertal-Barmen.[35]

Diese 16 Gabensammelstellen umreißen den gesamten Umfang der missionarischen und sozialen Arbeit, die von den Brüderversammlungen gemeinsam getragen und organisiert wurde. Wie gut die »Brüder« auch kurzfristig zu organisieren verstanden, zeigte sich u.a., als die holländischen Versammlungen ihren deutschen Glaubensgenossen in der Notzeit des Inflationsjahres 1923 mit einer Unterstützungsaktion zu Hilfe kamen. Ernst Berning in Schwelm gelang es, sowohl der Verteilung von Lebensmitteln wie auch der Unterbringung unterernährter Kinder gerecht zu werden, indem er das gesamte Reichsgebiet in Bezirke mit besonders verantwortlichen Brüdern aufgliederte, die wieder ihrerseits zu den Verantwortlichen in jeder Versammlung Verbindung zu halten hatten.[36]

Dennoch war der Gesamtumfang der sozialen Werke im Verhältnis zur zahlenmäßigen Stärke der »Christlichen Versammlung« eher gering. Die anderen Freikirchen hatten sich auf diesem Gebiet früher und mit größerem Einsatz beteiligt. Das mag daher rühren, dass die »Brüder« grundsätzlich geneigt waren, alle »äußeren« Angelegenheiten im Raum der Gemeinde Gott zu überlassen und sich hier auf rein »geistliche« Fragen zu beschränken. So sind auch die wenigen missionarischen und sozialen Ansätze auf die Initiative einzelner verantwortungsbewusster Männer und Frauen zurückzuführen, die dann allerdings in ihrer Arbeit von der Gesamtheit der Bewegung durch Spenden unterstützt wurden.

Einen besonderen Platz nahm bei dieser Arbeit sicherlich die Außenmission ein, die im folgenden Kapitel etwas ausführlicher dargestellt werden soll, als es ihrer Größenordnung entsprechen mag, weil sie neben dem heute oft genannten Wiedenester Werk der ehemaligen Offenen Brüder weithin unbekannt ist.

7. Das »Werk des Herrn in der Ferne«

Die »Brüder« und die Außenmission

Schon einer der ersten Initiatoren der Brüderbewegung in Großbritannien, Anthony N. Groves (I,15f.), war primär von dem Gedanken der Mission in nicht christlichen Ländern bewegt gewesen. Er verbrachte auch wirklich mehrere Jahrzehnte seines Lebens auf dem Missionsfeld in Vorderasien und Indien und gab damit den Anstoß für die große missionarische Bewegung der englischen Offenen Brüder (s. S.120f.).

J. N. Darby dagegen suchte, obwohl das evangelistische Moment bei ihm sicher nicht fehlte, mehr unter den entschiedenen Christen

Anhänger für seinen Gedanken von der Einheit durch Trennung von allen vorhandenen kirchlichen »Systemen« und vernachlässigte demzufolge trotz seiner großen Weltreisen die ausgesprochenen Missionsgebiete Afrikas und Asiens (l, 35f.).

Insofern stand unter den englischen »Geschlossenen Brüdern« und damit auch unter den deutschen »Brüdern« der Gedanke der Außenmission nicht gerade im Vordergrund, wobei in Deutschland noch hinzukam, dass der Blick der Menschen hier sowieso nicht so auf fremde Erdteile gerichtet war, wie es im Britischen Weltreich zur Selbstverständlichkeit gehörte. Doch als sich schließlich auch unter den »Close Brethren« das Gefühl der außenmissionarischen Verpflichtung Bahn brach, wenn auch in geringerem Umfang als bei den »Open Brethren«, legte auch Carl Brockhaus seiner Zeitschrift, dem »Botschafter«, seit 1878 zunächst unregelmäßig, dann vierteljährlich die »Mitteilungen aus dem Werk des Herrn in unseren Tagen« bei; diese Beilage, die 1910 den Titel »Mitteilungen aus dem Werk des Herrn in der Ferne« erhielt, berichtete von missionarischen Erfahrungen und Fortschritten im Ausland, und zwar vornehmlich im Blick auf die Entwicklung der Brüderversammlungen in jenen Ländern, wobei zunächst die Arbeit ausländischer, besonders britischer Missionare im Vordergrund stand; später traten dann auch die Berichte deutscher Brüder hinzu.

Bis zum Zweiten Weltkrieg waren es hauptsächlich zwei Missionsgebiete, in denen Missionare der deutschen Brüderbewegung arbeiteten: Ägypten und China. Daneben berichteten die »Mitteilungen« über die Entwicklung der »Brüder« in Griechenland, Spanien, Russland, Südafrika, Japan und später auch in vielen anderen Ländern, wie sich diese Entwicklung in den Briefen der – meist ausländischen – Missionare darstellte, die für die von den deutschen »Brüdern« übersandten Gaben dankten. Großer Wert wurde auch auf die Veröffentlichung von Briefen einheimischer Christen an die Missionare oder auch an Rudolf Brockhaus gelegt, der, wie man aus den zahllosen ausländischen Antwortbriefen entnehmen kann, eine weltweite Korrespondenz entfaltete.

Denn gerade auch die Außenmission war Rudolf Brockhaus immer ein besonderes Herzensanliegen, wie aus seinem umfangreichen Briefwechsel hervorgeht; bei ihm gingen die in den Brüderversammlungen des Deutschen Reiches zusammengelegten Gaben und sonstige Privatspenden ein, die dann nach Rücksprache mit anderen Brüdern, selbstverständlich unter Berücksichtigung der übrigen missionarischen und sozialen Werke, auf die verschiedenen Missionsländer verteilt wurden. Ab 1912 war auch bei Rudolfs Neffen Ernst Brockhaus (1879-1948) in Düsseldorf eine Anlaufstelle für Spenden eingerichtet. Ernst Brockhaus übernahm dann seit dem Ersten Weltkrieg mehr und mehr die Verwaltung der außenmissionarischen Aufgaben und gab – 1925 von Düsseldorf nach Elberfeld umgezogen – nach Rudolfs Tod (1932) auch die »Mitteilungen« heraus.

Eine besondere Aufgabe sahen die deutschen »Brüder« in der Bibel- und Schriftenverbreitung in den osteuropäischen Ländern, wozu im Blick auf Russland bis hin nach Sibirien noch die Linderung vielfältiger Nöte äußerer Art trat. Ob es sich in der zaristischen Zeit vor dem Ersten Weltkrieg um die verfolgten Kreise der Gläubigen handelte, die sich außerhalb der zugelassenen Kirche versammelten (s. auch S. 142f.), ob es um das unbeschreibliche Elend in den Hungerjahren des revolutionären Russland der Nachkriegszeit oder auch um die Verfolgung der Christen in der stalinistischen Ära ging, immer fanden die Brüder Mittel und Wege, in materieller Weise zu helfen und mit der Übersendung von Bibeln und Schriften Freude und Trost zu vermitteln. Von dem Ausmaß dieser Unterstützungsaktionen geben die »Mitteilungen« ein anschauliches Bild.

Ganz besonders aber fühlte man sich in Deutschland missionarisch für Ägypten und China verantwortlich.

Ägypten

Die Mission der deutschen »Brüder« in Ägypten[37] geht auf den amerikanischen Missionar Pinkerton zurück, der 1870 Darbys Lehre kennenlernte, daraufhin aus seiner Missionsgesellschaft austrat und ›fortan in Verbindung mit den Brüdern auf dem Boden der Absonderung von allen menschlichen Einrichtungen« arbeitete. Wenige Jahre später wurde auch der deutsche Missionar L. Schlotthauer, den die Rheinische Missionsgesellschaft, Barmen, 1865 nach Ägypten ausgesandt hatte, mit der »herrlichen Wahrheit« der Brüder bekannt – vielleicht durch Pinkerton; er schloss sich ebenfalls ihnen an, wie ein Brief an Carl Brockhaus von 1875[38] zeigt. Durch die Besuche und die Literaturarbeit der beiden Missionare kam es in Oberägypten und im Deltagebiet aus den bestehenden christlichen Kirchen (Koptische

Kirche und Presbyterianische Kirche) heraus zur Bildung von Kreisen, die sich »von allen menschlichen Einrichtungen trennten« und sich zur »Verkündigung des Todes des Herrn an seinem Tische« versammelten. So drückte es der ägyptische Bruder Matta Behnam (Kairo) in seinem Überblick aus, den er 1935 für die »Mitteilungen« verfasste.[39]

Die Anfangsgeschichte der »Brüder«mission in Ägypten zeigt deutlich die Doppelgleisigkeit, die ihr wie den meisten Missionen damals anhaftete. Einerseits wurde klar das Evangelium verkündet, was unter den koptischen Namenschristen (1935 eine Million Christen gegenüber 13 Millionen Moslems) seine volle Berechtigung hatte, andererseits wurden aber auch ernste und lebendige Christen auf den »Weg der Absonderung« verwiesen, womit die Brüderbewegung – wie andere Kirchen auch – die Gemeindebildung auf den Missionsfeldern der eigenen Gruppe einzuverleiben trachtete.

Die »Mitteilungen« machen deutlich, dass dieses Nebeneinander von Evangeliumsverkündigung und Absonderung durchgängig in allen Missionsländern zu finden war. In Südafrika wurde geklagt, dass ein Bruder, der das Evangelium verkündigte, immer »noch in Verbindung mit den Systemen«[40] sei; aus Japan wurde berichtet, dass Brüder zwar »das Zusammenkommen im Namen Jesu allein« als einzig richtig anerkannten, aber nicht den »unaufhaltsamen Verfall der Kirche«[41], was doch ein wesentlicher Grund für die Absonderung war; ganz in diesem Sinne wurden jene ägyptischen Christen in Luxor betrachtet, die sich zwar »in gleicher Weise wie die Brüder versammeln, aber sich nicht den Brüdern anschließen wollen, weil sie meinen, die koptische Kirche durch ihr Verbleiben in derselben reformieren zu können«[42]; wenn andererseits schließlich auf Kreta zu beklagen war, dass das Werk »nicht mehr in den früheren Bahnen« verlief und »den Charakter der sogenannten, offenen Brüder« annahm, so vermochte man dennoch mit einer gewissen Dankbarkeit festzustellen: »doch wird wirklich Christus verkündigt«[43]. Überhaupt wurde den »offenen Brüdern« gern bezeugt, dass sie, wie z.B. auch in Spanien, »eifrige Evangelisten« seien.[44] Im ganzen kann man aber auch für die »Geschlossenen Brüder« sagen, dass trotz allen Bemühens, Christen auf den »Boden der Absonderung« zu führen, das Ziel, Menschen das Heil in Jesus Christus nahezubringen, nie völlig aus den Augen verloren wurde.

Und das galt auch für Ägypten. Schlotthauer wirkte bei der Bildung von Brüderversammlungen verantwortlich mit und entfaltete noch im

Alter von Alexandrien aus bis zu seinem Heimgang 1915 eine rege Übersetzungs- und Literaturtätigkeit. Das arabische Liederbuch der ägyptischen »Brüder« enthielt eine ganze Anzahl von ihm übersetzter Texte aus den »Geistlichen Liedern«. Die Gaben aus Deutschland leitete er an die Gläubigen weiter, die besonders in Oberägypten äußerst arm waren; nicht wenige Versammlungssäle wurden mit Hilfe der deutschen Spenden gebaut.

Neuen Aufschwung bekam die Arbeit, als 1903 Otto Blaedel ein Eisenbahningenieur aus Darmstadt, der schon in Deutschland eifrig am Verkündigungsdienst mitgewirkt hatte, im Alter von 47 Jahren nach Ägypten ging. Er erlernte die arabische Sprache und nahm sich besonders der Gemeinden in Oberägypten an, wo große Konferenzen mit 300-400 Brüdern von einem regen geistlichen Leben zeugten, obwohl die sozialen Verhältnisse, etwa der Status der Frauen[45], auch viele Probleme schufen. 1911 erhielt Blaedel mit Hilfe der Spenden aus Deutschland ein Nilboot, mit dem er leichter die verschiedenen Gemeinden im Niltal erreichen konnte, zumal sich die Arbeit bis in den Sudan hinein ausgedehnt hatte, wo u.a. in Khartum ein Versammlungshaus errichtet wurde.[46]

Blaedel gab auch die Anregung zum Dienst von Krankenschwestern,[47] die angesichts des großen Elends, in dem sich Frauen und Kinder in Oberägypten befanden, medizinisch-soziale Hilfe mit der Evangeliumsverkündigung gut verbinden konnten. 1911 bzw. 1912 wurden deshalb die Krankenschwestern Amanda Hohage und Klara Hackenstraß ausgesandt, die in Mallawi, dem Zentrum der Versammlungen Oberägyptens, ein Heim errichteten, von dem aus sie die Arbeit an Frauen und Kindern tun konnten.

In dieses Heim kamen Ernst Brockhaus (1848-1915), der älteste Bruder Rudolfs (Vater von Ernst B., s. S. 44), und das Ehepaar Ernst Overhoff aus Mettmann – das schon ein Jahr zuvor Ägypten bereist hatte-, als sie im Februar und März 1913 das Missionsfeld besuchten und mit Blaedels Nilboot und mit der Eisenbahn eine Reihe von Brüderversammlungen besuchten, darunter die größte in Assiut mit etwa 240 Gläubigen.[48]

Die Schwestern, zu denen noch in demselben Jahr Emmy Brockhaus (Tochter des eben genannten Ernst B.), stieß, gründeten auch eine Mädchenschule, die selbst nach der durch den Krieg erzwungenen Abreise der Schwestern unter ägyptischer Leitung bis Ende 1919 bestand.

Durch den Ausbruch des Ersten Weltkrieges wurde die recht hoffnungsvolle Arbeit 1914 unterbrochen, Otto Blaedel und die Schwestern mussten Ägypten verlassen. Nach dem Krieg konnte Blaedel zwar zurückkehren und die Arbeit fortsetzen, die Schwesternarbeit wurde jedoch erst 1929 wieder aufgenommen, zuerst mit ausländischen Schwestern unter der einführenden Anleitung Amanda Hohages, die noch einmal für ein halbes Jahr hinausging, dann auch mit deutschen Schwestern: Elfriede Linden aus Kierspe und Charlotte Hain aus Wissenbach im Dillkreis. Man begann zunächst mit einer Kinderschule in Kairo und konnte später auch in Oberägypten die Arbeit im Stil des Vorkriegswerks fortsetzen, also mit medizinischer und schulischer Tätigkeit, und zwar jetzt an drei Orten, in Mallawi, Nichaile und Tema. Die Arbeit der Schwestern wurde von den ägyptischen Gemeinden dankbar aufgenommen, wie es ein Brief des leitenden Bruders Matta Behnam zeigte:

>»Die Bemühungen der Schwestern in den Tagesschulen, in der Krankenpflege und dem Besuch der Familien werden sehr geschützt. Möge der Herr noch in manchen Herzen der Schwestern wirken, zu uns zu kommen, um Ihm hierdurch zu dienen!«[49]

In Deutschland wurde dagegen die medizinisch-soziale Arbeit immer noch als ein zweitrangiges Betätigungsfeld auf missionarischer Ebene betrachtet. So urteilten die »Mitteilungen« über das Werk der Schwestern:

>»Wenn es auch nicht mit dem Dienst unserer Brüder im Werke des Herrn auf gleichem Boden stehen kann, ist es doch gewiss als eine ›Bemühung der Liebe‹, eine ›Hilfsleistung‹ dem Herrn wohlgefällig und zur Förderung des ganzen Werkes des Herrn in Ägypten dienlich.«[50]

Dass aber gerade die ägyptischen Christen den Dienst der europäischen Brüder nicht ganz genauso betrachteten, zeigten die Gegensätze, die nach dem Tod Otto Blaedels (Mai 1933) offen hervortraten. Der arabische Nationalismus in Ägypten machte sich jetzt auch gegenüber der Mission bemerkbar. Die ägyptischen Brüder befürchteten, »dass die in ihrer Mitte dauernd weilenden Brüder aus Europa eine herrschende Stellung unter ihnen hätten bekleiden sollen«. Eine Gesandtschaft von Brüdern aus England, Deutschland, Holland und der Schweiz, darunter auch Ernst Brockhaus, räumte zwar im April 1934 diese Missverständnisse aus, indem die Europäer beteuerten, »dass in keiner Weise die Absicht bestanden habe, in Ägypten eine Art Oberaufsicht auszuüben. Der Bruder aus Europa gelte vielmehr als Mittelsperson der Gemeinschaft zwischen den Brüdern in Ägypten und Europa«[51], der Dienst von Missionaren hatte dennoch in diesem Land keine Zukunft mehr. Und so fand auch der 1910 ausgesandte Walter Theißen aus Rheydt, der einmal an die Stelle Blaedels hatte treten sollen, mit seiner Frau (Gertrud Emde aus Nassau) letztlich kein Betätigungsfeld mehr.

Das Selbstbewusstsein der ägyptischen Christen zeigte sich deutlich in dem Überblick über die ägyptische Brüderbewegung, den Matta Behnam für die »Mitteilungen« gab: In dem achtseitigen Bericht werden den deutschen Missionaren Schlotthauer und Blaedel gerade sechs Zeilen gewidmet, was ihrer Bedeutung gewiss nicht gerecht wird. Auch Gaben wollten die Ägypter nicht mehr aus Europa entgegennehmen, vielmehr sich selbst an Werken in anderen Ländern beteiligen, z. B. in Russland, wie sie jetzt auch für die Schul- und Klinikhäuser der Schwestern in Oberägypten finanziell selbst aufkommen wollten.[52] Die Arbeit der Schwestern wurde allerdings durch den Zweiten Weltkrieg beendigt.

Immerhin konnte man 1935 in Ägypten auf etwa 120 Brüderversammlungen mit ungefähr 5000 Geschwistern blicken. Die ägyptischen »Brüder« gaben selbstkritisch zu, das evangelistische Moment zu sehr zu vernachlässigen.[39] Hatten sie nicht gerade damit ein zwar nicht spezifisch deutsches, aber doch allgemeines Merkmal des europäischen Darbysmus` übernommen?

China

Das Missionswerk der deutschen Brüderbewegung in China ging zurück auf den englischen Missionar Thomas Hutton (gest. 1926)[53] der seit 1885 in Verbindung mit der China-Inland-Mission (s. S. 121f.) in China gearbeitet hatte und ähnlich wie Pinkerton in Ägypten durch die Schriften Darbys u.a. zu der Überzeugung gekommen war, sich von der Missionsgesellschaft trennen zu müssen, um »seine Arbeit im alleinigen Vertrauen auf den Herrn fortzusetzen«. Er begann 1897, in Hinghua (in Mittelchina in der Gegend der Yangtse-Mündung), einer Stadt von 80000 Einwohnern, in der weder ein Europäer noch ein einziger bekehrter Chinese wohnte, ein Missionswerk aufzubauen, an dem sich als erste Mitarbeiterin Helene von Poseck (I, 66), die Tochter Julius von Posecks, beteiligte.

1910 reiste der 22-jährige Heinrich Ruck, von Beruf Klempner, im Einverständnis mit den deutschen Brüdern und nach kurzer Ausbildung in London nach Hinghua aus, von wo aus er in dem von Überschwemmungen, Revolutionsunruhen und Fremdenhass gezeichneten Land den Kampf gegen Hunger und die Evangeliumsverkündigung miteinander zu verbinden suchte. 1912 wurde er Huttons Schwiegersohn. 1913 folgten die Barmer Brüder Gustav und Wilhelm Koll die nach einer medizinischen Ausbildung in Liverpool auch auf dem Gebiet der medizinischen Hilfe eine gute Ergänzung der Missionsarbeit waren.

In China bedeutete der Ausbruch des Ersten Weltkrieges kaum einen Einschnitt. Die Missionsarbeit konnte im zunächst neutralen Land weitergehen, nur Wilhelm Koll wurde zur Verteidigung der deutschen Besitzung Tsingtau eingezogen und geriet nach Tsingtaus Fall in japanische Kriegsgefangenschaft. Als auch China sich in die Front der Kriegsgegner Deutschlands einreihte, verschlechterte sich zwar die Situation von Heinrich Ruck und Gustav Koll doch durften sie trotz eines Ausweisungsgesetzes im Land bleiben, weil sie nach dem Zeugnis der Behörden Kranke behandelt hatten.

Gerade diesen Zweig der Arbeit förderte Heinrich Ruck erheblich, als er nach dem Krieg die Versammlungen in Deutschland und Westeuropa besuchte und für die medizinische Arbeit Dr. Hans Neuffer, den späteren Präsidenten der Deutschen Ärztekammer, gewinnen konnte: Dr. Neuffer ging 1921 mit seiner Familie nach Hinghua, wo er die ärztliche Betreuung übernahm, während Ruck und die Brüder Koll – Wilhelm Koll war inzwischen aus japanischer Gefangenschaft zurückgekehrt – sich bei den Hilfsprogrammen für die hungerleidende Bevölkerung in den Überschwemmungsgebieten ihrer Gegend nach Kräften einsetzten. Noch mehr als in Ägypten spielte die soziale und medizinische Hilfe neben der eigentlichen Missionsarbeit also eine bedeutende Rolle, und Dr. Neuffer berichtete, dass durch den ärztlichen Einsatz viel Misstrauen in der Bevölkerung ausgeräumt werden konnte.[54]

Huttons kehrten 1923 nach England zurück, im gleichen Jahr wurde in Hinghua das »Haus der Barmherzigkeit« eröffnet, ein Krankenhaus mit 25 Betten, Poliklinik, Operationssaal und Apotheke, daneben bestand eine Mädchenschule; die Missionsgemeinschaft vergrößerte sich durch Ruth Neuffer, die Schwester des Chefarztes, und die Gattinnen der Brüder Koll in erfreulicher Weise, dazu traten chinesische Christen als Helfer.

Während sich Dr. Neuffer und Wilhelm Koll der medizinischen Arbeit widmeten, die Schwestern z. T. der Mädchenschule, betrieben Heinrich Ruck und Gustav Koll die Gemeindearbeit, wobei in dem von Flussläufen und Kanälen durchzogenen Gebiet das durch Spenden aufgebrachte Motor-Segel-Hausboot »Frohe Botschaft« seit 1925 gute Dienste tat. Brannte auch das Missionsboot im nächsten Jahr ab, so konnte Heinrich Ruck doch mit einem geliehenen Boot die Arbeit fortsetzen und nebenbei auch die Schriftenübersetzung und -verbreitung intensivieren. Seit 1920 gab er einen chinesischen Abreißkalender heraus, der 1932 eine Auflage von 25000 Stück erreichte.

Mit den sich immer mehr steigernden Bürgerkriegsunruhen und den damit verbundenen Einquartierungen, Plünderungen und Zerstörungen erlitt die Arbeit in Hinghua Behinderungen, dennoch konnten die deutschen Missionare, zeitweise von der Außenwelt abgeschnitten, auf ihrem Platz ausharren. Aber Ende 1927 gingen Neuffers zurück nach Deutschland, womit das Krankenhaus geschlossen werden musste, und das Ehepaar Gustav Koll verlegte seinen Arbeitsplatz nach Kwang Ping Hsien in Nordchina. Heinrich Ruck versuchte noch eine Zeitlang, das Krankenhaus wieder zu eröffnen, einmal mit einem chinesischen christlichen Arzt, der jedoch erkrankte, als aber bis 1930 alle Bemühungen vergeblich waren, zog auch er es vor, die Arbeit in Nordchina, in Peking, fortzusetzen. Nur das Ehepaar Wilhelm Koll betrieb in Hinghua die Mädchenschule und einfachere medizinische Arbeit weiter.

Ruck aber boten sich jetzt von Peking als einem zentralen Punkt aus größere Möglichkeiten für das Drucken und Versenden von Schriften. Er konnte den hier gegründeten »Bibelschatz«-Verlag und die Versandarbeit bis in die Mandschurei hinein überwachen. Die Schriftenarbeit führte er zeitweise von dem klimatisch besser gelegenen Gebirgsort Kuling aus weiter fort.

Weitere Erschwerungen für die Missionsarbeit brachte der Krieg, den Japan 1932 gegen China eröffnete. Das nationalsozialistische Deutschland erließ Devisenbestimmungen, die die Unterstützung aus der Heimat behinderten. Doch konnte Ruck bis Ende 1948 seine Arbeit fortsetzen und intensiv der Literaturarbeit nachgehen, für die er eine besondere Begabung zeigte. Neben dem Abreißkalender und vielen

Traktaten gab er auch zahlreiche andere christliche Schriften heraus, dazu auch eine chinesische Neuübersetzung des Neuen Testaments und der Psalmen.

Rucks gehörten zu den letzten Leuten, die im Dezember 1948 vor der kommunistischen Eroberung Pekings die Stadt in Richtung Taiwan verließen,[55] um die Missionsarbeit noch einmal für einige Jahre in Japan aufzunehmen.[56] Auch Kolls verließen jetzt China und gingen nach England.

8. Das Verhältnis zu den »anderen«

Absonderung ...

Man könnte erwarten, dass die deutsche Brüderbewegung durch die weltweiten Kontakte, die sie gerade in der ausländischen Missionsarbeit mit Christen anderer Benennungen pflegen musste, im Sinne der Evangelischen Allianz aufgeschlossener geworden wäre. Dem war aber nicht so; auch die Missionsarbeit im Ausland stand unter dem Gebot der Absonderung, auch in den Missionsländern führten die »Brüder« immer wieder darüber Klage, dass »treue Christen«, »liebe Brüder«, als die die anderen durchaus betrachtet wurden, sich immer noch nicht von den »Parteien«, »Systemen« oder »menschlichen Einrichtungen« trennen wollten, um den »Weg der Wahrheit« oder den »des Gehorsams« zu gehen.

Es wurde streng darauf geachtet, Zusammenarbeit mit anderen Missionaren, wo sie sich nicht umgehen ließ, stets in einem technischen, äußeren Rahmen zu halten, der weder die Verkündigung noch die Versammlung selbst berührte. Gemeinschaft in wirklich geistlichem Sinn konnte es da nicht geben. Als sich 1912 beim Kampf gegen den Hunger in den chinesischen Überschwemmungsgebieten die Zusammenarbeit mit anderen europäischen und amerikanischen Missionaren – »fast durchweg gläubigen Christen« – zwangsläufig ergab, glaubte Heinrich Ruck in den »Mitteilungen« betonen zu müssen, dass er wohl ohne Bedenken mithelfen könne, weil »die Arbeit zunächst irdischer Natur« sei.[57]

Selbst von den unter der Verfolgung durch den Zarismus seufzenden russischen »Brüdern« wurde mit Genugtuung mitgeteilt, dass sie zwar von außen »Stundisten, Baptisten oder Nachfolger Paschkows

(s. S. 142)« genannt wurden, sich selbst aber als »Christen dem Evangelium gemäß« bezeichneten.[58]

Natürlich blieb die Reaktion der anderen auf diese Haltung nicht aus. Selbst im orthodoxen Griechenland, wo man erwarten durfte, dass die wenigen evangelischen Christen zusammengehalten hätten, erfuhren die »Brüder« um ihrer Absonderung willen, dass »der Widerstand groß« war, »besonders von seiten der sogenannten ›Evangelischen Systeme‹«.[59]

... und die großen Kirchen

Dies war überhaupt ein Problem, das die Brüderbewegung immer wieder betraf: der scharfen Absonderung auf der einen Seite standen Missverständnisse und Ablehnung auf der anderen gegenüber. Von den großen Staats- und Volkskirchen war in jedem Fall nicht viel Verständnis zu erwarten.

Das Konversationslexikon des katholischen Herder-Verlages in Freiburg, der »Große Herder«, führte 1932 unter dem Stichwort »Darbysten« u.a. aus:

> »... als ›Versammlung‹ gegründete Sekte; die Darbysten verwerfen Glaubenssymbole, kirchliche Verfassung, Priesteramt, Dreifaltigkeit, Gottheit Christi, Rechtfertigung durch den Glauben, Verbalinspiration der Bibel, Auferstehung der Toten.«

Hier waren die Tatsachen, abgesehen von kirchlicher Verfassung und Priesteramt, auf den Kopf gestellt, aber trotz Widerspruchs von seiten der »Christlichen Versammlung« und schriftlicher Bestätigung durch den Verlag wiederholte auch die 5. Auflage des »Großen Herder« von 1953 die gleichen Irrtümer.[60]

Die Einstufung der Brüderbewegung als Sekte wurde jedoch auch von evangelischer Seite her vorgenommen. Es war um 1930 für Paul Scheurlen, einen Dekan der Württembergischen Landeskirche, eine Selbstverständlichkeit, die Brüderbewegung in das Buch »Sekten der Gegenwart« aufzunehmen[61] und »die Versammlung« »in schroffen Gegensatz zu der Neuapostolischen Gemeinde« zu stellen, womit er natürlich nur einen dogmatischen Gegensatz innerhalb des Sektentums meinte. Sicher waren bei Scheurlens historisch und dogmatisch nicht immer richtigen Ausführungen die vermeintlichen und wirklichen Absonderlichkeiten der »Christlichen Versammlung« auch für ihn nicht das Wesentliche, maßgebend aber war für ihn – und sicher auch für die meisten anderen evangelischen Christen – das, was er »die Unduldsamkeit des Darbysmus« nannte, wobei er im sogenannten »Neu-Darbysmus« unter Rudolf Brockhaus und Otto Kunze (s. S. 29) eine besonders extreme Richtung sah, die der »milderen Richtung« um Georg von Viebahn und Dr. Emil Dinges »stets Schwierigkeiten« gemacht habe. Die Lehre von der Absonderung war und blieb für die anderen letztlich das Ärgernis, an dem jedes Ringen um Verständnis endigte und in dem der Vorwurf des Sektierertums kulminierte:

> »Gerade an den Darbysten bedauern wir die Abkehr von Kirche und Kultur um so mehr, als sie in ihren Reihen manche aufrichtig fromme, demütige und selbstlose Christen haben, die in Treue gegen die Schrift wandeln möchten.
> Warum nennen sie sich die »Versammlung« und sagen, wer nicht zu ihnen gehöre, stehe nicht recht!
> Warum schließen sie sich in sektiererischer Einbildung von allen Veranstaltungen, Konferenzen, Versammlungen aus?
> Warum wollen sie nicht ein Salz und ein Licht in der Kirche sein? Trifft nicht vielleicht auf sie zu, was C. Brockhaus von den Kirchenchristen einmal sagte: ›Die Christen sind so verdreht, verkrüppelt und verknittert in ihren Systemen, dass die Wahrheit keinen Eingang findet‹?«

Sicherlich bereitete gerade die strenge Absonderung der »Christlichen Versammlung« den Vertretern der Staatskirchen besondere Schwierigkeiten, das Anliegen der »Brüder« zu verstehen. Dass es auf Seiten der Kirchen kein Verständnis für die Ablehnung kirchlicher Ämter und des Sakramentscharakters von Taufe und Abendmahl geben konnte, ist erklärlich, aber der immer neu wiederholte Vorwurf geistlichen Hochmutes zeigt doch mangelnde Einsicht in den wahren Charakter der Bewegung:

> »Das geistliche Hochseinwollen ist bei ihnen ausgesprochener Grundsatz, nicht bloß hin und wieder eine anklebende Schwachheit, sondern Lebensregel.«[62]

War eine solche Meinung vielleicht noch aus dem ungeistlichen Verhalten einiger – wenn auch nicht maßgebender – Vertreter der »Christlichen Versammlung« zu erklären, so zeigte die Auffassung von der Lehre der »allein seligmachenden Sekte«, nach der »außer der darbystischen ›Versammlung‹ ... kein Heil und kein Friede« sei, einfach die Unkenntnis der kirchlichen Kritiker. Selbst der alte Vorwurf des Perfektionismus tauchte immer wieder auf:

> »Mit der Wiedergeburt ist nach ihrer Lehre der neue Mensch fix und fertig; von Heiligung kann keine Rede sein, sondern nur von Heiligkeit. Der Darbyst ist heilig, vollkommen, sündigt nicht mehr. ... An ihm ist ›alles geistlich, himmlisch, göttlich‹. Ja, wenn's nur so wäre!«[62]

Ganz offensichtlich kannte der Kritiker den von Carl Brockhaus herausgestellten biblischen Gegensatz von »Stellung« und »Zustand« des Christen vor Gott (I,76f.) nicht.

... und die Freikirchen

Von den Freikirchen her war zwar mehr Kenntnis, nicht aber Anerkennung des eigentümlichen Standpunktes der »Brüder« zu erwarten.

Einerseits war natürlich hier auf der Grundlage einer gewissen Allianzgesinnung mehr Verständnis für den Gedanken der Einheit der Kirche vorhanden. So betonten die Baptisten gegenüber der Lehre von der Einheit des Leibes Christi:

> »Gewiss ist diese Lehre durchaus biblisch, der Epheser- und Galater-Brief zeigen das klar genug.«

Andererseits lehnten aber die Baptisten den Anspruch der »Brüder« deutlich ab, allein den Grundsatz der Einheit zu verwirklichen:

> »Aber dagegen, dass der Darbysmus es als ein Privilegium für sich in Anspruch nimmt, diese Wahrheit zu verkündigen, protestieren wir entschieden. Uns ist das Wort: ›Wir die vielen sind ein Leib, nicht weniger bekannt und nicht minder wertvoll, wie den Darbysten.«[62]

Richtig gesehen wurde auch auf baptistischer Seite, dass sich die »Christliche Versammlung« durchaus nicht als »allein seligmachende« Kirche empfand, lehrten doch die »Brüder«, dass alle Gläubigen in den verschiedenen Denominationen auf Erden den einen Leib Christi bildeten; doch schärfsten Widerstand setzten die Baptisten der Auffassung der »Brüder« entgegen, allein die Einheit im Gehorsam der Absonderung darzustellen, spreche doch die »Christliche Versammlung«:

»allen, die nicht um Darbys Fahne sich sammeln, das Recht und die Fähigkeit ab, sich im Namen Jesu zu versammeln ... Der Darbyst kommt dahin, zu urteilen, dass man nur dann sich im Namen Jesu versammeln kann, wenn man keinen Namen trägt. Aus dieser Stellung entsteht die schroffe Ablehnung der Gemeinschaft mit anderen Kindern Gottes und die ungebührliche Wertschätzung der eigenen Partei.«[62a]

Aber gerade ihre subjektive Selbsteinschätzung, eben keine »Partei« unter den kirchlichen Parteien zu sein, wurde den »Brüdern« nicht abgenommen, weil die Kritiker nicht vom dogmatischen Anspruch, sondern vom äußeren Erscheinungsbild der »Christlichen Versammlung« ausgingen. Die durch Schrifttum, Konferenzen und Reisebrüder in Lehre und Ordnung einheitlich ausgerichteten Brüderversammlungen waren mittlerweile für die christlichen Zeitgenossen zum »Elberfelder System« geworden, so dass Gustav Nagel ein führender Mann der Freien evangelischen Gemeinden und auch der Evangelischen Allianz, feststellen konnte:

»Die ›Versammlung‹ lehnt alle anderen religiösen Versammlungen und Gemeinschaften rücksichtslos als ›menschliche Systeme‹ ab. Aber sie ist selbst durch ihre ganze Art zu einem System geworden, wie es so kein zweites mehr gibt. Es geht eine strenge, einheitliche, eiserne Regelung durch alle Gebiete der Lehre und Praxis der ›Versammlung‹. Zwar sind die einzelnen Paragraphen dieser Ordnung nirgendwo auf dem Papier zu lesen. Dennoch stehen diese ungeschriebenen Paragraphen unbedingt fest... Keine andere Gemeinschaft hat so gegen eine äußerliche Kirchenform protestiert als diese, und keine andere hat ihre Zusammenkünfte so in ein einheitliches, für alle bindendes Ritual gegossen als diese.«[63]

Besonders die »nach dem Zepter Brockhaus« stramm organisierten«[61] Reisebrüder wurden als vereinheitlichende Faktoren gewertet:

»Die Lehrbrüder besitzen in ihren Kreisen für die Auslegung und Handhabung der Schrift eine Autorität, die kaum etwas zu wünschen übrig lässt und wie sie kein Pfarrer hat.«[64]

Auch der Mittelpunktcharakter Elberfelds, die verschiedenen missionarischen und sozialen Werke und die zentralisierende Funktion der Gabensammelstellen ließen Gustav Ischebeck, ebenfalls Prediger der Freien evangelischen Gemeinden und kritischer Darby-Biograph, zu dem Urteil gelangen, dass die deutsche Brüderbewegung nach dem Ersten Weltkrieg »die Organisation zur Freikirche tatkräftig ausgebaut« habe:

> »Wir sehen, dass trotz grundsätzlicher Ablehnung der Organisation der organische Aufbau der ›Elberfelder Versammlung‹ sich von dem anderer Freikirchen nicht unterscheidet; alle Instanzen einer geordneten Verwaltung sind vorhanden und haben in der Zentrale in Elberfeld Ihre Zusammenfassung.«[64]

Schließlich akzeptierte natürlich auch keine andere Gruppe der Gemeinschaftsbewegung den herausgehobenen Rang, den die Angehörigen der »Christlichen Versammlung« mit ihrer vermeintlich kirchengeschichtlich wie geistlich einzigartigen Stellung einzunehmen glaubten, wenn sie sich zum Namen Jesu hin am Tisch des Herrn versammelten, um die Einheit des Leibes Christi darzustellen. Ebenso bitter wie ironisch bemerkte Ischebeck:

> »Ein Schüler Darbys zu sein, das hat manchen auf eine ungeistliche, unevangelische Höhe gebracht, wobei er wenig ein Schüler Christi war.
> Von ihrer Höhe, die Versammlung zu sein, den Tisch des Herrn neu aufgerichtet zu haben, und in dem Selbstgefallen: nur ›wir versammeln uns im Namen Jesu‹, nur ›wir sind am rechten Platz‹; wir ›überlassen die Leitung der Versammlung dem Heiligen Geist‹; jetzt ›stellen wir die Einheit dar‹, sahen die meisten Glieder der ›Versammlung Gottes‹ mit Bedauern auf die ›Arm-Sünder-Christen‹ herab, welche sich nach ihrer Meinung am Sektentisch befanden, die sich in ihrer Heiligung abmühten, anstatt mit ihnen stets zu singen: ›Da, wo Gott mit Wonne ruhet, bin auch ich in Ruh' gesetzt‹.«[65]

Dabei war man durchaus bereit anzuerkennen, »dass Gott auch den ›Versammlungen‹ ein Sondergut geschenkt« hatte. »Darby hatte sicherlich einen Auftrag von Gott, sein gesegneter Dienst beweist das.«[66] Man gab auch zu, dass die »Brüder« durch »die biblische Lehre der Sicherheit und Heilsglückseligkeit in Christo«[65] vielen zum Segen geworden seien, zumal man gerade hier den kirchengeschichtlichen Standort der Brüderbewegung sah:

> »Der Lebensarbeit Darbys sollten auch die deutschen Kirchengeschichtsschreiber etwas mehr Beachtung schenken... Es ist unbestreitbar, dass die Gründer um 1830 und hernach... fußten auf dem reformatorischen Grundprinzip: ›Aus Gnaden selig geworden durch den Glauben... ›Es muss anerkannt werden: sie haben oft stärker, als es vielfach geschieht, die Stellung der Gläubiggewordenen in Christus Jesus hervorgehoben und damit vielen Menschen einen großen Dienst erwiesen.«[67]

Gemeinsames

Und wirklich war ja die »Christliche Versammlung« in vielem ein Kind der Erweckungs- und Gemeinschaftsbewegung, des modernen Pietismus, dessen Merkmale sie trug. Die gemeinsamen Kennzeichen aller der aus diesem Geist geborenen Gruppen lassen sich unter acht Gesichtspunkten zusammenfassen:
1. Evangelistische Verkündigung im Blick auf Entscheidung und Bekehrung,
2. Scharfe Unterscheidung zwischen Wiedergeborenen und Nichtwiedergeborenen,
3. Geschlossene Gemeinschaften, die »Zulassung« erfordern,
4. Betonung des gemeinsamen freien Gebetes,
5. Ablegen weltlicher Gewohnheiten im Wandel (= Heiligung),
6. Biblizistische Grundhaltung,
7. Allgemeines Priestertum,
8. Erwartung der Ankunft Christi.[68]

Man sieht sofort, dass sich die Brüderbewegung, gemessen an dieser Aufstellung, in nichts von den anderen Kreisen der Gläubigen unterschied, wenn man davon absieht, dass sie der Forderung nach einem allgemeinen Priestertum mit strenger Bindung an die Leitung durch den Heiligen Geist in verstärkter Weise nachzukommen suchte. Auch die betonte Verkündigung des vollkommenen Heils in Jesus Christus führte zwar hin und wieder zu Missverständnissen, dass man den »Brüdern« eine perfektionistische Haltung vorwarf, wie es schon Carl Brockhaus erleben musste (I, 76), fand aber mit fortschreitender Zeit unter den Gemeinschaftschristen anerkennenden Dank, wie wir oben gesehen haben.

Trennendes

Selbst die starke Herausstellung des Abendmahls als sonntägliche Anbetung Jesu Christi am Tisch des Herrn hätte letztlich kein unüberbrückbarer Graben zu anderen Gläubigen sein müssen, doch die gerade mit dem Abendmahl verbundene Auffassung von der Darstellung der Einheit der Kirche, was nur durch die scharfe Trennung von allen anderen christlichen »Parteien« zu erreichen war und nicht einmal Allianzgemeinschaft zuließ, stieß auf Unverständnis und Ablehnung in den anderen Kreisen gläubiger Christen. Das Zugeständnis seitens der »Christlichen Versammlung«, dass Gott auch andere Kreise segnen könne, wurde seiner vermittelnden Wirkung beraubt, wenn man hinzusetzte, dass dies allerdings eine gnädige Behandlung von seiten Gottes, nicht seine Anerkennung bedeute, die allein die Christen hätten, die in Absonderung ihren Platz am Tisch des Herrn einnähmen. Eine solche Haltung musste auf der anderen Seite schärfste Ablehnung hervorrufen:

> »Wogegen wir uns wenden, um des Evangeliums willen, das ist die geistliche Unduldsamkeit, die Vermessenheit zu sagen, dass ihre Versammlung allein alle Wahrheit der Lehre besitze, das Wohlgefallen Gottes ganz habe.«[69]

Auch die »Missions«tätigkeit der »Brüder« unter den Gläubigen aller Kirchen war natürlich ein stetes Ärgernis, das die Vertreter anderer Gemeinschaftskreise in Wort und Schrift immer wieder aufgriffen und mit Empörung zurückwiesen. Wurde schon oft den Freikirchen insgesamt der Vorwurf gemacht, innerhalb der Staats- und Volkskirchen Proselyten zu werben (I,55ff.), so betrachtete man es mit um so größerer Missbilligung, dass die Brüder gerade aus den Kreisen der Gläubigen Anhänger zu gewinnen suchten und dass deshalb durch ihre »gesamte Literatur die Forderung an alle Gläubigen« erging,«sich von jedem wie immer gearteten Gemeinschaftsleben zu *trennen* und sich der ›Versammlung‹ anzuschließen«.[70]

Doch war bei aller Ablehnung nicht so sehr der einfache Konkurrenzgedanke, nicht die Tatsache der Abwerbung der Hauptgrund für die Angriffe von außen, dies war und blieb der scheinbar elitäre Sonderstatus, den sich die »Christliche Versammlung« selbst zubilligte.

9. Bewahrung von Lehre und Einheit

Der Standpunkt
Was die Betrachter und Kritiker von außen vielleicht nicht sahen, war der Umstand, dass man in der »Christlichen Versammlung« im Blick auf ein brüderliches Verhältnis zu anderen Gläubigen praktisch der Gefangene der eigenen Lehre war.

Die Darstellung der Einheit der Kirche durch Trennung von allen religiösen Parteien, oft kurz »Absonderung« genannt (I, 39ff.), war für die meisten der »Brüder« zunächst nicht ein Anlass zum Hochmut, sondern eine Frage des Gehorsams. War es da nicht heilige Pflicht, auch anderen Christen diesen Weg des Gehorsams zu weisen? Zudem war diese Lehrauffassung zum integrierenden Bestandteil des Selbstverständnisses geworden. Musste man nicht gewissermaßen die Daseinsberechtigung der »Christlichen Versammlung« aufgeben, wenn man nur noch eine Denomination unter anderen sein sollte? Ein Kritiker hatte das klar erkannt, wenn er schrieb:

> »Die ›Versammlung‹ trägt das Prinzip des Gegensatzes gegen alle außer ihr Stehenden lehrmäßig und bewusst in sich.«[71]

Und schließlich machte die Organisationslosigkeit, die die Brüderbewegung, ungeachtet der oben genannten Einschränkungen, gegenüber allen anderen Freikirchen auszeichnete, einen um so festeren Zusammenhalt durch die Lehre notwendig. Die Auflösungserscheinungen in der deutschen Brüderbewegung späterer Jahrzehnte haben deutlich gezeigt, was für Folgen der Verzicht auf das zusammenschließende – aber auch zugleich ausschließende – Band der Absonderungslehre hatte. Unbewusst mag daher auch der Gesichtspunkt der Konsolidierung mit eingeflossen sein, wenn man eine Lehre verteidigte, die scheinbar das Herzstück des Sondergutes der »Brüder« darstellte.

Sicher hob Rudolf Brockhaus die Grenzen zu den anderen Gruppen nicht aus Zweckmäßigkeitsgründen hervor, die Lehre von der Einheit durch Trennung hatte für ihn ihr zentrales Eigengewicht. Und mit Überzeugung hat er diese Lehre zeitlebens vertreten. Es war unzweifelhaft für ihn, dass nur bei den »Brüdern« der Tisch des Herrn war, nur die »Brüder« durch die Gegenwart des Herrn in ihren Zusammenkünften erfreut wurden, es war ebenso unzweifelhaft für ihn, dass die Christen in den »Systemen« überhaupt nicht den Tisch des Herrn haben konnten, da sie sich nicht auf dem »Boden der Einheit (durch Trennung)« befanden. Sie konnten höchstens am Sektentisch[71a] das Abendmahl feiern und wurden der Gegenwart des Herrn nicht teilhaftig, wenn auch aus Gnaden gesegnet, obwohl seiner Meinung nach »vielleicht einzelne von ihnen mit tieferem Ernst« das Abendmahl feierten »als manche von denen, die auf dem Boden der Einheit zu stehen bekennen«.[72]

Eine solche Auffassung war weder Überheblichkeit noch frommer Größenwahn, sondern ein felsenfestes Überzeugtsein von der einmal erkannten Wahrheit und von der Antwort Gottes auf den unbedingten Gehorsam dieser Wahrheit gegenüber. Andererseits wandte sich

Rudolf Brockhaus stets dagegen, wenn Naive und Übereifrige behaupteten: »Wir haben die Wahrheit.«[71] Eine solche Vorstellung widersprach schon seiner menschlich so bescheidenen Art und auch seiner geistlichen Einsicht in die Beschränktheit des Erkennens göttlicher Dinge. Aber es lässt sich nicht leugnen, dass bei den »Brüdern« im ganzen ein gewisses Bewusstsein – zuweilen auch ein Selbstbewusstsein – vorhanden war, durch die Gnade Gottes von den Vätern her besondere Wahrheiten erkannt zu haben und nun auf dem »Boden des Gehorsams und der Einheit« zu stehen.

Gerade dieser »Boden der Einheit« musste aber auch bewahrt werden, und zwar nicht nur dogmatisch, der Lehre nach, sondern auch äußerlich, ganz praktisch, indem möglichst jede Spaltung unter den »Brüdern« vermieden wurde. Dabei stand das traurige Bild der englischen Versammlungen vor Augen, wo auch viel vom »Boden der Einheit« gesprochen, sich aber auch viel zerstritten wurde, so dass allzu oft Spaltungen entstanden. Rudolf Brockhaus hat dies in Deutschland zu verhindern gewusst, er wehrte jeden Angriff auf die Absonderungslehre ab und tat alles, die Einheit nicht nur als Lehrgegenstand zu erhalten.

Die Verteidigung der Lehre – der »Schriftenstreit«

Am intensivsten wurde er zur Verteidigung der Lehre durch die Christen gezwungen, die der Brüderbewegung von ihrer historischen Herkunft her am nächsten standen: durch die Freien evangelischen Gemeinden. Die Väter der zwei freikirchlichen Bewegungen, Hermann Heinrich Grafe und Carl Brockhaus, hatten beide um 1850 im Evangelischen Brüderverein die Einheit der Kinder Gottes gesucht (I, 69f.). Der Ausschließlichkeitscharakter der Lehre Darbys, die sich Brockhaus zu eigen machte, ließ aber beide Männer bald verschiedene Wege beschreiten (I. 81ff.). Dabei muss man sehen, dass es auch in den Freien evangelischen Gemeinden von ihrem Gründer Grafe her um die Darstellung der Einheit der Kirche Christi ging, wenn auch nicht nur unter der einseitigen Betonung des Abendmahls, wie es Darby gelehrt hatte. Auch diese Gemeinden wollten ursprünglich keine neue Denomination bilden, sondern eben als »freie« Gemeinden die Einheit der Kinder Gotteszeugnishaft verkörpern. Dies ging so weit, dass man in der ersten Zeit nicht einmal ein eigenes Liederbuch für die Gemeinden schuf – im Gegensatz zur »Christlichen Versammlung«

(I,106f.) –, um keine Konfessionalisierung aufkommen zu lassen. Aber auch die Freien evangelischen Gemeinden hatten erleben müssen, dass gerade die Ablehnung jeder konfessionellen Bindung zu einer Konfessionalisierung führt, und zogen zum Ende des 19. Jahrhunderts hin daraus die Konsequenz, indem sie einen formellen Gemeindebund gründeten, während sich die »Christliche Versammlung« ihrerseits dieser Einsicht versperrte und am Ideal des nicht vorhandenen Sonderbekenntnisses festhielt.[74]

Das Thema der Einheit des Leibes Christi und ihrer Darstellung war also in beiden Gruppen seit der Gründerzeit ein zentraler Gesichtspunkt gewesen; und mochte schon die vorhandene oder fehlende Einsicht in die Unmöglichkeit, das ursprünglich angestrebte Ideal zu erreichen, zum Meinungsstreit der geistlichen Verwandten herausfordern, so kam noch erschwerend hinzu, »dass die Freien evangelischen Gemeinden den ›Brüdern‹ seit ihren Anfängen als ›Reservoir‹ gedient hatten«,[75] weil wahrscheinlich die elitäre Absonderung der »Christlichen Versammlung« gegenüber der etwas unbestimmten Offenheit der Freien evangelischen Gemeinden etwas Werbendes für zahlreiche Gläubige in diesen Gemeinden hatte.

Um sich gegen diese Proselytenmacherei zu wehren und um sich theologisch gegen den Absolutheitsanspruch der »Brüder« abzugrenzen, griffen mehrere Prediger der Freien evangelischen Gemeinden die »Versammlung« in Schriften an, die den Standpunkt der »Brüder« als unbiblisch darstellten und auf die Rudolf Brockhaus seinerseits antwortete. Die Auseinandersetzung artete zum sogenannten Schriftenstreit aus, der sich von 1911 bis in die ersten Jahre des Ersten Weltkrieges hinzog.[76]

Den Anfang macht Friedrich Kaiser in seiner angriffsbetonten Kampfschrift »Ist die sogenannte Versammlung (darbystische) in ihren Lehren und Einrichtungen biblisch?« Natürlich kam er zu einer negativen Antwort, dass nämlich die »Versammlung« selbst eine Partei sei und einsehen müsse, dass sie sich irre. Andere Prediger folgten ihm.

Rudolf Brockhaus antwortete auf Kaisers Angriffe zunächst mit Artikeln im »Botschafter«, in denen er zwar die Kontrahenten nicht namentlich erwähnte, aber doch auf alle bis dahin vorgebrachten Argumente einging, wobei aus seiner Feder das in seiner Eigentümlichkeit und Geschlossenheit großartige Lehrgebäude von der »Versammlung Gottes« hervorging.

Er wies auf die Zeit der neutestamentlichen Anfänge hin, an die man in der Brüderbewegung wieder anknüpfen wollte. Da damals kein Christ den anderen fragen konnte: »Wie nennst du dich?« – »Wozu gehörst du?«, könne es auch in der Gegenwart nicht richtig sein. Unmöglich könnten die verschiedenartigen christlichen Körperschaften Gott wohlgefällig sein. Nur Umkehr zu dem, was aufgegeben wurde, könne helfen.

> »Seit Jahrzehnten haben viele Gläubige durch Gottes Gnade dies als einziges Heilmittel erkannt und, unter Aufgebung aller Parteiunterschiede und mit Abreißung der Zäune und trennenden Schranken, sich bemüht, nach Gottes Gedanken einfach als Brüder, als Kinder Gottes, als Glieder des Leibes Christi, ohne irgendwelche Sonder-Benennung, sich in dem Namen, der allein vor Gott Wert hat, in dem Namen Jesu, zu versammeln.«[77]

Damit war das Hauptanliegen der Brüderbewegung gekennzeichnet. Mochte nun aber Rudolf Brockhaus auch in längeren Ausführungen darlegen, auf welche Weise die Einheit der Kirche unter den so versammelten Christen dargestellt werden sollte, letztlich spitzte sich das Problem immer auf das Verhältnis zu den Gläubigen zu, die sich seiner Lehrauffassung verschlossen. Hatte Gott sich denn nicht durch seinen Segen auch zu vielen anderen Gemeinschaften gläubiger Christen bekannt? Brockhaus griff auch dieses oft geäußerte Gegenargument auf und antwortete:

> »Ganz gewiss! Wer könnte, wer wollte das in Frage stellen?... Aber so laut die genannten Dinge Zeugnis geben mögen von der richtigen Herzenseinstellung jener treuen Männer zu Jesu, ihrem Herrn, beweisen sie doch nichts für die Richtigkeit ihrer Stellung zu ihren Mitgläubigen oder, besser gesagt, von dem Erfassen und Verwirklichen der Gedanken Gottes über »Christum und die Versammlung«, die sein Leib ist, in welchem keine Spaltung sein sollte.«[78]

Und weil dieses »Erfassen und Verwirklichen der Gedanken Gottes über ›Christum und die Versammlung« für Rudolf Brockhaus die Mitte des gesamten Christenlebens bedeutete, lag es letztlich an den anderen Christen, wenn wahre brüderliche Gemeinschaft mit ihnen nicht möglich war. Die Gründe für die Trennung von ihnen sah er nicht bei sich:

> »Die Scheidungsgründe liegen auf der anderen Seite, in den vielen menschlichen Zutaten, Namen, Bekenntnissen, Statuten, Einrichtungen usw.«[79]

die er nicht als von Gott kommend anerkennen konnte.

Damit war aber genau der wunde Punkt berührt, der immer wieder zu neuen dogmatischen Auseinandersetzungen führen sollte, lag doch hierin die unabdingbare Forderung, dass die Trennung zwischen den »Brüdern« und den anderen Gläubigen nur über die Lösung aus deren Gemeinschaften und über die Akzeptierung der vorgebrachten Lehrmeinung überwunden werden könne.

Es war also kein Wunder, dass die Brüder der Freien evangelischen Gemeinden darauf die Antwort nicht schuldig blieben. Einen gewissen Höhepunkt erreichte der Schriftenstreit, als Gustav Nagel 1913 sein Buch »Die Zerrissenheit des Gottesvolkes in der Gegenwart« veröffentlichte. Nagel (1868-1944) wurde wenig später Redakteur des Blankenburger Ev. Allianzblattes und war von 1926 bis zu seinem Tod Vorsitzender des Deutschen Zweiges der Evangelischen Allianz. Er schrieb maßvoller, mit mehr brüderlicher Liebe als seine Vorgänger, in der Sache war er aber nicht minder hart, war er doch selbst von dem Gedanken der Einheit der Kirche Christi zutiefst bewegt.

Dass diese Einheit zu den wichtigsten Grundwahrheiten der Bibel gehöre, war der Ausgangspunkt in seinem Werk. Alle Denominationen seien sich darüber einig, nirgendwo aber werde diese Grundwahrheit so nachdrücklich vertreten wie in der Versammlung«:

> »Die Lehren und Grundsätze der ›Versammlung‹ sind in dieser Hinsicht so geartet, dass man praktisch die Schriftlehre von der Einheit der Gemeinde gar nicht erörtern kann, ohne den Grundsätzen der ›Versammlung‹ vorerst eingehendste Aufmerksamkeit zuzuwenden.«[80]

Und Nagel nimmt Stellung zu diesen Grundsätzen. Sein Buch ist eine Auseinandersetzung mit Lehre und Praxis der »Brüder« und dreht sich im Grunde, dem Titel entsprechend, um die Frage der Trennung zwischen den Gläubigen. Für Nagel ist es völlig unbiblisch, sich von anderen Gliedern am Leib Christi zu trennen, es sei denn, dass offenbare Sünden und Irrlehren dies erforderten, und gerade Paulus, auf den sich die »Brüder« bei ihrer Absonderungspraxis beriefen (2. Tim. 2,19-21), habe ein völlig entgegengesetztes Verhalten gezeigt:

> »Indem man zwar gegen Parteien protestiert, macht man den Namen Christi selber wieder zu einem Parteiprogramm, genau so, wie es die ›Christen‹ in Korinth taten.«[81]

Den Anspruch der »Brüder«, sich ganz einfach, d.h. ohne konfessionellen Namen, nur im Namen Jesu zu versammeln, betrachtete Nagel als eine Veräußerlichung des Problems, da es auf Glaube und Liebe der von der Sünde erlösten Menschen ankomme:

> »Nicht damit ist schon der Irrtum überwunden, dass man neben Versammlungen mit unbiblischen Namen und Formen solche mit korrekten biblischen Namen und Formen oder einer vermeintlich biblischen Formlosigkeit stellt.«[82]

Meinungsunterschiede über geschriebene Glaubensbekenntnisse, über die Heraushebung des Herrenmahles oder über den Dienst von Ältesten und Predigern waren für Nagel keine von der Bibel legitimierten Gründe, die Gemeinschaft der Christen untereinander aufzuheben. Als Fazit setzte er dem Verhalten der »Brüder« schließlich ein Zitat Spurgeons entgegen:

> »Es ist *Sünde*, sich von den anderen zu separieren. Niemand gehört zur Kirche, der nicht den Geist Gottes hat; aber *wehe dem Mann, der sich von Kindern Gottes separiert!*«[83]

Das war klar gesprochen; sicher hatte Nagel die schwache Stelle im Lehrgebäude der »Brüder« bloßgelegt, nur war auch seine Argumentation nicht für *den* überzeugend, der wie die »Brüder« die Absonderung als einen Gehorsamsakt betrachtete, sogar als den »ersten Schritt«, den der Gläubige tun müsse:

> »Der Glaube beugt sich vor dem Wort und gehorcht, indem er sich von den Gefäßen zur Unehre trennt ... Vielen unserer Brüder erscheint diese Forderung zu hart ... sie können sich ... nicht dazu entschließen, ihre Anbetungsstätte zu verlassen und *den* Ort ... aufzusuchen, den Gott in Seinem Wort den Seinigen angewiesen hat ... Das Wort gibt aber keinem Mittelwege Raum; es fordert Reinigung von den Gefäßen zur Unehre ... und überlässt nichts dem eigenen Gutdünken.«[84]

Das war es: Gehorsam – auch wenn jedes mitmenschliche, ja brüderliche Gefühl dagegen sprach! Gegenüber dem Wort Gottes konnte nichts dem »eigenen Gutdünken« überlassen bleiben. Die Frage, ob vielleicht die eigene Auslegung über das, was ein »Gefäß zur Unehre« – konfessionelle Zugehörigkeit? – sein könnte, einseitig geprägt war, kam dabei nicht in Betracht.

Das zeigte auch die Erwiderung, zu der sich Rudolf Brockhaus auf Nagels Buch hin gezwungen sah: »Die Einheit des Leibes Christi. Ein Wort in Erwiderung auf die Schrift von G. Nagel.« Nicht »Wortstreit« war es, was Rudolf Brockhaus suchte, dann hätte er geschwiegen, sondern er schrieb, um »die Wahrheit«, wie Gott sie seinen Kindern anvertraut habe, »in Liebe festzuhalten und zu vertreten.« Noch einmal entwickelte er, im einzelnen auf Gustav Nagel eingehend, das Gemeindeverständnis der »Brüder«, doch waren letztlich beide Bücher aneinander vorbeigeschrieben, weil sie in dem, was in ihnen für biblische Wahrheit gehalten wurde, von grundsätzlich unterschiedlichen Voraussetzungen ausgingen. Während Nagel die nur aus Gläubigen bestehende neutestamentliche Gemeinde vertrat, die so unabhängig, so »frei« war, im Blick auf die Einheit der Kinder Gottes keine konfessionalistischen Zäune aufzurichten, lehnte Brockhaus schon eine solche Gemeindebildung als Menschenwerk und Verstoß gegen die Einheit des Leibes Christi ab. So betonte er:

»Entweder sind wir der ›Leib Christi‹ und ›Glieder voneinander‹ und geben diesem Verhältnis schriftgemäßen Ausdruck, oder wir bilden selbständige, unabhängige Körperschaften und sind dann Glieder dieser Körperschaften. Beides miteinander zu vereinigen ist unmöglich. Das eine schließt das andere aus.«[85]

Im Grunde konnte man sich über die Wahrheit oder Unwahrheit dieses letzten Satzes nicht einigen, ob denn nun wirklich das eine das andere ausschließen müsse, und damit war der unüberbrückbare Graben zwischen den »Brüdern« und den Freien evangelischen Gemeinden gekennzeichnet, und das gegenüber einem Mann wie Gustav Nagel, der wie kaum ein anderer den Einheitsgedanken vertrat und dem selbst die Freien evangelischen Gemeinden einen zu konfessionalistischen Charakter angenommen hatten, so dass er 1919 seine Predigerstelle bei ihnen in Siegen aufgab und sich gänzlich der Evangelischen Allianz widmete.[86]

Dem Vorwurf, dass sich die »Brüder« schließlich nicht nur von den Körperschaften, sondern auch von den einzelnen Gläubigen trennten, konnte Rudolf Brockhaus als Dogmatiker leicht begegnen, indem er die bestehende Praxis lehrmäßig in ihr Gegenteil verkehrte und darauf hinwies, dass sich die »Brüder« nicht von den Gläubigen, »sondern von den Einrichtungen, in welchen jene sich befinden, abgesondert halten«.[87]

Die zahlreichen Hinweise, dass die »Christliche Versammlung« mittlerweile selbst eine organisierte Vereinigung und in Lehre und Ordnung festen Normen unterworfen sei (s. S. 55), entkräftete Rudolf

Brockhaus mit dem Hinweis auf den Geist Gottes, der allein die Übereinstimmung bei den »Brüdern« herbeiführe.[88]

Diese Auffassung zeigt deutlich, wie sehr Rudolf Brockhaus stets als Dogmatiker dachte und schrieb. Die der Lehre entgegenstehenden Praktiken bezeichnete er höchstens als Mängel oder Untreue, unter die man sich zu beugen habe, am dogmatischen Ideal der »Wahrheit« konnte er so immer festhalten.

Und weil es für ihn die Wahrheit war, konnte ihn keine Streitschrift im mindesten wankend machen. Im Gegenteil, er war überzeugt davon, »dass in dieser Welt nichts so sehr auf allseitigen Widerspruch zu rechnen hat als die einfache ungeschminkte Wahrheit«. Daher seien die »Brüder« in der Welt die meistverachtete... bestgehasste Gruppe«.[89]

Die Frage mag offen bleiben, ob dieses Märtyrerbild der »Brüder« zu dunkel gezeichnet wurde, fest steht, dass Rudolf Brockhaus trotz aller Angriffe als Sprecher der deutschen Brüderbewegung ruhig und fest auf dem einmal eingenommenen Standpunkt verharrte; weil er »eine zwingende, andere Grundsätze ausschließende Wahrheit«[89] hinter sich wusste. Daher konnte auch die Fortführung des Schriftenstreites nichts Neues mehr erbringen, als Gustav Ischebeck, der Historiker unter den Predigern der Freien evangelischen Gemeinden, mit seiner Schrift »Hat die ›Versammlung‹ recht?« an die Öffentlichkeit trat und nicht ohne Schadenfreude und Behagen die vielfältigen Trennungen unter den »Brüdern« auf englischem Boden und die angeblichen und tatsächlichen Parallelen zwischen Darbysmus und römischer Kirche breit darstellte, um die Lehren der »Versammlung« ad absurdum zu führen. Ironisch fragte er die »Brüder«, in welche der vielen darbystischen Gruppen man sich eigentlich einreihen solle.[90]

Den Abschluss des Schriftenstreites machte 1915 schließlich wieder Friedrich Kaiser mit einer Neuauflage seiner oben genannten Schrift, in der er alles bisher Geschriebene zusammenfasste und die Fronten zwischen Freikirchen und »Versammlung« noch einmal klar herausstellte:

> »Die Gläubigen der verschiedenen Kreise und Gemeinschaften weisen dieselben (die Sonderlehren der »Versammlung«) nicht zurück, weil sie davon überzeugt sind, dass diese wichtige Wahrheiten enthalten, unter welche sie sich nicht beugen wollen, wie man seitens der Versammlung sagt; nein, sondern weil sie erkennen, dass das, was man hier anderen immer

wieder aufdrängen will als besondere Wahrheit, nur menschliche Meinungen sind.«[91]

Wahrheit oder Meinung – auf diesen Gegensatz lief letztlich der gesamte Schriftenstreit hinaus, und dieser Gegensatz sollte später noch bei den Auseinandersetzungen der Generationen innerhalb der »Christlichen Versammlung« eine Rolle spielen.

Vielleicht mag manchem diese Behandlung des Schriftenstreites oder der »Brüder«lehre überhaupt zu umfangreich erscheinen, man sollte aber bedenken, dass die Lehre von der Einheit der Kirche durch Absonderung gerade das Spezifische der deutschen Brüderbewegung damals war und es für einen Teil von ihr bis heute ist. Nur wenn man sich diese Tatsache vor Augen hält, wird man wirklich würdigen können, wie einschneidend und umwälzend die Ereignisse von 1937 und der Jahre danach für das Denken, Handeln und Fühlen der »Brüder« gewesen sind.

Die Verteidigung der Einheit

Rudolf Brockhaus war nicht nur gezwungen, den eigenen Lehrstandpunkt zu verteidigen, auch die Bewahrung der tatsächlichen Einheit in der deutschen Brüderbewegung machte ihm und anderen Brüdern zuweilen viel Mühe. Gustav Ischeheck hatte nicht mit Unrecht darauf hingewiesen, dass die »Elberfelder Gruppe immer in Verlegenheit« kam, wenn – angesichts der verschiedenen darbystischen Parteien in England – »darbystische ›Vertreter der Einheit‹ von dort nach Deutschland« reisten.[92] Immer bestand ja die Frage, ob man mit ihnen Gemeinschaft pflegen konnte. Denn die Verbindung mit einer bestimmten Richtung der englischen »Brüder« hätte u.U. zur Folge haben können, von anderen Gruppen jenseits des Kanals die Gemeinschaft aufgekündigt zu bekommen. Die noch größere Gefahr war aber, dass sich deutsche Brüderversammlungen englischen Splittergruppen anschlossen und damit die Spaltung auf den Kontinent trugen.

Die Raven-Trennung von 1890 in England war dafür ein trauriges Beispiel gewesen (I, 114). Zwar hatten sich damals nur wenige deutsche Versammlungen den »Ravenschen« oder »Englischen Brüdern« angeschlossen, aber die Spaltung war immerhin nicht völlig verhindert worden, und noch Jahrzehnte danach war man hier und da in der »Christlichen Versammlung« darüber beunruhigt, ob sich die deutschen »Brüder« damals auf die richtige Seite gestellt hätten, so dass Rudolf Brockhaus eine ausführliche Erläuterung der Angelegenheit geben musste.[93] Er stellte klar, dass die Brüder sich 1890 mit vollem Recht von der Raven-Gruppe[94] getrennt hatten. Am unangenehmsten waren aber für Rudolf Brockhaus die Erinnerungen an jene Zeit, als dann die Raven-Vertreter durch Deutschland zogen und Anhänger warben:

> »Der Herr ließ es auch zu, dass in beiden folgenden Jahren (1892/93) an einigen Orten (so in Berlin, Solingen, Weidenau, Raubach, Dümpten etc.) kleine Bruchstücke sich von den Versammlungen loslösten und auf die Seite der mit R(aven) gehenden Versammlungen traten;... Wer jene Zeit mit durchlebt hat und hier und da Zeuge der Erscheinungen gewesen ist, unter welchen sich jene Loslösungen vollzogen, wird sie wohl nie wieder vergessen. Die Offenbarungen von Eigenwille und gewalttätiger Ungerechtigkeit warm in einzelnen Fällen erschreckend.«[95]

So ist es verständlich, dass die Vertreter der Brüderbewegung auf dem Kontinent, wo immer eine viel größere Einheitlichkeit gewahrt wurde, nicht einfach den verschiedenen Trennungen und Ausschlüssen in England zuschauen konnten, als 1910 von England her eine neue Spaltung drohte. Entstehung und Entwicklung des Falles warten typisch für die Probleme, denen sich die englischen Brüderversammlungen und mit ihnen die »Brüder« in der ganzen Welt ausgesetzt sahen.

Jahrelange Streitigkeit zwischen einer kleinen englischen Versammlung, Turnbridge Wells, und einem Mr. Strange hatten schließlich zum Ausschluss dieses Bruders aus jener Versammlung geführt. Es war nun seit Darby Brauch, dass der Beschluss einer Versammlung in allen anderen Versammlungen anerkannt wurde, um das Zeugnis der Einheit nicht zu verletzen. Da aber jener Ausschluss weder der Form noch der Sache nach völlig korrekt durchgeführt worden war und die Schuld offensichtlich auf beiden Seiten lag, verweigerte ein Teil der umliegenden Versammlungen jenem Mr. Strange nicht die Gemeinschaft, worauf die Brüder von Turnbridge Wells eines Tages mitteilten, »dass sie sich nicht nur von denen absonderten, die mit Herrn St(range) Brot brächen, sondern auch von allen, die ihn unterstützten oder mit ihm in anderer Weise verbunden wären«.[96] Die englischen Versammlungen begannen nun, für die eine oder andere Seite Partei zu ergreifen, und schnell schien sich die Trennung »Über die ganze Welt zu verbreiten«.[97]

Es ist begreiflich, dass Rudolf Brockhaus und Dr. Emil Dinges mit den Holländern Dr. N. und J. Voorhoeve und dem Franzosen M. Koechlin Ende November 1910 nach London eilten, um den Streit möglichst zu schlichten, was aber letzten Endes nicht gelang. Und so sahen sich Rudolf Brockhaus und alle anderen kontinentalen Versammlungen schließlich nicht mehr in der Lage, die Beschlüsse der mit Turnbridge Wells gehenden Versammlungen als bindend anzuerkennen. Damit war die Spaltung da, die bald auch die USA erreichte. Der vorliegende umfangreiche Briefwechsel[97a] zwischen Rudolf Brockhaus und vielen ausländischen Brüdern lässt eindeutig den Schluss zu, dass ohne Einflussnahme der führenden deutschen Brüder die weltweite Spaltung nicht dieses Ausmaß angenommen hätte. Andererseits hatte aber auch Rudolf Brockhaus durch seine entschiedene Parteinahme für die in England zahlenmäßig geringeren Anti-Raven-Versammlungen ein weiteres Ausgreifen der Raven-Bewegung in Europa verhindert. Und ebenso begrüßte er es, als sich 1926 die aus der Kelly-Trennung von 1881 hervorgegangenen Gruppen in England wieder vereinigten (I,37.112f.). Aus eigener Initiative sandte er damals an alle deutschen Versammlungen ein Rundschreiben und stellte sich mit den übrigen kontinentalen »Brüdern« in die weltweite Gemeinschaft der sogenannten Kelly-Lowe-Continental-Brethren Group.

Wie ärgerlich jedoch den Kontinentalen die dauernden britischen Querelen für das Zeugnis der Brüderbewegung in der Welt waren, zeigt die vor der Englandreise von 1910 auf einer Zusammenkunft in Zürich geäußerte Befürchtung,

>»dass wir eines Tages vor die Frage gestellt würden, ob wir fernerhin noch eins der verschiedenen Bruchstücke in England anerkennen könnten«.[98]

Sicher kennzeichnete Rudolf Brockhaus die Lage in England, im Mutterland des Darbysmus, recht treffend, wenn er den englischen Brüdern sagte, dass es ihnen zwar »nicht an Lehrern und Schreibern, vielleicht aber an Hirten und Vätern« fehle.[99]

Dass er selbst nicht nur ein großer Lehrer war, sondern auch in hervorragendem Maß einen Hirten und Vater in Christus verkörperte, war nicht zuletzt der Grund für die zu seiner Zeit so überzeugende Geschlossenheit der deutschen Brüderbewegung; unter seiner Führung wahrte sie die Einheit und hielt streng an der Lehre von der Absonderung fest.

Zwischen Absonderung und Allianz

Aber eben dieses Gebot der Absonderung wurde in der Praxis doch sehr problematisch, wenn Gläubige englischer und auch amerikanischer Versammlungen in Deutschland oder überhaupt auf dem Kontinent auf ihren Besuchsreisen um die Gemeinschaft am Tisch des Herrn nachsuchten und wenn sich dann herausstellte, dass ihre Empfehlungsbriefe von Versammlungen stammten, mit denen man gemäß ausländischer Trennungen keine Gemeinschaft hatte. Konnte man einen wahren Christen wegen irgendwelcher meist undurchschaubarer Auseinandersetzungen in einem fremden Land einfach zurückweisen? Die Tradition der ursprünglichen Brüderbewegung, mit jedem wahrhaft Gläubigen Gemeinschaft zu pflegen (I,27), war ja auch unter der strengen Absonderungslehre nicht völlig in Vergessenheit geraten, und es bestand daher die Gefahr unterschiedlicher Handhabung in den genannten Fällen, je nachdem das Verhalten der maßgebenden Leute mehr von der Bruderliebe oder mehr von der Lehre bestimmt war.

Dies wurde um so problematischer, als auch oft Gläubige aus landes- und freikirchlichen Kreisen an die »Brüder« einfach als wohlbekannte Christen herantraten und baten, mit ihnen das Brot brechen zu dürfen. Immer wieder stand man in den Versammlungen vor der Frage, ob man wahren Kindern Gottes den Wunsch nach Gemeinschaft abschlagen durfte, nur weil sie sich noch nicht von den »Systemen« getrennt hatten.

Um in diesen Schwierigkeiten zu einer einheitlichen Verhaltensweise zu gelangen, trafen sich im November 1921 in Basel 15 führende Brüder aus Holland, Belgien, Frankreich, Deutschland und der Schweiz. Von deutscher Seite nahmen Rudolf Brockhaus, Dr. Emil Dinges und Ernst Overhoff aus Mettmann an der Konferenz teil. Es war bezeichnend, dass sich die »Brüder« des Kontinents wie schon bei den Ereignissen von 1910 den angelsächsischen Versammlungen gegenüber als eine besondere Gruppe empfanden, die angesichts der Auseinandersetzungen jenseits des Kanals bzw. des Atlantiks die Wahrheit von der Einheit des Leibes Christi auch in der Praxis festzuhalten und zu verteidigen hatte. In einer »Vertraulichen Mitteilung«[100] an die Versammlungen des Festlandes – auch die italienischen »Brüder« stellten sich hinter die Erklärung – bezeichneten sie sich ausdrücklich als Vertreter »verschiedener kontinentaler Versammlungen«, die sich mit den oben genannten Problemen der »Versammlungen auf dem europäischen Festland« zu beschäftigen hatten, weil eben »die kontinentalen Versammlungen in eine nicht geringe Schwierigkeit versetzt« worden seien. Es ist deutlich, dass die Brüder den Widerspruch zwischen der Lehre von der Einheit der Kirche und den zahlreichen Trennungen im angelsächsischen Raum als beschämend empfanden.

Widersprüchlich waren in der Praxis aber auch jene zwei Verpflichtungen, denen sich die versammelten Brüder gleichermaßen unterordnen wollten: Betonten sie auf der einen Seite, sich nur »auf dem Grundsatz des einen Leibes versammeln« zu wollen und »Wachsamkeit und Entschiedenheit bei der Aufrechterhaltung dieser Wahrheit« walten zu lassen, so mochten sie doch auch nicht die »andere grundsätzliche Wahrheit... übersehen, nämlich: dass alle Kinder Gottes Glieder sind jenes Leibes«.

> »Wenn wir einerseits große Sorge verwenden an der Aufrechterhaltung eines reinen Tisches des Herrn, so müssen wir andererseits auf unserer Hut sein, durch sektiererische Engheit Gläubigen zu wehren, die, rein im Glauben und heilig in ihrem Wandel, am Tisch des Herrn Platz nehmen können, ohne den schriftgemäßen Grundsätzen des Versammelns Abbruch zu tun. Durch die Aufrechterhaltung einer dieser Wahrheiten auf Kosten der anderen würden wir verfehlen, das Ganze aufrechtzuerhalten.«

Interessant ist, wie im »Andererseits« des Rundbriefes die Grundätze der von dogmatischer Enge unbeschwerten Anfangszeit der Brüderbewegung in England aufleuchten, als sich noch Christen aus den verschiedensten Denominationen zum Gebet, zur Bibelbetrachtung und auch zum Abendmahl versammelten. Wie man jedoch den Widerspruch zwischen dieser Praxis und der Lehre von der Absonderung in der Nachfolge Darbys auflösen wollte, blieb fraglich. Immerhin ist anzuerkennen, dass die in Basel versammelten Brüder mit ihrer Meinungskundgebung den ehrlichen Versuch unternahmen, beiden in gleicher Weise für unabdingbar gehaltenen »Wahrheiten« gerecht zu werden.

Auf der einen Seite trachteten sie danach, an der Lehre festzuhalten, indem sie empfahlen, von einer Versammlung, »von der wir getrennt sind, welcher Partei sie auch angehören mag«, keinen Empfehlungsbrief anzunehmen. Um aber nicht gegen das Gebot der Bruderliebe und die Darstellung der Einheit in der Praxis zu verstoßen, sollte man auf der anderen Seite einzelne Besucher aus solchen Versammlungen zum Tisch des Herrn zulassen, wenn keine Verbindung zu »bösen Lehren« vorliege.

Letztgenannter Brauch fand übrigens oft nicht die Billigung angelsächsischer Versammlungen, die die kontinentalen »Brüder« kritisierten, Christen zum Tisch des Herrn zuzulassen, von denen sie, die Engländer oder Amerikaner, sich getrennt hätten. Doch ließen sich die deutschen, holländischen und übrigen »Brüder« nicht beirren und beharrten auf dem Grundsatz einer gewissen Offenheit, die der Einheit des Leibes Christi ihrer Auffassung nach diente. So verteidigten sich 1925 Rudolf Brockhaus und J. N. Voorhoeve gegenüber Amerikanern:[101]

> »Die Benennungen, zu welchen diese Gläubigen gehören, werden dadurch nicht anerkannt, aber gerade, weil wir an dem Tisch des Herrn versammelt sind, verweigern wir Gläubigen, die uns als gesund in Wandel und Lehre bekannt sind, die Teilnahme am Abendmahl nicht, wenn sie mit uns das Brot zu brechen wünschen.«

Ja, man berief sich dabei ausdrücklich auf den Ursprung der Brüderbewegung:

> »Indem wir so handeln, tun wir nichts Neues. Von Anfang an haben die Brüder nach diesem Grundsatz gehandelt.«

Natürlich waren sich auch Brockhaus und Voorhoeve über den eigentlich unaufhebbaren Gegensatz zwischen der Lehre und dem Verfahren im Einzelfall im klaren:

> »Im Blick auf die göttliche Ordnung und Verwaltung besteht und bestand freilich immer eine Gefahr in solchen Fällen, aber andererseits wurde und wird der Charakter des Tisches des Herrn in dieser Weise aufrecht gehalten.«

Parteien, die man um der Einheit der Kirche willen nicht anerkannte, und Gläubige aus diesen Parteien, mit denen man um der Einheit willen das Brot brach – diese diffizile Unterscheidung zeigte die Schwierigkeiten der in ihrem Lehrgebäude gefangenen »Brüder«, die in Theorie und Praxis gleichermaßen mit der Einheit der Kinder Gottes ernst machen wollten.

Und ebenso wollte man im Baseler Rundbrief auch den Gläubigen aus den landes- und freikirchlichen Gemeinschaften entgegenkommen:

»Handelt es sich um Gläubige aus den Systemen, die sich aus Unwissenheit dort befinden und in aller Einfalt wünschen, an einem Sonntag am Tisch des Herrn das Brot zu brechen, so meinen die Brüder übereinstimmend, dass man solche zulassen solle, vorausgesetzt, dass sie durch zwei oder drei Brüder, die sie kennen und von ihrer Frömmigkeit Zeugnis geben können, empfohlen werden. Ihren Mangel an Erkenntnis sollten wir in Langmut tragen, er ist kein Grund für die Versammlung, sie zurückzuweisen; aber indem sie am Brotbrechen teilnehmen, nehmen sie ihren Platz in der Versammlung ein, wo wir sie zu unterweisen haben, und sollten sie abwechselnd in den Systemen und unter uns am Abendmahl teilnehmen, so ist es unsere Pflicht, sie über den Widerspruch, der in ihrem Verhalten liegt, aufzuklären.«

Die Einschränkung am Schluss bedeutete allerdings, dass eine dauernde Teilnahme am Abendmahl in der Versammlung nur nach der faktischen Trennung von dem betr. »System« möglich war. Das gleiche Zugeständnis und die gleiche Einschränkung machte man auch den Gläubigen gegenüber, die aus »Versammlungen« kamen, »von denen wir getrennt sind, ohne dass diese Versammlungen gegenwärtig böse Lehren haben«; die Einschränkung galt hier »um so mehr, als diese Brüder die Wahrheit von der Einheit des Leibes kennen oder doch kennen sollten«. Das hier u. a. vorsichtig angedeutete und im übrigen recht problematische Verhältnis zu den »offenen Brüdern«, die seit der Jahrhundertwende auch in Deutschland an Boden gewonnen hatten, soll erst im Zusammenhang mit deren Entwicklung behandelt werden (s. S. 149ff.).

Am unduldsamsten war man eigentlich den eigenen Brüdern gegenüber, die sich die Freiheit nahmen, außerhalb der »Versammlung« das Brot zu brechen. Hier sah man sich in Basel gezwungen,

»ernsten Einspruch gegen ihr Tun zu erheben. Und sollten sie sich diesem Einspruch andauernd verschließen, so würden wir vor die Frage gestellt werden, ob wir länger mit ihnen in Gemeinschaft bleiben können, da wir durch sie den Tisch des Herrn mit Bösem in Verbindung bringen würden, von dem wir gezwungen waren, uns zu trennen.«

»Ernsten Einspruch« hatte man deshalb schon früher bei einem der bekanntesten Vertreter der deutschen Brüderbewegung erhoben, bei ihrem großen Evangelisten, dem General Georg von Viebahn, obwohl gerade auch sein Beispiel zeigt, dass selbst ein Abweichen von der buchstabengetreuen Linie der Absonderungslehre unter den deutschen »Brüdern« nicht zu Spaltungen führen musste. Natürlich könnte man andererseits einwenden, dass Georg von Viebahn um seines Namens, Ranges und Ansehenswillen kein Normalfall war. Jedenfalls war dieser Mann nicht in den engen Rahmen deutschen Brüdertums zu pressen. So sehr er sich auf der einen Seite zu den »Brüdern, die sich nur im Namen Jesu versammeln«, hingezogen fühlte, wie er selbst in einer Schrift dargelegt hatte,[102] so eindeutig er sich grundsätzlich als zur »Christlichen Versammlung« gehörig betrachtete, ließ er es sich auf der anderen Seite nicht nehmen, auch mit den Gläubigen anderer Kreise Gemeinschaft zu pflegen, ob diese nun frei- oder landeskirchlichen Charakters waren. Das galt für seine evangelistische Arbeit und überhaupt für jeden Dienst im Raum der Gemeinschaftsbewegung, aber auch für seine persönlichen Freundschaften(s. S. 24). Im Gegensatz zu den »Brüdern«, die die Evangelische Allianz als »gut gemeinten, aber erfolglosen« Versuch zur Wiederherstellung der christlichen Einheit ablehnten,[103] ließ Viebahn sich in seiner Mitarbeit bei diesem hoffnungsvollen Ansatz, die Einheit der Kirche Christi zu bezeugen, nicht beirren. Auf den Blankenburger Konferenzen gehörte er bald zu den bekanntesten und beliebtesten Rednern, die diesem größten Allianztreffen auf deutschem Boden ihr Gepräge gaben.[104]

So überzeugt nun Georg von Viebahn einerseits die Lehre der »Brüder« vertrat, nicht zuletzt auch »das Abendmahl nach den Gedanken Gottes« als den »Platz der Anbetung, als die Darstellung der Einheit« und »die Verwerfung jeder Art und Form menschlich eingesetzten Priestertums neben oder über dem Priestertum aller Gläubigen«,[105] trachtete er andererseits immer danach, die Wahrheit von der Einheit auch im Leben zu praktizieren:

> »Ich kann nicht am Sonntag beim Mahle des Herrn die Einheit aller Gläubigen bekennen und in der Woche diese Wahrheit beiseite legen.«[106]

Er scheute sich auch nicht, im Rahmen der Allianz-Bruderschaft in Bad Blankenburg das Brot zu brechen, was ihm natürlich Kritik und Zurechtweisung von seiten der »Brüder« einbrachte. Viebahn ließ sich jedoch von dem einmal eingeschlagenen Weg nicht abbringen, ja, er hatte den Mut, den Grundsatz, »dass die Verwirklichung der Einheit mit denen, die den Herrn Jesus lieben wollen, nur dann gestattet sei, wenn jene den Platz in der Versammlung einzunehmen bereit sind«, auf einer Elberfelder Konferenz als »römisch« und »schwere Krankheit« der »Versammlung« zu brandmarken, der »Versammlung«, die er andererseits stets »gegen harte Angriffe in Schutz nahm«, weil er sich ihr zugehörig fühlte.[105]

Seine Haltung war jahrelang »Gegenstand vieler Briefe und Mahnungen, in welchen wiederholt von drohender Trennung gesprochen wurde«, und als alles dies nichts fruchtete, übermittelten ihm schließlich »30 Brüder, größtenteils Führer und Lehrer in der Versammlung«, durch Dr. Emil Dinges eine ernste Mahnung, sich an die Praxis der Absonderung zu halten. Auch Rudolf Brockhaus schaltete sich ein und teilte dem Freund und Bruder mit, dass sein »Weg und Wirken in der letzten Zeit der Versammlung zum Schaden gewesen sei«, was auf der Elberfelder Konferenz am 10. November 1905 öffentlich wiederholt wurde; Viebahns Wirken wurde sogar als »ein Werkzeug in der Hand des Feindes« bezeichnet. Wenige Tage später schrieb ihm Rudolf Brockhaus, dass Viebahn die »kostbaren Wahrheiten, die der Herr der Versammlung anvertraute«, verleugnet habe, und er meinte, ihm ein Wort Gottes aus den Sprüchen zurufen zu müssen: »Ein Mann, der, oft zurechtgewiesen, den Nacken verhärtet, wird plötzlich zerschmettert werden ohne Heilung (Spr.29,1)«.[105]

Viebahn antwortete in einem Brief vom 14. Dezember 1905 aus Stettin[105] in vornehmer und geistlicher Weise. Er betonte, dass er die Grundwahrheiten der Bibel so wie die »Brüder« sie lehrten, festhalte, dass er aber nie dem Satz zugestimmt habe: »Wir haben die Wahrheit!« Auf der Berliner Konferenz habe er dies auch öffentlich gesagt. Die Lehre von der Absonderung als »Boden der Wahrheit« betrachte er als unbiblisch und einen Schaden, für den er sich selbst als mitverantwortlich ansehe.

>»Diese Schäden und Gefahren sind zum Teil sehr tief. Die Gefahr eines fest abgeschlossenen theologischen Systems und einer sektiererischen Parteistellung ist bereits eingetreten als eine Wirklichkeit, die vielerorts klar zutage tritt. Aber das berechtigt mich nicht, mich zu trennen, sondern ich muss nach Heilung trachten. Es heißt auch da: ›Die Liebe erträgt alles, sie glaubt alles, sie hofft alles, sie duldet alles.‹ Also ich trachte nicht danach, mich zu trennen, sondern ich begehre, den Brüdern zu dienen und herauszuhelfen aus dem, was die Segnungen Gottes hindert.«

Mit prophetischem Blick malte Viebahn eine Situation aus, wie sie dann wirklich über 30 Jahre später, aber unter gänzlich veränderten politischen Umständen eintrat und nicht mehr zu dem Ergebnis führte, wie es der alte General erhofft hatte:

> »Das Feld ist weiß zur Ernte in Deutschland. Wenn die Geschwister, die auf dem Boden der Versammlung stehen, Herz und Arme öffnen für alle Kinder Gottes, die auf dem Boden der ganzen Bibel stehen, so wird die Versammlung selbst von ihrer schweren Krankheit genesen, und Ströme von Segen werden sich ergießen.«

Ein Jahr vor seinem Heimgang, 1914, veröffentlichte Viebahn in seiner Zeitschrift »Schwert und Schild« noch einmal einen Aufsatz zu dem ganzen Fragenkomplex, und zwar unter dem Titel »Die Bruderliebe in der Zeit der Zerspaltung, ihre Betätigung und die Gefahren ihrer Verletzung«.[107] Über die Erkenntnis stellte er die Bruderliebe, auf die jeder wahrhaft Gläubige Anspruch habe. Ohne seine Brüder von der »Versammlung« direkt zu nennen, sprach er Gedanken aus, die sich in der Brüderbewegung erst ein Vierteljahrhundert später durchsetzen sollten:

> »Manche Gläubige, welche ihre Befreiung von den menschlich gemachten religiösen Formen und Organisationen erlebt haben, stehen in einer gewissen Gefahr, diejenigen nicht als Brüder anzuerkennen, welche noch unbefreit sind. Man ist geneigt, den letzteren Mangel an gutem Willen oder bewusstem Gehorsam vorzuwerfen, weil sie das nicht annehmen wollen, was ihnen vorgestellt wird als der im Worte Gottes erkennbare Weg der Wahrheit. Wenn wir unsere Geschwister lieben, so müssen wir ihnen den guten Willen und ein unbeflecktes Gewissen auch dann zutrauen, wenn sie festhalten an manchen Dingen und Anschauungen, die ihnen von Kindheit auf als Heiligtümer dargestellt worden sind. Handeln wir anders, so kommen wir in Gefahr, römisch zu urteilen.«

Dass es trotz aller Auseinandersetzungen nicht zu einem förmlichen Ausschluss Viebahns kam, war sicher u.a. dem Einfluss von Brockhaus und Dinges zu danken, die einfach nicht zuließen, dass dieser so offensichtlich von Gott bestätigte Zeuge Jesu Christi wie ein Irrlehrer behandelt wurde, zumal Viebahn immer betonte, sich niemals von den »Brüdern« trennen zu wollen. Es entspricht also nicht den Tatsachen, was bis in die neueste Zeit behauptet wird, dass Georg von Viebahn aus der »Christlichen Versammlung« ausgetreten sei und sich von den »Brüdern« gelöst habe.[108] Dennoch war die Gemeinschaft zwischen den alten Freunden sicherlich gestört, und Viebahn orientierte sich nach seinem Umzug nach Berlin mehr zu den Offenen Brüdern hin, deren Berliner Gemeinde in der Hohenstaufenstraße er oft besuchte. Seine fortdauernde tiefe Verbundenheit mit den Brüdern der »«Christlichen Versammlung« beweist aber die Tatsache, dass Rudolf Brockhaus und Emil Dinges an seinem Grabe die Traueransprachen hielten und Dinges in einem Blatt der Soldatenmission nach dem Ersten Weltkrieg einen Lebenslauf des Generals veröffentlichte.[109]

An dem »Fall« Viebahn wird deutlich, wie schwierig das Verhältnis der Brüder zwischen dem Auftrag ihrer geschichtlichen Herkunft und der Hypothek einer zum Dogma erstarrten Lehrmeinung in der Ära von Rudolf Brockhaus geworden war, zumal sich in den Kreisen aller Gläubigen immer mehr das Bewusstsein einer Zusammengehörigkeit im Sinne der Evangelischen Allianz verstärkte und schließlich auch die starre Haltung der »Brüder« nicht völlig unberührt ließ. Hier und da meldeten sich leise Stimmen, die den Alleinanspruch der »Brüder« auf den Tisch und die Gegenwart des Herrn in Zweifel zogen, was allerdings von den führenden Brüdern stets kategorisch zurückgewiesen wurde. So sehr man gemäß der Baseler Erklärung im Einzelfall geneigt war, der Bruderliebe freien Raum zu lassen, um so kompromissloser war man in der Bewahrung des Lehrstandpunktes.

Auch auf internationaler Ebene suchte Rudolf Brockhaus Zweifler auf den Weg der überkommenen Lehre zurückzubringen, so z.B. als sich 1925 während amerikanischer Auseinandersetzungen die dortigen »Brüder« an die Versammlungen in Europa wandten und eine Gruppe in einer Schrift mit dem bezeichnenden Titel »Der Tisch des Herrn. Wer hat ihn? (The Lord's Table. Who has it?)« revolutionäre Behauptungen aufstellte. Man schrieb, »dass des Herrn Gegenwart und Tisch überall, in allen Kirchen und Benennungen der Christenheit sei«, dass der Tisch des Herrn »nicht von irgendeiner Vereinigung von Gläubigen, mit Ausschluss anderer, in Anspruch genommen werden« dürfe, ja, dass man sich gegenüber den Christen in den Benennungen nicht anmaßen wolle »zu sagen, dass sie die Gegenwart des Herrn oder den Tisch des Herrn nicht mehr in ihrer Mitte« hätten.

Rudolf Brockhaus und J. N. Voorhoeve traten entschieden gegen diese Aufweichung des Absonderungsdogmas auf:

> »Das sind Worte, wie wir sie in der Mitte und in den Schriften der Brüder zu hören oder zu lesen bisher nicht gewohnt waren. Sie lassen befürchten, dass eine einseitige Ansicht der Wahrheit Gottes aufgekommen ist und dass hierdurch Gefahr besteht, Grundsätze aufzugeben, die früher mit Recht für göttlich gehalten wurden. Es ist immer eine ernste Sache, die alten Grenzen, die unsere Väter gemacht haben, zu verrücken.«

Und die Europäer entfalteten vor den Amerikanern die Sicht der »Brüder« und definierten das jetzt immer mehr in die Diskussion geratene Verhältnis zu den anderen Gläubigen durch die diffizile Unterscheidung von »Abendmahl« und »Tisch des Herrn«, wie es seit Darby üblich war. Das Abendmahl erfordere die persönliche Herzenseinstellung des einzelnen Christen und könne daher von allen wahren Gläubigen gefeiert werden, der Tisch des Herrn aber erfordere den Gehorsam, nicht »die heilige Sache mit unheiligen Dingen in Verbindung zu bringen«, an diesem Tisch könne man daher nur außerhalb der »Systeme« sitzen. Verbinde sich also mit dem Abendmahl die persönliche, individuelle Verantwortlichkeit, stehe mit dem Tisch des Herrn die kollektive Verantwortung im Blick auf die Einheit der Kirche in Zusammenhang. Diese Verantwortung könne nur in der Absonderung von allen trennenden Benennungen, »außerhalb des Lagers« gemäß Hebr. 13,13, wahrgenommen werden. Eine andere Haltung schaffe »einen Boden völliger Unklarheit und würde... über kurz oder lang unfehlbar wieder in das Lager zurückführen«.[101]

Dies war denn auch die Haltung, an der die deutsche Brüderbewegung offiziell bis 1937 festhielt. Doch konnte die so vorgetragene und oft wiederholte Lehrmeinung, die sowohl der Anerkennung der anderen Gläubigen als auch der eigenen Absonderung gerecht werden sollte, kaum das langsam stärker werdende Begehren nach Öffnung im Sinne der Evangelischen Allianz zurückdrängen. Die etwas spitzfindig klingende Unterscheidung von »Abendmahl« und »Tisch des Herrn« erschien kritisch denkenden Christen als gesucht. Ein Menschenalter nach dem Heimgang von Carl Brockhaus war die an seinem Grabe verkündigte »Wahrheit der Absonderung der Kinder Gottes«[110] zwar noch nicht zur Diskussion gestellt, aber unterschwellig doch mehr oder weniger ins Zwielicht geraten.

Wider die Irrlehren

Gegenüber den intensiven Bemühungen, die Wahrheit von der Einheit der Kirche zu verteidigen, traten die Anstrengungen um die Abwehr ausgesprochener Irrlehren deutlich zurück, und sicherlich spielten auch klar unbiblische, »böse« Lehren in der Brüderbewegung immer nur eine untergeordnete Rolle, weil die abgesonderte Stellung der »Christlichen Versammlung« und ihr standhaftes Festhalten ausschließlich an der Lehre der Väter kein Nährboden für bibelfremde und sektiererische Ideen war, obwohl natürlich in der Verkündigung die warnende Erwähnung und Erläuterung dieser Dinge nicht fehlte.

Als um die Jahrhundertwende von Amerika her die Pfingstbewegung als ein charismatischer Aufbruch mit ekstatischen Erscheinungsformen die Kreise der gläubigen Christen in Deutschland beunruhigte, beschlossen nach anfänglicher Unsicherheit die auf dem Boden der Evangelischen Allianz verbundenen Gruppen, den als schwarmgeistig betrachteten Tendenzen entgegenzutreten. In der Berliner Erklärung vom 15.9.1909 wurde die Pfingstbewegung als »von unten her«, d.h. satanisch beeinflusst, und als Irrlehre verurteilt.[111] Über die Berechtigung dieses Urteils kann hier nicht gesprochen werden, sicher ist aber, dass die maßgebenden Leute der »Christlichen Versammlung« inhaltlich voll hinter der genannten Erklärung standen, wenn sie sich auch der abgesonderten Stellung der »Brüder« entsprechend an keiner Aktion der Evangelischen Allianz beteiligten. Nur Georg von Viebahn gehörte – gewissermaßen als unbeauftragter Vertreter der »Brüder« – zu den 56 Unterzeichnern der Berliner Erklärung, die das deutsche Teilstück in den weltweiten Auseinandersetzungen um die neue enthusiastische Ausprägung des Christentums darstellte. Denn auch auf den Missionsfeldern hatte man sich immer wieder mit der Pfingstbewegung auseinanderzusetzen, wie z.B. Berichte aus China zeigen.[112]

Wenn allerdings die Unterzeichner der Erklärung von 1909 von eigenen Versäumnissen sprachen, die der Pfingstbewegung erst die »Wege geebnet« hätten, werden sich die Vertreter der »Versammlung« weniger betroffen gefühlt haben. Sie konnten darauf hinweisen, dass die spontane Geistesleitung in ihren Zusammenkünften immer eine starke Rolle gespielt habe, so dass die Ausfüllung eines charismatischen Vakuums bei ihnen nicht vonnöten gewesen sei. Doch könnte man auch fragen, ob nicht die »Christliche Versammlung« einfach durch ihre abgeschlossene Stellung abseits von allen anderen Gruppen der Gemeinschaftsbewegung mehr als diese von der pfingstlichen Entwicklung unberührt blieb. Die Abwehr schwarmgeistiger Lehren spielte jedenfalls in den Schriften der »Brüder« eine viel geringere Rolle als die Verteidigung der Absonderung.

Einige der charismatischen Äußerungen wie Zungenreden und Heilungen hatte übrigens schon Darby nur für die Urgemeinde gelten lassen.[113] Gott habe diese Gaben, die eine Zierde der Gemeinde und zu einem Zeichen für die Ungläubigen seien, wegen der Untreue der Gemeinde zurückgezogen, während er die Gaben, die der Auferbauung der Gläubigen und damit der Kirche dienten – Hirten, Lehrer, Evangelisten – , belassen habe. Erscheinungen wie Zungenreden oder Heilungen konnten also den festen bestehenden Vorstellungen entsprechend von vornherein nicht als »von oben her« gelten. Auf dieser Grundlage pflegte man in der »christlichen Versammlung« die Pfingstbewegung zu beurteilen:

> »Man strebt heute danach, Wunderkräfte auszuüben wie zur Zeit der Apostel und man ... meint auch unter ganz besonderen Regungen und Wirkungen des Geistes Gottes zu stehen, der heute, als eine Art ›Spätregen‹, dasselbe wirke, was einst am Pfingsttage geschah. Aus der Apostelgeschichte aber ersehen wir dass die damaligen Wunderkräfte nicht für die Gläubigen bestimmt waren, sondern als ein Zeichen für die Ungläubigen ...
>
> Fern liegt heute die Gründungszeit der Kirche, die ein mächtiges und eindrucksvolles Eintreten von seiten Gottes nötig machte... Wir leben inmitten des Verfalls dieser Kirche, wo Menschen, die den Namen ›Christen‹ tragen, den Sohn Gottes mit Füßen treten... und den Geist der Gnade schmähen Dieser Geist, der mehr denn je in der Christenheit betrübt wird, kann nicht wirken, wie wenn die Kirche treu geblieben wäre. Heute die Wunderwirkungen der ersten Zeit auszuüben würde heißen, die Unordnung, den Widerstand gegen Gott und die Unabhängigkeit gegenüber dem Haupte der Gemeinde gutheißen.«[114]

Sicherlich steht man heute in der Brüderbewegung einem solchen kirchengeschichtlichen Verständnis der charismatischen Frage nicht überall mehr zustimmend gegenüber, aber die Berliner Erklärung von 1909 sollte auch hier noch lange ihre Gültigkeit behalten. Ganz im Sinne der »Brüder« veröffentlichte »Die Botschaft« 1957 einen warnenden Artikel des bekannten Pfarrers Wilhelm Busch, der in der Auseinandersetzung mit dem Neo-Pfingstlertum des Solinger Fabrikanten Hermann Zaiß unter ausdrücklicher Berufung auf die Berliner Erklärung schrieb:[115]

»Die Brüder haben damals in den Stürmen jener Zeit zweierlei gelernt:
1. Der Teufel kann sich verstellen in einen Engel des Lichts, wie die Bibel sagt. Es kann also geschehen, dass eine Bewegung den Namen ›Jesus‹ rühmt und doch einen ›fremden‹ Geist, ein ›fremdes‹ Feuer (3. Mose 10) hat.
2. Wunder beweisen nichts. Denn nach Offenbarung 13,13 tut auch der Geist aus dem Abgrund Wunder ... Nein! Mit diesem Geist wollen wir nichts zu tun haben ... Unser Herz schreit nach einer Erweckung. Aber nicht auf diesem Weg der alten, wieder neu aufgelegten Pfingstbewegung. Nein! Auf diesem Wege nicht!«

Während nun der Gnadauer Verband, die Dachorganisation der landeskirchlichen Gemeinschaftsbewegung, bis heute an den Aussagen der Berliner Erklärung festhält, ist man in freikirchlichen Kreisen und damit auch in der Brüderbewegung nicht mehr überall so sicher, ob jenes pauschale Urteil damals so berechtigt war und ob es heute noch berechtigt sein kann. Eher fragt man sich hier und da, ob man mit der Errichtung eines gewiss notwendigen Dammes gegen schwarmgeistige Auswüchse nicht auch echte Erweckungsaufbrüche durch den Geist Gottes unterdrückt habe. Kontakte zwischen Evangelischer Allianz und gemäßigt-charismatischen Gruppen deuten auf eine gewisse Umorientierung hin, ebenso auch die Tatsache, dass die Frage nach der Gesamtheit der charismatischen Gaben neu diskutiert wird.

Neben der Auseinandersetzung um die aufsehenerregenden Erscheinungen der Pfingstbewegung standen andere Lehren nicht so im Brennpunkt des Interesses. So trat man im Schrifttum der »Brüder« zwar den Lehren von der Vorherbestimmung, d.h. der sogenannten »doppelten Prädestination«[116], und von der Allversöhnung[117] entgegen, für die Mehrzahl der Gläubigen werden aber diese schon aus der Kirchengeschichte bekannten Lehrauffassungen sicherlich keine große Rolle gespielt haben. Anhänger der Allversöhnung, also der Lehre, nach der letztlich alle Menschen von Gott errettet werden, verursachten allerdings hier und da Unruhe, was gewöhnlich, wenn der Betreffende sich nicht von seiner bisherigen Auffassung distanzierte oder wenigstens bereit war, nicht darüber zu sprechen, mit dem Ausschluss des »Allversöhners« aus der Abendmahlsgemeinschaft endete.

Ein solches Schicksal widerfuhr u.a. auch dem Verfasser der Elberfelder Bibelkonkordanz, Wilhelm Brockhaus in Emdenau (s. S. 26f.), dessen Auffassung über die Allversöhnung als »böse Lehre« gebrandmarkt wurde.[118] Komplikationen konnte es geben, wenn Brüder – wie im Fall von Wilhelm Brockhaus – weiterhin aus persönlicher Freundschaft mit dem Ausgeschlossenen Verbindung hielten, vielleicht auch mit seiner Lehrauffassung sympathisierten. So musste Rudolf Brockhaus 1926 im Siegerland eingreifen, wo man sich in der Versammlung von Niederschelden nicht dazu verstehen wollte, einen deutlichen Trennungsstrich gegenüber Wilhelm Brockhaus zu ziehen. Bezeichnenderweise sah Rudolf Brockhaus nicht nur die Lehre an sich, sondern auch die Einheit gefährdet, denn, wie er schrieb,[119]

1. sei »die Einheit des Geistes, die sich in der Anerkennung der Zucht offenbaren soll, gebrochen«,
2. sei »der Sauerteig böser Lehre in die Versammlung eingeführt ... und
3. seien »alle Versammlungen ... in bewusste Verbindung mit dem Bösen gebracht und tragen die Verantwortung dafür«.

Rudolf Brockhaus forderte die umliegenden Ortsversammlungen auf zu »handeln«, wie der diesbezügliche Fachausdruck lautete, weil »die Gefahr einer Trennung« bestehe. »Handeln« hieß in diesem Fall, die örtliche Versammlung in Niederschelden zu veranlassen, sich von den Anhängern eines »Allversöhners« oder auch der Allversöhnungslehre zu trennen oder im Fall einer Weigerung den Ausschluss aus der Gemeinschaft mit den anderen Brüderversammlungen hinnehmen zu müssen. Denn so klar man einerseits der einzelnen Versammlung zugestand, »nach Matth. 18,18-20 göttlich autorisiert« zu sein, »Handlungen der Zucht auszuüben«, so sehr sah man sich auf der anderen Seite genötigt, die Einheit der Kirche nicht dadurch zu zerstören, indem »in einer Versammlung bewusst Böses geduldet« wurde.[120]

Dass bei der Behandlung solcher Fragen auch kleinlich-inquisitorische Gewissenserforschung betrieben und bei den Betroffenen das Gefühl hervorgerufen wurde, »einen Freund um der Folgenwillen opfern« zu müssen,[121] ist nur die menschliche Seite solcher Auseinandersetzungen, eine Seite, die immer da besonders zutage tritt, wo persönliche Beziehungen großen Prinzipien widerstreiten. Hier also den »Brüdern« rücksichtslose Härte vorzuwerfen, wie es in manchen Rückerinnerungen immer wieder geschieht, veranschlagt nicht den Ernst, mit dem die »Brüder« sich Gott gegenüber verantwortlich fühlten. Wie sehr auch gerade Rudolf Brockhaus den schwer zu bewältigenden Gegensatz zwischen brüderlichem Verhältnis und göttlichem Grundsatz empfand, zeigen einige Schlusssätze seines Schreibens im Fall von Niederschelden:

> »Diese ernste Angelegenheit beschäftigt mich schon lange ernstlich vor Gott, und ich habe den Herrn gebeten, mir doch zu zeigen, ob ich diesen Brief schreiben solle oder nicht. Ich kann nicht anders. Die ganze Stellung, die wir einzunehmen bekennen, steht auf dem Spiel.«[119]

Heute mag zuweilen dieser Ernst fehlen, mit dem nach dem Willen Gottes in Leben und Zeugnis der Gemeinde gefragt werden sollte, vielleicht nicht so sehr im Blick auf Irrlehren, dafür um so mehr hinsichtlich eines weltförmigen Wesens, das in der Gemeinde akzeptiert wird.

Weniger betroffen wurde die »Christliche Versammlung« in der Zwischenkriegszeit von einer Bewegung, die Ende der Zwanziger Jahre unter dem Namen »Neu-Oxford-Bewegung« bekannt wurde und nach dem Zweiten Weltkrieg als MRA (Moralische Aufrüstung) auch in der Weltpresse Schlagzeilen hervorrief. Die 1921 durch Dr. Frank Buchman (1878-1961) ins Leben gerufene Bewegung versuchte, die Welt im Sinne göttlicher Grundsätze zu verändern. Dazu sollten im Zusammenleben der Menschen vier »Absolute« – Selbstlosigkeit, Reinheit, Wahrhaftigkeit, Liebe –, die man aus der »Bergpredigt« Christi entlehnt hatte, als Maßstab dienen. Schon um 1930 aber betrachteten die »Brüder« die Oxford-Bewegung als eine sich »auf dem Boden seelischen und fleischlichen Wesens bewegende Bestrebung«,[122] weil »das Wort Gottes und das Kreuz Christi« »fast völlig« hinter der »persönlichen Erfahrung« zurückträten.[123] Das Ziel der Oxford-Bewegung, »die Welt durch Erneuerung des einzelnen zu erneuern«, wurde im Widerspruch zur biblischen Heilsgeschichte gesehen, nach der die Gemeinde Jesu Christi die aus der Welt »Herausgerufene« sei, die nicht diese Welt in ein Gottesreich zu verwandeln habe.[124] Nach dem Zweiten Weltkrieg sollte aber gerade die MRA die deutsche Brüderbewegung noch in einige Unruhe versetzen.

Bis 1937 stand dagegen im Mittelpunkt des dogmatischen Denkens der »Brüder« doch immer die Absonderungslehre, die seitens der anderen Gemeinschaften und ganz zuletzt auch von innen heraus dauernden Angriffen ausgesetzt war und deshalb verteidigt werden musste, während es gegenüber offensichtlichen Irrlehren zumeist eine innere Übereinstimmung mit den übrigen Kreisen der Gläubigen gab.

10. Das Leben in den Versammlungen

Zumeist nicht allzu sehr von den Lehrauseinandersetzungen berührt, verlief das Leben in den einzelnen Gemeinden, in den »Örtlichen Versammlungen« oder »Örtlichen Zeugnissen«, wie man zu sagen pflegte.

Die Zahl derjenigen, die sich zu diesen Versammlungen rechneten, hatte seit dem Jahrhundertanfang, als es etwa 20.000 waren, weiter zugenommen und betrug Anfang der dreißiger Jahre ungefähr 33.000 Gläubige, eine Zahl die später kaum noch überschritten werden konnte.[125] Wenn man, um mit den Zahlen der großen Kirchen einen korrekten Vergleich herzustellen, die grundsätzlich sich nicht »in Gemeinschaft« befindlichen Kinder und Jugendlichen dazurechnet, waren es also – bei dem in der Brüderbewegung üblichen Kinderreichtum – fast 100.000 Menschen, die in Deutschland zum religiösen Einflussbereich der »Christlichen Versammlung« gehörten und sich amtlich als »Christen ohne Sonderbekenntnis« oder »Christliche Dissidenten« bezeichneten. Sie versammelten sich auf dem Gebiet des Deutschen Reiches in über 600 Orten. »Der kleine Wegweiser« von 1928, ein inoffizielles Register aller deutschen Versammlungsplätze, das nur für den vertraulichen Gebrauch auf Reisen bestimmt war, weist etwas über 500 Orte auf, an denen die »Brüder« sich zur Feier des Herrenmahls versammelten; dazu kamen noch über hundert Plätze, an denen nur das Wort Gottes verkündigt wurde.

War man im 19. Jahrhundert zuerst in Stubenversammlungen zusammengekommen, so wurden später mehr und mehr Säle gemietet oder auch Versammlungshäuser gebaut, was in der reichen Zeit vor dem Ersten Weltkrieg den Versammlungen, zu denen im Vergleich zur übrigen Bevölkerung unverhältnismäßig viele erfolgreiche Handwerker und Geschäftsleute gehörten, meistens keine Schwierigkeiten bereitete. Erst als die Inflationszeit nach dem Ersten Weltkrieg Probleme aufwarf, wurde 1924 in Elberfeld ein Unterstützungskonto für den »Bau von Versammlungsräumen« eingerichtet, das schon bis

1926 an 31 Versammlungen Beihilfen für Neu- und Umbauten mit der Gesamtsumme von 66.000 RM gezahlt hatte.[126] Die Versammlungshäuser waren reine Zweckbauten, schmucklos und ohne jeden sakralen Charakter, und wurden im Gegensatz zu Kirchen und Kapellen oft einfach »Lokale« genannt, was mit der grundsätzlichen Ablehnung einer Kirchen- oder Gemeindebildung zusammenhing. Eine Gruppe von Menschen, die übereingekommen war, sich »zum Namen Jesu hin zu versammeln,« benutzte zu diesem Zweck irgendeinen Saal oder irgendein Versammlungshaus, eben ein »Lokal«. Kein konfessioneller Name zierte diese Räume, nur ein Hinweisschild, dass hier »christliche Versammlungen« stattfänden, zu denen »jedermann herzlich eingeladen« sei. Es lässt sich nicht leugnen, dass der ungewollte Name der Freikirche ohne Namen, »Christliche Versammlung«, letztlich mit diesem Brauch zusammenhing.

Das »Lokal« sollte nicht wie bei den Denominationen die Kirchen, Kapellen und Gemeindehäuser der Mittelpunkt eines Gemeindelebens sein, weil es diese organisierte Gemeinde nach dem Verständnis der »Brüder« gar nicht gab. Wie aber schon die Gesamtbewegung gewisse organisatorische freikirchliche Formen angenommen hatte – Konferenzen, Reisebrüder, Zeitschriften, Liederbuch, soziale Werke, Kassen –, so ist nicht zu übersehen, dass auch die »Lokale« zu Zentren eines gewissen Gemeindelebens wurden, wenn man es auch selbst anders sah. In einer Erklärung gegenüber den Reichsbehörden heißt es 1935 von den »Christen ohne Sonderbekenntnis«:

»Sie ... sind also keine christliche Körperschaft, kein Verein oder dergl. mit eingeschriebenen Mitgliedern und nachweisbaren Anhängerzahlen. Wenn sie sich versammeln zur Betrachtung des Wortes Gottes oder zum Gebet und wenn dafür beim weiteren Anwachsen der christlichen Bewegung ... auch besondere Räumlichkeiten beansprucht werden mussten, so änderte das nichts an dem eben geschilderten Charakter des Ganzen.«[127]

Im Mittelpunkt des Lebens einer örtlichen Versammlung stand ohne Frage die Feier des Abendmahls, die in der Regel am Sonntagvormittag stattfand. Dem lehrmäßigen Verständnis nach war es eine Anbetungsstunde, in der der Tod Jesu Christi am Kreuz von Golgatha verkündigt und in Liedern und Gebeten gepriesen wurde. Dabei reihten sich die Verlesung von entsprechenden Bibeltexten, das Singen von spontan vorgeschlagenen Liedern und frei gesprochene Gebete in nicht festgelegter Reihenfolge aneinander, wobei sich jeder Bruder im Verlesen von Bibelabschnitten, im Vorschlagen von Liedern und im Sprechen von Gebeten beteiligen konnte. Es war die Stunde, in der nach der Auffassung Darbys und der »Brüder« die eine Kirche oder Versammlung dargestellt wurde, es war der einzig mögliche Gottesdienst (I,42ff.). Darum wurde ganz besonders darauf gesehen, dass niemand, der zum »Tisch des Herrn« »zugelassen« oder – wie ein anderer Ausdruck lautete – »in Gemeinschaft« war, es unterließ, diesen wichtigen, Gott wohlgefälligen »Platz einzunehmen«.

Allerdings war es in jener Zeit gewöhnlich so, dass auch die Stunde der »Wortverkündigung« am Sonntagnachmittag nicht weniger gut besucht wurde. Hier wurde untertreibend gern von einem »christlichen Vortrag« gesprochen, und sicherlich war die schlichte Art der Schriftauslegung oft nicht mit einer ausgearbeiteten Predigt zu vergleichen, was auch dem Berichterstatter der »Vossischen Zeitung«, einer damals sehr bekannten Berliner Tageszeitung, auffiel, die am 1. Juni 1923 einen Artikel über die Versammlung in der Berliner Bergstraße veröffentlichte und schrieb:

> »dass der Redner ... von der Kanzel herab und in freierer Form den eben gelesenen Text noch einmal erzählt ... Tiefere Bedeutung wird bei diesen Erläuterungen selbst in Nebensächlichkeiten gefunden, so z.B. immer wieder betont, dass das Mahl in einem ›großen‹ Saale verzehrt wurde – so groß, dass er Raum für uns alle hätte‹.«

Dem Außenstehenden musste selbstverständlich auch die ungebundene Form der gottesdienstlichen Gestaltung auffallen:

> »Ohne Anrede an die Versammlung und ohne Amen ist ... diese Erläuterung verlaufen. Der Sprecher verlässt die Kanzel. Irgend jemand aus der Versammlung gibt die Nummer des Liedes an, das jetzt gesungen wird. Wieder ein Weilchen stillen Verharrens, dann erhebt man sich, einer betet noch einmal laut, und nun geht man auseinander.«

Ebenso beeindruckte der äußere schlichte Rahmen:

> »... ein niedriger Saalbau. Die grauen Wände ohne Bild oder Spruch, eine bescheidene Kanzel davor ein Tisch mit grüner Decke, ringsum Stühle, weiterhin Bänke. Männer und Frauen sitzen getrennt.«[128]

An den Sonntagen war es zumeist so, dass man am Abend noch einmal in den Familien, in größeren Wohnungen, zusammenkam, um sich wieder über die Bibel zu unterhalten, während man sich in der Woche ein- bis zweimal versammelte, zur Gebets- und zur Bibelstunde. In allen Zusammenkünften war es üblich, dass fast jeder Beteiligte seine Bibel aufschlug und so am Text mitarbeitete; bloßes Hörerturn war verpönt.

Immer aber waren alle diese Zusammenkünfte geprägt von der Einfachheit und Freiheit ihrer Gestaltung, die der Leitung durch den Geist Gottes Raum lassen sollte. Unprogrammierte Liedvorschläge, Gebete und Wortbeiträge durch die Brüder, unterbrochen durch Pausen, in denen man aufeinander wartete, vierstimmiger Gesang ohne Instrumentalbegleitung kennzeichneten das äußere Bild der Versammlungen der »Brüder«, das zugleich ein Wesensausdruck sein sollte. Daher gab es auch lange keine besonderen Chöre, weil die freie und einfach Art des Versammelns einem programmierten Kunstsingen nicht günstig war.

Für die Kinder waren Sonntagsschulstunden eingerichtet, die gewöhnlich am späten Sonntagvormittag stattfanden. Hier wurde oft die Grundlage für die große Bibelkenntnis gelegt, die früher in den Kreisen der »Christlichen Versammlung« auf breiter Linie zu finden war. Andererseits wurde noch 1931 beredt Klage geführt, dass der Sonntagsschularbeit »an manchen Versammlungen nicht die Bedeutung beigemessen wird, die ihr zukommt«.[129] Sicher betrachteten manche Brüder neben Anbetung, Wortverkündigung und Gebetsstunde alle übrigen Äußerungen des Versammlungslebens als zweitrangig und überließen die Kinderarbeit jüngeren Geschwistern, die diesen Dienst wahrnahmen, so gut sie eben konnten. Von daher wurde das Bedürfnis nach Hilfen empfunden, dem man mit besonderen Schulungen für Sonntagsschullehrer auf Bezirksebene[129] und mit einer Beilage in der »Tenne«,[130] der Jugendzeitschrift, zu begegnen suchte. Wie man solche Bemühungen aber z.T. beurteilte, zeigen die Einwendungen, die man der Einrichtung einer Sonntagsschulecke in der »Tenne« entgegenhielt. Derartige Hilfen für die Aufgabe, biblischen Stoff kindgemäß darzustellen, wurden als Ausschaltung der Geistesleitung betrachtet und deshalb nicht akzeptiert. Und da hier ein wichtiger Grundsatz der »Brüder« in Frage gestellt schien, drohte man, bei Einrichtung einer Sonntagsschulecke, »gleichgültig, in welcher Form«, »keine Freimütigkeit mehr« haben zu können, »die Jugend ebenso wie die Kinder für die »Tenne« zu interessieren [131]

Überhaupt waren viele der Meinung, dass Kinder wie Jugendliche alles Notwendige in den Versammlungsstunden hören könnten, und deshalb begann man auch erst recht spät hier und da mit einer Jugendarbeit, die zunächst unter der Leitung älterer Brüder – nach Geschlechtern getrennt – durchgeführt wurde und z.T. ein getreues Abbild der üblichen Wortbetrachtung war. Dass die Jugendlichen und die größeren Kinder, von denen keine Störung mehr zu erwarten war, neben ihren eigenen Veranstaltungen auch an den Zusammenkünften der Erwachsenen teilzunehmen hatten und die Zeit oft nur gelangweilt »absaßen«, hat bei den Betroffenen sicher nicht immer zu einem begeisterten Engagement für ein christliches Gemeindeleben beigetragen. Manche Abwendung von Gemeinde und Glauben mochte in der etwas gesetzlich erzwungenen Gestaltung des Sonntags vielleicht nicht ihren ausschlaggebenden, aber doch ersten wichtigen Grund gehabt haben.

Fragen äußerer Ordnung oder auch Fälle von Zucht wurden in der »Brüderstunde« behandelt. Dieses Gremium »Verantwortlicher Brüder« bildete eine Art Gemeindevorstand, ein Begriff. den die »Brüder« natürlich ablehnten. Die in der Brüderstunde gefassten Beschlüsse, etwa über die Verwendung der gesammelten Gelder, über die Veranstaltung einer besonderen Evangelisationswoche oder über Aufnahme oder Ausschluss eines Gläubigen, wurden selbstverständlich der gesamten örtlichen Versammlung vorgelegt, wo sie aber meistens ohne weiteres gebilligt wurden.

Dabei betrafen Aufnahme oder Ausschluss immer die Abendmahlsgemeinschaft, an ihr entschied sich stets die Zugehörigkeit zum Kreis der »Versammlung«. Wer aufgenommen werden wollte, hatte in einem Gespräch mit den Brüdern zu erweisen, dass er an Jesus Christus als seinen Herrn und Erlöser glaubte und dass er ein Verständnis für den besonderen »Boden« hatte, auf dem sich die »Brüder« gemäß ihrer Lehrauffassung versammelten. Wichtig war dabei, dass die Bedeutung des »Tisches« für die Darstellung der Einheit der Kirche gesehen wurde. Ausschluss als Zuchtmaßnahme konnte erfolgen wegen »böser« Irrlehren oder wegen eines unwürdigen Lebenswandels.

Die Taufe trat im Leben der Versammlungen gemäß der geringeren Bedeutung, die man ihr in der Lehre beimaß (I,91f.), auch in der Praxis zurück. Selbstverständlich wurde nur die Glaubenstaufe als Ganztaufe geübt, sie konnte also in der Regel nur an Erwachsenen und jugendlichen vollzogen werden. Da sie nach der Lehre der »Brüder« keinen Bezug zur Darstellung der Einheit der Kirche, sondern nur Bedeutung für das persönliche Glaubensleben hatte, sah man auch keinen Nachteil darin, wenn der Akt der Taufe aus den der Öffentlichkeit zugänglichen Versammlungshäusern, wo meistens für die Ganztaufe keine äußeren Gegebenheiten bestanden, in Wohnungen verlegt wurde, womit schon ihr privater Charakter gekennzeichnet war.

So gelangte man durch die Taufe auch noch nicht unbedingt in die Abendmahlsgemeinschaft, für die nicht nur der Glaube an Jesus Christus als den persönlichen Erlöser Voraussetzung war – diesen Glauben hatten auch viele Christen in den »Systemen« – ; für die Zulassung zum »Tisch des Herrn« war das besondere Verständnis für die Beziehung zwischen diesem Tisch, der Darstellung der Einheit und der Wahrheit der Absonderung erforderlich, was natürlicherweise menschliche Reife und Beschäftigung mit diesen Fragen voraussetzte. Die zeitliche Distanz, die oft zwischen Taufe und »Zulassung zum Brotbrechen« eingehalten wurde, obwohl dafür keine biblische Begründung gegeben war, zeigt die Minderbewertung der Taufe deutlich. Erst später-nicht zuletzt durch die Berührung mit den Baptisten – sollte die Taufe mehr in die Mitte des Gemeindelebens rücken und damit auch für die Gemeindezugehörigkeit ausschlaggebend werden.

Festliche Anlässe, wobei man die Feste des Kirchenjahres peinlich vermied, wurden im Rahmen der Versammlung beim sogenannten »Liebesmahl« begangen; es war gewissermaßen ein familiäres Zusammensein an gemeinsamer Tafel, aber auch hier sollte in Lied und Wort immer die Person Jesu Christi im Mittelpunkt stehen.

Beerdigungen waren durch die Schwierigkeit gekennzeichnet, dass die Friedhöfe damals noch mehr als heute fast ausschließlich im Besitz der großen Kirchen waren, die den Freikirchen sehr ablehnend gegenüberstanden und jede gottesdienstliche Handlung anderer Konfessionen auf ihren Friedhöfen untersagen konnten. Fast immer musste in jedem Einzelfall die Genehmigung des zuständigen Pfarrers eingeholt werden, der Ansprache und Gebet am offenen Grab zugestehen, aber auch verweigern konnte. Die Trauerfeier selbst musste im Versammlungshaus oder in der Wohnung stattfinden. Die Ansprachen zeichneten sich im Blick auf die außenstehenden Teilnehmer an der Beerdigung durch eine deutliche Evangeliumsverkündigung aus, die die Person des Heimgegangenen möglichst zurücktreten ließ.

Kollekten gab es nur am Sonntagvormittag, und zwar, zugleich als

Dankopfer verstanden, im Anschluss an das »Brotbrechen«, wie die Feier des Abendmahls zumeist genannt wurde, denn hier war man am sichersten, nur von den zum Kreis der Versammlung gehörigen Gläubigen eine Spende zu erhalten. »Öffentliche Sammlungen werden grundsätzlich nicht veranstaltet, schon, weil wir es gewissenshalber ablehnen, von Außenstehenden auch nur die geringste Gabe anzunehmen«, hieß es in der oben genannten Erklärung für die Regierung.[127] Die gesammelten Gelder wurden für das Versammlungslokal, für unbemittelte Reisebrüder und für bedürftige Gläubige, besonders Witwen, innerhalb des eigenen Kreises verwandt, darüber hinaus aber auf die Konten geleitet, die die Gesamtbewegung für die äußere Mission u.a. allgemeine Zwecke eingerichtet hatte (s. S. 40ff.).

Der Geschlossenheit des Gemeindelebens entsprach auch das Wunschbild einer möglichst großen Abgeschlossenheit von der Welt im Privatbereich. So sehr man sich zumeist im Berufs- und Geschäftsleben als lebensklug und aufgeschlossen erwies, in der privaten Sphäre suchte man sich so scharf wie möglich von der »Welt« abzugrenzen, womit man sich allerdings in vielem gar nicht von dem allgemeinen pietistischen Ideal unterschied, wie es z.T. in der Erweckungs- und Gemeinschaftsbewegung angestrebt wurde. Dass weltliche Freuden, wie Tanz, Theaterbesuche und das Lesen von Romanen, zu meiden waren, stand nicht nur im Raum der »Christlichen Versammlung« fest. solche Regeln waren Allgemeingut in vielen Kreisen der Gläubigen, wenn auch die »Brüder« in manchem besonders streng dachten. Auch die Beschäftigung mit ernster Musik und Sport wurde abgelehnt, wenn dadurch ein Zusammensein mit ungläubigen Menschen verbunden war, wie z.B. in Konzerten oder Sportvereinen. Selbstverständlich war auch das damals aufkommmde Kino kein Ort, wo ein Christ etwas zu suchen hatte, und auch das um 1930 die Medienwelt umwälzende Radio wurde abgelehnt, weil es den widergöttlichen Geist ins Haus brachte und den Blick von der Person Jesu Christi ablenkte.[112]

Der Mode stand man sehr zurückhaltend gegenüber. Da nach 1.Kor.11 die Frau lange Haare tragen sollte, war der damals modische Bubikopf in den Versammlungen nicht zu sehen,[133] er führte allgemein sogar zum Ausschluss. Auch in der Kleidung war man sehr auf Sittsamkeit, wie man sie damals verstand, bedacht:

»In Sonderheit ist es da die Kleidung, es sei leider gesagt, auch unter den Gläubigen, die da, wissend oder unwissend, die Strömungen der Mode nachahmen ... Wenn mann sieht, wie in heißen Tagen die jungen Mädchen mit nackten Beinen, Röckchen bis an die Knie, dazu noch ärmellos, in den Reihen der Gläubigen sitzen!«[134]

Von einem solchen Standpunkt her wurde auch im Gegensatz zum Wintersport, gegen den man nichts einzuwenden hatte,[135] das Baden und Schwimmen im Familienbad – also nicht nach Geschlechtern getrennt – selbst, wenn man »in vorschriftsmäßiger Weise bekleidet« war, grundsätzlich abgelehnt:

»Familienbad? Lieber Freund, man lasse die Finger davon. Man soll nicht mit dem Feuer spielen.«[136]

Hier war man auch in der »Christlichen Versammlung« ganz ein Kind der prüden bürgerlichen Welt, vielleicht nur mit dem Unterschied, dass man die leibfeindlich verklemmten Vorstellungen, die man fälschlicherweise für einen Ausdruck von Frömmigkeit hielt, etwas länger verteidigte.

Dabei waren Rudolf Brockhaus und andere Brüder oft weltoffener, als das Leben in den Kreisen der »Brüder« in der Rückschau meist gesehen wird. Die Darstellung, die Rudolfs Sohn Walter vom Familienleben im Hause Brockhaus gibt,[137] macht dies deutlich. Mag hier auch im Rückblick einiges harmonisiert gesehen sein, von puritanischer Enge war gewiss nur wenig zu spüren. Im Gegenteil, Rudolf Brockhaus war zuweilen genötigt, den gesetzlichen Vorstellungen einzelner Christen zwar mit dem gebotenen Takt, aber doch mit Entschiedenheit entgegenzutreten. Als sich ein Bruder wegen der damals neuartigen Schallplatten mit christlichen Liedern an ihn wandte, weil man den Herrn nicht durch »Musikmühlen« und »Apparate« verherrlichen dürfe, und erwartete, Rudolf Brockhaus werde ein Machtwort sprechen,[138] war es dem Seelsorger und Lehrer ein Anliegen, den ernsten, aber gesetzlichen Christen nicht zu verletzen, ihn aber andererseits auf die Freiheit des Evangeliums hinzuweisen, wie er an einen Reisebruder schrieb, den er bat, ihm den seelsorgerlichen Dienst abzunehmen.[139]

Auch verschloss man in den bürgerlichen Familien zumeist nicht die Augen vor den Bildungsansprüchen des modernen Lebens. Als sich für die jüngere Generation die Möglichkeit des Universitätsstudiums öffnete, war man sehr oft nicht abgeneigt, dem nachzugehen, wenn auch zunächst die »praktischen« Fakultäten wie Medizin und Jura im Vordergrund standen, während man den Geisteswissenschaften der philosophischen Fakultät – von Theologie ganz zu schweigen – als verführerischer Weltweisheit schon eher ablehnend gegenüberstand.

11. Ausgang der Ära Rudolf Brockhaus

Dennoch ging, trotz möglichst weitgehender Abgekehrtheit von der Welt, auch der Geist der Zeit nicht spurlos an der »Christlichen Versammlung« vorüber. Denn die Brüderbewegung war mittlerweile in die Zeit der dritten Generation eingetreten und bekam damit alle Erstarrungs- und Verfallserscheinungen zu spüren, die auch die lebendigsten geistigen und geistlichen Bewegungen erleiden. Geistig wie praktisch war um 1930 nicht mehr dieselbe Situation wie 80 Jahre vorher. Die Glaubenserkenntnisse waren oft nicht mehr erkämpft und erlitten, sondern nachahmend übernommen worden, und zuweilen wurden sie schon von den Söhnen, die im Gegensatz zu ihren Vätern studiert hatten, vorsichtig in Frage gestellt. Sozialer Besitz-und Bildungsstand waren gestiegen, die Treue und Gewissenhaftigkeit im Lebenswandel waren manchmal nicht mehr die des 19. Jahrhunderts, wozu die revolutionäre Epoche der Nachkriegszeit und die Lebensgier der »Goldenen Zwanziger« das ihre taten. Fritz von Kietzell ein führender Berliner Bruder, fragte 1936:

> »Sind wir noch dasselbe, was wir früher waren?
> Ist des Herrn Kraft noch in unserer Mitte wirklich und überall zu spüren?
> Können wir sagen, dass der Herr sich noch, wie er es ohne Zweifel getan hat, zu uns bekennt?«[140]

Tatsächlich war der Versammlungsbesuch in der Woche stark zurückgegangen, die Gebetsstunden wurden oft nur noch schwach besucht, und auch den Abendmahlsfeiern am Sonntagvormittag war zuweilen eine gewisse schablonenhafte Starre nicht abzusprechen. Der Kontakt unter den Gläubigen hatte gelitten, Streitigkeiten und übles Nachreden, die auch durch die Bemühungen der Reisebrüder nicht immer beseitigt werden konnten, ergaben ein Bild geistlicher Schwäche. Im Privatbereich suchten viele über die gesetzten engen Grenzen hinauszukommen, und die Jugend wanderte z.T. ab, weil es dabei

Schwierigkeiten gab. An verschiedenen Orten gab es moralische Verfehlungen, die die örtlichen Versammlungen nicht überall in geistlichem Sinne und zur Zufriedenheit der Allgemeinheit ordnen konnten. Der Berliner Bausparkassenskandal zog weite Kreise:[140] eine von Brüdern der »Christlichen Versammlung« gegründete Bausparkasse hatte Bankrott gemacht, wodurch viele bausparende Brüder ihr Geld verloren.

Und die zweite Generation, die das Erbe der Väter gewahrt und gefestigt hatte, war im Abtreten begriffen. Rudolf Brockhaus, die allseits anerkannte Autorität, ging im September 1932 heim. Was er für die deutsche Brüderbewegung bedeutet hatte, drückte der in Deutschland arbeitende englische Bruder T. W. Bayly treffend aus, als er bei der Trauerfeier darauf hinwies, dass gerade die englisch redenden Geschwister die »Ordnung und Festigkeit« der deutschen Bewegung anerkannten:

> »Durch des Herrn Gnade ist unser lieber, geehrter, jetzt heimgegangener Bruder eine Hauptstütze dieser Festigkeit in Wandel, Wort und Schrift gewesen. Alle, die ihm die langen Jahre treu zur Seite gestanden haben, werden neidlos anerkennen, dass der Herr ihm die Leitung gegeben hatte.«

»Ordnung und Festigkeit« waren fraglos das Verdienst von Rudolf Brockhaus, eines Mannes, den es so in England nicht gegeben hatte, der, wie Bayly sagte, »in hohem Maße Besonnenheit und Mäßigkeit« besaß, indem er »da, wo es sich um Grundwahrheiten handelte, äußerst streng auftreten konnte« und doch wiederum »niemals einseitig« war.[141]

Aber auch Rudolf Brockhaus hatte letztlich nicht verhindern können, dass der Geist der Zeit die deutsche Brüderbewegung beeinflusste, dass sich Zeichen des Niederganges bemerkbar machten. War es da verwunderlich, dass sich jüngere verantwortungsbewusste Männer fragten, wie das Erbe der Väter durch die schwierigen Zeiten hindurch zu retten sei? War es verwunderlich, dass Jüngere Leute auch unorthodoxe Maßnahmen für möglich oder gar nötig hielten? Anzeichen dafür, dass Lehre und Verhalten der »Brüder«« einem Prozess des Umdenkens unterzogen wurden, hatte es allerdings schon vor dem Heimgang der großen Führerpersönlichkeit gegeben.

12. Erneuerungsbestrebungen

»Die Tenne«

Aus den Schützengräben und Materialschlachten des Ersten Weltkrieges war eine Generation heimgekommen, die die weltabgekehrte Haltung der Vorkriegszeit so nicht mehr aufnehmen konnte. Die Welt hatte die Christen mit hineingerissen in das schreckliche Geschehen von Krieg und Revolution und ließ sie nun nicht einfach wieder los. Der Zusammenbruch des Kaiserreiches und die Revolution im November 1918, die Vertreibung der fürstlichen Landesväter »von Gottes Gnaden« und die neuen demokratischen Ideen erschütterten das bisherige Denkgefüge. Hatte man bis dahin die staatliche und gesellschaftliche Ordnung kritiklos als gottgegeben akzeptiert, so fragte sich jetzt die jüngere Generation, wie sie sich zu den modernen Erscheinungsformen des politischen, sozialen, wirtschaftlichen und kulturellen Lebens stellen sollte.

Einsichtige und verantwortungsbewusste Leute sahen, dass man die Jugend nicht ratlos in den stürmischen Auseinandersetzungen der Zeit allein lassen konnte, zumal es in der »Christlichen Versammlung« eine eigene Jugendarbeit nicht gab. Und wo man hier und da die jüngeren an einem Abend der Woche versammelte, wurde in diesen Zusammenkünften kaum auf die Probleme der Zeit eingegangen. Einer derjenigen, denen die daraus resultierende Not am Herzen lag, war der Berliner Ernst Homuth (1885-1925). Obwohl von Beruf Kaufmann, hatte er dennoch alte Sprachen und alte Geschichte studiert, hatte an der Verbesserung der Elberfelder Übersetzung mitgearbeitet und hatte sich stets der jungen Brüder, die in den zahlreichen Berliner Garnisonen den Militärdienst ableisteten, angenommen und ihnen für Jungbrüderstunden sein Haus geöffnet. Nun versuchte er in Zusammenarbeit mit einigen Freunden, auch durch eine Zeitschrift die Jugend zu sammeln und zu einem der modernen Existenz entsprechenden christlichen Problembewusstsein zu führen, von dem aus die jüngere Generation die Fähigkeit erlangen sollte, das Erbe der Väter in selbständiger geistiger Auseinandersetzung zu erwerben.

Diese Zeitschrift war »Die Tenne«, deren Erscheinen im Krisenjahr 1923 Homuth folgendermaßen begründete:

> »Seit Krieg und Revolution treibt alles in einem Wirbel dahin ... Was gestern war, ist heut' nicht mehr, und ob es morgen sein wird, wer will es sagen? So

ist es auf politischem, so auf geistigem Gebiet. Mit weit geöffneten Augen steht die Jugend vor alldem und sieht diese Fülle stets wechselnder Bilder ... Stets war die Arbeit des Sichtens geboten, aber nie so wie heute ... Hauptzweck der Zeitschrift soll es daher sein, die Jugend immer erneut auf die Bibel als das Wort Gottes hinzuweisen.«[142]

Die »Tenne« sollte dabei mit ihrem Namen symbolisch den Platz andeuten, an dem die Spreu vom Weizen geschieden wurde, wo also die vielfältigen Erscheinungen des modernen Lebens sich in ihrer Gültigkeit am Maßstab des Wortes Gottes zu erweisen hatten. Homuth schrieb:

»Hoch oben auf den Bergen, dort, wo der Wind besonders kräftig weht. errichtete der Israelit einst seine Tenne ... Durch eine Worfel, hoch in der Luft geschleudert, wurden Spreu und taubes Korn durch den Wind gefasst und weit fortgeweht, das volle. gute Korn jedoch fiel dem Worfler zu Füßen.«[142]

Im Vergleich zum übrigen Schrifttum der »Brüder« war die Herausgabe der »Tenne« eine revolutionäre Tat. Ihre moderne Aufmachung und Sprache, ihre Weltaufgeschlossenheit, die geschickte Art, in der die verschiedenen Erscheinungsformen des Lebens zur Bibel in Beziehung gesetzt wurden, ihr offenes und undoktrinäres Eingehen auf die Fragen der Jugend unterschied sie von der übrigen Literatur der »Versammlung« mehr als deutlich, und zuweilen wurde sie deshalb von Vertretern der älteren Generation Misstrauisch betrachtet.

Groß war der Gesichtskreis, in dem die »Tenne« versuchte, die Vielfältigkeit des Lebens zu erfassen und in Beziehung zum Glauben zu setzen, wie schon die Themen der Artikel in den ersten Jahrgängen zeigen. Auf dem Gebiet der Geistesgeschichte erörterte der Chinamissionar Heinrich Ruck »Die Religionen Chinas und das Christenturn««; die Natur fand ihre Würdigung in Artikeln wie »Der biblische Schöpfungsbericht« oder »Wunder in Eis und Schnee«; Themen wie »Elektrische Riesenmaschinen« griffen die moderne Technik auf; die Kultur kam z.B. in den Aufsätzen »Michelangelo«, oder »Ludwig van Beethoven« zu ihrem Recht; und schließlich fehlte auch der Kommentar zu den aktuellen Ereignissen nicht, wenn unter der Rubrik »Allgemeines« Geschehnisse und Nöte der Zeit aufgegriffen und in das Licht der Bibel gestellt wurden.

Mutig griff die »Tenne« Probleme auf, für die es bis dahin in der Brüderbewegung kein Forum gegeben hatte. Gerade auf die spezifischen Fragen der Jugend wurde eingegangen, die »Tenne« setzte sich mit der damaligen Jugendbewegung als einer gesellschaftlichen Erscheinungsform auseinander und fragte nach einer besonderen »Pflege der christlichen Jugend«:

> »Sprach man vor gar nicht langer Zeit über die Notwendigkeit, den besonderen Bedürfnissen der Jugend durch besondere Veranstaltungen entgegenzukommen, so konnte es wohl geschehen, dass man die Antwort erhielt: »Lass die Jugend regelmäßig die Versammlungen besuchen und die guten Schriften lesen, das ist mehr, als wir in unserer Jugend gehabt haben.‹ Heute gibt es wohl keinen mehr. der so redet. Die Nöte unserer Jugend liegen zu klar zutage, als dass es möglich wäre, an Ihnen vorüberzugehen, ohne Hand ans Werk zu legen ... Ich weiß von Fällen, wo ganze Jahrgänge sich fast vollständig verloren haben, weil niemand da war. der sich um sie bemüht hatte.«[143]

Es folgte der Aufruf. Jugendstunden zu gründen, in deren Mittelpunkt neben Spiel und Ausflügen selbstverständlich »die Beschäftigung mit dem Worte Gottes« stehen sollte.

Intensiv wurde die Aussprache der Jugend in der »Tenne«, als in den Jahren 1924 und 1925 Adolf Birkenstock aus Dortmund die Schriftleitung übernahm, weil sich Ernst Homuth aus gesundheitlichen Gründen aus der Arbeit zurückziehen musste (er starb leider schon 1925 im Alter von nur 40 Jahren an Typhus[144]). Unter den Rubriken »Unter uns« und »Der Worfler« setzte eine lebhafte Aussprache über die verschiedenartigsten Themen ein, die ein bezeichnendes Licht auf die Probleme warfen, denen sich die jüngere Generation in der »Christlichen Versammlung« damals ausgesetzt sah. Eine große Zahl der Fragen zeigt, wie die Jugend aus der pietistisch gesetzlichen Enge, die allerdings in den meisten gläubig-christlichen Kreisen jener Zeit vorherrschend war, hinausstrebte. Sehr oft ging es um die bekannten Fragen, was ein Christ dürfe: Darf er rauchen, Radio hören, sich der Mode anpassen? Darf er Konzerte und das Theater besuchen. Sport treiben, gar das Familienbad besuchen? Darf er Romane lesen, sich mit Kunst und Literatur befassen? Ja, wie weit, so wurde gefragt, durfte die »›erlaubte‹ Fröhlichkeit unter Geschwistern gehen«?[145] Durfte man sich an der Welt der Schöpfung und der menschlichen Kunst überhaupt freuen?[146]

Mit Bedacht suchte die »Tenne« ausgleichend zu wirken, die Leser zwischen unbiblischer Gesetzlichkeit und unchristlicher Weltförmigkeit hindurch auf das geistlich Wesentliche zu lenken. So wies sie z.B. darauf hin, dass auch die Bibel Künstler und Kunstwerke kenne:

> »Wer also mit offenen Augen durchs Leben geht, kann viel Freude haben. Sowohl in der Schöpfung wie in den Kunstwerken verschiedenster Art erblickt er letzten Endes des Schöpfers Huld und Macht. Daran schließt sich unwillkürlich der Blick auf seine Liebe und den Gegenstand dieser Liebe, auf Jesus selbst.«[147]

Schwieriger war es natürlich, wenn es um Fragen ging, die das Leben in der Versammlung selbst betrafen. Durften z.B. die Mädchen und Frauen kurze Haare – oft »»Bubenköpfe« genannt – tragen? Konnte man mit jungen Mädchen, die sich in dieser Weise der Mode angepasst hatten, überhaupt noch Gemeinschaft am Tisch des Herrn haben? Der »Worfler« versuchte, solche Fragen auch mit Humor zu beantworten, ohne die von der Bibel hergeleiteten Grundsätze der Väter anzutasten:

> »Die Laune kurz, das Haar kurz, das gerichtliche Urteil kurz, und nur die Reue jahrelang? Das ist kein Verhältnis. Da möchte ich doch lieber allen jungen Mädchen den Rat geben, ihre Haare lang zu lassen, wie es die heiligen Frauen in der Schrift taten.«

Aber er warnt davor, gegenüber den »Bubenköpfen« mit harter Konsequenz zu verfahren:

> »Lasst uns die jungen Schwestern unterweisen und ihnen helfen, aber nicht sie verurteilen, wenn sie einmal geirrt haben. Ein Irren ist bei dem heutigen machtvollen Zeitgeist leicht möglich. Irren wir nicht alle oft? Haben wir ein Recht, einfach zu richten?«[148]

Auch um das Problem der Absonderung kam die »Tenne« nicht herum. Bezeichnend ist die Antwort des »Worflers« auf die Frage, was unter dem »Lager« nach Hebr. 13,13 zu verstehen sei, »aus welchem wir hinausgehen sollen«. Allgemein war in der »Christlichen Versammlung« klar, wie dieser Vers zu interpretieren war. Noch 1934 wurde das »Lager« im »Botschafter« nicht nur als das »religiöse, jüdische System« verstanden, sondern auch mit den »religiösen christlichen Bekenntnissen« gleichgesetzt, die der einsichtige Christ zu verlassen habe. Zurückhaltend drückte sich dagegen der »Worfler« aus, wenn er schon ein Jahrzehnt früher schrieb:

> »Wo Jesus nicht ist, da ist nicht unser Platz ... Alle (! Hervorhebung d. Verf.s) Kinder Gottes sind aus dem Lager hinausgegangen hin zu Jesus; denn sonst wären sie nicht sein.«

Der »Worfler« rief auf, sich auch praktisch danach zu verhalten, und wie eine Abwehr eines einseitigen Verständnisses der Absonderungslehre liest sich seine Mahnung:

> »›Deshalb lasst uns zu ihm hinausgehen‹ ist ein Wort steter Gegenwart. Immer wieder bedarf es dieser Erinnerung, um *wirklich* und *allezeit* außerhalb des Lagers zu stehen. Dies Wort darf nicht nur Geltung haben, wenn die Gläubigen sich versammeln, sondern auch – und das ist von überaus großer Wichtigkeit – im täglichen praktischen Leben.«[149]

Den von einem Leser für konfessionell gebundene Gläubige benutzten Ausdruck des »Partei-Christen« oder »Partei-Bruders« – damals durchaus nicht unüblich – wies der »Worfler« als ein »schreckliches, gegen die Schrift verstoßendes Wort« zurück.[150]

Natürlich kam der »Worfler« in Schwierigkeiten, wenn er von seinen jugendlichen Lesern gefragt wurde, ob sie sich einem Schülerbibelkreis (B.K.) der höheren Schule anschließen durften, was ja bedeutete, mit jungen Christen anderer Denominationen Gemeinschaft zu pflegen. Der einfache, den Vätern gemäße Hinweis auf die notwendige Absonderung von allen religiösen Systemen stand ihm so vorbehaltlos nicht mehr zur Verfügung, und so konnte er die Antwort »nicht mit ein paar Worten sagen«, zu mal er zu bedenken geben musste: »Wieviel Eltern würden Gott auf ihren Knien danken, wenn ihre Kinder in irgendwelche christliche Jugendkreise gingen.« Dennoch durfte er nicht einfach zuraten und damit allen Prinzipien der »Christlichen Versammlung« in der Praxis widersprechen. Er konnte schließlich nur mahnen, den von den Eltern liebgewonnenen Kreis zu achten und den betr. Jugendgruppen nicht etwa um äußerlicher Dinge willen beizutreten.[151]

Es war klar, dass die »Tenne« nicht ohne Kritik blieb; sicher nicht so sehr von seiten Rudolf Brockhaus', der selbst mit einem Artikel über Emil Dinges zu ihren Autoren gehörte, doch gab es genug Brüder, denen die Zeitschrift zu weltzugewandt und zu wenig auf der Linie der strengen Absonderung war. Und dabei waren viele kritische Leserzuschriften gewiss noch als positive Mitarbeit aufzufassen, wenn z.B. davor gewarnt wurde, das Wandern – wozu vorher in einem Artikel ermuntert worden war – als eine »leibliche Übung, die zu wenigem nütze«, zu überschätzen, wenn gefordert wurde, den Abdruck von Gemälden mit Themen weltlicher Freude zu unterlassen, wenn befürchtet wurde, dass die »Tenne« ihre Leser zu »Patriotismus« und

»Vaterländischem Stolz« erzöge. Auch »die Sache mit dem Bubenkopf« schien einem Reisebruder »zu ernst zu sein, um sie in solch humorvoller Weise zu behandeln«.[152] Er schlug vor, die Antworten des Schriftleiters erst einem »anderen Bruder zur Durchsicht« vorzulegen, womit er aber bei Adolf Birkenstock wohl auf wenig Gegenliebe stieß.

Größer wird die Zahl der Kritiker gewesen sein, die sich nicht zu Wort meldeten, wie es auch ein Leser empfand:

> »... gerade die, welche am meisten an der »Tenne« kritisieren, lassen ihre Stimme nie in der »Tenne« erschallen, sondern nur so nebenbei. Und das gerade ist das Verderbliche, diese ›Zermürbung‹ der Front.«[153]

Dass hier von einer »Front« gesprochen wird, ist bezeichnend für das damalige Verhältnis der Generationen in der deutschen Brüderbewegung. Ein Teil der Jüngeren sah sich als eine geistliche Front gegenüber erstarrten Formen und Auffassungen der Alten, die die Einsendungen an die »Tenne« als Spitzfindigkeiten und Nörgeleien betrachteten und fragten, »woher die Jugend das Recht nehme, Überlieferungen zu prüfen und Bestehendes anzutasten«.[154] Das Misstrauen gegenüber dem Aufbruch der Jugend als einer »Jugendbewegung unter uns« – gewissermaßen als einer Entsprechung zur gesellschaftlichen Erscheinung der allgemeinen Jugendbewegung – war offensichtlich und ging so weit, dass gesonderte Zusammenkünfte der jüngeren, auch solche mit geistlichen Zielsetzungen, zuweilen untersagt wurden. Selbst »gemeinsamen Wortbetrachtungen« gegenüber gab es »hindernde Brüder«, die »mit der Jugendbewegung nicht einverstanden« waren.[155] Der »Worfler« musste klagen:

> »Wenn der Herr die »Tenne« benutzt, dass die jungen Brüder und Schwestern ihre Herzen öffnen, dass sie Vertrauen fassen und mancherlei Fragen stellen, dann ist es tief betrübend, wenn es solche gibt, die in Unverständnis und, vielleicht ohne es zu wollen, dies schöne Werk zerschlagen.«[156]

Und ein Leser schrieb:

> »Jedenfalls gibt es viele Vorurteile und es wäre wohl sehr gut, wenn diesen einmal in der ›Tenne‹ begegnet würde ... Man fasst manchmal die Jugendbewegung als eine Sonderbestrebung innerhalb der Versammlung auf. und dadurch kommt sie in Misskredit.«[155]

Die Reaktion der Jüngeren blieb nicht aus:

> »Es fällt mir manchmal sehr schwer, die Achtung vor manchem alten Bruder zu bewahren. Äußerlich wohl, aber innerlich setzt man sich darüber hinweg, und das ist gerade so verkehrt wie nur etwas.«

Immer wieder wurde gefordert, den Vorurteilen der Älteren in der »Tenne« zu begegnen. Die »Tenne« konnte und wollte aber nicht das Kampforgan der »Jugendbewegung unter uns« sein. Sie wollte ausgleichen, vermitteln, Verständnis für die andere Seite wecken und schließlich nicht zuletzt ein offenes Ventil für die ansonsten zum Schweigen angehaltene gläubige Jugend sein. Der »Worfler« verglich die Jugend mit einem Dampfkessel dessen Meister (= die ältere Generation) in Gefahr stand, alle Ventile zu schließen, um die Kräfte des Kessels zu bändigen. Eine Explosion musste die Folge sein. Dem gegenüber versprach die »Tenne«:

> »Jugend, du hast ein Ventil: die »Tenne«. Sie ist ein offenes Ventil für dich und das, was dich bedrängt und sprengen will, bestimmt.«[151]

Andererseits warnte der »Worfler« auch die Jugend, »gegen Alte in Opposition zu treten«, und ermahnte sie, »den untersten Weg zugehen«;[156] während er an die ältere Generation appellierte, der Jugend Vertrauen entgegenzubringen:

> »Man soll nicht Angst haben vor der Bewegung der Jugend. Nur Schwache und unsicher Stehende haben Angst. Man soll sich von Herzen freuen, wenn es lebendig wird. Wenn die Jugend aus sich einmal anfängt, den Weg zu überschauen und zu prüfen; wenn sie nicht mehr einfach in äußerer Folgsamkeit den bezeichneten Weg geht, sondern sich daran gibt, selbst einmal alles mit dem Herzen zu prüfen. Daran hat es uns doch schon so lange gefehlt!«[157]

Dennoch meinten maßgebende Männer, aus Sorge um die Bewahrung der Lehre einer anscheinend ausufernden Bewegung entgegentreten zu müssen, und deshalb wurde die Diskussion um den Aufbruch der in Bewegung geratenen Jugend abgebrochen. Adolf Birkenstock musste die Schriftleitung abgeben; er hatte in z.T. eigenwilliger Weise zu deutlich erkennen lassen, dass er in einigen Fragen im Gegensatz zum überlieferten Erkenntnisgut stand, wenn er für seine jugendlichen Freunde Partei ergriff. Mit dem neuen Schriftleiter, dem Major a.D. Fritz von Kietzell in Potsdam, später Berlin, der ab 1926 für die nächsten zwölf Jahre die Verantwortung für die »Tenne« übernahm, wurde die Zeitschrift qualitativ zwar nicht schlechter – im Gegenteil, viele Beiträge waren sowohl intellektuell anspruchsvoll wie geistlich ansprechend –, aber ein »Ventil« im Sinne Adolf Birkenstocks war die »Tenne« nicht mehr.

Das von Birkenstock im Geiste der Jugendbewegung gepflegte vertrauliche »Du« im Verkehr zwischen Schriftleiter und Lesern wich dem distanzierten »Sie«, die Rubriken »Der Worfler« und »Unter uns« schwanden aus den Seiten der Zeitschrift, und im dafür eingeführten »Briefkasten« wurden fast nur noch biblische Fragen gestellt und beantwortet. Die sogenannten »praktischen« Fragen, ob man etwas tun dürfe oder nicht, wurden kaum noch erörtert, weil sie »der Beweis eines niedrigen geistlichen Zustandes« seien. »Ob die Veröffentlichung und Behandlung aller dieser Fragen zum Segen ist, möchte ich bezweifeln«, hatte schon ein Reisebruder an Adolf Birkenstock geschrieben. Auch er hatte in diesen Fragen »ein Bild von dem niedrigen Zustand« gesehen, »was uns sehr demütigen sollte«.[152] Schon im April 1926 konnte nun Fritz von Kietzell berichten, »dass solche Fragen – weil nutzlos – in der ›Tenne‹ nicht mehr gestellt würden«.[158] Zwar musste die »Tenne«, »manchen Anregungen folgend«, ihre Spalten ab November 1926 wieder dem Meinungsaustausch der Leser untereinander öffnen, zwar wurden auch wieder einige praktische Fragen erörtert, zu einem wahrhaften Problem-Podium ist sie jedoch nicht mehr geworden, obwohl man ihr auch weiterhin ein Verständnis für die besondere Lage der Jugend nicht absprechen kann.

Und auch Fritz von Kietzell musste klagen, »dass häufig noch wenig Verständnis vorhanden« war »für die besondere Aufgabe, die die ›Tenne‹ unter der Jugend beiderlei Geschlechts erfüllen« sollte.[159] Aber lag dies nicht auch daran, dass manches von dem, was die »Tenne« brachte, einfach nicht die Zustimmung vieler Brüder finden konnte? Da war die »Bücherecke«, die auch »weltliche« Bücher empfahl, da war die Sonntagsschulbeilage (für die Sonntagsschulhelfer), die manchen die Geistesleitung in der Sonntagsschule zu gefährden schien (s. S. 87), da waren die fortlaufenden Erzählungen, die anderen wieder für eine christliche Zeitschrift nicht angemessen erschienen, da waren schließlich die Kommentare zu Geschichte und Zeitgeschehen, mit denen sich einige nicht zu identifizieren vermochten. Man war es einfach nicht gewöhnt, dass im Raum der »Versammlung« etwas veröffentlicht wurde, was man nicht genauso autoritätsgläubig hinnehmen konnte, wie es bei den Schriften der Väter oder auch eines Rudolf Brockhaus und eines Emil Dinges üblich war. Duldung unterschiedlicher Standpunkte oder gar Diskussion war eben nie die starke Seite der Brüderbewegung gewesen. Zu sehr sah man die eigene Meinung oder den eigenen Glauben oder auch die Einheit der »Versammlung« gefährdet.

Wie schwierig selbst die Darstellung eines objektiven Sachverhalts war, wenn es sich um die Bibel handelte, musste der Schriftleiter feststellen, als die »Tenne« 1935 die vorzügliche Artikelserie »Etwas vom Neuen Testament« herausbrachte, die unter diesem bescheidenen Titel die Entstehung des Neuen Testamentes von den antiken Beschreibstoffen über die Handschriften und die Kanonsgeschichte bis zur Methode der Textkritik ausführlich erläuterte. »Sie bringt manches, was den meisten Lesern unbekannt sein wird, ja, was sogar das gerade Gegenteil von dem ist, was viele von ihnen für feststehende Tatsachen gehalten haben«, warnte der Schriftleiter schon zu Beginn der Serie und bat, »mit dem Urteil zurückzuhalten, bis die Abhandlung vollständig erschienen« sei.[160] Dennoch wurde schon im Laufe des Jahres Kritik laut, man sprach von einem »unabsehbaren Schaden an den ungläubigen Kindern gläubiger Eltern«[161] und von »allgemeiner Beunruhigung«, so »dass überall die Parole laut wurde: Bestellt die Tenne ab!«,[162] ein Schicksal übrigens, das der »Tenne« in den sechziger Jahren zum zweiten Mal widerfuhr und zu ihrem vorzeitigen Ende beitrug.

So war die Entwicklung der »Tenne« ein deutliches Zeichen für die Lage, in der sich die deutsche Brüderbewegung befand. Schon an einem nach unserem heutigen Verständnis so harmlosen Objekt, wie sie es war, schieden sich die Geister. Mochte sie auch unter den einsichtsvollen Brüdern eine Anzahl von Fürsprechern haben, mochte es seit 1928 unter der Verwaltung von Ernst Brockhaus ein Unterstützungskonto für die »Tenne« geben, das für Freiexemplare aufkam, die Zahl ihrer Gegner, die sie trotz der Rücknahme der »Jugend«-Diskussion durch Fritz von Kietzell als einen den Traditionen der »Christlichen Versammlung« widersprechenden Fremdkörper betrachteten, war nicht zu übersehen.

Ähnliche Schwierigkeiten gab es auch bei der Erstellung eines Nachtrages zur »Kleinen Sammlung Geistlicher Lieder«, dem Liederbuch der »Christlichen Versammlung« (I,106f.). Es hatte sich in den letzten Jahren als wünschenswert erwiesen, das Liedgut in den Zusammenkünften der »Brüder« zu erweitern. Besonders war ein

Mangel an Einleitungs- und Schlussliedern, an Evangeliumsliedern und »Solchen, die mehr dem heute allgemein vorhandenen schwachen Zustand entsprechen«, empfunden worden.[163] Ein größerer Brüderkreis beauftragte Ernst, Wilhelm und Walter Brockhaus, Wilhelm Birkenstock, Fritz von Kietzell, Johannes Menninga und Hugo Hartnack mit der Erweiterung.[164] Der Nachtrag, Nr.151-192, der 1936 herauskam und von den Herausgebern durch eine Auslassung von drei Nummern in der Nummerierung, Nr.148-150, als ein dem alten Liedbestand nicht gleichzusetzender »Anhang« gekennzeichnet wurde, fand keinen ungeteilten Beifall. Die Aufnahme einiger alter Choräle wurde als »Rückschritt« getadelt, standen diese Lieder doch hinter dem Erkenntnisgut der »Brüder« zurück. Die Herausgeber konnten dem entgegensetzen, dass keines der bisherigen Anbetungslieder ausgemerzt worden sei und die alten Choräle »in gewisser Hinsicht gerade den Bedürfnissen von heute« entsprächen, »insofern als auch in unserer Zeit ein schwerer Druck auf manchem gläubigen Herzen liegt«.[165] Dennoch wurden die Lieder des Anhangs von vielen mit einer gewissen Überheblichkeit als »frommes Fleisch« bezeichnet und in manchen Versammlungen nicht benutzt.

Die Stündchenbewegung

Inzwischen hatte sich aber die jüngere Generation auch auf eine andere Weise ein Ventil geschaffen, das mit dem Begriff der »Stündchenbewegung«[166] am besten zu kennzeichnen ist. Der Ausdruck »Stündchen« zeigt nach seiner sprachlichen Eigenart seine Herkunft aus Westdeutschland an, genauer aus dem Raum von Ruhrgebiet und Bergischem Land. Auf einer sogenannten Jungbrüder-Konferenz in Essen im Jahr 1930 – derartige Zusammenkünfte waren damals ein- oder zweimal jährlich üblich – wurde angeregt, sich doch öfter in einem Kreis jüngerer Brüder zur Betrachtung des Wortes Gottes zu treffen. Wirklich kamen daraufhin noch im gleichen Jahr acht bis neun jüngere Brüder bei Dr. Hans Becker, einem Juristen, in Essen zusammen und trafen sich fortan monatlich zur gründlichen Erforschung des Römerbriefes.

Bei dieser Arbeit konnte man sich auf die Erfahrungen eines Kreises junger Christen in Essen-Dellwig stützen, die es sich schon seit den zwanziger Jahren zur Aufgabe gemacht hatten, das Wort Gottes und die gewohnten christlichen Begriffe, wie z.B. »Rechtfertigung«, vorurteilslos und gründlich zu erarbeiten. Initiator und treibende Kraft dabei war jener Hans Becker, der nach der Rückkehr aus dem Weltkrieg »einen neu vertieften Anfang in seinem Leben gemacht« hatte[167] und nun begann, das geistliche Erbe der Väter sich selbständig und vorurteilslos zu erarbeiten, um den Glauben und die Erkenntnis der »Brüder« als eigenständigen Besitz zu erwerben, war es doch auch in der »Christlichen Versammlung« wie bei so vielen Bewegungen, dass die zweite und noch mehr die dritte Generation vom geistigen Kapital der Väter lebte und in Gefahr geriet, sich mit epigonenhaftem Wiederholen zu begnügen. Beckers Methode der Bibelarbeit wurde unter seiner Leitung nun auch in den monatlichen »Stündchen« der jüngeren Brüder üblich. Ein Teilnehmer schilderte seine Eindrücke auf folgende Weise:

> »Vom ersten Augenblick an sind wir von der Art der Wortbetrachtung, wie sie dort üblich war, gefesselt worden, und zwar war es zweierlei, was uns fesselte; einmal die Gründlichkeit, mit der man das Wort betrachtete, zum anderen die Tatsache, dass immer und stets die Person des Herrn Jesus im Vordergrund stand. Es ging den Brüdern nur darum, die Schrift zu erforschen, um Jesus, unsern Herrn, besser kennen und lieben zu lernen . Dieses ›Erforschen‹ geschah allerdings etwas anders, als wir es bisher gewohnt waren. Während man sich im allgemeinen darauf beschränkt, die Auslegungen, die in den Schriften der ›Brüder‹ ihren Niederschlag gefunden haben, bei den Wortbetrachtungen wiederzugeben, wurde in den Stündchen stets gefragt: ›Warum ist diese Stelle so und nicht anders zu verstehen?‹ Es wurde also der Versuch gemacht, das von den Vätern Ererbte selbst zu erwerben, um es auf diese Weise zum bleibenden Besitz zu machen.«[108]

Ab 1932 kam man in Versammlungsräumen zusammen, weil die Privatwohnung Beckers, der inzwischen nach Dortmund umgezogen war, die Menge der Teilnehmer nicht mehr fassen konnte. Von demselben Jahr ab traf man sich auch jährlich auf einer mehrtägigen Freizeit, zuerst in Emdenau (Waldeck), dann im Christlichen Erholungsheim »Hohegrete« bei Au an der Sieg, um noch mehr Ruhe und Zeit zur gründlichen Erforschung der Bibel zu gewinnen. Als der Kreis Ende 1932 auf etwa 70 Brüder angewachsen war, teilte man ihn, um die besondere Art der Schriftbetrachtung beibehalten zu können, und zwar kam man fortan an drei Orten, jeweils des östlichen, mittleren und westlichen Ruhrgebietes, zusammen, wozu später noch andere ›Stündchenkreise‹ traten, z.B. in Siegen, Schwelm, Elberfeld und

Berlin. Es war klar, dass dabei die führenden Brüder wie Hans Becker, die zum selbständigen Suchen und Denken anleiteten, meistens an allen Orten zugegen waren.

Bei alledem wurde in keiner Weise die Lehre der Väter angetastet, gerade auch nicht das spezifische Sondergut der »Versammlung« wie etwa die Absonderung von allen anderen »religiösen Systemen«. Es war eben der Versuch, mit großer Genauigkeit und Intensität Vers für Vers der Bibel zu erarbeiten, wobei man schließlich aber auch nicht davor zurückschreckte, Bibelauslegungen gläubiger Theologen zu benutzen, obwohl man gerade auch das Schrifttum des eigenen Kreises sehr intensiv studierte und dies selbst auf die ältesten erreichbaren Schriften ausdehnte, z.B. auf die alten Jahrgänge des »Botschafters«.

Obwohl viele der damals maßgebenden Brüder in Deutschland diese Art der Zusammenkünfte begrüßten oder mindestens nichts dagegen einzuwenden hatten, war von Anfang an jedoch auch Widerstand spürbar. Ironisch sprach man vom »Beckerstündchen« oder abfällig vom »Akademikerstündchen«, »in dem nur studierte Leute seien, die ihre Weisheit verzapften; ein praktischer Gewinn komme nicht dabei heraus«.[168]

Sicherlich war aber die Zahl der Akademiker in den Stündchen nur gering, wie sich überhaupt die deutsche Brüderbewegung von der englischen auch dadurch unterschied, dass sie von Anfang an und ganz allgemein im ersten Jahrhundert ihrer Entwicklung verhältnismäßig wenige Akademiker aufzuweisen hatte. Ein gewisses Vorurteil gegenüber den »studierten Leuten« von seiten des wirtschaftlich erfolgreichen Handwerks und Handels, woraus sich zum großen Teil die Glieder der »Christlichen Versammlung« rekrutierten, war immer schon aus sozialen Gründen gegeben gewesen und wurde im christlichen Bereich noch durch das Misstrauen gegenüber jeder Form von »Weltweisheit« verstärkt. Von daher mochte auch die negativ zu verstehende Benennung »Akademikerstündchen« rühren, dessen Andersartigkeit in der Methode der Bibelbetrachtung man auf diese Weise abzuqualifizieren suchte, wobei die wenigen Juristen und Mediziner mit ihrer sicherlich mehr wissenschaftlichen Art, den Bibeltext anzugehen, den Ansatzpunkt der Kritik bildeten.

Es muss aber betont werden, dass durchaus nicht alle führenden Brüder sich in dieser Weise verhielten. Als auf einer der Konferenzen vor den »Akademikerstündchen« gewarnt wurde, äußerte Rudolf

Brockhaus später zu Fritz von Kietzell, der ebenfalls zu den ›Stündchenleuten‹ gehörte und durch die »Tenne« zu ihren Freizeiten einlud: »Ich weiß gar nicht, was die Brüder gegen die Akademiker haben. Ich habe manchmal gewünscht, ich hätte studiert.«[169]

War einigen maßgebenden Brüdern, besonders Reisebrüdern, der starke Einfluss der Akademiker in den »Stündchen« verdächtig, noch mehr war es die wissenschaftliche Gründlichkeit, mit der die Bibel Vers für Vers untersucht wurde, wie sie es bei Besuchen der »Stündchen« feststellen konnten. Gerade gegen diese Art der Bibelbetrachtung wuchs der Widerstand, demgegenüber aber die ›Stündchenleute‹ beharrten:

> »Der Vorwurf zu großer Gründlichkeit erschreckt uns nicht ... Mögen wir dem einen oder anderen auch zu lange bei einem einzelnen Ausdruck verweilen, so wissen wir doch, dass nach unserer Erfahrung gerade ein solches Verweilen oft Klarheit gebracht und Verständnis geschenkt hat. Wir freuen uns über jede Auslegung, die logisch durchdacht ist und begründet vorgetragen wird, auch dann, wenn sie neu ist und andere, liebgewordene Auffassungen umstößt. Wenn wir auch keineswegs behaupten, dass unsere Methode der Schriftbetrachtung die allein richtige ist, sondern jedem einräumen, auf seine Weise, die ihm am besten liegt, das Wort Gottes zu betrachten, so ist uns diese Art doch lieb und wert geworden; wir können von ihr nicht mehr lassen.«[170]

Bezeichnend war, dass man sich dabei auf den evangelisch-lutherischen Theologen Asmussen berief, der im Blick auf die Auslegung der Bibel gesagt hatte:

> »Ich suche Gemeinschaft mit denen, die bereit sind zu hören, was sie hören sollen – und sei es das Todesurteil über alles, was ihnen bisher hoch und heilig war.«

Und die ›Stündchenleute‹ erklärten zu dieser Haltung, die doch nun wirklich vieles in Frage stellen konnte:

> »Das ist unsere Einstellung zum Worte Gottes, und so soll es mit Gottes Hilfe auch bleiben.«[170]

Mochten sich solche Sätze wie ein Kampfprogramm gegen die Überlieferungen der Alten anhören, zunächst gewannen auch die ›Stündchenleute‹ aus der Bibel keine neuen, die bisherigen Lehren umstürzenden Erkenntnisse, vielmehr war es zumeist so, dass man das, was man bisher gewohnheitsmäßig übernommen hatte, jetzt durch eigene Gedankenarbeit erwarb. Und doch, die exklusive Haltung der »Brüder« in der Absonderungsfrage gegenüber allen anderen gläubigen Kreisen wurde manchem Angehörigen der jüngeren Generation suspekt und im Laufe der Zeit in kleineren Schritten gelockert. Die Beschäftigung mit theologischen Werken aus den »Systemen« tat das ihre dazu, wie denn auch die »Tenne« jetzt öfter Nachrichten und Artikel aus dem Raum der ›Evangelischen Allianz‹ brachte. Selbst der »Botschafter« begann seit 1934 unter der Schriftleitung von Wilhelm Brockhaus, neben der »Brüder«literatur auch andere theologische Bücher zu empfehlen, z.B. das Göttinger Bibelwerk, das »Neue Testament Deutsch (NTD)«, und ließ auch gläubige Vertreter anderer Kreise zu Wort kommen. Dagegen wurde noch 1929 ein Reisebruder, der eine Buchhandlung unterhielt, gerügt, weil er in einem Verlagskatalog Bibelauslegungen angeboten hatte, die »nicht zur Förderung in der Wahrheit geeignet« erschienen.[171]

Dennoch war bis zur Mitte der dreißiger Jahre die Absonderung kein Thema, das öffentlich diskutiert wurde, auch nicht in den »Stündchen«. »Um nichts falsch zu machen, schwieg man am besten und machte äußerlich so weit wie möglich mit. Manchmal tat es mir richtig leid, mit den anderen so wenig Verbindung haben zu dürfen«, schrieb Walter Brockhaus, ein Sohn Rudolfs, der von Anfang an ein Mitarbeiter an der »Tenne« gewesen war. Ob aber »die meisten«, wie er meint, »in einem ständigen Hin- und Hergerissensein« lebten,[172] muss man doch wohl bezweifeln, da die Praxis der Absonderung viel zu sehr zur Gewohnheit geworden war.

Die sachliche Konfrontation brach erst auf, als man 1935 mit älteren Brüdern über die Auslegung einer Bibelstelle (Hebr. 2,6-7) zu unterschiedlichen Auffassungen kam. Den ›Stündchenfreunden‹ erschien es zwar unerklärlich, warum über verschiedene Meinungen zum Text überhaupt Differenzen aufbrechen mussten, die ältere Generation war es aber selbst in nebensächlichen Dingen nicht gewohnt, in der Bibelauslegung Widerspruch zu erfahren. Die Ursache solcher sofort immer an das Grundsätzliche rührenden Auseinandersetzungen hatte Fritz von Kietzell im gleichen Jahr in der »Tenne« treffend gekennzeichnet:

> »Liegt es nicht daran, dass wir unseren Schriften und allem, was darin geschrieben steht, mehr oder weniger autoritativen Charakter beimessen, so dass einfältige Seelen schon in den bösen Irrtum verfallen sind, sie fast als

inspiriert anzusehen und dem Worte Gottes selbst gleichzustellen? Die Wissenden unter uns wissen, dass ich hiermit nicht zu viel gesagt habe.«[173]

Auch zwei Aussprachen im Jahre 1936, in Schwelm und Elberfeld, führten nicht zur Überbrückung der Kluft, die zwischen jung und Alt aufgebrochen war, weil man die ›Stündchenleute‹ in die Diskussion weiterer Fragen hineindrängte und auf diese Weise die Gegensätze vertiefte. So zwang man sie am 11. Juli 1936 in Elberfeld zu der Aussprache[174] über das Problem, ob ein Gläubiger seinen Glauben aufgeben könne, womit nun doch an eine der Grundwahrheiten der »Christlichen Versammlung« gerührt war, bestand doch seit Carl Brockhaus die Überzeugung, dass eine Bejahung dieser Frage die Vollgültigkeit des Opfers Jesu Christi in Zweifel zog.

Allerdings ging auch Hans Becker, einmal »gestellt«, wie er sich ausdrückte, als ein echter Jurist keiner Konfrontation aus dem Weg und musste sich, nachdem er anerkannte Lehrwahrheiten in Frage gestellt hatte, in Elberfeld von Hugo Hartnack fragen lassen, »ob er denn glaube, mit lauter Fragezeichen und Verneinungen die Jugend im christlichen Glauben zu erhalten«. Denn gerade Becker hatte ja den Brüdern früher erklärt, dass der Hauptzweck der ›Stündchen‹ darin bestehe, »die jungen Leute für das Wort Gottes zu interessieren und zu verhindern, dass die Bänke in den Versammlungen leerer würden, weil die Jugend sich zum Deutschglauben (des Nationalsozialismus – d. Verf.) abwenden« würde.

Das Ende der Besprechung in Elberfeld, an dem man sich nicht mehr auf eine neuerliche Zusammenkunft einigen konnte, wurde auf beiden Seiten als »katastrophaler Ausgang« empfunden, und Carl Koch, einer der ›Stündchenfreunde‹, stellte in einem Rundschreiben bestürzt fest:

> »Die Kluft ist größer als Je ... man hat kein Vertrauen zu uns, solange wir uns nicht in allen Punkten der Auffassung der Brüder anschließen. Das können wir gewissenshalber nicht tun. Der jetzige Zustand in dem Verhältnis zwischen Alt und Jung beugt uns nieder und schmerzt uns. Wo liegen die tieferen Ursachen des Gegensatzes, der sich am 11. Juli d. J. in Elberfeld zeigte?«[175]

»Die tieferen Ursachen des Gegensatzes« waren sicherlich in der Entwicklung angelegt, die die deutsche Brüderbewegung seit dem Ersten Weltkrieg genommen hatte, und die ältere Generation spürte, dass die Jugend begann, die Sonderstellung der »Christlichen

Versammlung« abzubauen. Das aber konnte sie unmöglich dulden. Die Gefahr der Trennung, so lange von den deutschen Brüderversammlungen ferngehalten, war nun nicht mehr zu übersehen. Die älteren führenden Brüder machten der anderen Seite den Vorwurf. auf eine Trennung hinzuarbeiten,[176] was sicher nicht gerechtfertigt war. »Niemand will sie, aber die Gefahr ist groß, dass sie kommt«, schrieb Fritz von Kietzell im September 1936.[177]

Die Gefahr wurde sicher nicht geringer, als Hans Becker nun in seinem Rundbrief vom 5.März 1937 zu einer Generalabrechnung mit den »Brüdern« antrat.[178] Gewiss, er stellte sich selbst, der er die Lehre der »Brüder« »sozusagen mit der Muttermilch eingesogen« habe, mit unter die Verurteilung des bisherigen Denkens und Tuns. Die Vorwürfe, die aber er – und seine Freunde in anderem Briefen – gegen das gesamte System der »Christlichen Versammlung« erhoben, mussten den Graben zwischen den Fronten schier unüberbrückbar machen.

Nicht nur, dass den »Brüdern« vorgeworfen wurde, sich wie die katholische Kirche allein im Besitz der »Wahrheit« zu wähnen, während man doch zugeben müsse, dass auch andere christliche Kreise wesentliches Erkenntnisgut hätten; nicht nur, dass die Geistesleitung in der geübten Weise in Zweifel gezogen und den führenden Brüdern »die Stellung eines Klerus« bestritten wurde, man warf diesen führenden Brüdern vor, sie ertrügen es nicht, mit ihrer Lehre am Wort Gottes geprüft zu werden, und reagierten deshalb stets nur voller Misstrauen. Hans Becker fasste schließlich die Summe des neuen Denkens zusammen, wenn er schrieb, dass seit jenem 11. Juli 1936 »in vielen von uns etwas zerbrochen« sei, »was unzerbrechlich schien: der Glaube an die gottgemäße Stellung der ›Brüder‹«.

Damit war der Konflikt offen ausgebrochen, denn selbstverständlich war die »Christliche Versammlung« an ihrer empfindlichsten Stelle getroffen, wenn man ihr aus den eigenen Reihen bestritt, was Rudolf Brockhaus jahrzehntelang mit Überzeugung verteidigt hatte, nämlich allein auf dem Gott wohlgefälligen, weil schriftgemäßen Boden zu stehen. Das sah auch Hans Becker ganz klar:

»Hier liegt der tiefste Grund des Konfliktes zwischen den alten Brüdern und uns. Ihre religiösen Überzeugungen sind ihnen heilig, weil sie sie für ›die Wahrheit‹ halten. Jeder, der den Totalitätsanspruch stellt, muss notwendigerweise jeden Bestreiter dieses Anspruchs für seinen Gegner halten. Und nicht nur für seinen persönlichen Gegner, sondern – und das bringt erst den tiefsten Gegensatz – für einen Gegner der Sache, die er vertritt. Das ist bei den

›Brüdern‹ das, was sie die ›Wahrheit‹ nennen. Um ihres Gewissens willen müssen sie uns daher widerstehen. Der Gegensatz ist mehr als eine Meinungsverschiedenheit in dieser und jener Frage der Auslegung. Es ist der Zusammenprall zweier grundsätzlich widerstreitender Auffassungen ...«

Und Hans Becker vermochte die Beseitigung des Konfliktes nur so zusehen,

»dass einer der beiden Teile eine Schwenkung um 180^0 vornimmt.«[174]

Ob Becker und seine ›Stündchenfreunde‹ von der Menge der deutschen »Brüder« wirklich diese Schwenkung erwarteten? Denn sie selbst betonten immer wieder, dass sie um ihres Gewissens willen von dem einmal eingeschlagenen Weg nicht lassen könnten. Es war völlig unklar, wie die hier aufgerissene Kluft je zu überbrücken war. Auch Franz Kaupp, eine der angesehensten Lehrautoritäten unter den »Brüdern«, der Ende April 1937 Becker in einer langen Abhandlung entgegentrat,[180] konnte nur hoffen, damit »vielleicht ... einen Stillstand in der Erweiterung der Kluft« zu erreichen.

Ganz gewiss war Franz Kaupp aus Freudenstadt einer derjenigen, die Hans Becker am ehesten begegnen konnten. Obwohl von Beruf Bäckermeister. beherrschte er die alten und auch neueren Sprachen und hatte, seit einem halben Jahrhundert bei den »Brüdern«, ausgedehnte und sehr intensive Grundtextstudien betrieben, und zwar auch mit Hilfe vieler theologischer Werke der verschiedensten Richtungen. Ihm war nicht vorzuwerfen, dass er Grundtext und theologische Wissenschaft ignorierte, er hatte sich nach seinen eigenen Worten stets »Selbständigkeit« bewahrt und war »kein Nachbeter«.[181] Die Antworten zu den biblischen Fragen im »Botschafter« trugen z. gr. T. sein Zeichen: »F.Kpp.«.

Kaupp also trat Becker sowohl mit dem Rüstzeug des eigenständigen Gelehrten wie mit der Weisheit des Alters entgegen. Er gab zu, dass das Verhalten der Alten in Elberfeld »guter Sitte, und, gar unter Brüdern, Hohn« spreche. Er bestätigte auch die sachlichen Erkenntnisse der ›Stündchenfreunde‹ in mancherlei Hinsicht, er betrachtete den hier und da in Brüderkreisen geäußerten Anspruch, »die Wahrheit« zu haben, als Entgleisungen, und er sah die Mängel im Leben der Versammlungen, das Schablonenhafte im Dienst am Wort und auch beim Mahl des Herrn.

Das alles ließ ihn aber nicht den ›Stündchenleuten‹ die Berechtigung zuerkennen, so grundlegend das Fundament der »Brüder« in Frage zu stellen. Sicher mit Recht warf er Becker und seinen Freunden vor, kein Einfühlungsvermögen für die Gedanken- und Gefühlswelt der alten Brüder zu haben, und die »Betrübnis ... über vorhandenes Eingerostetes« habe sie dazu geführt, »das Stück mitsamt dem Rost wegzuwerfen und durch nicht so Gutes zu ersetzen, anstatt nur den Rost wegzukratzen und wegzupolieren und das darunter befindliche wertvolle Stück zu schätzen und zu bewahren.«

Kaupp trat dafür ein, dass Brüder bei ihren Überzeugungen verharren dürften, und kritisierte Beckers Ansicht, »es könnte jeden Tag geschehen, dass wir unser bisheriges Verständnis für falsch erklären müssten und ... wir dann das, was sie ›die Wahrheit‹ nennen, für Nichtwahrheit erklären würden«. Das Wort Gottes müsse gerade eine »Gewissheit des Verständnisses« vermitteln.

Schließlich sah Kaupp auch die seelsorgerliche Seite des Problems und entgegnete dem jungen Juristen, der ein Jahrhundert Brüdergeschichte in die Schranken gefordert hatte:

> »Sie werfen so mit hohen Tönen um sich, Bruder Becker, und stellen von hohem Standpunkt herunter, der Demut sein soll, Ihren Brüdern Alternativen wie ein Feldherr, dass ich, ob ich will oder nicht, mir, nicht Ihnen, die Frage vorlege: weiß der Bruder auch, was er tut?
> ... dieses Eingenommensein von seinem eigenen Standpunkt, diese Herausforderung, dieses Geringschätzen der Stellung der Brüder und der Männer, die Gott als Werkzeuge zum Aufdecken seiner Ratschläge benützt hat, ist schon die innere Lösung.
> ... lieber Bruder Becker, so kommen Sie nicht zum Ziele, einen Ausgleich mit den alten Brüdern zu schaffen.«[182]

Zweifellos hatte Franz Kaupp hier eine Wahrheit ausgesprochen. Bei aller Berechtigung der von den ›Stündchenleuten‹ vorgebrachten Argumente muss man sagen, dass in diesen Auseinandersetzungen die intellektuelle Erkenntnis über Liebe und geistliche Weisheit triumphierte. Aber war das so außergewöhnlich in einer Bewegung, die im Laufe ihrer Geschichte immer bestimmter die Erkenntnis und Lehre über die Liebe gestellt hatte? Konnte man da von der jüngeren Generation etwas anderes erwarten?

Interessant ist bei diesem Konflikt, dass die Frage der Absonderung, der Trennung von den übrigen religiösen Systemen direkt kaum berührt wurde, wenn man von den Hinweisen auf das Erkenntnisgut anderer Kreise absieht. Sicher war dieses Problem im Blick auf die geforderte Überprüfung der bisherigen Lehrauffassungen unausgesprochen im gesamten Komplex mit enthalten, und ältere Brüder witterten, dass Bestrebungen in Richtung auf eine Öffnung zu anderen Kreisen hin vorhanden waren. Ein Bruder vermutete, dass die Absichten der ›Stündchenfreunde‹ »auf die Verschiebung oder Ausweitung der von den Vätern gesteckten Grenzen« gerichtet seien, und versicherte: »Dem stellen wir Alten uns entgegen.«[183] Auch die Tatsache, dass Fritz von Kietzell die »Tenne« dem zu den Offenen Brüdern gehörenden Ernst Lange für den Aufsatz »Die Überwindung der Konfessionen« zur Verfügung gestellt hatte, schien den Älteren in diese Richtung zu deuten, und Franz Kaupp wandte hinsichtlich dieser Tendenz ein: »Da hätte ich vor 50 Jahren bleiben können, wo ich war.«[184] Wirklich war bei den ›Stündchenfreunden‹ auch der Gesichtspunkt einer Abendmahlsgemeinschaft mit Gläubigen anderer Kreise in den letzten Monaten in Fluss gekommen, wenngleich solche jetzt sogar das praktische Verhalten revolutionierende Vorschläge verständlicherweise öffentlich kaum vorgebracht werden konnten.

Das Problem der »Ausweitung der von den Vätern gesteckten Grenzen« sollte aber ins Zentrum aller Überlegungen und Diskussionen gerückt werden, als mitten in die erregenden Auseinandersetzungen der »Brüder« – sechs Wochen nach Beckers Rundbrief und zur gleichen Zeit, als Kaupp seine Erwiderung schrieb – am 28. April 1937 das Verbot der »Christlichen Versammlung« durch die nationalsozialistische Regierung die deutsche Brüderbewegung zutiefst traf und zum umwälzendsten Ereignis ihrer ganzen Geschichte wurde.

II. Die Offenen Brüder in Deutschland bis 1937

Die Geschichte der Brüderbewegung in Deutschland wäre unvollständig aufgezeichnet, würde nicht auch der Entwicklung der offenen Brüder in unserem Land ein Kapitel gewidmet werden. Gewiss spielten die ›Offenen Brüder‹ in Deutschland nie eine Rolle, wie man sie der »Christlichen Versammlung« zuschreiben muss, verbreiteten sie sich doch erst seit der Jahrhundertwende langsam im deutschen Raum, also ein halbes Jahrhundert später als die von Carl Brockhaus so energisch vorangetriebene Bewegung der »Elberfelder Brüder«, wie die in der »Christlichen Versammlung« zusammengeschlossenen Gläubigen zur Unterscheidung von den »Offenen Brüdern« auch zuweilen genannt wurden. Ebenso blieben die »Offenen Brüder« in Deutschland größenmäßig eine relativ unbedeutende Gruppe, betrug doch die Zahl der sich in ihren Gemeinden versammelnden Christen kaum ein Zehntel derjenigen, die mit Rudolf Brockhaus die Lehre der Absonderung befolgten.

Dennoch waren es gerade die »Offenen Brüder« die die Grundsätze aus den Anfängen in England und Irland mit großer Treue überlieferten und nach 1937 wieder in die deutsche Gesamtbewegung einbrachten. Auf diese Weise wirkten sie nach dem Zweiten Weltkrieg sowohl in der Lehre wie auch in der missionarischen Praxis ungemein befruchtend und in mancherlei Hinsicht richtungweisend.

Auch ihre Geschichte ist also ein nicht fortzudenkendes Kapitel der Brüderbewegung in Deutschland. Wie bei den die Absonderung vertretenden »Elberfeldern« sind auch bei den »Offenen Brüdern« die britischen Wurzeln nicht zu übersehen. Auf diese Herkunft muss daher zunächst eingegangen werden.

1. Die Entwicklung in Großbritannien seit 1848

Seit der unglückseligen Bethesda-Trennung von 1848 (I,33ff.) hatten die beiden Ströme der britischen Brüderbewegung recht unterschiedliche Richtungen eingeschlagen. Hatten die »Close Brethren« (= sich abschließende, geschlossene Brüder) unter der Führerschaft Darbys konsequent den Weg der Absonderung beschritten und damit auch dem

deutschen Brüdertum sein Gepräge gegeben, entwickelten sich die
»Open Brethren« (=Offene Brüder) unter dem Einfluss Georg Müllers,
Roben Chapmans (l,25f., 34f.) u.a. mehr in der Weise, in der die
Bewegung um 1830 begonnen hatte.[1]

Die Offenen Brüder blieben »offen« für die Gläubigen aller Kreise
und betonten die Unabhängigkeit jeder örtlichen Versammlung, auch
im Blick auf die Frage der Zulassung zum Abendmahl.

Unabhängigkeit

Diese Unabhängigkeit war es, die den »Offenen Brüdern« seitens der
»Close Brethren« immer wieder den Vorwurf einbrachte, kein
Verständnis für die Einheit der Kirche zu besitzen, hatten doch die
»Close Brethren« mit anderen zentral gesteuerten kirchlichen Systemen gemeinsam, von einer etwas mechanistisch äußerlich sichtbaren
Einheit auszugehen. Gerade in ihrer Offenheit suchten dagegen die
»Offenen Brüder« den Einheitsgedanken, der doch von Anfang an ein
wichtiger Wesenszug der Brüderbewegung gewesen war, in die Praxis
umzusetzen. Und während die »Close Brethren« durch die Autorität
Darbys und der Londoner Zentralversammlung verhältnismäßig stark
dirigistisch geformt waren, gingen die örtlichen Gemeinden der
»Offenen Brüder«, meist geprägt durch lokale Führerpersönlichkeiten,
recht eigenständige Wege.

Gerade weil sie jeder anderen Versammlung ihre Unabhängigkeit
zugestanden, blieben ihnen Spaltungen im großen und ganzen erspart,
während es bei den »Close Brethren« um der von Darby gelehrten
kollektiven Verantwortung willen – sie sollte der Einheit dienen –
immer wieder zu Trennungen (»divisions«) kam.

Auch der unterschiedliche Charakter, der den Versammlungen der
»Offenen Brüder« oft schon vom äußeren Gewand her anhaftete, hatte
keine Trennungen zur Folge. Mochte man in einer Kirche, einer
Kapelle, einem Saal oder auch nur in einem schlichten Versammlungsraum zusammenkommen, mochte man einen hauptamtlichen
Prediger haben oder nicht, immer billigte man den Christen am
betreffenden Ort die Freiheit zu, ihr Gemeindeleben so zu gestalten,
wie sie es ihrem Gewissen nach vor Gott für richtig hielten. Die
überörtlichen Verbindungen zwischen den landesweit nicht organisierten Versammlungen wurden durch persönliche Kontakte und
durch Konferenzen geknüpft.

Fehlende Zentralisierung und große Freiheit in der Entwicklung der einzelnen Gemeinden wurden gewissermaßen die Kennzeichen der »Offenen Brüder«, die damit auch nicht so schnell – und wenn überhaupt, in viel geringerem Maß als die »Close Brethren« – den Weg zur ungewollten Bildung einer Freikirche einschlugen. So wurden z.B. die Saalbauten, die man nach der Zeit der großen Erweckung (1860-1870) erstellte, meistens nur nach den jeweiligen Straßen benannt, während man Denominationsbezeichnungen unterließ, um deutlich zu machen, dass man jedem wahrhaft Gläubigen gegenüber offen war. Auch die konfessionelle Bezeichnung »Die Brüder« wird oft bis heute abgelehnt, um nicht als Sondergruppe zu erscheinen, was die »Offenen Brüder« allerdings – ähnlich wie die »Close Brethren« – nicht davor bewahrt hat, gerade um dieser Eigenartwillen als eine besondere Gruppe betrachtet zu werden.

Natürlich hatte die große Unabhängigkeit der »Offenen Brüder«, die bezeichnenderweise im englischsprachigen Raum oft »Independent Brethren (= Unabhängige Brüder)« genannt werden, auch ihre Schattenseiten. Der örtlichen Unabhängigkeit und persönlichen Spontaneität standen Mangel an Koordination und überörtlicher Führerschaft gegenüber. Und die Toleranz, das weite Herz für die ganz andere Art und Form des Glaubenslebens bei anderen Christen, konnte hier und da auch in eine gewisse indifferente Haltung übergehen oder auch nur dafür gehalten werden. Aber es ist menschlich immer schwieriger, sich überall und zu jedem Zeitpunkt ganz der Leitung des Heiligen Geistes anvertrauen zu wollen, als in abgeschlossenen Gruppen und festen Formen ein Gefühl der Sicherheit in Anspruch zu nehmen. Gewiss ging aber bei den »Offenen Brüdern« die Unabhängigkeit nicht so weit, dass sie – wie es seitens der »Close Brethren« immer wieder behauptet wurde – die Zuchtmaßnahmen benachbarter Gemeinden nicht anerkannten. Abgesehen von einzelnen Fehlern und Missverständnissen, wie sie überall vorkommen, bemühten sie sich stets um eine überörtliche Übereinstimmung im geistlichen Sinne. Und wo eine solche Übereinstimmung an menschlicher Beschränktheit scheiterte, führten solche Mängel wenigstens nicht zu Trennungen. Nur am Ende des 19. Jahrhunderts spaltete sich eine Gruppe, die nach ihrer Zeitschrift »Needed Truth (= Notwendige Wahrheit)« benannt wurde, von den »Offenen Brüdern« ab, fand aber auch unter den »Close Brethren« Anhänger. Ihrer Lehre nach strebten diese Christen u.a. eine lokale und auch überörtliche Führer- oder

Ältestenschaft an, womit sie einen augenscheinlichen Mangel der »Offenen Brüder« auszugleichen gedachten. Leider praktizieren sie ihre Lehrmeinung seitdem in einer selbstgewählten Exklusivität.

Ausbreitung

Das Jahrzehnt, das auf die Bethesda-Trennung folgte, war in den verschiedenen Versammlungen der »Offenen Brüder‹ von ruhiger Festigung gekennzeichnet, nur 1853 überschattet vom frühen Heimgang Anthony Norris Groves', des Initiators der ersten Zusammenkünfte der »Brüder«, was nun ein Vierteljahrhundert zurücklag.

1859 erreichte von Nordamerika her eine neue Welle der Erweckungsbewegung Großbritannien und beeinflusste die »Offenen Brüder« zwischen 1860 und 1870 in erheblichem Maß. In großen Evangelisationsversammlungen kam es zu zahlreichen Bekehrungen, und da sich die etablierten Kirchen den erweckten Christen gegenüber, die sich oft selbst zur evangelistischen Verkündigung gerufen sahen, recht intolerant verhielten, wurden die »Offenen Brüder« die natürliche Heimat jener Gläubigen und der Ausgangspunkt missionarischer Arbeiten, die diese Leute in ihrer eigenen Kirche nicht tun durften. Auf diese Weise erhielten die »Offen Brüder« in jenen Jahren einen Zustrom lebendiger und aktiver Christen, und indem sich die Erweckungsbewegung unter den »Offenen Brüdern« zu einer Bewegung der Evangelisation ausweitete, entstanden viele neue Gemeinden mit z.T. riesigen Sälen, wodurch sich die »Offenen Brüder« bis in die letzte Ecke Englands ausbreiteten.

Die Bewegung sprang hinüber nach Irland, bisher eine Domäne der »Close Brethren«; Dublin wurde zu einem der größten Zentren der »Offenen Brüder«. Auch Schottland wurde ergriffen, wo Glasgow einer der Hauptorte der Brüderbewegung überhaupt wurde; allerdings gab es gerade auch in Schottland Trennungen durch die »Close Brethren«.

Schließlich breiteten sich die »Offenen Brüder« in Nordamerika aus, gewissermaßen als Antwort auf die von dort ausgegangene Erweckungsbewegung. Der große amerikanische Evangelist Dwight L. Moody (1837-1899) wurde in seiner Verkündigung wesentlich durch einen Evangelisten der »Offenen Brüder« beeinflusst, durch Henry Moorhause (1840-1880).[2] Und es mag bemerkenswert sein, dass der Amerikaner Billy Graham (geb. 1918), der weltweit bekannteste

Evangelist in der zweiten Hälfte des 20. Jahrhunderts, von seiner Mutter her aus den Kreisen der »Offenen Brüder« kommt.

Parallel zu den »Offenen Brüdern« traten auch die »Close Brethren« in der westlichen Hemisphäre auf. Aber während jene durch die rastlosen Reisen Darbys zunahmen, sind die Gemeinden der »Offenen Brüder« in den Vereinigten Staaten und in Kanada eine Frucht der damaligen Erweckungs- und Evangelisationsbewegung.

Zur gleichen Zeit breiteten sie sich auch bis nach Neuseeland und Australien aus, wo sie schon rein zahlenmäßig im Verhältnis zu den anderen Kirchen eine viel größere Rolle spielen als im britischen Mutterland.

Schließlich wurden auch die übrigen europäischen Länder von der Bewegung erfasst. Dabei wurde dem protestantischen Skandinavien nur wenig Aufmerksamkeit geschenkt, während sich die Bemühungen um so mehr auf Süd- und Osteuropa erstreckten.

In Spanien[3] hatte schon Robert Chapman recht früh und nicht ohne Erfolg mit der Arbeit begonnen, in Portugal wurden die »Offenen Brüder« mit etwa hundert Gemeinden eine der größten evangelischen Gruppen im Lande, während Italien[4] durch das aufopferungsvolle Wirken des Grafen Pietro Guicciardini und Teodoro P. Rossettis erschlossen wurde; beide hatten in England mit den ›Offenen Brüdern‹ Kontakt bekommen. Nicht so großer Erfolg war der Arbeit im orthodoxen Griechenland beschieden.

Um die Menschen in Osteuropa, besonders in Russland, mühten sich Lord Radstock (1833-1913) und der Deutsche Dr. Friedrich Wilhelm Baedeker. über den noch im Zusammenhang der deutschen Entwicklung zu sprechen sein wird. Beide waren Freunde Georg Müllers. Radstock beeinflusste auch den russischen Garde-Oberst und zaristischen Flügeladjutant Wassilij A. Paschkow (gest. 1902), der, ehe er wegen seines evangelischen Zeugnisses vom Zaren ausgewiesen wurde, zum Mittelpunkt der russischen Erweckungsbewegung unter dem Adel[5] geworden war und sich auch hinter die evangelischen Gruppen der Stundisten gestellt hatte. Später, seit 1925, bereiste der Schotte James Lees[6] die osteuropäischen Länder bis in den Balkan hinein. Besonders in Polen[7], Rumänien, Ungarn und in der Tschechoslowakei[8] entstanden Gemeinden der »Offenen Brüder«.

So hatten bis zum Zweiten Weltkrieg die »Offenen Brüder« mit mehr oder weniger Erfolg in fast allen europäischen Ländern Fuß gefasst, nur in Frankreich und Deutschland war bis weit ins 20. Jahrhundert hinein der

Flügel der »Geschlossenen Brüder« stärker vertreten. Die Ausbreitung der »Offenen Brüder« wurde weder durch eine schlagkräftige Organisation noch durch mächtige Führerpersönlichkeiten bewirkt, es war mehr eine spontane Bewegung von Menschen, die sich von Gott berufen sahen und sich dann der Leitung durch den Heiligen Geist anvertrauten. Obwohl größter Wert darauf gelegt wurde, sich ganz unter die Führung des Geistes Gottes zu stellen, war das Vorgehen dennoch nicht von Schwärmerei, sondern meistens von großer Nüchternheit gekennzeichnet, wie überhaupt die »Brüder« gewöhnlich eher geneigt sind, sich dem Glauben mehr vom Verstand her zu nähern. Und weil man mit seinem schlichten Zeugnis von exzentrischen Lehren weit entfernt war, blieben die neu gegründeten Gemeinden in den verschiedenen Ländern auch nicht nur Augenblickserfolge.

Soziale Verantwortung

Wie bei Georg Müller war bei den »Offenen Brüdern« meistens die Übernahme sozialer Verpflichtungen ein Merkmal ihrer Arbeit. Wenn auch das Heil, das sie verkündeten, »nicht von dieser Welt« war, waren sie sich doch ihrer Verantwortung bewusst an den sozialen Nöten »dieser Welt« nicht vorübergehen zu können, und verbanden von daher ihre evangelistische Arbeit mit sozialer Fürsorge.

Den Anfang hatte Georg Müller mit seinen fünf Waisenhäusern in Bristol (I,20) gemacht, wo er schließlich ca. 2000 Kindern eine Heimat gab und wo er im Laufe seines Lebens zum Vater von über zehntausend Waisenkindern wurde. Seine Methode, ein solches Werk rein aus Glauben und Gebet aufzubauen und Spenden von ungläubiger Seite, also auch öffentliche Mittel konsequent abzulehnen, war maßstabsetzend.

Die Verelendung der Arbeiterbevölkerung in der industriellen Welt des 19. Jahrhunderts gab vielen Vertretern der »Offenen Brüder« Anlass, sich auf sozialem Gebiet zu engagieren. Suppenküchen wurden eröffnet, Karten für Lebensmittel und Kohlen ausgegeben, Sonntags- und Tagesschulen, Kinderheime und Waisenhäuser wurden gegründet, Werke, die z.T. wie das von Georg Müller noch heute Bestand haben, wenn auch die Waisenbetreuung heute unter moderneren Bedingungen stattfindet: als Familiensysteme in kleineren Häusern.

Als Beispiel für viele sei ein Pionier auf diesem Gebiet genannt, George Brealey (1823-1888)[9], der in einem sozial problematischen Gebiet im Westen Englands, in den Blackdown Hills, ab 1863 Gemeinden gründete, Gemeindesäle baute und Tagesschulen für den Elementarunterricht der Kinder eröffnete. Die Schulen, aus denen Evangelisten und Missionare hervorgegangen sind, bestanden bis 1947, als sie durch die Entwicklung der staatlichen Schulorganisation endlich überflüssig geworden waren.

Am berühmtesten aber wurde auf sozialem Gebiet neben Georg Müller ohne Zweifel Thomas John Banardo (1845-1905),[10] den man den »Bodelschwingh der Londoner Unterwelt« genannt hat. Banardo hatte sich mit 17 Jahren in Dublin, seiner Heimatstadt, bekehrt und dort den »Offenen Brüdern« angeschlossen. Schon als Medizinstudent fand er, der zuerst mit Hudson Taylor nach China gehen wollte, 1866 seine Lebensaufgabe unter den verwahrlosten Jugendlichen in den Elendsvierteln des Londoner Ostens, denen er unter unsäglicher Selbstverleugnung nachging, um ihnen eine irdische und geistliche Heimat zu schaffen. Trotz des Widerstandes aus den offiziellen Kirchen nahm er sich nach »Brüder«art die Freiheit, die in seiner Arbeit Bekehrten zu taufen und mit ihnen das Abendmahl zu feiern. Nach einem Vierteljahrhundert trennte er sich allerdings von den »Offenen Brüdern« und wandte sich der Kirche von England zu. In den von ihm gegründeten Heimen aber, den »Dr. Banardo's Homes«, werden bis heute Tausende von Kindern im christlichen Geist erzogen.

War schon Banardos Arbeit über den Kreis der »Offenen Brüder« hinausgewachsen, in einem noch größeren Rahmen setzten sich adlige Parlamentsmitglieder aus den Reihen der »Offenen Brüder«, z.B. Lord Congleton (1805-1883) (I,17.34),[11] für soziale Reformen im Staat und für das von Großbritannien beherrschte und benachteiligte Irland und seine wirtschaftliche und soziale Entwicklung ein, obwohl sie als Christen grundsätzlich abgeneigt waren, sich auf die politischen Händel der Welt einzulassen. Sie glaubten jedoch, sich ihrer Verantwortung für ihre Mitmenschen nicht entziehen zu dürfen.

Immer aber versuchten alle, wo nur irgend möglich, sozialer Hilfeleistung und evangelistischer Verkündigung gleichermaßen gerecht zu werden, und sicherlich galt für das geistliche Motiv der meisten von ihnen der Grundsatz, den Banardos Biograph so umschreibt:

»Das alles tat er nicht aus Sucht nach religiöser Betriebsamkeit, sondern im Verlangen, vorbehaltlos und mit all seinen Kräften Gott zu dienen.«[12]

Außenmission

Was die »Offenen Brüder« ebenfalls von ihren Anfängen her auszeichnete, war ein ausgeprägtes Verantwortungsbewusstsein für die Außenmission, d.h. für die Verkündigung des Evangeliums in den nichtchristlichen Ländern, eine Arbeit, für die schon ganz am Anfang Anthony Norris Groves Vorbild geworden war (I,15ff.). Und wenn ihm auch sein Schwager Georg Müller nicht aufs Missionsfeld folgen konnte, so hatte sich Müllers Gemeinde in Bristol doch bald zu einem Zentrum außenmissionarischer Bestrebungen entwickelt. Ein anderer Ausgangspunkt für die Arbeit in Übersee bildete sich in London, und 1853, im Todesjahr Groves', erschien hier die erste Missionszeitschrift der »Brüder«, »The Missionary Reporter (= Der missionarische Berichterstatter)«.

Natürlich standen auch die »Offenen Brüder« in dem breiten Strom der Weltmissionsbewegung, die zugleich mit der jetzt im großen Rahmen einsetzenden Bibelverbreitung am Anfang des 19. Jahrhunderts aufbrach. Die meisten der bekannten Missions- und Bibelgesellschaften entstanden in dieser Zeit. Die »Brüder«mission vertrat dabei Grundsätze, für die schon Groves richtungweisend geworden war und die sich z.T. von der sonst bei den Missionsgesellschaften üblichen Methode unterschieden:

1. Die Arbeit eines jeden Missionars war nicht an eine zentral dirigierende und besoldende Missionsgesellschaft gebunden, sondern hatte allein im Vertrauen auf Gottes Führung als persönliches Glaubenswerk zu geschehen.
2. Träger der Mission sollten örtliche Gemeinden sein, die mit Gebet und finanziellen Mitteln hinter dem ausgesandten Missionar standen.
3. Ziel der Mission war nicht die Christianisierung heidnischer Völker, sondern die Bekehrung einzelner Menschen zum lebendigen Glauben an Jesus Christus und der daraus resultierende weltweite Bau der Gemeinde Jesu Christi.[13]

Südamerika gehörte zu den frühesten Missionszielen der Brüderbewegung. »Geschlossene wie Offene Brüder« waren schon von Anfang an in Britisch-Guayana zu finden, von wo aus die Arbeit auf die Westindischen Inseln, besonders Jamaica, ausgedehnt wurde. Aber nicht nur im kolonialen Machtbereich des Britischen Weltreiches wurde missioniert, auch im übrigen Ibero-Amerika breiteten sich die »Offenen Brüder« aus, zunächst natürlich unter der spanisch bzw. portugiesisch sprechenden weißen katholischen Bevölkerung, so dass wie in den europäischen Mutterländern auch hier Brüderversammlungen entstanden. Die meisten Gemeinden der »Offenen Brüder« findet man bis heute in Argentinien,[14] etwa 300; aber auch in Brasilien (mit ungefähr 200 Gemeinden) und anderen Ländern Ibero-Amerikas wurden missionarische Ansätze gemacht, und zwar nicht nur unter der weißen Bevölkerung, sondern auch unter den Indianern. Am bekanntesten wurde dieser Zweig der Mission unter den noch unzivilisiert lebenden Indianerstämmen, als fünf Missionare der »Offenen Brüder‹ im Januar 1956 unter den Speeren der bis dahin unerreichten Aucas in Ekuador als Märtyrer ihr Leben ließen.[15]

In *Asien* hatte Anthony N. Groves mit der Außenmission begonnen, als er 1829, zunächst u. a. mit Dr. Cronin (I,17.25) und Lord Congleton (I,17.34), nach Bagdad ging und später die Arbeit im damals britischen Indien fortsetzte und für diesen Dienst viele Mitarbeiter gewann.[16] In Indien, wozu auch das heutige Pakistan zu rechnen ist, entstanden mit der Zeit nicht nur viele Brüderversammlungen, auch Schulen und Krankenhäuser wurden gegründet. In Pakistan[17] beteiligten sich später auch deutsche Missionare an dem sich ausweitenden Werk. Die meisten Missionsarbeiter kamen aber immer aus den Gemeinden in den englischsprachigen Ländern, also neben Großbritannien und den USA aus Kanada, Australien und Neuseeland, wodurch natürlich zunächst die britischen Kolonien in aller Welt bevorzugt wurden. In Südostasien waren das Malaysia und Singapur, wo etwa fünfzig Versammlungen gegründet wurden, besonders unter den dort zahlreich vertretenen Chinesen. Als die Philippinen 1898 unter die Herrschaft der USA kamen, waren es amerikanische Missionare, die hier zu arbeiten begannen, während im französischen Indochina, besonders in Laos, seit 1902 »Brüder« aus der französischen Schweiz das Evangelium verkündigten.

In *China* gab es neben dem riesigen Glaubenswerk der China-Inland-Mission ebenfalls Missionare der »Offenen Brüder«. Aber auch die China-Inland-Mission, die völlig interkonfessionell ausgerichtet war und 1895 mit 641 Missionaren ungefähr die Hälfte aller evangelischen Missionare in China stellte, war in ihren Ursprüngen um 1865 mit ihrer Kernmannschaft aus dem Kreis jener Männer der »Offenen Brüder« in London hervorgegangen, denen die Außenmission ein ernstes Anliegen war. James Hudson Taylor (1832-1905), der große

Glaubenszeuge und Gründer der China-Inland-Mission, gehörte damals zu einer Brüderversammlung im Norden Londons und war vom Vorbild A. N. Groves' zutiefst beeindruckt. Dessen unbedingten Glaubensgrundsatz machte er auch zu dem seinen, und eine herzliche Freundschaft verband ihn mit Georg Müller, dessen Bibelgesellschaft, die *Scriptural Knowledge Institution*, die China-Inland-Mission lange unterstützt hat. – Zwischen den Weltkriegen entstand in China die Bewegung »Little Flock (= Kleine Herde)« unter der Führung von Watchman Nee (1903-1972). Diese Gruppe bewahrte sich aber trotz ihrer Verwandtschaft mit den »Offenen Brüdern« ihre Eigenart und suchte einen selbständigen chinesischen Weg neben den europäischen Missionen zu verfolgen. – Zwei englische Missionare der »Offenen Brüder« unternahmen nach dem Zweiten Weltkrieg den Versuch, das Evangelium in das bis dahin unerschlossene Tibet zu bringen, wurden aber nach der Besetzung durch die chinesischen Kommunisten vertrieben bzw. gefangen genommen. Der Leidensweg Geoffrey Bulls unter der Gehirnwäsche in den chinesischen Lagern, erst nach seiner Entlassung bekannt geworden,[18] bezeugte das Märtyrertum, das die Mission und die Christen überhaupt damals in China zu erdulden hatten. Nach 1950 konnte nur noch in Hongkong und auf Taiwan Mission betrieben werden.

In *Japan* kann man seit 1888 von einem Einfluss der »Brüder« sprechen, aber erst seit 1930 gab es dort vollzeitliche Missionare, ähnlich war es in Korea. In größerem Ausmaß konnte in diesen Ländern erst nach 1945 missioniert werden.

Afrika brachte die bekanntesten unter den Pionier-Missionaren der »Offenen Brüder« hervor, die schon recht früh, etwa seit 1850 im britisch-burischen Südafrika Gemeinden gegründet und sich unter den Schwarzen medizinisch und pädagogisch betätigt hatten. Das Hauptarbeitsgebiet wurde aber der Streifen in Zentralafrika, der sich von Angola über Rhodesien bis nach Mozambique hinzieht. Hier starben durch Krankheit und Not so viele Pioniermissionare einen frühen Tod. Oft kurz nach ihrer Ankunft, dass jener Landstrich »The Beloved Strip (= der heißgeliebte Landstreifen)« genannt wurde. Einer der größten Bahnbrecher der Afrikamission war Frederick S. Arnot (1858-1914),[19] der als Junge in Schottland Nachbar und Freund der Familie David Livingstones gewesen war und nach dem Beispiel des großen Entdecker-Missionars nach Zentralafrika ging und im »Beloved Strip« zum Architekten der »Brüder«mission wurde. Einer seiner Mitarbeiter, C. A. Swan, veröffentlichte einen aufsehenerregenden anklagenden Bericht über den Sklavenhandel in Jenen Gebieten, was zu Reformen durch die damaligen Kolonialmächte führte. Arnots Schwager, Dr. Walter Fisher, begründete die dortige medizinische Arbeit, deren Kapazität bis zur Mitte des 20. Jahrhunderts auf ungefähr 700 Krankenhausbetten anwuchs. 500 Gemeinden wurden in jenem Teil Zentralafrikas (Südkongo, Angola, Rhodesien, Sambia) gegründet.[20]

Nach dem Ersten Weltkrieg missionierte John R. Olley im Tschad, wo ca. achtzig Gemeinden entstanden, und nach dem Zweiten Weltkrieg wurde die Arbeit auf West- und Ostafrika ausgedehnt, wo sich dann auch deutsche Brüdergemeinden beteiligten.

Um 1950 arbeiteten auf den verschiedenen Missionsfeldern in der Welt etwa 1150 Missionare der »Offenen Brüder«. Den größten Anteil stellten hierbei die britischen Brüderversammlungen mit etwa 750 Missionaren, dazu kamen aus Neuseeland 112, aus Australien 47, aus Kanada 73 und aus den USA 122, während die Gemeinden aller übrigen Länder nur knapp 50 Missionare entsandt hatten,[21] eine Zahl die sich dann aber laufend zugunsten dieser Länder verschob.

Die weitverzweigte Arbeit (1958 in 64 Gebieten) ließ eine zentrale Koordinierung der britischen »Brüder«mission schon früh als notwendig erscheinen, und so wurde das englische Bath zum Zentrum der Außenmission der »Offen Brüder«. Von hier aus wurde und wird seit 1872 die Missionszeitschrift »Echoes of Service« (bis 1885 unter dem Titel »The Missionary Echo«) herausgegeben, die in ihren Gebetslisten die Namen sämtlicher britischer Missionare der »Offenen Brüder« aufführt, Bedürfnisse veröffentlicht und damit auf die Kanalisierung der Missionsspenden einwirkt. Neben der Publikation von Missions-Informationen und der Verwaltung und Weiterleitung von Geldern wird hier auch für die Ausbildung von Missionaren gesorgt. Andererseits verteilt die von Georg Müller 1834 gegründete Bibelgesellschaft, die *Scripture Knowledge Institution*, ebenfalls bis heute Gaben unter den Missionaren; ihre grundlegende Bedeutung für die Außenmission hatte sie jedoch in den ersten fünfzig Jahren ihres Bestehens. Die von den »Offenen Brüdern« gegründeten Bibelschulen (1968: England 1, Australien 1, Neuseeland 1, USA 3, Schweiz 1, Deutschland 1)[22] finden als Zurüstungsstätten für Missionare und überhaupt für Gläubige, die eine Hilfe für ihren nebenberuflichen Gemeindedienst suchen, immer regen Zuspruch.

Die Herausgeber von »Echoes of Service« wollen sich nicht als Missionsgesellschaft verstehen und üben auch keine Aufsicht über die einzelnen Missionare aus, obwohl man sich mit einer Koordinierung und Kontrolle des Missionsdienstes selbst manche Schwierigkeit ersparen könnte. Aber die Freiheit der persönlichen Führung durch Gott soll für jeden Missionar so weit wie möglich erhalten bleiben. Andererseits ist natürlich durch die Zentralisierung der Spenden heute für den Missionar nicht mehr in dem Maß existentiell ein Leben aus Glauben gefordert, wie es zu den Zeiten von Groves und Arnot noch üblich war. Aber sicherlich ist in der modernen Welt der Glaube auf anderen nicht minder den ganzen Menschen herausfordernden Gebieten notwendig. Vor hundert Jahren gingen die Missionare in eine Welt, in der der weiße Mann fast uneingeschränkt der Herr war, heute stehen die farbigen Völker den weißen Missionaren aus politischen, rassischen, wirtschaftlichen und oft auch aus religiösen Gründen mit Selbstbewusstsein, Skepsis und Ablehnung gegenüber, wie es das 19. Jahrhundert nicht kannte.

Die britischen Offenen Brüder heute[23]

Z. Zt. des Ersten Weltkrieges bestanden auf den Britischen Inseln etwa 1200 Gemeinden der »Offenen Brüder«, die sich bis heute auf ungefähr 1700 vermehrt haben. Diese Zahlen können aber nur annähernd korrekt sein, da bei der Unabhängigkeit der Brüderversammlungen der Übergang zu anderen unabhängigen Gemeinden (Independent Churches) manchmal fließend ist und scharfe Trennungslinien zu solchen Gemeinden den Grundsätzen der »Offenen Brüder« widersprechen. So kann auch die Gesamtzahl ihrer Mitglieder in Großbritannien nur ungefähr mit 75000 angegeben werden, was etwa einem Viertel der Baptisten entspricht.

Zu denken gibt allerdings die Tatsache, dass die Zahl der britischen Missionare von ca.750 nach dem Zweiten Weltkrieg inzwischen auf unter 600 herabgesunken ist und dass auch viele Gemeinden Mitglieder verloren, einige Gemeinden sogar zu existieren aufgehört haben. Der allgemeine religiöse Niedergang in dem von hohem Lebensstandard geprägten Europa hat auch vor den englischen Brüderversammlungen nicht haltgemacht.

Andererseits finden die »Offenen Brüder« auch im Kreis der übrigen Denominationen mehr Anerkennung als früher. Die unabhängige Gemeindestruktur, die offene Form des Abendmahls und der stetige evangelistische wie missionarische Einsatz werden mindestens in den evangelikalen Kreisen stark beachtet. Auch in der Theologie sind »Brüder« als Herausgeber von Standardwerken und als Professoren der Bibelwissenschaft hervorgetreten. Praktiken, die bisher für Brüderversammlungen charakteristisch waren, sind jetzt auch für andere christliche Gruppen interessant geworden, nicht zuletzt die leitende Tätigkeit von sogenannten »Laien« in den Gemeinden, womit es also den »Offenen Brüdern« gelungen ist, dem Prinzip des allgemeinen Priestertums und der Leitung durch den Geist Gottes mehr Anerkennung zu verschaffen. als es bisher selbst in evangelikal denkenden Kreisen üblich war.

Interessant ist, dass ein außenstehender britischer Kirchenhistoriker die »Offenen Brüder« gewissermaßen als die wahren Erben der ursprünglichen Brüderbewegung betrachtet und ihren Einfluss auf die übrigen Kirchen verhältnismäßig hoch einschätzt:

> »Es erscheint einem neutralen Beobachter der ›Brüder‹-Spaltungen. dass die »Offenen Brüder«, die wahrhaft offenen, die Erben der ersten Wahrheiten und Verhaltensweisen der ›Brüder‹ sind. Sie waren nicht nur den Gedanken gegenüber treu, die die ersten Zusammenkünfte veranlassten, sondern sie blieben auch ihrem bedeutenden evangelischen Programm der Evangeliumsverkündigung und Mission verpflichtet. Ihr Einfluss war größer. als es ihrer zahlenmäßigen Stärke entsprach, und sie beeinflussten in hohem Grad selbst den evangelikalen Flügel (Evangelical party) in der Kirche von England und Teile in vielen Denominationen. In praktischen Angelegenheiten pflegten die ›Brüder (Christian Brethren)‹ die Zusammenarbeit, wenn es sich um unzweifelhaft evangelikale Unternehmungen handelte: Evangelisation, Erweckungsbewegung, Mission und mitmenschliche Liebesdienste. Sie blieben konsequent evangelisch (evangelical) in ihrer Lehre.«[24]

2. Die Entwicklung in Deutschland

So erfolgreich sich die »Offenen Brüder« im Laufe des 19. Jahrhunderts von England aus in viele Länder Europas und der Welt hinein ausgebreitet hatten, in Deutschland vermochten sie nicht so schnell Fuß zu fassen. Für Jahrzehnte überließen sie den »Elberfeldern« um Carl Brockhaus allein das Feld. Damit war der Einfluss der »Close Brethren« auf die deutschen »Brüder« vorerst gesichert, während die

»Open Brethren« zunächst keinen Eingang fanden, ihn wahrscheinlich auch kaum suchten. Selbst die einzige Versammlung, die noch vor der Bethesda-Trennung durch das Wirken Georg Müllers 1843 in Stuttgart entstanden war (I,59ff.), schloss sich nach 1848 der von Carl Brockhaus eingeschlagenen Richtung an.

Die Anfänge: Georg Müller und Dr. Friedrich Wilhelm Baedecker[25]

Erst als Georg Müller (1805-1898) im Jahre 1875 die Aufsicht über sein Werk in Bristol seinem Schwiegersohn anvertraut und noch als Siebzigjähriger sich damit für einen evangelistischen Reisedienst in aller Welt freigemacht hatte, begannen sich unter dem Eindruck seiner Verkündigung auch in Deutschland hier und da Kreise von »Offenen Brüdern« zu versammeln. Georg Müller bereiste von 1875 bis 1892 die ganze Welt, verkündete in drei Sprachen, Englisch, Französisch, Deutsch, die frohe Botschaft, sprach ebenfalls vor Gläubigen, und mehrfach weilte er auch in seiner deutschen Heimat, zuletzt 1891, aus welchem Jahr der Inhalt seiner Berliner Ansprache aufgezeichnet worden ist.[26] Gerade weil er vor Angehörigen aller Kirchen- und Gemeinschaftskreise sprach, für jeden verständlich und ohne Pathos einfach die Taten Gottes in seinem Leben bezeugte und zu einem geheiligten Leben unter der Führung Jesu Christi aufrief, muss er für Menschen überzeugend gewesen sein, die unabhängig von einengenden Denominationen und in wahrer Alliazgesinnung nach einer praktischen Verwirklichung der Einheit der Kinder Gottes suchten. Dass es damals auch zu Reibungen mit der »Christlichen Versammlung« kam, die die Einheit so ganz anders durch Absonderung darzustellen trachtete, bezeugen die Briefe von Carl Brockhaus(I,100)

Aber noch ein anderer Deutscher, dem England zur zweiten Heimat geworden war, beeinflusste in jenen Jahren die Gläubigen in Deutschland, die die Unabhängigkeit von Kirchen oder Freikirchen mit großer Offenheit gegenüber allen wahren Christen zu verbinden trachteten. Dieser Mann war Dr. Friedrich Wilhelm Baedecker (1823-1906). Er stammte aus einer Gelehrtenfamilie in Witten an der Ruhr, war ein Vetter des Herausgebers der bekannten Reiseführer und hatte sich, nachdem ihm seine Frau nach wenigen Monaten Ehe durch den Tod entrissen worden war, einem bewegten Wanderleben hingegeben, das ihn bis nach Australien geführt hatte. Seinen Unterhalt bestritt er als Lehrer für Deutsch und Französisch. Schließlich gründete er in der Nähe Bristols in England zusammen mit einem Freund ein College. An der Universität Freiburg erwarb er zwischendurch den akademischen Grad des Dr. phil. In der Zeit der großen Erweckung erlebte er 1866 während einer Evangelisation, auf der der zu den »Offenen Brüdern« gehörende Lord Radstock sprach (s. S. 117), seine Bekehrung, und bald war es Baedeker ein Anliegen, nunmehr selbst die frohe Botschaft weiterzusagen, zunächst seinen deutschen Landsleuten.

Zuerst suchte er seine ehemaligen Freunde und Bekannten in Witten, Berlin und anderswo auf, schließlich sprach er aber auch auf größeren Veranstaltungen. Durch Lord Radstock wurde er auf Russland aufmerksam, wo 1874 durch das Wirken Radstocks in Petersburg eine Erweckungsbewegung unter Adel und Bürgertum entstanden war. Baedeker reiste 1877 nach Russland, wo er sich zunächst um die deutschen Siedler kümmern wollte, dann aber wurden ihm die Strafgefangenen in dem riesigen russischen Reich zur Lebensaufgabe. Seine Petersburger Verbindungen gestatteten es ihm, sämtliche Arbeitslager und Gefängnisse zwischen Warschau und dem Stillen Ozean zu besuchen und den Menschen dort in ihrer unbeschreiblich trostlosen Lage das Evangelium zu verkünden und unter ihnen Bibeln zu verteilen. Neben Mathilda Wrede in Finnland, die ihn in den dortigen Gefängnissen übersetzte, war Baedeker der einzige. der die Erlaubnis besaß, alle Gefängnisse Russlands zu besuchen, und er nahm dieses Vorrecht trotz der großen Strapazen bis ins hohe Alter wahr.

Als 1891 in Russland die Verfolgung der evangelischen Christen, auch der z.T. mit den »Offenen Brüdern« vergleichbaren Stundisten einsetzte und viele Gläubige wie Verbrecher in Ketten nach Sibirien verbannt wurden, machte es sich Baedeker zur Aufgabe, die Verfolgten in ihrem Elend aufzusuchen und zu trösten. 1892 traf er mit Georg Müller – es war dessen letztes Reisejahr – in Wien zusammen, wo der 87-jährige Müller den 70-jährigen Freund unter Handauflegung zu dem besonderen Dienst unter den um ihres Glaubenswillen Verfolgten in Russland beauftragte. Baedeker hat diese Aufgabe treu und furchtlos wahrgenommen. Besonders hervorzuheben an ihm sind sein kindlicher Glaube, der sich in den größten Gefahren bewährte, die Schlichtheit seines Zeugnisses, das Verbrecher und Analphabeten erreichte, und seine Liebe, die selbst Gegner des Evangeliums überwand.

Die Liebe zu allen Kindern Gottes ließ ihn auch zu einem der wichtigsten Anreger der »Evangelischen Allianz« in Deutschland werden. Baedeker bestärkte Anne von Weling (1837-1900),[27] die in Thüringen unter Frauen und Kindern krankenpflegerisch und evangelistisch tätig war, in der Absicht, 1886 nach Bad Blankenburg zu einer Allianzkonferenz einzuladen. Diese Blankenburger Allianzkonferenz,[28] die bald zur wichtigsten Zusammenkunft von landeskirchlichen Gemeinschaftsleuten und Freikirchlern auf deutschem Boden werden sollte, war dann für zwei Jahrzehnte von Baedeker stark mitgeprägt.[29] Als ein Mann, der sich in England zu den »Offenen Brüdern« hielt, war es ihm ein Anliegen, auch in Deutschland die Einheit der Kinder Gottes zu bezeugen und zu stärken; von den 21 Konferenzen, die zu seinen Lebzeiten noch stattfanden, versäumte er nur drei. Baedeker verstand es auch, den Blick der Konferenzbesucher für den weltweiten Bau der Gemeinde Jesu Christi zu öffnen, viele Missionare haben durch seine Vorträge den Anstoß zu ihrer Berufung erhalten.

Es ist klar, dass ein solcher Mann, der in seiner Verkünd1gung stets über den christlichen Parteien stand, Neubekehrte wie schon länger Gläubige durch sein Zeugnis gleichermaßen beeindruckte, so dass gerade in der Zeit seiner Wirksamkeit auch in Deutschland die ersten Kreise von Christen entstanden, die sich unabhängig, ohne Bindung an irgendeine Kirche oder Freikirche und auch ohne direkten Einfluss der englischen »Offenen Brüder«, zu denen sie z. T. erst später Kontakt bekamen,[30] versammelten und dies meistens sofort mit einem eifrigen evangelistischen Zeugnis verbanden.

Toni von Blücher und die Gemeinde in der Berliner Hohenstaufenstraße

Eine derjenigen, deren Glaube und Diensteifer durch Baedeker entfacht wurden, war Toni von Blücher (1836-1906).[31] Sie stammte aus einer preußischen Offiziersfamilie und war die Großnichte des bekannten Feldmarschalls der Befreiungskriege von 1813-1815. Als Dr. Baedeker 1875 den amerikanischen Evangelisten Pearsall Smith (1827-1898) in Berlin übersetzte, dabei selbst zum Evangelisten wurde und nach der Abreise von Smith die Verkündigung fortsetzte, war Toni von Blüchers Bekehrung eine Frucht dieser Arbeit. Baedeker hatte in der alten Garnisonkirche über das Thema gesprochen:

»Was der Heilige Geist tut, um das Opfer Christi klar und kräftig zu machen«.

Toni von Blücher begann sofort, sich selbst für das Evangelium einzusetzen. Sie verteilte in Berlin Traktate und veranstaltete Kinderstunden in ihrer Wohnung, wo sie auch die Mütter zu Näh- und Bibelstunden versammelte. Und während sie auf diese Weise besonders unter der ärmeren Bevölkerung der Großstadt wirkte, versuchte sie daneben, auf sogenannten Tee-Versammlungen auch den Bekannten aus ihrer eigenen gesellschaftlichen Schicht das Evangelium weiterzusagen.

Ihre Sonntagsschularbeit, die aus kleinsten Anfängen heraus schließlich 400 Kinder umfasste, weitete sich zur Entstehung einer Gemeinde aus, indem Toni von Blücher regelmäßig Evangelisten zu Elternabenden einlud, auf denen sich Frauen und Männer bekehrten. Im Jahre 1883 wurde schon der erste Versammlungssaal am Schöneberger Ufer eingeweiht, womit sich also zum erstenmal in Berlin-und sicher auch als einer der ersten in Deutschland überhaupt-ein Kreis von Gläubigen im Sinne der Offenen Brüder als »Christliche Gemeinschaft« zusammengefunden hatte. Bei der Eröffnungsfeier bekehrte sich übrigens die Mutter Erich Sauers, des späteren Leiters der Bibelschule in Wiedenest; sie war durch eine Einladung auf der Straße auf die Versammlung aufmerksam geworden.

Die junge Gemeinde litt bald unter Raummangel, so dass schließlich ein größerer Versammlungssaal erstellt werden musste. Nach einer Zwischenzeit in der Bülowstraße konnte 1894 das große und heute nun schon so traditionsreiche Haus in der Hohenstaufenstraße 65 in Berlin-Schöneberg[32] eingeweiht werden. Als Vorbild für die Konstruktion des Neubaus war Georg Müllers Bethesda-Kapelle in Bristol genommen worden.

Übrigens war die Entstehung einer Gemeinde unter dem Patronat einer adligen Dame in Berlin nicht so ungewöhnlich, wenn man an die Gründung der »Christlichen Gemeinschaft St. Michael« durch Eduard von Pückler (1853-1924) denkt. Während aber Pückler mit seinen St.-Michaels-Gemeinschaften im Rahmen der Landeskirche blieb, war die durch Toni von Blücher gegründete Gemeinde von vornherein völlig unabhängig, wenn auch sicherlich nicht sofort Bewusstsein und Absicht vorhanden waren, sich ausdrücklich als eine Gemeinde der »Offenen Brüder« zu versammeln. Aber wir sahen schon bei den »Open Brethren« in England, dass besonders am Anfang die Grenzen der Zusammengehörigkeit recht fließend waren; im Vordergrund stand immer die Offenheit gegenüber allen Gläubigen.

So war auch die Gemeinde in der Hohenstaufenstraße von Anfang an mit den Männern der Gemeinschaftsbewegung eng verbunden; dass Georg Müller und Dr. Baedeker zu ihren Besuchern zählten, war selbstverständlich; aber auch viele andere waren zum Verkündigungsdienst stets willkommen: Bernhard Kühn, der Schriftleiter des (Blankenburger) Evangelischen Allianzblattes, Hudson Taylor von der China-Inland-Mission, Karl Heinrich Rappard von St. Chrischona, Otto Stockmayer, einer der Gründer des Gnadauer Verbandes, Freiherr von Tiele-Winckler, der Bruder der »Mutter Eva«, Freiherr von Thuemmler, der Vorsitzende der Blankenburger Allianzkonferenz, die Missionsinspektoren Mascher und Simoleit von der baptistischen Kamerun-Mission und nicht zuletzt Georg von Viebahn von den »Elberfelder Brüdern«, auf dessen damit verbundene Schwierigkeiten schon oben eingegangen worden ist (s. S. 74ff.). In ihrer Unabhängigkeit, aber auch in ihrer Offenheit gegenüber den Gliedern aller Denominationen, wenn es sich nur um wahre Kinder Gottes handelte, war die Gemeinde in der Hohenstaufenstraße eine echte Brüderversammlung im Geiste der »Offenen Brüder«, wenn es auch diese Bezeichnung zunächst in Deutschland noch gar nicht gab. Georg von Viebahn hielt übrigens in der Hohenstaufenstraße viele Jahre hindurch regelmäßig im Frühjahr Bibelwochen ab, die sogenannten Maiversammlungen, die von Christen der verschiedensten Kreise besucht wurden.

Seit der Gründung der Allianzbibelschule 1905 (s. S. 142ff.) standen auch deren Lehrer im Dienst der Gemeinde, Christoph Köhler und Johannes Warns. Nach dem Umzug der Bibelschule nach Wiedenest im Rheinland im Jahr 1919 blieb Köhler bis zu seinem Heimgang 1922 in Berlin; sein Dienst und die Jahre enger Gemeinschaft mit der Bibelschule hatten der Gemeinde entscheidende Impulse gegeben. Von 1923 bis 1927 wirkte Bruder Jensen, ein aus Dänemark stammender Klempnermeister, in der Gemeinde, die sich schließlich unter der Führung Heinrich Neumanns ganz bewusst in die Gemeinschaft der sich nun ausbreitenden »Offenen Brüder« in Deutschland stellte.

Heinrich Neumann (1878-1963)[33] kam aus dem Westen Deutschlands, wo er in jüngeren Jahren evangelistisch gewirkt hatte und als einer der Pioniere der Zeltmission hervorgetreten war. Als er 1927 zur

Betreuung der Gemeinde in der Hohenstaufenstraße nach Berlin berufen wurde, war sein Name schon in vielen christlichen Kreisen bekannt. Neumann war es, der in den 19 Jahren seiner Berliner Wirksamkeit zusammen mit seiner Frau, die sich besonders der weiblichen Jugend annahm, zur Entfaltung eines reichen Gemeindelebens beitrug und durch die Bußtagskonferenzen der »Hohenstaufenstraße« überörtliche Bedeutung in Deutschland verschaffte. Die jährlichen Konferenzen waren Ausdruck einer Haltung, die sich uneingeschränkt zur Bibel als dem Wort Gottes und zur Liebe zu allen gläubigen Christen bekannte. Die gegenwärtigen Berliner Glaubenskonferenzen der Berliner Brüdergemeinden stehen bis heute in dieser Tradition. Heinrich Neumann war auch auf den anderen Konferenzen und in den Gemeinden der »Offenen Brüder« ein gern gesehener und anerkannter Lehrer der Bibel. Nach dem Zweiten Weltkrieg baute er den durch Bomben zerstörten Gemeindesaal wieder auf und wurde dann der erste Hausvater des »Christlichen Erholungsheimes« in Rehe im Westerwald (s. Bd. 3).

Ausbreitung und Schrifttum

Nicht nur in Berlin, auch in West- und Mitteldeutschland hatte die Bewegung der »Offenen Brüder« Fuß gefasst, mehr als hundert unabhängige Gemeinden entstanden in den ersten Jahrzehnten unseres Jahrhunderts. Ein gewisser Mittelpunkt im Westen war Bad Homburg v. d. Höhe,[34] wo es seit 1887 eine unabhängige Gemeinschaft gab. Ein junger Kaufmann, Jean E. Leonhardt (1853-1918), hatte sich in England bekehrt und Kontakt zu den »Offenen Brüdern« gefunden. Wieder in Deutschland, begann er mit seinem englischen Freund, E. H. Broadbent, dem Verfasser der Kirchengeschichte »Gemeinde Jesu in Knechtsgestalt«, eine Arbeit in Bad Homburg v. d. Höhe, was bald zur Gründung einer Gemeinde führte. Die zunächst kleine Gemeinschaft fand sich zur Verkündigung des Wortes Gottes und zum Abendmahl zusammen, wirkte aber auch evangelistisch durch Blätterverteilung, durch eine Sonntagsschule und eine Jugendarbeit. Ein gemischter Chor und Missionsversammlungen rundeten das Gemeindeleben ab. Schon 1899 musste zum zweiten Mal in einen größeren Versammlungssaal umgezogen werden. Wie in Berlin gehörten auch hier Dr. Baedeker und viele Männer der Gemeinschaftsbewegung zu den Besuchern der

Gemeinde. Wie in Berlin die Bußtags-, waren es in Bad Homburg die Osterkonferenzen, die die Verbundenheit der jetzt entstehenden unabhängigen Gemeinden förderten, daneben aber auch die Allianzbruderschaft der gläubigen Christen überhaupt.

Seit 1917 nahm Christian Schatz (1869-1947) regen Anteil am Leben der Gemeinde in Bad Homburg, und darüber hinaus beeinflusste er durch seine literarische Arbeit die deutschen »Offenen Brüder« insgesamt. Ab 1920 gab er in Verbindung mit Johannes Warns das Zweimonatsblatt »Saat und Ernte« heraus, das sich von den vergleichbaren Zeitschriften der »Elberfelder Brüder« dadurch deutlich unterschied, dass es neben biblischen Auslegungen und erbaulichen Artikeln auch aus dem Leben der unabhängigen Gemeinden berichtete. Dementsprechend lautete der Untertitel des Blattes: »Altes und Neues aus Gottes Wort und Werk«. So geben die Reiseberichte der reisenden Brüder einen ziemlich genauen Überblick über den damaligen Stand der Verbreitung der »Offenen Brüder« in Deutschland, die Konferenzberichte vermitteln etwas von den integrierenden Kräften, die mittlerweile unter den »Offenen Brüdern« zu spüren waren. Deutlich wird, dass dies besonders seit den zwanziger Jahren der Fall war, und ab 1925 wurden deshalb auf Beschluss der Leipziger Konferenz getrennt von der Zeitschrift »Saat und Ernte«, die sich jetzt neben einer aktuellen »Umschau« und Buchbesprechungen auf biblische und erbauliche Artikel beschränkte, für einen kleineren Empfängerkreis »Mitteilungen aus dem Werk des Herrn in Deutschland« herausgegeben, um einen »Missbrauch der Mitteilungen zu verhindern« und sich »eingehender und freier über die einzelnen Punkte aussprechen« zu können.[35]

Ein Hauptverbreitungsgebiet der »Offenen Brüder« war Sachsen. Von Klotzsche bei Dresden aus wirkte Albert v. d. Kammer (1860-1951),[36] der gewissermaßen als die führende Persönlichkeit der »Offenen Brüder« in Deutschland anerkannt war. Andererseits muss gesagt werden, dass es eine so einflussreiche und bestimmende Gestalt wie Rudolf Brockhaus bei den »Offenen Brüdern« nicht gegeben hat. Das ließ die Unabhängigkeit der Gemeinden und die daraus resultierende nur lockere Verbindung untereinander einfach nicht zu. Darum treten auch bei ihnen trotz ihrer geringen Zahl verhältnismäßig mehr führende Persönlichkeiten in den Vordergrund als bei den »Elberfeldern«.

Aus gläubigem Elternhaus stammend, bekehrte sich Albert v. d.

Kammer schon früh und verkündigte, zunächst noch als Kaufmann tätig, in seiner Heimatstadt Wolgast in Pommern das Evangelium, wo er auch um 1900 eine Kapelle baute. Zuerst hatte er mit der »Christlichen Versammlung« Verbindung, arbeitete aber später nur noch im Kreis der »›Offenen Brüder«, deren Entwicklung er stark beeinflusste. 1905 verlegte er seinen Wohnsitz nach Sachsen, machte sich von seiner beruflichen Tätigkeit frei und begann einen Reisedienst, aus dem, besonders in Sachsen, eine größere Anzahl von Gemeindegründungen hervorging.

Über den Kreis der »Offenen Brüder« hinaus wurde er bekannt durch die Monatsschrift »Handreichungen aus dem Wort Gottes«, die er zusammen mit seinem Schwiegersohn Fritz Koch von 1913 bis 1938 herausgab. Fritz Koch (1880-1936)[37] hatte zwar Theologie studiert, aber als Vikar die Landeskirche verlassen, weil ihn die Kindertaufe in innere Konflikte gebracht hatte. Er schloss sich den »Offenen Brüdern« an und wurde der engste Mitarbeiter v. d. Kammers. Auch er war – oft als Evangelist – viel auf Reisen, die ihn mehrmals ins Ausland führten. Als er 1936 starb, wurde Erich Sauer aus Wiedenest der stellvertretende Schriftleiter der »Handreichungen«.

Fritz Koch hatte die Zeitschrift von Anfang an zu einem wertvollen biblischen Nachschlagewerk gemacht, indem er sie zunächst ganz auf biblischen Fragen und Antworten, meistens zu einzelnen Bibelstellen, aufbaute. Ab 1917 nahmen die »Handreichungen« aber auch belehrende und erbauliche Aufsätze auf, da die strenge Einzelforschung an der Heiligen Schrift naturgemäß zu wenig Interessenten fand.

Ähnlich wie das Schrifttum aus Elberfeld und Dillenburg (s. S. 25ff.) wandten sich auch die »Handreichungen« und die meisten übrigen Schriften der »Offenen Brüder« an alle Kreise der Gläubigen; während aber der »Botschafter« bis über den Tod von Rudolf Brockhaus hinaus – abgesehen vom Verlagsnamen – nahezu anonym blieb, waren die »Handreichungen« von Anfang an von einem persönlichen Stil geprägt. Sie gaben nicht nur den Namen von Herausgeber und Schriftleiter an, sondern ließen den Leser auch durch »Persönliche Worte an unsere Leser« am Ergehen des Blattes und seiner Herausgeber teilnehmen. In den Nachkriegsjahrgängen wurde die Rubrik »Umschau und Allgemeines« eingeführt, die vom Standpunkt der Bibel aus auf Zeiterscheinungen einging, und schließlich zeigten »Familiennachrichten« und die Mitteilungen »Aus der Jugendarbeit«

recht deutlich, dass die »Handreichungen« ähnlich wie »Saat und Ernte« zum Organ einer – wenn auch nur locker verbundenen – christlichen Gruppe geworden waren.

Ganz anders als der »Botschafter« begrüßten es die Herausgeber der »Handreichungen« auch, wenn mehrere Antworten zu den biblischen Fragen zur Verfügung standen; drei, vier, fünf Antworten, die durchaus abweichende Meinungen vertreten konnten, waren keine Seltenheit. Dabei wussten die Herausgeber nicht in jedem Fall, welchem christlichen Kreis oder welcher Denomination der jeweilige Verfasser angehörte. Sie achteten nur darauf, dass keine unbiblischen, sektiererischen Meinungen vorgetragen wurden, ansonsten bewiesen sie in ihrer Toleranz gegenüber den verschiedenartigen durch die Bibel zu rechtfertigenden Ansichten, zu denen sie in der Regel auch ihre eigene gesellten, dass sie vom echten Geist des »Offenen«Brüdertums geprägt waren. So stellten und beantworteten manchmal auch »Elberfelder« Brüder Fragen in den »Handreichungen«; Franz Kaupp (s. S. 11off.) war mit seinem Zeichen »F.Kpp.« öfter zu finden. Auch Vertreter anderer Denominationen kamen zu Wort, hatten doch die Herausgeber schon gleich am Anfang darauf hingewiesen, dass die Zeitschrift überkonfessionell sein sollte. Ausdrücklich betonten sie

> »dass, wenn ein gleicher Sinn der Wahrheit sich durch die ›G.H.‹ (am Anfang lautete der Titel der Zeitschrift ›Gegenseitige Handreichung‹) zieht, es vom Herrn so geleitet ist, wofür wir ihm von Herzen dankbar sind. Es beweist, dass unter Gottes Volk ein Geist der Wahrheit wirkt, wenn wir ihm nur freien Raum lassen! – Zur Aufklärung: Es gibt keinen ausgewählten Mitarbeiterkreis für uns! Jeder ist als Mitarbeiter willkommen; und seine Antworten werden nicht zurechtgestutzt. ... In der ›G.H.‹ soll tatsächlich freie Schrifterkenntnis und freie Wortäußerung zur Geltung kommen, ohne Gewissenszwang! Dass wir natürlich sich deutlich als Irrlehre erweisende Auslegungen nicht aufnehmen, dürfte ohne weiteres einleuchtend sein.«[38]

Überhaupt machten die »Handreichungen« deutlich, dass in diesem Kreis von Christen weniger von einer zentralen Stelle aus dirigiert wurde, als es bei den »Elberfeldern« üblich war. Die Unabhängigkeit der Gemeinden und die Einzelmeinung wurden eben betont geachtet. Als man um die Mitte der zwanziger Jahre die Absicht hatte, ein neues Jugendliederbuch herauszubringen – beachtlich ist, dass man hier der Jugend ein eigenes Liederbuch zubilligte – , stellte man es mit dem vorgesehenen Inhaltsverzeichnis in den »Handreichungen« erst einmal vor.[39] Daraufhin versuchte Dr. H. Meinke aus Stettin, »eine Aussprache darüber anzuregen«, und warnte eindringlich, »aus Gründen der Pietät« Lieder aufzunehmen, deren Text biblisch nicht einwandfrei sei, und er bemerkte dazu mit eindrucksvoller Offenheit, »dass unsere sogenannten Elberfelder Geschwister uns in dieser Hinsicht voraus sind«.[40]

So zeigen gerade auch die »Handreichungen« den freieren Geist, der lehrmäßig unter den »Offenen Brüdern« herrschte, während sie in der Lebenspraxis sicherlich genauso von einer allgemein pietistischen Grundhaltung gekennzeichnet waren, wie sie der deutschen Gemeinschaftsbewegung überhaupt eigen war. Der Einwand, dass es in vielen Gemeinden der »Offenen Brüder« »im Bezug auf die Gemeindelehre, Zucht und Ordnung« schlecht ausgesehen habe,[41] ist so allgemein kaum berechtigt. Immer haben verantwortungsbewusste Christen den Zustand der Gemeinde und gerade auch den ihres eigenen Kreises kritisch gesehen und die Mängel beim Namen genannt. Das war auch bei den »Elberfelder« Brüdern von Carl Brockhaus (I,13f.), bis Fritz von Kietzell (s. S. 92f.) nicht anders. Von daher auf einen allgemeinen lehrmäßig und sittlich schlechten Zustand zu schließen, wäre ungerecht. Sicher sah es in den Gemeinden der »Offenen Brüder« nicht besser und schlechter aus als in anderen vergleichbaren Gruppen.

Dies bestätigte auch Albert v. d. Kammer in einer »Erwiderung« auf entsprechende Anschuldigungen seitens der »Elberfelder«:

> »Wenn wir auf Personen blicken wollen, dann finden wir auf beiden Seiten Treue und Untreue, Hingabe und Zukurzkommen, und da ist gewiss die eine Seite nicht reiner und vorzüglicher als die andere.«[42]

Um die Mitte der zwanziger Jahre hatten sich in Deutschland mehrere Schwerpunktgebiete der »Offenen Brüder« herausgebildet.[43] Vom hessischen Zentrum um Bad Homburg v. d. Höhe und Rüsselsheim aus wirkte Wilhelm Walter besonders in den süddeutschen Raum hinein, so dass in Baden eine Kette von Gemeinden entstanden war: Lörrach, Freiburg, Eichstetten, Gernsbach, Karlsruhe, Ettlingen. In Württemberg hatten sich in und um Stuttgart-Sindelfingen, Holzgerlingen, Reichenbach a. d. Fils – Versammlungen gebildet. Meistens war es hier so, dass diese Kreise aus dem schwäbischen Pietismus heraus den Weg in die gemeindliche Unabhängigkeit eingeschlagen hatten, wie z.B. Stuttgart, wo die Versammlung der »Offenen Brüder« ihren Ursprung in Mitgliedern des CVJM hatte.[44]

Durch die Arbeit Albert v. d. Kammers waren Sachsen und seine angrenzenden Gebiete zum eigentlichen Hauptverbreitungsgebiet der »Offenen Brüder« geworden. War für das westliche Sachsen und Ost-Thüringen Leipzig der Kristallisationspunkt, so traten im südlichen Sachsen Crimmitschau, Zwickau, Mittweida, Burgstädt, Chemnitz und im Erzgebirge Sehma und Thaiheim hervor, die z.T. auch als Konferenzorte integrierend wirkten. Dresden, Klotzsche, der Wohnort v. d. Kammers, und Pirna a. d. Elbe waren gewissermaßen das Verbindungsglied zur Lausitz, wo in der Gegend um Zittau und Niesky Willy Dannert, der auch unter den Sudetendeutschen in der angrenzenden Tschechoslowakei arbeitete, die verschiedenen Gemeinden betreute. Unmittelbar an dieses Gebiet schlossen sich die Gemeinden in Niederschlesien an, Bunzlau, Göllschau, Hausdorf. Haynau, Liebichau, Streckenbach, Waldau, Wolfshayn, Liegnitz, Breslau, die u.a. August Freiherr von Wedekind (s. S. 141) öfters besuchte.

Ein dritter Schwerpunkt hatte sich an der pommerschen Ostseeküste herausgebildet, wo zwischen Greifswald und Stettin in mehreren Badeorten, Wolgast, Zinnowitz, Ahlbeck. und auch landeinwärts, Loitz, Iven, Brüderversammlungen entstanden waren. Spärlicher sah es dagegen in Hinterpommern (Stargard, Stolp) aus, auch in der Mark Brandenburg waren die »Offenen Brüder« – genau wie die »Elberfelder« – nur wenig vertreten, so z.B. in Brandenburg a. d. Havel und natürlich in Berlin.

Gemeinsames in der Unabhängigkeit

Bei allen Kontakten, die die Versammlungen der »Offenen Brüder« durch Konferenzen und durch die aus persönlicher Initiative reisenden Brüder pflegten, empfanden sie sich nicht als ein »Bund freier Gemeinden«. Die Unabhängigkeit wurde im November 1925 auf der Berliner Konferenz ausdrücklich betont. Man wollte nur »in Wort und Dienst ... einen gleichen ›geraden Weg‹ nach der Schrift gehen«. Man war auch nicht der Überzeugung – und dies war gegen die »Christliche Versammlung« gerichtet – »die ›Darstellung der Einheit des Leibes Christi oder der Versammlung‹ zu sein«:

> »Im Gegenteil ist es unsere bestimmte, auf dem Worte sich gründende Überzeugung, dass der einzige ›Zusammenschluss‹ von Gläubigen die örtliche Versammlung ist.«[45]

Dennoch standen auch die »Offenen Brüder« zu dieser Zeit im Blick auf die sich ausbreitende Bewegung vor der Notwendigkeit, integrierende Maßnahmen zu ergreifen. Die Zeitschriften, die jetzt mehr und mehr Nachrichten aus dem »Werk« brachten, legen davon Zeugnis ab. Allerdings scheiterte der Versuch, der auf der Leipziger Konferenz im Frühjahr 1925 unternommen wurde, die beiden Blätter, »Handreichungen« und »Saat und Ernte«, zusammenzulegen, um »ein größeres und gediegenes Monatsblatt (zu) bekommen«. Obwohl alle anwesenden Brüder diesen Vorschlag von Johannes Warns unterstützten, lehnten Albert v. d. Kammer und Fritz Koch ihn strikt ab, weigerten sich auch, mit Christian Schatz in diesem Sinne zusammenzuarbeiten;[46] noch stand das Prinzip der Unabhängigkeit solchen Bemühungen entgegen.

Immerhin brachten die von Christian Schatz herausgegebenen »Mitteilungen aus dem Werk des Herrn in Deutschland« jetzt laufend Berichte über die gemeinsamen Anstrengungen im »Werk«: über Konferenzen und ihre Beschlüsse, die Erfahrungen der reisenden Brüder und finanzielle Hilfsmaßnahmen. Nur die Berichte aus der Jugendarbeit, die jetzt intensiviert wurden und derer sich Hans Metzger annahm, wurden von den »Handreichungen« veröffentlicht.

Wie sehr man sich trotz aller Unabhängigkeitsbeteuerungen auf der Berliner Konferenz von 1925 schon als eine eigene Gruppe empfand, zeigt der Aufruf an die Gemeinden, sich im großen Angebot aller »möglichen und unmöglichen Blätter und Blättchen« auf die von »unseren Brüdern« herausgegebenen Zeitschriften zu beschränken. Die damals empfohlenen Titel ergeben einen Überblick über das periodische Schrifttum der »Offenen Brüder« um 1925:[47]

Erbauungszeitschriften:
1. Handreichungen aus dem Worte Gottes. Hgg. von Albert v. d. Kammer und Fritz Koch (Verlag Albert v. d. Kammer, Klotzsche bei Dresden), seit 1913 (1.-4. Jahrgang: Gegenseitige Handreichung aus dem Worte Gottes);
2. Saat und Ernte. Altes und Neues aus Gottes Wort und Werk. In Verbindung mit Johannes Warns hgg. von Christian Schatz (Verlag Carl Zeuner & Co., Bad Homburg v. d. H.), seit 1920;

Evangelistische Zeitschriften:
3. Wegweiser. Schriftleiter: Johannes Warns (Verlag Carl Zeuner & Co.);

4. O Land, Land, Land, höre des Herrn Wort! Hgg. von Fritz Koch (Verlag Albert v. d. Kammer), seit 1925;

Missionszeitschrift:
5. Offene Türen. Schriftleiter: Johannes Warns (Bibelschule Wiedenest), seit 1909.

Auch über die Konferenzen, auf denen man neben der Auslegung der Bibel über die gemeinsamen Fragen beraten wollte, einigte man sich. 1925 wurde beschlossen, jährlich zweimal zusammenzukommen, im März in Leipzig und im November in Berlin, um über anstehende Probleme zu sprechen und möglichst auch Beschlüsse zu fassen oder Empfehlungen zu geben, die dann in den »Mitteilungen« für einen ausgesuchten Empfängerkreis veröffentlicht werden sollten.[48] Ab 1928 wurde auch Bad Homburg als Frühjahrskonferenzort vorgesehen, es sollte jährlich mit Leipzig wechseln,[49] womit wohl die Westdeutschen ihre Eigenständigkeit wahren wollten.

1924 brachte der Verlag Carl Zeuner & Co. in Bad Homburg das Liederbuch der deutschen »Offenen Brüder« heraus, die bis dahin großen teils die »Kleine Sammlung geistlicher Lieder« der »Christlichen Versammlung« benutzt hatten. Andere hatten sich mit Liederbüchern aus der Gemeinschaftsbewegung begnügt, z.B. mit den »Reichsliedern«.[50] Die bis dahin so ungleichmäßig geregelte Liederbuchfrage wirft ein bezeichnendes Licht auf die tatsächliche Unabhängigkeit der Gemeinden und auf die Verschiedenartigkeit ihrer Entstehung. Jetzt aber fand mehr und mehr die »Neue Sammlung geistlicher Lieder« bei den »Offenen Brüdern« Eingang, was zeigt, dass man sich wirklich erst in den zwanziger Jahren als eine Bewegung mit gemeinsamen Überzeugungen empfand. Im Gegensatz zu den 147 Liedern der »Kleinen Sammlung« aus dem R. Brockhaus Verlag enthielt die »Neue Sammlung« 288 Lieder, darunter immerhin 83 aus dem »Elberfelder« Buch, daneben aber auch eine Reihe von Evangeliums- und Erweckungsliedern, wie sie im Raum der Gemeinschaftsbewegung gebräuchlich waren. Dass man wenige Jahre später auch ein Jugendliederbuch herausbrachte, wurde schon erwähnt (s. S. 134f.); es zeigt das Gruppenbewusstsein einer Bewegung, die sich auf allen möglichen Gebieten um Eigenständigkeit bemühte.

1927 wurde auch eine evangelistische Zeltarbeit begonnen, die Heinrich Neumann schon früher betrieben hatte (s. S. 130f.). Zusammen mit Hans Metzger begann er jetzt wieder, mit einem alten Zelt, das allerdings nicht wasserdicht war, in Westdeutschland zu evangelisieren, zuerst in Gummersbach im Oberbergischen, nachdem das Zelt vorher der Wiedenester Konferenz als Versammlungsraum gedient hatte. Die nächsten Zeltplätze im Sommer 1927 waren Wiehl, Waldbröl und Hückeswagen.[51] Später übernahm Willy Dannert die Arbeit und führte das Zelt auch nach Mitteldeutschland.[52]

Ein Problem vieler Gemeinden war das Fehlen eines Versammlungssaals. Die Reisebrüder berichteten anschaulich von den Raumnöten der verschiedenen Gruppen, besonders in Schlesien.[53] Deshalb wurde 1925 die »Vereinigung ›Christliche Hilfe‹ e.V., Berlin« gegründet, die der »Beschaffung von Versammlungsräumen« dienen sollte.[54] Initiatoren dieser Gemeinschaftshilfe waren der Landesrat Freiherr von Schleinitz aus Merseburg und Dr. H. J. Meinke, ein Amtsrichter aus Stettin. Der auf der Berliner Konferenz gewählte Vereinsvorstand zeigte in seiner Zusammensetzung, wie die regionale Verteilung der »Offenen Brüder« berücksichtigt wurde:

Vorsitzender: Freiherr von Schleinitz, Merseburg;
Stellvertr. Vorsitzender: Christian Schatz, Bad Homburg v. d. H.;
Schriftführer: Dr. H. J. Meinke, Stettin;
Kassenverwalter: K. O. Steinert, Leipzig;
Beisitzer: Am Ende, Burgstädt.

Jetzt wurde auch – ähnlich wie schon etwas früher bei den »Elberfeldern« – Gabensammelstellen eingerichtet, die bis 1928 folgenden Rahmen erreicht hatten:[55]

1. Werk in Deutschland: K. O. Steinert, Leipzig;
2. »Christliche Hilfe«: K. O. Steinert, Leipzig;
3. Konferenzen: K. O. Steinert, Leipzig;
4. Missionsarbeit in fremden Ländern:
   Johannes Wams, Wiedenest;
5. Bibelschule Wiedenest: Johannes Wams, Wiedenest.

So hatten sich die deutschen »Offenen Brüder« schon als eine eigenständige Gruppe herausgebildet, als sie schließlich 1934 durch die nationalsozialistische Regierung gezwungen wurden, sich auch formell zu organisieren. Die ca. 4000 Gläubigen, die sich in mehr als hundert Gemeinden versammelten, mussten sich als » Kirchenfreie Christliche Gemeinden in Deutschland« zusammenschließen.

Bedeutende Persönlichkeiten

Neben den schon genannten Namen, Heinrich Neumann in Berlin, Christian Schatz in Hessen, Albert v. d. Kammer und Fritz Koch in Sachsen, bestimmten aber auch noch andere Persönlichkeiten Lehre und Gemeindeleben der »Offenen Brüder« in Deutschland.

Ein Zentrum in Sachsen war Leipzig. Hier hatte sich um die Jahrhundertwende eine kleine Gemeinde gebildet, die zunächst nur etwa zwanzig Mitglieder besaß. Zwei Männer standen an der Spitze dieser Brüderversammlung, die in den zwanziger Jahren auf etwa 400 Glieder angewachsen war: Theodor Küttner (1870-1947)[56] und Karl Otto Steinert (1882-1932).[57] Beide beeinflussten über ihren Gemeindedienst hinaus auch Lehre und Verkündigung der »Offenen Brüder« in Sachsen und Deutschland. Beide hatten ihre Bekehrung und ihre wesentlichen Glaubenseindrücke in England bzw. in den USA erfahren, wo sie um ihrer Ausbildung willen geweilt hatten, beide schlossen sich nach ihrer Rückkehr – Küttner 1901, Steinert 1907 – den »Offenen Brüdern« am Johannisplatz in Leipzig an, beide übten ihren gemeindlichen Dienst neben ihrem bürgerlichen Beruf aus. Dabei ergänzten sie sich in idealer Weise; wirkte Küttner mehr als Hirte und Lehrer, so war Steinert der Lehrer und Evangelist, hatte er sich doch auch schon in England evangelistisch betätigt. Im Londoner Hyde-Park hatte er Jesus Christus bezeugt und war mit einem Missionswagen umhergezogen. Beide Brüder waren auch wertvolle Stützen der Konferenzen in Bad Homburg, Berlin, Wiedenest, Zwickau und Leipzig; an ihrem Wohnort wurden ihre Vorträge von den Gläubigen der verschiedensten Kreise besucht, zu denen sie gute brüderliche Beziehungen unterhielten. So wurde Steinert auch immer wieder in andere freikirchliche Gemeinden, in den Christlichen Verein Junger Männer, in dem er selbst Mitglied war, und zu den Messekonferenzen christlicher Kaufleute zum Verkündigungsdienst eingeladen. Sein früher Heimgang, er wurde knapp 50 Jahre alt, hinterließ eine fühlbare Lücke.

Ein wichtiges Zentrum der Bewegung stellte auch das kleine Dörfchen Wiedenest bei Bergneustadt im Oberbergischen Land dar. Zum einen war es hier die Bibelschule mit der persönlichen und literarischen Ausstrahlungskraft ihrer Lehrer Warns, Köhler und Sauer, worüber im nächsten Kapitel ausführlicher gesprochen werden soll. Zum anderen bildete sich Wiedenest mit seinen von der Bibelschule veranstalteten Missionskonferenzen zu einem Treffpunkt mit wachsendem Einfluss heraus.

Ebenfalls von Wiedenest aus wirkte seit den dreißiger Jahren als herausragender Evangelist Werner Heukelbach (1898-1968), ein ehemaliger Bahnbeamter, der die besondere Gabe hatte, sehr volksnah zu sprechen. Nach dem Zweiten Weltkrieg baute er ein großes, Druck und Rundfunk umfassendes Missionswerk auf und wurde in den fünfziger Jahren zum bekanntesten Evangelisten Deutschlands.

Auch ein an Christus gläubiger Jude, Naphtali Rudnitzky, wirkte im Rahmen der »Offenen Brüder« und wurde über diesen Kreis hinaus durch seinen Reise-Verkündigungsdienst und durch seine Schriften bekannt.[58]

Auffällig ist bei den »Offenen Brüdern« die verhältnismäßig hohe Zahl von Mitgliedern aus Adels- und Offizierskreisen, die gewöhnlich mehr in der landeskirchlichen Gemeinschaftsbewegung beheimatet waren. Vom sächsischen Merseburg aus bereiste der Landesrat Werner Freiherr von Schleinitz die Gemeinden, und in der Wiedenester Bibelschule wirkte ein anderer Vertreter seines Standes, der Major August Freiherr von Wedekind (1875-1948),[59] der 1927 aus gesundheitlichen Gründen in die Nähe Bad Homburgs v. d. Höhe verzog. Ebenfalls preußischer Offizier und Lehrer an der Bibelschule war Oberst Ferdinand Peterssen (1856-1929),[60] der sich bei einer Versammlung der Heilsarmee im Zirkus Busch in Berlin bekehrt hatte. Ein anderer Offizier, der unter den »Offenen Brüdern« eine führende Stellung einnahm, war der Major a. D. Ernst Lange, der durch sein Buch »Hauptmann Willy Lange« in den christlichen Gemeinschaftskreisen weithin bekannt geworden war. Lange hatte hier das Bild seines im Ersten Weltkrieg gefallenen Bruders als das eines vorbildlichen Christen und Soldaten gezeichnet.

Darüber hinaus bemühte sich Lange in seinen Schriften besonders um die »Überwindung der Konfessionen«, wie der Titel einer von ihm in der »Tenne« veröffentlichten Artikelserie lautete,[61] in der er die Einheit der Kinder Gottes aus dem neutestamentlichen Geist der Bruderliebe heraus als erreichbares Ziel darstellte. Gewiss ist bei den meisten Männern aus Adels- und Offizierskreisen der persönliche wie geistige Einfluss Georg von Viebahns nicht zu übersehen, und wie schon der General Schwierigkeiten hatte, die Absonderungspraxis der »Christlichen Versammlung« mit seiner persönlichen Allianzgesinnung zu vereinigen (s. S. 74f.), so mag auch vielen anderen

Angehörigen seiner gesellschaftlichen Schicht die Unabhängigkeit und brüderliche Zuwendung der »Offenen Brüder« im Raum der Gemeinschaftsbewegung näher gestanden haben als die strenge Absonderung von jeglicher Allianz bei den »Elberfeldern«.

3. Die »Bibelschule für Innere und Äußere Mission«

Die Erweckung in Russland, Dr. Baedeker und die Allianz-Bibelschule

Die Jahrzehnte vor 1900 waren an vielen Stellen in Europa von einem erwecklichen Geist gekennzeichnet. Gerade Osteuropa war von dieser Bewegung ergriffen worden, von der die 1874 durch Lord Radstock ausgelösten Petersburger Ereignisse um den Gardeoberst W. A. Paschkow und den Grafen M. M. Korff[61a] nur ein Teilstück waren. Auch unter der Landbevölkerung im weiten Russland war es seit den sechziger Jahren zur klaren Verkündigung des Evangeliums gekommen, so dass sich schließlich kleinere und größere Gemeinden neubekehrter Christen bildeten, die um ihres Zeugnisseswillen aus der Orthodoxen Kirche hinausgedrängt wurden. Neben den Baptisten traten besonders die »Stundisten« hervor, deren Bezeichnung sich von den Bibel«stunden« deutscher mennonitischer Siedler herleitete, die z.T. der Ausgangspunkt der russischen Erweckungsbewegung gewesen waren.[62] Für diese Christen hatte sich Oberst Paschkow eingesetzt, aus welcher Tatsache die auch gebräuchliche Bezeichnung »Nachfolger Paschkows« zu erklären ist (s. S. 52). Aus den Stundisten und den Gläubigen der Petersburger Erweckungsbewegung ging 1906 der durch I. S. Prochanow gegründete »Allrussische Bund der Evangeliumschristen« hervor, dessen Gemeinden auf Allianzbasis Gemeinschaft pflegten und sich von den organisations- wie lehrmäßig enger und fester formierten Baptisten abgrenzten. In der Offenheit und Unabhängigkeit ihrer Gemeinden hatten die »Evangeliumschristen« mit den »Offenen Brüdern« viel gemeinsam, was aber nicht hinderte, dass hier und da auch baptistische und darbystische Gedanken Eingang fanden. 1928 hatte der »Allrussische Bund der Evangeliumschristen« etwa eine Million Mitglieder, womit er ungefähr genauso stark war wie die russischen Baptisten. Beide Flügel der russischen Erweckungsbewegung wurden 1944/45 veranlasst, sich zum »Bund der Evangeliumschristen (Baptisten)« zusammenzuschließen.

Schon 1891 setzte aber, veranlasst durch die Orthodoxe Kirche, die Verfolgung der freikirchlichen Christen im zaristischen Russland voll ein. Viele Gläubige kamen in Gefängnisse oder mussten den Weg in die sibirische Verbannung antreten, und wir haben gesehen, wie Dr. Friedrich Wilhelm Baedeker zum Vater, Tröster und Helfer jener Verfolgten wurde (s. S. 127). Baedeker war es aber auch, der die Christen in Deutschland auf die Verantwortung für die Gläubigen in Osteuropa und besonders in Russland hinwies. Denn die russischen Christen waren zwar treu im Glauben und im Zeugenmut, aber es fehlte den z.T. noch recht jungen Gemeinden an der Unterweisung im Wort Gottes. Alles, was sonst in den westlichen Ländern den Gläubigen zur Festigung im Glauben zur Verfügung stand, Literatur, Konferenzen, Bibelschulen, war in Russland verboten.

Dieser Mangel lag Dr. Baedeker auf dem Herzen, als er zu Beginn unseres Jahrhunderts in Deutschland aufrief, den Christen im Osten in geistlicher Hinsicht zu helfen. Er beriet sich in Berlin mit einigen gleichgesinnten Brüdern darüber, und als mitten in diese Beratungen hinein mehrere Brüder aus dem Osten kamen und um Hilfe in der genannten Art baten, wurde man sich darüber klar, dass nun der Zeitpunkt für die Gründung einer Bibelschule gekommen war, die besonders den geistlichen Bedürfnissen der Gläubigen in Osteuropa zu dienen hatte. Da man die Brüder im zaristischen Russland planmäßig nicht unterrichten konnte, beschloss man, dies in Deutschland zu tun.

Am 11. April 1905 wurde in der Wohnung Toni von Blüchers in Berlin die Gründung einer »Allianz-Bibelschule«[63] beschlossen. Die Namen der bekanntesten Gründer sind bezeichnend für die Allianzbasis, auf der das Werk stehen sollte:

Dr. Friedrich Wilhelm Baedeker (Offene Brüder),
General Georg von Viebahn (Elberfelder Brüder),
Missionsinspektor F. Mascher (Kamerun-Mission der Baptisten),
Missionsinspektor W. Simoleit (Kamerun-Mission der Baptisten),
Joachim Frhr. von Thuemmler (Vorsitzender der Blankenburger Allianzkonferenz),
Hans-Werner Frhr. von Tiele-Winckler (führend auf der Blankenburger Allianzkonferenz, Bruder der »Mutter Eva«, der Gründerin des »Friedenshorts«),
Bernhard Kühn (Schriftleiter des Evangelischen Allianzblattes).

Bei der Suche nach geeigneten Lehrern lenkte Bernhard Kühn den Blick der Brüder auf zwei gläubige Theologen, die wenige Monate vorher ihr kirchliches Amt aus Gewissensgründen aufgegeben hatten. Es handelte sich um den Pfarrer Christoph Köhler (1860-1922) und um seinen Mitarbeiter, den Vikar Johannes Warns (1874-1937), in Schildesche bei Bielefeld.

Christoph Köhler hatte in der dortigen weitläufigen Landgemeinde einen gesegneten Dienst getan, der 1903 durch eine Erweckung unter der Bevölkerung bestätigt worden war und zur Bildung einer großen landeskirchlichen Gemeinschaft geführt hatte. Aber die Anfeindungen seiner Kirchenbehörden und Amtsbrüder und die »Gewissensbedenken, die sich auf die Verfassung sowie auf die Abendmahls-, Konfirmations- und Taufpraxis der Kirche« bezogen,[64] hatten ihn veranlasst, auf Wohnung, Gehalt und Pension zu verzichten und aus dem Amt auszuscheiden, um neutestamentliches Gemeindeleben frei von menschlichen Bindungen zu verwirklichen.

Johannes Warns entstammte einer ostfriesischen Pastorenfamilie, während seine Mutter aus Wiedenest kam, wo ihre Vorfahren seit Generationen die Pfarrstelle innehatten. Es war klar, dass Johannes Warns bei einer solchen Familientradition Theologie studierte, auch wenn ihn weder Glaubensgewissheit noch eine innere Berufung zum Dienst am Wort Gottes trieben. Erst als sich der lebenslustige Verbindungsstudent 1896 an der »Bußbank« der Berliner Heilsarmee bekehrt hatte, fasste er den »festen Entschluss, dem Herrn unbedingt zu trauen, zu gehorchen, zu dienen« Dieser Entschluss führte ihn in die erweckliche Arbeit Christoph Köhlers in Schildesche. Wie sein älterer Freund wurde auch er durch den Widerspruch zur Amtskirche in innere und äußere Konflikte gestürzt, so dass er trotz abgeschlossenen theologischen Examens auf ein Pfarramt verzichtete:

> »Das Schriftprinzip oder die Autorität des Wortes Gottes war die zwingende Macht, der ich mich nicht entziehen konnte und wollte. Der Beruf eines landeskirchlichen Pfarrers würde mich in fortgesetzte neue Gewissenskonflikte bringen.«[66]

Johannes Warns ging noch einen Schritt weiter, als er 1905, kurz nachdem Christoph Köhler sein Pfarramt niedergelegt hatte, in Barmen die Glaubenstaufe an sich vollziehen ließ. Sein grundlegendes Werk über die Taufe, das er 1913 veröffentlichte,[67] fand selbst auf kirchlicher Seite anerkennende Beurteilung und stellt »eines der besten Bücher über die Auseinandersetzung zwischen Kinder (Säuglings)- und Glaubenstaufe« dar.

Seit seinen Studententagen hatte sich Johannes Warns auch für die Außenmission interessiert, besonders für die Verkündigung des Evangeliums auf dem Balkan, wohin er schon 1901 eine Missionsreise unternommen hatte. Die Verantwortung für die Moslems und »Orthodoxen« im Osten sollte ihn nun in der Verbindung mit der Allianz-Bibelschule ein Leben lang nicht mehr loslassen.

Berlin (1905-1919)

Diese beiden Männer, Köhler und Warns, wurden 1905 beauftragt, den Lehrdienst an der neu gegründeten Berliner Bibelschule auszuüben. Der Unterricht begann am 5. September 1905 in Berlin-Steglitz, die Eröffnungsfeier fand aber im Saal der Gemeinde in der Hohenstaufenstraße statt, in deren Räume auch bald der Unterricht verlegt wurde. Das Werk hieß zunächst »Allianz-Bibelschule«, kurz darauf aber wurde der Name in »Bibelschule für Innere und Äußere Mission« abgeändert.

Die Gründer hatten festgelegt, dass satzungsgemäß die Bibel »alleinige Regel und Richtschnur des Glaubens und Lebens« für Lehrer und Schüler zu sein hatte. »Der göttliche Ursprung, die Unantastbarkeit, die Autorität und allseitige Genugsamkeit der Heiligen Schrift«, waren Grundlage des Lehrens und Lernens. Das Ziel der Bibelschularbeit war,

> »die Schüler so auf den Boden der ganzen Schrift zu stellen, dass dieselben als gegründete Bibelchristen in ihrer Heimat dienen können, als Menschen, die in Wahrheit mit ihrem Gewissen nur gebunden sind an den gegenwärtigen Herrn und sein unantastbares Wort«[68]

Von den aufzunehmenden Schülern erwartete man eine wahrhafte Bekehrung, Beweise eines entschiedenen Christenlebens und eine genügende Begabung zum Dienst am Evangelium. Die Verpflichtung einer späteren Anstellung wurde nicht übernommen, überhaupt sollten nicht etwa nur vollzeitliche Gemeindearbeiter ausgebildet werden, die Bibelschule sollte vielmehr gerade »solchen Brüdern Handreichung tun«, »die in ihren Beruf zurückkehren wollen, um so dem Herrn zu dienen.«[69] Dabei waren »konfessionelle und nationale Unterschiede kein Hindernis bei der Aufnahme«.[68] Wichtig war in jedem Fall, dass die Gemeinden den jeweiligen Schüler empfahlen, weil sie seinen Lebenswandel und seine Begabung zu beurteilen vermochten und sich nach seiner erfolgten Ausbildung von seinem Dienst Segen erhofften, entweder für die eigene Gemeinde oder – bei deutschen Schülern – auch für die Außenmission.

Die Schüler waren zumeist Stundisten aus Russland, aber sie kamen auch aus anderen osteuropäischen Ländern und aus Deutschland. Ihre Zahl stieg bis 1914 auf 30 an. Nach Ausbruch des Ersten Weltkrieges mussten allerdings die meisten zurückkehren, nur etwa zehn konnten auf der Schule verbleiben und mussten sich als Ausländer regelmäßig bei der Polizei melden, der Unterricht konnte aber in verkleinertem Rahmen weitergeführt werden.

Von Anfang an war die Familie Christoph Köhlers, der die Schule von 1905 bis 1919 leitete, der Mittelpunkt des Schullebens. Die Schüler wurden in den Familienkreis selbst aufgenommen, wobei Charlotte Köhler, eine geborene von Werthern, ihrem Mann eine verständnisvolle Gehilfin und den Schülern eine wahrhafte Mutter war. Mit den vielen durchreisenden Gästen waren bei den Mahlzeiten schließlich regelmäßig 50-60 Personen zu beköstigen.

Berlin als Zentrum des Deutschen Reiches begünstigte natürlich den regen Besucherverkehr, und hinzukam, dass Christoph Köhler auf seinen Missionsreisen durch Ost- und Südosteuropa, nach Skandinavien, England, Holland und in die Schweiz viele Kontakte knüpfte, die noch durch die ausreisenden Schüler laufend vermehrt wurden. Auch in Berlin selbst wurde im Sinne der Allianz nach vielen Seiten Verbindung gehalten, so zu dem baptistischen Diakonissenmutterhaus »Bethel«, zur – ebenfalls baptistischen – Kamerun-Mission, zur Ostafrika-Mission, zum Christlichen Verein Junger Männer und zur Michaelsgemeinschaft.

Am festesten entwickelten sich aber doch schließlich die Beziehungen zu den »Offenen Brüdern«, und zeitweise arbeitete auch Albert v. d. Kammer als Lehrer mit. Die freie Gemeindestruktur der »Offenen Brüder« entsprach am ehesten der Unabhängigkeit der Bibelschule und dem theologischen Verständnis eines Mannes wie Johannes Warns, der 1906 aus der Landeskirche ausgetreten war und 1919 in einer Broschüre, »Staatskirche? Volkskirche? Freikirche?«, sein Gemeindeverständnis darlegte, wonach die biblische Gemeinde die Scheidung von Gläubigen und Ungläubigen vorzunehmen und dabei doch die Offenheit gegenüber allen Christen zu wahren habe.

Durch die Schüler, die nach zwei bis dreijährigen Kursen, die in deutscher Sprache gehalten wurden, in die ost- und südosteuropäischen Länder gingen, wurde das mittelbare Wirkungsgebiet der Bibelschule immer größer. Ab 1909 gab Johannes Warns das missionarische Informationsblatt »Offene Türen« heraus, das noch heute-im 74. Jahrgang – erscheint, und 1917 konnte er als »unsere Missionsgebiete« China, Turkestan, Rumänien, Ungarn, Serbien und Wien nennen sowie von Anfängen in Frankreich, Bulgarien, Griechenland und der Türkei berichten. Dabei verstanden sich auch die »Offenen Türen« – ähnlich wie wir es bei »Echoes of Service« in England gesehen haben (s. S. 124) – nicht als Organ einer Missionsgesellschaft, sondern nur als Mittler zwischen dem Missionsfeld und der Heimat für die mit der Bibelschule verbundenen Missionare. Wie bei den »Offenen Brüdern« in England war es üblich, nur Informationen zu veröffentlichen, finanzielle Mittel weiterzuleiten und ganz allgemein auf die Vertiefung des Missionsgedankens hinzuwirken. Dabei pflegte die freistehende Bibelschule auch zu unabhängigen missionsinteressierten Kreisen Verbindungen, selbst wenn diese Kreise keine Schüler an die Schule entsandten. So rechnete Warns auch den 1911 nach China ausgereisten Missionar Ernst Kuhlmann (1883-1975)[70] zu den mit der Bibelschule verbundenen Missionaren, obwohl er nicht zu ihren Schülern zählte. Kuhlmann wurde von einem unabhängigen Brüderkreis, der sich 1924 in der »Velberter Missionshilfe e.V.« organisierte, unterstützt, dennoch berichteten die »Offenen Türen« über ihn.

Wiedenest (ab 1919)

Bei alledem war man als freies Glaubenswerk hinter dem nur ein Freundeskreis stand, ganz auf seinen Glauben und auf die Mittel angewiesen, die aus Spenden zusammenkamen. Kritisch wurde die Versorgung im Krieg und in der ersten Nachkriegszeit, als die wirtschaftliche Versorgung von so vielen Menschen in der Großstadt mehr und mehr Schwierigkeiten bereitete. Aber der günstige Kauf eines Gasthofs in Wiedenest bei Bergneustadt im Oberbergischen Land, durch Vermittlung des Freiherrn von Wedekind, eines Freundes der Bibelschule, eröffnete 1919 die Möglichkeit, die Arbeit unter wesentlich günstigeren Umständen fortzusetzen.

Da Christoph Köhler aus gesundheitlichen Gründen in Berlin verblieb und sich dem Dienst in der Hohenstaufenstraße widmete, übernahm jetzt Johannes Warns, der inzwischen Köhlers Schwiegersohn geworden war, am neuen Ort die Leitung der Schule. Damit war ein Mann an die Spitze des Werkes getreten, der noch mehr als sein Vorgänger das Denken der »Offenen Brüder« in Wort und Schrift beeinflusst hat. Über die Taufe (s. S. 144f.), das Abendmahl (s. Literaturverz.) und das allgemeine Priestertum[71] hat er grundlegende Veröffentlichungen verfasst. Auf 27 Missionsreisen besuchte er viele Länder Europas, besonders aber den Osten, wo er in Russland bis nach Sibirien und Zentralasien kam, eben dorthin, woher die Bibelschüler z. gr. T. kamen und wohin sie später wieder zurückkehrten.

1928 konnte Johannes Warns berichten, dass Wiedenest mit vielen Missionaren in den verschiedensten Ländern verbunden war:

> »Einige hundert Brüder haben bis heute (seit Beginn der Arbeit 1905) am Unterricht teilgenommen, viele aus Russland und Deutschland, nicht wenige aus den Ländern Südosteuropas, einzelne aus anderen europäischen Ländern. Sie stehen heute in der Arbeit in Russland, Sibirien, in Polen, in der Tschechoslowakei, in Ungarn, Rumänien, in Bulgarien, in der Schweiz und in Deutschland, einzelne auch in Norwegen, Dänemark, Frankreich, England, Kanada, den Vereinigten Staaten Nordamerikas, in Südamerika, Syrien (Damaskus), Palästina (Jerusalem). Persien, auf Java und in Afrika. Einige von ihnen arbeiten in der Mohammedaner-Mission, andere unter dem Volk Israel, andere unter den Heiden. Manche widmen ihre ganze Zeit dem Werk des Herrn, andere neben ihrem irdischen Beruf.«[72]

Als Lehrer standen Johannes Warns zur Seite seit 1919 sein Schwager, der älteste Sohn Christoph Köhlers, Heinz Köhler (1891-1967), der auch als Leiter der Schule sein Nachfolger wurde, von 1919 bis 1929 Oberst Ferdinand Peterssen (1856-1929), von 1920 bis 1927 Major August Freiherr von Wedekind (1875-1948) und schließlich seit 1920 auch Erich Sauer (1898-1959), ein Kind der Gemeinde in der Berliner Hohenstaufenstraße, der in Berlin Theologie studiert hatte. Ab 1930 entfaltete er eine rege theologisch-literarische Arbeit und trat besonders durch seine heilsgeschichtlichen Werke hervor.[71] Seine Bücher wurden später in die meisten europäischen Sprachen übersetzt, daneben ins Chinesische, Japanische, Koreanische und in afrikanische Sprachen.

Durch den Dienst der Bibelschullehrer entstand in Wiedenest schon früh eine Brüderversammlung. Die Verbindung mit einem kleinen Kreis von Gläubigen im benachbarten Bergneustadt führte zu regelmäßigen Versammlungen in Wiedenest, wo ab 1921 das Abendmahl gefeiert wurde. Schon 1930 musste ein größerer Saal errichtet werden, mit dessen Bau auch die Schaffung eines Unterrichtsraumes und von Unterkünften für die Schüler verbunden wurde. Die heutige Gemeinde ist bis auf 300 Glieder angewachsen.

Darüber hinaus war Wiedenest immer »ein Sammelpunkt für die Kinder Gottes, die ein Herz für die Mission und für die Einheit der Gemeinde Gottes haben«.[74] Auf den Wiedenester Glaubens- und Missionskonferenzen – die erste fand schon am 5. Oktober 1919 in Verbindung mit der Eröffnung der Bibelschule statt – wurde die Verpflichtung zur Mission den Gläubigen aufs Herz gelegt, zugleich aber auch die von den Anfängen her so grundlegende Allianz-Bruderschaft immer wieder erneuert und erweitert.

Durchschnittlich wurde die Schule bis 1935 von 25 Schülern besucht. Zuweilen waren sieben bis acht Nationen vertreten. Nach dem Ersten Weltkrieg konnten allerdings kaum noch Schüler aus dem sowjetischen Russland kommen, dafür traten jetzt die südosteuropäischen Länder in den Vordergrund. Als sich aber durch die nationalsozialistische Außenpolitik die internationale Lage verschlechterte und immer weniger Schüler aus den osteuropäischen Ländern einreisen konnten, verringerte sich die Schülerzahl erheblich. 1937 hatte die Bibelschule nur noch zwölf Schüler.

Als Johannes Warns am 27. Januar 1937 starb, sah die Zukunft düster aus. Die kirchen- und christusfeindlichen Maßnahmen und Pläne der nationalsozialistischen Regierung und der von ihr vom Zaun gebrochene Zweite Weltkrieg sollten für die Bibelschule Einengungen und Gefahren bringen. Auf der anderen Seite leitete aber gerade das im April 1937 über die »Elberfelder Brüder« ausgesprochene regierungsamtliche Verbot eine Entwicklung ein, die die Bibelschule auf eine viel breitere Basis stellen und ihrer Arbeit in der Heimat und für die Missionsfelder einen viel größeren Rahmen geben sollte.

4. Das Verhältnis zwischen »Offenen« und »Elberfelder« Brüdern

Anziehung und Abstoßung

Es bleibt noch die Frage, wie sich die Beziehungen der »Offenen Brüder« in Deutschland zu den »Elberfelder« Brüdern, also zur

»Christlichen Versammlung«, gestalteten. Die zerstrittenen Brüder der einen Bewegung gingen von England her schon seit den Tagen der Bethesda-Trennung von 1848 eigene Wege, was sich in Deutschland mit dem Aufkommen der »Offenen Brüder‹ fortsetzte.

Zwar wusste man auf beiden Seiten um die gemeinsame Herkunft und innere Verwandtschaft. Deutlich geht dies aus der schon genannten Baseler Erklärung vom 17.11.1921 (s. S. 70ff.) hervor, wo die Gemeinschaft mit Christen, die sich zu den »Offenen Brüdern« zählten, seitens der »Geschlossenen« Brüder grundsätzlich nicht abgelehnt wurde:

> »Was Brüder aus Versammlungen betrifft, von denen wir getrennt sind, ohne dass diese Versammlungen gegenwärtig böse Lehren haben oder sie im Anfang gelegentlich der Trennung hatten, so sollten, nach der Meinung der Brüder, die Versammlungen die Freiheit haben, solche von ihnen zuzulassen, die zwei oder drei Brüdern als gottesfürchtig und vertrauenswürdig bekannt sind.«

Allerdings wurde auch hier wie bei den »aus den Systemen kommenden Gläubigen« die Einschränkung gemacht, dass nämlich die Gläubigen, denen man die Gemeinschaft am Tisch des Herrn von Fall zu Fall gewährte, nicht abwechselnd hier und dort am Abendmahl teilnehmen sollten, und dies

> »um so mehr, als diese Brüder die Wahrheit von der Einheit des Leibes kennen oder doch kennen sollten.«

Es war klar, dass sich die Gemeinschaft mit den »Offenen Brüdern« nur auf einzelne Personen, niemals auf ganze Versammlungen beziehen konnte. Immerhin war man aber einzelnen Gläubigen gegenüber bereit, »Person und Sache völlig voneinander getrennt« zu halten, wusste man doch auch in der »Christlichen Versammlung«,

> »dass es unter den »Offenen Brüdern« viele treue, liebe, hingebende Kinder Gottes gibt, die in ihrem persönlichen Leben als Muster für andere hingestellt werden könnten. Auch ist es bekannt, dass die »Offenen Brüder« einen regen, manchmal geradezu vorbildlichen Eifer im Werk der Evangelisation in Heimat und Fremde entwickeln.«[75]

Aber die zwanziger Jahre brachten in der »Christlichen Versammlung« im Blick auf die Bewahrung der Lehre Probleme, die eine entschiedenere Abgrenzung von den »Offenen Brüdern« erforderlich zu machen schien. Denn zum einen wurden nach den Erfahrungen des

Ersten Weltkrieges auch in der »Christlichen Versammlung«, namentlich unter den Jüngeren, Allianzverbindungen nicht mehr als so abwegig betrachtet, wie es bisher üblich gewesen war (s. S. 77), zum anderen war die jetzt wachsende Verbreitung der »Offenen Brüder« eine dauernde Gefahr für die Erhaltung der Absonderungslehre. Während nämlich die deutschen »Offenen Brüder«, unbeschwerter als die Engländer gegenüber der Hypothek von »Bethesda«, immer wieder die Gemeinschaft mit den kirchengeschichtlich verwandten »Elberfeldern« suchten – und dies nicht immer ohne Erfolg, wie die Baseler Erklärung zeigte –, mussten die Führer der »Christlichen Versammlung« darauf bedacht sein, die Lehre von der Einheit durch Absonderung zu bewahren, wenn die eigene Gruppe nicht ihre vermeintlich nur so zu erhaltende geistliche Identität verlieren sollte. So musste man sich von den »Offenen Brüdern« strenger abschließen, als man es ursprünglich gewollt hatte, und letztlich war man auf der Seite der »Elberfelder« auch der Überzeugung, dass die »Offenen Brüder« zwar von den gemeinsamen Vätern her ein Wissen um die Grundsätze von der Einheit der Kirche haben mussten, dass sie diese Grundsätze aber seit 1848 in Lehre und Praxis z.T. verleugneten.

Zwei Vorwürfe wurden gegen die »Offenen Brüder« in der Hauptsache erhoben:
1. Die Unabhängigkeit der einzelnen Gemeinden;
2. die unvollständige Auffassung über das Abendmahl bzw. über den Tisch des Herrn.

In beiden Punkten wurde nach Meinung der »Elberfelder« die Einheit des Leibes Christi geleugnet:

»Außer der völlig verkehrten Auffassung über den Tisch des Herrn wird in ihrer Mitte vielfach auch die Lehre von der Unabhängigkeit der einzelnen örtlichen Versammlungen aufrecht erhalten, was einer praktischen Leugnung der Einheit des Leibes gleichkommt.«[76]

Unabhängigkeit oder Einheit?

Dass die »Offenen Brüder« die Kollektivverantwortung aller Brüderversammlungen ablehnten und dafür die Unabhängigkeit und Entschlussfreiheit jeder einzelnen Gemeinde betonten, erschien Rudolf Brockhaus und den übrigen führenden Brüdern der »Christlichen Versammlung« genauso wie den »Close Brethren« in England als die entscheidende Untreue gegenüber den Gehorsam fordernden Erkenntnissen der Anfangszeit. Und die »Elberfelder« waren so überzeugt von der Schriftgebundenheit und Wahrheit ihrer Lehre, dass es ihnen gar nicht in den Sinn kam, dass die Prinzipien, unter die man sich zu Beginn der Brüderbewegung gestellt hatte, vielleicht gerade von den »Offenen Brüdern« am treuestenausgelebt wurden. Denn gerade durch die Unabhängigkeit, durch den Verzicht auf eine Bindung an irgendeine gemeindliche Gruppe, versuchten die »Offenen Brüder«, der Einheit der Kinder Gottes am besten zu dienen.

Wie in England wurde auch in Deutschland den »Offenen Brüdern« der Vorwurf gemacht, durch ihr Verharren in der Unabhängigkeit Zuchtmaßnahmen anderer Gemeinden nicht anzuerkennen, was so allgemein aber nicht stimmte. Sicher werden auch bei den »Offenen Brüdern« wie überall Missverständnisse, Irrtümer und Rechthabereien vorgekommen sein, wie überhaupt solche Fragen um so schwieriger zu handhaben sind, Je weniger fest eine Gruppe von Gemeinden organisiert ist, aber im ganzen haben auch sie sich bemüht, den Zuchtmaßnahmen anderer Gemeinden Geltung zu verschaffen. Doch die Vorwürfe wurden oft wiederholt, wie der Wiedenester Bibelschullehrer Heinz Köhler 1927 in einem Brief an Rudolf Brockhaus klagte:

> »Interessant sind die alten Anschuldigungen, die man schon vor Jahren hören konnte. Ich weiß z.B. von keinem Ausgeschlossenen, mit dem wir in Verbindung sein sollen ... Wie oft ist mir gesagt worden, dass wir die Beschlüsse anderer Versammlungen, soweit sie wirklich biblischen Urgrund haben, nicht anerkannten! Wie oft habe ich das entschieden verneint!«[77]

Rudolf Brockhaus jedoch wies auf einzelne Fälle hin, die seiner Meinung nach »nicht zu widerlegen« waren, und beharrte:

> »Die Erscheinung wird sich auch immer wieder einmal wiederholen . Denn wenn es wahr ist, dass jede Versammlung *unabhängig* für sich dasteht (ich sage nicht ›selbständig‹), also nicht an die Beschlüsse anderer Versammlungen gebunden ist, so können solche Erscheinungen nicht ausbleiben. Wenn man auch auf Seiten der »Offenen Brüder« nicht überall oder in allen Fällen die Zuchthandlungen anderer Versammlungen unbeachtet lässt, betrachtet man sie doch nicht als Handlungen, die man, um die Einheit des Geistes zu bewahren, unbedingt anerkennen muss.«[77]

Der letzte Satz machte deutlich, worin die eigentlichen Vorbehalte gegenüber den »Offenen Brüdern« zu suchen waren. Nicht einzelne Fehlhandlungen waren für die Ablehnung maßgebend, sondern die grundsätzlich andere Einstellung zu dem, was Rudolf Brockhaus hier die Bewahrung der »Einheit des Geistes« nannte. Diese Einheit war in der »Christlichen Versammlung« immer mit der Absonderung verbunden, bei den »Offenen Brüdern« mit ihrer Offenheit und Allianzgesinnung oder, wie es in der Sprache der »Elberfelder« hieß, mit dem »breiteren Boden«, auf dem sie standen und der für die »Elberfelder« eben nicht der »Boden der Einheit« war. Deutlich drückte Rudolf Brockhaus diesen prinzipiellen Gegensatz, der auch in einem Austausch »Offener Briefe« zwischen Rudolf Brockhaus und Albert v. d. Kammer gewissermaßen manifestiert wurde,[78] gegenüber Heinz Köhler aus, als er, wie er schrieb, »die theoretische Seite der Frage« behandelte:

> »Solange dieser Gegensatz besteht, kann es nicht zu einer wirklichen Verständigung kommen, so tief auch von beiden Seiten viele die Trennung beklagen mögen. Sie haben Ihrerseits freilich nicht dieselben Schwierigkeiten wie wir, da Sie einen Boden geschaffen haben, der Ihnen in Ihrem Handeln freiere Hand lässt. Wir sehen uns aber außerstande, Ihnen auf diesen breiteren Boden zu folgen. Wir würden uns damit nach unserer Überzeugung ... in Frage stellen, wenn nicht aufgeben. Glauben Sie mir, lieber Bruder, es ist nicht Eigenwille, Parteisucht oder dergl. – wir sind doch *Brüder*, alle um *einen* teuren Preis erkauft –, sondern der ernste Wunsch, dem Worte Gottes unweigerlich zu gehorchen.«[77]

Diesem Grundsatz vermochten die »Offenen Brüder« nicht zu folgen, sahen sie doch seine Verderben bringende Wirkung im Blick auf die Einheit der Kinder Gottes:

> »Man sollte meinen, dass die Brüder durch die immer wiederkehrenden Spaltungen in ihrer Mitte aufmerksam geworden wären, nach der Wurzel dieses immer wiederkehrenden Übels zu forschen, aber stattdessen wird der Grundsatz unentwegt aufrecht erhalten und wirkt wie eine Mauer, wie Schibboleth und Schwert nicht gegen das Böse, sondern gegen Brüder.«[79]

Doch wie wir schon beim Schriftenstreit gesehen haben (s. S. 60ff.), konnten Rudolf Brockhaus und die »Elberfelder« sich nicht anders verhalten, als ihrem Bibelverständnis nach »dem Worte Gottes unweigerlich zu gehorchen«: Sie hätten sich sonst auf dem »breiteren Boden« der »Offenen Brüder« als »Christliche Versammlung« in Frage gestellt, wenn nicht sogar aufgegeben.

Und darum musste auch Rudolf Brockhaus dem Bibelschullehrer Heinz Köhler, der sich darüber beklagt hatte, dass man ihm in der Kölner Versammlung die Gemeinschaft beim Abendmahl verweigert habe, mit darbystischer Konsequenz antworten:

»Die Frage, ob Sie ein Christ sind und in persönlicher Treue und Gottesfurcht zu wandeln begehren, kommt bei dieser Ablehnung gar nicht in Betracht. So viel mir bekannt ist, sind die Brüder in Köln davon überzeugt, auch davon, dass Sie persönlich keine Irrlehre haben. Der springende Punkt ist der *Boden*, auf dem Sie stehen und den Sie vertreten.«[77]

Wen wundert's, dass die »Offenen Brüder« einen solchen Standpunkt als »Exklusivität und Lieblosigkeit«[77] empfanden, während Rudolf Brockhaus unbeirrt den »breiteren Boden« der Unabhängigkeit ablehnte und die Kollektivverantwortung im Sinne Darbys betonte:

»Nun sagen Sie: ›diese Unabhängigkeit liegt zum mindesten in Wiedenest nicht vor.‹ Ich bin nicht in der Lage, das zu beurteilen. Eins aber steht doch wohl fest, dass Sie in Wiedenest Gemeinschaft mit solchen machen, die den Grundsatz der Unabhängigkeit vertreten.«[77]

Das war noch immer, nach 80 Jahren, der Geist von »Bethesda«, der der Auffassung Darbys von einer äußerlichen Einheit der Kirche Christi entsprach, nach der jede Gemeinde für jede andere und deren einzelne Glieder verantwortlich war, statt die Verantwortung ; in weiser Selbstbeschränkung den jeweiligen Ortsgemeinden zu überlassen, wie es die »Offenen Brüder« für richtig hielten. So schrieb Johannes Warns:

»Jeder einzelne Gläubige sollte mit heiligem Ernst danach streben, selbst ein Zeuge und Stellvertreter seines Herrn in Wort und Wandel zu sein. Jede örtliche Gemeinde sollte danach streben, ein möglichst getreues Abbild der einen Gemeinde, die der Leib des Christus ist, zu werden ... Wie jeder einzelne auf sich selbst zu sehen hat und sich selbst zu prüfen hat, so hat auch jede Einzelgemeinde den hohen Beruf und die Pflicht, ihr eigenes Haus in Ordnung zu halten und inmitten eines verdrehten und verkehrten Geschlechts zu leuchten. Solche Gemeinden sind dann durch das allerfesteste Band miteinander verbunden, durch den heiligen Geist. Dies Band kann durch die Fehler einzelner und gelegentliche Fehlgriffe nicht zerrissen werden. Es muss auch nicht durch menschliche Führer und durch eine künstlich herbeigeführte und oft gar nicht wirklich vorhandene Übereinstimmung in allen Lehrpunkten und durch eine schematische Anerkennung der Beschlüsse einzelner Versammlungen vor dem Zerreißen bewahrt werden.«[80]

Dieser Kirchenbegriff der »Offenen Brüder«, von der anderen Seite zuweilen als »Müllerismus« – eine Revanche für »Darbysmus« – bezeichnet, stand im schroffen Gegensatz zum Kirchenbegriff Darbys. Schon deshalb erschien es Rudolf Brockhaus schier unmöglich, den

Graben zwischen den beiden verwandten Gemeindegruppen zu überbrücken, so sehr auch beide Seiten die Trennung beklagten. Um die Mitte der zwanziger Jahre kam aber ein weiterer Streitgegenstand hinzu, der die Kluft noch zu vertiefen schien.

Abendmahl oder Tisch des Herrn?

Der neue Vorwurf, der seitens der »Elberfelder« gegen die »Offenen Brüder« erhoben wurde, bestand darin, dass sie »böse Lehren« unter sich duldeten. Man meinte überhaupt, hinsichtlich der Lehre bei ihnen eine gewisse Nachlässigkeit feststellen zu können, während man selbst streng darauf achtete, nur mit solchen Christen Gemeinschaft zu pflegen, die nicht nur in Glaube und Lebenswandel, sondern auch in der Lehre den Maßstäben des Neuen Testamentes entsprachen.

> »Die ›Offenen Brüder‹ ... sind in dieser Beziehung nicht entschieden, besonders nicht im Punkte der *Lehre*. Man duldet vielfach sehr verkehrte, böse Lehren, vielleicht nicht in dem Sinne, dass man sie selbst *annimmt*, aber man hält sich nicht fern von ihren Trägern oder trennt sich nicht von ihnen.«[75]

Bemerkenswert ist hier wieder der Vorwurf mangelnder kollektiver Verantwortung, bezeichnend ist aber auch die Gewichtung, die der Schreiber im Blick auf die Lehre vornimmt, wenn er fortfährt:

> »Indem man als erste und wichtigste Sache die Verkündigung des Evangeliums und die Gewinnung von Seelen betrachtet, kommt man in Gefahr, alle anderen Rücksichten und Erwägungen dieser einen unterzuordnen und so den Rechten des Herrn an seine *Versammlung* und seinen Forderungen bezüglich der Reinheit seines *Tisches* nicht mit dem nötigen Ernst zu entsprechen.«[75]

Worin nun die »Offenen Brüder« – in England wie in Deutschland – sich schon immer lehrmäßig von dem geschlossenen Flügel der Brüderbewegung unterschieden hatten, war die Auffassung vom Abendmahl, ein Tatbestand, der seitens der »Elberfelder« als so schwerwiegend empfunden wurde, dass schon aus diesem Grunde eine Verständigung zwischen den beiden Gruppen ausgeschlossen zu sein schien, schrieb doch Rudolf Brockhaus an Heinz Köhler:

> »Eine Verständigung ist auch nicht möglich, solange der ernste Gegensatz zwischen Ihrer und unserer Auffassung über den ›Tisch des Herrn‹ bestehen bleibt.«[77]

Nun stand das Abendmahl – oder der Tisch des Herrn, wie man in der
»Christlichen Versammlung« lieber sagte – seit langem im Zentrum
von Lehre und Praxis der Brüderbewegung (I17.23.42-44). In den
Anfängen um 1830 war den Christen damals gerade am Abendmahl
das man zunächst noch in den jeweiligen Kirchen zu feiern gezwungen
war, deutlich geworden, wie sehr es an der Einheit der Kinder Gottes
mangelte. Der Entschluss, nicht mehr nur gemeinsam das Wort Gottes
zu betrachten, zu beten und zu evangelisieren, sondern auch gemeinsam »das Brot zu brechen«, war gewissermaßen der entscheidende
Schritt über die Linie hin zu einer eigenständigen Gemeinschaftsbildung.

Sehr bald aber hatte Darby das Abendmahl mit seiner Lehre von der
Einheit der Kirche untrennbar verbunden. Diese Einheit war für ihn
nur am Tisch des Herrn darzustellen, wobei für Darby schon damals
das »Abendmahl« mehr die Anbetung Jesu in der Erinnerung an sein
Opfer auf Golgatha, der »Tisch des Herrn« mehr die Darstellung der
Einheit des Leibes Christi auszudrücken schien.[81] Und diese Doppelbedeutung sollte in der Literatur der »Brüder« immer wieder neu
dargelegt werden, wenn auch nicht stets in klarer Trennung der
Begriffe:

Einerseits:

> »Das Abendmahl ist ein *Fest der Danksagung* für schon empfangene Gnade.
> Der Herr selbst bezeichnete bei der Einsetzung seinen Charakter durch
> Danksagung: ›Er nahm Brot und *dankte*‹. ... Am Tische des Herrn aber
> erscheinen wir nur gemäß unserer vollkommenen Stellung in Christo, um
> ›Dem, der uns liebt und uns von unseren Sünden gewaschen hat in seinem
> Blute‹, Lob, Dank und Anbetung darzubringen.«[82]

Andererseits:

> »Noch ein anderer wichtiger Grundsatz ist mit der Feier des Mahls des Herrn
> verbunden: es schließt die wahre Anerkennung der *Einheit des Leibes Christi*
> in sich. ›Denn *ein* Brot, *ein* Leib sind wir, die vielen, denn wir alle nehmen
> an dem *einen* Brote teil‹ (1.Kor.10,17) ... Nur da ist der wahre Charakter des
> Mahls des Herrn verwirklicht, wo die Einheit des ganzen Leibes. die Einheit
> aller Gläubigen anerkannt wird. Wo dies nicht der Fall ist, da ist
> Sektiererei.«[83]

Die Einheit des Leibes erkannte auf jeden Fall für Darby und seine
Anhänger der nicht an, der noch in kirchlichen oder freikirchlichen
Systemen verharrte, statt dass er sich mit den Brüdern der »Christli-

chen Versammlung« zusammenfand, um die Einheit der Kirche am Tisch des Herrn darzustellen.

Die »Offenen Brüder« dagegen betonten ihrer ganzen Auffassung entsprechend mehr den Gedächtnis- und Anbetungscharakter des Abendmahls, ohne zu leugnen, dass dabei auch die »Gemeinschaft der Gläubigen mit dem Herrn« und die »Gemeinschaft aller Gläubigen untereinander« zum Ausdruck komme.[84] Aber von der Darstellung der Einheit, die nur durch Absonderung zustande komme, konnte bei ihnen keine Rede sein.

Dies war der Gegensatz, von dem Rudolf Brockhaus schrieb, dass er jede Verständigung ausschloss, und er stellte dazu erläuternd fest:

» Wir glauben auf Grund der Belehrung des Apostels in 1.Kor.10, dass bei der Feier des Abendmahles der Einheit des Leibes Ausdruck gegeben wird und ziehen daraus die notwendigen Folgerungen. Sie glauben das nicht oder wollen doch nicht jene Folgerungen ziehen.«[77]

Natürlich waren, wie schon gesagt, auch die »Offenen Brüder« davon überzeugt, »dass bei der Feier des Abendmahles der Einheit des Leibes Ausdruck gegeben« wird; was sie nicht glaubten, war das Dogma, dass die Einheit *nur* beim Abendmahl *dargestellt* werde, und schon gar nicht zogen sie die genannten »*Folgerungen*«, womit Rudolf Brockhaus die für ihn zwangsläufige Absonderung umschrieben hatte.

Genügte dieser dogmatische Gegensatz mit seinen praktischen »Folgerungen« schon durchaus, dass die beiden Brüdergruppen nicht zu einer Verständigung kommen konnten, so wurde der Graben noch tiefer, als 1925/26 Christian Schatz, Albert v. d. Kammer und andere Brüder wie die Vertreter der ›Freien evangelischen Gemeinden‹ 15 Jahre vorher (s. S. 60ff.) zum Generalangriff auf die einzigartig herausgehobene Stellung der »Elberfelder Brüder« am Tisch des Herrn antraten. Während man sich seitens der »Offenen Brüder« in den Anfängen der eigenen Bewegung in Deutschland zurückgehalten, vielleicht auch auf eine Annäherung gehofft hatte, war das Selbstbewusstsein und waren auch die Auseinandersetzungen jetzt so weit gediehen, dass man meinte, den Anspruch der »Elberfelder«, allein auf dem Gott wohlgefälligen »Boden der Einheit« zu stehen, nun in Frage stellen zu können.

So hatten sich die Herausgeber der »Handreichungen« (s. S. 133ff.) im ersten Jahrzehnt ihres Erscheinens (ab 1913) noch recht vorsichtig verhalten. Mit der Beantwortung der Frage »Auf welchem Boden soll sich der Gläubige versammeln, welcher bemüht ist, den Willen seines Herrn und Heilands der Schrift gemäß zu tun?«[85] hatten sie bewusst »dreiviertel Jahr gewartet, um nicht übereilt zu handeln«.[86] Man merkt, dass die Herausgeber einer Auseinandersetzung mit den »Elberfeldern« aus dem Weg gehen wollten. Nur zurückhaltend war dann angedeutet worden, dass der bewusste »Boden« nicht dort sei, »wo man vielleicht einzelne Schriftwahrheiten in den Vordergrund rückt und dieselben *einseitig* betont«.[87] Und Albert v. d. Kammer hatte hinzugefügt, dass für ihn die entscheidende Frage sei: »Wie steht das Herz zum *Herrn*? (Nicht wie zur Versammlung – nicht wie zu meiner Erkenntnis und Stellung?)«[88] Die auf darbystische Grundsätze zielende Frage nach dem »großen Haus« und nach den »Gefäßen zur Unehre«[84] (vgl. I,39-42) war überhaupt nicht erst beantwortet worden.

Jetzt aber wurde als Antwort auf einen 1925 im »Botschafter« erschienenen Artikel »Der Tisch des Herrn«[90] dem Anspruch der »Christlichen Versammlung«, dass nur die Christen, die sich auf dem »Boden der Einheit« versammelten, des Tisches der Herrn teilhaftig seien (s. S. 77f.), deutlich widersprochen. Christian Schatz schrieb:

> »Die Väter und Führer der ›Versammlung‹ oder des Botschafterkreises gebrauchen mit Vorliebe den Ausdruck ›Tisch des Herrn‹ und geben diesem Wort einen neuen Inhalt, den die Schrift nicht kennt ... Mit welchem Recht will der Verfasser des Artikels, allen Kindern Gottes, die nicht zu seinem Kreise gehören, bei ihren Zusammenkünften die Gegenwart des Herrn absprechen? Wer hat ihn zum Richter über seine Brüder gesetzt? ... Jetzt sind es gerade 100 Jahre, dass drei christliche Freunde in Dublin regelmäßig in der Woche zur Betrachtung des Wortes und zum Gebet zusammenkamen. Erst nach Wochen legten sie sich die Frage vor, warum sie nicht auch am Sonntag zusammenkommen könnten, was sie dann auch taten und wodurch sie weiter dazu geführt wurden, in aller Einfachheit das Mahl des Herrn zu feiern ... Diese englischen und ungefähr dreißig Jahre später die deutschen Brüder kamen einfach ›hin und her‹ in den Häusern als Brüder zusammen und fingen in aller Niedriggesinntheit und Demut an, das Abendmahl des Herrn miteinander zu feiern. Sie dachten nicht im entferntesten daran, zu sagen, dass nur in ihre Mitte der Herr komme und sie beim Brotbrechen die Einheit des Leibes Christi darstellen. Diese Gedanken wurden erst nach und nach von den späteren Führern der Bewegung in den Begriff über das Abendmahl hineingetragen.«[91]

Deutlich wird, dass sich auch die »Offenen Brüder« auf die gemeinsamen Väter der Bewegung berufen wollten, und nicht nur auf sie, sondern auch auf die ursprüngliche Praktizierung des Abendmahls. In mehreren Artikeln[92] wurde dargelegt, dass der Ausdruck »Tisch des Herrn« weder einen Bezug zum Abendmahl noch zur Einheit der Kirche habe, sondern nur die täglichen Segnungen durch den Herrn ausdrücke, eine Auslegung, der sich Albert v. d. Kammer anschloss. Nicht nur die diffizile Unterscheidung zwischen »Abendmahl« und »Tisch des Herrn« sollte zu Fall gebracht werden, sondern der ganze Kirchenbegriff Darbys überhaupt. Albert v. d. Kammer stellte mit streitbarer Entschlossenheit fest:

> »Einige haben aus dieser Stelle einen Lehrsatz geprägt, dass im Abendmahl die sichtbare Darstellung der Einheit des Leibes Christi stattzufinden habe, eine Sache, von der die Schrift nichts redet. Sie sagt: ›Ein Brot. ein Leib sind wir, die vielen‹, aber von einer sichtbaren Darstellung oder einem Zum-öffentlichen-Ausdruck-bringen unsererseits sagt sie uns nichts. Solche Worte sind menschliche Hinzufügungen.«[93]

Kein Wunder, dass dies für Rudolf Brockhaus eine »böse Lehre« war – »ich kann sie nicht anders nennen« – und es für ihn keine Aussicht auf eine Verständigung gab. Im Gegenteil:

> »Der Gegensatz ist dadurch neuerdings viel schroffer geworden, dass von Seiten der sogenannten O. Br. gelehrt und angelegentlich verbreitet wird, der ›Tisch des Herrn‹ habe überhaupt nichts mit dem Abendmahl zu tun, sondern sei der Inbegriff der christlichen Segnungen.«[77]

Noch 1934 rechnete Fritz von Kietzell – obwohl wenige Jahre später ganz anderer Meinung – die Vertreter dieser »völlig haltlosen Auffassung über den Tisch des Herrn« »zu den Feinden der Brüder«.[76]

So war bis um die Mitte der dreißiger Jahre keine grundsätzliche Annäherung zwischen den beiden Brüderkreisen möglich, wenn man von einzelnen Gesprächen absieht, wie sie etwa Albert v. d. Kammer schon seit dem Ersten Weltkrieg mit einem »Elberfelder« Bruder geführt hatte.[94] Es war ja auch für die »Christliche Versammlung« nicht irgendein Lehrgegenstand, in dem man unterschiedlicher Auffassung war und sein konnte; für die »Elberfelder« Brüder war es das Zentrum ihres Gemeindeselbstverständnisses überhaupt, das hier in Frage gestellt wurde. Solange ein solches Selbstverständnis mit der eigenen Identität als Brüderversammlung gekoppelt war, konnte es keinen Ausgleich geben.

Der gemeinsame Beitrag zum Zeugnis der Kirche

Dabei war auf beiden Seiten eine tiefe Einsicht in das Wesen des Abendmahls vorhanden, und nur selten sind so schöne und zugleich auch so biblische Gedanken zum Mahl des Herrn geäußert worden, wie wir sie in der Literatur der »Brüder« beider Kreise finden. Nirgendwo ist in der Gemeinschaftsbewegung – von den liturgisch und dogmatisch starren Großkirchen mit ihrer Sakramentsauffassung ganz zu schweigen – das Abendmahl so in den Mittelpunkt des Gemeindelebens gerückt worden, wie es in der Brüderbewegung geschehen ist. Neben der besonderen Betonung des Priestertums aller Gläubigen und dem Versuch, sich konsequent der Leitung des Geistes Gottes zu unterstellen (auf dieses Thema soll im 3. Band näher eingegangen werden), ist es diese herausgehobene Stellung des Abendmahls, die der Brüderbewegung – ob »Christliche Versammlung« oder »Offene Brüder« – die ihr eigentümliche Identität verleiht und die als ein eigenständiger Beitrag zum Zeugnis der Kirche gelten kann.

Kaum irgendwo kommt die lebendige Gemeinschaft mit Jesus Christus als dem zur Tischgemeinschaft Einladenden so zum Ausdruck als dort, wo in der Brüderversammlung an jedem Sonntag das Abendmahl als Gedächtnisfeier begangen wird. Hier gebühren Lob, Dank und Anbetung allein dem, von dem das Heil des Christen allein abhängt, dem am Kreuz von Golgatha für die Sünde der Welt gestorbenen Sohn Gottes, Jesus Christus:

> »Die Feier des Abendmahls ist der eigentliche Gottesdienst der Kirche Christi, und daher gebührt ihr der erste Platz in den Zusammenkünften der Heiligen ... Wir befinden uns daselbst eigentlich nicht um unsertwillen, sondern um Seinetwillen, nicht um etwas von ihm zu *empfangen*, sondern um ihm etwas *darzubringen*. Wir feiern dieses Fest nicht zu *unserem*, sondern zu *seinem* Gedächtnis. Wir verkündigen nicht *unsere Errettung*, sondern *seinen Tod* ... Die Familie Gottes soll sich am Tisch des Herrn versammeln und glücklich sein. Sie soll sich von Herzen an der Liebe dessen erfreuen, der sie um sich versammelt hat. Persönliche Anliegen, eigene Mängel und Gebrechen sollen nicht am Tisch des Herrn in Betracht kommen. Hier sollen wir *unseren* Kummer, *unsere* Freude, *unsere* Angelegenheiten, worin diese auch bestehen mögen, vergessen und allein an *ihn* und *seine* Liebe denken.«[95]

In diesen Sätzen einer von Rudolf Brockhaus herausgegebenen Schrift liegt eine tiefe Einsicht in die Natur des Menschen und in die ihr entgegenkommende Gnade Gottes. Denn alle religiösen Bemühungen, auch die christlichen, haben die Eigenschaft, unter den Händen des Menschen recht schnell zum Selbstzweck zu werden, d.h. Gott tritt aus dem Mittelpunkt heraus und der Mensch hinein. Und während sich der Mensch um sein eigenes Heil und um das der anderen, um seinen Glauben, seine Gerechtigkeit und Heiligkeit und in einem betriebsamen Gemeindeleben um sein Tun und Mühen für Gott dreht, tritt Jesus Christus unmerklich in den Hintergrund.

Am Abendmahl aber ist der Ort gefunden, wo der Gläubige lernt, von sich und seinen Glaubensbemühungen abzusehen, ja, sich selbst zu vergessen, um das Zentrum allen christlichen Glaubens anzuschauen und zu verkündigen, »Christus als gekreuzigt«:

> »Wir sind ... zur Verherrlichung dessen versammelt, der um unsertwillen sich selbst völlig vergessen und sein teures Leben hingegeben hat, dessen Liebe zu uns stärker ist als der Tod, der alles erduldet und sogar Gottes Zorn und Gericht auf sich genommen hat. um uns zu erretten und für ewig glücklich und herrlich zu machen. Er selbst ist gegenwärtig, und wir verherrlichen ihn durch die Darbringung unseres Lobes und unserer Anbetung.«[96]

In einer Woche, in der sich der Christ stets seiner sittlichen, missionarischen und soziale Verantwortung bewusst sein sollte, ist dies die Stunde, in der er still stehen darf vor dem Wunder, dass Gott in seinem Sohn für den Menschen, den er liebt, leidet:

> »Des *verherrlichten* Christus zu gedenken, ist zu jeder Zeit unser Vorrecht, allem beim Abendmahl vergegenwärtigen wir uns durch den Glauben vor allem den *gekreuzigten* Christus ... Er liebt uns und will, dass wir dies wissen und uns dann erfreuen. Den höchsten Beweis seiner Liebe aber gab er uns auf dem Kreuze ... Darum sollten bei der Feier seines Gedächtnismahles auch alle unsere Blicke im Glauben dorthin gerichtet sein, und sein gegebener Leib und sein vergossenes Blut sollten alle unsere Gefühle in Anspruch nehmen.«[97]

Von Anfang an war es bei den »Brüdern« üblich, die Abendmahlsfeier ihrer Bedeutung entsprechend nach urchristlichem Brauch sonntäglich wahrzunehmen (s. S. 85f.), zwar nicht als Gesetz, aber aus dem Wunsch dankbarer Herzen, obwohl dies von anderen Kreisen im protestantischen Raum als Übertreibung, die zu schematischer Gewohnheit führen müsste, kritisiert wurde. Dem hielt Johannes Warns entgegen:

»Wenn das Mahl des Herrn die Bedeutung hat, dass es ein dankbares Gedenken des Herrn und eine Verkündigung seines Todes ist, eine Vergegenwärtigung und Darstellung der großen Erlösungstatsache, dieser Grundlage unseres Glaubens, so darf man in der sonntäglichen Feier des Abendmahls mehr als eine schöne urchristliche Sitte sehen, nämlich das natürliche Bedürfnis eines gläubigen Herzens, mit dieser vom Herrn selbst angeordneten Gedenkfeier seiner Person und seines Werkes immer wieder einen neuen Zeitabschnitt zu beginnen.«[98]

Dem oben genannten Einwand, die so oft wiederholte Abendmahlsfeier müsse zur blassen Gewohnheit und reinen Formsache erstarren, begegnete Fritz Koch, der Schriftleiter der »Handreichungen«, in einem Artikel »Dies tut zu meinem Gedächtnis«,[99] der zeigt, dass jene Männer nicht nur Theologen von eingehender Schriftkenntnis waren, sondern auch in einem lebendigen und innigen Verhältnis zu Jesus Christus standen:

»Ihn ehren heißt aber auch, seinen Herzenswunsch ehren, sein letztes Vermächtnis würdigen, so wie es ihm teuer und wert ist! Ihm wird es nie zu viel, wenn wir liebend seiner gedenken in seinem Leiden und Sterben, in seiner Erniedrigung, seinem Gehorsam, seiner treuen Liebe – und uns sollte es zu viel werden? Uns sollte es etwas Altes, Gewohnheitsmäßiges, Totes werden, ja, werden können? ... Wenn es dem Vater nie zu viel wird, in seiner Liebe an jene Stunden zu denken, da sein geliebter Sohn also litt und starb, und wenn es unserem herrlichen Herrn Jesus nie zu viel wird, dass wir sonntäglich wieder und wieder seiner in seinem Tode gedenken, ... – wie kann es uns dann je etwas Altes, gar Unnötiges, nicht so besonders Wichtiges werden, dass wir in liebendem Gehorsam gegen sein Wort das Herrenmahl feiern nach seinen Gedanken zu seinem Gedächtnis?«

Und auch der Gläubige selbst erfährt im Gedenken und im Danken Freude und Segen, waren doch die »Brüder« der festen Überzeugung,

»dass ein geistlicher Christ bei der Feier des Abendmahls weit mehr Erquickung für sein Herz empfangen wird als in jeder anderen Versammlung, mögen in ihr auch die ausgezeichnetsten Gaben zur Ausübung kommen«.[96]

Beide Gruppen der Brüderbewegung betonten neben dem Gedächtnis- und Anbetungscharakter des Herrenmahls auch stets seine Bedeutung für die Einheit aller Gläubigen, für die Einheit des Leibes Christi, wenn die »Offenen Brüder« natürlich auch nicht von einer »Darstellung« der Einheit durch Absonderung zu sprechen vermochten:

> »Aber auch untereinander pflegen die Gläubigen eine besonders innige Gemeinschaft, wenn sie zu dieser Feier zusammenkommen, ›Denn *ein* Brot, *ein* Leib sind wir die vielen, denn wir sind alle des *einen* Brotes teilhaftig‹ (1.Kor.1o,17) ... Das Mahl des Herrn ist eine Gelegenheit, wo die Einheit aller Gläubigen in ganz besonderer Weise zum Ausdruck kommen sollte.«[100]

Deshalb mahnte auch Johannes Warns, nicht zuletzt gegenüber der »Christlichen Versammlung«, nicht gerade den Abendmahlstisch zu einem Platz der Absonderung zu machen, darin ganz der Tradition der »Offenen Brüder« verpflichtet:

> »Die Vereinigung der Gläubigen zum Mahle des Herrn sollte nicht abhängig gemacht werden von einer Übereinstimmungserklärung über bestimmte Formen und Gebräuche oder von der Übernahme bestimmter Verpflichtungen ... Wo immer wir Gläubige finden, die lauter vor dem Herrn wandeln und im Worte Gottes die einzige Regel und Richtschnur ihres Glaubens und Handelns bekennen, da sollten wir uns nicht weigern, mit ihnen die Einigkeit im Geiste auch in der gemeinsamen Verkündigung des Todes des Herrn durch die Feier des Brotbrechens zu bekunden.«[101]

Doch dies war ja gerade die Klippe, an der alle Versuche, die Einheit der getrennten Brüderkreise wiederherzustellen, stets gescheitert war. Der Kirchenbegriff Darbys, der auf dem Grundsatz der Einheit durch Trennung beruhte, stand einer Einigung im Wege. Johannes Warns brachte es 1936 auf einen Nenner:

> »Die *eine* Frage, die zwischen den Brüdern steht, ist aber die Kirchenfrage. Im Grunde *nur* sie. Denn alle anderen trennenden Fragen haben in ihr ihren Ursprung. Alle Verständigungsversuche müssen daher Misslingen, solange man einer Nachprüfung jenes Kirchenideals aus dem Wege geht, das mit Naturnotwendigkeit zu den exklusiven Grundsätzen führt und, anstatt zu einigen, die Brüder voneinander trennt.«[102]

Als Johannes Warns dies kurz vor seinem Heimgang im Januar 1937 schrieb, trennten nur noch wenige Monate die »Christliche Versammlung« von den erschütternden Ereignissen im April 1937, die dann doch zu der von Warns gewünschten »Nachprüfung jenes Kirchenideals« und die schließlich zu der von beiden Seiten so lange ersehnten Einigung unter den »Brüdern« führen sollten.

Anhang

1. Liste der »Elberfelder« Reisebrüder um 1928

»Liste der im Werke des Herrn arb. Brüder u. Kolporteure«
1. Berninghaus, Richard, Schwelm
2. Berninghaus, Ewald, Rüggeberg (Kr. Schwelm)/heute Ennepetal
3. Berg, Gustav, Bielefeld
4. Brink, Ernst, Barmen / heute Wuppertal
5. Brieger, Eugen, Freiburg (Schlesien)
6. Birkenstock, Wilhelm, Vohwinkel / heute Wuppertal
7. Baum, Karl, Hirzenhain (Dillkr.) (gestrichen)
8. Brockhaus, Rudolf. Elberfeld / heute Wuppertal
9. Brockhaus, Ernst, Elberfeld, / heute Wuppertal
10. Bastian, Carl Schwelm
11. Döhmann, Wilhelm, Lütgendortmund / heute Dortmund
12. Döpper, Fritz, Dahlerau / Wupper
13. Ehlich, Ewald, Lennep / heute Remscheid
14. Förschler, Karl, Birkenfeld/Schwarzwald
15. Feldhoff, Fritz, Duisburg
16. Friedrich, Hermann, Karlsruhe/Baden
17. Greb, Wilhelm, Opladen
18. Georg, Hermann, Zeppenfeld b. Neunkirchen (Bz. Arnsberg); Kolporteur
19. Grote, Heinrich, Hamm/Westf.
20. Grote, Fritz, Hamm/Westf.
21. Greulich, Andreas, Elberfeld / heute Wuppertal
22. Hilliges, August, Reichenbach (Schlesien)
23. Heikaus, Robert, Eiserfeld/Sieg
24. Hardenbicker, August, Bronohl b. Dieringhausen
25. Höpfner, August, Velbert (Rhld.)
26. Heinrichs, Max, Haiger (Dillkr.)
27. Hilge, Gottfried, Barmen / heute Wuppertal
28. Hebrock, August, Osnabrück; Kolporteur
29. Haldenwang, Hugo, Holthausen b. Düsseldorf; Kolporteur
30. Höntsch, Robert, Weigelsdorf (Kr. Reichenbach/Schlesien); Kolporteur
31. von Kietzell, Fritz, Potsdam; Tenne-Schriftleiter

32. Kunze, Otto, Darmstadt
33. Kreutz, Heinrich, Fellerdilln b. Haiger (Dillkr.)
34. Kienbaum, Emil, Elberfeld / heute Wuppertal;
35. Lopata, Karl, Nürnberg
36. Lauktien, Louis, Oranienburg
37. Linke, Reinhold, Coswig (Anhalt)
38. Lüling, Friedrich Wilhelm, Volmarstein (Ruhr)
39. Meyer, Willy, Düsseldorf
40. Menninga, Johannes, Hagen/Westf.
41. Mayer, Ernst, Dillenburg / 10.1.1927 gest.
42. Morgner, Ernst, Rempesgrün/Vogtland
43. Mebus, Karl, Elberfeld / heute Wuppertal
44. Müller, Peter, Stapelmoor b. Weener (Ostfriesland); Kolporteur
45. Müller, Fritz, Brechhofen b. Raubach (Westerwald)
46. Meyer, Friedrich, Niederdreisbach b. Betzdorf/Sieg
47. Rernmel, Theodor, Wiesenthal b. Plettenberg
48. Rehrn, Konstantin, Hückeswagen
49. Reins, Carl, Berlin
50. Röber, Christian, Gelsenkirchen
51. Reuther, Karl, Herold (Bez. Chemnitz)
52. Schöller, Robert, Siegen
53. Schubert, Karl, Homberg am Rhein
54. Schulze, Ernst, Vohwinkel / heute Wuppertal
55. Schröder, Otto, Berlin
56. Schneider, Wilhelm, Harschbach b. Raubach (Westerwald)
57. Schneider, Hermann, Rebbelroth b. Niedersessmar; zeitweiliger Kolporteur
58. Schumacher, Wilhelm, Bohlenhagen b. Waldbröl
59. Schumacher, Eduard, Lüdenscheid
60. Schumacher, August, Haan (Rhld.)
61. Schwefel, Paul, Berlin
62. Schiefelbein, Adolf, Düsseldorf
63. Sessinghaus, Karl Pixberg b. Hückeswagen
64. Sichelschmidt, Eugen, Altena/Westf.
65. Steinberg sen., Fritz, Hückeswagen
66. Sundermann, Georg, Frankfurt/Main
67. Spade, August, Wiehl (Kr. Gummersbach)
68. Tönges, Karl, Brechhofen b. Raubach (Westerwald)
69. Thielmann, Christian, Herborn (Dillkr.)

70. Tapper, Johannes, Kiel
71. Scharfenberger, August, Kaltenlengsfeld (Rhön); Kolporteur (handschriftl. Zusatz)

2. Reiserouten der »Elberfelder« Reisebrüder um 1930

Nord- und Nordwestdeutschland:
1. Leer, Bunde, Warsingsfehn, Emden, Borkum, Wybelsum, Loquard, Oldenburg, Wilhelmshaven;
2. Hannover, Bremen u. Umg., Osterholz-Scharmbeck, Wesermünde, Cuxhaven;
3. Harburg, Hamburg, Duvenstedt, Altona, Lockstedter Lager, Elmshorn, Kiel, Rendsburg;

Mecklenburg:
4. Neu-Kaliß, Neustadt-Glewe, Crivitz, Schwerin, Brunshaupten (später Kühlungsborn), Karow, Meyenburg (Prignitz), Wustrow, Salzwedel Schmolde (Ostprignitz), Freyenstein, Pritzwalk;

Pommern:
5. Stettin, Köslin, Wolgast, Stargard, Hammerstein (Westpr.), Groß-Silber, Pyritz u. Umg.;

Ostpreußen:
6. Königsberg, Pillau, Pobethen, Skaisgirren, Seckenburg, Tilsit, Memel, Kowno (Litauen), Eydtkuhnen, Pillkallen, Wingern, Rautenberg;
7. Wehlau, Insterburg, Gerdauen, Angerburg, Janellen, Kurwick, Schwentainen, Kowahlen, Drossdowen, Darkehnen u. Umg., Auxkallen, Elbing (Westpr.);

Schlesien:
8. Sorau, Sagan, Neudeck Striegau, Bolkenhain, Hohenfriedberg, Breslau, Herrmannsdorf, Höckricht;
9. Schweidnitz, Ohmsdorf, Michelsdorf, Wüstewaltersdorf, Reichenbach (Eulengeb.), Langenbielau, Schönwalde, Quickendorf, Silberberg (Eulengeb.), Gleiwitz (Oberschl.);
10. Freiburg, Altreichenau, Nieder-Salzbrunn, Waldenburg, Neu-Craußendorf, Reimswaldau, Wüstegiersdorf, Kunzendorf bei Neurode, Oberhannsdorf u. Umg.;

Mark Brandenburg und Berlin:
11. Kottbus, Guben, Frankfurt/Oder, Reppen, Küstrin, Landsberg (Warthe), Lipke (Neumark), Kay (Kr. Züllichau), Schwiebus, Ostritz (Kr. Züllichau), Chwalim (Kr. Bomst.);
12. Berlin (ohne die unter 13. genannten Berliner Versammlungen);
13. Berlin-Moabit, Berlin-Lichterfelde, Berlin-Wilmersdorf, Potsdam, Spandau;
14. Oranienburg, Teschendorf, Gransee, Altglobsow, Dargersdorf bei Templin, Freienwalde, Finow, Zäckerick (Neumark), Ringenwalde, Luckenwalde, Kalkberge, Rathenow, Stendal;

Sachsen:
15. Dresden, Groß-Graupa (I), Großröhrsdorf, Bernsdorf (Oberlausitz), Putzkau u. Umg., Sebnitz, Neugersdorf, Zittau, Großschönau, Nieder-Oderwitz, Berthelsdorf bei Herrnhut, Löbau, Niesky, Penzig;
16. Chemnitz, Döbeln, Herold (Erzgeb.) u. Umg., Satzung (Erzgeb.), Oberfrohna, Hohenstein-Ernstthal, Hohndorf-Rödlitz, Sehma, Wiesa, Annaberg;
17. Oberhohndorf bei Zwickau, Steinpleis, Aue (Erzgeb.), Lauter, Thierfeld, Crimmitschau, Gößnitz, Waldenburg;
18. Vielau, Wilkau, Reinsdorf bei Zwickau, Mülsen St. Jakob, Planitz;
19. Saupersdorf, Bärenwalde, Schönheide (Erzgeb.), Muldenhammer u. Umg., Friedrichsgrün, Muldenberg (Vogtl.), Schöneck (Vogtl.);
20. Auerbach u. Umg., Rempesgrün u. Umg., Falkenstein u. Umg.;
21. Plauen, Ölsnitz, Cossengrün, Münchberg, Hof, Naila bei Hof, Brambach, Asch (Böhmen), Markneukirchen, Zwota, Sachsenberg;
22. Weißenfels, Merseburg, Halle, Leipzig, Altenburg, Eilenburg, Schlieben, Elsterwerda, Riesa;
23. Weferlingen, Magdeburg, Coswig u. Umg., Bernburg, Rothenburg (Saale), Cönnern, Eisleben, Helbra, Nordhausen u. Umg.;

Thüringen:
24. Eisenach, Mihla, Waltershausen, Gotha, Seebach, Erfurt, Weimar, Jena, Eisenberg, Großenstein, Blankenburg, Probstzella u. Umg.;

25. Ilmenau, Frankenhain u. Umg. Suhl, Heinrichs, Meiningen, Hermannsfeld, Rappershausen, Sülzdorf, Römhild, Walldorf u.Umg., Seeba u. Umg., Kaltenlengsfeld, Aue, Schmalkalden;

Oberhessen und Waldeck:
26. Warburg, Lütersheim, Arolsen, Korbach, Emdenau, Gellershausen, Waldeck, Sachsenhausen, Kassel, Melsungen, Hornberg, Friedensdorf, Wernswig, Ziegenhain, Kirchhain, Marburg;

Rheinland und Westfalen:
27. Bielefeld, Herford, Holzhausen bei Porta, Bieren, Brackwede, Isselhorst, Lage, Lemgo, Wendlinghausen, Lüdenhausen, Alverdissen, Almena;
28. Hamm, Münster, Burgsteinfurt, Gronau, Rheine, Bentheim, Osnabrück;
29. Soest, Holzwickede, Massen, Dortmund, Lünen;
30. Gelsenkirchen, Buer, Recklinghausen, Wanne, Wattenscheid, Günnigfeld;
31. Witten, Werne, Castrop, Bochum, Herne;
32. Essen, Essen-Borbeck, Hattingen, Langenberg, Kupferdreh;
33. Mülheim a. d. Ruhr, Hingberg, Dümpten, Oberhausen-Osterfeld, Oberhausen-Alstaden, Kettwig, Werden;
34. Duisburg, Meiderich, Sterkrade, Sterkrade-Nord, Wesel, Wertherbruch;
35. Krefeld, Uerdingen, Rumeln üb. Moers, Rheinhausen-Bergheim, Homberg, Moers, Vluyn, Hochwald bei Issum;
36. Düsseldorf, Oberkassel, Rheydt;
37. Godesberg, Bonn, Köln, Aachen, Berg.-Gladbach, Opladen;
38. Mettmann, Wülfrath, Velbert, Heiligenhaus;
39. Vohwinkel, Haan, Millrath, Gruiten, Ehlenbeck, Ohligs, Hilden;
40. Elberfeld, Unterbarmen;
41. Barmen;
42. Ronsdorf, Lüttringhausen, Lennep, Remscheid, Solingen;
43. Hückeswagen, Wermelskirchen, Dhünn, Strucksfeld;
44. Gummersbach, Dieringhausen, Bergneustadt, Peisel, Dümmlinghausen, Deitenbach;
45. Bielstein, Börnhausen u. Umg., Wiehl u. Umg., Waldbröl Ölmühle bei Holpe, Eitorf;

46. Lüdenscheid, Brügge, Halver, Kierspe, Meinerzhagen, Schalksmühle;
47. Breckerfeld, Kotthausen, Mühlinghausen, Beuken, Dahlerau, Beyenburg;
48. Langerfeld, Schwelm, Milspe, Gevelsberg, Vogelsang;
49. Haspe, Hagen, Vorhalle, Herdecke, Volmarstein;
50. Hohenlimburg, Dröschede, Hemer, Dahle, Arnsberg, Oslberg;
51. Plettenberg, Wiesenthal, Ober-Worbscheid, Werdohl, Altena, Nachrodt-Obstfeld;
52. Siegen, Kaan-Marienborn, Seelbach, Weidenau, Langenau;
53. Betzdorf, Wissen, Freusburger Mühle, Niederschelden, Eiserfeld, Gosenbach, Achenbach, Oberfischbach;
54. Altenkirchen, Wölmersen, Mehren, Rott, Raubach u. Umg., Harschbach u. Umg., Mündersbach, Seeburg-Steinebach;
55. Schutzbach, Niederdreisbach, Daaden, Derschen, Emmerzhausen, Oberdreisbach, Weitefeld, Friedewald, Niederroßbach, Salzburg/Westerw., Emmerichenhain, Rehe;
56. Struthütten, Neunkirchen, Altenseelbach, Wilden, Wilnsdorf, Wilgersdorf, Würgendorf, Gilsbach, Wahlbach, Burbach;

Hessen-Nassau:
57. Haiger, Rodenbach, Ober- und Niederroßbach, Weidelbach, Fellerdilln, Haigerseelbach, Steinbach, Allendorf, Donsbach, Langenaubach, Flammersbach, Ober- u. Niederdresselndorf. Lützeln, Liebenscheid, Lippe;
58. Dillenburg, Eibach, Nanzenbach, Frohnhausen, Wissenbach, Eiershausen, Eibelshausen, Straßebersbach, Manderbach, Sechshelden;
59. Niederscheld, Oberscheld, Hirzenhain, Gönnern, Oberhörlen, Achenbach (Kr. Biedenkopf), Fischelbach, Oberdieten, Breidenbach, Wolzhausen, Silberg, Herborn, Uckersdorf, Medenbach, Breitscheid, Schönbach, Driedorf;
60. Tringenstein, Herzhausen, Runzhausen, Römershausen, Weidenhausen, Eisemroth, Uebernthal, Bischoffen, Groß-Altenstädten, Frankenbach, Hartenrod, Günterod, Endbach;

Oberhessen:
61. Ehringshausen, Wetzlar, Dutenhofen, Gießen, Bad Nauheim, Großen-Buseck, Grünberg, Lardenbach, Altenhain, Maar, Sichertshausen, Sellnrod, Lohra, Mornshausen;

62. Hilchenbach, Berleburg, Girkhausen, Hemschlar, Arfeld, Neuwiese, Schwarzenau, Oberndorf, Banfe, Wallau, Breidenstein, Birkenbringhausen, Frankenberg, Zechenhaus, Friedrichshausen, Geismar;

Rheinpfalz und Rheinhessen:
63. Neuwied, Koblenz, Enkirch u. Eifel Trier, Bettemburg, Esch (Luxemburg), Völklingen (Saar), Wolfersweiler, Duchroth, Kreuznach, Waldlaubersheim u. Hunsrück, Bacharach, Henschhausen, Wiesbaden;
64. Frankfurt/Main, Offenbach, Hanau, Mauswinkel u. Vogelsberg, Dreieichenhain, Langen, Darmstadt, Klein-Umstadt u. Odenwald, Erbach u. Umg., Steinau, Sterbfritz, Jossa;

Bayern:
65. Würzburg, Schweinfurt, Heilsbronn u. Umg., Nürnberg u. Umg., Hohenstadt, Weißenburg (Franken), München u. Umg., Bayreuth, Thiersheim;

Baden und Württemberg:
66. Pforzheim, Birkenfeld u. Umg., Dobel, Bietigheim, Oberderdingen, Heilbronn, Öhringen, Neuenstein, Schwäb. Hall, Mistlau, Heimberg, Liehtel Rothenburg o. d. Tauber, Uffenheim, Ermetzhofen;
67. Ludwigsburg, Rielinghausen, Stuttgart u. Umg., Holzgerlingen, Eßlingen, Urach, Hülben, Tübingen, Ebingen, Meßstetten, Freudenstadt;
68. Bensheim, Worms, Ludwigshafen, Mannheim, Neustadt, Pfalzmühle, Pirmasens, Heidelberg, Wiesloch, Eschelbronn, Karlsruhe, Ottenhöfen, Freiburg i. Br.;

Nachbarländer:
69. Schweiz (St. Gallen, Winterthur usw.);
70. Schweiz (Zürich usw.);
71. Schweiz (Basel, Bern usw.);
72. Elsaß;
73. Österreich;
74. Polen;
75. Dänemark.

3. Brief der holländischen Brüderversammlungen an die deutschen »Brüder« im Ersten Weltkrieg (August 1915)

Alphen, im August 1915
An unsere Brüder, die infolge des Krieges in mancherlei Drangsalen sind.

Geliebte Brüder in unserem Herrn Jesus Christus!

Als Brüder, die versammelt sind, um miteinander Gottesteures Wort zu lesen und zu erforschen, gereicht es uns zu großer Freude und stimmt uns zu innigem Dank, dass wir uns inmitten all des Streites um uns her in Ruhe und Frieden zu Jesu Füßen niedersetzen dürfen, um, wie einst Maria, auf seine Stimme zu lauschen.

In unseren Gebetsstunden, in welchen immer wieder für diese uns verliehene große Gnade gedankt wurde, offenbarte sich auch viel Herzensdrang, für alle, die dieses große Vorrecht entbehren müssen, vor den Gnadenthron zu treten und dabei der Vielen zu gedenken, die durch den schrecklichen Völkerkrieg so schwer getroffen sind.

Wir fühlen uns gedrungen, geliebte Brüder, Euch dies mitzuteilen, und Euch alle unserer herzlichen Teilnahme zu versichern in dem, was Ihr bis jetzt schon durchgemacht habt, seitdem der Krieg vor genau einem Jahr entbrannte.

Wohl wissen wir, dass Ihr hiervon überzeugt seid, – denn wenn ein Glied leidet, so leiden alle Glieder mit, – aber nichtsdestoweniger glauben wir, dass es Euch inmitten all des Elendes und der vielen schmerzlichen Verluste, die Euch getroffen haben, und, wenn der Herr es nicht verhütet, Euch noch treffen werden, trösten und ermuntern wird, zu wissen, dass so viele Brüder in einem Lande, wo der Streit nicht wütet, für Euch beten und mit Euch fühlen.

Indes ist *das* nicht die größte Ermunterung für Euch, dass andere Brüder an Euch denken, für Euch beten und mit Euch leiden, nein, der kostbarste Trost liegt für Euch darin, dass Jesus, unser großer Hoherpriester, der durch die Himmel gegangen ist und jetzt zur Rechten Gottes sitzt, *stets* an Euch denkt. Während *wir* nur *schwach* mit Euch fühlen können, hat Er ein *vollkommenes* Mitgefühl, denn »Er ist in *allem* versucht worden in gleicher Weise wie wir, ausgenommen die Sünde«, ja, Er lebt um sich für uns zu verwenden. Ihm, Seiner Gnade und Seinem Erbarmen, wünschen wir Euch zu befehlen, indem wir Ihn anflehen, dass Er Euch nicht nur zum beständigen Trost sein wolle in allem, was Ihr schon durchgemacht habt, sondern dass Er Euch auch Kraft verleihen möge, alles was Er noch fernerhin in Seiner Weisheit und Liebe gut für Euch finden wird, in wahrer Unterwürfigkeit aus Seiner Hand anzunehmen, in dem festen, unerschütterlichen Glauben, dass alle Dinge – auch die schwersten Prüfungen, die schmerzlichsten Verluste, das größte Leiden – zum Guten mitwirken denen, die Gott lieben und die nach Seinem Vorsatz berufen sind.

Und – wird es uns nicht im Worte Gottes zugerufen? – der Kommende *wird* kommen und *nicht* verziehen. Bald wird alles Leid ein Ende nehmen, wird jede Träne abgewischt werden; bald werden wir mit allen, die von uns genommen wurden, wieder vereinigt sein. Und, was noch viel, unendlich viel tröstlicher und herrlicher ist, bald werden wir mit Euch und Ihr mit uns Ihn sehen von Angesicht zu Angesicht, und Fülle von Freude wird dann unser aller Ted sein.

Der Herr, der nicht nur in Seiner Dahingabe uns den größten Beweis Seiner Liebe gegeben hat, sondern der uns auch inmitten einer seufzenden Schöpfung durch Seine Liebe und Kraft trägt, und der unseren Blick auf die herrlichen Wohnungen des Vaters richtet, schenke Euch in reichem Maße den Trost des Heiligen Geistes!

Im Namen einer großen Zahl von Brüdern, die sich aus verschiedenen Orten Hollands zur Konferenz versammelt haben

Eure im Herrn verbundenen
Dr. N. A. J. Voorhoeve,   J. N. Voorhoeve,
J. Sax, N. Samsom,   H. J. Lemkes
(Abgedruckt in: MWHF Okt.1915, 15f.)

4. Missionsbericht Otto Blädels aus Ägypten (29. Juni 1905)

Luxor, 29. Juni 1905
Liebe Brüder im Herrn!
... Wie verschieden von dem heutzutage vielfach üblichen » Evangelisieren« gestaltet sich die Errettung von Sündern in *Nechaile* und den anderen Orten, von welchen ich in meinen letzten Briefen erzählt habe! Da ist kein außergewöhnlich begabter Prediger, kein Einreden auf die Seelen nach der Versammlung, kein Pressen derselben zu einem Bekenntnis, kein lautes Beten von vielen auf einmal kein Anstacheln und Anfeuern durch einen Leiter zu fortgesetztem Gebet usw. – Ich

schreibe dies nicht, um über die Arbeitsweise Anderer zu urteilen; es mögen einige der vorerwähnten Hilfsmittel vielleicht für einige Seelen von Nutzen sein, um dieselben zu »nötigen«, zu dem großen Abendmahl zu kommen. Ich möchte nur zeigen, in wie einfacher Weise sich die Errettung der Menschen in *Nechaile* und anderen Teilen Ober-Ägyptens, von welchen ich früher geschrieben habe, gestaltet. Es geschieht in Nechaile z.B. nichts anderes, als dass die Geschwister wie gewöhnlich zum Gebet, zum Singen von geistlichen Liedern und zu gemeinsamer Betrachtung des Wortes zusammenkommen. Allerdings geschieht dies alles zur Zeit *durch die Wirksamkeit des Geistes* mit mehr Freude und Kraft, als gewöhnlich. Während der Gebete, der Danksagungen, dem Singen von Liedern oder der einfachen, kurzen Auslegung des Wortes Gottes (nicht besonderer Verkündigung des Evangeliums) durch einen oder mehrere der dortigen Brüder. (wofür aber nicht immer Raum gelassen ist,) öffnet der Herr die Augen und das Herz eines oder mehrerer verlorener Sünder, so dass sie erkennen, dass Jesus Christus auch *ihr* Heiland ist. Sie fangen an, mit den schon Erretteten auch ihren Mund zu öffnen, um in Danksagung und Gebet vor dem Herrn auszuschütten, was ihr Herz erfüllt und bewegt. Dies alles geht aber in völliger Ordnung vor sich, ohne jede Schwärmerei oder fremdes Feuer.

Der Herr hat der Versammlung in Nechaile einige ältere, besonnene und erfahrene Brüder gegeben, die Gabe für den Hirtendienst und Liebe zu den Seelen haben. Diese geben acht und merken sich solche, bei welchen sich in der Versammlung Zeichen des neuen Lebens bemerkbar machen, und zu zwei oder drei machen sie bei solchen Hausbesuche, um ihnen zu dienen, sie zu befestigen und zu unterweisen im Worte Gottes. Durch diesen einfachen, aber sehr wirksamen Dienst, weil *Gott* es ist, der wirkt, hat die Versammlung so zugenommen, dass jetzt etwa 400 Brüder und 300 Schwestern (wie mir kürzlich mitgeteilt wurde) in Gemeinschaft sind, während vor Beginn dieser Bewegung nur etwa 250 Geschwister in Gemeinschaft waren. Die Abendversammlungen werden gewöhnlich von etwa 500 Männern und .400 Frauen besucht.

Ich erzähle dies so ausführlich, damit Ihr in Euren Herzen beruhigt sein möget über die Nüchternheit und Wirklichkeit des Werkes in *Nechaile* und mit Freuden mit uns teilnehmet an der Danksagung und der Bitte um weiteres Wirken Gottes. In *Assiut* sowie an den anderen Orten hat die Bewegung vor ungefähr einem Monat aufgehört, nachdem der Herr viele Seelen aus der Finsternis in Sein wunderbares Licht gebracht hat, während in *Nechaile* noch immer der Herr Seelen rettet und der Versammlung hinzufügt. Ein Bruder aus Assiut schrieb mir: »Ich war letzten Sonntag in Nechaile und fand die Brüder in großer Freude; der Herr ist wahrnehmbar in ihrer Mitte, weil sie demütige Leute sind und einander lieben«.

Ich hoffe, dass Gott mir erlaubt, in vierzehn Tagen die Geschwister in Nechaile zu besuchen, gelegentlich der jährlichen großen Konferenz, welche diesmal vom 12. – 14. Juli in *Assiut* abgehalten werden soll. Wie ich in einem früheren Briefe schrieb, war ursprünglich bestimmt, dass die Konferenz Mitte Mai in *Mellawi* stattfinden solle; aber kurz vor jener Zeit verlor ein Bruder in Mellawi, bei welchem viele Besucher der Konferenz herbergen sollten, seinen Bruder durch den Tod. Nach der Landessitte musste dieser Bruder nun eine Woche lang in seinem Empfangszimmer sitzen und alle Freunde und Verwandte, sowie Brüder im Herrn von nah und fern empfangen, die ihm ihre Teilnahme über seinen Verlust bezeugten. Aus diesem Grunde musste die Konferenz vertagt werden, und Assiut wurde alsdann zum Ort derselben bestimmt, was nach meiner Meinung auch besser ist; denn Assiut als größere Stadt mit vielen Geschwistern im Herrn eignet sich besser dazu, als das kleine Mellawi, wo nur wenige Brüder wohnen.

Leider konnte ich in der letzten Zeit wegen der großen Hitze keine Reisen machen; die Hitze hatte im Anfang eine außerordentlich ermüdende und erschlaffende Wirkung auf mich, jetzt aber hat sich mein Organismus mehr an dieselbe gewöhnt, und ich fühle mich wieder kräftiger, so dass in kurzem, so Gott will, alles wieder ins alte Geleise kommt. Die Sonne steht zur Zeit hier mittags beinahe senkrecht am Himmel, so dass z.B. der Stamm eines Palmbaums von etwa fünfzehn Meter Höhe fast gar keinen Schatten wirft. Die Temperatur im Schatten ist 35-40° R, und nachts geht sie nicht unter 25° R herunter.

Ich benutze jetzt diese Zeit, um das Studium der arabischen Schriftsprache fortzusetzen, ohne deren Kenntnis es nicht möglich ist, in der Versammlung zu reden; denn nur die Schriftsprache ist im Vortrag erlaubt, nicht die gewöhnliche Landessprache, oder der Dialekt, wie er gewöhnlich unter den Leuten gesprochen wird ...

Mit herzlichem Gruß Euer Bruder im Herrn
(Abgedruckt in: MWHF Sept.1905,6ff.) Otto *Blädel*

*5. Bericht Otto Blädels über den Einsatz des Missions-Segelbootes
»Nil-Taube« in Ägypten (21. Mai 1912)*

Zeitun, 21. Mai 1912

Lieber Bruder im Herrn!

In meinem Brief vom 20. Januar d. J. teilte ich Dir mit, dass ich kurz vorher meine erste Reise mit dem Segelboot »Nil-Taube« begonnen hatte, und nun nach Beendigung derselben möchte ich Dir einiges von meinen Erlebnissen und Erfahrungen während derselben erzählen.

Aber zuerst möchte ich den Dank zum Ausdruck bringen, den ich in meinem Herzen fühle gegen den Herrn und die Geschwister, durch welche Er mir dieses Segelboot gegeben, das mir auf dieser Reise in Ober-Ägypten zu so großem Nutzen gewesen ist, indem es mir durch dasselbe möglich war, ununterbrochen etwa dreieinhalb Monate lang den guten Samen des Wortes Gottes an den Ufern des Nil auszustreuen und die vielen größeren und kleineren Versammlungen an den selben zu besuchen. Wenn ich früher in Ober-Ägypten umherreiste zum Besuch der Versammlungen, dann musste ich, um mich gesundheitlich zu erholen, schon nach etwa vier Wochen wieder nach Hause zurückkehren und konnte erst nach drei bis vier Wochen wieder eine neue Reise antreten. Aber nun vermittelst des Segelbootes konnte ich ununterbrochen in guter Gesundheit an der Arbeit bleiben, und, was das Wesentliche dabei ist, solche Versammlungen in kleinen Dörfern besuchen, wo ich früher nicht hingehen konnte, weil keine Schlafgelegenheit dort war und weil die sonstigen Verhältnisse dort einen längeren Aufenthalt nicht erlaubten. Nun aber, da ich mein eigenes kleines Haus auf dem Nil mit mir führe, kann ich mich überall aufhalten, so lange ich will.

Bruder Musa Saleh war mit mir auf dem größten Teil der Reise, und wir konnten bis zu 4–5 Tagen in kleineren Dörfern verweilen, wo sonst weder er noch ich hätten 24 Stunden zubringen können, und hatten dabei die Freude und das Vorrecht, kleinen, abseits liegenden Versammlungen, die sonst wenig oder fast nie besucht werden, mehrere Tage hindurch dienen zu dürfen und mit den Geschwistern dort unseres gemeinsamen Heiles in Christo und der vor uns liegenden Hoffnung zu erfreuen.

Auf diese Weise konnten wir bis zur südlichsten Versammlung in Ägypten, namens Adaima, reisen, und dort fünf Tage, davon ein Sonntag, bei ihnen sein und ihnen sowohl mit dem Wort Gottes als auch mit Gaben in ihrer großen Armut dienen und sie dadurch ermuntern, dass sie sahen und erfuhren, dass sie doch nicht ganz verlassen und vergessen seien.

Es war auch interessant und ermunternd, während der Reise zu erfahren, wie der Herr sich als Führer unseres Segelbootes so treu und gnädig und weise erwies. Da wir ja im Boot vollständig von Wind und Strom abhängig sind, so konnten wir, wenn wir von einem Orte weiter segelten, nie im voraus sicher bestimmen, wo wir das nächste Mal anlegen würden, und so waren wir vollständig auf die leitende Gnade des Herrn angewiesen, der für uns unsere Reise plante. Oft ging es uns wie den Jüngern: »der Wind war ihnen entgegen«, aber dann verstanden wir auch nachher, dass die Absichten des Herrn hierin uns nur zum Nutzen und Segen dienten. Manches Mal mussten wir an einem Orte still liegen, von dem wir bis jetzt nichts gewusst hatten, wo aber der Herr einige Arbeit für uns hatte durch Verkündigung des Wortes und Verteilung von guten Schriften. Dann kam es .wieder vor, dass wir tagsüber wegen geringem Wind nur wenig vorwärts kamen, obgleich wir es sehr wünschten, die nächstliegende Versammlung noch vor Abend zu erreichen; und dann am Nachmittag erhob sich ein günstiger, starker Wind, der uns noch in guter Zeit an unseren Bestimmungsort brachte, so dass wir abends uns mit den Geschwistern versammeln konnten. So freuten wir uns herzlich darüber, immer wieder erfahren zu dürfen, dass der *Herr* das Kommando über unser Segelboot und somit auch die Verantwortung für unsere Reise übernommen hatte. Und so kann ich mit Br. Schlotthauer, als er auch ein solches Segelboot, »Morgenstern« genannt, auf dem Nil für seinen Dienst in Ägypten hatte, völlig übereinstimmen auf Grund meiner eigenen Erfahrungen, indem er so bezeichnend von jener Zeit sagt: »Gottes Leitung und Ermunterungen waren sehr köstlich, ich hielt mich oft für den glücklichsten Menschen auf Erden«. (Mitteilungen, Oktober 1909.)

Da mein Segelboot klein ist und nur ungefähr 70 Zentimeter Tiefe nötig hat, so kann ich überall selbst an seichten Stellen, anlaufen, was natürlich von großem Vorteil ist, besonders wenn der Wasserstand im Nil niedrig ist und man leicht in Gefahr steht, auf Sandbänken unter dem Wasser aufzulaufen und für längere Zeit dann festzusitzen, oder wegen seichten Wassers am Ufer nicht anlegen zu können.

Auch vor allerlei Gefahren, wie durch Scheitern wegen starker Strömung, durch Umkippen infolge plötzlicher Stoßwinde. oder durch Angriff von Räubern, wenn wir in der Nacht an einsamen Orten lagen, hat uns der Herr bewahrt.

Die ägyptischen Brüder freuten sich überall, wo wir hinkamen, über das Segelboot und meinten, durch den Besuch der deutschen Geschwister vorigen Winter in Ägypten sei ihnen nun ein doppelter Segen geworden, erstens durch ihren Besuch selbst und zweitens durch die Gabe dieses Segelbootes. Mit Vorliebe besuchten sie mich auf demselben. und manche Stunde durften wir auf dem Deck in herzlicher Gemeinschaft, im Singen von Liedern und im Gebet verbringen. Auch Br. Musa Saleh, der ja fast die ganze Zeit mit mir reiste, freute sich über dasselbe und erkennt dessen Wert für die Arbeit im Werke des Herrn in Ägypten völlig an. Manchmal überlegte ich bei mir selbst, ob denn auch der Aufwand für die Beschaffung und den Betrieb desselben meinem Dienst vermittelst desselben entspräche, und dann diente mir das Bewusstsein zu großer Beruhigung, dass es ja der *Herr* ist, der mir dieses Boot geschenkt hat. und dass ich selbst Ihn nie darum gebeten hatte, denn das wagte ich nicht. da ich es für eine zu große Sache für mich hielt. Du weißt ja selbst, wie der Herr ohne mein Zutun diese Sache unter den deutschen Brüdern anregte und einige derselben willig machte, diese Gabe für Sein Werk in Ägypten zu schenken. Und auch seit der Zeit, nachdem die Beschaffung eines Bootes von den Brüdern in Deutschland aufgegriffen war, habe ich dieselbe dem Herrn, ohne dafür zu bitten, anheimgestellt. Aber der Herr hatte in Gnaden den Wunsch meines Herzens gesehen. und so schenkte Er mir das Boot, und wenn Er es gegeben, so kann Er ja auch meinen schwachen und unansehnlichen Dienst vermittelst desselben segnen. Er konnte doch fünf Brote und zwei Fischlein in der Hand eines *Knaben* so reichlich segnen, dass Tausende von hungrigen Männern, Frauen und Kindern durch dieselben gesättigt wurden, und das *wenige Öl im Krüglein der Witwe* so vermehren, dass viele und größere Gefäße durch dasselbe gefüllt wurden. Br. Musa Saleh und ich haben auf dieser Reise so viele Ermunterungen in diesem Dienste vom Herrn erfahren und so augenscheinlich gesehen, dass Er mit uns war, und dass diese Reise zur Ermunterung der Gläubigen durch neuen Segen und die Freude in Ihm gedient hat, sowie auch zum Ausstreuen des guten Samens durch Wort und Schrift unter vielen, die noch ferne standen, dass ich für meinen Teil mich darnach sehne, bald wieder eine Reise mit demselben zu beginnen. Das Werk des Herrn in Ober-Ägypten geht, Ihm sei Dank dafür, ruhig voran; einige neue Versammlungen haben sich im letzten Halbjahr durch die Wirksamkeit des Geistes Gottes gebildet, und die im Werke tätigen Brüder sind mit neuem Eifer überall tätig.

Auch in Kairo hat der Herr weiter gewirkt, so dass wir anfangs dieses Monats ein größeres Lokal beziehen mussten.

Empfange nun herzlichen Gruß von Deinem im Herrn Dir ergebenen

Otto Blädel

(Abgedruckt in: MWHF Juni 1912,2ff.)

6. Brief Otto Blädels zum Besuch von Ernst Brockhaus u.a. in Ägypten (10. Mai 1913)

Zeitun, 10. Mai 1913

Lieber Bruder R. Brockhaus!

Es ist schon einige Zeit her, dass Du ausführlichere Mitteilungen von mir bekommen hast; aber das liegt ja daran, dass Dein lieber Bruder Ernst uns hier besucht und Dir jedenfalls viel von hier erzählt hat, so dass für mich nicht viel übriggeblieben ist.

Es war eine große Freude für uns alle, Deinen Bruder Ernst und die lieben Geschwister Overhoff für eine kurze Zeit bei uns zu haben, und ich bin mit den Brüdern hier überzeugt, dass aus diesem großen Opfer, das sie unsertwegen gebracht haben, viel Segen hervorgegangen ist und noch hervorgehen wird. Die Herzen sind durch das gegenseitige Bekanntwerden noch mehr in Liebe verbunden worden, und die Fürbitte hat sich hierdurch vermehrt. Die Versammlungen, welche die deutschen Geschwister besucht haben, sind durch die Betrachtungen des Wortes bei den Zusammenkünften sowie durch die mancherlei Unterhaltungen, die in ihren Häusern stattgefunden haben, in geistlicher Beziehung gefördert worden, und dieser Segen wird nicht allein auf jene Versammlung beschränkt bleiben, sondern sich auch auf weitere Kreise ausbreiten.

Auch für die Schwesternsache wird dieser Besuch von Nutzen sein, denn manche Verhältnisse, die durch briefliche Mitteilungen und Beschreibungen für den Europäer nicht so leicht zu verstehen sind, werden durch persönlichen Einblick und Besuch klar und verständlich, und so hoffen wir hier, dass auch diese Sache weiter vorangehen werde zum Segen der Familien unserer lieben hiesigen Geschwister.

Wie Du aus den beigefügten Übersetzungen der Briefe von im Werke tätigen Brüdern an mich ersehen wirst, sind die Versammlungen hier in Frieden; an manchen Orten wirkt der Herr in besonderer Weise zur Errettung von Seelen, was natürlich einen erweckenden und erfrischenden Einfluss auf die betreffenden Versammlungen ausübt.

An einigen Orten hat die sogenannte »Pfingstbewegung«, deren Anhänger meinen die Gabe des Zungenredens erhalten zu haben, etwas Unruhe veranlasst, besonders hier in Kairo, wo einige der jüngeren unbefestigten Brüder sich verleiten ließen, diese Zusammenkünfte zu besuchen; dieselben fangen aber jetzt an, die Verkehrtheit jener Lehre einzusehen und sich von ihr abzuwenden. Unser hochgelobter Herr ist ein treuer Hirte, der Seinen Schäflein nachgeht.

Ich habe eine kleine Schrift zur Beleuchtung dieser Lehre geschrieben und werde sie, sobald der Druck beendet ist, unter den Brüdern verteilen. Möge sie zum Segen der Kinder Gottes dienen!

Herzlich grüßt Dich, Deine Familie und die Brüder bei Dir
Dein im Herrn mit dir verbundener   Otto Blädel

(Abgedruckt in: MWHF Juni 1913,4f.)

7. Briefe Heinrich Rucks über die Arbeit in Hungergebieten Chinas (1912)

31. März 1912
... Besten Dank für den 1. Brief mit der Mitteilung über die Einzahlung! Möge der Herr Geber und Gabe zu Seiner Ehre reichlich segnen!

Ich bin immer noch hier und habe keine Aussicht, so bald wegzukommen. Vor Mitte Juni wird die Not nicht nachlassen, und derer. welche die Verteilung der Lebensmittel vornehmen, sind wenige. Sobald ich einen Stellvertreter finden kann, werde ich nach Hsin hwa zurückkehren. ... Es ist schrecklich, nach allem Hin- und Herrechnen zu finden, dass nur ein Teil der dem Hungertode entgegengehenden Leute vom Tode gerettet werden kann. Doch dies ist der Fall hier. Noch immer rufen uns die Leute zu: Wir verhungern! Wir verhungern!

Von Hsin hwa habe ich gute Nachrichten. Das Interesse am Wort scheint anzuhalten. Auch hier ist ein wenig Interesse zu sehen. Einer der Dorfältesten bat mich heute, ihm meine chinesische Bibel zu leihen. Er fragte mich, wie es komme, dass der Herr Jesus dreimal gekreuzigt worden sei. Ich erklärte es ihm.

Ich bitte, die Brüder zu grüßen und den l. Gebern für ihre Teilnahme meinen Dank zu übermitteln ...

Hsin hwa, 14. Mai 1912

... Verzeihen Sie, dass ich erst heute auf Ihren 1. Brief vom 27. März antworte. Die Ursache liegt darin, dass ich während der letzten Zeit meines Aufenthaltes im Hungergebiet fast über Vermögen in Anspruch genommen war. Außerdem wollte ich erst mit Br. Hutton reden, wie das für die Hungernden Chinas gesandte Geld am besten verwendet werden könne. Wenn nicht ein Teil »für hungernde Christen (oder Brüder)« gesandt worden wäre, so hätte ich den ganzen Betrag einfach dem Komitee überwiesen, so aber habe ich diesem bis jetzt nur 100 Dollar gegeben. Für die gesandten 40 Pfund Sterling* sind mir insgesamt 400,77 mexikanische Dollar gutgeschrieben worden. Demnach habe ich noch 300,77 Dollar in Händen. Davon werde ich heute noch 250 Dollar an die C.-I.-M. (China-Inland-Mission) in Schanghai senden mit der Weisung, 100 Dollar für die Hungernden in Antong (?) zu verwenden und 150 Dollar für die Waisenkinder aus dem Hungergebiet derselben Stadt. Dort tut nämlich die C.-I.-M. ein Werk für sich, und da sie nicht so viel Propaganda macht, ist sie vielleicht noch mehr in Geldverlegenheit als das Komitee. Den Rest gedenke ich für Bedürftige in und um Hsin hwa zu verwenden. Ist es recht so? – Wahrscheinlich wird dem Komitee noch Geld an der Hand bleiben, das wohl für Waisenhäuser und andere öffentliche Anstalten verwendet werden wird.

Gestern kam ich nach hier zurück und fand alle die Lieben hier wohl und munter. Es sind einige Suchende während meiner Abwesenheit hinzugetan worden. Möge der Herr ein völliges Werk an ihnen tun! ...

*Da mir von verschiedenen Seiten Beträge für die Hungerleidenden zugingen, habe ich inzwischen noch einmal 30 Pfund Sterling an unseren Bruder schicken können. R. Br.

Es bleibt mir noch übrig, den Gebern in Namen der Hungernden herzlich für Ihre und der Geschwister Teilnahme zu danken. Herzlichen Dank auch für Ihren l. Brief! ... *Heinrich Ruck*

(Abgedruckt in: MWHF Juni 1912,10f.)

8. *Bericht Dr. Hans Neuffers über das Missionshospital »Haus der Barmherzigkeit« in China (Oktober 1923)*

Hinghwa, im Oktober 1923
Liebe Geschwister im Herrn!
Heute sind es gerade zwei Jahre, dass ich mit meiner Familie den chinesischen Boden in Schanghai betreten habe. Damals waren gerade noch die Mittel vorhanden. um all den Verpflichtungen für die mitgebrachten Arznei- und Gerätekisten nachzukommen. Ich muss bekennen, dass unter diesen Umständen und unter dem gewaltigen Eindruck der neuen ostasiatischen Welt mein Herz nicht gerade von mutigen Gedanken erfüllt war. Wie sich meine missionsärztliche Arbeit in Hinghwa gestalten sollte, war mir ein dunkles Rätsel für das ich selbst keine Lösung finden konnte. Still wurde es erst in dem brausenden Meer der Gedanken, als aller Eigensinn gebrochen war und ich mich willig der Führung des Herrn überließ.

Wenn nun heute ein den hiesigen Verhältnissen angepasstes, gut eingerichtetes Krankenhaus mit 21 Betten, Poliklinik, Operationssaal, Apotheke usw. vollendet dasteht, wenn all die vielen Schwierigkeiten bei der Eingewöhnung in einem fremden Land und bei dem Bau des Hospitals überwunden hinter uns liegen, wenn ich mir noch einmal vor Augen führe, wie die freigebige Liebe von Geschwistern aller Länder zusammengewirkt hat, um die Mittel zu dem Bau bereitzustellen, wenn ich mich erinnere an die tägliche Hilfe des Herrn bei Operationen und anderen Gelegenheiten, dann bin ich notwendigerweise gedrungen, mit dem Psalmisten auszurufen: »Du bist der Gott, der *Wunder* tut!« »Du hast ein Gedächtnis gestiftet Deinen *Wundertaten!*« (Ps. 77,14; 111,4)

Das war auch die Grundstimmung unserer Herzen, als am 3.Oktober das Krankenhaus durch feierliche Eröffnung seiner Bestimmung übergeben wurde. Es schien fast, als sollten die Handwerker nicht mehr zu Ende kommen; endlich aber war doch der letzte Nagel eingeschlagen und alles aufgeräumt, um die geladenen Gäste zur Feier zu empfangen.

Zwei Tage vorher erschien ein früherer Major. der wegen Gelenkrheumatismus behandelt worden war, mit einer 40 Mann starken Schar Soldaten unter Trommel- und Pfeifenklang. vor ihm her trugen einige Leute Kuchen und Früchte, hinter ihm schleppten sie fünf Ehrentafeln, schwarz lackiert, auf die mit goldenen chinesischen Schriftzeichen der Dank des Majors niedergeschrieben war. Unter präsentiertem Gewehr und erneutem Trommelwirbel wurden die Tafeln an der inneren Eingangstüre aufgehängt. Vielleicht mag der eine oder andere an einer solchen Ehrung Anstoß nehmen; aber der Major ließ sichtrotz mehrfacher Bitten nicht abbringen von seinem Gedanken, auf diese Weise seine Dankbarkeit zu erzeigen. Für uns wurde es eine seltene Gelegenheit, um die Botschaft von Gottes Liebe auch diesen Leuten auszurichten, die sonst nicht zu uns kommen. Während des anschließenden Imbisses erklärten wir den Gästen den Zweck unseres Kommens und die Bedeutung der Person Jesu für jeden einzelnen Menschen.

Am Eröffnungstage selbst fanden sich nach unserer Morgenandacht über Markus 4,28, wo das langsame Wachsen eines göttlichen Werkes beleuchtet wird, gegen zehn Uhr die geladenen Gäste ein. Einige Tage vorher waren sie, chinesischer Sitte getreu, drei verschiedene Male durch rote Einladungsbriefe benachrichtigt worden. Alle waren gefolgt, auch der höchste Beamte der Stadt war gegenwärtig. Die Vorsitzenden der Handels- und Landwirtschaftskammer, die Schulbehörden, die Gemeinderäte, die Direktoren des Elektrizitätswerks, mehrere chinesische Ärzte und eine Anzahl von anderen gelehrten Herren füllten den Saal. Die Wände waren mit all den verschiedenfarbigen Papierrollen geschmückt, die, als Ehrengabe von dankbaren Patienten und anderen Leuten, in schwungvollen Zeichen, aber doch fast in übertriebener Weise den Wert des Krankenhauses und die Kunst des Arztes rühmten.

Nach einem gemeinsamen Danklied hielt ich als Krankenhausvorstand die chinesische Eröffnungsrede. Ich suchte den Gästen den eigentlichen Grund unseres Hierseins eindringlich klar zu machen. Ich durfte ihnen bekennen, dass die Liebe Christi die Herzen von Kindern Gottes aller Länder so innig verbunden habe, dass sie aus Liebe zu den noch in der Not der Sünde und vielen leiblichen Krankheiten lebenden Chinesen die Mittel zur Errichtung dieses Krankenhauses dargereicht hätten. Dann stellte ich die chinesische und westliche Medizin in ihren großen Zügen einander gegenüber und zeigte ihnen aus der Erfahrung, wie gering letzten Endes alles menschliche Wissen vor Gottes Angesicht ist. Ich erläuterte hierauf den Plan des Krankenhauses und erflehte am Schluss den Segen Gottes auf jede kleine und große Arbeit in demselben. Nach einem Gebet von Br. Hutton sprach Br. H. Ruck kurz von der großen Liebe Gottes, der Mensch wurde und für uns starb in Christo Jesu. Er erläuterte das »Rote Kreuz«, das als Fahne auf dem Dache wehte. Am eindringlichsten betonte er, wie Jesus nicht nach Ehre suchte, sondern den Willen Gottes tat. Das sei auch unser Grundsatz, die wir in Seinen Fußtapfen wandeln wollen. Anschließend sprachen mehrere Abgesandte der verschiedenen Behörden und hießen uns willkommen; sie waren natürlich auch voll Schmeicheleien, doch schienen einige die Bedeutung unserer Ansprache gut verstanden zu haben. Zum Schluss sprach noch Br. Rong, der Kaufmann aus Mittelburgdorf, sehr kurz und gut. Er erinnerte an den Fortschritt Hinghwas, das im letzten Jahr ein Elektrizitätswerk gebaut habe, dann eine neue Badeanstalt. und jetzt ein Krankenhaus. Jedermann freute sich darüber. Aber leider werde das elektrische Licht, das die Straßen erhellt, um 1 Uhr nachts ausgelöscht; kaum frisch gebadet aus der Badeanstalt kommend, lege sich neuer Schmutz auf unseren Leib; und wenn einer auch im Krankenhaus Heilung gefunden habe, so sei das doch nur für eine kurze Zeit, da wir letzten Endes alle sterben müssten. Nun habe er von einem nie erlöschenden Licht, von einer bleibenden Reinigung und von einer ewigen Heilung zu erzählen, die der Herr Jesus für jeden Glaubenden sein wolle. Mit klaren Worten legte er dann die Errettung durch Jesum dar, so dass man merken konnte, wie es zu Herzen ging. Nach dem Schlusslied »Ehre sei Gott« fand die Besichtigung des Krankenhauses durch die geladenen Gäste statt, der sich ein kleines Festessen anschloss.

Am nächsten Tage war das Haus der Allgemeinheit zur Besichtigung geöffnet. Ein nicht enden wollender Strom von Leuten ergoss sich in die Räume, so dass die Türen zeitweilig geschlossen werden mussten. Abends versammelten sich noch die Geschwister um ein Abendbrot und eine Wortbetrachtung. Damit war die feierliche Eröffnung zu Ende, und seither geht der ärztliche Betrieb seinen geordneten Gang.

Schon zehn Betten sind besetzt. Eine große Blasensteinoperation wurde von Gott mit Erfolg gekrönt, ein Bruch operiert, eine böse

Augengeschwulst entfernt, und ein Oberschenkelbruch liegt in seinem Streckverband; zwei Privatpatienten wollen vom Opiumlaster befreit werden. Täglich wird das Evangelium zweimal den Leuten nahe gebracht: morgens durch die Hausandacht, und nachmittags in der Sprechstunde durch eine Ansprache, die unser Br. Sang hält.

So ist also auf wunderbare Weise alles von Gott bereitet worden, um den Bewohnern dieser Stadt in geistlicher und leiblicher Hinsicht das Erbarmen Gottes kundzutun. In wenigen Wochen soll sich zu unserer Freude noch eine Krankenschwester aus Holland dieser Arbeit anschließen. Wenn aber unser Zeugnis wirksam sein soll dann müssen wir, unterstützt von den ernsten Gebeten der Geschwister, selbst erfüllt sein von dem Geiste Jesu Christi, der sich darstellte als ein lebendiges Schlachtopfer. »Im Wort, im Werk, in allem Wesen, sei Jesus und sonst nichts zu lesen!« Dass dies sowohl bei uns Ausländern, als auch bei unseren chinesischen Mitarbeitern lebendige Wahrheit werde, dazu helfe uns die Gnade Gottes!

Mit herzlichem Gruß von allen Geschwistern

Euer im Herrn verbundener   Dr. Neuffer

(Abgedruckt in MWHF 1924,12ff.)

9. Briefe von russischen Gläubigen an die deutschen »Brüder« (1913)

... Es sind hier einige Geschwister, die sich noch in den Parteien befinden, sich aber für die Wahrheit interessieren und sich nach Freiheit sehnen. Wir fürchten. dass, wenn sie nicht von Brüdern mit einem reinen Evangelium besucht und bedient werden, die Gläubigen, die nur für ihre Partei Interesse haben, alles anwenden werden, um solche Geschwister, die die Wahrheit erkannt haben. wieder abwendig zu machen. Wir bedürfen unbedingt der Ermunterung und der Unterweisung von seiten des Herrn und der Brüder. Wir grüßen alle Geschwister im Herrn mit 1. Thess. 5,23.28 ...

Aus einem Briefe von Br. M. in K. sei folgendes mitgeteilt:

... In W. haben drei Brüder und eine Schwester angefangen, das Brot zu brechen, und andere Brüder und Schwestern stehen nahe, auch ihren Platz am Tische des Herrn einzunehmen. Möge der Herr dieses junge Zeugnis dienen lassen zu Seines Namens Ehre! ...

Weiter liegen aus Süd-Russland noch einige Mitteilungen vor. Unser dort wohnender Bruder schreibt u. a.:

7. Februar 1913

... Wir haben jetzt mehrmals in der Woche Versammlungen bei uns, die auch von einigen Unbekehrten besucht werden. Der Herr ist Seinen Verheißungen treu und segnet unsere schwachen Bestrebungen.

Vorgestern kehrte ich von einer kleinen Reise ins Gouvernement zurück, die ich geschäftlich machen musste... Wir kamen durch eine Reihe stark bevölkerter Dörfer, in denen fast in jedem zweiten Dorf eine Versammlung ist. Ich hatte einen freien Samstag-Nachmittag und lernte die Geschwister zweier Versammlungen kennen. Sie sind einfältig und ernst. Viele von ihnen sind im Jahre 1906 zum Glauben gekommen. Die Erkenntnis vieler Teile der Wahrheit ist schwach, denn, wie es scheint. kommt selten einmal ein Bruder in jene Gegenden, der die Kinder Gottes belehren könnte. Zu jeder Versammlung ist einer der älteren Brüder als Vorstand gewählt und leitet die einzelnen Zusammenkünfte. Die Brüder hier in Süd-Russland haben alle kein Verständnis davon, dass der Heilige Geist selbst Leiter der Versammlung sein will. Es wird allenthalben ein *reines* Evangelium verkündigt, doch zur Belehrung der Gläubigen wird sehr selten geredet. Ich glaube. wenn es *belehrende* Schriften in russischer Sprache gäbe – es gibt natürlich auch hier christliche Zeitschriften – so würden dieselben vielerorts mit Freuden aufgenommen werden.

Hier in Süd-Russland steht meiner Überzeugung nach ein großes Arbeitsfeld offen, sowohl zur Verkündigung des Evangeliums als auch zur Belehrung und Auferbauung der Gläubigen. Die Regierung gibt sich viele Mühe, der Predigt des Evangeliums Einhalt zu tun, aber das ist *nicht mehr möglich*. Allenthalben schießen die Versammlungsräume wie Pilze aus der Erde, trotz aller Bedrückung von seiten der Regierung und der Popen... Viele Brüder sitzen des Wortes wegen im Gefängnis. Auch ein mir teurer Bruder, der viel Begabung zum Reden und mehr Erkenntnis hat als die meisten Brüder hier, sitzt seit 7 Wochen in Untersuchungshaft. da er fälschlich angeklagt ist, die Kirche, die Popen und den Zar gelästert zu haben ...

Wir empfehlen uns und das Werk des Herrn im Süden der Fürbitte der Geschwister in Deutschland...

24. Februar 1913
... Vor einigen Tagen machte ich mit einem gläubigen Arbeiter von uns einen mehrstündigen Ritt in ein Dorf, um Arbeiter zu dingen.

Ich wusste, dass in jenem Dorf viele Gläubige wohnten, und hatte bereits mehrere hier in der Stadt kennen gelernt. Wir stiegen bei einem alten Bruder ab, der uns mit Freuden aufnahm und uns von den Schwierigkeiten erzählte, mit denen die Brüder in jenem Dorfe zu kämpfen haben.

Als der Herr vor einigen Jahren dort durch Seinen Geist zu wirken begann, versammelten sich die Jungbekehrten eine Zeitlang fast ungestört in der Wohnung eines Bruders, betrachteten dort das Wort und verkündigten das Evangelium der Gnade. Bald bemerkte der Feind, wie die »neue Sekte« Wurzel fasste, und ließ dann auch keine Gelegenheit mehr unbenutzt, um zu versuchen, sie auszurotten. Die Versammlungen wurden verboten, und wenn nur irgendwo einige wenige Brüder zusammenkamen, wurden sie verhaftet und bestraft. Dieser Zustand besteht jetzt noch, und zwar schon über ein Jahr. Inzwischen hat der Herr in der Stille noch manche hinzugetan. so dass die Zahl der Gläubigen langsam, aber stetig steigt ...

Als ich abends auf Rat des Bruders vorsichtshalber meine Ankunft bei dem Dorfältesten anmeldete und ihm den Zweck meines Kommens schilderte, wurde ich ausgewiesen, und zwar mit der Begründung, ich sei gekommen, Versammlungen abzuhalten. Wir ließen uns jedoch so leicht nicht abfertigen, sondern ritten ins nächste Dorf zum Polizeichef. der die gesetzwidrige Ausweisung rückgängig machen musste.

Um acht Uhr waren wir wieder bei unserem alten Bruder. Um zehn Uhr kam ein Polizeisergeant mit der gesamten Dorfpolizei, um zu kontrollieren, ob keine Versammlung stattfinde.
(Abgedruckt in: MWHF Juni l913,18f.)

10. Kriegsbrief aus Russland (2. September 1915)

z. Z. *Kowno*, 2. September l915*
Lieber Br. Brockhaus!
Der Zweck meiner Zeilen ist, Ihnen mitzuteilen. was ich über das Schicksal der Geschwister hier in *Kowno* in Erfahrung gebracht habe.

---

*Der Schreiber dieses Briefes ist ein gläubiger Unteroffizier d. R. aus Elberfeld.

Beim Durchmarsch durch Kowno vor etwa 8 Tagen hatte ich keine Gelegenheit, Nachforschungen nach dem Verbleib unserer Geschwister anzustellen. Ich bat darauf den Herrn, mir eine Gelegenheit zu schenken. Nachdem nun unsere Truppen bis kurz vor *Wilna* gelangt sind, wurde ich mit Pferd und Wagen nach Kowno zurückgeschickt, um dem Bataillon Post zuzuführen, die schon ungefähr vier Wochen nicht zur Verteilung gelangt war. Gestern machte ich mich nun auf die Suche und fand in Kowno-Schanzen eine Frau, die Deutsch sprach und mir das Haus unseres Bruders Vogel zeigte. Die Frau erzählte mir, dass die Brüder Mitzkewitsch und Vogel verbannt worden seien, wie überhaupt alle Deutschen und alle Juden. Wahrscheinlich seien sie nach Kiew gebracht worden, doch wisse man das nicht sicher. Ferner wurde uns mitgeteilt, dass Br. Vogel schon vor den anderen Deutschen weggeführt worden sei, weil er bekehrt sei.

Ich schließe hieraus, dass die Brüder hier um ihres Glaubenswillen schon recht früh weggeschafft worden sind. Das Haus des Br. Vogel war teilweise geplündert worden; doch fand ich die Möbel, Betten, Bücherschränke usw. im allgemeinen noch unversehrt. Sie können sich meine Gefühle denken, lieber Bruder, als ich, statt nach dreizehn Monaten, wie ich gehofft hatte, einmal einen Bruder begrüßen zu können, solche Nachrichten erhielt. Wie wehe wurde es mir bei der Frage, wie es jetzt wohl unseren l. Geschwistern ergehen möge. Wie viele Menschen sind hier in den Wäldern umgekommen! Doch erinnerte ich mich angesichts der verwüsteten Wohnung unseres Bruders an 2. Kor 5,1 ...

Sonst kann ich nichts weiter berichten. In *Kowno* sieht es wüst aus. Fast alle Fabriken sind niedergebrannt. Die große Eisenbahnbrücke ist gesprengt. Die Kaufläden sind ausgeplündert. Wie lange mag dieser traurige Krieg noch dauern! Würde nicht unser Glaube die Brücke über die grausigen Umstände bilden, so könnte man verzagen. Aber unsere Errettung ist jetzt näher, als da wir geglaubt haben: Die Nacht ist weit vorgerückt und der Tag ist nahe. (Röm. 13,11.12.) Aber wie viel Ursache haben alle Geschwister daheim, dem Herrn dankbar zu sein, dass Ruhe und Friede auf ihren Häusern und Zusammenkünften ruhen!

Indem ich noch bitte, den Geschwistern daheim und den Brüdern, die sich im Werk des Herrn bemühen, meine herzl. Grüße zu übermitteln, verbleibe ich, mich Ihrer Fürbitte empfehlend,

Ihr Bruder Eugen Wever
(Abgedruckt in MWHF Okt. 1915,13) .

11. Veröffentlichungen in den »Mitteilungen aus dem Werk des Herrn in der Ferne« über die Lebensmittel- und Kleidersendungen nach Russland (1933-1937)

Wir möchten an dieser Stelle allen Geschwistern, besonders auch in Holland und England, nochmals herzlich danken für die uns für die Not in Russland so zahlreich gesandten Gaben, die es uns ermöglichten, die Lebensmittelsendungen bis zur Stunde durchzuführen, so dass wir vielen Geschwistern in Russland eine wirksame Hilfe bringen durften. Der Herr wolle das Interesse wacherhalten, bis Er in Erhörung der vielen Gebete eine Wendung zum Guten herbeiführt!

(MWHF 1933,116)

Der Versand von Lebensmittel- und Bekleidungspaketen nach Russland an unsere dortigen notleidenden Freunde wird bis zur Stunde fortgesetzt. Eine Reihe von Dankschreiben, die wir nachstehend den Lesern der »Mitteilungen« zur Kenntnis bringen, bestätigen den ordnungsgemäßen Empfang der verschiedenen Sendungen. Die allgemeinen Verhältnisse in jenem unglücklichen Lande werden bekanntlich in der Tagespresse von Zeit zu Zeit beleuchtet, und wir können auf Grund unserer eigenen Erfahrungen nur hinzufügen, dass sich die Dinge in der Tat so verhalten, wie sie dort geschildert werden. Dass gerade die Christen in Sowjet-Russland am meisten dem Hass und der Verfolgung der Gottlosen ausgeliefert sind, ist einleuchtend. Wir sind daher dem Herrn dankbar, dass Er uns immer noch die Möglichkeit gibt, die für uns kaum vorstellbare leibliche und seelische Not unserer Glaubensbrüder in Russland durch den Paketversand ein wenig zu lindern. Es handelt sich, wie wir schon des öfteren mitteilten, allerdings nur um eine *ganz kleine Schar*, da die meisten der alten Freunde aus Furcht vor Verfolgung und Verbannung nicht mehr ins Ausland zu schreiben wagen. Nur die nichts mehr zu verlieren haben, wie Verbannte und Vertriebene, wagen sich mit ihren Bitte noch hervor, sowie Notleidende aus abgelegenen Gebieten, wo die Behörden die Überwachung des einzelnen nicht so streng handhaben wollen oder können.

Das geistliche Leben in Russland, das uns insbesondere interessiert, ist immer noch rege. Wir alle wissen, dass wahres göttliches Leben von keiner Macht ausgerottet werden kann. Die unerschütterliche

Haltung der Gläubigen in Russland, trotz schwerster Leiden und Entbehrungen, ist ein neuer Beweis dafür.

In der Erkenntnis, dass die brutalen Gewaltmaßnahmen der Christenverfolgungen dem Volke den Glauben nicht zu rauben vermochten, scheint man nun ein anderes Verfahren einzuschlagen, um die Gottlosen-Bewegung in die breiten Massen, insbesondere aufs Land zu tragen, und zwar durch Agenten, die sich als Ratgeber, Helfer und Förderer der Belange des Volkes ausgeben.

Versandbestimmungen:
Auf Grund der Versandbestimmungen sind *Lebensmittel*, die keinem schnellen Verderb unterliegen, sowie *neue Kleidungsstücke, Wäsche, Decken, Strickwaren* usw. zum Versand nach Russland zugelassen.

(MWHF 1936,101)

Der fanatische Kampf gegen Religion und Kirche wird uneingeschränkt fortgesetzt. Neben der seelischen Not vieler deutschstämmiger und russischer Christen besteht nach wie vor, ja, vielfach noch in verschärftem Maße, die leibliche Not. Letztere ist in den uns bekannten Fällen jedenfalls sehr groß, und wir möchten die bisher betreuten Familien mit Gottes Hilfe nicht im Stich lassen. Der Versand von Lebensmitteln und Bekleidungspaketen hat bis zur Stunde keine Störungen erfahren. Der Briefwechsel muss aber vorsichtig und beschränkt geführt werden, da man sonst die russischen Empfänger ernstlich gefährden würde. Es genügt uns daher, mittels der vorgedruckten Empfangsbestätigungen von den einzelnen Familien Kenntnis zu haben, vor allem darüber, dass die Liebesgabenpakete ankommen und ausgehändigt werden. Wir bedauern nur, nicht noch einer größeren Anzahl von Notleidenden helfen zu können. Hiervon müssen wir schon deshalb absehen, um den privaten Charakter der ganzen Arbeit zu wahren. Bekanntlich lehnen die Sowjets jegliche Hilfe der Notleidenden in ihrem Lande seitens ausländischer Organisationen ab. Die wahre Lage kann natürlich nicht totgeschwiegen werden, nämlich dass Misswirtschaft und Mangel eine allgemeine Erscheinung in jenem unglücklichen Lande sind. Äußerst schwer ist das Los der um ihres Glaubens und ihrer Gesinnung willen Bedrängten. In manchen Fällen war es uns bisher möglich, die Not zu lindern; so Gott will, möchten wir die sich uns entgegenstreckenden Hände

weiterhin füllen, und empfehlen diesen besonderen Arbeitszweig der teilnehmenden Liebe und Fürbitte unserer Freunde.
(MWHF 1937, 56)

12. Bittbriefe von russischen Gläubigen (1934-1936)

Russland-Ukraine, 24. Juni 1934
... Da Ihr schon so vielen meiner Verwandten geholfen habt, fasse ich Mut, Euch um eine Unterstützung zu bitten. Ich bin eine arme, alleinstehende Witwe von zweiundsiebzig Jahren und habe weder einen Sohn noch eine Tochter, wo ich meine letzten Tage verbringen könnte. Meine einzige Tochter wurde mit ihrer Familie nach dem hohen Norden verschickt, wo sie nach Jahresfrist ihr Leben lassen musste. Ich wohne jetzt bei der Frau meines ehemaligen Pflegesohnes, der auch schon vor einigen Jahren gestorben ist. Meine Schwiegertochter hat zwei kleine Kinder und weiß nicht, wie sie sich und die Familie durchbringen soll ...
(MWHF 1934, 102f.) K. P.

Russland-Ukraine, 16.September1934
Liebe Brüder und Schwestern, die Not treibt mich, Euch um eine kleine Gabe zu bitten. Ich bin aus dem hohen Norden, wo wir vier Jahre als Angesiedelte waren, nach meiner ukrainischen Heimat zurückgekehrt. Meinen Mann habe ich in der Verbannung begraben; er starb vor Hunger ... Ich besitze keine Rechte, bin ganz mittellos und lebe von dem, was gute Leute mir geben. Darum bitte ich, wenn es möglich ist, mir etwas zu schicken. Der himmlische Vater wolle es Euch vergelten! Wir wollen hier beten, dass Er Euch segne.

Mein Bruder, der ein Diener am Worte Gottes war, ist gegenwärtig unstet und flüchtig, hat keine Rechte und darf nicht zu Hause bei seiner Familie sein. Er und seine Frau mit vier Kindern haben sich entschlossen, lieber Not zu leiden, als ihren Herrn und Heiland zu verleugnen. Der sie solange erhalten hat, der wird es auch weiterhin tun. Ich bitte, auch an die Frau dieses meines Bruders eine Gabe zu senden.

Außerdem bitte ich für meine Schwester mit ihren vier Kindern, wovon ein zehnjähriges Zwillingspaar gelähmt, nervenkrank und gänzlich hilflos ist. Die zwei müssen von der Mutter wie kleine Kinder gepflegt werden, da sie, obschon groß gewachsen, weder allein stehen

noch sitzen können. Dem Herrn sei Dank, dass meine Schwester ein so festes Gottvertrauen hat und die Prüfungen aus Gottes Hand nimmt, der nie mehr auferlegt, als wir zu tragen vermögen. Bitte, zieht, so viel an Euch liegt, auch da Eure Hand nicht zurück!
Eure im Herrn verbundene Schwester
M. K. W.
(MWHF 1934, 103)

Sibirien, 2.Oktober 1936
... Als Waisenkind leide ich große Not in dem kalten Sibirien, wo wir uns in dieser Zeit befinden. Da möchte ich Euch um etwas Hilfe bitten, weil ich nichts verdienen kann, denn ich gehe noch in die Schule. Wir sind schon fünf Jahre von der Heimat ausgewiesen. Von neun Seelen sind nur noch vier am Leben; die übrigen sind schon in die Ewigkeit gegangen. Ich hoffe, dass sich jemand findet, der sich meiner in meinem Elend annehmen wird.
V. B.
(MWHF 1936, 104)

Süd-Russland, 4. Juni 1934
Wir kommen zu Euch mit der herzlichen Bitte um Hilfe Wir sind gezwungen, zu bitten, wenn wir unser Leben noch erhalten wollen. Hunger tut weh, das haben wir besonders im Frühjahr durchlebt, wo viele vor Entkräftung gestorben sind ... Unsere Familie ist groß, und dementsprechend sind die Bedürfnisse. Wir sind uns dessen bewusst, dass der Herr uns die Lasten auferlegt hat, und wir wollen sie in Seiner Kraft tragen. Aber, wenn Ihr es ermöglichen könnt, unsere Not durch eine Gabe zu lindern, würden wir sie aus der Hand des Herrn dankbaren Herzens entgegennehmen.
(MWHF 1934, 72f.)
N. I. M.

13. Dankesbriefe von russischen Gläubigen für Geld- und Sachspenden der deutschen »Brüder« (1933-1936)

Nord-Russland, 20. Mai 1933
Geliebte Geschwister!
... Wir teilen Euch mit Freuden mit, dass alle Eure Überweisungen durch den »Torgsin« glücklich in unseren Besitz gelangt sind. Ihr habt

uns in unserer Einsamkeit Ermunterung und Hilfe gebracht, denn, wie wir Euch bereits schrieben, ist das leben in der Verbannung hier am Weißen Meer mit großen Entbehrungen verknüpft. Meine Tätigkeit in den Wäldern ist dieselbe geblieben. Bitte, schreibt uns solange nicht, bis wir Euch eine neue Anschrift von uns mitteilen, und schreibt möglichst nur geschlossene Briefe. Auf Wiedersehen beim Herrn!

Eure Euch liebende Familie P. und M. B.

(MWHF 1933, 85)

Süd-Russland, 25. Mai 1933

Liebe Brüder im Herrn!

Den Empfang Eurer Liebesgaben-Sendungen von Februar und März ds. Js. haben wir Euch schon in unserem Brief vom 30.April bestätigt. Inzwischen sind auch noch Eure Sendungen vom 12. und vom 20.April in unseren Besitz gelangt, wofür wir Euch nicht genug danken können. Gewiss wird es Euch interessieren, zu wissen, in welchem Maße Eure Geldüberweisungen durch den »Torgsin« uns Hilfe bringen.

Wir haben beispielsweise für RM. 60,- erhalten:

4Kg Maismehl – 58Kg Weizenmehl – 7Kg Brot – 2,5Kg Reis – 4Kg Schmalz – 2,8Kg Zucker – 0,33Kg Korinthen – 3Kg Weißbrot – 1St. Zitrone.

Ein Bruder in O. hat für Eure Gabe von RM. 20,- erhalten:

18,6Kg Weizenmehl – 12Kg Maismehl – 3Kg Brot – 1,1Kg Zucker – 1Liter Sonnenblumenöl.

Ein anderer Bruder für denselben Betrag:

16Kg Weizenmehl – 16Kg Hirsengrütze – 1Kg Reis – 1Liter Sonnenblumenöl – 0,3Kg Zucker – 1St. Zitrone.

Wir holen uns die Lebensmittel selbst, denn die Zustellung durch die Post wird nach Gold-Rubel berechnet. Der Empfang verläuft folgendermaßen:

Als erstes erhält man eine Benachrichtigung über den Eingang des Geldes bei der zuständigen Torgsin-Stelle. Der Empfänger begibt sich dann, ausgerüstet mit entsprechenden Ausweispapieren, zur Torgsin-Stelle und nimmt die Waren in Empfang. Wenn wir schon von Schwierigkeiten sprechen dürfen, dann ist es die, dass wir etwas abgelegen wohnen. Bis zur nächsten Torgsin-Stelle ist es für uns immerhin eine kleine Reise. Doch sehen wir in unserer Notlage über diese kleine Schwierigkeit gern hinweg. Wir haben uns wiederholt Lebensmittel geholt, uns an den Transport gewöhnt und sind immer herzlich froh, wenn wir etwas zu unserer Notdurft und der unserer Familien mit nach Hause bringen dürfen. Ihr habt viel für uns getan, geliebte Geschwister, und manchem unter uns das Leben gerettet. Jedesmal, wenn wir Lebensmittel empfangen und uns eine Mahlzeit bereiten, haben wir das Bewusstsein, bei Euch zu Gast zu sein. Und jedesmal, wenn die Vorräte trotz größter Sparsamkeit bedenklich zur Neige gingen und der Hunger wieder anpochte, kam die Hilfe vom Herrn durch Euch. Unser menschliches Auge erblickt für die Zukunft nichts Gutes, und so möchten wir uns, besonders im Blick auf unsere Alten und jüngsten, Eurer Liebe auch ferner anbefehlen. Wir sind glücklich, das teure Wort Gottes zu besitzen, denn in ihm finden wir den Trost, den wir bedürfen. Wir sehnen uns danach, bei unserem Herrn und Heiland Jesus Christus zu sein. Täglich flehen wir zu Ihm und gedenken auch Euer in unseren Gebeten vor dem Throne der Gnade.

(MWHF 1933, 85f.)

Süd-Russland, 5. August 1933
... Mit tiefgefühltem Dank bestätige ich hiermit den Empfang Eurer Überweisung von Mk. 20,-, wofür ich Mehl, Grütze und Speiseöl erhielt. Für die reichliche Spende rufen wir Euch ein herzliches »Vergelt's Gott!« zu. Die Hilfe kam zur rechten Zeit. Meine Familie besteht aus meiner Frau und sieben Kindern, darunter ein erwachsener Sohn, der aber wegen Unterernährung arbeitsunfähig ist; die anderen sind minderjährig. Ich selbst bin heimat- und besitzlos. Mein Gebet ist, dass der himmlische Vater Euch Eure Güte vergelte.

(MWHF 1933, 116) T. J.

Don-Gebiet, 2. Juni 1933
Liebe Geschwister in dem Herrn!
Eure Überweisung durch den »Torgsin« ist in unseren Besitz gelangt. Wir haben dafür 16Kg Mehl, 16Kg Hirsengrütze und 1,5Kg Zucker kaufen können. Wir sind Euch herzlich dankbar dafür. Wir können es Euch nicht vergelten, aber unser himmlischer Vater wird Euer Belohner sein. Ihr habt uns aus einer Not geholfen, die nicht zu beschreiben ist. Aber nicht nur habt Ihr *uns* durch Eure Sendung gehol-

fen, sondern auch dem Bruder 0. B. mit seinen vier kleinen Kindern und unserem Prediger, bei dem die Not ebenfalls sehr groß ist. letzterer ist ohne jegliche Rechte und hat keine Möglichkeit, irgendeine Stelle anzunehmen, um sich sein Brot zu verdienen. Da die Geschwister allgemein Mangel leiden, können sie ihrem dienenden Bruder keine Unterstützung leisten. So haben wir uns denn in die Sendung geteilt. Ihr werdet ja wohl wissen, wie es hierzulande hergeht. Wenn Ihr noch Euer täglich Brot habt und Euch ungestört versammeln dürft, dann dankt Gott ohne Unterlass und seid zufrieden. Liebe Geschwister, betet besonders für die Knechte des Herrn, denn viele sind müde und schwach geworden. Die Zeit ist zu schwer, und die Angst ist zu groß. Es kommen Stunden, in denen man ausrufen möchte, wie Mose im 90.Psalm von Vers 13 bis zum Schluss. Es ist unser Trost und unsere Freude, dass die irdischen leiden und Trübsale zeitlich sind und dass wir es bei unserem Herrn in Ewigkeit unaussprechlich gut haben werden.

Liebe Brüder, soeben trifft die Nachricht ein, dass auch Eure zweite Geldsendung da ist. Als ich Euren Begleitbrief las, musste ich vor Freude weinen, dass Ihr als persönlich Unbekannte uns so viel Liebe beweist. Viel Dank dafür! Aus größter Not habt Ihr uns geholfen. Es sterben sehr viele vor Hunger ...

(MWHF 1933, 87)   Familie P. und R. S.

Mittel-Russland, 20.August 1933
... Eure liebesgabensendung, enthaltend Speiseöl Speck und Zucker, haben wir unversehrt erhalten. Wir danken Gott und Euch, dass Ihr noch an uns denkt. Der Herr hat unserem Lande wegen der Gottlosigkeit des ganzen Volkes schwere Prüfungen auferlegt. Wollte ich versuchen, Euch die Schrecknisse zu beschreiben. würden sie Euch unglaublich erscheinen. Vielerorts herrschen Hungersnot und Seuchen, die die Menschen zu Zehntausenden dahinraffen. Wir sehen in allem die strafende und richtende Hand Gottes. der sich nicht spotten lässt. Bitte, betet ernstlich und anhaltend für uns, damit wir in unserer Trübsal fest und unbeweglich zu stehen vermögen!

I. K.

Mittel-Russland, 8. September 1933
... Ganz unerwartet erhielten wir gestern die Nachricht, dass ein Lebensmittelpaket für uns angekommen sei. Heute haben wir es in Empfang genommen. Der Inhalt befand sich in gutem Zustand. Wir vermögen nicht, Euch gebührend für diese Liebestat zu danken, die der Herr dazu benutzt hat. uns auch in geistlicher Hinsicht zu beleben. Wie hat uns Eure Liebe in dem Tal der Tränen so wohlgetan! In unserem letzten Brief schrieben wir von einer Erhöhung der Brotration um 50g., aber bald darauf gab es allgemein wieder eine Ermäßigung in demselben Maße, so dass unsere Lage unverändert ist ...

Wir eilen zum Schluss, da es zu dämmern beginnt. Seit vier Monaten haben wir kein Licht. Doch das sind irdische, vergängliche Dinge, die uns nicht kümmern sollten. Als Pilger und Fremdlinge auf Erden schauen wir aus nach der himmlischen Stadt, deren Baumeister und Schöpfer Gott ist. Seine Verheißungen stehen fest. Der Herr kennt die Seinen!

(MWHF 1933, 113) W. und I. S.

West-Russland, 6. Juli 1934
Liebe Geschwister, wir danken Euch für Eure Lebensmittelpakete, die für zwei notleidende Versammlungen hier bestimmt waren. Unsere dienenden Brüder haben vor dem Herrn unter Gebet beschlossen, die Gaben so zu verteilen, dass die am meisten bedürftigen und kinderreichen Familien berücksichtigt werden sollen. Vielen von ihnen ist es nach Hebr. 10,34 ergangen. Dank Eurer Hilfe konnte die größte Not gelindert werden, und manches Herz ist im Glauben neu gestärkt worden. Die Dinge hier verhalten sich in der Tat so, dass alle die, die ihrem Gott die Treue bewahren wollen, mit sehr ernsten Erfahrungen und unter Umständen auch mit dem Tod rechnen müssen. Trotzdem hat der Herr den hiesigen Geschwistern bisher Ausharren und Standhaftigkeit verliehen, so dass sie sich nicht gebeugt haben vor fremden Göttern. Er erhalte uns allen bis zum Ende die Gnade, uns ganz Seinen treuen Händen zu überlassen und Seinen Verheißungen zu vertrauen! Bitte, kämpft auch Ihr mit uns in Euren Gebeten!

Besonderen Dank auch für die uns im Frühjahr gesandten Gemüsesamen!

In Liebe mit Euch verbunden, verbleiben wir herzlich grüßend

(MWHF 1934, 73) Tsch. S. J.

Süd-Russland, 4. Juni 1934

Für Euren Brief vom 16.5., in dem Ihr Euch nach unser aller Befinden erkundigt, danken wir Euch herzlich. Die Zukunft für einen jeden von uns ist in Dunkel gehüllt, doch hoffen wir zu Gott, dass Er für uns sorgen und es nicht zulassen wird, dass wir umkommen. Wir sind alle leidend an Leib und Seele. Möge Gott uns gnädig sein und sich unser erbarmen, damit wir das Vertrauen auf Ihn, den alleinigen Lenker aller Geschicke, nicht verlieren und standhaft bleiben, es komme, was da wolle. Von den RM . 40,-, die Ihr an I. F. geschickt habt, haben wir je RM. 8,- an vier gläubige Familien abgetreten. Herzlicher Dank sei Euch dafür gesagt, und der große Gott wolle es Euch hundertfältig vergelten! Bitte, betet für uns, damit wir nicht unterliegen! Über kurz oder lang werden wir uns beim Herrn treffen, wo dann alles Leid ein Ende haben wird.

Mit herzlichem Brudergruß

(MWHF 1934, 72)   I. E.

Sibirien, 25. September 1936

Werte Freunde in der Ferne, wir haben Euer Paket mit Lebensmitteln gut empfangen. Es war eine große Freude für uns alle. Unsere dritte Tochter sagte: »Gott sci Dank, wieder etwas zum Essen«. Bedenkt, dass ein fünfjähriges Kind das ausspricht! Die Tränen standen ihr dabei in den Augen. Wir sind Euch herzlich dankbar für die uns erwiesene Liebe. Obwohl wir hier seit langem keine Möglichkeit mehr haben, gemeinschaftlich zusammenzukommen, so dürfen wir doch im einzelnen den Namen des Herrn bekennen. (Hebr. 13,15) Solltet Ihr in der Lage sein, uns etwas an Bekleidung zukommen zu lassen, würde dies für uns von großem Nutzen sein. Viele von den unsrigen sind obdachlos, abgerissen, leiden Hunger und fristen ihr Leben einmal hier, einmal da. Sie haben niemand, der sich für sie einsetzt; und selbst wagen sie nicht, ins Ausland zu schreiben und um Hilfe zu bitten.

(MWHF 1936, 104)   M. L.

14. Bericht Wilhelm Walters über den Reisedienst unter den Gemeinden der Offenen Brüder in Baden und Württemberg (1925)

»Meine Gedanken sind nicht eure Gedanken, und eure Wege sind nicht meine Wege.«

Dieses schöne Gotteswort in Jes. 55,8 durfte ich schon manches Mal erfahren, insbesondere auch in diesem Spätherbst und Frühwinter. Auf Grund einer Anzahl Wünsche und Einladungen, mehr allgemeiner Natur, hatte ich vor, in den Monaten November und Dezember in Schlesien zu dienen. Da plötzlich kommt, ganz unerwartet, aus Württemberg eine klare und bestimmte Einladung, nach welcher die Brüder von *vier* verschiedenen Orten, je eine Woche Dienst wünschten. Diese Einladung war derartig abgefasst, dass kein Zweifel darüber entstehen konnte, was der Wille des Herrn sei. Dieserhalb musste ich mich entschließen auf Schlesien zu verzichten und sagte für Württemberg zu.

Im Vorbeigehen besuchte ich die mir seit vielen Jahren bekannt und lieb gewordenen Geschwister in *Karlsruhe* und *Ettlingen*, um ihnen persönlich und in 3 Stunden Wortverkündigung zu dienen. Daran schloss sich dann ein achttägiger Dienst in *Stuttgart*, in der Heusteigstraße. Dieser Kreis hat seinen Ursprung im Christl. Verein Junger Männer. Dortselbst kamen einige junge Leute zum Nachdenken über das Wort Gottes. In ihrem ehrerbietigen Verhalten demselben gegenüber suchten sie voranzuschreiten, was zur weiteren Folge hatte, dass sie sich in ihrem Verein nicht mehr halten konnten. So bildete sich denn bald ein Kreis von Gotteskindern, die regelmäßig zusammenkommen mit dem aufrichtigen Bestreben, den Linien des Wortes Gottes gemäß zu handeln und zu wandeln.

Mit Dankbarkeit und Freude wurde das Wort aufgenommen. Sämtliche Versammlungen waren gut besucht, und von Anfang bis zu Ende war die denkbar größte Aufmerksamkeit vorhanden. An einem Sonntagnachmittag waren wir zu einer 3 stündigen Aussprache beisammen, in welcher gerade *die* Fragen besprochen wurden, die die Herzen bewegten. Es war ein sehr lebhaftes und harmonisches Beisammensein, bei welchem große Willigkeit zum *Lernen* ersichtlich war. Der Abschied war herzlich und liebevoll.

Zwei der Brüder begleiteten mich nach *Reichenbach a.d. Fils*, woselbst ebenfalls ein Dienst von acht Tagen vorgesehen war.

Reichenbach war bis dahin mir ein völlig unbekannter Ort. Wenn zunächst es noch nicht ganz durchsichtig war, *was* hier für eine Aufgabe vorliege, so gab es darüber sehr bald Klarheit. Mit freudiger Überraschung durfte ich die Sehnsucht, ja eine Art Heißhunger, wahrnehmen, nach den *geraden* Linien der Schrift. Dies macht in dem so fromm-religiös veranlagten Württemberg ganz besondere Freude. Die Versammlungen fanden in einer Bauernstube statt, in welcher 60-80 Menschen zusammengepfercht waren. Bei den letzten Versammlungen waren die Gekommenen kaum unterzubringen. Von den Nachbarorten kamen Geschwister wiederholt über eine Stunde gelaufen und dies stets freudestrahlenden Angesichtes. Nach jeder Stunde gab es noch ein Beisammensein bis hinein in die Nacht, und der Aussprachen waren viele. Von den Früchten dieser Aussprachen zu berichten, ist nicht angebracht, die kennt Er, unser Gott, allein. Jedenfalls war das Verlangen groß, die Richtlinien der Schrift kennen zu lernen und ebenso groß die Willigkeit sich in diesen Bahnen zu bewegen. Eine Anzahl junger Leute aus dem Christlichen Verein junger Männer hatte besonderes Interesse, blieben freiwillig nach einer Versammlung zurück und baten um weitere Belehrungen. In Herzlichkeit und Liebe erfolgte die Trennung. Der Wunsch auf baldiges Wiedersehen kam sehr lebendig zum Ausdruck.

In Stuttgart sowohl als auch in Reichenbach war es ein Genuss beobachten zu dürfen, wie bei den Geschwistern ein tiefes Verlangen vorliegt, vor dem ganzen Wort sich zu beugen. So groß dieses Verlangen ist, so groß ist auch die Willigkeit mit den althergebrachten Religionslinien zu brechen.

Dem Reichenbacher Dienst schloss sich ein weiterer Dienst an, gleichfalls acht Tage in *Sindelfingen*. über Sindelfingen wurde ja schon früher berichtet. Zwanzig Gotteskinder, darunter sieben Familien, stehen auf ihrem Posten, mitten unter einer ganzen Anzahl von Sekten und Parteiungen und gehen zielbewusst ihren Weg, das ihnen anvertraute Zeugnis aufrecht erhaltend. Einige andere kommen ab und zu, die noch nicht die Glaubensenergie besitzen, den geraden Weg zu gehen. An jedem Abend waren etliche Fernstehende da, einige kamen mehrmals, darunter ein Ehepaar. Unter ihnen war ein sichtliches Ergriffensein, das sich bei einem Mann bis zu Tränen steigerte. Was der Herr in der Stille an den betreffenden Personen tun kann, wird sich noch zeigen. Das Drängen, solchen Menschen gegenüber. dürfte ja keinen praktischen Wert haben, da derartige

»Drängentscheidungen«, unter seelischen Gefühlen geschehend, nicht standhalten.

Der Höhepunkt des Sindelfinger Dienstes war der Sonntag, der sich sehr lieblich gestaltete. Es kam zu einer kleinen »Größeren-Zusammenkunft«. Schon am Samstag geschahen hierzu die Vorbereitungen. Es war eine Freude, die glücklichen Gesichter zu beobachten. Sonntags früh kamen dann Brüder und Schwestern von Stuttgart, Reichenbach, Holzgedingen und Stammheim, um mit den Sindelfinger Geschwistern den Tod des Herrn zu verkündigen. Es war ein liebliches Beisammensein, eine Stunde, richtiger nahezu zwei Stunden der Anbetung. Dabei wurden zum ersten Male die *neuen Liederbücher* verwandt, in denen die Brüder sofort bewandert waren, als hätten sie dieselben schon lange im Gebrauch. Die Bücher fanden in Württemberg, in der Stuttgarter Ecke, die denkbar beste Aufnahme. Wiederholt konnte man hören: »Endlich einmal ein ordentliches Buch!«

Bald nach dem Mittagsmahl kam wieder alles zusammen, im Versammlungshaus bei unseren Geschwistern Orth, zur Wortverkündigung. Da *nur Gotteskinder* anwesend waren, konnte die Wortverkündigung sich in den entsprechenden Bahnen bewegen. Auch für den, der das Vorrecht hat, dienen zu dürfen, ist es ein Genuss so eine Schar aufmerksamer, lernbegieriger Zuhörer zu haben, die gerade im Begriff sind, ihre Ehrerbietung dem Worte gegenüber zu betätigen. Der Genuss steigert sich dann noch, wenn die Zuhörer sich aus »religions-frommen Württembergern« zusammensetzen. Gleich nach der Wortverkündigung schritten wir zu einer Taufbelehrung und freuten uns über die *drei* Täuflinge in Apostelgeschichte 8, 9 und 10: in Kap. 8 sahen wir einen aus *Ham*, in Kap. 9 einen aus *Sem* und in Kap. 10 einen aus *Japhet*. Fröhlichen Angesichtes wurden sodann 14 Geschwister, die meisten aus Stuttgart, in Gegenwart der anderen Geschwister, getauft.

Inzwischen hatten einige Brüder, während oben getauft wurde, unten den »Versammlungsraum« zu einem »Liebesmahlraum« umrangiert. An den gedeckten Tischen waren wir dann noch eine gute Stunde bei Kaffee und Kuchen zusammen, wobei ein kurzer Gang durch die Evangelien gemacht wurde, um das Benehmen des vollkommenen Dieners, des Herrn Jesu zu beobachten, gelegentlich Seines Aufenthaltes *bei Tisch*.

Eine Evangeliumsverkündigung über das Thema: »*Die lebendige Honigquelle*« (Richt.14) beschloss den sehr lieblichen Tag in Seiner Gegenwart.

Der letzte Dienst war für *Holzgerlingen* vorbehalten. In Holzgerlingen, einem Ort von 2000 Einwohnern, herrschen wie fast allüberall in Württemberg die Denominationen. Im Gegensatz zu ihnen befinden sich daselbst *vier Geschwister*, die ein Verständnis haben für das Zusammenkommen nach dem Worte Gottes und sich auch bereits in dieser Art und Weise Sonntag für Sonntag betätigen. So klein ihre Schar ist, so wissen sie doch den Herrn in ihrer Mitte. Dazu haben sie es jetzt gewagt, zum ersten Male an die Öffentlichkeit zu treten, um einzuladen. Die Versammlungen fanden in dem Hause unseres Bruders Renz statt. Dementsprechend konnten auch nur begrenzte Einladungen erfolgen, d.h. von Mund zu Mund. An jedem Abend wurde etwa 10 Fernstehenden das Evangelium verkündigt. Viel mehr waren eingeladen, welche aber mit allen erdenklichen Ausreden ablehnten oder versprachen, aber nicht Wort hielten. Wir waren jedoch dankbar für die zehn, die jeweilig kamen, und dies umso mehr. als es fast jeden Abend wieder andere Zuhörer waren, so dass eine ganze Anzahl das Evangelium hörten. Sein Wort kann und wird nicht leer zurückkommen. Am letzten Tage dieses Dienstes kamen die Sindelfinger Geschwister mit glücklichen Gesichtern nach Holzgerlingen. Dies war eine große Ermunterung für die kleine Schar daselbst. Die Schlussversammlung wurde zu einer sehr bewegten. Zwei Seelen fanden Frieden, und andere waren tief innerlich ergriffen.

Dankbaren Herzens konnte ich sodann, nach einem nochmaligen kurzen Besuch in Stuttgart und Karlsruhe. von Württemberg scheiden, in dem Bewusstsein, dass der Herr dortselbst *eine Tür geöffnet hat* und nach der *ganzen Wahrheit großes Verlangen* ist.

Die Stuttgarter Geschwister drückten mir noch ihre Sehnsucht aus nach den neuen Liederbüchern. Nachdem sie in Sindelfingen dieselben mit gebraucht, sind ihnen ihre »Reichslieder« ganz und gar verleidet, in der Hauptsache deshalb, weil, wie ja bekannt, in diesen manches mit dem Wort nicht im Einklang Stehende zu finden ist. Auch dies ist ein Grund zur Freude; geht doch daraus hervor, dass die dortigen Brüder auch die zu singenden Lieder im Lichte des Wortes Gottes betrachten und nicht gedankenlos singen.

(Abgedruckt in: SE 6. 1925, 12ff.) W. Walter

15. Bericht über die Raumnöte der Offenen Brüder in Schlesien (1925)

Mit unsern Versammlungsräumen in den Orten Bunzlau, Haynau und Liegnitz steht es sehr ungünstig.

In *Bunzlau* versammeln wir uns in der Wohnung unserer Geschw. Rösler, diese liegt außerhalb der Stadt und kommt nur für Brotbrechen und Bibelstunde in Frage. Jeden Sonntag mieten wir uns den kleinen Saal im Hotel Fürst Blücher, manchmal wird uns auch nur ein größeres Fremdenzimmer zur Verfügung gestellt, wo wir uns zwischen Betten und Möbel einzwängen müssen. Wir sind sehr erfreut, wenn wir uns in Ruhe im kleinen Saal versammeln können, müssen aber auch vorlieb nehmen, wenn über uns im großen Saal Tanz ist und unter uns im Gastzimmer das Orchestrion spielt und neben uns die Küche mit ihrem lauten Wesen die Unruhe verstärkt.

In *Haynau* haben wir einen Raum gemietet, der uns aber jetzt streitig gemacht wird, weil das Grundstück an einen Schlossermeister verkauft wurde, der es nun für seine Zwecke herrichtet. Da wir hier eine große Gemeinde haben und die Versammlungen auch von Fremden gut besucht werden, so stehen wir dort vor den größten Schwierigkeiten, die Sache spitzt sich so zu, dass der Besitzer bereits mit Klage droht. Bemühungen, einen anderen Raum zu bekommen, blieben bis jetzt erfolglos. Im Spätsommer werden Räume frei, für die eine Monatsmiete von 200,- Mark gefordert wird. Wir sind aber außerstande, diese Summe aufzubringen.

In *Liegnitz* versammeln sich die Geschwister in der Wohnung der Geschwister Gensch; aber auch hier werden vom Hauswirt Schwierigkeiten bereitet. Unter anderem wurde den nach Hause gehenden Versammlungsbesuchern ein Kübel Wasser nachgegossen, der aber sein Ziel verfehlte und nur Passanten traf.

Konferenzen, Taufen und sonstige gemeinsame Zusammenkünfte hatten wir bisher in *Wolfshayn* im Gasthause unserer Geschw. Aulich. Auch hier wird eine Änderung wohl eintreten, da die Konzession Ende November abläuft. Ob Br. Aulich die Konzession verfallen lässt oder ganz verkauft, ist noch nicht klar. Wir hoffen zur diesjährigen Pfingstkonferenz, die dann wohl die letzte in Wolfshayn würde, zu einer Entscheidung zu kommen.

Es könnte zum Herbst sich die Lage so gestalten, dass wir außer Wohnungen in allen vier Orten keinen Versammlungsraum haben.

Solche Notzeiten sind, das wissen wir, mit Segnungen verbunden. Der treue Herr, der uns bisher geführt und reichlich gesegnet hat, wird uns Wunder Seiner Gnade schauen lassen. Betend und aufblickend zu Dem, von welchem alle Hilfe kommt, wollen wir unsern Notstand hiermit auch Sein Volk wissen lassen.

(Abgedruckt in: MD 1,3 f. – Mai 1925) Paul Mann

16. Auszüge aus den Ansprachen bei der Beerdigung von Rudolf Brockhaus (23. September 1932)

Ernst Berning, Schwelm:

Tief bewegten Herzens stehen wir an der Bahre des entschlafenen geliebten Gatten und Vaters, unseres teuren und unvergesslichen Bruders Rudolf Brockhaus, und die allgemeine Teilnahme auch an dem heutigen Nachmittage hier im Saal ist ein Beweis dafür, welch einen Platz der liebe Entschlafene in unseren Herzen hatte. Das gleiche kam auch so recht zum Ausdruck in Dillenburg beim Beginn der diesjährigen großen Konferenz, auf der unser teurer Bruder so oft geweilt hat und wo er allen ein Segen und Führer war. Unvergesslich wird mir und allen Teilnehmern der Konferenz die erste Gebetsstunde bleiben, mit der die Konferenz eröffnet wurde, nachdem zu Beginn ein alter, lieber Bruder aus bewegtem Herzen den versammelten Brüdern den Heimgang unseres lieben Bruders bekannt gegeben hatte. Tiefes Weh erfasste aller Herzen, und manches Auge füllte sich mit Tränen. Aber was unsere Herzen tröstete und aufrichtete, war der Hinweis unseres Bruders, nicht bei dem Schmerz und dem großen Verlust stehen zu bleiben, sondern im Blick auf den Entschlafenen zu denken an seine Freude, die er jetzt beim Herrn genieße. In Verbindung hiermit möchte ich hinweisen auf das Wort unseres teuren Herrn an Seine geliebten Jünger in Joh.14,28: »Wenn ihr mich liebtet, so würdet ihr euch freuen, dass ich zum Vater gehe«, und in der Tat vermag diese Ermunterung unseren Gedanken die rechte Richtung zu geben.

Otto Schröder, Berlin:

Ich freue mich, dass ich im Namen der Berliner Geschwister an dieser Stelle bezeugen darf, dass Gott uns durch den lieben heimgegangenen Bruder Rudolf Brockhaus oft und reichlich gesegnet hat. Er weilte gern in unserer Mitte; und für uns war es stets eine große Freude, wenn wir ihn bei uns sehen und seiner klangvollen Stimme und seinen klaren Auslegungen des Wortes Gottes lauschen durften.

Unser aller Gefühle und Empfindungen sind in diesen Tagen auch wohl diejenigen eines Elisa gewesen, nachdem Elia von ihm genommen war und er ausrief: »Mein Vater, mein Vater! Wagen Israels und seine Reiter!« Ihm schien es in jenem Augenblick, als wäre ihm alles genommen, ja, als wäre der Schutz und Schirm Israels von ihm gewichen. Aber sollte er jetzt bei seinem Schmerz stehen bleiben und sich schließlich darin verzehren? Gewiss nicht! »Wenn alles bricht, Gott verlässt uns nicht! ...«

So ist es auch in unserem Falle. Wir dürfen auch hier sagen: »Obgleich er gestorben ist, redet er noch.« Ja, er redet, vor allem durch seine Schriften, aber auch durch seine ernsten und liebevollen Worte, die wir uns noch oft ins Gedächtnis zurückrufen werden. Und bei alledem dürfen wir freudig sagen: »Der Herr hat gegeben, und der Herr hat genommen, der Name des Herrn sei gepriesen!«

Travers William Bayly, Düsseldorf:

Wir sind hier versammelt, um aus Herzensgrund unserem teuren Herrn zu danken für seine große, an unserem lieben heimgegangenen Bruder erwiesene Gnade, in der er uns manches Jahr zum Segen hat dienen dürfen. Schon in früher Jugend ein Eigentum des Herrn geworden und frühzeitig seinem treuen Vater im Dienste des Herrn beigesellt, hat er seine anerkannt bedeutenden Gaben dem Herrn und den Kindern Gottes geweiht. Jahrein, jahraus, früh und spät stand er stets den Knechten des Herrn und den Kindern Gottes zur Verfügung, und wie oft haben sie ihn bei seiner schriftlichen Arbeit stören müssen! Aber am meisten müssen wir dem gnädigen Herrn danken für seine Beständigkeit und Unerschütterlichkeit im Festhalten der einmal erkannten Wahrheiten. Er trat, wo es galt, in die Bresche, wenn die Wahrheit angegriffen wurde, mochte es sich handeln um die Wahrheit von der göttlichen Eingebung der Schriften, von der Wiederkunft des Herrn, oder was es sonst sein mochte ...

Der Apostel konnte einst an die Kolosser schreiben: »So bin ich doch im Geiste bei euch, mich freuend und sehend eure Ordnung und die Festigkeit eures Glaubens an Christum.« Mit ähnlichen Gefühlen denken die englisch redenden Geschwister, die Deutschland kennen, an das Werk Gottes in Deutschland und erkennen diese Ordnung und Festigkeit an. Durch des Herrn Gnade ist unser lieber, geehrter, jetzt heimgegangener Bruder eine Hauptstütze dieser Festigkeit in Wandel, Wort und Schrift gewesen. Alle, die ihm die langen Jahre treu zur Seite gestanden haben, werden neidlos anerkennen, dass der Herr ihm die Leitung gegeben hat.

Wir können dem Herrn auch danken, dass er unserem Bruder in hohem Maße Besonnenheit und Mäßigkeit gab, vorurteilslos zu sein und nichts nach Gunst zu machen. Obschon er da, wo es sich um Grundwahrheiten handelte, äußerst streng auftreten konnte, war er doch niemals einseitig.

Lasst uns alle so treu an dem festhalten, »Was von Anfang war« (1. Joh. 1,1), wie unser geschätzter vorangegangener Bruder! Lasst die Ordnung und die Festigkeit unseres Glaubens an Christum gesehen werden, und lasst uns auf der Hut sein, dass der Geist unserer Zeit uns nicht zum Bösen beeinflusse! Die Philosophie schaut auf Beute unter uns aus. Oft haben Söhne treuer Gottesmänner wegen angeblich neuerer Wissenschaft und Entdeckungen kostbare Wahrheiten leichtfertig aufgeben, so die Wahrheit von der ewigen Verdammnis, von der ewigen Gottes-Sohnschaft, von der leiblichen Auferstehung usw. Der Heimgegangene hat die Wahrheit. wie sie in dem Jesus ist, bis zum Ende festgehalten. Möchten auch wir es tun! Möchte auch an den Kindern und Enkelkindern unseres treuen Kämpfers die Ordnung und Festigkeit des Glaubens an Christum, von welcher der Apostel schreibt, gesehen werden! Möchten seine Söhne so treu in seine Fußtapfen treten, wie er unentwegt in den Fußtapfen seines verehrten Vaters blieb! Und Gott bewahre uns alle auf dem Wege der Wahrheit durch Seine Gnade!

Dr. Hans Neuffer, früher Missionsarzt in China, erinnerte an die ermunternden Briefe, die Rudolf Brockhaus an die Brüder im Fernen Osten geschrieben hatte:

Dieser stille, im verborgenen vollbrachte Dienst war von großem Wert. Wer wird ihn jetzt übernehmen? Kein Brief mehr von Br. Rudolf Brockhaus – wie schwer wird das den Brüdern draußen sein!

Johannes Voorhoeve, Holland:

Warum haben wir doch alle Br. Rudolf Brockhaus so lieb gehabt?

War es, weil unser Bruder so freundlich war, so einnehmend, dass selbst Kinder sich freuten, wenn er zu Besuch kam? Sicher, unser heimgegangener Bruder war freundlich, zuvorkommend und teilnehmend. Er fragte nach dem Wohl anderer, und wir hatten ihn deshalb lieb. Aber war das der eigentliche Grund unserer großen Zuneigung?

War es, weil er sich so jung in den Dienst des Herrn gestellt und mit solcher Treue sein ganzes Leben hindurch an der Bibel festgehalten hat? Dies letztere trifft sicherlich zu – war es doch nicht nur die letzte Zeit seines Lebens, auch nicht nur die Hälfte seiner Lebenszeit, die er in den Dienst des Herrn gestellt hat, nein, sein *ganzes* Leben war dem Herrn geweiht. Br. Rudolf Brockhaus vermochte dies durch die Gnade Gottes, und er hat es mit Ausdauer getan. Wir hatten ihn auch deshalb lieb. Aber war das die Ursache unserer besonderen Anhänglichkeit?

War es, weil Br. Brockhaus, wenn er sich geirrt hatte – was nur selten vorkam – , dies bei der ersten Gelegenheit öffentlich bekannte? Auch darum hatten wir ihn lieb, verriet es doch wahre Demut, die einen Knecht des Herrn ziert. Aber die eigentliche Ursache unserer Liebe liegt doch auch hier nicht.

War es wegen seiner herrlichen Gaben? Sicher, er war ein vollendeter Redner. Er hat viele Lieder gedichtet, die in unseren Herzen widerklingen. Aber sollte hier der Grund zu unserer besonderen Liebe zu ihm zu suchen sein?

War es schließlich, weil er an der neuen Bibelübersetzung und deren Bearbeitung einen so großen Anteil hatte und weil er so viele gute Schriften herausgegeben hatte? Ohne Zweifel ist auch dies eine Ursache mit, weshalb wir ihn so liebten. Und doch – die Antwort auf unsere Frage ist damit nicht gegeben.

Nein, die eigentliche Ursache war eine andere. Ich will sie mit den Worten der Schrift nennen.

Wir hatten unserm lieben Entschlafenen so lieb, weil er »das *Wort der Wahrheit* recht teilte«. (2. Tim. 2,15). Das war es, was seinen Dienst vor allem anderen auszeichnete, namentlich in den zahllosen Konferenzen, denen er beiwohnte und die er leitete. Er pflegte niemand zu schonen. Für den Augenblick mochte es manchmal nicht so angenehm sein, aus seinem Munde zu hören, dass die geäußerte Ansicht nicht richtig war. Aber weil man wusste, dass es seine große

Liebe zum Worte Gottes war, die ihn so sprechen ließ, lernte man es schätzen. So wurde der Grund zu wahrer, bleibender Hochachtung und echter Liebe gelegt!

Groß ist nun unsere Betrübnis, solch einen Geliebten fortan hier auf Erden missen zu müssen. Und wir denken an Apg. 20,38, wo wir von der Betrübnis am Strande von Milet lesen, als Paulus im Begriff war, abzureisen, und die Brüder – da sie sein Antlitz zum letzten Mal sahen – weinend von ihm Abschied nahmen.

Doch unser Bruder würde der erste sein, die Aufmerksamkeit von sich selbst weg und auf den Herrn hinzulenken. Wer uns auch verlässt – der Herr bleibt bei uns!

Lasst uns darum mutig vorwärts schreiten, indem wir von ihm lernen, *das Wort der Wahrheit recht zu teilen, für die Wahrheit einzustehen, die Wahrheit um keinen Preis zu verkaufen*. Dann wird Gott uns segnen!

Wenn treue Brüder aus dem Leben scheiden, fragen wir: »Was soll nun werden?« So haben wir es auch in Holland erfahren. Aber der Herr hat die Furcht beschämt und den Glauben nicht beschämt. Darum lasst uns unsere Augen erheben zu dem Gott des Elia, zu dem Gott unseres Bruders Rudolf Brockhaus, der auch *unser* Gott ist!

(ms)

Literaturverzeichnis

Zur deutschen Brüderbewegung im 20. Jahrhundert gibt es bisher keine zusammenhängende Darstellung, sondern nur eine Anzahl verstreuter Aufsätze zu Einzelthemen. Im übrigen mussten Zeitschriften und ungedruckte Quellen benutzt werden, die in der Regel nicht im »Literaturverzeichnis«, sondern an entsprechender Stelle im »Quellennachweis« aufgeführt sind.

Abkürzungen:
BO = Botschafter des Heils in Christo (bis 1938) bzw. Die Botschaft (seit 1939), R.Brockhaus Verlag
HA = Handreichungen aus dem Worte Gottes (1913-1937), A. v. d. Kammer, Klotzsche
MD = Mitteilungen aus dem Werke des Herrn in Deutschland (seit 1925), Verlag Carl Zeuner & Co., Bad Homburg v.d.H.
MWHF = Mitteilungen aus dem Werk des Herrn in der Ferne (1878-1937), R.Brockhaus Verlag
SE = Saat und Ernte. Altes und Neues aus Gottes Wort und Werk (seit 1920), Carl Zeuner & Co., Bad Homburg v.d.H.
TE = Die Tenne. Christliche Monatsschrift für die herangewachsene Jugend (seit 1923; ab 1925 Halbmonatsschrift), Tenne-Verlag, Elberfeld, später R. Brockhaus Verlag Wuppertal
ms = ungedruckt maschinenschriftlich
hs = ungedruckt handschriftlich

Rudolf Brockhaus:
1. K(urt) K(arrenberg): Rudolf Brockhaus, in: Botschafter des Friedens. Dillenburg 1956, S. 31-35
2. Kurt Karrenberg: Rudolf Brockhaus, in der Serie »Singt mir eins von Zions Liedern« BO 101.1960, 20ff., 68ff., 116ff.
3. Walter Brockhaus: Gottes Weg mit mir. Wuppertal 1969
4. A.Niederhagen: Rudolf Brockhaus, in: BO 113.1972., S. 204f.
5. Mit Bibel und Botschaft fing's an. 125 Jahre R. Brockhaus Verlag. Wuppertal 1978, S. 41f.

Georg von Viebahn:
1. F. W. von Viebahn: Georg von Viebahn, ein Streiter Jesu Christi. 1918
2. Ernst Lange: Zum hundertjährigen Geburtstag von Georg von Viebahn, in: BO 88.1940, S. 276-280
3. E.Modersohn: Menschen, durch die ich gesegnet wurde, in: BO 92.1951, S. 15-17
4. Emil Dönges: Georg von Viebahn, in: BO 92.1951, S. 50-56
5. Eine Erinnerung an General von Viebahn, in: BO 93.1952, S. 74-76

6. Kurt Karrenberg: Ein Streiter Gottes, in: BO 107.1966, S. 61-64
7. Hans Brandenburg: Ich hatte Durst nach Gott. Aus dem Leben und Dienen von Christa von Viebahn.[2] (1979), S. 11-35

Dr. Emil Dönges:
1. Rudolf Brockhaus: Dr. Emil Dönges, in: TE 1924, S. 2-4 und BO 92.1951, S. 121-124
2. Alfred Lück: Dr. Emil Dönges, in: BO 113.1972, S. 85f. (nach Botschafter des Friedens 1953)
3. Kurt Karrenberg: Dr. Emil Dönges, in der Serie »Singt mir eins von Zions Liedern«: BO 100.1959, S. 18f.

Die sozialen Werke (bis 1937):
Christliche Pflegeanstalt Schmalkalden-Aue:
1. Zschieschang/Lorenz: Antwort der Liebe. Hundert Jahre Christliche Pflegeanstalt Schmalkalden-Aue. Berlin 1972
2. Paul Zschieschang: Mit 40 Pfennigen begann es, in: BO 114.1973, S. 184ff.
Christliches Altersheim »Friedenshort«, Wuppertal-Ronsdorf:
3. BO 91.1950, S. 96f. (Ernst Berning)
4. BO 97.1956, S. 64 (Karl Jäger)
5. BO 99.1958, S. 474ff. (Eugen Wever)
Altersheim »Elim«, Crivitz/Mecklenburg:
6. BO 91.1959, S. 58ff. (Rudolf Brockhaus jun.)
7. BO 97.1956, S. 92f. (Erwin Knabe)
8. BO.112.1971, S. 19f. (K. Gerisch)
Kinderheim Obermühle, Waldenburg/Württemberg:
9. BO 98.1957, S. 32 (Elisabeth Neuffer)
Kinderheimat Plettenberg-Oesterau:
10. BO 99.1958, S. 498ff. (Eugen Wever)
Schwestern-Mutterhaus »Persis«, Wuppertal-Elberfeld:
11. B0 91.1950, S. 11ff. (Schw. E.K.)
12. BO 99.1958, S. 66ff. (Eugen Wever)
13. BO 111.1970, S. 21f. (Willi Riemenschneider)
14. BO 117.1976, S. 147ff. (Willi Riemenschneider)
15. BO 120.1979, S. 19f. (Anni Schmidt)

Die Außenmission der »Christlichen Versammlung«:
MWHF (1878-1937)

Das Verhältnis zu den »anderen«:
Evangelische Landeskirche:
1. W. Mohn: Zwei Briefe, den Darbysmus betreffend. Barmen o. J.
2. Paul Scheurlen: Sekten der Gegenwart. Stuttgart[4] 1930
Baptisten:
3. Franz Hellwich: Der Darbysmus, in: Der Hülfsbote 27.1907,33-46

Freie evangelische Gemeinden:
Siehe Schriftenstreit

Der Lehrstandpunkt der »Christlichen Versammlung«:
Neben vielen Aufsätzen im »Botschafter« besonders folgende Einzelschriften (sämtlich bei R. Brockhaus Verlag, Elberfeld):
1. Nr. 280: Rudolf Brockhaus: Gibt es ein Heilmittel zur Beseitigung der Trennungen unter den Gläubigen? 1921
2. Nr. 279: Die Zerrissenheit unter den Gläubigen in der Gegenwart. Ein Ruf an alle. 1924
3. Nr. 210: Rudolf Brockhaus: Der Tisch des Herrn. 1925
4. Nr. 245: »Ihr seid Brüder!« Ein Wort an alle. welche dem Herrn angehören. ³1927
5. Nr. 239: Unabhängigkeit auf kirchlichem Gebiet. 1928 (nach J. N. Darby)
6. Nr. 208: Der Gläubige und der Verfall. ⁴1928
7. Nr. 233: Rudolf Brockhaus: »Da bin ich in ihrer Mitte.« 1928
8. Nr. 237: Christus, der Mittelpunkt, oder: Warum haben wir uns alle in dem Namen Jesu zu versammeln? 1931

Der Schriftenstreit (nur die wichtigsten Schriften):
Vertreter der Freien evangelischen Gemeinden:
1. Friedrich Kaiser: Ist die sogenannte Versammlung (darbystische) in ihren Lehren und Einrichtungen biblisch? 1911
2. G. Nagel: Die Zerrissenheit des Gottesvolkes in der Gegenwart. 1913
3. (Gustav Ischebeck): Hat die Versammlung recht? Eine Antwort auf die Schrift von R.Brockhaus: »Die Einheit des Leibes Christi«. o J.
4. Friedrich Kaiser: wie 1.; 2. veränderte und erweiterte Aufl. unter Berücksichtigung der Einwendungen gegen die Ausführungen der 1. Auflage 1915

Rudolf Brockhaus:
1. Versammlung oder Gemeinde? in: BO 59.1911, S. 296ff.
2. Die Versammlung, das Haus Gottes, in: BO 59.1911, S. 320ff.
3. Die Versammlung, der Leib Christi, in: BO 60.1912, S. 12ff.
4. Die Versammlung des lebendigen Gottes. 1912 (Zusammenfassung von Nr.1-3)
5. Die Versammlung, das Haus Gottes und der Leib Christi. 1912; 2. Aufl. 1925 (Nr. 276)
6. Die Einheit des Leibes Christi. Ein Wort in Erwiderung auf die Schrift von G.Nagel: »Die Zerrissenheit des Gottesvolkes in der Gegenwart«. 1913

Erneuerungsbestrebungen:
1. TE
2. Rundbriefe der »Stündchen«freunde (ms) und Gegenschriften (ms)

Die Entwicklung der Offenen Brüder in Großbritannien:
Vom Standpunkt der Offenen Brüder aus:
1. F. Roy Coad: A History of the Brethren Movement. Paternoster Press 1968
2. Ian McDowell: A Brief History of the »Brethren«. Sydney 1968
3. Harold H. Rowdon: Die »Brüder« in England, in: BO 120.1979(3), 4ff.

Vom Standpunkt der Geschlossenen Brüder aus:
4. W. J. Ouweneel: Het verhaal van de »Broeders«. 150 jaar fallen en genade. deel 1: 1826-1889. Winschoten 1977; deel 2: 1890-1978. Winschoten 1978

Georg Müller und Dr. Friedrich Wilhelm Baedeker:
1. Arthur T. Pierson: Georg Müller von Bristol. In dt. Übersetzung. Dinglingen (Baden) ^{4}1910
2. Carl Heinz Kurz: Georg Müller, ein weltweiter Gotteszeuge. Berlin 1958
3. Karl Weber: Georg Müller, Vater für 10000 Waisen. Neuhausen-Stuttgart 1974 (= Telos-Buch Nr. 68, S. 45-89)
4. R. S. Latimer: Ein Bote des Königs. Dr. F. W. Baedekers Leben und Wirken. Barmen 1927
5. Karl Weber: F. W. Baedeker. Ein Weltreisender Gottes. Neuhausen-Stuttgart 1974 (= Telos-Buch Nr. 68, S. 7-44)
6. Daniel Herm: Friedrich Wilhelm Baedeker, in: BO 113.1972, 110-113

Die Offenen Brüder in Deutschland:
1. HA
2. SE
3. MD
4. Gedenkschrift zum sechzigjährigen Bestehen der Christlichen Gemeinde Bad Homburg v.d.H., 1887-1947. 1947
5. W. Schwammkrug: Aus dem Leben und Wirken der »Offenen Brüder«, in: Handreichung für den Glaubensweg. 11. Folge, Berlin 1965, S. 3-13
6. Friedrich Huhle: 75 Jahre Gemeinde Berlin. Hohenstaufenstraße 65, in: BO 99.1958, 568-571
7. Walter Arlitt: 90 Jahre Gemeinde Berlin-Hohenstaufenstraße, in: BO 114.1973, 186f.
8. Hellmuth Nitzsche: Karl Otto Steinert, ein Bibellehrer der Gemeinde, in: BO 113.1972, 180f.
9. Hugo Hartnack: Heinrich Neumann zum Gedächtnis, in: BO 104.1963, 110f.

Bibelschule Berlin bzw. Wiedenest:
1. Offene Türen (seit 1909)
2. Erich Sauer: »Gesandte an Christi statt«. Aus dem Werden und Wirken eines Werkes der Mission. Wiedenest 1956
3. Ernst Schrupp (Hg.): Im Dienst von Gemeinde und Mission, 1905-1980. 75 Jahre Bibelschule und Mission. Bergneustadt 1980

Das Verhältnis zwischen »Offenen« und »Elberfelder« Brüdern – das Abendmahl:

»Elberfelder« Brüder:
1. (Rudolf Brockhaus): Auszug aus einem Brief über die sogenannten »Offenen Brüder« (ms)
   Aus dem R. Brockhaus Verlag:
2. Nr. 209: (C. H. Mackintosh): Gedanken über das Abendmahl. ²1926
3. Nr. 210: Rudolf Brockhaus: Der Tisch des Herrn. 1925
4. Nr. 228: (Rudolf Brockhaus): Der Unterschied zwischen Abendmahl und Tisch des Herrn. 1922
5. Nr. 241: Das Abendmahl des Herrn.
6. Nr. 243: Rudolf Brockhaus: Was ist Anbetung? 1927

»Offene« Brüder:
1. (Albert v. d. Kammer): Erwiderung auf einen »Auszug aus einem Briefe über die sogen. ›offenen Brüder‹ » (ms)
2. Johannes Warns: Gedanken über eine schriftgemäße Abendmahlsfeier. (1917) ⁴1948
3. F(erdinand) Br(aselmann): Sind alle Kinder Gottes des Tisches des Herrn teilhaftig? Bad Homburg 1912
4. G. Oe.: Tisch des Herrn und Mahl des Herrn, in: SE 6.1925, 37-39
5. Christian Schatz: Die Darstellung der Einheit. in: SE 6.1925, 83-89, erweitert als Sonderdruck
6. M. I. S.: Briefe über den Tisch des Herrn, in: HA 11.1926,11ff. in Folgen.
7. Albert v. d. Kammer: Eine Betrachtung über 1. Kor. 8-10, in HA 11.1926,121ff. in Folgen; erweitert als Einzelschrift: Der Unterschied zwischen »Tisch« und »Mahl« des Herrn
   (Nr. 3-7 sind gegen die Schrift von Rudolf Brockhaus: Der Tisch des Herrn, 1925, gerichtet/s.o.)
8. Fritz Koch: »Dies tut zu meinem Gedächtnis!«, in: HA 10.1925, 137-144
9. Johannes Warns: Georg Müller und John Nelson Darby. Ein Rückblick auf den sogenannten Bethesdastreit zu Bristol im Jahre 1848. Wiedenest 1936

Quellennachweis

I. *Die Freikirche ohne Namen (1900-1937)*

[1] Siehe Literatur zu Rudolf Brockhaus
[2] Fritz Kaal: Aus hundertjähriger Geschichte der Christlichen Versammlung Mülheim a.d. Ruhr 1858-1958, S. 31
[3] Walter Brockhaus 14
[4] Walter Brockhaus 15
[5] Jakob Schmitt: Die Gnade bricht durch. Gießen ³1958, S. 293ff.
[6] Zu den Reisebrüdern grundsätzlich: A. Focking: Der Sinn des Reisedienstes, in: Handreichung für den Glaubensweg, 11. Folge. Berlin 1965, S. 63-71
[7] BO 91.1950, 80
[8] Carl Bastian an Rudolf Brockhaus, 4. 1. 1932 (hs)
[9] Rundschreiben von C. Bastian, R. Brockhaus, O. Kunze u.a., Schwelm, 27.6.1930
[10] BO 95.1954, 320
[11] Siehe Literatur zu Georg von Viebahn
[12] Ein Beispiel der »Zeugnisse« in: TE 1924, 33f.
[13] Gustav Ischebeck: J.N.Darby. 1929, S. 158
[14] Vgl. Hans Brandenburg a.a.O.
[15] Ernst Lange 278
[16] Ernst Modersohn 15
[17] Gustav Ischebeck a.a.O., S. 158
[18] Vgl. z. B. Entstehung und Entwicklung der Christlichen Versammlung Mettmann. 1975, S. 21-23
[19] Walter Brockhaus 15
[20] Walter Brockhaus 15
[21] 125 Jahre R.Brockhaus Verlag, S. 45
[22] Siehe Literatur zu Dr. Emil Dönges
[23] BO 92.1951, 123
[24] Gustav Ischebeck a.a.O., S. 157
[25] BO 113.1972, 86
[26] BO 92.1951, 121 und 124
[27] BO 113.1972, 86
[28] Hans Brandenburg 85
[29] BO 62.1914, Nr. 8 (August)
[30] BO 80.1932, Nr. 10 (Oktober)
[31] MWHF 1924, 31f.
[32] Siehe Literatur zu den sozialen Werken
[33] TE 1931, 286
[33a] MWHF Juni 1921, 23
[34] MWHF 1924, 96
[35] MWHF 1935, 114

[36] Rundschreiben von Ernst Berning u.a., Schwelm 2.4.1923 (ms)
[37] Gesamtüberblick: MWHF 1933, 66-70
[38] MWHF 1933, 67-68 (Auch BO 1875)
[39] MWHF 1935, 58-66
[40] MWHF Sept. 1905, 13
[41] MWHF Febr. 1907, 13f.
[42] MWHF 1924, 36
[43] MWHF Febr. 1907, 12
[44] MWHF Okt. 1911, 12
[45] MWHF Juni 1913, 26.29.34
[46] MWHF Okt. 1911, 2
[47] MWHF Juni 1913, 26
[48] Reisebericht von Ernst Brockhaus: MWHF Juni 1913, 22-56
[49] MWHF 1937, 2
[50] MWHF 1929, 114
[51] Reisebericht: MWHF 1934, 29-31
[52] MWHF 1937, 30
[53] Zu Thomas Hutton: MWHF 1926, 85-88
[54] MWHF Nov. 1922, 15
[55] Brief Heinrich Rucks v. 24.12.1948: BO Febr. 1949. 15f.
[56] Nachruf auf Heinrich Ruck: BO 113.1972, 167
[75] MWHF Juni 1912, 7
[58] MWHF Sept. 1905, 24
[59] MWHF 1927, 82
[60] BO 95.1954, 91.188
[61] Paul Scheurlen: Sekten der Gegenwart, Stuttgart [4]1930
[62] W.Mohn: Zwei Briefe den Darbysmus betreffend. Barmen o. J.
[62a] Franz Hellwich. Der Darbysmus, in: Der Hülfsbote 27, 1907, 33-46
[63] Gustav Nagel: Die Zerrissenheit des Gottesvolkes in der Gegenwart. Witten (1913)
[64] Gustav Ischebeck a.a.O., S. 162
[65] Gustav Ischebeck: Blätter aus vergangenen Tagen, in: Der Gärtner 1919, 83
[66] Gustav Ischebeck: J. N. Darby. 1929, S. 185f.
[67] Gustav Ischebeck a.a .O., S. 188f.
[68] Vgl. Brandenburg: Gemeinschaftsbewegung, in: Die Religion in Geschichte und Gegenwart (RGG). [3]1957,Bd. 2, 1366ff.
[69] Gustav Ischebeck a.a.O., S. 186
[70] Gustav Nagel a.a.O., S. 16f.
[71] Gustav Nagel a.a.O., S. 69
[71a] BO 22.187, 225ff.
[72] Rudolf Brockhaus: Der Tisch des Herrn. 1925 als Einzelschrift und auch BO 73.1925, 197-208
[73] Hans Becker: (»Stündchen-«)Rundbrief Nr. 3, S. 7
[74] Vgl. Hartmut Lenhard: Die Einheit der Kinder Gottes. 1977 u. Hartmut

Lenhard: Studien zur Entwicklung der Ekklesiologie in den Freien evangelischen Gemeinden in Deutschland. 1976
[75] Hartmut Lenhard: Studien ..., S. 269
[76] Siehe Literatur zum Schriftenstreit
[77] BO 59.1911, 303
[78] BO 59.1911, 300
[79] BO 59.1911, 305
[80] G. Nagel 13
[81] G. Nagel 43
[82] G. Nagel 49
[83] G. Nagel 88
[84] Die Zerrissenheit unter den Gläubigen in der Gegenwart. Ein Aufruf an alle. BO 61.1913, 266
[85] R. Brockhaus: Die Einheit des Leibes Christi ... , S. 16
[86] Zu G. Nagel vgl. Hartmut Lenhard: Studien ..., S. 271-273 u. Erich Beyreuther: Der Weg der Evangelischen Allianz in Deutschland, 1969, S. 87ff.
[87] R. Brockhaus: a.a.O., S. 16
[88] R. Brockhaus: a.a.O., S. 10
[89] R. Brockhaus: a.a.O., S. 11
[90] (Gustav Ischebeck): Hat die »Versammlung« recht? ..., S. 6
[91] Friedrich Kaiser: Ist die sogenannte Versammlung ..., 2.Aufl. S. 4
[92] (Gustav Ischebeck): a.a.O., S. 10
[93] Rudolf Brockhaus: F. E. Raven. o. J. (ms)
[94] Kurt Karrenberg: Die Ravenschen Brüder, in BO 105.1964, 157ff.
[95] Rudolf Brockhaus: a.a.O., S. 4
[96] Bericht der Brüder R. Brockhaus, Dr. E. Dönges, M. Koechlin, Dr. N. Voorhoeve und J. Voorhoeve über ihren Besuch in England vom 28. November bis 2. Dezember 1910, S. 8
[97] Bericht ..., S. 22
[97a] Die folgende Darstellung in diesem Absatz verdankt ihre inhaltlichen Informationen und deren quellenmäßige Absicherung Herrn Ulrich Bister, Herborn-Hörbach, der durch wertvolle Hinweise und an Hand seines Archivs belegen konnte,dass der Einfluss von R. Brockhaus auch im internationalen Rahmen tatsächlich recht bedeutend war.
[98] Bericht ..., S. 28
[99] Bericht ..., S. 23
[100] Rundbrief und »Vertrauliche Mitteilung an die Gläubigen, die sich im Namen Jesu versammeln«. Basel, 17.11.1921 (ms)
[101] R.Brockhaus u. J. N. Voorhoeve an Samuel Ridout. Elberfeld und Haag, 12.5.1925 (als Manuskript gedruckt)
[102] G. v. Viebahn: Was ich bei den Christen gefunden habe. die sich nur im Namen Jesu versammeln. o. J.
[103] R. Brockhaus: Die Einheit des Leibes Christi ..., S. 17f.
[104] Vgl. Erich Beyreuther: a.a.O , S. 68 u. 155f.

[105] Stettin, 14.12.1905,in: BO 92.1951,113-120 u. BO 111.1970, 194-197
[106] Zitiert bei: Ernst Lange 279
[107] Abgedruckt in: BO 91.1950, 30ff.; Zitat: S. 74
[108] So noch Hans Brandenburg: a.a .O., S. 71 u. 86
[109] Emil Dönges: Georg von Viebahn. Abgedruckt in: BO 92.1951, 50-56
[110] Ansprache H. C. Voorhoeves bei der Beerdigung von Carl Brockhaus: abgedruckt in: Band I, 125
[111] Vgl. W. J. Hollenweger: Enthusiastisches Christentum. 1969. S. 208-211.216
[112] MWHF 1937, 9.40
[113] J. N. Darby: Gaben und Ämter in der Versammlung (Gemeinde) Gottes. ²1926 und auch BO 4.1856, 61ff.
[114] S. P.: Ein Wort über Gebetsheilungen. ²1924, S. 12f.
[115] BO 98. 1957, 182f.
[116] E. B.-M.: Hat Gott die einen zur Verdammnis und die anderen zur Herrlichkeit bestimmt? ²1921
[117] R. Brockhaus Verlag Nr. 216: Ewige Verdammnis und Wiederbringungslehre
[118] Rudolf Brockhaus an Siegener Brüder. Elberfeld, 18.8.1926 (hs cop.) und Christian Groß an Schmidt, Siegen. 15.10.1926 (ms)
[119] Rudolf Brockhaus an Siegener Brüder. Elberfeld, 18.8.1926 (hs cop.)
[120] Christian Groß u. a. an die Versammlung in Niederschelden. Siegen, 17.9.1926 (hs cop.)
[121] Wilhelm Jäger an Wilhelm Brockhaus. Niederschelden, 26.8.1926 (hs cop.)
[122] TE 1933, 288
[123] TE 1933, 139f.
[124] TE 1934, 362ff.
[125] Mündl. Auskunft von Hugo Hartnack. Betzdorf
[126] MWHF Mai 1926
[127] Fritz von Kietzell: Betrifft: »Christen ohne Sonderbekenntnis«. Berlin. 15.1.1935 (ms)
[128] Vossische Zeitung, Berlin 1.6.1923; abgedruckt: »Gute Botschaft des Friedens«, März 1935, Mitteilungen Nr. 3
[129] Rundschreiben der Sonntagsschullehrer von Groß-Berlin, 25.7.1931 (ms)
[130] TE 1928, 349
[131] TE 1928, 127
[132] TE 1925, 47 und 1927, 157
[133] TE 1924, 221
[134] TE 1930, 256
[135] TE 1925, 46
[136] TE 1925, 320
[137] Walter Brockhaus 20.12.1931
[138] A. T. an Rudolf Brockhaus, 20.12.1931 (hs)
[139] Rudolf Brockhaus an Carl Bastian. Elberfeld, 24.12.1931 (hs)
[140] Fritz von Kietzell an Wilhelm Brockhaus. Berlin, 22.9.1936, in: »Stündchen«-Rundbrief Nr. 4, 10.3.1937 (ms)

[141] T. W. Bayly: Ansprache am 23.9.1932 (ms)
[142] Zitiert bei: Walter Brockhaus 51f.
[143] TE 1932, 255ff.
[144] Nachruf auf Ernst Homuth: TE 1925, 306
[145] TE 1924, 222
[146] TE 1924, 137f.
[147] TE 1924, 138
[148] TE 1924, 221f.
[149] BO 82.1934, 305ff. und TE 1925, 269f.
[150] TE 1925, 286f.
[151] TE 1925, 287f.
[152] Carl Bastian an Adolf Birkenstock, Schwelm, 18.5.1925 (hs-Entwurf)
[153] TE 1925, 285
[154] TE 1925, 347
[155] TE 1925, 255
[156] TE 1925, 300
[157] TE 1925, 256
[158] TE 1926, 127
[159] TE 1927, 220
[160] TE 1935, 117
[161] TE 1935, 223
[162] TE 1935, 287f.
[163] BO 84.1936, Nov.
[164] BO 101.1960, 423
[165] BO 85.1937, Jan.
[166] Entwicklung der »Stündchen«bewegung: Carl Koch: (»Stündchen-«) Rundbrief Nr. 1. Duisburg-Meiderich, 25.2.1937 (ms)
[167] Walter Brockhaus 54
[168] Carl Koch a.a.O., S. 2f.
[169] Walter Brockhaus 55
[170] Carl Koch a.a.O., S. 7f.
[171] Carl Bastian an Wilhelm Birkenstock. Schwelm. 19.11.1929 (ms)
[172] Walter Brockhaus 29
[173] TE 1935, 256
[174] Protokoll der Besprechung. Elberfeld, 11.7.1936 – vom Standpunkt der Älteren aus – (ms)
[175] Carl Koch a.a.O., S. 9
[176] Friedrich Emde, Nassau, 2.2.1937, in: (»Stündchen-«) Rundbrief Nr. 4, 10.3.1937 (ms)
[177] Fritz von Kietzell an Wilhelm Brockhaus, Berlin. 22.9.1936, in: (»Stündchen-«) Rundbrief Nr. 4, 10.3.1937 (ms)
[178] Hans Becker: (»Stündchen-«) Rundbrief Nr. 3. Dortmund, 5.3.1937 (ms)
[179] Hans Becker a.a.O., S.14f.
[180] Franz Kaupp an Dr. Hans Becker. Freudenstadt, Ausgang April 1937 (ms)

[181] Vgl. Kaupps unorthodoxe Auslegung des »Lagers (Hebr. 13,13)« in: BO 82.1934, 223f.
[182] Franz Kaupp a.a.O., S. 19
[183] Friedrich Emde a.a.O., S. 6
[184] Franz Kaupp a.a.O., S. 14

II. *Die Offenen Brüder in Deutschland bis 1937*

[1] Siehe Literatur zur Entwicklung in Großbritannien
[2] Hy. Pickering: Chief men among the Brethren. (1918) 1968, S. 166-170
[3] Vgl. BO 120.1979(3), 6ff.
[4] Vgl. BO 121.1980(12), 10f.
[5] Vgl. Graf M. M. Korff: Am Zarenhof. (1922) ²1930
[6] BO 91.1950, 90; BO 99.1958, 237ff.
[7] Vgl. BO 91.1950, 125f.
[8] Vgl. BO 122.1981(l), 14f.
[9] Hy. Pickering a.a.O., S. 93-96
[10] E. E. Ronner: Der Mann mit der Laterne. 1961 (= R. Brockhaus Taschenbuch 31/32)
[11] Hy. Pickering a.a.O., 1-3
[12] E. E. Ronner a.a.O., S. 12
[13] BO 92.1951, 60ff.; 92f.; BO 93.1952, 22ff.
[14] Vgl. BO 92.1951, 23f.
[15] Elisabeth Elliot: Im Schatten des Allmächtigen. 1965 (= R. Brockhaus Taschenbuch 92/93)
[16] E.H.Broadbent: Gemeinde Jesu in Knechtsgestalt. 1965. S. 340-350
[17] Vgl. BO 120.1979(3), 9f.
[18] Geoffrey T. Bull: Am Tor der gelben Götter. 1959 (= R. Brockhaus Taschenbuch 1/2)
[19] Hy. Pickering a.a.O., S. 183-187
[20] BO 105.1964, 367f.
[21] BO 92.1951, 62
[22] Ian McDowell 55
[23] Vgl. Harold H. Rowdon: BO 120.1979, (3)4-6
[24] J. Edwin Orr: The Light of the Nations. 1965, S. 94; zitiert bei Ian McDowell 56
[25] Siehe Literatur zu G.Müller und Dr.F.W.Baedeker
[26] Arthur T. Pierson 183
[27] Anne von Weling, in: Friedrich Hauss: Väter der Christenheit, Bd. 3.1959. S. 284f.
[28] Vgl. Erich Beyreuther: Der Weg der Evangelischen Allianz in Deutschland. 1969, S. 61-84
[29] Erich Beyreuther a.a.O., S. 66f.
[30] Albert v. d. Kammer: Erwiderung auf einen »Auszug aus emem Brief über die sogen ›offenen Brüder‹ », S. 1f. (ms)

[31] Erich Sauer: »Gesandte an Christi statt«. 1956, S. 12ff.; BO 115.1974, 42
[32] BO 99.1958, 568-571; BO 114.1973, 186f.
[33] BO 104.1963, 110f.
[34] Gedenkschrift zum sechzigjährigen Bestehen der Christlichen Gemeinde Bad Homburg v.d.H. 1947
[35] MD Heft 1 (Mai 1925), 2
[36] W. Schwammkrug 7f.
[37] W. Schwammkrug 8f.
[38] HA 3.1915 (5. Liefg.)
[39] HA 12.1927 (10. Liefg.)
[40] HA 12.1927 (11. Liefg.)
[41] Friedhelm Menk: »Brüder« unter dem Hakenkreuz. 1980, S. 25
[42] Albert v. d. Kammer: Erwiderung auf einen »Auszug ...«, S. 1 (ms)
[43] Siehe gemeindliche Nachrichten in HA, SE, MD
[44] SE 6.1925, 12
[45] MD Heft 2 (Januar 1926), 1
[46] MD Heft 1 (Mai 1925), 1f.
[47] MD Heft 2 (Januar 1926), 2
[48] MD Heft 1 (Mai 1925),1f.
[49] MD Heft 5 (Mai 1928), 4
[50] SE 6.1925, 14
[51] MD Heft 4 (März 1928), 1ff.
[52] HA 22.1937 (10. Liefg.), VI; (11. Liefg.), V
[53] MD Heft 1 (Mai 1925), 3f.
[54] MD Heft 1 (Mai 1925), 2ff.
[55] MD Heft 2 (Januar 1926),4; MD Heft 5 (Mai 1928),12
[56] W. Schwammkrug 10f.
[57] W. Schwammkrug 9f.; BO 113.1972,.180f.
[58] Bücher von N. Rudnitzky: Die Namen Gottes in der heiligen Schrift / Die Frau in der neutestamentlichen Gemeinde / Ewigkeit und Allversöhnung / Sind Christen verpflichtet, den Sabbat zu feiern?
[59] Erich Sauer a.a.O., S. 25
[60] Erich Sauer a.a.O., S. 25f.
[61] TE 15.1937, 11-13; 37-39; 65-67, außerdem: Die Bibel gegen konfessionellen Zwiespalt. 1937 als Einzelschrift
[61a] Vgl. Graf M. M. Korff: am Zarenhof. (1922) ²1930
[62] Johannes Warns: Russland und das Evangelium. 1920
[63] Siehe Literatur zur Bibelschule Wiedenest
[64] Köhlers Erklärung vom 7.2.1905, zitiert bei Ernst Schrupp (Hg.) 12
[65] Ernst Schrupp (Hg.) 19
[66] Ernst Schrupp (Hg.) 20
[67] Johannes Warns: Die Taufe. Kassel 1913
[68] Protokoll vom 11.4.1905, zitiert bei Erich Sauer 60
[69] Protokoll vom 25.6.1906, zitiert bei Ernst Schrupp (Hg.) 15

[70] BO 114 1973, 67f.; BO 116.1975, 239
[71] Johannes Warns: Kennt das Neue Testament die Bedienung einer örtlichen Gemeinde durch einen einzelnen Prediger? in: SE 6.1925, 49-55; 65-71; auch als Sonderdruck
[72] Erich Sauer 33f.
[73] Erich Sauers heilsgeschichtliche Werke bis 1937:
a) Das Morgenrot der Welterlösung
b) Der Triumph des Gekreuzigten
[74] Erich Sauer 40
[75] Rudolf Brockhaus: Auszug aus einem Brief über die sogenannten »Offenen Brüder« (ms)
[76] Fritz von Kietzell am 6.2.1934 (ms)
[77] Rudolf Brockhaus an Heinz Köhler am 19.12.1927 (ms)
[78] Rudolf Brockhaus: Auszug aus einem Brief und Albert v. d. Kammer: Erwiderung auf einen »Auszug ...« (beide ms); s. Lit. verz.
[79] Albert v. d. Kammer: Erwiderung auf einen »Auszug ...«, S. 13
[80] Johannes Warns: Georg Müller und John Nelson Darby. 1936. S. 28
[81] BO 2.1854, 161ff.
[82] Gedanken über das Abendmahl. R.Brockhaus Verlag Nr. 209, S. 7.15
[83] Gedanken a.a.O., S. 20.22
[84] Johannes Warns: Gedanken über eine schriftgemäße Abendmahlsfeier (1917) ^{4}1948, s.11
[85] HA 4.1916, 68
[86] HA 4.1916, 79
[87] HA 4.1916, 72f.
[88] HA 4.1916, 7
[89] HA 3,1915 (Liefg. 11)
[90] BO 73 1925, 197-218; auch als Einzelschrift: Der Tisch des Herrn, 1925 (Nr. 210)
[91] SE 6.1925, 84ff.
[92] Siehe Literatur zur Auseinandersetzung um das Abendmahl
[93] HA 11.1926, 125
[94] W. Schwammkrug 7f.
[95] Gedanken über das Abendmahl, a.a.O., S. 15 und 7
[96] Gedanken a.a.O., S. 16
[97] Gedanken a.a.O., S. 17f.
[98] Johannes Warns: Gedanken über eine schriftgemäße Abendmahlsfeier, S. 31
[99] HA 10.1925, 137-144; Zitat S. 143
[100] Johannes Warns a.a.O., S. 12
[101] Johannes Warns a.a.O., S. 12 und 29
[102] Johannes Warns: Georg Müller und John Nelson Darby. 1936, S. 30

Namenregister

Am Ende 139
Arnot, Frederick S. 122f., 124
Asmussen, Hans 106

Baedeker, Dr.Friedrich Wilhelm 117, 126-130, 131, 143
Banardo, Thomas John 119
Bayly, Travers William 93
Becker, Dr. Hans 103f., 108-112
Behnam, Matta 45, 47f.
Berlepsch, Jutta von 38, 41
Berning, Ernst 42
Birkenstock, Adolf 96-101
Birkenstock, Wilhelm 103
Blaedel, Otto 46-48
Blücher, Toni von 128f., 143
Bodelschwingh, Friedrich von 35, 119
Brealey, George 119
Broadbent, E.Hamer 131
Brockhaus, Carl 11, 13, 15-17, 19, 21f., 26, 28, 37, 43f., 53f., 57, 60, 78, 108, 113, 125f., 135
Brockhaus, Emilie (Mimmi) 37
Brockhaus, Emmy 36, 46f.
Brockhaus, Ernst (geb. 1848) 46
Brockhaus, Ernst (geb. 1879) 33, 37, 39, 41, 44, 47, 102f.
Brockhaus, Paul 37
Brockhaus, Rudolf 13-15, 18, 20f., 25-27, 30, 32, 34, 36f., 40f., 43f.,46, 53, 59-62, 64-70, 72, 75-77, 82f., 91, 93, 98, 102, 105f., 109, 113, 132f., 151-155, 157, 159f.
Brockhaus, Therese (geb. Scheidt) 13
Brockhaus, Walter 14, 91, 103, 107
Brockhaus, Wilhelm (geb. 1857) 26f., 82
Brockhaus. Wilhelm (geb. 1882) 27, 103, 107
Buchman, Dr.Frank 83
Bull, Geoffrey 122
Busch, Pastor Wilhelm 80f.

Chapman, Roben Cleaver 114, 117
Congleton, Lord 119, 121
Cronin, Dr. Edward 121

Dannert, Willy 136, 139
Darby, John Nelson 26, 42f., 44, 48, 56, 60, 68, 78, 80, 86, 113f., 116, 154, 156, 159. 163
Dieterich, Gustav 36, 41
Dönges, Dr. Emil 21, 25,27-30,32, 35f., 53. 69f., 75-77, 98, 102

Emde, Gertrud 48

Feldhoff, Fritz 18, 36
Fisher, Dr.Walter 123
Friedrich III., Deutscher Kaiser 22
Friedrich Wilhelm I., König von Preußen 21

Grafe, Hermann Heinrich 60
Graham, Billy 116f.
Grote, Heinrich 21
Groves, Anthony Norris 42, 116, 120-122, 124
Guicciardini, Graf Pietro 117

Hackenstraß, Klara 46f
Hain, Charlotte 47
Hartnack, Hugo 103, 108
Heukelbach, Werner 141
Hirschfeld, Ehepaar von 38
Hohage, Amanda 36, 46f.
Homuth, Ernst 94-96
Hutton, Thomas 48f.

Ischebeck, Gustav 55f., 66f.

Jensen 130

Kaiser, Friedrich 61, 66
Kammer, Albert von der 132-136, 137f., 140, 146, 152, 157-159
Kaupp, Franz 110-112, 134
Kietzell, Fritz von 92, 100-103, 106f.,109-112, 135, 159
Klein, Gustav 35, 37
Koch, Carl 108
Koch, Fritz 133f., 137f., 140, 162
Koechlin, M. 69
Köhler, Charlotte 146

Köhler, Christoph 130, 140, 144-148
Köhler, Heinz 148,.152-155
Koll, Gustav 49-51
Koll, Wilhelm 49-51
Korff, Graf M.M. 142
Kühn, Bernhard 130, 144
Küttner, Theodor 140
Kuhlmann, Ernst 147
Kunze, Otto 29, 53

Lange, Ernst 24, 112, 141
Lees, James 117
Leonhardt, Jean E. 131
Linden, Elfriede 47
Livingstone, David 122
Löwen, Ernst 41
Löwen, Julius 28

Mascher, F. 130, 143
Meinke, Dr. Hans Joachim 135, 139
Menninga, Johannes 103
Metzger, Hans 137, 139
Meyer, Willy 39
Modersohn, Ernst 24
Moody, Dwight L. 116
Moorhouse, Henry 116
Müller, Georg 35, 114, 117f., 120, 120, 122f.,126f., 129f.

Nagel, Gustav 55, 63-65
Nee, Watchman 122
Neuffer, Elisabeth 37
Neuffer, Dr.Hans 49f.
Neuffer, Ruth 50
Neumann, Heinrich 130f., 138-140

Olley, John R. 123
Overhoff. Ernst 46, 70

Paschkow, Wassilij A. 51, 117, 142
Peterssen, Ferdinand 141, 148
Pinkerton 44, 48
Poseck, Helene von 49
Poseck, Julius Anton von 26, 49
Prochanow, I. S. 142
Pückler, Eduard von 129

Radstock. Lord 117, 127, 142
Rappard, Karl Heinrich 130
Raven, Frederick E. 32, 67f.

Rochat, Alfred 13
Rossetti. Teodoro P. 117
Ruck, Heinrich 49-51, 95
Rudnitzky, Naphtali, 141

Saal, Johannes 35
Sauer, Erich 129, 133, 140, 148
Schatz, Christian 132, 137, 139f., 157f.
Scheurlen, Paul 52
Schleinitz, Werner Frhr. von 139, 141
Schlotthauer, L. 44-46, 48
Schuchardt, Heinrich 27
Schwefel, Paul 21
Siebel, Tillmann 15
Simoleit, W. 130, 143
Smith, Pearsall 128
Spurgeon, Charles Haddon 64
Steinen, Karl Otto 139f.
Stockmayer, Otto 130
Strange, Charles 68
Strothmann, Käthe 39
Swan, C.A. 123

Taylor, Hudson 119, 121f., 130
Theis, Emmi 39
Theißen, Walter 48
Thuemmler, Joachim Frhr. Von 130, 143
Tiele-Winckler, Hans-Werner Frhr. von 130, 143

Viebahn, Christa von 23, 32
Viebahn, Georg von 21-25,28, 30f.,53, 74-77, 79, 130, 141, 143
Voorhoeve, Emilie 37
Voorhoeve, Johannes N. 69, 72, 77
Voorhoeve, Dr. Nico A. J. 37, 69

Walter, Wilhelm 135
Warns, Johannes 130-132, 137-139, 140, 144-149, 154, 161, 163
Wedekind, August Frhr. von 136, 141, 147f.
Weling, Anne von 128
Wrede, Mathilde 127
Zaiß, Hermann 81

Gerhard Jordy
Die Brüderbewegung in Deutschland

Teil 3

Die Entwicklung seit 1937

Mit einem Anhang über die Entwicklung
der Brüdergemeinden in der DDR
von Gerhard Brachmann

VORWORT

»Wir haben aber diesen Schatz in irdenen Gefäßen« – diese biblische Wahrheit wird ganz besonders deutlich, wenn sich die Kirchengeschichte mit dem Verhältnis von Gemeinde und Staat befasst, und die deutsche Brüderbewegung macht da keine Ausnahme. So führt auch die Beschäftigung mit der »Brüder«geschichte des 20. Jahrhunderts nicht nur zu Einsichten, sondern mehr noch zu Beschämung und Demut, zumal wenn man sich vor Augen hält, wie weit sich der Christ, dessen »Bürgertum in den Himmeln« ist, in die Geschäfte des irdischen Bürgertums, der Politik, verstricken kann.

Dieses Buch wurde nicht geschrieben, um anzuklagen oder Schuld zuzuweisen; der Verfasser ist jenen Männern, denen nach 1937 das Handeln oblag und die großenteils heute in der Ewigkeit sind, als seinen Vätern in Christus, z.T. aus persönlicher Beziehung, in Liebe, Achtung und Dankbarkeit verbunden. Überhaupt kann die Geschichte der »Brüder« seit 1937 – eher noch seit 1933 – nur dargestellt oder betrachtet werden in der Haltung eines Daniel, der im Blick auf das Versagen seines Volkes gegenüber Gott bekannte:

»Wir haben gesündigt und haben uns vergangen ..., ... bei uns ist die Beschämung des Angesichts.«[1]

So ist es auch heute selbstverständliche Pflicht der jüngeren Generation, sich zu ihren Vätern zu bekennen, zumal keiner der Söhne von sich behaupten kann, dass er sich, hineingestellt in die damalige Situation, anders, geistlicher verhalten hätte als die Väter. Und stehen wir denn heute mit geistlicherem Beurteilungsvermögen in der Welt der Gegenwart? Wissen wir die Geister der Zeit zu unterscheiden?

Deshalb sollte uns die Beschäftigung mit der Geschichte der »Brüder« seit 1933 in aller Offenheit verdeutlichen, wie schwer es auch dem Christen fällt, sich im Glauben aus den nationalen und gesellschaftlichen Bedingungen seiner Existenz zu lösen, und wie leicht politische und geistliche Motive vermischt werden, so dass das Zeugnis der Gemeinde darunter leidet. In einer Zeit, in der wieder eine Generation in der Versuchung steht, sich in ihrem Christsein politisch zu engagieren – z.B. für den Frieden, für die Umwelt, für die soziale Gerechtigkeit, oft Hand in Hand mit denen, die Christus ablehnen –, ist es um so notwendiger, dass wir uns die Lehren der Vergangenheit vor Augen führen. Wie bei den Christen nach 1933 besteht auch heute die Gefahr, dass man meint, mit gesellschaftlichem Einsatz und politischer Parteinahme im Sinne Gottes zu handeln, und dabei dennoch mit seinem Tun nicht auf der Seite Jesu steht, der nicht die Verhältnisse, sondern den Menschen verändern und heilen will.

Aus der Verwicklung in das politische Geschehen zwischen 1933 und 1945 ist für die deutsche Brüderbewegung der Verlust ihrer Einheit hervorgegangen und hat sie schließlich in drei Richtungen aufgespalten. Aber den »Brüdern« bleibt aus dem Grundanliegen ihrer hundertfünfzigjährigen Geschichte, die Einheit der Gemeinde Jesu Christi zu bezeugen, der Auftrag, das Einssein der Kinder Gottes zunächst in ihrem eigenen Kreis vorzuleben. Diese Notwendigkeit aus den Verpflichtungen und Belastungen der Vergangenheit aufzuzeigen, ist auch eine Aufgabe dieses Buches.

Dass das Zeugnis von der Einheit der Gemeinde Jesu Christi durch »Geschlossene« und »Offene Brüder« auch in Deutschland auf zwei völlig verschiedenen Wegen wahrgenommen wird, ist eine Tatsache, die schmerzlich berühren mag. Doch kann sich gerade hier in der vom Geist Gottes diktierten Achtung vor dem Glaubensgewissen der anderen Seite die wahre Bruderschaft bewähren. Der Verfasser hofft, mit dieser Arbeit zum gegenseitigen Verständnis beigetragen zu haben.

Der dritte Band zur »Brüderbewegung in Deutschland« ist umfangreicher geworden, als er ursprünglich geplant war. Manchem mag die Vorgeschichte über das Verhältnis der »Brüder« zum Staat und zum Nationalsozialismus zu ausführlich geraten sein. Aber abgesehen davon, dass das Verhältnis der »Brüder« zur Politik in den bisherigen Bänden ausgespart worden war, schien es auch angebracht, das Verhalten der »Brüder« um 1937 nicht isoliert zu betrachten, sondern die Wurzeln ihres Denkens und Tuns aus der Vergangenheit offenzulegen. Nur so ist eine gerechte Beurteilung möglich und wird auch zugleich die Gefährdung unserer eigenen Generation aus den Denkmustern der Zeit deutlich.

Die Ausführlichkeit der Darstellung für die Zeit zwischen 1937 und 1950 ist zum einen in dem Wunsch begründet, so viel wie möglich aus den vorhandenen – großenteils ungedruckten oder schwer erreichbaren – Quellen zu zitieren, zum anderen kann den mancherlei Pauschal – und Vorurteilen über jene Zeit nur mit einer möglichst genauen Wiedergabe der Geschehnisse begegnet werden.

Die Zeit nach 1950 jedoch steht uns zu nah, als dass hier mehr als einige Linien der Entwicklung aufgezeigt werden konnten. Die

Entwicklung der Brüderbewegung in der DDR ist in einem besonderen Kapitel von Gerhard Brachmann, Plauen i.V., dargestellt worden.

Es mag schließlich auch die Frage als berechtigt erscheinen, ob nicht mit der nunmehr abgeschlossen vorliegenden dreibändigen Geschichte der »Brüderbewegung in Deutschland« zu viel Aufwand für eine in unserem Land verhältnismäßig kleine Gruppe von Christen betrieben worden sei. Nun ist die Abfassung dieses Buches nicht aus dem Stolz auf eine imponierende Erscheinung der Kirchengeschichte hervorgegangen, die Brüderbewegung kann ihrem Charakter nach dieses Bild nicht bieten. Die Beschäftigung mit dem vorliegenden Thema resultiert vielmehr aus der Liebe zu dem mittlerweile Geschichte gewordenen und bis in die Gegenwart reichenden Versuch, Gemeinde Jesu Christi schlicht neutestamentlich in einer vom Geist Gottes geleiteten Bruderschaft zu gestalten.

Dass das Zeugnis des Brüderturms nicht ohne Segen geblieben ist, kann nur der Gnade Gottes zugeschrieben werden; dass es auch mit viel menschlicher Schwachheit, mit mancherlei Versagen und Irrtümern behaftet war und ist, sollte vor konfessionellem Selbstbewusstsein bewahren und zur demütigen Einsicht in die eigene Unvollkommenheit führen, »damit« – um das schon eingangs zitierte Paulus-Wort wieder aufzugreifen – »die überragende Größe der Kraft Gottes zugehöre und nicht uns«[2].

Öfter benutzte Abkürzungen:

AcK = Arbeitsgemeinschaft christlicher Kirchen
BEFG = Bund Evangelisch-Freikirchlicher Gemeinden (= Baptisten und BfC)
BfC = Bund freikirchlicher Christen (= Elberfelder und Offene Brüder)
FeG = Freie evangelische Gemeinden
KcG = Kirchenfreie christliche Gemeinden (= Offene Brüder)
MBW = Missionshaus Bibelschule Wiedenest
VEF = Vereinigung Evangelischer Freikirchen

INHALT

Einleitung 11

I. Die »Brüder« und der Staat

1. Der grundsätzliche Standpunkt 17
2. Im Kaiserreich (bis 1918) 20
   Die evangelischen Christen und die Monarchie 20
   Die »Brüder« und die Monarchie 23
   Die »Brüder« und der Erste Weltkrieg 26
   Das Gewissen und die Obrigkeit 28
   Die »Brüder« und die Gegner der Monarchie 30
   Zusammenfassung 32
3. In der Weimarer Republik (1919-1933) 33
   Die evangelischen Christen und die Republik 33
   Die »Brüder« und die Republik 35
   Einmischung in die Politik? 37
   Zusammenfassung 39

II. Die »Brüder« und der Nationalsozialismus

1. Nationalsozialismus und evangelische Christen vor 1933 ... 41
   Die Krise der Republik und der Nationalsozialismus 41
   Nationalsozialismus – eine christliche Bewegung? 42
   Antisemitismus – nur ein Schönheitsfehler? 44
   Mehr Für als Wider den Nationalsozialismus 44
2. Nationalsozialismus und »Brüder« vor 1933 46
   Vom Nationalsozialismus angezogen 46
   Der einzelne – allein mit seinem Gewissen 47
   Aufruf zur Entscheidung: Christus oder SA-Partei 50
   Sieg der Inkonsequenz: Nicht Für und nicht Wider 51
   Nicht völlig immun gegen Antisemitismus 54
   Zusammenfassung 56
3. Die »Brüder« im NS-Staat, 1933-1937 59
   Hitlers christlicher Vertrauensfeldzug und seine Wirkung .. 59
   Die Freikirchen und das neue Reich 60
   Die »Brüder« und die »Machtergreifung« 62
   Zustimmung zur Innenpolitik 64
   Zustimmung zur Außenpolitik 65
   Zustimmung zum Nationalsozialismus 67
   Die Judenverfolgung und die »Brüder« 69
   Neutralität im Kirchenkampf 72
   Zwangsvereinigung mit anderen Kirchen? 74
   Zusammenfassung 82

III. Verbot und umstrittene Einheit

1. Das Verbot der »Christlichen Versammlung« 84
»Wie ein Blitz aus heiterem Himmel«? 84
Hitlers kirchenpolitische Ziele 85
Der NS-Staat und die kleineren Religionsgemeinschaften 86
Die Hiobsbotschaft am 28. April 1937 91
Vergebliche Gegenwehr 94
Urheber und Gründe des Verbots 98

2. Die Gründung des »Bundes freikirchlicher Christen« 102
Dr. Hans Becker 102
Dr. Beckers erster Kontakt mit der Gestapo (Berlin, 30. April) 105
Die Weichenstellung (Velbert, 9. Mai) 106
Dr. Becker als bevollmächtigter Unterhändler der »Brüder«
(Berlin, 12. Mai) 109
Die Entscheidung der Gestapo (Dortmund, 20. und 23. Mai) 111
Jubel und Bedenken bei den »Brüdern« 112
Hans Beckers folgenschwerer Entschluss (Dortmund, 29. Mai) 116
Neuer Aufbruch oder »Schwarzer Sonntag«?
(Elberfeld, 30. Mai) 117
Die »Brüder« im »Bund freikirchlicher Christen« 122
Die Anfänge 122
Verfassung und Rechtsstellung 124
Die Organisation 127
Die Bundeskasse und die sozialen und missionarischen Werke 131
Die Reisebrüder 133
Jugend- und Kinderarbeit 136
Das Schrifttum 140
Der »neue Weg« -Überzeugung und Beeinflussung 148

4. Der Zusammenschluss von Elberfelder und Offenen Brüdern 156
Die Offenen Brüder und das Verbot der »Christlichen Versammlung« ... 156
Der Ruf nach der Einheit der Kinder Gottes 158
Die getrennten »Brüder« finden sich (Kassel, 20. August 1937) 159
Der Weg zum Zusammenschluss: Begeisterung beim BfC 161
Der Weg zum Zusammenschluss: Bedenken bei den Offenen Brüdern 163
Der »historische Augenblick« (Berlin, 16. November 1937) 165
Die Durchführung der Vereinigung 168

5. Die Gegner des Bundes 169
Der überraschende Erdrutsch 169
Die staatsbejahenden BfC-Gegner 172
Ja zur Organisation – aber nicht unter Dr. Becker 174
Ja zur Organisation – aber nicht auf dem »neuen Weg« 177
Grundsätzlich gegen jeden Neuanfang 182

Die ausländischen »Brüder« und der BfC: Verständigung? 185
Die ausländischen »Brüder« und der BfC: Trennung 187
»Brüder« im Untergrund 192
Die staatlich Anerkannten und die Verbotenen 195
Zusammenfassung 196
6. Der Bund Evangelisch-Freikirchlicher Gemeinden 198
Aufbruch zur Verwirklichung der Einheit 198
Bedenken und Gegenstimmen 200
Die Elberfelder Konferenz 1938 203
Der zweite vergebliche Anlauf zum Zusammenschluss 205
Warum »praktische Einheit«? 209
– Der »äußere Zwang« 210
– Das »Gebot der Stunde« 211
– Der Wille Gottes 215
– Die Bestätigung durch die »anderen« 216
– Das »hierarchische« Moment 218
– Zusammenfassung 219
Der Krieg als auslösendes Moment 220
Die Blitzaktion 223
Die Gründungsversammlung in Berlin am 22./23.Februar 1941 227
Der lange Weg zur staatlichen Anerkennung 230
Der neue Bund, 1941-1945 232
Überzeugung und Zweifel 240

IV. Die organisierten »Brüder« und der NS-Staat

1. Der »Führer« 243
Das »Werkzeug Gottes« 243
Der »Führer«-Kult 245
Die »gläubige« Obrigkeit 247
2. Die Weltanschauung 248
Die »nationalen« Werte 248
»Positive Haltung« 250
Kämpferische Selbstbehauptung 251
»Umdenken« 252
3. Der Krieg 255
Beten – für Frieden oder Sieg? 255
Siegesbegeisterung: »Gott macht Geschichte« 256
Feindbild: »Die Stunde der Abrechnung« 258
Kriegsschuld: die anderen 260
»Bewährungszeit«: für »gläubige Christen« 261
Niederlage: das »Geheimnis des Leidens« 262
4. Die Judenverfolgung 263
Zwischen Bibel und Arierparagraph 263

Neues Verhältnis zum Alten Testament 265
»Errette, die zum Tode geschleppt werden!« 266
5. *Der Kirchenkampf* 267
   Nichteinmischung 267
   Verurteilung und Verteidigung 269
6. *Der »christentumsfreundliche« Staat* 271
   Illusion? 271
   Wirklichkeit 273
   In der Sicht der Gestapo 274
   Zwischen Deutschem Reich und Reich Gottes 275
   Fritz von Kietzell 277
7. *Zusammenfassung* 279

V. Unbewältigte Vergangenheit und Gegenwart - Die verlorene Einheit

1. *Die verdrängte Vergangenheit* 282
   Kein Schuldbekenntnis 282
   Beugung unter die Schuld des Volkes 284
   Der Bund – die »brüder«spezifische Schuldfrage 285
   Verdrängung 287
   Keine personellen Konsequenzen 289
   Das nationale Denkschema 290
   Das verspätete Schuldbekenntnis 293
   Schaden durch unausgesprochene Schuld? 294
2. *Der BEFG in der Nachkriegszeit (1945-1950)* 295
   »Bruderhilfe« 295
   Evangelisation 297
   Schrifttum 299
   Organisation 301
   Probleme 304
3. *Das Wiedererstehen der »Christlichen Versammlung«* 306
   Wiedervereinigung? 306
   Das Ärgernis »Bund« 307
   »Enge« oder »Weite«? 308
   Der Dillenburger Beschluss 309
   »Massenabwanderung ...« 311
   »... in die Enge« 312
   Verteidigung des Bundes 313
   ... und »der Weite« 314
   Die (alte) »Christliche Versammlung« heute 316
4. *Die Entstehung des Freien Brüderkreises* 319
   Die Organisation – der Stein des Anstoßes 319
   Sonderregeln für die »Brüder« im Bund 321
   Die erste Krise – Umstrukturierung des Bundes? 323

»Beruhigungsdienst« 324
Die zweite Krise – Ist der Zusammenschluss gescheitert? 326
Zwischen Reformplan 328
... und Austrittsbewegung 331
Hugo Hartnack 334
Die Dortmunder Beschlüsse 337
Die Wermelskirchener Konferenz 340
Zusammenfassung 343

VI. Aufbruch in die Außenmission

1. Neubeginn 347
2. Das »Missionshaus Bibelschule Wiedenest« 349
3. Außenmissionarische Fortschritte 350
4. Bibelschule und Tagungsstätte Wiedenest 352
5. Außenmission der Freien Brüder 353
6. Gastarbeiter – und Neulandmission 354

VII. Einheit in der Vielfalt? (die Entwicklung seit 1950)

1. *Gemeinsamkeit* 355
   Die Werke 355
   Liederbuch, Revision der Bibelübersetzung, Schrifttum 357
2. *Abgrenzung* 359
   Festgelegt auf den Bund 359
   Festgelegt auf eigene Konferenzen 360
   Der zweite Verlag 361
   Die zweite Zeitschrift 363
   Der eigene Weg in der Außenmission 363
   Spannungen 365
   Zusammenfassung 366
3. *Eigenständigkeit im Bund?* 368
   Die Illusion der »Verschmelzung« 368
   Innere Emigration und »Minderstatus« 369
   Identitätsverlust 370
   Neubesinnung? 371
   Ausblick 372

VIII. Die Entwicklung der Brüder-Gemeinden in der DDR seit 1945 377

Literaturverzeichnis 413
Quellennachweis 415
Personenregister 447

EINLEITUNG

Die Ereignisse des Jahres 1937 haben die Brüderbewegung in Deutschland nachhaltig beeinflusst. Der Schlag, den der totalitäre Staat gegen die »Christliche Versammlung« führte, hat zu tiefgreifenden Umwälzungen äußerer und innerer Art geführt, so dass die deutsche Brüderbewegung seitdem ein anderes Bild darbietet, als es vor jenem Schicksalsjahr der Fall war. Dabei darf nicht übersehen werden, dass es nicht nur die Hitler-Diktatur war, die in Leben und Zeugnis der Versammlungen eingriff, sondern dass sich auch die »Brüder« in ihrem Denken und Handeln dem Ungeist des Nationalsozialismus öffneten und auf diese Weise selbst – sicherlich nicht zum Guten – die weitere Entwicklung mitbestimmten. Allerdings muss betont werden, dass mit der vorliegenden Darstellung nur die Seite der geschichtlichen Entwicklung erfasst werden kann, die sich hauptsächlich in der Öffentlichkeit und unter führenden Personen abgespielt hat. Viele persönliche Einzelfälle sind sicherlich differenzierter zu sehen, und gewiss gab es auch unter den »Brüdern« eine Anzahl von Christen, die der totalitären Versuchung innerlich nicht erlegen sind.

Die Bewegung der »Brüder« hatte sich wie kaum eine andere christliche Gruppe (von den – bezeichnenderweise pazifistischen – Quäkern einmal abgesehen) stets zur unmittelbaren Leitung durch den Geist Gottes in allen Lebensbereichen bekannt. Um so erstaunlicher erscheint es uns heute, dass diese Geistesleitung in der Beurteilung einer gottlosen Regierung offensichtlich weithin, mindestens aber gerade bei den maßgebenden Leuten nicht vorhanden gewesen ist. Die Gründe nur darin zu suchen, dass die »Brüder« »das von den Vätern ererbte Glaubensgut« nicht selbst besaßen[3], erscheint mir zu vordergründig und auch nicht ganz gerecht. Denn gerade von den Vätern der ersten und zweiten Generation her war eine Haltung gegenüber Staat und Volk ererbt, die die »Brüder« zwar mit den meisten Gläubigen aller christlichen Kreise teilten, die aber gewiss mehr mit patriotischer Gewohnheit als mit Geistesleitung zu tun hatte. Nach dieser Gewohnheit musste es ihnen schwerfallen, sich gegenüber einer Parteipropaganda und Staatsführung zurechtzufinden, die so demagogisch vorging, wie es unter Hitler geschah.

Will man also die Haltung der »Brüder« gegenüber dem Nationalsozialismus gerecht beurteilen, wird man ihre Einstellung zu Volk und Staat zu beachten haben, wie sie aus dem 19. Jahrhundert von den Vätern her überkommen war.

Wilhelm Brockhaus
1882–1964

Hugo Hartnack
1892–1981

Erich Sauer
1895–1963

Heinrich Neumann
1878–1963

Fritz von Kietzell
1885–1942

Adolf Helling
1861–1953

Franz Kaupp
1866–1945

E. Wilhelm Birkenstock
1873–1951

Dr. Hans Becker
1895–1963

Paul Schmidt
1888–1970

Bundesleitung des BEFG im Sommer 1948
1. Reihe v.l.: Fritz Surmann, Hugo Hartnack, Jakob Meister,
Paul Schmidt, Otto Muske, Otto Bender; 2. R. v.l.: Hans Metzger,
Heinz Köhler, Paul Pohl, Karl Schütte, Bernhard Zimmermann;
3. R. v.l.: Franz Lüllau, Dr. Johannes Mundhenk, Hans Arndt,
Friedrich Sondheimer, Hans Rockel, Ewald Fiedler,
Dr. Werner Braun, 4. R. v.l.: Hans Fehr, Hinderikus Heeren,
Dr. Hans Luckey, Martin Siebert, Eberhard Schröder

Berliner Glaubenskonferenz; Buß- und Bettag 1937, Hohenstaufenstraße
Von links nach rechts, stehend: Walter Engels, Walter Brockhaus,
Paul Saalmann, Walter Vogelbusch, Dr. Hans Becker; (rechts) Dr. Fritz
Richter, Carl Koch, Paul Müller, August Spade, Erich Sauer;
(sitzend links) Heinrich Neumann, Ernst Brockhaus, Hugo Hartnack,
Fritz von Kietzell, Albert v.d. Kammer; (rechts) Christian Schatz,
E. H. Broadbent, Wilhelm Brockhaus, Ernst Lange, Frhr. v. Schleinitz

Reisebrüdertreffen des BFC 1941 in Wiedenest, mit baptistischen Gästen

Evangelistentreffen 1955
hinten v.l.n.r. die Evangelisten Fritz Kehl, Otto Franz, Herbert Rompf,
Hans Rudisile; vorne: Helmut Gräf, Josef Kausemann,
Hermann Kaphengst, Rolf Binder, Walter Pfeiffer

Bibelkommission der Bibelrevision 1985
sitzend v.l.n.r.: Helmut Tillmanns, Otto Bastian, Rolf Brockhaus
stehend:: Gerhard Jordy, Bernd Brockhaus, Ulrich Brockhaus,
Hans-Peter Willi

I. Die »Brüder« und der Staat

1. Der grundsätzliche Standpunkt

Der Staat spielte im geistlichen Denken der »Brüder« offiziell keine bedeutende Rolle. Das Bürgerrecht der Kinder Gottes war für sie im Himmel, das Denken der Christen hatte sich vornehmlich auf die das Reich Gottes betreffenden Dinge zu richten. Der Staat war nur insofern in die Überlegungen einbezogen, als man nach Römer 13 der Obrigkeit untertan zu sein hatte. Es ist daher bezeichnend, dass man im *Botschafter* von 1853 bis 1937 unter den vielen Bibelstellen, die in den 85 Jahren ausgelegt wurden, nicht eine einzige »Betrachtung« über Römer 13,1-7 findet. Wohl wurde bei den in Fortsetzungen erscheinenden Gesamtauslegungen des Römerbriefes – 1861 durch J. N. Darby, 1929/31 durch Rudolf Brockhaus – auch die berühmte Stelle behandelt, die das Verhältnis zwischen den Christen und ihrer Obrigkeit bestimmt, aber es geschah doch nur kurz[4], denn die Autoren waren weniger an der Praxis des Christenlebens als an der Stellung des wiedergeborenen Menschen in Jesus Christus interessiert.

Daher wird auch als Voraussetzung aller Überlegungen, die sich mit dem Verhältnis zur Politik beschäftigen, der Gläubige an seine Fremdlingsexistenz in dieser Welt erinnert; es wird ihm zu verstehen gegeben,

> »dass es seine Sache nicht ist, an der Regierung dieser Welt, noch an irgend etwas, was mit dieser Regierung zusammenhängt, teilzunehmen ... Wir sind in der gegenwärtigen Zeit nicht berufen zu herrschen, sondern zu dulden und zu leiden. Es kommt aber auch für uns einmal die Zeit des Herrschens, und zwar mit Christo über die ganze Schöpfung ... Wenn der Christ jetzt schon herrschen und groß sein will, so läuft er der Zeit, die Gott für seine Herrschaft bestimmt hat, voraus und handelt deshalb gegen den wohlgefälligen Willen Gottes« (Darby 1861).[5]

Selbst der Gehorsam gegenüber der Obrigkeit, der u.U. für den Gläubigen mit »Unannehmlichkeiten«, mit »empfindlichen Verlusten und Leiden« verbunden sein könnte, müsste nach Meinung von Rudolf Brockhaus dem Christen um so leichter fallen, weil »seine Interessen nicht mit dieser Erde, sondern mit dem Himmel verbunden« seien (1930).[6]

Die Unterordnung unter die Regierung wird nahezu bedingungslos gefordert, denn wie in allen anderen Fällen wird auch auf diesem Gebiet die Autorität der Bibel kompromisslos respektiert:

> »Da nun die Gewalten durch Gott verordnet sind und die Obrigkeit eine Dienerin Gottes ist, so ist das Verhalten des Christen dieser gegenüber sehr einfach. Wir gehorchen Gott in der Obrigkeit, und sobald dieser Grundsatz für uns feststeht, verschwinden alle Schwierigkeiten von selbst, und alle Fragen sind gelöst« (Darby 1861).[7]

Dem Christen wird auch nicht das Recht der Kritik an seiner Regierung zugestanden:

> »Es ist also unsere Pflicht, uns jeder Macht zu unterwerfen, ohne uns im geringsten mit der Frage zu beschäftigen, auf welche Weise dieselbe entstanden, wer sie ist und was sie tut. Wo auch der Christ sich befinden mag, er hat der Obrigkeit zu gehorchen, die heute regiert; kommt morgen eine andere, so hat er sich der zu unterwerfen. Er macht die leidende Partei aus. Auch hat er nicht zu untersuchen, ob die durch die Obrigkeit gegebenen Gesetze recht oder unrecht sind; er hat nur zu gehorchen, wenn dies für ihn auch Schaden und Leiden zur Folge hat.«[7]

Es ist zu bemerken, dass mit den hier genannten »Leiden« nicht etwa jene gemeint sind, die der Christ um seines Glaubens willen zu erdulden hat. Die Leiden, Verluste, Unannehmlichkeiten ergeben sich einfach aus der Tatsache, dass der Gläubige angesichts eines klaren Gehorsamsgebotes gegenüber seiner Regierung keinen Einspruch hat. Bei einer eindeutigen Anordnung Gottes sind eben, wie Darby meint – und Rudolf Brockhaus später ebenso –, »alle Fragen gelöst«.

Dass aber doch nicht so problemlos »alle Fragen gelöst« sind und das Verhalten des Christen gegenüber seiner Obrigkeit eben nicht nur »sehr einfach« genannt werden kann, zeigt die Einschränkung, die regelmäßig bei diesem Thema gemacht wird:

> »Selbstverständlich bleibt das bekannte ... Wort der Apostel: ›Man muss Gott mehr gehorchen als den Menschen‹ allezeit zu Recht bestehen. stellt eine obrigkeitliche Gewalt eine Forderung an uns, die dem klar ausgesprochenen Willen Gottes zuwiderläuft, deren Erfüllung also unser Gewissen belasten würde, dann muss dieser Wille von uns beachtet und der obrigkeitlichen Forderung übergeordnet werden. Aber auch nur in diesem Falle. In allen anderen habe ich mich einfach zu unterwerfen ...« (1930).[8]

Damit nun der Christ möglichst gar nicht erst in diese Ausnahmesituation, in den Konflikt mit seiner Regierung, gerät, ist es seine Pflicht, nach 1.Tim. 2,1f. für seine Obrigkeit zu beten,

»auf dass sie sich als eine wahrhaftige Dienerin Gottes darstelle« (1861).[9]

Damit ist die Haltung der »Brüder« zum Staat bis in die dreißiger Jahre gekennzeichnet. Kurz zusammengefasst stellt sie sich folgendermaßen dar:

1. Der Christ hat sich nicht in die Politik einzumischen.
2. Er hat jeder Obrigkeit als Dienerin Gottes ohne Abstriche zu gehorchen.
3. Diese Unterordnung findet nur am Gehorsam gegenüber Gott ihre Grenze.
4. Deshalb sollen die Christen für die Obrigkeiten beten, damit ihnen ein Konflikt mit dem Staat möglichst erspart bleibt.

»Wie einfach macht das den Weg für den Christen!«, schrieb Rudolf Brockhaus[8] im Jahre 1930 im Blick auf ein solches dem Worte Gottes entsprechendes Verhalten gegenüber dem Staat. Und sicherlich erscheint der Weg des Christen im Staat in dieser Form klar vorgezeichnet. Die wirklichen Probleme aber waren damit, wie sich später zeigen sollte, doch nicht aufgegriffen. Denn wer entscheidet, ob obrigkeitliche Forderungen dem Willen Gottes zuwiderlaufen? Wer gibt den Ausschlag in der Gemeinde, wenn die Gewissen der einzelnen in unterschiedlicher Weise belastbar sind? Werden nicht auch Christen nach unausgesprochenen vorgegebenen politischen Sympathien oder Antipathien so oder so entscheiden?

Das sind Fragen, die bei einer solchen mehr prinzipienhaften als praxisbezogenen Behandlung des Themas natürlich nicht aufkamen. Und außerdem überstieg die Art, wie ein gottloses Regime einmal vorgehen sollte, das Vorstellungsvermögen der Interpreten von Römer 13 bei weitem, sahen sie doch in der Obrigkeit grundsätzlich die »Dienerin Gottes«, die sich nach ihrem Verständnis zu ihrer Zeit zwar in unterschiedlicher Weise an die Ordnungen Gottes hielt, mindestens aber doch nicht die Christen in irgendwelche Gewissensprobleme brachte. Dem Staat standen die »Brüder« in Deutschland deshalb kaum anders gegenüber als alle übrigen bewussten evangelischen Christen, und im Gesamtzusammenhang dieser Einstellung zu Staat und Obrigkeit muss auch die Haltung der »Brüder« gesehen werden.

2. Im Kaiserreich (bis 1918)

Die evangelischen Christen und die Monarchie

Den evangelischen Christen im Deutschland und vornehmlich im Preußen des 19. Jahrhunderts fiel es nicht schwer, sich mit ihrem Staat und ihrer Obrigkeit in Übereinstimmung zu fühlen. Das landesherrliche Kirchenregiment der evangelischen Fürsten sicherte in Deutschland seit Martin Luther die Einheit von »Thron und Altar«, und die z.T. als recht fromm geltenden Landesväter hatten gerade unter den bewussten Christen gehorsame und ihnen wohlgesinnte Untertanen. So galten in Preußen alle Herrscher von den Befreiungskriegen (1813/15) bis zum Ende des Ersten Weltkrieges (1918) als gute evangelische Christen, und auch der »eiserne Kanzler« und Gründer des Zweiten Kaiserreiches, Otto von Bismarck, hatte unter pommerschen Pietisten seine Bekehrung erlebt und las jahrzehntelang bis zu seinem Tod *die täglichen Losungen und Lehrtexte der Brüder-Gemeine* und das Andachtsbuch *Tägliche Erquickung für gläubige Christen*.[10] Die Erringung der deutschen Kaiserkrone durch die Hohenzollern (1871) wurde nicht zuletzt deshalb einer göttlichen Fügung zugeschrieben, weil bei ihnen und besonders auch bei Bismarck Politik und Religion restlos im Einklang zu stehen schienen[11].

»Welch eine Wendung durch Gottes Führung!« und »Gott hat uns sichtlich gesegnet«, schrieb König Wilhelm I. nach der Schlacht von Sedan (1./2.September 1870)[12], die die militärische Voraussetzung für die Gründung des zweiten deutschen Kaiserreiches war. Auch Wilhelm II. war fest davon überzeugt, dass die »wunderbaren Erfolge« seines Hauses darauf beruhten, dass »ein jeglicher Hohenzollernfürst sich von Anfang an bewusst« war, »dass er nur Statthalter auf Erden ist, dass er Rechenschaft abzulegen hat von seiner Arbeit vor einem höheren König und Meister«.[13]

Mit dieser geistlichen Interpretation politischer Geschehnisse wurde sicherlich vielen Christen in Deutschland aus dem Herzen gesprochen, wie man überhaupt »Mit Gott für König und Vaterland« in den Krieg gezogen war und es dann auch später so hielt. Der »Sedanstag« wurde im Kaiserreich als Nationalfeiertag gefeiert, und auch – oder gerade – die Christen feierten ihn ebenso mit wie des Kaisers Geburtstag, sahen sie es doch nicht ungern, dass Gott sich anscheinend so deutlich zu ihrem evangelischen Herrscherhaus und zu der steigenden politischen Bedeutung ihres

Vaterlandes in der Welt bekannte. Dabei merkten sie oft nicht, wie sehr sie sich von den glänzenden Fassaden des wilhelminischen Reiches blenden, von dem hohlen Pathos der patriotischen Reden begeistern ließen, wie sie in den militärischen Paraden der »schimmernden Wehr« die rücksichtslose Gewalt anbeteten. Berief sich Wilhelm II. in seinen zahlreichen Ansprachen nicht immer wieder auf den Gott der Bibel, wollte er nicht wie ein Mose fürbittend für sein Volk eintreten, hatte er nicht dieses Volk zum Gebet aufgefordert, weil das Gebet »der goldene Schlüssel zur Schatzkammer unseres Gottes«[14] sei? Wieviel Taktlosigkeiten und maßlose Großsprechereien persönlicher und nationaler Art gerade diese Reden des oberflächlichen Monarchen enthielten – er wollte sein Volk »herrlichen Tagen« entgegenführen[15] -, wurde nur den wenigsten klar. Bis in den Ersten Weltkrieg hinein nahmen nicht viele Christen Anstoß daran, dass Gott für die vaterländische Politik und schließlich auch für die eigenen Waffen in Anspruch genommen wurde. Sicherlich hielt der evangelische Christ den »lieben Gott« nicht für einen Preußen, wie später ironisch gesagt wurde, aber »er wusste sich mit dem Kaiser des himmlischen Beistandes sicher«[16]. Die staatliche Ordnung von Thron und Altar konnte der Achtung und des Gehorsams gerade ihrer christlichen Bürger sicher sein.

Nicht so sicher war sie sich dessen dagegen bei den Gruppen, die Staat und Regierung kritisierten oder sogar bekämpften. Bezeichnenderweise galten sie alle als gottlos, unchristlich oder zumindest nicht als evangelisch, weshalb sie gerade von den gläubigen evangelischen Christen mit Misstrauen betrachtet wurden.

Da waren erstens die *Sozialdemokraten*, die schon von Bismarck »vaterlandslose Gesellen« genannt worden waren; und für Wilhelm II. war »jeder Sozialdemokrat gleichbedeutend mit Reichs- und Vaterlandsfeind«[17]. Die republikanisch, demokratisch und international gesinnten Gegner einer nationalen Monarchie mussten gerade als »atheistische Marxisten« jedem Frommen im Land als höchst verdächtig erscheinen. Ihr soziales Anliegen wurde als Aufbegehren gegen die gegebene göttliche Ordnung betrachtet.

Zweitens waren da die *Liberalen*, die – abgesehen von den Nationalliberalen – mit ihren politischen Forderungen ebenfalls an den Grundfesten der christlichen Monarchie rüttelten, die egoistischen Rechte des einzelnen gegenüber dem Staat betonten, den religiös völlig indifferenten Staat forderten und den Christen z.T. als unchristliche Freidenker erschienen und von daher abgelehnt wurden.

Und gehörte nicht auch die bibelkritische liberale Theologie zum »Sündenregister des Liberalismus«[18]?

Drittens gab es noch den *politischen Katholizismus*, organisiert in der Zentrumspartei, der sich mit einem protestantischem Kaisertum und der Vorherrschaft des protestantischen Preußen in Deutschland nicht abfinden wollte und Unterstützung bei katholischen Gruppen fand, die aus nationalen Gründen das Reich in der derzeitigen Gestalt ablehnten, z.B. bei den Staatsbürgern polnischer Sprache im Osten. Hinter alledem glaubten die evangelischen Christen den Herrschaftsanspruch »Roms« zu erblicken, das zum politischen Schlagwort geworden war und das Deutschland der Reformation zu bedrohen schien, hatte doch auch Bismarck in öffentlicher Rede den Papst als »Feind des Evangeliums« bezeichnet.[19]

Nimmt es da wunder, dass sich die evangelischen Christen der konservativen Seite zugehörig fühlten und als Patrioten von ganzem Herzen für Kaiser und Reich eintraten? Ist es erstaunlich, dass ihnen die von jenen kritischen Gruppen vertretene Demokratie verdächtig und mit den Grundsätzen einer christlichen Staatsordnung nicht in Übereinstimmung zu bringen war? Selbst ein Mann wie der Amerikaner John Mott (1865-1955), der dem Christlichen Verein Junger Männer (CVJM) und der Studentenmissionsbewegung weltweit in der Verkündigung des Evangeliums diente, wurde von dem gläubigen Vorsitzenden des Berliner CVJM, Ulrich von Hassell, als »Revolutionsfreund« abgelehnt und mit bolschewistischen Revolutionären auf eine Stufe gestellt, weil er aus seiner demokratischen Haltung kein Hehl machte.[20] Geradezu naiv wurde die eigene preußisch-deutsche Staatsvorstellung als diejenige betrachtet, die den Maßstäben der Bibel am besten gerecht wurde. Auf der Seite der Staats- oder Regierungskritiker, ob sie nun sozialistisch, demokratisch oder liberal waren, konnten die Gläubigen ihrem ganzen christlichen Verständnis nach einfach nicht stehen, zumal das von Martin Luther geprägte Christentum sowieso seinen Platz im Staat gemäß Römer 13,1-7 verstand:

> »Jedermann sei untertan der Obrigkeit, die Gewalt über ihn hat. Denn es ist keine Obrigkeit ohne von Gott; wo aber Obrigkeit ist, die ist von Gott verordnet. Wer sich nun der Obrigkeit widersetzt, der widerstrebt Gottes Ordnung; die aber widerstreben, werden über sich ein Urteil empfangen« (V. 1-2).

Die »Brüder« und die Monarchie

Die »Brüder« machten in dieser Beziehung keine Ausnahme, ob es sich nun um die »Christliche Versammlung« oder um die »Offenen Brüder« handelte. Auch sie sahen sich eher in Übereinstimmung als im Widerspruch zu ihrem Staat, und weder der Gehorsam noch die Fürbitte mag ihnen im Blick auf ihre Obrigkeit schwergefallen sein.

Nur in den Anfangszeiten ihrer Lösung von der Staatskirche waren sie in die Lage gekommen, »Gott mehr gehorchen« zu müssen »als den Menschen«, wenn sich untergeordnete örtliche Organe des Staates zum Büttel von Kirchenbehörden aufwarfen, die eigen- und eifersüchtig aus der Verbindung von »Thron und Altar« Nutzen zu ziehen suchten. Da hatte es dann gegolten, den polizeilichen Behinderungen, Einschränkungen und Strafandrohungen zu widerstehen und an der freien Evangeliumsverkündigung und am Gemeinschaftsleben der Gläubigen außerhalb der Staatskirche festzuhalten, was nicht immer ohne Selbstverleugnung abging. Carl Brockhaus hatte es schmerzlich erfahren müssen (I,102f.).

Als sich aber im Laufe des 19. Jahrhunderts mehr und mehr die Religionsfreiheit durchsetzte, hatten die freikirchlichen Gläubigen immer weniger Anlass, einer Obrigkeit gram zu sein, die die Freiheit der Verkündigung und des Gemeinschaftslebens gewährte, wenn man auch vor 1919 nicht von einer religiösen Gleichberechtigung sprechen konnte (I,55-58). Doch Widerstand gegen gewissensbelastende Forderungen der Regierung sollte nun für lange Jahrzehnte nicht mehr nötig sein, weitergehende Überlegungen zu einem eventuell notwendigen biblisch fundierten Widerstandsrecht lagen völlig außerhalb jeder Vorstellung, was sicherlich nach 1933 zu der Hilflosigkeit gegenüber der nationalsozialistischen Diktatur beigetragen hat.

Die Benachteiligungen, die man als »Christlicher Dissident« im Kaiserreich zu erdulden hatte, waren mehr gesellschaftlicher Natur und wurden im allgemeinen in der Überzeugung ertragen, sie um Christi willen erleiden zu dürfen. Zwei Beispiele aus dem Bereich des Militärischen können veranschaulichen, dass solche Fälle hauptsächlich Staatsämter betrafen, die immer noch unter dem besonderen Einfluss von »Thron und Altar« standen:

Als sich der preußische Berufsoffizier Willy Lange (1881-1918) unter der Verkündigung des Generals von Viebahn (II,21ff.) bekehrte, sich den Offenen Brüdern anschloss und später aus Überzeugung seinen Austritt aus der Landeskirche erklärte, wurde er, der als äußerst fähiger Soldat zu größten Hoffnungen berechtigte, ohne weiteres verabschiedet. Man nahm ihm den Lebensberuf, weil man glaubte, »keinen Offizier in der Armee dulden zu dürfen, der nicht der Landeskirche angehörte«. Obwohl dies Lange empfindlich traf, war er bereit, »alles dem Herrn in die Hände zu legen« und seiner Führung zu vertrauen.[21]

Wenn Walter Brockhaus (1894-1968) in seinen Erinnerungen erwähnt, dass er im Ersten Weltkrieg trotz militärischer Verdienste nicht zum Offizier befördert wurde – denn »Dissidenten werden bei der Garde nicht befördert!« –, so lag dies auf derselben Ebene gesellschaftlicher Benachteiligung[22]. Für seinen Vater Rudolf Brockhaus aber konnte dies nur die Bestätigung dafür sein, dass die Gläubigen »Fremdlinge und Beisassen hienieden« und nicht berufen seien, ihr »Recht in dieser Welt zu suchen, noch weniger ... gar eine herrschende Stellung in ihr einzunehmen«[23].

So strebten die »Brüder« auch keine staatlichen Stellungen an. Die sich langsam mehrenden Möglichkeiten dazu, die durch die ersten Ansätze zur Demokratie gegeben waren – Reichstagswahlen, Landtagswahlen, kommunale Selbstverwaltung – wurden von ihnen nicht wahrgenommen. Darby hatte in seinem bekannten Brief an die französische Zeitung »Le Francais« (I,38ff.) 1878 die klassische Formulierung für diese Haltung gefunden:

»Wir mischen uns nicht in die Politik; wir sind nicht von der Welt; wir nehmen nicht teil an den Wahlen.«[24]

Danach handelten die »Brüder«, und gewiss gibt es einen Zusammenhang zwischen dieser Abstinenz von allen politischen Ämtern und Tätigkeiten – von irdischen Vergnügungen ganz zu schweigen - und dem geradezu calvinistisch anmutenden Erfolg im Wirtschaftsleben, auf das sich die »Brüder« neben Familie und »Versammlung« konzentrieren konnten. Gern zitierten sie dabei die etwas uminterpretierten Verse von Darby:

»Diese Welt ist eine Wüste,
wo ich nichts zu wählen wüsste ...«[25]

Aber wenn sich die »Brüder« auch nicht in das politische Leben mischten, so musste das andererseits nicht bedeuten, dass sie gegenüber ihrem Vaterland und ihrer Obrigkeit wesentlich andere Gefühle hegten als die meisten evangelischen Christen in Deutschland. Man konnte der frommen Kaiserfamilie seine Sympathie nicht versagen; hinzu kam unter Wilhelm II. (1888-1918) auch ein gewisser patriotischer Stolz auf die Macht, den Glanz und die Weltgeltung des aufstrebenden Deutschen Reiches und auf seinen jungen Kaiser. Es konnte nicht ausbleiben, dass man auch in »Brüder«kreisen an den nationalen Feiertagen – natürlich nur im familiären Rahmen – nicht beiseite stehen wollte.[26] Wenn man schon die Feiertage des Kirchenjahres als religiöses Menschenwerk, das in der Bibel keine Bestätigung fand, konsequent unbeachtet ließ – hier, an den patriotischen Festen, war einmal Gelegenheit, mit seiner Familie in Übereinstimmung mit dem Nationalgefühl der übrigen Mitbürger zu sein.

Die Kehrseite, die Kriegsgefahr, die sich aus der Großmachtpolitik im Zeitalter des Imperialismus zusammenbraute, das hohe Pathos vieler Feiern und Reden nahmen sie wie die meisten Bürger nicht wahr. Aber warum sollte auch die Kritik gerade von der Seite kommen, die der Politik am naivsten gegenüberstand, weil sie sich am wenigsten damit beschäftigte? Die »Brüder« hatten bei ihrer Abstinenz vom staatlichen Leben gar nicht die Erfahrung, weit- und innenpolitische Zusammenhänge zu erkennen und die christliche Verbrämung nationaler Phrasen zu durchschauen. Natürlich sollte man auch gerade hier nicht die durch den Geist Gottes vermittelte Weisheit gering achten; die Frage ist nur, ob nicht die bewusste Abwendung vom politischen Leben in Verkündigung und Lehre jene- inoffiziell vorhandene – unbiblische nationale Begeisterung geradezu förderte. Wäre nicht eben auf diesem Gebiet eine Belehrung der Gläubigen vom Wort Gottes her dringend nötig gewesen?

Ohne Widerspruch wurde der staatlichen Wehrpflicht Genüge geleistet, war sie doch anders als das Wahl*recht* eine *Pflicht*, der man getreu dem Grundsatz, der Obrigkeit untertan zu sein, nachkam. Die Möglichkeit der Kriegsdienstverweigerung aus Gewissensgründen kam in jener Zeit außer bei Quäkern und Mennoniten kaum vor. Sie entspricht einer modernen kritischen Einstellung zum Staat, die aus einer stärkeren Verbreitung demokratischer, liberaler und sozialer Ideen hervorgegangen ist und damit auch den Christen neue Verhaltensmodelle aufgewiesen hat. Dass Julius Anton von Poseck (I,63ff.) sich schon in der ersten Hälfte des 19. Jahrhunderts aus Gewissensgründen geweigert hatte, den Dienst mit der Waffe zu tun[2], war sicher eine Ausnahme gewesen. Auch Darbys Ansicht, dass ein Christ nicht Soldat sein könne – allerdings müsse er in seinen Entschlüssen frei sein -[28], muss unter einem Aspekt gesehen werden, der den deutschen Verhältnissen fremd war, nämlich unter dem des britischen Berufssoldatentums.

Für Rudolf Brockhaus war es selbstverständlich, im Gehorsam gegenüber der Obrigkeit seine Dienstzeit bei der Armee zu absolvieren (II,13), wenn auch natürlich als Einjährig-Freiwilliger, um die Militärzeit möglichst abzukürzen. Der Offiziersberuf wurde völlig unpolitisch gesehen, fast als ein Beruf neben anderen, allerdings mit der Einschränkung, dass man ihn als gläubiger Christ nicht ergreifen sollte:

>»Niemals sollte sich ein Christ in Ländern, wo die allgemeine Wehrpflicht nicht besteht, *freiwillig als Soldat anwerben lassen*. Wird ein Berufssoldat (Offizier oder Unteroffizier) bekehrt, so gilt ihm wohl das Wort in 1Kor 7,20-2: d.h. er ist als Soldat berufen worden, so soll er es sich nicht kümmern lassen, sondern in seinem Berufe bleiben bei Gott; kann er frei werden, um so besser.«[29]

Die Einschränkung wurde gemacht, weil der Soldatenberuf »für den Christen ein schwerer Stand« sei, »ein Beruf, der seiner neuen Natur widerstrebt«[29], doch sah man dies erst im Jahr 1915 so, als die Schrecken des Weltkrieges die Problematik des Soldatenberufes besonders erwiesen hatten. Auf jeden Fall war aber dieser Beruf unter den »Brüdern« nicht in Frage gestellt. Dass General von Viebahn (II,21ff.) schon als aktiver Berufsoffizier zur »Christlichen Versammlung« gehörte, wurde nicht als unbiblisch empfunden, ebenso erlebten wir es bei Hauptmann Willy Lange (s.S.23) und anderen bei den »Offenen Brüdern« zahlreicher vertretenen Berufsoffizieren.

Die »Brüder« und der Erste Weltkrieg

Schließlich aber trug der Ausbruch des Ersten Weltkrieges dazu bei, dass sich viele »Brüder« sogar mit einer gewissen Begeisterung zu den Waffen rufen ließen. Allerdings galt auch hier der Grundsatz, dass niemand freiwillig in den Krieg ziehen sollte, schon um nicht der Führung Gottes vorzugreifen.[30] Maßgebend war aber schließlich nicht, wie man sich formal verhielt, sondern mit welch innerem Engagement man an den kriegerischen Ereignissen teilnahm. Im ganzen kann man sagen, dass sich auch die »Brüder« damals wie die meisten Christen der allgemeinen Kriegsbegeisterung nicht entzogen[31], so dass die Parole »Für König und Vaterland« schon »beinahe als biblisch« empfunden wurde,[32] sich für das Vaterland – auch mit der Waffe – einzusetzen, weil man es in Gefahr sah, hielt man für Christenpflicht.

Wie sehr man sich dabei auch innerlich für ganz und gar irdische und ungöttliche Dinge einsetzte, wurde in dem allgemeinen Begeisterungssturm vom August 1914 kaum gesehen. Dass Deutschlands Sache gerecht sei, dass England, das »perfide Albion«, und seine französischen und russischen Verbündeten dem Deutschen Reich den Krieg aufgezwungen hätten, davon waren damals wohl alle Christen in Deutschland überzeugt. Enttäuscht war man von den Christen in den Feindländern, die sich natürlich ebenso patriotisch verhielten wie die Deutschen: »Jedenfalls hat das angelsächsische Christentum auf der ganzen Linie versagt«, schrieb das *Evangelische Allianzblatt*.[33]

Auch die Zeitschrift der »Brüder«, der *Botschafter* (I, 105f.), wurde von dem allgemeinen Sog patriotischer Begeisterung und moralischer Entrüstung mitgerissen. Ganz gegen seine sonstige Gewohnheit, sich zu den Angelegenheiten der Welt nicht zu äußern, veröffentliche er in der August-Nummer 1914 einen zweiseitigen Artikel: »Der Krieg ist erklärt!« Zwar erinnert Rudolf Brockhaus – sicherlich war er der Autor – daran, dass auch auf der anderen Seite Kinder Gottes seien, und er ruft auf zur Demütigung über »so viel Untreue, Undankbarkeit und Uneinigkeit in der eigenen Mitte«; aber dann vertritt er eindeutig die deutsche Sache:

> »Dankbaren Herzens dürfen wir es aussprechen, dass nicht unser Land den Krieg gesucht oder auch nur gewollt hat. Er ist uns in geradezu frevelhafter Weise aufgezwungen worden. Wir freuen uns, dass unser geliebter Kaiser bis zum Äußersten gewartet hat, ehe er das Schwert zog. Das ist ein überaus tröstliches Bewusstsein für uns alle ... Wir treiben nicht Politik, aber das dürfen wir sagen: Unser Volk streitet für eine gerechte Sache. Trotzdem aber wolle der Herr uns vor allen bitteren Gefühlen den Feinden unseres Landes gegenüber bewahren.
>
> Wie wohltuend berührt jedes Herz die Aufforderung des obersten Kriegsherrn: ›*Gehet hin, beuget eure Knie und betet!*‹ Gott sei gepriesen! Unser Kaiser kennt die Macht des Gebets, das sich an Den richtet, der über allen Großmächten und irdischen Größen steht.«[34]

Schon vier Wochen später konnte der *Botschafter* von »den äußeren wunderbaren Erfolgen« sprechen, »die Gott unserem Volke gegeben« habe, und stellte das alles unter das Regierungshandeln Gottes:

> »Gott geht in Seiner Regierung ernste, heilige Wege und führt Seine Ratschlüsse aus. Uns geziemt Dank und Beugung sowie herzliche Fürbitte für die von den Schlägen Seiner Hand Getroffenen. Er bewahre auch die Sieger in Gnaden vor stolzer Überhebung.«[35]

Ob die Christen unter den »von den Schlägen Seiner Hand Getroffenen« auch so dachten, muss bezweifelt werden. Dass aber die Gläubigen auf beiden Seiten völlig unterschiedlich über das Handeln Gottes in den Kriegsangelegenheiten urteilten, nahm man mit einer gewissen Selbstverständlichkeit hin. So schrieb der Chinamissionar Heinrich Ruck (II,49ff.) 1916 an Ernst Brockhaus:

> »Englische Berichte und Zeitungen zu lesen lohnt sich heutzutage für Deutsche nicht mehr. Soweit irdische und nationale Beziehungen (von denen sich auch ein Christ praktisch nicht ganz losmachen kann; das Wort zeigt, dass wir auch in diesen Beziehungen Pflichten und Rechte haben) in Betracht kommen, sind meine und Br. Kolls Anschauungen denen der englischen Geschwister hier wahrscheinlich entgegengesetzt.«[36]

Das Gewissen und die Obrigkeit

Andererseits meldeten sich bei längerer Kriegsdauer und sich mehrenden Misserfolgen auch unter den »Brüdern« Stimmen, die den Kriegsdienst für Christen unter dem Aspekt des Gebotes »Du sollst nicht töten!« überhaupt in Frage stellten. Der *Botschafter* begegnete ihnen mit einem ausführlichen Aufsatz über das Verhältnis des Gläubigen zu den »von Gott verordneten Autoritäten«:

> »Diese Frage dürfen wir wohl bestimmt verneinen. Denn Kriegführen oder der Gebrauch der Waffe im Felde ist nicht mit Mord und Totschlag auf eine Stufe zu stellen. Wenn es nicht so wäre, würde ja ein Christ überhaupt nicht Soldat werden können. In dem sogenannten Fahneneid schwört der Soldat seinem Fürsten oder Lande Treue in Friedens- und Kriegszeiten, zu Wasser und zu Lande. Wäre es aber Treue, wenn er in der Stunde der Gefahr sich weigern würde, von seinen Waffen Gebrauch zu machen?
>
> Gott schenke uns, dass die Welt an uns Gläubigen immer sehen möge, wie wir bemüht sind, überall, im *Hause*, im *Beruf* und in unseren *bürgerlichen* Beziehungen, die Autorität des Herrn in den Obrigkeiten und den menschlichen Einrichtungen anzuerkennen und hochzuhalten!«[37]

Als Leser diese Haltung beanstandeten und fragten, ob man nicht im Falle des Kriegsdienstes Gott gegenüber eine höhere Verpflichtung habe als dem irdischen Vaterland gegenüber, antwortete der *Botschafter*:

»Wir meinen es nicht ... Wir glauben im Gegenteil, dass ein Gläubiger als *Untertan* gebunden ist, der Obrigkeit gegenüber auch in dieser Sache Gehorsam zu leisten, ja, dass er es tun kann, ohne sein Gewissen irgendwie zu beschweren.«[38]

So sehr Rudolf Brockhaus – er ist sicher wieder der Autor – gerade als Christ den Krieg verabscheute und auch in diesem Artikel die ungeistliche Begeisterung eines »Man feste druff!«, die sich selbst bei »Brüdern« fand, ohne Abstriche verurteilte, so kategorisch lehnte er es ab, das 6. Gebot (nach biblischer Zählung!) auf den Kriegsdienst anzuwenden. Ausschlaggebend war für ihn immer der Gehorsam gegenüber der von Gott eingesetzten Obrigkeit:

»Einem Regenten liegt es aber, heute wie in früheren Zeiten, nicht nur ob, über die Aufrechterhaltung der Ordnung im Innern seines Landes zu wachen, er hat auch die Pflicht, sein Land und Volk nach außen hin zu vertreten und dessen Interessen nötigenfalls mit Waffengewalt zu verteidigen. Und ich habe als *Untertan* die Pflicht, auch in solchem Falle dem Aufgebot der regierenden Gewalt zu folgen. Eine Weigerung meinerseits würde eine Auflehnung gegen die von Gott gesetzte Autorität sein, selbst wenn ich persönlich überzeugt wäre, dass der Krieg hätte vermieden werden können und sollen.«[39]

Gewiss wollte Rudolf Brockhaus mit solchen Ausführungen den unter Waffen stehenden Gläubigen helfen und ihnen Gewissensnöte ersparen. Hinzu kam aber bei ihm noch die Überzeugung – und darin war er sicher kein Einzelfall –, dass dieser Krieg von deutscher Seite aus kein ungerechter Krieg war, was den Gehorsam um so leichter machen musste. So schloss er auch den Artikel »Du sollst nicht töten!« mit den Worten:

»*Welch eine große Erleichterung es ist*, wenn man hinausziehen oder daheim Fürbitte üben kann in der Überzeugung, dass die eigene Regierung den Krieg nicht gewollt hat; dass sie vielmehr nur gezwungen zum Schwerte greift und dabei Gott um Seine Hilfe anruft, kann nur der verstehen und mitfühlen, der selbst in solcher Lage war.«[40]

Die zitierten Ausführungen zeigen die Begrenztheit der Einsicht selbst bei bewährten Dienern Gottes, wenn sie unter dem Einfluss ihres Nationalgefühls, von dem sich – wie Heinrich Ruck schrieb, – »auch ein Christ praktisch nicht ganz losmachen kann«, politische Sachverhalte zu beurteilen wagen.

Und ganz anders noch müssen wir als solche, die Hitler erlebt haben, jene Zeilen lesen, deren Problematik man damals noch gar nicht erkennen konnte:

> »Genau so wie in den Beziehungen zwischen Eltern und Kindern ... trägt auch hier (im Staat) die Verantwortung für die Rechtmäßigkeit oder Unrechtmäßigkeit ihres Tuns die handelnde Autorität, hier also der Kaiser, König oder Präsident. Sollte diese Autorität also selbst einen bösen Gebrauch von ihrem Recht machen, darf ich doch nicht aufhören, sie als Gottes Dienerin anzuerkennen und mich ihr zu unterwerfen – vorausgesetzt natürlich, dass sie nicht Forderungen an mich stellt, die ich als Christ gewissenshalber nicht erfüllen könnte. Wir möchten aber ... darauf aufmerksam machen, dass ›bei solchen Gewissensfragen große Vorsicht und Wachsamkeit am Platze ist‹«.[40]

Gerade die letzten Zeilen machen deutlich, dass der Verfasser die sogenannten »Gewissensfragen« im Staat äußerst skeptisch beurteilte und eher geneigt war, sie als ungeistliche eigene Wege und Ungehorsam der Dienerin Gottes gegenüber zu betrachten; es war für ihn eine kaum vorstellbare Ausnahmesituation. Sollte aber wirklich selbst »böser Gebrauch«, den eine Regierung von ihrem Recht machte, den Christen nicht zum Protest herausfordern dürfen? Mussten erst Forderungen an ihn selbst gestellt werden, die sein Gewissen belasten? Der Verfasser zeigt, dass er, der von seinem »geliebten Kaiser« sprach, keine Vorstellung von einem »bösen Gebrauch« hatte; der SS-Staat und Auschwitz lagen verständlicherweise außerhalb seiner Phantasie. Erst unter Hitler sollte sich zeigen, dass eine solche Einstellung für das Verhalten des christlichen Staatsbürgers in einer gewissen- und gottlosen Diktatur nicht ausreichte.

Die »Brüder« und die Gegner der Monarchie

Das Deutsche Reich und seine Regierung erschienen den »Brüdern« jener Zeit so intakt, dass Rudolf Brockhaus 1916 den Kritikern der deutschen Kriegsregierung mit patriotischer Überzeugungskraft entgegentreten konnte:

> »Wo ist ein Land, das besser regiert würde als das unsrige? Wo sind Ordnung und Recht, Gewissenhaftigkeit und Pflichtgefühl mehr zu finden als bei uns? ... Ja, lasst uns durch unser ganzes Reden und Verhalten den Unverstand der unwissenden Menschen zum Schweigen bringen! So werden wir unsere Berufung als das ›Salz der Erde‹ und ›das Licht der Welt‹ auch in dieser Beziehung erfüllen zur Ehre Gottes und zum Wohle unserer Mitmenschen.[41]

Deshalb mussten die »Brüder« auch ihrem ganzen Verständnis nach jenen Gruppen im Staat ablehnend gegenüberstehen, die die Regierung oder auch die undemokratische Ordnung in Deutschland kritisierten oder gar politisch bekämpften (s. S. 21f.):

Die *Sozialdemokratie* galt ihnen als schlimmster Feind einer gottgegebenen Ordnung. Was hatte man von diesen atheistischen Sozialisten zu erwarten? Musste man nicht eine Obrigkeit aus dieser Richtung fürchten? Dass die zahlreichen Unternehmer unter den»Brüdern« kein Verständnis für die mit der Sozialdemokratie verbundenen Gewerkschaften hatten, dürfte selbstverständlich sein. Das Verhältnis zwischen Arbeitgeber und Arbeitnehmer war für sie nach der biblischen Ordnung von »Herr und Knecht« geregelt, wie sie das Neue Testament im Epheserbrief (Kap. 6,5ff.) und an anderen Stellen aufgestellt hatte. Für Lohnforderungen und Arbeitskampf, vielleicht gar in Form von Streiks, gab es da keinen Platz.[42] Sicher drückte jener belgische Christ auch eine allgemein unter den deutschen »Brüdern« verbreitete Ansicht aus, wenn er 1912 im Blick auf Streiks in England und Deutschland an Rudolf Brockhaus schrieb:

> »Die Regierungen müssen mit der Sozialdemokratie rechnen, und mehr und mehr wächst diese zu einem Riesen an, zu einem Ungeheuer, das sich der Herrschaft bemächtigt.«

Und indem er das Erstarken der Sozialdemokratie mit dem baldigen Offenbarwerden des Antichristen in Verbindung brachte, urteilte er schließlich über die streikenden Arbeiter mit einem Wort aus dem Judasbrief: »Murrende, mit ihrem Lose Unzufriedene, die nach ihren Lüsten wandeln«.[43] Auch eine andere Stellungnahme druckte Rudolf Brockhaus in seinen Missions-Mitteilungen ab:

> »Der Unglaube in der Christenheit nimmt zu ... Die Obrigkeit wird verachtet, der Sozialismus breitet sich in allen Ländern aus und wird immer frecher in seinem Auftreten.«[44]

Wie einseitig hier versucht wurde, gesellschaftliche Zustände und Auseinandersetzungen von der Bibel her zu verstehen, sahen wohl nur die wenigsten.

Ebenso konnte der *Liberalismus* nicht die Zustimmung der »Brüder« erfahren. Die liberale Freizügigkeit in vielen politischen und kulturellen Dingen und im theologischen Bereich sogar der Bibel gegenüber musste bei Leuten auf Ablehnung stoßen, die sich stets streng an die überkommenen bürgerlichen Sitten, an die Verordnungen der Obrigkeit und am meisten an das Wort Gottes gebunden wussten. War nicht das Freiheitsbewusstsein der Liberalen im Grunde der Ungehorsam des gottfernen Menschen, der sich den göttlichen Geboten widersetzte? Hitler sollte später in seinem Kampf gegen die politische und geistige Freiheit in Deutschland von dieser Abneigung der Frommen gegenüber dem Liberalismus profitieren.

Misstrauisch betrachteten die »Brüder« auch den *Katholizismus*. Seine hierarchischen Formen, seinen z.T. unbiblischen Dogmen und seine politische Aktivität unter dem Führungsanspruch des Papsttums erschienen ihnen als eine Bedrohung des schlichten Glaubens an Jesus Christus. Demgegenüber war die Einheit von »Thron und Altar« im Staat eine evangelische Errungenschaft in Deutschland, und insofern wurde sie auch von den »Brüdern« bejaht[45], obwohl gerade diese Einheit von monarchischer Obrigkeit und evangelischer Landeskirche die freikirchlichen Dissidenten grundsätzlich benachteiligte, eine völlige religiöse Gleichberechtigung also nicht gewährte.

Zusammenfassung

Nach allem kann man mit Recht sagen, dass die »Brüder« im Kaiserreich mit Überzeugung auf der Seite »ihres« Staates standen, in dessen politische Geschäfte sie sich ansonsten nicht einmischten. Ohne es parteipolitisch zu formulieren oder gar zu praktizieren, hatte der Christ nach Meinung der meisten »Brüder« nationalpatriotisch, monarchisch und konservativ zu sein, eine andere Haltung war mit einer wahrhaft geistlichen Gesinnung nicht zu vereinbaren.

Wie ungewollt sie sich aber schon damit – mindestens innerlich – in die Politik hineinbegaben, wurde dabei wahrscheinlich von den wenigsten bemerkt. Denn ob sie nun im Krieg nach außen hin nationalbewusst dachten oder auch nach innen parteipolitisch Stellung bezogen, sie mischten sich letztlich in die Händel dieser Welt, in der sie eigentlich Fremdlinge sein wollten. Die einseitige Parteinahme in nationalem oder konservativ-monarchischem Sinne, die man mit seiner christlichen Überzeugung irgendwie verbinden zu müssen meinte, wies auf einen gefährlichen Weg, der in der Bejahung des nationalsozialistischen Staates enden sollte.

Vorerst aber sollte die einseitige innerliche Bindung der »Brüder« an bestimmte politische Vorstellungen für ihre Haltung zu dem aus der Revolution von 1918 hervorgehenden neuen deutschen Staat, der »Weimarer Republik«, Folgen haben, die sicherlich noch weniger mit dem eingangs dargestellten Grundsatzstandpunkt der »Brüder« zu tun hatten, als es unter Kaiser Wilhelm II. schon der Fall war.

3. In der Weimarer Republik (1919-1933)

Die evangelischen Christen und die Republik

Anders als im Kaiserreich vermochten die großen Kirchen wie auch die Christen überhaupt der Regierung einer demokratischen Republik keine Sympathien entgegenzubringen. Die neue Staatsform war ungewohnt, und ihre Entstehung war mit den Kräften verbunden, die bisher als Feinde des christlich-monarchischen Staates gegolten hatten. Besonders das Luthertum fühlte sich dem konservativen Ordnungsdenken verhaftet und wies den Typ des Demokraten dem westeuropäischen und nordamerikanischen Calvinismus zu. Die Demokratie wurde in weiten Kreisen der evangelischen Christenheit nicht angenommen, die Republik erschien demzufolge längst nicht so ehrwürdig wie die Monarchie.[46]

Kriegsende und Revolution vom November 1918 empfanden auch viele Gläubige als nationale Schmach, die sie nicht verwinden konnten. Mit der militärischen Niederlage wollten sie sich wie so viele im Volk nicht abfinden, und gern glaubten auch sie an die »Dolchstoßlegende«, wonach die inneren Feinde der Monarchie (s. S. 21) das deutsche Heer um den wohlverdienten Sieg gebracht hätten. So dachte z.B. auch der Präses des Berliner Christlichen Vereins Junger Männer, Ulrich von Hassell Nur durch eine allgemeine Hinwendung zu Jesus Christus erhoffte er eine Wiederaufrichtung des deutschen Volkes und dessen Befreiung »von den dämonischen, jetzt herrschenden Gewalten«.[47]

Zwar waren auch die evangelischen Christen bereit, der neuen Regierung im Sinne von Römer 13 den schuldigen Gehorsam zu leisten, aber man fügte sich doch nur recht schmerzlich ins Unvermeidliche. Obwohl die demokratische Republik den großen Kirchen auch weiterhin das Recht der Steuererhebung und sogar Finanzhilfe zugestand, machte die ansonsten strikt durchgeführte Trennung von Kirche und Staat in der Weimarer Verfassung die Republik in den Augen vieler Gläubigen zum »Staat ohne Gott«, zum »Staat ohne Grundsätze«, dem sie mit tiefem Misstrauen gegenüberstanden.[48]

Deutlich kam diese Einstellung im *Evangelischen Allianzblatt* zum Ausdruck, wo Gustav Nagel, Schriftleiter der Zeitschrift seit 1914 und Vorsitzender der Evangelischen Allianz von 1926 bis 1944 (II,63ff.), aus seiner Abneigung gegenüber der neuen demokratischen Staatsform kein Hehl machte:

»Die moralischen Werte sind heutzutage auf der ganzen Linie im Rückzug begriffen, und Rechtlosigkeit und Willkür sind überall im Vormarsch begriffen. In die Reihe dieser Erscheinungen gehört auch die Überflutung der Welt mit den Ideen der Demokratie ...« »In Preußen-Deutschland bestanden Formen des monarchisch-konstitutionellen Lebens bisher unter göttlicher Zulassung. Im ganzen haben sich diese Formen weitgehend als Wächter von Zucht und Ordnung erwiesen. Zu ihnen im Gegensatz standen Mächte, die von jeher die Revolution auf ihre Fahne geschrieben haben. Wo sie zur Herrschaft kamen, da zog das Chaos ein.«[49]

Als Ausgangspunkt dieser Entwicklung sah Nagel wie viele gläubige Christen die rote, die schwarze und die jüdisch-kapitalistische Internationale, alles Mächte, die nach gängiger Meinung in der »gottlosen« SPD, in der »romhörigen« Zentrumspartei und überhaupt in der Weimarer Republik Gestalt gewonnen hatten, um dem Antichristen den Weg freizumachen.[50]

Dass jetzt gerade in Deutschland die Kirchen und ganz allgemein die Christen eine Freiheit genossen wie kaum sonst in der Welt, wurde wenig anerkannt; im Gegenteil, in dem so »unchristlichen Staat« orientierten sich viele Christen immer mehr nach rechts, zur konservativ-deutschnationalen Seite hin, während die liberalen und sozialen Demokraten als international, revolutionär und freisinnig im sittlichen und religiösen Sinne galten. Und dass die katholische Zentrumspartei von Anfang an bei der politischen Gestaltung der jungen Republik mitwirkte – sicherlich mehr aus pflichtgemäßen und taktischen Gründen als aus Sympathie –, machte auch den Katholizismus wieder in den Augen zahlreicher evangelischer Christen politisch verdächtig.

So erschien vielen von ihnen die völkische Bewegung, die die Republik zu zerstören suchte und aus der dann der Nationalsozialismus hervorgehen sollte, als die politische Richtung, die am ehesten an die monarchisch-nationale Vergangenheit anknüpfte. Dass der Königsberger Kirchentag von 1927 unter das vaterländische Thema »Kirche und Volkstum« gestellt wurde, was die völkische Bewegung gleichsam legitimierte, war ein bezeichnendes Signal. Deutschlands nationales Schicksal wurde gewissermaßen zum Anliegen Gottes.[51] Um dem Willen Gottes zu entsprechen, rief auch das Evangelische Allianzblatt nach dem starken Staat mit dem entsprechenden Führer und begrüßte den Aufstieg der nationalen Kräfte in der Spätphase der Republik.[52] Überhaupt verbanden viele evangelische Christen ihre bürgerlich-konservative Auffassung noch stärker mit ihrer biblisch-christlichen Überzeugung, als sie es schon im Kaiserreich getan hatten; die Ablehnung der demokratischen Republik konnte sie in dieser unreflektierten Bewusstseinsbildung nur bestärken.

Die »Brüder« und die Republik

Wieder machten auch in dieser Haltung die Gläubigen in der Brüderbewegung kaum eine Ausnahme. Auch sie glaubten nur zu gern, dass die Niederlage von 1918 durch »Verrat« verursacht worden sei[53] und hielten nichts von dem »demokratischen Schwindel«[54]. Die Weimarer Republik wurde im Gegensatz zum Kaiserreich recht negativ beurteilt, war sie doch von Kräften beherrscht, die man schon vor 1918 als eine »pazifistisch-merkantil-dekadente Strömung« eingestuft hatte.[55] Noch im Zweiten Weltkrieg wurde die Zeit zwischen 1919 und 1933 als ein »Tal« betrachtet, in dem jeder einzelne nur sich selbst und nicht die deutsche Volks- und Schicksalsgemeinschaft gesucht habe, wogegen dann nach 1933 »der neue Bergweg begann«[56]. Außenpolitisch empfand man sich mit der Weimarer Republik unter einem »Joch der Knechtschaft«, innenpolitisch in einer Zeit tiefster »Unordnung«[57]

Die *Tenne*, die Jugendzeitschrift der Elberfelder Brüder, spiegelt als ein Blatt, das die Fragen der Zeit aufnehmen wollte (II,94ff.), den Geist jener Jahre deutlich wieder. Allerdings darf man nicht annehmen, dass die Zeitschrift selbst Stellung gegen die Republik und ihre Regierungen genommen hätte, im Gegenteil, sie warnte immer wieder vor einer feindseligen Haltung gegenüber der neuen Obrigkeit und unterschied sich darin klar vom *Evangelischen Allianzblatt*; doch die Leserbriefe und die warnenden Artikel der *Tenne* zeigen, wie sehr auch die Gläubigen in der »Christlichen Versammlung« von dem politischen Meinungsstreit erfasst waren. Wie weit die Ablehnung der Republik verbreitet war, zeigen die Klagen, dass in den Versammlungen nicht mehr so wie früher für die Regierung gebetet werde, weil viele der Meinung waren, dass man für so gottlose Leute nicht beten könne.[58] Andere wieder erwarteten von der *Tenne*, dass sie vor Reichstagswahlen auf die Leser einwirke, keine Linksparteien zu wählen[59], während man gegenüber Rechtsparteien offensichtlich keine Bedenken hatte. Im Gegenteil, man hoffte, durch das Wählen von sogenannten »nationalen« Parteien die Verhältnisse im Staat gründlich ändern zu können.[60] Die jüngere Generation trug sich z.T. mit dem Gedanken, in vaterländische Verbände einzutreten, z.B. in den »Stahlhelm«, einen Bund von Frontsoldaten[61], der später mit den

Nationalsozialisten ein Bündnis zum Sturz der Republik eingehen sollte. Man wollte eben aktiv am Kampf der Ideologien teilnehmen und meinte, bei den »Nationalen« auf der richtigen Seite zu sein.

Demgegenüber warnte die *Tenne* schon vom ersten Jahrgang (1923) ab ihre Leser davor, sich in den politischen Streit einzumischen oder aus Abneigung gegenüber der neuen Staatsform nicht für die Regierung zu beten:

> »Dass wir heute eine demokratische Staatsform haben, befreit uns nicht von der Verantwortung zur Fürbitte für unsere Regierung. Hat Paulus jemals, wenn er den Gläubigen über ihr Verhältnis zur Obrigkeit schrieb, eine Regierung kritisiert? Oder hat er ihr Verhalten von der Stellung, Art und Gesinnung der Regierung abhängig gemacht? Nein. ... Gedachtest du schon fürbittend vor dem Thron der Gnade unseres Reichspräsidenten, unseres Reichskanzlers und der regierenden Männer überhaupt? Oder hast du nur immer etwas an ihnen auszusetzen und redest schlecht über sie? ... Wohin sind viele von uns gekommen! Ein Segen und zum Frieden sollten wir sein, und doch haben so manche Zwietracht gesät.«[62]

Auch auf die oft geäußerte Sehnsucht nach der alten Kaiserherrlichkeit ging die *Tenne* kritisch ein:

> »Auch früher haben wir für unsere Regierung gebetet.... Gott hat anders gehandelt, als wir es dachten.... Wollen wir Ihm vorschreiben, wie Er antworten und handeln soll? Sollen wir jetzt zu Ihm beten, als ob Er sich geirrt hätte und als ob ein Fehler wieder gutzumachen wäre dadurch, dass der Kaiser aus der Verbannung wieder nach Deutschland geführt wird? ... treibe in deinen Gebeten keine Politik!«[62]

Vor dem inneren wie äußeren Engagement der Gläubigen in den Reichstagswahlen warnte eindringlich Adolf Birkenstock als Schriftleiter der *Tenne*:

> »Heute nun besteht für viele unter uns die Frage: ›Soll ich wählen? Und was soll ich wählen?‹ Lieber Bruder und liebe Schwester, hüte dich vor dem inneren Wesen der Politik. Die Politik peitscht die auf die Fürsorge des eigenen Ichs gerichteten Herzen auf und treibt sie zu anderen in einen Gegensatz, der scharfen Kampf bedeutet. Willst du mit fleischlichen Waffen kämpfen? ... Was unserem Volk Not tut, sind ernstliche Beter.«[63]

Adolf Birkenstock zeigte aber auch Verständnis dafür, wenn Christen aus ihrer persönlichen notvollen Situation heraus meinten, bei Linksparteien Hilfe zu finden, versuchte jedoch, die Leser immer wieder auf den grundsätzlichen Standpunkt der »Brüder« zurückzuführen, wonach sich der Christ strikt aus der Politik herauszuhalten hatte:

> »Die Not der Zeit ist heute sehr groß ... So viele werden durch die Umstände rau angefasst, dass es ihnen wehe tun muss. Da ist es gut, solchen Verständnis entgegenzubringen, damit man nicht wider sie steht, sondern sie versteht und mit ihnen fühlt. Vielleicht findet man auch hier und da einen Weg, zu helfen. Das ist viel besser, als mit ihnen zu schimpfen, dass sie einen Sozialdemokraten gewählt haben, so traurig das an sich ist. Die politisch extremen Richtungen ganz gleich, ob rechts oder links, zeichnen sich durch die Verfolgung eigener Wege aus. Gerade sie wollen sich mit den von Gott zugelassenen Verhältnissen nicht abfinden ... Heute handelt nur derjenige richtig, der sich unter die mächtige Hand Gottes beugt ...«

Allerdings glaubte Adolf Birkenstock auch darauf hinweisen zu müssen, dass er »nicht irgend einer Mittelpartei das Wort« reden wolle, ihm kam es darauf an, dass die Gläubigen »den rechten Boden der Schrift« einnahmen.[64]

Ganz besonders entschieden warnte die *Tenne* vor einem Eintritt in politische Verbände, gerade auch hier galt das Prinzip der Nichteinmischung in die Politik. Adolf Birkenstock antwortete einem 19-jährigen Christen, der angefragt hatte, ob er dem »Stahlhelm« beitreten dürfe:

> »Du schreibst, dass Du Christ bist. Willst Du Dich trotzdem in den weltlichen Strudel stürzen? Denn solche Verbände sind Strudel, die Dich mitreißen werden, ohne dass Du Dich dagegen wehren kannst.«[65]

Einmischung in die Politik?

Dennoch scheinen die von Hass und Fanatismus gekennzeichneten Auseinandersetzungen in der Weimarer Republik ihre Wirkung auch auf die Gläubigen in der Brüderbewegung nicht verfehlt zu haben. Besonders die jüngere Generation stand immer mehr in der Versuchung, den Grundsatz der Nichteinmischung beiseitezuschieben, um sich am Parteienstreit zu beteiligen[66]; davon zeugen die sich dauernd wiederholenden Ermahnungen in der *Tenne*, sich davor zu hüten. Verschiedentlich wurde auf Lot »in den Toren Sodoms« hin gewiesen, sein Schicksal stehe in krassem Gegensatz zu dem Abrahams, der »durch Absonderung und Fürbitte« wirklich etwas für die Stadt getan habe.[67] 1927 fasste Fritz von Kietzell, Schriftleiter der *Tenne* seit 1926, die Ansicht der »Brüder« noch einmal zusammen:

> »Eine *Betätigung* von Christen in der Politik- und für mich ist hierbei das Wählen miteinbegriffen – *muss* Uneinigkeit untereinander hervorrufen, die in keiner Weise zu der am Tische des Herrn bezeugten Einheit des Leibes Christi passt ... Politische *Betätigung* ... kann nicht anders wirken.«[68]

Vielleicht war die Hervorhebung des Wortes »Betätigung« schon ein Hinweis auf das mittlerweile verbreitete und unausgesprochen akzeptierte innere politische Engagement auch in den Kreisen der »Brüder«, so dass die *Tenne* nur noch vor einer »öffentlichen Betätigung« zu warnen versuchte.

Immerhin erschien 1928 sowohl im *Botschafter* als auch in der *Tenne* ein grundlegender Aufsatz über das Thema »Christ und Politik«[69]. In der *Tenne* lautete der Titel – dem Charakter der Zeitschrift entsprechend – »Der junge Christ und die Politik«, der Inhalt des Artikels war hier nur unwesentlich gekürzt. Dass auch der *Botschafter* ein solches die weltlichen Beziehungen betreffendes Thema anschnitt, war sensationell genug. Es zeigt, mit welcher Sorge die verantwortlichen und einsichtigen Männer die Wirkung des politischen Tageskampfes auf das Denken der Gläubigen betrachteten. Bezeichnend war das Motto, unter das beide mal der Aufsatz gestellt wurde:

> »Dass doch niemand von euch leide ... als einer, der sich in fremde Sachen mischt« (1.Petr. 4,15).

Das Problematische der Situation wurde offen dargelegt:

> »Es mag kaum eine Frage geben, die in christlichen Kreisen so verschieden beantwortet wird, wie die in unserer Überschrift verborgene. Manche Gläubige meinen, dass sie etwas versäumten, wenn sie nicht in irgendeiner Weise tätig am politischen Leben teilnähmen ...«

Noch einmal wurde deutlich darauf hingewiesen, dass Christen »Fremdlinge und Beisassen, d.h. ohne Bürgerrecht hienieden« seien, dass sie sich also aus der Politik herauszuhalten hatten.

Dennoch ist es auffällig, dass der Verfasser (Rudolf Brockhaus?) nicht mehr grundsätzlich die Beteiligung der Christen an den Wahlen ablehnte:

> »Der Schreiber dieser Zeilen gehört nicht zu denen, die da sagen: Du *darfst* nicht wählen, verurteilt auch nicht Brüder, die glauben, wählen zu sollen.«

Was er ablehnte, war der Versuch mancher Christen, das Wählen – und eventuell noch mehr Engagement – mit dem Gehorsam gemäß Römer 13 zu rechtfertigen. Die Einschränkung warf aber doch ein bezeichnendes Licht auf den sich damals auch unter den »Brüdern« verstärkenden Drang, sich an den politischen Auseinandersetzungen zu beteiligen. Der Autor versuchte, die politische Wahl unter den höheren Gesichtspunkt des Wortes Gottes zu stellen:

> »Da wir nun einmal bei der Wahl sind: Was für ein Rätselraten in den christlichen Blättern hin und her, welcher Partei man als gläubiger Christ seine Stimme geben solle! Politik macht blind, denn sonst würde man doch erkennen, wie keine einzige Partei imstande ist, ihre Versprechungen zu halten. Und was für Mittel und Wege werden, ganz abgesehen von den hochklingenden Worten, zur Erreichung der Ziele für gut befunden! ... der einfältige Christ sollte seine Hände von derlei Dingen rein erhalten.«

Dass sich aber längst nicht alle Gläubigen von solch höheren geistlichen Gesichtspunkten leiten ließen, zeigen die Klagen des Verfassers:

> »In den meisten Fällen wird gewählt, weil man von dieser oder jener Partei die beste Vertretung seiner besonderen irdischen Interessen erhofft. Wenn *Christen* das tun, die doch bekennen, von *Gott* die Vertretung ihrer Sache zu erwarten, sollte uns das schon allein zu denken geben! Wieviel schmerzliche Gegensätze entstehen so, wieviel Uneinigkeit wird in die Kreise der Gläubigen getragen!«

Zusammenfassend wollte der Verfasser seinen Lesern zu bedenken geben, ob es für einen entschiedenen Christen nicht besser sei, sich grundsätzlich aus den politischen Händeln der Welt herauszuhalten:

> »Wollen wir nicht entschiedene Christen sein? Nun, dann lasst uns festhalten, dass es sich in der Politik um ›fremde Sachen‹ handelt ... Wir sollten ›wählen‹, aber so, wie einst Mose gewählt hat (Hebr. 11,24ff.). Und dies noch: Kennen wir die Regierungswege und die Absichten Gottes, der alles lenkt nach dem Rat Seines Willens? Wollen wir Ihm in den Arm fallen?«

Zusammenfassung

So stellte dieser Aufsatz den Versuch dar, die Gläubigen noch einmal auf den Grundsatz der Väter zu verpflichten. Doch die innere und auch äußere Beteiligung an den politischen Auseinandersetzungen der

Weimarer Republik war inzwischen weiter gediehen, als es sich mit den Grundsätzen der Väter vertrug, und diese Beteiligung hatte sich zum großen Teil dem national-konservativen Lager zugewandt, während die staatstragenden demokratischen Parteien betont abgelehnt wurden. Demgegenüber musste der Autor des Artikels »Christ und Politik« eher wie ein Rufer in der Wüste erscheinen. Genau 50 Jahre vorher, 1878, hatte Darby noch kategorisch erklären können: »Wir nehmen nicht teil an den Wahlen.«[24] Wie weit hatte man sich inzwischen von dieser Haltung zwar nicht in der Lehre, aber doch in der Praxis entfernt!

Es war eine verhängnisvolle Entwicklung, weil sich die Christen und auch viele »Brüder« beim Niedergang der Republik, als die Wellen der politischen Leidenschaften immer höher schlugen, kaum noch einer Beteiligung an der Politik entziehen konnten. Und dabei gerieten sie in Gefahr, sich nationalistischen Ideologien zu verschreiben und Parteien zu wählen, deren Versprechungen zwar ihrer aus dem Kaiserreich überkommenen schwarz-weiß-roten Grundeinstellung entgegenkamen, deren dämonische Gefährlichkeit sie aber in den meisten Fällen nicht durchschauten. Die Stunde des Nationalsozialismus in Deutschland wurde damit auch zur Stunde der Versuchung für die deutsche Brüderbewegung.

II. Die »Brüder« und der Nationalsozialismus

1. Nationalsozialismus und evangelische Christen vor 1933

Die Krise der Republik und der Nationalsozialismus

Mit dem Ausbruch der alle Industrieländer erfassenden Weltwirtschaftskrise trat die Weimarer Republik 1929 in ihre Endphase. Die sich aus der Krise ergebenden wirtschaftlichen Probleme, besonders die sich überraschend schnell ausbreitende Arbeitslosigkeit, vermehrten bei dem politisch unerfahrenen Volk die Unzufriedenheit mit der demokratischen Republik, der man die Schuld an dem wirtschaftlichen Niedergang gab. Dementsprechend war nun für die demokratiefeindlichen Parteien von rechts und links die Gelegenheit gekommen, breite Bevölkerungskreise für sich zu gewinnen und der verhassten Republik den Todesstoß zu versetzen, um mit Hilfe einer nationalsozialistischen bzw. kommunistischen Diktatur einen Staat nach eigenen Vorstellungen zu bilden.

Den größten Erfolg bei diesen Bemühungen hatte die Nationalsozialistische Deutsche Arbeiterpartei (NSDAP) Adolf Hitlers. Der sogenannte »Erdrutsch« der Septemberwahlen von 1930 brachte 107 Nationalsozialisten in den Reichstag, während die NSDAP bis dahin im Parlament nur eine unbedeutende Gruppe gewesen war. Und die braune Flut schwoll auch in den folgenden zwei Jahren an, als die Regierung des Reichskanzlers Brüning verzweifelt, aber scheinbar ergebnislos gegen die sich verschlimmernde Wirtschaftskrise mit schließlich sechs Millionen Arbeitslosen ankämpfte.

Die NSDAP verstand es, in vielen Deutschen, die um ihre Existenz bangten oder gar schon deklassiert waren, das Gefühl zu wecken, dass Adolf Hitler die letzte Rettung sei. Am 31. Juli 1932 wurden 230 Nationalsozialisten in den Reichstag gewählt; die NSDAP bildete jetzt die stärkste Fraktion im Parlament, Hermann Göring wurde Reichstagspräsident. Nun war keine konstruktive Politik mehr möglich, denn die Nein-Sager und Republikgegner von rechts und links hatten die Mehrheit, wenngleich sich Nationalsozialisten und Kommunisten als Todfeinde gegenüberstanden und in täglichen Straßenschlachten oder anderen Gewalttaten das Bild des politischen Kampfes bestimmten. Der Ruf nach dem »starken Mann«, der die ersehnte Wende – Ordnung und Wohlstand – bringen sollte, wurde immer lauter, so dass schließlich Adolf Hitler am 30. Januar 1933 vom widerstrebenden

Reichspräsidenten zum Reichskanzler ernannt wurde, ein Vorgang, den die Nationalsozialisten fortan als »Machtergreifung« bezeichneten.

Auch viele evangelische Christen begrüßten diese »Machtergreifung«, erhofften sie sich doch davon nicht nur den wirtschaftlichen Wiederaufstieg, sondern auch eine Revision dessen, was ihnen aus den weiter oben dargelegten Gründen an der Weimarer Republik missfiel. Selbst für die Verwirklichung christlicher Glaubensgrundsätze erwartete man von der Hitler-Regierung für Staat und Volk neue Impulse.

Nationalsozialismus – eine christliche Bewegung?

Schon in den zwanziger Jahren hatte der Nationalsozialismus die Sympathie vieler Christen gewonnen, was eigentlich gar nicht selbstverständlich war, so eindeutig auch die meisten von ihnen auf der national-konservativen Seite standen. Aber die völkischen Gruppierungen um General Ludendorff und Hitler vertraten nicht nur eine betont antisemitische, sondern auch eine ausgesprochen kirchen- und christentumsfeindliche Politik, so dass sich ein Christ in keiner Weise mit ihnen auf eine Stufe stellen konnte.[70] Hitler sah recht bald ein, dass mit dieser Haltung keine große Resonanz im kirchlich eingestellten Bürgertum zu erlangen war, trennte sich von den Völkischen und legte die NSDAP auf eine religiös völlig neutrale Propaganda fest. Ja, noch mehr, er vertrat nunmehr ein sogenanntes »positives Christentum«, was immer er auch darunter verstand. Wichtig war ihm, dass er damit den Christen aller Konfessionen sympathisch werden konnte und seine Partei wählbar wurde.[71] Wie geschickt er dabei an die christlich eingestellten Menschen appellierte, zeigt seine Rede vom 27.Oktober 1928:

> »In unseren Reihen dulden wir keinen, der die Gedanken des Christentums verletzt, der einem anders Gesinnten Widerstand entgegenträgt, ihn bekämpft oder sich als Erbfeind des Christentums provoziert. Diese unsere Bewegung ist tatsächlich christlich. Wir sind erfüllt von dem Wunsche, dass Katholiken und Protestanten sich einander finden mögen in der tiefen Not unseres eigenen Volkes.«[72]

Wie er wirklich dachte, beweist jedoch seine Erklärung General Ludendorff gegenüber, der aus seiner fanatisch antisemitischen und antichristlichen Haltung heraus die Schwenkung Hitlers nicht verstehen konnte:

»Ich denke genauso wie Euere Exzellenz, aber Euere Exzellenz können es sich leisten, Ihren Gegnern vorher anzukündigen, dass Sie sie totschlagen wollen. Ich aber brauche zum Aufbau einer großen politischen Bewegung die Katholiken Bayerns ebenso wie die Protestanten Preußens. Das andere kommt später!«[73]

»Das andere«, die Ausschaltung der Kirchen und die Vernichtung des christlichen Glaubens überhaupt, hat Hitler also in gewissem Sinne immer im Auge gehabt, wenn er es aus taktischen Gründen auch verschob. Der Kirchenkampf (ab 1934) konnte ihn in seiner grundsätzlichen Zielsetzung nur bestärken, allerdings gebot der Zweite Weltkrieg vorerst einen »Burgfrieden« zwischen Staat und Christen.

Die wirklichen Absichten Hitlers aber erkannten in den Jahren vor 1933 nur die wenigsten; die meisten hielten ihn für einen den Christen und den Kirchen wohlgesinnten Mann, zumal er sich sooft wie möglich in seinen Reden auf die »Vorsehung«, den »Herrgott« oder überhaupt auf christliche Grundsätze berief.

Dem gegenüber war man eher beunruhigt über die atheistischen Sozialdemokraten, die bis 1932 die größte Partei darstellten und mehrmals an der Regierung beteiligt waren.[74] Der große Aufschwung der NSDAP ab 1930, der mit einem katastrophalen Niedergang der liberal-demokratischen Mittelparteien einherging, wurde als göttliches Gericht über den Liberalismus des 19. Jahrhunderts verstanden, habe doch der Liberalismus mit seinem individualistischen Denken nicht nur Freigeisterei, sondern auch Egoismus und Parteihader ins Volk getragen.[75]

Von dem »Führer« dagegen erwartete man, dass er die Menschen wieder zu den schöpfungsgemäßen Gegebenheiten des Volkes und seinen religiösen Kräften zurückführen werde. Die verlorengegangene Einheit von »Thron und Altar« schien jetzt in der Einheit von »Volk und Kirche« wiederzuerstehen[76], was für viele ein begeisternder Gedanke war. So wurde der Siegeszug des Nationalsozialismus schließlich die Erfüllung des Willens Gottes in der Geschichte des deutschen Volkes.[77]

Auch in den Kreisen der Evangelischen Allianz dachte man im Grunde nicht anders. »Man hatte dem Weimarer Staat immer misstraut und begrüßte den Nationalsozialismus, weil er eine starke Ordnungsmacht darstellte, die unter den sittlichen Verwüstungen reinen Tisch machte und dem Büttel des Antichristen, dem Weltbolschewismus, in Deutschland die Tür wies.«[78]

Antisemitismus – nur ein Schönheitsfehler?

Schwierigkeiten bereitete jedoch vielen Christen bei aller Zustimmung zum Nationalsozialismus dessen Antisemitismus. Allerdings war es hier oft mehr die Form als die Sache selbst, die abgelehnt wurde. Denn ein gewisser gemäßigter Antisemitismus war schon im Kaiserreich auch unter christlich eingestellten Leuten nicht unbekannt gewesen. Einer der führenden Antisemiten damals war z.B. der sich auch sozialpolitisch betätigende Hofprediger Adolf Stoecker (1835-1909). Selbst ein entschieden gläubiger Mann wie der schon erwähnte Präses des Berliner CVJM, Ulrich von Hassell – sein Sohn sollte später zu den Opfern des 20. Juli 1944 gehören – , schrieb 1919 in seinen Lebenserinnerungen, dass er das antisemitische Vorgehen Stoeckers begreiflich fand.[79] Ablehnung der Juden aus rassischer oder religiöser Überheblichkeit oder aus Neid war also auch unter Christen immer latent vorhanden gewesen, besonders was die angebliche Überfremdung und der vermeintlich bestimmende Einfluss auf wirtschaftlichem und kulturellem Gebiet betraf. Vielen Evangelischen erschien der politische Katholizismus (oft Ultramontanismus genannt) und das Weltjudentum als eine bedrohliche Einheit, wie wir es schon bei Gustav Nagel gesehen haben (s. S. 34), so dass der ehemalige Hof- und Domprediger Bruno Doehring, den viele Gemeinschaftsleute achteten, von der »die deutsche Volksseele« misshandelnden »jüdisch-ultramontanen Zwangsvormundschaft« sprach.[80]

Insofern stieß die Propaganda der antisemitischen Gruppen, worunter die Nationalsozialisten sicher zu den lautesten gehörten, auf Verständnis und bedingte Zustimmung. Was abstieß, war eher der rüde Ton, die hasserfüllten Ausfälle im Blick auf die geplante Behandlung der Juden und schließlich auch die Ablehnung und Verachtung des Alten Testaments und des jüdischen Charakters der Bibel überhaupt. Aber all das betrachtete man gern als Kinderkrankheit einer ansonsten gesunden Bewegung, die der deutschen Nation ihre staatliche und völkische Gesundheit wiederzugeben imstande war.

Mehr Für als Wider den Nationalsozialismus

Gewiss, es erhoben sich gegenüber dem Nationalsozialismus auch entschieden ablehnende Stimmen im evangelischen Lager. Als wichtigste und bekannteste ist hier die Karl Barths (1886-1968) zu nennen, der nicht nur dem widergöttlichen Geist in Hitlers Ideologie, sondern auch der Vermischung von Glaube und Politik in der Kirche mit dem klaren »Wort vom Kreuz« entgegentrat.[81] Aber die Stimmen der von Hitler Betörten waren letztlich lauter.

Auch der gut gemeinte Versuch von evangelischen Gemeinschaftsleuten und Freikirchlern, mit dem »Christlich-sozialen Volksdienst« 1931 der NSDAP eine soziale Partei bewusst evangelischer Prägung entgegenzustellen, scheiterte nach kleineren Anfangserfolgen kläglich. Immerhin hatte aber einer ihrer theologischen Sprecher, der Erlanger Professor Hermann Strathmann, den Gegensatz zum Nationalsozialismus klar formuliert, dass nämlich die christliche Ethik in keiner Hinsicht und unter keinen Umständen mit der vom Rassegedanken bestimmten Ethik des Nationalsozialismus vereinbar sei. Dennoch bejahte auch der »Christlich-soziale Volksdienst« eine Beteiligung Hitlers an der Regierung, weil man sich eben allgemein über die Fähigkeit Hitlers, seine Pläne in die Tat umzusetzen, oder auch über seine Ziele überhaupt täuschte.[82]

Die meisten evangelischen Christen nahmen Hitler gegenüber die Haltung eines »zwar – aber« ein. Man hatte am Nationalsozialismus »zwar« einiges auszusetzen, »aber« im ganzen schien er doch eine auch für Christen begrüßenswerte Bewegung zu sein. Typisch für diese Haltung war der damals 30jährige Berliner Theologe Walther Künneth, der am 21.April 1931 zu der Frage »Was haben wir als evangelische Christen zum Rufe des Nationalsozialismus zu sagen?« »vom Evangelium her« in drei Punkten nein und in drei Punkten ja sagen zu müssen meinte. Künneth unterschied:

Nein: 1. zum Rassismus,
2. zur Kulturpolitik,
3. zur politischen Praxis;

Ja: 1. zur völkischen Idee,
2. zur sozialen Neugestaltung,
3. zum Willen zum Christentum.[83]

Und diese letzten drei Ja-Punkte gaben für viele schließlich den Ausschlag, die anderen Punkte waren Schönheitsfehler, die sich bei der Übernahme der Regierungsverantwortung durch die Nationalsozialisten schon abschleifen würden. Der mecklenburgische Landesbischof Heinrich Rendtorff (1888-1960), später einer der Führer der Bekennenden Kirche, drückte die damalige Haltung in bezeichnender Weise aus:

»So muss die evangelische Kirche um ihres Berufes willen aus der nationalsozialistischen Bewegung das große Wollen heraushören und dankbar begrüßen, muss aber zugleich über dieses Wollen als ein menschliches, d.h. Unvollkommenes und Gebrochenes, den heiligen Willen Gottes verkünden.«[83]

Welche Haltung nahmen nun angesichts dieser Sachlage die »Brüder« zum Nationalsozialismus ein?

2. Nationalsozialismus und »Brüder« vor 1933

Vom Nationalsozialismus angezogen

Sicherlich unterschieden sich die »Brüder« in ihrer Haltung zum Nationalsozialismus kaum von anderen bewusst christlichen Kreisen, deren Stimmen z.T. im Rahmen der Evangelischen Allianz zum Ausdruck kamen. Man hätte zwar annehmen können, dass mindestens die »Christliche Versammlung« durch ihre betont weitabgewandte Lebensweise und in ihrem Verharren auf dem »Boden der Schrift« eher gegenüber einer politischen Ideologie immun gewesen wäre; aber wir haben schon vorher gesehen, dass sich auch die Gläubigen in der »Christlichen Versammlung« bereits im Kaiserreich einer inneren Parteinahme kaum zu entziehen vermocht hatten, obwohl dies geistlich gesehen, gar nicht gerechtfertigt gewesen war. Und in der Weimarer Republik hatte die Tendenz, sich mit der Politik zu beschäftigen und – meistens – nach rechts hin Partei zu ergreifen, eher zugenommen; dafür waren die Auseinandersetzungen im Staat einfach zu erregend.

So fand auch die nationalsozialistische Bewegung bei vielen »Brüdern« ein wohlwollendes Interesse. Hitlers Kampf gegen den Versailler Vertrag und gegen die in ihm enthaltene »Kriegsschuldlüge« mit allen ihren harten materiellen Folgelasten hatte die Zustimmung vieler christlicher Patrioten. Spätestens in der Zeit der Weltwirtschaftskrise wurde es begrüßt, dass Hitler das Problem der Arbeitslosigkeit von der nationalen und sozialen Seite zugleich anpacken wollte. Und verband sich das nicht harmonisch mit dem »positiven Christentum«, das Hitler vertrat und das sogar im Programm der NSDAP verankert war?[84] Was er darunter wirklich verstand, war für den oberflächlichen Betrachter schwer zu ergründen. Ganz gewiss verstand Hitler das Schlagwort nicht so, wie es seit dem Ausgang des 19. Jahrhunderts gemeint war: »im Sinne eines kirchlichen, biblischen Christentums« als ein »positives, ein unverfälschtes Christentum« gegenüber dem theologischen Liberalismus.[85] Doch nur zu gern interpretierten die politisch naiven Gläubigen das »positive Christentum« Hitlers in dieser Richtung und schrieben damit dem »Führer« Überzeugungen und Absichten zu, die ihm völlig fernstanden.

Gewiss, die »politische Praxis« der NSDAP, wie Künneth es genannt hatte, ihr Ton, die Umgangsformen gegenüber dem politischen Gegner, der Propagandastil, die Gewalttätigkeit gefielen zahlreichen Christen nicht. Aber sollte man nicht dennoch »das große Wollen« heraushören, hinter dem vielleicht die Regierungswege Gottes mit dem deutschen Volk standen? Es mag manchem wie Walter Brockhaus gegangen sein: »Man war auf unerklärliche Weise angezogen und abgestoßen.«[86]

Der einzelne – allein mit seinem Gewissen

Das alles aber war nur unterschwellig da und trat natürlich kaum ins Licht der Öffentlichkeit, schon gar nicht im Rahmen der Versammlungen. Auch aus den Zeitschriften, dem *Botschafter* und den Blättern der »Offenen Brüder«, war nichts über die politischen Angelegenheiten und Überzeugungen zu entnehmen. Selbst in der großen Krisenzeit zwischen 1929 und 1933 schwieg der *Botschafter* darüber beharrlich; es war, als wollte er den Fehler aus der Anfangszeit des Ersten Weltkrieges, als man sich zu politischen Urteilen hatte verleiten lassen, nicht wiederholen. »Der Christ sollte in seinem Urteil über Recht oder Unrecht im Krieg sehr vorsichtig sein«, hatte Adolf Birkenstock in der *Tenne* 1925 geschrieben[87] vielleicht mit einem Seitenblick auf die allgemeine Haltung im Jahre 1914. War aber die bei den verantwortlichen Brüdern gewonnene Einsicht auch bei den jüngeren vorhanden? Dies erschien schon damals sehr fraglich, und deshalb sollte mit dem Artikel »Christ und Politik« von 1928 (s.S. 38f.) die Haltung des »Fremdlings hienieden« noch einmal unterstrichen werden, der zwar fürbittend die weltpolitischen Geschehnisse zu begleiten, sich aber nicht in ihnen zu betätigen hatte. Diente man jedoch mit der Methode des Schweigens im Konkreten denjenigen, die sich trotz alldem von der so vielversprechenden neuen Bewegung angezogen fühlten, die mitmachen zu müssen meinten?

»Man überlässt vielfach den jungen Mann den politischen Neigungen und nationalistischen Bestrebungen, in denen er erzogen worden ist. Darin liegt nach meiner Meinung eine große Gefahr«, schrieb 1925 ein Leser der *Tenne*.[87]

Die *Tenne* hatte diese Frage nun immer etwas anders gesehen, wollte sie doch die Jugend in den Geisteskämpfen der Zeit nicht allein lassen (II,94ff.). Allerdings ging auch sie den konkreten politischen Fragen aus dem Weg; sie waren für Adolf Birkenstock »Streitfragen«, die man abzuweisen hatte. Und sicherlich waren auch viele Leser gar nicht gewillt, ihre persönliche politische Meinung durch ein christliches Blatt in Frage stellen zu lassen. Allein schon ein Artikel über die Arbeitsmoral in der Weltwirtschaftskrise, die Mahnung an Christen, nicht um eines reinen Erfolgsdenkens willen die Erwerbslosenfürsorge zu missbrauchen (durch Ablehnung von ungelegener oder schlecht vergüteter Arbeit)[88], hatte empörten Widerspruch zur Folge: »Seit wann wird denn in der *Tenne* Politik getrieben?«[89] Immerhin hatte Adolf Birkenstock schon 1925 ausdrücklich davor gewarnt, sich in die politischen Auseinandersetzungen überhaupt hineinziehen zu lassen:

> »Hüten soll sich der Christ vor jedem Geiste der Welt. So soll sich die heutige christliche Jugend nicht durch einen nationalistischen Geist, und sei er noch so sehr in allerlei Blättern gelobt, beeinflussen lassen. Zwei mächtige Weltanschauungen stehen sich heute in der Politik feindlich gegenüber: Hakenkreuz und Sowjetstern. Diese beiden Wahrzeichen versinnbildlichen die höchsten Erhöhungen dieser Geistesrichtung. Beides sind Götzenbilder. Für den Christen heißt es:
> Nicht Hakenkreuz, sondern Kreuz von Golgatha,
> nicht Sowjetstern, sondern der kommende Morgenstern!«[90]

Leider schienen solche entschiedenen Aufrufe wenig zu fruchten. Die Abneigung gegenüber der Republik war einfach zu groß, als dass die Versprechungen der falschen Propheten von rechts keine Wirkung hatten. Und die *Tenne* tat auch nichts, um die Jugend zur Anerkennung des bestehenden Staates zu ermahnen, wenn sie auch betonte, dass man der Obrigkeit natürlich untertan zu sein habe. Doch die »schwarz-rot-goldene« Republik stellte sie auf eine Stufe mit ihren »schwarz-weiß-roten« nationalistischen Gegnern:

> »Wir können nicht genug die Jugend vor jedem politischen Geiste warnen. Da ist ganz gleich, ob man sagt: ›Hie schwarz-weiß-rot‹ oder ›Hie schwarz-rot-gold‹. Nur eine Parole sollte es für Christen geben: Jesus!«[90]

Dies war sicher der beste Ratschlag, der gegeben werden konnte; allerdings nur dann, wenn er auch wirklich befolgt wurde. Leider war dies nicht der Fall, die »Brüder« bildeten sich z.T. eben doch eine politische Meinung, und da war es gefährlich, die dämonisch-gottlose Bewegung der Nationalsozialisten nur ebenso allgemein abzulehnen wie auch die Vertreter des bürgerlich-demokratischen Staates.

Einer, der die nationalsozialistische Bewegung durchschaute, war Rudolf Brockhaus. Nach den Septemberwahlen 1930 sagte er auf der Dillenburger Konferenz etwa:

> »Ich habe zu meinem Entsetzen gehört, dass manche Brüder die NSDAP gewählt haben. Das ist doch eine ganz und gar antichristliche Partei!«[91]

Eins stand für ihn fest: »Von oben kommt diese Bewegung nicht!«[92]

Vielleicht war es seinem Einfluss zuzuschreiben, dass sich die *Tenne* umstellte und die völlige politische Abstinenz aufgab. Ein Leser schilderte die damalige Situation:

> »Das starke Anwachsen der Nationalsozialisten bei den letzten Wahlen hat auch in gläubigen Kreisen großen Widerhall gefunden. Viele freuen sich über diese Erfolge, ja manche stellen sich begeistert in diese Bewegung, von der sie die Rettung unseres Vaterlandes erwarten. Die Jugend, die doch heute politisch sehr interessiert ist, wird besonders stark beeinflusst, denn sie kann sich, soweit sie noch nicht gefestigt ist, der Macht der nationalsozialistischen Idee nicht leicht entziehen. Da ist es nun unbedingt notwendig, dass die Jugend über den Nationalsozialismus genügend aufgeklärt wird.«[93]

»Nicht leichten Herzens« nahm nun auch Fritz von Kietzell, seit 1926 Schriftleiter der *Tenne*, zu einer so politischen Frage wie der Wählbarkeit der NSDAP Stellung, zumal »einsichtsvolle Brüder« immer noch der Meinung waren, »dass es besser sei, darüber nichts zu schreiben, weil das Wort Gottes darüber auch kein Wort« verliere. Jeder Christ sei imstande, den Anweisungen des Wortes Gottes gemäß seinem Gewissen zu folgen. Dem Gewissen eines anderen dagegen zu folgen, sei gefährlich.[94]

Hier verschloss man die Augen vor den Realitäten. Eine solche Haltung wäre angebracht gewesen, wenn man wie noch Darby jede politische Betätigung bis hin zur Wahlbeteiligung als völlig ausgeschlossen betrachtet hätte. Nun aber hatte man die Möglichkeit zu wählen offen gelassen, und es ließ sich auch nicht mehr leugnen, dass »Brüder« bereits in politische Parteien eintraten; man unterschätzte also bei weitem die Gefahr, wenn man den einzelnen Gläubigen mit seiner Gewissensentscheidung allein ließ.

Aufruf zur Entscheidung: Christus oder SA-Partei

Notgedrungen nahm es also Fritz von Kietzell auf sich, nun doch die Gewissensentscheidung der Gläubigen zu beeinflussen und vor der NSDAP dringend zu warnen:

> »Der Hinweis ..., dass der Nationalsozialismus auch unter der gläubigen Jugend viel Beachtung findet und sogar Anhänger hat, macht mir ein Eingehen (auf den oben genannten Leserbrief) zur Pflicht. Hier heißt es in der Tat, sich für das eine oder das andere zu entscheiden, für die SA-Partei oder für Christus. Ein Zwischending gibt es nicht – beiden Herren kann man nicht dienen.«

Dieses klare Urteil wurde mit drei Gesichtspunkten begründet, die mit Zitaten aus Reden und Presseverlautbarungen zur nationalsozialistischen Weltanschauung unterstrichen wurden:

1. Nach nationalsozialistischer Lehre sei der rassisch gesunde Mensch nicht mit der Erbsünde behaftet. Die Lehre von der Erbsünde habe deshalb nur bei einem sittlich so fragwürdigen Volk wie den Juden entstehen können.
2. Die nationalsozialistische Weltanschauung sei nach ihrem eigenen Verständnis »das Evangelium von der frohen Botschaft der Nation«. Danach seien Nationalsozialisten »sehende Menschen«.
3. Das Alte Testament werde – mit Ausnahme der Psalmen, die angeblich arische Vorbilder hätten – verworfen. Es werde behauptet, der dreieinige Gott der Christen sei mit dem Jahwe der Juden nicht identisch.

Es war eigentlich selbstverständlich, dass die Christen der Brüderbewegung, für die die Autorität der Bibel immer über jeden Zweifel erhaben gewesen war, unbedingt Fritz von Kietzell recht geben mussten, wenn er sagte:

> »Niemand kommt um eine innere Entscheidung herum. Möchten wir zwischen diesen Dingen und uns einen scharfen Strich ziehen!«[96]

Auch hatte man durchaus die Freimütigkeit, den italienischen Faschismus recht kritisch darzustellen. Die *Tenne* brachte Berichte ausländischer Journalisten über Benito Mussolini, z.T. unter christlichem Aspekt. Da wurde der faschistische Führer (Duce) als Erneuerer des römischen Kaiserreiches und abergläubischer Wegbereiter des Antichristen bezeichnet, der charakteristischerweise durch seine Unduldsamkeit gegenüber den Protestanten auffiel und von den Italienern schon wie ein Christus gefeiert werde. Die *Tenne* stufte den italienischen Diktator deutlich unter die »wirksamen Kräfte des Irrtums« ein, denen Gott in der Endzeit freie Hand gebe.[95]

Sieg der Inkonsequenz: Nicht Für und nicht Wider

Leider hatte jedoch die Seuche des braunen Fanatismus schon dergestalt auch unter den »Brüdern« um sich gegriffen, dass der *Tenne*-Schriftleiter erheblichen Widerspruch erfuhr. Manchen war seine Stellungnahme zu einseitig gewesen, und sie weigerten sich, zwischen sich und den mit der NSDAP sympathisierenden Brüdern »einen scharfen Strich zu ziehen«. Fritz von Kietzell rechtfertigte sich, dass er dies auch gar nicht gefordert habe, sondern nur die Trennung »zwischen diesen *Dingen* und uns«.[97] Damit hatte er aber bereits den Rückzug angetreten, denn sonst unterschied man in den Kreisen der »Brüder« nicht so inkonsequent zwischen Personen und *Dingen*, wenn es um verderbliche Irrlehren ging; man hatte sich um geringerer Anlässe willen von Brüdern getrennt. Man denke nur an die bis an den Rand der Spaltung gehenden Auseinandersetzungen mit den »Stündchen«leuten (II,103ff.) oder an die Behandlung Georg von Viebahns (II,73ff.)!

Es schien, dass der Schriftleiter zu der Ansicht gekommen war, sich mit seinem scharfen Urteil über die NSDAP zu weit gewagt zu haben. Wollte es nunmehr die *Tenne* vermeiden, einen erheblichen Teil der Gläubigen in der Brüderbewegung zu verärgern oder gar von sich aus abzuschreiben? Denn einen Leser, der es nach Römer 13 als falsch bezeichnete, Parteien zu wählen, die den Sturz der Obrigkeit beabsichtigten – er zielte damit u.a. auf die NSDAP –, ermahnte der Schriftleiter, »nicht übergeistlich« zu sein, denn »ernste Gläubige« hätten geltend gemacht, dass es uns bei einer demokratischen Verfassung ja in die Hand gegeben sei, »auf eine Änderung der Regierung mit gesetzlichen Mitteln hinzuwirken«.[60] Die Geistesverwirrung wird deutlich, wenn man bedenkt, dass es sich hier um den Sturz der verfassungsmäßigen Republik zugunsten einer »ganz und gar antichristlichen Partei« handelte. Und schließlich wurde in diesem Zusammenhang noch auf Römer 14,22 hingewiesen: »Glückselig, wer sich selbst nicht richtet in dem, was er gutheißt!«[60] Sollte dies schon eine verklausulierte Rechtfertigung derjenigen sein, die den Nationalsozialismus »gutheißen«?

Auf jeden Fall wurde vorerst eine Auseinandersetzung mit dieser Weltanschauung nicht mehr aufgenommen, und von einer Verurteilung konnte keine Rede sein. Dies erscheint um so verwunderlicher, als die *Tenne* andererseits den Katholizismus für wichtig genug hielt, ihn ihren Lesern – natürlich sehr kritisch – ausführlich darzustellen.[98] War diese Konfession für die »Brüder« 1932 wirklich aktueller als die verführerische Pseudoreligion der Nationalsozialisten? Die *Tenne* brachte zwar Berichte über die »Kommunistische Mordhetze«[99] und über die »Verhetzung der Kleinsten«[100] durch die Roten, auch über die antireligiöse Propaganda in der Sowjetunion, nichts mehr aber über den Nationalsozialismus. Nur ganz allgemein wurde gewarnt, sich in die Politik zu verlieren.

In diesem Zusammenhang mussten selbstverständlich immer wieder diejenigen angesprochen werden, die sich zur NSDAP hin orientierten, und hierbei ist bezeichnend, worin Fritz von Kietzell die Macht der Verlockung beim Nationalsozialismus sah: in der »straffen Zucht«, in seinem »männlich für seine Sache begeisterten Auftreten«, in seiner »Anziehungskraft auf junge Herzen«[101] War das wirklich alles, was man im Jahr 1931 zur NSDAP sagen konnte? Und waren es tatsächlich nur die »jungen Herzen«, die sich angezogen fühlten? Standen nicht auch dem schon älteren Schriftleiter, einem preußischen Adligen und ehemaligen Major des königlich-preußischen Heeres, die »straffe Zucht« und das »männliche ... Auftreten« der nationalen Bewegung näher als die triste zivile Republik mit ihrem parlamentarischen Gezänk, dem Hitler ein Ende bereiten wollte?

Wo das politische Herz der *Tenne* schlug, machten immer wieder Artikel deutlich, die sich mit der jüngeren Geschichte beschäftigten. So erinnerte man sich mit wehmütigem Gedanken der gewaltigen Erhebung bei Kriegsausbruch 1914[102], man lobte zum 40. Jahrestag der Eingliederung Helgolands ins Deutsche Reich den jungen Monarchen (Wilhelm II.), weil er nicht hatte dulden wollen, ... dass sein schärfster Widersacher (England) ... sich wenige Seemeilen vor seiner Küste ... breitmachte, dass ein urdeutsches Land ... unter englischer Botmäßigkeit stand«. Der Schriftleiter argumentierte generalstabsmäßig: »Wir brauchen bloß daran zu denken, was ein englisches Helgoland im Kriegsfall für uns bedeutet hätte.«[103] An eine mögliche Verkürzung des sowieso verlorenen Krieges dachte er sicher nicht. Waren aber militärstrategische Überlegungen in einer christlichen Zeitschrift der »Brüder« wirklich wichtiger als eine deutliche Stellungnahme zu einer antichristlichen Weltanschauungspartei, die in die Reihen der »Brüder« hineinwirkte?

Schließlich sah sich Fritz von Kietzell im Frühjahr 1932 doch veranlasst, »aus ernster Sorge« »angesichts der starken Hinneigung vieler unserer Leser zu der NSDAP«[104] eine kurze Zuschrift unter dem Titel »Nationalsozialismus und Christentum« abzudrucken.

Ein Leser bezog sich auf die Stellungnahme eines evangelischen Pfarrers zu Alfred Rosenbergs antichristlichem Buch *Der Mythus des zwanzigsten Jahrhunderts*. Der Einsender meinte, es hätte »manchen Brüdern« »doch sehr bedenklich erscheinen« müssen, »in diese Partei einzutreten«, wenn sie Rosenbergs Buch gelesen hätten. Der *Tenne*-Schriftleiter versprach nun, »auf diese wichtige Frage« in Kürze eingehen zu wollen.[105]

Es war die Zeit der Reichspräsidentenwahlen, die zwischen Hindenburg und Hitler entscheiden sollten und die die Hassgefühle der rivalisierenden Gruppen bis zu Saal- und Straßenschlachten und politischen Morden aufpeitschten. Insofern war es verständlich, dass der Schriftleiter erst das Ende des Wahlkampfes abwarten wollte, ehe er sich über den einen der beiden Kandidaten grundsätzlich äußerte, obwohl inzwischen aufgrund des genannten Leserbriefes sehr viele Zuschriften die *Tenne* erreichten, »soviel, wie wir es sonst nicht gewohnt sind, wenn es sich um Dinge handelt, die uns eigentlich viel näher liegen«, schrieb der Schriftleiter.[104]

Schließlich erschien dann im Mai 1932 der lange erwartete Artikel »Der Nationalsozialismus und wir – Eine Antwort auf viele Fragen«[106]. Er setzte sich mit den zahlreichen Zuschriften auseinander, die auf jenen Leserbrief hin eingetroffen waren. Man hatte eingewandt, dass man damit Hitler und seiner Partei unrecht getan habe, dass das Bekenntnis zum »positiven Christentum« existiere und dass die NSDAP sicher von Gott als Gegengewicht zum Bolschewismus benutzt werde.

Der Schriftleiter begegnete den von Sympathie für die NSDAP getragenen Einwänden vorsichtig. Er wies auf die unchristliche Hasspropaganda hin, auf die möglicherweise einmal gefährdete Freiheit der Verkündigung, wenn sie nach Meinung jener Partei »gegen das Sittlichkeits- und Moralgefühl der germanischen Rasse verstoßen« werde; aber schließlich fasste er doch wieder alles zu dem alten Grundsatz zusammen, dass ein Christ es mit »überhaupt keiner Partei« zu tun haben solle.

Zwar war auch er der Meinung, dass Gott die NSDAP zur Zurückdrängung der bolschewistischen Gottlosigkeit benutze, aber dies wollte er ganz Gott überlassen. Und so weigerte er sich, für oder gegen die NSDAP Stellung zu nehmen, sondern stellte seinen Artikel vielmehr unter die Leitfrage: »*Was haben wir damit eigentlich zu tun?*«

Immer wieder muss man fragen, ob dies wirklich die damals angemessene Haltung war, keine »einseitige Stellungnahme gegen diese eine Partei« abgeben zu wollen, zumal Fritz von Kietzell einräumen musste,

> »dass viele aus unseren Reihen, besonders aus der Jugend, der jungen, mächtig aufstrebenden Bewegung zuneigen. Ein ungeheurer Schwung geht von dort aus, der viele in seinen Bann zieht.«[107]

Aber die *Tenne* mahnte unermüdlich zur Neutralität, wenn sie z.B. darauf hinwies,

> »dass jeder, der sich in den Bann einer politischen Bewegung ziehen lässt, in dem Genuss seiner himmlischen Stellung und darum in seinem christlichen Zeugnis je·länger je mehr verkürzt wird.
> Darum erfüllt die *Tenne* nur ihre Pflicht, wenn sie ihre jungen Leser warnt – und zwar vor jeder politischen Betätigung, vor jeglichem Betreten des Bodens des Hasses und der Verunglimpfung anderer – jener Faktoren, ohne die keine politische Bewegung, selbst der Christliche Volksdienst nicht, auskommt.«[107]

Gerade hier wird deutlich, wie selbst bei so einsichtigen Männern wie Fritz von Kietzell die NSDAP in ihrer aktiv ungerechten und gottlosen Andersartigkeit, in ihrem antichristlichen Geist neben anderen Parteien nicht durchschaut wurde, während man doch die »Roten« genau einzustufen wusste. Nicht nur die unentwegte Ermahnung zur politischen Abstinenz, die doch nicht mehr befolgt wurde, konnte in diesen Tagen helfen – obwohl sie an sich angebracht war-, sondern nur noch eine klare Absage an den Nationalsozialismus vom Wort Gottes her, die den politisierenden Gläubigen die Augen geöffnet hätte.

Nicht völlig immun gegen Antisemitismus

Allein die Haltung der NSDAP zum Alten Testament und zu den Juden hätte Klarheit darüber schenken müssen, was es mit dieser Partei auf sich hatte. Aber hatten denn die »Brüder« selbst gegenüber den Juden eine von der Bibel her gerechtfertigte Haltung?

1932 waren die Hasstiraden der Nationalsozialisten gegen die Juden auf einen gewissen Höhepunkt gelangt. Im Vorgefühl der kommenden Macht wurden die antisemitischen Drohungen immer brutaler. In dieser Zeit behandelte auch die *Tenne* in einem langen Aufsatz »Die Judenfrage«[108],ohne allerdings den Nationalsozialismus überhaupt zu erwähnen. In diesem Artikel wurde auf die Auffassungen jener Gläubigen eingegangen, die sich unter dem Einfluss der langjährigen antisemitischen Propaganda, die im

Gegensatz zur biblischen Ansicht der »Brüder« über Israel stand, eine innere Abneigung oder doch wenigstens Vorbehalte gegenüber den Juden angeeignet hatten. Sicherlich wollten manche Christen mit diesen Vorbehalten eine Brücke zu der antisemitischen Partei schlagen, mit der sie politisch sympathisierten, indem sie behaupteten,
- dass es dem Fluch Gottes über Israel entspreche, wenn sich auch die Christen von diesem Volk abwendeten;
- dass die Verheißungen Gottes nur für die Edleren dieses Volkes gälten, während die meisten Juden in sittlicher Beziehung verworfen seien;
- dass die Juden von heute überhaupt nicht mehr das Volk Gottes seien.

Fritz von Kietzell wies derartige Gedankengänge vom Zeugnis der Bibel her entschieden zurück. Er stellte die hohe Berufung Israels heraus, seine Segnungen und seinen Fluch mit allen Folgen unter den Nationen, schließlich auch seine Wiederannahme, um dann auf das bibelgemäße Verhalten der Gläubigen gegenüber den Juden einzugehen, indem er zu Mitleid und Liebe aufrief:

> »Dürfen wir, die Gläubigen, hassen und verfolgen, was Gott liebt? Nicht zu uns, sondern zu diesem Volke hat er einst das ergreifende Wort gesagt: ›Ja, mit ewiger Liebe habe ich dich geliebt; darum habe ich dir fortdauern lassen meine Güte.‹ ... Nimmermehr kann es unsere Sache sein, auf dieses Volk herabzusehen, wie die Welt es tut, vielmehr sind wir ›ihre Schuldner‹, indem das Christentum von ihnen ausgegangen ist ... Wie kurzsichtig sind heute viele in unserer Mitte, dass sie daran nicht denken!«

Allerdings zeigte auch ein Christ vom Format des Schriftleiters der *Tenne*, dass das dauernde antisemitische Trommelfeuer selbst bei ihm nicht ohne Eindruck geblieben war, wenn er auf die Stellung des Judentums in der Gesellschaft zu sprechen kam:

> »Geht nicht von diesem Volke heute ein alles durchdringender, alles zugrunde richtender Einfluss aus, auch in sittlicher Beziehung? Zweifellos, denn wer schwere Schuld auf sich lud, wer unter den Fluch gekommen ist, wird seiner Umgebung zur Last sein; ... Ganze Bände könnte ein bewanderter Historiker hierüber schreiben ...«[109]

Hier schlugen Auffassungen durch, die selbst nach dem Zweiten Weltkrieg noch unter Christen zu hören waren, denn kaum etwas ist schwerer auszurotten als das Unkraut nationaler Vorurteile. Ob sich der Schreiber darüber im klaren war, wie nahe er hier im Grunde der Hitlerschen Diskriminierung der Juden als der »Rassentuberkulose der Völker« kam? Schon hier waren die Weichen gestellt für das spätere beschämende Versagen angesichts der grausamen Judenverfolgung. Vielleicht war es eine Folge der weitabgewandten Lebensweise unter den pietistischen Gläubigen, dass sie nicht zu sehen vermochten, wie gerade das irdische Volk Gottes unverhältnismäßig viele Große in Kultur, Kunst und Wissenschaft hervorgebracht hat und dass die Meinung von der angeblich über das normale Maß hinausgehend sittlichen Verworfenheit der Juden nur ein Ergebnis der jahrtausendealten Verunglimpfungskampagne war. Wie tief mussten nationalistische und kleinbürgerliche Vorurteile wie die über den »hässlichen Juden« sitzen, wenn selbst bewusste Christen dagegen nicht gefeit waren!

Immerhin sollten wir die Voreingenommenheit gegenüber den Juden auch im Rahmen der nationalen Vorurteile überhaupt sehen, von denen sich gerade nationalbewusste Menschen aller Rassen so schwer lösen können. Walter Brockhaus z.B. hielt damals – wie er später selbstkritisch schrieb – den Faschismus bei dem »Bildungsstand« der Deutschen für unmöglich, einen »Mussolini konnte es nur bei dem primitiven Italienervolk« geben[110] und das war gewiss ein verbreiteter Dünkel gegenüber dem südlichen Nachbarn, der übrigens auch seinerseits sein Negativ-Bild von den Deutschen hatte, wenn die führende Zeitung »Popolo di Roma« 1934 die Deutschen ein Volk von »Mördern und Päderasten« (Knabenschändern) nannte, wobei sie die NS-Morde beim nationalsozialistischen Putsch in Österreich und bei der sog. Röhm-Revolte sowie die Homosexualität des Stabschefs der SA im Auge hatte.[111] Nationale Diskriminierungen waren im Zeitalter des Nationalismus nichts Ungewöhnliches, und leider ließen und lassen sich auch Christen davon anstecken.

Zusammenfassung

Schaut man zurück auf die Entwicklung, die zum Jahr 1933 führte, muss man zu dem Ergebnis kommen, dass die Brüderbewegung weder nach ihrem geistlichen noch nach ihrem staatsbürgerlichen Bewusstsein den kommenden Ereignissen wohlgerüstet entgegenging, soweit es das Feld der Politik betraf. Das politische Denken und Verhalten vieler Brüder war hier mehr von der gewohnten Tradition als von der Führung durch den Geist Gottes geprägt.

Selbst wenn man die Beteiligung an den Wahlen damit begründete, dass man das politisch offensichtlich Schlimmere von Volk und Gemeinde abwenden wollte – was ein berechtigtes Argument sein mag, denn auch die Form der parlamentarischen Demokratie ist eine Obrigkeit von Gott –, so bleibt doch die ungeistliche Verkennung des Nationalsozialismus in seinem Charakter als antichristliche Ideologie, der man gegenüber der demokratischen Republik den Vorzug gab. Obwohl man einräumte, dass man niemals bisher in Deutschland bessere staatliche Voraussetzungen« gehabt habe, das Evangelium zu verkünden, als in der vielgeschmähten Republik von Weimar, wählte man doch den Nationalsozialismus, der nicht nur den religiös so toleranten Staat, sondern schließlich auch das Christentum überhaupt vernichten wollte.

Dieser verhängnisvolle Missgriff, der viele »Brüder« wie zahlreiche andere Christen mit Millionen von Deutschen vereinte, hatte seine Ursache in den ererbten staatsbürgerlichen Vorstellungen, die schon immer neben den von der Bibel diktierten Grundsätzen ein Eigenleben geführt hatten. Dieses Erbe bestand in
- der Rechtslastigkeit im politischen Denken, die mit einer gewissen Selbstverständlichkeit mit dem christlichen Glauben verbunden wurde;
- der Abneigung gegenüber Demokratie, Liberalismus und Republik, was für die Gefährlichkeit des Nationalsozialismus blind machte;
- der Furcht vor Kommunismus und Bolschewismus, die den Blick auf das antichristliche Prinzip des Nationalsozialismus verstellten;
- der Naivität gegenüber politischen Phrasen, wenn sie nur etwas christlich verbrämt waren;
- der Vorliebe für eine starke monarchische Obrigkeit, ob es sich nun um einen Kaiser oder um einen »Führer« handelte;
- der jahrzehntelangen Gewöhnung an antisemitische Parolen von der politischen Seite her, der man traditionell zuneigte, was schließlich zu Kompromissen mit der nationalsozialistischen Rassenhetze und Judenverfolgung führen sollte;
- der Neigung der maßgebenden Brüder, den politischen Bereich aus ihren mündlichen und schriftlichen Belehrungen auszuklammern und ihn dem persönlichen Gewissen der einzelnen zu überlassen.

Das Erbe der Vergangenheit hatte festgefügte Vorstellungen geformt, und sie stießen nun zusammen mit der wirtschaftlichen

Krisensituation und der immer mehr auch unter den »Brüdern« verbreiteten Ansicht, dass man sich dem öffentlichen Leben nicht länger verschließen dürfe.

Hatte es sich im Kaiserreich nur um private und kaum geäußerte Meinungen der »Stillen im Land« gehandelt – nur die Krisensituation des Weltkrieges sollte sie aus der Reserve locken –, so drängte man in der Republik von Weimar immer mehr zu aktiver Beteiligung, ob es dabei nun um das Wählen oder schon um die Parteimitgliedschaft ging. Dies sollte sich nach 1933 noch verstärken und schließlich in öffentlichen Äußerungen und Aufrufen – mündlich wie schriftlich – seinen Ausdruck finden.

Dabei hatte man vielfach in der Hitze des politischen Tageskampfes die geistliche Relation zwischen dem himmlischen und dem irdischen Bürgertum aus den Augen verloren, indem man seine nationale Identität zu wichtig nahm. Vielen wird es sicherlich wie Walter Brockhaus ergangen sein, der seine damalige Situation mit den Worten umriss: »Ich war ein bewusster Patriot, stolz auf mein Deutschtum.«[110] Dabei vergaß man dann leicht, dass man als Jünger Jesu zwar »in der Welt«, aber nicht »von der Welt« ist und dass Christus »in allem«, auch in unserem Stolz auf irgend etwas, »der Vorrang« gebührt.

Es muss unserer persönlichen Gewissenserforschung im Licht der Bibel oder dem Urteil späterer Generationen überlassen bleiben, ob wir nach dem Zweiten Weltkrieg vermehrt. gelernt haben, dass »unser Bürgertum« vorrangig »in den Himmeln« ist, dass wir uns zwar den staatsbürgerlichen Pflichten dieser Welt nicht entziehen können, dass wir gerade aber auch diesen Lebensbereich voraussetzungslos der Führung durch den Geist Gottes unterstellen müssen. Inwieweit wir dabei anderen sich aus dem öffentlichen Leben ergebenden Versuchungen erlegen sind, z.B. denen des Wohlstandsstaates, mag hier dahingestellt bleiben. Sicherlich hat die jüngere Generation der älteren geistlich nichts voraus.

Letztere ging 1933 ihrer schwersten Belastungsprobe entgegen. Vier Monate nach dem vermeintlich abschließenden Aufsatz zum Nationalsozialismus in der *Tenne* starb Rudolf Brockhaus am 19. September 1932. Er allein hätte vielleicht die Autorität gehabt, die deutsche Brüderbewegung davor zurückzuhalten, sich noch weiter dem Nationalsozialismus zu öffnen. So waren die Voraussetzungen für die »Brüder« mehr als trübe, als Adolf Hitler wiederum vier Monate später am 30. Januar 1933 »die Macht ergriff«.

3. Die »Brüder« im NS-Staat, 1933-1937

Hitlers christlicher Vertrauensfeldzug und seine Wirkung

Nach ihrer grundsätzlich nationalen Einstellung konnten die meisten evangelischen Christen der Machtübernahme Hitlers nur positiv gegenüberstehen, wenngleich sie sich auch oft zunächst abwartend verhielten. Und Hitler tat in den ersten acht Wochen, der Zeit des Wahlkampfes und des Ringens um das Ermächtigungsgesetz, alles, um die Christen für sich einzunehmen. In einem bis dahin beispiellosen Vertrauensfeldzug warb er gerade um die Stimmen des christlichen Deutschland. Niemals vorher und nachher gab er sich so ausdrücklich religiös; »niemals wieder während seiner Laufbahn hat Hitler so häufig und so inbrünstig Gott beschworen wie in diesen acht Wochen«[112] Das Christentum nahm bei seinen Versprechungen, als er um »vier Jahre Zeit« bat, einen bevorzugten Platz ein: Seine »nationale Regierung« wollte

> »das Christentum als Basis unserer gesamten Moral, die Familie als Keimzelle unseres Volks- und Staatskörpers in ihren festen Schutz nehmen.... Möge der allmächtige Gott unsere Arbeit in seine Gnade nehmen, unseren Willen recht gestalten, unsere Einsicht segnen und uns mit dem Vertrauen unseres Volkes beglücken.«[113]

Immer wieder betonte Hitler, dass er der Herrschaft des Atheismus in Deutschland, wie sie in der Weimarer Republik bestanden habe, ein Ende setzen wolle:

> »Ich rede nicht nur vom Christentum, nein, ich bekenne auch, dass ich mich niemals mit den Parteien verbinden werde, die das Christentum zerstören.«[114]

Und mit deutlicher Bezugnahme auf die katholische Zentrumspartei fragte er:

> »Wenn manche heute das bedrohte Christentum in Schutz nehmen wollen, wo war für sie das Christentum in diesen 14 Jahren, da sie mit dem Atheismus Arm in Arm gingen?«[114]

Selbst der *Völkische Beobachter*, das Parteiorgan der NSDAP, versicherte in einer Schlagzeile:

> »Adolf Hitlers Regierungsgrundlage: Das Christentum«.[115]

Die Abschlusswahlveranstaltung am 4.März in Königsberg[116] wurde im Rundfunk übertragen und ging am Ende in »eine Art Gottesdienst« über. Hitler wandte sich zum Schluss an den »Allmächtigen«, bat um seine Hilfe und versicherte: »Wir alle sind stolz, dass wir durch Gottes gnädige Hilfe wieder zu wahrhaften Deutschen geworden sind«, worauf dann der Choral »Wir treten zum Beten« erklang und Glockengeläut die zu einer christlichen Feierstunde umfunktionierte Wahlveranstaltung abschloss. Ist es da verwunderlich, dass die Allgemeine Evangelisch-Lutherische Kirchenzeitung meinte, dass »Millionen deutscher Christen« mithörten und mitsangen und dass »in gleicher Stunde weithin Gebete zum Himmel« aufstiegen »wie wohl noch nie in der Geschichte Deutschlands«?[117]

Die Eröffnung des neugewählten Reichstages wurde in die Potsdamer Garnisonkirche verlegt und glich mit Glockengeläut, Orgelmusik und gesungenen Chorälen fast einem Gottesdienst, wie überhaupt mit diesem Ereignis eine ganze Anzahl von Festgottesdiensten verbunden wurde: für die Abgeordneten, für die Soldaten, für die Polizei und sogar für die SA. Und Hitler beteuerte in seiner Regierungserklärung am 23. März:

> »Die nationale Regierung sieht in den beiden christlichen Konfessionen wichtigste Faktoren der Erhaltung unseres Volkstums.... Die nationale Regierung wird in Schule und Erziehung den christlichen Konfessionen den ihnen zukommenden Einfluss einräumen und sicherstellen.«[118]

Daher meinten katholische wie evangelische Reichstagsabgeordnete, sich dem nationalen Aufbruch nicht entziehen zu können und stimmten für das Ermächtigungsgesetz, das Hitler freie Hand gab, den von ihm geplanten Gewaltstaat zu errichten. Die evangelischen Kirchenleitungen fanden sich bis Ende März zu allgemeiner und offizieller Zustimmung bereit und wussten sich »mit der Führung des neuen Deutschland dankbar verbunden«[119] Und auch die meisten der Christen hin und her im Lande wurden von der Welle des Vertrauens und der Begeisterung überspült, Bedenken wurden hinweggeschwemmt; Hitler war für viele der fromme Kanzler, der Deutschland vor dem Bolschewismus rettete.

Die Freikirchen und das neue Reich

Das war in den Volkskirchen nicht anders als in den Freikirchen und Gemeinschaften, und hatte man, was ganz gewiss oft der Fall war, einzelne Bedenken in Fragen des politischen Stils, der Propaganda, der Judenhetze, so tröstete man sich nur allzu oft mit der Illusion, zwischen dem wohlmeinenden Führer und einigen dem

Christentum feindlich gesinnten Mitarbeitern unterscheiden zu können.

Die wenigen Gegenstimmen, die sich in den evangelischen Landeskirchen von Anfang an erhoben hatten, wurden auch unter den freikirchlichen Christen kaum wahrgenommen. Dabei hätte man doch hellhörig werden müssen, wenn sich Agnes von Zahn-Harnack dagegen wandte, dass in den Wahlkämpfen der Name Gottes und Formeln des Christentums dauernd missbraucht wurden[120], wenn Freiherr von Pechmann, der Präsident des Evangelischen Kirchentages, sich von »dem Meer von Hass und Lüge unserer Tage« distanzierte[121], wobei er sicherlich nicht nur die erbitterte Feindschaft der Nationalsozialisten gegenüber Demokraten und Sozialisten meinte, sondern auch die geradezu unflätigen Ausfälle gegen die Juden. Man hätte aufmerken müssen, wenn selbst der sonst so konservative und nationalgesinnte Generalsuperintendent der Kurmark, Otto Dibelius, auf den Standort des Evangeliums hinweisen zu müssen glaubte. Wenn er auch meinte, sich der politischen Wendung »von ganzem Herzen« freuen zu können, so gab er doch ernstlich zu bedenken,

> »dass nicht das Volkstum, sondern das Gottesreich Gegenstand evangelistischer Verkündigung ist ... Mögen Staatsmänner von Vernichten, Ausrotten und Niederschlagen reden, ... wir haben einen anderen Geist empfangen! ... Wo Hass gepredigt wird, und nun gar der Hass gegen Glieder des eigenen Volkes, da ist der Geist Jesu Christi nicht.«[122]

Aber hörten freikirchliche Christen überhaupt auf die Verlautbarungen im Raum der Volkskirche, wo man trotz aller staatskirchlichen Anpassung in der Vergangenheit empfindlich auf die Grenzüberschreitungen seitens der Politiker reagierte?

Eher naiv standen die Freikirchler den politischen Vorgängen von 1933 gegenüber. So freute sich *Der Wahrheitszeuge*, die Zeitschrift der deutschen Baptisten, dass die neue Reichsregierung für Glauben und Moral sorge, indem sie gegen den atheistischen Bolschewismus, gegen Nacktkultur und die Auswüchse des Nachtlebens in den Großstädten vorging.[123] Sogar die »Gleichschaltung« wurde von dem baptistischen Kommentator positiv bewertet, wobei er den Begriff, der die Einbeziehung aller Lebensbereiche in den totalitären Staat meinte, in bemerkenswerter Einfalt auf die notwendige »Gleichschaltung« mit dem Geist Jesu Christi anwandte.[124]

Sehr bezeichnend waren die Ausführungen des späteren Mitvorsitzenden des Baptistenbundes, Rockschies, der die Machtübernahme durch Hitler folgendermaßen begrüßte:

> »Die Zeit des Liberalismus und der Demokratie mit all dem redseligen Parlamentarismus, mit all seiner Weltweite und allen giftigen Negationen ist vorüber und kehrt wohl in unserem Vaterland nie mehr wieder. ... Gott macht in dieser neuen Zeit Geschichte. Gott schenkt unserem Volke starke Führer ... Wir stehen hinter der Regierung nach Gottes Wort als gläubige Christen in Gehorsam und treuer Pflichterfüllung.«[125]

Und ein anderer führender Baptist versicherte eifrig:

> »Die Baptisten in Deutschland waren immer national.«[126]

Jetzt entdeckte man auch, dass man schon immer für die diktatorische Regierungsweise eine Vorliebe gehabt habe, was in der Behauptung zum Ausdruck kam, dass die Gemeinde »nie demokratisch« gewesen sei[127], obwohl sich gerade die Baptistengemeinden schon in ihren Anfängen im 19. Jahrhundert demokratisch organisiert und sich 1924 mit ihrer Bundesorganisation sogar an die demokratisch-parlamentarischen Formen der Weimarer Republik angeglichen hatten.[128] Aber Gleichschaltung und Anpassung waren jetzt das Gebot der Stunde.

Folgerichtig[129] beantragte schon im Mai 1933 eine Reihe von baptistischen Predigern die Umstellung auf das Führerprinzip, das zur göttlichen Gemeindeordnung erklärt wurde. An der Spitze des Baptistenbundes sollte nun ein »Bundesführer« oder »Bundesältester« mit disziplinarischen Vollmachten stehen. Trotz erheblicher Einwände wählte der Bundestag der Baptisten im August 1933 wirklich drei »Bundesälteste«, die dann versuchten, das Führerprinzip auch auf der Ebene der Vereinigungen und in den Ortsgemeinden durchzusetzen, was aber in vielen Gemeinden auf Widerspruch stieß und daher letztlich nicht recht gelang. 1936 wurde das Führerprinzip wieder rückgängig gemacht; der Rausch der ersten Begeisterung war verflogen, wenngleich die Zustimmung zum Hitler-Regime an sich durchaus noch vorhanden war, wie später der Zweite Weltkrieg zeigen sollte.

Die »Brüder« und die »Machtergreifung«

Solch offizielle Verlautbarungen oder gar Maßnahmen wie in den anderen Freikirchen waren in dem Kreis der »Brüder« natürlich nicht möglich. Gewiss, auch hier wurde man von der braunen Welle; die als schwarz-weiß-rot empfunden wurde, überspült, man war gleichermaßen begeistert und gerührt über den »Tag von

Potsdam«, man war erleichtert, dass Hitler die anscheinend so schreckliche Gefahr des Bolschewismus gebannt hatte.[130]

Die *Tenne*, die Zeitschrift der »Brüder« für die herangewachsene Jugend und dann, ab 1936, ein Christliches Erbauungs- und Unterhaltungsblatt für Jugend und Haus, war wieder ein getreues Spiegelbild einer verbreiteten Haltung. Nach dem Reichstagsbrand wiederholte sie brav die Propagandaversion der NSDAP, die das Feuer als Fanal eines kommunistischen Umsturzversuches ausgab, um unter ihren politischen Gegnern aufräumen zu können. Dankbar erkannte der Schriftleiter an:

> »Es kann wohl kein Zweifel sein, dass es jetzt um das Ganze ging, und wir dürfen Gott wiederum danken, dass Er uns zur rechten Stunde eine Obrigkeit gab, die den Willen und die Kraft zu haben scheint, ›das Schwert nicht umsonst zu tragen‹. Ein ungeheurer Umschwung, eine ›historische Wende‹, trat ein, wie ihn sich die glühendsten Patrioten nicht träumen ließen.«[131]

Sicher war sich der Verfasser nicht im klaren darüber, wer da alles dem »Schwert« der Obrigkeit zum Opfer fiel; zu groß war die Begeisterung darüber, dass Gott

> »uns eine Regierung schenkte, die Ihn anerkennt und im großen und ganzen nach seinen Gedanken handelt, ... die den Gott feindlichen Elementen ein wirkliches Halt geboten hat.... Wir freuen uns also der ›Flutwelle‹ vaterländischer Erhebung, die mit solcher sittlicher Kraft über unser Land dahingeht.«[132]

Und so wurde das Jahr 1933 für die *Tenne* zu einem »Jahr deutscher Wiedergeburt, deutscher Erneuerung«; die *Tenne* jubelte:

> »Nun haben wir es erlebt. Die historische Stunde war da, und Gott gab den Mann, den Er dazu ausersehen und ausgerüstet hatte. Er brachte uns durch diesen Mann und durch seine Helfer Rettung von großer Gefahr.«[133]

Wenn eine »Brüder«zeitschrift, die ein Jahr vorher noch gefragt hatte: »Was haben wir eigentlich damit zu tun?« sich im Januar 1934 in einem geistlichen Leit- und Neujahrsartikel zu solchen Beifallsstürmen hinreißen ließ und dann die politische Erneuerung gar noch als Vorbild für eine notwendige geistliche Erneuerung darstellte, kann man ungefähr ermessen, wie hoch die Wogen der Begeisterung auch unter den »Brüdern« gingen. Gewiss sollte man dies nicht durchgängig verallgemeinern – es gab auch Skeptiker –, aber weit verbreitet war die freudige Zustimmung schon.

1934 erschien das erste Hitler-Bild in der *Tenne*[134] der Reichspräsident von Hindenburg, dessen unglückliche Rolle bei der Machtübernahme Hitlers bekannt ist, wurde zum »getreuen Ekkehard des deutschen Volkes« und »leuchtenden Vorbild« hochstilisiert[135] und selbst der italienische Duce, Mussolini, der Jahre zuvor noch in der *Tenne* als Wegbereiter des Antichristen dargestellt worden war, geriet jetzt auch unter die staatsmännischen Vorbilder, weil er seinem Volk die Lektüre des Neuen Testaments empfohlen und eine Briefmarke »zur Verherrlichung des Evangeliums« angeregt habe.[136] In den Rahmen dieser Legendenbildung passte natürlich auch das fromme Märchen von den Losungen der Herrnhuter Brüdergemeine auf dem Nachttisch des Führers, das in christlichen Kreisen kolportiert und gern geglaubt wurde.[137]

Alles in allem erfreute man sich einer »festen und würdigen Staatsführung«[138], ein Lob, das die demokratischen Männer der Weimarer Republik nie bekommen hatten; im Gegenteil, man zeigte jetzt unverhohlen seine Freude, dass die Zeit des Weimarer »Systems« vergangen war und die neue Zeit so vorteilhaft dagegen abstach, sah man doch im Gegensatz zu früher jetzt

> »Bilder rastloser Arbeit, in die Tat umgesetzter Energie und eines Willens, der Erfolge schafft, wie wir sie – seien wir doch einmal alle ehrlich! – einfach nicht erträumt haben, nicht für möglich hielten.«[139]

Zustimmung zur Innenpolitik

Viele Regierungsmaßnahmen der neuen Machthaber wurden ausgesprochen freudig aufgenommen. Die Umwandlung des in der Weimarer Republik eingeführten »Freiwilligen Arbeitsdienstes« in eine Arbeitsdienstpflicht durch Hitler wurde als »segensreich« bezeichnet[140], die nationalsozialistischen Propagandaphrasen von der »Arbeitsschlacht« wurden in Verbindung mit dem Rückgang der Arbeitslosigkeit begeistert aufgegriffen und der früheren Zeit gegenübergestellt: »Was ist eigentlich das Geheimnis dieses alle Erwartungen übertreffenden Aufstiegs? Kurz gesagt: Vorher Worte, jetzt die Tat!« Und wie der alte Kaiser Wilhelm I. nach der Schlacht von Sedan (s.S. 20), so ähnlich kommentierte jetzt die *Tenne* die »Arbeitsschlacht«: »Welch eine Wendung durch Gottes Fügung!«[141]

Dass man beim neu eingeführten Winterhilfswerk (WHW) für die Hilfsbedürftigen im Volk nicht beiseite stehen wollte, ist verständlich; aber andererseits konnte man es auch wieder nicht unterlassen, auf den Gegensatz zwischen diesem Gemeinschaftswerk und der »früheren Zerrissenheit« hinzuweisen.[142]

Sehr gelobt wurde die Bevölkerungspolitik der Regierung, weil sie der Frau als erste Aufgabe wieder die Mutterschaft zuwies – die *Tenne* unterstrich dies mit einem Goebbels-Zitat –, man freute sich, dass 1933 ein »Eherekord« zu verzeichnen und die Geburtenrate im Steigen begriffen war.[143]

Mit Genugtuung wurde das Verbot der Sekte der »ernsten Bibelforscher (heute ›Zeugen Jehovahs‹)« aufgenommen, setzte doch die Regierung jetzt sogar den verderblichen Irrlehren ein Ende.[144]

Später sollte man das alles in einem ganz anderen Licht sehen: Die »Arbeitsschlacht« hatte der Aufrüstung für den Eroberungskrieg gedient; das WHW hatte längst nicht nur den Bedarf der Armen gestillt, sondern den Geldhunger der Diktatur, die nun so hoffnungsvoll geborenen Kinder waren nichts als Menschenmaterial für den Mann gewesen, der sie »rücksichtslos« und »eiskalt« für sein »Drittes Reich« in den Tod hatte schicken wollen; und das Sektenverbot erschien schon 1937 eher als ein brutaler Willkürakt, weil man selbst mit den eigenen Versammlungen unter dem Verbot stand.

Zustimmung zur Außenpolitik

Aber zunächst ließ die nationale und zuweilen schon nationalistische Gesinnung vielen »Brüdern« das meiste in einem rosigen Licht erscheinen. Und die *Tenne* schwamm auf der patriotischen Welle mit. Die Zahl der geschichtlich-vaterländischen Themen nahm ab 1933 in der Zeitschrift zu. Da wurde in einem Artikel der Völkerschlacht bei Leipzig gedacht[145], Blüchers Rheinübergang bei Kaub gefeiert und mit den entsprechenden kriegerischen Illustrationen versehen[146]; es wurde bedauert, dass die Nichtdurchführung des Schlieffenplanes 1914 den Sieg über Frankreich verhindert habe[147], Hindenburg und der Schlacht bei Tannenberg wurde ein Artikel gewidmet[148], Friedrich der Große und Prinz Eugen wurden gewürdigt.[149] Es wurden Kriegsbücher empfohlen (z.B. »Unter Stahlhelm und Fliegerhaube« von Gustav Praclik)[150], und ab Juli 1936 erschien die *Tenne* mit einem von zwei Eisernen Kreuzen eingerahmten Vignettenband auf dem Titelblatt. Nicht mehr zu übersehen war, wie hier die Übereinstimmung von christlichem Glauben und nationaler Gesinnung den christlichen Jugendlichen und Familien nahegebracht wurde.

Hitlers nationale Erfolge in der Außenpolitik gaben dem allen noch Auftrieb und dem »Führer« in den Augen vieler Christen grundsätzlich recht. So fand Deutschlands Austritt aus dem Völkerbund am 15. Oktober 1933 – Hitler begründete ihn mit der angeblich diskriminierenden Behandlung des Reiches bei den gescheiterten Abrüstungsverhandlungen – auch bei den »Brüdern« allgemeine Zustimmung. Geschickt verband Hitler diese Frage nationalen Prestiges mit einer Volksabstimmung am 12. November 1933: »Bist du, deutscher Mann, und du, deutsche Frau, mit der Politik deiner Reichsregierung einverstanden und bereit, sie als den Ausdruck deiner eigenen Auffassung und deines eigenen Willens anzuerkennen und dich rückhaltlos zu ihr zu bekennen?« Auch später verband Hitler immer wieder nationale Fragen mit Volksabstimmungen, z.B. bei der Rheinlandbesetzung (1936) oder beim Anschluss Österreichs (1938). So waren die Deutschen und gerade auch die Christen nicht eigentlich gezwungen, zum Nationalsozialismus Stellung zu nehmen, sondern es wurde an ihr nationales Herz appelliert[150a], und das nicht vergeblich. Auch die »Brüder« waren schon im November 1933 bereit, dem Aufruf zur Abstimmung zu folgen, wie die Zeugnisse führender Männer zeigen. Der Berliner Reisebruder Otto Schröder schrieb: »Wenn jemand auch noch niemals gewählt hat, so ist man in diesem Fall schuldig, es zu tun, um zu zeigen, dass man hinter der Regierung steht.«[150b]

Mit Genugtuung vermerkte die *Tenne*, dass Deutschland in der Welt wieder etwas bedeutete. Sogar den weltrevolutionären Plänen des bolschewistischen Russland habe Deutschlands Aufstieg »einen gar zu festen Riegel vorgeschoben«[151]. Die Wiederaufrüstung Deutschlands wurde als »die entschlossene Tat des Führers« gefeiert, da man eine »eherne Rüstung« – irrtümlicherweise – als »die beste Gewähr für den Frieden«[152] betrachtete, was dem Kommentator um so wichtiger erschien, als das Ausland nach seiner Meinung »den guten und klaren Worten des Führers« misstraute und wie vor dem Ersten Weltkrieg eine »Einkreisung« des Deutschen Reiches versuchte.[153]

Wie groß die Begriffsverwirrung in den Köpfen damals war, zeigen die Stellungnahmen zum Eroberungskrieg Italiens gegen Abessinien 1935/36; er wurde als »bittere Notwendigkeit« eines »Volkes ohne Raum« kommentiert[154], denn »ein Mann von der Bedeutung Mussolinis« müsse »zwingende Gründe« für sein Verhalten haben.[155] Im Übrigen betrachtete der Schriftleiter als ehemaliger Stabsoffizier den Krieg unter rein militärstrategischen

Gesichtspunkten; der Blick für Recht und Unrecht bei diesem Überfall einer europäischen Militärmacht auf ein afrikanisches Land fehlte völlig. Die klägliche Haltung des Völkerbundes gegenüber der Aggression eines Völkerbundmitgliedes gegen ein anderes wurde in der *Tenne* als der »Zusammenbruch des ›Genfer Systems‹ (d.h. des Völkerbundes)« begrüßt, dessen »Lügengewebe« Männer wie Hitler (durch den Austritt Deutschlands aus dem Völkerbund) und Mussolini zerrissen hätten.[156] Schließlich kritisierte man noch, dass dieselben Großmächte, die den deutschen Kaiser nach seiner Flucht nach Holland 1918 am liebsten gefangen genommen, jetzt den abessinischen Kaiser Haile Selassie vor den Italienern in Sicherheit gebracht hätten[157] – ein Vergleich, der jedes Gerechtigkeitsgefühl gegenüber dem überfallenen und vertriebenen »Löwen aus Juda« vermissen ließ. Wie blind überhaupt nationaler und ideologischer Parteigeist für Recht und Unrecht in der Politik macht, zeigte letztlich die triumphierende Freude des Kommentators über »die ungeheure Kühnheit« Mussolinis, die sich seiner Meinung nach »recht unangenehm für England« auswirkte, denn »dem Mutigen gehört die Welt«.[158]

Das war nicht eine vom Geist Gottes diktierte Sprache – eher die Hitlers und der Gewalt. Wie wohltuend heben sich dagegen die ersten zehn Jahrgänge der *Tenne* ab, in denen man gegenüber den politischen Vorgängen in der Welt eine kritische Distanz übte und eine vom Geist der Bibel geprägte Haltung einnahm!

Zustimmung zum Nationalsozialismus

Es scheint, als ob mit dem Ja zum Nationalsozialismus auch der Ungeist dieser Weltanschauung nach den Seelen der Christen gegriffen hätte, denn schließlich gab der Schriftleiter der *Tenne* nur eine Gesinnung wieder, die bei vielen national eingestellten Christen und auch »Brüdern« vorhanden war.

Sicherlich trug dazu bei, dass die Furcht vor dem Kommunismus blind für das Böse im Nationalsozialismus machte. Das zeigt deutlich der Kommentar der *Tenne* beim Ausbruch des Spanischen Bürgerkrieges 1936, der zum Anlass genommen wurde, Bolschewismus und Nationalsozialismus klar gegeneinander abzugrenzen. Für den Schriftleiter existierte »die schlechthin furchtbare Vorstellung«,

> »als ob sich die finstere Macht des roten Terrors langsam und systematisch um das Bollwerk des faschistisch-nationalsozialistischen Mitteleuropas herumziehe, mit dem Ziel, es einzukreisen und, wenn möglich,

zu erdrücken. Unvereinbare Gegensätze! Denn Nationalsozialismus ist Absolutismus im besten Sinne, zum Wohle des Volksganzen; der Bolschewismus ist Absolutismus mit negativen Vorzeichen, Absolutismus des Hasses und der Vernichtung....

Wie für die menschliche Kultur allgemein, so steht auch für die Zukunft des Christentums menschlich gesprochen außerordentlich viel auf dem Spiele.«[159]

Der Nationalsozialismus als Retter des Christentums? Es war schon so, wie Walter Brockhaus später schrieb, dass den politisch naiven »Brüdern« im Gegensatz zu manchen Kirchenmännern einfach der Durchblick fehlte, dass man Warnungen für Greuelpropaganda hielt und dass den meisten die Augen erst später – zu spät – aufgingen.[160]

Zunächst war man von Herzen bereit – nicht nur pflichtgemäß wie zur Zeit der Weimarer Republik –, »dem Kaiser zu geben, was des Kaisers« war[161] oder, wie es Ernst Lange von den »Offenen Brüdern«, Major a.D. wie auch Fritz von Kietzell, ausdrückte, »Deutschland in seinem Führer zu geben, was Deutschlands« war, glaubte man doch, dass die Nation bereit sei, »jedem klaren und großen Manne zu folgen«.[162]

Wer anderer Meinung war, nicht mitmarschieren wollte und die Schattenseiten des Regimes hervorkehrte, geriet da leicht in die Rolle des Nörglers. So klagte die *Tenne* Neujahr 1937:

»Es ist tief bedauerlich, dass gerade manche Christen diesen Umbruch der Zeit nicht erkennen.... Fast ist es, als ob sie immer etwas zum Seufzen und Stöhnen haben müssten.

Nichts aber tut dem Christentum unserer Tage in der Öffentlichkeit so viel Abbruch, kaum etwas dient vor dem heranwachsenden Geschlecht so zur Unehre des Herrn wie philisterhafte Nörgelei, pharisäische Besserwisserei auf Gebieten, wo man selber vom Bessermachen ganz gewiss keinen Beweis abgelegt hat. Wir sollten danken, beten, eintreten für den Führer und sein Werk, für die Obrigkeit, auch mit Hand anlegen, wo es selbstverständliche Pflicht ist.«[163]

Wer konnte da noch abseitsstehen? Die Mehrheit der »Brüder« stand sicherlich hinter der Mahnung der *Tenne*, hatte die Zeitschrift doch schon 1933 festgestellt, »dass vielen Gläubigen diese nationale Belebung mehr am Herzen lag und liegt als die so dringend notwendige Belebung des christlichen Zeugnisses«[164].

Gewiss, es gab auch diejenigen, die sich aus geistlichen Gründen innerlich von der ganzen Richtung distanzierten; aber in dem allgemeinen Trend wurden sie nicht gehört und hatten unter der brutalen Diktatur auch gar nicht die Möglichkeit, sich Gehör zu verschaffen. Und sicher gab es auch eine ganze Menge Opportunismus, selbst bei jenen, die sich als Parteianwärter eintragen ließen oder in die NSDAP eintraten, weil sie es für sich selbst und ihre Familie oder auch für die Firmen, denen sie vorstanden, als vorteilhaft ansahen. Andererseits wäre es auch für die meisten nicht ungefährlich gewesen, an nationalen Feiertagen keine Hakenkreuzfahne zu zeigen, sein Kind nicht zum Dienst in der Hitler-Jugend zu schicken oder gar den Hitler-Gruß »Heil Hitler« zu verweigern, obwohl mindestens der für viele überzeugte Christen eine Zumutung war, wenn sie sich bewusst machten, dass es neben Jesus Christus »kein anderes Heil« gab.[165]

So musste man versuchen, mit einer Rechtfertigung des Nationalsozialismus sein Gewissen zu beruhigen. Man half sich oft damit, dass man zwischen einem »echten« und einem »unechten« Nationalsozialismus unterschied[166] wobei der »unechte« auf das Konto untergeordneter Stellen kam, von dem, wie man meinte, der Führer nichts wusste.

Die Judenverfolgung und die »Brüder«

Eine Schattenseite des Nationalsozialismus war aber für viele Christen auf alle Fälle sein aggressiver Antisemitismus. Hier war auch für die »Brüder« eine Grenze überschritten, die sie selbst nicht übertreten wollten und konnten. Aber es wurde schon oben gezeigt (s.S.44, 55f.), dass der antisemitische Geist aus jahrzehntelanger Gewohnheit eine viel zu enge Verbindung mit der nationalen Gesinnung eingegangen war, als dass man hier ein wirklich feines Empfinden gehabt hätte.

Schon dass man weithin eine »Begrenzung des jüdischen Einflusses« für angemessen hielt und entsprechende nationalsozialistische Maßnahmen begrüßte[167] zeigt deutlich, wie sehr der Rassegedanke dominierte. So schrieb 1933 das Österreichische Baptistenblatt Täuferbote, dass »Gott durch die nationale Revolution in Deutschland« den Juden »ein gewaltiges Halt« entgegengerufen habe. »Die bekannten Greuellügen« über die Judenverfolgung fänden aber überall Widerhall, während über das Martyrium der Christen in Russland geschwiegen werde.[168] Und bedenkenlos schrieb auch die *Tenne* in einem Bericht über die Rückkehr der Juden nach Palästina von der »Säuberung Deutschlands von den staatsfeindlichen, insbesondere von den eingewanderten jüdischen Elementen«[169].

Diese Haltung konnte man allgemein in den evangelischen Gemeinschaftskreisen beobachten. Schon in der *Handreichung zur Allianzgebetswoche* 1933, also noch vor Hitlers Machtübernahme, war von dem »anmaßenden Wesen der Juden« die Rede, das einen »unevangelischen Antisemitismus« provoziere[170] offensichtlich waren die Verfasser der Meinung, dass ein »evangelischer Antisemitismus« berechtigt sei.

Der kam dann auch in den nächsten Jahren im *Evangelischen Allianzblatt* kräftig zum Ausdruck. Da wurde vom Händlergeist der Juden geschrieben, dass »Jude und Spitzbube« ... »für den Bauern ein und derselbe Begriff« sei. Und man kam zu dem Ergebnis:

> »Die Juden berauben das Volk aber nicht nur der materiellen, sondern auch der geistigen und sittlichen Güter.«

Und bibeltreu und selbstgerecht fügte man hinzu:

> »Die Judenverfolgung fördert die Erfüllung der Propheten, und alles wird geschehen, wie es das Wort Gottes verkündigt hat.«[171]

Man muss den Verfassern zugute halten, dass sie nur ihr theoretisches Bibelwissen vorlegten und von Auschwitz weder Ahnung noch Vorstellung haben konnten.

Schon 1934 versuchte man, die traditionelle Fürbitte für Israel aus dem Programm der Allianzgebetswoche herauszunehmen, dem sich aber für die nächsten Jahre noch mutige Männer widersetzten. Erst nach der »Reichskristallnacht« 1938 sollte dann die Fürbitte für Israel wegfallen[172]. Die Christen schwiegen zur Judenverfolgung. Gewiss, die leichtfertigen antisemitischen Äußerungen der Anfangszeit wurden unter dem Eindruck des schrecklichen Terrors gegen die Juden nicht wiederholt, aber mittlerweile hatte man begriffen, wie gewalttätig die braune Diktatur war; man hatte Angst und verhielt sich systemkonform.[172a] Zudem waren Landes- wie Freikirchen viel zu sehr mit sich selbst und ihrem eigenen Verhältnis zu dem alles gleichschaltenden totalitären Staat beschäftigt, als dass sie Zeit, Kraft und Märtyrergeist gehabt hätten, sich für die Juden einzusetzen.

Nur so ist zu verstehen, dass man nun auch in der »Christlichen Versammlung« tunlichst bemüht war, den Verkündigungsdienst von Brüdern jüdischer Abstammung zu verhindern.[173] Das lieblos und hartherzig diskriminierende »Juden unerwünscht« in Parkanlagen, Gaststätten und öffentlichen Gebäuden war bis in die Gemeinde gedrungen.

Man schwieg auch später zum Schicksal der jüdischen Mitbürger allgemein. Kommentarlos berichtete die *Tenne* über die Zahlen der Juden, die Deutschland in Richtung Palästina verließen. Kein Wort fiel über die schrecklichen Hintergründe der erzwungenen Auswanderung.[174] Bei der Brutalität des »SS-Staates« war es nur allzu verständlich, dass die meisten »Brüder« vor dem Leid der Juden die Augen verschlossen, zumal sie das ganze Ausmaß dessen, was als »Endlösung« noch kommen sollte, nicht ahnen konnten. Da erschien es problemloser, die Verfolgung und Austreibung der Juden von der Bibel her mit dem auf Israel lastenden Fluch zu erklären[175], was sicherlich eine Art Gewissensberuhigung bedeutete. Wenn sich doch alles nach Gottes Ratschluss ereignete, war es für den Gläubigen einfacher, gespannt auf das Geschehen in Palästina zu blicken[176], von woher die nationalsozialistische Judenpolitik sogar heilsgeschichtliche Dimensionen annahm.

Dennoch konnte dieser Standpunkt nur scheinbar eine Selbstrechtfertigung herbeiführen und letztlich nicht darüber hinwegtäuschen, dass man als Christ an seinen jüdischen Mitbürgern und sogar an seinen jüdischen Brüdern schuldig geworden war. Dem gegenüber wog die Verteidigung des Alten Testaments gegen die »Deutschen Christen«[177] nicht schwer, zumal sich selbst in der »Christlichen Versammlung« zunehmend die Neigung zeigte, das Alte Testament möglichst in der Verkündigung auszusparen, wie noch zu zeigen ist (s. S.265f.)

Die Verteidigung der ganzen Bibel, d.h. des Alten Testaments und ihres jüdischen Charakters, ließ sich sogar mit einer Rechtfertigung des jüdischen Schicksals seit 1933 trefflich verbinden. So druckte der *Botschafter* einen entsprechenden Aufsatz teilweise ab, in dem es hieß:

> »An Israels Geschick wird erschreckend klar, dass Gott keine Sünde schont, sondern dass Er lieber das ›auserwählte Volk‹ aufs schwerste straft, wenn es gegen Gott sündigt, als dass Er Sein sittliches Gesetz preisgäbe. So ist in dem allen gerade das Volk Israel in seiner eigenartigen Geschichte und seiner Anstößigkeit ein Beweis dafür, dass es sich in der Geschichte, von der die Bibel berichtet, nicht um menschliche Erfindung und Gedanken handelt.«[178]

Im ganzen war die in den Kreisen der »Brüder« oft geäußerte Versicherung, dass man gegen die Juden keinen Hass hege und als Christ auch nicht hassen dürfe, und die Weigerung, sich an der Hasspropaganda – »Juden 'raus! Juda verrecke!« – zu beteiligen[165], unter einem Terrorsystem das äußerste, was man meinte, tun zu können. Helfen konnte es den Betroffenen, den Juden, nicht, wie es eben einem Ertrinkenden nichts nützt, wenn man ihm versichert, dass man nichts gegen ihn habe, aber keinen Finger rührt, um ihn zu retten.

Neutralität im Kirchenkampf

Verhielten sich die »Brüder« gegenüber dem Judenproblem im nationalsozialistischen Staat in möglichst sicherer Distanz, so war auch nicht zu erwarten, dass sie in einer anderen Auseinandersetzung Partei ergriffen: im Kirchenkampf, den ein Teil der evangelischen Landeskirchen als »Bekennende Kirche (BK)« gegen die Gleichschaltungspolitik Hitlers führte. Als der Reichsinnenminister jede Erörterung des evangelischen Kirchenstreits in Versammlungen und Druckschriften verbot, konnte die *Tenne* versichern:

> »Wir haben uns nie daran beteiligt und können diese Verfügung nur begrüßen.«[179]

Als an dem Nachsatz – berechtigterweise – Anstoß genommen wurde, erläuterte der Schriftleiter seine Haltung mit dem biblischen Argument »Ein Knecht des Herrn soll nicht streiten (2.Tim.2,24)«, und er fuhr fort:

> »Ganz besonders bedenklich aber ist es, wenn Knechte des Herrn ihre Stimme öffentlich wegen Maßnahmen der Obrigkeit erheben, und hierauf wünschte ich die Leser der *Tenne* hinzuweisen, da ich glaube, dass auch anche von ihnen in dieser Beziehung in Gefahr sind.«[180]

Das war nicht so kaltherzig gemeint, wie es klang; es zeugte nur von der grenzenlosen Unkenntnis den Vorgängen gegenüber, die sich damals zwischen der Regierung und der Gruppe der »Deutschen Christen« einerseits und den »bekennenden« und bibelgläubigen Christen andererseits im Raum der evangelischen Landeskirchen abspielte.

Die *Tenne*, die militärstrategische Überlegungen zum Abessinienkrieg der Italiener anstellte, äußerte sich auch nicht, als Karl Barths »theologische Erklärung« auf der Barmer Bekenntnissynode (Mai 1934) bloßlegte, dass es im sogenannten Kirchenstreit um die Grundlagen des christlichen Glaubens überhaupt ging. Dabei hätten Barths Thesen sicher auch den »Brüdern« einiges zu sagen gehabt, wenn man nur an deren unsichere Haltung gegenüber dem Alten Testament denkt, so z.B.:

»(3b) Wir verwerfen die falsche Lehre, als dürfe die Kirche die Gestalt ihrer Botschaft und ihrer Ordnung ihrem Belieben oder dem Wechsel der jeweils herrschenden weltanschaulichen und politischen Überzeugung überlassen.«[181]

Als Karl Barth Redeverbot erhielt und Deutschland verließ, veröffentlichte die *Tenne* zwar einen Teil seiner Abschiedsworte an seine Studenten – sie betrafen die Mahnung, sich an die Auslegung der Schrift zu halten –, betonte aber im Blick auf den Kirchenstreit:

>»... mit dem, was nun folgt, denken wir mit keinem Gedanken an den sogen. Kirchenstreit. Wir haben unsere wohlerwogenen Gründe, wenn wir hierzu in unserem Blatte im allgemeinen keine Stellung genommen haben, soweit dies überhaupt erlaubt war. Wir huldigen leidenschaftlich dem Grundsatz: Beschäftige dich nicht mit andern, tritt selbst in das göttliche Licht; ... So haben wir es jetzt auch nicht mit den Vorgängen und Gründen zu tun, die zu dem Abschied Prof. Barths von Bonn und seinen dortigen Studenten geführt haben.«[182]

Nun war die *Tenne* eigentlich nie so »leidenschaftlich« abstinent gewesen, wenn es darum ging, sich im Raum des Christentums »mit andern« zu beschäftigen, daher kann man wohl auch zu diesem Zeitpunkt nicht mehr von Unkenntnis reden, sondern muss vermuten, dass man seitens der »Brüder« eifrig bemüht war, den politischen Mächten gegenüber Wohlverhalten zu zeigen.

Zwar veröffentlichte die *Tenne* dann doch einmal einen Auszug aus dem Gesetzblatt der Deutschen Evangelischen Kirche, worin man sich deutlich gegen die Angriffe auf den christlichen Glauben aussprach[183], sie berichtete auch über die Auseinandersetzungen mit dem Neuheidentum der sogenannten »Deutsch-Gläubigen«, die behaupteten, dass der Bolschewismus eine »Frucht der Judenbibel« und das Christentum sein »bester Schrittmacher« sei[184]; sie druckte aber auch die auf einer Tagung in Essen (November 1936) gefasste Entschließung der »Vereinigung Evangelischer Freikirchen« ab, worin es u.a. hieß:

>»Die Wendung in unserem Volksleben zum Dritten Reich haben sie (d.h. die Vertreter der Freikirchen) als göttliche Fügung begrüßt und den neuen Staat freudig bejaht. Sie beten ernstlich für den Führer und seine Mitarbeiter.
>
>In die Auseinandersetzungen innerhalb der Landeskirchen einzugreifen, halten sie sich nicht für befugt.... Ihre Stellung ist auf der Seite Christi und deshalb auch auf der Seite aller, die mit Ernst Christen sein wollen. Sie reichen allen denen die Bruderhand, die denselben teuren Glauben empfangen haben.«[185]

Man kann annehmen, dass die »Brüder«, obwohl naturgemäß nicht Mitglied der »Vereinigung Evangelischer Freikirchen«, innerlich durchaus hinter der Entschließung standen, dass auch sie, wie es dort ganz vorsichtig angedeutet wird, mittlerweile auf der Seite der Gläubigen in der Bekennenden Kirche waren, deren Pfarrer z.T. in Konzentrationslagern unter dem SS-Terror litten, aber auch die »Brüder« waren gezwungen, sich anzupassen. Im Grunde aber waren sie wie alle Freikirchenleute froh, noch nicht zur Auseinandersetzung mit dem Staat gezwungen worden zu sein, und zwar mit einem zum Totalitarismus neigenden Staat, dem sie sich, anders als die großen Volkskirchen, kaum hätten widersetzen können.

Zwangsvereinigung mit anderen Kirchen?

In der Tat bestanden schon bald nach der »Machtergreifung« Besorgnisse im Raum der Freikirchen, sie könnten zum Anschluss an eine von der Regierung geforderte Reichskirche gezwungen werden. In der allgemeinen Begeisterung der nationalen Erhebung zu Einheit und Größe unter einem Führer lag der Gedanke nahe, auch auf religiösem Gebiet eine Einigung herbeizuführen. Wirklich versuchte Hitler zusammen mit den »Deutschen Christen«, mindestens zunächst die verschiedenen kleinen und großen Landeskirchen in einer Reichskirche unter einem Reichsbischof zusammenzufassen, was dann zum »Kirchenstreit« oder »Kirchenkampf« führen sollte.

Auch die Gerüchte über einen Zusammenschluss der freikirchlichen Gruppen oder gar über deren Anschluss an eine Reichskirche wollten nicht verstummen und konnten im Kreis der »Brüder« nur Sorgen und Befürchtungen auslösen; denn ob es sich nun um das Unabhängigkeitsbewußtsein der Offenen Brüder oder um die Abscheu vor jeder religiösen Organisation in der »Christlichen Versammlung« handelte, beiden Gruppen musste ein solches staatliches Gleichschaltungsvorhaben an die geistliche Substanz gehen.

Die Offenen Brüder, die eher als die »Christliche Versammlung« gewohnt waren, sich zu ihren gemeinsamen Anliegen als Gruppe schriftlich zu bekennen (s. II,137), äußerten sich auch zuerst in Rundschreiben zu der ungewohnten Situation. Schon am 9. Mai 1933 berichteten Frhr. von Wedekind (s. II,141) und Christian Schatz (s. II,132) über Gespräche des Bevollmächtigten Hitlers in Kirchenfragen, des Wehrkreispfarrers und späteren Reichsbischofs Ludwig Müller, mit Vertretern der Methodisten (Keip, Dr. Melle) und Baptisten (Rockschies, Nehring). Nach deren Darstellung wollte Hitler »wahres christliches Leben« in keiner Weise einschränken, im Gegenteil, er erwartete auch von den Freikirchen und Gemeinschaften wertvolle Mitarbeit bei der Erneuerung des Volkes von innen heraus. Allerdings kündigten sich bereits auch organisatorische Umstrukturierungen an, wenn die beiden Berichterstatter schrieben:

> »Wahrscheinlich werden wir frei- und außerkirchlichen Christen aber durch die gewaltigen Bewegungen, die durch Adolf Hitlers Regierungsergreifung in unserem deutschen Volk hervorgerufen sind, näher zusammenrücken müssen. Der neue Staat wird alle außerhalb der evangelischen Kirchenkörperschaft stehenden Gemeinschaften als zusammengehörend betrachten und behandeln. Aber nicht die Form ist von Wichtigkeit, sondern der Geist und die innere Einstellung, die wir zum Staat und zueinander einnehmen.«[186]

Wenn auch v. Wedekind und Schatz die drohende Organisierung der Gemeinden herunterzuspielen versuchten, so zeigten doch die noch im Mai in Derschlag bei Gummersbach, in Frankfurt/Main und Altena/Westf. eiligst einberufenen Brüderbesprechungen, dass man in den Kreisen der Offenen Brüder, wo die Autonomie jeder einzelnen Versammlung zu den grundsätzlichen Überzeugungen gehörte, wirklich aufgeschreckt war. Am 14. Mai 1933 versuchte man in Altena zwei Fragen zu klären und zu beantworten:

1. Was haben wir außerkirchlichen Christen von der Regierung zu erwarten?
2. Wie stellen wir uns zum neuen Staat?[187]

Zur ersten Frage konnte die beruhigende Erklärung abgegeben werden, dass man »das Evangelium und das Wort Gottes wie bisher weiter in das Volk hineintragen« dürfe. Andererseits deutete sich aber auch schon die Forderung des Staates an, die später auch die »Christliche Versammlung« nach ihrem Verbot erfüllen musste:

> »Da die Regierung aber eine Einordnung aller ihrer Bürger und aller gesellschaftlichen und christlichen Einrichtungen in den Staat fordert, werden nicht nur die Freikirchen, sondern auch die Christlichen Versammlungen durch von diesen bestimmte Vertreter mit der Regierung zu verhandeln haben. Ohne Zweifel werden einzelne Männer aus den christlichen Kreisen der Regierung gegenüber die Verantwortung zu übernehmen haben.«

Die zweite Frage beantwortete Christian Schatz mit dem gleichen nationalen Pathos wie Fritz von Kietzell von den Elberfelder Brüdern in der *Tenne*:

»Vor allem haben wir immer wieder Ursache, dem Herrn zu danken, dass er uns in letzter Minute in der Führerpersönlichkeit Adolf Hitlers und seiner Bewegung eine Rettung vor dem Bolschewismus geschenkt hat.

Die oben bezeichnete Stellung der Regierung macht es uns zur willkommenen Aufgabe, diesen Staat zu bejahen und für die führenden Männer fürbittend einzutreten.«[187]

Dass aber von der Regierung dieser »führenden Männer« auch eine gewisse Bedrohung ausging, wenn man sich nicht in ihrem Sinn verhalten sollte, deuteten dann die warnenden Hinweise an,

»unbedingt alle unvorsichtigen und durch nichts zu beweisenden Äußerungen über die Regierung zu unterlassen, vor allem aber auch, weil dadurch leicht einer örtlichen Gemeinde die Freiheit genommen werden kann.«

Deutlich wird aus den Worten von Christian Schatz, dass in den Versammlungen – und das wird bei beiden Gruppierungen so gewesen sein – auch eine gewisse Abneigung gegenüber dem Nationalsozialismus vorhanden war, die die maßgebenden Männer tunlichst zu unterdrücken wünschten:

»Es wird ernstlich abgeraten, junge Brüder, die der SA oder SS angehören, zu beeinträchtigen. ... Wir haben auch als Christen dem Staate gegenüber eine tätige Verantwortung. Vielleicht sind wir in der Vergangenheit in dieser Beziehung, beeinflusst durch unsere englischen Brüder, doch zu weit gegangen.«[187]

Der Hinweis auf die Lösung vom ausländischen Einfluss sollte später als Betonung nationaler Eigenständigkeit in Glaubensfragen immer wieder neu vorgebracht werden, denn die »Brüder« hatten den Vorwurf internationaler Beziehungen oder gar Abhängigkeiten zu fürchten.

Immerhin konnte man sich bei der im Sommer 1933 erfolgten Volkszählung noch damit begnügen, nur die Zugehörigkeit zu einer örtlichen Versammlung – die Offenen Brüder schlugen »Christliche Gemeinde« als Bezeichnung vor[188] – zu bekunden; zu einem »amtlich zusammenfassenden Namen« war man zu jener Zeit noch nicht gezwungen. Es zeichnete sich aber ab, dass es dahin kommen würde, wenn auch nicht zu der befürchteten Eingliederung in eine Reichskirche, die schon im »Kirchenkampf« der evangelischen Landeskirchen auf so viel Widerstand stieß. Johannes Warns (II,144f.) und Christian Schatz erklärten im Namen der Offenen Brüder:

»Wir bejahen den nationalsozialistischen Staat auf das Entschiedenste und sind bereit, die von der Regierung gestellten politischen Anforderungen zu erfüllen, dagegen trennt uns unsere Erkenntnis und christliche Erfahrung von der Kirche.«[189]

Und der anscheinend teilweise nur zögernd folgenden Basis in den Gemeinden riefen sie mahnend zu:

»Nochmals bitten wir aber unsere Brüder dringend, sich bejahend zum Staat einzustellen, der uns vor dem Bolschewismus bewahrt hat.«[189]

Im Laufe des Jahres 1933 gingen die Verhandlungen mit dem inzwischen zum Reichsbischof avancierten Ludwig Müller und seinem Freikirchen-Referenten, Pfarrer Karl Jakubski, weiter. Durch behördliche Eingriffe gegenüber einzelnen Gemeinden der Offenen Brüder waren »mancherlei Beunruhigungen« entstanden[190] und an drei Stellen waren sogar Versammlungsverbote ausgesprochen worden. Johannes Warns und Christian Schatz erreichten jedoch am 20. November 1933 beim Kirchen- und Reichsinnenministerium - der Reichsbischof war inzwischen aus den Verhandlungen mit den Freikirchen ausgeschaltet worden – die ungestörte Freiheit der Zusammenkünfte für die Gemeinden der Offenen Brüder.

Es zeichnete sich jetzt ab, dass die Freikirchen und auch die freistehenden Gemeinschaften, zu denen die »Brüder« beider Richtungen gehörten, mit dem Staat, vertreten durch das Reichsinnenministerium, einen Vertrag abzuschließen hatten, der etwa folgende Auflagen enthalten sollte:

1. Zusammenschluss der bisher noch nicht organisierten Versammlungen zu einem losen Verband, da es der Regierung nicht zuzumuten sei, »mit jedem auf eigene Faust umherziehenden Wanderprediger oder jeder einzeln stehenden Versammlung einen solchen Vertrag abzuschließen«;
2. Einreichung eines Verzeichnisses aller Versammlungen, die in dem betreffenden Verband zusammengeschlossen waren;
3. Benennung eines Bevollmächtigten, der im Namen der Versammlungen den Vertrag mit der Regierung unterzeichnete.[191]

Während nun die maßgeblichen Männer in der »Christlichen Versammlung« zu diesem Zeitpunkt und auch weiterhin eine abwartende Haltung einnahmen, waren die Verantwortlichen der Offenen Brüder der Überzeugung, »dem berechtigten Verlangen der Regierung« entsprechen zu können, zumal sie ihr mit einem Gefühl der Dankbarkeit gegenüberstanden:

> »Wo würden wir heute uns befinden und was wäre unser Los, hätte nicht Adolf Hitler mit starker Hand den Bolschewismus und Kommunismus in Deutschland vernichtet?«[191]

Für abweichende Meinungen in politischer Hinsicht war jetzt kein Platz mehr in den Versammlungen der Offenen Brüder. Christian Schatz forderte auf,

> »unsere Brüder Wanderredner, die sich keiner Gemeinde angeschlossen oder sich durch Miesmacherei ausgezeichnet haben, keine Vorträge halten zu lassen. Ich weiß wirklich nicht, welche Gründe solche Männer für ihre törichten Ideen vorbringen wollen.«[191]

Es ist bezeichnend, wie hier die politische Situation den innergemeindlichen Wortschatz prägte: Den Nationalsozialismus kritisch betrachtende Reisebrüder waren jetzt »Wanderredner«, die sich durch »törichte Ideen« und »Miesmacherei« auszeichneten. Wirklich wurde dann auf der Leipziger März-Konferenz 1934 die Frage gestellt, ob »der Reisedienst der dienenden Brüder, wie er heute ausgeübt wird, nicht abänderungsbedürftig« sei.[192]

Im Vordergrund der Beratungen in Leipzig stand aber »Die Lage der Christlichen Versammlungen im Dritten Reich«. Bei aller Bereitschaft, den oben genannten Forderungen der Regierung entgegenzukommen, wurde dennoch eine hierarchische Organisation nach dem Führerprinzip abgelehnt. So erklärte Johannes Warns:

> »Wir wollen keine Führerschaft. Der Führer ist der Heilige Geist.«[193]

Doch fand man sich bereit, mit der Regierung zu verhandeln, um eine tragbare Lösung zu erreichen, ehe, wie der juristische Berater, Dr. Christian Kinder, staatlicherseits warnte, »die Gesetze wie eine eiserne Walze über das Hergebrachte hinweggingen«[194]

Im Laufe des Jahres 1934 wurden die organisatorischen Veränderungen herbeigeführt. Zunächst schlossen sich die Offenen Brüder der seit 1926 zwischen Baptisten, Freien evangelischen Gemeinden und Methodisten bestehenden »Vereinigung Evangelischer Freikirchen« an, einer »Arbeitsgemeinschaft der Freikirchen und kirchenfreien Kreise«[194] um sich dann von dieser Plattform aus vertraglich mit dem Staat zu einigen. Die Offenen Brüder nannten sich fortan »Kirchenfreie christliche Gemeinden«; man legte aber Wert darauf, dies nur gegenüber den Behörden zu tun und sich ansonsten die Freiheit der inoffiziellen Bezeichnung in den einzelnen Gemeinden zu bewahren.[195] So wurde zuweilen immer noch der Ausdruck »Christliche Versammlung« benutzt, wie z.B. in der Leipziger Gemeinde am Johannisplatz.

An der Spitze der losen Vereinigung standen die vier Brüder
Heinrich Neumann, Berlin (s.II,130f.);
Christian Schatz, Bad Hornburg v. d. H.;
Werner Frhr. von Schleinitz, Merseburg (s.II,139);
Johannes Warns, Wiedenest.[196]
Für die Regierung und wohl auch als Selbstdarstellung wurde unter der Verantwortung von Christian Schatz eine *Kurze Darlegung über Kirchenfreie christliche Gemeinden (»Offene Brüder« genannt)* verfasst, in der die geschichtliche Herkunft, die Grundsätze der Gemeinden, deren Stellung zum Staat, ihre Zeitschriften und ihr Zusammenhang untereinander erläuter wurden (vgl. II,136ff.).[196]

In welcher Weise man damals der nationalsozialistischen Regierung entgegenkommen zu müssen meinte, zeigen in der *Kurzen Darlegung* die Hinweise auf das Verhältnis der Gemeinden zum Staat und zu politischen Grundsätzen überhaupt, wobei offen bleiben mag, inwieweit echte Überzeugung oder Opportunismus dahinterstanden. So wurde versichert, dass man zwar einen »besonderen Prediger*stand* (Klerus)« nicht für richtig halte, dennoch »demokratische Gleichmacherei« ablehne und »befähigten Führern« sein Vertrauen schenke; »demokratische Grundsätze« habe man »niemals befolgt«. Man befleißige sich, »zu einem gesunden christlichen deutschen Familienleben anzuleiten«, und obwohl man durch die missionarische Arbeit viel Verbindung zum Ausland habe, gebe man »keinen ausländischen Einflüssen Raum«. Auch der national-sozialistischen Regierung selbst glaubte man Reverenz erweisen zu müssen:

»Wir haben aber besonders hervorzuheben, dass wir die heutige Regierung Deutschlands als durch Gottes besonders gnädige Führung unserem Volk geschenkt ansehen und sie mit innerster Zustimmung, fester Überzeugung und ganzem Herzen bejahen.

Wir waren stets national gesinnt und suchten zugleich in wirklich sozialem Geist zu arbeiten, weshalb auch die durch unseren Führer Adolf Hitler bewirkte nationalsozialistische Erhebung von uns mit Freuden begrüßt wurde. Eine Anzahl unserer Glieder gehört der Bewegung an.«[196]

Anbiederung oder Überzeugung – das ist hier die Frage. Auf alle Fälle glaubten die Offenen Brüder wie auch andere Freikirchen, mit derartigen Bekundungen ihre Existenz unter dem braunen Regime gesichert zu haben.

Bei den Elberfelder Brüdern dauerte es entsprechend ihrer Abneigung allen organisatorischen Unternehmungen gegenüber bis zum Herbst 1933, ehe man sich zu einer schriftlichen Verlautbarung an die Versammlungen bereit fand. Zwar war es auch in der »Christlichen Versammlung« zu mehreren Brüderzusammenkünften gekommen, auf denen man besorgt die neue Lage erörtert hatte, das Ergebnis war aber zunächst nur eine beruhigende »Vertrauliche Mitteilung« von Ernst (s. II,44) und Wilhelm Brockhaus (s. II,27) im Oktober 1933, in der auf die Gerüchte um eine angeblich drohende Eingliederung in eine Reichskirche eingegangen wurde:

» Wir möchten die Geschwister herzlich bitten, sich durch derartige Gerüchte nicht beunruhigen zu lassen. Wir haben allen Grund, der Versicherung unseres verehrten Kanzlers Adolf Hitler, dass nicht daran gedacht werde, die Gewissensfreiheit des einzelnen irgendwie anzutasten, volles Vertrauen zu schenken. Wir können sogar aus sicherer Quelle mitteilen, dass der Reichsregierung, *der wir allein unterstellt sind*, irgendwelche Gleichschaltungsabsichten in dieser Hinsicht völlig fern liegen.«[197]

Als aber trotz jener »sicheren Quellen« und trotz der Dankbarkeitsbekundungen gegenüber der Regierung einzelne Versammlungen die Übergriffe örtlicher Behörden zu spüren bekamen, bestellte man Anfang 1934 auf einer Brüderzusammenkunft in Siegen eine Reihe von Brüdern als Vertreter der »Christlichen Versammlung« in den nun dringlich gewordenen staatlichen Angelegenheiten, u.a. auch den *Tenne*-Schriftleiter Major a.D. Fritz von Kietzell, der wohl nicht nur wegen seines Berliner Wohnsitzes, sondern auch wegen seines militärischen Ranges als besonders geeignet erschien. Kietzell verfasste im Laufe des Jahres 1934 – ähnlich wie Christian Schatz im Namen der Offenen Brüder – für die Regierung eine Denkschrift über die »Christliche Versammlung«, und zwar unter dem Titel Betrifft: *»Christen ohne Sonderbekenntnis«*[198], und reichte sie im Januar 1935 der Regierung ein.

Schon der Titel macht deutlich, dass es den Elberfelder Brüdern bisher noch gelungen war, sich dem Zugriff des Staates zu entziehen. Sie waren weder der »Vereinigung Evangelischer Freikirchen« beigetreten, noch hatten sie sich unter einem gemeinsamen Namen in einen, wenn auch nur losen, Gemeindeverband gefügt. Das eine hätte ihrem strengen Absonderungsprinzip widersprochen, das andere ihrer Auffassung, eben keine Freikirche, auch kein Gemeinschaftsverband zu sein, sondern nur »Christen, die sich zum Namen Jesu hin versammeln«. Letztlich hing daran ihr Selbstverständnis, was Fritz von Kietzell in der genannten Denkschrift sehr deutlich erläuterte, wenn er darauf hinwies, dass die »Christen ohne Sonderbekenntnis«

> »in Wirklichkeit keinen Namen tragen. Selbst wenn wir uns einen solchen zulegen wollten, so würde dies praktisch gar nicht ausführbar sein, weil wir keine Körperschaft sind und keine Organisation haben. Es wäre weder jemand da, der hierüber Beschluss fassen, noch jemand, der einen solchen Beschluss durchführen könnte ... Lediglich zur äußeren Kenntlichmachung unserer Versammlungssäle findet sich mancherorts die Aufschrift ›Christliche Versammlung‹, womit nichts anderes zum Ausdruck gebracht wird, als dass sich hier eine Anzahl Christen zum Gottesdienst versammeln.«[199]

Den Zusammenhalt der über das ganze Reich verbreiteten und »keine neue Körperschaft« bildenden Christen versuchte der Verfasser mit dem »Bild einer großen Familie innerhalb der Volksgemeinschaft« zu verdeutlichen.

Ob allerdings der Hinweis, dass die unorganisierte Gestaltung der Zusammenkünfte und das »kaum sichtbare Netz von Beziehungen« untereinander nur für den ganz verständlich sei, der »mit den Lehren der Heiligen Schrift über die Ordnung und den Dienst in der christlichen Gemeinde völlig vertraut« sei, für die Geheime Staatspolizei zufriedenstellend gewesen ist, muss entsprechend ihrer späteren Reaktion bezweifelt werden. Im Blick auf das spätere Verbot der »Christlichen Versammlung« war es eben ein taktischer Fehler, dass man nicht wie die Offenen Brüder in der noch gelockerteren Atmosphäre der Anfangszeit der Diktatur auf die Vorschläge der Regierung eingegangen war. Dass dies den Elberfelder Brüdern von ihrem geistlichen Selbstverständnis her allerdings gar nicht möglich erschien, ist schon oben dargelegt worden.

In dieser Denkschrift von Kietzell fehlt jede Verbeugung vor dem NS-Regime, wie sie in der *Kurzen Darlegung* der Offenen Brüder so peinlich berührt, was um so anerkennenswerter ist, wenn man die grundsätzlich nationale Haltung des Verfassers in Betracht zieht. Es war eben einem Vertreter der »Christlichen Versammlung« nicht möglich, irgendeine Verbindung zwischen den Grundsätzen der »Versammlung« und denen der Welt zu ziehen, schon gar nicht in schriftlichen Verlautbarungen offizieller Natur. Gemeinde und Welt waren völlig getrennte Bereiche, mochte man auch in der »halboffiziellen« *Tenne* mittlerweile begonnen haben, die Grenzen zu verwischen.

Der Regierung musste es andererseits recht dürftig erscheinen, dass die Denkschrift für das Verhältnis zum Staat nur auf die einschlägigen Bibelstellen hinwies, um dann noch einige Verse aus Römer 13 zu zitieren. Ein Staat, der täglich millionenfach bei jeder Begrüßung dem »Führer« »Heil« zurufen ließ, konnte damit nicht zufrieden sein. Da nützte es auch nichts, wenn man eifrig erklärte, keinerlei Beziehungen zu anderen Kirchen zu unterhalten und im Kirchenkampf neutral zu sein:

> »Die Eindeutigkeit unserer Grundsätze ergibt, dass wir von kirchlichen Streitigkeiten in keiner Weise berührt werden. Unsere bewusst einseitige Auffassung der christlichen Religionsausübung schließt zwangsläufig Anknüpfungsmöglichkeiten an alle Streitfragen politischer Art aus.«[200]

Gerade nach dieser Denkschrift musste die »Christliche Versammlung« dem totalen Staat als eine recht undurchsichtige Gruppe erscheinen, die sich der alles erfassenden Gleichschaltung zu entziehen versuchte. Dennoch hofften die »Brüder«, auch weiterhin ihren Überzeugungen treu bleiben zu können, wenn sie nur von der religiösen Gleichschaltung verschont blieben. Und bei der in den Kreisen der »Brüder« allgemein verbreiteten nationalen und regierungsbejahenden Haltung meinte man, dass dies keine unberechtigte Hoffnung sei. Dass man sich dennoch täuschte, sollte man zwei Jahre später bitter erfahren.

Zusammenfassung

Schaut man vom Jahr 1937, das in der Geschichte der Brüderbewegung gern als eine Wendemarke betrachtet wird, auf die davorliegenden Jahrzehnte zurück, muss man feststellen, dass eine einseitige Haltung im national-konservativen Sinne, unbewusst als geistlich richtig betrachtet, bei den »Brüdern« immer schon vorhanden gewesen war. So kam die Begeisterung für die »nationale Revolution« der NSDAP nicht von ungefähr, sondern war gewissermaßen schon durch die älteren Generationen vom Kaiserreich her vorprogrammiert. Hatte man vor 1918 keine Schwierigkeiten, sich auf Römer 13 zu berufen, musste dann in der Zeit der Weimarer Republik öfters zum Gehorsam gegenüber dieser Schriftstelle ermahnt werden, was im Blick auf die inneren Vorbehalte gegen das »System von Weimar« sicher nicht leicht fiel. Um so dankbarer war man dann 1933, weil man meinte, in der Machtübernahme durch Hitler und seine Partei Gottes gnädiges Handeln sehen zu dürfen, und so konnte die Berufung auf Römer

13 wieder mehr mit Inbrunst geschehen. Hitler erschien nicht nur als der Retter vor dem Bolschewismus, auch der wirtschaftliche Aufschwung wurde von ihm erwartet und schließlich sogar eine Gesundung des Volkes im sittlichen Sinne. Offensichtliche Unrechtstaten der braunen Machthaber, z.B. an den Juden, versuchte man als Extremfälle zu bagatellisieren oder irgendwie auch mit biblischen Überzeugungen in Übereinstimmung zu bringen.

Zwar musste man fürchten, in dem allgemeinen Sog zur Gleichschaltung auch im religiösen Bereich mitgerissen zu werden, was das Absonderungsprinzip und die Benennungslosigkeit der »Christlichen Versammlung« gefährdet hätte, aber man meinte hier, als gute Staatsbürger mit der Duldung durch die Regierung rechnen zu dürfen. Dasselbe galt auch für die Offenen Brüder, die sich allerdings eher geneigt zeigten, dem Ansinnen des Staates nach Organisierung entgegenzukommen.

So nahmen die »Brüder« beider Richtungen gegenüber dem nationalsozialistischen Staat keine wirklich biblisch-geistlich eigenständige Haltung ein. Man ließ seine nationalen Sympathien sprechen, wo das Wort Gottes allein hätte reden sollen, und man berief sich auf Römer 13, wo man »Gott mehr gehorchen« hätte müssen als den Menschen. Nationalistische Vorurteile und die Befürchtungen um den Fortbestand der Versammlungen machten in beiden Kreisen weitgehend blind für das Unrecht, an dem man sich als schweigender Zuschauer oder auch in Wort und Tat beteiligte.

Es war keine gute Ausgangsposition für die Konfrontation mit einem brutalen Staat, wobei in der »Christlichen Versammlung« gerade in den Jahren nach 1933 die innere Auseinandersetzung um das rechte Selbstverständnis (s. II,103ff.) geistliche und sittliche Kräfte verbrauchte.

Es sollte von schwerwiegender Bedeutung sein, dass sich die geistliche Frage einer Öffnung gegenüber anderen christlichen Kreisen sachlich wie zeitlich mit den Gewaltmaßnahmen der Diktatur verband, einer Diktatur, deren Unrechtscharakter man nicht durchschaute und zu der die »Brüder« deshalb keine biblisch eindeutige Stellung zu beziehen vermochten.

III. Verbot und umstrittene Einheit

1. Das Verbot der »Christlichen Versammlung«

»Wie ein Blitz aus heiterem Himmel«?

»Wie ein Blitz aus heiterem Himmel« kam das Verbot am 28. April 1937 über die »Christliche Versammlung«. Diese Behauptung – zum erstenmal im Schreiben an die Geheime Staatspolizei vom 29. April 1937[201] - ist immer wieder geäußert worden. Fast jeder, der aus seiner Erinnerung von den damaligen Ereignissen berichtete, benutzte die Floskel vom »heiteren Himmel«, der für die »Brüder« erst durch die Gewaltmaßnahmen der Gestapo (= Geheime Staatspolizei) blitzartig zerrissen und verdunkelt worden sei. Doch muss man heute fragen, ob dieses so oft wiederholte sprachliche Bild einer allgemeinen Stimmungslage überhaupt den Umständen entsprach. War der Himmel über den »Brüdern« wirklich so »heiter«?

Es stimmte weder nach der inneren noch nach der äußeren Verfassung, in der sich die »Christliche Versammlung« 1937 befand: Schon im Blick auf den inneren Zustand konnte man nicht mehr von einem »heiteren Himmel« sprechen, wenn man in Betracht zieht, dass die Einheit der Christen, die gerade die Einheit des Leibes Christi darstellen wollten, zum erstenmal in ihrer 85-jährigen Geschichte bis zur Zerreißprobe ernstlich gefährdet war (s. II,103ff.).

Und auch draußen, in Bezug auf Staat und Gesellschaft, war der Himmel mehr von Gewitterwolken verdunkelt als sonnig heiter. Hitler hatte mittlerweile die ersten vier Jahre, für die er sich Zeit erbeten hatte, regiert und vieles in Deutschland verändert. Sicher, die ökonomischen Verhältnisse hatten sich gebessert, nicht zuletzt durch die günstige Entwicklung der Weltwirtschaft, deren Aufwärtsschwung auch Hitler nach oben trug; nicht zuletzt aber auch durch die planmäßige Ruinierung der Staatsfinanzen, die Hitler auf Rechnung des von ihm beabsichtigten großen Eroberungskrieges vornahm. Nun ist anzunehmen, dass die meisten Christen die drohende Kriegsgefahr noch nicht zu erkennen vermochten. Konnte man aber in einem SS-Staat der politischen Morde und der Konzentrationslager, in die Pfarrer beider Konfessionen, politisch Andersdenkende und bürgerlich harmlose Sektierer gleichermaßen geworfen wurden, wirklich von einem »heiteren Himmel« sprechen? Konnte man dies im Staat der Nürnberger Gesetze, mit deren Hilfe die Deutschen jüdischer Abstammung verfolgt wurden, indem man sie vertrieb oder versklavte? Konnte man es unter einer Parteiherrschaft, die die Entchristlichung des Lebens, und dies besonders bei der Jugend[202], vorwärtstrieb und den Geist des Hasses verbreitete?

Man konnte es sicherlich nicht mehr im Blick auf die Bilanz, die man nur acht Jahre später aus der Herrschaft Hitlers ziehen musste: 40-50 Millionen Tote, davon allein über sechs Millionen Deutsche und sechs Millionen wie Ungeziefer ausgerottete Juden, deren grausame Ermordung das dunkelste Kapitel des Dritten Reiches darstellt.

Aber so unberechtigt der Ausdruck vom »heiteren Himmel« war, so zeigt er doch gerade die harmlose Naivität, mit der die »Brüder« ihren Staat und ihre eigene Lage darin beurteilt haben. Auch als Religionsgemeinschaft waren sie gefährdeter, als sie es sich vorstellen konnten.

Hitlers kirchenpolitische Ziele

Um verstehen zu können, warum die nationalsozialistische Regierung gegen die »Christliche Versammlung« vorging, müssen die kirchenpolitischen Ziele Hitlers im allgemeinen und das Verhältnis seiner Regierung zu den christlichen Kirchen etwas näher ins Auge gefasst werden.[203]

Hitlers taktisches Werben um die Christen in Deutschland vor und kurz nach dem 30. Januar 1933 darf nicht darüber hinwegtäuschen, dass seine Ziele grundsätzlich atheistischer und christentumsfeindlicher Natur waren (s. S. 42f.). Es gab für ihn nur eine Religion: die nationalsozialistische Weltanschauung, in der der Glaube an »Blut und Boden«, Raum und Rasse dominierte und wo nach dem Gesetz der natürlichen Auslese die Macht des Stärkeren das Verhalten bestimmte. Jede christliche Religion, wie sie auch immer beschaffen war, musste der totalen Erfassung des deutschen Menschen durch die nationalsozialistische Lebensordnung im Wege stehen.

Allerdings musste Hitler zunächst noch Rücksicht walten lassen; zu abträglich wäre bei den internationalen Beziehungen der Kirchen der Eindruck im Ausland gewesen, mindestens in den Jahren der Machtkonsolidierung, und die Vorbereitung auf den Krieg erforderte Rücksichtnahme auf das zumeist der Kirche und dem christlichen Glauben verbundene Offizierskorps der Wehrmacht. Im Krieg selbst musste erst recht der religiöse »Burgfrieden« eingehalten werden, damit alle Kräfte auf den Kampf konzentriert werden konnten.

Das alles aber ließ die Partei und ihren Führer nicht das Endziel aus den Augen verlieren, obschon oder gerade weil die ersten Schritte zu seiner Verwirklichung genug Schwierigkeiten eingetragen hatten. Die seit 1933 unternommenen Versuche, die beiden großen Kirchen gleichzuschalten und aus dem öffentlichen Leben zurückzudrängen, hatten so viel aufsehenerregenden Widerstand erfahren, dass sich Hitler veranlasst sah, von sofortigen umwälzenden Maßnahmen abzulassen und größeren Auseinandersetzungen möglichst aus dem Wege zu gehen.

Dennoch kam es im Bereich der evangelischen Kirche zum »Kirchenkampf« zwischen den nationalsozialistischen »Deutschen Christen« und der »Bekennenden Kirche«, es kam zu Kanzelabkündigungen, z.B. im März 1935 gegen die Abgötterei des Neuheidentums der NSDAP, was die Gestapo wiederum mit der Verhaftung von über 700 Pfarrern und mit Razzien in Kirchenämtern beantwortete. Auch gegenüber der katholischen Kirche war es im weltanschaulichen Kampf zur Verhaftung von Priestern gekommen, zu Sittlichkeits- und Devisenschieberprozessen gegen die Ordensgesellschaften und zur Ausschaltung des kirchlichen Einflusses in Jugendbildung und -erziehung. Als Papst Pius XI am 4. März 1937 mit seiner Enzyklika »Mit brennender Sorge« – sie wurde von allen katholischen Kanzeln verlesen – auf die kritische Situation hinwies, war der Widerstreit zwischen Nationalsozialismus und Christentum für die Weltöffentlichkeit offenbar. Um so mehr sah sich Hitler, den geplanten Krieg vor Augen, genötigt, zunächst einmal in kirchenpolitischen Fragen taktische Zurückhaltung zu üben.

Der NS-Staat und die kleineren Religionsgemeinschaften

Nicht so zurückhaltend musste sich die nationalsozialistische Regierung gegenüber den kleineren Religionsgemeinschaften betragen[204], ob es sich nun um Freikirchen oder um Sekten handelte, zwischen welchen beiden Begriffen die staatlichen Stellen keinen besonderen Unterschied zu machen vermochten, wie die »Christliche Versammlung« noch erfahren sollte.

Zwangsmaßnahmen gegen Freikirchen und Sekten waren viel weniger auffällig als gegen die großen Kirchen, ging es doch hier nur um eine – selbst insgesamt gesehen – zahlenmäßig geringfügige Gruppe, die nicht einmal geschlossen auftreten konnte. Staatliche Anerkennung, z.B. als »Körperschaft des öffentlichen Rechts«, oder gar Staatsverträge wie die großen Kirchen hatten diese kleineren Religionsgemeinschaften nur zum geringeren Teil bzw. gar nicht, sie waren also recht ungeschützt allen polizeilich-behördlichen Maßnahmen ausgesetzt; die »Brüder«versammlungen beider Richtungen erfuhren dies schon 1933 in einzelnen Fällen recht handgreiflich (s. S. 77.). Auch standen keine im öffentlichen Leben einflussreichen Kreise hinter den Freikirchen und Sekten, so dass schon aus diesem Grunde kaum Rücksicht zu nehmen war.

Andererseits bestand aber auch gerade um der kleineren Zahl willen zunächst wenig staatliches Interesse an einer sofortigen Gleichschaltung. Wenn erst die Bastionen der großen Kirchen gefallen waren, hätten die kleineren sowieso keine Rolle mehr gespielt, und so war es nur natürlich, dass die Gleichschaltungsabsichten der Regierung zuerst vornehmlich auf die großen Kirchen gerichtet waren. Darin liegt auch ein wesentlicher Grund, dass die »Brüder« weder den grundsätzlichen Charakter des weltanschaulichen Kampfes bemerkt haben – wie das öffentlich bekundete Desinteresse am »Kirchenkampf« zeigte –, noch in ihrer Gutgläubigkeit die taktischen Manöver der Diktatur durchschauten.

Was man grundsätzlich zu erwarten hatte, zeigte das Schicksal der Sekte der »Ernsten Bibelforscher (heute: Zeugen Jehovas)«[205]; sie wurden recht bald mit brutaler Gewalt verfolgt, in Konzentrationslager verbracht und dort z.T. ermordet. Von den etwa zwanzigtausend Mitgliedern wurde zwischen 1933 und 1945 jedes zweite verhaftet, und jedes vierte fand – meist in den Konzentrationslagern – den Tod.

So weit kam es bei den Freikirchen und auch bei den meisten Sekten nun allerdings in diesen ersten zwölf Jahren des »tausendjährigen« Dritten Reiches noch nicht; die Christen hatten im Gegensatz zu den Juden aus den oben angegebenen Gründen eine längere Schonfrist. Die Sekten wurden zwar verboten – und die »Brüder« der »Christlichen Versammlung« merkten bald, was es bedeutete, zu ihnen gezählt zu werden –, die Freikirchen aber überstanden die Diktatur nahezu unangefochten, unter ihnen dann auch die »Brüder«, nachdem sie sich unter das Dach einer freikirchlichen Organisation geflüchtet hatten. Einige Einschränkungen mussten die Freikirchen allerdings hinnehmen: Sammlungsverbot, Behinderung der Kinder- und Jugendarbeit, Verbot der Zeitschriften im Krieg; aber die Gemeinden als Zusammenkünfte der Gläubigen und als Ort der Evangeliumsverkündigung blieben erhalten.

Sicherlich spielte dabei eine Rolle, dass die Freikirchen dem Ansinnen der Regierung nach überschaubarer Organisation sehr schnell entgegengekommen waren. Dadurch hatten sich auch die »Offenen Brüder« in eine zunächst relativ sichere Position gebracht (s. S. 78f.), war doch Organisierung für die nationalsozialistische Regierung immer schon ein erster Schritt in Richtung einer Gleichschaltung.

Zudem fand es die Regierung in der Zeit des Kirchenkampfes gewiss nützlich, zu einem Teil der Christen ein von Sympathie und Zusammenarbeit getragenes Verhältnis demonstrieren zu können, was sich vortrefflich propagandistisch ausbeuten ließ, hatten doch gerade die Freikirchen z.T. starke internationale Beziehungen in den angelsächsischen Raum hinein und konnten dem schlechten Eindruck, den die Auseinandersetzung mit den großen Kirchen dort hervorrief, entgegenwirken. Tatsächlich verhielt sich dann auch der Methodistenbischof Dr. Melle als Vertreter der deutschen Freikirchen auf der Weltkirchenkonferenz in Oxford 1937 ganz in diesem Sinne, wenn er dort ausführte:

> »Oft wurde ich gefragt: Wie ist denn eure, der Freikirchen, Stellung zum nationalsozialistischen Staat? Darauf kann ich nur antworten, dass die in der Vereinigung evangelischer Freikirchen verbundenen Kirchen dankbar sind für die volle Freiheit der Verkündigung des Evangeliums von Christo und für den Dienst in Evangelisation, Seelsorge, sozialer Fürsorge und Gemeindeaufbau. Sie haben die nationale Erhebung des deutschen Volkes als eine Tat göttlicher Vorsehung betrachtet.«[206]

Dr. Melle bezeugte Dankbarkeit,

> »dass Gott in seiner Vorsehung einen ›Führer‹ gesandt hat, dem es gegeben war, die Gefahr des Bolschewismus in Deutschland zu bannen und ein 67-Millionen Volk vom Abgrund der Verzweiflung, an den es durch Weltkrieg, Vertrag von Versailles und dessen Folgen geführt worden war, zurückzureißen und ihm anstelle der Verzweiflung einen neuen Glauben an seine Sendung und Zukunft zu geben.«[206]

Der Methodistenbischof, ein führender Mann der Deutschen Evangelischen Allianz, merkte wohl gar nicht, wie sehr er schon den Sprachstil der NSDAP übernommen hatte. Empörung musste es aber in der »Bekennenden Kirche« auslösen, wenn man dort die folgenden Ausführungen Dr. Melles, in der NS-Presse genussvoll zitiert, lesen musste, wobei noch zu berücksichtigen ist, dass Vertreter der Landeskirchen nicht nach Oxford hatten reisen dürfen:

> »Ich wünschte zu Gott, die Kirchen hätten nicht versagt, dass Gott sie hätte gebrauchen können, einen ähnlichen Dienst zu tun (wie Hitler. D. Verf.). In dem Konflikt, der in den deutschen Volkskirchen selbst

ausbrach über die Frage, wie man die 28 Volkskirchen in eine Reichskirche zusammenschließen könnte, blieben wir neutral, auch als der Konflikt später eine andere Richtung nahm.«[206]

In dieselbe Richtung – die Benutzung der Freikirchen für die Zwecke des Nationalsozialismus – zielten auch die Absichten der Regierung: nämlich mit Hilfe »harmloser Sekten« zur Zersplitterung christlichen Lebens und Glaubens beizutragen. Darauf wiesen »Arbeitsanweisungen« Heinrich Himmlers, des Reichsführers SS und Chef der deutschen Polizei – also auch der Gestapo – hin, in denen es u.a. hieß:

> »Harmlose Sekten ... können jedoch zunächst ohne Bedenken bestehen bleiben, da grundsätzlich selbstverständlich kein Interesse daran besteht, die auf kirchlich-religiösem Gebiet bestehende Zersplitterung irgendwie zu beseitigen.«[207]

Was »harmlos« war, bestimmte dabei allerdings die Gestapo; und als nicht »harmlos« wurden die meisten der Religionsgemeinschaften eingestuft, die wir auch heute gemeinhin vom biblischen Standpunkt aus als »Sekten« zu bezeichnen pflegen, da sie für Himmler entweder als »Sammelbecken ehemaliger Marxisten« galten oder »deutsche Menschen zu minderwertigen Werkzeugen orientalischen Geistes« herabwürdigten.[207]

Dennoch wurden die Sekten bis auf wenige Ausnahmen wie die »Ernsten Bibelforscher« nicht sofort verboten, sondern in der Mehrzahl erst ab 1937. Dabei spielte sicherlich der Kompetenzenwirrwarr zwischen den verschiedenen Staats- und Parteiämtern eine Rolle, wie er in den meisten Regierungsbereichen unter Hitler üblich war, der gern zur Erhaltung der eigenen Macht die eine gegen die andere Behörde ausspielte. Hatte zunächst sein Kirchenbeauftragter und späterer Reichsbischof Ludwig Müller in kirchenpolitischen Fragen die Federführung, so wurde er ab 1935 durch das Reichskirchenministerium unter Hanns Kerrl abgelöst[208], dessen Befugnisse wiederum Heinrich Himmler mit seiner Geheimen Staatspolizei ausschaltete. Diese Kompetenzenverschiebungen zeigten zugleich die Verschärfung des antireligiösen Kurses an.

Es ist auch zu vermuten, dass die Regierung um der Wirkung im Ausland willen die Olympischen Spiele in Berlin 1936 abwartete, ehe sie gegen die Mehrzahl der missliebigen religiösen Gruppen vorging, die sie als »staatsgefährdend« und »volkszersetzend« einstufte. Als es dann zu Verboten kam, berief man sich immer noch auf die »Verordnung zum Schutz von Volk und Staat« vom

28. Februar 1933²⁰⁹ (die sogenannte »Reichsbrandverordnung«), die nach dem Reichstagsbrand zur Ausschaltung der Kommunisten erlassen und damals auch von der *Tenne* so begeistert begrüßt worden war (s. S. 63).

Inzwischen wurde aber diese die verfassungsmäßigen Rechte einschränkende Verordnung auch gegen alle jene angewandt, die das misstrauische Regime – berechtigter- oder unberechtigterweise – als mögliche Gegner des totalen nationalsozialistischen Staates betrachtete. Dabei konnte auch schon derjenige zum zu beseitigenden Gegner gestempelt werden, der sich der Mitarbeit im politischen Leben verweigerte. Dies zeigen die Kriterien, die Himmler in den oben genannten »Arbeitsanweisungen« zur »Bekämpfung der konfessionellen Gegner« für die »Gefährlichkeit des Sektenwesens« anführte:

1. Erziehung der Anhänger zu egozentrischen Auffassungen und Gleichgültigkeit gegenüber allen Fragen, die Volk und Staat betreffen.
2. Zersetzung mit Marxisten und Kommunisten.
3. Freimaurerische, jüdische und internationale Bindungen.
4. Verweigerung des Eides und des Deutschen Grußes.
5. Ablehnung der allgemeinen Wehrpflicht.
6. Ablehnung der Übernahme von Ämtern in Organisationen des Staates und der Bewegung (DAF, Luftschutz, NSV, WHW usw.).
7. Verweigerung der Teilnahme an Betriebsappellen und der Mitarbeit in der Rüstungsindustrie.
8. Gesundbeterei.
9. Ausbeuterei und Volksverdummung.
10. Ablehnung der nationalsozialistischen Rassentheorie.²⁰⁷

Dass auch die »Christliche Versammlung« für die Gestapo unter die Sekten fiel, erklärt sich zunächst aus ihrer für Außenstehende undurchschaubaren »Organisation«, die von den »Brüdern« als wirkliche Organisation geleugnet wurde. Aber auch mehrere Punkte aus Himmlers Sündenkatalog der Sekten mussten das Bild der »Christlichen Versammlung« kennzeichnen, das sich die Gestapo nach der Denkschrift Fritz von Kietzells (s. S. 80f.) und aus vielen geheimen Einzelberichten von den »Christen ohne Sonderbekenntnis« machen konnte. Das betraf z.B. die »Gleichgültigkeit« gegenüber den politischen Fragen (Pkt. 1), die »internationalen Bindungen« (Pkt. 2), die »Ablehnung der Übernahme von Ämtern« in der »Bewegung« (Pkt. 6) und nicht zuletzt die »Ablehnung der nationalsozialistischen Rassentheorie« (Pkt. 10). Da mag sich die allwissende Gestapo aus vielen Einzelfällen mosaikartig ihr Bild von der »Christlichen Versammlung« zusammengestellt haben, wie sie auch schon 1935 »bei der Methodistischen Freikirche«, die nie verboten wurde, »staatsfeindliche Erscheinungen« feststellte.[210] Auf alle Fälle müssen die Glieder der »Christlichen Versammlung« in den Verdacht geraten sein, sich der totalen Erfassung durch den Weltanschauungsstaat entziehen zu wollen, was ja auch ihrer Glaubenshaltung nach eigentlich zu erwarten war. Damit aber fielen sie unter die religiösen Gruppen, die als »staatsgefährdend« und »volkszersetzend« eingestuft wurden.

Die Hiobsbotschaft am 28. April 1937

In der Frühe des 28. April 1937 konnte man in den Morgenausgaben deutscher Tageszeitungen folgende Meldung lesen:

> »Berlin, 28. April. Auf Grund der Verordnung des Reichspräsidenten zum Schutz von Volk und Staat hat der Reichsführer SS und Chef der deutschen Polizei im Reichsministerium des Innern folgende Sekten mit sofortiger Wirkung für das gesamte Reichsgebiet aufgelöst und verboten: die Sekte ›Schopdacher Freundeskreis‹, die Sekte ›Siebenten Tags-Adventisten vom 3. Teil‹ und die Sekte ›Christliche Versammlung‹ auch ›Darbysten‹ oder ›Christen ohne Sonderbekenntnis‹ genannt.«[211]

Diese Pressenachricht kam für die allgemeine Öffentlichkeit, selbst für die meisten Behörden und damit auch für die »Brüder« völlig überraschend. Im Blick auf die »Christliche Versammlung« war das Verbot aber schon am 13. April 1937 durch einen Runderlass Heinrich Himmlers, des obersten Polizeichefs des Reiches, ausgesprochen worden[212], und nur die Zeitspanne bis zur Veröffentlichung im Ministerialblatt des Reichs- und Preußischen Ministeriums des Innern hatte die Bekanntgabe in der Presse verzögert. Aus dem Aktenzeichen des Runderlasses – AZ 570/36 – geht hervor, dass sich die Reichsbehörde schon seit 1936 mit der »Christlichen Versammlung« beschäftigt hatte.[213]

Die Nachricht stiftete unter den Gliedern der »Christlichen Versammlung« Verwirrung, Verunsicherung und Ratlosigkeit. Zunächst gab man sich noch der Hoffnung hin, dass eine Falschmeldung[214] oder auch eine Verwechslung mit einem Kreis in Schlesien vorliege; dort waren Gemeinschaften, die den Wehr- und Arbeitsdienst und den Hitler-Gruß ablehnten und sich auch »Christliche Versammlung« nannten, schon vorher verboten worden.[215] Aber im Laufe des Tages erhärtete sich die Überzeugung, dass wirklich die »Brüder« gemeint waren. Andererseits verliefen Versuche, bei örtlichen Partei- und Regierungsstellen die Gründe für das Verbot zu erfahren, ergebnislos; man war hier selbst ratlos.[216]

Bis zum 1. Mai erhielten die örtlichen Behörden dann auch die Ausführungsbestimmungen zum Verbot, worauf die Versammlungssäle geschlossen und das Vermögen sichergestellt wurde. In einzelnen Fällen wurden sogar die Bibeln und Liederbücher beschlagnahmt[217], vorübergehend wurde von der Gestapo auch das Altersheim in Wuppertal-Ronsdorf (II,36) geschlossen[217a]. Selbst das Treffen des Stündchenkreises (s. II,104), das am 4. Mai in »Hohegrete« bei Au an der Sieg beginnen sollte, wurde am Abend vorher verboten.[218]

Damit schien alles, was in der neunzigjährigen Geschichte der »Brüder« unter dem Segen Gottes geworden war, vernichtet. Von allen Gemeinschaften der Gläubigen war ausgerechnet der Kreis liquidiert worden, der sich selbst stets eine Sonderrolle unter den christlichen Gruppen zuerkannt hatte (s. II,58ff.); dies wurde als besonders demütigend empfunden. Hans Becker drückte die damaligen Gefühle folgendermaßen aus:

> »Am 28. April kam das Verbot der ›Christl. Versammlung‹. Es fuhr auf uns nieder wie ein Blitz aus heiterem Himmel: unerwartet und vernichtend. Durch einen Federstrich wurde hier ein stolzer Bau in Schutt und Trümmer gelegt. Eine Organisation von 60000 bis 70000 Menschen (Becker rechnet hier bei ca. 33000 Abendmahlsteilnehmern die Kinder hinzu. D.Verf.), mit Kassenwesen, Grundbesitz und allem Drum und Dran hat für immer aufgehört zu bestehen. Und was uns das Unfasslichste war: es traf die Organisation, die die Gemeinde Christi meinte zwar nicht *zu sein*, aber doch *darzustellen*, meinte den ›Platz einzunehmen‹ nach den Gedanken Gottes.«[219]

Die Glieder der »Christlichen Versammlung« waren mit dem Verbot als Staatsfeinde diskriminiert, zu Außenseitern der Volksgemeinschaft gestempelt, als schädliche Sektierer gebrandmarkt, und es ist verständlich, dass sich angesichts der versiegelten Versammlungstüren Verzweiflung ausbreitete.

»Man kam sich in diesem Staat, der mit Härte und Konsequenz allen Andersdenkenden gegenüber auftrat, nunmehr heimatlos und hilflos ausgeliefert vor.«[220] Mochten auch Gläubige aus anderen Gemeinschaften den jetzt Verfemten Hilfe und Bruderhand anbieten[221], ihrem organisatorischen Charakter nach setzten sich die Freikirchen vorsichtig von der »Christlichen Versammlung« ab, um nicht mit in das Verbot hineingerissen zu werden, so z.B. die Baptisten[222] und auch die Offenen Brüder; letztere legten Wert darauf, nicht mit den »Brüdern« der »Christlichen Versammlung« verwechselt zu werden, was an einigen Orten geschah, und erinnerten noch einmal an die notwendige Benutzung des eigenen Namens: »Kirchenfreie christliche Gemeinden«[223]. Die Angst vor der mächtigen und unberechenbaren Gestapo saß allen im Nacken.

Darüberhinaus bekamen die geschlagenen »Brüder« jetzt den Spott derjenigen zu spüren, denen sie angesichts des Kirchenkampfes in Einzelfällen doch als Sympathisanten der Bekennenden Kirche aufgefallen waren: der »Deutschen Christen«, die in einem ihre Wochenblätter[224] triumphierten:

> »Fühlen die ›Bekenner‹ ihr Ende nahen? Sie scheinen uns recht herabgekommen zu sein. War das eine Bestürzung, ein Fragen und Rätselraten, als in der verflossenen Woche die Mär unsere Stadt durcheilte: der ›Westfalendamm (Sekte der Darbisten)‹ ist aufgelöst! Schadenfreude steht uns schlecht an; wir bemerken dazu nur: ›Suum cuique! (d.h. jedem das Seine! D.Verf.)‹. – Als Kenner der Dinge möchten wir jedoch unsere Freunde auf zwei höchst interessante Zeitepochen – vor und nach 1933 – im Leben des ›Westfalendamms‹ hinweisen. Während man *vor* dem Umbruch eine von höchstem Pharisäismus zeugende Abneigung gegen alles, was nach ›Kirche‹ roch, beobachten konnte, so dass sogar *Blutsverwandte* (!) einem kirchlichen Teil den Händedruck versagten, trat nach der Machtergreifung eine plötzliche Wandlung der Dinge ein. Bekannt ist noch, wie einem gemaßregelten Pfarrer die finanzielle Hilfe des Westfalendamms zuteil wurde, wie Hitlergruß und andere schöne Dinge als böhmische Dörfer behandelt wurden u.a.m. Schließlich geschah nun etwas ganz Absonderliches: Man suchte Vorspannpferde für eine bekenntnisseitige Kundgebung ... und fand dieselben – bei obiger Sekte.«

Der Verfasser zeigte, wie die »Christliche Versammlung« am Ort den Kampf der Bekennenden Kirche unterstützt hatte, und schloss seine »Aufführungen mit einem ehrlich gemeinten und darum kräftigen ›Heil Hitler‹«.

Zweierlei ist hier zu erkennen: Im Gegensatz zu offiziellen Stellungnahmen begleitete man in einzelnen örtlichen Brüderversammlungen die Auseinandersetzungen im Kirchenkampf mit deutlicher Parteinahme für die Bekennende Kirche. Damit aber war den Nationalsozialisten, hier den Deutschen Christen, aufgefallen, dass die »Brüder« nicht bedingungslos das Heil vom Nationalsozialismus erwarteten, und ihre Genugtuung über das Verbot der »Darbysten« war verständlich. Sollte nun aber wirklich das Heil von den »Brüdern« gewichen sein?

Vergebliche Gegenwehr

Die »Brüder« mochten es nicht glauben und leiteten, so schnell sie nur konnten, Gegenmaßnahmen ein. Schon am Nachmittag des 28. April trafen sich bei Ernst Brockhaus in Wuppertal-Elberfeld mehrere einflussreiche Brüder. Ernst Brockhaus (1879-1948), Neffe von Rudolf Brockhaus, hatte zwar nicht als geistlicher Führer – den gab es in diesem Sinne gar nicht mehr –, aber doch in der Leitung äußerer Geschäfte die Nachfolge seines Onkels angetreten (II, 44.222).[225]

Bei ihm versammelte sich etwa ein Dutzend führender Männer aus der näheren Umgebung: Wilhelm Brockhaus, Sohn Rudolfs und Leiter des Verlages, Dr. Fr. Richter, Rechtsanwalt aus Düsseldorf, Walter Engels, Unternehmer aus Velbert, u.a.[226] So gut es nach den dürftigen Informationen möglich war, wurde die Lage besprochen und zunächst ein Rundschreiben an die Versammlungen aufgesetzt, das den Wortlaut der Pressemeldung wiedergab, zu »ruhigem Abwarten« aufforderte, vor Nichtbeachtung des Verbots warnte und das Dr. Richter als Rechtsbeistand der »Brüder« unterzeichnete.[227]

In demselben Schreiben wurden auch Schritte angekündigt,
1. die Gründe des Verbots zu erfahren und
2. die Aufhebung des Verbots zu bewirken.

Zu diesem Zweck wurde sofort versucht, sowohl in Wuppertal als auch in Dortmund bei der Gestapo und beim Bürgermeister irgendeine das Verbot betreffende Auskunft zu erhalten, was jedoch kein Ergebnis brachte. Deshalb entsandte man schließlich einen Ausschuss nach Berlin, bestehend aus Ernst Brockhaus, Hugo Hartnack aus Betzdorf und Dr. Richter, um Klärung der Sachlage und möglichst die Aufhebung des Verbots zu erreichen. Mit ihnen fuhr – noch mit dem Nachtzug – Dr. Otto Ansorge, ein Tierarzt und Parteigenosse mit sehr niedriger Mitgliedsnummer (unter 1000), von dem man sich einen besseren Eingang bei den staatlichen Stellen erhoffte.[226]

In Berlin wurde am 29. April zunächst mit anderen Brüdern Rücksprache genommen, darunter mit den Reisebrüdern Otto Schröder und Johannes Menninga, die alle das Vorgehen guthießen[228]; aber die Versuche, bei den Regierungsbehörden etwas zu erreichen, scheiterten kläglich. Bei der Gestapo, in dem berüchtigten Gebäude in der Prinz-Albrecht-Straße, erfuhr die Delegation trotz eines zweistündigen Gesprächs »so viel wie nichts. Keine Begründung, alles undurchdringlich. Niederschmetternde Eindrücke!«[229] Man wurde an das Reichsministerium für kirchliche

Angelegenheiten verwiesen, aber auch dort verweigerte der Beamte, der sich nur widerstrebend zu einem längeren Gespräch herbeiließ, jede Auskunft.

Immerhin wurde hier deutlich, dass es sich weniger um einzelne Verstöße als um die grundsätzliche Haltung der sogenannten »Darbysten« handelte, so wie sie sich der Gestapo aus den verschiedensten Anlässen darstellte. Z.B. seien in Berlin, also gewissermaßen unter den Augen des »Führers«, Stöße von Traktaten mit der Schlagzeile »Es ist in keinem anderen das Heil« verteilt worden.[229a]

Das Angebot der Abgesandten, bei Wiederzulassung als »Christliche Versammlung« die Form einer Organisation anzunehmen, wurde abgelehnt, war doch eine Neu- oder Umorganisation verbotener Kreise grundsätzlich verboten und unter Strafe gestellt. Mehr noch, die »Brüder« mussten sich spöttisch sagen lassen, dass eine Organisation doch gegen ihr Gewissen verstoße, und auch die Zusicherung Dr. Ansorges, dass ein staatlicher Befehl zur Organisation die »Brüder« aus ihren Gewissensnöten befreie, führte zu keinem Einlenken.[229]

Schließlich wurden die Abgesandten auf den Weg der schriftlichen Eingabe verwiesen, und so verfassten sie noch an demselben Tag, am 29. April in Berlin, jenes Schreiben *Betr.: Verbot und Auflösung der »Christlichen Versammlung«*, und zwar richteten sie es – in der richtigen Vermutung, wo der wahre Urheber des Verbots zu suchen war – an das »Geheime Staatspolizeiamt« in Berlin.[230]

In diesem Brief kamen Erschütterung und Empörung, aber auch die Ratlosigkeit der »Brüder« deutlich zum Ausdruck. Sie beteuerten, dass das Verbot sie völlig überraschend (»wie ein Blitz aus heiterem Himmel«) getroffen habe und dass sie sich keines Tatbestandes politischer Unzuverlässigkeit – schon gar nicht im kommunistischen Sinne – bewusst seien. Im Gegenteil, sie versicherten:

»Zu uns zählen Männer der Bewegung, die sich im Kampf gegen den Kommunismus und Spartakismus mit Leib und Leben einsetzten, die - bisher ungezählt – der NSDAP angehören; ganz zu schweigen von den Tausenden von Frontkämpfern des Weltkrieges. Wie wäre es bei dieser Schichtung und Zusammensetzung unseres Kreises möglich, dem dritten Reich gegenüber negativ eingestellt zu sein? – Wir haben Gott gedankt, als durch den Umbruch des Jahres 33 von unserem Vaterland die Schrecknisse des Bolschewismus abgewendet und unser Volk seiner Erneuerung zugeführt wurde. Wir lehnen daher jede Verbindung mit Menschen ab, die den heutigen Staat bekämpfen. Wir stehen in Treue und Gehorsam hinter dem Führer und Kanzler des Deutschen Volkes.«

Damit begann die Reihe jener heute z.T. peinlich berührenden Schriftstücke, in denen »Brüder« ihr politisches Wohlverhalten beteuerten und sich dem Unrechts-Regime in einer Sprache andienten, die so kaum vom Geist Gottes diktiert sein konnte. Man hat später diese Sprache und die ihr zugrunde liegende Haltung kritisiert[231], sollte dabei aber billigerweise den schockartigen Druck zugute halten, der auf den »Brüdern« lastete; man sollte auch an die allgemein verbreitete nationale Haltung denken, wie sie schon ausführlich erläutert worden ist und die die »Brüder« zu ungeheuchelten Sympathisanten des »dritten Reiches« machte. Sie mussten sich diffamiert und zu Unrecht »Zu Volksschädlingen gestempelt und somit aus der Volksgemeinschaft ausgestoßen« vorkommen. Bis heute wird in Erinnerungen versichert, dass man sich damals »keiner Schuld bewusst« gewesen sei[232]; auf den Gedanken, diesem Staat der totalen und gewaltsamen Erfassung des Menschen gegenüber als Christ eigentlich immer schuldig im Sinne des Regimes zu sein, kamen nur sehr wenige, war doch der Glaube an Hitlers guten Willen und an sein missverstandenes Wort vom »positiven Christentum« unerschüttert. Nach dem Krieg wurde dann von einer ganz anderen Verständnisebene her geurteilt, während 1937 der gottfeindliche Hintergrund des Verbots im allgemeinen nicht erkannt wurde. Im Vordergrund der Überlegungen stand damals die Frage nach dem Fortbestand der geistlichen Betreuung von ca. 60.000 Menschen (einschließlich der Kinder; s.o.!)[233], und so war es nur natürlich, dass man versuchte, mit Ergebenheitsbeteuerungen den alten Zustand wieder herbeizuführen.

Die ca. 30 »Brüder«, die sich – polizeilich genehmigt – am 30. April in Velbert versammelten, billigten jedenfalls die Schritte der vier Abgesandten einstimmig.[234] Ebenfalls kam man überein, vom Reichskanzler bis zu den örtlichen Behörden die Regierungsstellen anzuschreiben, um endlich einmal irgendwo eine Stellungnahme staatlicherseits zu erhalten.[235] Für die Versammlungen wurde ein Musterschreiben[236] entworfen, das die religiöse Praxis der »Brüder« erläuterte und die politische Unbedenklichkeit herausstellte. Es wurde versichert, dass »die treue Erfüllung aller Pflichten gegen Volk und Staat« – neben der christlichen Überzeugung und einem dementsprechenden Lebenswandel – »Voraussetzung« sei, »in die Gemeinde aufgenommen« zu werden. Bezeichnend ist, dass man jetzt auch bereit war – also noch vor Hans Beckers Wirksamkeit –, die »Christliche Versammlung« als eine freikirchliche Bewegung neben andere zu stellen, hieß es doch im Musterbrief:

»Die ›Christliche Versammlung‹ ... besteht ca. 80 Jahre und stellt nichts anderes dar als die vielen außerkirchlichen Gemeinschaften wie Freie Gemeinde, Baptisten u.s.w., die unter dem Sammelbegriff ›Allianzbewegung‹ bekannt sind.«

Und schließlich waren die »Brüder«, wie sich schon in den Berliner Gesprächen angedeutet hatte, jetzt auch bereit, den Schritt der anderen Freikirchen von 1933/34 nachzuvollziehen und dem Staat eine durchschaubare Organisation anzubieten:

»Sollte an dem Nichtvorhandensein von Mitgliederlisten und Vorständen Anstoß genommen werden, so bitten wir, uns die von der Regierung gewünschten Richtlinien bekanntgeben zu wollen, da es für uns selbstverständliche Pflicht ist, den Anordnungen der Regierung zu entsprechen, was wir bisher auch in Wort und Schrift zum Ausdruck gebracht haben.«[236]

Eine Anzahl von »Brüdern« schrieb auch als Einzelpersonen Gesuche um Aufhebung des Verbots, so ein führender Bruder aus Velbert schon am 28. April direkt an Adolf Hitler, wobei besonders die nationale Seite herausgekehrt wurde:

»Mein Führer!
Da ich weiß, dass Sie der leidenschaftliche Hüter der Ehre des deutschen Volkes sind, komme ich in eigener Angelegenheit zu Ihnen.

Ich bin vier Jahre als Frontoffizier in Flandern gewesen (E.K.I), bin unbescholtener Bürger und unbestraft, bin Mitinhaber einer Firma von 1000 Mann und Betriebsführer, habe allezeit meine Pflicht dem Vaterlande gegenüber nach bestem Wissen und Gewissen erfüllt und bin Mitglied der Christlichen Versammlung ..., habe in dieser persönlich oft laut und herzlich für Sie um Gottes Segen gebetet, und jetzt werde ich plötzlich (es folgt die Zitierung des Verbots) ... zum Volks- und Staatsfeind erklärt, und zwar ohne jede Angabe von Gründen.

Ich bin sicher, mein Führer, dass Sie diese Wahrung meiner Ehre richtig einschätzen und bitte höflichst um Antwort. Mir ist es unerträglich, als zweitklassiger Mensch durch meine Vaterstadt zu gehen.
Heil mein Führer!«[237]

Nach dem Verbot der Tagung in »Hohegrete« erbat der Schreiber telegraphisch »erneut Ehrenschutz« vom Führer, versicherte im Blick auf die aufgelöste Tagung: »Haben gehorcht und werden gehorchen«, und fragte schließlich: »Wann darf ich vor Sie hintreten?«[238]

Wenn man nur geahnt hätte, wie Hitler über die Frommen im Lande wirklich dachte! So aber gab man sich auch hier wieder der Illusion hin, dass der Führer von dem unverantwortlichen Treiben untergeordneter Staatsorgane nichts wisse, selbst als die Reichskanzlei die an Hitler gerichteten Hilferufe an das Reichs- und Preußische Ministerium des Innern weiterleitete.[239] Ausführendes Organ dieses Ministeriums aber war die Gestapo. Es war also kein Wunder, dass von dieser Seite, die sich mit der Arroganz einer Diktatur, die dem Bürger keine Rechenschaft schuldig ist, geheimnisumwittert und bedrohlich schweigsam verhielt, keine Auskunft zu erhalten war, zumal die untergeordneten Gestapostellen und andere Behörden sicherlich nicht über die Hintergründe des Verbots der »Christlichen Versammlung« informiert waren. Deshalb konnten sie auch nicht angeben, warum die »Brüder« »plötzlich Menschen zweiten Grades, ja Volksverräter mit kommunistischem Einschlag sein« sollten.[240]

Vielmehr hielten sich alle Behörden vorsichtig zurück und waren auch machtlos, wenn Heinrich Himmler und seine SS und Gestapo im Spiel waren, wie z.B. der Düsseldorfer Regierungspräsident, der auf einen Brief M. Vogelbuschs aus Kettwig hin nur den Wortlaut des Verbots zu wiederholen vermochte, um dann knapp mitzuteilen:

> »Ich vermag daher auf Ihr Schreiben vom 30.4.1937 nicht weiter einzugehen.«[241]

So mussten die »Brüder« zu dem sie im Zustand der Hilflosigkeit belassenden Ergebnis kommen:

> »Alle stehen mit der gleichen Verständnislosigkeit wie wir selbst den geschehenen Tatsachen gegenüber.«[240]

Urheber und Gründe des Verbots

Da die Gestapo die Gründe für das Verbot der »Christlichen Versammlung« nie veröffentlicht hat, kann man bis heute diese Gründe nur aus den bekannten Geschehnissen und aus der kirchenpolitischen Gesamtsituation (s. S. 85f.) erschließen.

Dass die »Brüder« nicht einmal den Urheber des Verbots mit Sicherheit auszumachen wussten, hing sicherlich mit dem schon genannten Kompetenzengerangel unter den braunen Reichsbehörden zusammen. Immerhin weist die Tatsache, dass alle folgenden Verhandlungen mit der Gestapo geführt wurden, auf den eigentlichen Urheber hin. Der Umstand, dass die Gestapo seit 1937 auch in religiösen Angelegenheiten gegenüber Hanns Kerrls Kirchenministerium an Einfluss gewann, das Reich sich überhaupt zunehmend zum SS-Staat entwickelte, zeigt in die gleiche Richtung. Damit hatte aber die christentumsfeindliche Richtung im Nationalsozialismus gesiegt, während der aus gläubigem Elternhaus stammende Minister Kerrl[242] auch gegenüber den Freikirchen stets die Vereinigung von Christentum und Nationalsozialismus angestrebt hatte.[243] Kerrl war allerdings mit seinen idealistischen Zielsetzungen angesichts des sich verschärfenden Kirchenkampfes gescheitert.

Obwohl Kerrls Ministerium im Dezember 1935 bei der Deutschen Evangelischen Kirche ein Gutachten über die »Christliche Versammlung« eingeholt hatte, das durchaus positiv ausgefallen war, danach auch nichts gegen diese Gruppe unternahm, musste es sich schließlich der mächtigeren Gestapo beugen und erfuhr auch erst auf eine Anfrage vom 14. Juni 1937 von der Gestapo die Gründe für das Verbot der sogenannten »Darbysten«.[244]

Auf diesen Angaben fußte wahrscheinlich das Urteil über die »Christliche Versammlung«, das 1940 in einer Publikation über »Das Reichsministerium für die kirchlichen Angelegenheiten« erschien und m.W. die einzige allgemein zugängliche Veröffentlichung der Vorwürfe gegen die »Christliche Versammlung« darstellte.[245] Es hieß dort unter der Kapitelüberschrift »Sekten«;

> »Ungeachtet der in Deutschland bestehenden absoluten Glaubens- und Gewissensfreiheit können Religionsgesellschaften doch dann kein Lebensrecht für sich in Anspruch nehmen, wenn ihre ›religiösen‹ Lehren in Wirklichkeit volks- und staatsgefährdenden Charakter haben. So sind seit 1933 in Deutschland zahlreiche Sekten wegen ihrer staatsverpeinenden Einstellung verboten worden, z.B. die Ernsten Bibelforscher, die Darbysten, die Pfingstgemeinschaft, die anthroposophischen und theosophischen Gesellschaften ... Andere Gruppen, die sich mit ihrer Sonderlehre auf das religiöse Gebiet beschränken, können ungehindert fortbestehen, z.B. die Heilsarmee, die Mennoniten, die Quäker, die Adventisten, die Neuapostolischen ...«

Demgegenüber wurden die in der »Vereinigung deutscher evangelischer Freikirchen e.V.« zusammengeschlossenen »Religionsgesellschaften«, also Baptisten, Methodisten usw., unter der Überschrift »Freikirchen« aufgeführt und wegen des Auftretens Dr. Otto Melles auf der »englisch beeinflussten« Weltkirchenkonferenz in Oxford gelobt. (s. S. 88f.).

»Volks- und Staatsgefährdung« und »Staatsverneinung« waren also die pauschalen Anklagen gegen die »Christliche Versammlung«. Dieselben, nur wenig mehr konkretisierten Vorwürfe tauchten schon im Mai 1937 in einem allerdings »strenggeheimen« Schreiben der Gestapo an die Behörden des Reiches auf, wo es hieß:

»Die ›Christliche Versammlung‹ ist verboten, weil sich unter dem Einfluss der in ihr maßgeblichen darbystischen Richtung, die jegliche positive Einstellung zu Volk und Staat verneint, verschiedentlich Bibelforscher und Marxisten zu ihr gefunden und sich als solche weiterhin betätigt haben.«[246]

Zwar war der Vorwurf abwegig, dass Bibelforscher und Marxisten bei der »Christlichen Versammlung« Unterschlupf gefunden hätten – dafür war die Aufnahmepraxis der Elberfelder Brüder in ihrem eigenen Interesse viel zu streng –, wohl aber wies die von der Gestapo so gesehene Möglichkeit des Untertauchens von angeblichen oder wirklichen Regimegegnern auf die als »Volks- und Staatsgefährdung« empfundene Undurchsichtigkeit der »Christlichen Versammlung« als Organisation hin. Ebenso war auch die Verneinung »jeglicher positiven Einstellung zu Volk und Staat« ein Vorwurf, der im totalen Staat ernst zu nehmen war. Wenn die Gestapo fast nur durch das Schrifttum der »Brüder« informiert war – Hans Becker berichtete, dass sich der Gestapo-Beamte, der die Besprechung führte, »über unser einschlägiges Schrifttum sehr gut unterrichtet« zeigte[247] –, musste sich bei Leuten, die das Gesagte nicht in geistlichem Sinne verstehen konnten, der Vorwurf der Staats- und Kulturverneinung erhärten. Und griff die Gestapo gar auf Darstellungen Außenstehender über die »Darbysten« zurück, konnte sich das Bild nur noch verdüstern. Hatte doch der schon erwähnte Paul Scheurlen (II,52f.) noch 1930 von ihnen ein zwar recht schiefes, wenn nicht gar falsches, aber im ganzen sehr abträgliches Porträt entworfen:

> »Die Stellung des Darbysmus zu Welt und Kultur ist völlig ablehnend. ... An Politik und Staatsleben kann sich der Christ nicht beteiligen. Nicht vom Christentum, sondern von Nebukadnezar kommt die irdische Macht her. Mit Heiden aber will Gott doch nichts zu tun haben. Die Versammlung treibt geflissentlich Wahlsabotage. Hinsichtlich des Kriegsdienstes empfiehlt sie, nach Posten hinter der Front zu streben. Mit Kunst und Literatur sich zu beschäftigen ist ›weltlich‹. Der Christ hat damit nichts zu tun. Naturfreude am Sonntag ist unchristlich.«[248]

Der Verdacht eines solchermaßen geschilderten Verhaltens musste allerdings gemäß der Himmlerschen »Arbeitsanweisungen« zur »Bekämpfung der konfessionellen Gegner« (s. S. 90) mit Sicherheit zum Verbot führen. Wirklich zeigten dann die Bedingungen für die Gründung des »Bundes freikirchlicher Christen« – durchsichtige Organisation, Staats- und Lebensbejahung-, worin die Ärgernisse bestanden:

1. Das Fehlen einer für die Regierung durchsichtig aufgebauten Organisation mit bestimmten Verantwortlichen konnte sich eine Diktatur, deren Gestapo immer auf der Jagd nach möglichen Widerstandszellen war, nicht gefallen lassen.
2. Die Abkehr von jeglicher Politik, wie sie in den Schriften der »Brüder« – auch in von Kietzells Denkschrift – vertreten, wenn auch z.T. nicht mehr praktisch verwirklicht wurde, konnte von einem Weltanschauungsstaat nicht akzeptiert werden, für den Neutralität schon Gegnerschaft bedeutete.
3. Die Abkehr vom kulturellen Leben, die die »Christliche Versammlung« mit allen pietistischen, Kreisen gemeinsam hatte (II,90f.), war zwar längst nicht mehr im Stil des 19. Jahrhunderts üblich, wie die *Tenne* deutlich bezeugte, doch mussten die in den Schriften geäußerten programmatischen Forderungen nach kultureller Abstinenz eine Partei gegen sich aufbringen, die »auch und gerade in der Kultur den Ausdruck völkischen Eigenlebens« sah.[247]

Auszuschließen ist es, Urheber des Verbots und damit auch die Gründe bei bestimmten Personen zu suchen. Derartige Verdächtigungen sind bis heute immer wieder geäußert worden, z.B.
– dass Dr. Hans Becker das Verbot selbst veranlasst habe, um seinem bevorstehenden Ausschluss zuvorzukommen und die Möglichkeit zu erhalten, eine Freikirche nach seinen Vorstellungen zu gründen[249];
– oder dass jüngere Nationalsozialisten, die sich von der »Christlichen Versammlung« abgewandt hatten, ihre religiöse Vergangenheit auf diese Weise auszulöschen versucht hätten.

Nun ist es zwar bestechend und darum auch immer wieder üblich, nach Katastrophen, deren Ursachen den Betroffenen unklar bleiben, Verräter in den eigenen Reihen und geheimnisvolle Drahtzieher im Hintergrund zu suchen – die Gerüchte nach zwei verlorenen Weltkriegen sind dafür Beispiel genug –, doch kann es sich hier immer nur um reine Vermutungen handeln, die z.T. von persönlicher Abneigung diktiert sind.

Ob jüngere Nationalsozialisten einen solch erheblichen Einfluss hatten, die Maschinerie der Gestapo im genannten Sinn zu beeinflussen, mag dahingestellt bleiben, sicherlich aber war Hans Becker nicht der dämonische Bösewicht, zu dem man ihn mit der erwähnten Verdächtigung machen will. Alle, die den Christen Hans Becker wirklich kannten, halten und hielten ihn einer solch verwerflichen Tat nicht für fähig.[250] Schließlich ist seiner Versicherung, dass das

Verbot für ihn »genauso überraschend wie für jeden anderen kam[251]«, Glauben zu schenken, wenn man ihn nicht schlicht einen Lügner nennen will. Ebenso ist seine Aussage für wahr zu halten, dass er am 30. April 1937 zum erstenmal »je mit einer Regierungsstelle über die ›Christliche Versammlung‹« gesprochen habe.[252] Ein Ausspruch Hans Beckers am letzten Sonntag vor dem Verbot in der Dortmunder Versammlung – »Vielleicht ist es das letzte Mal, dass wir in diesem Kreis versammelt sind« – wurde ihm als Beweis seines Wissens um die bevorstehende Gestapo-Maßnahme ausgelegt. Tatsächlich hatte sich Dr. Becker aber darauf bezogen, dass die Reisebrüder Fritz Grote (Hamm) und Paul Schwefel (Berlin) den Ausschluss gegen ihn angestrengt hatten, wozu man die Dortmunder Versammlung bei Androhung der Trennung vom übrigen »Brüder«kreis drängen wollte.[252a]

Andererseits ist es verständlich, dass sich um ihn, dessen Person und Verhaltensweise gewiss nicht unumstritten waren, Vermutungen und Gerüchte rankten. Als die »Brüder« nach vergeblichen Anläufen in den Zustand der Rat- und Hoffnungslosigkeit zu versinken drohten, griff er, der zum Außenseiter gewordene »Stündchenmann« (II,103ff.), in die Geschehnisse ein und führte die Wende herbei. Wer war dieser Mann, der so plötzlich für die folgenden Jahre zu einem herausragenden Führer der deutschen Brüderbewegung werden sollte?

2. Die Gründung des Bundes freikirchlicher Christen

Dr. Hans Becker

Hans Becker (1895-1963)[253] entstammte einer Kaufmannsfamilie in Essen, die von den Eltern und Großeltern her zur »Christlichen Versammlung« gehörte. Auch Hans Becker, dem der Vater höhere Schulbildung und Jurastudium ermöglichen konnte, wurde schon als Kind mit dem Geist der »Brüder«versammlung vertraut, was nicht ausschloss, dass er, der den Ersten Weltkrieg seit 1914 als Kriegsfreiwilliger mitmachte, Offizier und erfolgreicher Kampfflieger wurde[254], eine Glaubenskrise erfahren musste. Aber in Kiel, wo er nach dem Krieg das Studium der Rechtswissenschaft wieder aufnahm, half ihm Dr. Hans Neuffer, der dann 1921 als Missionsarzt nach China ging (II,49ff.), innerlich weiter, so dass seine Taufe 1919 ein echtes Glaubensbekenntnis war. An der Universität

Greifswald promovierte er zum Dr. jur. und heiratete 1920 die ebenfalls aus einer »Versammlungs«familie stammende Else Oeckinghaus, mit der er bis zu seinem Tod glücklich verheiratet war. Seinen Berufsweg suchte er in der Ruhrindustrie, wo er schließlich Bergwerksdirektor im Hoeschkonzern war, und so nahm auch die Familie Becker zuerst ihren Wohnsitz in Essen und ab 1932 in Dortmund. Es war selbstverständlich, dass sich die Familie zu den jeweiligen Brüderversammlungen am Ort hielt; Hans Becker, dessen ausgesprochene Lehrgabe anerkannt war, beteiligte sich seit 1925 am Predigtdienst, in Dortmund stand er in der Gemeinde an verantwortlicher Stelle.

In Essen war es, wo Hans Becker auch begann, im kleineren Kreis das von den Vätern ererbte Lehrgut an der Bibel zu messen, und sich dazu sorgfältigster Auslegung des Neuen Testaments befleißigte, wobei ihm seine Griechischkenntnisse zustatten kamen. Daraus sollte sich die Stündchenbewegung entwickeln, die dann die Geschichte der deutschen Brüderbewegung so stark beeinflusste (II,103ff.). In den »Stündchen« zeigte Hans Becker seine »besondere Art, durch Fragen zum Denken und Forschen anzuregen«, was sich zwar im kleineren Kreis gut bewährte, aber »in der Öffentlichkeit manchmal missverstanden und abgelehnt« wurde.[255] Zu welchen Missverständnissen und Auseinandersetzungen die Bibelarbeit der Stündchenleute geführt hat, ist schon dargelegt worden. Sie entwickelten sich bis zu jener Elberfelder Zusammenkunft am 11. Juli 1936, als die »Brüder« schließlich in Uneinigkeit auseinander gingen, weil sie keine gemeinsame Gesprächsgrundlage mehr zu haben schienen (II,108). Und es kam zu jenem Rundbrief vom 5. März 1937, in dem Becker die »Wahrheit« der »Brüder« in Frage stellte und zum erstenmal eine »Schwenkung um 180 Grad« forderte (II,109f.).

Damit hatte er als erster einem unter der jüngeren »Brüder«generation weit verbreiteten Gefühl öffentlich Ausdruck verliehen, nämlich dem Wunsch, die durch die darbystische Absonderungslehre gesetzte Abgrenzung der »Christlichen Versammlung« zu durchbrechen und in der Aufnahme der Gemeinschaft mit anderen wahrhaften Christen die *eine* Gemeinde Jesu Christi zu suchen. Darum ging es Hans Becker fortan in seinem Leben; »wer bei ihm andere Motive vermutete, hat ihn gründlich verkannt«, schreibt Walter Brockhaus über ihn[255]. Der *einen* Gemeinde durch die Vereinigung aller freikirchlichen Christen näher zukommen – auch unter Vernachlässigung des spezifischen »Brüder«tums –, war fortan sein Ziel, dem er sich mit ganzer Kraft widmete.

Allerdings war Hans Becker Jurist, gewöhnt, scharfsinnig zu denken und geschliffen scharf zu formulieren. Dass dabei die Milde und die Liebe Christi zuweilen zu kurz oder nicht zum Vorschein kamen, trug ihm manche Gegnerschaft ein. Als Zechendirektor und Wirtschaftsmanager war er gewohnt, zu handeln und zu organisieren, Menschen zu leiten und Aufgaben zu delegieren, »er war eine Führernatur«[256], auch im Raum der Gemeinde. Ob er aber hier seine Führung stets mit der notwendigen Demut und Zurückhaltung ausgeübt hat, ob er nicht der »Versuchung zur Macht seinen Brüdern gegenüber erlegen« ist[256], wird man fragen dürfen. Denn kaum einmal in der Geschichte der Brüderbewegung hat ein Mann mehr Macht ganz direkt in die Hand bekommen als Hans Becker bei der Gründung und Leitung des »Bundes freikirchlicher Christen«. Immerhin ist aber auch er in seinen letzten Lebensjahrzehnten, in der Nachkriegszeit, als er viele verletzende Angriffe hinnehmen musste, zu der Erfahrung geführt worden, dass leitendes Wirken im Reich Gottes eher demütiges Selbstopfer als selbstische Machtausübung ist. Und gerade er hat nach 1945 gezeigt, dass er auch öffentlich um Verzeihung bitten konnte.

Dass seine politischen Auffassungen als nationalbewusster Akademiker und Wirtschaftsführer, ja als »überzeugter Nationalsozialist«[257] – obwohl nicht Parteimitglied[257a] – manchen falschen Ton in sein Reden und Handeln brachten, lässt sich denken, aber damit steht er nicht allein da, auch nicht in den Kreisen der »Brüder«. Dass er nach 1945 auch im Raum der Gemeinde an führender Stelle blieb, war ausgesprochen unweise. Doch auch dies hat Hans Becker mit vielen Leuten inner- und außerhalb der Kirchen gemeinsam: dass man 1945 aus seinen politischen Irrtümern, zumal wenn sie sich mit der Gemeinde verflochten hatten, keine Konsequenzen zog, obwohl man an verantwortlicher Stelle stand. Auch Hans Becker meinte nach 1945, er solle um der Sache willen zweiter Vorsitzender des »Bundes Evangelisch-Freikirchlicher Gemeinden in Deutschland« bleiben, und er wurde von seinen Freunden z.T. dazu ermuntert.[258] Aber sicherlich war er da nicht weise beraten. So ist auch dies nur ein symptomatischer Fall unter vielen, die verdeutlichen, dass die Stellung des Christen und der Gemeinde zum Staat auch nach 1945 nicht wirklich durchdacht, sondern dass eine notwendige Rechenschaft darüber von den innergemeindlichen Problemen, die sich jetzt in der Freiheit vermehrt ergaben, fast völlig verdrängt wurde.

Hans Becker war ein Mann mit großen Fähigkeiten, mit harter Arbeitsdisziplin und mit selbstlosem Einsatz für die Sache der

Gemeinde; ob aber immer die geistliche Weisheit vorhanden gewesen ist, Eifer um die Sache und Liebe zum Bruder ins rechte Gleichgewicht zu rücken, muss leider bezweifelt werden. Zwar ist auch er letztlich nur von dem zu beurteilen, der allein das menschliche Herz zu beurteilen vermag, aber Hans Beckers einzigartige Stellung in der kritischsten Stunde der deutschen Brüderbewegung bringt es mit sich, dass er seitdem – auch von denen, die ihn als Bruder lieben – als ein Mann gesehen wird, dessen »Charakterbild in der Geschichte schwankt«.

Dr. Beckers erster Kontakt mit der Gestapo (Berlin, 30. April)

Auch für Hans Becker war das Verbot völlig überraschend gekommen; auch er hatte zunächst eine Verwechslung oder dergl. vermutet. Als sich aber die Meldung als richtig erwies, war er im Unterschied zu anderen »Brüdern« nicht bereit, »gegen das Verbot anzugehen«:

> »Ich glaubte nicht, dass dies nach dem Willen Gottes sei, weil die ›Christliche Versammlung‹ nach meiner Überzeugung nicht mehr der Berufung entsprach, zu der Gott sie berufen hatte, und dieserhalb Gottes Gericht über sie gekommen war. Welchen Sinn sollte es haben, dass er die ›Christliche Versammlung‹ zerschlagen ließ, um sie dann doch wieder in alter Form und im alten Geiste erstehen zu lassen?«[259]

Auch als er – noch am Abend des 28. April – von seinen Freunden bestürmt wurde, irgendetwas gegen das Verbot zu unternehmen[260], weigerte er sich standhaft, erklärte sich jedoch schließlich, und zwar bei dem Gedanken an die vielen Menschen, denen »ein Stück ihres Lebens zerschlagen« war, zu dem Versuch bereit, festzustellen, was die Gründe des Verbots seien und was nach Meinung der Gestapo aus den betroffenen Menschen werden solle.[259] Wirklich gelang es Becker, über Beziehungen zu Mittelsmännern[261] schon für den 30. April eine Unterredung beim Staatspolizeiamt in Berlin zu erhalten. Es zeigte sich, dass man hier mit dem Zechendirektor, Fliegeroffizier des Ersten Weltkrieges und Nationalsozialisten in anderer Weise zu verkehren bereit war als mit den vier »Brüdern«, die man tags zuvor kaltschnäuzig abgefertigt hatte. Zwar wurde auch Becker auf seine erste Frage die Antwort rundweg verweigert – die Gestapo hatte es nicht nötig, ihre Maßnahmen zu begründen; aber im Blick auf die betroffenen

Menschen hatte Becker doch Gelegenheit, ihre politische Unbedenklichkeit ausführlich darzulegen:

> »Unter ihnen gäbe es, meiner Überzeugung nach, keine Staatsfeinde, wohl aber seien sie in größerer Zahl ehemalige Kriegsteilnehmer, Angehörige der NSDAP, des SA, SS, NSV und anderer Parteiorganisationen. Dass man den Führer als ein Geschenk Gottes zur Rettung vor dem Bolschewismus ansehe, beweise am besten die Tatsache, dass ich mich kaum einer der wöchentlich stattfindenden Gebetsstunden in der Gemeinde meines Wohnortes entsinnen könne, in der nicht für den Führer und seine Regierung gebetet worden sei.«[262]

Auch Becker wies – wie schon die vier Abgesandten am Vortag – darauf hin, dass eine durchsichtige Organisation für die »Brüder« kein Hinderungsgrund sei, dem Staat zu gehorchen.

Dennoch zeichnete sich zunächst kein konkretes Ergebnis aus der Unterredung ab. Der zuständige Gestapo-Beamte gab zwar zu erkennen, dass man die von Becker geschilderten Menschen weder politisch diskriminieren noch religiös unterdrücken wolle[263], alles blieb aber in der Schwebe. Doch im Laufe der folgenden Woche geschah bei der Gestapo das, was Becker selbst seiner Überzeugung nach nicht getan hatte: es wurde

> »die Frage erörtert, ob nicht dem von dem Verbot betroffenen Kreis von Menschen die Möglichkeit weiterer Zusammenkünfte zu religiösen Zwecken gegeben werden könne.«[264]

Becker wurde am 7. Mai aufgefordert, der Gestapo »ein kurzes Exposé einzureichen, aus dem sich Näheres über Entstehung, Organisation und Ziele der ›Christlichen Versammlung‹ ersehen lasse«[264], was also bedeutete, dass man bei der Regierung bereit war, die Möglichkeit weiterer Zusammenkünfte zu prüfen.

Inzwischen hatte Dr. Richter ein weiteres Rundschreiben verschickt, in dem auf laufende Verhandlungen hingewiesen und um Geduld gebeten wurde.[265]

Die Weichenstellung (Velbert, 9. Mai)

Hans Becker aber machte den »Brüdern« klar, dass jede Art von Neuanfang an das persönliche Vertrauen gebunden sei, das er bei den Regierungsstellen genoss[263], und berief für den 9. Mai eine Zusammenkunft von ca. 30 Brüdern nach Velbert ein, um sich

Vollmacht für die kommenden Verhandlungen geben zu lassen. Namhafte Männer aus dem westdeutschen Raum waren an diesem Tag zugegen: Ernst und Wilhelm Brockhaus, Hugo Hartnack und aus Holland sogar J.N. Voorhoeve; von den Reisebrüdern allerdings nur August Sehnmacher und August Spade; natürlich auch Beckers Stündchenfreunde Fritz von Kietzell aus Berlin, Carl Koch, Walter Engels, Paul Müller, Hans und Dr. Richard Oeckinghaus und selbstverständlich Dr. Richter, der Justitiar der »Brüder«.[266]

Als Ausgangspunkt des Gesprächs vertraten Becker und seine Freunde die Auffassung, dass man gegen Gottes Willen gar nicht für die Aufhebung des Verbots streiten dürfe. Erst wenn man sich darüber klar geworden sei, was Gott den »Brüdern« mit dem Verbot sagen wolle, könne man zu Maßnahmen schreiten. Becker zeigte die Möglichkeit einer »Aufhebung oder Milderung des Verbots« auf, wies aber zugleich darauf hin, dass er »gewissensmäßig« nur unter der Bedingung weiter mit der Gestapo verhandeln könne, wenn die »Brüder« mit ihm der Meinung seien, dass das Verbot das Gericht Gottes über die »Christlichen Versammlung« wegen ihres unbiblischen Verhaltens sei:

> »Ich habe mir gesagt, dass nicht Himmler, sondern Gott derjenige war, der das Verbot erlassen hat. Er hätte es doch verhindern können ... Wir müssen sehen, was Gott uns zu sagen hat. Mir scheint – und darin bin ich mit vielen Freunden einer Meinung –, dass die Stellung, die wir hatten, nicht mehr gottgemäß war. Wir standen in einer Haltung vor ihm, die nicht zur Förderung seines Reiches diente, so dass er uns mit einer Handbewegung an die Seite gesetzt hat.«[267]

Und Becker erwartete deshalb die Zustimmung der »Brüder« in zwei Punkten:
– er forderte ein neues Verhältnis zu den anderen gläubigen Kreisen, was er »Duldsamkeit« nannte und die Aufhebung der Absonderung bedeutete;
– er wünschte ein Aufgeben der bisherigen »Normierung von Lehre und Leben«; in der Lehre hätten mehr die »Schriften« als die »Schrift« Anerkennung gefunden, und auch im Lebensstil habe man sich weniger an der Bibel orientiert als an dem, was man für christlich hielt. Der Zwang zur Normierung von Lehre und Leben habe zu viel Verkrampfung und Heuchelei geführt. Auch hier forderte Becker also mehr »Duldsamkeit«.

Für das bisherige Verhalten in der »Christlichen Versammlung« war es erstaunlich, dass die Anwesenden – mit Ausnahme August

Schumachers – insgesamt zustimmten. Wilhelm Brockhaus, der Schriftleiter des *Botschafters*, las seine eigenen vorher aufgeschriebenen Überlegungen vor, die sich mit denen von Hans Becker deckten:
- man habe sich nach außen, im Verhältnis zu den anderen Gläubigen, versündigt;
- und man sei unduldsam auch nach innen gewesen, indem man Meinungsverschiedenheiten als Irrlehren bezeichnet habe.[268]

Auch Ernst Brockhaus konnte diesen Standpunkt teilen, hatten sich doch die beiden Vettern schon eine Woche vorher bei einer Zusammenkunft in Schwelm in dieser Richtung geäußert.[269] Hugo Hartnack, ebenfalls zustimmend, meinte, dass man versuchen müsse, die andersdenkenden Geschwister in Liebe zu überzeugen. Mit eindrucksvoller Offenheit sagte er:

> »Wir sollten uns still beugen unter die mächtige Hand Gottes, die uns gedemütigt hat. Oft ist gesagt worden, dass andere nicht den Tisch des Herrn haben usw.; dass wir uns im Namen Jesu versammeln usw. Ich brauche mich da nicht so sehr anzuklagen. Ich habe schon im Kriege mit anderen Geschwistern das Brot gebrochen, es würde mir auch heute nicht schwierig sein, es mit anderen Geschwistern zu tun. Dass viele unserer alten Brüder und viele andere unter uns anders denken, ist kein Geheimnis.... Wenn es möglich sein sollte, dass wir uns wieder im Namen Jesu versammeln können, dann sollte es mehr in Verbindung mit anderen Gläubigen geschehen.«

Hugo Hartnack meinte, dass die Unterschiede »gegenüber der Freien Gemeinde und den Baptisten ... keine unüberwindlichen Schwierigkeiten« bildeten.[270]

Selbst J. N. Voorhoeve, ein führender Bruder aus Holland, der oft gemeinsam mit Rudolf Brockhaus die Belange der europäischen »Brüder« vertreten hatte, warnte zwar davor, alles allein in die Hände Hans Beckers zu legen, um nicht neue Fehler zu begehen, aber auch er stimmte im Ganzen den Punkten zu, unter die sich die Anwesenden beugen zu müssen glaubten:

> »Gott hat uns durch Darby viel gegeben, aber ich sehe auch, dass die Jünger Darbys weiter gegangen sind als der Meister. ... Daher der Name für uns: Exklusive. Damit sage ich nicht, dass ich ein offener Bruder bin. Wenn wirklich bekannt ist, dass jemand ein Kind Gottes ist, dann sollte er zugelassen werden als Kind Gottes, ohne Bedingungen zu stellen, ohne dass der Betreffende vorher versprechen muss, nicht mehr zur Kirche zu gehen. Wir haben in Holland viel darüber gesprochen, und alle arbeitenden Brüder denken wohl auch so.«[271]

Im Blick auf Lehre und Leben plädierte er ebenfalls für mehr Duldsamkeit untereinander, und als Becker darauf hinwies, dass die Regierung ohne eine durchsichtige Organisation mit verantwortlichen Leuten nichts gestatten werde, meinte Voorhoeve beruhigend, dass man manches annehmen könne, was die Regierung von einem erwarte. Auch in Holland und Belgien habe man überörtliche Versammlungs-Vereine, die für die organisatorischen Fragen zuständig seien.[272]

Dass ein ausländischer Bruder, der selbst nicht unter dem Schock des Verbots stand, so dachte, gab wohl den Ausschlag. Man war sich einig, sich hinter Becker stellen zu können; man meinte sogar, ohne Befragung der »70« – gemeint waren die Reisebrüder – auskommen zu dürfen. »Es wird wohl keine verständige Versammlung (da) sein, die nicht unter solchen Bedingungen zustimmt«, meinte einer der Anwesenden.[273]

Nur August Schumacher verließ empört die Versammlung[274] und deutete damit schon an, dass so einmütig die deutschen »Brüder« nicht hinter dem Beschluss von Velbert stehen würden, hatte doch Fritz von Kietzell am Ende der Aussprache richtig erkannt:

»Wenn die Dinge sich so entwickeln, dann ist das eine Wandlung, die ganz gegen die Grundsätze der ›Brüder‹ von früher verstößt.«[273]

In der Tat konnte man nicht erwarten, dass die von Hans Becker geforderte und nun vollzogene »Schwenkung um 180 Grad« überall im Land Anerkennung finden werde. Und überdies, was aus den Verhandlungen des Bevollmächtigten Becker mit der Gestapo wirklich hervorgehen werde, wusste man zu diesem Zeitpunkt nicht. Man stellte zwar im Sinne der Warnung Voorhoeves Becker einen Ausschuss von mehreren Brüdern zur Seite, doch konnte dies nur wenig bedeuten, da Hans Becker die Verhandlungen allein führte und – was noch wichtiger war – auch nur allein das Vertrauen seiner Verhandlungspartner genoss.

Dr. Becker als bevollmächtigter Unterhändler der »Brüder«
(Berlin, 12. Mai)

Schon am nächsten Tag übersandte Becker das geforderte Exposé[275] – übrigens in Anlehnung an von Kietzells Denkschrift (s. S. 80f.) erstellt – der Gestapo; in einem Begleitbrief bat er noch einmal um ein Gespräch, wies auf seinen Auftrag hin, der Regierung eine

Organisierung der »Brüder« anzubieten und betonte zum wiederholten Mal die Staatstreue aller Glieder der »Christlichen Versammlung«.[276]

Die Gestapo reagierte schnell. Einen Tag später wurde Becker telephonisch für den nächsten Tag, den 12. Mai, nach Berlin gebeten. Diesmal wurden die die »Christliche Versammlung« betreffenden Fragen eingehender behandelt[277], und zwar jene schon genannten drei Komplexe (s. S.100f.), die nun bei der Bildung des »Bundes freikirchlicher Christen« eine so bestimmende Rolle spielen sollten:

1. Die Einstellung zu Volk und Staat;
2. Die Einstellung zur Kultur;
3. Die Annahme einer Organisation.

Zum ersten Gesichtspunkt bestritt Becker dem gut unterrichteten Beamten nicht, dass die Lehre der »Brüder« die Beteiligung am politischen Leben nicht billige, er konnte aber darauf hinweisen, dass diese Lehre »heute, besonders von der jüngeren Generation, nicht mehr als biblisch begründet anerkannt und demnach nicht mehr eingehalten würde«.

Dasselbe traf nach Hans Becker auch auf die kulturellen Dinge – Kunst, Literatur, Sport usw. – zu: Galt früher die Beschäftigung damit als unchristlich, so werde heute »eine gesunde, das Maß haltende Beschäftigung mit ihnen ... auch in Kreisen der ›Christlichen Versammlung‹ weithin nicht mehr abgelehnt«.

Nach diesen Erklärungen konnte auch die von Becker im Auftrag der Brüder in Velbert angebotene Organisation erörtert werden. Es ging darum, dass der Regierung gegenüber ein Reichsbeauftragter sowie Landes- und Ortsbeauftragte als verantwortliche Männer bezeichnet wurden, und selbst der Dienst der 70 Reisebrüder ließ sich fortführen, wenn nur der Reichsbeauftragte für jeden einzelnen von ihnen die Verantwortung übernahm. Unklar blieb dabei, ob diese Neuordnung ganz im Sinne des nationalsozialistischen Führerprinzips ähnlich wie bei der NSDAP (Reichsleiter => Gauleiter => Kreisleiter => Ortsgruppenleiter) – also dirigierend von oben nach unten - oder mehr demokratisch von unten nach oben gedacht war. Bei der Verachtung, die die Nationalsozialisten für alles Demokratische hatten, konnte man sich allerdings denken, in welcher Richtung die Absichten gingen.

Es wurde Hans Becker schließlich versprochen, dass er in den nächsten Tagen brieflich Mitteilung erhalten werde.

Die Entscheidung der Gestapo (Dortmund, 20. und 23. Mai)

Diese Mitteilung erhielt er acht Tage später, am 20. Mai, aber nicht brieflich, sondern mündlich bei der Staatspolizeistelle in Dortmund, wo er sich, weil »es bei der Gestapo nicht üblich sei, etwas schriftlich herauszugeben«, diese Mitteilung nur zweimal vorlesen lassen konnte, um sie sich wie folgt zu notieren:[278]

> »Es wird Herrn Dr. Becker die Erlaubnis erteilt, mit denjenigen Anhängern der ›Christlichen Versammlung‹, die durchaus auf dem Boden des heutigen Staates stehen, eine feste Organisation zu schaffen, die ihren Mitgliedern eine religiöse Betreuung angedeihen lassen kann. Die Organisation wird von einem Reichsbeauftragten geleitet, unter dem Landes- und Ortsbeauftragte stehen. Diese sind für die Ordnung innerhalb der Gemeinden und für eine Gestaltung des Gemeindelebens verantwortlich, das dem Frieden untereinander und innerhalb der Volksgemeinschaft dient. Dienste zwischengemeindlicher Art sind von der Gestattung des Landesbeauftragten bzw. des Reichsbeauftragten abhängig. Es sind Mitgliederlisten zu führen, von denen ein Exemplar an die Gestapostellen zu geben ist. Die Organisation hat einen neutralen Namen zu führen. Diese Erlaubnis wird erteilt, da gegen die Person des Herrn Dr. Becker und die von ihm vertretene Lehre keine Bedenken bestehen. Das Verbot der ›Christlichen Versammlung‹ wird von der Erlaubnis nicht berührt.«

Diese Mitteilung legte die Zukunft der deutschen »Brüder« in mehreren entscheidenden Punkten fest:
- Erstaunlicherweise wurde die »Christliche Versammlung«, anders als es auch Hans Becker »als selbstverständlich angenommen hatte«[279], nicht als staatstreue Organisation wieder zugelassen; das Verbot wurde von der nationalsozialistischen Regierung nie wieder aufgehoben.
- Nur Dr. Hans Becker erhielt persönlich die Erlaubnis, unter einem »neutralen Namen« eine »feste Organisation« zu schaffen, in die er »nach Gutdünken«[280] Mitglieder aufnehmen konnte. Damit war klar, dass Dr. Becker von der Regierung als Reichsbeauftragter gewollt war, und dies, obwohl er die Gestapo darauf aufmerksam gemacht hatte, dass er »selbst für den übrigen Teil der Angehörigen der ›Christlichen Versammlung‹ untragbar« sei, weil er »als Führer einer Art Oppositionsgruppe gelte«[279]. Aber sicherlich war gerade dieser Hinweis für die Regierung der Grund, nun erst recht Dr. Becker zu beauftragen, um ganz sicher sein zu können, dass möglichst nur Menschen seiner – der

111

Gestapo vertrauenswürdig erscheinenden – Überzeugung in die zu gründende Organisation eintreten würden.

Noch am gleichen Abend wurde für den 23. Mai nach Dortmund eine Zusammenkunft einberufen, an der 46 Brüder – namentlich diejenigen, die schon in Velbert dabei waren – und ein Gestapo-Beamter teilnahmen.[281]

Hans Becker berichtete über die Bildung einer Organisation nach den Vorstellungen der Gestapo und ließ sich seine Darlegungen von dem Gestapo-Beamten bestätigen. Besonders stellte er dabei seine persönliche Aufgabe heraus, die er aber nur wahrzunehmen gewillt sei, wenn sich die »Brüder« seinen in Velbert vorgetragenen Auffassungen wirklich anschlössen.

Es gab keine Einwendungen. »Eine solche erhebende Einmütigkeit und Schnelligkeit habe ich in meiner ganzen Praxis noch nicht erlebt. Wenn das so bleiben könnte, wäre es wunderbar«, schrieb ein Teilnehmer.[282] Nur einer, der Siegerländer Hermann Thomas, enthielt sich bei der Abstimmung der Stimme.[283]

Für den nächsten Sonntag, den 30. Mai, wurde nun nach Wuppertal-Elberfeld eine Versammlung von Vertretern der »Christlichen Versammlung« aus dem ganzen Reich nach einer Vorankündigung[284] einberufen. In Elberfeld sollte die vorher schriftlich mitgeteilte Entscheidung der Gestapo erläutert werden, und in den örtlichen Versammlungen war dann die Entscheidung zu treffen, ob man sich dem neu zu bildenden Bund anschließen wollte.[285]

Jubel bei den »Brüdern« ...

Die Stündchenfreunde jubelten. Endlich hatten sie die Möglichkeit, die »Christliche Versammlung« in ihrem Sinne zu organisieren und zu beeinflussen. Für einen Berichterstatter der Dortmunder Zusammenkunft am 23. Mai war es beeindruckend,

> »dass Gott alles zerschlagen hat, was unwahr und unaufrichtig bei uns war, indem man Zustände und Dinge ablehnte, die in Wirklichkeit doch vorhanden waren, die man aber noch nicht zugeben wollte (Organisation, Herrschaft usw.). Es war für den Kenner der Dinge erschütternd, daran zu denken, dass man in demselben Saal, in dem Saal der Versammlungen (der Stündchenfreunde) saß und unter dem Vorsitz des Bruders, über den man allen Ernstes gedacht hat, den Ausschluss auszusprechen. Gott hat sich sichtbar zu der Sache der Stündchenfreunde bekannt.«[283]

Und im Blick auf die vor den Stündchenfreunden liegende Zukunft sagte Walter Engels:

> »Das alte System ist restlos beseitigt. ... Es liegt eine Zeit der lieblosen Nachrede über andere, der absichtlichen Verleumdung anderer ... hinter uns, die unter gar keinen Umständen wiederkommen darf. Diese anderen, ... über die sich jeder ungestraft das härteste Urteil erlauben durfte, waren in erster Linie die Stündchenfreunde, die heute, mit dem am meisten verleumdeten Bruder Dr. Becker an der Spitze, bereit sind, jedem alles zu vergeben ... und mit jedem, der guten Willens ist, den uns von Gott gezeigten Weg des Glaubens zu gehen.«

Mit prophetischem Sendungsbewusstsein versuchte Walter Engels die Bedenken derjenigen auszuräumen, die in der jetzigen Zwangslage ein Ausspielen der Macht durch eine Gruppe sahen:

> »Wir fühlen das Unangenehme, Schmerzliche, Bittere und Harte unseres heutigen Prophetendienstes mit aller Schärfe, Gott weiß es. Es ist nicht Herrschsucht, nicht ein Ausnutzen der uns günstigen Situation, wenn wir so reden. Es erfüllt uns der heilige Glaube, Künder der Botschaft Gottes zu sein, und wir wagen es nicht, in irgendetwas diese Botschaft abzuschwächen oder zu beschönigen, und darum: ›Her zu uns, wer dem Herrn angehören und ihm gehorsam sein will!‹«[286]

Es wurden Pläne geschmiedet, welche Veränderungen in der neuen Organisation vorzunehmen seien. Zeitschriften, Verlage, Werke, Jugend- und Sonntagschularbeit, Kassenwesen, alles sollte klar und übersichtlich gestaltet werden. Zuweilen war man »ganz revolutionär«[287]: »für *Gnade und Friede*, die Zeitschrift Hartnacks« sei »kein Platz mehr«. Es wurde vorgeschlagen, auch den Dillenburger Verlag, wo *Gnade und Friede* erschien, aufzulösen, und als Hugo Hartnack unter dem Zwang der Situation nichts einwandte, freute sich ein Stündchenfreund im Überschwang der Gefühle in nicht ganz geistlicher Weise: »Hugo der Hartnäckige war auch einverstanden. Wat sind die Jungens klein geworden!«[288] Man schlug sogar vor, den R.Brockhaus Verlag mit 51% Beteiligung des neuen Bundes zu einem »Bundes-Verlag« – ähnlich dem Bundes-Verlag der Freien evangelischen Gemeinden in Witten – umzugestalten und der Familie Brockhaus mit Rücksicht auf ihre Verdienste in der Vergangenheit 49% zu belassen, zumal der Verlag deren Privateigentum war.[287]

Sicherlich war hier manches unausgegoren und unter dem Eindruck der erschütternden Ereignisse unbedacht dahingesagt, andererseits wird aber auch das Unbehagen der jüngeren Generation an der bisherigen Lage in der »Christlichen Versammlung« deutlich.

... und Bedenken werden laut

Doch nicht alle Blütenträume sollten reifen, denn es zeigte sich, dass die anderen nicht alles mitzumachen geneigt waren. Schon dass alles einzig und allein von der Person Hans Beckers abhängen sollte, war vielen äußerst suspekt. Nach den Auseinandersetzungen der letzten Jahre empfand man gerade ihn in einem solchen Amt als Belastung, zumal man den Eindruck hatte, dass er und seine Freunde jetzt die Gelegenheit wahrnehmen wollten, ihre Auffassung durchzudrücken[289]; und nach den Äußerungen der Stündchenfreunde war das auch nicht von der Hand zu weisen. Man versuchte, ihn zu bewegen zu verzichten[290], aber es war vergeblich, hatte doch die Gestapo das Schicksal der »Brüder« bedingungslos an seine Person gebunden. Viele konnten das zunächst nicht fassen[283], und auch diejenigen, die in Velbert die entscheidende Weiche für Beckers Verhandlungen gestellt hatten, waren in Dortmund von dem Ausgang der Sache überrascht worden, als jetzt auch die Zukunft von der Person Beckers abhängig war; doch man war in Anwesenheit des Gestapobeamten gezwungen gewesen zuzustimmen, wenn man nicht alles gefährden wollte. Zustimmung zum neuen Weg bedeutete aber noch nicht Zustimmung zur Person Beckers; auch Hugo Hartnack beteiligte sich hauptsächlich nur deshalb am »Bund freikirchlicher Christen«, um nicht die ehemalige »Christliche Versammlung« völlig Hans Becker zu überlassen.[291] Insofern gab es später genügend Leute, an denen Becker und seine Freunde im Alltag des Gemeindelebens nicht vorbeikamen.

Und dann waren da noch diejenigen, die sich wahrscheinlich überhaupt nicht mit der neuen Organisation mit Führerprinzip abfinden würden und schon gar nicht mit Beckers »Schwenkung um 180 Grad«.

Die Stündchenfreunde wussten das und wollten den Älteren, die die »Schwenkung« nicht so schnell mitvollziehen konnten, entgegenkommen. Darum wurde aus »taktischen Gründen« Elberfeld, die »alte Zentrale«, als Ort der großen Zusammenkunft am 30. Mai gewählt[287]; ursprünglich war Schwelm vorgesehen gewesen. Ebenso schlug man aus Gründen der Taktik vor, die Einleitungsrede über die notwendige Schwenkung in Elberfeld Ernst Brockhaus vortragen zu lassen, dem sich dann Wilhelm Brockhaus mit seiner entsprechenden Auffassung hätte anschließen können. Dann erst sollte Hans Becker den neuen Bund erläutern und aufzeigen, dass man den Geschwistern nur helfen wolle:

»Wesentlich ist, dass Liebe zu den Geschwistern bei uns gefühlt wird. Die Brüder müssen fühlen, dass es uns nicht darum geht, die Macht zu erobern, sondern dass wir aus Verantwortlichkeitsgefühl heraus handeln. Klar aussprechen, dass für die, die nicht mitmachen, keine Möglichkeit bleibt als die, sich anderen anzuschließen. Aber auch sagen, dass sich an unseren Gottesdiensten nichts ändert, dass wir also das Brot brechen können wie bisher, dass nach wie vor diejenigen dienen, denen Gott Gaben gegeben hat usw.«[287]

Becker selbst war zwiespältiger Stimmung. Er schilderte seine Gefühle, die ihn nach der überraschenden und ihn persönlich so schwerwiegend betreffenden Gestapo-Mitteilung bewegten:

»Für kurze Zeit überwog zwar die Freude, meinen Geschwistern, die ich mit schwerem Herzen trauern sah, einen Trost bieten zu können, und - auch das gehört zur Wahrheit – die Genugtuung, dadurch zusammen mit meinen viel beredeten Freunden vor den Augen unserer Geschwister rehabilitiert zu werden. Dann aber stand ich vor der Frage, ob ich die Erlaubnis nicht doch wieder in die Hände des Staatspolizeiamtes zurücklegen sollte.«[292]

Warum? Becker befürchtete, dass die alte »Christliche Versammlung« zwar in neuem Gewand, aber auch mit ihrem alten Gebrechen der Unduldsamkeit wieder erstehen würde, und das mit seiner, Beckers, entscheidenden Hilfe. Denn es war ihm klar, dass etwa 99% der Glieder der »Christlichen Versammlung« nicht gegen den Staat eingestellt und deshalb in den neuen Bund aufzunehmen waren. Da er aber fürchten musste, dass die Mehrheit von ihnen in den geistlichen Fragen der Duldsamkeit nicht so dachte wie er, müsste sich bald wieder der alte Geist durchsetzen.[293] Schließlich hatte die Regierung in diesen Dingen keine Auflagen gemacht. Und wie die Neuorganisierung geplant war, hätte es auch so kommen können.

Seine Freunde rieten ihm, sein Amt zu nutzen und bei der Auswahl und Zulassung der Mitglieder dafür zu sorgen, dass der Darbysmus, der Geist der Unduldsamkeit, nicht in den neuen Bund einziehen konnte. Becker aber vermochte sich nicht zu ihrer Meinung durchzuringen:

»Ich konnte mir das Recht nicht zusprechen, Unterschiede zwischen den Geschwistern zu machen über das hinaus, was uns als m.E. berechtigte politische Auflage von der Regierung gegeben war.«[293]

Hans Beckers folgenschwerer Entschluss (Dortmund, 2. Mai)

»Aus dieser inneren Ungewissheit und Unklarheit« wurde er durch das Eingreifen der Gestapo gerissen.[293] Einen Tag vor der Elberfelder Zusammenkunft, noch am 29. Mai, untersagte der zuständige Berliner Beamte die geplante Vorgehensweise – Erläuterungen in Elberfeld, dann Entscheidung der örtlichen Versammlung über Teilnahme –, suchte Becker am gleichen Tag in Dortmund auf und erklärte ihm, dass dieses kollektive Aufnahmeverfahren die Wiederbelebung der alten »Christlichen Versammlung« bedeute. Der so zustandegekommene Bund würde sofort wieder verboten werden. Die Gestapo forderte dagegen, dass Dr. Becker an jedem Ort nur vier bis fünf Vertrauenspersonen zulassen sollte, um die sich dann »weitere Gleichgesinnte ankristallisieren könnten«. Auf alle Fälle sollte der Darbysmus, worunter der Beamte eine staats- und lebensverneinende Haltung verstand, keinen Platz mehr finden.[294]

Dieses Verlangen der Gestapo erschien Becker als »überraschende Erlösung«[293]:

> »Mit dieser Forderung der Regierung auf Auswahl war die Meinungsverschiedenheit zwischen mir und einigen Freunden über die Art der Bildung der Gemeinden gegen meine Auffassung entschieden.«[295]

Becker gab zwar zu:

> »Unter dieser Auswahl verstand der Regierungsvertreter ohne Zweifel etwas anderes als meine Freunde. Er wollte damit sicherstellen, dass der neuen Organisation keine neuen ›Darbysten‹ im Sinne des Verboterlasses angehörten, d.h. keine den Staatszielen abträglichen Elemente. Sie dagegen wollten die Sicherheit, dass der ›Darbysmus‹, wie wir ihn verstanden, nicht in die neue Organisation einziehe, weil wir überzeugt waren, dass Gott um seinetwillen die ›Christliche Versammlung‹ beiseite gesetzt hatte.«[295]

Doch Becker nahm die staatliche Forderung nach persönlicher Auswahl als göttlichen Fingerzeig, nunmehr sein Amt gebrauchen zu sollen, nicht mehr den Geist der Unduldsamkeit und damit den »Keim zu neuen Trennungen in die neuen Gemeinden« einziehen zu lassen.[295]

Deshalb stellte er am nächsten Tag gegen alle Taktik die Forderung nach Duldsamkeit mit aller Schärfe, was dann in Verbindung mit der von ihm – besonders in der Anfangszeit – geübten Zulassungspraxis viel Bitterkeit heraufbeschwören und schließlich der Anlass zu Trennungen sein sollte.

Neuer Aufbruch oder »Schwarzer Sonntag«? (Elberfeld, 30. Mai)

Der 30. Mai 1937 war der Tag, an dem die Vertreter der deutschen Brüderversammlungen die Bedingungen erfahren sollten, unter denen die gewohnten gottesdienstlichen Zusammenkünfte wieder möglich waren. Zu diesem Zweck kamen um 14 Uhr über 1000 Brüder in der Elberfelder Baustraße zusammen.[296]

Eine Stunde vorher erläuterte der schon erwähnte Gestapo-Beamte neun führenden Brüdern die neue Sachlage. Anwesend waren neben Dr. Becker »Ernst und Wilhelm Brockhaus, Dieterich, Hartnack, von Kietzell, Koch, Dr. Neuffer und Dr. Richter«.[297] Erstaunt musste man zur Kenntnis nehmen, dass es nun doch anders gehen sollte, als man ursprünglich angenommen hatte. War man bisher der Meinung gewesen, dass die einzelnen Versammlungen kollektiv den gegebenen Bedingungen – Organisation, Staats- und Lebensbejahung – zustimmen konnten und damit innerhalb der neuen Organisation zugelassen würden, so erfuhr man jetzt, dass es allein in der Hand Dr. Beckers liegen sollte, wen er als Einzelperson in den neuen Bund aufnahm. Wenn die Aufnahme seitens des Staatsvertreters auch allein an die von der Regierung geforderten Bedingungen geknüpft war, so erschien den anwesenden Brüdern – soweit sie nicht »Stündchenleute« waren – die nahezu absolute Macht eines Einzelnen doch als recht ungewohnt und gefährlich, wenn nicht gar als unerträglich. Aber der Druck der Situation – die über 1000 Wartenden im großen Saal der Baustraße und die Furcht, noch in letzter Minute einen günstigen Ausgang der Angelegenheit zu verpassen – führte dazu, dass trotz schwacher Proteste der Einrichtung des Führerprinzips letztlich zugestimmt wurde.

Anschließend hielt Dr. Becker vor der großen Versammlung in Anwesenheit der Gestapo eine lange Ansprache.[298] Und nun begnügte er sich nicht damit, die staatlichen Bedingungen der neuen Organisation, die unter seiner Leitung zu gründen war, bekanntzugeben und zu erläutern, nein, er rechnete zunächst in seinem und der »Stündchenleute« Sinn mit der Vergangenheit ab und fügte zugleich die geistlichen Bedingungen hinzu, die nach seiner und seiner Freunde Meinung kompromisslos die Voraussetzung für die Aufnahme in die neue Organisation sein mussten, die jetzt »Bund freikirchlicher Christen (BfC)« heißen sollte.

Becker sah in dem Verbot die Strafe Gottes für die unduldsame Haltung gegenüber den anderen gläubigen Kreisen, d.h. für die

Absonderung, die gegen Gottes Willen verstoßen habe. Hätten andere Christen zwischen den Denominationen Zäune errichtet, so sei es bei den »Brüdern« sogar »eine Mauer« der Absonderung gewesen:

> »Durch die erdbebenartige Erschütterung, die uns unter der Zulassung Gottes getroffen hat, ist *diese* Mauer mit einem Schlag in Schutt und Trümmer gefallen. Gott hat sie zusammenbrechen lassen. Es wäre daher ein Arbeiten gegen Gott, wenn wir versuchen wollten, diese Mauer der Absonderung wieder aufzurichten. Wir wollen uns von aller Art des Bösen in Lehre und Wandel absondern, aber nicht von Kindern Gottes, die in Treue ihrem Herrn dienen. Welch eine Überheblichkeit war in unseren Herzen, dass wir sie als ›Böse‹, als ›Gefäße der Unehre‹ ansahen, von denen man sich ›wegreinigen‹ musste, um ein ›Gefäß der Ehre‹ zu sein. ... Wir müssen uns schämen und öffentlich demütigen wegen dieser Überheblichkeit und Unduldsamkeit unseren Brüdern gegenüber.«[299]

Den Grund für die »Überheblichkeit« und »Unduldsamkeit« der »Brüder« sah Becker in der »Überschätzung der Lehre der ›Brüder‹«, einer Lehre, die man als »die Wahrheit« betrachtet und für die man gekämpft habe, statt »für Christus allein« einzutreten.

Aus dieser Einsicht leitete Becker seine »religiösen Forderungen für den Aufbau der neuen Organisation«[300] ab, Forderungen, die er einfach den staatlichen Bedingungen hinzufügte und die er in dem Wort »Duldsamkeit« zusammenfasste. Die unduldsame Lehre der Absonderung sei eine »Verzerrung« des Sondergutes der »Brüder« gewesen. Diese »Verzerrung« müsse wegfallen. Becker sprach aber auch die »Unduldsamkeit« nach innen an, unter der die »Stündchenleute« so sehr gelitten hätten:

> »Fortfallen muss vor allem die in den letzten Jahren leider immer stärker gewordene Bestrebung, es (das Sondergut. D.Verf.) durch Zwang zu einer für jeden einzelnen und jede Gemeinde verbindlichen Glaubenslehre zu machen. Gewissens- und Denkzwang soll es in der neuen Organisation nicht geben. Ihr erster Grundsatz soll Duldsamkeit sein gegenüber Auffassungen, die nach der Schrift möglich sind, auch wenn sie nicht in den Schriften der ›Brüder‹ gefunden werden oder ihnen sogar widersprechen.«[301]

Diese Auffassung, hier und da schon in privaten Gesprächen geäußert, wurde nun zum erstenmal einer breiteren Allgemeinheit vorgestellt, wo man bisher gemäß der Tradition die Absonderung immer noch als das spezifische Gott wohlgefällige Verhalten der »Brüder« betrachtet hatte. Auch die Übereinstimmung in Lehrfragen war bis dahin bis zu einem gewissen Grade als selbstverständlich angesehen worden. Um so mehr musste die rein sachlich und pointiert vorgetragene Rede bei vielen Anwesenden wie ein Schock wirken; zu unerwartet und abrupt kam für sie die »Wende um 180 Grad«.

Dennoch schloss sich keine Aussprache an, wozu die von den »Stündchenleuten« deshalb als günstig empfundene[302] Anwesenheit der Gestapo das ihrige beitragen mochte. Becker konnte im Anschluss an seine »religiösen Forderungen« die Bedingungen des Staates und den Aufbau der zu bildenden Organisation erläutern, um zum Schluss darzulegen, dass »Verfechter« des »Darbysmus« nicht Mitglieder des BfC werden durften, in den man nur persönlich aufgenommen werden konnte. Er wies darauf hin, dass zwar nur wenige wirklich darbystisch gedacht hätten, dass diese wenigen aber »führend« gewesen seien, und erklärte:

> »Diese Führung muss endgültig erledigt sein. Wo sie in örtlichen Versammlungen vorhanden war, darf sie in den neuen Gemeinden nicht wieder erscheinen. ... Nicht aufgenommen werden dürfen solche Männer und Frauen, deren bisheriges Verhalten vermuten lässt, dass sie Störer des Gemeindefriedens sein werden. Solche müssen ohne Rücksicht und Ansehen der Person zurückgewiesen werden; sie wären für die neuen Gemeinden nur störender Ballast.«[303]

Besonders die letzten Sätze mussten manchen älteren Brüdern, die sich hier als »Ballast« der Gemeinden bezeichnet sahen, als hart und lieblos erscheinen.[304] Schockierend waren sie gewiss für viele, und es ist deshalb erklärlich, dass über den antidarbystischen Aspekten der Rede die politischen in ihrem Gewicht gar nicht so recht erkannt wurden, zumal Becker betonte, »dass die Regierung das Verbot nicht erlassen« habe, weil sie etwa »christentumsfeindlich« sei.[305] Der Ansicht waren damals sowieso viele Christen und auch »Brüder« noch immer, und gerade jetzt war so etwas angenehm zu hören. Von einer als christlich betrachteten Regierung war schließlich nichts Ungebührliches zu erwarten. Damit wurden aber die von Becker erläuterte »Staats- und Lebensbejahung« und die Organisation als angemessene Forderung verstanden, in denen dem Staat Genüge zu leisten war.

Zur »Staatsbejahung« führte Becker aus:

> »Wir sollen und wollen uns freudig und tätig in diese Gemeinschaft (des Staates) einfügen in dem Bewusstsein, dass wir durch die göttliche Ordnung mit dem Schicksal unseres deutschen Volkes verbunden sind, dem Gott, als Retter in der drohenden Not des gottesleugnerischen und gottfeindlichen Bolschewismus, als Führer Adolf Hitler gab. ... Wir wollen, wie es auch bisher weithin bei uns geschehen ist, für unseren

Führer und seine Regierung *beten*, aber auch von unserem biblisch-christlichen Standpunkt aus für sie *arbeiten*, so wie es jeder vermag.«[305]

Das hörte sich recht christlich an, bedeutete aber doch eine nahezu bedingungslose Eingliederung in den nationalsozialistischen Staat, mindestens nach der Absicht der damals Verantwortlichen, obschon in Betracht gezogen werden sollte, dass in vielen Einzelfällen durch die Mitgliedschaft im BfC die Haltung zum Nationalsozialismus kaum zustimmender wurde, als sie vorher schon war.

Eher noch wurden durch die Forderung nach »Lebensbejahung«, besonders bei der jüngeren Generation, jene pietistischen Vorbehalte abgebaut, die die »Brüder« gegenüber den sogenannten »religiös neutralen, irdischen Werten« bis dahin mit anderen gläubigen Kreisen geteilt hatten. Wissenschaften, Technik, Kultur, Künste, Sport sollten jetzt nicht mehr einfach der sündhaften »Welt« zugeordnet werden, mit der der Christ nichts zu schaffen habe, sondern neben den christlichen Werten sollten diese anderen – neutralen – Werte um der »völkischen Geschlossenheit« willen im Leben des Christen ihren angemessenen Platz erhalten. Becker erklärte, dass manche in der »Christlichen Versammlung« – und wieder mochten es für ihn die maßgebenden Leute gewesen sein –

»neben den christlichen überhaupt keine Werte gelten ließen und das Wort des Herrn: ›Trachtet zuerst nach dem Reiche Gottes ...‹ ummünzten in die Worte: ›Trachtet allein nach dem Reiche Gottes‹.«[296]

Dies alles aber bedeutete für viele »Brüder« wenig im Vergleich zu den religiösen Forderungen, die Becker persönlich aufgestellt hatte, ob sie nun zustimmend oder ablehnend zu ihnen standen. Offen gegenüber dem nationalsozialistischen Staat war schon eine Reihe von »Brüdern« vorher gewesen; auch die *Tenne* hatte das gezeigt. Und dass die jüngere Generation dem Leben und ihren vielfältigen Erscheinungsformen positiver gegenüberstand, als es früher üblich war, wusste man auch. Sicher waren manche – der dauernden Klagen über den geistlichen Niedergang müde (II,92f.) – jetzt froh, dass eine weltoffene Lebenshaltung nunmehr anscheinend mit der Bibel in Übereinstimmung gebracht werden konnte. Auch das Organisatorische machte bei Berufung auf Römer 13 nur wenigen »Brüdern« Schwierigkeiten.

Ganz anders stand es da mit der »religiösen Forderung« nach »Duldsamkeit«. Nach außen beendete sie die besondere Stellung, die die »Brüder« bisher in den Kreisen der Gläubigen zu besitzen gemeint hatten, sie wurden nun auch dem Programm nach – nicht nur den Fakten nach wie bisher – eine Freikirche, die zu allem noch einen Namen führte, wurde also eine der bis dahin als unbiblisch betrachteten Denominationen (= Benennungen; von lat.»›nomen« = Namen). Nach innen schien die »Duldsamkeit« dem Pluralismus der Meinungen über die biblische Lehre Tür und Tor zu öffnen, und an der Spitze des neuen Bundes sollte schließlich ein Mann stehen, der bisher als oppositioneller Außenseiter gegolten hatte, jetzt aber diktatorische Vollmachten besaß und von dem einige nur zu gern das bald aufgekommene Gerücht glaubten, dass er selbst Verbot und Gestapo-Verhandlungen inszeniert habe, um an die Macht zu kommen (s. S. 101f.). Die juristisch prägnante Schärfe und die kompromisslose Konsequenz, mit denen Becker seine Ausführungen vorgetragen hatte, mochten noch zu dem Schock beitragen, der über einem Teil der in Elberfeld Versammelten lag, so dass manche später den 30. Mai 1937 als den »Schwarzen Sonntag« in der Geschichte der deutschen Brüderbewegung bezeichneten[306], und das um so mehr, als schon an diesem Sonntag deutlich wurde, dass der weitaus größte Teil der »Brüder« dem von Becker und seinen Freunden gewiesenen Weg folgen wollten. Das Beispiel führender Männer wie Ernst und Wilhelm Brockhaus und Hugo Hartnack, also z.T. mit traditionsträchtigen Namen, mag bei der Entscheidung von nicht unerheblichem Gewicht gewesen sein.[307] Insofern hatte Becker schon in seiner Rede die Lage recht treffend gekennzeichnet:

> »Neben den wenigen Führenden steht die große Masse der Geführten.... Sie wird Gegenstand der zukünftigen Aufklärung und Belehrung sein. Von ihr kann vorläufig nicht mehr verlangt werden als die ehrliche Bereitwilligkeit, den neuen Weg zu gehen.«[303]

Der schnell gewählte Brüderrat, der dem Reichsbeauftragten im neu zu gründenden Bund – allerdings ohne Entscheidungsbefugnis – zur Seite stehen sollte, bewies, dass der neue Kurs wenigstens in personeller Hinsicht Kompromisscharakter hatte. Ausgesprochenen »Stündchenfreunden« wie Walter Engels, Carl Koch und Walter Vogelbusch standen Männer der bisherigen Führung gegenüber: Ernst und Wilhelm Brockhaus und Hugo Hartnack (außerdem noch Fritz von Kietzell, Dr. Fr. Richter und Johannes Tapper)[308], Männer, die angesichts der Verbotssituation und der Machtfülle Dr. Beckers jetzt retten wollten, was noch zu retten war, andererseits aber auch einer Öffnung nach außen aus ehrlichem Herzen zustimmen konnten.

Doch auch sie konnten nicht verhindern, dass es in der Geschichte der »Christlichen Versammlung« zum erstenmal eine Trennung gab, wenn man von der für die historische Entwicklung unerheblichen Raven-Trennung von 1890 (I,114; II,67f.) absieht. Mochten auch nur 5-10% der »Brüder« den neuen Weg nicht mitgehen, die Einheit der deutschen Brüderbewegung war, soweit es die »Elberfelder Brüder«, also die »Christliche Versammlung«, betraf, zum erstenmal wirklich und, wie sich noch herausstellen sollte, folgenschwer verloren gegangen.

So zeigte der 30. Mai 1937 ein zwiegesichtiges Bild: einerseits die bedenken- und kritiklose Unterwerfung unter den Staat Hitlers und den Verlust einer 80 Jahre lang bewahrten Einheit, die doch auf jeden Fall ein wesentliches christliches Zeugnis dargestellt hatte; demgegenüber stand das neu gewonnene Zeugnis der Einheit des Leibes Christi in einer wahrhaft brüderlichen Öffnung zu den anderen Gemeinde-Christen hin und in einem vermehrten ehrlichen Umgang miteinander unter den »Brüdern« selbst.

Dass man dieses nicht zu erreichen vermochte, ohne jenes zu vermeiden, sollte auf die weitere Geschichte der deutschen Brüderbewegung die Schatten tragischer Schuld werfen.

3. Die »Brüder« im Bund freikirchlicher Christen

Die Anfänge

Doch zunächst ging man jetzt mit großem Elan daran, den neuen Bund nach den geplanten Grundsätzen zu gründen und zu organisieren. Schon am 3. Juni 1937 unterzeichnete der Gestapo-Chef Reinhard Heydrich als Stellvertreter Heinrich Himmlers eine Verfügung, die den »Bund freikirchlicher Christen« in der angekündigten Weise legalisierte. Bezeichnend war, wie der Bund nach staatlichem Willen ganz von der Person Dr. Hans Beckers abhängig sein sollte:

> »Da gegen die Person und die Lehre von Dr. Hans Becker, geb. 1895, wohnhaft zu Dortmund, keine Bedenken bestehen, so ist demselben zwecks religiöser Betreuung der durch das Verbot der ›Christlichen Versammlung‹, betroffenen Volksgenossen die Gründung eines ›Bundes freikirchlicher Christen‹ gestattet worden, und zwar mit solchen Mitgliedern der ›Christlichen Versammlung‹ welche durchaus auf dem

Boden der nationalsozialistischen Weltanschauung stehen und zum Teil alte Parteigenossen sind.

Die ›Christliche Versammlung‹ ist und bleibt verboten, daher sind auch Gründungsversammlungen des BfC, zu denen Dr. Becker in einem Rundschreiben vom 24.5. aufgefordert hat (s. S. 116f.) zu verbieten.

Die Gründung des Bundes darf nur unter Personen erfolgen, die Dr. Becker an den einzelnen Orten als Beauftragte beruft und die einen entsprechenden Ausweis von Dr. Becker vorzeigen.«[309]

Danach folgten noch Angaben über die Rückgabe des Vermögens der ehemaligen »Christlichen Versammlung«.

Die Geschäftsstelle des Bundes übernahm der Düsseldorfer Rechtsanwalt Dr. Fr. Richter, der von nun an die meisten Rundschreiben im Auftrag des Reichsbeauftragten unterzeichnete. Durch diese Rundschreiben wurden die in organisatorischen Dingen nicht sehr erfahrenen »Brüder« angeleitet, bei der Neubildung von Gemeinden und bei der Gestaltung des örtlichen und überörtlichen Gemeindelebens entsprechend den vorgeschriebenen Regeln vorzugehen.

In einem ersten Rundschreiben[310] wurde genau erläutert, dass die Gründung der Gemeinden nicht als eine »Fortsetzung der ›Christlichen Versammlung‹« zu verstehen sei. Es sollten sich vielmehr

»einige Brüder, die durchaus auf dem Boden der in Elberfeld vorgeschlagenen Grundsätze stehen, zusammentun, und aus ihrer Mitte dem Reichsbeauftragten ... einen der Brüder als Ortsbeauftragten zur Bestätigung vorschlagen und durch ihn die Aufnahme in den ›Bund freikirchlicher Christen‹, Gemeinde ..., beantragen. Nachdem diese Aufnahme und die Bestätigung des Ortsbeauftragten erfolgt ist, sind sie eine von der Regierung erlaubte neue Gemeinschaft, die dann weitere Mitglieder an sich ziehen kann.«

In mehreren Rundschreiben[311] mussten die Gemeinden ermahnt werden, die neuen Vorschriften ernst zu nehmen, dass sie also nicht in der freudigen Stimmung einer überstandenen Not und eines Neuanfangs etwa unterließen, die Bestätigung des Ortsbeauftragten durch den Reichsbeauftragten – Bearbeitungsdauer ca. zwei Wochen – abzuwarten, der wiederum angab, in welcher Weise der örtlichen Polizei von der Bildung einer neuen Gemeinde Mitteilung zu machen war. Da jeder, der einer neugebildeten Gemeinde beitreten wollte, dem Ortsbeauftragten gegenüber eine schriftliche »Beitrittserklärung«[312] abzugeben hatte, alle Namen, genauso wie die Namen des örtlichen Brüderbeirates, an die Geschäftsstelle zu melden waren, ergab sich eine bis dahin in den Kreisen der »Brüder« nicht gekannte bürokratische Papierflut von Formblättern, Formularen und Musterbriefbogen, und die »Brüder«, bisher an einen persönlichen Stil privaten Umgangs miteinander gewöhnt, mussten immer wieder ermahnt werden, die bürokratische Verwaltungs-Ordnung besser einzuhalten[313], z.B. die statistischen Angaben oder Protokolle von Gemeindeversammlungen an die Geschäftsstelle zu übersenden; deren dauernde Aufforderungen, seitens der Gemeinden nicht in selbständige Verhandlungen mit Behörden zu treten[313a], zeigten deutlich, wie schwer es den führenden Männern in den Gemeinden fiel, sich in den Dingen, die sie bisher immer selbständig geregelt hatten, dem Führerprinzip unterzuordnen. Bald sollten auch keine Schreiben mehr an den Reichsbeauftragten, Dr. Hans Becker, persönlich gerichtet werden, sondern mussten den »Dienstweg« über die Geschäftsstelle gehen.[314]

Folgerichtig teilte die Geschäftsstelle am Ende des Jahres 1937 mit, dass sich die Verwaltungsarbeit sehr ausgedehnt habe und die Kosten gestiegen seien.[315] Inzwischen gab es zwei Büros, das eine für die organisatorischen Fragen in Düsseldorf (Dr. Richter) das andere für die Kassenführung in Wuppertal-Elberfeld (Ernst Brockhaus). Für die Personal- und Sachkosten der Büros erwartete man von den Gemeinden pro Mitglied eine monatliche Umlage von 20 Pfennig, was bei bis 1938 26000 aufgenommenen Mitgliedern (ohne Offene Brüder)[316] einem Jahresetat von 62400 RM entsprach.

Andererseits ebbte die Papierflut in den folgenden Jahren wieder ab. Waren im Jahr 1937 ab Juni 19 Rundschreiben verschickt worden, waren es im ganzen Jahr 1938 nur noch 15 (1939: 13), 1940 noch fünf. Ein Anstieg der Verwaltungsarbeit sollte erst wieder zu verzeichnen sein, als man sich 1941/42 mit den organisatorisch sehr erfahrenen Baptisten zusammenschloss.

Verfassung und Rechtsstellung

1937 aber hatte der BfC zunächst für eine Bundes-Verfassung zu sorgen, die die Voraussetzung für eine Eintragung ins Vereins-Register war, was wiederum die Vermögensübertragung der ehemaligen »Christlichen Versammlung« bedingte. Außerdem sollte deren ehemaligen Mitgliedern recht schnell die Möglichkeit gegeben werden, wenigstens an einem vorläufigen Satzungsentwurf zu prüfen, ob sie einen Eintritt in den BfC mit ihrem Gewissen vereinbaren konnten. Dabei war es das Ziel der Verantwortlichen, der traditionellen Abneigung der »Brüder« im Blick auf Organisationen und vereinsmäßige Satzungen entgegenzuwirken und klarzustellen,

> »dass die Verfassung und die Ordnung nichts enthält, was wir nicht voll und ganz vor dem Herrn verantworten können. Die Geschwister müssen immer wieder aufgeklärt werden, dass unser Gott ein Gott der Ordnung ist und dass wir mit dieser Verfassung nichts anderes wollen, als den Grundsätzen der Ordnung Rechnung zu tragen.«[314]

Schon am 12. Juni 1937 wurde deshalb der »Entwurf« einer »Satzung des BfC« versandt.[317] Für die Behörden wurde der Entwurf einer »Gemeindeordnung« erstellt[318], der nach amtlicher Genehmigung ebenfalls an die Gemeinden verschickt wurde.[319] Zu beiden Entwürfen war die Möglichkeit von Anregungen gegeben.

Gemessen an der Eile, mit der 1937 so vieles überstürzt beschlossen wurde, dauerte es lange, nämlich zwei Jahre, bis die »Verfassung des BfC« auf der Elberfelder Konferenz 1939 (18.-21. Mai) einstimmig beschlossen wurde[320] und dann endlich beim Amtsgericht in Düsseldorf, dem Sitz der Geschäftsstelle, am 25. Juli 1939 die Eintragung im Vereinsregister erfolgen konnte.[321]

Die zweijährige Denkpause war nicht unbegründet. Angesichts der für die deutsche Brüderbewegung ungewöhnlichen Tatsache, dass sich die »Brüder« in einem »Bund« organisierten, hatten sich die Autoren der Verfassung viel Gedanken darüber gemacht, wie der zivilrechtliche Verein des BfC zum geistlichen Organismus des Leibes Christi, der Ekklesia, ins richtige Verhältnis gesetzt werden konnte. So beschäftigten sich auch die Elberfelder Konferenzen in den Jahren 1938 und 1939 mit diesem Thema: »Die Ekklesia Gottes im Neuen Testament«[322]. Schon 1938 wurde das Thema auf der Konferenz von den verschiedensten Seiten her in grundlegenden Vorträgen behandelt, die dann auch gedruckt wurden, wobei neben den Vertretern der Elberfelder (Dr. Hans Becker, Hugo Hartnack, Wilhelm Brockhaus, Fritz von Kietzell) und Offenen Brüder (Erich Sauer, Ernst Lange, Heinz Köhler) auch Vertreter anderer Freikirchen (z.B. Dr. Hans Luckey von den Baptisten) zu Wort kamen.[323]

Die intensive Beschäftigung mit dem Thema der Gemeinde führte dazu, dass die ersten Satzungsentwürfe selbst von Dr. Becker als »unausgeglichen«, »unklar« und »fehlerhaft« bezeichnet wurden.[324]

Er versuchte nun, zwischen dem zivilrechtlichen Zweckverband des BfC und dem geistlichen Organismus der Ekklesia noch sauberer zu unterscheiden. Ähnlich wie die früheren im Rahmen der »Christlichen Versammlung« üblichen Vereine zur Verwaltung von Grundstücken und Versammlungssälen war auch der BfC für Becker ein

»Verein, um die Möglichkeit zu haben, religiöse Zusammenkünfte zu veranstalten. Dadurch wird die Ekklesia nicht Verein. Wir haben der Ekklesia nur ein Werkzeug geschaffen, das im Rahmen der bestehenden staatlichen Ordnungen die Möglichkeit gibt zu gemeinsamen Zusammenkünften.«[325]

Becker betonte, dass man aus dem Verein des BfC austreten könne, nicht aber aus der Ekklesia Gottes, denn

»die Ekklesia ist Gottes Schöpfung. ... Menschliches Tun ist hier ausgeschlossen; alles beruht auf göttlichem Gnadenhandeln. Wenn Menschen aus eigenem Willensentschluss sich zu religiösen Vereinigungen zusammentun ..., dann schaffen sie damit nicht Ekklesia, sondern Gebilde bürgerlichen Rechts. Der BfC erhebt daher nicht den Anspruch, Ekklesia zu sein.«[326]

Das hörte sich recht gut an. Dennoch war damit noch nichts ausgesagt über die Verpflichtung der Vereinsmitglieder, den Forderungen der nationalsozialistischen Weltanschauung nach Staats- und Lebensbejahung nachzukommen. Und auch die Meinung Beckers, dass die »Verwaltungsträger« des Bundes – »Brüder, die die Geistesgabe der ›Leitung‹ von Gott empfangen haben« – durch »notwendige Verwaltungsmaßnahmen« den örtlichen Gemeinden »Hilfsdienste« zu leisten hätten, um »Kräfte und Mittel« zu »sammeln und zu einheitlichem Einsatz zu bringen«[327] verwischte doch wieder die Grenzen, die Becker vorher so sauber zwischen Geisteswirken und Verwaltungsmaßnahmengezogen zu haben glaubte, worüber noch zu sprechen sein wird (s. S. 150, 155).

Der BfC wurde nun zu einer echten Denomination und diente mit seinem Namen ab 1938 seinen Mitgliedern auch als Konfessionsbezeichnung für die Eintragung ins Personenstandsregister.[328]

Jede religiöse Betätigung der »Brüder« war fortan nur in seinem Rahmen gestattet; andererseits waren es auch nur gottesdienstliche Handlungen, die unter seinem Namen erlaubt waren. So durfte z.B. selbst ein gemütliches Zusammensein bei Kaffee und Kuchen, »Liebesmahl« genannt, nur stattfinden, wenn die Veranstaltung »gottesdienstlichen Charakter« behielt. Wie sehr der nationalsozialistische Staat darauf bedacht war, das gesamte religiöse Leben unter Kontrolle zu halten, zeigte ebenso die Verpflichtung für die Gemeindechöre, nur noch im Rahmen des überkonfessionellen »Christlichen Sängerbundes« zu arbeiten[329], der wiederum der nationalsozialistischen Reichsmusikkammer gegenüber verantwortlich war.[330]

Die Organisation

Nach staatlichem Auftrag hatte sich der Bund freikirchlicher Christen überschaubar zu organisieren und klare Verantwortlichkeiten zu schaffen, die besonders an der Spitze faktisch sehr dem nationalsozialistischen Führerprinzip glichen.[331] So war die Stellung des Reichsbeauftragten (später Bundesbeauftragten), Dr. Hans Beckers, einfach durch das Vertrauen der Regierung gegeben, was einer Einsetzung durch die Gestapo gleichkam, mochte er auch formal durch die Brüder des Beirates gewählt sein. An Beckers Position war nicht zu rütteln.

Noch deutlicher wurde der Beirat (auch Bundesleitung genannt) durch Becker nach dem Führerprinzip »berufen«. Das Einvernehmen darüber mit dem Bundesrat war wohl wieder mehr eine Formsache. Der Beirat konnte den Bundesbeauftragten nur beraten und hatte unter dessen Entscheidungsbefugnis und Verantwortung besondere Aufgabengebiete zu bearbeiten:

a) Dienst der reisenden Brüder,
b) Schrifttum,
c) Bundesgeldangelegenheiten,
d) Verfassungsfragen.[332]

Diesen Spitzenorganen gegenüber hatten sich zuerst an der Basis Gemeinden in der schon oben (s.S. 116) genannten Form zu bilden. Einige Brüder fanden sich am Ort zusammen und schlugen aus ihrer Mitte einen Ortsbeauftragten vor, den Becker in der Regel bestätigte. Dieser Kreis von Brüdern bildete dann fortan den Ortsbeirat, der später bei sich vergrößernder Gemeinde eventuell ergänzt oder verändert werden konnte.

Erst danach konnten dann auch die Zwischeninstanzen der Bezirks- und Kreisbeauftragten und die Bezirks- und Kreisbeiräte geschaffen werden, die aus den Ortsbeauftragten der jeweiligen Bezirke und Kreise bestanden.

Schließlich gab es noch den Bundesrat als eine Art Mitgliederversammlung, bestehend aus den Bezirksbeauftragten, dem Beirat und anderen Vertretern, die der Bundesrat – allerdings auf Vorschlag Dr. Beckers – hinzuwählte.[333]

Das ganze Gebilde, ein den »Brüdern« höchst ungewohntes durchorganisiertes System von Verantwortlichkeiten, Kontrolle und Abhängigkeiten, mochte durch das Prinzip des – nicht geheimen (!) – Wählens einen Hauch von Demokratie oder auch – wenn man will

– bruderschaftlicher Gestaltung aufweisen, die Vollmachten des Bundesbeauftragten konnten jedoch nicht darüber hinwegtäuschen, dass das Führerprinzip hier fast alle Möglichkeiten hatte, sich durchzusetzen, durfte doch der Bundesbeauftragte jede Mitgliedschaft und erst recht jeden »Verwaltungsträger« nach seiner persönlichen Entscheidung bestätigen oder auch zurückweisen.

Dabei richtete Becker in der Anfangszeit sein besonderes Augenmerk auf die Brüder der früheren Führungsschicht, die er als »darbystisch« bezeichnete. Diese Männer suchte er auszuschalten, indem er ihnen z.T. die Mitgliedschaft verweigerte oder sie wenigstens von jedem verantwortlichen Amt ausschloss, und zwar mit der Begründung, dass sie den neuen Kurs doch nicht ehrlich unterstützen könnten.

Bei Ernst Berning in Schwelm (II,42) nahm das Züge von Sippenhaft an, als Becker dessen Sohn, der zum Ortsbeauftragten vorgeschlagen war, seine Zustimmung verweigerte, weil er fürchtete, der Sohn werde die Grundsätze des Vaters in der Gemeinde verfolgen. Hinzu kam für Becker, dass der Kandidat schon früher im »Stündchenkreis« keine klare Stellung bezogen habe und bei ihm als einem Unternehmer der soziale Unterschied zu einem Teil der Gemeinde zu groß sei. Gerade letzteres Argument aber hatte in den Kreisen der »Brüder« sonst nie eine Rolle gespielt und passte auch eher in die pseudo-sozialistische Propaganda des angeblich alle »Arbeiter der Stirn und der Faust« gleichmachenden NS-Staates. Als alle Proteste und Bittbriefe aus der Gemeinde Beckers Entscheidung nicht zu ändern vermochten, musste die Gemeinde, wenn sie je die Möglichkeit von Zusammenkünften wieder erhalten wollte, schließlich nachgeben und einen neuen, Becker genehmen, Ortsbeauftragten vorschlagen. Welche Gefühle gegenüber dem BfC und seinem »Führer« einen nicht unerheblichen Teil der Ortsgemeinde beherrschten, lässt sich unschwer erraten.[334]

Andererseits versuchte Becker auch, die Männer seiner eigenen Wahl durchzusetzen. So wurden die Ortsbeauftragten und Beiräte des Regierungsbezirks Düsseldorf am 20. Februar 1938 in die Bezirkshauptstadt eingeladen, um Dr. F. Richter, den Leiter der Geschäftsstelle, auf Wunsch der Bundesleitung zum Bezirksbeauftragten zu wählen.[335] An sich hätte der Vorschlag aus ihren Reihen kommen müssen. Dass es dann unerwartet wegen der Art des Vorgehens zu einer »unliebsamen Diskussion« von 40 Minuten über die Formfehler dieser Wahl kam, zeigte die teilweise vorhandene Unzufriedenheit mit dem Führungsstil, wie ihn die Bundesleitung handhabte.

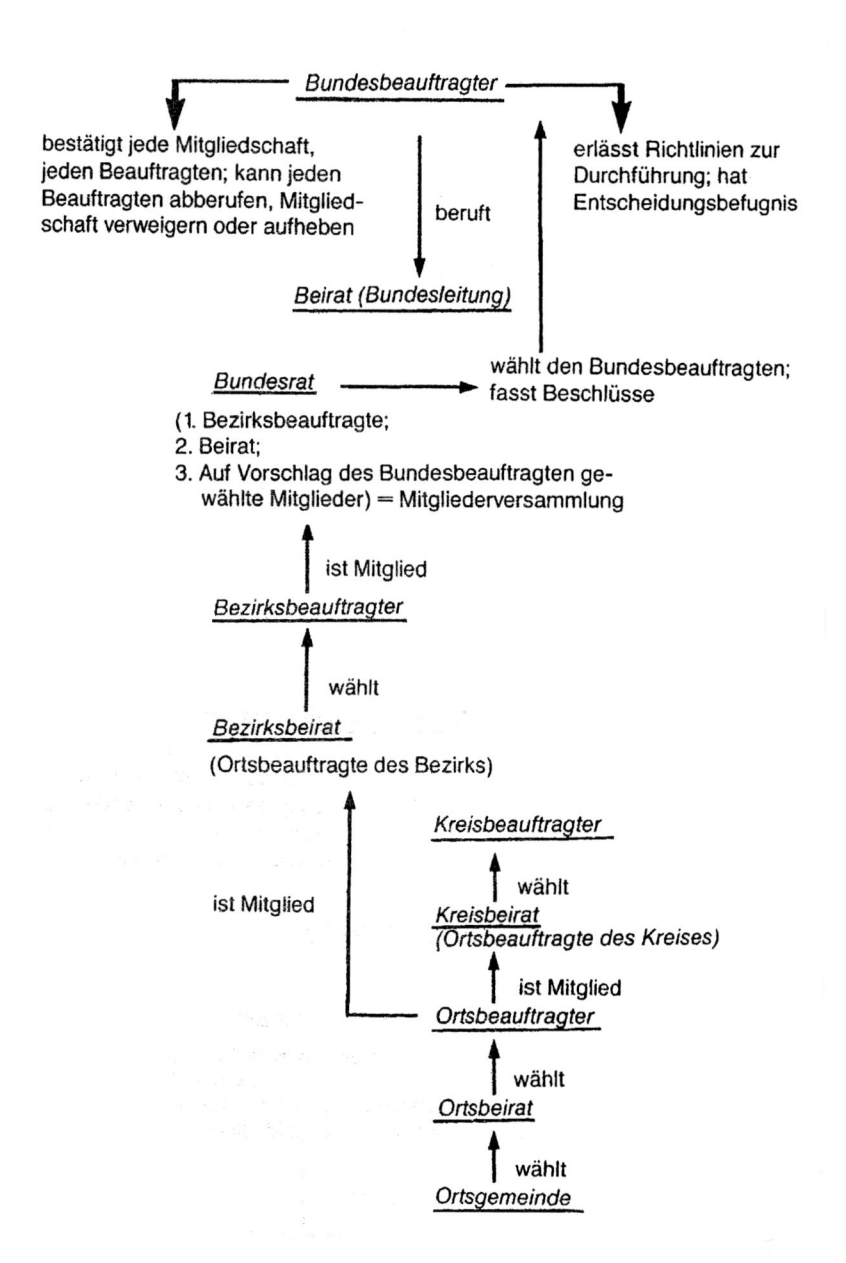

```
                    Bundesbeauftragter
    ┌──────────────────────┼──────────────────────┐
    ▼                      │                      ▼
bestätigt jede Mitgliedschaft,                    erlässt Richtlinien zur
jeden Beauftragten; kann jeden                    Durchführung; hat
Beauftragten abberufen, Mitglied-    beruft       Entscheidungsbefugnis
schaft verweigern oder aufheben
                           │
                           ▼
              Beirat (Bundesleitung)
```

Bundesrat ⟶ wählt den Bundesbeauftragten; fasst Beschlüsse

(1. Bezirksbeauftragte;
2. Beirat;
3. Auf Vorschlag des Bundesbeauftragten gewählte Mitglieder) = Mitgliederversammlung

↑ ist Mitglied

Bezirksbeauftragter

↑ wählt

Bezirksbeirat
(Ortsbeauftragte des Bezirks)

Kreisbeauftragter

↑ wählt

Kreisbeirat
(Ortsbeauftragte des Kreises)

ist Mitglied

↑ ist Mitglied

Ortsbeauftragter

↑ wählt

Ortsbeirat

↑ wählt

Ortsgemeinde

Wie sehr die Führungsgruppe meinte, auf dem richtigen Weg zu sein, beweist das nicht gerade unparteiische Protokoll jener Sitzung: Die Kritiker eines nur »scheinbaren Formfehlers« wurden mit Ironie abgetan, während die Redner, die für die Bundesleitung »Vertrauen« und »Dankbarkeit« forderten, lobend herausgestellt wurden.[336]

Sicherlich wollten alle der Sache Gottes so gut wie möglich dienen, auch mit Personalentscheidungen, das Geschehen macht aber doch deutlich, wie wenig Möglichkeiten dem Geist Gottes bleiben, wenn Organisationen, die unter bestimmten Zielsetzungen stehen, mit den Angelegenheiten der Gemeinde Jesu Christi vermischt werden, und gewiss wird dieses Problem um so schwieriger, je größer das organisatorische Gebilde wird. Dass sich aber im Lauf der Zeit auch die konservativen Kräfte in der Bundesleitung mehr bemerkbar machten, zeigt die Tatsache, dass schon im Sommer 1938 Ernst Berning nicht nur in den BfC eintrat, sondern sogar hinzugewähltes Mitglied des Reichsbrüderrates (später Bundesrat) wurde.

Am 20. Oktober 1938 erklärte die Bundesleitung »die Bildung der Gemeinden im Rahmen des BfC«, in dem mittlerweile auch die Offenen Brüder integriert waren, »im großen und ganzen« für abgeschlossen.[337] Schon im Februar d. J. hatte lt. Dr. Becker der BfC mit 31000 Mitgliedern (26000 Elberfelder, 5000 Offene Brüder) fast die Größe der ehemaligen »Christlichen Versammlung« (33000) erreicht (vgl. II,84). Wenn man davon ausgeht, dass sich etwa 10% der Glieder der »Christlichen Versammlung« nicht dem BfC anschlossen, wird man bis zum Beginn des Zweiten Weltkrieges einen Höchststand von ca. 35000 BfC-Mitgliedern ansetzen können.[338]

Die Zahl der Gemeinden betrug zum Jahreswechsel 1937/38, also noch ohne die Offenen Brüder, 382[339]; nach Aufnahme der »Kirchenfreien christlichen Gemeinden«, wie die Offenen Brüder offiziell hießen, erhöhte sich diese Zahl nach dem Stand vom Juli 1938 auf 477, worin aber auch einige verspätet aufgenommene Gemeinden aus dem Raum der »Christlichen Versammlung« enthalten waren.[340] Im Sommer 1939 gab es schließlich im BfC 602 Gemeinden, für die ebenso viele Ortsbeauftragte verantwortlich waren. Aufgeteilt waren sie auf 31 Bezirke, während es zur Kreiseinteilung nur in zwei größeren Bezirken gekommen war.[341]

Die Bundeskasse und die sozialen und missionarischen Werke

Dass ein Bund, der sich in der dargestellten Größenordnung ausweitete, eine Verwaltung benötigte, war klar. Zwar waren gerade die führenden Brüder »ehrenamtlich« tätig und verzichteten auch z. gr. T. auf jede Entschädigung, dennoch zeigte sich recht bald die Notwendigkeit, für die Verwaltung der Organisation und der Spenden Büros einzurichten (s. S. 124).[342]

Wichtiger aber war noch, dass die Gelder, die früher über Spendensammelstellen oder direkt an die verschiedenen sozialen Werke der »Brüder« gegangen waren (II, 40 ff.) und deren Fluss in den ersten Monaten nach dem Verbot gestockt hatte, wieder zentral gesammelt und nach den Wünschen der Spender oder den Bedürfnissen entsprechend weitergeleitet wurden. Bei den Kassenverhältnissen änderte sich insofern am wenigsten, als Ernst Brockhaus, Wuppertal-Elberfeld, die Verwaltung wieder übernahm, wie er sie schon vor dem Verbot wahrgenommen hatte.[343] Durch Rundschreiben lenkte die Bundesleitung die Aufmerksamkeit der Gemeinden auf die verschiedenen sozialen Werke[344], besonders auf die Kinderheime, die sämtlich zwar nicht Eigentum des BfC waren, sondern jeweils von selbständigen Vereinen verwaltet wurden; doch die Verantwortlichen im Bund sahen es als ihre Pflicht an, wie früher von zentraler Stelle aus die Verbundenheit zwischen den Gemeinden und den sozialen Werken der »Brüder« zu festigen.[332]

Ein besonderes Anliegen war aber auch die Versorgung der Reisebrüder. Deren Einkommen war je nach dem Gebiet, das sie bereisten, oder der Zahlungsfähigkeit der Gemeinden, die sie besuchten, recht unterschiedlich, was früher so hingenommen worden war, sollten und wollten die Reisebrüder doch »aus Glauben leben«. Nun aber unternahm es der Bund, zwischen den einzelnen Reisebrüdern einen finanziellen Ausgleich herbeizuführen, indem die Gemeinden aufgefordert wurden, die an Reisebrüder gezahlten Beträge monatlich an die Geschäftsstelle zu melden, von wo aus der Ausgleich dann vorgenommen wurde.[344]

Mit dem BfC begannen auch die ersten gemeinsam übernommenen missionarischen Aufgaben der deutschen »Brüder«, so schon recht bald eine ausgedehnte Jugendarbeit; ab 1938 war die von Werner Heukelbach (im Westen) und Willy Dannert (im Osten) betriebene Zeltarbeit der Offenen Brüder (II, 138 f.; 141) dem BfC verbunden, und im Sommer 1939 übernahm der BfC in Gemeinschaft mit den Baptisten von Werner Heukelbach dessen Rheinisches Evangeliumszelt, mit dem für den BfC zuerst Hermann König aus Tübingen arbeitete.[345]

Im Unterschied zu früher, als einfach nur die Spenden weitergeleitet wurden, die eingingen – war es nun viel Geld oder wenig –, waren jetzt durch Reisebrüderunterhalt, Jugendarbeit und Bundesverwaltung feste Verpflichtungen entstanden, denen der Bund nachzukommen hatte. Dass das nicht immer leicht fiel, beweisen die Klagen in Rundbriefen über mangelnde Geldeingänge und auch darüber, dass z.B. zahlungskräftige Gemeinden überhaupt noch nichts überwiesen hatten.[346] Das mochte auf eine gewisse Distanz gegenüber dem BfC in diesen Gemeinden hinweisen, gab es hier doch zuweilen Brüder, denen der ihrer Meinung nach »zu große Verwaltungsapparat« und »die damit verbundenen Kosten« ein Dorn im Auge waren und die »die teure Geschäftsführung« und »die weiten Reisen« der Bundesleitungsmitglieder kritisierten. Die Bundeskasse genoss also bei solchen Brüdern, wie z.B. bei Ernst Berning in Schwelm trotz seiner Mitgliedschaft im Bundesrat, nicht das Vertrauen wie die Spendensammelstellen früherer Zeiten[347] was zuweilen bei der Befriedigung finanzieller Bedürfnisse zu Engpässen führte.

Ein besonderes Problem der damaligen Kassenverhältnisse war das durch die nationalsozialistische Regierung eigentlich schon 1934 ergangene Sammlungsverbot. Es war bei den »Brüdern« von jeher üblich gewesen, alle geldlichen Bedürfnisse aus den sonntäglichen Sammlungen nach den Gottesdiensten – meistens nach der morgendlichen Abendmahlsfeier – aufzubringen. Als der BfC gegründet wurde, meinte man, diesen Brauch beibehalten zu können, indem man erklärte, dass die Teilnahme an den freiwilligen Sammlungen Mitgliedsbeiträgen entspräche.[348] Die nationalsozialistische Regierung jedoch, die auch Geldsammlungen jeglicher Art in ihrem Machtbereich unter Kontrolle halten wollte, duldete Kollekten nur in kirchlichen Vereinigungen mit körperschaftlichen Rechten, die unter den Freikirchen nur die Methodisten und die Baptisten genossen. Daher verbot sie dem BfC trotz verschiedener Eingaben ausdrücklich die Erhebung von Beiträgen durch Kollekten[349], um angeblich unbekannte Geldgeber auszuschließen.[350]

So mussten sich die BfC-Gemeinden ab November 1937 einem Verfahren zuwenden, bei dem die einzelnen Mitglieder zwar die Höhe ihres Beitrags wie bei einer Spende selbst bestimmen konnten, den Betrag aber in einer Liste zu zeichnen hatten.[351] Natürlich wurde diese Art des Spendens vielerorts als ungeistlich und unbiblisch betrachtet, und man versuchte dieses vereinsmäßige Aufbringen von Geldern zu umgehen. Die Bundesleitung wiederum wirkte dem mit geistlichen Rechtfertigungen entgegen[315] und machte auf die drohenden Gefängnisstrafen aufmerksam.[352]

Dennoch versuchten Gemeinden noch längere Zeit, am Prinzip der sonntäglichen Sammlungen festzuhalten[353], die nach Hebräer 13,15f. immer als Opfer des »Wohltuns und Mitteilens« verstanden worden waren, und zwar im Zusammenhang mit der Abendmahlsfeier, die als »Opfer des Lobes« nach dem Verständnis der »Brüder« nur die eine Seite des Opfers darstellt, die der Christ Gott zu bringen hat. Erst durch die Vereinigung mit den Baptisten sollte sich die Frage der Sonntagssammlungen von selbst lösen.

Die Reisebrüder

Die Reisebrüder (II,15ff.) hatten den Stündchenfreunden in den meisten Fällen als ein Hort des Darbysmus gegolten, und »die Siebzig«, wie sie oft einfach genannt wurden, waren deshalb auch bei der Gründung des BfC so gut wie nicht beteiligt worden. Das war eigentlich erstaunlich, gemessen an dem Einfluss, den sie in früheren Zeiten besessen hatten, bestätigte ihnen doch selbst Dr. Becker für die Zeit der »Christlichen Versammlung« eine »oberste Autorität«[354]. Aber seit Rudolf Brockhaus' Tod fehlte den Reisebrüdern der sie zusammenhaltende Koordinator, der sie als eine einflussreiche und handlungsfähige Gruppe angeführt hätte; und überdies waren sie von den Ereignissen völlig überrollt worden. Bei ihnen hatte mit dem Verbot z.T. auch ihre wirtschaftliche Existenz auf dem Spiel gestanden, und sie mussten froh sein, dass dann in dem von Dr. Becker gegründeten Bund auch weiterhin Reisedienst möglich sein sollte.

Dass jedoch die »Ausübung zwischengemeindlicher Dienste (Reisen)« im BfC ausdrücklich »an die Gestattung des Reichsbeauftragten geknüpft« war[354], mussten sie als bitter empfinden. Ausgerechnet der Mann, den die meisten von ihnen nur mit Misstrauen betrachtet und den sie lieber außerhalb der »Christlichen Versammlung« gesehen hätten, entschied jetzt über die Möglichkeit und in gewissem Sinne auch über die Art der Wahrnehmung ihres Dienstes.

Sie bekamen es zu spüren, dass die Stündchenfreunde die feste Absicht hatten, die geistlich beherrschende Stellung der Reisebrüder ein für allemal zu beenden.[355] Dass die Institution der Reisebrüder dann in der Bundesverfassung an keiner Stelle zu finden sein sollte, obwohl es dort sonst nur so von »Beauftragten« wimmelte, bewies nur zu deutlich, wie gezielt man den Einfluss der Reisebrüder zurückgedrängt hatte. Selbst im Bundesrat, der Mitgliederversammlung, hatten sie institutionell keinen Platz, und unter den Bezirksbeauftragten, die die Menge der Bundesratsmitglieder stellten, gab es im August 1938[356] nur einen einzigen »Elberfelder« Reisebruder, Johannes Tapper, der schon im ersten Beirat vertreten gewesen war und der in der Diaspora des norddeutschen Raumes gleich fünf Bezirken vorstand. In der Bundesleitung war überhaupt keiner der »Elberfelder« Reisebrüder vertreten, von denen man schließlich wenigstens sechs in den Bundesrat hinzuwählte: Wilhelm Birkenstock, Wuppertal; Fritz von Kietzell, Berlin; Reinhold Linke, Coswig (Anhalt); Ernst Morgner, Auerbach (Sa.); Wilhelm Schneider, Dillenburg; August Spade, Velbert, doch vertraten einige von ihnen, z.B. der *Tenne*-Schriftleiter Fritz von Kietzell, sowieso den »neuen Weg«.

Bei den Offenen Brüdern, wo es die oben geschilderten Gegensätze nicht gegeben hatte, war es übrigens nach ihrem Eintritt in den BfC viel mehr üblich, Hauptberufliche in die Bundes»ämter« zu delegieren. Die Mehrzahl der Bezirksbeauftragten, die die Offenen Brüder stellten, standen auch auf der Liste der Reisebrüder[357] Heinrich Neumann, Berlin; Bernhard Tapken, Wolgast; Frhr. von Schleinitz, Merseburg; Paul Mann, Wolfhayn (Schles.); Erich Sauer, Wiedenest, waren Mitglied des Beirates, also der Bundesleitung, und die Reisebrüder Hermann König, Tübingen, und Ernst Lange, Wernigerode, hatte man in den Bundesrat hinzugewählt. Daneben gab es nur wenige Nicht-Hauptberufliche, die seitens der Offenen Brüder im BfC an verantwortlicher Stelle standen, so Christian Schatz, Bad Homburg, und Hans Metzger, Bautzen.[356]

Immerhin entschloss sich trotz der für sie demütigenden Umstände etwa die Hälfte der »Elberfelder« Reisebrüder, im Rahmen des BfC ihren Dienst wieder aufzunehmen, nachdem auf einer Besprechung mit ihnen am 25. September 1937 in Siegen der »neue Weg« noch einmal von Dr. Becker und Hugo Hartnack erläutert worden war.[358] Im Sommer 1938 wies die Liste der Reisebrüder wieder 40 Namen aus der ehemaligen »Christlichen Versammlung« auf, während von den Offenen Brüdern etwa 25 Hauptberufliche – darunter auch mehrere ortsgebundene Prediger und die Lehrer der Bibelschule Wiedenest – hinzugekommen waren.[357]

Dass auch die finanzielle Betreuung der Reisebrüder in neuer Form geschah, ist schon angedeutet worden (s. S. 131). Die Gemeinden meldeten dem Bund die Beträge, die sie den Reisebrüdern als Entgelt für ihren Dienst übergeben hatten, und auch die Reisebrüder hatten ihre wirtschaftlichen Verhältnisse darzulegen, so dass es zu einem gerechten Ausgleich kommen konnte.[359] Die Betreuung übernahmen Ernst Brockhaus und Hugo Hartnack[360], und sicherlich war dies den Reisebrüdern eine große Hilfe, sich in die neuen Umstände des Dienstes hineinzufinden, dass gerade Männer aus der alten Führungsspitze der »Christlichen Versammlung« ihre Verbindungsleute zum Bund waren.

Das war um so nötiger, als sie recht bald einsehen mussten, dass mit dem BfC nicht nur ihre finanzielle Betreuung zentralisiert und ihre Führungsautorität geschwunden war, sondern dass sich auch die Art ihres Dienstes grundsätzlich ändern sollte. Offen und sogar öffentlich wurde ihnen erklärt, dass sich einige von ihnen in der Vergangenheit als »ungeeignet« erwiesen[361] und dass manche in gewissen Aufgaben »versagt« hätten.[362] Um dem in Zukunft vorzubeugen, sollten sie sich nur noch im Rahmen ihrer persönlich immer begrenzten Gaben – als Evangelist, Lehrer oder Hirte – betätigen, und schon gar nicht sollten ihnen wie früher bestimmte Reisebezirke zugeteilt werden (II,166-170), was den Dienst »hier und da in Misskredit gebracht« habe.[362]

Die Gemeinden sollten vielmehr das Recht haben, den Reisebruder, »der ihnen geeignet« erschien, einzuladen. Zwar blieb es dem einzelnen Reisebruder unbenommen, einer bestimmten Gemeinde seinen Dienst anzubieten, er musste es sich aber dann auch gefallen lassen, eventuell abgewiesen zu werden, was ihm der Ortsbeauftragte »freimütig« mitteilen sollte.[363]

Es wird deutlich, welche Rolle man damit den Reisebrüdern zuwies, besonders denjenigen, nach deren Dienst wenig Nachfrage bestand. Doch musste auch dieses System schon 1939 wieder geändert werden, weil in einem Bund von 600 Gemeinden zwischen Tilsit und Lörrach, Emden und Wien eben doch eine recht unausgeglichene Betreuung durch Reisebrüder eintreten musste, wenn alles nur dem Gesetz von Angebot und Nachfrage überlassen blieb. So sah man sich gezwungen, wieder Bezirke – sie entsprachen den 31 BfC-Bezirken – einzuführen, für die allerdings nun immer mehrere Brüder zur Verfügung standen.[364]

Jugend- und Kinderarbeit

Wie das Zurückdrängen des Einflusses der Reisebrüder anzeigte, dass eine jüngere Generation die Führung unter den »Brüdern« der »Elberfelder« Richtung übernommen hatte, so machte sich das Denken der Jüngeren auch darin bemerkbar, dass man zum erstenmal in der Geschichte der deutschen Brüderbewegung eine umfassende Jugendarbeit in Angriff nahm.

Besondere Veranstaltungen für Jugendliche hatte es früher in der »Christlichen Versammlung« nicht gegeben. Man vertrat die Ansicht, dass die Jugend in den normalen Versammlungsstunden zur Genüge belehrt werde (II,87f.). Nach dem Ersten Weltkrieg gab man zwar dem Gedanken Raum, dass für die Jugend in ihrer Auseinandersetzung mit den besonderen Nöten und Fragen der Zeit mehr getan werden müsse – eine Einsicht, aus der auch ››Die Tenne‹‹ hervorging (II,94ff.) –, aber die Jugendstunden, nach Geschlechtern getrennt, waren doch im großen und ganzen nur ein getreues Abbild der üblichen Bibelstunden geblieben, wie schon der Ausdruck »Jungbrüderstunde« für die Zusammenkünfte der jungen Männer zeigte. Und obwohl die Jugendstunden unter der Leitung älterer Brüder standen, wurden sie doch von manchen mit Misstrauen betrachtet, weil man befürchtete, dass hier Gedankengut verbreitet werden könnte, das mit der Lehre der »Brüder« nicht völlig in Übereinstimmung stand. Als der *Botschafter* nach der Gründung des BfC einige Artikel zur christlichen Erziehung der Kinder und Jugendlichen veröffentlichte, protestierten Leser mit dem Argument, dass »Aufsätze über Jugendarbeit usw. nicht in den *Botschafter* gehörten«.[365] Dennoch kamen ab 1937 die alten Vorurteile langsam zum Schweigen, und die neuen Männer überlegten, wie sie Jugendarbeit jetzt in größerem Maßstab organisieren könnten, um sie nicht länger nur den örtlichen Zufälligkeiten zu überlassen, denn man war überzeugt, »dass die Jugend von 4-25« – man bezog also auch die Kinder mit ein – »in geistlicher Hinsicht systematisch betreut werden« müsste.[351]

Zu diesem Zweck lud die Bundesleitung unter der Federführung von Walter Vogelbusch aus Kettwig alle interessierten Männer und Frauen für den 21. November 1937 nach Dortmund ein, um das Anliegen der Jugendarbeit in die Gemeinden hineinzutragen; bei der »grundlegenden Bedeutung« der Frage legte man Wert darauf, dass von jeder Gemeinde wenigstens ein Vertreter kam.[351] Eine Einsicht sollte bei der neuen Aufgabe Leitgedanke sein:

»Die heutige Jugend ist anders als die Jugend vor 20-40 Jahren! Sie ist in viel jüngeren Jahren in die Probleme der Zeit hineingestellt, als wir und unsere Eltern es waren; sie muss schon in jungen Jahren mit Fragen fertig werden – oder an ihnen zugrunde gehen –, die uns keine Not machten! Es gilt für uns, der Jugend zu helfen, ihr in der Zeit des Heranwachsens und Reifens Wegweiser zu Jesus zu sein.«[366]

Der missionarische Gedanke sollte also bei der Kinder- und Jugendarbeit im Vordergrund stehen; es galt, »die Jugend zu Jesus zu führen«, und diesem Ziel hatten sich alle Einzelfragen unterzuordnen, die Fragen

– nach der altersgemäßen Gruppierung,
– nach der Gewinnung von Mitarbeitern,
– nach der Bereitstellung von geeigneten Räumen.

Wie neu der Gedanke der Jugendarbeit in vielen Gemeinden noch war, zeigen die Ratschläge zur Gestaltung von Jugendräumen:

»Dieser Raum, in dem die Jugend zusammenkommt, sollte nach Möglichkeit nicht so nüchtern wirken wie unsere Säle, da er ja andere Aufgaben zu erfüllen hat. ... Einige Bilder an den Wänden, ein Bücherschrank mit einer kleinen Bibliothek, vielleicht ein Harmonium, wenn es möglich ist, geben dem Raum leicht eine freundliche Note. Lasst die Jugend nicht steif in Bänken sitzen, sondern gruppiert sie um einige Tische oder im Kreise.«

Eingeteilt wurde die gesamte Arbeit in Sonntagsschule und Jugendgruppen.

Die *Sonntagsschule*, die so hieß, weil Kinderarbeit meistens sonntags stattfand, und deren Name eine wörtliche Übersetzung der in England entstandenen *Sunday School* ist, hatte es auch schon vorher gegeben. Jetzt sollte sie altersgemäß gegliedert werden, und zwar in

die Gruppe der Kleinen (4-7),
die mittlere Gruppe (8-12) und
die Bibelklasse (13-14).

Gerade im Blick auf die dritte Gruppe sah man die Notwendigkeit eines »systematischen Bibelunterrichts«, hatte es sich doch schon gezeigt, dass die jüngere Generation nicht mehr so mit der Bibel vertraut war, wie man es zu den Zeiten von Carl und Rudolf Brockhaus noch für selbstverständlich angesehen hatte.

Die *Jugend* teilte man in die Altersgruppen 14-18 und 19-25, und sie sollte abwechselnd einmal nach Geschlechtern getrennt und das andere Mal zu gemeinschaftlichem Singen im gemischten Chor zusammenkommen. Im Mittelpunkt sollte die Betrachtung des Wortes Gottes stehen, die auch an Lebensfragen heranführen sollte; bei den jüngeren Männern empfahl man eine Betrachtung »nach Art der bekannten ›Stündchen‹« (II,103ff.). Bücher, Handarbeiten bei den Mädchen sollten eine geringere Rolle spielen. Für sportliche Ertüchtigung, Fußballspiel und dergl. sollte sich die Gemeinde nicht zuständig fühlen.

Als Hilfen wurde belehrende Literatur aus dem Raum der Gemeinschaftsbewegung genannt, ab 1938 lud die Bibelschule Wiedenest zu achttägigen Kursen für Sonntagsschullehrer und Jugendarbeiter ein, und die *Tenne* brachte für diesen Personenkreis eine Beilage »Unsere Jugend« heraus. Noch mehr trugen zur Aktivierung der Arbeit Freizeiten bei, die in die Betreuung von Kindern und Jugendlichen einführten. Hier war es besonders Walter Brockhaus (1894-1968), ein jüngerer Bruder des Verlagsleiters Wilhelm Brockhaus, von Beruf Kunstmaler und Graphiker, der damals die Jugendarbeit als seine Aufgabe erkannte und versuchte, auf Freizeiten Jugendmitarbeiter zu schulen[367] wobei ihm der Wiedenester Heinz Köhler, der Lehrer Heinz Heinz, Hans Metzger und Dr. Günter Diehl zur Seite standen. Welchen Umfang diese Arbeit unter seiner Leitung noch im Kriegsjahr 1940 hatte, ist an der Liste der abgehaltenen Kurse abzulesen:

- 2. – 18. Mai: Jugendpflegerkursus in Monbachtal bei Liebenzell;
- 26. Mai – 1. Juni: Kursus der Bibelschule Wiedenest;
- 9. – 15. Juni: Jugendpflegerkursus in Reichenbach (Eulengeb.);
- 21. – 27. Juli: Jugendpflegerkursus in Wiedenest;
- 11. – 17. August: Kursus der Bibelschule Wiedenest;
- 18. – 24. August: Jugendpflegerkursus in Gohrisch (Sachsen);
- 22. – 28. September: Jugendpflegerkursus in Binz (Rügen);
- 29. September – 5. Oktober: Jugendpflegerkursus in Königsberg (Ostpr.)[368];
- 23. – 24. November: Jugendpflegerkonferenz in Berlin[369]

Man war sich klar darüber, dass es gar nicht so einfach war, recht bald und überall die Gemeinden zu bewegen, in der Jugendarbeit mitzumachen, alle »zu erfassen«[370], wie man damals gern sagte; stand diese Arbeit doch bei den »Brüdern« von vornherein unter erschwerenden Bedingungen, wie man es auch selbst sah:

»1. In allen anderen Kreisen von Gläubigen ist die Jugendarbeit langsam und organisch gewachsen; .... Im BfC dagegen muss in kürzester Zeit etwas völlig Neues geschaffen werden.

2. Während unseren Geschwistern aus anderen Kreisen jahrzehntelange Erfahrungen zur Verfügung stehen, fehlen uns diese, wenigstens in organisatorischer Hinsicht.
3. Bei uns wird – wiederum im Gegensatz zu fast allen anderen Kreisen – die Arbeit fast ausschließlich von solchen getan, die Tag für Tag im Berufsleben eingespannt sind und dort ihre Pflicht zu erfüllen haben.«[371]

Mindestens in organisatorischer Hinsicht glaubte man die Jugendarbeit schnell vorwärtstreiben zu können und erhoffte sich von daher auch geistliche Impulse. So wurde die Jugendarbeit der Organisation des BfC angepasst. Neben dem Bundesjugendwart, dem oben genannten Walter Vogelbusch, gab es Bezirks-, Kreis- und Gemeindejugendwarte und schließlich Jugendhelfer oder -pfleger, wie die Mitarbeiter jetzt genannt wurden.[371]

Auf Kreis- oder Bezirksjugendtagungen sollte in die Bibel und in die Jugendphysiologie und -psychologie eingeführt werden.[371] Ab Oktober 1938[372] berichtete die *Tenne* laufend über die jetzt regelmäßig stattfindenden Jugendtreffen, über Jugendhelferschulungen und aus der Jugendarbeit der Gemeinden, z.B. vom »harten Boden« Thüringens, wo man der Jugend in den Gemeinden ganz neue Möglichkeiten eröffnete[373]; oder man berichtete, dass man sich »auch im ›Schwobeländle‹ ... der Wichtigkeit der Jugendarbeit bewusst« sei.[374] Dass die Jugend endlich ihr eigenes Forum gefunden hatte, wo sie sich in ihrer eigenen Sprache begegnen konnte, wurde mit Befriedigung aufgenommen, so in einem Bericht aus Berlin:

»Unser Jugendtreffen war ein Beweis dafür, wie notwendig es ist, der Jugend freien Raum zu geben, um das Wort Gottes zu betrachten und sich über die praktischen Fragen auszutauschen, die sich aus dieser Betrachtung ergeben. Das wichtigste dabei ist, dass die Fragen so beantwortet werden, wie es die Jugend versteht, d.h. dass man die Dinge aus ihrem Gesichtswinkel betrachtet und mit ihrem Verständnis rechnet. Das ist naturgemäß am ersten gegeben, wenn Jugend zu Jugend redet.«[374]

So wurde damals eine missionarische Arbeit begonnen, die heute aus dem Leben der Gemeinden nicht mehr wegzudenken ist. Mit Recht wies Walter Brockhaus darauf hin, dass mindestens in der Jugendarbeit die »Brüder« wieder auf die evangelistische Linie seines Großvaters Carl Brockhaus eingeschwenkt seien[375], was später mit Zeltmission und Außenmission noch erweitert wurde, war doch in den ersten Jahrzehnten des 20. Jahrhunderts das evangelistische Moment in der »Christlichen Versammlung« etwas in den Hintergrund getreten.

Das Schrifttum

Es ist klar, dass die grundlegenden Umwälzungen, die die deutschen »Brüder« seit 1937 betrafen, auch auf die Gestaltung ihres Schrifttums nicht ohne Folgen bleiben konnten. Niemals, vorher wie nachher, haben sich die Schriften der »Brüder« so gründlich gewandelt wie in jenen Jahren.

Am wenigsten hatte sich bis dahin der *Botschafter* verändert, weder seiner äußeren Erscheinungsform noch seinem Inhalt nach, der nach wie vor in seinen Artikeln ganz auf die Betrachtung des Wortes Gottes ausgerichtet war und nur zuweilen durch eine kleine erbauliche Erzählung oder ein Gedicht aufgelockert wurde. Seit 1914 wurden auch Fragen zur Bibel beantwortet.

Zum Leben in den Versammlungen jedoch durfte schon deshalb nichts geschrieben werden, weil der *Botschafter* seinem Programm nach nicht das Organ eines bestimmten Gemeinschaftskreises sein sollte, sondern ganz allgemein eine Zeitschrift für bibelgläubige Christen. Nur inoffiziell konnte sie die Zeitschrift der »Christlichen Versammlung« sein, was natürlich in Gemeinschaftskreisen bekannt war (II,30-34).

Erst mit dem Tod von Rudolf Brockhaus (1932) war langsam eine geringfügige Wandlung eingetreten. Dass ab Juni 1933 der Schriftleiter, Wilhelm Brockhaus, auf dem Titelblatt des *Botschafters* mit seinem Namen aufgeführt, der persönliche Bezug also deutlicher als bisher herausgestellt wurde, mochte noch mit den Auflagen der nationalsozialistischen Reichsschrifttumskammer zusammenhängen, deren Mitglied jeder Schriftleiter werden musste. Wichtiger aber war, dass sich langsam eine offenere Haltung gegenüber anderen gläubigen Kreisen bemerkbar machte, indem der *Botschafter* begann, in seiner Buchwerbung, wo bisher nur »Brüder«literatur vorgestellt worden war, auch auf andere christliche Bücher hinzuweisen, 1935 z.B. auf das Göttinger Bibelwerk das *Neue Testament Deutsch* (NTD), was allerdings damals noch einer Erklärung bedurfte:

> »Für die Tage der Jetztzeit ist zweifellos eine gründliche Erforschung des Wortes Gottes notwendiger denn je. Damit diese Erforschung möglichst umfassend sein kann, haben wir uns entschlossen, auch andere, gläubige Kreise zu Worte kommen zu lassen. Mag auch der eine oder andere Punkt Kritik hervorrufen, eine solche Feststellung sollte uns nie davon zurückhalten, das Gebotene zu untersuchen. Wir werden erstaunt sein über vieles Wertvolle, was wir behalten dürfen.«[376]

Die nun laufend empfohlenen Bücher von Autoren wie Erich Schnepel, Paul Humburg oder John R. Mott hatten sicher auch bisher ihre Leser in der »Christlichen Versammlung« gehabt, nie aber waren sie bisher im *Botschafter* erwähnt worden. Hier zeichnete sich die Überzeugung des Schriftleiters ab, der einige Jahre später von sich bekannte:

> »Schon lange bin ich mir persönlich dessen bewusst, dass es nicht Gottes Wille sein kann, dass wir uns nur im eigenen engen Kreise bewegen und achtlos an anderen Gruppen von Gläubigen vorübergehen.«[377]

Offenheit deutete sich auch noch in einer anderen Richtung an. Im Januar 1937 begann der *Botschafter* eine Rubrik einzurichten, in der über »die eine und andere wichtige Lebensfrage in unserer Zeit« geschrieben werden sollte, um das christliche Leben auch in »praktischer Weise« zu behandeln.[378] Im 85. Jahrgang war die Zeitschrift also bereit, über die reine Bibelbetrachtung hinaus nun auch »Lebensfragen« anzupacken.

Der entscheidende Einschnitt kam aber erst mit dem Verbot der »Christlichen Versammlung« und mit der Gründung des BfC. Als der *Botschafter* nach einer kurzen Zwangspause mit einer verspäteten Juni-Nummer wieder erschien, legte der Schriftleiter in einem Wort »an unsere Leser« dar, wie die Zeitschrift in Zukunft gestaltet werden sollte.[379]

Natürlich sollte weiterhin »die Wahrheit von Christus und Seiner Gemeinde« im Mittelpunkt stehen. In Verbindung damit sollte auch »die Bedeutung des Herrn-Mahles« als Gottesdienst herausgestellt werden, ebenso aber »der Gottesdienst im tagtäglichen Leben«. Die oben genannte Rubrik, die dieses Thema schon behandelt hatte, ließ man jetzt weg, um das christliche Leben nicht auf eine Sparte zu beschränken, sondern es sollte im gesamten Botschafter verdeutlicht werden, dass des Christen »ganzes Leben ein Gottesdienst« sei. Die Schriftleitung war sich im Klaren darüber, dass die Zeitschrift seit längerer Zeit z.T. nicht mehr das Interesse aller Leser getroffen hatte:

> »Schon seit Jahrzehnten hört man öfters sagen: Der *Botschafter* wird von vielen gehalten, aber nur von wenigen gelesen. ... Aber schließlich erfüllt eine Zeitschrift nur dann ihren Zweck, wenn sie gelesen wird, und zwar mit Interesse gelesen. Eine Zeitschrift, die nur einem Teil ihrer Leser etwas bringt, wird ihrer Aufgabe nicht gerecht.«[379]

Die langen biblischen Betrachtungen, die sich oft über Monate, wenn nicht Jahre hingezogen hatten, sollten wegfallen und durch kürzere biblische und erbauliche Aufsätze ersetzt werden. Erzählungen, Missionsberichte, Behandlung von Leserfragen, Buchbesprechungen sollten jetzt dem *Botschafter* ein ganz neues Gesicht geben.

Nun bedurfte es auch keiner Erklärung mehr, wenn Bücher von Autoren anderer christlicher Kreise wärmstens empfohlen wurden, z.B. die heilsgeschichtlichen Werke von Erich Sauer oder Bücher von Fritz Rienecker, Jakob Kroeker, Friedrich Hauß und Adolf Schlatter. Auch Artikel aus anderen Blättern der Gemeinschaftsbewegung wurden jetzt übernommen.

Öffnete sich der *Botschafter* auf der einen Seite nunmehr dem Gedankengut der übrigen Gemeindechristen, so bekannte er sich auf der anderen Seite jetzt auch ausdrücklich zu seiner geschichtlichen Herkunft im Rahmen der Brüderbewegung, als er ab September 1938 eine Artikelreihe »aus der Geschichte der Brüder« veröffentlichte. Denn indem man mit der Bildung des BfC auch dem Namen nach zu einer Freikirche geworden war, fand die Schriftleitung nunmehr auch schon eher den Mut, den *Botschafter* als das Organ einer Denomination erscheinen zu lassen.

Immerhin hielt man sich zunächst mit Äußerungen zum Thema »BfC« zurück. Der Name wurde kaum erwähnt, im April 1939 wurde zum ersten Mal die Einladung zu einer »Bundeskonferenz des BfC« veröffentlicht. Im Juni 1937 hatte Wilhelm Brockhaus nur von einer »Zeit ernster Fragen« gesprochen und die Gründung des BfC mit den blassen Worten umschrieben, dass inzwischen »eine gewisse Klärung« erfolgt sei.[379] Allerdings hatte er gerade in den Jahren nach 1937 die Absicht und die Hoffnung gehabt, auch die Kreise der »Brüder« zu erreichen, die sich dem BfC nicht angeschlossen hatten; er suchte auf diese Weise die geistige und geistliche Einheit der ehemaligen »Christlichen Versammlung« zu erhalten, und der *Botschafter* sollte dabei »ein Mittel« sein, über die aufgebrochenen Gegensätze hinweg »das gegenseitige Sich-Verstehen zu stärken«.[380]

So übernahm Hugo Hartnack mit seiner Zeitschrift *Gnade und Friede* die BfC-Veröffentlichungen. Erst 1940, als das Dillenburger Blatt »aus kriegswirtschaftlichen Gründen«[381] sein Erscheinen einstellen musste, richtete der mittlerweile zur *Botschaft* gewordene *Botschafter* eine »BfC-Ecke« ein. Die Einheit der Brüderbewegung hatte er sowieso nicht erhalten können. Es war überhaupt immer ein schwieriges Anliegen dieser Zeitschrift, sowohl allen Kreisen der »Brüder« als auch der Einheit aller Gläubigen überhaupt gerecht werden zu wollen, womit letztlich auch zusammenhängt, dass die *Botschaft* dem Titel nach noch lange ganz allgemein eine Zeitschrift für »bibelgläubige Christen« geblieben ist und sich erst seit 1979 als »Monatsschrift der Brüdergemeinden« bekennt.

War das Blatt schon 1937 wesentlichen Neuerungen unterworfen worden, so mussten manche Leser die Änderungen noch viel einschneidender empfinden, die mit dem Erscheinen des Jahrgangs 1939 vorgenommen wurden: Die Schriftleitung veränderte das Format, den Titel und in gewissem Sinne auch den Inhalt der Zeitschrift. Sie war wie auch *Gnade und Friede* in den 86 Jahren ihres Bestehens in einem recht kleinen Format (12 x 18 cm) erschienen und hatte mit ihren 28 Seiten pro Heft, dessen Deckblatt aus dem gleichen Papier wie die Innenseiten bestand, einen etwas dürftigen Eindruck gemacht. Nun wurde das Erscheinungsbild repräsentativer: Sie erschien in größerem Format (15 x 22 cm) bei allerdings nur 16 Seiten, mit besserem Papier, festerem Deckblatt und einer anspruchsvolleren Titelgraphik. Es waren Verbesserungen, die höchstens die Sammler der bisher so handlichen Jahrgangsbände verstimmen konnten.

Eingreifender war die Abänderung des Titels. Hatte er bisher gelautet:

»*Botschafter des Heils in Christo*
›Der Herr ist nahe.‹ (Phil. 4,5.)«,

so konnte man nun auf dem Titelblatt lesen:

»Auf dass sie alle eins seien, auf dass die Welt glaube.
Die Botschaft
Monatsschrift zur Förderung bibelgläubiger Christen«.

Der Schriftleiter wies darauf hin[382], dass die Zeitschrift in ihren Anfängen (1853) ein evangelistisches Anliegen gehabt habe, was auch in Titel und Motto zum Ausdruck gebracht worden sei. Sehr bald aber habe sie sich zu einem Blatt für bibelgläubige Leser entwickelt, sei es bis heute geblieben und solle es auch bleiben. Dementsprechend habe man nun endlich den Namen der Zeitschrift geändert. Die Hoffnung auf den wiederkommenden Herrn habe man aber mit dem Wechsel des Mottos nicht etwa aufgegeben, sondern man wolle jetzt gerade darauf hinweisen, dass Jesus Christus bei seiner Ankunft ein »geeintes Volk« vorfinden wolle, zumal die vom Herrn gewünschte Einheit der Kinder Gottes jetzt unter den Gemeindechristen vermehrt als Verpflichtung empfunden werde.

Das mochte alles recht einleuchtend sein, für viele Leser war aber wieder ein Stück der alten »Christlichen Versammlung«

dahingegangen, und die Vertreter des »neuen Weges«, den viele trotz Mitgliedschaft im BfC nur mit Unsicherheit, Misstrauen oder gar Abneigung beschritten, hatten nun auch »ihren« *Botschafter* in die Vergangenheit verwiesen, wenn auch die *Botschaft* seine Jahrgänge mitzählte. Zu viel Neues stürmte in den Jahren ab 1937 auf die Mitglieder der ehemaligen »Christlichen Versammlung« ein, und ihre Zeitschrift machte da keine Ausnahme, so dass viele Leser bei ihrem monatlichem Erscheinen seufzten, wenn schon »wieder eine Neuerung in unserer *Botschaft*« zu verzeichnen war.[383]

Sie war auch wirklich dem Wesen nach ein anderes Blatt geworden, was hier kein Qualitätsurteil sein soll. Sie brachte von nun an viel weniger Artikel reiner Bibelbetrachtung, griff dafür aktuelle Themen auf, ließ ihre Leser – abgesehen vom Kirchenkampf – an den Ereignissen und Veröffentlichungen des allgemeinen christlichen Lebens teilnehmen und befleißigte sich einer moderneren Sprache, die den gewohnten Stil der »Brüder« tunlichst vermied.

Die wichtigsten Autoren der Zeitschrift waren in der BfC-Zeit neben Wilhelm Brockhaus Fritz von Kietzell, allerdings nur bis zum Kriegsbeginn, Abraham Meister und, seitdem 1939 *Gnade und Friede* mit der *Botschaft* vereinigt war, auch Hugo Hartnack; von den ehemaligen Offenen Brüdern beteiligten sich die Bibelschullehrer von Wiedenest, besonders Erich Sauer und Heinz Köhler, und außerdem Theodor Küttner in Leipzig. Dr. Hans Becker schrieb kaum in der *Botschaft*, die für ihn wohl immer noch ein Relikt des alten Systems war, und wirkte lieber mit Sonderschriften auf die Gemeinden ein.

Im Sommer 1941 wurde ein weiteres Erscheinen sämtlicher christlicher Zeitschriften und damit auch der *Botschaft* von der nationalsozialistischen Regierung untersagt, angeblich, »weil die Kriegsmaßnahmen harte Eingriffe in die Wirtschaft notwendig« machten.[384] Es sollten mehr als sieben ereignisreiche Jahre vergehen, ehe die *Botschaft* im Jahr 1949 wieder vor ihre Leser treten konnte.

Die *Tenne* brauchte sich seit 1937 am wenigsten umzustellen. Sie hatte schon seit ihrer Gründung ein recht modernes Gewand gehabt (II,94ff.) und hatte unter Fritz von Kietzell ein beachtliches Niveau erreicht. Aber auch die *Tenne* war immer bestrebt gewesen, nicht ausdrücklich als ein Blatt der »Christlichen Versammlung« aufzutreten, obwohl in den dreißiger Jahren zu Jungbrüderkonferenzen und Stündchentreffen eingeladen wurde. 1937 erklärte die Schriftleitung, von dem Verbot nicht betroffen zu sein. Sie teilte ihren Lesern mit, »dass das Weitererscheinen der *Tenne* durch das von Seiten der Regierung erlassene Verbot verschiedener christlicher Gemeinschaften in keiner Weise gefährdet« sei.[385] Allerdings musste deshalb der Sammelversand über die Schriftenbesorger der Gemeinden eingestellt werden[386], um diese Fiktion aufrechterhalten zu können. Dann aber machte die Gründung des BfC solche Tarnmanöver recht bald überflüssig, zumal der Schriftleiter Fritz von Kietzell in dem neuen Bund eine führende Stellung einnahm.

1938 wurde die *Tenne*, bis 1937 in einem eigenen »Tenne-Verlag« erschienen, vorübergehend in Zusammenarbeit mit dem Wuppertaler Verlag »Der Rufer« herausbracht, »dessen kirchliche Einstellung« aber »einen zu starken Niederschlag in dem Blatte fand«, was zu mancherlei Kritik an Inhalt und Aufmachung der Zeitschrift führte und zur Verminderung der Leserzahl (Ende 1938 noch 3500) beitrug. Deshalb wurde die Zeitschrift ab Juni 1938 vom R. Brockhaus Verlag übernommen[387] und unter der Schriftleitung Walter Brockhaus (s.S. 138) zusammen mit der Beilage »Unsere Jugend« zur ausgesprochenen Jugendzeitschrift im BfC[375]. Dennoch wurden auch jetzt noch die mancherlei Neuerungen des Blattes nicht überall freudig aufgenommen – »die *Tenne* war einmal gut, aber ich habe die Freude daran verloren« –, so dass sich die Bundesleitung genötigt sah, sich in einem eigenen Rundschreiben für die *Tenne* einzusetzen.[388]

Fritz von Kietzell hatte sein zwölfjähriges erfolgreiches Wirken an der *Tenne* aufgeben müssen, als er die Schriftleitung von *Wort und Tat* übernahm, einer Predigerzeitschrift, die von der »Vereinigung der Freikirchen« herausgegeben wurde.[375]

Auch *Gnade und Friede*, das 1910 von Dr. Emil Dönges gegründete Erbauungsblatt (II,29) konnte sich dem 1937 einsetzenden Trend nicht entziehen. War die Zeitschrift bis dahin von Otto Kunze im gewohnten Geist und Stil weitergeführt worden, änderte sich jetzt das äußere und innere Erscheinungsbild, als Hugo Hartnack die Schriftleitung übernahm, weil sich Otto Kunze dem BfC nicht anschloss.

Hugo Hartnack (1892-1981), ein Kaufmann aus Betzdorf a.d. Sieg, gehörte schon in den dreißiger Jahren zu den führenden Vertretern der »Christlichen Versammlung«. Er hatte bei der Auseinandersetzung mit den Stündchenfreunden in vorderster Reihe gestanden (II,108), hatte sich nach dem Verbot der »Versammlung« zusammen mit Ernst Brockhaus vergeblich um dessen Aufhebung bemüht und war dann bestrebt gewesen, die Brüderversammlungen im BfC nicht allein Dr. Becker zu überlassen. Er vertrat einerseits konsequent nach innen die überkommene Lehre der »Brüder«, was ihn öfters zu dem mehr Pluralismus fordernden Hans Becker in Gegensatz brachte, andererseits befürwortete er aber auch aus Überzeugung eine Öffnung zu anderen christlichen Kreisen hin.

Er hatte schon 1932 die Leitung der Dillenburger Dönges-Verlagsgesellschaft übernommen, als der Verlag in wirtschaftliche Schwierigkeiten gekommen war.[389] Nun übernahm er auch die Schriftleitung; er vergrößerte sofort das Format der Zeitschrift, die ein farbiges Deckblatt bekam, und brachte schon früher als der *Botschafter* unter der Rubrik »Mitteilungen des Verlagsleiters« aktuelle Berichte aus der kirchlichen Welt, was früher die *Monatliche Beilage* (II,33) übernommen hatte.

Daneben brachte Hartnack auch Auszüge aus anderen Blättern und stellte *Gnade und Friede* für Annoncen zur Verfügung. Auffallen musste auch, dass die Dezember-Nummer 1937 in einem Artikel das Weihnachtsthema aufgriff, ein bis dahin in »Brüder«kreisen ungewöhnlicher Vorgang, da man hier dem Kirchenjahr recht distanziert gegenüberstand.

Noch wichtiger war, dass die den BfC betreffenden Dinge in der Zeitschrift ihren Platz fanden, ob es sich nun um die Konferenzen, den Reisedienst, die Jugendarbeit oder die Zeltmission handelte. Immer wieder aber wurde das Thema der christlichen Einheit aufgegriffen, eine Frage, von der die Verantwortlichen meinten, dass sie nicht nur organisatorisch, sondern auch geistlich gelöst werden müsste, was man den Lesern in immer neuen Artikeln nahezubringen bestrebt war.[390] So wurde nicht nur aus der Arbeit des BfC berichtet, auch auf die Ereignisse und Beweggründe, die zur Gründung des BfC und zum Zusammenschluss mit den Offenen Brüdern geführt hatten, wurde wiederholt ausführlich eingegangen. Breit wurde von den Gesprächen zwischen BfC, Baptisten, Methodisten und Freien evangelischen Gemeinden und über ihre Gemeinschaftstagungen Bericht erstattet[391] und es war jetzt auch selbstverständlich, dass *Gnade und Friede* nunmehr das Programm der Allianz-Gebetswoche veröffentlichte und den Verlauf der Blankenburger Allianz-Konferenz schilderte.[392]

Natürlich wurde gegenüber der Zeitschrift auch Kritik laut, so dass sich Hugo Hartnack genötigt sah, in einem »persönlichen Wort an die lieben Leser« zu der neuen Gestaltung Stellung zu nehmen. Er schrieb, dass das Wort Gottes zwar immer dasselbe bleibe;

»und doch ist es auch wieder nicht so, dass ein verantwortungsbewusster Schriftleiter heute die Spalten seiner Zeitschrift einfach mit dem gleichen Inhalt füllen könnte, wie es ein anderer beispielsweise vor ihm im Jahre 1900 getan hat.«[393]

Doch im Dezember 1939 musste Hugo Hartnack die Leser über das Ende der gesamten Dillenburger Verlagsarbeit informieren:

»Infolge einer gesetzlichen Anordnung darf niemand in Deutschland mehr Verleger sein, der die Verlagstätigkeit in einem irgendwie gearteten Treuhänderverhältnis für einen Kreis anderer Personen ausübt. Auch kann niemand Mitglied der Reichskulturkammer bleiben, der im Hauptberuf Mitglied irgendeiner Wirtschaftsgruppe ist. Aus diesen beiden Gründen ist mir die Fortführung des Dillenburger Verlages unmöglich geworden.«[389]

In Wirklichkeit war aber die Verlagsarbeit seitens der Regierung zunehmend erschwert, für die Kalender keine Druckgenehmigung mehr erteilt und waren sogar Verlagserscheinungen beschlagnahmt worden.[389a]

Gnade und Friede wurde fortan mit der *Botschaft* unter deren Namen vereinigt, die »BfC-Ecke« fand ihren Platz jetzt hier. Auch die übrigen Dillenburger Verlagsprodukte übernahm der R.Brockhaus-Verlag: das Kinderblatt *Freund der Kinder* sowie den Dillenburger Abreiß- und den Familienkalender (II,31). Der Kinderkalender, die *Dillenburger Kindergabe*, konnte schon seit 1938 nicht mehr erscheinen, weshalb man seitdem auf den *Neukirchener Jugendkalender* als Ersatz hinwies – auch ein Zeichen einer offeneren Haltung nach außen. Das evangelistische Blatt *Gute Botschaft des Friedens* musste mit Kriegsbeginn »aus Papierersparnisgründen« sein Erscheinen einstellen, ebenso war es mit den *Handreichungen* der Offenen Brüder (II,137).

Auch das Missionsblatt der ehemaligen »Christlichen Versammlung«, die *Mitteilungen aus dem Werk des Herrn in der Ferne*, erschien seit 1938 nicht mehr, war doch durch die *Offenen Türen* der Bibelschule Wiedenest eine außenmissionarische Zeitschrift gegeben. Daneben übernahm der R.Brockhaus-Verlag in den ersten Kriegsjahren noch von der Allianz-Mission in Wuppertal-Barmen den China-Boten.[394]

In den Jahren 1940 und 1941 war das vorher so reichhaltige Schrifttum (II,31; 137f.) der »Brüder« auf fünf Zeitschriften zusammengeschrumpft. Es gab noch[395]

1. als Erbauungs- und Mitteilungsblatt *Die Botschaft*;
2. als evangelistisches Verteilheft die *Samenkörner*;
3. als Jugendzeitschrift, insbesondere des BfC, *Die Tenne*;
4. als Kinderblatt den *Freund der Kinder*; alle im R.Brockhaus-Verlag.
   Daneben erschienen in Wiedenest
5. als Missionszeitschrift die *Offenen Türen* (bis 1939).

Dann kam für alle christlichen Zeitschriften das große Aus seitens der nationalsozialistischen Regierung. Die Begründung, dass alle Kräfte für Krieg und »Endsieg« zusammengefasst werden müssten, war dabei etwas fadenscheinig. Mehr noch stand wohl die Strategie einer Diktatur dahinter, die im Verlauf des totalen Krieges immer umfassender zur bewusst gottfeindlichen SS-Herrschaft geworden war.

Der »neue Weg« – Überzeugung und Einflussnahme

Aber von dem politischen Druck ist in den damaligen Schriften der »Brüder« kaum etwas zu spüren, was natürlich zunächst an der Gefährlichkeit gelegen haben mag, sich mit dem brutalen Regime auch nur andeutungsweise auseinanderzusetzen. Andererseits waren die führenden Männer auch zu sehr mit all dem Neuen beschäftigt, das in jenen Jahren auf sie einstürmte. Die eindrucksvollen politischen und kriegerischen Geschehnisse der Zeit bildeten zusammen mit den dem Verbot folgenden Ereignissen ein untrennbares Ganzes, in dem man das Handeln Gottes zu erblicken meinte, das zu einem völlig neuen, die Einheit der Christenheit suchenden Verhalten aufrief. Immer wieder war von Gottes Handeln in dem gewaltigen Geschehen jener Tage und vom »Zug der Zeit« die Rede, dem man sich nicht widersetzen dürfe.[396] Mit Überzeugung vertrat man unter dem Eindruck der Ereignisse die Ansicht, dass das Zusammenrücken der Gläubigen jetzt einfach an der Reihe und der BfC ein erster Schritt auf dem von Christus gewünschten »neuen Weg« hin zur Einheit der Kinder Gottes sei. Darum galt es, dem BfC äußere und innere Zustimmung zu verschaffen.

Dies erschien um so nötiger, weil die neue Organisation für viele noch ungewohnt oder gar zweifelhaft war, weshalb sich die Bundesleitung – und hier vornehmlich Dr. Becker – veranlasst sah, immer wieder auf die Bundesmitglieder einzuwirken, um ihnen, die im BfC oft nur die Möglichkeit sahen, das gewohnte Versammlungsleben fortzusetzen, das geistlich Notwendige des »neuen

Weges«, der berühmten »Wendung um 180 Grad«, zu verdeutlichen und nahezubringen. Dabei schreckte Becker in seinem Eifer, der Sache zu dienen, zuweilen auch nicht davor zurück, die Gläubigen in den Gemeinden mit dem Gewicht seines Amtes und seines Wissens gehörig zu beeinflussen und seine Sicht der Dinge als die einzig mögliche und richtige darzustellen.

Am 6. Juli 1937 wurde an alle Ortsbeauftragten eine zwölfseitige Mitteilung[397] Dr. Beckers verschickt, die als Verhaltensanweisung für die Anfänge im neuen Bund anzusehen war. Neben den äußeren Bedingungen kam es Becker besonders darauf an, bei den BfC-Mitgliedern eine innere Haltung zu bewirken, die er als »Lösung von der Tradition« kennzeichnete:

> »Die Grundhaltung der neuen Gemeinde soll gekennzeichnet sein durch Weitherzigkeit gegenüber allen Gläubigen, Duldsamkeit hinsichtlich der Schriftauslegung, Verantwortungsbewusstsein jedes einzelnen für die Aufrechterhaltung des inneren Friedens, Staats- und Lebensbejahung. Es besteht die Gefahr, dass dieses neue Gedankengut, das vorläufig nur ein zartes Pflänzchen ist, überwuchert wird von dem Gedankengut der Überlieferung der ›Lehre der Brüder‹. Das zwingt dazu, die sich zur Aufnahme in den BfC Meldenden zu prüfen, ob sie bereit sind, sich von der Macht der Überlieferungen zu lösen und, statt aus den Schriften und ›Überlieferungen der Brüder‹, aus dem Worte Gottes erneut Klarheit über alle sie bewegenden Fragen zu erlangen.«[398]

Eine Gefahr für die nun geforderte Haltung sah Becker in den »Führern der verbotenen ›Christlichen Versammlung‹«. Sie sollten nur aufgenommen werden, wenn sie »ein freimütiges, freiwilliges und ehrliches Bekenntnis zu den neuen Grundsätzen« ablegten:

> »Solange das aber nicht der Fall ist, dürfen sie nicht als Mitglieder aufgenommen werden.«[399]

Becker räumte zwar ein:

> »Es wird oft schwer sein, Brüder, die unsere Achtung und Liebe haben, aus Zweckmäßigkeits- und Klugheitsgründen vorläufig zurückzuweisen«[400],

doch drohte er den Ortsbeauftragten:

> »Wer aber darin nachgiebig ist, muss damit rechnen, zur Verantwortung gezogen zu werden.«[401]

Deutlich wird, dass Becker und seine Freunde froh waren, jetzt diejenigen vom Bund ausschließen zu können, von denen sie in der Vergangenheit am meisten Widerspruch erfahren hatten:

> »Unter allen Umständen sollen die Leute nicht wieder aufgenommen werden, die sich als ungeistliche und ichsüchtige Störer des Friedens erwiesen haben. Es ist jetzt möglich, sich ihrer zu entledigen und es sollte überall und ohne Ansehen der Person geschehen.«[401]

Scharf wurde Becker, wenn sich solche Leute, deren er sich »entledigen« wollte, seiner Meinung nach sogar das Amt eines Ortsbeauftragten »erschlichen« hatten. Wenn er dies später feststellen sollte, werde man ihnen ihre Bestätigung entziehen und die ganze Gemeinde aus dem BfC ausschließen.[402]

Hans Becker hatte sich hier dazu verleiten lassen, nicht nur selbstherrlich zu bestimmen, was »ungeistlich« und »ichsüchtig« sein sollte, sondern auch indirekt mit der Gestapo zu drohen, um seine *persönlichen* Forderungen – nicht die des Staates – durchzusetzen. Mit seinen personellen Vorstellungen konnten z. gr. T. auch die nicht einverstanden sein, die ansonsten bereit waren, den Weg des BfC zu gehen. Mit Recht musste sich Becker auf den Widerspruch aufmerksam machen lassen, auf der einen Seite um der Einheit der Kinder Gottes willen das Ende der Absonderung zu verkünden, auf der anderen Seite aber Geschwister abzuweisen, mit denen man bisher engste Gemeinschaft unterhalten hatte. Deutlich wurde der Reichsbeauftragte von Otto Bastian in Schwelm auf die geistlichen Grenzen seiner Macht hingewiesen:

> »Können wir die Gemeinde formen, wie wir es wollen? Oder müssen wir mit den gegebenen Belastungen rechnen, sie tragen und den Herrn um Abhilfe bitten? Soll nicht besser Er der Baumeister sein und wir seine Gehilfen innerhalb der uns vom Wort her gesteckten Grenzen?«[403]

Diese Mahnung war um so angebrachter, als Dr. Becker auch Lehre und Leben der Gemeinden jetzt nach seinen Vorstellungen zu formen suchte. Zwar räumte er ein, dass nicht alles, »was die ›Brüder‹ gelehrt haben«, verschwinden sollte – »es wäre schade um vieles« –, aber er forderte doch die Bereitwilligkeit,

> »alle überlieferten Auffassungen beiseite zu setzen und statt von den Schriften der ›Brüder‹ vom Worte her nach Klarheit zu suchen.«[399]

Vielen bisherigen Gepflogenheiten entgegen forderte Becker für den Predigtdienst, den »Dienst am Wort«, auch in den Bibelstunden, eine eingehende Vorbereitung und dabei weniger die Benutzung der »Brüder«-Literatur als der anderen einschlägigen in Deutschland erschienenen Bibelauslegungen, von denen er eine Zusammenstellung veröffentlichen wollte. In den Gebetsstunden war auf die Kürze und die Gegenwartsbezogenheit der Gebete zu achten, und die Jugend sollte mehr als bisher beteiligt werden. Und gewiss wurde auch der Austausch des Ausdrucks »Versammlung« gegen »Gemeinde« nicht nur aus Gründen der politischen Opportunität im Blick auf das Verbot gefordert, sondern gerade auch im Sinne einer jetzt erwünschten Angleichung des Sprachgebrauchs an andere gläubige Kreise.[397]

Das alles wurde oftmals in einer den »Brüdern« ungewohnten Sprache vorgebracht, es war eine Sprache, die von Logik, Härte und Nützlichkeitsdenken gekennzeichnet war, eben die Sprache eines Juristen. Aber war es nicht auch die Sprache eines Mannes, der als Reichsbeauftragter plötzlich mit besonderer Machtfülle ausgestattet worden war und dem diese Position nun die Möglichkeit gab, endlich einmal das alles sagen und z.T. auch erzwingen zu können, was ihm seit Jahren auf der Seele brannte? Sicher wollten Dr. Becker und seine Freunde jetzt vieles besser machen, was nicht nur sie in der ehemaligen »Christlichen Versammlung« als Mangel und als verbesserungswürdig empfunden hatten. Dennoch muss man sagen, dass das Führerprinzip Becker und einige seiner Stündchenfreunde dazu verleitete, sich bei aller gepredigten »Duldsamkeit« nun ihrerseits als höchste Instanz für Personal- und Sachfragen zu verstehen und zu empfehlen, und das in einer Sprache, die über die Befehlsgewalt keinen Zweifel ließ.

Sehr deutlich zeigte das die imperativische Ausdrucksweise Dr. Beckers: Es »ist zu melden!« »Er hat dafür zu sorgen!« Es »muss« darauf »geachtet werden«! Sogar der neue freiere Stil in den Zusammenkünften wurde angeordnet: »Ihr Verlauf muss zwanglos sein.«[404]

Hart aber war nicht nur die Sprache, sondern auch das Verhalten Dr. Beckers gegenüber den Reisebrüdern. Sicherlich fühlte sich der kluge und hochgebildete Mann den vielfach schlichten Reisebrüdern überlegen, die jetzt durch den Reichsbeauftragten und durch den Reichsbrüderrat ganz aus ihrer bisher so einflussreichen Position verdrängt waren. Ihr Dienst war nunmehr »von der Gestattung des Reichsbeauftragten abhängig«, was, wie schon erwähnt (s. S.133f.), gewiss demütigend für sie war. Musste Becker da noch betonen, dass einige von ihnen »ungeeignet« gewesen seien?[405]

Die Elberfelder Konferenz von 1938 (26.-29. Mai) machte besonders deutlich, dass der »neue Weg« gerade gegenüber den Reisebrüdern leider wenig brüderlich beschritten wurde. War es bisher üblich gewesen, dass die Konferenzen in Vorbereitung und Durchführung Sache der Reisebrüder und einiger anderer führender

Männer gewesen war, so nahm das jetzt die Bundesleitung fest in die eigene Hand. Nicht mehr stand nun die fortlaufende Betrachtung eines Bibeltextes im Mittelpunkt, sondern es wurde von einem Konferenzthema ausgegangen. Und bestimmten früher die spontanen einzelnen Beiträge – besonders der Reisebrüder – das Konferenzgeschehen, so standen nunmehr täglich mehrere geplante Referate zu Einzelthemen im Vordergrund, woran sich dann die weniger ergiebige Aussprache anzuschließen hatte.

Die Liste der neun Referenten zeigte deutlich die Ausschaltung der bisher bestimmenden Leute: von den Elberfelder Brüdern waren es Dr. Becker, Wilhelm Brockhaus, Hugo Hartnack und Fritz von Kietzell; von den Offenen Brüdern Erich Sauer, Ernst Lange und Heinz Köhler; als Vertreter anderer Freikirchen Dr. Hans Luckey und Eduard Wächter.[406] Mit Ausnahme Fritz von Kietzells, einem Stündchenfreund, war also kein einziger »Elberfelder« Reisebruder berücksichtigt worden.

Es war klar, dass die Reisebrüder auf der Konferenz den neuen Stil kritisierten, waren doch »die früheren Konferenzen« nach ihrer Meinung »zum großen Segen gewesen«. Das mochte nun eine subjektive Auffassung sein. Hatten es die »Alten« aber verdient, dass Dr. Becker sie vor der riesigen Konferenzversammlung bloßstellte, indem er auf ihren Einspruch hin die Zustimmung einer »überwältigenden Mehrhcit« für den neuen Konferenzverlauf einholte? Die Stimmung jener Tage gibt der Bericht eines Stündchenfreundes anschaulich wieder:

> »Immer stärker machte sich der innere Widerstand der Alten bemerkbar. In der Pause hatte der Doktor eine ziemlich heftige Auseinandersetzung mit Greb. Dann sagte er mir: ›Wir müssen heute abend eine Aussprache mit den 70 haben.‹ Am Schluss des Nachmittags wurde hierzu aufgefordert für 7 1/2 Uhr. ... Dann um 7 1/2 Uhr waren alle ›Dienenden Brüder‹ von uns und von den ›Offenen‹ bei Ernst Brockhaus versammelt. Wir haben erst einmal gegessen. Als man uns sagen ließ, die Brüder warteten schon fast eine halbe Stunde, haben wir sagen lassen, wir müssten erst einmal essen. Du siehst hieraus, wie die Stimmung war. Dann sind wir hineingegangen, und Bruder Becker hat einleitend sehr ernst gesprochen. Dann meldeten sich von den Alten Helling, Tönges, Greb in der Hauptsache. Sie sprachen uns das Recht ab zur Einberufung der Konferenz, vor allem aber zur Änderung des Konferenzverlaufs. Helling sagte hierbei, sie, also die 70, hätten das Vertrauen der Gesamtheit der Geschwister, und wir hätten sie deshalb erst einmal fragen müssen, ehe wir eine solche Änderung vorgenommen hätten. Du kannst Dir denken, dass dies dem Fass ziemlich den Boden ausschlug. Wir haben

den Alten gesagt, es sei ein großer Irrtum von ihnen, wenn sie glaubten, das Vertrauen der Geschwister zu besitzen. Das hätten sie schon lange nicht mehr. Leider habe ihnen dies nur niemand gesagt. Wir lehnten es ab, sie über derartige Dinge zu befragen, sie hätten ihren Dienst zu tun, den Gott ihnen anvertraut habe, und weiter gar nichts. Für die Dinge des Bundes seien wir verantwortlich und nicht sie. ... Was sie über die Konferenz dächten, sei nicht wesentlich. Wir würden am letzten Tag die Allgemeinheit fragen und uns nach deren Meinung richten. Dann sind Hans Becker und ich aufgestanden und gegangen. Die übrigen sind noch etwas zusammen gewesen.«[407]

Es wurden damals und später nach dem Krieg viele Argumente für die geistliche Unbedenklichkeit des BfC vorgebracht, und sicherlich ließ und lässt sich von der Bibel her vieles für den »neuen Weg« sagen. Allzuleicht werden aber über der theologischen Diskussion die Gefühle von Bitterkeit oder auch nur von Unbehagen vergessen, die damals durch den unbekümmerten Führungsstil einer jüngeren Generation hervorgerufen worden sind, bei der zuweilen die Diktion des nationalsozialistischen Führerstaates durchschimmerte. Es waren Gefühle, die auch nach dem Krieg nicht so bald vergessen wurden und die sich letztlich mit der Abneigung gegenüber der Bundesorganisation verbanden. Darum wird man den Nachkriegsauseinandersetzungen um den »Bund« nicht gerecht, wenn man sie allein auf die theoretische Frage nach der geistlichen Berechtigung einer Organisation reduziert. Der Mangel an brüderlichem Verhalten in jenen krisenhaften Jahren um 1937 – und er war gewiss nicht nur auf seiten der jüngeren Generation zu finden – trug dann seine bitteren Früchte, als die »Brüder« nicht mehr durch den Zwang der NS-Diktatur zusammengehalten wurden.

Deshalb darf nicht verschwiegen werden, dass Dr. Becker und seine Freunde nicht nur mit Überzeugungseifer über die vom Staat geforderten Grundsätze hinausgingen, sondern diese auch mit einer gewissen Härte durchzusetzen bestrebt waren, was eine Reihe von Brüdern zutiefst verletzen musste. Leider kann man nicht einmal sagen, dass Becker die damit vorprogrammierte Spaltung der deutschen Brüderbewegung bewirkt habe, ohne es zu wollen, vertrat er doch die deutlich herausgestellte Auffassung:

> »Der BfC ist nicht dazu bestimmt, alle Mitglieder der früheren ›Christlichen Versammlung‹ aufzunehmen.«[408]

Dennoch schlossen sich die meisten, ca. 90-95%, dem BfC an. Sicherlich entspricht es den Tatsachen, dass sich nach der Wiederaufnahme der Zusammenkünfte »in den Versammlungen wenig oder gar nichts« änderte[409], waren doch die Menschen in den Versammlungen immer noch dieselben, die entweder in der einen oder anderen Sache schon vorher so gedacht hatten, wie es Hans Becker jetzt forderte, oder aber sich von ihm kaum oder gar nicht beeindrucken ließen und die er darum auch am liebsten außerhalb des BfC gesehen hätte. Aber das Deutsche Reich war groß und der Reichsbeauftragte nicht allgegenwärtig – selbst wenn er oppositionellen Äußerungen in Brüderstunden nachspürte -[347] und so war für viele der BfC nur eine äußerliche Angelegenheit, die das Wesen »ihrer« Brüderversammlung nicht berührte. Die große Menge derjenigen aber, die Hans Becker »Geführte« nannte, weil sie die Bereitschaft hätten, »jeden Weg mitzugehen«[410], waren am wenigsten dazu geeignet, Lehre und Leben der Versammlungen zu verändern.

Gerade deshalb wurden alle verfügbaren Mittel angewandt, die ehemaligen Mitglieder der »Christlichen Versammlung« aus dem gewohnten Denken herauszureißen. Dabei ging es erstens darum, den BfC als annehmbaren Rahmen des »neuen Weges« darzustellen, betrachteten doch viele den »Bund«, obwohl sie Mitglieder geworden waren, immer noch als unumgängliches Übel. Dem versuchte Becker besonders mit seiner im Oktober 1937 erschienenen Schrift *Die Wahrheit über den BfC* entgegenzuwirken. Das Heft sollte möglichst von allen Mitgliedern gelesen werden, was auch der *Botschafter* empfahl.[410]

In den Rundschreiben wurde von den Fortschritten des Bundes berichtet, und auch die Zeitschriften gingen mit Artikeln auf die aktuelle Situation ein. ›»Bund‹ oder ›Versammlung‹?« fragte der *Botschafter*[411] und versuchte seine Leser dahingehend zu beruhigen, dass der »Bund« wirklich nur »eine Angelegenheit der äußeren Ordnung« sei und die Versammlung als Leib Christi nicht berühre. Sicherlich ging Fritz von Kietzell auf die Gewissensnöte mancher Mitglieder ein, wenn er in *Gnade und Friede* fragte: »Hat sich die Wahrheit von der Gemeinde verändert?«[412] Natürlich verneinte dies der Autor mit Überzeugung und vielen biblischen Belegen. Den Vorwürfen, dass die politischen Forderungen nach Staats- und Lebensbejahung zur Bedingung für den Eintritt in die Gemeinde gemacht würden, begegnete er dadurch, dass er die Aufnahme in die Gemeinde als Leib Christi an die Spitze stellte, wo es keine menschlichen Forderungen gebe, während man für die äußere Organisation Sonderbedingungen stellen könne.

Allerdings war damit noch nicht die Frage beantwortet, inwieweit die Leiter der immer wieder als nur äußere Angelegenheit beschworenen Organisation des BfC die Vollmacht hatten, auch das geistliche Leben der Gemeinden zu beeinflussen, was sie zuweilen, wie z.B. im Fall der Elberfelder Konferenz, kräftig taten. Immerhin war die große Jahreskonferenz in Wuppertal-Elberfeld nicht eine äußerliche, rein organisatorische Angelegenheit, das hatten die Reisebrüder schon richtig gesehen; sie war das Forum, wo die geistlichen Leitlinien sichtbar gemacht wurden. Auch die Zusammenschlüsse mit den Offenen Brüdern und später mit den Baptisten, Maßnahmen von ausgesprochen geistlichem Charakter, wurden letztlich durch die führenden Männer des BfC in die Wege geleitet und bestimmt.

Nicht grundlos warnte daher der dem BfC sonst wohlgesonnene Otto Bastian aus Schwelm vor derartigen geistlichen »Grenzüberschreitungen«. Er machte deutlich, dass die Behandlung geistlicher Themen auf Konferenzen und Tagungen, die durch die Bundesleitung veranlasst waren, sehr leicht den Geschmack von »Schulung« annehmen könnten[413], einem Begriff, der durch die permanente »weltanschauliche Schulung« seitens der NSDAP bei vielen negativ besetzt war. Der Bund sollte sich nach Otto Bastians Vorstellungen wirklich nur auf seine rein äußere Funktion beschränken, und diese Beschränkung hätte seiner Meinung nach in der Bundesverfassung verankert werden müssen.[414]

Aber daran konnte Dr. Becker und seinen Freunden nicht gelegen sein, waren sie doch überzeugt, dass der »neue Weg« der von Gott bestimmte war. So war die Ausdehnung des Führerprinzips von der äußerlichen Organisation auch auf geistliche Fragen und Entscheidungen ein Problem, das den BfC für manchen Gläubigen in ein zweifelhaftes Licht rückte und ihn dem »Bund« nur mit Vorbehalten angehören ließ. Andererseits wurde gerade jene geistliche Entscheidung, die für die Geschichte der deutschen Brüderbewegung von größter Tragweite war, von vielen begeistert begrüßt: die neue Einstellung den anderen Gemeindechristen gegenüber und ganz besonders der Zusammenschluss der bisher getrennten »Brüder«gruppen in Deutschland.

4. Der Zusammenschluss von Elberfelder und Offenen Brüdern

Die Offenen Brüder und das Verbot der
»Christlichen Versammlung«

Auch die Offenen Brüder waren durch das Verbot der »Christlichen Versammlung« aufgeschreckt worden. An einigen Orten kam es zu Verwechslungen, so dass sich das Leitungsgremium – Heinrich Neumann, Christian Schatz, Werner Freiherr von Schleinitz – veranlasst sah, am 3.Mai 1937 ein Rundschreiben[415] zu versenden, um die örtlichen Versammlungen noch einmal an die Bezeichnung »Kirchenfreie christliche Gemeinde« zu erinnern. Im Bedarfsfall sollte den Behörden die einige Zeit vorher verfasste Denkschrift (s.S. 79) vorgelegt werden. Dringend wurde darauf aufmerksam gemacht, »keinesfalls Personen in die Gemeinde aufzunehmen, die von dem Verbot betroffen« waren. Auf diese Weise hoffte man, von den staatlichen Zwangsmaßnahmen unbehelligt zu bleiben.

Aber auch die »Kirchenfreien christlichen Gemeinden (KcG)« mussten erfahren, dass die Gestapo die Zügel jetzt schärfer anzog. Schon am 26. Juni wurde Heinrich Neumann (II,130f.) bei der Gestapo in Berlin vorgeladen, wo ihm und dem ihn begleitenden Christian Schatz eröffnet wurde, dass der neue Name allein der Regierung nicht ausreichte, der Staat wollte stärkere Kontrolle und mehr übersicht.[416] Zudem war die seit 1934 offizielle – damals von Christian Schatz empfohlene und dann auch bei der Regierung gemeldete – Bezeichnung KcG noch immer nicht von allen Gemeinden angenommen worden, hatte man doch vielerorts die Beziehung zum Staat recht optimistisch betrachtet und sich verhältnismäßig sicher gefühlt.

So war es bisher üblich gewesen, dass sich viele Gemeinden in ihrem den Offenen Brüdern eigenen Individualismus nach ihrem jeweiligen Geschmack bezeichnet hatten: »Freie christliche Brüdergemeinde«, »Christen ohne Sonderbekenntnis«, »Christliche Versammlung« – was jetzt sehr gefährlich war – oder eben einfach »Offene Brüder«. Es hatten sich noch nicht einmal alle Gemeinden bei der Zentrale in Bad Homburg, die bei Christian Schatz eingerichtet war, eintragen lassen, und auch der Forderung nach Nennung der verantwortlichen Gemeindeleiter war z.T. nicht nachgekommen worden.

Das alles hatte jetzt anders zu werden. Die KcG erhielten nun praktisch die gleichen Auflagen wie der BfC:
1. Es durfte nur noch der Name KcG benutzt werden; Zuwiderhandlungen sollten das sofortige Verbot zur Folge haben.
2. Die einzelnen Gemeinden hatten die Namen ihrer Mitglieder, ihrer verantwortlichen Gemeindeleiter und – wenn vorhanden – ihrer Prediger listenmäßig der Gestapo einzureichen. Es waren sogar diejenigen zu melden, die gewöhnlich in der Gemeinde »am Wort dienten«, eine Auflage, die noch über die Vorschriften des BfC hinausging.
3. Auch die Konferenzen, ihre Themen und Redner waren der Gestapo vorher zu melden.
4. Mindestens vierteljährlich waren sämtliche Schriften zur Prüfung einzureichen.
5. »Alleinstehende Gemeinden« – eine Form, die die Offenen Brüder so liebten – wollte die Regierung in Zukunft verbieten.

Bei alledem war es selbstverständlich, dass sich die KcG auch »staatsbejahend« zu verhalten hatten.

Ob Heinrich Neumann und Christian Schatz wirklich der Meinung waren, dass der Staat – wie sie schrieben – hier »durchaus nur etwas Berechtigtes« verlangte, dass es niemand unter ihnen gab, »der nicht freudigen Herzens diese Forderungen erfüllen« wollte?

Die Lobeshymnen gegenüber einem dauernd mit Verboten drohenden Staat lassen eher auf Furcht und auf das unsichere Gefühl derjenigen schließen, die noch einmal davongekommen waren:

> »Wir sind nebst Gott unserer Regierung, unserem Führer und seinen Mitarbeitern viel Dank schuldig für den Schutz, den wir durch sie genießen.«[417]

Gewiss war man auch dankbar, dass die KcG nicht gezwungen wurden, sich einer anderen Freikirche anzuschließen:

> »Es wird also nicht von uns verlangt, dass wir uns einem anderen freikirchlichen Kreis (Baptisten, Methodisten, Freie Gemeinde oder Elberfelder Brüder, jetzt BfC benannt) anschließen. Wir behalten unsere volle Freiheit und Selbständigkeit, wenn wir die gegebenen Weisungen befolgen.«[418]

Man liebte seine Selbständigkeit so sehr, dass man den Widerspruch: »volle Freiheit« nur bei Befolgung von »gegebenen Weisungen«, anscheinend übersah. Aber gerade in der Einstellung zur Selbständigkeit sollten die Offenen Brüder in den nächsten Monaten eine völlige Kehrtwendung vollziehen.

Der Ruf nach der Einheit der Kinder Gottes

Wie bei den anderen Freikirchen gab es auch unter den Offenen Brüdern Männer, die mehr Einigkeit unter den Gemeindechristen in Deutschland anstrebten. Ein unermüdlicher Mahner auf diesem Gebiet war der Major a. D. Ernst Lange (II,141). Er hatte in der *Tenne* den aufsehenerregenden Aufsatz »Die Überwindung der Konfessionen« veröffentlicht[419], in dem er auf ehe Notwendigkeit hinwies, dass sich die Gläubigen der Gemeinschaftsbewegung über die Zäune der Denominationen hinweg mehr zusammenschließen müssten. Lange erinnerte an die Verantwortung der Christen gegenüber dem Einheitsgebot Jesu und meinte, dass aus den Lehrgegensätzen zwischen den Freikirchen und Gemeinschaften Lehrunterschiede werden sollten, damit es zu einem echten Gemeindeleben zwischen Christen mit unterschiedlichen Lehrauffassungen kommen könne:

> »Heute gilt ... die Überwindung der Zersplitterung unter denen, die von Herzen an den Herrn Jesus Christus glauben. Und wieder ist es der Römerbrief, der uns den Weg zeigt! Durch sein Wort verlieren die konfessionellen Lehren ihre Existenz als trennende Mauern – sie werden aus Lehrgegensätzen zu Lehrunterschieden, die niemals das brüderliche Gemeindeleben zwischen Menschen hindern dürfen, die beide ihren Herrn ›lieben von ganzem Herzen, von ganzer Seele und mit ganzem Verstande‹. ... Es ist auch nicht unsere Sache, wie weit der Weg zu diesem Ziel sein mag – wir haben im Gehorsam den nächsten Schritt zu tun.«[420]

Dieser Schritt wurde wenige Wochen nach dem Erscheinen des Aufsatzes (Januar-März 1937) getan, und zwar auf der Theologischen Woche in Hamburg (30.3.-3.4.1937), wo 170 Prediger des »Bundes der Baptistengemeinden« zusammengekommen waren. Hier wurde der Entschluss gefasst, Verbindung mit allen »gemeindemäßig« organisierten Gruppen aufzunehmen.[421]

Dabei mochte der Wunsch, sich gegenüber dem kirchenfeindlichen Staat gemeinsam besser beistehen zu können, von nicht unerheblichem Gewicht gewesen sein.[421a] Hatte man dem Kirchenkampf bisher als einer innerlandeskirchlichen Angelegenheit mit einer gewissen Neutralität zugeschaut, so merkten mittlerweile Einsichtige, dass der Nationalsozialismus nicht nur der Kirche, sondern gerade dem christlichen Glauben grundsätzlich feindlich gesinnt war. »Man war sich nun doch klar geworden, es ging nunmehr nicht bloß gegen das Kirchentum, sondern gegen das Christentum überhaupt.«[422]

Erste Fühlungnahmen der Baptisten bei den Freien evangelischen Gemeinden in Witten, bei den Offenen Brüdern in Berlin und bei Ernst Brockhaus in Wuppertal-Elberfeld noch im April stießen auf überraschend freundliche Gesprächsbereitschaft.[423] Ernst Lange griff die Einigungsanregungen der Baptisten mit Begeisterung auf, machte konkrete Vorschläge über Name, Leitung und Zielsetzungen eines Bundes, betonte zwar »die Selbständigkeit der einzelnen Gemeinden im Sinne des NT« als »Grundgesetz«, aber forderte:

> »Es muss selbstverständlich angefangen werden. ... Wenn wir erst marschieren, werden sich noch manche zu uns finden.«[424]

Inzwischen war aber das Verbot der »Christlichen Versammlung« gekommen und unterbrach zunächst die Bemühungen. Andererseits machte das Verbot den freikirchlichen Kreisen erst recht deutlich, wie gefährdet man u.U. im NS-Staat schon war, so dass die Anstrengungen, zu einem wie auch immer gearteten Zusammenschluss zu gelangen, bald nach der Gründung des BfC wieder aufgenommen wurden.[425] Dem kam entgegen, dass jetzt auch die sich »um 180 Grad« zum BfC gewandelte »Christliche Versammlung« von Männern geführt wurde, die der Vereinigung der Gemeindechristen positiv gegenüberstanden.[426]

Die getrennten »Brüder« finden sich (Kassel, 20. August 1937)[427]

Im Zuge der von den Baptisten angeregten Gespräche trafen sich am 20. August 1937 in Kassel die Vertreter von drei Denominationen, um die Frage zu untersuchen, »ob die Entwicklung der religiösen Lage nicht den freikirchlichen Kreisen die Pflicht auferlege, Ernst zu machen mit der Wahrheit der Einheit der Kinder Gottes«[428]. Es handelte sich dabei um folgende Freikirchen:
1. Bund der Baptistengemeinden;
2. Kirchenfreie christliche Gemeinden (KcG), bisher Offene Brüder;
3. Bund freikirchlicher Christen (BfC), bisher Elberfelder Brüder.

Allerdings waren die Auffassungen zwischen Baptisten und »Brüdern« noch zu unterschiedlich, als dass man sich sofort auf einer gemeinsamen Plattform einigen konnte (s.S. 199ff.).

Um so überraschender war es für viele, dass sich Offene und Elberfelder Brüder an diesem Tag sehr schnell fanden und eine Trennung, die von Großbritannien her schon 90 Jahre bestand, in wirklich brüderlicher Weise überwanden. Anwesend waren auf seiten der Offenen Brüder Christian Schatz, Frhr. von Schleinitz, Heinrich Neumann und Ernst Lange, seitens der »Elberfelder« Dr. Hans Becker, Ernst Brockhaus, Hugo Hartnack, Dr. Richter und Walter Vogelbusch.[429] Hans Becker berichtete einige Wochen später:

> »Nach einer brüderlichen und ernsten, mit Gebet begonnenen Aussprache am runden Tisch ließen die Baptisten uns mit den Offenen Brüdern allein. Und zur größten Überraschung aller fanden sich die Herzen bald. Auf beiden Seiten ehrliches, tiefes Bedauern der getrennten Wege, des gegenseitigen Missverstehens, Schmerz über die dem Zeugnis von dem einen Leibe zugefügte Schande. Erörterungen darüber, ob vor 90 Jahren die größere Schuld an der Trennung auf der einen oder anderen Seite gelegen habe, werden beiderseits heute für zwecklos gehalten. Die Frage erhebt sich: Was trennt uns heute?«[430]

Diese Frage wurde übereinstimmend so beantwortet, dass jene Lehrunterschiede, die in den zwanziger Jahren noch zu unerfreulichen Auseinandersetzungen geführt hatten (II,149ff.), nicht mehr bestanden.

Die Brüder vom BfC versicherten, dass sie nicht mehr die Auffassung der früheren »Christlichen Versammlung« verträten, »dass im Unterschied von anderen christlichen Gemeinschaften nur sie die Verheißung der Gegenwart des Herrn und seinen Tisch habe«. Auch erkannten sie an, dass die Lehre von der Einheit der Gemeinde Gottes »nicht die Selbständigkeit der örtlichen Gemeinde« beeinträchtige.[431]

Demgegenüber gaben die Offenen Brüder zu, dass die Selbständigkeit der Gemeinde nicht bedeuten könne, ohne Rücksicht auf oder gar gegen die Beschlüsse anderer Gemeinden handeln zu dürfen.[431] Christian Schatz räumte dazu selbstkritisch ein:

> »Das Misstrauen der Brüder der ›Versammlung‹ gegen die Offenen Brüder war nicht ganz unberechtigt. Auch auf ihrer Seite waren Fehler begangen worden. Es fehlte vielfach die Einheitlichkeit und ließ häufig eine Handhabung gemeinsamer Zucht vermissen. Die von den Offenen Brüdern vertretene Freiheit und Selbständigkeit der örtlichen Gemeinde schloss viele Gefahren in sich und wurde von einzelnen leicht missbraucht.«[432]

Es waren die beiden Hindernisse, die bis dahin zwischen den getrennten Brüdern gestanden hatten,

1. die Auffassung vom Tisch des Herrn,
2. die Selbständigkeit der Ortsgemeinde,

die zu mancherlei Vorurteilen gegeneinander geführt hatten und die nun ausgeräumt waren. Hugo Hartnack meinte dazu:

> »Die gegenseitigen Vorurteile waren viel größer gewesen als die tatsächlichen Unterschiede, die eigentlich nur in der Vorgeschichte beider Kreise lagen. Bei dem Zusammensein wirkte der Geist Gottes so mächtig, dass sich die anwesenden Brüder überraschend schnell fanden im gemeinsamen Bestreben, die unheilvolle Trennung zu beseitigen.«[433]

Der Geist jener Stunde schlug sich noch im späteren Bericht wieder. Man hatte sich nach der klärenden Aussprache die Frage stellen müssen:

> »Was trennt uns nun eigentlich noch? Immer vernehmlicher hat in unseren Herzen die Antwort geklungen: nichts! Wollen wir dann nicht endlich, endlich wieder zusammengehen? Die Brüder ... sind alle mächtig ergriffen gewesen. Alle haben sich erhoben und sich die Bruderhand gereicht, mit jubelnden Herzen und mit Tränen in den Augen. Und dann haben sie gemeinsam dem Herrn gedankt. Das war eine Gebetsgemeinschaft, bei der nur kurze Sätze gesprochen wurden. Manche waren nicht fähig überhaupt zu sprechen. Es war ein Erlebnis einmaliger Art. Die Geisteswirkung war mächtig spürbar.«[434]

Das Ergebnis der Besprechung wurde in einer gemeinsamen Erklärung an die Gemeinden der beiden Gruppen veröffentlicht[435], galt es doch jetzt, »bei Zehntausenden von Geschwistern die Vorurteile zu zerstreuen und Vertrauen und Bruderliebe zu wecken«.[436]

Es war »eine historische Stunde in der Geschichte der Brüder«[437] insgesamt, nicht nur des deutschen Zweiges, denn zum erstenmal war es in einem Land gelungen, die unselige Bethesda-Trennung von 1848 (I,32ff.) rückgängig zu machen. Leider lässt sich nicht berichten, dass dieses Zeugnis christlich-brüderlicher Liebe Schule gemacht hätte, im Gegenteil, gerade dieser Zusammenschluss von »Brüdern« sollte Anlass zu bedauerlichen Trennungen werden, wovon noch zu sprechen sein wird.

Der Weg zum Zusammenschluss: Begeisterung beim BfC

Selbstverständlich war mit der Kasseler Erklärung der neun Brüder noch kein Zusammenschluss vollzogen. Der musste erst noch durch die Gemeinden bestätigt werden, während eine Anfrage beim Kirchenministerium in Berlin ergeben hatte, dass Zusammenschlüsse »grundsätzlich erwünscht« seien, auch in noch größerem Rahmen, z.B. mit den Baptisten.

Verhältnismäßig problemlos ging der Bestätigungsvorgang beim BfC vonstatten. War die Menge der Gemeindeglieder bisher dem »neuen Weg« der führenden Männer gefolgt, so stimmten die meisten auch diesem Schritt zu, und das in vielen Fällen um so erfreuter, als man die Trennung von »Brüdern« schon vorher recht kritisch betrachtet hatte. Nach Meinung Paul Schmidts aus dem Bundeshaus der Baptisten waren »sehr viele der jüngeren Versammlungsglieder ... mit der alten Gemeinschaftsenge längst nicht mehr einverstanden«.[438]

Andererseits konnte die lange Absonderungstradition der »Christlichen Versammlung« doch nicht völlig problemlos überwunden werden. Dass die so deutliche Durchbrechung des Absonderungsgebotes auch eine Reihe von Gemeindegliedern irritierte, zeigte der Umstand, dass sich die Bundesleitung genötigt sah, »irrigen Vermutungen« entgegenzutreten und zu einer sorgfältigen Lektüre der Kasseler Erklärung aufzufordern.[439] In anderen Fällen hatten »einzelne Brüder noch Bedenken«, es wurden Vorwürfe laut, »dass sich nur wenige Brüder angemaßt hätten, über wichtige Fragen Beschlüsse zu fassen«[440]. Während nun die Frage der Absonderung noch erhebliche Folgen für die Zukunft haben sollte, konnte letzterem Einwand mit Recht entgegengehalten werden, dass es sich bei der Kasseler Erklärung um keinen Beschluss handelte, sondern nur um einen Bericht und die Empfehlung, das Kasseler Geschehen auf der Ebene der Gemeinden nachzuvollziehen.

Im Ganzen aber lag durch die straffe Führung Dr. Beckers und seiner Freunde die Initiative doch sehr stark bei der Spitze des Bundes. Schon am 6. September wurden die Gemeinden aufgefordert, örtliche Kontakte mit den Offenen Brüdern aufzunehmen, eventuell sogar örtliche Zusammenschlüsse für die Zukunft ins Auge zu fassen.[441]

Für den 10. Oktober wurden die Ortsbeauftragten und die Mitglieder der örtlichen Brüderbeiräte aus dem Deutschen Reich zu einer Versammlung nach Wuppertal-Elberfeld geladen[442], um über den gemeinsamen Weg mit den Offenen Brüdern befragt zu werden. Auf dieser – wie man später schrieb – »erhebenden Tagung« gaben die etwa 900 Teilnehmer ausnahmslos ihre Zustimmung zu der Kasseler Entschließung[443], nach Hugo Hartnack »geradezu begeistert«[444].

Den Schlusspunkt in der Meinungsbildung der Elberfelder Brüder bildete – abgesehen von einer Versammlung der Ortsbeauftragten des östlichen Deutschland in Berlin am 14. November[445] –

eine Reisebrüderzusammenkunft am 19. Oktober in Siegen, an der etwa 50 meist hauptberuflich arbeitende Brüder teilnahmen.[446] Hier berichteten noch einmal Hans Becker, Ernst und Wilhelm Brockhaus und Hugo Hartnack über die Tage von Kassel (20.8.) und Elberfeld (10.10.). Die erstmalig eingeladenen Vertreter der Offenen Brüder, Christian Schatz und Heinrich Neumann, wurden freudig begrüßt. Christian Schatz sagte u.a.:

> »Oft habe ich gedacht, ob es wohl jemals wieder ein Zusammengehen geben würde. Nach all den Erfahrungen in den vergangenen Jahrzehnten habe ich oft keine Hoffnung mehr gehabt. ... Es bleibt uns nichts anderes übrig, als die erbarmende Gnade Gottes zu preisen, die hoch über allen menschlichen Irrungen und Wirrungen steht und uns, die wir zusammengehören, nun wieder zusammengebracht hat.«[447]

Man kann sagen, dass das Erleben der Bruderschaft manche lehrmäßigen Vorurteile hinwegräumte, die auf seiten der »Elberfelder« immer noch gegenüber den Offenen Brüdern bestanden hatten, zumal Heinrich Neumann noch einmal versicherte, dass die Offenen Brüder wirklich frei von »falschen und bösen Lehren« seien.[447] Adolf Helling, ein Vertreter der älteren Generation, sprach »offen über die Bedenken, die er gehabt habe«, und fügte hinzu, »dass sie gestern und heute völlig geschwunden seien«.[434]

So wurde auch in Siegen – also seitens der »70« – dem gemeinsamen Weg zugestimmt:

> »Alsdann wird gefragt, ob alle Anwesenden das Einigungswerk mit den Offenen Brüdern gutheißen und sich an ihrem Teile dafür einsetzen wollen. Wer diese im Zuge befindliche Entwicklung als vom Herrn gewirkt ansehe, möge seiner Freude und Dankbarkeit nun dadurch Ausdruck geben, dass er sich von seinem Platz erhebe. Und da zeigt sich die Größe der Stunde: Alle Brüder – ohne Ausnahme – stehen auf, und ein Dankgebet nach dem anderen wird gesprochen.«[448]

Der Weg zum Zusammenschluss:
Bedenken bei den Offenen Brüdern

Dass gerade die früher so auf Absonderung bedachten Vertreter der bisherigen »Christlichen Versammlung« der Vereinigung mit einer anderen Denomination so vorbehaltlos zustimmten, ließ die überraschten Baptisten von einer »vollen Kehrtwendung« sprechen.[438] Demgegenüber verlief der Meinungsbildungsprozess ausgerechnet bei den Offenen Brüdern nicht so problemlos, wie es sich die führenden Männer gedacht und gewünscht hatten.

Auch bei den KcG war das Kasseler Rundschreiben vom 20. August verbreitet worden, und darüber hinaus hatte Heinrich Neumann am 7. September die führenden Brüder gesondert informiert.[449] Eine Entscheidung wollte man dann auf der traditionellen Berliner Bußtagskonferenz im November herbeiführen.[450]

Doch schon vorher kam geharnischter Protest von der Basis her. Am 1. Oktober richteten Karl Brachmann, Theodor Küttner (II,140) und 43 andere Leipziger Brüder ein Schreiben an das Spitzengremium (Neumann, Schatz, Frhr. von Schleinitz) und lehnten eine Vereinigung mit dem BfC rundweg ab.[451] Zwar hatte man nichts gegen die Gemeinschaft mit den »Elberfeldern«, aber den individualistisch eingestellten Offenen Brüdern ging die Organisation des BfC weit über die einfachen Linien der Bibel hinaus. Auch Franz Buchholz und die Brandenburger protestierten mit dem Argument, dass der Zusammenschluss mit dem BfC auf Grund von Satzungen erfolgen solle, die keine biblische Rechtfertigung hätten.[452]

Daneben wurde auch gegen den eigenen Satzungsentwurf der KcG[453] angegangen, der auf die Forderungen der Gestapo hin (s.S. 157) inzwischen erstellt und vielen zu hierarchisch angelegt worden war. Ähnlich dem BfC waren auch hier Reichs-, Bezirks- und Ortsbeauftragte vorgesehen und – der Führernatur von Christian Schatz entsprechend – ein Entscheidungsrecht von oben beabsichtigt. Es wurde jedoch deutlich, dass die Offenen Brüder jetzt um ein wesentliches Stück ihrer Überzeugung fürchteten: um die Unabhängigkeit der Ortsgemeinden, und deshalb jede straffe Organisation, ob sie nun »BfC« oder »Bund der KcG« hieß, strikt ablehnten, wobei besonders die »menschlichen«, der Bibel entgegenstehenden »Satzungen« im Kreuzfeuer der Kritik standen.

Christian Schatz wies – zunächst vergeblich – darauf hin, dass nach der Gestapo-Auskunft vom Juni die derzeitige Ordnung der KcG der Regierung nicht ausreiche und dass man sich als Christ dem Verlangen der Obrigkeit zu beugen habe.[454]

Ihm wurde erwidert, dass man zuerst einmal prüfen müsse, was die Obrigkeit nach der Bibel von einer christlichen Gemeinde überhaupt fordern dürfe, und nur dies solle man erfüllen[455], z.B. wie einige meinten, die Einreichung der Listen der Gemeindeglieder über die Zentrale bei der Gestapo.[456] Andere wieder lehnten selbst die Anfertigung der Listen als unbiblisch ab[457] und einig war man sich darin, jeden Anschluss an einen Bund (BfC) oder jede Bildung eines eigenen Bundes (Bund der KcG) mit den vorliegenden Satzungen abzulehnen.[455] Ja, man beauftragte das Leitungsgremium sogar, mit der Einreichung der Listen der Regierung zugleich die organisations- und satzungsfeindlichen »Forderungen« der KcG deutlich zu nennen.[458] Paul Frey wies darauf hin, dass die »Elberfelder« immerhin einen Grund gehabt hätten, einen Bund zu gründen – sie waren verboten worden; dass solche Satzungen aber »hierarchisch« seien und »dem Klerikalismus Tür und Tor« öffneten. Er fragte, ob die KcG zum lauen Laodicäa der Endzeit werden wollten.[459]

Christian Schatz musste einsehen, dass die Basis bei den Offenen Brüdern den kirchenpolitischen Ernst der Stunde – so wie er ihn beurteilte – nicht begriffen hatte. Er befürchtete nicht nur die Vereitelung des Zusammenschlusses mit dem BfC, sondern sogar eine allgemeine Auflösung der KcG und schließlich das Verbot durch die Gestapo.[460] Also mussten die führenden Männer alles daransetzen, auf der Berliner Konferenz (14.-17. November 1937) die Bedenken auszuräumen, und zwar an dem Konferenztag, an dem die Brüder vom BfC noch nicht anwesend sein sollten, denn »wenn die ›Elberfelder‹ hören, dass wir so uneins sind, dann macht das einen sehr schlechten Eindruck«.[461]

Der »historische Augenblick« (Berlin, 16. November 1937)

Am 15. November erfolgte dann endlich in der Hohenstaufenstraße in Berlin die Aussprache über den Beitritt zum BfC. Alle Gegner dieses Beitritts brachten ihre Argumente vor, »hauptsächlich auf der Linie, dass wir eine Organisation der Gemeinden bisher als nicht schriftgemäß abgelehnt hätten«.[462] Demgegenüber wiesen die Befürworter des Beitritts darauf hin, dass es sich hier eben nicht um einen Bund von Gemeinden, sondern nur von Einzelpersonen handele und dass man den Ansprüchen des Staats zu genügen habe. Es waren dieselben Begründungen wie bei der Bildung des BfC:

> »Wir tun diesen Schritt, weil wir vom Staat aus gesehen uns eine klare und bestimmte Organisation zu geben haben. Wie schon wiederholt von den beauftragten Brüdern mitgeteilt wurde, will der Staat eine klare Organisation, durch die er jederzeit die Arbeit der Gemeinde übersehen und sich über die Stellung der einzelnen Gemeindeglieder zum Staat unterrichten kann.«[462]

Der Anschluss an den BfC wurde mit den »großen Kosten« einer eigenen Organisation, selbstverständlich auch mit der Verpflichtung zur Praktizierung der Bruderschaft – wogegen sowieso niemand etwas einzuwenden hatte – begründet.

Daneben wurde aber auch eine neue Einstellung zum Staat und zu dem von ihm propagierten Gemeinschaftsgeist für notwendig erachtet, wobei allerdings das geistliche Anliegen, die Einheit der Gemeinde Jesu Christi zu bezeugen, mit politisch zweifelhaften Argumenten gefährlich vermischt wurde:

> »Staatspolitisch hatten wir seit 1933 umzulernen; denn die Zeit des Individualismus, der aus der liberal-demokratischen Staatsauffassung entstand, ist endgültig vorüber. Unser Staat erzieht uns zur kollektiven Zusammenarbeit und will, dass auch die christlichen Gemeinschaften in ihrem Zusammenleben innerhalb unseres Volkes in einer äußeren Ordnung diesen Gedanken zur Auswirkung bringen.«[462]

In langer Aussprache wurden auf diese Weise die vorhandenen Bedenken ausgeräumt, so dass bei einer Befragung am Abend nur noch drei Brüder gegen einen Beitritt zum BfC stimmten.

Schließlich gab auch bei den Offenen Brüdern das Erlebnis der Bruderschaft dafür den Ausschlag, dass die letzten Zweifler dem Zusammenschluss zustimmten, als am Dienstag, dem 16. November, die führenden Männer vom BfC im Saal der Hohenstaufenstraße erschienen:

> »Die Ankunft dieser Brüder war ein herzbewegender Anblick; denn nur wenige unserer Brüder hatten sie bereits früher kennengelernt. Nach vielen Jahren der Trennung saßen wir nun beiderseits in brüderlicher Verbundenheit zusammen, um gemeinsam vor dem Herrn die bereits zum Ausdruck gebrachte Einigung in die Wirklichkeit umzusetzen. Sicherlich hat mancher in seinem Herzen gesagt: ›Welch eine Wendung durch Gottes Führung!‹ Die offenen und von echt christlichem Geist getragenen Aussprachen dieser Brüder wie auch ihr brüderliches Verhalten uns gegenüber nahmen bei allen unseren Brüdern die letzten Zweifel hinweg. Wir waren uns darin einig, dass der Herr uns eine große Stunde gegeben hatte und dass wir seinem Gebot von Johannes 17: ›Auf dass sie alle eins seien‹, zu gehorchen hatten.«[462]

Auch der BfC als Organisation war jetzt kein Hindernis mehr, nachdem Dr. Becker gesprochen hatte und Dr. Richter am Nachmittag die Bundesverfassung Artikel für Artikel durchgegangen und Gelegenheit zur Aussprache gegeben worden war[463]:

> »Außerdem durften wir alle durch die Belehrung unserer Brüder vom BfC erkennen, dass unser Eintritt in den BfC uns in keiner Weise in der Ausübung unserer Betätigung in den Gemeinden hinderte, wir vielmehr genau wie früher zum Brechen des Brotes, zum Gebet und zum Betrachten des Wortes werden zusammenkommen können.«[462]

Nachdem am Abend alle Vertreter der KcG (ca. 300) ohne Ausnahme der Vereinigung zugestimmt hatten, konnte das Leitungsgremium eine abschließende Erklärung abgeben, die an alle Gemeinden der Offenen Brüder versandt wurde:

> »Die in ihrer Jahreskonferenz versammelten Vertreter der KcG haben heute die am 20. August in Kassel von ihren Vertretern gemeinsam mit den Beauftragten des BfC abgegebene Erklärung einmütig bestätigt. Sie haben von ihrer Bundesverfassung Kenntnis genommen, ihr zugestimmt und dem anwesenden Beauftragten des ›Bundes‹ einstimmig und mit großer Freude ihre Bereitschaft erklärt, gemeinsam den ›Bund freikirchlicher Christen‹ aufzubauen.«
>
> gez. i.A. Heinrich Neumann, Chr. Schatz, Frhr. v. Schleinitz[464]

Nach den Auseinandersetzungen der letzten Wochen war das Abstimmungsergebnis vom 16. November überraschend einmütig. Allerdings müssen dabei auch Stimmung und Geist jenes »für die Brüder bedeutungsvollen historischen Augenblicks« berücksichtigt werden, von dem Frhr. von Wedekind (II,141) bemerkte, dass ihn nur diejenigen wirklich mitempfinden könnten, die den »bewegenden Vorgang« miterlebt hätten:

> »Wir erkannten unter tiefer Bewegung übereinstimmend unter Beugung im Gebet unsere beiderseitige Herzenshärtigkeit gegenüber dem klaren Willen des Herrn in Joh. 17,20ff. und auch in unseren bisherigen Verhandlungen unseren Brüdern gegenüber. Wir nahmen den Zusammenschluss als ein Werk Gottes und ein Gebot der Stunde aus Seiner Hand an!«[463]

Bei den Offenen Brüdern sollte auch das Gefühl vermieden werden, als kleinerer Partner, der den Namen der anderen Seite – BfC – übernahm, majorisiert zu werden:

> »Die bisher von uns getrennten Brüder kommen also nicht ›zu uns‹ und wir nicht ›zu ihnen‹, sondern wir kommen zusammen und bilden von jetzt ab eine durch Gottes Geist gewirkte, in Seinem Wort geoffenbarte und von unseren Herzen verwirklichte Einheit.«[463]

Wer will es den »Brüdern« verdenken, dass sie bei dem Jubel über die errungene Einheit die bösen Vorzeichen des aus dem diktatorischen Willen des Unrechtsregimes hervorgegangenen Bundes aus den Augen verloren und dass über der »Verschmelzung der Brüder«, wie Frhr. von Wedekind es nannte, der Anlass zu neuer Spaltung übersehen wurde?

Die Durchführung der Vereinigung

Es war klar, dass die Durchführung der Vereinigung bei so entscheidungs- und organisationsfrohen Männern wie Dr. Becker und Christian Schatz keine besonderen Schwierigkeiten bilden konnte. Schon am 30.12.1937 teilte die Geschäftsführung des BfC mit, dass die Vereinigung »inzwischen ... vollzogen worden« sei[465], und versandte an demselben Tag das erste Rundschreiben des BfC an die Gemeinden der Offenen Brüder.[466] Praktisch geschah die Vereinigung so, dass die ehemaligen KcG in den BfC eingegliedert wurden, indem sie Ortsbeauftragte benannten und die entsprechenden Mitteilungen an die Gestapo machten. Kleinere Gemeinden am gleichen Ort wurden zur Zusammenlegung ermuntert, wobei auf die Eigenständigkeit und Gleichberechtigung der Offenen Brüder insofern Rücksicht genommen wurde, dass man in diesen Fällen zwei Ortsbeauftragte, von jeder Seite je einen, gestattete.[467]

Auch hinsichtlich der in den beiden Gemeindegruppen gebräuchlichen Liederbücher – *Kleine Sammlung Geistlicher Lieder* (I,106f.); *Neue Sammlung Geistlicher Lieder* (II,138) – wurde streng auf Parität geachtet, damit der kleinere Partner nicht das Gefühl bekam, einem größeren Verband einverleibt zu sein. Es wurde ein Verzeichnis der beiden Büchern gemeinsamen Lieder herausgegeben, damit in den gemeinsamen Versammlungen Lieder vorgeschlagen werden konnten, »die beiden früher vorhandenen Kreisen bekannt« waren.[468]

Im ganzen wurden 135 Gemeinden der Offenen Brüder (KcG) in den BfC eingegliedert. Die Schwerpunktgebiete dieser Gemeinden waren Mecklenburg-Pommern mit 16 Gemeinden, Schlesien (16), Sachsen-Thüringen (36), der rheinisch-westfälische Raum (22) und Baden-Württemberg (21). Weniger Gemeinden der Offenen Brüder gab es in der Mark Brandenburg (9), in Hessen (9), in Norddeutschland (4) und in Bayern (2) (vgl. II,135ff.).[469]

Auch die Bibelschule in Wiedenest (II,147ff.) wurde dem BfC »eingegliedert«, sie sollte jetzt durch »Veranstaltung kürzerer Lehrkurse und Bibelfreizeiten ... der ganzen Arbeit unserer Brüderkreise fruchtbar dienen«. Durch gelegentliche Mitarbeit wollten Dr. Becker und Walter Brockhaus sowie Christian Schatz, Hermann König (Tübingen) und Frhr. von Wedekind helfen. Schon für das Jahr 1938 wurden sieben Kurse angeboten.[470]

Die 17 Reisebrüder der ehemaligen KcG wurden vom BfC übernommen und standen jetzt allen Gemeinden zur Verfügung, ebenso natürlich auch die Reisebrüder der »Elberfelder« den neu hinzugekommenen Versammlungen.[465] Der gemeinsame Dienst wurde als fruchtbringend empfunden[471], wie es sich dann auch auf der ersten gemeinsamen großen Konferenz in Wuppertal-Elberfeld (26.-29. Mai 1938) zeigte, als die Einführungsreferate von Brüdern beider Seiten gehalten wurden (s.S. 151f.).

Nach einem Jahr schon meinte man, den Zusammenschluss der beiden bisher getrennten »Brüder«kreise als gelungen betrachten zu können; Christian Schatz stellte befriedigt fest:

> »Das Jahr 1937 wird für uns in Deutschland immer ein Wendepunkt in der Geschichte der Brüderbewegung bleiben. ... Unbestreitbar kann heute schon von allen Beteiligten freudig festgestellt werden, dass der eingeschlagene Weg des gemeinsamen Gehens, vereinigt im BfC, sich nur segensreich ausgewirkt hat.«[472]

Ob aber gegenüber den »Früchten der Einigung« die Kritik und die »Anklagen« der in- und ausländischen Gegner des BfC von nur – wie er meinte – »geringer Bedeutung« waren[472], muss bezweifelt werden. Die Einigung der »Brüder« hatte zugleich auch Trennungen bei ihnen zur Folge, worauf nun näher eingegangen werden muss.

5. Die Gegner des Bundes

Der überraschende Erdrutsch

In den Jubel am Ende des Jahres 1937 über die glückliche Lösung der Probleme, die sich aus dem Verbot ergeben hatten, und über die so wohlgelungene Vereinigung zwischen Elberfelder und Offenen Brüdern im BfC mischte die Bundesleitung selbst einen gedämpfteren Ton, als sie an diejenigen Glieder der ehemaligen »Christlichen Versammlung« erinnerte, mit denen man jahrzehntelang in enger Gemeinschaft gewesen war und die nun abseits standen, weil sie sich nicht dem BfC anzuschließen vermochten:

> »Mit stillem Weh denken wir an solche unserer Brüder, mit denen wir früher in der ›Versammlung‹ vereint waren, die aber den Weg zum BfC bisher noch nicht gefunden haben. Sie sind und bleiben unsere Brüder, und wir möchten wünschen, dass der Herr auch ihnen in Seiner Gnade den Blick weite und auch ihnen schenke ›Einsicht in die Zeiten‹! (1. Chron. 12,33).«[473]

Die Selbstzufriedenheit, die aus dem letzten Satz herauszuhören ist, mochte darauf zurückzuführen sein, dass sich zu diesem Zeitpunkt schon weitaus die meisten Mitglieder der »Versammlung« dem BfC angeschlossen hatten. Diese Entwicklung hielt im Lauf des Jahres 1938 noch an, so dass binnen eines Jahres nach der Gründung des BfC mindestens 90% der Glieder der ehemaligen »Christlichen Versammlung« in dem neuen Bund organisiert waren (s.S. 130).

Es waren nur wenige, die sich standhaft weigerten, dem BfC beizutreten, und mit Erstaunen und Entsetzen mussten diese wenigen feststellen, dass trotz der bisher in der »Christlichen Versammlung« gültigen Überzeugungen die große Menge erdrutschartig dem »Bund« zufiel und den »neuen Weg« Dr. Beckers und seiner Freunde mitging, mochte es auch bei einzelnen noch längeres Schwanken gegeben haben. »Leider sind wir hier in Thüringen und Sachsen fast wie eine Hütte im Gurkenfelde übriggeblieben«, schrieb Bruno Vogel, als er von »einer kleinen Versammlung von sieben Familien« im thüringischen Großenstein berichtete[474], wo man sich dem BfC nicht angeschlossen hatte. Zwar blieben an manchen Orten, besonders im Dillkreis, ganze Versammlungen dem »Bund« fern, aber im ganzen war das Erscheinungsbild doch für diejenigen erschreckend, für die der BfC einen Bruch mit all dem bedeutete, was die Grundüberzeugung in der »Christlichen Versammlung« bisher gewesen war: die Namen- und die Organisationslosigkeit und die Absonderung von allen religiösen »Systemen«.

> »Ein erschreckendes Bild rollt an unseren Augen vorüber. Man sieht 80-90%, vielleicht noch mehr, derer, die nach außen hin auf einer Linie standen, in einer Art ihren Besitz verkaufen, als ob sie ihn nie besessen hätten.«[475]

Bekümmert mussten die Gegner des BfC feststellen, dass das alles nicht wirklich im Bewusstsein der vielen verankert gewesen sein konnte. Es machte in ihren Augen

> »den erschreckenden Mangel an geistlichem Urteilsvermögen offenbar. Es zeigt sich eben jetzt die längst bekannte Tatsache, dass die große Masse unserer Geschwister den Charakter der Versammlung Gottes überhaupt nicht kennt.«[476]

Man musste sehen, dass viele einfach nur froh waren, sich wieder versammeln zu dürfen, und deshalb einen Weg gingen, den sie völlig freiwillig nicht beschritten hätten. Paul Timmerbeil aus Schwelm, ein Gegner des neuen Weges, meinte sogar, dass viele durchaus nicht mit den Grundsätzen Dr. Beckers übereinstimmten und sich nur »durch Unaufrichtigkeit die Mitgliedschaft (im BfC) erschlichen« hätten.[477]

Einen Hauptgrund für die erdrutschartige Bewegung sah man in dem Verhalten vieler führender Brüder, und sicherlich war ihr Beispiel für viele maßgebend und machte erst den Masseneintritt in den BfC möglich. Um diese Entwicklung aufzuhalten, forderten deshalb BfC-Gegner Ernst und Wilhelm Brockhaus auf, aus dem neuen Bund wieder auszutreten:

> »Außerordentlich bedauerlich ist, dass Sie und Ihr Vetter Ernst die Mitteilungen von Dr. Becker am 30.5. in Elberfeld auch unterschrieben haben. Hierdurch sind Tausende von Geschwistern irre geworden und haben den klaren Blick verloren. ... Wenn Sie und Ihr Vetter Ernst das große Vertrauen, welches Ihnen und ihm ... bisher geschenkt worden ist, weiterhin behalten wollen, müssen Sie und Ihr Vetter Ernst einen dicken Trennungsstrich ziehen zwischen den politischen Forderungen, zu deren Erfüllung Br. Becker als Reichsbeauftragter berufen worden ist, und seinen religiösen Gedanken ... – Das kann jedoch dazu führen, dass Sie und Ihr Vetter Ernst aus dem BfC austreten müssen, falls Br. Becker den oben erwähnten Trennungsstrich nicht dulden will.«[478]

Immer wieder wurde auch auf die Reisebrüder hingewiesen, die bisher im besonderen Maß die Hüter der »Brüder«lehre gewesen waren und deren Einfluss und Beispiel nun erheblich dazu beitrug, dass sich viele dem Bund anschlossen. In Thüringen waren es August Schumacher, ein Onkel Dr. Beckers, – der allerdings wenig später seine Meinung grundlegend änderte[479] – und Wilhelm Birkenstock, die die Versammlungen in der neuen Richtung beeinflussten.[480] Nur eine Minderheit der Reisebrüder blieb auf Dauer dem BfC fern. W.J. Ouweneel nennt die Namen Otto Kunze (Darmstadt), Otto Schröder (Berlin), Johannes Menninga (Hagen), Wilhelm Arnold (Wiehl), Otto Bubenzer (Rebbelroth), Richard Berninghaus (Rüggeberg) – sicherlich Verwechslung mit Ewald Berninghaus; Richard B. (Schwelm) war BfC-Reisebruder –, Fr. Müller (Münster), Paul Schwefel (Berlin), Albert Winterhoff (Gevelsberg), Wilhelm Hild (Oberscheld), Peter Müller (Leer) und A. Bakker (Emden)[481], eine Liste, die gewiss nicht vollständig ist, wie schon das Beispiel August Schumachers zeigt. Ob sich allerdings die Mehrheit der »70« deshalb dem Bund anschloss, weil die Reisebrüder einen solchen Schritt der Alternative vorzogen, »wieder mit ihren Händen arbeiten zu müssen«[482], entzieht sich wohl menschlicher Beurteilung; so pauschal kann man es sicher nicht sagen, wurde doch der »neue Weg« auch von Reisebrüdern mit Überzeugung gegangen.

Für die BfC-Gegner aber musste ein solches Verhalten »Versagen« bedeuten, und so urteilte auch Franz Kaupp aus Freudenstadt (II,110ff.):

> »Nach jahrzehntelangem gewohnheitsmäßigen treuen Dienst versagt eine große Zahl der alten dienenden Brüder.«[483]

Im ganzen lässt sich mit Sicherheit sagen, dass sich – abgesehen von denjenigen, die »die Wende um 180 Grad« mit Überzeugung mitmachten – die große Menge der zunächst Unentschlossenen auf das Beispiel der führenden Brüder hin dem BfC anschlossen, wobei in den meisten Fällen das starke Verlangen eine Rolle spielte, sich wieder in der gewohnten Weise zu versammeln, dazu auch der Wunsch, nicht länger einer verbotenen Sekte anzugehören.

Was aber bewog eine Minderheit, dem BfC fernzubleiben und damit auf die lieb und zum wesentlichen Lebensinhalt gewordenen »Versammlungen im Namen Jesu« zu verzichten oder mit Zusammenkünften privaten Charakters gleichsam in den Untergrund zu gehen und sich stets der Verhaftung durch die fast allgegenwärtige Gestapo auszusetzen?

Die staatsbejahenden BfC-Gegner

Zunächst muss gesagt werden, dass Gegnerschaft gegen den NS-Staat nur in den seltensten Fällen zum Widerspruch gegen den BfC führte. Dass der Staat Adolf Hitlers zu bejahen, die Person des »Führers« ein Anlass des Dankes gegen Gott war, stand für die meisten »Brüder« innerhalb wie außerhalb des BfC fest, wie es eben der damaligen Denkweise pietistischer Kreise entsprach. Was immer die Gründe der Regierung für das Verbot gewesen sein mochten, eine staatsverneinende Haltung der »Christlichen Versammlung« konnte auch für die BfC-Gegner nicht die Ursache sein, ja, mit einer solchen Begründung wäre sie, so meinte Franz Kaupp, »zu Unrecht verboten worden«[484]. Und Kaupp, eine der angesehensten Lehrautoritäten der ehemaligen »Christlichen Versammlung«, argumentierte:

> »Wer unter uns, die nicht im BfC sind, verneint den nationalsozialistischen Staat Adolf Hitlers? Wer ist nicht von Herzen dankbar, dass Gott uns diesen Mann als Retter aus Not und Schmach gegeben hat? ... Wer dient nicht diesem Staat als einem von Gott verordneten in allem, wozu das Wort ermahnt?«[485]

Auch Johannes Menninga betrachtete den Vorwurf mangelnder Staatsbejahung als »Schmähung«, waren doch viele von den »Brüdern« im Ersten Weltkrieg Soldat gewesen »und manche von ihnen gute Soldaten, die von ihren Vorgesetzten sehr geschätzt wurden«. Die Opfer an Kriegsbeschädigten und Gefallenen aus den Kreisen der »Brüder« waren für ihn ein weiteres Indiz für deren Staatstreue.[486]

Den gezielt antigöttlichen Charakter des NS-Staates durchschauten auch die meisten BfC-Gegner nicht[487], und das Wesen des Kirchenkampfes, den die Bekennende Kirche führte, erkannten diejenigen am wenigsten, die sich schon bisher von allen »religiösen Systemen« ferngehalten hatten und das Verhalten der Bekennenden Kirche z.T. als Ungehorsam gegenüber einer von Gott eingesetzten Regierung betrachteten (s.S. 72f.).

Nur vereinzelte Stimmen kritisierten die undifferenzierte Staatbejahung beim BfC, wenn z.B. Gerhard Löwen aus Wuppertal Dr. Beckers »grundsätzliche Feststellung, dass die Regierung nicht christentumsfeindlich« sei, in Zweifel zog und auf die »massenweisen Redeverbote und Inhaftierungen« gegenüber der Bekennenden Kirche hinwies.[488] Es war auch eine Ausnahme, wenn im Blick auf den Kirchenkampf geäußert wurde:

> »In diesen Dingen haben wir seit fünf Jahren geschlafen und kein Auge und Ohr gehabt für den Kampf, den unsere Brüder in der protestantischen Gemeinschaft und in anderen Gemeinschaften geführt haben und immer noch führen für die Belange des Herrn Jesus Christus hinsichtlich seiner Kirche. Wir sind mit der Gründung des BfC den Brüdern in anderen Gemeinschaftskreisen in ihrem Kampfe um die Freiheit der Kirche, d.h. des Volkes Gottes auf dieser Erde, glatt in den Rücken gefallen ...«[489]

Dr. Hans Neuffer, der ehemalige China-Missionar (II,49f.), kritisierte die Vermischung von politischen und religiösen Forderungen und schloss sich aus diesem Grund nicht dem BfC an[490], wandte sich aber auch damit überhaupt von der Brüderbewegung ab.

Die letztgenannten Beispiele waren Ausnahmen, denn auch die Tatsache, dass sich der BfC mit seiner uneingeschränkten Bejahung des NS-Staates hinter die judenfeindlichen Rassegesetze der antisemitischen Regierung stellte, war in den meisten Fällen kein Anlass zur Kritik am BfC. Im Gegenteil, als im Januar 1938 BfC-Gegner unter Hinweis auf die Unzufriedenheit mit Dr. Becker bei der Gestapo ein »Gesuch um Zulassung örtlicher Zusammenkünfte« außerhalb des BfC stellten, wiesen auch sie ausdrücklich auf ihre

Anerkennung eines Staates hin, »der für die Reinerhaltung des Volkskörpers von staatsfeindlichen und volkszersetzenden Elementen besorgt« sei.[491]

Musste erst ein Außenseiter wie Ernst Busch aus Bad Godesberg, der 1936 die »Christliche Versammlung« verlassen und damals als ehemaliger Stündchenfreund mit antidarbystischen Thesen wesentlich zum Ausbruch des Stündchenstreites (II,107ff.) beigetragen hatte, die »Brüder« darauf aufmerksam machen, dass die rassische Begrenzung des Bundes »im offenen Widerspruch zu den klaren Aussagen des NT« stand?[492] Kritik in dieser Richtung war höchstens noch bei Wilhelm Stücher aus Eiserfeld bei Siegen zu finden[493], der wirklich als eine Ausnahme anzusehen ist[494] und damals schon den zutiefst antigöttlichen Charakter des nationalsozialistischen Regimes erkannte und den staatsbejahenden BfC eine »Kapitulation vor dem auf eine durchaus antichristliche Weltanschauung gegründeten Staat« bezeichnete.[495] Auch Willi Windgasse, der für seine Kritik am NS-Staat im Konzentrationslager Dachau leiden mußte[496], blieb im Protest gegen uneingeschränkte Staatsbejahung eine singuläre Erscheinung.

Eher verständlich ist es, dass sich der China-Missionar Wilhelm Koll (II,49ff.), mit einer Engländerin verheiratet, auf seinem Heimaturlaub 1938 dem BfC nicht anschloss, weil das Ehepaar mit Hitlers Politik nicht übereinstimmte.[497] Von außen her sah sich der Hitler-Staat doch anders an, obwohl auch dies bei den »Brüdern« im Ausland nicht selbstverständlich war, wie noch zu zeigen sein wird.

Ja zur Organisation – aber nicht unter Dr. Becker

Doch die genannten Beispiele zählten letztlich nicht im Chor der Bundes-Gegner, denen der nationalsozialistische Staat im Ganzen akzeptabel erschien. Und so war es kein Wunder, dass für die meisten Nicht-Bündler Name und Organisation dieses von der Regierung angeordneten Bundes kein Anlass zum Protest war. Abgesehen von denjenigen, die in einem »naiven Konservativismus – ohne geistliche Unterscheidung – einfach gegen jede Veränderung« waren[498], wollten sich viele durchaus nicht dem Anspruch des Staates entziehen, sondern sich gemäß Römer 13 gehorsam verhalten, d.h. also Name und Durchsichtigkeit einer Organisation akzeptieren. Dabei wäre ihr Gewissen in jedem Fall beruhigt gewesen, da man auch die Anordnungen der Obrigkeit aus Gottes Hand zu nehmen bereit war.

Dass viele dennoch den Bund nicht zu bejahen vermochten, war in der Gegnerschaft zur Führerstellung Dr. Beckers begründet. Von Franz Kaupp wurde darauf hingewiesen, dass mit Becker der bisherige »Führer einer Art Oppositionsgruppe«[499] an die Spitze des Bundes gestellt worden sei; Becker habe sich vor der Gestapo unumwunden »zu seinem seit Jahren eingenommenen Standpunkt« bekannt,

> »das zu verneinen, was seit Beginn des Zeugnisses der ›Brüder‹ diese kennzeichnete: Die Anerkennung der Kinder Gottes durch Herausgehen aus den trennenden Schranken.«[500]

Aus diesem Grund war es einfach für eine Reihe von »Brüdern« unerträglich, sich der Führung dieses Mannes zu unterstellen, der zudem das nationalsozialistische Führerprinzip auf den BfC zu übertragen schien.

Sein Onkel August Schumacher warf ihm vor, dass er die ihm vom Staat übertragene Führungsaufgabe dazu missbrauche, das, was er als »Pflicht gegen Gott« verstehe, mit Härte durchzusetzen. Dabei wolle er die von ihm propagierte »Duldsamkeit« in erster Linie auf sich selbst angewandt wissen.[501] Franz Kaupp nannte es »Anmaßung«, dass Becker über die Ausübung der durchaus biblischen Forderung nach »Duldsamkeit« wachen wollte und hielt entgegen:

> »Aber warum übt man nicht selbst Duldsamkeit dadurch, dass man sucht, andere zu ertragen, wenn sie nun einmal in dem und jenem in ihrer Meinung starr sind, anstatt sie zu seiner Meinung bekehren zu wollen.«[502]

Dr. Becker aber war hinsichtlich des »neuen Weges« nicht bereit, mit sich reden zu lassen, schloss auch von vornherein diejenigen vom BfC aus, die diesen Weg zu gehen nicht bereit waren.

Johannes Menninga beklagte die Härte, mit der Becker gegenüber den Alten und den bisherigen Überzeugungen verfahre[503], und sicherlich war es nicht von ungefähr, wenn Gerhard Löwen ihn daran erinnerte,

> »dass nicht nur die ›Alten‹ mit ihrer Unduldsamkeit, sondern auch die ›Jungen‹ mit ihrer immer schärfer gewordenen Sprache gegen die Alten gefehlt haben.«[504]

Aber gerade Gerhard Löwen musste erfahren, dass der Reichsbeauftragte nicht gewillt war, über die von ihm für richtig gehaltenen Prinzipien zu diskutieren. Löwen hatte im Blick auf die Staats- und Lebensbejahung und das Führerprinzip an Dr. Becker wesentliche Fragen gerichtet und dabei zwangsläufig wunde Punkte berührt[504], doch die Antwort Beckers war enttäuschend und in gewissem Sinne auch typisch:

> »Lieber Bruder Löwen,
> ich danke Ihnen für Ihren Brief vom 8. ds. Mts. Wenn ich mehr Zeit hätte, würde ich mir die Mühe machen, ihn zu beantworten, doch bin ich so beschäftigt, dass ich nicht dazu komme. Ich sehe auch nicht, dass er etwas zur Lösung der Probleme beiträgt.
> Mit herzlichem Gruß Ihr Hans Becker.«[505]

Gewiss, Hans Becker hatte viel zu tun und war neben seinen beruflichen Pflichten mit den Aufgaben des Reichsbeauftragten, als der er sich zugleich die Rolle eines geistlich-theologischen Führers zuordnete, hoffnungslos überlastet.[506] Dennoch zeigt sein Verhalten auch, dass er von der Richtigkeit seiner Auffassungen felsenfest überzeugt war und dass »Widerstand« für ihn nur um so mehr Anlass war, »in der Frage hart bleiben« zu müssen, was er für »eine Pflicht gegen Gott« hielt.[507] Gegengründe waren für ihn oft nur »gefühlsmäßige Einwendungen«[508], die der sachliche Jurist weder akzeptieren noch diskutieren wollte.

Dabei hatte sein Onkel August Schumacher, um dessen Beteiligung am BfC sich Becker sehr bemühte, die uneingeschränkte Möglichkeit aufgewiesen, »alle Geschwister restlos hinter« sich zu haben, wenn er als Reichsbeauftragter von seinen persönlichen religiösen Forderungen Abstand genommen und nur die Vermeidung aller Überspitzungen des Darbysmus versprochen hätte.[508] Bei der Unnachgiebigkeit Dr. Beckers blieb jedoch dem anfangs noch zur Mitarbeit willigen Onkel nichts anderes übrig, als sich zu weigern, weiterhin Beckers Weg zu folgen, weil er »die geistliche Führung und jede Bevormundung« durch den Neffen ablehnte und »jede Bemühung«, ihm »in brüderlicher Weise zu dienen«, für »zwecklos« erklärte.[508]

Es ist nicht von der Hand zu weisen, dass der Führungsstil Beckers einen starken Einfluss auf die Entscheidung über einen Bundeseintritt mancher bisher führender »Brüder« hatte. Auch der Antrag an die Gestapo vom 27. Januar 1938, eine Organisation ohne den »Führer« Dr. Becker zu genehmigen (s.S. 173f.), unterstreicht diesen Befund. Als sich Becker später, besonders unter dem Einfluss ausländischer »Brüder«, moderater verhielt, wurde dies nur noch als »Taktik« gewertet, die er »nach vorliegenden Erfordernissen« ändere.[509]

Es war der Fehler Dr. Beckers, dass er, an dessen Führungsrolle der BfC nach dem Willen der Regierung nicht vorbeikam, dieses Führungsmonopol nicht brüderlicher gebrauchte, um die Trennung von einer Reihe maßgeblicher und wertvoller »Brüder« möglichst zu vermeiden.

Ja zur Organisation – aber nicht auf dem »neuen Weg«

Mehr noch als die Person waren es Beckers sogenannte »religiöse Forderungen« – »geistlich« wollten sie viele nicht nennen –, die ein Ärgernis und ein Hindernis für einen Bundeseintritt waren, obwohl die Notwendigkeit einer Organisation eingesehen wurde:

> »Dass dem Verlangen der Regierung, dass eine durchsichtige Organisation mit einem Namen zu schaffen sei, in der dazu bestellte Männer, Reichs-, Bezirks-, Ortsbeauftragte, die Verantwortlichkeit für die Staatstreue der mit Namen verzeichneten Mitglieder trügen, Rechnung getragen werden müsse, hat niemand je bestritten. ...
> Musste aber ... Dr. Becker sich ... zum Reformator der Christlichen Versammlung aufwerfen, nachdem ihm dadurch, dass er der Geschobene war, der Weg dazu frei war, eine Gemeinde nach seinem Ideal zu konstruieren? Hat das Haupt der Ekklesia, der erhöhte Herr, ihm das aufgetragen?«[510]

Die Gegenüberstellung einer Bejahung der staatlichen und einer Ablehnung der Beckerschen Forderungen ist bei den namhaften BfC-Gegnern durchgehend zu finden:

> »Je länger desto mehr erkennen die Geschwister, dass die Forderung der Regierung gerecht ist«[501],

schrieb August Schumacher, und auch Paul Timmerbeil hatte betont, dass sich »viele Geschwister, welche ›staatsbejahend‹ sind«, sich nicht mit Dr. Beckers Programm vom 30.5.1937 vollinhaltlich einverstanden erklären könnten, »ausgenommen ›staatsbejahend‹«.[511] Selbst Johannes Menninga, an sich jeder Organisation ablehnend gegenüberstehend, meinte zum Bund als »äußerer Form«, dass er sich »vielleicht dem angepasst« hätte, »wenn auch mit schwerem Herzen«.[503]

Ausschlaggebend für die Ablehnung des BfC war der »neue Weg«, den Becker und seine Freunde neben den politischen Forderungen dem neuen Bund verordnet hatten. Worin aber bestanden nun die Bedenken im Einzelnen?

Der Widerstand konzentrierte sich um zwei Begriffe, die durch Beckers Interpretation eine für die BfC-Gegner gefährlich erscheinende Bedeutung erhalten hatten: um »Lebensbejahung« und um »Duldsamkeit«.

Nun war die »*Lebensbejahung*« auch eine staatliche Forderung gewesen, die wie die »Staatsbejahung« unabdingbar für die Mitgliedschaft im BfC sein sollte, und im Verständnis vieler »Brüder« musste »Lebensbejahung« auch gar kein Problem darstellen. Hatten die Glieder der »Christlichen Versammlung« nicht ausreichend bewiesen, dass sie im Wirtschaftsleben ihren Mann standen und sich durchaus in dieser Welt zurechtzufinden wussten, wie sie auch als Steuerzahler und Soldaten gute Staatsbürger gewesen waren? Nein, so lebensverneinend waren sie sich nun wirklich nicht vorgekommen, dass sie durch ihre Haltung die »völkische Geschlossenheit« gestört hätten.

Die Kritik entzündete sich eigentlich erst daran, wie Dr. Becker »Lebensbejahung« verstand, indem er die Glieder des BfC an die sogenannten »religiös neutralen Werte« wie Technik, Kunst, Literatur, Wissenschaft und Sport heranführen wollte.[512]

Vordergründig fürchtete man nun den Einzug der »Welt« in die »Versammlung«. August Schumacher hielt die Auffassung seines Neffen im Blick auf die an und für sich schon »laxe Jugend« für »besorgniserregend«[513], andere hielten es für untragbar, dass Theater- und Kinobesuch jetzt mit der Verkündigung in den Versammlungen vereinbar sein sollten:

> »Demnach dürfen auch gläubige Redner, die in der Woche evtl. mehrere Male das Kino oder Theater besucht haben, sonntags in den Gemeinden biblische Vorträge halten. Ist diese neue Richtung mit einer Kursänderung von 180° schriftgemäß?«[511]

Aufs Wesentlichere zielend, hatte Wilhelm Stücher erkannt, dass Becker nur noch das »sittlich Böse« verurteilte, alle anderen Dinge der Welt aber als religiös neutral bejahte, und warf ihm daher »Weltförmigkeit« vor, wie er Beckers Botschaft »weltselig« nannte.[514]

Johannes Menninga wies darauf hin, dass es für viele Christen gewissensmäßige Pflicht sei, sich von den Dingen der Welt, die Becker als »religiös neutrale Werte« bezeichnete, fernzuhalten. War also für sie um der »völkischen Geschlossenheit« willen kein Platz mehr in der Versammlung der BfC-Mitglieder?

»Somit wird Weltförmigkeit in der neuen Gemeinschaft nicht nur geduldet, sondern sogar sanktioniert. Ein Bruder, der vielleicht viele Jahre dem Herrn treu nachgefolgt ist ..., findet darin, weil er in dem oben angeführten Sinne lebensverneinend ist, keinen Platz, während jemand, der sonst wenig Treue gegen Christum gezeigt hat, Orts- oder gar Reichsbeauftragter werden kann, wenn er lebens- und staatsbejahend im obigen Sinne ist.«[515]

Auch Franz Kaupp versuchte die Paradoxie der »Lebensbejahungs«- Bedingung aufzuzeigen, wenn er fragte:

»Wie kann man ... die Brüder, bei denen wirklich das Anschauen der Herrlichkeit des Herrn eine Verwandlung in sein Bild bewirkt, als unpassend für den Bund erklären, weil die Verwandlung sie zu sehr von dem Diesseitigen in Kultur, Literatur, Musik, Theater, Kino usw. erlöst?«[516]

Und Gerhard Löwen wies schließlich darauf hin, dass im »lebensbejahenden« BfC doch wohl niemand aufgenommen werden könne, der mit Paulus »um Christi willen ... alles für Verlust« achte.[504]

Gewiss war in dieser Argumentation einiges überzogen, denn sicherlich wurde niemand aus dem BfC ausgeschlossen, der sich nicht mit Musik oder Literatur beschäftigte oder nicht das Theater besuchte. Immer noch war es jedem persönlich überlassen, ob er »Lebensbejahung« als die Annahme des von Gott geschenkten Lebens begriff und inwieweit bei ihm »Lebensbejahung« in »Weltbejahung« ausartete.

Andererseits hätte Becker durch eine weniger drastische Ausmalung dessen, was er persönlich unter »Lebensbejahung« verstand, viel Aufregung vermeiden können. Seine Darstellung war ein Affront gegenüber dem bisherigen Verständnis vom Lebensstil eines wahren Christen (II,90ff.), und zwar nicht nur in der »Christlichen Versammlung«, sondern in freikirchlich-pietistischen Kreisen überhaupt.[517] Es war ausgesprochen unweise, ausgerechnet auf diesem Gebiet die ältere Generation zum »Umlernen«[518] aufzufordern.

Noch mehr im Kreuzfeuer der Kritik stand Beckers Forderung nach »*Duldsamkeit*«, einem Begriff, den er zusätzlich zu den politischen Forderungen des Staates eingeführt hatte (s.S. 118). Hier war sicherlich der Vorwurf berechtigt, dass der Reichsbeauftragte der Versuchung nicht widerstanden hatte, seine persönlichen Auffassungen ohne zwingenden Grund mit der Bildung der neuen Organisation verbunden zu haben. Für viele lag das Hindernis für einen Beitritt zum BfC darin, dass Dr. Becker »die politischen

Forderungen« mit seinen eigenen »religiösen Gedanken vermischt« hatte, während die Regierung – auch nach den Aussagen Beckers – »nicht im geringsten an das christliche Bekenntnis rührte«.[511]

Nun ist »Duldsamkeit« eine biblische Tugend, zu der sich auch die »Brüder« bekannten[501]; der Stein des Anstoßes bestand jedoch wiederum in dem Verständnis, das Becker dem Begriff zugrunde legte, und zwar in zweierlei Hinsicht:

1. Duldsamkeit nicht nur gegenüber dem Lebensstil eines Mitchristen, sondern auch gegenüber verschiedenen biblisch begründeten Lehren;
2. Duldsamkeit gegenüber allen Christen, was Offenheit gegenüber den anderen Denominationen bedeutete.

Im ersteren Fall fürchteten verschiedene »Brüder«, dass von nun an den Irrlehren »Tür und Tor geöffnet« sei[515], dass diese Irrlehren in »Vorträgen und Bibelbetrachtungen« vorgebracht werden dürften, wenn nur der Redner seine Auffassung für schriftgemäß halte[511]:

> »Der Begriff ›Duldsamkeit‹ gegenüber Auffassungen, die ›nach der Schrift möglich sind‹, ist äußerst dehnbar. Wir haben schon reichlich Proben hiervon gehabt, z.B. in Behauptungen, dass Kinder Gottes verloren gehen könnten, dass sie das ewige Leben verlieren könnten ... Ebenso kann man ›Böses in Wandel und Gesinnung‹ eine sehr weite Ausdehnung geben. Die Frage bleibt für mich offen, ob wohl noch Licht und Kraft genug besteht, das Böse zu erkennen und es hinauszutun, wenn man von vornherein den Boden des Wortes Gottes verlassen hat.«[515]

Der letzte Satz macht deutlich, warum man hinsichtlich der Möglichkeit von Irrlehren so schwarz sah: Hatte man mit dem »neuen Weg« »den Boden des Wortes Gottes verlassen«, so konnte ein geistliches Unterscheidungsvermögen in Lehre und Wandel gar nicht mehr vorhanden sein, auch wenn Dr. Becker beides dem gesunden Urteil der Gemeinde und besonders dem ihrer Ältesten unterstellen wollte.

Die Zukunft zeigte dann allerdings, dass Irrlehren keinen Eingang in die Gemeinden der »Brüder« fanden; andererseits fiel es einigen zunächst schwer zu akzeptieren, dass in untergeordneten Fragen verschiedene Lehrauffassungen nebeneinander bestehen konnten.

Als folgenreicher erwiesen sich die Bedenken im Blick auf die »Duldsamkeit« gegenüber den anderen freikirchlichen Christen. Dr. Becker hatte die Frage aufgeworfen, »ob es überhaupt noch schriftgemäße Gründe« gebe, die Trennung von den anderen Gemeinschaften von Gläubigen aufrechtzuerhalten.

»Darum betrachten wir die jetzt im Aufbau begriffene Organisation auch nur als vorläufig und unsere Ämter als für den Übergang gegeben. Wir hoffen, dass in Deutschland bald die Einheitsorganisation entstehen wird, die alle Gläubigen außerhalb der Landeskirchen umfasst, in die auch unsere neue Organisation aufgehen kann.«[519]

Hier aber war ein Weg angekündigt, den verschiedene »Brüder« nun wirklich nicht mehr mitgehen konnten. Mochte in Fragen des Lebensstils und unterschiedlicher Lehrauffassungen schon vorher eine gewisse Toleranz vorhanden gewesen sein, das Gebot der Absonderung war immer das Schiboleth der »Christlichen Versammlung« gewesen. Die Lehre von der Anerkennung der »Einheit des Leibes Christi durch Trennung oder Absonderung von allen religiösen Systemen« in ihr Gegenteil zu verkehren, war ein derartig tiefgehender Eingriff in Denken und Gewohnheit der »Brüder«, dass sich der Erdrutsch zugunsten des BfC nur so erklären lässt, dass viele schon vorher mit der Absonderungslehre nicht mehr einverstanden gewesen waren, andere gar nicht recht begriffen hatten, worum es bei dieser Lehre ging.

Für diejenigen aber, die fest überzeugt waren, dass der Boden der Absonderung der schriftgemäße Platz des Christen sei, der die Einheit der Kirche Christi anzuerkennen bestrebt war, musste das Verlassen dieses Bodens der schlimmste Verstoß gegen die fundamentale Lehre der »Brüder« und – noch schwerwiegender – Ungehorsam gegenüber dem Wort Gottes sein. Ja, es musste jetzt so scheinen, »als ob der vor 100 Jahren betretene Weg nicht der schriftgemäße gewesen wäre«.[520]

Und als dann durch den Zusammenschluss mit den Offenen Brüdern vollendete Tatsachen geschaffen waren, als mit den Baptisten über einen noch größeren Bund verhandelt wurde, war über den BfC das endgültige Urteil gesprochen. Einige, die zunächst den »neuen Weg« mitgegangen waren, trennten sich jetzt vom BfC, als sie einzusehen lernen sollten, dass die bisherige Absonderung von den anderen Denominationen falsch gewesen sei; im Blick auf dieses Ansinnen wurde an Hugo Hartnack geschrieben:

> »Das kann ich nicht anerkennen. Ich will gar nicht davon reden, was schon mein Großvater und viele andere treue Männer einst durchlebt haben, als sie sich von allen Systemen lösten, ihren Platz nach dem Worte erkannten und ihn mit den Brüdern vor dem Herrn einnahmen. Auch mir ist es in all den Jahren immer eine besondere Freude gewesen, auf Grund des Wortes Gottes überzeugt zu sein, dass der Platz richtig war.«[521]

Der Brief macht deutlich, dass manche BfC-Mitglieder den Bund in Übereinstimmung mit der Absonderungslehre gesehen hatten:

> »Bei Gründung des BfC hat man mir von verschiedenen Seiten gesagt, es bliebe alles in Bezug auf die Lehre beim alten und der BfC sei nur eine äußere Organisation. Daraufhin habe ich selbst manchen, die nicht mit uns gehen wollten, zu dienen gesucht. Heute kann ich das leider nicht mehr, weil ich das mir Zugesagte nicht bestätigt finde.«[521]

Von diesem Standpunkt aus handelte es sich also bei dem »neuen Weg« nicht mehr um »den erkannten Weg, wie er nach der Wahrheit« sein sollte[522] sondern um einen »menschlich gewiesenen Weg«[508], wie denn auch Franz Kaupp bezweifelte, dass der Boden, auf dem der BfC fußte, und das Ziel, das er mit der Vereinigung der Gemeindechristen anstrebte, durch die Bibel gerechtfertigt seien:

> »Ist die gegenseitige Anerkennung als Gruppe nicht eine Leugnung der Tatsache, dass die Einheit gemacht *ist* und *besteht*? ... Und da soll ich mitmachen, nachdem ich das Verkehrte einer solchen Sache vor 51 Jahren erkannt und dem den Rücken gekehrt habe?«[523]

Es ist die Tragik der deutschen Brüderbewegung, dass sie genau an dem Punkt, an dem beide Seiten um die rechte Verwirklichung bzw. Anerkennung der Einheit der Kinder Gottes rangen, ihre eigene Einheit verlor.

Grundsätzlich gegen jeden Neuanfang

War also vielen BfC-Gegnern weniger die Organisation an sich als vielmehr Dr. Beckers »neuer Weg« ein Ärgernis, so gab es jedoch auch ernstzunehmende Stimmen, die die Gründung eines Bundes überhaupt ablehnten, weil sie darin eine »Satanische List«[524] sahen. Es wäre verfehlt, darin nur eine vordergründige Scheu vor jeder Organisation zu sehen. Immerhin sahen einige wenige schon in dem staatlichen Zwang zur Organisation eine unerlaubte Einmischung der Regierung in Glaubensangelegenheiten, indem sie der Obrigkeit überhaupt das Recht absprachen, »der Kirche Jesu Christi eine Verfassung zu geben und ein Kontrollrecht über sie auszuüben«.[525]

Darüberhinaus war die Ablehnung aber noch prinzipieller begründet und hing mit der Frage zusammen, wie das Verbot als ein Geschehen von Seiten Gottes aufzufassen sei. Dass sich »kein Unglück in der Stadt« ohne die Zulassung Gottes ereignen könne, war für alle »Brüder« gleichermaßen selbstverständlich, weshalb man auch allseits bereit war, das Verbot der »Christlichen Versammlung« als strafendes Handeln Gottes zu verstehen. Unterschiedlich war nur die Begründung für diese Strafe, und da schieden sich die Geister. Interpretierten Dr. Becker und seine Freunde das Verbot als das Gericht Gottes über die bisherige Unduldsamkeit der »Christlichen Versammlung« – besonders in der »Absonderung« von allen übrigen Gemeindechristen, gewissermaßen also als Strafe für den Darbysmus –, weshalb sie den BfC nunmehr unter das Gebot der »Duldsamkeit« stellten[526], so meinten die meisten BfC-Gegner hier eher eine Strafe dafür zu erkennen, dass man den Weg der Absonderung, ob nun von der Welt allgemein oder auch von den religiösen Systemen, nicht konsequent genug gegangen sei.

Es muss allerdings gesagt werden, dass nicht alle BfC-Gegner diese These vertraten, sondern das Verbot zuweilen auch als eine äußerlich zu regelnde Angelegenheit betrachteten:

> »Das Verbot der ›Christlichen Versammlung‹ ist nicht deswegen von der Regierung erlassen worden, weil die Mitglieder derselben ... unchristlicher waren als die Mitglieder der anderen freikirchlichen Gemeinden. Das Verbot erfolgte in der Hauptsache (wohl 99%) aus dem Grunde, weil wir es versäumt hatten, uns rechtzeitig einem Bunde freikirchlicher Christen anzuschließen.«[511]

Bei diesen »Nicht-Bündlern« lag der Ansatz zur Kritik, wie schon in den vorigen Kapiteln gezeigt, nur darin, wie die organisatorische Angelegenheit mit der Person Dr. Beckers und seinem »neuen Weg« gelöst wurde.

Anders mussten aber diejenigen zur Bundesgründung Stellung beziehen, die im bisherigen ungeistlichen Verhalten der »Brüder« in Praxis und Lehre den Grund für das göttliche Gericht des Verbots sahen. Deutlich brachte dies Johannes Menninga zum Ausdruck, wenn er zwar mit Dr. Becker übereinstimmte,

> »dass Gott uns durch das Verbot treffen wollte«; aber er konnte nicht die Meinung teilen, »dass Gott so ernst mit uns redet, weil wir zu eng, zu abgesondert gestanden, sondern ich glaube deshalb, weil wir nach dem Maße des Lichtes, das wir besaßen, nicht treu genug waren, dass wir zu lau, träge, gleichgültig und vor allem zu weltförmig geworden waren.«[527]

Auch Gerhard Löwen fragte:

> »Hat nicht all dies seinen tieferen Grund in dem Mangel an Leben, der allgemeinen Lauheit, dem erschreckenden geistlichen Tiefstand, der weithin zu Tage trat und von vielen, aber doch viel zu wenigen erkannt wurde?«[528]

Betrachtete man also einerseits ganz allgemein den »geistlichen Tiefstand« als den Grund für das Gericht Gottes an den »Brüdern«, so betonte man andererseits gerade auch den Mangel an Verständnis für das besondere Zeugnis von der Einheit der Versammlung – wie ihn der »Erdrutsch« zugunsten des BfC nun offen dargelegt hatte –, so dass dieses Zeugnis »der Herr nicht länger darstellen lassen konnte von solchen, die dessen Wert nicht kannten«[522]. Es war klar, dass auf dieses Gericht Gottes der BfC keine Antwort sein konnte.

Vorsichtiger war Franz Kaupp in seiner Beurteilung des Verbots, wenn er darin eine Erprobung der »Unterwürfigkeit durch Entziehung des Guten« – ähnlich wie bei Hiob – sehen wollte. Deshalb war für ihn der Ausweg des BfC kein Zeichen von Gehorsam, der allein den Segen Gottes erwarten konnte.[529]

Überhaupt war die Geschwindigkeit, mit der ein Ausweg aus der notvollen Situation gesucht worden war, vielen BfC-Gegnern unheimlich, und tatsächlich ist es nicht von der Hand zu weisen, dass in den hektischen Maitagen 1937 Ruhe und Besonnenheit und nicht zuletzt Buße über die Uneinigkeit in der vergangenen Zeit fehlten. Insofern war der Ruf nach einer Haltung des Abwartens durchaus verständlich:

> »Um mich zu beugen, halte ich mich auch fern von den Bemühungen der Brüder, die jetzt darauf bedacht sind, nur möglichst schnell, um jeden Preis, unter Preisgabe der Wahrheit aus dem Druck herauszukommen und sich der Zucht des Herrn zu entziehen.«[476]

Und Gerhard Löwen fragte wiederum:

> »Wenn Gott geredet hat, erschütternd ernst und eindringlich, war es dann unsere Sache, zu eilen und alle möglichen menschlichen Mittel anzuwenden, um das Gericht Gottes unwirksam zu machen?«[528]

Nicht abwegig war auch der Hinweis, dass man mit der Gestapo bei Menschen Hilfe gesucht habe, statt auf Gottes Eingreifen zu warten, »wenn Er die Zeit für gekommen hielte«:

> »Dann hätten wir Seine Rettung gesehen, hätten eine sehr wichtige Lektion gelernt und wären geläutert aus der Übung hervorgegangen.«[530]

Auch wurde beklagt, dass die Gründer des BfC nicht nur bei Menschen überhaupt, sondern gar bei den Mächtigen dieser Welt, der Gestapo, Hilfe gesucht hätten, und dass infolgedessen das neue Kleid auf den weltlichen Staat zugeschnitten sei.[531]

Letztlich war Franz Kaupps Einwand bedenkenswert, dass man sich bei der Gründung des BfC allzu sehr vom »Nützlichkeitsdenken« habe leiten lassen, um schließlich das »kleinere Übel« zu wählen. Und mit Recht fragte Kaupp, ob denn ein »kleineres Übel« kein Übel sei. Für ihn konnte die so oft angeführte Freude der Tausende von Geschwistern über die zurückgewonnene Möglichkeit des Versammelns dieses Übel nicht aufwiegen.[523]

Doch dies war nicht eine Zeit des Abwartens, des geduldigen, demütigen Harrens, es war die Stunde der Aktiven, der dynamisch Zupackenden, die, angesteckt von der nationalen Begeisterung jener Jahre, meinten, sich der Tat nicht entziehen zu dürfen. Und in dem Zusammenprall der Überzeugungen, wie das Gericht Gottes aufzufassen und »Duldsamkeit« zu praktizieren sei, gingen die zarten, aber bedenkenswerten Stimmen der Warnung vor übereiltem Handeln unter.

Die ausländischen Brüder und der BfC: Verständigung?

Von ausschlaggebender Bedeutung für die Haltung der meisten BfC-Gegner und noch mehr für die Folgen nach 1945 sollte aber die Stellungnahme der ausländischen »Brüder« zu den Ereignissen in Deutschland werden.[532]

Mit Sorge hatte man in ausländischen »Brüder«kreisen das Geschehen unter der NS-Diktatur, die Entwicklung vom Verbot der »Christlichen Versammlung« bis zur Gründung des BfC, beobachtet. Verständlicherweise dauerte es eine gewisse Zeit, bis man sich hier, sicherlich nicht unbeeinflusst durch Beschwerden deutscher BfC-Gegner, zusammenfand, um zu beraten, wie man sich zu den Ereignissen stellen sollte.

Am 27. und 28. August 1937 trafen sich »Brüder« aus mehreren europäischen Ländern in Zürich. Obwohl sie zu dieser Zeit noch nichts von den Kasseler Vereinbarungen zwischen den deutschen Elberfelder und Offenen Brüdern (20. August!) wussten, wollten einige, besonders Deutsch-Schweizer, sofort die Gemeinschaft mit den BfC-Anhängern abbrechen, weil sie den Boden der Absonderung verlassen hätten. Die Mehrzahl der in Zürich Versammelten war aber dafür, zunächst einmal mit den deutschen »Brüdern« zu sprechen, ob nicht doch unter gewissen Bedingungen die Gemeinschaft aufrecht erhalten werden konnte.

So reiste eine internationale Abordnung von neun »Brüdern«

nach Deutschland: aus England E.B. Delamore und A.W. Ralph; aus Frankreich Andre Gibert; aus Belgien G. Hengeveld; aus der französischen Schweiz Ph. Tapernoux; aus der deutschen Schweiz A. Gschwind und S. Widmaier; aus den Niederlanden schließlich J. Tiesema und J.N. Voorhoeve, der langjährige Freund von Rudolf Brockhaus (II,69.72.77). Am 3. September 1937 führten sie ein Gespräch mit den leitenden Männern des BfC, wobei Dr. Becker auf sie einen guten Eindruck machte und auch durch Kompromissbereitschaft gefiel, indem er eine deutlichere Trennung von politischer und geistlicher Führung versprach.

Die neun BfC-Gegner, mit denen die Delegation am nächsten Tag sprach – es handelte sich um Ernst Berning, Felix Brockhaus, Christian Groß, Gerhard Löwen, E.Menge, Johannes Menninga, Wilhelm Stücher, M. Theis und Paul Timmerbeil –, bekamen deutlich zu spüren, dass die Leiter des BfC sichtlich die Sympathie der Ausländer gewonnen hatten, versuchten diese doch, die Neun zu überreden, beim BfC mitzumachen, und sie stellten ihnen die große Verantwortung vor Augen, wenn es zu einer endgültigen Trennung kommen sollte. Der Holländer J. Tiesema wies zudem darauf hin, dass die Forderungen des Staates durchaus nicht unbiblisch seien.

Es muss für die BfC-Gegner eine große Enttäuschung gewesen sein, so gar keine Unterstützung bei den ausländischen »Brüdern« zu finden – nur Ph. Tapernoux bewies ein gewisses Verständnis für sie –, und das, obwohl Johannes Menninga ihnen die geistlichen Gründe für die Ablehnung des BfC eindringlich dargelegt hatte. Auch ein letztes von Ernst Berning veranstaltetes Treffen der beiden Parteien zusammen mit den ausländischen »Brüdern« als Vermittlern am 5. September in Wuppertal-Ronsdorf verlief ergebnislos, da die Ausländer die BfC-Gegner nicht umzustimmen vermochten.

Es steht also fest, dass die Organisation des BfC an sich zunächst keinen Trennungsgrund für das ausländische Brüdertum bedeutete. Am hartnäckigsten verteidigte auch noch in den nächsten Wochen J.N. Voorhoeve die Sache des BfC. Er blieb mit Dr. Becker in Kontakt und vertrat auf einer Konferenz am 14./15. September in Den Haag die Meinung, dass sich die BfC-Gegner dem Bund anzuschließen hätten. Johannes Menninga, dem Hauptsprecher der »Nicht-Bündler«, wurde zu erkennen gegeben, dass er auf holländischen Konferenzen nicht erwünscht sei.[533] Bei alledem muss man allerdings bedenken, dass die Ausländer nicht genügend Kenntnisse über die deutschen Verhältnisse hatten und mindestens die persönlichen Gegensätze kaum richtig durchschauten.

So schien die Einheit des Elberfelder Flügels der deutschen Brüderbewegung nicht mehr zu retten zu sein, und das umso weniger, da sich die Meinung der ausländischen »Brüder« zugunsten der BfC-Gegner änderte, als nämlich das Kasseler Rundschreiben vom 20. August 1937 (s. S. 161) im Ausland bekannt und es damit deutlich wurde, dass sich der BfC mit den Offenen Brüdern verbinden wollte. Hier war nun tatsächlich das Maß dessen überschritten, was das internationale Geschlossene Brüdertum zu tolerieren gewillt war. Schließlich war bisher an keiner Stelle der Welt die Trennung zwischen Geschlossenen und Offenen Brüdern (I,34f.) aufgehoben worden; die deutschen »Brüder« vom BfC waren weltweit die ersten, die diesen Schritt wagten und prompt der Verurteilung durch die bisher mit ihnen verbundenen »Brüder« verfielen.

Die ausländischen »Brüder« und der BfC: Trennung

Am 10. Oktober 1937 richteten 13 Schweizer und französische »Brüder« (darunter die schon genannten Ph. Tapernoux und Andre Gibert) aus Zürich einen »Mahnruf an die Brüder in Deutschland, die zum ›Bund freikirchlicher Christen‹ gehören«, und protestierten gegen den geplanten Zusammenschluss mit den Offenen Brüdern in Deutschland.[534] Auch englische, belgische und niederländische »Brüder« – von letzteren waren schon vorher einige nicht mit der Haltung J.N. Voorhoeves einverstanden gewesen – schlossen sich diesem Schreiben an.[535]

Jetzt erschien auch die Organisation des BfC in einem anderen Licht als bisher, wurde doch im Schreiben vom 10. Oktober nunmehr von »schriftwidrigen Bedingungen der neuen Organisation« gesprochen, »welche die Versammlungen Gottes in Deutschland ersetzt«. Unter dem Eindruck, den die aufgegebene Absonderung von den Offenen Brüdern machte, wurde jetzt auch der BfC als solcher verurteilt:

> »Wir sehen nirgends im Wort Gottes, dass die Kinder Gottes einen ›Bund freikirchlicher Christen‹ bilden. ... Der zweite Timotheusbrief, der uns für die schweren Zeiten des Endes Belehrungen gibt, *erwähnt nichts* von einer solchen menschlichen Organisation.«[536]

In der folgenden Kritik am Bund wurde besonders auf die Führerstellung des Reichsbeauftragten hingewiesen, dem die Statuten die Möglichkeit gäben, sich in das geistliche Leben der Versammlungen einzumischen. Hatte man am 4. September noch die BfC-Gegner aufgefordert, dem neuen Bund beizutreten, so wurde jetzt von dessen Satzungen erklärt:

> »Diese Satzungen zerstören das Zeugnis der Versammlungen, deren Namen ›Christliche Versammlung‹ sogar strenge verboten wird.«[537]

Deutlich wurde bei den folgenden Ausführungen, dass die Meinungsänderung unter dem Eindruck der inzwischen bekannt gewordenen Kasseler Erklärung vom 20. August erfolgte, wobei es die ausländischen »Brüder« besonders empörte, dass man in der Unterredung am 3. September die Ausländer nicht über den beabsichtigten Zusammenschluss mit den Offenen Brüder informiert hatte:

> »»Mit Schmerz stellen wir fest, dass die Brüder ... uns sorgfältig den ernsten Beschluss verborgen haben, den sie am 20. August fassten. Dieser fälscht gründlich Eure Stellung bezüglich des gemeinsamen Zeugnisses, welches wir berufen sind, dem Herrn und der in Seinem Wort geoffenbarten Wahrheit hinsichtlich der Versammlung Gottes auf der Erde abzulegen. Ferner beeinträchtigt diese Entscheidung ernstlich Eure Beziehungen zu den Brüdern in der ganzen Welt, die den Boden der offenen Brüder nicht annehmen können.«[538]

Begründet wurde diese Haltung mit einer ausführlichen Darlegung des Bethesda-Streites von 1848 (I,33ff.), dessen Bewertung es den ausländischen »Brüdern« unmöglich machte, sich mit den Offenen Brüdern auf einen »Boden« zu stellen, und sie ermahnten die Deutschen eindringlich,

> »den Ernst der Irrtümer, gegen die wir kämpfen, zu betrachten und in Seinem Lichte den gefährlichen Weg zu verurteilen, in welchen der Widersacher Euch fortzureißen sucht.«[539]

Zusätzlich betonten die ausländischen »Brüder« in einem Schreiben vom 10. November 1937 aus Zürich, dass ihre September-Gespräche in Deutschland nicht als eine Anerkennung des BfC gewertet werden dürften. Die anfänglich eher indifferente oder gar sympathisierende Haltung wollte man jetzt nicht mehr wahrhaben.

Die Bundesleitung des BfC antwortete am 6. Dezember 1937[540], indem sie darlegte, dass der BfC gar nicht die Ekklesia Gottes sein wolle, sondern nur deren Werkzeug, dass auch der Reichsbeauftragte das geistliche Leben in den Versammlungen letztlich nicht beeinflussen könne und wolle und dass man schließlich in den Gesprächen am 3. und 5. September die Fühlungnahme mit den Offenen Brüdern nicht verschwiegen habe, was aber bei der ausländischen Delegation damals nicht weiter auf Interesse gestoßen sei. Und die Bundesleitung betonte, dass es für sie keinen schriftgemäßen Grund gebe, den deutschen Offenen Brüdern die Gemeinschaft zu verweigern, ohne damit beurteilen zu wollen, wie es in anderen Ländern gehandhabt werden solle.

Dennoch war es klar, dass in der Frage der Absonderung die verhärteten Fronten nicht aufgeweicht werden konnten. Daran änderte auch ein Gespräch zwischen holländischen und deutschen »Brüdern« am 11. Dezember 1937 in Wuppertal-Elberfeld[541] ebensowenig wie ein Brief Voorhoeves vom 28. Januar 1938 an Dr. Becker, der in dem Schreiben aufgefordert wurde, den BfC von allem Unbiblischen zu reinigen.

Immer mehr ausländische »Brüder« verurteilten jetzt in Zusammenkünften und Briefen den BfC und noch mehr den Zusammenschluss mit den Offenen Brüdern. Besonders konsequent vertraten schon verhältnismäßig früh die Schweizer diese Haltung; die folgenden Ausführungen zeigen aber auch deutlich, wie sehr man bemüht war, die anfängliche Zustimmung zum Bund zu verdrängen:

> »Wir Geschwister in der Schweiz sind alle ganz einig in der Ablehnung des Bundes, und das von Anfang an! Nie war darüber bei uns ein Zweifel, dass diese neue Sache eine verwerfliche, unbiblische Sache, ein wirkliches Abweichen vom biblischen Wege ist. Wenn je von der anderen Seite etwas anderes über die Meinung der Schweizer Geschwister ausgestreut worden ist, so war es nie den Tatsachen gemäß.«[542]

Am 23. Juli 1938 wurde dann bei einem internationalen »Brüder«treffen in Den Haag beschlossen, von BfC-Versammlungen keine Empfehlungsbriefe mehr anzunehmen, was einer Exkommunikation aller BfC-Mitglieder aus der weltweiten Gemeinschaft der Geschlossenen Brüder (= Close Brethren) gleichkam. Der Beschluss wurde schließlich in einem Rundschreiben im Oktober 1938 von Den Haag aus veröffentlicht, unterzeichnet von 24 Brüdern aus Großbritannien, Belgien, Frankreich, aus der Schweiz und den Niederlanden, auch von J.N. Voorhoeve.[543] Nach einem historischen Rückblick auf die vergangenen 14 Monate, in dem allerdings von der anfänglichen Zustimmung keine Rede mehr war, wurden die beiden Hauptanklagepunkte vorgebracht:

1. Der Charakter des BfC;
2. der Zusammenschluss mit den Offenen Brüdern.

Bezeichnend war bei den Ausführungen zum ersten Punkt, dass die Argumentation sehr äußerlich gehalten war:

> »Der ›Bund‹ hat die Wahrheit von der Einheit gemäß der Schrift verlassen, indem er eine nationale Grundlage nahm; er hat Eingriffe getan in die Rechte des Heiligen Geistes durch die Annahme des Führerprinzips. Er ist eine ganz neue Gemeinschaft, steht unter dem Einfluss der irdischen Obrigkeit und wird im Prinzip auch durch sie geleitet: eine Vermischung von Dingen des Staates mit denen der Versammlung Gottes. Dies geht auch daraus hervor, dass alle, die eine besondere Stellung in einer Gemeinde einnehmen, in allen Dingen mit dem Staate einverstanden sein müssen.«[541]

Nicht einmal die meisten deutschen BfC-Gegner hatten so argumentiert, sondern immer betont, dass auch bei ihnen kein Gegensatz zum Staat bestehe. Hauptärgernis waren immer die »religiösen Zusatzforderungen« Beckers gewesen, von diesen aber war im Rundschreiben – abgesehen von einem allgemeinen Hinweis, dass die Brüder des BfC weitergegangen seien, »als ihnen die Behörde vorschrieb«[544] –, keine Rede. Das Hauptärgernis der deutschen BfC-Gegner, die Person Dr. Beckers und sein »neuer Weg«, wurde von den Ausländern überhaupt nicht erwähnt, was zeigt, dass ihnen die deutschen Verhältnisse in diesen Fragen doch nicht so recht vertraut waren.

Umso präziser drückten sie sich dagegen im Blick auf den Zusammenschluss mit den Offenen Brüdern aus:

> »Ferner hat sich der ›Bund‹ nicht allein mit den ›Offenen Brüdern‹ zusammengeschlossen, sondern stellt sich als Ziel die Vereinigung mit allen Gruppen evangelischer Christen außerhalb der öffentlichen deutschen Kirchen. Anstatt auf dem Boden der Versammlung zusammenzukommen als Glieder des Leibes Christi, haben die Brüder des ›Bundes‹ sich auf den Boden einer Partei gestellt, indem sie zu den Systemen zurückkehrten, die sie vor vielen Jahren aus Liebe zur Wahrheit verlassen hatten.«[545]

Hier war in der Tat der neuralgische Punkt der Geschlossenen Brüder berührt, hatten doch die Deutschen ein Tabu gebrochen, das seit 90 Jahren Gültigkeit gehabt und den *Close Brethren* in aller Welt ihre Einzigartigkeit gegenüber allen kirchlichen und freikirchlichen »Parteien« bewahrt hatte: die Absonderung von allen »religiösen Systemen«, was nach ihrer Meinung allein die Anerkennung und die Darstellung der Einheit des Leibes Christi möglich machte. Die deutschen BfC-»Brüder« aber hatten sich mit einer Partei vereinigt, planten Zusammenschlüsse mit weiteren religiösen Parteien und waren so selbst Partei geworden. Von ihrem Standpunkt aus konnten die Geschlossenen Brüder gar nicht anders handeln.

Auf das Abweichen von der gemeinsamen Linie, auf das Verlassen des gemeinsamen »Bodens« konnte daher nur die Exkommunikation, die Aufkündigung der Gemeinschaft, erfolgen:

> »Daher glauben wir, dass Gott will, dass wir diese neue Gemeinschaft verwerfen, weil sie den schriftgemäßen Boden des Zusammenkommens verlassen hat. Folglich müssen wir jeden Empfehlungsbrief verweigern, der von einer Gemeinde, die dem ›Bund‹ angeschlossen ist, herrührt. Und diejenigen, die zum ›Bund‹ gehören, können also nicht zum Tisch des Herrn zugelassen werden.«[545]

Damit war nun die endgültige Trennung zwischen den »Brüdern« erfolgt. Ca. 90% der Glieder der ehemaligen »Christlichen Versammlung« wurden aus der internationalen Gemeinschaft der Geschlossenen Brüder ausgeschlossen.

Auch der Antwortbrief der deutschen »Brüder« vom 20. Dezember 1938, verfasst von Dr. Becker und unterschrieben von 37 führenden Männern des BfC[546], vermochte daran nichts zu ändern; es war eigentlich nur noch die programmatische Erklärung der anderen Überzeugung von dem richtigen Weg zur Einheit des Leibes Christi:

> »Nach der Schrift sind alle Kinder Gottes Glieder eines Leibes. Nur in zwei Fällen kennt sie eine Trennung unter ihnen: wenn jemand ein Böser ist im Sinne von 1. Kor. 5 oder wenn jemand leugnet, dass Jesus Christus im Fleische gekommen ist (2 Joh. 10). Andere Trennungsgründe kennt sie nicht.
> ... Ihr trennt euch trotzdem von uns, und zwar geschieht dies, weil wir uns anders organisiert haben als Ihr und weil wir mit Ernst nach der Verwirklichung der biblischen Einheit streben.«[547]

Und in der Überzeugung, in Übereinstimmung mit dem Wort Gottes zu sein, stellte Dr. Becker die Haltung der anderen Seite in Frage:

> »Woher nehmt Ihr das Recht, uns die Gemeinschaft am Tisch des Herrn aufzukündigen? Wer gibt euch die Vollmacht, uns diesen Platz streitig zu machen, den uns Christus gegeben hat? Die Schrift nicht. ... Ich kenne Eure Beweisführung wohl. Ihr bildet künstliche Konstruktionen, von denen die Schrift nichts weiß. Ihr redet von dem ›religiös Bösen‹, dem ›Sauerteig der falschen (oder fremden) Lehre‹ und was Ihr sonst an unschriftgemäßen Formulierungen geschaffen habt. Aber mit ihnen steht ihr neben der Schrift, nicht auf ihr. Diese kennt keine Trennungen von Gläubigen wegen abweichender Organisation oder abweichenden Lehren.«[547]

So waren die meisten der deutschen »Brüder« auf die Seite der Offenen Brüder übergewechselt, die BfC-Gegner aber waren durch die Parteinahme der ausländischen »Brüder« der Gefahr enthoben, in einem hoffnungslosen Winkeldasein vergessen zu werden, hatten doch die Ausländer in ihrem Exkommunikationsbrief vom Oktober 1938 über sie geschrieben:

> »Aber nicht alle Brüder in Deutschland gehen mit dem ›Bund‹ mit, und ein Teil ist den göttlichen Vorschriften bezüglich des Zusammenkommens treu geblieben, die auch wir zu beobachten wünschen. Als Folge hiervon gehen sie durch viele Schwierigkeiten und vermissen sehr, was sie früher besaßen. Darum haben sie Anspruch auf unsere besondere Liebe und unser Mitgefühl.«[545]

Liebe und Mitgefühl aus dem Ausland haben sicherlich nicht unwesentlich zur Standhaftigkeit der BfC-Gegner beigetragen, als für sie nun die Jahre der Isolierung und z.T. auch der Verfolgung kamen, bis sich dann 1945 die Situation und damit auch die zahlenmäßigen Verhältnisse grundlegend änderten. Bis dahin aber hatten die deutschen BfC-Gegner noch manches durchzustehen, was im Schreiben der Ausländer mit »Schwierigkeiten« umschrieben worden war und was doch in vielen Fällen nur als Leiden begriffen werden kann.

»Brüder« im Untergrund

Was viele »Brüder« als diskriminierend empfunden und dem sie sich durch Eintritt in den BfC entzogen hatten, nämlich als Mitglieder einer verbotenen Sekte und als »staatsgefährdende« Elemente zu gelten, mussten die BfC-Gegner nun als dauernde Schmach auf sich nehmen.[548] Der Mittelpunkt ihres Lebens, sich zum Namen Jesu hin zu versammeln, war ihnen genommen. Trotzten sie dem Versammlungsverbot, und wenn auch nur in kleinen Hauskreisen, drohten ihnen strenge Strafen wegen »Aufrechterhaltung einer verbotenen Vereinigung«. Zu diesem strafrechtlichen Tatbestand gehörte nicht nur der Versand von Literatur, sondern gerade auch Zusammenkünfte in kleinstem Kreis, selbst in Privatwohnungen, und auch Hausbesuche, die eventuell der Ermunterung dienten, an den Zwecken der verbotenen Vereinigung festzuhalten, waren streng verboten.

Dennoch wagte eine Anzahl von BfC-Gegnern, gegen die Verordnungen des Staates zu verstoßen, besonders im Dillkreis, wo eine Reihe von Versammlungen geschlossen dem BfC nicht beigetreten war. Hier gab es auch schon 1938 eine erste Welle von Verhaftungen[549] und einen Prozess, bei dem Dr. Becker als Zeuge aufzutreten hatte. Der Fall, dass der Bürgermeister des Ortes die weiterhin stattfindenden Versammlungen deckte, wie es in Erbach im Odenwald geschah, kam sonst nicht vor.

Die Gestapo ging energisch und hart gegen diejenigen vor, die durch Weiterführung von Zusammenkünften u.a. auffielen. Am Anfang des Leidensweges standen Verhaftungen und Gestapo-Verhöre, in der Folge kam es zu Prozessen und zu Geld- und Haftstrafen. Dabei hatten es die noch besser, die »nur« zu Gefängnis verurteilt wurden, schlimmer erging es denjenigen, die man ohne Richterspruch in Konzentrationslager verbrachte, wie z.B. W. Windgasse nach Dachau. Manche sind an den Folgen ihrer Haft verstorben.

Als Beispiel mag einer der führenden Männer unter den BfC-Gegnern stehen, der schon öfters genannte (s. auch II,110ff.) Franz Kaupp (1866-1945). Obwohl er, wie schon gezeigt, in keiner Weise gegen den Staat Adolf Hitlers eingestellt war, betrachtete er das Verbot ohne jede Erregung und Überraschung:

> »Wir haben keine Verheißung, dass niemals ein staatliches Verbot des Zusammenkommens eintreffen könnte! Das ist vielmehr nur eines der mancherlei Dinge, die uns in den Weg gelegt werden können. Ist es in dem Zusammenhang nicht merkwürdig, dass der Herr bis auf zwei heruntergeht, wenn Er feststellt, bei wie vielen Er in der Mitte sein werde, wenn Sein Name der Zielpunkt des Sichzusammenfindens ist?«[550]

Trotzdem musste Franz Kaupp erfahren, dass auch eine Betätigung im kleinsten Rahmen auf die Anklagebank des NS-Staates führen konnte. Unter der Überschrift

> »Gegen das Verbot gehandelt. Sie haben die Christliche Versammlung verbotenerweise fortgeführt und wurden bestraft«,

berichtete im Februar 1939 eine süddeutsche Zeitung über einen Prozess in Freudenstadt gegen den »Hauptangeklagten« F.Kaupp und »eine Anzahl Volksgenossen« als Mitangeklagte, die teils aus Freudenstadt, teils aus der Freiburger und der Herrenherger Gegend stammten.[551]

Unter dem Vorsitz eines Senatspräsidenten tagte das Sondergericht Stuttgart in Freudenstadt. Den Angeklagten wurde vorgeworfen, versucht zu haben, eine »verbotene Organisation weiterzuführen, die (zum BfC) übergetretenen Mitglieder zurückzuholen und die Sekte fortzusetzen«. Dramatisierend wurde erläutert, dass sich die »vollkommen neu aufgezogene Organisation, die nun aufgedeckt werden konnte«, bis in die Bezirke Dortmund, Wuppertal, Köln, Mannheim, Darmstadt, Frankfurt, Zwickau, Weimar und Leipzig erstreckte.

Als »eine gewisse Zentrale« betrachtete man Freudenstadt, und »das geistige Haupt dieser Zentrale« sah man in Franz Kaupp, dem deshalb die Rolle des Hauptangeklagten zufiel. Was im NS-Staat schon als »staatsgefährdend« galt, zeigen die Vorwürfe, die man Franz Kaupp machte:

> »Der Beschuldigte besuchte ab Oktober 1937 bis Juni 1938 wieder Versammlungen der CV in Freudenstadt, empfing Besuche auswärtiger Brüder zu Besprechungen im Interesse der CV, besuchte 1937 und 1938 Brüder im Elsaß, er erhielt finanzielle Zuwendungen von Brüdern und verschickte eigene und fremde Schriften im Sinne der CV.«[551]

Noch lächerlicher wirken heute die Beschuldigungen der Mitangeklagten; ihnen wurde u.a. vorgeworfen,

> »dass sie nach dem Verbot Bibelbesprechungen bei den Brüdern in Freudenstadt angewohnt haben und diese Besprechungen teils im eigenen Haus gehabt haben; ... dass sie Schriften von Brüdern erhalten und weitergegeben und außerdem im Schriftverkehr und Schriftwechsel zueinander gestanden haben.«[551]

Immerhin kamen die angeklagten »Brüder« in diesem Fall noch einigermaßen glimpflich davon, wurden sie doch »nur« zu Geldstrafen von 150 bis 400 RM verurteilt, wobei die Höchststrafe auf Franz Kaupp fiel, dem allerdings 100 RM auf seine Untersuchungshaft angerechnet wurden.

Jedenfalls zeigte der Prozess, dass die religiöse Betätigung der BfC-Gegner erheblich eingeengt war und kaum noch irgendeine legale Kommunikation zuließ, hatte doch das Gericht schon in der Beweisaufnahme festgestellt,

> »dass bereits das zufällige Zusammenkommen in den Häusern und die Verbreitung von entsprechenden Schriften den Zusammenhalt der seitherigen Mitglieder, wenn auch nur den geistigen Zusammenhalt, bedeutete und damit dem Verbot entgegenstand.«[551]

Bei dieser Sachlage konnte es gar nicht ausbleiben, dass ein geistig so beweglicher Mann wie Franz Kaupp, der doch mit vielen BfC-Gegnern wie -Anhängern im Briefwechsel stand, »schuldig« werden musste. Immer hatte er zu fürchten, dass ihm, wie er einmal schrieb, »wieder dadurch ein Strick gedreht werden« könnte.[523] Und so kam es auch, dass er 1942 trotz seines hohen Alters noch einmal für einige Wochen Gefängnishaft erleiden musste.[552]

Die staatlich Anerkannten und die Verbotenen

Leider muss gesagt werden, dass die Verfolgten seitens des offiziellen BfC kaum Verständnis und schon gar keine Hilfe erfuhren, mochte es auch in einzelnen persönlichen Fällen anders aussehen, wenn z.B. ein BfC-Bruder dem nicht gerade begüterten Franz Kaupp die Geldsumme der Gerichtsstrafe vom Februar 1939 ersetzte, was den korrekten Mann wiederum in Gewissensfragen stürzte, ob er das Geld von dieser Seite überhaupt annehmen durfte. Schließlich siegte dann aber doch das Bewusstsein der Bruderschaft in Jesus Christus über allen Parteienstreit.[553]

Die Bundesleitung jedoch reagierte anfangs recht gereizt auf die Gegenagitation der BfC-Gegner, wobei sicherlich manches auch mit den aufregenden Umständen der Gründungswochen zu erklären ist. War es aber nötig, dass man sich in einem Rundschreiben gegen die »in mehr oder weniger unsachlicher Form« geäußerte Kritik am BfC auf eine Weise wehrte, die den Polizeistaat zu Hilfe nahm? Die auf »Irrtümern« und »böswilliger Entstellung« beruhenden Angriffe nannte man »Sabotage regierungsseitig geförderter Maßnahmen«, was »die ganze Strenge einer strafrechtlichen Verfolgung« zu gewärtigen habe.[554] Gewiss beabsichtigte Dr. Becker auch, wie er versicherte, den »noch fernstehenden Brüdern Schwierigkeiten zu ersparen«.[555] Sonnte man sich aber nicht auch in dem Gefühl, den mächtigen SS-Staat auf seiner Seite zu haben, wenn man drohend warnte:

> »Wir sind seitens der Geheimen Staatspolizei davon unterrichtet, dass die Verbreitung von Druckschriften, welche sich gegen den BfC richten, als eine Handlung gewertet wird, welche sie nicht billigen kann«?[555]

Hatte man so bald die eigene Vergangenheit vergessen, als sich noch die Landeskirchen der staatlichen Behörden bedienten, die freikirchlichen Bestrebungen zu bekämpfen (I, 55ff.)?

Immerhin räumte aber auch die Bundesleitung ein, dass die »Vielen schriftlichen Kritiken am BfC ..., die zum Teil in Tausenden von Briefen versandt wurden, ... vielfach Ausdruck ehrlicher – wenn auch u.E. irriger – Überzeugung und schwerer innerer Not« waren. Sie versicherte, dass sie »nicht jedes Wort auf die Goldwaage« legen wolle und auf die schriftliche Kritik in der Regel nicht geantwortet habe:

> »Die Ehrfurcht vor diesen ehrlichen Gewissensbedenken und dem guten Wollen verbot es uns, diesen Äußerungen kämpferisch entgegenzutreten,

195

obwohl sie oft das Gebiet des Sachlichen verließen und ins Persönliche gingen und teilweise versandt wurden, ohne dass der Verfasser den Mut hatte, mit seinem Namen für das Geschriebene einzustehen.«[556]

War aber die schriftliche Kritik der BfC-Gegner, mochte sie auch z.T. unsachlich und sogar anonym sein, in der gegebenen politischen Situation nicht das einzige Mittel, das ihnen noch verblieben war, die ihnen so wichtigen Überzeugungen den Brüdern, mit denen sie bisher ein Leben zusammen verbracht hatten, entgegenzustellen? Die Bundesleitung übersah, dass bei der überstürzten Bundesgründung – sicher auch aus politischer Ursache – keine Möglichkeit zu einer wirklichen Aussprache gegeben worden war. Dieser Mangel musste sich einfach in einer Flut von schriftlichen Gegenargumentationen der unterlegenen und äußerlich hilflosen Seite entladen.

Gewiss wurden zuweilen auch unwahre Gerüchte über den BfC verbreitet; z.B. wurde Ende Dezember 1937 in einem – übrigens nicht von allen BfC-Gegnern gebilligten[557] – Zirkular *Wohin steuert der BfC?* behauptet, dass der Bund Kreise, die Irrlehren anhingen, aufgenommen habe. Da war es verständlich, dass sich die Bundesleitung genötigt sah, die Ortsbeauftragten und Brüderräte zu bitten, »jedweden Gerüchten und Schriftstücken, die nachteilige Mitteilungen über den BfC enthalten, mit aller Entschiedenheit entgegenzutreten.«[558]

Abgesehen von solchen offensichtlichen Verleumdungen, muss man jedoch im Ganzen die Belastungen und Gefahren sehen, unter denen die Gegner des BfC standen, wenn sie ihre Ansicht zur Geltung bringen wollten. Man kann Franz Kaupp verstehen, wenn er im Blick auf das Schreib- und Redeverbot fragte:

> »Haben meine Brüder im BfC deswegen, weil dieser eine staatlich anerkannte Organisation ist, das Monopol, sich zu äußern und ihre Ansichten unter Beschützung durch die Gestapo als allein gültige ihren anderen Brüdern aufzubürden, während diese mundtot gemacht bleiben sollen?«[523]

Zusammenfassung

Es ist dem Historiker nicht gestattet, im Streit der Meinungen und Überzeugungen Partei zu ergreifen und für Auffassungen und Verhaltensweisen Noten zu erteilen, und das umso weniger in einer Auseinandersetzung, die bis heute in ihren Nachwirkungen nicht abgeschlossen ist und in der allein Gott der gerechte Richter sein kann und sein wird.

Es ist deutlich geworden, dass es seit 1937 in der Frage, wie der Einheit des Leibes Christi auf Erden am treuesten zu dienen sei, keine Übereinstimmung mehr geben konnte. Zu sehr hatten sich die beiden entgegenstehenden Auffassungen unter den Elberfelder Brüdern auseinanderentwickelt: Hier wollte man wie bisher die Einheit der Ekklesia durch Trennung oder Absonderung von allen kirchlichen Parteien anerkennen und darstellen, dort suchte man die gleiche Einheit in der Vereinigung mit allen wahren Kindern Gottes und hatte im Zusammenschluss mit den Offenen Brüdern einen Anfang gemacht. So betrachtet, konnte daher jede Seite nur im Gehorsam ihren für schriftgemäß erkannten Weg gehen, ob es sich nun um den »neuen« oder um den der Väter handelte.

Anders ist die Gründung des BfC zu sehen. Gerade die überstürzte Gründung einer Organisation, die an sich selbst von vielen BfC-Gegnern gar nicht als so problematisch beurteilt wurde, barg Gefahren, die den meisten in vollem Umfang erst später deutlich wurden, wenn sie sie überhaupt je erkannten. Zu groß war die Eile, mit der im Mai 1937 vorgegangen wurde, und zu vordergründig orientierte man sich eher am Bedürfnis des Menschen als am Willen Gottes.[559]

Man ging vom Nutzen und von Bedürfnissen aus, wenn man die »religiöse Betreuung von 60.000 Menschen« im Auge hatte, anstatt sich mehr Zeit zu nehmen, auf die Offenbarung des Willens Gottes oder auch auf sein Handeln zu warten.

Sicherlich war es auch in jedem Fall voreilig, das Verbot der »Christlichen Versammlung« als strafendes Handeln Gottes sofort mit einer geistlichen Begründung zu versehen, ob man nun die Ursache für die Strafe in der bisherigen Absonderung zu finden glaubte, wie es die Stündchenfreunde taten, oder in der mangelnden Treue im Blick auf die Absonderung, wie viele BfC-Gegner dachten. Allzubald meinte man auf beiden Seiten, den Willen Gottes erkannt zu haben, und legte sich deshalb in seiner Haltung fest, anstatt eingedenk zu sein, dass die Wege Gottes im Allgemeinen nicht so schnell zu erkennen und zu erklären sind.

Wieso musste eigentlich das Verbot eine demütigende Strafe sein? Hätte man die Verfolgung um des Glaubens willen nicht auch oder vielmehr als Auszeichnung betrachten können oder – wie es Franz Kaupp tat – als eine Prüfung? Gerade die Festlegung auf das Werturteil »Strafe« zeigt deutlich, dass man den christusfeindlichen Charakter der Regierung nicht durchschaute, sollte doch das Verbot der »Christlichen Versammlung« nur der Anfang vom Ende aller christlichen Kirchen sein. Nicht von ungefähr gehörten nicht nur alte »Brüder«, wie z.B. die BfC-Gegner Otto Kunze (II,29)[560] und Franz Kaupp[550], zu denjenigen, die das Abwarten dem Handeln vorziehen wollten, auch damalige oder spätere Außenseiter der Brüderbewegung, wie Ernst Busch[561], Dr. Hans Neuffer[562] und der Wuppertaler Pfarrer Paul Kuhlmann[563] warnten vor einer voreiligen Bundesgründung.

Gegenüber dem Unrechtsstaat Hitlers, Himmlers und Heydrichs wäre sicherlich die Haltung eines Mose am Schilfmeer angemessen gewesen: »Der HERR wird für euch streiten, und ihr werdet stille sein« (2. Mose 14,14). Und hat Gott nicht genau acht Jahre später an den Urhebern des Verbots deutlich gehandelt? Doch wer von uns kann behaupten, dass er sich in der damaligen Situation, zudem befrachtet mit dem nationalen Bewusstsein jener Zeit, wie ein Mose verhalten hätte?

Bei alledem kam es damals darauf an, dass man sich im Streit der Meinungen innerhalb der Brüderbewegung die brüderliche Liebe und Achtung nicht versagte. Dass es daran zuweilen mangelte, dass man hier und da durch Lieblosigkeit aneinander schuldig wurde, mag der verurteilen, der nichts weiß von der Gebrechlichkeit des menschlichen Charakters, auch beim Christen und gerade in der Stunde innerer Belastung und Not, und der ebenso noch nicht erfahren hat, dass Christen aus der Vergebung zu leben genötigt sind.

6. Der Bund Evangelisch-Freikirchlicher Gemeinden

Aufbruch zur Verwirklichung der Einheit

Von den Erfolgserlebnissen beim Zusammenschluss der Elberfelder und Offenen Brüder beflügelt, gedachte die Bundesleitung des BfC in ihrer Mehrheit, nun auch eine festere Verbindung zu anderen freikirchlichen Gruppierungen zu suchen. So war es keine Frage, dass man sich schon im Dezember 1937 entschloss, der »Vereinigung evangelischer Freikirchen (VEF)« beizutreten und hier mit Baptisten, Freien evangelischen Gemeinden, Methodisten und Evangelischer Gemeinschaft zusammenzuarbeiten. Ein Jahr später – im Dezember

1938 – konnte dann auch auf der 7. Tagung der VEF in Wuppertal-Elberfeld der offizielle Beitritt zu dem Verband vollzogen werden[564], der für Hugo Hartnack »eine gemeinsame Vertretung der Obrigkeit gegenüber sowie eine praktische Arbeitsgemeinschaft auf allen in Betracht kommenden Gebieten« bedeutete.[565]

Aber auch darüber hinaus waren Dr. Becker und seine Freunde und nicht zuletzt der Major a. D. Ernst Lange bemüht, mit den anderen Freikirchen zu einer Einheitsorganisation zu gelangen. Dabei musste man bald einsehen, dass mit den Methodisten und der mit ihnen verwandten Evangelischen Gemeinschaft kein Übereinkommen zu erzielen war, da die organisatorischen Vorstellungen der bischöflich, also hierarchisch strukturierten Methodisten zu deutlich von den auf Gemeindeunabhängigkeit bestehenden drei anderen Freikirchen abwichen. Um so mehr aber bemühten sich nun die Baptisten, die Freien evangelischen Gemeinden und der BfC zu einem wie auch immer gearteten Zusammenschluss der »Gemeindechristen« oder »Taufgesinnten« – wie die Baptisten gerne sagten – zu gelangen, was jedoch, wie sich bald herausstellen sollte, auch nicht so unproblematisch war, wie einige begeisterte Idealisten in den einzelnen Gruppen zunächst gemeint hatten.

Das zeigte sich schon beim zweiten Kasseler Treffen am 17. September 1937[566] – das erste hatte am 20. August den Zusammenschluss der Elberfelder und Offenen Brüder eingeleitet –, wo die Verhandlungen über eine »geplante Vereinigung« ergebnislos verliefen[567], weil hier die Vertreter der Freien evangelischen Gemeinden (Wächter, Wöhrle) und auch der Offenen Brüder im Blick auf das Verhältnis von Taufe und Gemeindezugehörigkeit »Forderungen stellten«, die die Baptisten »gewissensmäßig nicht erfüllen« zu können meinten.[568] Auch die Dortmunder Unterredung am 14. Dezember 1937 brachte grundsätzlich keine neuen Ergebnisse.[569]

Schon jetzt zeichnete sich die Kombination ab, die schließlich einige Jahre später Wirklichkeit werden sollte: der Bund zwischen Baptisten und »Brüdern«, was in dieser Einseitigkeit um so verwunderlicher war, weil die »Brüder« ihrer geschichtlichen Herkunft und ihrer gemeindlichen Struktur nach viel mehr den Freien evangelischen Gemeinden zuneigten.[570] Doch die führenden Männer dieser Gruppe beharrten eben auf dem überkommenen Erbe eines Misstrauens gegenüber allen die Unabhängigkeit gefährdenden Einheitsorganisationen, im Gegensatz zu den »Brüdern«, die in ihrer Führungsspitze z.T. nun einmal festen Willens waren, unbedingt zu einem weiteren Vereinigungserfolg zu gelangen.

Bedenken und Gegenstimmen

Doch waren auch bei den »Brüdern« die skeptischen Stimmen noch längst nicht verstummt, wie etwa die Denkschrift beweist, die Christian Schatz vier Tage nach dem zweiten Kasseler Treffen verfasste. Er erläuterte, »Warum wir nicht in den Bund der Baptisten eintreten«[571], und erklärte, dass »alle schönen Worte« nicht darüber hinwegtäuschen könnten, dass ein »völliges Zusammengehen« mit den Baptisten ein »Eintreten in den Bund der Baptisten« bedeute. Dies aber hielt Christian Schatz aus verschiedenen Gründen mit den Prinzipien der Brüdergemeinden für unvereinbar:

– Erstens sah er in der klerikalen Struktur der Baptistengemeinden ein Hindernis:

  »Der Baptistenbund ist eine festgefügte Organisation, mit der unsere Gemeinden und Brüder sich niemals einsmachen könnten. Es ist in Wirklichkeit ein Predigerbund; denn die Baptisten-Prediger sind Leiter und Führer dieser Organisation. Sie sind in Wirklichkeit die die Gemeinde leitenden und beherrschenden Männer. Wo aber ein Prediger in der Gemeinde herrscht, da ist eine Entfaltung und Auswirkung einer biblischen Gemeinde nicht möglich.«

– Zweitens betrachtete Christian Schatz neben den Allversöhnungslehren einiger Baptistenprediger das Festhalten der Baptisten an dem Grundsatz für unannehmbar, dass nur die Gläubigentaufe den Eintritt in die Gemeinde bedeute,
– und drittens meinte er, dass die »Beauftragten« der Brüdergemeinden nicht das Recht hätten, »so weittragende Entschlüsse ohne weitere Rückfrage« zu fassen, und er fürchtete, dass solche Zusammenschlüsse über den BfC hinaus »Zwietracht und Zersplitterung in unsere Reihen tragen« würden,

womit er auf längere Sicht leider Recht behalten sollte, gab es doch schon damals genug »Brüder«, die selbst den BfC nur als »notwendiges Übel« betrachteten und stets unter dem Gefühl litten, »einer im Grunde verkehrten Sache anzugehören«[572]. Ernst Berning, dem Fritz von Kietzell »die Vorherrschaft der alten Brüderversammlung« in der Schwelmer BfC-Gemeinde zum Vorwurf machte[572a] und über den er auch bei Dr. Becker Klage führte[572b], war für diese an der Basis verbreitete »innerkirchliche Opposition« nur *ein* Beispiel. Als man in Ernst Bernings Gemeinde Ende 1937 die Feier des Abendmahls – nunmehr im Rahmen des BfC – wieder aufnahm, sagte er weinend, dass er über die damit vollzogene Trennung von den übrigen und den ausländischen »Brüdern«[572c] nicht hinwegkomme. Sollte der Weg jetzt immer weiter von ihnen wegführen? Die Bedenken gegen weitere Vereinigungen suchte nun Ernst Lange auszuräumen[573], indem er forderte, dass die Baptisten in einem neuen Bund selbstverständlich ihren Namen aufzugeben hätten und dass Gemeinden mit unterschiedlicher Taufauffassung ohne Weiteres nebeneinander bestehen könnten:

> »Es würde daher in dem neuen Bunde zwei Arten von Gemeinden geben, solche, die für die Aufnahme in die Ortsgemeinde die Gläubigentaufe für notwendig erachten, andere, die allein die Wiedergeburt als erforderlich ansehen.«

Eine »bloße Arbeitsgemeinschaft«, wie sie die VEF darstellte, reichte allerdings bei alledem Ernst Lange nicht, wenn Gottes Wille zur Einheit jetzt endlich durchgeführt werden sollte.

Wichtig war ihm dabei, dass die »Selbständigkeit der Ortsgemeinde« auch in einem Bund erhalten blieb: »Niemand will daran rühren lassen.«

Ernst Lange erkannte besonders an, dass sich die Baptisten als größte Gruppe »der Beschränkung ihrer absoluten Selbständigkeit« aussetzten und sich von den anderen Gruppen zusammen – er rechnete noch die Freien evangelischen Gemeinden dazu – an Zahlenstärke übertreffen ließen, warum er den baptistischen Bundesvorschlag ein »wirklich großzügiges Angebot« nannte.[574]

Dem widersprechend, suchte Christian Schatz die »Brüder« in entgegengesetzter Weise zu beeinflussen und vertrat die Ansicht, dass der »Schreiberei« von Ernst Lange »ernstlich ein Ziel gesteckt werden« müsse.[575] Mit dieser Meinung stand er durchaus nicht allein, wie die Bedenken anderer zeigten; man fürchtete, dass die organisatorische Zwangsjacke der alleinigen Abhängigkeit von Gott Abbruch tun könnte.[576]

Auch die Versuche Dr. Beckers, die Gegensätze auszugleichen, indem er die Gliedschaft am Leibe Christi betonte und den Bund nur als organisatorisches Hilfsmittel betrachtet haben wollte[577], konnte die Skeptiker bis in die Reihen der Bundesleitung hinein zunächst nicht zum Schweigen bringen.

So hatte sich zwar auch Hugo Hartnack[578] »die organisatorische Vereinigung« als »unverrückbares Ziel« gesetzt, aber er distanzierte sich »in Fragen der Taktik und des Tempos« deutlich von dem unermüdlichen, schon wieder mit einer Schrift hervorgetretenen Ernst Lange[579], glaubte er doch, dass längst »noch nicht alle für den organisatorischen Zusammenschluss schon jetzt reif seien«. Er hielt es für richtig, mit dem Eintritt des BfC in die VEF zunächst einmal einen Anfang zu machen und den späteren Bund auch nur als eine »Dachorganisation« aufzufassen, gewissermaßen »als Zeugnis an die Welt« nach außen. Hugo Hartnack betonte aber:

> »Im Inneren dagegen müsste jeder Kreis die Berechtigung haben, seine Eigenart weiter zu pflegen, soweit dieselbe dem Gesamtinteresse des Bundes und damit des biblischen Christentums nicht im Wege steht.«

Während er eine Vereinigung mit den Freien evangelischen Gemeinden »für möglich und wünschenswert« hielt, allerdings erst später – »mit unserer eigenen Vereinigung sind wir nämlich noch nicht fertig« –, lehnte er »eine gleiche vollständige Verbindung mit den Baptisten« als »bedenklich« und eine allgemeine Abendmahlsgemeinschaft mit ihnen als »unmöglich« ab:

> »Ich bin überzeugt, dass wir ein großes Fiasko erleben würden, wenn wir diese von Bruder Lange so dringend empfohlene vollständige Vereinigung mit den Baptisten jetzt durchführen wollten. Es würde uns bestimmt nicht gelingen, und wir liefen Gefahr, die Gemeinden unseres eigenen, noch immer im Aufbau befindlichen Bundes mehr oder weniger zu zerschlagen.«

Als Hugo Hartnack diese Zeilen schrieb, war die Frage eines Bundes mit den Baptisten in einer Sitzung der BfC-Bundesleitung am 19. Februar 1938 in Düsseldorf zunächst schon negativ entschieden worden. Christian Schatz konnte berichten[580],

> »dass alle Brüder der Bundesleitung, einschließlich Dr. Becker, der Auffassung sind, dass eine Verschmelzung mit den Baptisten unmöglich ist.«

Die Gegenargumente hatten sich also zunächst als stärker erwiesen. Damit distanzierte sich die Bundesleitung jetzt auch von den Bemühungen Ernst Langes:

> »Br. Major Ernst Lange ist auf eigene Faust noch immer tätig, um ein Zusammengehen mit den Baptisten zu ermöglichen. Es wird ihm aber ebenfalls klar zum Ausdruck gebracht werden, dass seine Tätigkeit nicht vom Bund gutgeheißen wird und er nicht im Auftrag des BfC diese Bestrebungen betreiben kann.«[580]

Mit der Zurückhaltung der Freien evangelischen Gemeinden und der erzielten Einigung der Bundesleitung des BfC schienen die freikirchlichen Bemühungen um einen Zusammenschluss zunächst abgebrochen zu sein. Man musste sich mit dem schon vor dem Verbot der »Christlichen Versammlung« beabsichtigten »inneren Näherrücken«[581] begnügen. Ein Beitrag dazu sollte die Elberfelder Konferenz im Mai 1938 (s.S. 151f.) sein, die die BfC-Bundesleitung gemeinsam mit Vertretern der Baptisten und der Freien evangelischen Gemeinden veranstaltete und wo auch die Gäste mit Referaten zum Konferenzthema beteiligt wurden. Aber gerade die Elberfelder Konferenz 1938 wurde zu einem Erlebnis, das einige »Brüder« nicht mehr ruhen ließ, sich fortan doch um einen Zusammenschluss zu bemühen, wenn auch der unmittelbar aus der Konferenz hervorgehende Anlauf wiederum zunächst im Sande verlaufen sollte.

Die Elberfelder Konferenz 1938

Die Elberfelder Konferenz 1938 vom 26. bis 29. Mai 1938 wurde zum einschneidenden Ereignis in den Bestrebungen, die Gemeindechristen zu vereinigen. Das Konferenzthema lautete »Die Ekklesia Gottes im Neuen Testament«, und die Mehrzahl der Referatsthemen zeigte, unter welchem Schwerpunkt man diesmal die Gemeinde sehen wollte:
– »Die Verschiedenheit der Ekklesia in Erkenntnis, Gaben und Organisation«;
– »Die Einheit der Ekklesia in ihrer Grundlage«;
– »Die Einheit der Ekklesia in ihrem Gemeinschaftsleben«;
– »Die Einheit der Ekklesia in ihrer Zweckbestimmung«;
– »Die Darstellung der Einheit«.[582]
Darüberhinaus war aber die Gemeinschaft mit den z.T. als Referenten geladenen Brüdern von den Baptisten und den Freien evangelischen Gemeinden ein Erlebnis, das mehr als alle theologischen Gedanken den Wunsch wieder neu belebte, zur praktischen Einheit der Ekklesia, der Gemeinde, zu gelangen.

Zudem hatten nach den »Brüdern« nun auch die Baptisten ihr Vereinigungserlebnis erfahren, indem sich ihnen kurz vorher, im April 1938, die Elim-Gemeinden, eine Missionsbewegung pfingstlichen Ursprungs von ca. 4500 Mitgliedern, angeschlossen hatten.[583] Der Trend zum Zusammenrücken der Gläubigen schien einfach da zu sein.

Aus dem Konferenzerleben heraus schrieb selbst Hugo Hartnack – ein Vierteljahr vorher noch recht skeptisch – unter dem Eindruck der erfahrenen Bruderschaft:

> »Das alles, was uns getrennt hat, erscheint uns erbärmlich klein gegenüber der großen Wahrheit von der Einheit der Gemeinde, der Einheit, die durch Christi Geist geschaffen und durch Christi Blut besiegelt ist. Diese Einheit ist vorhanden, sie braucht nicht erst gemacht zu werden. Aber sie soll auch nach dem Willen des Herrn in Erscheinung treten. Nur dann kann die Gemeinde ihre Zweckbestimmung recht erfüllen.«[584]

Aus diesem Geist heraus wurden im Rahmen der Konferenz wieder Gespräche über die Möglichkeit eines engeren Zusammengehens aufgenommen, wobei sich zeigte, dass besonders die Gruppe um Dr. Becker nun doch auf eine Vereinigung hin drängte, während die Offenen Brüder zum Ärger der Stündchenleute »glaubten, wieder einmal die Baptisten examinieren zu müssen«[585], was aber dem Schwung der Sache im Ganzen keinen Abbruch tat. Auch Hugo Hartnack ließ sich von dem bestimmenden Zug der Konferenztage mitnehmen, meinte er doch sogar wie einst David »das Geräusch eines Daherschreitens in den Wipfeln der Bakabäume« (2. Sam. 5,23f.) zu vernehmen, und er mahnte, auf Gottes »Stunde« und »auf das Wehen Seines Geistes« achtzuhaben.[586]

Es wurde vereinbart, »durch Zusammenarbeit mit den anderen gläubigen Kreisen praktisch mehr und mehr zusammenzurücken«. Das sollte in Zusammenkünften zum Gebet und zur Bibelbetrachtung erfolgen, aber auch in gemeinsamer Evangelisation und »Betreuung der Jugendarbeit«.[586]

Die Baptisten äußerten sich zufrieden über das Ergebnis der Konferenz:

> »Das Resultat der Konferenz drückte sich in dem Beschluss aus, mit den Baptisten Beratungen zu pflegen über die Frage, wie die Einigungen praktisch durchgeführt werden können. Das ist eine hocherfreuliche Entscheidung, die ihre guten Früchte tragen wird.«[587]

Der genannte »Beschluss«, dass sich die Bundesleitung des BfC fortan um einen Zusammenschluss mit den beiden anderen Freikirchen bemühen sollte, war durch die Konferenzversammlung aus dem Gemeinschaftserleben heraus zustande gekommen. 1940/41 sollte dann dieser Beschluss der Bundesleitung als Grundlage dienen, die Einigung mit den Baptisten so überraschend schnell durchzuführen.

Der zweite vergebliche Anlauf zum Zusammenschluss

Die Bundesleitung des BfC nahm nun nicht nur die schon vorher geplanten Besprechungen mit den Vertretern der Freien evangelischen Gemeinden wieder auf, sie führte auch nach der Elberfelder Konferenz 1938 gegenüber ihrem eigenen Beschluss vom 19. Februar d.J. eine volle Kehrtwendung durch. Die BfC-Führer, – Dr. Becker, Hugo Hartnack, Walter Vogelbusch und Wilhelm Brockhaus für den erkrankten Christian Schatz – erklärten zwar den Vertretern der Freien evangelischen Gemeinden (FeG) in Witten, dass sie »bereit seien, mit den FeG bis zum Letzten, d.h. bis zur Bildung einer beide Gruppen umschließenden Einheitsorganisation zu gehen«, unabdingbar erschien ihnen aber auch, dass eine solche Verbindung kein Hindernis für die auch auf der Elberfelder Konferenz »beschlossene Zusammenarbeit mit den Baptisten« sein dürfe.[588]

Bei einer solchen Bedingung war es klar, dass die Vertreter der FeG zurückhaltend blieben, gewannen doch Dr. Becker und seine Freunde »den Eindruck, dass das Verhältnis zwischen FeG und den Baptisten nicht gut« war.[588] Zwar wiegten sie sich in dem Gedanken, eine gewisse Mittlerrolle spielen zu können, das Endergebnis sollte aber erweisen, dass ihnen der erwünschte »Ausgleich« nicht gelang.

Vorerst wurden aber die »Religionsgespräche« hoffnungsvoll weitergeführt. Ein wichtiger Schritt war dabei die Gemeinschaftstagung westdeutscher Prediger bzw. führender Brüder im September 1938 in Weltersbach, einem baptistischen Alters- und Tagungsheim im Rheinland. Hier beriet man über konkrete Maßnahmen und versuchte zuerst, durch Selbstdarstellungen »bestehende Missverständnisse und mangelndes Vertrauen zu beheben und so den Weg zueinander zu bahnen«.[589]

Man stellte schließlich auch schon so viel Übereinstimmung fest, dass die Vertreter der drei Gruppen im November 1938 in Witten *Richtlinien für das Zusammenleben und Zusammenarbeiten der örtlichen Gemeinden*[590] erarbeiten konnten. Auf der Grundlage dieser *Richtlinien* wollte man zur »Vermeidung und Beseitigung von Misshelligkeiten« und zur »Schaffung eines gutbrüderlichen Verhältnisses zwischen den Gemeinden« beitragen. Auch Ansätze zur Verschmelzung wurden hier bereits gemacht, schlugen die Verfasser doch nicht nur gemeinsame Evangelisationen vor, sondern auch die Zusammenlegung von Sonntagsschulen und Jugendstunden. Wie die Bundesleitung des BfC mit der Übersendung der *Wittener Richtlinien* den Gemeinden mitteilte, sollte das alles auf das »große Ziel« hinarbeiten, »dass einmal alle Trennungen unter den Christen verschwinden«[591].

Mit diesem Schreiben vom 28. Dezember 1938 informierte die Bundesleitung überhaupt zum erstenmal die Allgemeinheit in den Gemeinden über ihre Absicht, zu einer Vereinigung der drei Freikirchen zu kommen, wobei man sich ausdrücklich auf das »Erleben der Elberfelder Konferenz« (1938) berief. Sicherlich war das Ziel eines größeren freikirchlichen Bundes 18 Monate nach Gründung des BfC, zwölf Monate nach dem Zusammenschluss von Elberfelder und Offenen Brüdern für viele Gemeindeglieder noch ein recht ungewohnter Gedanke, weshalb die Bundesleitung an zwölf Reisebrüder herantrat, sich

> »durch Vortragsreisen innerhalb der Gemeinden des BfC für eine Vertiefung des Zusammengehörigkeitsgefühls aller Kinder Gottes einzusetzen«.[592]

Selbstverständlich wurden für diese Aufgabe nur solche Reisebrüder beauftragt, von denen eine zustimmende Haltung zu den Vereinigungszielen zu erwarten war. Es handelte sich um Wilhelm Birkenstock, Walter Brockhaus, Karl und Willy Dannert, Gottfried Hilge, Ernst Lange, Fritz von Kietzell, Heinz Köhler, Hermann König, August Spade, Bernhard Tapken und Johannes Tapper.

Außerdem hatte die BfC-Bundesleitung Informationsabende über Sinn und Zweck der Evangelischen Allianz organisiert, um für die Intensivierung des Gemeinschaftsgefühls gegenüber anderen Kreisen von Gläubigen zu werben[593], und auch die Tagung der VEF, auf der der BfC dieser »Interessenvertretung der freikirchlichen Belange« beitrat, sollte mit einer Festversammlung in der Stadthalle von Wuppertal-Elberfeld am 4. Dezember 1938 zu einer »machtvollen Kundgebung« werden, um »die Geschlossenheit ... der Freikirchen vor aller Öffentlichkeit zum Ausdruck zu bringen«.[594]

All das musste der Bundesleitung um so notwendiger erscheinen, als noch längst nicht alle Kritiker an den jetzt forcierten Vereinigungsbemühungen zum Schweigen gebracht waren. Deutliche Zweifel meldeten die Offenen Brüder in den vorformulierten Fragen zur Berliner Herbstkonferenz 1938 an:

> »Wird das Wort des Herrn in Johannes 17 dadurch erfüllt, dass wir mit einer oder zwei freikirchlichen Gruppen einen organisatorischen Zusammenschluss vollziehen?«

Der Verschmelzungstendenz wurde entgegengehalten:

> »Hat der Herr uns und unseren Vätern nicht ein bestimmtes Zeugnis anvertraut, dass wir auch heute im Geiste der Liebe festhalten müssen?«

Und mit einem Seitenblick auf einige die Lehre der Allversöhnung vertretende Baptistenprediger wurde gefragt:

> »Wie steht das Wort Gottes zur ›Allversöhnung‹? Und welche Folgerungen haben wir daraus zu ziehen?«[595]

Demgegenüber mahnte Erich Sauer, endlich von der »theoretischen Anerkennung der Einheit des Volkes Gottes zu ihrer praktischen Betätigung zu kommen«, und er hoffte:

> »Möge das vor uns liegende Jahr 1939 einen Siegeslauf biblisch gesunder Bruderliebe sehen!«

Erich Sauer forderte die »lebendige Berührung« der Gemeinden miteinander und stellte die Vereinigungsbestrebungen unter das damals allgemein beliebte Motto:

> »Ich suche meine Brüder (1. Mose 37,16)«.[596]

Die westdeutschen Prediger und Lehrbrüder der drei Gruppen fanden sich auf einer 2. Gemeinschaftstagung (17.-21. April 1939) zusammen, diesmal seitens der Freien evangelischen Gemeinden im Diakonissenmutterhaus »Bethanien« in Solingen-Auf-der-Höhe organisiert.[597] Hier kam es zu einer Entschließung, in der die drei Bundesleitungen aufgefordert wurden,

> »die Stunde Gottes zu erkennen und im Gehorsam gegen die Wahrheit von dem Einen Leibe ... unverzüglich die nächsten Schritte zu einem Zusammengehen der Gemeinden der drei Gruppen zu tun«.[598]

Es ist bemerkenswert, dass die »Brüder des BfC« diese Entschließung zur Abstimmung vorlegten, und als »nächste Schritte« verstand man den Zusammenschluss unter einer gemeinsamen Bundesleitung und einem gemeinsamen Namen sowie eine vermehrte Gemeinschaft auf der Linie der Wittener *Richtlinien* bis hin zu gemeinsamen Abendmahlsfeiern.

Werner Schnepper von den FeG schloss die Tagung mit den Worten: »Brüder, wir kommen nicht mehr auseinander!«[599] Damit wollten die führenden Männer des BfC nun wirklich ernst machen und veranlassten, dass auf der Elberfelder Konferenz 1939 (18.-21. Mai) beschlossen wurde,

> »die Vereinigung der drei Bünde zu einem Bund zu verwirklichen und – falls die Freien evangelischen Gemeinden sich dazu noch nicht in der Lage sehen sollten – den Zusammenschluss mit den Baptisten allein zu vollziehen«.[599]

In der Tat bestand gegenüber den FeG eine gewisse Unsicherheit, weil deren Vertreter z.T. eine mehr und mehr distanzierte Haltung zu den Vereinigungsbemühungen eingenommen hatten. In Solingen-Auf-der-Höhe hatte sich ein Teil von ihnen bei der von Baptisten und BfC einstimmig angenommenen Entschließung der Stimme enthalten.[600]

Um so erstaunlicher war es, dass ausgerechnet der Bund »Freier evangelischer Gemeinden« alle fünf in der VEF zusammengeschlossenen Freikirchen für den 21. Juni 1939 in das Erholungsheim »Patmos« bei Siegen einlud, und zwar von jeder der fünf Gruppen fünf Brüder. In »Patmos« ergriffen nun die Vertreter des BfC wieder die Initiative: Weil der »Herr die Einheit der Gemeinde unmissverständlich gefordert« habe, schlugen sie einen gemeinsamen »Bund bibelgläubiger Christen« vor, in dessen Bundesleitung alle fünf Gruppen je fünf Vertreter entsenden sollten. Der Bund sollte zur Vertretung nach außen, zur Verwaltung von Bundesangelegenheiten dienen und Gemeinschaftsaufgaben durchführen. Dabei sollte jede Gruppe »Zur Wahrung ihres Sondergutes und hinsichtlich der Gestaltung ihres Gottesdienstes ihre Selbständigkeit in dem Maß und so lange beibehalten, wie sie es nach ihrer Erkenntnis für recht« hielt.[601]

Aber der Vorschlag der BfC-Brüder wurde »lediglich zur Kenntnis genommen«.[601] Gerade der 21. Juni 1939 in »Patmos« zeigte nämlich, dass die Zeit für einen solchen Zusammenschluss noch nicht reif war. Das zentralisierende Prinzip der Methodisten (Bischofsamt!)[602], die strenge Taufpraxis der Baptisten (Taufe als Eingang in die Gemeinde!), die Frage nach dem offenen oder geschlossenen Abendmahl und das Problem des Berufspredigertums standen dem im Wege.[603] Bei den FeG kamen auch ein starkes Unabhängigkeitsbedürfnis und ein gewisses Misstrauen gegenüber dem »exklusiven« Geist in vielen Brüderversammlungen hinzu.[604] »Lehre, Verfassung und Arbeitsmethoden« der fünf Gruppen wiesen einfach zu große Unterschiede auf.[605] Nicht zuletzt musste man auch Spaltungen fürchten, da man sich der Zustimmung in den Gemeinden nicht überall sicher war.

Damit war auch der zweite Anlauf, zu einer Vereinigung der Freikirchen zu kommen, gescheitert, und der wenige Monate später ausbrechende Krieg machte allen weiteren Bemühungen um einen

Zusammenschluss vorläufig ein Ende. Auch BfC und Baptistengemeinden wollten alle diesbezüglichen Gespräche bis zum Kriegsende ruhen lassen.[606]

Warum »praktische Einheit«?

Aber gerade der Krieg sollte das auslösende Moment sein, dass sich BfC und Baptisten dann doch überraschend schnell fanden. Da auch dabei die Initiative von der Bundesleitung des BfC ausging[607] muss man fragen, was eigentlich gerade die »Brüder« veranlasste, so dringend den Zusammenschluss mit anderen Freikirchen zu suchen, hatten sie doch eben mit der Gründung des BfC und der Vereinigung der bisher getrennten Zweige der Brüderbewegung reichlich genug umwälzende Ereignisse erfahren, so dass es eher verständlich gewesen wäre, wenn man sich zunächst mit dem Erreichten zufrieden gegeben und den so plötzlich organisierten und vereinigten »Brüdern« eine Eingewöhnungszeit an die neuartigen Zustände gegönnt hätte.

Dies wäre eigentlich um so mehr zu erwarten gewesen, als die Haltung der Bundesgegner gezeigt hatte, dass schon dem bisherigen Vorgehen kein ungeteilter Beifall gezollt worden, und weil auch innerhalb des BfC bei nicht wenigen eine distanzierte und kritische Haltung der ganzen Richtung gegenüber zu finden war (s.S. 200ff., 206f.).

Gewiss, Dr. Becker hatte schon am 30. Mai 1937 in Elberfeld der Hoffnung Ausdruck verliehen, dass man nicht nur die Absonderung überwunden habe, sondern dass »in Deutschland bald die Einheitsorganisation« aller Gläubigen außerhalb der Landeskirchen entstehen werde[608], und Becker selbst hatte wohl auch keine Hemmungen, das erstrebte Ziel zügig anzusteuern, wenn er auch im Februar 1938 vor der zögernden Mehrheit in der Bundesleitung zunächst zurückgewichen war (s.S. 202).

Dass aber Männer wie Wilhelm Brockhaus, Hugo Hartnack und auch Christian Schatz den Weg in den Bund mit den Baptisten so überraschend schnell mitgingen, muss doch fragen lassen, was sie zu einer Kehrtwendung bewog, die bis zum Frühjahr 1938 von ihnen so niemals zu erwarten gewesen wäre. Zwar hatten selbst die »Elberfelder« Wilhelm Brockhaus und Hugo Hartnack nach ihren eigenen Aussagen schon vor 1937 innerlich den Standpunkt der strengen Absonderung längst überwunden, aber die von Fall zu Fall mögliche Offenheit in der Abendmahlsgemeinschaft mit Gläubigen anderer Kreise musste schließlich noch nicht bedeuten, dass man sich mit anderen Freikirchen zu einer Organisation und unbesehen zu einer allgemeinen Abendmahlsgemeinschaft zusammenschloss. Zudem wussten sie genau, dass in den Gemeinden »Bedenken gegen ein kollektives Zusammengehen« weit verbreitet war.[609]

Im Folgenden wird zu zeigen sein, wie die überraschende Kehrtwendung in der Richtung einer Suche nach organisatorischer oder »praktischer« Einheit, wie man damals gerne sagte, im wesentlichen weniger aus einer wahrhaft überzeugungsmäßigen Wandlung herrührte, sondern viel mehr aus den Ereignissen und den daraus resultierenden Empfindungen der Zeit zwischen 1937 und 1942.

– *Der »äußere Zwang«*

Sicherlich hatte das Verbot der »Christlichen Versammlung« wie ein Schock gewirkt und manche der bis dahin anerkannten Grundsätze als zweitrangig erscheinen lassen. Vor der kalten Machtausübung des NS-Staates erhielt die warmherzige Bruderschaft mit Gläubigen anderer Kreise plötzlich einen hohen Stellenwert, gleichgültig, wo man diese Bruderschaft fand.

Und war man von der Obrigkeit schon in eine Organisation gedrängt worden, warum sollte man diese Organisation nicht noch um andere Gemeindechristen erweitern, wenn man sich von einer größeren Vereinigung noch mehr staatliche Anerkennung und damit auch besseren Schutz versprach? Schließlich sah man doch die Vorteile, die die Baptisten, ebenso wie die Methodisten, als »Körperschaft des öffentlichen Rechts« gegenüber dem Staat genossen.

Man kann diesen Beweggrund als Nützlichkeitsmotiv bezeichnen, das aus den die religiöse Freiheit einschränkenden Maßnahmen des NS-Staates hervorging. Die Furcht vor dem Verlust der Glaubensfreiheit war der »äußere Zwang«[610], den man später neben mehreren anderen Motiven als wesentliche Triebkraft für die Vereinigung von Baptisten und »Brüdern« nannte, gewissermaßen unter dem oft zitierten Motto: »Wenn die Wölfe die Herde umstreichen, finden die Schafe von selbst zueinander.«[610]

Selbst der Nationalsozialist Dr. Becker berief sich auf diese Notwendigkeit als Begründung für seine Vereinigungsbestrebungen:

> »Je mehr Christus, den wir als Herrn bekennen, angefochten wird, um so mehr sind wir, seine Diener, verpflichtet, uns zusammenzuscharen und Schulter an Schulter zu stehen mit all denen, die den Herrn anrufen aus reinem Herzen.«[611]

Die Zeitschrift »Gnade und Friede« sah gar »die gewaltige Woge des großen Abfalls« auf die Gemeinde Jesu Christi zukommen, die zum erstenmal seit den römischen Christenverfolgungen wieder »vor einer geschlossenen Front antichristlicher Feindschaft« stehe, und fragte:

> »Können wir uns angesichts dieser ernsten, entscheidungsvollen Tatsache noch damit begnügen, dass wir zwar die grundsätzliche Einheit des Geistes und Leibes Christi anerkennen, ihre praktische Verwirklichung aber vernachlässigen oder gar ablehnen?«[612]

Auch auf baptistischer Seite wurde das so gesehen, dass nämlich der immer härter werdende Kampf der Weltanschauungen die Christen zusammenführen müsste:

> »Ein gewaltiger Kampf um Glauben und christliche Weltanschauung wird in unseren Tagen mit aller Energie und beispielloser Erbitterung durchgeführt. ... Auf der einen Seite sind tiefe Risse und Kirchenspaltungen alarmierend deutlich, auf der anderen Seite finden sich Gleichgesinnte und reichen sich ... die Bruderhand.«[613]

So trugen »die Tendenzen des Staates und der Partei, in immer stärkerer Weise das organisierte Christentum aus dem öffentlichen Leben zu verdrängen und zur Verschrumpfung zu bringen«[614], erheblich dazu bei, dass die »Brüder« in einer größeren und rechtlich anscheinend gesicherteren Körperschaft Schutz suchten.

Inwieweit dabei der Grundsatz beachtet wurde, dass Furcht nie ein guter Ratgeber ist, schon gar nicht für Christen, mag dahingestellt bleiben. Wäre man sich aber auch so schutzbedürftig vorgekommen, wenn man geahnt hätte, dass Gott nur wenige Jahre später den »äußeren Zwang« samt seinen Urhebern hinwegfegte?

– *Das »Gebot der Stunde«*

Doch sicherlich hätten die Besorgnisse um die Glaubensfreiheit allein nicht ausgereicht, Baptisten und »Brüder« auch organisatorisch zusammenzuführen, wenn nicht ein anderes Motiv hinzugetreten wäre, das eigentlich in krassem Widerspruch zu den religionspolitischen Befürchtungen stand und das nach dem Krieg fast völlig aus dem Bewusstsein der damaligen Führungsgeneration verdrängt wurde. Es handelte sich um jene euphorische nationale Begeisterung der Politik Hitlers gegenüber, wovon – zusammen mit breiten Volksschichten – auch die meisten Christen und nicht zuletzt die aus pietistischen Kreisen erfasst waren, obwohl doch dieselben politischen Mächte nicht nur die Urheber der nationalen Erfolge, sondern auch des religiösen Drucks waren. In seltsamer Gespaltenheit versuchten die meisten Christen, diese Tatsache in getrennten Kategorien zu betrachten, den erfolgreichen, vermeintlich frommen Führer und seine christusfeindlichen Trabanten auseinanderzudividieren, was nach dem schrecklichen Ende des Dritten Reiches und seiner Machthaber natürlicherweise aus dem Bewusstsein verbannt wurde.

Wie viele andere Deutsche hatten auch die »Brüder« seit 1933 das Gefühl, dass man in einer Zeit geistiger und politischer Umwälzungen von weltgeschichtlichem Ausmaß lebte, sprach man doch seitdem von einem »Umbruch der Zeit«, einem »ungeheuren Umschwung«, einer »historischen Wende«, und das alles »durch Gottes Fügung« herbeigeführt.[615]

Da fehlte nun nicht mehr viel, dass die patriotischen Beschwörungsformeln von Einheit, Volksgemeinschaft und Stärke auch auf die christliche Ebene übertragen wurden, hatte doch die *Tenne* schon 1934 angeregt, die politische Erneuerung als Vorbild einer notwendigen geistlichen Erneuerung zu betrachten (s.S. 63), wenn man damals auch noch nicht an freikirchliche Zusammenschlüsse dachte.

Aber 1938 fragte der *Botschafter*:

> »Wir stehen in einem gewaltigen Umbruch der Zeit. Schier unfassbar große Ereignisse bilden den Inhalt unserer Tage. Was soll da die Gemeinde Gottes tun? Was sind ihre Aufgaben und Ziele?«[616]

Die Antwort war für jene Zeit symptomatisch:

> »Im Namen unseres Gottes wollen wir über Hecken und Zäune hinwegsehen, allen Standes- und Bildungsdünkel begraben, mit allen Gläubigen in heiliger Liebe verbunden sein, uns gegenseitig tragen ...«[617]

Die Abwehr des »Standes- und Bildungsdünkels«, der sicherlich nicht zu den Untugenden der deutschen »Brüder« gehört hatte, zeigt, wie sehr auch die Christen von der Sprache Hitlers erfasst waren. Und die nationalsozialistische Propaganda von Einheit und Volksgemeinschaft, das frenetische Geschrei hysterischer Massen, »Ein Volk, ein Reich, ein Führer!«, Hitlers sensationelle Erfolge bei der Zusammenführung der Deutschen durch den Anschluss Österreichs und des Sudetenlands im Jahr 1938, schließlich auch die siegreichen Feldzüge der ersten Kriegsjahre und die sogenannte »Neuordnung Europas« unter Hitlers Oberherrschaft, all das, verbunden mit den eigenen aufregenden Erlebnissen um Verbot,

BfC-Gründung und »Brüder«-Zusammenschluss im Jahr 1937, brachte jenes euphorische Gefühl hervor, dass man sich dem »Zuge der Zeit«[618], dem »Gebot der Stunde«[619], den »Zeichen der Zeit« oder – noch deutlicher – dem »Zug zur Einigung«[620] »in unseren Tagen«[621] nicht verschließen dürfe.

Schon seit Juni 1937 brachten die Zeitschriften der BfC-»Brüder«, der *Botschafter* und *Gnade und Friede*, laufend Artikel, die zur Verwirklichung der Einheit des Leibes Christi aufriefen, deren Praktizierung »jetzt« nötiger denn je sei. »Was hat Gott durch sein Tun der Schriftleitung sagen wollen?«, fragte der *Botschafter* in seinem ersten Heft nach dem Verbot und der Gründung des BfC. Die Antwort war, dass die Zeitschrift in den letzten Jahren »nicht genügend wegweisend gewesen« sei, »die Wahrheit von dem einen Leibe« zu verkünden. Das sollte nun anders werden.[622]

Und es wurde anders. Der *Botschafter* wies jetzt so oft auf die dringend notwendige Verwirklichung der Einheit der Kinder Gottes hin, dass die Zeitschrift im Dezember 1937 selbst vermutete:

> »Mancher Bruder mag beim Lesen denken: Ein neuer Ton erklingt in unserem Schrifttum. Ja, es ist so! Aber er ist nötig in unserer Zeit eines geistigen und geistlichen Umbruchs, und – er lässt sich biblisch durchaus begründen, ohne dass damit erkannte Wahrheiten preisgegeben werden.«[623]

Immer wieder stand das »Heute« im Vordergrund der Argumentation, dass »der Geist Gottes in unseren Tagen unter den Kindern Gottes aller Richtungen am Werk« sei[623] die praktische Einheit der Gläubigen zu schaffen:

> »Wir sehen heute, wie die Gläubigen in vielen Kreisen aufgerüttelt sind und wie die Erkenntnis der Zusammengehörigkeit wächst. Würden wir es nicht mit großer Freude begrüßen, wenn sich alle Kinder Gottes einmal zusammenfänden?«[624]

Und in einer gedruckten Verteilschrift *Unsere Schuld – der Weg zur Heilung* schrieb »Einer von Euch, dem die Sache sehr am Herzen liegt«:

> »Mir scheint, dass in unseren Tagen die Wirksamkeit des heiligen Geistes in besonderer Weise dahin geht, die Einheit *aller* Kinder Gottes nach außen sichtbar zu machen. Das müssen wir verstehen und uns selbstlos als willige Helfer dieser heiligen Bemühung gebrauchen lassen. Die Zeiten sind gedrängt und ernst!«[625]

Diese »Zeiten« wurden auch von baptistischer Seite so beurteilt, wenn z.B. der Bundesdirektor Paul Schmidt an die Gemeinden schrieb:

> »Viele verantwortliche Männer hüben und drüben erkennen, dass eine Stunde da ist, in der wenigstens ähnlich gewordene und von Gott geführte Christengruppen zusammenkommen und sich auch sichtbar vereinen sollen.«[626]

Und so sollten auch die Wittener *Richtlinien* (s.S. 205f.) nach dem Willen ihrer Verfasser »auf das Gebot der Stunde hinweisen«[626], wie man überhaupt Einheitsstreben und Zeitereignisse immer wieder in einen zwingenden Zusammenhang brachte. Wie sehr »die gewaltigen Geschehnisse unserer Zeit« – gemeint waren der Anschluss Österreichs und des Sudetenlands – ihre Wirkung auf die freikirchlichen Christen nicht verfehlte, zeigten die unermüdlich wiederholten Beteuerungen, die sich auf »das Rauschen einer neuen Zeit, einer Zeit nicht mehr des Auseinanderstrebens, sondern des Zusammentretens der christlichen Gruppen« beriefen.[627] Es war nicht von ungefähr, dass man sich auf der Weltersbacher Gemeinschaftstagung am 26. September 1938 (s.S. 205) die »Führer«rede zur Sudetenkrise gemeinsam anhörte, um sich von diesem Erleben her noch enger zusammengehörig zu fühlen und »vom Worte Gottes her unsere Einheit zu erkennen«.[628]

Auch die Jugend, im NS-Staat bekanntlich Garant der »neuen Zeit«, fehlte nicht in der Argumentation für die kommende Einheit:

> »Unsere Jugend, der die Zukunft gehört, ... hat kein Verständnis für dogmatische Streitereien. Sie versteht aber, wenn Gläubige sich die Hände reichen zu gemeinsamer Arbeit nach innen und nach außen.«[629]

Und wirklich forderte in der *Tenne* Walter Pfeiffer für die Jugend:

> ››Die Tatsache von dem Einssein der Kinder Gottes wird wohl von keinem Gläubigen angezweifelt. Doch geht es uns heute um mehr als die bloße Tatsache, wir wollen Verwirklichung.«[630]

Die Vereinigung der Elberfelder und Offenen Brüder sollte in dieser Richtung nur ein erster Schritt sein, so dass Hugo Hartnack ein Jahr nach der Kasseler Zusammenkunft im August 1938 hoffnungsvoll schrieb:

> ››Die zwischen den beiden Gruppen der ››Brüder« vollzogene Einigung hat naturgemäß starke Beachtung gefunden, und zwar bei allen christlichen Kreisen. Man hat den Eindruck, dass diese Einigung Schule machen wird. Ist doch die ganze heutige Zeit dazu angetan, dass sich die wahren Christen mehr als früher darauf besinnen, dass der Herr nur *eine* Gemeinde gegründet hat!«[631]

Es lässt sich nicht leugnen, dass das, was Hugo Hartnack damals »die ganze heutige Zeit« nannte – und dazu gehörten ohne Zweifel Adolf Hitler und seine Politik –, sehr wesentlich an der Organisierung der »Brüder« über ihren eigenen Kreis hinaus mitwirkte und das »Gebot der Stunde« diktierte. Verständlich ist, dass man sich diese Tatsache nach 1945 nicht mehr eingestehen wollte, vielleicht auch gar nicht mehr im Bewusstsein hatte. Heute aber dürfen wir angesichts einer notwendigen Rück- und Selbstbesinnung diese geistigen und gefühlsmäßigen Wurzeln der Bundesgründung von 1941 nicht unbeachtet lassen.

– *Der Wille Gottes*

Das sollte andererseits nicht zu dem Schluss verführen, dass nur die einengenden und die stimulierenden politischen Ereignisse jener Zeit die Vereinigungsbemühungen vorwärtstrieben, wenngleich sie sicherlich in jenen hektischen Tagen der stärkste Motor waren. Viele »Brüder« waren fest davon überzeugt, Gottes Willen zu vollziehen, wenn sie nach dem Zusammenschluss der wahrhaft christlichen Gruppen strebten, und das gilt für die Baptisten gewiss genau so.

Der Wille Jesu, dass »sie alle eins seien, ... damit die Welt glaube«, dass der Vater ihn gesandt hatte (Joh 17,21), wurde immer wieder in den Überlegungen und Argumentationen angeführt. Die *Botschaft* gab sich ab 1939 mit dem neuen Namen diesen Bibelvers als neues Motto, sah doch Wilhelm Brockhaus, der Schriftleiter, in der »Verwirklichung« der von Christus gewollten Einheit »das Gebot der Stunde«.[632]

Diesem Gebot durfte sich ein Gläubiger, der mit Ernst Christ sein wollte, nicht entziehen:

»Wehe uns, wenn wir uns mit der Tatsache der unsichtbaren Einheit abfinden! ... Wir haben dann kein Recht, uns noch Nachfolger Christi zu nennen!«[633]

Mit solcher Entschiedenheit trat der *Botschafter* schon 1937 vor seine Leser, und auch Hugo Hartnack hatte schon im gleichen Jahr den Standpunkt grundsätzlicher Offenheit in dieser Frage eingenommen:

»Ich halte es nicht für richtig zu sagen, dass die Welt nicht eher die Einheit der Kinder Gottes sehen wird, als bis der Herr gekommen sei. Solche Ansicht kann nicht durch die Schrift gestützt werden. ... Lasst uns darum nach praktischer und für die Welt sichtbarer Gemeinschaft mit allen denen streben, die den Herrn anrufen aus reinem Herzen. Und dieser Kreis ist größer, als wir vielleicht denken mögen.«[634]

Bei alledem war erstaunlich, wie radikal die Lehre von der Absonderung verlassen wurde. Die frühere Haltung wurde jetzt so verstanden, dass sie den Willen des Herrn in sein Gegenteil verkehrt habe[635]; die Väter seien zwar die Verkünder der Einheit gewesen, hätten aber »praktisch« den falschen Weg eingeschlagen.[609] Da konnte es nur eine Folgerung geben:

> »Wir haben gefehlt, so wollen wir bekennen. Und wir wollen beten und arbeiten, dass es anders mit uns werde.«[636]

Es wurde die Frage nach »der von Gott gewollten Absonderung« gestellt, und Hugo Hartnack kam zu dem Ergebnis, dass es nach der Bibel nur um die Absonderung von bösen Werken und Ungläubigen gehen könne, wogegen im Blick auf Christen,

> »die ein reines Leben zu führen sich bemühen und die das schriftgemäße Evangelium bezeugen«,

ein »Zusammengehen« geboten sei.[637]

Offen wurde zugegeben, dass die schweren Tage des Frühjahrs 1937 zu dieser Sinneswandlung geführt hatten, und so verwandelte also das Damaskuserlebnis des Verbots die »Brüder« von Verteidigern einer »Einheit durch Trennung (= Absonderung)« zu Vorkämpfern einer praktisch zu verwirklichenden Einheit. Insofern kann das etwas hektische und sicherlich übereilte Streben nach einer Einheitsorganisation auch als der Versuch gewertet werden, ein Stück der eigenen Vergangenheit zu bewältigen.

Alles sollte jetzt unter der Perspektive der Einheit der Gemeinde stehen, und die *Botschaft* sah eine ihrer »Hauptaufgaben« darin,

> »allen Gläubigen wieder und wieder zuzurufen: Ihr seid eins, eins in Christus! Deshalb strebt nach der Verwirklichung der Einheit!«[638]

– *Die Bestätigung durch die »anderen«*

Und wirklich schienen die anderen Gemeindechristen auf den neuen Ruf der »Brüder« zu hören. Die zahlreichen Gespräche, die die »Brüder« 1937-1939 mit Vertretern anderer Gemeinschaftskreise führten, waren für sie eine neuartige und belebende Erfahrung, die ihre jetzigen Auffassungen zu bestätigen schien. Immer wieder wurde von den Besprechungen berichtet, dass sie von »brüderlichem, harmonischem Gedankenaustausch« gekennzeichnet gewesen seien.[639]

Man war auch überzeugt, dass die Elberfelder Konferenz 1938 »ungewöhnliche Beachtung finden« werde, »und zwar weit über die Kreise des BfC hinaus«[640].Und mit Genugtuung nahm man zur Kenntnis, dass selbst bei der Gnadauer Gemeinschaftsbewegung der Landeskirchlichen Gemeinschaften Dr. Beckers Rechtfertigungsschrift *Die Wahrheit über den BfC* (s.S. 154) zum »reichsgottesgeschichtlichen Dokument« hochstilisiert wurde.[641]

Ausführlich wurde von der 52. Blankenburger Allianzkonferenz (August 1938) berichtet, auf der Wilhelm Brockhaus den Wunsch der BfC-Gemeinden zum Ausdruck brachte, »mit den Brüdern in der Evangelischen Allianz nunmehr enger zusammenzukommen«[642]; und man freute sich darüber, dass sich die Jugendgruppen der verschiedenen Gemeinschaften an manchen Orten monatlich auf gemeinsamen Zusammenkünften trafen.[643]

Gern wurde auch von den Einheitsbemühungen der (natürlich Offenen) »Brüder« in anderen Ländern berichtet, z.B. England und Rumänien, wohinter die deutschen »Brüder« nun nicht zurückstehen wollten.[644]

An der Weltmissionskonferenz 1939 im indischen Tambaram war jetzt wichtig und bezeichnend, dass hier der Zusammenschluss der Kirchen gefordert worden war[645] und dass es auf dieser Tagung schon »zu einer wirklichen und echten Einheit im Geist Christi gekommen« sei.[646] »Noch wunderbarer« aber erschien der *Botschaft* sogar die »Una-Sancta«-Bewegung (ein katholischer Versuch, die Einheit der Kirche wiederherzustellen), die als ein »Beweis des wundersamen Wirkens Gottes in unserer Zeit« bewertet wurde.[647]

Politische wie religiöse Entwicklung also schienen so sehr dem neuen Denken der »Brüder« recht zu geben, dass für Hugo Hartnack sogar die Zusammenlegung der beiden »Brüder«verlage in Elberfeld und Dillenburg dem »Zuge der Zeit« entsprach.[648]

Am meisten kamen die Baptisten dem Drängen der BfC-Führer nach einer gemeinsamen Organisation entgegen. Schon vor den Verhandlungen um eine Bundesgründung arbeiteten beide Gruppen – auf Seiten des BfC die Wiedenester – in der Ostmission zusammen, was am 30. April 1940 in Kassel beschlossen worden war[649], wie überhaupt das missionarische Motiv für den Zusammenschluss auch eine gewisse Rolle spielte.[650]

– *Das »hierarchische« Moment*

Doch muss für die Einheitsbemühungen noch ein Beweggrund genannt werden, der für den Erfolg erheblich ausschlaggebender war: der Wille der Führerpersönlichkeiten.

Im Herbst 1940 zeichnete sich ab, dass der Krieg länger dauern würde, als man zunächst erwartet hatte. Dr. Becker konnte sich als Reserveoffizier der Luftwaffe immer weniger den Bundesangelegenheiten widmen, und da er den BfC mit Recht als sein persönliches Werk betrachtete, für das er sich in seiner Führerstellung auch verantwortlich fühlte, musste er sich fragen, was angesichts der vielen Gleichgültigen oder gar Widerstrebenden ohne ihn aus dem BfC werden sollte.

Es erschien ihm am angebrachtesten, dass der BfC von einem größeren Bund, nämlich dem der Baptistengemeinden, aufgefangen wurde und damit unter die Obhut bewährter Organisatoren kam. So äußerte er sich zu dem baptistischen Bundesdirektor Paul Schmidt, bei dem er auf volles Verständnis stieß, als Becker im Oktober 1940 die Verhandlungen mit ihm aufnahm.[651]

Beckers Wünschen kam entgegen, dass er in Paul Schmidt einen Verhandlungspartner fand, der ihm als dynamische Führerpersönlichkeit in geschickter Organisationsfähigkeit und im festen Willen zur Einheit nicht nachstand.

Paul Schmidt (1888-1970)[652] war nach verschiedenen Predigerdiensten von 1928-1935 Schriftleiter baptistischer Zeitschriften gewesen und seit 1935 Bundesdirektor des »Bundes der Baptistengemeinden in Deutschland« mit dem Sitz in Berlin; dieses Amt hatte er bis 1959 inne, nach dem Krieg allerdings in Bad Homburg v.d.H.

Wie sehr er bemüht war, die Strukturen der Gesellschaft mitzubestimmen, zeigt sein Engagement 1930-1932 als Reichstagsabgeordneter des »Christlich-Sozialen Volksdienstes«, der in der Spätphase der Weimarer Republik versuchte, neben dem katholischen Zentrum eine evangelische Partei zur Geltung zu bringen. Bei Paul Schmidt kam zu seiner ehrlichen Überzeugung, dass die Einheit der Gemeinde Jesu Christi eine zu praktizierende Verpflichtung sei, noch seine Fähigkeit hinzu, eine solche Aufgabe auch organisatorisch in Angriff zu nehmen. Er hielt die Wittener *Richtlinien* (s.S. 205f.) als einen Weg »von unten nach oben« für verkehrt und zog wie Dr. Becker nach dem Führerprinzip die »einheitliche Tat« von oben vor.[653]

Es war kein Wunder, dass mit diesen beiden dynamischen Männern die Gespräche, die sich vorher Jahre hindurch ohne greifbare Ergebnisse dahingeschleppt hatten, nun plötzlich in wenigen Wochen zum Abschluss kamen.

In dem Bundesvorsitzenden. der Baptistengemeinden, Friedrich Rockschies (1875-1945), fanden sie dabei einen verständnisvollen, die Gefolgschaft begeisternden Partner.

Doch triumphierten hier leider das organisatorische Talent und der unbeugsame Wille der beiden Führerpersönlichkeiten über den Geist der vielen, die ein so einschneidendes Ereignis wie die Vereinigung zweier in vielem doch recht unterschiedlicher Freikirchen tragen mussten. Dass die Bundesleitungen Auffassungen und Gefühle vieler Gemeindeglieder unberücksichtigt gelassen hatten, sollten schon die nächsten Wochen nach der Bundesgründung, noch mehr aber die Jahre nach dem Ende des Krieges erweisen, als der Zusammenschluss z.T. wieder rückgängig gemacht wurde. Solche enttäuschenden Entwicklungen aber sind nicht auszuschließen, wenn sich das hierarchische Moment einer klerikalen Führung zu sehr in den Vordergrund drängt, wie es bei den Architekten des neuen Bundes offensichtlich der Fall war.

– Zusammenfassung

Will man also versuchen, die Frage zu beantworten, warum gerade die »Brüder« so sehr nach praktischer Einheit strebten, wird man mit der gebotenen Vorsicht gegenüber den Unwägbarkeiten des menschlichen Herzens sagen dürfen, dass folgende Motive beim Zusammenschluss von »Brüdern« und Baptisten sicherlich von Bedeutung waren:
– Durch den politischen Druck von außen fühlten sich die Gläubigen zueinandergedrängt;
– die nationale Begeisterung jener Jahre förderte das Einheitsstreben ungemein und erhob es zum »Gebot der Stunde«;
– die biblische Wahrheit von der einen Gemeinde konnte von daher als Verpflichtung der Gegenwart zu gemeinsamem Zeugnis und stärkerer Mission aufgefasst werden, zumal
– das Verhalten anderer Kreise die Tendenz zu bestätigen schien;
– von recht ausschlaggebender Bedeutung sollte aber schließlich der Wille mehrerer Führerpersönlichkeiten werden.

Der Krieg als auslösendes Moment

Schien es zunächst so, dass sich der Krieg dem »Zug der Zeit« zur Vereinigung widersetzte, so sollte sich bald herausstellen, dass gerade die kriegerischen Umstände zum auslösenden Moment wurden, die Bestrebungen Dr. Beckers und seiner Freunde zum Erfolg zu führen. Der äußerliche Anlass ergab sich aus den Schwierigkeiten, die der BfC mit der Betreuung einiger kleinerer deutschsprachiger Gemeinden in dem seit September 1939 vom Deutschen Reich beherrschten Polen hatte.

Da das sogenannte »Generalgouvernement« offiziell nicht zum Deutschen Reich gehörte, konnten sich die dortigen Brüderversammlungen nicht dem BfC anschließen, weil der nur für das Gebiet des Deutschen Reiches zugelassen war. Damit fielen die Gemeinden im Osten unter das Verbot der »Christlichen Versammlung«. Außerdem wurden im September 1940 die freikirchlichen Gemeinden – also auch die der »Brüder« – in Rumänien und in der Slowakei durch die dortigen autoritären Regierungen verboten. Während nun die Baptisten auf Grund ihrer Körperschaftsrechte und ihrer internationalen Bedeutung sofort helfend einzugreifen vermochten, musste die Bundesleitung des BfC einsehen, dass ihre eigene Position äußerst schwach war.

Als ein Ausweg erschien, die Gemeinden im Osten unter die Obhut der nie verbotenen Baptisten zu stellen[654], und zu diesem Zweck schlug Walter Brockhaus, der im Sommer 1940 Dr. Richter als Geschäftsführer des BfC abgelöst hatte[655], vor, eine Dachorganisation zu bilden, die nicht nur jenen Gemeinden im Osten, sondern gerade auch dem BfC selbst den Schutz und den Einfluss einer »Körperschaft des öffentlichen Rechts« zuteil werden lassen konnte. Auch an die Zeit nach dem erwarteten Endsieg, von der man umwälzende Maßnahmen seitens der Regierung im Blick auf die kirchlichen Verhältnisse erwartete, dachte Walter Brockhaus schon am 16. Oktober 1940:

> »Schließlich würde ein solcher Zusammenschluss, der heute freiwillig geschieht, für die kommenden Auswirkungen eines zwangsläufigen Zusammengelegtwerdens von größtem Vorteil sein. Sind wir dann noch getrennt, wie augenblicklich, so wird sich wahrscheinlich die Regierung an den zahlreichsten Kreis wenden und ihn damit betrauen, die Organisation durchzuführen. Dann kann dieser Kreis kommandieren. Heute, wenn wir freiwillig zusammenrücken, kann jeder einzelne noch seine Ansprüche anmelden.«[656]

Was jedoch Walter Brockhaus noch als eine Dachorganisation mit völliger Eigenständigkeit der beteiligten Partner ins Auge gefasst hatte, geriet in den folgenden Verhandlungen bald zu dem Wunsch nach einem »vollen Ineinanderaufgehen«[657] dem die leitenden Männer beider Kreise sehr schnell zustimmten[658], obwohl es sich hierbei doch um sehr weitreichende Entschlüsse mit unabsehbaren Folgen handelte. Die Eile, mit der die Vereinigungsaktion durchgeführt wurde, erscheint heute deshalb als befremdlich.

Man muss allerdings berücksichtigen, dass die kriegerischen Ereignisse sehr wesentlich dazu beitrugen, dass die Entschlüsse so rasch gefasst wurden. Die siegreichen Blitzfeldzüge der deutschen Wehrmacht – Polen, Dänemark und Norwegen, die Niederlande, Belgien, Frankreich – hatten auch auf viele Christen eine Wirkung, die zu einer distanzierten Betrachtung der Ereignisse kaum eine Möglichkeit bot. Man sah sich »inmitten eines gewaltigen Geschehens«, das einem »viel zu sagen« hatte.[659] Hugo Hartnack kam zu dem Ergebnis, dass Gottes Reden im Zeitgeschehen auch von den Christen eine andere Denkweise erfordere, als sie im 19. Jahrhundert üblich war, dass es jetzt nicht mehr auf »persönliche Ansichten« oder gar auf die »Freiheit der Persönlichkeit« ankomme[659] – hatte doch die vom NS-Staat gleichgeschaltete Volksgemeinschaft die ungeheuren politischen und militärischen Erfolge errungen![660] –, sondern dass Gottes Geist »in unserer Zeit sichtlich am Werk« sei, »zusammenzubringen, was zusammengehört«.[661]

Hans Becker sah die Zusammenhänge zwischen den politischen Ereignissen und den christlichen Bemühungen um Einheit sehr konkret:

»Wir können an den Geschehnissen der Jetztzeit nicht achtlos vorbeigehen, sie sind nicht Zufallsakt, Gott macht Geschichte und bewegt und lenkt alles. ... Niemand wird bestreiten, dass sich in den letzten zehn Tagen etwas ereignet hat, was von größter Bedeutung ist. Da kommen Minister aus Ungarn, Rumänien, aus der Slowakei nach Berlin als der Zentrale europäischer Wirtschafts-Neuordnung. Was wir in Deutschland bei seinen früheren 56 Parteien im kleinen erlebten, das sehen wir heute im großen im europäischen Wirtschaftsraum. Einigung und Neuorientierung. Man sieht über kleine Gegensätze hinweg, ... selbst die Bolschewiken aus Sowjet-Russland machen Bündnisse mit Deutschland. Sie wollen eins sein. Dahinter stehen Kräfte der Gemeinsamkeit der Völker Europas, vielleicht später der Welt. ... Was hat uns dies zu sagen von Gott her? Will Er, der die Geschichte macht, dass wir an alledem vorbeigehen, soll uns das keine Richtschnur, keine Linie geben?«[662]

Selbst Erich Sauer (II,148), in seinen theologischen Arbeiten der biblischen Heilsgeschichte verpflichtet, meinte schon den heilsgeschichtlichen Atem Gottes auch in den Geschehnissen des Zweiten Weltkrieges zu spüren:

> »Wir leben in einer Zeit gewaltigster Ereignisse. Mit geradezu unabweisbarer Wucht wird immer mehr offenbar, dass die Vollendung der Ratschlüsse Gottes heranreift. Was sollen wir tun?
> Wir sollen Gottes Zeugen sein! ... Dazu aber gehört, dass Gottes Volk zusammensteht. Alle Zerrissenheit schwächt. Nur Einigkeit macht stark.«[663]

Man muss wirklich die Faszination berücksichtigen, die von den Ereignissen der Zeit damals ausging und den durchschnittlichen, auch den christlichen Deutschen ergriff. Dennoch muss die Frage gestellt werden, inwieweit es sich ein Christ leisten kann, nur ein durchschnittlicher Staatsbürger zu sein, der das Geschehen seiner Zeit nicht unter das Urteil des Wortes Gottes und unter den Aspekt der Ewigkeit stellt. Weil die zur Unterscheidung der politischen Geister notwendige Distanz fehlte, wurde die Verbindung zwischen den Zeitereignissen und den eigenen Einheitsvorstellungen im Raum der Gemeinde allzu voreilig hergestellt:

> »Zwischen Winter und Frühling des zweiten Kriegsjahres steht alle Welt in Erwartung großer Dinge im Völkergeschehen. Wir durchleben eine große und gewaltige Zeit des Umbruchs und Aufbruchs in der Weltgeschichte. Aufhorchend und staunend sehen wir das Handeln Gottes inmitten der Völker. Eine Zeitenwende wird immer deutlicher erkennbar.
> Ist es ein ›Zufall‹, dass zu gleicher Zeit im kirchlichen bzw. freikirchlichen Raum Bewegungen aufbrechen, die geeignet sind, vergangene Entwicklungen abzuschließen und neue zu eröffnen? Auch die Kirchengeschichte steht offenbar an einem Wendepunkt.«[664]

Bei der Betrachtung so »großer Dinge« in welt- und kirchengeschichtlichem Ausmaß – hier von der *Botschaft* entwickelt –, ist es nicht verwunderlich, dass der eigentliche Anlass der Bundesverhandlungen zwischen »Brüdern« und Baptisten aus dem Blickfeld geriet. Jedenfalls wusste der Geschäftsführer des BfC, Walter Brockhaus, später nicht mehr zu sagen, was aus jenen kleinen Gemeinden der »Brüder« in Polen geworden sei[665] ganz davon abgesehen, dass sie sicherlich in den Strudel des untergehenden »Groß«deutschen Reiches mit hineingerissen wurden.

Die Blitzaktion

Die Maßnahmen zur Vereinigung der beiden Bünde wurden jetzt Zug um Zug, geradezu blitzartig, durchgeführt. Nach der Anregung durch Walter Brockhaus vom 16. Oktober 1940[656] fasste die Bundesleitung des BfC am 1. November in Dortmund einen Beschluss über die Bedingungen, unter denen man einem größeren Bund zustimmen wollte.

Schon am 2./3. November einigte man sich am gleichen Ort mit den Baptisten[666], von denen der Bundesvorsitzende Friedrich Rockschies, der Bundesdirektor Paul Schmidt und Dr. Speidel anwesend waren; seitens der »Brüder« waren erschienen Dr. Becker, Walter Vogelbusch, Wilhelm und Walter Brockhaus, Walter Engels, Heinrich Neumann, Erich Sauer, Heinz Köhler und Christian Schatz. Sogar über die Vorsitzenden des neuen Bundes einigte man sich bereits: Friedrich Rockschies 1. Vorsitzender; Dr. Hans Becker 2. Vorsitzender. Als Geschäftsführer oder Bundesdirektoren waren Paul Schmidt und Walter Vogelbusch vorgesehen.[667]

Eine Anfrage bei den Freien evangelischen Gemeinden, ob sie zur Teilnahme bereit seien, wurde von dort abschlägig beschieden, so dass der zu gründende Bund nun endgültig nur aus Baptisten und »Brüdern« bestehen sollte. Damit hatte sich der ursprüngliche Wunsch einer Reihe von »Brüdern«, zunächst höchstens mit den FeG zu einer Vereinigung zu kommen, nicht erfüllt, und es war eine Situation entstanden, die anfangs so nicht gewollt gewesen war.

Während noch die Antwort der FeG ausstand – sie sollte erst Ende November eintreffen –, gab die Bundesleitung des BfC schon zwei Tage später im Rundschreiben vom 5. November die Absicht zum Zusammenschluss mit den Baptisten bekannt und lud zu mehreren »Aufklärungsversammlungen« ein:
– für den 17. November nach Berlin (Hohenstaufenstraße);
– für den 24. November nach Wuppertal-Elberfeld (Baustraße);
– für den 1. Dezember nach Frankfurt/Main (Neue Mainzer Straße).[668]

Schon in Berlin sollte es in Anwesenheit von Bundesleitung und Reichsbrüderrat zur Beschlussfassung kommen. Es wurde von vornherein angekündigt, dass nicht nur an eine Dachorganisation gedacht sei, weil man mit ihr »dem Zustand, den der Herr in Joh. 17 wünscht, kaum näher« käme. Nein, beide Bünde sollten »verschwinden« und »ein neuer Bund gemeinsam aufgebaut« werden.

Immerhin wurde versprochen, dass in diesem Bund bei aller gemeinsamen Arbeit – Bundesleitung und Ausschüsse sollten paritätisch besetzt werden – »jeder Kreis seinem Eigenleben entsprechend gepflegt« werden sollte.

Die »dogmatischen und sonstigen« Bedenken, die bei einigen gegenüber den Baptisten bestanden hatten, seien in den Gesprächen völlig ausgeräumt worden, so dass die Bundesleitung das Zusammengehen »mit gutem Gewissen und großer Freudigkeit empfehlen« könne.

Dass aber damit die bestehenden Bedenken in den Gemeinden durchaus nicht ausgeräumt waren, sollte sich bald zeigen. Diese Bedenken erstreckten sich in zweierlei Richtung:
– erstens in der Sache gegen eine so weitgehende Maßnahme, deren Folgen nicht abzusehen seien;
– zweitens in der Methode, fürchteten doch die nach Wuppertal oder Frankfurt eingeladenen west- und süddeutschen Ortsbeauftragten, mit dem Berliner Ergebnis vor vollendete Tatsachen gestellt zu werden.

Es wurde vorgebracht, man habe sich nicht an das Versprechen gehalten, »wichtige Angelegenheiten zunächst den Gemeinden zur Besprechung bekanntzugeben«[669]. Außerdem sei die Sache »entschieden übereilt«[670]. Andere warfen der Bundesleitung gar vor, die Mitglieder »belügen und betrügen« zu wollen.[671]

Tatsächlich hatte Dr. Becker die Absicht gehabt, schon in Berlin durch den Bundesrat, der als eine Art Mitgliederversammlung zur Änderung der Bundesverfassung des BfC berechtigt war, vollendete Tatsachen schaffen zu lassen, fürchtete er doch, dass im Westen noch »irgendein Quertreiber ... die ganze Sache durch entsprechendes Auftreten zunichte machen könnte«[672].

Den sachlichen Bedenken wurde durch entsprechende »Aufklärung« auf den genannten Versammlungen begegnet, den methodischen Einwand musste ein erneuter Rundbrief[673] ausräumen, in dem man versicherte, dass man die ursprünglich für Berlin vorgesehene Beschlussfassung bis zur letzten Zusammenkunft am 1. Dezember aussetzen wolle, obwohl »die ganz überwiegende Mehrheit aller in Berlin anwesenden Brüder der Vereinigung« zugestimmt habe.

Die »Aufklärungsversammlung« am 24. November 1940 im traditionsreichen Elberfeld zeigte zwar im Einzelnen heftigen Widerspruch, erbrachte aber im Ganzen ein ähnliches Ergebnis wie die Berliner Veranstaltung eine Woche vorher. Neben der geistlichen Verpflichtung gemäß Johannes 17 betonte Dr. Becker den Zug zur Gemeinsamkeit in der Gegenwart. »Die Zeit des Individualismus« sei auch für die Christen »vorbei«, und die »Brüder« sollten sich dem weltgeschichtlichen Trend anpassen.[662]

Auch die Gefahren, die den freikirchlichen Christen drohten und mehr Geschlossenheit erforderlich machten, wurden vor Augen gemalt:

> »Es sind sehr starke Kräfte am Werk, die Schluss mit dem Christentum machen wollen. ... Wer noch nicht merkt, dass Geschlossenheit erforderlich ist, wird eines Tages merken, dass er nicht mehr da ist.«[662]

Dennoch widersprachen einige der Anwesenden, darunter Ernst Berning aus Schwelm und der Reisebruder Wilhelm Greb, heftig. Ernst Berning erinnerte daran, dass die Bundesleitung zwei Jahre vorher noch verkündet habe, »es sei unmöglich, mit den Baptisten zusammenzugehen« (s.S. 202), und den dunklen Zukunftsbildern Dr. Beckers stellte er die Auffassung entgegen, nun gerade nicht das Vertrauen auf Menschen zu setzen. Die Zukunft solle man Gott überlassen.[674]

Doch konnten solche Einwände letztlich an der Sache nichts mehr ändern. Gegenüber der geschickten Argumentation Dr. Beckers und der Geschlossenheit der Bundesleitung waren die Gegenstimmen zu schwach. Ca. 90% der Versammelten stimmten der Vereinigung zu[675], wobei allerdings einschränkend gesagt werden muss, dass die anwesenden Ortsbeauftragten zumeist Freunde des neuen Systems waren und ihre Stimmabgabe noch keinen Aufschluss über die Meinung in den Gemeinden geben konnte. Zu einer echten Meinungsbildung in den Gemeinden wurde aber gar keine Gelegenheit gegeben, folgte doch der Aufklärung in den drei Versammlungen in Berlin, Elberfeld und Frankfurt – außerdem auch noch in Siegen – jedes Mal unmittelbar die Meinungsbefragung. Die Bedenken eines Mannes, der dem Zusammenschluss grundsätzlich positiv gegenüberstand, kennzeichneten daher treffend die Situation:

> »Ich hätte allerdings den Zeitpunkt noch etwas hinausgeschoben und in Wort und Schriften noch deutlicher auf die Voraussetzungen hingewiesen, um einen geeigneteren Boden vorzubereiten (von ›Staatswegen‹ vielleicht nicht opportun). Nun fürchte ich endlose Schreibereien und Auseinandersetzungen ...«[676]

Noch 45 Jahre später muss diese Vermutung leider bestätigt werden. Die Frage Ernst Bernings in Elberfeld, ob nicht doch besser eine Dachorganisation errichtet werden könne, wurde von Dr. Becker knapp verneint[677] jedoch nicht etwa, weil eine Dachorganisation nicht möglich gewesen wäre, sondern weil der Bundesbeauftragte diese lose Form strikt ablehnte.

Nachdem auch in Frankfurt/Main »die ganz überwiegende Zahl der Anwesenden« der Vereinigung zugestimmt hatte, bejahte der Bundesrat des BfC als ausschlaggebendes Gremium am 15. Dezember 1940 in Elberfeld einstimmig den Zusammenschluss[678], womit der Bund mit den Baptisten seitens des BfC beschlossene Sache war. Die Hektik des Vorgangs geht auch aus dem Einladungsschreiben Dr. Beckers zur Bundesratssitzung[675] hervor, wurde es doch schon vor der letzten Aufklärungsversammlung in Frankfurt abgesandt, weil die Abstimmung »noch vor den Weihnachtstagen vorgenommen werden« musste, »wenn die Vereinigung, was aus steuerlichen Gründen zweckmäßig« erschien, »noch im Dezember vollzogen werden« sollte.[675]

Auch die Bundesleitung der Baptistengemeinden fasste unter dem Vorsitz von Friedrich Rockschies einen Tag später, am 16. Dezember, in Elberfeld den Beschluss, der Bundesversammlung der Baptistengemeinden im Februar 1941 in Berlin die Vereinigung mit dem BfC und eine gemeinsame Bundesverfassung vorzuschlagen.[679]

In einer gemeinsamen Sitzung von baptistischer Bundesleitung und BfC-Bundesrat war man sich darüber einig, dass die bisherigen BfC-Bezirke zwar in den regionalen Vereinigungen der Baptisten aufgehen, dass aber die beiden Gruppen nicht »verschmolzen« werden, sondern ihr Sondergut behalten sollten. Paul Schmidt und Dr. Becker erhielten den Auftrag, beim Reichskirchenministerium die erforderlichen Schritte zu unternehmen, um die behördliche Genehmigung für den Zusammenschluss zu erhalten.[680]

Anwesend bei dieser den faktischen Vereinigungsvorgang abschließenden Sitzung waren auf baptistischer Seite Friedrich Rockschies und Paul Schmidt, außerdem die Mitglieder der Bundesleitung Baresel, Pohl, Fehr (Hamburg), Muske (Kassel), Sehröder (Kassel), Zimmermann (Köln), Saffran (Volmarstein) und Diabo (Wt.-Elberfeld); seitens des BfC nahmen teil Dr. Becker, Walter Vogelbusch, Walter Engels, Hugo Hartnack, Wilhelm und Walter Brockhaus, Heinrich Neumann, Christian Schatz, Frhr. von Schleinitz, Ernst Lange und sämtliche Bezirksbeauftragten.[667]

Am 20. Dezember 1940 – also sieben Wochen nach Wiederaufnahme der Gespräche – konnte den Gemeinden mitgeteilt werden, dass die Vereinigung mit Wirkung vom 1. Januar 1941 vollzogen sei[680], obwohl die offizielle Gründungsversammlung erst am 22. Februar 1941 in Verbindung mit der 30. Bundesversammlung der Baptistengemeinden stattfinden sollte. Erst auf dieser Bundesversammlung konnten die demokratisch organisierten Baptisten ihre endgültige Zustimmung geben.

Die Angelegenheit war wirklich mehr als eilig behandelt worden, und hatte man beim BfC wenigstens die Ortsbeauftragten informiert, was man von der Menge der Gemeindeglieder sicherlich nicht sagen konnte, so war in den Baptistengemeinden das Informationsdefizit noch größer. Hier beschwerte man sich, dass »schlichte Brüder aus dem BfC mehr« über die Sache wussten »als unsere Prediger«. Dies sei »ein unwürdiger Zustand«, wurde tadelnd bemerkt[681], als man sich zum Jahreswechsel 1940/41 vor vollendete Tatsachen gestellt sah.

Die Gründungsversammlung in Berlin am 22./23. Februar 1941

Bevor die Gründungsversammlung stattfinden konnte, musste noch die Verfassung des gemeinsamen Bundes erarbeitet werden, was Hugo Hartnack und – seitens der Baptisten – Hans Fehr am 3. Januar 1941 in der Wohnung Dr. Beckers in Dortmund auf der Grundlage der baptistischen Bundesverfassung von 1936 vornahmen[682], so dass diese Verfassung[683], die die Erhaltung der Körperschaftsrechte gewährleisten sollte, dann der 30. Bundesversammlung der Baptisten am 22./23. Februar in Berlin[684] vorgelegt werden konnte. Sie wurde dort trotz der Einwände einiger »Unentwegter«[685] »mit überwältigender Mehrheit« angenommen[685] womit in Anwesenheit der BfC-Vertreter nun endgültig die Vereinigung des Bundes der Baptistengemeinden mit dem BfC beschlossen war, und zwar unter dem Namen »Bund Evangelisch-Freikirchlicher Gemeinden in Deutschland, Körperschaft des öffentlichen Rechts«. Der Name war bewusst so allgemein gefasst worden, um anzudeuten, dass der Bund auch für andere freikirchliche Kreise offen sein sollte.[686]

Die Tagung in der Baptistenkapelle in der Gubener Straße stand unter dem Thema »Gemeindechristen finden zusammen«, und es entspricht gewiss der Tatsache, dass die Versammlung mit dem Höhepunkt einer gemeinsamen Abendmahlsfeier in der Art der »Brüder« für die Teilnehmer ein eindrucksvolles Erlebnis der Einheit in Jesus Christus war.[687] Andererseits muss man berücksichtigen, dass an der Tagung, die grundsätzlich eine – die 30. – Bundesversammlung der Baptistengemeinden war – noch heute werden die Bundesratstagungen des BEFG in der traditionellen Reihenfolge der Baptisten gezählt[687a] –, nur etwa 30 bis 40 Vertreter der »Brüder« teilnahmen. Es handelte sich um die Mitglieder der BfC-Bundesleitung, um die Bezirksbeauftragten und um fünf bis sechs ausgewählte Reisebrüder, also alles in allem um keine breite Beteiligung seitens des BfC. Aber die war vom Führungsgremium auch gar nicht erwünscht, hatte man doch nur ca. fünfzig Vertreter eingeladen.[687b]

Dr. Becker wies nach der Abstimmung über die Verfassung, woran auch die BfC-Vertreter teilgenommen hatten, in seinem Vortrag[684] auf die »geschichtliche Stunde« hin, in der man »das Schreiten Gottes durch die Geschichte der freikirchlichen Gemeinschaften in Deutschland« verspüre. Er erinnerte an das »Mene Tekel« des Verbots, das die »Brüder« endlich dazu gebracht habe, nicht nur von der Einheit zu reden, sondern auch danach zu handeln.

Im Blick auf einzelne Vertreter der »Brüder«, die nicht für die Verfassung gestimmt hatten – er wusste, dass man von »Brüdern« wenig Verständnis für diese und jede Verfassung erwarten konnte[688] –, er klärte er,

> »dass in einem Staat, in dem ein Adolf Hitler regiert, nicht mehr mit demokratischen Grundsätzen gearbeitet werden kann. Es gehören an die Spitze Männer, die Verantwortung tragen. Aber wenn sie Verantwortung tragen sollen, dann müssen sie auch was zu sagen haben. Es geht hier um mehr als eine Verfassung und geschriebene Gesetze. Es geht darum, dass wir wie *eine* Kompanie und wie *eine* verschworene Gemeinschaft zu Christus stehen.«

Andererseits hatte Becker doch so viel Verständnis für die Lage der »Brüder«, dass er den baptistischen Freunden warnend zurief:

> »Meint nicht, dass ihr die ›Brüder‹ biegen müsst, bis sie sind, wie ihr seid. Gott hat uns geschaffen in unserer Eigenart, und die wollen wir behalten.«

Es war bezeichnend, wie Hans Becker, der sich als Diener und Kompanieführer Gottes zugleich verstand, sein Gefühl in jener Situation zum Ausdruck brachte:

> »Mein Gott, ich bin's nicht wert, dass du mich dieses Werk tun lässest!«

Paul Schmidt legte noch einmal die ganze Geschichte der Vereinigungsgespräche seit April 1937 dar[684] und versicherte:

»Das Ideal eines echten Zusammenschlusses in starker Lebens- und Arbeitseinheit, einer Einheit in Mannigfaltigkeit der Erkenntnisse und Gnadengaben, stand so stark vor uns, dass es uns immer wieder den Weg wies. Dabei waren es die zwei Grundgedanken: Die Einheit ist Christi Wille, und das Zeugnis von Christus und seiner Gemeinde fordert heute mehr denn je die Einheit.«

Dennoch erklärte er, dass im Blick auf Verfassungs- und Namensänderung bei »Gefährdung unserer Rechte als Körperschaft des öffentlichen Rechts« eine Vereinigung »nicht gewagt« worden wäre, was ihn andererseits nicht hinderte, mit Überzeugung zu beteuern:

»In keiner Phase der Entwicklung waren es äußere Nützlichkeitsgründe, die die Beratungen wesentlich beeinflussten oder ihnen gar Ziel und Inhalt gaben.«

Aber immerhin war er so realistisch einzugestehen:

»Die Zeitverhältnisse und das Umdenken in einer geschichtlichen Wendestunde haben gewiss ihren entschiedenen Anteil an dem Verständnis und Willen für die Vereinigung.«

Für die zukünftige Bundesstruktur skizzierte Paul Schmidt das Bild,

»dass wir unter einem Namen eine Leitung, eine Kassenführung, eine Mission, ein Recht und eine Ordnung haben. Für die Einzelgemeinde aber bleibt die bisherige kultische Lebensfreiheit und die Selbstverantwortung bestehen.«

Was die Taufe betraf, sollten die Baptisten weiterhin die geschlossene Gemeindeform (Taufe als Eingang in die Gemeinde) pflegen können, die »Brüder« die offene (Gemeinschaft beim Abendmahl mit jedem wahren Kind Gottes). Für kleinere Gemeinden aus beiden Gruppen an einem Ort sollte aber möglichst schon bald die praktische Vereinigung gewagt werden.

Sicherlich war für die Baptisten die Namensänderung der erheblichste Eingriff in die bisherige Form ihres freikirchlichen Lebens, so tiefgreifend, dass Paul Schmidt die Namensänderung gar als den baptistischen »Beitrag zur Vereinigung der überzeugten Christen« bezeichnete:

»Unser jetziger Namen ist ehrenvoll geworden in der Geschichte. Wir lieben ihn ... Unter diesem Namen haben viele der heute Lebenden noch manches Bittere und Harte erlebt und erlitten. Wenn wir ihn dennoch hinlegen, dann tun wir es, weil wir glauben, dass wir unter Gottes Führung ... eine Tat des Glaubens auf dem Wege der Gemeinde Jesu Christi durch die Zeit tun dürfen und tun müssen.«

Es ist wahr, dass die Baptisten unter dem Verlust ihres Namens »gelitten«[689] haben, aber die Zukunft sollte erweisen, dass sie ihn in Wirklichkeit gar nicht ablegten. Der »Bund Evangelisch-Freikirchlicher Gemeinden« blieb ein sehr formales Etikett, hinter dem man praktisch weiterhin Baptist blieb und dies auch zum Ausdruck brachte, wenn man z.B. den alten Namen offiziell in Klammern hinter die wenig aussagekräftige neue Bezeichnung setzte.

Ebenso blieben die »Brüder« Mitglieder »ehemaliger BfC-Gemeinden«, obgleich es bei dieser umständlichen, sichtlich rückwärts gewandten Bezeichnung ohne Tradition größere Probleme gab, sie offiziell als Namen zu verwenden. Erst Jahrzehnte später sollte die Benennung »Brüdergemeinde« auch hier eine genauer treffende Differenzierung möglich machen, obschon hier die Verwechslung mit der Herrnhuter »Brüdergemeine« nicht auszuschließen ist.[690]

Fälle echter »Evangelisch-Freikirchlicher Gemeinden« ohne Klammerbeifügung – ob tatsächlich oder nur dem Geiste nach, sei dahingestellt – sollte es nur wenige geben, womit aber schon die Probleme der Nachkriegsgeschichte angeschnitten sind.

Damals, 1941, ergab sich für jene BfC-»Brüder«, die sich ihrem Gewissen nach dem neuen Bund nicht anzuschließen vermochten, ein viel existentielleres Problem, das ihnen im letzten BfC-Rundschreiben[691] angekündigt wurde: Mit der vollzogenen Vereinigung von BfC und Bund der Baptistengemeinden zum BEFG sei die behördliche Anerkennung für die beiden ehemaligen Bünde erloschen. Das bedeutete für alle, die sich dem neuen Bund nicht anschlossen, dass sie wieder unter das Verbot der »Christlichen Versammlung« fielen und sich nicht mehr versammeln durften. Dr. Becker war beauftragt, alle Gemeinden, die sich dem BEFG nicht anschlossen, der Gestapo zu melden. Gewiss blieben 1941 nicht viele »Brüder« aus dem BfC außerhalb des neuen Bundes, doch bedeutete auch dieser Akt einen erneuten Schlag gegen die Einheit der deutschen Brüderbewegung, dessen einheitszerstörender Charakter sich in den wenigen Nonformisten im Krieg nur andeutete, ein knappes Jahrzehnt später aber offen zu Tage treten sollte.

Der lange Weg zur staatlichen Anerkennung

Unangenehm überrascht waren die zusammengeschlossenen Freikirchler, als sie entgegen ihren Erwartungen[692] erfahren mussten, dass sich das Reichsministerium für die kirchlichen Angelegenheiten nicht in der Lage sah, seine Zustimmung zur

Vereinigung zu geben. Zwar hatte man bei vorherigen Anfragen vom Ministerium die Erlaubnis erhalten, alle notwendigen Schritte zum Zusammenschluss einzuleiten[693], es war aber dabei nicht die veränderte innenpolitische Situation berücksichtigt worden.

Was sich nämlich schon 1937 angekündigt hatte, machte sich im Krieg noch stärker bemerkbar: Das nationalsozialistische Deutschland wurde mehr und mehr zum SS-Staat, in dem Himmler, Heydrich und ihre Schergen das Sagen hatten, auch in der Kirchenpolitik. Inzwischen war man bei der Gestapo zu der Auffassung gelangt, im religiösen Raum keine Einheitsbestrebungen mehr zu unterstützen, sondern eher dem Partikularismus Vorschub zu leisten. Für die Machthaber des Dritten Reiches zeichnete sich das Ziel ab, nach dem Krieg kirchlich-religiöses Leben überhaupt zu unterdrücken, weil es sich in jedem Fall der totalitären NS-Ideologie widersetzen musste. Schon 1938 hatte das SS-Reichssicherheitshauptamt in einem Lagebericht festgestellt, dass sich »alle weltanschaulichen Gegner des Nationalsozialismus« »auf dem Boden der Kirchen« zusammenfänden »und hier, zumindest in der Opposition gegen den Staat, eine geschlossene Front« bildeten.[694] Darum hieß es schon jetzt nach dem Motto »Teile und herrsche!« zu verfahren. Insofern wurde auch der Anschluss der Elim-Gemeinden an die Baptisten 1938 als eine Negativ-Erscheinung gekennzeichnet.[695]

Außerdem musste der nach dem Führerprinzip von oben nach unten organisierte BfC der Gestapo als viel durchsichtiger erscheinen als der neue Bund, der nach dem Grundsatz souveräner Ortsgemeinden eine Verfassung besaß, die strukturmäßig mehr von unten nach oben wirkte[665], wenn nicht ausgesprochen starke Führerpersönlichkeiten ihre Initiative geltend machen konnten.

Immerhin versprach der den Freikirchen wohlgesinnte Referent im Kirchenministerium, Dr. Werner Haugg, alles zu tun, um die Genehmigung zum Zusammenschluss zu erreichen. Dies gelang ihm erst 18 Monate später »unter Ausnutzung einer sich ihm bietenden günstigen Situation«[696] während einer Urlaubsvertretung[689], sodass am 30. Oktober 1942 endlich die staatsaufsichtliche Genehmigung durch das Reichsministerium für die kirchlichen Angelegenheiten unter dem Aktenzeichen 120 974/42 II Ang.[697] erteilt werden konnte. Im November 1942 wurde den BfC-Gemeinden mitgeteilt:

> »Nach einer langen Wartezeit, die Gott vielleicht zur Prüfung unseres Glaubens dienen lassen wollte, hat nun die Regierung ihre Genehmigung zur Satzungsänderung und damit zum Zusammenschluss gegeben.«[698]

Das Bundeshaus in Berlin, jetzt auch der Sitz des gemeinsamen Bundes, mahnte aber verständlicherweise, von lauten Freudenkundgebungen und »großen Festen« abzusehen[699], wollte man doch die überlistete Gestapo in keiner Weise herausfordern.

Befremdlich mutet demgegenüber die Erklärung aus dem Bundeshaus an, die Genehmigung als »eine Bestätigung der untadeligen vaterländischen und politischen Haltung unserer Gemeinden« zu betrachten.[699] Die Gestapo jedenfalls war da anderer Meinung und hatte schon 1939 baptistischen Evangelisten »eine ablehnende Haltung dem nationalsozialistischen Staat gegenüber« bescheinigt.[700]

Seltsamerweise kam kaum einer der Beteiligten auf den Gedanken, dass Gott, dessen gnädige Führung in jenen Tagen immer wieder gerühmt wurde, hinter der Verzögerung oder gar einer Verweigerung stehen könnte, wenn man von dem Motiv der »Prüfung« absieht. Mindestens die auffällige Eile, mit der im November/Dezember 1940 der Zusammenschluss durch die Gremien gepeitscht wurde, musste doch sinnlos erscheinen, wenn man dann 18 Monate zu warten gezwungen war und eigentlich schon die Hoffnung auf eine Genehmigung aufgegeben hatte[701] als sich schließlich im Ministerium jene»günstige Situation« ergab. Dass selbst hinter dieser Überlistung der Obrigkeit, der gegenüber man sonst stets die Pflicht zum Gehorsam betonte, die »Absicht Gottes« gesehen wurde[702], zeigt, wie einseitig man auf das selbstgesteckte Ziel fixiert war. Und zieht man schließlich in Betracht, dass nur zweieinhalb Jahre später das Regime, von dem alles abzuhängen schien, beseitigt wurde und völlige Religionsfreiheit gegeben war, werden Umstände wie Zielsetzungen der Bundesgründung – z.B. der Drang nach mehr Sicherheit gegenüber der Regierung nach dem »Endsieg« – um so fragwürdiger.

Der neue Bund, 1941-1945

Mit den Mitteilungen über die Genehmigung des Zusammenschlusses erhielten alle Gemeinden die nun gültige Verfassung[703] des neuen Bundes und dazu »Ausführungsbestimmungen«[704], die bisherigen BfC-Gemeinden zusätzlich Meldeformulare zur Anmeldung der Gemeinde im Bundeshaus.[705] Die Organisierung der vereinigten Bünde konnte ab 1. November 1942 vollzogen werden.

Nichtsdestoweniger hatte die Zusammenarbeit aber schon 18 Monate früher begonnen, auch wenn die beiden Bünde offiziell weiterbestanden hatten. Schon vor der Berliner Gründungsversammlung am 22. Februar 1941 hatten die beiden Führungsmannschaften in einer gemeinsamen Sitzung am 11. Februar in Dortmund die zukünftige Bundesleitung festgelegt[706], die dann zwar arbeitete, aber erst im November 1942 offiziell hervortreten sollte.[707] Die Zusammensetzung, die sich im Krieg nicht änderte, sah folgendermaßen aus:

Für die baptistische Seite:
- Prediger Friedrich Rockschies, Berlin (1.Vorsitzender);
- Direktor Hans Fehr, Hamburg;
- Direktor P. Pohl, Hamburg-Bahrenfeld;
- Prediger A. Köster, Wien;
- Missions-Direktor F. W. Simoleit, Neuruppin;
- Stadtamtmann P. Kuczewski, Königsberg/Pr.;
- Dr. A. Speidel, Litzmannstadt;
- Fabrikant B. Zimmermann, Köln;
- Prediger Paul Schmidt, Berlin (Bundesdirektor).

Für die Seite des BfC:
- Dr. Hans Becker, Dortmund (2. Vorsitzender);
- Hugo Hartnack, Betzdorf/Sieg;
- Prediger Heinrich Neumann, Berlin;
- Christian Schatz, Bad Homburg;
- Wilhelm Brockhaus, Wuppertal-Elberfeld;
- Prof. W. Neuffer, Dresden-Loschwitz;
- Fabrikant Walter Engels, Velbert/Rhld.;
- Werner Freiherr von Schleinitz, Merseburg;
- Walter Vogelbusch, Kettwig a.d. Ruhr (Bundesdirektor).

Die Geschäftsführung des BfC hatte im März 1941 Walter Vogelbusch übernommen, nachdem Walter Brockhaus sie nur dreiviertel Jahr provisorisch ausgeübt hatte.[708] Vogelbusch, einer der engsten Freunde Dr. Beckers, ging sofort nach Berlin ins Bundeshaus der Baptisten, um von dort aus gleichsam schon als 2. Bundesdirektor die Geschäftsführung des offiziell noch nicht existierenden Bundes für die BfC-Gemeinden wahrzunehmen. Zwar kehrte er im Februar 1943 »aus Gesundheits- und Geschäftsrücksichten« nach Kettwig zurück, war aber auch von dort aus weiterhin an der Geschäftsführung beteiligt.[709]

»Die Zusammenarbeit im Bundeshaus verlief in jeder Hinsicht harmonisch und fruchtbar, ... in ganz großer Einmütigkeit ohne jede Reibung und Differenz«, bezeugte Paul Schmidt später[709], der immer die damalige große Übereinstimmung zwischen Baptisten und »Brüdern« betonte. Dabei muss allerdings berücksichtigt werden, dass diese große Einmütigkeit zunächst die führenden Männer betraf, die sich in ihrem Wollen sowieso einig waren.

Dass sie selbst die Verhältnisse an der Basis nicht so einschätzten, zeigten einerseits die zahlreichen Beteuerungen über das »herzliche Einvernehmen« und die »ungetrübte Freude« im führenden Bruderkreis[705], andererseits aber auch, als es im November 1942 mit dem gemeinsamen Bund nun endlich Ernst wurde, die Mahnungen im Blick auf etwaige Gemeinde-»Verschmelzungen«, »von voreiligen und nicht wohlbedachten Versuchen abzusehen«[705]. Eine solche Sache wolle »gut und fein behandelt werden«[710].

Wirklich kam es schon damals und auch später zu einzelnen Fällen von gemeindlichen Zusammenschlüssen zwischen Baptisten und »Brüdern«, wobei die Gemeinden in Velbert im Rheinland schon im Frühjahr 1941 das erste Modell lieferten.[711] Wie viele Gemeindeglieder aber im Einzelnen bei solchen Verschmelzungen nicht recht glücklich waren, wurde durch die offiziellen Verlautbarungen nicht erfasst. Da sich in der Regel eine Gemeindeform durchsetzte, meistens die baptistische, war es kein Wunder, wenn sich eine Reihe von Gemeindegliedern dabei nicht mehr ganz wohlfühlte, weil der Gemeindealltag einfach immer wieder Anstöße ergab.

Um dem entgegenzuwirken, veröffentlichte Hugo Hartnack 1943 im Amtsblatt des Bundes einen längeren Artikel über »Brauchtum und Leben« in den Gemeinden.[712] Er entgegnete den Kritikern des neuen Bundes, dass sich viele gar nicht mehr »eine andere Art des Gemeindelebens« vorstellen könnten als die »durch jahrzehntealte Gewohnheiten« vertraute. Die Wertschätzung des Gewohnten gehe aber oft entschieden zu weit, wenn man »die eigene Art als allein schriftgemäß« betrachte, zumal vieles im Gemeindeleben geschehe, »wovon die Schrift gar nichts« sage.

Andererseits stellte Hugo Hartnack »vier Probleme« heraus, die »beim Zusammengehen der beiden Kreise« besondere Schwierigkeiten bereiteten:
- Dabei spielte die *Taufe* noch die geringste Rolle, denn über die neutestamentliche Gläubigentaufe waren sich Baptisten wie »Brüder« völlig einig. Und die Frage, ob man – wie die Baptisten - diese Gläubigentaufe als Bedingung für den Gemeindeeintritt fordern sollte oder ob man – wie die »Brüder« – die Gemeindezugehörigkeit allein von der Gotteskindschaft abhängig machte und höchstens um die Verpflichtung wusste, den Gläubigen auch »zur biblischen Taufe zu führen«, hatte man durch die Möglichkeit von geschlossenen und offenen Ge-

meinden in *einem* Bund gelöst. Zudem waren die Baptisten den »Brüdern« in dieser Frage so sehr entgegengekommen, dass sie in der »Mustersatzung« für die Gemeinden die Mitgliedschaft zwar vom »Bekenntnis zum erfahrenen Heil in Christus«, nicht aber von der Taufe abhängig machten?[713] Ebenso konnte man es in den *Richtlinien für die Zusammenfassung von Gemeinden verschiedener Prägung* lesen.[714] Dies Opfer, das die Baptisten den »Brüdern« brachten, hatte übrigens nach dem Krieg besorgte Anfragen des Weltbundes der Baptisten zur Folge.[715]

– Die anderen drei Fragen betrafen mehr die gemeindlichen Zusammenkünfte und waren daher für die »Brüder« brisanter. So wollten sie sich nicht damit abfinden, dass die *Abendmahlfeier* nur als ein »Anhängsel« behandelt wurde. Hugo Hartnack schrieb:

> ›»Verwaltung‹ des Abendmahls nur durch ordinierte Brüder« – im Entwurf stand noch, »wie sie bei den Baptisten gehandhabt wird«[716] – »ist in der Schrift nicht begründet. Die Feier des Mahles am Schluss eines Gottesdienstes, dessen Hauptteil die Predigt bildet, scheint dem Willen Jesu bei der Einsetzung nicht genügend zu entsprechen.«

– Mindestens ebenso problematisch empfand man bei den »Brüdern« das baptistische *Predigersystem*, und zwar als eine praktische Verneinung des neutestamentlichen allgemeinen Priestertums:

> »Bei den Baptisten leitet er (der Prediger) allein die gemeindlichen Zusammenkünfte. ... Wenn er zugegen ist, hält er die Predigt, spricht er die Gebete, gibt er die Lieder an, bestimmt er die Schriftvorlesung. Bei der Feier des Abendmahls verwaltet er das Mahl des Herrn. ... Dem Grundsatz und seiner Stellung nach ... ist er in jedem Fall der absolute und allein verantwortliche Leiter jeden Gottesdienstes von Anfang bis zum Ende.«[717]

– Daneben wurde schließlich auch noch der Dienst der Frau in den Gottesdiensten unterschiedlich gesehen. Während die Baptisten das neutestamentliche Schweigegebot für die Frau (1 Kor 14,34) nur auf das Predigen bezogen, wollten es die »Brüder« z.T. auch für das öffentliche Beten verstanden wissen.[717]

Das alles waren Probleme, die Christen zwar grundsätzlich nicht trennten, die aber doch im Zusammenleben an die Tragkraft des Einzelnen Ansprüche stellten, die nicht jeder erfüllen wollte oder konnte.

Hugo Hartnack meinte demgegenüber, dass »die Unterschiede im Brauchtum der verschiedenen christlichen Kreise« angesichts der

»Zeitenwende« mit ihren »weltweiten Erschütterungen ... auf militärischem, politischem, wirtschaftlichem und weltanschaulichem Gebiet« doch recht »klein und verhältnismäßig unbedeutend« seien, und wollte »nur die wirkliche Lebensverbindung mit Christus als entscheidend ansehen«[717].

Natürlich erfuhr er den Widerspruch derjenigen, die einwandten, dass offensichtliche Verstöße gegen den in der Bibel bezeugten Willen Gottes nicht geduldet werden könnten, war doch gerade in den Kreisen der »Brüder« das Wort Gottes stets die Autorität gewesen, an deren Forderungen auch in scheinbar unwesentlichen Dingen keine Abstriche gemacht werden durften.[718]

Dennoch mahnte die Bundesleitung die Gemeinden, noch konkreter aufeinander zuzugehen und sich mit Verständnis zu begegnen. Auch ein Aufsatz des Hamburger Seminarlehrers Dr. Hans Luckey über die Entstehung der beiden freikirchlichen Bewegungen sollte diesem Anliegen dienen, indem Unterschiede und Gemeinsames der beiden Gruppen aufgewiesen wurden.[719] Überhaupt glaubte die Bundesleitung ihrem Ziel schon erheblich näher zu sein, als sie in Wirklichkeit war, wenn sie im Blick auf eine »Verschmelzung« etwas schulmeisterlich schrieb:

> »Nur da, wo Einsicht und Liebe noch nicht stark genug sind, das Gemeinsame zu vereinigen, werden noch kurze Wartezeiten nötig.«[720]

Einen Monat später, im Oktober 1943, mahnte die Bundesleitung erneut:

> »An den Orten, an denen es bisher noch nicht zur Zusammenlegung kleiner und kleinster Gemeindegruppen gekommen ist, sollte erneut die Erreichung des hohen Zieles der Vereinigung angestrebt werden.«[721]

Überhaupt fällt auf, dass im *Amtsblatt*, dem Organ der Bundesleitung, entgegen der ursprünglichen Absichtserklärung (s.S. 224, 226) sehr oft von »Verschmelzung« gesprochen wurde[722], während in anderen Verlautbarungen nur von »Zusammenschluss« oder »Vereinigung« zu lesen war, womit ein Geschehen umschrieben war, das die »Brüder« zwar ein »kirchengeschichtliches Ereignis« nannten, aber unter keinen Umständen für den »kleineren Kreis« als »Aufgabe seiner Eigenart« verstanden wissen wollten.[723] Auch in den Gemeinden berief man sich gern auf das Becker-Wort, »dass wir keine Baptisten werden würden«[724].

Zudem waren die kriegsbedingten Verhältnisse so geartet, dass die Vereinigung der beiden Gemeindegruppen sowieso nur schwer in Gang kam und schon von den äußerlichen Gegebenheiten her sehr gehemmt war, auch wenn die Bundesleitung meinte, dass die »Zusammenfügung der Gemeinden« mit der Zeit »still weiter« seinen Fortgang nehme.[720]

Schon die Kommunikation zwischen der Zentrale und den Gemeinden war von vornherein wesentlich gestört, als die nationalsozialistische Regierung im Juni 1941 – angeblich kriegsbedingt – jede christliche Pressearbeit verbot und die Zeitschriftenarbeit abrupt eingestellt werden musste. Als ein gewisser Ersatz durfte mit Genehmigung der Reichspressekammer ab August 1941 ein sogenanntes *Amtsblatt*[725] erscheinen, das sich zwar auf »die Veröffentlichung rein amtlicher Mitteilungen beschränken« musste und nur für »kirchliche Amtsträger« bestimmt war[726], das aber doch immerhin Informationen und Absichten der Bundesleitung an die Gemeinden weiterzugeben ermöglichte. Das *Amtsblatt* erschien zunächst für die beiden Bünde gemeinsam und ab Dezember 1942 als »amtliches Organ« des BEFG.

Neben der Behinderung der Schriftenarbeit standen aber noch weitere – wirklich oder angeblich kriegsbedingte – Einschränkungen einer Praktizierung der Einheit entgegen. Schon seit 1940 konnten auch die Baptisten nicht mehr das gewohnte Jahrbuch mit der Übersicht über alle Gemeinden herausbringen[727], ab 1941 mussten in steigendem Maß Konferenzen und andere Tagungen ausfallen[728], was auch die überörtliche Jugendarbeit hemmte, und 1944 waren schließlich für die Reisebrüder der »Brüder«-Gemeinden keine Reisedienste mehr möglich.[729]

Als im Jahr 1943 die Luftangriffe der Alliierten verstärkt einsetzten, wurden auch die beiden Verlagshäuser, das der Baptisten (Oncken) in Kassel[721] und das der »Brüder« (R. Brockhaus) in Wuppertal-Elberfeld[730], zerstört, ebenso das baptistische Predigerseminar in Hamburg[731] und schließlich am 22. November 1943 auch das Bundeshaus in Berlin.[732] Die Kommunikationsschwierigkeiten wurden dadurch immer größer, und die Geschäftsführung des Bundes musste sich damit begnügen, die Gemeinden über die regionalen Vereinigungen zu informieren, die sich seit 1941 organisatorisch zusammengefunden hatten[733] und auf der Ebene der Jugendarbeit ein System von Jugendpflegern zu schaffen suchten.[734]

Bei alledem wird es die »Brüder« am wenigsten gestört haben, dass während des Krieges alle Gremiumswahlen ausfallen und demzufolge alle »Dienstträger« in ihren Funktionen bleiben mussten.[735] Im Ganzen trugen eben die Kriegsverhältnisse dazu bei, dass die Vereinigung der beiden Freikirchen – innerlich wie äußerlich – stark behindert war, so dass der später gern als positives Merkmal angeführte Austausch von Prägungen an der Basis der Gemeinden in den meisten Fällen sicherlich viel weniger zum Zuge kam, als es sich die Initiatoren eigentlich gewünscht hatten.[736]

Um so größere Übereinstimmung herrschte dagegen in den Leitungsgremien, und die Zusammenarbeit verlief über Erwarten gut. Über die verschiedenen – schon erwähnten – Grundsatzdokumente hatte man sich schnell geeinigt:
- Verfassung des Bundes Evangelisch-Freikirchlicher Gemeinden in Deutschland, Körperschaft des öffentlichen Rechts[737];
- Ausführungsbestimmungen für die Satzungen (= Verfassung) des BEFG[738];
- Muster der Gemeindesatzung[739];
- Erläuterungen zur Gemeindesatzung[739];
- Richtlinien für die Zusammenfassung von Gemeinden verschiedener Prägung und Erkenntnis.[740]

Provisorisch wurde ein gemeinsames Liederbuch, die Gemeindelieder, herausgebracht, das in gemeinsamen Gottesdiensten benutzt werden sollte.[741] Sogar ein gemeinsames Glaubensbekenntnis wurde noch im Jahr 1944 von den Theologen Dr. Hans Luckey (Hamburg) und Erich Sauer (Wiedenest) erstellt.[742] Da aber all solche Papiere nicht einmal nur bei den »Brüdern« wenig geschätzt waren, wenn sie nicht sogar abgelehnt wurden, waren sie für das Gemeindeleben von nur geringer Bedeutung.[743]

Praxisbezogener waren schon die Eingliederung der Reisebrüder des BfC in den neuen Bund[744] und die Richtlinien für die Predigerbesoldung[745], woran die »an versierten Kaufleuten nicht armen BfCler« mit der Idee einer Mindestbesoldung nicht unerheblich beteiligt waren.[746]

Überhaupt war man sich klar darüber, dass die innere Beteiligung der BfC-Gemeinden am BEFG nicht zuletzt vom Einfluss der Reisebrüder abhing. Aus gutem Grund nahmen darum Mitglieder der Bundesleitung im März 1941 an der Gebetswoche der Reisebrüder in Wiedenest teil[747], und der 1. Vorsitzende des Bundes, Friedrich Rockschies, rief ihnen zu: »Ihr Reiseprediger könnt in allem helfen oder alles verderben!« Man sprach sich über die künftige Zusammenarbeit im neuen Bund aus und kam nach den Berichten verschiedener Reisebrüder zu dem Ergebnis:

> »Die in den letzten Wochen und Monaten gemachten Erfahrungen berechtigen zu den schönsten Hoffnungen. Die Berichte mehrerer Brüder waren so erfreulich, dass man überrascht sagen musste, dass sich alles

noch viel besser anließe, als man zu hoffen gewagt habe. Was da spontan aus den Reiseberichten der Brüder herauskam, dünkte uns eine schöne Bestätigung von Gott, dass wir mit dem Zusammenschluss auf dem rechten Wege sind.«[748]

Diese Zuversicht sollte keine Bestätigung finden. Die Worte Hugo Hartnacks zeigen nur, wie man damals aus einer begeisternden Aufbruchsstimmung heraus die Situation in den Gemeinden einseitig positiv bewertete.

Immerhin arbeiteten aber die Bibelschule Wiedenest und das baptistische Predigerseminar in Hamburg-Horn schon recht bald insofern zusammen, als man an beiden Orten »Hilfskurse für den Dienst am Wort« einrichtete[749] und außerdem plante, Erich Sauer am Unterricht in Hamburg zu beteiligen.[744] Als das Predigerseminar bei der Bombardierung Hamburgs zerstört wurde, konnte der Unterricht im Schuljahr 1943/44 in Wiedenest fortgesetzt werden.[750]

Im Mittelpunkt der missionarischen Tätigkeit stand damals die Ostmission.[751] Die Bibelschule Wiedenest, die schon immer intensiv nach Ost- und Südosteuropa hin orientiert gewesen war (II,148f.), hatte deshalb auch schon vor dem Zusammenschluss mit den gleichgerichteten Werken der Baptisten zusammengearbeitet.[752] Sowohl in Hamburg als auch in Wiedenest wurden slawische Brüder ausgebildet, es wurden Druckerzeugnisse und Liebesgabensendungen nach Ost- und Südosteuropa geschafft und auch sonst durch finanzielle Mittel und Vorsprache bei den Behörden in den besetzten Gebieten beim Wiederaufbau von Gemeinden geholfen.[753]

Wenige Jahre später sollte die Ostmission in den Wirren der Endkatastrophe des Krieges untergehen, zumal die Gestapo schon im März 1944 die Ausbildung und Betreuung von slawischen Menschen, u.a. auch von Ostarbeitern, durch Deutsche verboten hatte.[754] Das Schuljahr 1944/45 konnte schließlich überhaupt nicht mehr stattfinden.[755]

In der Katastrophe des untergehenden Großdeutschen Reiches kamen schließlich auch alle Bemühungen um die Festigung und den Ausbau des Bundes zum Erliegen. Nur noch das Nächstliegende konnte getan werden, und Paul Schmidt schrieb zum Jahreswechsel 1944/45:

»Jahresende und Jahresanfang sind in diesem Jahre noch bewegter als im Vorjahre. Es ist jetzt nicht Zeit, Rückschau zu halten, und nicht möglich, vorauszuschauen und etwas vorauszusagen ... Wir stehen noch mitten im gewaltigen Krieg und im Kampf und in der Sorge um Volk und Vaterland.«[756]

Überzeugung und Zweifel

Ein Jahr nach dem Ende des Krieges, im Mai 1946, fragte Paul Schmidt, auf die vergangene Zeit zurückblickend:

> »Waren unsere Zusammenschlüsse richtig? Hat sich unsere Überzeugung, dass wir uns auf Grund von Joh. 17 zum stärkeren Zeugnis an die Welt auch äußerlich erkennbar zusammenschließen sollen, als falsche Überzeugung erwiesen?«[757]

Der Bundesdirektor – und mit ihm sicherlich die meisten führenden Männer jener Jahre – zweifelte nicht an dem einmal eingeschlagenen Weg und war bereit, ihn noch »entschlossener zu gehen, als es bisher der Fall war«[758].

Doch die Bewährungsprobe für den BEFG sollte erst in den Jahren danach kommen. Unter den äußeren Umständen von Frieden und Freiheit musste sich erweisen, ob das unter politischer Begeisterung, religiösen Befürchtungen und kriegerischen Wirren zustandegekommene Bündnis halten würde. Dass dies dann nicht der Fall war, dass die Vereinigung vom größeren Teil der »Brüder«gemeinden wieder rückgängig gemacht wurde und dieser Vorgang die deutsche Brüderbewegung noch weiter zerteilte, zeigt, dass die grundlegende Überzeugung weithin nicht vorhanden war, die jene Männer vorausgesetzt oder zu beeinflussen gehofft hatten, die von dem Gedanken der »praktischen Einheit« so fasziniert waren.

Wie so manchmal im Raum der Gemeinde verdeckten Begeisterung und persönliche Überzeugung den Blick für das tatsächlich Machbare und vielleicht auch für das, was Gott in jener Situation von führenden Brüdern erwartete. Darüber können auch die später aus subjektiver Sicht gemachten Äußerungen nicht hinwegtäuschen, dass z.B. »Gott unseren Zusammenschluss vorbereitet«[759] oder dass man »kaum sonst im Leben etwas mit solcher innerer Überzeugung bejaht« habe »wie diesen Schritt«, der von der Jugend »begeistert begrüßt und bejaht« worden sei.[760] Dass selbst die »spätere unglückliche Entwicklung« an dieser Überzeugung nicht zu rütteln vermochte[760], zeugt dabei zwar von einem ausgeprägten Selbstbewusstsein, bedeutet aber noch nicht eine Rechtfertigung des Vorgangs selbst, der gewiss nicht ein »Modellfall«[761] für den Zusammenschluss von Gemeindechristen gewesen ist. Dafür waren viel zu viele Anstöße von außen her mit im Spiel.

Gern wurde später seitens der Verteidiger des Bundes immer wieder argumentiert, dass weder der BEFG noch seine Verfassung von der Regierung auferlegt worden seien, dass überhaupt kein staatlicher Zwang vorgelegen habe, sondern im Gegenteil die Gestapo der ganzen Maßnahme gegenüber ablehnend gewesen sei.[762] Dies ist zweifellos richtig. Nicht einsichtig ist jedoch, schon aus diesem Grund den Zusammenschluss als »Fügung Gottes«[763] zu verstehen, als ob es neben staatlichem Zwang und göttlicher Führung gar keine andere Alternative gegeben hätte, etwa die des menschlichen Eigenwillens.

Und kann man wirklich die »Ausnutzung einer ... günstigen Situation« im Kirchenministerium[763], von Walter Brockhaus als »Versehen« bezeichnet, so interpretieren, dass Gott dies »benutzt« habe, »damit seine Absichten sich erfüllen«?[764]

Es ist Paul Schmidt recht zu geben, wenn er nach dem Krieg sagte, dass »Erfolg oder Misserfolg« noch »längst nicht immer die Maßstäbe für einen richtigen christlichen Weg« seien[758], nur sah man das im Krieg nach erfolgreich abgeschlossener Vereinigung anders:

> »Da können wir wohl sagen: Der Herr hat Großes an uns getan. Seine Hand hat das vor wenigen Jahren noch ganz unmöglich scheinende vor unseren Augen gefügt. Ihm sei die Ehre! – Ihm trauen wir es auch zu, dass er ganze Sache machen wird.«[765]

Eine »ganze Sache« wurde es aber nun wirklich nicht, im Gegenteil, für die »Brüder« wurde ein Bruchstück daraus, und im Blick auf die gesamte deutsche Brüderbewegung kann man gar von einer Katastrophe der Trennung sprechen, unter der noch heute geseufzt wird.

Dies besagt nichts gegen den Segen, den Baptisten und »Brüder« in der Gemeinschaft miteinander erfahren haben, nichts gegen den sicherlich notwendigen Austausch von Anregungen und Prägungen, nichts gegen das gemeinsame Zeugnis von der Einheit der Kinder Gottes, nichts gegen das vielfältige persönliche Erleben herzlicher Bruderschaft – aber hier ist eben nicht von Einzelnen und ihren persönlichen Erfahrungen die Rede, auch nicht von einzelnen Gemeindeschicksalen, sondern nur von der deutschen Brüderbewegung als Ganzem.

Dass ihr heutiger Zustand der Zerrissenheit sehr wesentlich von dem Bundesschluss 1940/41 beeinflusst worden ist, lässt sich nicht leugnen. Beeinflussend waren sicher auch die Ereignisse von 1937. War aber die Abkehr von der Absonderung und die Hinwendung zu den Offenen Brüdern für viele eine unabdingbare Forderung des geistlichen Gewissens, an der sich die Geister scheiden mussten – offene Gesinnung hier, exklusive Haltung dort –, so kann man das vom Eintritt in den BEFG nicht in gleicher Weise behaupten. Die

Bruderschaft, die in der VEF und auf Tagungen und Konferenzen von den verschieden geprägten Gemeindechristen bezeugt wurde, musste nicht unbedingt in die »Zeugnisgemeinschaft« [758] einer gemeinsamen Organisation münden.

Wenn Paul Schmidt später meinte, dass der Zusammenschluss »nicht in einer bestimmten Situation begründet« gewesen sei, »sondern einzig und allein in der Forderung der Schrift«[758], so mochte das seine subjektiv ehrliche Auffassung wiedergeben, eine Selbsttäuschung war es nach dem Quellenbefund allemal. Dafür haben der politische Druck in einer – wie Paul Schmidt selbst empfand – »immer gefährlicher werdenden Zeit«[763] und das aus nationaler Begeisterung hervorgegangene Gefühl für eine »Zeitenwende« und das »Gebot der Stunde« zu kräftig mitgewirkt.

Zudem waren hier Männer am Werk, die mit ganzer Seele handeln wollten, wie denn für Dr. Becker unter dem Eindruck des siegreichen Frankreichfeldzuges »heute die Tat das einzige« war, »was Eindruck macht«, während »bei uns (den »Brüdern«) leider mehr in Worten als in Taten gemacht« worden sei.[766] Ganz sicher erwartet Gott von den Christen »Taten«, man wird jedoch bezweifeln dürfen, ob jene »Taten« unbedingt zunächst mit spektakulären kirchenorganisatorischen Unternehmungen beginnen mussten.

Schließlich wird man nicht umhin können, eine letzte Frage zu stellen: In ihrer Einschätzung Adolf Hitlers, seines Führerstaates und selbst der Ideologie des Nationalsozialismus erlagen die leitenden »Brüder« wie viele pietistisch geprägte Christen einem verhängnisvollen Fehlurteil. Woher nahmen sie nach 1945 die Überzeugung, die Gründung des BEFG als »Fügung Gottes« zu verteidigen, obwohl doch gerade die organisatorischen »Taten« zwischen 1937 und 1942 vom Geist und von den Ereignissen jener Jahre nicht zu trennen sind? Hing dies vielleicht damit zusammen, dass man das eine – den politischen Irrtum – verdrängte, um nicht auch das andere – den vermeintlichen Fortschritt im Einheitszeugnis der Christen – in den Strudel des allgemeinen Unterganges mit hineingerissen zu sehen? War man aber wirklich so unberührt von Geist und Taten der widergöttlichen Diktatur geblieben, dass man später einfach nur weiterzumachen brauchte?

Nach der Einstellung der organisierten »Brüder« zum NS-Staat und zu dem von Hitler heraufbeschworenem Krieg wird also noch zu fragen sein, ehe die Nachkriegsgeschichte der deutschen Brüderbewegung betrachtet werden kann.

IV. Die organisierten »Brüder« und der NS-Staat

1. Der »Führer«

Hatte man sich in der »Christlichen Versammlung« bis 1937 noch der Illusion hingegeben, man könne bei aller Sympathie für den »nationalen Aufbruch« mit seinem christlichen Leben auf einer Insel der Seligen verweilen, so war man mit Verbot und BfC-Gründung abrupt in das politische Geschehen hineingerissen worden. Der NS- Staat erschien auf einmal den »Brüdern« für Glauben und Gemeinde bedrohlicher als bisher; und vieles deutete darauf hin, dass das christliche Bekenntnis mehr und mehr in eine Phase scharfer, mindestens geistiger Auseinandersetzung hineingedrängt werden sollte. Dennoch ist es bemerkenswert, dass sich bei alledem die Meinung der nun organisierten – und, wie wir gesehen haben, auch der meisten verbotenen – »Brüder« gegenüber Adolf Hitler, seiner »nationalen« Politik und z.T. selbst gegenüber der nationalsozialistischen Weltanschauung mit ihren Auswirkungen für Kirchen und Juden kaum wesentlich änderte. Gewiss muss einschränkend gesagt werden, dass uns zumeist nur die offiziellen Verlautbarungen zur Verfügung stehen, dass in privaten Kreisen auch Kritik geübt wurde – aus verständlichen Gründen allerdings kaum schriftlich –, unzweifelhaft aber ist, dass sich der »Führer« und seine politischen und militärischen Erfolge zwischen 1938 und 1942 des fast ungeteilten Beifalls der »Brüder« wie der meisten Christen damals erfreuten, während man die unliebsamen Erscheinungen um Kirchenkampf und Judenverfolgung weiterhin der Sorte von Parteifunktionären zuschrieb, die – anders als der »Führer«, wie man meinte – das Ziel einer germanischen Ersatzreligion verfolgten.

Das »Werkzeug Gottes«

Denn der Begeisterung für Hitlers nationale Erfolge konnten sich nun einmal auch die »Brüder« nicht entziehen.[767] Der Anschluss Österreichs im März 1938 war für die Leitung des BfC ein »überwältigendes Ereignis«:

> »Wir möchten in der Heimkehr der deutschen Brüder aus Österreich auch das Walten Gottes erblicken und auch hierfür dem Führer nächst Gott danksagen.«[768]

Wie allgemein verbreitet diese Haltung damals war, zeigt die 52. Blankenburger Allianzkonferenz (21.-27. August 1938), denn auch hier gedachte man »dankbar«

> »der Tat des Führers und Reichskanzlers, durch die er die Heimkehr Österreichs ins Deutsche Reich ermöglichte.«[769]

Bei der Führung des BfC war man der Meinung, dass »das gewaltige Geschehen der letzten fünf Jahre« nun wohl »selbst den größten Zweifler von der Mission Adolf Hitlers überzeugt« habe:

> »Gott hat ihn unserem Volke gegeben, um uns durch ihn vor den Schrecknissen des Bolschewismus zu bewahren; er hat das deutsche Volk geeint, er hat unser wirtschaftlich vor dem Zusammenbruch stehendes Volk wieder geordneten Verhältnissen zugeführt, er trägt die Sorge dafür, dass unsere Grenzen gegen feindliche Willküraktes mit starker Hand geschützt werden!«[768]

Und obwohl man einräumte, dass man sich im BfC eigentlich nicht »mit politischen Fragen« befasse, forderte man dennoch im Blick auf die wenige Tage später anstehende Reichstagswahl – sie sollte nur der Bestätigung des Diktators dienen – »die Geschwister im Lande hin und her« auf,

> »als getreue Untertanen des Führers und seiner Regierung nicht nur an der Wahl geschlossen teilzunehmen, sondern auch ausnahmslos die auf dem Wahlzettel gestellte Frage freudig mit ›Ja‹ zu beantworten.«[768]

Weniger enthusiastisch äußerte man sich seitens des BfC, als es im September 1938 um das Sudetenland ging und als vor der Lösung der Krise durch das Münchener Abkommen die drohende Kriegsgefahr vor aller Augen stand. Die Bundesleitung forderte auf,

> »noch anhaltender, noch treuer, noch herzlicher einzutreten für unseren Führer, damit der allmächtige Gott ihm Weisheit zur Entscheidung und seinen Segen zur Führung schenken möge!«[770]

Der »innere und äußere Frieden« wurde als ein »großes Gut« bezeichnet, für das »von Herzen« zu bitten war.

Ein Jahr später, als der Krieg wirklich ausbrach, sollte das wieder anders gesehen werden. Jetzt war der »Führer« das Werkzeug Gottes, der das dem deutschen Volk »durch das Versailler Diktat zugefügte Unrecht« sühnen musste[771], nachdem er sich – wie Walter Brockhaus gutgläubig meinte – »ehrlich um den Frieden bemüht« habe.[772]

In den Jahren der großen militärischen Erfolge stand man ganz in dem Bann des »gewaltigen Geschehens«, für das man sich »nächst der Gnade des Herrn dem deutschen Heer und Adolf Hitler« zu danken verpflichtet sah.[773] Wie sehr man sich im Verlauf der kriegerischen Ereignisse mit dem »Führer« identifizierte, zeigt die Tatsache, dass angesichts der Eroberung Jugoslawiens und Griechenlands selbst die *Botschaft* nur noch Hitler zu zitieren wusste:

> »Was uns alle in diesen Tagen des großen Geschehens bewegt – wie könnten wir es besser ausmünden lassen als in die Worte, mit denen der Führer seinen Aufruf an das deutsche Volk schloss!«[774]

Der »Führer«-Kult

Dass hier wie anderswo immer wieder an die Fürbitte für »den Führer und seine Ratgeber« erinnert wurde[774], war dabei nichts Besonderes, darin war man seit eh und je in Übereinstimmung mit der Bibel, die mahnt, für alle zu beten, »die in Hoheit sind (1.Tim. 2,2)«. Peinlich war nur, wie man es tun zu müssen meinte, wenn man z.B. zum 20. April (dem Geburtstag Hitlers) 1940 zur »besonderen Fürbitte für den Führer« aufforderte und fortfuhr:

> »Möge Gott diesem Manne, den er in seinem vergangenen Lebensjahr in großer Gefahr so wunderbar bewahrte, auch weiter schützen und ihm ferner beistehen, vor allem jetzt, in diesem großen Entscheidungskampf unseres Volkes!«[775]

Gewiss war auch ein gutes Stück politische Naivität mit im Spiel, wenn auf einer »Brüder«konferenz für den »Führer, den wir ja alle so lieben«, gebetet[776] oder des Diktators Lob zum 20. April sogar auf einem Kalenderblatt gesungen wurde.[777]

Wie legendenhaft die Vorstellungen vom »Führer« noch im Krieg waren, zeigt die Meinung, dass Hitlers Kriegsführung die »humanste« Art des Krieges sei. Der Autor fragte:

> »Können wir nicht Gott ganz besonders dafür danken, dass er uns einen Mann als Führer schenkte, der jedes sinnlose und unnütze Blutvergießen in tiefster Seele verabscheut?«[772]

Dass die Zeitschriften der »Brüder« aufforderten, am Winterhilfswerk (WHW) und Kriegshilfswerk des Deutschen Roten Kreuzes teilzunehmen und wirklich zu opfern[778], mochte einer gewissen Berechtigung nicht entbehren, mahnte doch auch die Bibel, »das Wohltun und Mitteilen« nicht zu vergessen (Hebr 13,16). Musste jedoch der Aufruf zur Teilnahme am WHW den Hinweis enthalten, dass die Tatsache der Eröffnung des WHW durch Hitler die Bedeutung des Opfers besonders herausstelle und Christen deshalb hier in der ersten Reihe zu stehen hätten? Und musste dies alles auf dem Titelblatt einer christlichen Zeitschrift »zur Förderung und Erbauung bibelgläubiger Christen« zu finden sein?[779] Musste ein WHW-Aufruf an anderer Stelle unbedingt mit einem Hitler-Zitat höchst unbiblischen Charakters unterstrichen werden:

>»Niemand in der Welt wird uns helfen, außer wir helfen uns selbst«?[780]

Es mochte so sein, wie Otto Bastian schrieb, dass der Hitlergruß »als reine Formalität« angesehen wurde.[767] Man kann sich aber des Eindrucks nicht erwehren, dass er in vielen offiziellen und halboffiziellen Schreiben in der Zeit von BfC und BEFG auch einen bestimmten »Partei«geist offenbarte, nämlich den der NSDAP; auf alle Fälle wirkte das »Heil Hitler!« neben den »brüderlichen Grüßen« recht fremdartig.

Bei der geschilderten Einschätzung des »Führers« ist es nicht verwunderlich, dass man nach dem fehlgeschlagenen Attentat auf Hitler am 8. November 1939 »dankbare Freude« empfand. Musste aber auch hier wieder das Titelblatt von Gnade und Friede herhalten, um dem Ausdruck zu geben und zu versichern?

>»Und um so mehr schließt sich auch das ganze Volk zusammen zur Abwehr aller Feinde und zur Erlangung eines gerechten Friedens.«[781]

Das Glückwunschtelegramm Dr. Beckers an Hitler anlässlich dieses Ereignisses[782] mochte noch ehrlicher Überzeugung entspringen. Kann man dies aber auch noch für die Zeit nach dem Attentat vom 20. Juli 1944 voraussetzen? Damals telegraphierten Dr. Melle (Methodistenkirche) und Paul Schmidt (BEFG) für die VEF, also auch für die »Brüder«, an Hitler:

>»Bad Reichenhall den 24. Juli 1944
>An den Führer, Berlin
>   Zur Rettung von ruchlosem Attentat senden mit inniger Freude, Dank gegen Gott und der Versicherung weiterer Fürbitte herzlichste Glückwünsche namens der Vereinigung Evangelischer Freikirchen.
>   F.H. Otto Melle; Paul Schmidt.«[783]

Hier mag viel Anpassung, vielleicht auch Angst im Spiel gewesen sein, nach den früheren Glückwunschtelegrammen und neben den Dank- und Freudenkundgebungen der Landeskirchen[784] durch

Schweigen aufzufallen[785], musste doch spätestens damals (1944) jedem Einsichtigen klar sein, dass Gott kaum hinter dem christusfeindlichen Regime stehen konnte, zudem nun schon geraume Zeit der Erfolg, den früher viele als Zeichen Gottes betrachtet hatten, dem »größten Feldherrn aller Zeiten« versagt blieb.

Die »gläubige« Obrigkeit

Doch gerade Hitler gegenüber wurde an der Meinung von seiner »positiven« Einstellung zum Christentum festgehalten, um das einmal aufgestellte Bild nicht zerstören zu lassen. Da wurde selbst eine Forderung Hitlers aus seinem Buch »Mein Kampf«, dass nämlich der Soldat um der großen Sache willen auch Unrecht zu leiden ertragen müsse, als ein »religiöser Gedanke« verstanden, wie denn überhaupt »fast alle großen, bis zum Ende erfolgreichen Soldaten tief religiös und glaubensfest gewesen« seien. Dies hatte zwar ein deutscher General und Militärschriftsteller geschrieben, er wurde aber von der *Botschaft* ausführlich zitiert[786], als ob unbedingt die Illusion vom frommen soldatischen »Führer« aufrecht erhalten werden müsse.

Selbst die Vereinigung zum BEFG 1940/41 sollte als ein Dienst am Führer verstanden werden, wenn man sich nur dem Anspruch der Bibel gemäß, »dass sie alle eins seien«, verhielt:

> »In diesem Geiste dienen wir jetzt unserem Volke und unserem Führer, den Gott bestimmt hat, gewaltige Entscheidungen und staatliche Neuordnungen in der Welt herbeizuführen.«[787]

Dr. Becker zog sogar eine Parallele zwischen den Männern, die den BEFG gegründet hatten, und Adolf Hitler, der in seiner Neujahrsbotschaft 1941 gesagt hatte, dass »Männer, die die Vorsehung bestimmt hat, Geschichte zu machen,« manchmal »weit über ihr ursprüngliches Ziel hinausgehen. Aber die Vorsehung treibt sie dahin. Als wir in den Krieg zogen, wollten wir nur die Heimat schützen. Heute kämpfen wir für ein neues Europa und eine neue Welt.«

Ähnlich sah Dr. Becker die Situation der leitenden Männer von Baptisten und »Brüdern«. Man sei auch über das ursprüngliche Ziel der Verhandlungen zwischen den Freikirchen weit hinausgegangen und zum Bund zwischen Baptisten und BfC fortgeschritten:

> »Darum wollen wir die Hände ineinanderlegen, damit wir dieses Werk an unserem Volke tun können. So wie wir Deutsche das neue Reich bauen wollen, das erst im Ansatz ist, damit es ein riesengroßes Reich werde, so

wollen wir kämpfen für das große Reich unseres Gottes. Wir wollen nicht teilen, damit man uns beherrschen kann. Wie wir als Soldaten für unseren Führer Adolf Hitler stehen, so wollen wir zu unserem himmlischen König stehen.«[788]

Es waren nicht die Worte eines Opportunisten, sondern eines überzeugten Anhängers Hitlers. So mochten nicht alle denken, doch selbst Skeptiker konnten sich damals auch bei einer gewissen Distanziertheit in ihrer Betrachtung geistlicher Dinge kaum aus dem Korsett ihrer nationalen Empfindungen gegenüber dem »Führer« lösen.

Es war schon so, wie der große alte Mann der deutschen Historiker, Friedrich Meinecke, nach dem Zweiten Weltkrieg bemerkte:

»Dass sich Adolf Hitler als das ›satanische Prinzip in der Weltgeschichte‹ erweisen sollte, blieb den meisten 1933 – nicht nur den Anhängern, auch den Kritikern – verborgen.«

2. Die Weltanschauung

Erfreuten sich der »Führer« und seine »nationale« Politik, die schließlich den Weltbrand entzünden sollte, bis zum Höhepunkt des Krieges fast uneingeschränkt der Bewunderung der »Brüder«, so sollte man dies von ihrer Einstellung gegenüber der nationalsozialistischen Weltanschauung nicht annehmen. Sicherlich waren auf diesem Gebiet die Meinungen eher geteilt, und nicht jedes anerkennende Wort bedeutete auch wirklich Zustimmung, sondern zuweilen nur Anpassung, um keinen Anstoß zu geben.

Die »nationalen« Werte

Anders verhielt es sich da von vornherein mit jenen Werten, die von den Christen traditionsgemäß geachtet wurden: Volk und Reich. Dass Hitler sie – im Gegensatz zur »atheistischen« Republik von Weimar – aufgewertet zu haben schien, indem er sie mit scheinbar christlichen Attributen versah, erhöhte nur noch die Geltung, die die Begriffe von Volk und Reich bei den Deutschen aus einem romantischen Bewusstsein heraus sowieso hatten.

»Die Pflege der Volksgemeinschaft«, von Hitler und der Partei dauernd beschworen, war nun geradezu »göttliche Ordnung«[789]. Das Volk wurde zur »Schicksalsgemeinschaft«, in der es für jeden

Christen »heiligste Pflicht« war, »Verantwortung« zu übernehmen.[790] Den Platz in »Volk und Staat« hatten die »Christen bewusst auszufüllen«, ja, mehr noch, sie sollten sich auch mit ihrem eigenen Volk gefühlsmäßig identifizieren:

> »Sind wir vielleicht nicht alle stolz auf unsere großen Wissenschaftler, Dichter und Künstler! Oder siedet uns nicht allen das Blut, wenn wir hören, dass unsere angestammten Volksgenossen im Ausland gedemütigt und verfolgt werden!«[791]

Es war selbstverständlich, dass sich die »Brüder« im Rahmen des Winterhilfswerkes (WHW) in die Volksgemeinschaft hineinstellten[792], und zwar nicht nur, weil es »dem Wunsch des Führers« entsprach[793], dass keiner hungern und frieren sollte, sondern weil es, wie die Handreichungen meinten, mit Jesaja 58,6.7 eine Forderung der Bibel sei. Gut ins Bild passte es, dass es auch hier nach der Menge-Übersetzung um »Volksgenossen« ging.[789] In Verbindung mit der WHW-Werbung erschien im Dezember 1938 zum ersten Mal das heidnische Emblem der NSDAP, das Hakenkreuz, im *Botschafter*.[794]

Für das WHW ging man sogar so weit, dass man nicht nur an die Opferbereitschaft des Einzelnen appellierte, sondern vom Winter 1937/38 ab die Gemeinden aufforderte, monatlich jeweils eine Sonntagssammlung im Winterhalbjahr dem WHW zur Verfügung zu stellen.[795]

Die menschliche Arbeit, die bisher bei den Christen ihre Sinnhaftigkeit von Gott her erhalten hatte, erschien jetzt auch in neuem Licht. Der 1. Mai war immer wieder Anlass, Hitlers Propagandathese vom »Adel der Arbeit« herauszustellen und durch die Bibel zu bestätigen.[796] Man war stolz auf die deutsche Arbeitsleistung, besonders gegenüber dem anscheinend weniger erfolgreichen Ausland[797] und sah sich auch bei diesem Thema in der Rolle des »Volkes ohne Raum«, für das Arbeit lebensnotwendig sei.[798] Begeistert wurde in den Zeitschriften der »Brüder« das »Hohelied der Arbeit« gesungen, wie es sich im Dritten Reich darstellte:

> »Die Geschichte wird einst Zeugnis ablegen von dem, was deutscher Fleiß und deutscher Wille in wenig Monden und Jahren geschafft haben.«[799]

Da war die Autobahn, die den Deutschen ins Bewusstsein »hämmerte«: »Wir sind Glieder an einem Leib«; der Westwall, der deutsches Land vor »fremder Habgier« schützte; und schließlich das »deutsche Schwert«, dessen Schläge »den Feind erzittern und das Weltall

249

aufhorchen« ließen. Auch der Sinn der Arbeit war jetzt über den von der Bibel vorgegebenen hinaus gefunden: »Deutschland«.[799]

Sogar die »Blut- und Boden«-Ideologie hinterließ ihre Spuren, wenn Gott für den »Boden« und die »Ahnen« gedankt wurde, die ihn bearbeitet hatten.[800] Die Familie wurde »als die kleinste völkische Einheit« und »Keimzelle des Volkes« betrachtet, in deren Mitte die Mütter zum »Schicksal des Volkes« wurden, stand doch – wie die *Tenne* schrieb – die »kindergebärende Mutter« gerade bei den Vorfahren der Deutschen in hohem Ansehen, und mit einem Germanentum und Christentum verbindenden Blick auf die Mutter Jesu sollte die »deutsche christliche Mutter« bedenken, dass sie die »Gestalterin« am »Schicksal des Volkes« sei.[801]

»Positive Haltung«

Mit der Gründung des BfC wurde es üblich, in Zeitschriften und offiziellen Verlautbarungen zu mahnen, sich »nicht einfach nur (zu) fügen«, sondern »vielmehr zu allem eine positive Haltung« einzunehmen und die »gestellten Aufgaben« im Staat »freudig anzufassen«; »Miesmachen« kenne die Bibel nicht.[802] So wurde aufgefordert, in die »Nationalsozialistische Volkswohlfahrt (NSV)«, eine angeblich soziale Hilfsorganisation der NSDAP, einzutreten[803], weil »für den Christen ... der Dienst an den Volksgenossen eine Selbstverständlichkeit« sei.[804] Es wurde »Erstaunen« und »Betrübnis« geäußert, »dass es noch Brüder« gab, die nicht Mitglied in der »Deutschen Arbeitsfront (DAF)« waren[805], in der Dr. Robert Ley unterstellten Einheitsgewerkschaft im NS-Staat. Ermahnend und drohend zugleich schrieb die Geschäftsführung des BfC:

> »Volksgenossen, die ihren Beitritt zur DAF verweigern, stellen sich hierdurch außerhalb der Volksgemeinschaft oder erwecken wenigstens den Anschein! Die Brüder mögen sich doch darüber klar sein, dass sie sich und ihre Gemeinde in ein ganz falsches Licht bringen, wenn sie in einer durch nichts zu begründenden Einstellung es ablehnen, sich einer dem Wohle des Volkes dienenden ›menschlichen Einrichtung‹ zu unterwerfen (1. Petr. 2,13).«[805]

Dass selbst bei den propagandistischen Schein-Abstimmungen des Regimes auf die BfC-Mitglieder Einfluss genommen wurde, »geschlossen« und »freudig« »Ja« zu sagen[806], ist schon gezeigt worden. Fiel der 1. Mai auf einen Sonntag, so wurde empfohlen, die morgendlichen Zusammenkünfte zu verlegen, damit sich niemand gehindert fühlte, an den von der NSDAP organisierten Aufmärschen teilzunehmen.[807] Sogar eine Konferenz – Düsseldorf, 20. Februar 1938 – wurde verschoben, um den Teilnehmern Gelegenheit zu geben, eine »Führer«rede zu hören, wofür die gastgebende Gemeinde einen Saal mit Rundfunkapparat zur Verfügung stellte.[807a]

Darüberhinaus nahmen seit 1937 die Parteieintritte verstärkt zu[808], obwohl schon vorher eine ganze Reihe von Brüdern Mitglieder der NSDAP oder ihrer Gliederungen war, auch in der SS. W.J. Ouweneel spricht von 50 Brüdern, die allein in der Düsseldorfer Gemeinde, zu der auch Dr. Richter gehörte, das Parteiabzeichen trugen.[809] Dass die Jugend ab zehn Jahren in den Organisationen der Hitler-Jugend (HJ) erfasst war, stellte sowieso eine Selbstverständlichkeit dar, der sich kaum einer entziehen konnte.

Dass die Jugend vom Staat »völkisch« erzogen wurde, erkannte man als völlig selbstverständlich an[810], ebenso dass die HJ bei dieser Erziehung eine führende Rolle spielte[811], wiegte man sich doch in der Überzeugung, die »religiöse« Erziehung selbst vornehmen zu dürfen.[810] Wahrscheinlich machte man sich über die antichristliche und antisemitische Beeinflussung in der HJ kein Bild, traute man doch in seiner politischen Naivität dem »Führer« kaum Zielsetzungen zu, die jener auf diese Weise abgesteckt hatte:

> »Eine gewalttätige, herrische, unerschrockene, grausame Jugend will ich. ... Es darf nichts Schwaches und Zärtliches in ihr sein. Das freie, herrliche Raubtier muss erst wieder aus ihren Augen blitzen. ... Das ist die Stufe der heroischen Jugend. Aus ihr wächst die Stufe des Freien, des Menschen, der Maß und Mitte der Welt ist, des schaffenden Menschen, des Gottmenschen.«[812]

Viele Eltern sahen da weiter als die Repräsentanten des BfC. Wenn sie ihre Kinder ermahnten, ihren Dienst in der HJ pünktlich wahrzunehmen[808], so geschah dies oft – besonders in den späteren Jahren – weniger aus Begeisterung für die nationalsozialistische Jugendorganisation als aus der Furcht für die schulische und berufliche Zukunft der Kinder.

Kämpferische Selbstbehauptung

Auch unter den »Brüdern« sah man sich in ein »Volk ohne Raum« gestellt, dem »missliebig gesonnene fremde Mächte ... den ›Brotkorb höher hängen‹« wollten.[813] Da sei es nötig, sich selbst zu behaupten, wobei zwar »das Walten Gottes« nicht »zu gering (zu) veranschlagen« sei[813], andererseits aber auch die soldatischen Tugenden gepflegt werden müssten, was für den Christen als selbstverständlich erscheine, weil Gottesfurcht und Soldatentum im deutschen Volk schon immer zusammengehört hätten.[814]

Mit mancherlei Buchbesprechungen wurde zu beweisen gesucht[815], dass »Jesus Christus in der deutschen Geschichte« besonders bei den Soldaten eine große Rolle gespielt habe[816], denn »ein rechter deutscher Soldat muss ein christlicher Mann sein«; so hatte es Hitlers Renommier-Marschall aus dem Kaiserreich, von Mackensen, der Hitler-Jugend gesagt[817]. Dass Glaube und heldenhafte Tat, gerade auch die soldatische, zusammengehören, wurde der Jugend nun öfter nahegebracht[818], z.B. wurde das schon genannte Buch über »Hauptmann Willy Lange« (II,141) – weil »zeitgemäß« – »dringend empfohlen«[819].

Es erscheint nicht verwunderlich, dass nun auch »das Heldenhafte an der Person Christi ... mehr in den Vordergrund treten« sollte, zumal in der Sonntagsschularbeit, sei doch ein zwölfjähriger Junge »kein Kind mehr«, sondern ein »Pimpf«, der »oft bereits eine Befehlsgewalt über eine Gruppe Gleichaltriger« habe. Deshalb sollte dem »Onkel- und Tantenstil« der Abschied gegeben und aus den »kühn strebenden Jungen ... besondere Stoß- und Kerntruppen ... für den Einladungs- und Werbedienst der Sonntagsschule« herangebildet werden.[820]

Als der *Botschafter* Ende 1937 diese Forderungen veröffentlichte, riefen sie immerhin noch »viel Beunruhigung, ja, teilweise stärkste Ablehnung« unter der Leserschaft hervor. Der Schriftleiter räumte zwar ein, dass der Autor »nicht zu unserem engeren Kreis« gehöre, rechtfertigte aber nichtsdestoweniger das Anliegen, weil den Jugendlichen »auf dem Boden« zu begegnen sei, »auf dem sie weitgehend stehen«. Und die Jugend sei nun einmal »für alles Heldische begeistert«[821].

Deshalb sollte jetzt auch Liedgut, das »Kraft« und »Kampf« betone, mehr gepflegt werden.[822] Die Anweisung Jesu über den hinzunehmenden Backenstreich (Mt 5,39) wurde auf den Fall der Verfolgung um Jesu willen eingeschränkt, weil Jesus Christus »die Reparation der Mannesehre« nicht ablehne.[823]

»Umdenken«

Die Forderung nach einem »Umdenken« zog sich überhaupt wie ein roter Faden durch viele Verlautbarungen. Mit der pietistischen

Weltabgewandtheit der »Brüder« sollte nunmehr gründlich aufgeräumt werden. »Wir sind nicht nur Himmelsbürger«, hieß es jetzt[824], deshalb bedeute auch »die Beschäftigung mit anderen Werten«, als denen des Glaubens »keine Beeinträchtigung des höchsten Wertes« mehr[825], womit man wohl der BfC-Verpflichtung zur Lebens- und Staatsbejahung nachkommen wollte.

Göttliche und weltliche Gewalt seien kein Gegensatz – nur für die Französische Revolution wurde eine Ausnahme gemacht, was die politische Naivität der »umdenkenden« »Brüder« unterstreicht –, und nach den »regierungsschwachen Jahren« der Weimarer Republik müsse man jetzt lernen, wieder mehr auf die von Gott eingesetzte Obrigkeit zu hören.[826]

Die Alten wurden aufgefordert, mehr Rücksicht auf die Jugend zu nehmen, die »revolutionär« sei, und nur wer »revolutionär« sei, könne der Jugend dienen.[827] Es sei selbstverständlich, dass diese Jugend anders und mit ihr anders zu reden sei:

> »Anders ist die Jugend von heute deshalb, weil sie in ganz anderen weltanschaulichen und politischen und schulhaften Verhältnissen aufwächst als wir einst. ... Unsere Buben und Mädel lieben den Führer des Deutschen Reiches, sie werden dazu erzogen, auf seine Befehle zu hören; sie marschieren in ihren Jugendgliederungen als solche, die es lernen sollen, an ihrem Teile mitzuhelfen am Bauen und Erhalten des Staates. Sie erleben große Kundgebungen, die mit ihrer eindringlichen Anschaulichkeit den tiefen Eindruck auf das junge Gemüt nicht verfehlen.«[828]

Zwar zog der Autor aus den Gegebenheiten die Folgerung, dass einer solchen vom Nationalsozialismus begeisterten Jugend nur der von Christus erzählen dürfe, der »eine begeisterte und begeisternde Liebe« zu Gott und seinem Sohn habe[829], aber bemerkenswert ist doch die Selbstverständlichkeit, mit der in der Zeitschrift *Gnade und Friede* die »revolutionäre« Beeinflussung der Jugend hingenommen wurde. Und nicht nur im Blick auf Politik und Erziehung wurde »Umdenken« gefordert.

Auch Kultur und Kunst sollten fortan nicht mehr im Gegensatz zum Glauben stehen, zumal, wenn es sich um »Deutsche Kultur« handelte, von der nachzuweisen versucht wurde, wie sehr sie vom Christentum beeinflusst sei.[830]

Auch der Leib erfuhr jetzt parallel zur nationalsozialistischen Körperertüchtigung eine Aufwertung[831], sei es doch der Wille des Schöpfers, »dass der Leib ›aufrecht und rein, licht und schön, gesund und stark, behend und gewandt‹ sei«, und Gott wolle »sich auch heute noch durch unser leibliches Leben verherrlichen«[832].

Das alles wurde nicht etwa gegenüber den bisherigen Vorstellungen entschuldigend vorgebracht, im Gegenteil, es wurde deutlich gesagt, dass die Christen zu »lernen«, sich umzustellen hätten, sei doch mit dem Nationalsozialismus »eine Revolution des Denkens« gekommen, ein »neues Denken«, das auch die Christen berühre und in seinem umwälzenden Charakter der Zeit zur »Ankunft des Welterlösers« zu vergleichen sei. Denn:

»Gott hat offenbar ein Neues vor.«[833]

Hier erreichte der Versuch, Christentum und Nationalsozialismus zu verbinden, offensichtlich die Dimension des Sektiererisch-Schwärmerischen: Eine zweite Weltenwende nach fast 2000 Jahren, ähnlich der, die Jesus Christus herbeigeführt hatte. War also das »Heil Hitler« doch mehr als eine reine Formsache? Brauchte die Menschheit noch einen zweiten Heiland?

Mindestens die Christen brauchten nach Meinung des Autors, eines führenden BfC-Mannes, gründliche Veränderung. Denn mit dem Nationalsozialismus werde auch »das kommende Christentum ... ein völlig anderes Gesicht haben«, wenn erst auch bei den Christen nicht mehr die »eigene Persönlichkeit im Mittelpunkt« stehe, wenn sie nicht mehr nur »selbstisch diesem ›Jammertal‹ zu entfliehen« trachteten, sondern lernten, dass »Gemeinnutz vor Eigennutz« gehe, kurz, wenn sie ihren »Mann in der Volksgemeinschaft im Krieg und Frieden« ständen. Erst wenn die Christen dies begriffen hätten, könnten sie den »Sinn ihres Daseins« erkennen: »ganze Hingabe an ihn«[834].

Der Nationalsozialismus als Wegweisung zur rechten Christus-Nachfolge? Gewiss, das Maß der Verblendung mag nicht überall so deutlich gewesen sein, aber dies sind die Gedanken eines Mannes, der auch wie andere von sich anfangs geglaubt hatte, den Nationalsozialismus nicht ernst nehmen zu müssen[835], später jedoch zugab, keinen »Durchblick« gehabt und erst im letzten Kriegsjahr »einigermaßen klar« gesehen zu haben.[836]

Nicht minder deutlich war die Vermischung nationalpolitischen und vermeintlich geistlichen Denkens bei der Gründung des BEFG, dessen Zielsetzung in organischem Zusammenhang mit Hitlers großdeutschem »Tausendjährigen Reich« und seiner »Neuordnung Europas« gesehen wurde (s. S. 211ff.). Die Vermengung der Bitte Jesu in seinem »hohepriesterlichen Gebet«, »damit sie alle eins seien«, mit der Propagandaphrase der Nationalsozialisten, »Ein Volk, ein Reich, ein Führer«, vermittelt die beschämende Einsicht, wie verblendet Christen zu werden vermögen, wenn sie sich auf die Politik dieser Welt einlassen.

Um so unverständlicher ist es, dass man sich nach dem Zusammenbruch aller nationalen Hoffnungen nicht zu einer offenen Revision dieser perversen Vermischung von Welt- und Heilsgeschichte verstehen konnte.

3. Der Krieg

Beten – für Frieden oder Sieg?

Wie schon die Aufforderung zum Gebet für den Erhalt des Friedens im September 1938 gezeigt hatte, standen auch den »Brüdern« wie den meisten Christen und Nichtchristen die Schrecken des Ersten Weltkrieges viel zu deutlich vor Augen, als dass sie sich für einen neuen Krieg begeistern konnten. Als man nun ein Jahr später in der Polenkrise vor dem Ausbruch des Zweiten Weltkrieges eine entsprechende Haltung einnahm und in Gottesdiensten und besonderen Gebetsversammlungen für die Erhaltung des Friedens betete, musste man erfahren, dass dies seitens der Regierung »in jeder Hinsicht unerwünscht« war. Kirchen und Freikirchen wurden durch den Reichspropagandaminister Dr. Goebbels aufgefordert, kirchliche »Versammlungen, in denen zur gegenwärtigen Lage Stellung genommen« werde, zu unterlassen.[837] Der Krieg war beschlossene Sache, und die Christen hatten nicht zu versuchen, mit ihren Gebeten dem »Führer und obersten Kriegsherrn« in den Arm zu fallen oder gar Kampfesunwillen zu demonstrieren.

Anders sah es dann einige Wochen später aus, als der Krieg im Gang war. Nun erschien es der Regierung wieder als durchaus angemessen, die Kirchen und die VEF aufzufordern,

> »im Gottesdienst und in den Predigten auf den Krieg Bezug zu nehmen und Dankgottesdienste abzuhalten oder für den Sieg der deutschen Waffen zu beten und der Gefallenen zu gedenken.«[838]

Gutgläubig wie sein Vater Rudolf 1914, nur mit viel weniger Berechtigung hinsichtlich der Friedensliebe des Staatsoberhauptes, versicherte Wilhelm Brockhaus in der ersten Stellungnahme der *Botschaft* zum Kriegsausbruch:

»Der Führer hat den Krieg nicht vom Zaun gebrochen; er führt ihn nicht grausam; er kämpft nicht gegen die Wehrlosen, gegen Greise, Frauen und Unmündige. Seine Erlasse in dieser Hinsicht haben unseren Herzen wohlgetan. Wir können mit Zuversicht beten. Und wenn das Gebet des Einzelnen eine Verheißung hat, wie viel mehr die vereinten Gebete der Vielen! Seien wir deshalb nicht lässig!«[839]

Siegesbegeisterung: »Gott macht Geschichte«

Schnell fanden sich die Christen mit der Tatsache des Krieges ab, auch die »Brüder«, zumal die deutschen Blitzsiege der Anfangszeit bei vielen ein Gefühl der Siegesbegeisterung hervorriefen. Welcher Christ konnte sich schon nach dem Ende des Polenfeldzuges, der nur 18 Tage dauerte, der Wirkung des »Führer«wortes entziehen, das unter Inanspruchnahme der Bibel verkündete: »Mit Mann und Roß und Wagen hat sie der Herr geschlagen«, womit, wie die Botschaft meinte, Hitler »Gott die Ehre« gegeben habe.[839] Da konnten nach dem Kriegsausbruch auch die »Brüder« des BfC nur versprechen:

> »Wir werden als Christen, Brüder und Schwestern, jeder an dem Platz, an den der Befehl des Führers uns stellt, unsere Pflicht in vorbildlicher Weise erfüllen; darüber hinaus werden wir die Hilfe unseres Gottes, der die Geschicke der Völker lenkt, erflehen für unseren Führer und unser Volk«[840]

Ähnlich verhielten sich auch die anderen Kirchen und Freikirchen.[841]

Inzwischen hatte man auch eine neue Einstellung zur Unausweichlichkeit des Krieges gewonnen, erschien er doch jetzt als ein Kampf,

> »welcher früher oder später zwangsläufig als Folge des unserem Volke durch das Versailler Diktat zugefügten Unrechts kommen musste«[840].

Wie 1914 verbanden sich auch jetzt nationale Motive mit dem Glauben an einen Gott, der augenscheinlich nur den Deutschen zu helfen gesonnen war:

> »Wunderbare Erfolge sind unserem Heer beschieden gewesen. Dafür wollen wir Gott die Ehre geben.«[839]

Als die »fast unglaublichen Meldungen über die Erfolge unserer Waffen« im Frankreichfeldzug 1940 eintrafen, sah man darin »Gottes Finger« und die Herzen »zu froher Dankbarkeit« gestimmt.[842] Als Paris eingenommen wurde, jubelte die *Botschaft*:

»Wir stehen ja in einer einzigartigen Zeit. Gewaltige, unfassbare große Dinge geschehen Tag für Tag. In geradezu atemberaubendem Tempo geht unser Volk unter der sicheren Hand des ihm von Gott gegebenen Führers seinen Siegesweg. Auch unsere kühnsten Hoffnungen für den Verlauf dieses Krieges sind übertroffen worden. ... Wir alle spüren es: Gott macht Geschichte. ... Und unter seiner Hand vollzieht sich eine Neuordnung Europas, ja schließlich der ganzen Welt.«[843]

Selbst die Reisebrüderkonferenz vom 28.-30. Mai 1940 auf Hohegrete bei Siegen stand unter der Wirkung des »gewaltigen Kriegserlebens«, als Dr. Becker, Major der Luftwaffe, von seinem Bombengeschwader im Westen hinzukam und »nachhaltige Eindrücke« vermittelte.[844] Nach der Radiomeldung von der Kapitulation der belgischen Armee

> »waren alle tief bewegt und voller Dank unserem Gott gegenüber, der diesen großen Erfolg geschenkt hat«[845].

Voller Stolz blickte die *Botschaft* auf »unsere unvergleichlichen Truppen«[843] und sprach unbedacht Hitlers großspuriges Wort vom »besten Soldaten der Welt« nach[846], während man sich im Amtsblatt darüber freute, dass »Hitlers Appell an die Volksgemeinschaft ... heute mitten im ernsten Kampf Deutschlands gegen Plutokratie und Bolschewismus einen besonders zuversichtlichen Klang« gehabt habe.[846a]

Als im Sommer 1941 vom Russlandfeldzug die Siegesmeldungen eintrafen – inzwischen war der BEFG gegründet worden –, freute man sich in einem Rundbrief über die »geschichtlich große Zeit, die an ruhmvollen Ereignissen für unsere Wehrmacht reicher ist als je zuvor«, und dankte Gott »für sein gnädiges Walten«[847]. Nach dem Winter 1941/42, der für das deutsche Heer eine erste Katastrophe bedeutete, gab man zwar zu, dass »ein schweres Jahr« zurücklag, aber die Siegeszuversicht war auch jetzt noch nicht getrübt:

> »Wenn dennoch die Front gehalten wurde, dann haben wir das nächst Gott der genialen Führung unserer Heeresleitung und der Tapferkeit unserer Soldaten zu danken. Und die Heimat hat sich der Front würdig erwiesen. Überall hat sie Leistungen vollbracht, die man bei unseren Gegnern vergeblich sucht. Wir sehen hinter allem die führende Hand Gottes, die uns bis heute Sieg auf Sieg gegeben hat.«[848]

Feindbild: »Die Stunde der Abrechnung«

Bei so viel Freude über die Erfolge »unserer Waffen« bleibt die Frage offen, wie man sich damals als Christ zum politischen und militärischen Gegner stellte, bei dem man doch, besonders in England, um viele Brüder und Schwestern in Jesus Christus wusste. Doch leider wurde die übernationale Gültigkeit der Gemeinde Gottes überlagert von dem Vertrauen auf die nationalsozialistische Hasspropaganda, die auch vielen Christen weiszumachen gewusst hatte, dass Deutschland von »missliebig gesonnenen fremden Mächten« umgeben sei.[849]

Als nun Frankreich im Juni 1940 besiegt war, blieb Großbritannien als vorläufig einziger Gegner übrig, womit vornehmlich die Engländer in das Blickfeld der christlichen Betrachter traten. Gespannt wartete die *Tenne* auf den »Entscheidungskampf« mit England, wozu die »feldgraue Front« im Sommer 1940 »vom Nordkap bis zu den Pyrenäen« angetreten sei. Wie sehr man auch für diesen - wie man meinte – letzten Kampf politisch-militärische Ziele und göttliches Handeln naiv miteinander verband, zeigt der Hinweis, dass hier »an Gottes Segen alles gelegen« sei:

> »So treten wir denn in diesen Tagen der letzten großen Entscheidung vor Gott hin mit der Bitte des alten Kirchenliedes im Herzen ›Ach bleib mit deiner Gnade bei uns, Herr Jesu Christ!‹«[850]

Und da man darauf vertraute, dass Gott »weiter mit uns sein« werde, schrieb man zuversichtlich:

> »Wir blicken auf den Führer und warten in Ruhe des Befehls, der die feldgraue Front gegen England führen wird.«[850]

Kaum einer ahnte, dass Hitler schon in der Luftschlacht um England, die die Invasion der »feldgrauen Front« vorbereiten sollte, an seine Grenzen gekommen war. Im Gegenteil:

> »Die Stunde der Abrechnung mit England hat geschlagen«,

vermutete ein führender BfC-Vertreter im Juli 1940.[851]

Warum eigentlich »Abrechnung«? Die Verlautbarungen damals sind ein Beispiel dafür, wie Christen, die sich unkritisch ihren nationalen Gefühlen hingeben, der gezielten Hasspropaganda eines totalen Staates erliegen, zumal es sich bei dem Initiator dieser Hetze, Dr. Joseph Goebbels, um einen zwar ungemein verlogenen, aber äußerst geschickten Propagandisten handelte. So ist es nicht erstaunlich, wie negativ das Mutterland der Brüderbewegung in den Schriften der deutschen »Brüder« gesehen wurde.

Der Hauptvorwurf bestand immer wieder darin, dass man die alten nationalen Vorurteile hervorholte, wonach die Engländer in ihrer Verblendung gegenüber Gott in einem Widerspruch von christlichem Denken und unchristlichem Handeln lebten[852], dass sie von Christus sprächen, aber Geschäft meinten[853], demzufolge die Gesellschaftsform einer geldgierigen »Plutokratie« pflegten[854] und heuchlerisch über die Not der Armen hinweggingen.[855]

> »Gewiss gibt es auch in England eine ganze Reihe echter Christen, die diese Art nicht gutheißen. Wenn wir aber das Ganze sehen, und das müssen wir hier schon, so finden wir die Haltung der Pharisäer, die gleichzeitig Gott dienen wollten und dem Mammon.«[856]

Der Autor merkte nicht, wie pharisäisch er sich als Deutscher über die Engländer erhob, wenn er an anderer Stelle – an die »lieben Brüder an der Front« – schrieb, dass es »weltweit ... geradezu ekelerregend« sei, wie das Christentum als »Deckmantel« der »Politik Englands« diene.[851] Ihren »unverhohlenen Hass« auf die Deutschen versuchten die Briten mit »frommer Verbrämung« zu rechtfertigen[857] und scheuten andererseits nicht einmal davor zurück, Bomben über Bethel abzuwerfen.[858]

Dem allen setzte man die »Zeugnisse einer deutschen« – echten – »Frömmigkeit« entgegen[859] und frohlockte, dass für England, das einen gewinnsüchtigen Opiumkrieg gegen China geführt habe, nun die »Abrechnung nach hundert Jahren« gekommen sei.[860] Man glaubte in der »Bosheit« und »Blindheit« der Engländer »dem Tun Gottes gegenüber« eine Parallele in der Geschichte des ägyptischen Pharao, »mehr noch in der Israels selbst« zu sehen und folgerte für die Zukunft:

> »Jahrhunderte lang hat Gott zugesehen. Das alte Sprichwort, dass seine Mühlen langsam, aber trefflich fein mahlen, hat schon recht. Wie manchmal mag ›seine Seele überdrüssig‹ des frommen Gehabes gewesen sein. Uns scheint, das Ende des Mahlens naht, England hat seine Rolle in der Geschichte ausgespielt, allzu frevntlich hat es das Spiel mit dem Feuer getrieben.«[856]

Der weitere Verlauf des Krieges sollte diese eigentümlich pharisäische Geschichtstheologie nicht bestätigen, sondern vielmehr die Schuld des Volkes der »Endlösung« offenbaren. Man kann verstehen, dass gerade enttäuschte Christen 1945 fast verzweifelten, als sie das ganze Ausmaß der deutschen Schuld überblickten.[861]

Kriegsschuld: die anderen

Selbst der Kriegsausbruch sollte sich 1945 unleugbar als deutsche Schuld herausstellen. Und man hatte in all den Jahren in Verkennung historischer Tatsachen in England und Frankreich die Urheber des großen Krieges gesehen!

Diese Völker hatten nach allgemeiner Ansicht nicht zuschauen wollen, wie das durch den Vertrag von Versailles »schmachvoll gedemütigte Besiegtenvolk« durch Hitler zu einem »kraftvollen, von aller Welt geachteten Staat« gemacht wurde.[857] Die jahrzehntelange Propaganda Hitlers gegen die »Ketten von Versailles« und ihre Weimarer »Erfüllungspolitiker« trug auch in der Sprache der »Brüder« ihre Früchte:

> »Wir sollten für alle Zeiten versklavt werden. Da regte sich das geschändete Leben. Unter dem scharfen Druck meldeten die göttlichen Gesetze von Blut und Rasse ... unüberhörbar ihre Ansprüche an. Das ›Volk ohne Raum‹ zerriss seine Fesseln und nahm sich die Lebensrechte, die ihm zustanden.«[851]

»Blut und Rasse«, »Volk ohne Raum«, »Lebensrechte nehmen« – der totale Staat und Krieg veränderten nicht nur die Diktion, sondern auch den Geist der Veröffentlichungen.

Dabei muss man berücksichtigen, dass die »Brüder« wie die meisten Deutschen felsenfest von ihrer und nicht zuletzt von des »Führers« Friedensliebe überzeugt waren:

> »Wie hat sich der Führer ehrlich um den Frieden bemüht! Mit Misstrauen, unverhohlenem Hass und Hohn hat man seine Friedenshand ausgeschlagen.«[857]

Geradezu kindlich stellte man sich den Kriegsausbruch vor:

> »Immer wieder streckte ihnen der Führer die Friedenshand entgegen. Hohnlachend wurde sie zurückgewiesen. Man glaubte einfach nicht an die Ehrlichkeit des Wollens, eben weil man von sich auf uns schloss. So musste denn kommen, was kam. Es blieb nur noch eins: die kriegerische Auseinandersetzung.«[851]

Es wird deutlich, wohin sich politische Gutgläubigkeit verirren kann, wenn sie nicht mit dem kritischen Blick des Geistes Christi gepaart ist. Als man fünf Jahre später erfuhr, dass Hitler, »den Krieg vom Zaun gebrochen« hatte, blieb Beschämung zurück.[861]

»Bewährungszeit«: für »gläubige Christen«

Auch der Krieg selbst bekam jetzt seinen besonderen »geistlichen« Stellenwert. Er machte, versuchte die *Botschaft* mit einem Wort des im Ersten Weltkrieg gefallenen Dichters Walter Flex zu verdeutlichen, sichtbar, »was ein Mensch mit und ohne Gott wert« sei.[862] Tapferkeit war jetzt nicht nur eine deutsche, sondern auch eine christliche Tugend[863], zumal sehr oft tüchtige Soldaten, ja Helden, zugleich »fromme Christenmenschen« gewesen seien.[862] Die Behauptung, dass das lutherisch geprägte Christentum »dem deutschen Soldaten im Kampf um Leben und Tod eine ungeheure, alles überwindende Kraft zu geben imstande sei«[864], d.h. also der Wehrertüchtigung diene, wurde durch Buchempfehlungen[865] und Zitierung von Autoritäten[864] zu erhärten gesucht.

Das Beispiel des Apostels Paulus und seiner Liebe zu seinen »Volksgenossen«, den »Brüdern nach dem Fleisch«, sollte schließlich beweisen, dass es Christenpflicht sei, das Leben für die Brüder aus der eigenen Nation hinzugeben: »Unser Leben unserm Volk!« Auf diese Weise sei »unser ganzes Leben« ein Zeugnis vor den Volksgenossen:

> »Wir sorgen uns um ihr ewiges Heil und kämpfen mit ihnen für unseres Volkes irdisches Wohl.«[866]

Der Christ dürfe nie vergessen, dass er in der »Schicksalsgemeinschaft« seines Volkes stehe, und müsse »von Herzen dankbar dafür« sein, dass er gerade »in dieser Zeit« lebe, gehe es doch in dem Kampf des Volkes um »Freiheit und Lebensrechte«, worin gerade »gläubige Christen vor niemandem zurückstehen« dürften.[867] Der Krieg sei für die »gläubigen Christen eine Bewährungszeit besonderer Art«.[868]

Bei einer solchen Auffassung vom Krieg war es dann auch selbstverständlich, dass man in den Kreisen der »Brüder« »stolz darauf« war, »dass weit über 3000 Männer aus den Reihen des BfC« schon 1940 »den feldgrauen Rock« trugen.[869] Das Amtsblatt des BEFG (s.S. 237) stand von seiner 2. Ausgabe (30.9.1941) an ganz im Zeichen des Krieges. Der Stolz auf die militärischen Erfolge der eigenen Leute ist nicht zu übersehen. Das erste der ganz wenigen Photos, die im Amtsblatt veröffentlicht wurden, zeigte einen baptistischen Ritterkreuzträger[870], und eine regelmäßig wiederkehrende Liste der »Beförderungen und Auszeichnungen« sollte die soldatischen Leistungen von Bundesmitgliedern unter Beweis stellen. Voller Stolz meldete das Amtsblatt, dass »Major Dr. H. Becker, zweiter Vorsitzender des Bundes, ... zum Oberstleutnant befördert« worden war.[871]

Niederlage: das »Geheimnis des Leidens«

Doch die Liste der Gemeindeglieder, die »den Heldentod fürs Vaterland starben«, nahm bald im Amtsblatt einen immer größeren Raum ein und machte offenbar, wie verlustreich sich der Krieg nun auch für die Deutschen gestaltete. »Terrorangriffe« bewirkten ein übriges; vor den Zerstörungen in der Heimat und der sich abzeichnenden militärischen Niederlage verstummten die nationalen Töne. Die Sprache der offiziellen Verlautbarungen änderte sich grundlegend, was beweist, dass sie in den Jahren vorher nicht nur ängstliche Anpassung gewesen war, wurde doch der Terror des Regimes in seiner Endphase eher noch brutaler.

Die früher so oft gepriesene »geniale Führung« durch Hitler trat zurück hinter der Erfahrung der »väterlichen Führung Gottes«, zumal, »wenn das Kreuz am Weg steht«[872]. »Im fünften Kriegsjahr«, schrieb das Amtsblatt im Februar 1944, »sollte die Verkündigung in das Geheimnis des Leidens« hineinführen.[872] Von soldatischer Tapferkeit war jetzt nicht mehr die Rede; »in dieser Katastrophenzeit kommt es auf den Glauben an«, schrieb Friedrich Rockschies im Juli 1944.[873]

Zum Jahreswechsel 1944/45, als immer mehr Gemeindehäuser in Schutt und Asche sanken, immer mehr Gemeinden, besonders in Ostdeutschland, im Flüchtlingselend untergingen, immer mehr persönliche Schicksale von Leid und Not gezeichnet waren, schrieb Paul Schmidt:

> »So werden die Gemeindeleiter, die Prediger, Hirten und Seelsorger das Wort Gottes in Vollmacht in der Gemeinde verkünden, die Betrübten trösten, die Zagenden aufrichten und Mut und Zuversicht immer wieder neu wecken und mehren. Wir wissen neben allem anderen auch, dass denen, die Gott lieben, alle Dinge zum Besten dienen müssen.«[874]

Das stimmte nun wirklich, dass der verlorene Krieg mit dem Untergang des Dritten Reiches der Gemeinde Jesu Christi in Deutschland »zum Besten diente« und so ein Stück vom »Geheimnis des Leidens« offenbarte.

4. Die Judenverfolgung

Schon die Jahre vor 1937 hatten gezeigt, dass die »Brüder« ebenso wie die anderen Christen weder in der Lage waren, sich dem antisemitischen Denken völlig zu entziehen, noch gar den Mut hatten, den judenfeindlichen Ausschreitungen des brutalen rassistischen Regimes entgegenzutreten (s.S. 69ff.). Als dann nach 1937 die Judenverfolgung immer aggressivere Formen annahm, wie sie in der »Reichskristallnacht« 1938 und in den Deportationen im Krieg zutage traten, hatte man sich längst an ängstliches Schweigen und Anpassen gewöhnt, wenn nicht sogar in scheinbar geistlicher Argumentation geübt, die schrecklichen Geschehnisse heilsgeschichtlich mit der Bibel in Übereinstimmung zu bringen.

Zwischen Bibel und Arierparagraph

Blieb vor 1937 das Verhalten gegenüber den Juden den einzelnen Versammlungen und Gläubigen überlassen, wodurch sich im persönlichen Bereich aus dem Geist Jesu Christi heraus vieles anders, d.h. brüderlicher, vollzog, als es sich in den öffentlichen Verlautbarungen der Zeitschriften darstellte, so änderte sich dies mit der staatlich konzessionierten Organisierung im BfC grundlegend. Zwar konnte man noch vermeiden, dass in die Verfassung des BfC ausdrücklich der sogenannte Arierparagraph – benannt nach dem § 3 des »Gesetzes zur Wiederherstellung des Berufsbeamtentums« vom 7.4.1933, mit dem die Ausnahmegesetzgebung gegen das Judentum begonnen hatte – aufgenommen wurde, der eine Aufnahme von Judenchristen in die Gemeinden statutenmäßig untersagt hätte. Es wäre der dokumentarische Beweis für die unbiblische Grundlage des neuen Bundes gewesen.

Aber unausgesprochen waren dennoch die judenchristlichen Brüder und Schwestern entgegen dem biblischen Grundsatz »Da ist nicht Jude noch Grieche (Gal. 3,28)« von vornherein aus dem BfC ausgeschlossen[875], handelte es sich doch bei diesem mit Genehmigung der Gestapo gegründeten Bund um eine »Vereinigung von christusgläubigen Männern und Frauen, die den Wunsch haben, in Deutschland christliches Gemeindeleben zu pflegen«[876]. In Deutschland war aber »gemischtrassiges« christliches Gemeindeleben, d.h. also von Juden und »Ariern« zugleich, gemäß der Ausnahmegesetze für Juden schlichtweg verboten. Es war den Judenchristen zunächst noch genau wie den Juden mosaischen

Glaubens freigestellt, eigene – in unserem Fall judenchristliche – Gemeinden zu bilden, was aber im freikirchlichen Raum mit Ausnahme einer jüdischen Baptistengemeinde in Berlin[877] schon aus zahlenmäßigen Gründen kaum zustande kommen konnte und auch dem Wesen der neutestamentlichen Gemeinde diametral widersprach.

Schon 1933 hatten die evangelischen Theologen Walter Künneth und Dietrich Bonhoeffer die großen Landeskirchen vergeblich gewarnt, die antijüdischen Ausnahmegesetze, die selbst diese Männer damals noch im Blick auf den Staat für rechtmäßig hielten, auf die Kirche Jesu Christi zu übertragen. Es sei

> »Aufgabe christlicher Verkündigung zu sagen: hier, wo Jude und Deutscher zusammen unter dem Wort Gottes stehen, ist Kirche, hier bewährt es sich, ob Kirche noch Kirche ist oder nicht (Dietrich Bonhoeffer).«
> »Eine Abweichung bedeutet Preisgabe des Evangeliums (Walter Künneth).«[878]

Dennoch, die großen Kirchen schweigen zum Judenboykott, schon weil sie viel zu sehr mit der Verteidigung der eigenen Positionen beschäftigt waren. Wer wollte es da den um ihre nackte Existenz bangenden »Brüdern« verargen, wenn sie stumm blieben!

Doch Verständnis für aus menschlicher Schwachheit resultierendes Verhalten sollte Schuldbewusstsein nicht ausschließen. Wie man sich damals zwischen Bibel und Arierparagraph hindurchzuwinden versuchte, zeigt eine Empfehlung, die die Geschäftsführung des BfC den Gemeinden gab, die von der Gestapo auf ihre Einstellung zur »Juden- und Rassenfrage« befragt worden waren. Es wurde als Antwort empfohlen:

> »Es ist an und für sich nicht Sache des BfC, zu den Problemen der Rassenfrage und -lehre Stellung zu nehmen, da er sich lediglich mit religiösen Dingen, d.h. der Beziehung des Menschen zu Gott, befasst. Wir stehen jedoch auf dem Standpunkt, dass die Reinerhaltung der Rassen eine aus den göttlichen Lebensgesetzen sich ergebende Notwendigkeit ist. Die Rassen in ihrer Verschiedenartigkeit sind nichts Zufälliges, sondern göttliche Gegebenheiten. Im Übrigen erwarten wir von unseren Mitgliedern, dass sie sich mit dem Gedankengut des Dritten Reiches und den uns Deutschen heute bewegenden Fragen (Rasse, Blut und Boden usw.) voll vertraut machen.«[879]

Im Grunde war es die Kapitulation der »Brüder« vor dem gottlosen Anspruch des Regimes, ihr Verhalten gegenüber Gliedern der Gemeinde Jesu Christi und darüber hinaus gegenüber dem irdischen

Volk Gottes zu bestimmen, wobei auffällt, wie hier mit allgemeinen Floskeln die eigentliche Frage, die nach der Gemeinschaft von Judenchristen in der Gemeinde, umgangen wurde.

Mochte auch bei den »Brüdern« die Judenfrage rein zahlenmäßig nur eine untergeordnete Rolle spielen und sich für viele Gemeinden praktisch nicht stellen, so war sie doch grundsätzlich allen BfC-Mitgliedern gestellt und mindestens offiziell nicht in der Liebe Christi beantwortet worden. Einzelne Stimmen bezeichneten diesen wunden Punkt als »der Schrift ... entgegengehandelt«, er machte ihnen auch »viel zu schaffen«[896], zu weiteren Folgerungen kam es jedoch nicht. Sicherlich ist in Einzelfällen die Gemeinschaft mit judenchristlichen Geschwistern aufrechterhalten worden, es ist aber auch nicht zu leugnen, dass man jüdische Brüder bat, ihre Mitarbeit in der Gemeinde einzustellen, ja, dass man sich nicht mehr neben sie setzte, um nicht die Aufmerksamkeit der Gestapo zu erregen.[880]

Auf das grundsätzliche Versagen des BfC aber wiesen Außenseiter wie Pastor Paul Kuhlmann aus Wuppertal-Barmen und der schon erwähnte Ernst Busch die »Brüder« eindringlich hin. Kuhlmann schrieb, dass die BfC-Brüder hinsichtlich der nicht statthaften Aufnahme eines »Gläubigen aus Israel« mit der Organisation »das unbiblische Rasseprinzip« übernähmen[881], und auch Ernst Busch bezeichnete dies als »offenen Widerspruch zu den klaren Aussagen des Neuen Testaments«[882]. Wenn Walter Brockhaus später meinte, die nationalsozialistische Obrigkeit habe von den »Brüdern« nichts verlangt, was gegen Gottes Gebot gewesen sei[883], so hat er das geforderte Verhalten gegenüber den Juden gewiss übersehen. Gerade eine offizielle Vertretung der »Brüder« musste angesichts der gegebenen Umstände in der Judenfrage völlig versagen. Mindestens an dieser Stelle wurde die Gründung des BfC zur Schuld.

Neues Verhältnis zum Alten Testament?
Dabei hätte die Einstellung des Nationalsozialismus gegenüber dem Alten Testament die »Brüder« sehr wohl darauf hinweisen können, dass »Antisemitismus auch immer Christentumsfeindschaft in sich birgt«[884], zeichneten sich doch die »Brüder« von ihrer Geschichte her durch eine uneingeschränkte Wertschätzung des Alten Testaments als Wortes Gottes aus.

Aber auch hier wurde eher versucht, sich anzupassen. In dem durch die NS-Propaganda geschaffenen Klima hatten viele in der Verkündigung Hemmungen, nicht nur über alttestamentliche Texte, sondern überhaupt über Schuld, Opfer, Gnade und Vergebung zu sprechen[885] nicht das Opferlamm war in der Ära der germanischen Herrenrasse gefragt, sondern der heldische Charakter.

Erst spät, 1942, veranstaltete man Kurse »zur Förderung christlicher Erkenntnis«, um dieser Entwicklung entgegenzuwirken oder - wie man schrieb – »mancherlei Einwänden gut begegnen zu können«, Themen wie »Jesus aus Galiläa, der Sohn Gottes in Ewigkeit« (Hamburg-Horn, 22.-25.9.1942)[886] oder das einer Dortmunder Tagung, »Was ist Dir das Alte Testament?« (2.5.1942)[887] zeigen den Verteidigungscharakter der Kurse. Auf Anpassung dagegen deutet hin, dass man »Das Alte Testament im Licht der neuen Offenbarung« (Hamburg-Horn, 23.-26.6.1942)[886] von »neuen Fragestellungen« her untersuchen wollte. Wirklich wollten die Stündchenfreunde mit einem neuen Verständnis neutestamentlicher Bibelstellen – wie z.B. Hebr. 10,5-9: »... Schlachtopfer und Gaben und Brandopfer und Sündopfer hast du nicht gewollt ...« – auch ein neues Verhältnis zum Alten Testament einleiten.[885]

Dabei waren es oft nicht einmal die Inhalte, die verändert wurden, aber die geistige Atmosphäre, in der über das Alte Testament gesprochen wurde, ließ vieles in einem bezeichnenden Licht erscheinen. Wenn die *Tenne* die Frage beantwortete, ob »uns Ariern das Gesetz vom Sinai etwas zu sagen« habe, dann gab sie eine durchaus biblische Erklärung.[888] Aber die Warnung vor dem »judaisierenden Gebrauch« des Gesetzes hinterlässt doch den Eindruck, dass hier ein wesentlicher biblischer Begriff auf Kosten jener Leute verteidigt wurde, die man unter der NS-Herrschaft nur ungern mit der Bibel in Verbindung brachte.

»Errette, die zum Tode geschleppt werden!«

Zog man sich in Gemeindeleben und Lehre von den Juden und Judenchristen zurück, so schwieg man auch angesichts der Gewaltanwendung gegenüber den bisherigen Volks- bzw. Glaubensgenossen. Furcht vor Verfolgung mag dabei die größte Rolle gespielt haben, zuweilen suchte man den verzweifelten Ausweg, das schreckliche Geschehen heilsgeschichtlich zu rechtfertigen (s.S. 71). Reinhold Kerstan zeigt in seinem Buch *Ein deutscher Junge weint nicht*[889] aus eigenem Miterleben an der äußeren und inneren Hilflosigkeit eines Baptistenpredigers in der »Reichskristallnacht« das völlige Nichtverstehen den furchtbaren Ereignissen gegenüber, vom Unvermögen zu helfen ganz zu schweigen.

Als in den Kriegsjahren die Deportationen zur »Endlösung« erfolgten, erhob sich bei den »Brüdern« genausowenig eine Stimme wie bei den meisten anderen Christen. Wie »die Organe der Reichskirche«[890] nahmen auch die Bundesleitungen von BfC und BEFG »den antisemitischen Terror regungslos« hin, wobei die allgemeine Unwissenheit über die schlimmsten Konsequenzen in Auschwitz und anderen Vernichtungslagern nur eine schwache Entschuldigung sein kann. Das, was man wusste und sah, war schlimm genug.

Im Gegenteil, *Gnade und Friede* gab einen Artikel der baptistischen Zeitschrift *Der Wahrheitszeuge* wieder, wo über den »verzweifelten Kampf der Araber gegen die vom britischen Militär gesicherte jüdische Einwanderung« in Palästina berichtet wurde. Lebhaft wurde beklagt, dass »die arabisch-christliche Bevölkerung« durch die Juden »in unbeschreibliche Not gebracht« worden sei.[891] Doch keine Rede von der »unbeschreiblichen Not« der jüdischen und judenchristlichen Bevölkerung in Deutschland, und das ein halbes Jahr nach der »Reichskristallnacht«!

Es ist bezeichnend, dass Paul Schmidt in seinem großen Rechenschaftsbericht, den er – auch für die organisierten »Brüder« – über den Weg des BEFG seit 1941 auf der Bundesratstagung in Velbert (24.-26. Mai 1946) hielt[892], weder die Juden noch die Schuld ihnen gegenüber mit nur einem Wort erwähnte. So konnte doch das Alte Testament nun wirklich nicht in den Hintergrund getreten sein, dass man jene göttliche Mahnung aus den Augen verloren hatte:

> »Errette, die zum Tode geschleppt und die zur Würgung hinwanken, o, halte sie zurück! Wenn du sprichst: Siehe, wir wussten nichts davon – wird nicht er, der die Herzen wägt, es merken?« (Spr 24,11.12a).

5. Der Kirchenkampf

Nichteinmischung

Abgesehen von den halboffiziellen Verlautbarungen in den Zeitschriften vor 1937 – offizielle konnte es unter den »Brüdern« der »Christlichen Versammlung« gar nicht geben –, in denen immer wieder die Nichteinmischung in die landeskirchlichen Auseinandersetzungen betont wurde, kann man von den einzelnen Gläubigen eher annehmen, dass ihr Herz für die Christen in der

Bekenntniskirche schlug, was sich durchaus in örtlich begrenzten Sympathiebekundungen erweisen konnte (s.S. 93).

Dies musste anders werden, als die »Brüder« mit dem BfC eine offizielle Plattform gewannen, von der aus Richtlinien für die Gemeinden ausgegeben wurden. Jetzt war eine Stelle vorhanden, die auch über das kirchenpolitische Wohlverhalten der einzelnen Bundesmitglieder wachte. Als sich Brüder örtlich in die von der Bekennenden Kirche gebildete »Bekenntnisfront« zur Verteidigung des Evangeliums einreihten, schritt die Bundesleitung ein:

> »Aus besonderem Anlass möchten wir bekannt machen, dass eine Mitgliedschaft bei der Bekenntnisfront seitens unserer Geschwister nicht gebilligt werden kann.«

Zwar gestand man zu,

> »dass in den Kreisen der Bekenntnisfront viele treue Christen stehen, mit denen wir uns jederzeit eins machen können«,

ausschlaggebend aber war für die BfC-Führer,

> »dass die Organisation der Bekenntnisfront infolge der politischen Haltung ihrer Führer politisch abgelehnt wird, da sich diese Führer und weite Kreise ihrer Anhänger nicht zu dem heutigen Staate bekennen.«[893]

Sich »zu dem heutigen Staate zu bekennen« war für die dem Verbot entronnenen »Brüder« das Gebot der Stunde.

Ebenso untersagte die BfC-Leitung eine Beteiligung an den Aktionen der Bekennenden Kirche zugunsten von christlichen Bekenntnisschulen:

> »Eine Unterstützung dieser Aktion durch unsere Gemeinden muss unbedingt unterbleiben.
>
> Wir glauben auch, dass einem einzelnen Volksgenossen nicht das Recht zusteht, sich an solchen Aktionen zu beteiligen. Es liegt allein bei der verantwortlichen Staatsführung, zu entscheiden, ob wir eine Gemeinschaftsschule haben sollen oder nicht.«[894]

Der regierungsfromme BfC wollte sich nicht mit denen verbinden, die »die Autorität der Obrigkeit angreifen und den Frieden innerhalb der Volksgemeinschaft stören«[894].

Der BfC stand damit ganz auf der Linie, wie sie 1937 auf der Weltkirchenkonferenz in Oxford durch den Methodisten Dr. Melle und den Baptisten Paul Schmidt namens der VEF vertreten worden war. Sie hatten den kritischen Fragen der ausländischen Kirchenführer gegenüber »die volle Freiheit der Verkündigung des Evangeliums« im NS-Staat gerühmt und die Haltung der Bekennenden Kirche kritisiert, deren Führer keine Reiseerlaubnis nach Oxford erhalten hatten (s.S. 88f.).

Als der Lordbischof von Chichester es in Oxford wagte, das Schicksal der deutschen Bekenntniskirche mit den Christenverfolgungen in Russland zu vergleichen, war Fritz von Kietzell sehr empört und nannte dies »offengesagt, eine Beleidigung des nationalsozialistischen Deutschen Reiches«[895]. Es ging Fritz von Kietzell wie so vielen Christen damals, dass der nationale Eifer über das christlich-brüderliche Gewissen triumphierte, dass man meinte, den »Verleumdungen« des »deutschfeindlichen« Auslands entgegentreten zu müssen. Darum zitierte die *Tenne* auch den Völkischen Beobachter, das Parteiorgan der NSDAP:

> »Die Oxforder Weltkirchenkonferenz hat zum ›Fall Deutschland‹ genau so gesprochen, wie sie es nicht hätte tun sollen.«

Und der Schriftleiter der *Tenne* fügte hinzu:

> »So sagt der Völkische Beobachter in seiner Ausgabe vom 24.7., und wir geben ihm recht.«[895]

Verurteilung und Verteidigung

Fritz von Kietzell erklärte gegenüber den »Verleumdungen« im Ausland:

> »Niemandem geschieht etwas, der die schriftgemäße Stellung zum Staat einnimmt, indem er sich freihält von jeglicher Vermengung christlicher und politischer Tendenzen.«[895]

Wenn man auch einräumt, dass diese Worte, wenige Wochen nach der Gründung des BfC geschrieben, ein deutliches Wohlverhalten gegenüber dem Staat artikulieren sollten, so mussten sie angesichts der in den Konzentrationslagern der SS leidenden Christen doch mehr als unbrüderlich wirken, und das um so mehr, als die folgende Verurteilung der Bekennenden Kirche nur noch aus nationalem Eifer verstanden werden kann:

> »Niemand aber sollte sein Christentum zu Vorspanndiensten für seine politischen Fanatismen herabwürdigen. So sehr wir Überzeugungstreue und entschiedenes Bekennertum zu würdigen wissen, so muss dies doch einmal mit aller Klarheit gesagt werden.«[895]

Damit war allerdings für eine Reihe von Brüdern die Grenze dessen überschritten, was man den führenden Männern des BfC in ihren öffentlichen Verlautbarungen zugestehen wollte. Durch die jüngst erworbene Allianzgesinnung stand man auch den treuen Christen in der Bekennenden Kirche zu nah, als dass man dulden mochte, sie so verunglimpft zu sehen, und Fritz von Kietzell war nicht nur ein Mitglied der BfC-Bundesleitung, sondern hatte schon in den Zeiten der »Christlichen Versammlung« als eine Lehrautorität gegolten. Nun musste ihn Otto Bastian davor warnen, dem BfC nicht auf dem Rücken der Bekennenden Kirche »eine gute Note von Seiten der Regierung oder Partei zu verschaffen«:

> »Wollen wir uns in unserer Staatsbejahung so hoch dahinstellen, dass wir auf unsere Brüder herabsehen und ihr Tun öffentlich verurteilen können? ... Im übrigen glaube ich, dass wir auch manches von ihnen lernen können, gerade heute.«

Otto Bastian betrachtete es als unbrüderlich,

> »wenn wir solche Geschwister, ihr kirchliches Handeln, öffentlich diffamieren, ganz abgesehen davon, dass die Geschwister in unserer Gemeinde durch solche Artikel zum mindesten peinlich berührt werden.«[896]

Wirklich hatte man an der Basis die offiziellen Warnungen vor einer Beteiligung an der Bekenntnisfront oft nur als »Pflichtübungen« des BfC betrachtet, an die man sich nicht unbedingt zu halten brauchte[897] und in Privatbriefen und -gesprächen wurde immer wieder laut, dass die Haltung des neuen Bundes in der Frage der Bekennenden Kirche nicht brüderlich und nicht zeugnishaft sei:

> »Was mir nicht gefällt, und dies empfinden eine ganze Anzahl, so glaube ich, ist dies: Scheinbar haben wir wieder einen ruhigen Hafen, in dem wir allen Fleiß anwenden dürfen, um die Tugenden des Christus auszuleben, aber mit dem Kampf der Geister, der heute auf christlicher Seite wohl am kompromisslosesten von der ›Bekennenden Kirche‹ ausgefochten wird, ... haben wir nichts oder nur wenig zu tun.«[898]

Ein Bundesgegner ging noch weiter und meinte, dass die »Brüder« »mit der Gründung des BfC den Brüdern in anderen Gemeinschaftskreisen in ihrem Kampf um die Freiheit der Kirche, d.h. des Volkes Gottes auf der Erde, glatt in den Rücken gefallen« seien[899]; und Pastor Paul Kuhlmann aus Wuppertal-Barmen verglich die Haltung des BfC gar mit der der nationalsozialistischen Deutschen Christen.[900]

Natürlich wussten die »Brüder«, dass sie sich, mit Mühe und Not gerade wieder von der Gestapo zugelassen, gar nicht erlauben konnten, in ihrer »Gesamtheit in die Front der ›Bekenner‹ einzuschwenken«[898]. Der Staat hätte ihnen sehr schnell wieder sein Wohlwollen entzogen. »Aber«, so wurde gefragt,

> »ob wir mit gutem Gewissen – den anderen Geschwistern aus der Kirche gegenüber – hieran vorbeikommen?«[898]

Hiervon waren die führenden Männer des BfC überzeugt und wollten die notwendige Einstellung zur Bekennenden Kirche höchstens als Schönheitsfehler des neuen Bundes verstehen, erschienen doch die Möglichkeiten des staatlich genehmigten »neuen Weges« zu verlockend.

Es ist nicht zu leugnen, dass damals das Kalkül kräftig über das Zeugnis gestellt wurde. Es war schon so, dass die »Brüder« wie auch die anderen freikirchlichen Christen durch »Taktieren und Paktieren (Dr. Hans Luckey)«[901] ihre Gemeinden zwischen Regierung und Bekennender Kirche hindurchlavieren zu müssen meinten. Dass mit diesem »Paktieren« in gewissem Sinne ein Teufelspakt geschlossen wurde, war den religionspolitischen Strategen dabei sicherlich nicht bewusst.

6. Der »christentumsfreundliche« Staat

Illusion?

Dabei hatte man sich in der Anfangszeit gewiss noch von Hitlers kirchenpolitischen Phrasen täuschen lassen. Für die Verlautbarungen nach 1937 muss man sich jedoch fragen, ob sie wirklich immer ehrlicher Überzeugung entsprangen, insbesondere, wenn man damit Paul Schmidts Bericht von 1946 über die Einschränkungen, Behinderungen und Verfolgungen jener Jahre[902] vergleicht. Da erscheinen die Versicherungen vorher, dass im NS-Staat »Religionsfreiheit« herrsche und der Nationalsozialismus nicht »christentumsfeindlich« sei[903], doch mehr wie das Singen eines ängstlichen Kindes im dunklen Wald.

Eher zeigten die Beteuerungen, dass das Christentum nicht »undeutsch« sei[904], wie man sich eines weltanschaulichen Gegners zu erwehren versuchte. Angesichts des zunehmenden Neuheidentums auf dem ideologischen Hintergrund der NSDAP, wo sich mehr und mehr Gott- und Deutschgläubige formierten – sie lehnten Jesus Christus z.B. deshalb ab, weil er kein Deutscher oder Arier war[905] –, zitierte die *Tenne* den »Deutschen Christen« Max Gelin, also einen Gegner der Bekennenden Kirche:

> »Nicht verzagen, sondern sich glaubensvoll auf den Führer berufen! ... O, ihr Kleingläubigen, warum seid ihr so furchtsam?«[906]

»Furchtsam« konnten die Christen schon werden in dem rauen Klima eines ihnen immer schärfer entgegenwehenden Windes, wenn man nicht mehr Sicherheiten besaß als die Berufung auf den »Führer«.

Darüber konnte auch die mit einer gewissen Regelmäßigkeit wiederholte These von dem christentumsfreundlichen NS-Staat nicht hinwegtäuschen. Da wurde aus der methodistischen Zeitschrift Gemeinde-Bote berichtet, dass Hitler einer »Methodisten-Gemeinde 10.000,- Reichsmark zur Anschaffung einer Orgel« geschenkt habe, was »die alten Kämpfer Adolf Hitlers« in den Gemeinden besonders erfreuen« werde.[907] Ebenso erwähnenswert war, dass Hermann Göring, der zweitmächtigste Mann im Reich, sogar eine Kirche gestiftet habe[908], wie denn überhaupt die Bibel seit der Reformation ein »Volksbuch« der Deutschen sei[909], viele berühmte deutsche Männer und Frauen Christen waren[910] und auch der verstorbene nationalsozialistische Kulturpolitiker Hans Schemm ein klares Bekenntnis zu Jesus Christus abgelegt habe.[911]

Ermutigen sollte wohl auch die Mitteilung, dass im verbündeten Italien die »Männerwelt ... wieder zur Kirche« gehe, während in Frankreich natürlich »der religiöse Gedanke im Leben der Nation überhaupt kaum mehr eine Rolle« spiele.[912] Dass bei der für ein »neues Spanien« kämpfenden deutschen Legion Condor Gottesdienste stattfanden[913] und General Franco in einem »feierlichen Kirchengebet um göttlichen Beistand« gefleht habe[914], sollte den christlichen Geist Deutschlands und seiner Verbündeten unterstreichen.

Als dann im Krieg der staatliche Druck auf die Christen anstieg, wusste man immerhin noch lobend hervorzuheben, dass erst der Nationalsozialismus die seit dem Römerreich bestehende und durch Luther nicht aufgehobene verderbliche Bindung zwischen Staat und Kirche »zum mindesten innerlich gelöst« habe.[915] Obwohl, wie Paul Schmidt später darlegte, die »Bedrängnis« im Krieg zunahm und »die Methoden der Partei und der Regierung« immer »gottloser« wurden[902], berichtete das Amtsblatt des BEFG während des Russlandkrieges nur von den bolschewistischen Verfolgungen der

Baptisten im Osten und von dem erfreulichen Wiederanfang der dortigen Gemeinden nach der deutschen Besetzung:

>»Nun erheben sie sich zu neuem Leben unter dem Schutz des Deutschen Reiches.«[916]
>»In großer Gewissheit glauben sie an den Anbruch eines neuen christlichen Tages.«[917]

In der Ukraine vollzog sich »der organisatorische Aufbau« der Gemeinden unter der »wohlwollenden Förderung der deutschen Verwaltung«[918].

Wirklichkeit

Dabei hatte sich damals – 1942/43 – schon längst herausgestellt, dass es mit dem Wohlwollen der deutschen Regierung gegenüber den Christen nicht rosig bestellt war,[919] denn die Wirklichkeit sah ganz anders aus, als es die überwachten christlichen Veröffentlichungen erscheinen ließen. Die »Brüder« hatten mit dem Verbot eine Kostprobe erhalten, aber auch die Organisation des BfC konnte sie nicht vor erneuten Einschränkungen und Behinderungen schützen.

Das merkten sie schon beim Verbot der Sonntagssammlungen, die als Kollekten nur kirchlichen Körperschaften des öffentlichen Rechts gestattet waren. Wie der Nationalsozialismus auch das gesamte christliche Leben im totalen Staat zu erfassen suchte, merkte man, als sich die Schriftleiter der Zeitschriften der Reichsschrifttumskammer[920], die Dirigenten und Chöre der Reichsmusikkammer[921] einzuordnen hatten und Konferenzen zuweilen polizeilicher Willkür ausgesetzt waren.[922]

Die Jugendarbeit war von vornherein sehr eingeschränkt, da über »gottesdienstliche Zusammenkünfte« hinaus jede Art jugendlicher Geselligkeit der Hitler-Jugend vorbehalten war. Schon gemeinsame Spaziergänge waren verboten. Bei Verstößen hatten die Jugendleiter Verhöre und Strafen zu gewärtigen.[923] Ebenso wurde im Krieg dann auch die seelsorgerliche Betreuung der Soldaten mit Schriften untersagt.[924] Hier führten schon vervielfältigte Briefe an die »Brüder an der Front« zur Beschlagnahme der Vervielfältigungsapparate in den betr. Gemeinden.[925]

1941 wurden dann auch die Büchertische in den Gemeinden[925] und das gesamte christliche Zeitschriftenwesen – angeblich für die Dauer des Krieges – verboten (s.S. 148). Da dem NS-Staat Evangelisation, Mission und Seelsorge unerwünschte Propaganda waren[923], ist es erklärlich, dass er sich zunächst einmal der Medien mit ihrem großen Verbreitungsfaktor entledigte.

Dass er aber auch im Organisatorischen mehr und mehr Schwierigkeiten bereitete, merkten Baptisten und »Brüder« ebenfalls 1941, als es ihnen vorerst nicht gelang, die Vereinigung zum BEFG durchzusetzen (s.S. 230ff.). Immerhin war ja die Gefährdung durch den Staat ein wesentliches Motiv für den Zusammenschluss gewesen. Auch im von Polen abgetrennten, neu gebildeten »Warthegau«, wo die baptistische Bundesleitung sich mühte, die dortigen Baptistengemeinden ihrem Bund anzuschließen, stellten sich ihr unerwartete Hindernisse entgegen, die die Sprachregelung im Amtsblatt nur unvollkommen verschleierte.[926]

Schließlich stellte sich auch der Wiederanfang der Baptistengemeinden in den besetzten Gebieten der Sowjetunion nicht so positiv dar, wie es das Amtsblatt erscheinen ließ. Für die Regierung waren die Kontakte nach Osten »verbotene Verbindungen«, die gegen das nationalsozialistische »gesunde Volksempfinden« verstießen[923], handelte es sich doch im Osten um slawische Menschen, mit denen die germanische Herrenrasse keine Gemeinschaft zu pflegen hatte, und überhaupt hatte die Gestapo keinerlei Interesse daran, dass eine freikirchliche Organisation ihren Wirkungsbereich nach Osten ausdehnte, wie es schon die Probleme im »Warthegau« gezeigt hatten. Zuletzt wurde 1944 auch die »geistliche Betreuung« der aus der Sowjetunion stammenden Ostarbeiter »durch deutsche Menschen« von der Gestapo verboten.[927] Das Konto der Ostmission wurde beschlagnahmt.[923]

Auch das Bundeshaus des BEFG wurde mehrfach von der Gestapo durchsucht, Akten wurden beschlagnahmt, die Leiter hatten »viele und z.T. schwere stundenlange Verhöre« zu erdulden.[923] Es erfolgten Maßregelungen, dass man nicht »für den Frieden ..., sondern für den Sieg« zu beten habe.[928]

In der Sicht der Gestapo

Das alles war von Seiten der nationalsozialistischen Regierung verständlich, hatte man doch dort die freikirchlichen Christen nie so geschätzt, wie jene es sich vor dem Krieg noch eingebildet hatten. Man hatte sich im Kirchenkampf, der im Ausland das Ansehen der Regierung schädigte, taktisch der Freikirchen bedient, um scheinbare Religionsfreiheit zu demonstrieren, und die Freikirchen, auch die »Brüder«, hatten sich in der Illusion gewiegt, dass die Regierung ihnen ihre nationale und obrigkeitshörige Einstellung honorieren werde.

Doch die Gestapo war schon längst – im Frühjahr 1939 – der Ansicht, dass die »auffallend loyale Haltung« der Freikirchen aus der »Furcht um ihren Bestand« herrühre. Nur deshalb seien sie »ängstlich bemüht, bei jeder Gelegenheit ihre nationalsozialistische Einstellung unter Beweis zu stellen«[929].

In den Zusammenschlüssen, z.B. in der VEF, sah die Gestapo u.a. den Zweck der »Festigung der Stellung gegenüber Partei und Staat«. Den Baptisten u.a. »Sekten« wurde angelastet, dass sie ihre »Hauptarbeit ... auf die Gewinnung der Jugend« richteten und über »Jugendfreizeitlager, Jugendtagungen und Jugendgottesdienste an die Jugend heranzukommen« bestrebt seien.[930] »Zu den großen außenpolitischen Ereignissen« werde keine Stellung genommen, man wolle »völlig unpolitisch« erscheinen, »um keinen Anstoß zu erregen«[931].

Andererseits beobachtete die Gestapo bei baptistischen Evangelisationsrednern »häufig eine ablehnende Haltung dem nationalsozialistischen Staat gegenüber und eine judenfreundliche Einstellung«[931]. Die internationalen Verbindungen der Freikirchen wurden nach dem Ausbruch des Krieges sehr kritisch gesehen, die Baptisten wurden z.B. dadurch zu »Wertvollen Hilfstruppen der außenpolitischen Gegner Deutschlands«[932].

Als die Regierung im Krieg gegenüber dem Ausland immer weniger der taktischen Schonung der Freikirchen bedurfte, konnte sie mehr und mehr die Maske der religiösen Toleranz fallen lassen:

> »Fürwahr, die Bedrängnis nahm, je länger der Krieg dauerte und je gottloser die Methoden der Partei und der Regierung wurden, um so mehr zu und brachte tiefe und tiefste Not über viele unserer Mitglieder, besonders aber über die verantwortlichen Brüder.«[928]

Zwischen Deutschem Reich und Reich Gottes

Gegen die »gottlosen Methoden« der Regierung war kaum etwas zu machen, wenn man nicht wie die »Ernsten Bibelforscher« oder einige Männer der Bekennenden Kirche den Weg des Martyriums wählen wollte. So beugte man sich mit Römer 13 unter »Seufzen«

und »stillem Beten«[932a] unter die staatlichen Zwangsmaßnahmen und versuchte, wenigstens in Lehre und Verkündigung am Bekenntnis zu Jesus Christus festzuhalten, so z.B. in einer »Kundgebung der Bundesleiter und Vereinigungsleiter in ihrer Sitzung am 17. März 1942 im Bundeshaus in Berlin«[933]. Hier bekannte man sich zu sechs »unabdingbaren Grundsätzen«:
- neben der Versicherung, dass man sich »Volksgemeinschaft« und »Staat ... in der Bereitschaft zur Mitarbeit und zum Opfer fest verbunden« fühle,
- wurde an erster Stelle betont, dass »unsere Stellung zur ganzen heiligen Schrift ... nach wie vor ungebrochen« sei und man »nie bereit sein« werde, »einen Teil der heiligen Schrift abzugeben (gemeint: aufzugeben?)«;
- im Blick auf die sich mehrenden Zwangsmaßnahmen der Regierung wurde – ohne sie natürlich zu nennen – versichert: »Sollte uns ein schweres Leid um Jesu willen treffen, mit dem die Gemeinde nach der Schrift zu allen Zeiten zu rechnen hat, haben wir die Zuversicht zu Gott, dass er uns die Kraft gibt, dieses Leid tapfer und furchtlos zu tragen.«

Dass in demselben Schreiben »die geniale Führung«, die »Tapferkeit unserer Soldaten« und »die führende Hand Gottes, die uns bis heute Sieg auf Sieg gegeben hat,« gerühmt wurde, wirft ein bezeichnendes Licht auf den inneren Konflikt, in dem sich damals viele Christen befanden, standen sie doch in der Spannung zwischen dem in jener Zeit oft genannten Glauben an das Großdeutsche Reich und ihrer Hoffnung auf das Reich Gottes, zwischen ihrer Treue zum Vaterland und ihrer Treue zu Jesus Christus.

Langsam gingen aber auch den Gutgläubigsten die Augen auf, allerdings manchmal wirklich erst ganz zum Schluss, denn die bedrängenden Ereignisse in der Schlussphase des Krieges trugen nicht gerade dazu bei, mit ruhiger Überlegung den eigenen Standpunkt zu überprüfen. Walter Brockhaus schrieb, dass ihm »bei Kriegsende die Augen so fürchterlich aufgingen, dass« er »vor Scham am liebsten gestorben wäre«[934]. Manchem Einsichtigen mochte das dämonisch Böse der Staatsführung schon etwas früher deutlich geworden sein:

> »Zuletzt konnte man schon beinahe die Zeit errechnen, in der unter allerlei Vorwand stärkere Eingriffe, besonders in unser missionarisches Tun, das als Propaganda gedeutet wurde, zu erwarten war. ... Es war nicht Blindheit, mit der wir geschlagen waren, sondern ein notvoller Konflikt erfüllte die Seelen vieler, und die daraus sich ergebende Spannung ging sehr oft über die vorhandene Kraft.«[935]

Fritz von Kietzell

Als ein Beispiel für jene, die einmal Adolf Hitler als Retter Deutschlands begrüßt hatten und später im Krieg resignierend einsehen mussten, dass sie einem falschen, ja, antichristlichen Führer gefolgt waren, soll ein Mann genannt werden, der schon oft erwähnt wurde und der in der Geschichte der deutschen Brüderbewegung keine unbedeutende Rolle gespielt hat: Major Fritz von Kietzell (1885-1942).[936]

Aus preußischer Offiziersfamilie stammend, verheiratet mit Ursula Freiin von Puttkamer – aus ihrer Ehe gingen sechs Söhne und fünf Töchter hervor –, war Fritz von Kietzell als bewusster Christ schon früh zur »Christlichen Versammlung« gekommen. Den Ersten Weltkrieg hatte er als Generalstabsoffizier mitgemacht, schied aber 1920 im Zuge der Heeresverminderung nach dem Versailler Vertrag aus der Reichswehr aus. Zunächst arbeitete er im Reichsarchiv in Potsdam, und zwar – zuletzt als Archivrat – in der kriegsgeschichtlichen Abteilung, was sich später in einer Anzahl von *Tenne*-Artikeln niederschlug.

Er kündigte 1926 diese Stelle, um auf Wunsch vieler Brüder die Schriftleitung der *Tenne* zu übernehmen (II,100ff.). Das war, wirtschaftlich gesehen, für ihn und seine große Familie ein erhebliches Opfer, dem er sich auch nicht entzog, als er nach 1933 die Möglichkeit hatte, sich beim Wiederaufbau der Wehrmacht als Offizier reaktivieren zu lassen. Er nahm um Jesu willen mancherlei finanzielle Bedrängnisse in Kauf[937], weil er sich in seinen Schriftleiter- und Verkündigungsdienst von Gott berufen sah. Und wirklich kamen seine umfassende Bildung, sein großes biblisches Wissen und seine Begabung, das Wort Gottes auszulegen, nicht nur der Zeitschrift zugute, sondern auch den von ihm verfassten Büchern und seinem Dienst als Reisebruder. Als 1934 eine Denkschrift über die »Christliche Versammlung« für die Regierung angefertigt werden musste, vertraute man diese Aufgabe Fritz von Kietzell an. Von Berlin aus, wohin er inzwischen verzogen war, gehörte er in den dreißiger Jahren zu den »Stündchen«freunden um Dr. Becker (II,103ff.) und vertrat die Gründung des BfC und den Zusammenschluss mit den Offenen Brüdern mit Überzeugung.[938]

Den Nationalsozialismus betrachtete Fritz von Kietzell vor 1933 eher skeptisch, wenn nicht sogar ablehnend. In der *Tenne* sprach er im Blick auf die Anhänger der NSDAP unter den »Brüdern« von der »geradezu antichristlichen Richtung dieser Partei«; er sah es unbedingt für notwendig an, »zwischen diesen Dingen und uns einen scharfen Strich zu ziehen«[939].

1933 aber ließ sich Fritz von Kietzell von der »nationalen Erhebung« mit fortreißen; der Patriot und Soldat versprach sich sehr viel von dem auf dem »Standpunkt des positiven Christentums« stehenden »Führer«. Wie bei vielen anderen verbanden sich auch bei ihm politische und christliche Hoffnungen auf nationaler Ebene. Nach den düsteren Jahren, die in nationaler und wirtschaftlicher Hinsicht auf den Ersten Weltkrieg gefolgt waren, glaubte auch Fritz von Kietzell, dass Gott seine Gnade jetzt ganz besonders dem deutschen Volk zugewandt habe, und zwar in seinem »Werkzeug« Adolf Hitler. Dessen außenpolitische Erfolge konnten ihn in dieser Ansicht nur bestärken, und viele *Tenne*-Artikel legen von seiner Einstellung Zeugnis ab.

Beim Ausbruch des Zweiten Weltkrieges, in dem er fünf von seinen sechs Söhnen als gefallen oder vermisst verlor, wurde Fritz von Kietzell reaktiviert und trat schon am ersten Kriegstag, also am 1. September 1939, seinen Dienst beim Oberkommando der Wehrmacht (OKW) an, und zwar als Verbindungsoffizier zu den drei Wehrmachtssteilen (Heer, Kriegsmarine und Luftwaffe); daneben wirkte er an der Erstellung der täglichen Wehrmachtsberichte mit. An einem solchen Platz – im Zentrum der deutschen Kriegsführung – erhielt er Informationen wie nur wenige Deutsche, und von hier aus datierte auch der »grundsätzliche Wandel in seinem Denken«[940]. Von der früheren Begeisterung für den »neuen Staat« konnte keine Rede mehr sein. Mehr noch als die Befürchtung, dass der Krieg als verloren anzusehen war, lastete auf ihm die Enttäuschung über das gottlose Unrechtsregime, das er jetzt durchschaute. Walter Brockhaus wurde von ihm gewarnt, sich nicht selbst durch unbedachte Äußerungen ins Konzentrationslager zu bringen.[941]

Als Fritz von Kietzell am 26. Juni 1942 an einer zu spät diagnostizierten Thrombose starb, wurde er von einer unerträglichen Spannung erlöst, in der er sich, wie auch viele Männer des 20. Juli 1944, als Patriot seinem kriegführenden Vaterland und als Christ einem System des Bösen gegenüber gestellt gesehen hatte. Die Einsicht in das Ausmaß der Untergangskatastrophe und in den ganzen Umfang der Schuld, die auf dem deutschen Volk lasten sollte, blieb ihm erspart.

7. Zusammenfassung

Gerechterweise muss gesagt werden, dass das Verhalten von Bundesleitungen und führenden Männern sowie die Verlautbarungen in Rundschreiben, Amtsblättern und Zeitschriften noch nicht die ganze Geschichte der »Brüder« in Deutschland widerspiegeln. Sicherlich gab es wie bei vielen anderen unbekannten Christen auch bei den »Brüdern« verhaltene Distanz zur Staatsführung, z.T. auch Ablehnung[942], was sich in Bekenntnistreue, in Glaubensmut, Hilfe an Juden und Opferbereitschaft geäußert hat. Noch mehr Christen standen in der Spannung der Anfechtung, einerseits dem Vaterland und – gemäß Römer 13[943] – zum Gehorsam gegenüber der Obrigkeit verpflichtet zu sein, andererseits die schreiende Ungerechtigkeit des NS-Staates, die Anwendung von Gewalt gegen Andersdenkende und Juden sowie die zunehmende Unterdrückung christlicher Lebensäußerungen hilflos mitansehen zu müssen.

Dass bis zum Schluss die Freiheit der Verkündigung einigermaßen gewährleistet war, hat viele maßgebende Christen, auch unter Baptisten und »Brüdern«, veranlasst, sich unter das Joch des Bösen zu beugen[944]:

> »Der missionarische Gedanke überwog alle anderen Erwägungen, auch die eines etwaigen Gewinnes durch öffentlichen Widerspruch und die daraus sich ergebenden Folgen für die Gemeinde. Immer wieder sahen wir den größeren Gewinn darin, den Evangeliumsdienst so lange wie nur möglich und so stark wie nur möglich zu tun, als ihn zu früh aufs Spiel zu setzen. Der sich daraus ergebende Gewinn erschien uns größer als der etwaige Gewinn eines zu früh herbeigeführten Verbotes.«[945]

Ob nun der Hinweis auf den Gewinn der Verkündigung hier wirklich das ausschlaggebende Argument für das Verhalten gegenüber dem NS-Staat sein kann, mag dahingestellt bleiben. Immerhin muss hier aber angemerkt werden, dass sich die »Brüder« in dieser Hinsicht mit viel weniger Recht als die Baptisten auf deren von Franz Lüllau unter der NS-Herrschaft geprägtes Motto »Wir bleiben Missionare!«[946] berufen konnten, da bei ihnen das missionarische Moment zugunsten der Bewahrung der reinen biblischen Lehre wesentlich schwächer ausgeprägt war. Um so mehr hätten die »Brüder« von ihrem Beharren auf dem Boden der Schrift her größere Distanz zur Welt des Politischen zeigen müssen.

Fest steht, dass BfC und BEFG in ihren Leitungsstrukturen gegenüber den Einwirkungen des nationalsozialistischen Geistes und des totalen Staates nicht immun geblieben[947] und auf diese Weise schuldig geworden sind. Dies gilt vornehmlich für die Zulassung staatlicher Einflussnahme auf die Gemeinde bis zur Steuerung von Gebetsanliegen, für das Schweigen oder gar die Zustimmung zu allen Äußerungen des Antisemitismus und schließlich auch für die Mobilisierung des Namens Gottes im Blick auf Hitlers menschenverachtendes Kriegsabenteuer. Dass man bei vermehrter Einsicht in den antichristlichen Charakter des Regimes immer noch – nur um der Verkündigung willen? – frohe Zuversicht in die religiöse Integrität des Staates vorspiegelte, obwohl man für die Zukunft Schlimmes erwartete, kann dabei nur bezeichnend sein für die menschliche Seite der Gemeinde im totalen Terrorstaat, worüber die Nachfahren nicht zu urteilen haben. Wo Gewissensnot und Existenzangst das Verhalten bestimmen, sollte auch die historische Würdigung von Mitempfinden, Mitleiden und schließlich auch von der Anerkenntnis der Mitschuld getragen sein. Die Gemeinde Christi ist immer in ihrer Ganzheit betroffen.

Dennoch muss die Frage gestellt werden, warum so lange in den Reihen der »Brüder«, die darin unter den meisten Christen keine Ausnahme machten, so viel Zustimmung zum Nationalsozialismus vorhanden war. Die Gründe sind für die Zeit vor und nach 1933 schon dargelegt worden (s.S. 56ff., 82f.). Aus der dort beschriebenen naiven nationalkonservativen Haltung heraus sind auch nach 1937 die Äußerungen zur Person des »genialen« und »gottgesandten Führers«, zu seiner expansiven Außenpolitik und zu dem durch ihn entfesselten Weltkrieg zu erklären.

Dass aber der Glaube an Jesus Christus schon vorher nicht den ganzen Menschen erfasst hatte, sondern neben wirtschaftlichem und noch mehr politischem Denken und Handeln auf ein verinnerlichtes Eigendasein beschränkt war, führte dazu, dass man sich immer mehr an den Wertvorstellungen der nationalsozialistischen Weltanschauung orientierte und schließlich im Krieg z. gr. T. die geistliche Distanz zum militärischen und politischen Geschehen verlor. Dr. Beckers gefährliche These von den »religiös neutralen Werten« hatte dabei nur für Kultur, Sport usw. programmatisch ausgesprochen, was auf politischem Gebiet von den meisten schon längst praktiziert wurde: die säuberliche Trennung zwischen geistlichem und politischem Denken, wobei die nationalen Gefühle der ungeistlichen Willkür des Einzelnen überlassen blieben. Schon das Verhalten beim Ausbruch des Ersten Weltkrieges hatte das bewiesen, und ebenso zeigte die Mitgliedschaft von »Brüdern« in der NSDAP, in SA, SS und anderen Gliederungen der Partei, z.T. schon vor 1933, dass der Geist Christi hier nicht beteiligt war. Da war dann auch die unkritische Zustimmung zum Hitler-Regime bis weit in den Zweiten Weltkrieg hinein kein Wunder mehr. Die Einsicht, dass sich Christus nicht mit Belial verbindet, wurde zwar für die »biblische« Ehe als unerlässlich betrachtet, für das Mitmachen in der »unbiblischen« Politik, wozu immer wieder offiziell aufgefordert wurde, hatte man keine biblischen Kriterien.

Es wurde einfach außer acht gelassen, dass der Geist Christi zwar nicht die Politik dieser Welt bestimmt, aber um so mehr den Christen auch in seinem politischen Denken und Urteilen leiten sollte. Und dass der Staat über die ihm von Gott gesetzten Grenzen hinausgreifen, ja, geradezu zum Werkzeug des dämonisch Bösen werden könnte, lag außerhalb der vom lutherischen Obrigkeitsdenken geprägten frommen Deutschen, denen angelsächsischer independentistischer, frei(staats)kirchlicher Geist doch letztlich fremd geblieben war.

So sind schließlich auch die Bundesgründungen des BfC und BEFG von dem Ungeist jener deutschen Epoche nicht zu trennen. Es kann nicht geleugnet werden, dass der »Geist der Zeit«, der so oft von den »Brüdern« als maßstabsetzend beschworen wurde, auf die Organisierung der beiden Zusammenschlüsse eingewirkt hat, mögen auch geistliche Motive mit im Spiel gewesen sein. Das politische Moment – so Paul Schmidt 1946 – nur als »Nebengeräusche und Nebenerscheinungen« zu werten, »wie sie bei allen großen und grundsätzlichen Geschehnissen auch im Reiche Gottes wahrzunehmen sind«[948], wird den Fakten nicht gerecht und kann auch nur als das sehr subjektive Selbstzeugnis eines unmittelbar Beteiligten gelten. Und nicht übersehen werden kann, dass die Handelnden damals z.T. mehr oder weniger überzeugte Nationalsozialisten waren und neben ihrem Glauben an Jesus Christus auch an den »Führer« glaubten. Die Frage, ob man unter solchen Umständen den Zusammenschluss zum BEFG schon 1946 den »großen und grundsätzlichen Geschehnissen ... im Reich Gottes« zurechnen konnte, mag sich jeder selbst beantworten.

Um so aufmerksamer wird zu prüfen sein, wie die »Brüder« in der so plötzlich wiedererhaltenen Freiheit ab 1945 zu ihrem Verhalten in den zwölf Jahren der Diktatur des Bösen Stellung genommen haben.

V. Unbewältigte Vergangenheit und Gegenwart – Die verlorene Einheit

1. Die verdrängte Vergangenheit

Kein Schuldbekenntnis

> »Wir bekennen, dass das Zeugnis der Evangelischen Allianz oft nicht klar und geistesmächtig genug gewesen ist. Wir sind den Mächten des Unglaubens in unserem Volk nicht stark und tapfer genug entgegengetreten und haben auch die Bedürfnisse unserer Zeit zu wenig in treuer Fürbitte und heißer Inbrunst vor Gott gebracht. ... Auch darüber beugen wir uns, dass wir in den hinter uns liegenden Jahren nicht immer sofort den Irrtum jener Zeit erkannt und ihm ein klares, mutiges Bekenntnis entgegengesetzt haben. Wir sind uns bewusst, dass die Kirche Christi sich hier zu demütigen hat ...«[949]

Mit diesen Worten bekannten die Vertreter des Deutschen Zweiges der Evangelischen Allianz 1946 im Namen von evangelischen Gläubigen aus allen Denominationen ihre Mitschuld an dem furchtbaren Geschehen, das sich in den Jahren 1933-1945 in Deutschland abgespielt hatte. Man folgte darin der Stuttgarter Schulderklärung des Rates der Evangelischen Kirche vom 19. Oktober 1945, denn seit dem Zusammenbruch des Deutschen Reiches im Mai 1945 war dem deutschen Volk und gerade auch den Christen mehr und mehr vor Augen geführt worden, wie viel Böses und Schreckliches mit ihrer stillschweigenden Duldung, wenn nicht sogar mit ihrer geistigen und moralischen Unterstützung in den zwölf Jahren der nationalsozialistischen Herrschaft begangen worden war. Die beiden Schuldbekenntnisse sollten bezeugen, dass die Christen in Deutschland über ihre Haltung in der jüngsten Vergangenheit nicht stillschweigend hinweggehen wollten, als nunmehr die Zeit einer neuen Gemeinschaft mit den Gläubigen in aller Welt angebrochen war.

Leider sucht man eine vergleichbare Erklärung bei den »Brüdern« wie auch unter den übrigen freikirchlichen Christen vergeblich, was um so beschämender ist, als man hier nicht einmal wie die Verfasser der Stuttgarter Erklärung von sich sagen konnte, dass man »lange Jahre hindurch im Namen Jesu Christi gegen den Geist gekämpft« habe, »der im nationalsozialistischen Gewaltregiment seinen furchtbaren Ausdruck gefunden« hatte.[950] Im Gegenteil, die Freikirchenvertreter hatten sich, wie z.B. 1937 in Oxford auf

Kosten der Bekennenden Kirche dem Staat Adolf Hitlers angedient (s.S.88f.), und auch unter den »Brüdern« waren nicht nur die führenden Männer durch Schweigen, Anpassung oder gar Zustimmung schuldig geworden. Deshalb ist Otto Bastian recht zu geben, wenn er meint, dass den Brüdern im BfC und BEFG ein Schuldbekenntnis »in weit höherem Maß« angestanden hätte als den Vertretern der Bekenntniskirche.[951]

Doch dazu konnte sich die Bundesleitung des BEFG nach dem Zusammenbruch des Dritten Reiches nicht durchringen, wobei allerdings zu fragen ist, ob sie überhaupt darum rang, ob ihr ein Schuldbekenntnis wirklich eine Frage war. Denn eine Aufarbeitung der Vergangenheit, eine geistige Auseinandersetzung um das eigene Verhalten im NS-Staat, wie sie in der Evangelischen Kirche 1945 sofort einsetzten, hat es in den Freikirchen nicht gegeben.[952] Das mochte zum geringeren Teil daran liegen, dass hier eine kritische historische Rückschau auch bisher nicht üblich gewesen war, im Ganzen aber doch daran, dass man das offenkundige Versagen, die zahlreichen öffentlichen rhetorischen und schriftlichen Irrtümer verdrängt und einer offenen Konfrontation mit der Vergangenheit aus dem Weg ging.

Nicht zustimmen kann man dem baptistischen Seminarlehrer Hans Rockel, der 1946 meinte, dass seitens des BEFG keine dem Stuttgarter Schuldbekenntnis ähnliche Erklärung möglich sei, weil es in einer Freikirche kein kirchenregimentliches Handeln gebe und der Weg in die Öffentlichkeit hier immer über die Verkündigung der einzelnen Gemeinde, wenn nicht gar über das Zeugnis des einzelnen Gemeindegliedes gehe.[953] Immerhin haben sich die Bundesleitungen von BfC und BEFG zwischen 1937 und 1945 nicht gescheut, im Namen ihrer Organisationen öffentlich ihre Ergebenheit gegenüber Adolf Hitler, dem Dritten Reich und dessen Rassen-, Kirchen- und Kriegspolitik zu bekunden. War man nach 1945 wirklich so feinfühlig geworden, sich im Blick auf die Autonomie der Einzelgemeinde ein öffentliches Schuldbekenntnis nicht anmaßen zu wollen?

Auf der ersten Bundesratstagung nach dem Krieg 1946 in Velbert (24.-26. Mai) kam Paul Schmidt nicht umhin, die Schuldfrage zu berühren, zumal sich die Evangelische Kirche schon zur »Kollektivschuld« bekannt hatte. Im Anschluss an dieses Bekenntnis fragte der Bundesdirektor:

> »Kann die Gemeinde schuldig werden im Ganzen, wenn sie nicht gegen besondere Sünden der Staatsführung öffentlich Protest erhebt?«[954]

Paul Schmidt glaubte die Frage verneinen zu müssen:

>»Nach unserer bisherigen Erkenntnis war es so, dass die Gemeinde Jesu die Heilsbotschaft zu verkündigen und zu verkörpern hat, dass sie aber nicht den Auftrag und die Kraft hat, ein ganzes Volk zu bewahren und zu behüten.«[954]

Von daher konnte er es sich mit der Schuldfrage, die für ihn eine »offene Frage im Raum der Gemeinde Jesu« war, einfach machen, wobei er allerdings die an eine Diffamierung der Stuttgarter Schulderklärung grenzende Kritik besser unterlassen hätte:

>»Schuldbekenntnisse können aber auch nur dann abgegeben werden, wenn jemand vor Gott steht und sich vor Gott in Schuld weiß, nicht aber um dadurch irgendeiner Gruppe von Christen irgendwo zu gefallen oder irgendwo und irgendwann schneller einen neuen Lebensanschluss zu finden.«[954]

Ob alle Zuhörer jetzt beruhigt waren? Wusste sich wirklich keiner der Anwesenden »vor Gott in Schuld«? Es war wohl nicht von ungefähr, dass Paul Schmidt die Juden mit keinem Wort erwähnt hatte.

Beugung unter die Schuld des Volkes

Ähnlich war es bei der VEF, wo man zwar auf der ersten Tagung nach Kriegsende (10./11. Dezember 1946 in Bad Hornburg v. d. H.) allgemein von einem »Geist der Beugung« nach »ernster Rückschau in die Vergangenheit« sprach.[955] Mehr noch aber bewegten die »Zeiten der Not« in der Gegenwart:

>»Unser Volk steht in schicksalsschwerer Zeit, wie noch niemals in seiner Geschichte.«[956]

Überhaupt betrachteten die einstmaligen Verteidiger des nationalsozialistischen Deutschland, F.H. Otto Melle und Paul Schmidt, noch immer an der Spitze der VEF, die vergangene wie die gegenwärtige Zeit in Superlativen, wenn auch anders als früher. Der Krieg war jetzt die »größte Krise der Weltgeschichte«, der Nationalsozialismus, neun Jahre vorher in Oxford noch als Hort kirchlicher und christlicher Freiheit gefeiert, wurde jetzt zum »beispiellosen Ansturm der widergöttlichen Mächte«, denen gegenüber es den Christen dank der Gnade Gottes gelungen sei, »das Zeugnis von Christo« und »die Prinzipien der Reformation ... aufrecht zu erhalten«. Die Nachkriegssituation wurde als »furchtbarste Lage, in die je ein Volk geraten ist«, begriffen, und die freikirchlichen Christen erklärten sich bereit, »mit unserem

Volk zu leiden, ... in priesterlicher Weise mit ihm Buße zu tun für die Sünden der Vergangenheit«. Diese Sünden wurden aber nicht näher konkretisiert, schon gar nicht hinsichtlich der Haltung der freikirchlichen Christen im Dritten Reich. Vielmehr sprach man vom eigenen »Beitrag zum Wiederaufbau«, für den man »mit besonderer Erwartung ... auf die Christen in Großbritannien und Amerika« blickte, mit denen man sich – jetzt wieder! – »von jeher« durch »besondere Bande der Geschichte und Gemeinschaft verbunden« sah.[957] Von einem echten Schuldbekenntnis konnte also keine Rede sein.

Auch die Reden der deutschen Vertreter auf dem 7. Baptistischen Weltkongress in Kopenhagen (29.7.-3.8.1947) zeigten kein wesentlich anderes Bild. Der Vorsitzende des BEFG, Jakob Meister, sprach nur allgemein von der Beugung »unter die Schuld, die unser Volk durch die Gewaltherrschaft der vergangenen Jahre auf sich geladen hat«; aber immerhin erklärte Hans Rockel für die Jugend, worin die »baptistische Jugend« ihre »besondere Schuld« sehe; nämlich in der Geringachtung des Erbes der alten Täufergemeinden, z.B. den »Kampf für die Wahrheit bis zum Märtyrertod«[958]. Das war ein Bekenntnis, dass das Verhalten im Dritten Reich an biblischen Prinzipien maß und das Versagen der freikirchlichen Christen wenigstens andeutete.

Leider hat man auch nur ein solches öffentliches Bekenntnis von den deutschen »Brüdern« nicht gehört.

Der Bund – die »brüder«spezifische Schuldfrage

Das mochte seine Gründe haben, denn durch die 1945 sofort einsetzende Austrittsbewegung aus dem BEFG wurden die »Brüder« in die Auseinandersetzungen um die Bundesgründungen von 1937 und 1941 verstrickt, die jetzt als Schuld oder Nicht-Schuld heiß umstritten waren.

Zwar versicherten die Stündchenfreunde Carl Koch und Fritz Surmann, dass man sich beuge »ob mancher Fehler, die wir sicherlich auch im BfC gemacht haben«, aber das war alles ganz allgemein gehalten und hatte mit der Stellung zum NS-Staat nichts zu tun:

> »Wir leugnen nicht, dass in den vergangenen Jahren Fehler gemacht worden sind (wer macht sie nicht?)!«[959]

Die Freien Brüder äußerten sich 1949 auf der Gründungskonferenz in Wermelskirchen immerhin auch zur »politischen Seite unseres Handelns«, allerdings nur im Blick auf die »Gründung des BfC«:

> »Ob wir wohlgetan haben, dass wir der Forderung des totalen Staates, eine klar erkennbare Organisation aufzurichten, nachgegeben haben, um uns weiterhin im Namen Jesu versammeln zu können, wagen wir selber nicht zu entscheiden. Wie in vielen anderen Fällen des praktischen und beruflichen Lebens, haben wir vielleicht auch in diesem Stück zu viel nachgegeben.«[960]

Dieses »Stück« der Vergangenheit im NS-Staat wurde also mindestens in Frage gestellt, waren doch die »Brüder« von ihrer

> »menschlichen Schwachheit und Irrtumsmöglichkeit genügend überzeugt, um nicht zu vergessen, dass vielleicht Kleinglauben und Menschenfurcht bei unseren damaligen Entschlüssen mitgewirkt haben«[960].

1950 verteidigte man die Gründung des BfC als

> »einzige Möglichkeit, die von der gottfeindlichen Regierung beschlagnahmten Versammlungssäle, Bibeln und Kassen für das Werk des Herrn wieder freizubekommen. Da die Regierung uns ferner jede Versammlungsmöglichkeit (auch in unseren Häusern!) verboten hatte, bedeutete der Beitritt zum BfC für uns die Freiheit, uns wieder in der gewohnten Weise im Namen Jesu zu versammeln. Die Forderungen des Staates berührten nicht das Innerliche, sondern beschränkten sich auf das Äußerliche«.

Diese Bedingungen habe man

> »mehr oder weniger schweren Herzens als ein notwendiges Übel in Kauf genommen«[961]

Der Haltung im NS-Staat war mit einer solchen Selbstrechtfertigung nicht Genüge getan. Schon das Wort vom »notwendigen Übel« lässt fragen, ob denn die genannten Vorteile – Versammlungsmöglichkeit usw. – ein »Übel« vor Gott aufwiegen, wenn dieses Übel z.B. darin bestand, den Staat Adolf Hitlers samt Judenverfolgung ausdrücklich zu bejahen.

Aber vor den bedrängenden Bundesfragen war die Haltung im NS-Staat kein Thema. Schon in der ersten Sitzung der Bundesleitung des BEFG nach dem Krieg in Wiedenest (25./26. Juli 1945) stand man zwar »erschüttert am Grabe der politischen Größe Deutschlands«, man beugte sich »unter das furchtbare Gericht, das Gott über unser geschlagenes Volk verhängt« habe, stellte fest, dass »auch das Werk unserer Gemeinden in diesen Zusammenbruch mit hineinbezogen« sei, es fiel aber kein Wort über das eigene Verhältnis zur untergegangenen Diktatur. Dagegen beschäftigte die Bundesleitung sofort das Problem, das sie fortan nie mehr völlig loslassen sollte: das Verhältnis von Baptisten und »Brüdern« im gemeinsamen Bund. Denn sofort nach Kriegsende hatten sich »Neigungen, die früheren Namen wieder anzunehmen« und überhaupt Trennungstendenzen gezeigt, und die Bundesleitung war fortan damit beschäftigt, ein solches »Verlassen des Glaubensweges« zu bekämpfen.[962]

Bundeszugehörigkeit oder Lösung von allen organisatorischen Bindungen, Offenheit gegenüber allen Kindern Gottes oder Absonderung zur Darstellung der Einheit – das waren die Fragen, die ab 1945 eine Papierflut auslösten und die selbstkritische Frage nach dem Verhalten unter dem Nationalsozialismus verdrängten.

Andererseits gab es auch kaum führende Leute, die einen Vorwurf hätten erheben können. Einige wenige schon immer Andersdenkende schwiegen in vornehmer Zurückhaltung oder brüderlicher Liebe. Rudolf Kretzer aus Weidenau, der Dr. Becker als »Gestapo-Werkzeug« bei der Militärregierung anzeigen wollte, wurde aus brüderlichen Gründen daran gehindert.[963]

Auch auf örtlicher Ebene drehten sich die Auseinandersetzungen zwischen Bundesgegnern und -anhängern fast immer nur um den Gegensatz von Absonderung und Offenheit oder um Ablehnung und Zustimmung zu einer Organisation, kaum um die politische Seite der Vergangenheit[964], waren doch nur wenige der Bundesgegner, die in der Absonderung verharrt hatten, dem BfC bzw. BEFG aus der Feindschaft gegenüber dem Nationalsozialismus heraus ferngeblieben.

Verdrängung

Man wird aber heute sagen dürfen, dass es nicht nur die Bundesprobleme waren, die eine selbstkritische Aufarbeitung der Vergangenheit verhinderten. Hinzu kam – und darin machten die »Brüder« neben vielen anderen Christen und überhaupt vielen Deutschen keine Ausnahme –, dass die Erinnerungen an jene Jahre vor 1945 – bewusst oder unbewusst – verdrängt werden mussten, wenn man sich nach der ungeheuerlichen Wende der Dinge nicht zurückziehen, sondern weitermachen wollte. Gerade Christen meinten ja, sich um des Zeugnisses willen keinen Rückzug erlauben zu dürfen.

Man zeigte zwar 1945 seitens der BEFG-Führung Einsicht in das Böse des Dritten Reiches:

»So erkennen wir die Auflösung eines vom Herrn abgewandten Führertums, die Aufdeckung wie Beseitigung unglaublicher Brutalitäten der Gewalthaber und das Gericht, in dem wir mit unserm Volk noch stehen«, sich selbst vermochte man aber immer nur in der Einbeziehung in die Folgen des Zusammenbruchs zu erkennen, aus denen, wie man hoffte, eine »geistliche Erweckung« hervorgehen werde.[965]

Einen großen Raum nahm in den ersten Verlautbarungen nach 1945 die Verteidigung des BEFG ein. Die anfangs und später immer wiederkehrende Beteuerung, dass dieser Bund »ohne politische Motive und Ziele« zustande gekommen sei[965], zeigt, wie erfolgreich, aber auch unkritisch gegen sich selbst jene Männer ihre Vergangenheit zu verdrängen vermochten, räumt doch selbst ein Bundesfreund wie Otto Bastian rückblickend ein:

> »Schon der Gedanke, dass sich alle Kinder Gottes zusammenfinden sollten, war politisch mit beeinflusst.«[966]

Und der baptistische Historiker Günter Balders urteilt, dass der BEFG »nach menschlichem Ermessen zu einer anderen Zeit kaum zustande gekommen« wäre.[967]

»Die Haltung des Bundes im totalen Staat« ergab sich für Paul Schmidt auf jener ersten Bundesratstagung nach dem Krieg in Velbert 1946, wo er doch auch für die »Brüder« sprach, stets aus der Verpflichtung von Römer 13, zumal man mit Widerspruch die »äußere Existenz aufs Spiel gesetzt« hätte. Das »große Nein der Gemeinde Jesu gegenüber dem Staat und seiner Führung« sei erst zu sprechen, »wenn die Verkündigung des Evangeliums verboten werde und die persönliche christliche Lebensführung desgleichen«. Man bemerkte nicht, wie sehr damals die eigene Verstrickung in den »Geist der Zeit« zu der hier für richtig gehaltenen, aber doch wohl fragwürdigen frommen Selbstgenügsamkeit im Widerspruch gestanden hatte.

Und Paul Schmidt kam zu dem Ergebnis, dass man zwar »auf keine besondere Reihe von KZ.- oder anderen Märtyrern hinweisen«, aber »rückschauend« doch von »einem gesegneten starken Zeugnisdienst der Gemeinden durch die Jahre hindurch sprechen« könne.[968]

Dass man schließlich 1951 auf der Bundesratstagung in Dortmund (19.-23.9.) einen Schlussstrich unter die Vergangenheit ziehen zu dürfen meinte, und zwar einschließlich der Dinge, die »in den ersten Jahren nach 1945 noch in Ordnung, Dienstart und Zeugnisweise« von der Zeit vor 1945 beeinflusst waren[969], kann man auch eher als Verdrängung der Vergangenheit bezeichnen, kaum als Bewältigung, zumal der von dem baptistischen an der Universität Berlin lehrenden Theologen Professor Johannes

Schneider vorgelegte Entwurf eines Schuldbekenntnisses schon vorher von der Bundesleitung abgelehnt worden war.[970]

Keine personellen Konsequenzen

Es lässt sich denken, dass bei einer solchen Betrachtungsweise auch keine personellen Konsequenzen zu erwarten waren, obwohl Einsichtige die Meinung vertraten, dass gerade in den Leitungsgremien »sofort nach dem Krieg personelle Veränderungen notwendig gewesen wären«[971]. Aber auch hier waren viele leitende Männer, besonders Paul Schmidt, anderer Ansicht.

Auf der Velberter Bundesratstagung 1946 kam der Bundesdirektor anlässlich der anstehenden Wahlen zur Bundesleitung auch auf die Entnazifizierung zu sprechen. Sie gehörte für ihn in den »politischen Raum«, wo es damals üblich war, dass ehemalige Mitglieder der NSDAP von der leitenden Mitwirkung im öffentlichen Leben ausgeschlossen wurden. Für den Raum der Gemeinde lehnte Paul Schmidt ein solches Vorgehen ab, diese Frage war ihm überhaupt nicht von Wichtigkeit, und recht harmlos stellte er die Frage:

> »Ist durch die Zugehörigkeit zu einer Partei das Glaubensleben gestört, wird jemand schuldig am Zeugnis Jesu, verschreibt sich jemand fremden Gesetzen und dient jemand einem andern Herrn?«[972]

Nur in solchen Fällen sei die Gemeindezucht anzuwenden. Es war eben vergessen, wie man »einem andern Herrn«, Hitler, mit pro-nationalsozialistischen Äußerungen gedient hatte, wobei eine Parteimitgliedschaft noch die geringste Rolle gespielt haben mochte.

Man fühlte sich nicht betroffen, und so beschloss der Bundesrat, »bei der Aufstellung der Wahlvorschläge keine äußeren, sondern nur innergemeindliche Grundsätze anzuwenden«.[973] Das hieß also, keinen Bruder wegen seiner Parteizugehörigkeit von der Wahl auszuschließen. Nur einige nahmen die Wahl nicht an, darunter Dr. Hans Becker, der schon vorher auf der Elberfelder Konferenz im August 1945 seinen Rücktritt angeboten hatte[974], weil er sich politisch geirrt habe.[975]

An seine Stelle trat als stellvertretender Vorsitzender für die »Brüder« im BEFG Martin Siebert aus Gummersbach, der wegen seines öffentlichen Ansehens, zudem durch keine nationalsozialistische Vergangenheit belastet, von 1946-1948 Bürgermeister seiner Heimatstadt war, der er bis 1956 noch als stellvertretendes Stadtoberhaupt diente.[976]

Leider ließ sich Hans Becker von seinen Freunden, »die während des Dritten Reiches neben ihm Verantwortung im BEFG« getragen hatten, drängen, seinen Posten bald wieder einzunehmen[977] und so ließ er sich auf der nächsten Bundesratstagung in Düsseldorf (4.-7. September 1947) wieder zum Zweiten Vorsitzenden wählen, und er behielt dieses Amt bis zu seinem Tod im Jahr 1963. Stellvertreter des in seiner Stellung unangefochtenen Paul Schmidt als Bundesdirektor war schon seit Mai für den erkrankten Walter Vogelbusch (gest. 22. März 1947) Hugo Hartnack.

So blieb jene Gruppe, die Baptisten und »Brüder« im NS-Staat zusammengeführt hatte, auch in den bedeutsamen Jahren nach dem Krieg zusammen. Ob sie es verstanden, von ihren vor zehn Jahren gewonnenen Überzeugungen her den veränderten Nachkriegsverhältnissen gerecht zu werden?

Das nationale Denkschema

Es ist jenen Männern daraus kein Vorwurf zu machen, dass sie sich weiterhin in die Verantwortung stellten. Sie sahen sich ihrem Verständnis nach in die Arbeit für die Gemeinden berufen, und ihrem ganzen nationalpolitischen Denken nach konnten sie keinen Anlass sehen, der sie zum Rückzug aus der Verantwortung genötigt hätte. Sie alle waren 1945 in einem Alter, in dem die geistige Konzeption eines Menschen längst fertig und kaum noch wesentlich umzuwandeln ist: Hans Becker 50 Jahre, Hugo Hartnack 53, Paul Schmidt 57 Jahre. Wie sehr ihre grundsätzliche Einstellung in politischen Fragen auch ihre Haltung im Dritten Reich beeinflusst hatte, vermochten sie nicht zu sehen.

Auf dem ersten Treffen der westdeutschen »Brüder« nach Kriegsende, auf der Elberfelder Konferenz am 12./13. August 1945, wusste auch Dr. Becker zur Situation nur zu sagen:

> »Um uns Zerstörung, vernichtetes Volksleben, ein zusammengefallener Staat – gelassen ist uns nur das Leben. Was in zwölf Jahrhunderten aufgebaut wurde, ist in zwölf Jahren zusammengefallen. Warum? Weil man nicht nach Gottes Willen fragte.«[978]

Wer war »man«? Nur Hitler und seine Gehilfen? Jedenfalls diskutierten die Konferenzteilnehmer einen ganzen Nachmittag lang die Frage:

> »Warum lässt Gott das alles zu, was über uns gekommen ist? Sind wir schlechter als andere?«[979]

Im Vergleich mit England kam man sich ungerecht behandelt vor:

> »Warum kommen die Katastrophen immer über unser Volk? Warum nicht auch einmal über England?«[980]

Es ist bezeichnend, dass in der Aussprache kaum nach eigener Schuld gesucht, sondern die Frage diskutiert wurde, ob Gott das Böse – gemeint war die deutsche Katastrophe – nur zulasse oder sogar sende. Dr. Becker fasste die verschiedenen Meinungen dahingehend zusammen, dass Gott das christliche Gottesbild, wonach der Gläubige belohnt werde, zerschlagen habe, um sich als Herr der Geschichte zu erweisen, der Geschichte nicht um des Menschen, sondern um seinetwillen mache. Mit dem schließlich von Hans Becker dargestellten Bild des Dichters Paul Ernst, wonach der scheinbar mit »sinnloser Grausamkeit« gefällte Baum nicht wissen kann, dass er, zu einem Möbelstück verarbeitet, »zum Schmuck und zur Zierde« bestimmt ist[981], war die Katastrophe des deutschen Volkes und der eigenen politischen Vorstellungen jeder kritischen Selbstbesinnung entzogen.

Die Aussprache zeigte, wie schwer es jener Generation fiel, den Zusammenhang zwischen Niederlage und Schuld zu sehen, von ihrer eigenen Verflochtenheit damit ganz zu schweigen. Wenn Wilhelm Brockhaus noch 1960 schrieb, dass er die – vom Geist des Nationalsozialismus doch nun wirklich nicht unberührten – Jahrgänge 1939-1941 der *Botschaft* »mit wahrem Vergnügen überschaue«[982], wird deutlich, dass die Männer jener Generation es gar nicht empfanden, wie sehr sie mit unbewusster Selbstverständlichkeit bestimmten politischen Denkweisen verhaftet waren.

Ein Beispiel dafür ist Walter Brockhaus, ein jüngerer Bruder des langjährigen Schriftleiters der *Botschaft*. Er schrieb – allerdings 20 Jahre später –, dass ihm »bei Kriegsende die Augen so fürchterlich aufgingen«, dass er »vor Scham am liebsten gestorben wäre«[983], als er erfuhr, dass »die Greuelberichte aus den KZ`s, aus Polen und den Ostgebieten ... keine Lügen gewesen waren«, wie er mit vielen anderen gemeint hatte.[984] Was ihn aber unmittelbar nach dem Krieg viel mehr bewegte als seine geistig-moralische Beteiligung an dem einst von ihm propagierten »neuen Staat« des Nationalsozialismus, war die Lage Deutschlands nach dem verlorenen Krieg:

> »Neben der schweren äußeren Not unserer Zeit schreitet eine ebenso große innere. Unzählbar ist die Schar junger und auch alter Menschen, denen alles zerbrochen ist/ was ihnen einmal groß und wichtig war. Mit zähem Opfermut und mit Höchsteinsatz aller Kräfte haben sie jahrelang

um heilige Ideale gekämpft, um nun zu erkennen, dass all der Einsatz, all die Opfer an Gut und Blut vergebens waren.«[985]

Dass die »heiligen Ideale«, für die sich auch der Verfasser einmal begeistert hatte, falsche Ideale gewesen waren, sah er anscheinend nicht, und bemerkenswert ist, wie er damals die Schuldfrage betrachtete:

> »Die Feinde triumphieren über uns und verlangen von uns die Übernahme der ganzen Schuld, obwohl jedermann weiß, dass vor und in diesem Kriege verhängnisvolle Fehler hier wie dort gemacht wurden, dass, wie stets, Schuld auf beiden Seiten liegt.«[985]

Das war nach aller bewiesenen deutschen Kriegsschuld die Sicht des unbelehrbaren deutschen Bürgers. Durfte sie aber auch die Betrachtungsweise eines Christen sein? Durfte man wirklich urteilen, dass es ein »furchtbares Unrecht« sei,

> »was unserm Volk heute geschieht, dass wir, die wir um unser nacktes Leben kämpften, unterliegen mussten und, wo wir schon vorher nicht den nötigen Lebensraum hatten, jetzt beinahe auf die Hälfte zusammengepfercht werden«?[980]

War das nicht immer noch die nationalistische Sprache, die auch ein Hitler gepflegt hatte? Durfte man sagen, dass Gott

> »die reichen Völker, die alles haben, was uns fehlt, den Sieg davontragen«

lasse und nun die »Wut eines fanatischen Vernichtungswillens« auf das deutsche Volk eindringe?[985]

Der Verfasser rang angesichts der deutschen Niederlage mit der Frage: »Ist etwa Ungerechtigkeit bei Gott?« Aber die Antwort fand er nicht in der deutschen Schuld, obwohl ihm »die Teufeleien von SS und Gestapo« nicht unbekannt waren, sondern wie auch Hans Becker in der Souveränität Gottes. Auch er versuchte die Frage mit dem Bild des unwissenden Baumes zu beantworten:

> »Der Baum weiß nicht, dass er aus allen anderen Bäumen erwählt ist, dem Besitzer des Waldes besonders nutzbar zu werden, dass er zu einem herrlichen Möbelstück verarbeitet werden soll, seinem Herrn zur Freude und ständigem Nutzen.
> So ist es auch mit dem, was uns geschieht.«[985]

Das war eine recht einseitige Sicht: Die Leiden des deutschen Volkes – empfunden als Ungerechtigkeit – als Handeln göttlicher Erwählung! Von deutscher und eigener Schuld dagegen keine

Rede! Lag denn der göttliche Grundsatz, dass »der Mensch erntet«, was »er sät«, so fern? Gab es keine Verbindungslinie zu dem biblischen Gesetz, dass »Gerechtigkeit eine Nation erhöht, die Sünde aber der Völker Schande« ist?

Hier mag der Schlüssel dafür liegen, dass die Generation der Fünfzigjährigen nach dem Krieg so wenig Einsicht zeigte, weder in die Schuld des deutschen Volkes noch in ihre eigene Rolle, als sie noch als geistliche Führer die Mitglieder des BfC und BEFG zum »Umdenken« im Sinne Hitlers aufgefordert hatten. Sie konnten sich auch nach 1945 nicht von dem Schema ihrer nationalistischen Denkweise lösen und somit auch nicht das Ausmaß ihrer geistigen Beteiligung am NS-Staat durchschauen.

Uns Heutigen sollte es eine heilsame Erfahrung sein, wenn wir sehen, wie stark auch Christen von politischen Überzeugungen geleitet werden können, die nicht unter die Herrschaft des Geistes Gottes gestellt sind.

Das verspätete Schuldbekenntnis

Es ist bezeichnend, dass die *Botschaft* erst 38 Jahre nach Kriegsende, zum 50. Jahrestag der Machtübernahme Hitlers im Januar 1983, einen ersten Rechenschaftsbericht über das Verhalten der »Brüder« im NS-Staat aus der Feder Otto Bastians vorlegte, der für seine Generation die kritische Frage stellte:

> »Wie haben die ›Brüder‹ die Versuchung des Nationalsozialismus bestanden?«[986]

Er kommt zu dem Ergebnis, dass »die Brüdergemeinden im BfC und BEFG dem Geist der Zeit gegenüber« nicht »immun geblieben« seien:

> »Wir hätten viel genauer ›zusehen‹ und bewusster ›wachen‹ müssen. Wären wir der Warnung des Apostels Paulus (Eph. 5,18) gefolgt, dann wären wir ›voll Geistes‹ gewesen und hätten uns nicht ebenfalls berauscht mit politischer Beeinflussung, ja Begeisterung, und wir hätten echt widerstanden.«

Allerdings, so fügt Otto Bastian hinzu, wäre dann auch für die »Brüder« ein gewisses Martyrium zu erwarten gewesen.

Zum öffentlichen »Schuldbekenntnis« einer Bundesleitung des BEFG kam es erst, wie ein Informationsdienst anmerkt, »39 Jahre nach Hitlers Ende«[987] als der Präsident des BEFG, Günter Hitzemann, während des Kongresses der Europäischen Baptistischen Föderation in Hamburg (1.-5. August 1984) erklärte:

> »Es beugt uns, dass wir als deutscher Bund der ideologischen Verführung jener Zeit oft erlegen sind und nicht größeren Mut zum Bekenntnis für Wahrheit und Gerechtigkeit bewiesen haben.«

Es wurde zugegeben, dass es auch damals schon Warnungen vor dem Regime und Widerstand gegen das Unrecht gegeben habe:

> »Doch wir haben uns nicht öffentlich mit dem Kampf und Leiden der bekennenden Kirche verbunden und ebenso versäumt, eindeutig den Verletzungen göttlicher Gebote und Ordnungen zu widerstehen.«[988]

Schaden durch unausgesprochene Schuld?

Allerdings muss angemerkt werden, dass es sich bei diesem Schuldbekenntnis mittlerweile um eine Generation handelt, die schon aus Altersgründen von den damaligen Ereignissen kaum betroffen war und die dennoch mit »Scham und Trauer« auf das Schweigen der Christen im BEFG angesichts der »Verfolgung und Massenvernichtung der Juden« zurückblickt.[988] Und es ist zu bedauern, dass sich die Führungsgeneration der dreißiger, vierziger und fünfziger Jahre nicht schon bald nach dem Krieg öffentlich zu ihrem Verhalten zwischen 1933 und 1945 bekannt und daraus personelle Konsequenzen gezogen hat.

Im Blick auf die Entwicklung der Evangelischen Allianz in Deutschland stellte deren Historiker, Professor Erich Beyreuther, fest, dass das Schuldbekenntnis vom November 1946 »notwendig« war, weil sonst »der Neuanfang unter einer unausgesprochenen Schuld gestanden« hätte, und er erinnerte nur an die Juden.[989]

Die Frage, ob die unglückliche Entwicklung der deutschen Brüderbewegung nach 1945 nicht auch darin ihre Ursache haben könnte, dass es hier im ganzen an diesem Schuldbekenntnis gefehlt hat, dass die führenden Männer aus der Zeit vor 1945 danach weitermachten, als habe es ihre Haltung im Dritten Reich nicht gegeben, kann nur Gott gültig beantworten. Bedenkenswert bleibt die Frage allemal. »Als ich schwieg, zerfielen meine Gebeine (Ps. 32,3a)«.

2. Der BEFG in der Nachkriegszeit (1945-1950)[990]

»Bruderhilfe«

Aber die unmittelbare Nachkriegszeit bot reichlich Probleme, um es nicht zu einer Rückbesinnung auf die Vergangenheit kommen zu lassen. Die Männer der Gründergeneration des BEFG waren voll damit beschäftigt, den Bund unter den veränderten Umständen zu reorganisieren und die Nöte des verlorenen Krieges, die auch an den Gemeinden nicht vorübergingen, zu lindern. War auf der einen Seite die Religionsfreiheit ein Geschenk, das den furchtbaren Druck einer gottfeindlichen Regierung von Bundesleitung und Gemeinden genommen hatte, so musste man andererseits erkennen, dass der militärische und politische Zusammenbruch des Deutschen Reiches auch das Bundeswerk mindestens in seiner quantitativen Dimension mit in die Katastrophe gerissen hatte.

Über ein Drittel aller Mitglieder, etwa 42.500, wurden aus den Ostgebieten vertrieben, hatten doch 1939 25% aller 80.000 Baptisten allein in Ostpreußen gelebt, während die »Brüder« besonders stark in Schlesien vertreten gewesen waren. Tausende der Flüchtlinge starben unterwegs oder kamen durch andere Kriegseinwirkungen um; andere fanden später im Westen nicht mehr den Weg in die Gemeinden. Es war ein Aderlass, der trotz der unmittelbar nach Kriegsende einsetzenden missionarisch fruchtbaren Zeit bis heute nicht ausgeglichen werden konnte.

Doch es gingen nicht nur die Gemeinden im Osten und viele ihrer Glieder verloren, im übrigen Deutschland lagen auch viele Kapellen und Versammlungssäle als Folge des Bombenkrieges in Trümmern. Aber schon im Juli 1945 begann man vom Bundeshaus aus, die Schäden zu registrieren und den Wiederaufbau einzuleiten[991], und wirklich konnte in den ersten Jahren nach 1945 durch die großzügige Hilfe amerikanischer Christen eine Reihe von Gemeindehäusern wieder errichtet werden.[992] Immerhin waren aber im März 1949 noch 103 Gemeindehäuser (80 in den »Westzonen«, 23 in der »Ostzone«) aufzubauen, wofür im Westen, nicht zuletzt wegen des durch die Währungsreform (Juni 1948) veranlassten Geldmangels, ein eigenes Wiederaufbau-Programm entwickelt wurde.[993]

Auch an der materiellen Not des Einzelnen konnte man in den Hungerjahren 1945-1948 nicht vorübergehen, zumal die Zeit vom Elend der noch laufend hereinströmenden und zuerst in Lagern untergebrachten Flüchtlinge gekennzeichnet war. Von den kargen

Lebensmittelrationen konnten damals viele nicht satt werden. Noch Weihnachten 1947 freute man sich in den Vereinigungen des BEFG, Bezugscheine für Abendmahlswein an die Gemeinden versenden zu können.[994]

Wieder war es die Hilfsbereitschaft ausländischer Christen, besonders aus Nordamerika, Großbritannien, Schweden, Südafrika, die in einem solchen Ausmaß den völlig verarmten und hungernden Deutschen Mittel zur Verfügung stellten, dass für den BEFG ein soziales Hilfsprogramm entwickelt werden konnte und musste: die »Bruderhilfe«[995], die, schon bald in Verbindung mit dem »Hilfswerk der Evangelischen Kirche in Deutschland«, aber doch selbständig[996], unter der Leitung von Carl Koch[997], einem Stündchenfreund, von Dillenburg aus die Hilfsgüter, zunächst Lebensmittel, Kleider und Schuhe, an die Vereinigungen weiterleitete, von wo sie an die Gemeinden verteilt wurden.[998]

Hilfe erstreckte sich auch auf die soziale Not im Umfeld der Gemeinden, z.B. in der Betreuung von benachbarten Flüchtlingslagern[999] und überhaupt von Flüchtlingen. Auch die deutschen Gemeinden selbst wurden insofern an der »Bruderhilfe« beteiligt, als man sie zu Spenden aufrief.[1] Auf diese Weise sollte seit September 1945 den »Gemeinden in Not« und dem »Bruder in Not« geholfen werden.[1a] Über einen »Missionarischen Sozialdienst« wurde die Errichtung von Sozial- und Jugendheimen für Alte, Kranke und Kinder gefördert; das heute so umfangreiche Werk der »Brüder«, das »Christliche Erholungsheim Westerwald« in Rehe, das 1945 von fünf Brüdern mit missionarisch-sozialer Zielsetzung gegründet worden war, wurde in seinen Anfängen durch die »starke Mithilfe vieler Brüder« und die »Opferbereitschaft unserer Gemeinden«[2] mittels Sach- und Geldspenden über die »Bruderhilfe« stark gefördert.[3]

Von 1949 an konnte dann die Auslandshilfe auslaufen; die Währungsreform hatte den entscheidenden Durchbruch für eine »allgemeine Besserung der Lebenshaltung in Deutschland« bewirkt.[4] Man war aber der »einmütigen Überzeugung«, dass die »nach dem Zusammenbruch von Gott auf Herzen und Schultern gelegte soziale Aufgabe nicht abgebrochen werden« sollte und führte sie im Rahmen der zur Verfügung stehenden eigenen Mittel weiter[5], zumal man es für richtig hielt, die Geschwister in der Ostzone bzw. DDR noch mit Lebensmitteln und Kleidung zu versorgen und auch die Sozialheime weiter zu betreuen.[6] 1949 setzte die Organisierung eines Paketversands in die DDR ein.[7]

Als Carl Koch, der die Arbeit der »Bruderhilfe« unermüdlich angetrieben hatte, am 23. September 1950 starb[8], hatte das Werk dem Umfang nach seinen Höhepunkt überschritten. Die Leitung übernahm fortan bis zum Abschluss der Arbeit 1959 der baptistische Prediger Immanuel Walter[9], der dann auch in Zusammenarbeit mit den amerikanischen Baptisten für den Wiederaufbau der Gemeindehäuser verantwortlich war.[10]

Evangelisation

Deutlicher als das Bemühen um die Linderung materieller und sozialer Not – es spielte sich z. gr. T. in der Stille ab – trat in der Nachkriegszeit die Verkündigung des Evangeliums ins Blickfeld der Öffentlichkeit. Mochten auch unter der Einwirkung des nationalsozialistischen Ungeistes und des mörderischen Krieges die sich aus dem Christentum herleitenden sittlichen Grundlagen im Bewusstsein des Volkes erschüttert und verschüttet sein, so stellten dennoch die Jahre nach 1945 eine Phase erhöhter Aufnahmebereitschaft für das Evangelium dar, der man durch Evangelisationen in Sälen und Zelten zu begegnen suchte. »Nie zuvor und seither noch nicht wieder hat es in der Geschichte des deutschen Bundes solche Zugänge durch die Taufe gegeben: 1946-1950 nahezu 30.000.«[11]

Unter den ausschließlich im Verkündigungsdienst stehenden Evangelisten arbeiteten seitens der »Brüder« im BEFG Werner Heukelbach aus Wiedenest (II,141) und Hans Metzger aus Dreieichenhain/Kr. Offenbach (II,137.139)[12] Werner Heukelbach (1898-1968), der später mit einer Schriften- und Radiomission ein völlig unabhängiges Werk von beträchtlichem Ausmaß gründete und leitete – die »größte Schriftenmission Europas«[13], die nicht ohne Kritik blieb[14] –, war unmittelbar nach dem Krieg einer der eindrucksvollsten Evangelisten. Nach einer Evangelisation in Dortmund 1947 berichtete er:

> »Die Zahl der Besucher stieg von Tag zu Tag. Zunächst waren es 400, dann 700, 900, 1200, ja 1300 Menschen ... Der Prediger der Kirche ... sagte mir: ›Wir glauben, sagen zu können, dass mehr als die Hälfte der Zuhörer Menschen sind, die nirgendwo hingehen, um das Wort Gottes zu hören.‹ ... Als ich in der Lob- und Dankversammlung einmal die Hand hochheben ließ, die ... den Herrn Jesus als ihren Herrn und Heiland gefunden hatten, da war es ein ganzer Wald von Armen, der sich nach oben streckte.«[15]

Auch Hans Metzger berichtete, »dass viele Menschen unter das Wort kamen, die sonst nie eine Kirche oder einen Gemeinschaftssaal betraten«[16].

Zwischen 1948 und 1950 wurden mit ausländischer Hilfe fünf Zelte angeschafft – die Zelthaut von Zelt I, einem Großzelt, wurde z.B. von den Offenen Brüdern der Schweiz gestiftet –, so dass der BEFG, dessen zwölf Zelte der Vorkriegszeit sämtlich nicht mehr vorhanden waren, als erste Gruppe nach dem Krieg wieder volksmissionarisch mit Zelten arbeiten konnte. Andere Zeltmissionen sollten folgen.[17]

Zeltevangelisationen fanden z. gr. T. auf Allianz-Basis statt. Im Sommer 1950 kamen an den 120 Verkündigungstagen der fünf Zelte durchschnittlich täglich 6200 bis 6300 Zuhörer in die Abendversammlungen.[18] In Augsburg erlebte Hans Metzger, einer der fünf Zeltleiter (neben ihm waren seitens der »Brüder« in den Anfangsjahren für einzelne Evangelisationen noch Josef Kausemann und Karl Dannert eingesetzt[19]) 1949 Besucherzahlen, die ein bezeichnendes Licht auf den Erweckungscharakter jener Jahre werfen – obwohl man auch damals kaum von einem »erwecklichen Durchbruch« sprechen konnte[20] – und wirklich als Wunder Gottes in der Zeltmission (Titel eines Buches von Hans Metzger) anmuten:

> »Dass Gott da wirkt, wo er will, beweist in besonderer Weise der Verlauf unserer Arbeit in Augsburg, in einer Stadt, die ebenfalls überwiegend katholisch ist. ... Dort waren schon die beiden Versammlungen des ersten Tages mit 1500 und 1800 Menschen besucht. Und schon in den nächsten Tagen mussten wir so viel Sitzplätze herbeischaffen, dass wir für 3000 Menschen Sitzplätze hatten. Obwohl diese Plätze bald dicht besetzt waren, standen an einigen Abenden noch 1000 bis 1200 Menschen.«[21]

Auch die Jugend- und Kinderarbeit – bald als »Gemeindejugendwerk (GJW)« zusammengefasst – wurde als missionarischer Auftrag verstanden, was damals auch vom sozialen Umfeld her – Arbeitslosigkeit, Flüchtlingselend, z.T. sittliche und äußere Verwahrlosung – dringend geboten schien. Schon 1945 wurde auf die Zielsetzung der Kinder- und Jugendarbeit hingewiesen:

– Vermittlung von Bibelkenntnis;
– Förderung christlicher Gemeinschaft;
– Erweckung missionarischer Aktivität.[22]

Es gelang, in Gemeindejugendstunden, Bibelfreizeiten und Zeltlagern viele Jugendliche mit dem Evangelium bekannt zu machen, in Jugendgruppen an die Gemeinde zu binden und sogar zu missionarischem Zeugnis zu motivieren. Ende 1946 konnte festgestellt werden: »Der Geist der Erweckung weht unter der Jugend unserer Gemeinden.«[23]

Auch besondere auf die Jugend zugeschnittene evangelistische Großveranstaltungen wurden gewagt, z.B. die »Wuppertaler Jugendwochen« 1947-1949, die auf Allianzebene, z.B. 1947 in 20 Sälen gleichzeitig, gestaltet wurden. Von den 24 Evangelisten kamen acht aus den Reihen des BEFG.[24] Von den »Brüdern« beteiligten sich 1948 Hans Metzger, Erich Sauer und Paul Müller aus Velbert.[25]

Die Kinderarbeit wurde in Sonntagsschulen und Jungscharen systematisch aufgebaut.[23] Die Jugend wurde aufgerufen, sich in die Sonntagschularbeit hineinzustellen, die Sonntagsschulen sollten nach dem Prinzip »Kinder bringen Kinder mit!« wachsen.[26]

1948 wurde beschlossen, die Arbeit des GJW durch ein Jugendleiterseminar in Hamburg zu fördern.[27] Seitens der »Brüder« wirkten in der Jugendarbeit Walter Brockhaus (Schwelm)[28] und Paul Müller (Velbert)[12] mit, die in Wiedenest und an anderen Orten Schulungswochen für Sonntagsschulhelfer und Jugendmitarbeiter abhielten.

Schrifttum

Der Bedarf an christlichem Schrifttum war in der Nachkriegszeit sehr groß und konnte bei weitem nicht gedeckt werden. Vieles war vernichtet oder verlorengegangen, anderes war nicht mehr zeitgemäß oder nicht völlig frei vom Ungeist der nationalsozialistischen Ära. Die Zeit des Mangels nach 1945 machte aber auch nicht vor der Papierrationierung halt, und die Militärregierung war zunächst mit Druck-Lizenzen sparsam. »Nicht einmal die dringendsten Bedürfnisse der ausgebombten und Flüchtlingsgeschwister können befriedigt werden«, meldete 1946 die *Bundespost*.[12]

Da war es ein glücklicher Umstand, dass der baptistische Oncken Verlag in Kassel schon im Herbst 1945 von der amerikanischen Militärregierung und damit »als erster in Kurhessen« die Lizenz erhielt.[29] Er konnte zunächst einige Bücher und volksmissionarische Hefte herausbringen, z.B. Werner Heukelbachs *Vom Gottesleugner zum Evangelisten* oder die ersten von der Evangelischen Verlagsanstalt Berlin in Lizenz übernommenen Bände der Reihe *Bibelhilfe für die Gemeinde*. Die rechtzeitige Verbreitung des Kasseler Abreißkalenders scheiterte aber noch 1946 an der zögernden Papierzuteilung, und ein dringend gewünschtes Evangelisations- und ein Kinderblatt wurden von der Zeitschriften gegenüber noch sehr misstrauischen Militärregierung nicht genehmigt. Selbst die Versorgung mit Bibeln war noch ungenügend.[12]

Ab April 1946 erschien dann wieder eine Zeitschrift, und zwar als Nachfolgerin des baptistischen Wahrheitszeugen nun für den Bund insgesamt mit dem modernen Titel Die Gemeinde:

> »Laut Beschluss der Bundesleitung sind der *Wahrheitszeuge* und die *Botschaft* zusammengelegt worden, um auch von unserer Presse her die völlige Verschmelzung der beiden Gemeindegruppen im Bunde deutlich werden zu lassen. Die Schriftleitung liegt in den Händen der beiden Brüder Otto Muske und Wilhelm Brockhaus.«[30]

Wie eingeschränkt die Lage in jenen Jahren war, zeigt die Mitteilung im Oktober 1948, dass erst jetzt »wegen Lockerung der Papierlage« weitere Bestellungen auf *Die Gemeinde* entgegengenommen werden konnten und dass jetzt auch die Militärregierung die Erlaubnis für das Erscheinen der übrigen Zeitschriften aus der baptistischen Tradition erteilt habe: für das Kinderblatt *Morgenstern* und für den *Frauendienst*[4], ab 1949 für das evangelistische Verteilblatt *Friedensbote* und für die Jugendzeitschrift *Junge Mannschaft*.[31] Sie alle sollten die Zeitschriften für Baptisten und »Brüder« zugleich sein.

Doch war der von einigen führenden Männern gewünschte »Verschmelzungs«vorgang längst nicht so weit gediehen, als dass man sich in den »Brüder«versammlungen mit dieser Regelung zufrieden gegeben hätte. Der Ruf nach auf die Bedürfnisse der »Brüder« zugeschnittenen Zeitschriften wurde laut.

Immerhin war der R. Brockhaus Verlag in Wuppertal-Elberfeld seit Februar 1946 wieder zugelassen und hatte unter der Leitung von Wilhelm Brockhaus mit einer bescheidenen Buchproduktion begonnen.[32] Obwohl Privatverleger – im Gegensatz zum bundeseigenen Oncken Verlag –, fühlte sich Wilhelm Brockhaus mit seinem Unternehmen zur Zusammenarbeit mit dem BEFG verpflichtet; der Verlag gab bis 1951 ebenso wie der Oncken Verlag auf jeder Bundesratstagung seinen Bericht.[33]

Rolf Brockhaus (geb. 1909), der 1949 aus russischer Kriegsgefangenschaft zurückgekehrt war, begann den Verlag wieder aufzubauen, zunächst mit den Büchern Erich Sauers, und – in Ermangelung weiterer Autoren aus dem Kreise der »Brüder« – indem er mit der deutschen Gemeinschaftsbewegung Kontakt aufnahm.

Als nun in den Kreisen der »Brüder« der Ruf nach »den alten Schriften« immer lauter wurde, entschloss man sich, mit dem

Jahresbeginn 1949 *Die Botschaft* wieder im R.Brockhaus Verlag erscheinen zu lassen.[34] Auch die Jugend erhielt ab 1951 wieder ihre *Tenne*.[35]

Das Erscheinen beider Zeitschriften stand in Verbindung mit der nach dem Krieg im Blick auf den BEFG einsetzenden Eigenentwicklung der »Brüder«, worüber noch zu sprechen sein wird.

Organisation

Im Krieg hatten die durch die Verfassung des BEFG vorgeschriebenen Gremien naturgemäß nicht erneuert werden können, war doch schon 1941 von der Regierung eine Zurückstellung aller »Tagungen und Kongresse sowie sonstiger Veranstaltungen« angeordnet worden.[36] In der neu gewonnenen Freiheit sollte sich nun auf den drei von der Verfassung vorgesehenen Ebenen das aus dem Bund der Baptistengemeinden übernommene demokratische Prinzip entfalten:
– auf der Ebene der Gemeinden über Gemeindeversammlung, Gemeinderat und Gemeindeleitung;
– auf der Ebene der Vereinigungen über Vereinigungsversammlung, Vereinigungsrat und Vereinigungsleitung;
– auf der Ebene des Bundes über Bundesversammlung, Bundesrat und Bundesleitung.[37]
Während die »Versammlungen« in ihrer Mitgliederzahl unbegrenzt waren, gingen die »Räte« und »Leitungen« aus Wahlen hervor. Wirkliche Bedeutung kamen übergemeindlich nur Bundesrat und Bundesleitung zu, wobei der Bundesrat praktisch das zunächst alle zwei bis drei Jahre, später jährlich tagende Parlament und die Bundesleitung die Exekutive des BEFG darstellten. Für die Geschäftsführung bediente sich die Bundesleitung des Bundeshauses, nach dem Krieg zunächst in Bad Pyrmont, ab Februar 1948 in Bad Homburg v. d. H.; seine beiden Bundesdirektoren gehörten zur Bundesleitung.

In der ersten Zeit nach Kriegsende war noch immer die bei der Gründung des BEFG eingesetzte Bundesleitung (s.S. 233) im Amt, sollte aber nun auf der ersten Bundesratstagung nach 1945 in Velbert (24./25. Mai 1946) neu gewählt werden.[38] Der bisherige Erste Vorsitzende, der Prediger Friedrich Rockschies, war am 8. Oktober 1945 verstorben; sein Nachfolger wurde Jakob Meister (1889-1970), der Direktor des Bethel-Diakonissenwerks in Berlin, ein gebürtiger Schweizer, von dem man sich die Wiederanbahnung eines guten

Verhältnisses zum Weltbaptismus versprach, der, durch Nationalsozialismus, Krieg und die Annahme eines neuen Namens durch die deutschen Baptisten veranlasst, ihnen mit einigem Misstrauen gegenüberstand.[39] Jakob Meister blieb bis 1955 in diesem Amt, als er in die Schweiz zurückkehrte und für die nächsten zehn Jahre von Hans Fehr (1894-1974), dem Direktor des Diakonissenhauses »Siloah« (Albertinenhaus) in Hamburg, abgelöst wurde.

Dr. Hans Becker blieb, abgesehen von einer kurzen Pause 1946-1947 (s.S. 289f.), von 1941 bis zu seinem Tod 1963 Zweiter Vorsitzender des BEFG. Mit Überzeugung vertrat er stets die Richtigkeit der Bundesgründung vom Februar 1941 und die Notwendigkeit einer »Verschmelzung« von Baptisten und »Brüdern«. Sein Amt wurde nur noch einmal von 1967-1969 von einem Vertreter der »Brüder« eingenommen, von Kurt Unger aus Berlin-Lichterfelde.

Im Bundeshaus, wo mit der Geschäftsführung die praktische Leitung des Bundes lag, trat 1946 Hugo Hartnack anstelle des erkrankten Walter Vogelbusch an die Seite Paul Schmidts. Damit war, mehr noch dem Geist als dem Alter nach, ein überzeugter Vertreter des Brüdertums zur Führungsspitze gekommen, der sich in der Folgezeit als Widerpart Hans Beckers und seiner Bestrebungen erweisen sollte. Während Paul Schmidt bis 1959 in seiner Stellung im Bundeshaus verblieb, ehe er mit 70 Jahren ausschied und dann noch bis 1967 der Deutschen und Europäischen Evangelischen Allianz vorstand, trat Hugo Hartnack schon 1949 mit der Austrittsbewegung des Freien Brüderkreises als einer ihrer Sprecher zwangsläufig aus dem BEFG aus und wurde durch Erich Wingenroth aus Velbert ersetzt, der wie Becker ein überzeugter Vertreter einer engen Verbindung von Baptisten und »Brüdern« war. Ursprünglich von den Elberfelder Brüdern kommend, hatte er sich kurz vorher in eine der wenigen »gemischten« Gemeinden – Velbert – als Prediger berufen lassen und nach seinem Ausscheiden aus dem Amt des Bundesdirektors (1956) dort seinen Dienst auch wieder aufgenommen.

Sein Nachfolger war von 1956 bis 1969 Karl Reichardt aus Mülheim/Ruhr, der nach dem Krieg die »Bruderhilfe« in der Vereinigung Westfalen geleitet hatte.[40] Er war der letzte Vertreter der »Brüder« als Bundesdirektor im Bundeshaus, stellten doch 25 Jahre nach Kriegsende die Brüdergemeinden im BEFG mittlerweile eine derartig kleine Minderheit dar, dass sie es nicht mehr vermochten, die Stellung des 2. Bundesdirektors zu besetzen, ob nun mangels in Frage kommender Personen oder mangels Einflusses, sei dahingestellt.[41]

Das sah allerdings auf der Bundesratstagung in Velbert 1946 noch anders aus. Neben Martin Siebert und Hugo Hartnack gehörte noch Werner Freiherr von Schleinitz aus Merseburg der siebenköpfigen Bundesleitung an, und auch in ihren Arbeitsabteilungen wirkten damals noch zahlreiche Vertreter der »Brüder« mit:

- Verlag: Hans Metzger (Dreieichenhain), Carl Koch (Dillenburg), Reinhold Linke (Coswig);
- »Bruderhilfe«: Carl Koch, Walter Engels (Velbert), Heinrich Neumann (Berlin, später Rehe), Edgar Claus (Leipzig);
- Finanzen: Fritz Surmann (Lünen), Werner Freiherr von Schleinitz;
- Jugenddienst: Walter Brockhaus (Schwelm), Paul Müller (Velbert);
- Mission: Heinz Köhler, Erich Sauer, Werner Heukelbach (alle Wiedenest);
- Gemeindehausbau: Professor Dr. Neuffer (Dresden).

Hugo Hartnack und Martin Siebert waren zudem neben baptistischen Brüdern für die allgemeine öffentliche Vertretung und für die Prediger bzw. Reisebrüder zuständig.[38]

Das Problem der Teilung Deutschlands wurde in jenen Jahren auch zunehmend für den BEFG bedeutsam. 1949 musste auf der Bundesratstagung in Kassel (12.-16. Oktober) neben dem Bundesvorsitzenden Jakob Meister je ein Erster Vorsitzender für den Osten, Otto Soltau, und für den Westen, Hans Fehr, bestellt werden, auch bekam die DDR in Berlin eine eigene Geschäftsstelle. Die vierte Bundesratstagung nach dem Krieg, am 19.-23. September 1951 in Dortmund, tagte dann zum erstenmal ohne die Vertreter des Ostens. Damit war eine Entwicklung weitergeführt, die schließlich 1969 mit der Umbenennung des östlichen Bundesteils zum »BEFG in der DDR« zu einem gewissen Abschluss kam.

Als von besonderer Bedeutung sollten sich in der Folgezeit die überkonfessionellen Verbindungen des BEFG erweisen. Im Oktober und Dezember 1947 fanden die ersten Gespräche zwischen der Evangelischen Kirche und den Evangelischen Freikirchen statt, und am 10. März 1948 kam es in Kassel zur Gründung der »Arbeitsgemeinschaft christlicher Kirchen (AcK)«[26], deren erster Vorsitzender der hessische Kirchenpräsident Martin Niemöller wurde. Die ersten Vertreter des BEFG in der AcK waren für die Baptisten zunächst Paul Schmidt, dann Dr. Hans Luckey, für die »Brüder« Hugo Hartnack, später Erich Wingenroth. Vom Bundeshaus her

versicherte man den Gemeinden, dass es sich bei der AcK nur um eine »Arbeitsgemeinschaft« handle, »keineswegs um irgendeine Preisgabe von Gemeindegrundsätzen und Gemeindegütern«, bewahrten doch die Mitglieder der AcK »ihre volle Unabhängigkeit in Bekenntnis und Lehre, in Gottesdienst und rechtlicher Ordnung«. Dennoch stand immerhin an der Spitze der Aufgaben der AcK
- die »Förderung ökumenischer Beziehungen und der ökumenischen Arbeit unter ihren Mitgliedern«;
- sodann auch die »Förderung des theologischen Gesprächs«;
- die »Vermittlung bei Meinungsverschiedenheiten«;
- die »Vertretung gemeinsamer Anliegen nach außen«.[25]

Wenn man berücksichtigt, dass die ökumenischen Bestrebungen in den Gemeinden des BEFG, nicht nur unter den »Brüdern«, weithin als unbiblisch abgelehnt wurden, wird deutlich, dass die Bundesleitung mit ihrem Vorgehen ihre geistliche Kompetenz überschritten hatte. Ein Vierteljahrhundert später sollte sich dies einschneidend bemerkbar machen.

Auch die VEF forcierte nach dem Krieg wieder ihre Tätigkeit und hielt vom 26. bis 28. Oktober 1948 in Düsseldorf ihren 9. Freikirchentag ab, der in den Abendveranstaltungen Kundgebungscharakter annahm. »Kirchenpräsident Dr. Martin Niemöller sprach ... wie einer der Unseren über ›Die neutestamentliche Gemeinde in der sozialen Revolution der Gegenwart‹«‹, meldete die *Bundespost* des Bundeshauses. Neben dem neuen Vorsitzenden der VEF, Paul Schmidt, arbeiteten seitens der »Brüder« Hugo Hartnack im Vorstand, Ernst Schrupp, Heinz Heinz und Carl Koch in den Arbeitsgruppen mit.[42]

Ob sich die führenden Männer des Bundes darüber Gedanken machten, wie die zehn Jahre vorher aus der Absonderung herausgetretenen »Brüder« die Wende in eine geradezu ökumenische Weite bewältigen sollten?

Probleme

Wenn man noch die Vereinigungskonferenzen und die Gründung der Europäischen Baptistischen Union im September 1950 in Betracht zieht, kann man für jene Jahre von einem umfangreichen organisatorischen Leben im BEFG sprechen, was allerdings nicht darüber hinwegtäuschen sollte, dass sich der Bund den wahrhaften, nämlich geistlichen Problemen der kommenden Jahre nicht entziehen konnte. Schon die fünfziger Jahre offenbarten eine tiefgehende Krise, mit der sich die Evangelisch-Freikirchlichen Gemeinden auseinanderzusetzen hatten und die anscheinend bis heute nicht überwunden ist.

Die sinkenden Mitgliederzahlen, die im Bund nicht nur durch die Austrittsbewegungen der Brüder- und Elimsgemeinden erklärt werden konnten, sondern auch die Folge einer »erschreckend hohen Anzahl von Ausschlüssen, Austritten und Streichungen«[43] waren, stellten ein deutliches Zeichen für den Rückgang dar. Der Ausweitung der evangelistischen Arbeit in der Zeltmission und in Großevangelisationen, z.B. mit Billy Graham, stand der mangelnde Einsatz des Einzelnen im persönlichen Zeugnis gegenüber, was sicherlich nicht zuletzt durch den wirtschaftlichen Aufschwung jener Jahre, das »Wirtschaftswunder«, ausgelöst wurde. Das berufliche Weiterkommen, der gesellschaftliche Aufstieg und das Genießen der Freizeit ließen wenig Raum für den gemeindlichen und missionarischen Einsatz des Einzelnen.

Zudem wurden die Gemeinden, besonders in den großen Städten, zunehmend zu reinen Versammlungsstätten, die von den motorisierten Gemeindegliedern, z.T. aus entfernten Stadtteilen, periodisch aufgesucht wurden, aber des wärmenden Mittelpunktcharakters einer echten Gemeinschaft entbehrten. Günter Balders weist in seiner *Geschichte der deutschen Baptisten* darauf hin, dass »1939 noch praktisch in allen der über 300 Baptistengemeinden sonntagnachmittags oder -abends eine zweite, evangelistisch ausgerichtete Versammlung« stattfand, »1960 in der Bundesrepublik nur noch in 42, 1965 in elf Gemeinden, seit 1979 nur noch in Berlin- Schöneberg, Hauptstraße«[44]. Bei den Brüdergemeinden spielte sich diese Entwicklung in ähnlicher Weise ab, von Ausnahmen abgesehen, was den Niedergang an Gemeinschaftspflege und Zeugniskraft nicht verleugnen kann.

In den siebziger und achtziger Jahren kamen mit der Aufweichung ethischer Grundsätze, besonders in Sexualität und Ehe, mit einer Liberalisierung des Schriftverständnisses, mit den Fragen um ökumenisches, soziales und politisches Engagement neue Probleme nicht nur auf die Gemeinden zu, sondern in sie hinein.

Doch die Brüdergemeinden stellten und stellen noch bis heute selbst ein Problem innerhalb des BEFG dar, sollte es sich doch recht bald nach dem Krieg zeigen, dass die Gründungsväter des Bundes die Integrationsmöglichkeit zweier so verschiedener freikirchlicher Gruppen, wie sie die Baptisten und die »Brüder« darstellen, weit überschätzt hatten. Auch aus der Perspektive der

»Brüder« gesehen, sollte der Bund für sie und die Einheit ihrer Bewegung zu einem bis heute ungelösten Problem werden.

Dennoch täte man dem Bund unrecht, wenn man nur ihn für die heutige Zerrissenheit der deutschen Brüderbewegung verantwortlich machen wollte. Das Auseinandergehen der ehemals in der »Christlichen Versammlung« zusammengeschlossenen »Brüder« war nämlich weniger in der Organisation eines Bundes begründet als in der neuen Einstellung, die ein Teil der »Brüder« seit 1937 gewonnen hatte.

3. Das Wiedererstehen der »Christlichen Versammlung«

Das sollte sich sofort nach dem Ende des Krieges zeigen, als die bis dahin zum Versammlungsverbot verurteilten oder gar in den Untergrund verbannten Bundesgegner der alten »Christlichen Versammlung« wieder hervortraten und nun die Freiheit gewonnen hatten, sich unbehelligt von jedem staatlichen Zwang wieder zu versammeln. Es bedeutete, dass für ihre Zusammenkünfte nun wieder das Selbstverständnis der »Christlichen Versammlung« vor 1937 gültig war, wonach sich *die* Christen allein in der rechten Weise »zum Namen Jesu hin versammelten«, die in der Absonderung von allen religiösen Systemen oder Parteien die Einheit des Leibes Christi am Tisch des Herrn darzustellen suchen.

Wiedervereinigung?

Bald setzten aber auch Versuche seitens der Brüdergemeinden im BEFG ein, mit den Geschwistern, die sich 1937 nicht dem BfC angeschlossen hatten, jetzt oft die »Außenstehenden« genannt, wieder »zusammenzugehen«[45]. Diese Absicht war ein zentrales Thema auf den ersten Besprechungen[46] und Konferenzen[47] sowie auch bei örtlichen Kontaktaufnahmen mit den sich inzwischen selbständig Versammelnden der Bundesgegner, von denen man jetzt auch als der »Alten Versammlung« sprach. So schrieb man z.B. in Schwelm an die »Außenstehenden«:

> »Wir kommen nicht los von dem Gedanken, dass wir nicht länger getrennt voneinander bleiben dürfen, dass wir auch praktisch mit Euch zusammengehören.«[48]

Noch im Februar 1946 bewegte diese Frage die im BEFG vereinten »Brüder« lebhaft:

> »Was kann und muss geschehen, um mit den Geschwistern, die dem Bund nicht angehört haben, wieder Gemeinschaft zu bekommen?«[46]

Man versuchte die Bundesgegner davon zu überzeugen, welch harmloser Charakter der BEFG gegenüber dem früheren BfC mit seiner damals verpflichtenden persönlichen Mitgliedschaft habe, dass er nur eine äußerliche Dachorganisation zum Zweck von Verwaltungsangelegenheiten und mit den früheren örtlichen, neben den Versammlungen bestehenden Vereinen zur Verwaltung von Grundstücken und Sälen zu vergleichen sei[48], was objektiv nicht stimmte.

Auch wurde angeführt, dass die unterschiedliche Taufauffassung bei den »Brüdern« (1,91f.) nie ein Trennungsgrund gewesen sei, weshalb auch die Mitgliedschaft einer Gemeinde in einer Organisation kein Hindernis für eine Verständigung sein dürfe.[49]

Ja, man sei sogar zu »allen Zugeständnissen der Liebe bereit«, erklärte Wilhelm Brockhaus auf der Elberfelder Konferenz 1945 (12./13.8.)[50], worunter viele u.U. den Austritt aus dem Bund verstanden. Ernst Berning und Otto Bastian fassten vorübergehend für die Gemeinde in Schwelm einen separaten Austritt ins Auge[51] um auf örtlicher Ebene den »außenstehenden Geschwistern entgegenzukommen«. Der Bund habe seine Aufgabe, die »Brüder« an die anderen Kinder Gottes heranzuführen, erfüllt und könne jetzt wieder fallen gelassen werden, weil er nunmehr den »Außenstehenden« gegenüber eine trennende Rolle spiele.[52] Allerdings wollte man dann auch in Schwelm die Ergebnisse der sich im Gesamtrahmen der Brüdergemeinden im BEFG entwickelnden Gespräche abwarten und blieb vorerst organisiert.

Das Ärgernis »Bund«

Natürlich mussten sich die Verteidiger des Bundes die z.T. ironischen Fragen gefallen lassen,
- ob denn die den Grundsätzen der Väter treu gebliebenen Bundesgegner für die Trennung verantwortlich seien, nicht vielmehr jene, die den BfC gegründet hätten;
- warum man denn im Krieg den Bund mit den Baptisten als »sichtbare Verwirklichung der Einheit« bezeichnet habe, wenn

er jetzt nur noch als bloße Formsache für Verwaltungszwecke herhalten solle;
- warum sich wohl die Bundesgegner acht Jahre lang vom Bund ferngehalten hätten, wenn sie nunmehr ohne staatlichen Druck in eine Organisation eintreten sollten[53];
- ob man sich eigentlich nicht »in die Gefühle der Geschwister der ›Christlichen Versammlung‹« hineinversetzen könne, wenn man einmal die »erbarmungslose Verurteilung der alten Versammlung (am) 30. Mai 1937« in Betracht zöge.

Letztlich gehe es nicht um Missverständnisse, wie es die »Brüder« im Bund immer wieder hinzustellen versuchten, sondern um »klar erkannte Tatsachen«[54].

Meistens rannten sich die mündlichen und schriftlichen Auseinandersetzungen schon an der ehemaligen »Tatsache« des BfC fest, dessen Grundsätze als »verderblich und fleischlich« bezeichnet wurden und der zudem von Leuten gegründet worden sei, »die schon lange vor dem Verbot Zwiespalt und Ärgernis in vielen Versammlungen angerichtet« hätten[55], womit Dr. Becker und seine Stündchenfreunde gemeint waren. Der Vorwurf, dass die »Brüder« der anderen Seite »den Weg des Bundes« beschritten hätten, »ohne abzuwarten, was der Herr durch das Verbot, das uns alle schwer getroffen hat[55], zu sagen hatte«, barg sicherlich einen Wahrheitskern, war aber 1937 von den wenigsten, auch unter den Bundesgegnern, so gesehen worden.

Die Gegensätze verhärteten sich, als man die »Brüder« im Bund aufforderte, »vor dem Herrn« das Bekenntnis abzulegen, »einen nicht schriftgemäßen Weg gegangen zu sein«[55]. Ein solches Ansinnen wiesen die Bundesanhänger als mit ihrem Gewissen nicht vereinbar zurück, hatten sie es doch immer als einen Grund zur Dankbarkeit gegenüber Gott bezeichnet, dass er ihnen in den Bundesgründungen den Weg »in die Weite«, d.h. zur Bruderschaft mit anderen christlichen Kreisen, gezeigt habe.[52]

»Enge« oder »Weite«?

Dies aber war die Hürde, die von beiden Seiten nicht zu überwinden war; dieser Punkt war viel ausschlaggebender als alle Querelen um die »fleischlichen« Bundesgründungen, um »unbiblische« Bundessatzungen und unannehmbare Bundesführer. Schon auf der Elberfelder Konferenz im August 1945 hatte Wilhelm Brockhaus gemeint, dass es unmöglich sein werde,

> »um einer Wiedervereinigung willen den in die Weite getanen Schritt zurückzutun, die Verbindung zu allen Gläubigen wieder aufzugeben und insbesondere das geknüpfte Band mit den ehemaligen Offenen Brüdern und ehemaligen Baptisten wieder zu lösen«.

Aber leider müsse man nach den bisherigen Erfahrungen befürchten, dass ohne dieses Zugeständnis an ein Zueinanderkommen nicht zu denken sei.[50]

Wirklich sollte sich an diesem Punkt die endgültige Trennung entscheiden. Nicht der Bund war das ausschlaggebende Ärgernis, obwohl über ihn viel geredet wurde und sich gerade an ihm die Gemüter erhitzten; unannehmbar musste für die Vertreter der »Alten Versammlung« ein Aufgeben des Grundsatzes der Absonderung sein, während wiederum die andere Seite die Gemeinschaft mit den Offenen Brüdern und den Baptisten und darüber hinaus mit allen wahren Christen, also den Weg »in die Weite«, als unverzichtbares Gut betrachtete, selbst wenn man auf die Mitgliedschaft in einem Bund verzichten sollte. Ein Zurück in die »Enge« konnte es da nicht geben.

Der Dillenburger Beschluss

Bei der zentralen Bedeutung dieses Gesichtspunktes ist es erstaunlich, wie wenig er in den zahlreichen und ermüdend ausführlichen Schriftstücken zur Sprache kam, während die Auseinandersetzungen um den »Bund« einen breiten Raum einnahmen.

Die Bundesgegner hatten schon recht bald nach der Kapitulation des Deutschen Reiches ihre unnachgiebige Haltung gegenüber den »Brüdern« im Bund zum Ausdruck gebracht, so im »Eiserfelder Traktat«, in einer »Erklärung der Nichtbündler des Siegerlandes«[56], und hatten schließlich im sogenannten »Dillenburger Beschluss« vom 13. September 1945[57] die Grundsätze der »Christlichen Versammlung« gegenüber den »Brüdern« im BEFG festgelegt:

> »Die Brüder, die sich in der Zeit vom 11. bis 13. September 1945 allein zum Namen Jesu hin in Dillenburg zu einer Besprechung über das Zusammenkommen in der Einheit des Leibes versammelt haben, haben sich unter Gebet und Flehen auch mit der Frage beschäftigt, wie wir uns denjenigen Geschwistern gegenüber zu verhalten haben, die einst mit uns in dem Zeugnis von der Wahrheit der Versammlung Gottes eins waren,

insbesondere bei ihrer Darstellung als dem einen Leibe an dem Tische des Herrn, dann aber die göttlichen Grundsätze über unser Zusammenkommen aufgegeben haben, um in Anpassung an gewisse Forderungen des Staates einen bequemeren Weg des Fleisches zu beschreiten, um sich dabei der Zucht des Herrn als des alleinigen Hauptes Seiner Versammlung zu entziehen.«

Schon in dieser »Präambel« fällt auf, dass das Schlüsselproblem um Absonderung oder Offenheit gar nicht erwähnt wurde, wogegen die politische Frage, die 1937 kaum eine Rolle gespielt hatte, in den Vordergrund gerückt war.

Es wurde betont, »dass der Zustand der Versammlung bereits vor dem Verbot ungesund gewesen« sei; »Weltförmigkeit in erschreckendem Maße«, »Hang zum Wohlleben«, »Trachten nach irdischem Besitz und insbesondere das Einlassen mit der Politik dieser Zeit« hätten das Eingreifen Gottes im Verbot erforderlich gemacht, »um Seine Versammlung aufs neue für sich zu reinigen und zu heiligen«. Die gottgeschenkte Möglichkeit, sich jetzt wieder zu versammeln, nehme man »in heiliger Furcht und tiefer Beugung und Demütigung« wahr.

Das von Otto Bubenzer, Willi Stücher, Christian Groß, Rudolf Brockhaus, Artur Thomas, Hermann Milchsack, Rudolf Wever und Otto Müller unterzeichnete Schriftstück legte sodann die Bedingungen für diejenigen aus dem BEFG fest,

> »die zu dem schriftgemäßen Zeugnis der Wahrheit zurückzukehren wünschen. Wir erwarten daher von diesen Brüdern und Schwestern, dass sie sich von den verderblichen fleischlichen Grundsätzen, die sie im BfC bzw. BEFG angenommen haben, lösen und sie mit uns im Lichte des Wortes als böse verurteilen.«

Dabei war »eine Vereinigung mit einer geschlossenen Ortsgemeinde nicht angängig«, weil »jeder den Weg persönlich« zurückfinden müsse.

Inhaltlich recht undeutlich und nur für Kenner der »Brüder«sprache und -lehre sichtbar, wurde schließlich auch auf den Gesichtspunkt der Absonderung eingegangen:

> »Die Brüder sind ferner einstimmig der Überzeugung, dass eine Gemeinschaft mit solchen Geschwistern und auch ganzen Versammlungen nicht möglich ist, die nur in gefühlsbestimmter Weitherzigkeit und falscher Bruderliebe auf dem Boden der Unabhängigkeit und Lauheit verharren ...«

Das hieß in Klarschrift, dass die »Brüder« im Bund, die »in

gefühlsbetonter Weitherzigkeit und falscher Bruderliebe« mit Offenen Brüdern und Baptisten Gemeinschaft pflegten, keine Gemeinschaft mit den »Brüdern« haben konnten, die auf dem Boden der Absonderung geblieben waren.

Hier standen zwei echte Gewissensüberzeugungen gegeneinander und rissen zwischen den getrennten »Brüdern«, die sicherlich von beiden Seiten nichts lieber als zusammengehen wollten, einen geradezu unüberbrückbaren Graben auf. Man kann es nur aus der jeweils örtlichen Situation verstehen, wo die Trennung oft durch Freundeskreise und sogar Familien ging, dass man immer wieder versuchte, die andere Seite zu überzeugen. Enttäuscht mussten also die »Brüder« im Bund feststellen, dass die Bundesgegner durch den »Dillenburger Beschluss« längst »wie auf ein neues Dogma« festgelegt[58] und nicht zu gewinnen waren.

»Massenabwanderung ...«

Im Gegenteil, die Bundesgegner traten in Gesprächen und Briefen an einzelne Mitglieder oder ganze Gemeinden des Bundes heran und versuchten, sie auf den Weg der »Christlichen Versammlung« zurückzuführen.[59] Es gab genug Unsichere und Unzufriedene im Bund, die schon 1937 oder später nur zögernd eingetreten und nie das Gefühl losgeworden waren, auf der falschen Seite zu sein. Besonders traf das auf viele Brüderversammlungen im Siegerland und im Dillkreis zu, wo nur wenige »den neuen Weg bewusst beschritten«:

>»Die weitaus meisten schlugen erst allmählich den Weg ein, als sie sahen, dass man sie nicht in ihren überlieferten Formen störte, und sind auch dann nur mit dem inneren Vorbehalt mitgegangen, den ungewohnten ›Bund‹ sofort wieder abzuschütteln, wenn er einmal nicht mehr nötig wäre.«[60]

Schon auf der Elberfelder Konferenz 1945 war erklärt worden, dass »die Geschwister nicht so fest« ständen, dass sie die Fragen um den »neuen Weg« eigenständig beantworten könnten.[50] »Das Gros der Geschwister blieb unberührt.«[60]

Dies aber war der Boden, auf dem die Abwerbung durch die »Brüder« der »Alten Versammlung« gedeihen konnte. Sie vermochten den in BfC und BEFG eingetretenen Christen zu zeigen, dass sie sich einer religiösen Partei und einem menschlichen System angeschlossen hatten, und ihnen das Verwerfliche ihres bisherigen Handelns vor Augen zu führen. Und so mussten, besonders im Dillkreis und Siegerland, diejenigen, die bewusst den »neuen Weg« gingen, zusehen,

> »wie einige Brüder der ›Christlichen Versammlung‹ begannen, systematisch die Gemeinden zu besuchen und sie in ihrem Sinne zu beeinflussen«[60].

Sahen die Angesprochenen die Verkehrtheit ihres Handelns ein und »beugten« sie sich unter ihre Schuld und hatte man sich überzeugt, »dass die Beugung echt« war, wurden sie wieder »zugelassen«, d.h. sie durften wieder mit den anderen »auf dem Boden der Absonderung« die Einheit des Leibes Christi am Tisch des Herrn darstellen.

Es war kein Wunder, dass in Gegenden wie dem Dillkreis geradezu »eine Massenabwanderung« zur »Christlichen Versammlung« einsetzte, zumal bald, abgesehen von den führenden Männern, auch ganze Versammlungen aufgenommen wurden.[50]

»... in die Enge«

Ernst Ebener aus Ludwigsburg, der noch in den ersten Nachkriegsjahren durch Verkündigungsdienste in den Bundesgemeinden gewirkt hatte[61], wandte sich dann der »Christlichen Versammlung« zu und versandte an die Gemeinden seines bisherigen Kreises – unter dem Motto »Und du, bist du einst zurückgekehrt, so stärke deine Brüder! (Luk. 22,32)« – die von ihm verfasste Schrift *Der gottgemäße Weg*, worin er zur Umkehr aufforderte. Er erhielt, wie er schrieb, viele zustimmende Antwortbriefe.

Denjenigen unter den »Brüdern«, die zwar dem Bund den Rücken kehrten, aber nicht zurück »in die Enge« wollten, schrieb Ernst Ebener, dass es »auf dem Boden der Wahrheit keine Enge« gebe, ausgenommen dem Bösen gegenüber. Einzelne Vertreter eines »gesetzlichen Eifers«, die es auch in der »Christlichen Versammlung« gebe, könnten diese Wahrheit nicht umstoßen und dürften kein »Entschuldigungsgrund« für das »Verharren auf dem Boden der menschlichen Systeme« bilden.

Das hörte sich gut an, konnte aber wiederum die nicht überzeugen, die wussten, dass zu dem »Bösen«, dem gegenüber »Enge« gefordert war, nicht nur sittliche Verfehlungen zu rechnen waren, sondern gerade und vornehmlich die Gemeinschaft mit Offenen Brüdern, Baptisten und anderen Christen. Dennoch zeigte die Reaktion auf Ernst Ebeners Schrift, dass der Vorgang einer innerlichen und äußeren Abwendung vom BEFG und einer Hinwendung zur »Christlichen Versammlung« auch mehrere Jahre nach Kriegsende noch nicht abgeschlossen war. In vielen Antwortbriefen wurde dem Verfasser gegenüber zum Ausdruck gebracht,

> »dass der Weg des Bundes nicht richtig sei und dass all das Verkehrte und Böse im Bunde in der Vergangenheit und Gegenwart ... tiefen Schmerz hervorgerufen habe. Auch der Wunsch, dass sie sich aufrichtig sehnten, mit den Brüdern, die nach der Wahrheit des Wortes handeln wollen, wieder Gemeinschaft am Tische des Herrn machen zu dürfen, kam ... zum Ausdruck«[62].

Verteidigung des Bundes ...

Es war nicht von ungefähr, dass der Schock, den die Bundesgegner 1937/38 bei der Massenabwanderung zum BfC erlebt hatten, ab 1945 über die führenden Männer im BEFG kam. Diejenigen, die Dr. Becker 1937 etwas überheblich »die große Masse der Geführten« neben »den wenigen Führenden« genannt hatte[63], die z.T. nur zögernd und durchaus nicht überzeugt, nur um der Beibehaltung der Zusammenkünfte willen, den »Führenden« um Dr. Becker in den BfC gefolgt waren, die wandten sich auch jetzt mehr oder weniger rasch wieder der »Christlichen Versammlung« zu. Wenn dann noch Gemeinden, die zwar selbst nicht in die »Enge« zurück wollten, um der Illusion einer Vereinigung mit den »Außenstehenden« willen den Austritt aus dem BEFG ins Auge fassten, drohte den »Wenigen Führenden« im Bund das Schicksal von Generälen ohne Armee.

Es ist verständlich, dass sie deshalb alle zur Verfügung stehenden Mittel zur »Bekämpfung der Austrittsbewegung«[64] mobilisierten. Dabei spielten die obligatorischen Einmütigkeitsbekundungen auf Tagungen[65] und in Rundbriefen[66] noch die geringste Rolle. Sie gaben eher die Wunschvorstellungen der Verantwortlichen im BEFG wieder als die harten Tatsachen, zumal Beteuerungen wie die auf der ersten Nachkriegssitzung der Bundesleitung in Wiedenest im Juli 1945, dass die Gemeinschaft im Bund »ohne Trübung« sei und es jetzt mehr denn je gelte zusammenzuhalten[67] die vorhandenen Spannungen eher andeuteten.

Leider ließ man sich auch bei der Bekämpfung der Austrittsbewegung auf endlose Auseinandersetzungen um die Berechtigung des Bundes – ob nun BfC oder BEFG – ein. Natürlich fiel es Dr. Becker und seinen Freunden auf diesem Gebiet nicht schwer,

verschiedene Vorwürfe der Bundesgegner zu entkräften. Sie konnten darauf hinweisen,
- dass sie im Mai 1937 nicht »überstürzt« gehandelt hätten, sondern gerade auch von den alten Brüdern zum Verhandeln gedrängt worden seien;
- dass das Ärgernis nicht im BfC selbst liege, sondern in dessen Führung durch Dr. Becker, während man den BfC unter einem Johannes Menninga durchaus akzeptiert hätte;
- dass der BfC insofern keine nationalsozialistische Grundlage gehabt habe, als nur Dr. Richter damals Parteimitglied gewesen sei;
- dass auch die Brüder Menninga, Bubenzer, Schwefel, Felix Brockhaus und die ausländischen Brüder den BfC von der Staatsbejahung her akzeptiert hätten.

Tatsächlich waren nur wenige, wie z.B. Willi Stücher, aus den Reihen der Bundesgegner berechtigt, den BfC aus politischen Gründen ein verwerfliches Gebilde zu nennen. Die anderen mussten sich von Dr. Becker den Vorwurf gefallen lassen, nach dem Krieg zwar ein »gutes Konjunkturempfinden«, aber ebenso auch ein »schlechtes Gedächtnis« zu haben.[68]

Allerdings gab auch Dr. Becker zu, Fehler gemacht zu haben; was die »Form« seines Dienstes betraf, war er »zu jeder Erklärung bereit«, bat auch auf der Elberfelder Konferenz 1946 unter Tränen um Verzeihung[69], glaubte aber in der Sache, auch in der der Bundesgründungen, um keinen Zoll zurückweichen zu dürfen.[50]

... und »der Weite«

Das alles brachte jedoch keine Bereinigung der zwischen den auseinandergeratenen »Brüdern« bestehenden Gegensätze. Deutlich wurde die Unlösbarkeit des Problems herausgestellt, als Dr. Becker und seine Freunde, z.B. Walter Vogelbusch, 1945 ihren Rücktritt aus ihren Ämtern anboten, um den Führern der »Christlichen Versammlung« Platz zu machen, aber eisern an der Bedingung festhielten, dass der »Weg in die Weite« nie rückgängig gemacht werden dürfe.[50]

Dieser unerlässlichen Bedingung schlossen sich auch andere an. Hugo Hartnack erklärte, dass er schon vor dem Verbot die Auslegung zurückgewiesen habe, dass die »Christliche Versammlung« die Philadelphia-Gemeinde der Offenbarung (3,7-13) sei – was übrigens auch schon Franz Kaupp getan[70] hatte –, dass ihm aber sein Damaskus-Erlebnis im Blick auf die Bruderschaft mit Christen anderer Kreise erst in Berlin widerfahren sei, als er am 29. April 1937, von Gestapo und Kirchenministerium fast hinausgeworfen, die tröstende Liebe der Brüder Friedrich Rockschies und Paul Schmidt erfahren habe. Hinter diese Erfahrung werde er nicht zurückgehen.[50]

So waren die Fronten geklärt, und die Führer auf dem »neuen Weg« in »die Weite« wandten sich in beschwörenden Appellen an die Gemeinden, die ein für allemal erkannte Position nicht aufzugeben. Dr. Rudi Weiß aus Haiger, der überhaupt gegen die Gespräche mit den Bundesgegnern war, weil solche Verhandlungen nur die Austrittsbewegung förderten[50], hatte schon am 10. Mai 1945 »durch Boten an alle erreichbaren Gemeinden« im Dillkreis und Westerwald einen Rundbrief gegen die Abwendung vom Bund versandt[71] und Carl Koch warnte die Rückkehrwilligen gar davor, in einen Kreis zurückzukehren, »den Gott einst zerschlagen« habe.[72] Der Satz entbehrte zwar angesichts der Zerschlagung derjenigen, die das Verbot ausgesprochen hatten, nicht einer deutlichen Einseitigkeit, aber in der Sicherheit der eigenen Überzeugung standen sich beide Seiten in nichts nach.

Zusammen mit Fritz Surmann aus Lünen verfasste Carl Koch auch die Schrift *Was soll nun werden?* Hier wurden die, die des Bundes überdrüssig waren oder sich gar zur »Christlichen Versammlung« hingezogen fühlten, an die Forderung der »exklusiven Brüder« erinnert,

> »dass eine Lösung vom ›Bund‹ nicht genügt, uns Gemeinschaft am Tische des Herrn zu gewähren. Sie verlangen nicht nur Beugung und Demütigung wegen des bisherigen Weges, den wir gegangen sind, sondern bestehen auch darauf, dass wir wieder zurückgehen in die Enge, aus der der Herr Jesus uns herausgeführt hat. Das aber können wir um des Gewissens willen nicht tun!«[73]

Der Lehre von der Absonderung trat man auch in mehreren grundsätzlichen Schriften entgegen, so Dr. Richard Oeckinghaus[74] aus Mülheim/Ruhr und Ernst Schrupp, der damals, 1948, gerade nach Wiedenest berufen worden war. Ernst Schrupp schrieb:

> »Es ist ein Widerspruch, sich um der Wahrheit willen von Gliedern der Gemeinde Jesu Christi abzusondern, da ja gerade die Wahrheit die ganze Liebe fordert! Können wir denn allen Ernstes Angst haben, dass wir zuviel lieben könnten?«[75]

Die (alte) »Christliche Versammlung« heute

Mit diesen beiden einander ausschließenden grundsätzlichen Standpunkten, die mit den Begriffen »Enge« und »Weite« nur ungenau und sicherlich auch nicht ganz gerecht umschrieben sind, war die deutsche Brüderbewegung endgültig gespalten. Wieder gab es wie vor 1937 zwei Gruppen, Offene und Geschlossene Brüder, nur dass sich die Größenverhältnisse bedeutend verschoben hatten. Waren die Offenen Brüder bis 1937 nur eine kleine Gruppe gewesen, etwa ein Zehntel dessen, was sich in der »Christlichen Versammlung« der (geschlossenen) Elberfelder Brüder zusammenfand, so vertraten sie jetzt als »Brüder« im BEFG mehr als die Hälfte des deutschen Brüdertums. Andererseits hatte die Austrittsbewegung dazu geführt, dass mehr als 40% der »Brüder« wieder in der (alten) »Christlichen Versammlung« vereint waren und heute in etwa 220 Versammlungen[76] nach dem Grundsatz der Absonderung von allen in Denominationen verharrenden Christen zusammenkommen. Seit der Abspaltung des Freien Brüderkreises vom BEFG (s.S. 311f.) bilden die Geschlossenen (= exclusiven) »Brüder« der »Christlichen Versammlung« mithin die größte »Brüder«gruppe in der Bundesrepublik (Geschlossene Brüder ca. 45%, bundesfreie Brüder ca. 37%, Brüder im Bund ca. 18%).

Der Korrektheit halber sei hier noch einmal (vgl. I,57ff.; II,51ff.; 155ff.) in aller Kürze dargelegt, was die »Exklusiven Brüder« zwingt, sich von allen anderen in Kirchen und Freikirchen zusammengefassten Kindern Gottes abzusondern. Es geht hier eben nicht um spitzfindige oder rechthaberische Streitereien, wie viele leichthin annehmen, sondern um den ernsten Wunsch, dem Willen Gottes gehorsam zu sein.

Den mehr auf das Äußerliche eingestellten Menschen unserer Zeit mag eher auffallen, dass unter den »Brüdern« der »Christlichen Versammlung« das Fernsehen immer noch nicht zum üblichen Lebensstandard gehört oder dass ihre Frauen durch die Schlichtheit ihrer Frisuren auffallen, was aber letztlich Nebensächlichkeiten sind, die die »Exklusiven Brüder« auch mit anderen streng pietistischen Kreisen gemeinsam haben mögen.

Wesentlich ist die Lehre von der Einheit der Gemeinde Jesu Christi, wie sie schon von John Nelson Darby (I,39ff.) vertreten wurde und wie sie nach einer immer wieder neu aufgelegten Schrift von Franz Kaupp[70] und vielen anderen Veröffentlichungen heute noch das kennzeichnende Sondergut der »Christlichen Versammlung« ist, während man die ausdrückliche Betonung der Anbetung Jesu Christi am Tisch des Herrn, die Hervorhebung des allgemeinen Priestertums und der uneingeschränkten Geistesleitung in den Zusammenkünften auch bei den anderen »Brüdern« finden kann.

Zwar sind alle »Brüder« überzeugt, dass sie dem Auftrag Jesu nachzukommen haben, sich als Glieder an *einem* Leibe, der Gemeinde Jesu Christi, zu verstehen, aber nur die Geschlossenen Brüder begreifen den Willen Jesu so radikal, dass sie nicht nur getrennt von allen »religiösen Systemen« (= Kirchen oder Freikirchen) »nur zum Namen Jesu hin« zusammenkommen, dass sie auch nicht nur selbst keine Denomination sein wollen – auch nicht als »Brüder«, sondern nur als Brüder in Christus[77] –, sondern sich auch dessen gewiss sind, dass ein Verharren in den religiösen »Systemen« Ungehorsam gegenüber dem Willen Gottes, also Sünde ist. Glauben die Offenen Brüder, dass es dem Willen Gottes entspricht, wenn sie bereit, »offen« dafür sind, mit allen wahren Kindern Gottes – aus welcher Denomination auch immer – Gemeinschaft zu pflegen, so erwartet die »Christliche Versammlung« nach angemessener Belehrung die scharfe Trennung des betreffenden Christen von der kirchlichen Gruppe, zu der er bisher gehörte, eben die Absonderung. Denn in einer »religiösen Partei« verleugnet nach ihrer Meinung der Christ praktisch die Einheit des Leibes Christi, mögen auch sonst seine Lehren nicht schriftwidrig sein.[78]

Und da die Einheit des Leibes Christi besonders am Tisch des Herrn, beim Brechen des Brotes, zum Ausdruck kommt (1Kor 10,16f.), ist es für die Geschlossenen Brüder unmöglich, jemanden zu diesem Tisch zuzulassen, der noch in einer »religiösen Partei« verharrt, so sehr sie auch dem Betreffenden in brüderlicher Weise gegenüberstehen mögen. Denn es ist nicht zu leugnen, dass sie die Christen aus den Denominationen nicht nur als Brüder anerkennen, sondern ihnen auch in Liebe begegnen, mag auch ihr abgesondertes Verhalten ihnen oft den Ruf elitären Stolzes eintragen:

> »Lasst uns trotz aller Verwirrung und Zerrissenheit unter den Kindern Gottes sie alle mit weitem und liebendem Herzen umfangen und im täglichen Leben die innige *Familienbeziehung* aller wahren Gläubigen in Aufrichtigkeit pflegen, aber dabei gleichzeitig auf dem schmalen Pfade der Wahrheit und Absonderung wandeln, bis Er kommt, Den unsere Seele liebt. Dann gehen wir *alle*, so viele wir dem Herrn angehören, in die Ruhe des Volkes Gottes droben ein.«[79]

Schmerzlich ist es für sie, dass ein Teil der »Brüder«, mit denen sie bis 1937 in enger Gemeinschaft zusammen waren, mit dem BEFG zu einer Denomination geworden sind oder, wie die bundesfreien Brüder, keinen scharfen Trennungsstrich zu den Christen in den Denominationen ziehen. Von ihrem Standpunkt aus können die Geschlossenen Brüder daher mit Berechtigung sagen, dass die Trennungen unter den Christen, gerade auch die unter den »Brüdern«, nicht von ihrer Seite aus verursacht wurden.

Die »Brüder« der »Christlichen Versammlung« entfalten auch heute[80] ein reiches Gemeinschaftsleben und zeichnen sich durch Verbundenheit wie in einer großen Familie selbst über die Landesgrenzen hinweg aus. Ihre jährlichen Konferenzen in Hückeswagen (Frühjahr) und Dillenburg (Herbst) sind stets sehr gut besucht, die einzelnen örtlichen Versammlungen, die auch durch den Dienst der Reisebrüder verbunden sind, veranstalten immer wieder Evangelisationen.

Die Verkündigung des Evangeliums wird stark unterstützt durch die schriftenmissionarische »Aktion Verbreitung der Heiligen Schrift« in Eschenburg bei Dillenburg. Die Verlage der Geschlossenen Brüder in der Bundesrepublik
– die von Richard Mohnke in Hückeswagen begründete »Christliche Schriftenverbreitung«,
– der Ernst-Paulus-Verlag in Neustadt an der Weinstraße bringen ein reichhaltiges Literaturprogramm zur Lehre und zur Bibelauslegung der »Brüder« heraus, wobei neben manchen Neuerscheinungen besonderes Gewicht auf die Neuauflage der Väterliteratur aus dem 19. und dem beginnenden 20. Jahrhundert gelegt wird.

Bei der »Christlichen-Schriftenverbreitung« in Hückeswagen erscheinen auch die zwei Kalender der »Christlichen Versammlung«, mehr evangelistisch *Die gute Saat*, mehr belehrend und erbaulich *Der Herr ist nahe!*, ebenso die Zeitschrift Ermunterung und Ernährung. Ein zweites Blatt, *Hilfe und Nahrung*, bringt der Ernst-Paulus-Verlag heraus. In ihrer schlichten Aufmachung erinnern sie an die früheren Zeitschriften vor 1937, den *Botschafter* und *Gnade und Friede*, ebenso in der Ausgewogenheit zwischen den Schriften der Väter des 19. Jahrhunderts, z.T. Übersetzungen aus dem Englischen und Französischen, und Artikeln heutiger Autoren.

Als einzige Zeitschrift der Vor- und Zwischenkriegszeit werden im Raum der »Christlichen Versammlung« noch weiterhin die *Mitteilungen aus dem Werk des Herrn in der Ferne* (II,43) herausgebracht, die wie früher Briefe von den verschiedenen Missionsfeldern veröffentlichen. Ein Kreis von »Freunden Christlicher

Mission und Wohltätigkeit« pflegt die Verbindung dorthin, auch im Blick auf die Weiterleitung von Spenden.

In ihrer abgesonderten Haltung haben die »Brüder« der »Christlichen Versammlung« keine Identitätsprobleme; sie sind überzeugt, den Gott wohlgefälligen Weg des Gehorsams zu gehen. Die abschätzige Art, mit der zuweilen in anderen christlichen Kreisen über ihre Position der »Enge« gedacht und gesprochen wird, zeugt nicht von geistlicher Gesinnung. Vielmehr sollte hier Robert Chapman (1803-1902), der Patriarch der englischen Offenen Brüder (I,26.35), als Vorbild gelten, der die Geschlossenen Brüder seine »innig geliebten und ersehnten Brüder« nannte, »deren Gewissen sie zwingt, die Gemeinschaft mit mir abzulehnen und mich der ihrigen zu berauben«[81].

4. Die Entstehung des Freien Brüderkreises

Die Organisation – der Stein des Anstoßes

Allen offiziellen Verlautbarungen der Bundesleitung zum Trotz setzte schon 1945 nicht nur eine Abwanderungsbewegung zur »Christlichen Versammlung« ein, es entstand auch unter den übrigen Gemeinden und einzelnen Personen ein Fragen, ob die Bindung an die Organisation eines Bundes in der religiösen Freiheit der Nachkriegszeit noch angebracht sei. Es wurde zwar immer wieder betont, dass man nicht »in die Enge« der »Exklusivität« zurückstrebe, andererseits erschien der Bund als eine ungeliebte und z.T. auch gewissensmäßig belastende Zwangsjacke, die viele möglichst schnell wieder abzustreifen wünschten.

War das erste Nachkriegsjahr (1945/46) noch zum großen Teil von den Auseinandersetzungen mit den »Außenstehenden« und der Abwanderungsbewegung zur »Christlichen Versammlung« ausgefüllt gewesen, so wurde im Lauf des Jahres 1946 der Bund auch für viele offener eingestellte »Brüder« zum Stein des Anstoßes. Schon im Frühjahr 1946 bemerkte man, dass sich in dieser Hinsicht eine Wende in der Austrittsbewegung vollziehen wollte, und Dr. Rudi Weiß aus Haiger warnte eindringlich vor der Entstehung eines dritten Kreises von »freistehenden Brüderversammlungen« neben »Christlicher Versammlung« und BEFG.[60] Was waren nun die Gründe für diese zweite Phase der Austrittsbewegung?

- An erster Stelle der u.a. auch durch eine Befragungsaktion[82] festgestellten Bedenken stand die Organisation an sich, für die nach dem Krieg keine Notwendigkeit mehr bestehe, weil jeder staatliche Zwang dazu aufgehoben sei.
- Viele sahen auch in dem Namen, in der starken Bundesleitung und überhaupt in dem organisatorischen Betrieb schriftwidrige menschliche Einrichtungen. Im Anschluss an einen Vereinigungsbericht zählte Ernst Berning einmal die Ausdrücke »Vereinigungstagung, -rat, -Leitung, -konferenz, -beitrag, -leiter, Vorsitzender, Schatzmeister, Gemeindeübersicht, Leiter, Prediger« auf und fragte, ob sich das alles denn mit Gottes Wort decke.[83]
- Da der BEFG auf dem Boden des nationalsozialistischen Staates entstanden war, hielten es manche für besser, ihn nunmehr wieder wegfallen zu lassen.
- Kein Vertrauen hatten viele gegenüber der Bundesleitung. Es waren immer noch dieselben Männer, die schon den BfC gegründet hatten und damit ungute Empfindungen auslösten.
- Eng verbunden damit war die Erinnerung, wie radikal jene Männer, meistens Stündchenfreunde, mit der »Christlichen Versammlung« und dem Erbe der Väter abgerechnet hatten, was so weit gegangen war, dass man sogar eine »Parallele zu Rom« gezogen habe. Der 30. Mai 1937 und die »Wende um 180 Grad« der Bundesleitung wurden mit dem BEFG identifiziert.[84]
- Manche, wie Erich Sauer, sahen in der starken Zentralisierung durch Bundesleitung und Bundeshaus die Gefahr einer Verkirchlichung. Es sei nicht gut, wenn alle Missions- und Reichsgotteswerke von *einer* Zentrale aus kontrolliert würden.[85]
- Das Predigertum der Baptisten widersprach in den Augen vieler dem Prinzip des allgemeinen Priestertums, und man fürchtete, sich im Bund damit identifizieren zu müssen.
- Ebenso fürchtete man, über die Verbindung mit den Baptisten indirekt mit deren Weltbund und seinen vielen ungläubigen Namenschristen, besonders in Amerika, vereinigt zu sein.
- Die Verbindung mit den Elim-Gemeinden, deren in der Berliner Erklärung (II,79ff.) verurteiltes charismatisches Auftreten viele beunruhigte, wurde ebenfalls nicht gutgeheißen.
- Auch mit dem Schrifttum – bis Ende 1948 erschien allein *Die Gemeinde* – war man allgemein nicht einverstanden.[86]

Die Auflistung macht deutlich, dass die »Brüder« in keiner Weise organisch in den Bund hineingewachsen waren, dass er ihnen als ein im Grunde wesensfremdes Gebilde übergestülpt worden war und dass es nun für viele genügend Gründe gab, sich auch äußerlich vom Bund zu lösen, nachdem man eine innere Verbindung zu ihm nie gehabt hatte.

Sonderregeln für die »Brüder« im Bund

Das alles führte zu mancherlei Auseinandersetzungen in den Gemeinden und zu zahlreichen Gesprächen, Tagungen und Erklärungen, waren doch die führenden Männer im Bund festen Willens, die Auflösung der organisatorischen Gemeinschaft zwischen Baptisten und »Brüdern« nicht zuzulassen. Schon im März 1946 forderte Dr. Rudi Weiß in Haiger, der die nicht-exklusive Austrittstendenz mittlerweile für die bedrohlichere hielt, dazu auf, »sich um Jesu willen solchen Strömungen entgegenzuwerfen«[60], und Carl Koch aus Dillenburg und Fritz Surmann aus Lünen versuchten in ihrer Denkschrift *Was soll nun werden*[87] denjenigen, »die zwar den ›Bund‹ verlassen, aber in Zukunft in herzlicher Bruderliebe mit allen Heiligen Gemeinschaft haben« wollten, die Unbedenklichkeit der Bundesorganisation zu verdeutlichen.

Waren die ersten Besprechungen der rheinischen und westfälischen Brüdergemeinden, in Mettmann (25.2.1946)[88] bzw. Wanne-Eickel (27.4.1946)[89], noch aus dem Wunsch zustande gekommen, mit den »Außenstehenden« wieder in Verbindung zu kommen[88] so stellte sich in den Gesprächen heraus, dass sich die »ehemaligen BfC-Gemeinden« – wie die Brüdergemeinden damals meistens genannt wurden – eher mit ihrem eigenen Verhältnis zum Bund zu beschäftigen hatten. Schließlich wurden vier Fragen an die Gemeinden gerichtet, die daraufhin in ihren Reihen die Meinung zum Bund erforschten. Es wurde nach der Art der »Bedenken in Bezug auf die Zugehörigkeit zum Bund« und nach »Vorschlägen zur Behebung der Schwierigkeiten« gefragt.[90]

Das Ergebnis war, wie man sich hätte denken können, uneinheitlich. Immerhin konnte man sich in gewisser Weise damit beruhigen, dass »die Mehrheit der Gemeinden ... keinerlei Bedenken gegen die Zugehörigkeit zum Bund« hatte.[91] Andererseits konnte man sich über die häufigen Äußerungen von Unzufriedenheit nicht hinwegsetzen, und so hatte man schon in Wanne-Eickel Ernst Birk und Dr. Wilhelm Langenbach (Mettmann), Erich Wingenroth (Velbert), Fritz Surmann (Lünen) und Otto Bastian

(Schwelm) beauftragt, gegenüber der Bundesleitung die Wünsche der Brüdergemeinden zu vertreten.

Zu einer grundsätzlichen Regelung glaubte man im Mai 1946 im Blick auf die Gemeinden in der Ostzone, die man nicht einbeziehen konnte, nicht gelangen zu können. Vorerst sollte aber gelten, dass die örtlichen Gemeinden nicht verpflichtet waren, Gemeindesatzungen, -leiter und -rat zu haben. Sie benötigten nur noch einen »Briefempfänger«. Hugo Hartnack sollte als stellvertretender Bundesdirektor »in besonderer Weise die Verbindung mit den Geschwistern des ehemaligen BfC pflegen«, und auch von der Herstellung eines gemeinsamen Liederbuches, den Gemeindeliedern, wurde Abstand genommen, die »Brüder« sollten ihre Geistlichen Lieder behalten, die Baptisten ihre Glaubensstimme; schließlich sollte auch »das gewohnte besondere Schrifttum« wieder beschafft werden[91], obwohl Wilhelm Brockhaus noch im August 1945 hinsichtlich des Liederbuches und der Zeitschriften für Gemeinsamkeit eingetreten war.[50]

Damit glaubte man die Angelegenheit »als abgeschlossen« ansehen zu können, zumal auch die Elberfelder Konferenz im Mai 1946 zur allgemeinen Beruhigung beigetragen hatte. Unter dem Eindruck der Betrachtung von Johannes 13 (Fußwaschung!) gab Dr. Becker - neben einigen anderen – unter Tränen eine Erklärung ab, in der er wegen seiner harten Worte am 30. Mai 1937 um Verzeihung bat, woraufhin viele der Älteren, z.B. Ernst Berning, bereit waren, einen Schlussstrich unter die jetzt neun Jahre zurückliegenden Ereignisse zu ziehen.[92]

Abschließend meinte das Bundeshaus mitteilen zu können:

> »Aufgetauchte Schwierigkeiten im Leben des zusammengefügten Bundes zwischen den früheren Elim-Gemeinden, den früheren Baptisten und den früheren BfC-Gemeinden wurden in brüderlichen Aussprachen und gemeinsamen Erklärungen bereits weitgehend überwunden. ... Es zeigt sich ... jetzt, dass unsere Überzeugung, dass wir unter der Führung Gottes zusammengekommen seien, richtig ist.«[93]

Die Dillenburger Konferenz im Herbst (1.-3.10.) konnte deshalb »ausschließlich der Wortbetrachtung dienen«[94], und Hugo Hartnack, der jetzt neben der Bundespost, dem allgemeinen Mitteilungsblatt des BEFG, Rundbriefe »an alle ehemaligen BfC-Gemeinden« versandte, meinte, dass »weithin die meisten Versammlungen ... in Frieden« seien.[95]

Nichts trog mehr als diese Meinung.

Die erste Krise – Umstrukturierung des Bundes?

In den Gemeinden brodelte es weiter, und im Spätherbst 1946 war eine erste Krise erreicht. In Dillenburg erwog ein Kreis um Kurt Karrenberg die Konsequenzen eines Austritts aus dem Bund und bat Hugo Hartnack, das Thema auf der Reisebrüderkonferenz in Weidenau im März 1947 zu behandeln[96]; im süddeutschen Raum wollte man – wie es überhaupt allgemein übliche Zielsetzung war – weiterhin mit den Baptisten in gewissen Bereichen zusammenarbeiten, aber den Bund verlassen.[97] Andere glaubten, das Zerbrechen der Gemeinden nur noch durch einen baldigen Bundesaustritt auf- halten zu können[98], den die große Gemeinde in Mettmann im Rheinland unter Führung von Ernst Birk zum Jahresende 1946 wirklich vollzog.[99] Man versicherte jedoch in Mettmann, weiterhin mit den Brüderversammlungen im BEFG Gemeinschaft zu pflegen und in der »Bruderhilfe« mitzuarbeiten.[100] Immerhin aber hatte damit eine Gemeinde ein Zeichen gesetzt.

Um den Bundesaustritt ihrer Gemeinde zu verhindern, beantragten führende Schwelmer im Dezember 1946 über das Bundeshaus eine Umstrukturierung des Bundes im föderativen Sinne, selbst wenn es im Blick auf die nicht mögliche Beteiligung der Ostzonen-Gemeinden nur provisorisch sein könne[101] und als im Laufe des Jahres 1947 noch weitere Brüderversammlungen ihren Austritt erklärten – Volmarstein, Schalksmühle, Neunkirchen, Gevelsberg, Opladen und eine Reihe kleinerer Gemeinden im Oberbergischen[102] –, war die Dringlichkeit der Situation unterstrichen.

Hugo Hartnack sah sich gezwungen, 1947 eine Folge von Besprechungen zu veranstalten, die die Einleitung einer Umstrukturierung des Bundes, mehr noch aber »eine wirkliche und dauernde Beruhigung unserer Geschwisterkreise« zum Ziel haben sollten[103]

– 5. Februar: in Wuppertal-Elberfeld im Schwestern-Mutterhaus »Persis« mit 15 Brüdern;
– 26. März: in Weidenau mit den Reisebrüdern;
– 13.-15. Mai: auf der Elberfelder Konferenz, wo ein ganzer Tag dem Thema gewidmet wurde;
– 16. Mai und 16. Juni: wieder im Schwestern-Mutterhaus »Persis« mit 30 bzw. 46 Brüdern;
– 26.-28. August: in Schwelm mit den Reisebrüdern;
– 26. September: in Dillenburg im Anschluss an die Konferenz mit ca. 40 Brüdern.

Ein faktisches Ergebnis kam bei alledem nicht zustande, gingen doch Hugo Hartnack und die übrigen »Brüder« in der Bundesleitung davon aus, dass »jede Verletzung der früheren Baptisten vermieden« werden müsse[103] und eine Umstrukturierung des BEFG z.Zt. weder möglich noch erwünscht sei, obwohl selbst Dr. Becker auf der Elberfelder Konferenz 1945 erklärt hatte, dass die Organisation des BEFG geändert werden müsse.[104]

»Beruhigungsdienst«

Im Gegenteil, den Gesprächskreis Kurt Karrenbergs in Dillenburg empfand man als »Verschwörung« gegen den Bund[105] und den Schwelmern machte Hugo Hartnack zum Vorwurf, die Gemeinde »nicht klar und eindeutig genug ... über unseren Weg unterrichtet« zu haben.[103]

Anscheinend unbekümmert entwickelte Hugo Hartnack im April1947 ein harmonisches Bild von der »gegenwärtigen Lage des Bundes«, in dessen »Zweigen« es »grünt und blüht wie im Frühling«. Die verschiedenen »Zweige« stellte er dar wie parlamentarische Flüge[106]:
- auf der »linken« Seite die »frühere Elimsbewegung«, in der es »gärt und brodelt« – gemeint war das charismatische Moment –, die aber »fruchtbar in ihrem missionarischen Eifer« sei;
- »die große Mitte« der »früheren Baptistengemeinden« in »ihrer bewährten Missionskraft«, gewöhnt »an die wohltätige Ordnung des Bundes«;
- »der Kreis der früheren Offenen Brüder«, bei dem »die Reichsgottesarbeit ... weit höher im Kurs« stehe »als alle Fragen der Organisation«, der aber dennoch »gutwillig und freudig den Weg des Bundes« ginge;
- auf dem »rechten Flügel ... die Kerngruppe des früheren BfC, hervorgegangen aus den ... exklusiven Brüdern«, die trotz aller Hemmungen gegenüber dem Bund »die Einheit aller Gläubigen« nicht mehr »bloß in der Lehre, sondern auch in der Tat« betonten.

Deshalb, so schrieb der stellvertretende Bundesdirektor, sei die »Absplitterungsbewegung« auch »bald aufgefangen worden«, und diejenigen, die »formell ausgetreten« seien, arbeiteten »freudig« mit an den Missionswerken des Bundes, insbesondere der »Bruderhilfe«.

Die Wirklichkeit sah völlig anders aus: die Elimsbewegung ließ sich auf die Dauer doch nicht halten, und z.T. war man darüber ganz froh, weil sie sich in ihrer charismatischen Dynamik als Belastung erwiesen hatte; gerade die Offenen Brüder drängten in ihrem Unabhängigkeitsbedürfnis aus dem Bund heraus, und auch viele der ehemaligen »Christlichen Versammlungen« wollten sich nicht halten lassen, wie die damalige Krise gerade unter Beweis stellte.

Die Baptisten, »an die wohltätige Ordnung des Bundes gewöhnt«, hatten wenig »Verständnis für die Nöte«[107] der »Brüder« und widersetzten sich jeder Umstrukturierung des Bundes. Deshalb war schon das erste Gespräch (5.2.1947) für die Unzufriedenen »eine hundertprozentige Enttäuschung«[108] gewesen, weil durch Paul Schmidt, der bei den meisten Gesprächen zugegen war, »alles bagatellisiert und abgebogen« worden sei:

> »Er stempelte schließlich unsere Vorschläge als Etappe auf dem Weg zur Trennung und behauptete dann sogar, dass die Trennung da wäre, wenn sie verwirklicht würden.«[107]

Nach dem Verständnis eines fast bischöflich denkenden Mannes wie Paul Schmidt war eine solche Haltung verständlich, meinte er doch,

> »dass die einzelne Gemeinde nicht für sich stehe, sondern sich in den lebendigen Organismus des Ganzen einzufügen habe«[109]

So waren die »Brüder« von Sitzung zu Sitzung vertröstet worden. Die Verteidiger der bestehenden Bundesorganisation verfassten Denkschriften, Dr. Becker hielt in Weidenau (26.3.1947) und Elberfeld (13.-15.5.1947) verschiedene Vorträge, die alle das Ziel hatten, die Vorbehalte gegenüber dem Bund abzubauen und die Forderungen nach Umstrukturierung zum Schweigen zu bringen:

- Hugo Hartnack: *Bund oder nicht?*[110]
- Heinrich Schrupp (Wuppertal-Beyenburg): *Was ist Bund evangelisch-freikirchlicher Gemeinden und was Gemeinde Christi? Was ist deren Stellung zueinander?*[111]
- Dr. Hans Becker: *Ist die Einrichtung unseres »Bundes« oder eines Bundes überhaupt schriftgemäß?*[112]
- Dr. Hans Becker: *Ekklesia oder »Bund«?*[113]
- Dr. Hans Becker: *War unser Standpunkt und der der »Brüder« vor dem Verbot der »Christlichen Versammlung« grundsätzlich richtig oder nicht?*[113]
- Dr. Hans Becker: *Gibt es nach der Schrift eine kollektive Verantwortlichkeit der Gemeinden? Wenn ja, wo liegen ihre Grenzen?*[113]

Einige der grundlegenden und theologisch nahezu wissenschaftlichen Vorträge Dr. Beckers sollten auf der Elberfelder Konferenz im

Mai 1947 die Auseinandersetzung vor der Öffentlichkeit beenden, und der folgende Rundbrief vermochte dann auch triumphierend mitzuteilen, dass »irgendwelche Schriftgründe ... gegen die grundsätzlichen Ausführungen nicht vorgebracht werden« konnten.

> »Mit sichtlich erkennbarer allgemeiner Zustimmung- jedenfalls ohne einen laut gewordenen Widerspruch – wurde der Entschluss kundgegeben, dankbar und festen Glaubens den Weg an der Seite der Brüder fortzusetzen, mit denen uns Gott in unserem Bund zusammengeführt hat.«[114]

Auch die schon aus dem Bund Ausgeschiedenen unterzeichneten mit den anderen eine Erklärung, dass alle »Missverständnisse über das Wesen des Bundes bereinigt« seien und dass man weiterhin miteinander Gemeinschaft pflegen wolle.[114]

Es war unter den »Brüdern« nicht das letzte Mal, dass man den grundsätzlichen Fehler beging zu glauben, ein Problem mit intellektuell schlüssigen und biblisch abgesicherten Argumenten gelöst zu haben. Historisch gewordene und gefühlsmäßig verankerte Empfindungen und Auffassungen waren damit noch nicht ausgeräumt, denn schließlich war auch denen, die frei von jeder Organisation leben wollten, nicht nachzuweisen, dass ihr Weg unbiblisch sei. Alles in allem war es nur ein »Beruhigungsdienst«[105] gewesen, der kaum eine Dauerwirkung haben konnte.

Vorerst jedoch schien Ruhe eingetreten zu sein, und für die letzte angesetzte Besprechung in Dillenburg (26.9.1947) meinte man schon das doch wohl mehr der Selbstbestätigung dienende Thema »Die biblische Unhaltbarkeit der Stellung der Exclusiven« vorschlagen zu dürfen.[115] »So hatten denn die Versammlungen ... Frieden und wurden erbaut«, meldete der Rundbrief mit den Worten der Apostelgeschichte (9,31) im Sommer 1948, da die »Abwanderungsbestrebungen ... seit Herbst 1947 praktisch aufgehört« hätten.[116]

Es war nur die Ruhe vor dem Sturm, der um den Jahreswechsel 1948/49 losbrechen sollte.

Die zweite Krise – Ist der Zusammenschluss gescheitert?

Denn »im Sommer und Herbst 1948 erreichten« Hugo Hartnack »aufs neue eine Anzahl mündlicher und schriftlicher Berichte mit allerhand Beschwerden«, die ihm eine »Vertrauenskrise« signalisierten.[117]

Wirklich hatten sich mit der Zeit »die Schwierigkeiten verschärft«[117]: durch die Vertreibung der Deutschen aus den Ostgebieten kamen zahlreiche Baptisten mit der im Osten eigentümlichen Art des Baptismus in den Westen und verschoben das Gewicht im Bund zu ungunsten der »Brüder«. Viele von deren führenden Männern kamen ebenso wie zahlreiche Baptistenprediger aus der Kriegsgefangenschaft; sie alle hatten die Ereignisse von 1940/41 nicht miterlebt und standen den Absichten der Bundesväter fremd gegenüber. Da war es kein Wunder, dass jetzt auch viele Baptisten den Verzicht auf ihren alten Namen ablehnten und wieder »Baptistengemeinden« sein wollten; andererseits konnte es den »Brüdern« nicht gefallen, wenn der BEFG von außen mehr und mehr mit dem Baptismus identifiziert wurde, wozu die Verbindung zum Baptistischen Weltbund das Seine beitrug.[117]

Jetzt zeigte sich, dass die gemeindliche Wirklichkeit an vielen Orten dem illusionären Idealismus der Gründer des Bundes nicht standhielt. Gemischte Gemeinden brachen auseinander, die Vereinigungsarbeit wurde als lästige Vereinsmeierei empfunden, die weder notwendig noch biblisch begründet sei. Über die allgemeine Unlust gegenüber dem Bund konnten auch nicht die häufigen offiziellen Bekundungen »herzlicher« Gemeinschaft und »freudiger« Zustimmung aus dem Bundeshaus hinwegtäuschen, und ebensowenig konnten die wechselseitigen Predigtdienste »zur Stärkung der Gemeinschaft« in den Vereinigungen das gesetzte Ziel erfüllen.

Dr. Hans Luckey, vom Schuljahr 1948/49 ab wieder Leiter des gerade von Wiedenest nach Hamburg umgezogenen Predigerseminars, zog von baptistischer Seite aus im Herbst 1948 die Bilanz des Misserfolges: »Der Versuch der Verschmelzung von Baptisten und BfC muss als glatter Fehlschlag bezeichnet werden.«[105] Ganz in diesem Sinne urteilte auch Carl Baresel, ein führender Bruder der Baptisten, Bauunternehmer aus Stuttgart:

> »Durch den Zusammenschluss 1941 sollten zwei Säulen in eins verwoben werden, von denen beide eine hundertjährige, voneinander getrennt laufende, Geschichte hinter sich haben. Man hat damals versucht, diese Verschmelzung erst einmal durch die Organisation nach außen darzustellen, die innerliche Verschmelzung in der Richtung von oben nach unten sollte folgen. Sie kam nicht. Gründe hierfür lassen sich auf beiden Seiten genügend anführen.«[118]

Es war klar, dass sich die Inspiratoren einer Verschmelzung »von oben nach unten«, an der Spitze Paul Schmidt und Dr. Hans Becker, in ihrem Idealismus dieser nüchternen Einsicht widersetzten.

Zwischen Reformplan ...

In dieser Situation entschloss sich Hugo Hartnack im Herbst 1948, nun doch auf eine Umstrukturierung des Bundes zu drängen, hatte doch schon sein Vorgänger im Bundeshaus, der verstorbene Walter Vogelbusch, noch kurz vor seinem Heimgang die völlige Einfügung der »Brüder« in die baptistische Organisation, besonders in den Vereinigungen, einen »Fehler« genannt.[119] Nachdem Hugo Hartnack sich auf der Dillenburger Konferenz, auf der Dr. Becker noch über »Spannungen in der Urgemeinde und ihre Überwindung« referiert hatte, in einem kleineren Brüderkreis die Zustimmung geholt hatte[117] legte er am 1. November 1948 der Bundesleitung in Hamburg in einem Referat seine Sorgen und einen Reformplan vor[120]:

So sehr der gemeinsame Weg als Gottes Wille für beide Gruppen verbindlich bleibe, so zwangsläufig müsse eine neue »Organisation« gefunden werden. Hugo Hartnack schwebte eine föderativ aufgebaute Dachorganisation vor, in der jede Seite als Gruppe ihre Selbständigkeit haben sollte, sowohl die »organisationsfreudigen« Baptisten wie die »organisationsfeindlichen« »Brüder«, die von allem befreit werden sollten, was ihnen wesensfremd sei: Bundesverfassung, Vereinigungen usw.:

> »Wenn dann jede, auch die allerkleinste Gemeinde, unmittelbar mit dem Geschäftsführer der ›Brüder‹ verkehren und abrechnen könnte, wäre das nahezu ein Idealzustand, der die Bundesfreudigkeit in den ›Brüdergemeinden‹ wieder steigern ... würde.«

Zum Schluss wies der stellvertretende Bundesdirektor darauf hin, dass es »nicht verantwortet werden« könne, »dass aus Gründen zeit- und erdgebundener Organisationsfragen Brüder in unnötigem gegenseitigen Bemühen Kraft und Zeit verschwenden«[120].

Auf einer in Dillenburg einberufenen Reisebrüderkonferenz (30.11.-1.12.) ließ sich Hugo Hartnack sein Vorhaben bestätigen. Nicht so zustimmungsfreudig war die baptistische Seite. Zwar sollte ein paritätisch besetzter Ausschuss von 14 Mitgliedern über den Reformvorschlag beraten, aber ihrem ganzen Verständnis nach konnten sich die führenden Baptisten mit einer Föderativ-Verfassung nicht anfreunden. Schon dass sie sich analog zu den »Brüdern« in Dillenburg vor den Ausschussberatungen »zum einzigen Male seit dem Zusammenschluss« nur »unter sich« besprechen mussten (Hamburg, 5.1.1949), bedeutete für Paul Schmidt einen Schlag gegen das bisherige brüderliche Vertrauen und wurde als »tiefes Weh« empfunden[121], und eine lose Föderation, wie sie Hugo

Hartnack und seinen Freunden vorschwebte, erschien dem zentralistisch denkenden Bundesdirektor indiskutabel. Auch der für die »Brüder« und den Zusammenschluss sehr aufgeschlossene Prediger Willi Riemenschneider aus Düsseldorf, ein Mitglied der Bundesleitung, war der Meinung,

> »dass ein Bund ›um jeden Preis‹ ebensowenig gewollt wird als ein Schein- Bund, der nur getarnte Trennung überdacht«[122]

So konnten die Ausschussberatungen im Januar und Februar 1949 für den von Carl Koch – auch Stündchenfreunde waren also von der Notwendigkeit einer Änderung überzeugt – ausgearbeiteten Plan der »Brüder« nicht das gewünschte Ergebnis bringen[117] zumal auf baptistischer Seite nur der kleine Kreis anscheinend gleichgesinnter Ausschussmitglieder beteiligt war: Johannes Arndt, Dr. Werner Braun, Hans Fehr, Dr. Hans Luckey, Jakob Meister, Willi Riemenschneider, Paul Schmidt.

Bis zum Mai 1949 wurde die Bundesleitung nicht mit dem Problem befasst. Ein Andersdenkender, wie das schon genannte frühere Bundesleitungsmitglied Carl Baresel beschwerte sich, von Entscheidungen ferngehalten zu werden, »deren Tragweite von den wenigen verhandelnden Brüdern nicht übersehen werden« könnte. Er machte sich »zum Sprecher für viele«, wenn er »sich nicht das Recht nehmen lassen« wollte – »dazu sind wir zu alte Baptisten« –, »an der Gestaltung ... der gemeinsamen Bundesaufgaben maßgebend mitzusprechen«. Gerade von ihm wurde den Vorschlägen der »Brüder« großes Verständnis entgegengebracht:

> »Für mich steht deshalb obenan der Wunsch und Wille, unter allen Umständen zusammenzubleiben. Wenn es sich nun auf Grund der Erfahrungen der zurückliegenden Jahre als zweckmäßig erweist, diese oder jene Änderung in der Organisation vorzunehmen, dann müssen sich hierfür auch Wege finden lassen. Ich habe die von Br. Hartnack und Koch aufgestellten Richtsätze einmal durchgelesen. Immerhin habe ich den Eindruck, dass diese Wünsche nicht nur Diskussionsgrundlage bilden können, sondern annehmbar sind.«[118]

Unglücklicherweise waren aber die sieben baptistischen Ausschussmitglieder nicht einmal bereit, die Wünsche der »Brüder« als »Diskussionsgrundlage« zu akzeptieren und wollten in dieser »schmerzlichen Angelegenheit«[123] nur ganz geringfügige Änderungen zugestehen.

In dieser Haltung wurden sie um so mehr bestärkt, als sie darin von der Seite ihrer BfC-Partner Unterstützung fanden. Die »Brüder« im Ausschuss der 14 – Dr. Hans Becker, Hugo Hartnack, Carl Koch, Paul Müller (Velbert), Erich Sauer, Martin Siebert, Fritz Surmann – zeigten auch jetzt – wie so oft – ihr individualistisches Gepräge. Denn während sich Dr. Becker im Sinne der baptistischen Seite Hugo Hartnack und Carl Koch entgegenstellte, entwickelte Erich Sauer einen neuen Vorschlag, nämlich den Bund überhaupt zu verlassen und nur noch im Rahmen einer Arbeitsgemeinschaft mit den Baptisten zusammenzuarbeiten.[117]

Erich Sauer (II,148) hatte im Krieg aus den Erfahrungen in der Ostmission den Zusammenschluss mit den Baptisten bejaht, war aber jetzt zu einer anderen Ansicht gekommen. In seiner 1949 verfassten Schrift *1937 und 1941*[124] die er fairerweise nicht veröffentlichte, sondern nur einigen führenden Männern und dem Bundeshaus vertraulich zusandte, kam er zu dem Ergebnis, dass 1937 »ein vom Geist Gottes gewirktes Sich-Zusammenfinden von zwei Brüderkreisen« gewesen war, 1941 aber ein organisierter Zusammenschluss, der auf der »Entschließung der wenigen Männer der beiden Bundesleitungen« beruhte. Damals, 1941, sei »ein Hauptteil der in den besten Lebensjahren stehenden Brüder« beider Gruppen im Felde gewesen und hätte später »vor vollendeten Tatsachen« gestanden. Der BfC sei vom Staat geboten gewesen, man hätte ihn nach dem Krieg wieder fallen lassen können, der BEFG dagegen sei freiwillig geschlossen worden, wobei man diejenigen, die sich nicht wieder dem Verbot aussetzen wollten, unter einen »nicht erforderlichen Druck« setzte.

> »Von führenden Brüdern anderer christlicher Kreise ist damals geraten worden, alle solche Entscheidungen bis Kriegsende zurückzustellen, da in einer so gärenden Zeitlage wie Krieg und Drittes Reich ... solche Entscheidungen nicht zu empfehlen seien. Dies hätte von uns befolgt wer- den sollen. Ist aber damals, wie wir glauben, in dieser Hinsicht ein Fehler gemacht worden, so ist es bei späterer, anderer Einsicht das allein Richtige, diesen Fehler zu korrigieren.«[124]

Am Ende lagen also drei Vorschläge zur Reform des BEFG vor, die Hugo Hartnack den 60 Brüdern, die man am 16. März 1949 nach Wuppertal-Elberfeld zusammengerufen hatte[125], vorlegen musste:

- A (Dr. Braun): Statt des bisherigen nebenamtlichen stellvertretenden Bundesdirektors ein hauptamtlicher gleichberechtigter Bundesdirektor für die »Brüder« mit dem Sitz in Bad Homburg; die Zugehörigkeit zu den Vereinigungen ist für Brüdergemeinden freiwillig.

- B (Hartnack/Koch): Föderativer Aufbau des Bundes; jede Gruppe hat weitgehende Eigenständigkeit mit eigener Geschäftsstelle und eigener Kasse; Bund als Träger gemeinsamer missionarischer Aufgaben.
- C (Erich Sauer): Auflösung des Bundes; Fortsetzung der brüderlichen Gemeinschaft und Bewältigung gemeinsamer Aufgaben in einer Arbeitsgemeinschaft.[117]

Hinter Vorschlag A standen nicht nur die Baptisten, sondern auch einzelne Personen und Gemeinden aus der Gruppe der »Brüder«; führend war hier Dr. Becker. Es gab aber auch Gemeinden, die es ablehnten, überhaupt Rundschreiben in der Sache der Umstrukturierung entgegenzunehmen, weil sie mit dem Status quo völlig einverstanden waren.[126]

Hinter Vorschlag B standen alle diejenigen, die, wie z.B. Otto Bastian, den Bund, in welcher Form auch immer, gegenüber der Austrittsbewegung retten wollten und doch zugleich auf die Erhaltung der Eigenart der Brüdergemeinden bedacht waren.[127]

Das Ergebnis der Besprechung in Elberfeld war »deprimierend«[127]. Nicht nur, dass sich die Vertreter von A und B kompromisslos gegenüberstanden – wobei selbst bei einer Mehrheit für B die Zustimmung der baptistischen Seite noch ausstand –, die Versammlung in Elberfeld zeigte, dass auch mehr und mehr Stimmen für den Vorschlag C laut wurden, die signalisierten, dass die Absetzbewegung vom Bund bereits im Gang war.

... und Austrittsbewegung

Denn mitten in die Gespräche um den Reformvorschlag war um den Jahreswechsel 1948/49 eine Aktion hineingeplatzt, die von Kurt Karrenberg in Dillenburg ausging. Er war einer von denen, die erst später aus dem Krieg zurückgekommen waren und bei aller neu gewonnenen Offenheit dem Bund skeptisch gegenüberstanden; er hatte schon Ende 1946 jene »Verschwörung« gegen den Bund angestrengt. Jetzt trat er mit einer Denkschrift *Ein offenes Wort an meine Brüder* an die Öffentlichkeit.[105]

Gewiss erschien Kurt Karrenbergs Broschüre für Hugo Hartnack zu einem sehr unpassenden Zeitpunkt. Aber hier wurde doch

- zum ersten Mal in aller Offenheit ausgesprochen, worüber die zahlreichen offiziellen Verlautbarungen jahrelang hinwegzutäu-

schen versucht hatten: die tiefe Unruhe, die in vielen Brüderversammlungen im Blick auf die Bundesmitgliedschaft verbreitet war;
- zum anderen deckte Kurt Karrenbergs Schrift die von den Führern gern übersehene Tatsache auf, dass all die »logischen Beweise« einer theologisch bewiesenen Unbedenklichkeit der Bundesorganisation diejenigen nicht zu überzeugen vermochten, deren Unruhe in gefühlsmäßig seelischen Tiefen wurzelte. Und das waren, besonders im Hessen- und Siegerland, viele.
- Die Bundesgründer von 1941 wurden daran erinnert, dass auch ein Zusammenwachsen von Gläubigen wachstümlich, d.h. langsam, geschehen muss. »Es ist ein Kennzeichen unserer Zeit, dass wir das Warten verlernt haben«, schrieb der Verfasser gegen Dr. Hans Becker.
- Kurt Karrenberg, der die Vereinigung mit den Offenen Brüdern voll bejahte, trat schließlich eindeutig für die Trennung vom Bund ein und fragte die um ein neues Bundesmodell verhandelnden »Brüder«, ob sie mit ihrem halben Schritt nicht einer Fiktion nachjagten und stattdessen nicht lieber »bewusst einen ganzen Schritt« zurücktun sollten.

Die Wirkung der Denkschrift in den Brüderversammlungen war abzusehen. Daran konnte auch eine von Hugo Hartnack und Carl Koch verfasste »Stellungnahme«[128] kaum etwas ändern, zumal sie den Darlegungen Karrenbergs an umständlicher Ausführlichkeit nicht nachstand und mit all ihrer gedanklichen Präzision wiederum nicht die gefühlsmäßige Abneigung gegenüber dem Bund abbauen konnte. Hugo Hartnack urteilte im März 1949 selbst, dass seine »Gegenschrift« wohl »die vielerorts drohenden Austritte von Gemeinden aus dem Bund aufhalten« konnte, »aber die Gefahr des Auseinanderfallens des Bundes und insbesondere der Aufspaltung des im BfC geeinten Brüderkreises« sei »größer als je«.[129]

Aus »innerer Not« schrieb Carl Koch im April 1949 noch einmal einen beschwörenden Brief an die einflussreicheren Männer, mitzuhelfen, dass eine Trennung vermieden werde, zumal »begründete Hoffnung« bestehe, »dass unsere Baptistenbrüder heute bereit« seien, dem Reformvorschlag ihrer Partner »zuzustimmen«[130], was allerdings eine vergebliche Hoffnung war. Ebenso versandten 30 Bundesfreunde – unter ihnen Wilhelm Brockhaus, Heinz Köhler, Hans Metzger, Martin Siebert, Fritz Surmann, Dr. Rudi Weiß – ein Rundschreiben, in dem sie vor einem Austritt aus dem Bund warnten und auch auf die dann um so schwierigere Lage der »Brüder« in der Ostzone hinwiesen.[131]

Zwar wurde hinsichtlich der drei Vorschläge eine Befragungsaktion durchgeführt[132] aber es beteiligten sich nur 116 Gemeinden, und angesichts der unterschiedlichen Meinungen (A: 1988, B: 2157, C: 3321 Stimmen)[117] zeichnete sich auch keine Lösung ab; sich einer Mehrheit zu beugen, war man in »Brüder«kreisen nicht gewohnt.

Die »Brüder« in der Ostzone waren zwar, wie Reinhold Linke (Coswig) als Sprecher der dortigen Reisebrüder mitteilte, »mit dem Herzen« beim Vorschlag C, entschieden sich aber angesichts ihrer besonderen Lage für Vorschlag B[133] ebenso die Berliner »Brüder«[134], obwohl es für die Verwirklichung dieses Vorschlages keine Hoffnung mehr gab.[117]

So nahm die Entwicklung ihren Lauf. Schon am 26. April 1949 veranstalteten Kurt Karrenberg und seine austrittswilligen Freunde in Dillenburg eine Sonderkonferenz[135] und als Dr. Wilhelm Langenbach auf der Elberfelder Konferenz (24.-27. Mai), auf der man ergebnislos über das Ergebnis der Befragung diskutierte, unter »weitgehendster Billigung« den Vorschlag machte, es »den Gemeinden grundsätzlich selbst (zu) überlassen ..., über ihr Verbleiben im Bund oder ihren Austritt zu entscheiden«[136] war die Lawine der Austrittsbewegung nicht mehr aufzuhalten.

Schon am 15. Juli 1949 teilte Walter Schmidt aus Niederschelden/Sieg, einer der führenden Männer des Siegerlandes, in einem Rundschreiben mit[136], dass elf Gemeinden in seiner Region aus dem BEFG ausgetreten seien. Doch sollte der »Austritt aus dem Bund« für sie »keine Trennung« bedeuten, insofern nähmen sie den von Hans Metzger auf der Elberfelder Konferenz ausgesprochenen Grundsatz »Wir bleiben zusammen!« ernst. Sie wollten weiterhin Gemeinschaft pflegen mit allen »Brüdern«, »mit den Baptisten wie mit allen anderen Gotteskindern«, aber eben außerhalb einer Organisation.

> »Um eine Zeit unfruchtbarer und kräfteverzehrender Auseinandersetzungen zu beenden, rufen wir alle Versammlungen, die die rechtliche Verbindung mit dem Bunde lösen möchten, auf, sich zu sammeln.«[136]

Die Zustimmung sollte Walter Schmidt mitgeteilt werden, was im Laufe des Sommers u.a. die Gemeinden von Lüdenscheid, Gummersbach, Hemer, Dröschede und Wuppertal-Barmen taten.[137] Als sich am 5. Oktober 1949 auf einer Konferenz in Wermelskirchen die vom BEFG »Freien Brüder« sammelten, bekannten sich schon 45 Versammlungen zu dem bundesfreien Weg.[138]

Hugo Hartnack

Hugo Hartnack hatte die Entwicklung kommen sehen, als man sich auf der einen Seite seinem Reformplan entgegenstellte und auf der anderen Seite die Austrittsbewegung die offiziellen Verhandlungen im Bund zu überholen begann. Wenn er also nicht bald zwischen allen Stühlen sitzen und von den »Brüdern«, die ihm geistig näher standen als Dr. Becker und seine Freunde, getrennt sein wollte, musste er die Konsequenzen ziehen. Er legte am 4. April1949 sein Amt als stellvertretender Bundesdirektor nieder, was ihm um so notwendiger erschien, als er seinen »Reformplan als endgültig gescheitert« betrachtete und seine »Heimatgemeinde und alle Gemeinden des benachbarten Siegerlandes aus dem Bunde« hinausstrebten.[139]

Es muss an dieser Stelle gefragt werden, was diesen Mann, der nach 1937 für ein Menschenalter der profilierteste Vertreter der deutschen Brüderbewegung gewesen ist, eigentlich auf seinem wechselhaften Weg, der ihn schließlich zum Führer der Freien Brüdergruppe machen sollte, bewegt hat.

Hugo Hartnack (s. auch S. 145f.) gehörte anfangs zu jenen Leuten, die 1936 Dr. Becker und seinen Stündchenfreunden entgegengetreten waren (II,108), obwohl er kein Verfechter eines extremen Darbysmus war. Als ein Mann nüchternen Denkens und sachlicher Sprache sah er aber, dass die theologische Weite und kühl intellektuelle Logik des Juristen Becker den Bedürfnissen vieler Brüdergemeinden weder nach Frömmigkeitsstil noch schlichtem Glaubensinhalt gerecht werden konnte.

Die Wende von der »Absonderung« zur »Weite« machte ihm keine Schwierigkeiten, war doch seinem Bekenntnis nach die Offenheit zu allen Kindern Gottes längst vorher in ihm angelegt. Auch die vom Staat geforderte Organisation brachte ihn nicht in Gewissensnöte, und so konnte er sich 1937 neben Dr. Becker an leitender Stelle an Gründung und Aufbau des BfC beteiligen, nicht zuletzt aus dem Grund, ein gewisses Gegengewicht zu Dr. Becker zu bilden. Die Vereinigung mit den Offenen Brüdern entsprach seiner innersten Überzeugung.

Wie die meisten führenden »Brüder« irrte auch Hugo Hartnack damals in der Beurteilung des Nationalsozialismus. Das von ihm redigierte Blatt *Gnade und Friede* zeichnete sich durch uneingeschränkte Zustimmung zur Politik Hitlers aus.

Mehr als das Dritte Reich beschäftigten ihn aber nach 1937 die

Beziehungen zu den anderen freikirchlichen Kreisen. An den Vereinigungsgesprächen war er selbstverständlich führend beteiligt, kam allerdings zu dem Ergebnis, dass ein Zusammenschluss zwischen Baptisten und »Brüdern« »bei der Verschiedenheit der beiden Kreise ... sehr schwer durchführbar« sei, und diese Ansicht vertrat er, ebenso wie sein Partner bei den Offenen Brüdern, Christian Schatz, noch 1940.

Als es dann durch die Initiative Dr. Beckers 1940/41

> »doch zum Zusammenschluss kam, habe ich meine Bedenken zurückgestellt und mich brüderlich eingegliedert. ... Außerdem waren die ... Aufklärungsversammlungen erstaunlich gut verlaufen. Es war bei unseren Ortsbeauftragten viel weniger Widerspruch laut geworden, als ich befürchtet hatte«[117]

Den grundsätzlichen Irrtum, der immer wieder begangen wird, den Beifall auf Tagungen, zumal unter einer Diktatur, für die »Stimme des Volkes« zu halten, musste Hugo Hartnack später einsehen:

> »Dass diese nahezu einmütige Zustimmung unserer Ortsbeauftragten vielfach nicht die echte Meinung der Masse der Geschwister in den Gemeinden darstellte, ist ein Umstand, den man heute rückwirkend klarer erkennen kann.«[117]

So trat er, der auch damit rechnete, dass die Meinung der anderen führenden Brüder richtiger sein könnte als die seine, »stärker für den neuen Bund ein, als« er es nach seinen »inneren Hemmungen« hätte tun sollen; er sah erst später ein, dass er sich hätte »mehr zurückhalten« müssen, und rechnete sich sein Eintreten für den Bund als »Schuld« an.

Denn die schon beschriebenen Probleme im BEFG der Nachkriegszeit machten für ihn offenkundig, dass seine anfänglichen Hemmungen begründet gewesen waren. Hatte er im Krieg noch »in gläubigem Idealismus« gemeint, »dass der Bund der Baptistengemeinden und der BFC verschwinden und der neue Bund wie ein Phönix aus der Asche erstehen« würde, sah er sich später mit der »harten Wirklichkeit« konfrontiert, als sich klarer herausstellte, »wie verschieden die Denkweise« in den beiden Gruppen war.[117]

Da Hugo Hartnack auch noch 1949 fest davon überzeugt war, dass Gott Baptisten und »Brüder« zusammengeführt habe, wenn auch vielleicht nur, um ihnen den Blick für den Bruder in den anderen Kreisen zu öffnen, nicht aber, um zu »verschmelzen«, war es ihm ein Anliegen, diese brüderliche Gemeinschaft in einer der Lebensweise der beiden Gruppen angemessenen Dachorganisation zu retten. Deshalb brachte er am 1. November 1948 in Hamburg seinen Reformvorschlag in die Bundesleitung, musste aber im März 1949 einsehen, dass er von Verschmelzungsfreunden wie Austrittswilligen nicht akzeptiert wurde. Dass er dabei auch von seinen baptistischen Freunden und den »Brüdern« um Dr. Becker, die er jahrelang gegenüber den murrenden Gemeinden verteidigt hatte, im Stich gelassen wurde, musste ihn besonders tief treffen und ihn auf einen Weg drängen, den er ursprünglich nicht hatte gehen wollen.[137]

Sein Vorschlag B hatte keine Chancen, und die Geister schieden sich nach A und C. Damit war genau das geschehen, was Hugo Hartnack immer hatte verhindern wollen: die Spaltung der nichtexklusiven »Brüder«.

Er, der später von vielen Bundesanhängern als der Initiator dieser Spaltung missverstanden, manchmal auch verleumdet wurde, trug schwer daran, dass ihn die Woge der Austrittsbewegung mitriss:

»Beschämend und schmerzlich empfinde ich die entstandene Krise, die mich zu meinem heutigen Schritt einfach zwingt, wenn ich anders bei meinen Brüdern bleiben will. Und das halte ich für meine Pflicht.«[139]

Für seine »Pflicht« hielt er aber auch, die Verbindung zu den im BEFG verbleibenden »Brüdern« nicht abreißen zu lassen und »Brüder« außer- wie innerhalb des Bundes als *einen* zusammengehörigen Kreis zu verstehen. Solange er in der Verantwortung stand (bis 1970), waren die von den »Brüdern« getragenen Sozialwerke, z.B. die von Hugo Hartnack ganz besonders geförderte Stiftung »Christliches Erholungsheim Westerwald« in Rehe, immer Angelegenheit beider Teile der Brüderbewegung, und sie sind es z. gr. T. noch heute. Die von ihm aufgestellten Listen derjenigen, die hauptberuflich (Reisebrüder) wie nebenberuflich für »übergemeindliche Dienste« in Frage kamen, umfassten stets die Brüder des gesamten Kreises.[140]

Ein besonderes Anliegen war ihm auch die Revision der »Elberfelder Bibel«, um den jüngeren Generationen den Zugang zur Bibelübersetzung der »Brüder«, der genauesten Übersetzung in deutscher Sprache, zu erleichtern. Es war für ihn selbstverständlich, dass diese umfangreiche Arbeit, die ein Vierteljahrhundert währen sollte (1960-1985) und an der er noch zehn Jahre intensiv mitwirkte, vom gesamten »Brüder«kreis getragen wurde, was sich bis zum Schluss in der Zusammensetzung der sogenannten »Bibelkommission« der für die Revision Verantwortlichen gezeigt hat.

Hugo Hartnacks Eintreten für die Einheit der deutschen Brüderbewegung in über dreißig ereignisreichen und mit Umwälzungen verbundenen Jahren bleibt neben den vielen anderen Aufgaben, für die er bereitwillig Verantwortung übernahm, sein bleibendes Verdienst.

Die Dortmunder Beschlüsse

Nachdem die Beratungen um Hugo Hartnacks Reformplan in eine Sackgasse geraten waren und die Austrittsbewegung Konturen annahm, kam endlich – viel zu spät – die Bundesleitung im Mai 1949 zu dem Entschluss, die Beratung um Reformen einem neuen Gremium mit neuen Männern anzuvertrauen.[141] Paul Schmidt hatte sich endlich bereitgefunden, den Vorschlag B wenigstens als Verhandlungsgrundlage anzuerkennen.[142]

An die Stelle Hugo Hartnacks als Bundesdirektor, jetzt aber hauptamtlich und gleichberechtigt neben Paul Schmidt, war inzwischen Erich Wingenroth getreten[143], der erst kurz vorher als Prediger in die »gemischte« Gemeinde Velbert (s.S. 234) gegangen war.

Mit ihm kam ein Mann ins Bundeshaus, der mit Überzeugung die Unantastbarkeit des Bundes vertrat. Sicherlich hatte er mehr Verständnis als viele »Brüder« für die begreiflichen Empfindungen auf baptistischer Seite, wenn die »Brüder« dauernd an der Organisation des Bundes herumnörgelten; andererseits vermochte er aber auch die Beschwerden der »Brüder« oft gar nicht zu sehen, war doch der Bund für ihn ein »notwendiger Arbeitsrahmen«.

> »Wenn aber jemand dauernd auf diesem Rahmen herumtrampelt und ihn mir madig machen will, dann wehre ich mich in klarer Erkenntnis dessen, dass es ohne Rahmen, sprich Organisation, überhaupt nicht geht, und die Organisation ist deshalb nur eine Frage des Maßes.«[144]

Dieses Maß aber sah er völlig anders als viele »Brüder«.

Das Ergebnis der Elberfelder Konferenz 1949, die an sich letztes Signal für die Austrittsbewegung war, bestand für Erich Wingenroth als »Geschenk von Elberfeld« nur in Hans Metzgers *Wir bleiben zusammen!*, was für ihn bei völliger Ignorierung der Austrittsbewegung nur ein Zusammenbleiben im Bund bedeuten konnte, wie er überhaupt die Nöte der »Brüder« mit der Organisation gern herunterspielte[145], war er doch der Meinung, dass es für das Erkenntnisgut der »Brüder« einer besonderen Gemeindegruppe überhaupt nicht bedürfe.[146]

So hielt er es auch nicht für notwendig, das Ergebnis der Befragung nach den Vorschlägen A, B und C den Gemeinden mitzuteilen, sondern er informierte »einseitig« im Sinne des Bundeshauses[145], dass sich ein neues Gremium mit den anstehenden Fragen beschäftigen werde.[145] Eine Lösung sah er in Richtung Bund und – bezeichnenderweise – A, wobei er betonte, dass dies nicht seine persönliche Meinung sei[148], war er doch der Ansicht, dass die »Brüder« »unter dem gemeinsamen Dach des Bundes ... hinreichend Lebensraum« finden könnten[145], und »jede Restauration«, d.h. Bundesreform, war ihm »verdächtig«[144].

Vergeblich protestierten die Schwelmer dagegen, dass Erich Wingenroth keinen der damals noch nicht ausgetretenen C-Vertreter in dem neuen Gremium platziert hatte, war doch damit das Ergebnis für viele von vornherein nicht akzeptabel.[149] Vom Standpunkt des Bundesdirektors aus war aber sein Vorgehen verständlich, denn ohne jede Konzession begann für ihn mit dem Austritt aus dem Bund – von ihm »Zerschlagung des Zeugnisses« genannt – die Exklusivität[146], und Otto Bastian, durchaus kein Bundesgegner, kritisierte mit Recht, dass der Bundesdirektor in seiner Einstellung angesichts der bestehenden Verhältnisse unter den »Brüdern« für sein Amt viel zu festliege.[150] Sicherlich war für Erich Wingenroth seine Einstellung zum Bund eine Gewissensfrage, und ebenso wie für Dr. Becker bedeutete für ihn der Schritt zurück zur föderativen Struktur eine unannehmbare Zumutung[151], aber es lässt sich auch denken, dass ein solcher Vertrauensmann der »Brüder« im Bundeshaus die Austrittsbewegung geradezu beflügeln musste.

Das neue Gremium für die Reformberatungen, das sich im Ganzen aus »neuen« Männern zusammensetzen sollte, trat erst am 2. und 3. August 1949 in Dortmund zusammen. Seitens der »Brüder« nahmen daran teil: Otto Bastian (Schwelm), Otto Bender (Berlin), Wilhelm Brockhaus (Wuppertal-Elberfeld), Heinrich Deterding (Wuppertal-Barmen), Georg Göbel (Nürnberg), Gustav Happe (München), Paul Müller (Stuttgart), Karl Reichardt (Mülheim/ Ruhr), Wilhelm Ziliox (Weidenau) und natürlich Erich Wingenroth als Bundesdirektor. Auf baptistischer Seite traten, abgesehen von den altgedienten Verhandlungspartnern Paul Schmidt, Willi Riemenschneider und Dr. Werner Braun z.T. auch neue Leute auf den Plan.

Wirklich wurde in den zwei Tagen eine Lösung gefunden. Aber das Ergebnis[152] war doch für viele enttäuschend und entsprach in keiner Weise dem Vorschlag B. Von einer Dachorganisation mit zwei eigenständigen Gemeindegruppen konnte keine Rede sein. Dass die »Brüder« von einem eigenen Bundesdirektor »betreut«

wurden, war nicht unbedingt etwas Neues, auch wenn der Geschäftsführer jetzt gleichberechtigt und hauptamtlich war.

Neu war, dass man jetzt ausdrücklich zwischen »gemeinsamen« und »getrennten« Aufgaben unterscheiden wollte:

– Befriedigen musste, dass nunmehr die Bibelschule, das Schrifttum, der vollzeitliche Dienst der Reisebrüder, das Schwestern-Mutterhaus »Persis« und die internationalen Beziehungen den »Brüdern« bei getrennter Kontenführung völlig selbständig überlassen bleiben sollten.

– Einverstanden konnte man auch damit sein, dass Evangelisation (z.B. die Zeltmission), »Bruderhilfe«, der Wiederaufbau von Gemeindehäusern sowie Gesang und Musik – was immer man darunter verstand – gemeinsame Aufgaben waren.

– Verwunderlich aber muss uns heute erscheinen, dass man auch das Jugendwerk, die Sonntagsschularbeit, die Äußere Mission und die Sozialwerke unter die gemeinsamen Aufgaben rechnete. Wie stellte man sich die Eigenständigkeit der »Brüder«gruppe vor, wenn man gemeinsame Jugendarbeit betrieb? Selbst Carl Koch, ein führender Stündchenfreund, hielt eine »getrennte Betreuung der Jugend für unbedingt notwendig«[137]. Man kann es sich nur so erklären, dass Baptisten und »Brüder« unter »Gemeinsamkeit« zwei ganz verschiedene Dinge verstanden: die einen sahen sie organisatorisch, die anderen unverbindlich praktisch nach jeweiligem Geführtsein. Deutlich wird das unterschiedliche Verständnis am Wiedenester Missionshaus, das in der Aussendungsverantwortung baptistischer Gemeinden für Wiedenester Missionare eine gute geistliche »Gemeinsamkeit« sieht, während man vom Bundeshaus her fragt, warum das – 1952 von »Brüdern« inner- und außerhalb des Bundes gegründete – Missionshaus immer noch nicht organisatorisch dem Bund angegliedert ist. Nicht bedacht wurde 1949, dass unterschiedliche Definitionen von Begriffen immer wieder Anlass zu Auseinandersetzungen sind.

Ein schwerwiegendes Zugeständnis von baptistischer Seite war schließlich, dass die Brüdergemeinden selbst entscheiden konnten, wie sie ihr Verhältnis zu den ungewohnten und zum großen Teil auch ungeliebten Vereinigungen gestalteten. Damit konnten sich die »Brüder« aus einem für die Baptisten wichtigen Teil der Organisation ausgliedern. Erich Wingenroth hätte diesen Punkt in der Veröffentlichung am liebsten weggelassen, erschien er ihm doch nur als »eine Konzession an die widerstrebenden süddeutschen Brüder« und als ein »übertriebener Individualismus«[153].

Folgenschwer waren die »Dortmunder Beschlüsse« nicht. Für die Austrittsbewegung kamen sie zu spät[154], die anderen Gemeinden wären großenteils auch ohne sie im Bund geblieben oder ließen sich, wie z.B. die Schwelmer Gemeinde, die 1950 aus dem Bund austrat[155] durch das mäßige Dortmunder Ergebnis nicht aufhalten. Für die »Brüder« im BEFG war die »Dortmunder Ordnung«, obwohl auf der Dillenburger Konferenz 1949 besprochen[156] und vom Bundesrat in Kassel (12.-16.10.1949) bestätigt, kein Gesetzbuch. Je nach dem, wie sich eine Gemeinde mehr als Brüder- oder als Bundesgemeinde verstand, wurde von der »Ordnung« Notiz genommen, ob man sich z.B. des Gemeindejugendwerks (GJW) bediente oder sich davon entfernt hielt. Eine gemeinsame Außenmission ist, wie schon angedeutet, nie geschaffen worden. Erst dreißig Jahre später sollten die »Dortmunder Beschlüsse« bei erneuten Auseinandersetzungen wieder ins Blickfeld treten.

Die Wermelskirchener Konferenz

Die Entstehung des Freien Brüderkreises haben die »Dortmunder Beschlüsse« nicht verhindern können. Noch im Frühjahr 1949 hatten es viele von denen, die kompromisslos für den Bund eintraten, nicht glauben wollen, dass eine Austrittsbewegung größeren Ausmaßes Zukunft habe.[137] Fritz Surmann (Lünen) war noch Ende April der Ansicht, dass sich die Situation konsolidiere, und zwar »innerhalb des Bundes«. Von den Austrittswilligen meinte er, dass sie nicht mehr wüssten, was sie tun sollten. Ihre Lage sei durch »Ratlosigkeit und Unschlüssigkeit« gekennzeichnet.[157]

Davon konnte spätestens ab Juli 1949 keine Rede mehr sein. Immer mehr Gemeinden traten aus dem Bund aus, und Hugo Hartnack, der sich zunächst zurückgehalten hatte, empfand zusammen mit einigen anderen Brüdern die Verantwortung, »für die Gemeinden, welche sich in den letzten Jahren und besonders in den letzten Wochen und Monaten aus der Bundesorganisation gelöst« hatten, einen »gemeinsamen Weg« zu suchen. Als er dieserhalb Anfang Oktober 1949 zu einer Konferenz nach Wermelskirchen einlud, konnte er dies schon im Auftrag von 34 namentlich genannten bundesfreien Brüdergemeinden tun. Hugo Hartnack erklärte, dass sie
- »nicht die Bildung einer neuen Organisation, sondern brüderliche Verbindung aller Versammlungen« suchten;
- »ebenso wohl die schriftwidrige Enge wie auch die uferlose Weite« ablehnten;

– schließlich »die unseren Vätern geschenkten biblischen Wahrheiten dankbar festhalten und gläubig bezeugen« wollten.[158]

Zur Wermelskirchener Konferenz am 23. Oktober 1949[159] kamen etwa 400 Brüder. Zunächst suchte man sich über den bisherigen Weg zu verständigen und entwickelte ein Programm der eigenen Position:

– An dem »als schriftgemäß erkannten Standpunkt« der Offenheit gegenüber allen Kindern Gottes wollte man festhalten.
– Für die Gründung des *BfC* gab man die Möglichkeit zu, dass »vielleicht Kleinglaube und Menschenfurcht« gegenüber dem totalen Staat mitbewirkt haben könnte.
– Die Vereinigung mit den *Offenen Brüdern* wurde als »Geschenk Gottes« betrachtet, das kaum hoch genug zu werten sei.
– Der Bund mit den *Baptisten* wurde dagegen »je länger je mehr als unhaltbar« angesehen. Die »starre Organisation« einer »Predigerkirche« vertrage sich nicht mit der Auffassung der »Brüder« vom allgemeinen Priestertum. Dies bedeute keine Geringschätzung der Baptisten, mit denen man weiterhin Gemeinschaft pflegen wollte. Die Betonung der biblischen Taufe und der missionarische Eifer wurden als wertvolle Anregungen seitens der Baptisten anerkannt.
– Den »Brüdern« der »*Christlichen Versammlung*«, mit denen man sich von der Vergangenheit her verbunden fühlte, glaubte man mit der Lösung vom Bund einen Schritt entgegengekommen zu sein. Den nächsten Schritt müssten nun sie tun, da man die »schriftwidrige Mauer der Absonderung« nicht gutheißen könne.
– Die Beziehungen zu den »wahren Christen anderer Kreise« sollten gepflegt und vermehrt werden.

Es fällt auf, dass in diesem Programm diejenigen nicht erwähnt wurden, mit denen die jetzt »Freien Brüder« bis dahin am engsten verbunden gewesen waren: die »Brüder« im Bund. Hielt man den weiteren Zusammenhalt für so selbstverständlich, dass man meinte, dies nicht erwähnen zu müssen? Oder glaubte man, dass alle noch im BEFG befindlichen Brüderversammlungen dem Beispiel der Wermelskirchener folgen würden?

Wie dem auch sei, die »Freien Brüder« konstituierten sich jetzt auch praktisch als eine »Gruppe« oder als ein »Kreis«:

– Aus der Mitte der Konferenzversammlung wurde der sogenannte »kleine Brüderkreis«, ein *Vertrauensbrüderkreis* von acht Brüdern, vorgeschlagen, der um die »brüderliche Verbindung und Betreuung« der ansonsten nicht organisierten Gemeinden Sorge tragen

341

sollte. Es handelte sich neben Hugo Hartnack um Ernst Berning (Schwelm), Ernst Birk (Mettmann), Fritz Bracht (Leverkusen), Wilhelm Greb (Opladen), Heinrich Neumann (Rehe) und Walter Schmidt (Niederschelden); der zusätzlich noch vorgeschlagene Fritz Feldhoff (Siegen) verstarb schon im Februar 1950 (vgl. II,18). Um nicht dem Fehler der einstimmigen Akklamationsversammlungen z.Zt. des BfC zu erliegen, wurden alle Gemeinden aufgefordert, etwaige Einwendungen gegen die »Wermelskirchener Vertrauenskundgebung« zum Ausdruck zu bringen.
- Es wurde eine *Kasse für das »Werk des Herrn«* errichtet, als deren Kassenführer Ernst Birk bestellt wurde, während Hugo Hartnack und Fritz Bracht mit ihm zusammen die Ausgaben vornehmen sollten. Rechenschaft darüber war auf den Konferenzen zu erstatten.
- Durch *Konferenzen*, den Dienst der *Reisebrüder* und durch das *Schrifttum* sollte die Verbindung untereinander gepflegt werden.

Den noch im Bund befindlichen Brüdergemeinden wurde empfohlen, sich bei unterschiedlichen Meinungen in den Gemeinden auf keinen Fall zu spalten, sondern so lange zu beten und zu warten, bis Einmütigkeit für einen Austritt aus dem Bund zu erreichen sei.

So wurde der 23. Oktober 1949 zum Gründungstag des Freien Brüderkreises in der damals gerade entstandenen Bundesrepublik, während man in der ebenfalls jüngst gebildeten Deutschen Demokratischen Republik aus verständlichen Gründen dem nicht zu folgen vermochte.

Der eingeschlagene Weg wurde auf der Barmer Konferenz (21./22.1.1950) bekräftigt.[160] Noch einmal grenzte man sich sowohl gegenüber dem Bund als auch gegenüber den »Exclusiven Brüdern« ab:

> »Wir möchten keine andere Bindung anerkennen als die an das Wort Gottes. Deshalb möchten wir alle konfessionellen Glaubenssätze oder Verfassungen ablehnen, die nicht in der Schrift enthalten sind oder über die Schrift hinausgehen. Die gleiche ablehnende Haltung müssen wir gegenüber Vorschriften und Bedingungen einnehmen, welche von gewissen Brüdern aufgestellt und – auch ohne schriftliche Festlegung – zu Dogmen erhoben worden sind. Weil sie gegen die Schrift verstoßen, können wir sie nicht anerkennen.«

Inzwischen war auch der größte Teil der Reisebrüder aus dem Bund ausgetreten, im Allgemeinen mit ihren Gemeinden. Sie wurden aber nicht aus der Kasse »Werk des Herrn« bezahlt; vielmehr sollten die besuchten Versammlungen für den Unterhalt der Reisebrüder sorgen, und die gemeinsame Kasse gab nur dort Zuschüsse, wo die Reisebrüder nicht angemessen versorgt wurden.

Von den 209 Brüdergemeinden (mit 15.225 Gliedern) in Westdeutschland schlossen sich bis zum November 1949 45 dem Freien Brüderkreis an, im September 1950 hatten »mehr als 70 Versammlungen den Bund verlassen«[161], dagegen blieben die 104 Brüdergemeinden (mit 8.419 Gliedern) in der DDR im BEFG[162] und setzten »wenigstens teilweise«[163] die Umgestaltung des Bundes im föderativen Sinne durch. Heute gibt es in der Bundesrepublik und West-Berlin ca. 170 bundesfreie Brüderversammlungen mit ca. 11.500 Mitgliedern, wozu entgegen oft geäußerter Meinungen gerade auch die meisten Gemeinden der früheren Offenen Brüder gehören. Im BEFG befinden sich noch etwa 70 Gemeinden der »Brüder« mit ca. 6.200 Mitgliedern.[164]

Zusammenfassung

Leider hat die Gründung des Freien Brüderkreises zu einer weiteren Spaltung der deutschen Brüderbewegung beigetragen. Zwei Gruppierungen der »Brüder« hatte es im Deutschland des 20. Jahrhunderts schon immer gegeben, und zwar bis 1937 die der Geschlossenen Brüder (»Christliche Versammlung«) und die der Offenen Brüder (vgl. Bd. II). Die mit der Gründung des BfC (1937) verbundene Abspaltung der Bundesgegner und Neubildung der »Christlichen Versammlung« 1945 wurde dadurch ausgeglichen, dass sich die ehemals Geschlossenen Brüder des BfC und die Offenen Brüder 1937 fanden und auch im BEFG (ab 1941) zusammenblieben. Nun aber (1949) war wirklich eine dritte Gruppierung entstanden, eben der Freie Brüderkreis, der seitens der »Alten Versammlung« als »Dritter Weg« bezeichnet und nicht als echte Umkehr gewertet wurde, zumal in den Augen der Geschlossenen Brüder das Moment der »Beugung« und die Praktizierung der »Absonderung« fehlten.

Es wäre aber zu vordergründig gesehen, die erneute Spaltung allein auf die Austrittsbewegung zwischen 1945 und 1949 (z.T. bis 1954) zurückzuführen. Denn beiden Seiten, den »Brüdern« im Bund wie auch den Freien Brüdern, ist ein Ringen um das rechte Handeln in Übereinstimmung mit der Bibel nicht abzusprechen. Beide Gruppen waren bestrebt, dem Geist Gottes gehorsam zu sein, und wieder waren es unterschiedliche Auffassungen über den rechten Gehorsam gegenüber der biblischen Wahrheit von der Einheit der Kinder Gottes, was sie trennen sollte.

Glaubten die im Bund verharrenden »Brüder«, den »Gehorsamsschritt« von 1941 nicht zurücknehmen zu dürfen, wenn sie sich nicht dem Wunsch Jesu, »dass sie alle eins seien«, schriftwidrig versagen wollten, so argumentierten die Freien Brüder, dass gerade die einseitige Bindung an eine Organisation ein wesentliches Hindernis sei, die Einheit des Leibes Christi in der Offenheit gegenüber allen Kindern Gottes zu dokumentieren.

Beide Gruppen folgten ihrem Gewissen, doch leider blieb dabei, wenn auch zunächst nur äußerlich, die Einheit der Brüderbewegung in Deutschland auf der Strecke. Denn wenn man auch von beiden Seiten immer wieder versicherte, dass man innerlich »zusammenbleiben« wolle, so ließ es sich doch nicht leugnen, dass man nach außen das Bild zweier getrennter Gruppen bot.

Aber die Wurzeln der Austrittsbewegung, die zur Spaltung führte, lagen tiefer, als es die Auseinandersetzungen von 1949/50 deutlich machen konnten. Die Gründe sind letztlich in den Vorgängen um den Zusammenschluss von Baptisten und »Brüdern« im Winter 1940/41 zu suchen. Dass die Umstände jener Ereignisse nicht berechtigten, später einseitig nur von den »geistlichen Motiven« auf Grund des klar erkannten Willens Gottes zu sprechen – wie es die Bundesbefürworter taten –, ist schon dargelegt worden. Dabei ist die unerschütterliche Überzeugung von Männern, die sich doch fast alle politisch geirrt hatten, mit dem Bund von 1941 auf dem gottgewollten Weg zu sein, eigentlich erstaunlich. Ein Werk, das man mit vielen pathetischen Hinweisen auf die Taten eines Adolf Hitler errichtet hatte, hätte man auch zum Scheitern des »Führers« in Parallele setzen müssen. Es zeugte nicht gerade von selbstkritischer Einsicht, wenn man die so zeitbedingte Angelegenheit einer solchen Organisation ausdauernd mit dem Willen und der Führung Gottes identifizierte.

Mit etwas weniger Selbstsicherheit gegenüber dem Willen Gottes hätte man angesichts der nicht endenden Querelen um den Bund wie Erich Sauer mit mehr Berechtigung darauf hinweisen können, dass »dem Bund der Stempel der Bestätigung durch den Verlauf der Weiterentwicklung« fehlte.[124] Fritz Surmann dagegen schloss allein aus der rein pragmatisch begründeten Haltung der Ostzonen-»Brüder« in Sachen Bundesaustritt, »dass der Herr das Zusammenbleiben im Bund will«[157].

Bundesbefürworter argumentierten auch gern, dass man unmöglich behaupten könne, der Herr habe Baptisten und »Brüder« zusammengeführt, acht Jahre später jedoch, man habe sich damals geirrt.[141] Warum eigentlich nicht? Wer konnte denn mit Sicherheit sagen, dass nur 1941 die Führung Gottes vorhanden gewesen sei? Immerhin machte Erich Sauer darauf aufmerksam, dass die von staatlichen Forderungen unbeeinflusste Bundesgründung von 1941 kein Beweis göttlicher Führung, sondern eher des menschlichen Eigenwillens sei.[124] Deshalb war auch Männern wie Hugo Hartnack und Erich Sauer nicht die geistliche Berechtigung zu bestreiten, einen Irrtum zuzugeben und in diesem Zusammenhang von »Schuld« zu sprechen.

Dass wenige durch den NS-Staat mit Macht ausgestattete Männer in die Entwicklung der Brüdergemeinden, die sich in ihrer ganzen Geschichte durch Unabhängigkeit ausgezeichnet hatten, durch den Zusammenschluss mit den Baptisten so entscheidend eingriffen, konnte nicht auf die Dauer Beifall in den Gemeinden finden. Gern berief man sich auf die Zustimmung der Ortsbeauftragten in den Informationsveranstaltungen vor der Bundesgründung. Was aber von den Akklamationen solcher Versammlungen im oppositionslosen totalen Staat zu halten war, hätte eigentlich ein so sachlicher, nüchterner und gefühlvoller Begeisterung nicht verdächtiger Mann wie Dr. Becker durchschauen müssen.

Solche Überlegungen sollen nicht eine Seite ins Unrecht setzen; sie hätten aber damals dazu beitragen können, dem Grundsatz der Einheit der Brüderbewegung größeres Gewicht beizulegen, als man es anscheinend für richtig hielt. So verbiss man sich in seine jeweilige gewissensmässige Bindung – hier Bund, dort Unabhängigkeit – und verlor darüber den – wenn auch zunächst nur äußerlichen – Zusammenhalt. Waren aber die jeweiligen Zielsetzungen wirklich so hochrangig, dass man die Einheit der Brüderbewegung aufgeben durfte?

Ihrer gesamten geschichtlichen und theologischen Herkunft nach waren die »Brüder« nicht als Kirche strukturiert gewesen, auch nicht als Freikirche, selbst wenn sie, äußerlich gesehen, manche Formen einer Freikirche aufwiesen (vgl. Bd. II). Sie waren letztlich durch keine geschriebene Satzung gebunden und wussten sich nur der Führung Gottes und ihrem geistlichen Gewissen unterworfen, auch in der Anerkennung ihrer Führer. Dass man sie ausgerechnet einer so festgefügten, demokratisch organisierten und vom Amt her strukturierten Pastoren-Kirche wie der der Baptisten einzufügen versuchte, war ein Missgriff, der nur aus der zeitlich bedingten Situation von 1941 zu verstehen ist.

Es rächt sich aber immer, geschichtlich Gewachsenes zu ignorieren und rücksichtslos durch Prinzipien – und seien es auch, für sich genommen, theologisch berechtigte – ersetzen zu wollen. Und die geschichtliche Tradition wird um so stärker sein, je mehr sie von geistlichen Überzeugungen getragen ist. Insofern muss unter dem Aspekt der Gesamtgeschichte der in- und ausländischen Brüderbewegung gesagt werden, dass deren Unabhängigkeit gegenüber der Bindung an eine Freikirche fremder Struktur die größere Berechtigung hatte. Niemals hätten sich deshalb die deutschen »Brüder« durch den doch recht anfechtbaren Schritt von 1941 so unlöslich binden dürfen, dass sie sich an dieser Frage schließlich spalteten.

Es mag sein, dass auch die auf ihre Unabhängigkeit bedachten »Brüder« den Grundsatz der Einheit nicht genügend in ihre Überlegungen und ihr Handeln einbezogen und zu rücksichtslos den Austritt vollzogen. Dass aber die maßgebenden Bundesbefürworter die geschichtliche und geistliche Herkunft der »Brüder« ignorierten, war der entscheidendere Mangel. Dass einzelne Personen und Gemeinden sich weigerten, die Probleme anderer »Brüder« mit der Organisation überhaupt zur Kenntnis zu nehmen, wenn sie sich z.B. die Zusendung weiterer Rundbriefe verbaten, bewies, dass schon damals ein erschreckendes Defizit in der Verantwortung für das einheitliche Zeugnis der Brüderbewegung vorhanden war. Man sah nur »auf das Seine«, nicht »auf das der anderen« (Phil 2,4).

Dass dieses einheitliche Zeugnis der deutschen Brüderbewegung um des individuellen Erkenntnisgutes willen so gering geachtet wurde, war neben den Ereignissen von 1940/41 der zweite entscheidende Fehler, unter dem die deutschen »Brüder« bis heute seufzen.

VI. Aufbruch in die Außenmission

1. Neubeginn

Unabhängig von den Nöten und Auseinandersetzungen um die Fragen, die der Bund aufgeworfen hatte, brach in der Nachkriegszeit unter den »Brüdern« eine Bewegung auf, die sie zutiefst positiv beeinflussen sollte: die Öffnung für die Außenmission. (Die Entwicklung kann hier kürzer dargelegt werden, da hierüber eine ausführliche Darstellung vorliegt.[165])

Ausgangspunkt war die Bibelschule in Wiedenest (II,142ff.), die unter der NS-Herrschaft mehr und mehr in ihrer Wirksamkeit eingeschränkt worden war. Nach dem Tod von Johannes Warns (1937) war Heinz Köhler, dem Sohn des ersten Schulleiters, Christoph Köhler (II,144), die Verantwortung für die Schule zugefallen, während Erich Sauer die Studienleitung übernommen hatte. Aber immer weniger Schüler hatten die Möglichkeit, in Wiedenest ein Bibelstudium aufzunehmen, das seit 1937 durch ein Programm von Bibelwochen ergänzt bzw. ersetzt wurde. Auch die Möglichkeiten in der Ost- und Südosteuropamission wurden im Krieg immer dürftiger und kamen schließlich ganz zum Erliegen. Schon 1939 mussten die *Offenen Türen* auf Anordnung der Regierung ihr Erscheinen einstellen, und 1942 wurde der Unterricht ganz untersagt. Dafür hatte aber das baptistische Predigerseminar, dessen Haus in Hamburg durch den Bombenkrieg zerstört worden war, die Möglichkeit, von 1943 bis 1948 seinen Unterricht in Wiedenest weiterzuführen.

Nach der Rückkehr des Seminars nach Hamburg im Sommer 1948 brach unter den ca. 15 Schülern und drei Lehrern der Bibelschule – in demselben Jahr war Ernst Schrupp als dritter Lehrer hinzugetreten – ein Fragen auf, welchen Auftrag Gott wohl für das Wiedenester Werk habe. Die zum großen Teil aus dem Erleben von Krieg und Gefangenschaft heimgekehrten Brüder waren davon überzeugt, dass dem deutschen Volk in seiner äußeren und inneren Not das Evangelium vermehrt verkündet werden müsse, und die Erfahrungen der jetzt wieder beginnenden Zeltmission (s.S. 298) konnten sie in dieser Meinung nur bestärken.

Unterstützt wurde der Gedanke missionarischer Verpflichtung durch den neuen Lehrer Ernst Schrupp (geb. 1915). Er war der Sohn eines Reisebruders und ehemaligen Landwirts aus Wuppertal-Beyenburg, war im Krieg nach kaufmännischer Tätigkeit

Offizier gewesen, hatte danach – noch als Familienvater – in Wuppertal und Bonn Theologie studiert und bei der Gründung der »Studentenmission in Deutschland« (SMD) führend mitgewirkt, ehe er 1948 nach Wiedenest berufen und ebenso wie Erich Sauer zum Motor eines außenmissionarischen Engagements der deutschen »Brüder« wurde.[166]

Anfangs war Erich Sauer (1898-1959) geistlicher Initiator des Aufbruchs in die Außenmission. Er stammte aus Berlin und war der Sohn einer gläubigen Mutter, die zur Christlichen Gemeinschaft der Offenen Brüder in der Berliner Hohenstaufenstraße (II,128ff.) gehörte. Hier, an dem Ort, wo auch die »Bibelschule für Innere und Äußere Mission« ihren Platz hatte, empfing Erich Sauer Impulse für Glauben, Mission und eine offene Haltung im Sinne der Evangelischen Allianz, und schon früh war ihm klar, dass er sein Leben in den Missionsdienst zu stellen hatte. Zwar machte er als Theologiestudent eine Glaubenskrise durch, aber er überwand sie in der bewussten und bedingungslosen Beugung unter die Autorität des Wortes Gottes. Eine Prüfung anderer Art war seine Sehschwäche, die die Gefahr der Erblindung einschloss und durch die er sich von Gott hindurchgetragen wusste.

Schon seit 1920 war er Lehrer an der Wiedenester Bibelschule, wo er auch seine Bücher heilsgeschichtlichen Inhalts schrieb, die weithin Beachtung fanden (II,148). Die Vereinigung der Offenen und Elberfelder Brüder 1937 unterstützte Erich Sauer von ganzem Herzen, skeptisch dagegen betrachtete er bald den BEFG.[124] Er entwarf 1949 in der Krise des Bundes den Vorschlag C, der eine Lösung der »Brüder« aus der Bundesorganisation und die Gründung einer Arbeitsgemeinschaft mit den Baptisten vorsah, was nicht verwirklicht werden konnte, weil die »Brüder« zwei verschiedene Wege gingen. So trat Erich Sauer mit der Gemeinde Wiedenest aus dem BEFG aus und richtete, da mit der Gründung der Bundesrepublik der Außenmission neue Möglichkeiten eröffnet waren, sein Augenmerk auf die Verkündigung des Evangeliums in der Nähe und der Ferne unter dem Aspekt weltweiter Bruderschaft. Die Grundsätze des von ihm gesehenen Missionsauftrages legte er 1951 auf der Berliner Konferenz dar.[167]

Hatten im ersten halben Jahrhundert der Bibelschule Ost- und Südeuropa im Mittelpunkt der missionarischen Bemühungen gestanden – schließlich war die Not der russischen Gemeinden 1905 der Anlass zur Gründung einer Ausbildungsstätte für Gemeindearbeiter im Osten gewesen –, so waren es aus weltpolitischen Gründen jetzt die Länder des Westens und bald auch die in Übersee, wofür man sich missionarisch verantwortlich fühlte.

Das erste Land, das sich als missionarische Wirkungsstätte öffnen sollte, war Österreich. Schon 1949 konnten die ersten drei Bibelschüler ein Praktikum in Graz absolvieren, was den Anfang der Missionstätigkeit von Wiedenest aus in Osterreich bedeutete, denn die Praktika konnten fortgesetzt werden und sollten in die Entsendung von Missionaren münden.

2. Das »Missionshaus Bibelschule Wiedenest«

Das Jahr 1952 sollte für die Zukunft nicht nur der Bibelschule, sondern der gesamten Brüderbewegung in Deutschland von bestimmender Bedeutung sein. Inzwischen hatte der Gedanke der außenmissionarischen Verantwortung unter den deutschen »Brüdern« Fuß gefasst – nicht zuletzt im Blick auf das Vorbild der englischen Offenen Brüder, die Hunderte von Missionaren in aller Welt unterhielten (II,120ff.) –, und so trafen am 26. Februar und 8. April 1952 Männer, die die außenmissionarische Verpflichtung empfanden, in Wiedenest zusammen, um über die Möglichkeiten außenmissionarischer Arbeit zu beraten.

Nicht nur organisatorisch sollte es von Nutzen sein, dass man beschloss, die drei bis zum Zweiten Weltkrieg funktionierenden außenmissionarischen Dienste der deutschen »Brüder« im »Missionshaus Bibelschule Wiedenest e.V.« zu vereinen. Es handelte sich um

- die Missionsarbeit der »Elberfelder Brüder«, die sich besonders auf Ägypten und China erstreckt hatte und über die in der Zeitschrift *Mitteilungen aus dem Werk des Herrn in der Ferne* berichtet worden war (II,42ff.);
- die »Velberter Missionshilfe e.V.«, durch die der Chinamissionar Ernst Kuhlmann unterstützt worden war (II,147);
- die Bibelschule für Innere und Äußere Mission in Wiedenest, die als ein völlig freies Werk auf Allianz-Basis gegründet worden war, im Laufe ihrer Geschichte aber zunehmend die Zusammenarbeit mit den Gemeinden der Offenen Brüder, ab 1938 mit dem BfC gepflegt hatte und schließlich als ein hauptsächlich von Brüdergemeinden getragenes Werk gelten konnte.

Das war um so mehr jetzt beim »Missionshaus Bibelschule Wiedenest« der Fall, obwohl das Werk wie auch die dann ausgesandten

Missionare nie nur von den Spenden der Brüdergemeinden getragen worden sind, sondern darüber hinaus von Einzelpersonen und Gemeinden aus dem weiteren evangelikalen Bereich.

Die Verantwortung für das nun immer umfangreicher werdende Werk übernahmen seit 1954 Brüder aus den westdeutschen Brüdergemeinden in einem Vorstand und einem Bruderrat, Gremien, die später noch durch eine Vollversammlung aus den Vertretern der an der Mission beteiligten Gemeinden und Werke ergänzt wurden. Die Bereiche Wirtschaft, Schule und Mission werden in besonderen Ausschüssen intensiv beraten. Zum ersten Vorstand gehörten Otto Bastian (Schwelm), Dietrich Dirks (Düsseldorf), Paul Müller (Stuttgart), Erich Sauer, Ernst Schrupp und Johannes Walther (Bergneustadt).

Mit dem »Missionshaus Bibelschule Wiedenest (MBW)« hatten die deutschen »Brüder« ein Organ gefunden, dessen sie sich zur Wahrnehmung ihres außenmissionarischen Auftrags bedienen konnten. Dabei verstand und versteht sich das MBW genau wie die entsprechenden Werke der englischen Offenen Brüder (II,124) nicht als Missionsgesellschaft, sondern nur als Mittler zwischen den einzelnen Gemeinden und den von ihnen ausgesandten Missionaren. Denn von Anfang an hatte das Werk unter der Führung Erich Sauers – er hatte 1952 nach Pensionierung Heinz Köhlers die Leitung der Bibelschule übernommen – darauf Wert gelegt, dass die Außenmission eine Sache der Gemeinden war. Die einzelnen Gemeinden sollten sich für die Außenmission verantwortlich wissen und Missionare aussenden, wobei das MBW seine Dienste für Ausbildung, für die Betreuung auf den Missionsfeldern, z.B. devisenrechtlich, oder in der Zusammenarbeit mit anderen evangelikalen Missionen zur Verfügung stellte.

3. Außenmissionarische Fortschritte

An diesem wesentlichen Grundsatz, der die Außenmission der »Brüder« von der sonst üblichen Praxis selbständiger Missionsgesellschaften unterscheidet und der schriftlich und in vielen Wochenendbesuchen den Gemeinden nahegebracht wurde, ist bis heute festgehalten worden.

Noch in demselben Jahr, 1952, konnten die ersten Missionare nach Österreich und Nigeria in Westafrika ausgesandt werden, und ebenfalls konnte ab 1952 die Wiedenester Missionszeitschrift

Offene Türen wieder erscheinen, in der Erich Sauer das Werk der Mission unter das Motto stellte:
- »Jeder Christ – ein Missionar!
- Jede Ortsgemeinde – eine Missionsgemeinde!
- Gemeinde und Weltmission gehören zusammen!«

In den folgenden Jahren konnten weitere Aussendungen erfolgen: 1954 nach Japan, 1955 nach Pakistan, 1957 nach Tansania (damals noch Tanganjika) und Nepal, 1958 nach Brasilien. Die Arbeit in Süd-Tansania mit dem Mittelpunkt in Mbesa sollte sich mit der Errichtung von Gemeindehäusern, einem Waisenhaus und einer Handwerkerschule, einer Bibelschule für einheimische Mitarbeiter und besonders durch die medizinische Arbeit mit Missionsärzten in einem eigenen Krankenhaus zum größten Wiedenester Missionsgebiet entwickeln.

Da die Aussendung von Schwestern auf die Missionsfelder keine geringe Rolle spielte, wurden seit 1953 auch Frauen zur missionarischen Zurüstung in der Bibelschule zugelassen. Außerdem wurden seit 1962 in einigen Ländern Europas zahlreiche Jugendmissionseinsätze durchgeführt.

Nicht zu trennen ist die Ausweitung des außenmissionarischen Werkes von der Person Ernst Schrupps, der 1959 nach dem Heimgang Erich Sauers die Leitung des MBW übernahm und unermüdlich auf die missionarische Verantwortung der Brüdergemeinden hinwies. Durch seinen und anderer Bibelschullehrer Reisedienst wurden Verbindungen zu vielen Brüdergemeinden im In- und Ausland geschaffen (Rumänien, Ungarn, CSSR, Polen, Spanien, Argentinien). Seit 1980 wird das Werk von Daniel Herm geleitet, der 1955, ausgesandt von der Gemeinde Schwelm, als einer der ersten Missionare überhaupt über das MBW aufs Missionsfeld nach Pakistan ging.

Völlig unabhängig von der Wiedenester Entwicklung erhielten die Baptisten ihre Kamerun-Mission zurück, in der sie bis zum Zweiten Weltkrieg gearbeitet hatten, die in der Zwischenzeit von amerikanischen Baptisten fortgesetzt worden war und die sie nun im Rahmen der 1954 gegründeten Europäischen Baptistischen Mission (EBM) weiterführen durften.[168] So arbeiteten also die im BEFG vereinten Baptisten und »Brüder« außenmissionarisch völlig getrennt.

1986 befinden sich von Wiedenest aus schon ca. 110 Missionare auf den verschiedenen Missionsfeldern, ausgesandt von über 170 Gemeinden – meist Brüdergemeinden inner- und außerhalb des

Bundes –, und zwar immer unter den Prinzipien, unter denen das MBW stets gestanden hatte: unter

- der unantastbaren Autorität der Bibel;
- der Aussendung durch die Gemeinden;
- einem ganzheitlichen Dienst in Wort *und* Tat;
- einer partnerschaftlichen Zusammenarbeit mit den einheimischen Gemeinden auf den Missionsfeldern, d.h. unter dem Verzicht auf jeden Vorrang des europäischen Missionars;
- der heilsgeschichtlich-endzeitlichen Ausrichtung auf den wiederkommenden Herrn Jesus Christus.

4. Bibelschule und Tagungsstätte Wiedenest

Dass zur Verwirklichung dieser Grundsätze eine gemeindliche Schulung gehörte, erschien als Notwendigkeit. Deshalb vergrößerte sich auch die Zahl der Lehrer und Schüler (ca. 90 im Jahr 1980) an der Bibelschule, und zu den Tagungen (Rüstwochen usw.) kamen schließlich jährlich ca. 1000 Teilnehmer.

Dabei ist hervorzuheben, dass die Bibelschule nicht der Ausbildung von Predigern dient, sondern – abgesehen von der Vorbereitung auf außenmissionarische Arbeit – der Zurüstung für den nebenberuflichen Dienst in den Gemeinden. Nur relativ wenige Absolventen sind bisher Prediger geworden. Dass sich heute unter den Schülern z.T. ein Trend zum vollzeitlichen Beruf bemerkbar macht, gehört zu den Problemen, die noch an Hand der Bibel bewältigt werden müssen.

Auch an dem allgemeinen Aufbruch der Evangelikalen war ebenso wie einzelne Vertreter aus dem »Brüder«kreis das MBW stark beteiligt, so an der Gründung des Evangeliums-Rundfunks in Wetzlar (1959)[169], in dessen Rundfunkrat der BEFG Hans Metzger entsandte[170] an der Gründung von »idea« (1971), der heute vielbeachteten Allianz-Informationszeitschrift, und natürlich auch an der Gründung der »Konferenz Evangelikaler Missionen« (1969), heute »Arbeitsgemeinschaft Evangelikaler Missionen«[171].

Letztere Gründung war notwendig geworden, nachdem der »Deutsche Evangelische Missionstag«, der dem Austausch und der Ergänzung unter den verschiedenen Missionswerken und der Vermittlung von Einkäufen, Passagen und Transporten gedient und dem auch das MBW ursprünglich angehört hatte, sich durch seine

Eingliederung in den »Internationalen Missionsrat« ökumenisch orientiert hatte.

Seit einer Reihe von Jahren gibt es auf Grund einer Vereinbarung mit dem BEFG innerhalb des MBW die »Gemeinsame Bibelschule«. 1970 musste die 1961 in Hamburg eröffnete baptistische »Bibel- und Missionsschule« geschlossen werden.[172] Daraufhin kamen der BEFG und das MBW überein, einen Teil der Bibelschulkurse in Wiedenest ab 1. Oktober 1972 als »Gemeinsame Bibelschule« durchzuführen, an der der BEFG sowohl personell (im Gemeinsamen Schulausschuss) als auch finanziell beteiligt wurde. Die Schüler kommen zu 75% aus dem freikirchlichen Bereich, in der Mehrzahl aus dem BEFG. Die Ausbildung dient der nebenberuflichen Mitarbeit in den Gemeinden. Dass das MBW hier zum erstenmal in seiner Geschichte eine – wenn auch nur einen begrenzten Teil betreffende – Bindung an eine bestimmte Freikirche eingegangen ist, wird natürlich in den Kreisen der »Brüder« z.T. recht kritisch gesehen.

5. Außenmission der Freien Brüder

Diese differenzierte Beurteilung der Bibelschule – nicht zuletzt aus dem Misstrauen gegenüber der Möglichkeit einer Predigerausbildung – führte dazu, dass sich in der Gruppe der Freien Brüder ein eigenes Werk der Außenmission herangebildet hat, obwohl von Anfang an auch Versammlungen der Freien Brüder an der Aussendung von Missionaren über das MBW beteiligt waren und es bis heute sind.

1966 erschienen mit dem Titel *Ausgesandt durch den Heiligen Geist*, ab April 1967 unter dem Titel *reich für alle* unter der Schriftleitung von Walter Wjst (Karlsruhe), Karl Vetter (Lörrach) und Ewald Pletsch (Gelsenkirchen) *Berichte über die Verkündigung des Evangeliums in verschiedenen Ländern*, Missionsbriefe, die später in die Zeitschrift der Freien Brüder, in die *Wegweisung* aufgenommen wurden.

Während die Freien Brüder die Verbindung zu den Offenen Brüdern in Portugal pflegen – hier hatte Rolf Binder in den dreißiger Jahren gearbeitet –, unterstützen sie Missionare in Brasilien, Japan und Zaire (zunächst noch Republik Kongo), wohin Fritz Statz schon vor dem Zweiten Weltkrieg ausgereist war und 1966 wieder ging. Für die in diesen Ländern arbeitenden Missionare bzw. Missionarinnen werden die Spenden in einer gemeinsamen Kasse »Werk des Herrn« für die »Außenmission« zusammengelegt.

6. Gastarbeiter- und Neulandmission

Brüdergemeinden waren es auch, die Anfang der sechziger Jahre die Mission unter den Gastarbeitern in der Bundesrepublik begannen. Von Mettmann[173] und Solingen ausgehend, wurde in zahlreichen Gemeinden, bald mit Hilfe italienischer Brüder, italienischen Gastarbeitern das Evangelium verkündet, so dass sich hier und da sogar italienische Gemeinden bildeten[174] und bekehrte Rückkehrer in ihrer Heimat das Missionswerk fortsetzten. Auf diese Weise kamen die deutschen »Brüder« in intensivere Verbindung zu den schon bestehenden italienischen Brüderversammlungen, die bis dahin mehr zu den englischen »Brüdern« hin orientiert gewesen waren.

Auch anderen Nationalitäten unter den Gastarbeitern wurde das Evangelium verkündet, so den Griechen, Jugoslawen und Türken.

Schließlich wurde den deutschen »Brüdern« auch der Gedanke der Neuland-Mission wichtig, der davon ausging, dass es in der Bundesrepublik Gebiete gibt, die vom biblischen Evangelium kaum erreicht sind, und dass es auch schriftgemäße Aufgabe jeder Gemeinde ist, auf die missionarische Gründung neuer Gemeinden im eigenen Land hinzuwirken. Die Freien Brüder versuchen, dieser Verantwortung besonders in Schleswig-Holstein, in Bonn und im Odenwald sowie einer Zigeunermission im Kölner Raum nachzukommen, Brüdergemeinden im Bund an verschiedenen anderen Orten, z.B. im Raum Hannover, während von Wiedenest aus in Niederbayern gearbeitet wurde. Mit der Gründung von »Christlichen Bücherstuben« haben die Freien Brüder einen guten Weg für Anknüpfungsmöglichkeiten des Evangeliums in Neuland-Gebieten beschritten.

Im Ganzen hat das deutsche Brüdertum in der Nachkriegszeit bewiesen, dass es sich auch der Mission im eigenen Land verpflichtet weiß, wenngleich es hier hinter dem missionarischen Elan der Baptisten weit zurücksteht. Aber es war beteiligt an Werner Heukelbachs Schriftenmission ebenso wie an Anton Schultes Missionswerk »Neues Leben«[175] bei der Gründung der Studentenmission[176] ebenso wie bei der Gründung des Evangeliums-Rundfunks[177] und auch die Gründer des deutschen Gideon-Bundes[178], jener von den USA ausgehenden Vereinigung von Kaufleuten zur Verbreitung der Bibel, kamen aus den Kreisen der »Brüder«. Die äußerlich so wenig imponierende Bewegung der ihrem ganzen Verständnis nach nicht konfessionell denkenden »Brüder« hat auf diese Weise doch wie ein »Salz« an einer nicht geringen Anzahl missionarischer Unternehmungen in unserem Land mitgewirkt.

VII. Einheit in der Vielfalt?
(die Entwicklung seit 1950)

1. Gemeinsamkeit

Sicherlich könnten sich die »Brüder« in der Bundesrepublik äußerlich wie innerlich viel intensiver der christlichen Verpflichtung zur Mission – wo auch immer – zuwenden, wenn sie nicht gezwungen wären, mit dem Problem ihrer verlorenen Einheit leben zu müssen. Zwar hatte man 1949 bei der Bildung des Freien Brüderkreises innerhalb wie außerhalb des Bundes den festen Willen, die Gemeinschaft als »Brüder« in Westdeutschland und auch mit den sämtlich im BEFG verbliebenen »Brüdern« in der DDR aufrechtzuerhalten[179], wie es überhaupt wohl nur bei »Brüdern« vorkommen kann, auf getrennten Ebenen mehr oder weniger organisiert zu sein und sich dennoch als eine zusammengehörige Gruppe verstehen zu wollen. Die Entwicklung hat aber gezeigt, dass die organisatorische Trennung auch eine innere Entfremdung zur Folge hat.

Die Werke

Zunächst bemühte man sich jedoch auf beiden Seiten wirklich um die beschworene Gemeinsamkeit. Die Konferenzen in Elberfeld, Dillenburg und Berlin wurden weiterhin als Treffen des gesamten Brüderkreises verstanden[179], wenn auch die Freien Brüder die jährlichen Konferenzen in Wermelskirchen, und dann alternierend damit in Wuppertal-Barmen, im Anschluss an die »geschichtliche Stunde«[180] vom 23. Oktober 1949 als ihre eigenen Zusammenkünfte betrachteten.

Gemeinsam trugen die »Brüder« inner- wie außerhalb des BEFG ihre verschiedenen Werke und Einrichtungen[181]:
- das Altersheim »Friedenshort« in Wuppertal-Ronsdorf (II,36);
- das Altersheim »Elim« in Crivitz in der DDR (II,36f.);
- die 1968 neu erstellte »Stiftung Christliches Altenheim Lützeln« im Westerwald, mit 90 Plätzen das bisher größte und modernste Haus dieser Art, das die »Brüder« errichtet haben[182];
- das Kinderheim Gesterau bei Plettenberg (II,37f.);
- die »Kinderheimat Sonnenstrahlen« in Hückeswagen-Strucksfeld, wo seit 1956 die frühere Arbeit im thüringischen Seebach (II,38) ihre Fortsetzung fand[183];

- die »Oberbergische Kinderheimat« in Gummersbach, aus der Privatinitiative Hanna Kienbaums entstanden, bis ein Bruderkreis das Werk 1961 mit einem eingetragenen Verein auf eine breitere Grundlage stellte[184];
- die »Christliche Pflegeanstalt« in Schmalkalden-Aue in der DDR (II,35f.); sie wurde 1949 vom BEFG übernommen und stellt innerhalb des Bundes die größte diakonische Einrichtung dar[185];
- das »Christliche Erholungsheim ›Westerwald‹« in Rehe im Oberwesterwald; das Werk begann 1945 durch die Initiative von fünf Männern mit dem Kauf eines Barackenlagers des ehemaligen Reichsarbeitsdienstes, um es zu einem Heim für erholungsbedürftige Menschen, damals in den Hungerjahren z. gr. T. Kinder, umzugestalten; erster Hausvater wurde Heinrich Neumann (II,138f.)[186]; inzwischen ist die öffentlich-rechtliche Stiftung[187] zum größten Erholungs- und Rüstzeitzentrum der deutschen »Brüder« geworden[188] und nach wie vor »Sache des gesamten Brüderkreises«[189];
- das Jugend- und Freizeitheim »Schwarzwaldmühle« in Besenfeld, das 1964 fertiggestellt wurde[190];
- das Schwestern-Mutterhaus »Persis« in Wuppertal-Elberfeld (II,38ff.);
- die Schriftenhilfe-Ost (heute Gemeindehilfe-Ost), die 1950 aus den Bedürfnissen der »Brüder« in der DDR an Bibeln, Liederbüchern und christlicher Literatur hervorging, bald aber auch in größerem Umfang die »Brüder« in Osteuropa (Ungarn, Rumänien, CSSR, Polen) finanziell und materiell, z.B. bei Gemeindehausbauten, zu unterstützen suchte; sie wurde lange durch Otto Bastian (Schwelm) geleitet, seit 1980 durch Edgar Lüling (Volmarstein)[191];
- das »Missionshaus Bibelschule Wiedenest«, hinter dessen Missionare sich auch viele Gemeinden der Freien Brüder stellten, während sie der Bibelschule distanzierter gegenüberstanden.

Getrennt arbeiteten dagegen immer
- die Zeltmissionen:
   a) des Freien Brüderkreises: die Zeltmission Wuppertal-Barmen, über deren Arbeit in einem eigenen *Mitteilungsblatt für unsere Missionsfreunde* berichtet wird; die Arbeit hat sich inzwischen zu einem Werk mit drei Zelten, zwei Missionswagen und der vorgenannten Neuland- und Zigeunermission (s.S. 354) ausgeweitet[192];

b)   der »Brüder« im BEFG: als deren Zelt galt lange das Zelt IV der Bundes-Zeltmission; außerdem arbeitete seit 1955 unter der Leitung von Paul Meyer die »Neuland-Mission Plettenberg«, die sich besonders den vom Evangelium unberührten Gegenden zuwendet[193];
- die Kassen für die Reisebrüder und überhaupt für das »Werk des Herrn«; sie helfen, dass von den Reisebrüdern auch kleinere Gemeinden besucht werden können, die nicht in der Lage sind, die Reisebrüder angemessen zu unterstützen; hier nehmen diese Kassen einen Zahlungsausgleich vor, betreuen natürlich auch die im Ruhestand befindlichen Reisebrüder bzw. deren Witwen und darüber hinaus auch gemeinsame Werke, soweit sie nicht von den Gemeinden direkt bedacht werden.

Doch immer standen und stehen die Konten allen Brüdergemeinden zur Verfügung, was auch bis heute z.T. wahrgenommen wird.

Auch ihre besonderen Konferenzen hielten die im Reisedienst stehenden Brüder, oft in Rehe und Schwelm, gemeinsam ab; und bis zum Jahr 1969, als sich Hugo Hartnack aus Altersgründen von jedem Dienst zurückzog, wiesen die von ihm erstellten Listen der zum überörtlichen Dienst empfohlenen Brüder – dazu gehörten natürlich auch die Reisebrüder – die Namen beider »Brüder«gruppen auf.

Liederbuch, Revision der Bibelübersetzung, Schrifttum

Ebenso konnte eine erneute Erweiterung des Liederbuches, der *Kleinen Sammlung Geistlicher Lieder* (vgl. II,102f.), die aus den Bedürfnissen der Gemeinden in der DDR notwendig geworden war, 1956/57 in großer Einmütigkeit durchgeführt werden (Lieder Nr. 193-250). Die Zusammensetzung der Liederbuch-Kommission zeigte, wie sehr man sich um Gemeinsamkeit bemühte. Seitens der Freien Brüder arbeiteten mit: Hugo Hartnack, Kurt Karrenberg und Walter Pfeiffer; seitens der bundesangehörigen Brüder: Paul Müller/Siegen (nach seinem Heimgang Willi Krause) und Rolf Brockhaus; seitens anderer unabhängiger Brüderversammlungen: Otto Bastian und Ernst Schrupp.[194] Das erweiterte Liederbuch wird seit 1959 in der DDR, seit 1960 auch im Westen benutzt.

Die notwendig gewordene Revision der *Elberfelder Übersetzung der Bibel* (I,108ff.) war ebenfalls ein Gemeinschaftswerk das ein Vierteljahrhundert überdauerte (1960-1985), 1975 zur Neuerscheinung des Neuen Testamentes und der Psalmen und wieder ein

Jahrzehnt später zur Herausgabe der gesamten Elberfelder Bibel in revidierter Fassung führte. Einige derjenigen, die lange und intensiv daran mitarbeiteten, sind inzwischen heimgegangen: Fritz Ruppel, Kurt Karrenberg, Johannes Walther, Hugo Hartnack sowie Walter Schmidt, der zeitweise beteiligt war. Bei Abschluss der Revisionsarbeit 1985 bestand die für die Arbeit verantwortliche Kommission aus den Brüdern Otto Bastian, Bernd Brockhaus, Rolf Brockhaus, Dr. Ulrich Brockhaus, Arno Hohage, Gerhard Jordy und Helmut Tillmanns. Allen Mitarbeitern war es stets ein Anliegen, dass die Elberfelder Übersetzung auch in der revidierten Fassung eine äußerst wortgetreue Übersetzung und die Bibel der gesamten deutschen Brüderbewegung blieb.

Ebenso war das Schrifttum zunächst ein völlig gemeinsames. Kurt Karrenberg bezeichnete 1953 in seiner Darstellung des »Freien Brüderkreises« den R.Brockhaus Verlag in Wuppertal-Elberfeld als »den Verlag der Brüderbewegung in Deutschland«, als deren gemeinsames Organ *Die Botschaft*, die seit 1949 wieder erschien und »deren Mitarbeiter teils dem ›Bund‹, teils dem ›Freien Brüderkreis‹ angehören«[195]. Wirklich stand die Zeitschrift noch eine Reihe von Jahren fest im Raum der Gesamtbewegung. Hugo Hartnack schrieb den Rückblick zum hundertjährigen Jubiläum des Blattes.[196] Neben Wilhelm Brockhaus, dessen Gemeinde, Wuppertal-Elberfeld-Baustraße, im BEFG verblieben war, trat für die Freien Brüder als zweiter Schriftleiter Kurt Karrenberg aus Dillenburg, und auch der Herausgeberkreis der *Botschaft* wies 1959 – zehn Jahre nach Bildung des Freien Brüderkreises – neben zwei Vertretern der Freien Brüder, Fritz Ruppel und Walter Schmidt, neben den Vertretern völlig unabhängig stehender Brüderversammlungen, Otto Bastian und Ernst Schrupp, nur ein Mitglied einer bundeszugehörigen Gemeinde aus, Eugen Wever (Wuppertal-Elberfeld). Als Wilhelm Brockhaus 1960 vom Schriftleiterposten, den er 1932 in Nachfolge seines Vaters Rudolf Brockhaus angetreten hatte, aus Altersgründen Abschied nahm, wurde Kurt Karrenberg, »der allerdings schon seit mehreren Jahren fast ausschließlich« die Aufgabe wahrgenommen hatte, die Verantwortung übertragen.[197] Für die »andere Seite« stand ihm Horst Kanitz, der Schriftleiter der seit 1951 wieder erscheinenden *Tenne*, als ständiger Mitarbeiter zur Verfügung.

Kurt Karrenberg (1913-1967)[198] literarisch nicht unbegabt, widmete sich der *Botschaft* mit großem Einsatz. Mit seiner Artikelserie »Singt mir eins von Zions Liedern!« arbeitete er das Liederbuch der Elberfelder Brüder historisch auf, und mit der regelmäßigen Kolumne »Gottes Hand im Zeitgeschehen« stellte er die Gemeinde in den aktuellen Bezug zur politischen, kulturellen und religiösen Welt. Als er 1966 wegen schwerer Erkrankung aus der von ihm sehr geliebten Arbeit ausscheiden musste, übernahm Otto Bastian (geb. 1903) neben seiner Unternehmertätigkeit in Schwelm den Schriftleiterposten, zehn Jahre später Manfred Klatt, ein ehemaliger Wiedenester Österreich-Missionar.

Der Herausgeberkreis der *Botschaft* wies, nachdem Fritz Ruppel und Eugen Wever 1966 heimgegangen waren, nur noch die Namen dreier – und zwar bundesfreier – Mitglieder auf. Als Walter Schmidt 1967 ausschied, um sich zusammen mit Hugo Hartnack und Hermann Loh der Schriftleitung am *Mitteilungsblatt für Freie Brüderversammlungen* und der 1968 daraus hervorgehenden Zeitschrift *Die Wegweisung* zu widmen, traten in dem selben Jahr noch seitens der bundeszugehörigen Gemeinden Alfred Lück aus Siegen, seitens der Freien Brüder Dieter Boddenberg aus Mettmann in den Herausgeberkreis ein.

2. Abgrenzung

Als letzterer 1970 aus der Mitverantwortung für die *Botschaft* ausschied, war dies nur ein Anzeichen für die Krise, in die die beiden »Brüder«gruppen zu jener Zeit in ihrem Verhältnis zueinander gekommen waren. Nun war dieses Verhältnis trotz der gemeinsamen Verantwortung für die Werke der »Brüder« nie so harmonisch gewesen, wie es sich auf beiden Seiten viele gewünscht hätten, die die organisatorische Trennung, die ja auch eine Trennung aus Überzeugung war, als eine »ausweglose Sache« betrachteten und die Entwicklung in Richtung auf eine innere Trennung befürchteten.

Festgelegt auf den Bund

Paul Müller (Velbert, später Siegen), grundsätzlich ein Anhänger des Bundesweges, lag dies schon 1953 schwer auf der Seele, dass Männer wie Dr. Hans Becker und Walter Brockhaus meinten, einfach nur geradlinig ihren Weg im BEFG gehen zu müssen, ohne nach den Vorbehalten der anderen Seite zu fragen. In Paul Müllers Bemühen um Verständigung, z.B. durch gemeinsame Gebetszusammenkünfte »verantwortlicher Männer«, sahen sie wenig Sinn und waren »fertig mit der Sache, bevor sie überhaupt gestartet« war.[199]

Festgelegt in seiner Haltung, nur die Mitgliedschaft im BEFG als den biblisch richtigen Weg anzusehen, war auch der Nachfolger Hugo Hartnacks als Bundesdirektor, Erich Wingenroth (s.S. 302, 337f.), der keinerlei Verständnis für die Bemühungen von Männern wie Paul Müller, Otto Bastian und Wilhelm Brockhaus hatte, auch weiterhin mit den Freien Brüdern zusammenzuarbeiten[200], bedeutete doch Gegnerschaft zum Bund für ihn schon Nähe zum Exklusivismus. Jede verantwortliche Zusammenarbeit zwischen Freien und bundeszugehörigen »Brüdern« lehnte er aus Zuständigkeitsgründen strikt ab und war auch Gegenargumenten, die die Gemeinsamkeit betonten, nicht zugänglich.[201]

Seine Rundbriefe waren von betonter Abgrenzung gegenüber den Freien Brüdern getragen. Als Erich Wingenroth 1955 eine Liste der empfohlenen Reisebrüder veröffentlichte, um »unter ausdrücklichem Hinweis auf Römer 16,17« vor »bewussten oder unbewussten Störern des Gemeindefriedens« zu warnen, und – abgesehen von Heinz Köhler – nur die sieben dem BEFG angeschlossenen Reisebrüder nannte[202], kam es zum Eklat, denn die übrigen 25 im überörtlichen Dienst stehenden Brüder mussten sich diffamiert fühlen.

»Es sind Werturteile über Knechte des Herrn öffentlich ausgesprochen worden, wie das m.W. bisher in solchem Ausmaß noch nie geschehen ist«, schrieb Hugo Hartnack, der seinem Nachfolger vorwarf, »systematisch Trennung« zu betreiben.[203]

Es war klar, dass Erich Wingenroth mit seiner Politik der »Abgrenzung«[203] der Gemeinsamkeit der »Brüder« keinen Dienst erwies, und daher wurde sein Rücktritt im nächsten Jahr mit allgemeiner Erleichterung aufgenommen, aber auch sein Nachfolger, Karl Reichardt aus Mülheim/Ruhr, dem man sachliches Urteil und verbindlichere Art zutraute[204], konnte eine Entwicklung nicht aufhalten, die nun auch von der anderen Seite her zur »Abgrenzung« tendierte.

Festgelegt auf eigene Konferenzen

Schon 1954 machten die »Freien Brüder« den Vorschlag, die gemeinsamen Konferenzen in Elberfeld und Dillenburg so vorzubereiten, dass jeweils eine Gruppe die volle Verantwortung allein übernahm, in Elberfeld die bundeszugehörigen »Brüder«, in Dillenburg die Freien Brüder.[205] Es konnte ihnen nicht gefallen, dass aus der örtlichen Situation und Tradition heraus, aus der

Bundeszugehörigkeit der für die Konferenzen verantwortlichen Gemeinden oder Personen, die Tagungen von Männern beeinflusst wurden, mit deren Denken sie in keiner Weise einverstanden waren. So hatte Dr. Rudi Weiß aus Haiger 1951 versucht, die Dillenburger Konferenz als »Bundeskonferenz aufzuziehen«, was die geplante Referentenliste auch verdeutlichte: Dr. Hans Becker, Paul Schmidt, Erich Wingenroth.[206] Die Freien Brüder lehnten aber ab, dass Männer, die
- die Existenzberechtigung der Brüderbewegung in Frage stellten,
- das System der »Brüder« überhaupt ablehnten,
- z.T. auch die Lehre der Moralischen Aufrüstung (II,83) vertraten, auf Konferenzen und Rüstzeiten Belehrungen erteilten.[207]

Die andere Seite sah die Gefahr der getrennten Wege, wollte auch dem Nonkonformismus unter den Konferenzrednern eine größere Toleranz entgegenbringen[208]; letztlich setzten sich aber doch die Freien Brüder durch[209] und veröffentlichten im Oktober 1955 biblische Grundsätze für die Dillenburger Konferenz[210], die nun eine Zusammenkunft in der Verantwortung der Freien Brüder wurde. Immerhin wurde versprochen, die »Fragen über Bund oder Nicht-Bund« gar nicht zu erörtern, und auch die Berichte aus dem Wiedenester Missionshaus und aus der Schriftenhilfe-Ost konnten noch lange Jahre gegeben werden. Doch ist nicht zu übersehen, dass ein weiterer Schritt zur Trennung vollzogen war.

Nach Anfangsschwierigkeiten nahm die Dillenburger Konferenz einen erfreulichen Aufschwung und entwickelte sich – abgesehen von den Konferenzen der »Christlichen Versammlung« – zur größten nichtexklusiven deutschen Brüderkonferenz. Die Elberfelder Konferenz dagegen, die mehr und mehr fast nur noch von bundeszugehörigen »Brüdern« besucht wurde und zudem nach 1968 unter dem emanzipatorischen Geist studentischer Unruhe litt, sank auf den Umfang einer Regionalkonferenz ab, was durch das Alternieren zwischen den Konferenzorten Wuppertal-Elberfeld und Köln noch gefördert wurde.

Der zweite Verlag

Wie bereits erwähnt, hatte Kurt Karrenberg noch 1953 in seiner Darstellung des Freien Brüderkreises den R. Brockhaus Verlag Wuppertal als »den Verlag der Brüderbewegung in Deutschland« bezeichnet. Die Leitung dieses Verlages war 1950 von Rolf Brockhaus (geb. 1909), dem Sohn von Wilhelm Brockhaus, übernommen worden. Er sah die Aufgabe des Verlages in der Pflege und Weiterführung des Brüderschrifttums (Elberfelder Bibel, Geistliche Lieder, Die Botschaft, Samenkörner, Tenne, Bücher von Erich Sauer, Ernst Schrupp, Rene Pache, Georg Brinke u.a.), darüber hinaus aber in der Öffnung des Verlages für den ganzen biblisch orientierten Bereich erwecklichen Christentums in Deutschland, wie er durch die Evangelische Allianz repräsentiert wurde, deren Hauptvorstand er bis 1978 (als Schatzmeister) angehörte.

Die Gründung der »Christlichen Verlagsgesellschaft Dillenburg« durch die Freien Brüder im Jahr 1957[211] musste nicht notwendig ein Schlag gegen ein gemeinsames Schrifttum der »Brüder« sein. Schließlich hatte es den Dillenburger Verlag von Dr. Emil Dönges schon früher neben dem R. Brockhaus Verlag gegeben (II,27ff.), und es war durchaus gerechtfertigt, dass man 1957 dem Ersuchen des Erben um Übernahme des Verlags entgegenkam, »zumal es vielen Brüdern grundsätzlich richtiger erschien, dass ein christlicher Verlag von einem breiten Brüdergremium als von einer Privathand getragen würde«[211]. Auch wurden »die Vertriebsfragen mit dem Verlag Brockhaus durch nützliche und beiderseits befriedigende Vereinbarungen« geordnet[212], und nicht nur blieben die Freien Brüder noch jahrelang Mitarbeiter der *Botschaft*; Kurt Karrenberg blieb auch als Schriftleiter und als einer der Geschäftsführer der Christlichen Verlagsgesellschaft – neben Hugo Hartnack und Hermann Loh – Schriftleiter dieser Zeitschrift.

War der Verlag ursprünglich gegründet worden, um »die Herausgabe der Dillenburger Kalender sicherzustellen« – sie erschienen seit einigen Jahren wieder – »und das Schrifttum der Brüderbewegung im Ganzen zu fördern«, so machte sich mit den Jahren doch eine starke Eigenentwicklung bemerkbar, so dass die »verschiedenen Verlage im Rahmen der Brüdergemeinden« – der R.Brockhaus Verlag Wuppertal und die Christliche Verlagsgesellschaft Dillenburg – leider auch etwas von der »Zerrissenheit der Versammlungskreise an sich« widerspiegeln.[211]

Aus der Verlagsarbeit gingen die Christlichen Bücherstuben hervor, die durch die Gemeinden der Freien Brüder in verschiedenen Orten eingerichtet wurden und seit 1980 in der »Christlichen Bücherstuben GmbH« ihre rechtliche Form haben. Die Christlichen Bücherstuben sind u.a. ein Zeichen dafür, dass die deutsche Brüderbewegung heute nicht nur unter dem Moment der verlorenen Einheit, sondern auch unter dem eines vermehrten missionarischen Bemühens gesehen werden darf.

Die zweite Zeitschrift

Es ist verständlich, dass der Freie Brüderkreis nach einem Jahrzehnt seines Bestehens das Bedürfnis hatte, in einem eigenen periodischen Organ untereinander Verbindung zu halten. Dem kam man seit 1961 zunächst in bescheidener Form nach, und zwar durch das *Mitteilungsblatt für freie Brüderversammlungen*, das die *Botschaft* als Zeitschrift der Gesamtbewegung – zumal unter der Schriftleitung von Kurt Karrenberg – in keiner Weise ersetzen sollte. Unter der Federführung Hugo Hartnacks wurden im Mitteilungsblatt zusammen mit Hermann Loh und Walter Schmidt die Belange der Gruppe, z.B. die Kassenfragen, angesprochen, aber auch kurze Artikel geistlichen Inhalts veröffentlicht.

Es war dann aber nicht von ungefähr, dass zu dem Zeitpunkt, als Kurt Karrenberg kurz vor seinem Heimgang 1967 den Schriftleiterposten der *Botschaft* abgeben musste, das *Mitteilungsblatt* zu einer Zeitschrift umgestaltet wurde, und zwar unter dem Titel *Die Wegweisung*, wie sie seit 1968 hieß. Als sich Hugo Hartnack 1969 aus Altersgründen zurückgezogen hatte, seine Nachfolger Hermann Loh und Walter Schmidt 1971 bzw. 1970 heimgegangen waren, wurde *Die Wegweisung* ab November 1971 unter der Schriftleitung von Johannes Platte und Dieter Boddenberg zu einer ansprechend modern aufgemachten Zeitschrift, die das Gemeindeverständnis der Freien Brüderversammlungen konsequent vertritt.

Damit hatte *Die Botschaft* ihre Stellung als alleiniges Organ der nichtexklusiven Brüderbewegung nach dem Krieg endgültig verloren, obwohl ihrem Herausgeberkreis das Bemühen nicht abzusprechen ist, auch unter den veränderten Umständen die Gesamtheit der deutschen »Brüder« im Auge zu behalten. Dass über eine Reihe von missionarischen und sozialen Werken und Geschehnissen, z.B. Konferenzen in beiden Blättern parallel berichtet wird, kann als ein hoffnungsvolles Zeichen eines immer noch vorhandenen Restbestandes an Übereinstimmung gelten.

Der eigene Weg in der Außenmission

Leider war diese Übereinstimmung auch auf dem Gebiet der Außenmission nicht mehr völlig zu halten. Hatte sich der Freie Brüderkreis zunächst ganz in den von Wiedenest ausgehenden missionarischen Aufbruch von 1952 hineingestellt, so hatten doch mancherlei Vorbehalte gegen die Bibelschule auch eine gewisse Distanz zum Werk des MBW geschaffen. So wurde es im Freien

Brüderkreis gern aufgegriffen, als einzelne Gemeindeglieder, die sich in die Mission berufen wussten, den Wunsch hatten, ohne die Verbindung zum MBW aufs Missionsfeld zu gehen (s.S. 353). Es wurden Kassen geschaffen, über die sich die Gemeinden finanziell hinter die Missionare stellen konnten.

Dies alles bedeutete noch nicht, dass ein zweites Werk der Außenmission gegründet worden wäre. Vielmehr stand man hier durchaus in der Tradition der »Brüder«, die immer bestrebt gewesen waren, offen für die persönlichen Führungen im Leben des Gläubigen zu sein, hatte doch auch der Vorstand des MBW nach einer Aussprache mit den Freien Brüdern 1966 festgestellt:

> »Für Zurüstung zum Dienst und für den Weg in die Mission gibt es außer Wiedenest auch andere Möglichkeiten. Wir erheben in Wiedenest hierfür innerhalb des gesamten Brüderkreises keinen Ausschließlichkeitsanspruch.«[213]

Umgekehrt betonte man auch seitens der Freien Brüder, bei aller Kritik an der Bibelschule dem Wiedenester Missionswerk mit »warmen Herzen« gegenüberzustehen.[214]

Zwar fasste Walter Wjst (Karlsruhe) mit zwei anderen Brüdern die Missionsbriefe ab 1966 in einer Quartalsschrift zusammen, betonte aber, dass man hier keine neue Missionszeitschrift neben den *Offenen Türen* vorlegen wolle. Es sollten vielmehr Berichte im Stil der von Rudolf und Ernst Brockhaus herausgegebenen *Mitteilungen aus dem Werk des Herrn in der Ferne* (II,31.43ff.) sein, und über diese unverbindliche Form wollten die Verantwortlichen »auch nicht einen Schritt hinausgehen«[213]. Als der Titel der Berichte über die Verkündigung des Evangeliums in verschiedenen Ländern, »Ausgesandt durch den Heiligen Geist«, auf die nur hier angeführten Missionare bezogen und elitär missverstanden wurde, änderte man ab April 1967 den Titel in *reich für alle*, bis dann ab 1972 *Die Wegweisung* als Monatsschrift die Missionsbriefe übernahm und eine größere Aktualität gewährleistete.

Werden also auch auf dem Gebiet der Außenmission getrennte Wege beschritten, sollte man dies nicht ausschließlich als Symptom der Uneinigkeit unter den »Brüdern« werten; ausschlaggebend scheint hier mehr noch der Wesenszug des Brüdertums zu sein, sich möglichst nicht durch organisatorische Strukturen binden zu lassen, um die Führung durch den Geist Gottes nicht zu hindern. Dass die persönlichen Grenzen hier unterschiedlich gesehen werden, mag dann oft ein Bild der *Uneinigkeit* heraufbeschwören, auch wenn es sich nur um *Uneinheitlichkeit* handelt. Nirgendwo wird daher dem Einzelnen so viel Toleranz abverlangt wie in der Uneinheitlichkeit des Brüdertums, das wie kaum ein anderer Kreis von Christen offen für persönliche Initiativen ist. Dass hier die Toleranzgrenzen unterschiedlich gesetzt werden, mag zuweilen zu Auseinandersetzungen führen, liegt aber in der Natur des menschlichen Charakters. Zur *Uneinheitlichkeit* unter den »Brüdern« gehört auch die Tatsache, dass die sogenannten Freien Brüder nicht als eine fest abgegrenzte Gruppierung zu verstehen sind, ist doch das Gruppenzugehörigkeitsgefühl der einzelnen Gemeinden und z. T. auch Personen recht differenziert. Es reich von eindeutigem Gruppendenken bis zu bewusster Wahrung der Unabhängigkeit, weshalb man auch besser allgemein von »bundesfreien Brüdern« sprechen sollte.

Ob jedoch die Uneinheitlichkeit unter den deutschen »Brüdern« so weit gehen musste, dass die Freien Brüder 1979 mit der »Bibel- und Missionshilfe Ost« auch eine Parallelorganisation zur »Schriften(bzw. Gemeinde-)hilfe-Ost« schufen, mag bezweifelt werden. Hier wäre es wohl angebrachter gewesen, gegenüber den »Brüdern« in der DDR und anderen Ostblockländern mit einer Stimme aufzutreten. Immerhin kann es aber auch hier als ein hoffnungsvolles Zeichen noch vorhandener Gemeinsamkeit angesehen werden, dass 1983/85 das große Projekt des Gemeindehausbaues in Budapest (Ungarn) in der Hilfeleistung durch die deutschen »Brüder« unter der Federführung von Paul Kalthoff als ein Gemeinschaftswerk betrieben werden konnte.[215]

Spannungen

Es kann nicht übersehen werden, dass die Einheit des deutschen nichtexklusiven Brüdertums seit 1949 schleichend, seit 1970 offensichtlich einer Krise unterliegt. Daran vermochten auch alle Bemühungen derjenigen nichts zu ändern, die die Folgen der »äußeren Trennungen« mit Sorge betrachteten[216], so z.B. der um 1959/61 durch Karl Brockhaus (Düsseldorf), Adolf Runkel (Remscheid) und schließlich durch Adolf Wüster (Remscheid-Lüttringhausen) im Schwestern-Mutterhaus »Persis« in Elberfeld zusammengerufene Gebetskreis. Ebenso konnte der »Holzhausener Kreis«, der sich um 1970/71 um eine »Überwindung der heute bestehenden Spannungen und Fronten« bemühen wollte[217] keine Abhilfe schaffen.

Die »krisenartige Situation«[218], die man um 1970 verstärkt empfand, war ausgelöst worden durch den Wiedereintritt einiger – seit 20 Jahren bundesfreier – Gemeinden in den BEFG, darunter auch die Gemeinden in Wiedenest (freilich nicht das MBW) und Betzdorf, die Gemeinde Hugo Hartnacks, der sich allerdings zu jener Zeit schon aus jeder Mitarbeit zurückgezogen hatte.

Es ist verständlich, dass man seitens der führenden Freien Brüder diese Vorgänge als einen Verlust an brüdertümlicher Überzeugung in den betreffenden Gemeinden – und womöglich nicht nur dort – begreifen musste. Im März 1971 veröffentlichten 16 von ihnen, darunter Johannes Platte, Helmut Tillmanns und Dieter Boddenberg, die jetzt gewissermaßen an die Stelle des »Dreigespanns« Hugo Hartnack, Hermann Loh, Walter Schmidt traten, eine Besinnung über unsere Stellung zum BEFG, in der dargelegt wurde, dass sich die Haltung seit 1949 nicht geändert habe.

Die Ablehnung des Organisatorischen, weil die Bibel keinen »durch Satzungen geregelten Zusammenschluss von Ortsversammlungen« kenne, wurde auch mit der Gefahr begründet, dass
– jede Organisation auf die Dauer das Organische unterdrücke und
– die Zugehörigkeit zu einer Benennung von anderen Gotteskindern trenne, die nicht zu dieser Benennung gehören (womit das historische Argument der »Brüder« angesprochen war).

Ausführlicher wurde auf die Gefahren aufmerksam gemacht, die den Brüdergemeinden im Bund direkt drohten:
– das im BEFG z.T. schon vorhandene liberale Schriftverständnis;
– die Umstrukturierung von Brüdergemeinden in eine Pastorenkirche;
– die »zwiespältige« Stellung des Bundes zur Ökumene.[219]

Auf mehreren Zusammenkünften – Mettmann am 20. März 1971, Weidenau am 27. März 1971 – wurde diese Haltung bekräftigt.

Auf Seiten des Bundes war man über die so deutlich prinzipielle Reaktion bestürzt, »erschrocken« darüber, dass die Bundesmitgliedschaft jetzt grundsätzlich als ›unbiblisch‹ verurteilt wurde[220], hatten sich doch die Gründer des Freien Brüderkreises stets nur geweigert, im Zusammenschluss von 1941 die Führung Gottes sehen zu können[221], nicht aber das Verbleiben anderer im BEFG geistlich verurteilt.

Zusammenfassung

In der Tat war die Härte, mit der hier die Abgrenzung zwischen Freien und bundeszugehörigen »Brüdern« ohne Rücksicht auf verbliebene Gemeinsamkeiten vorgenommen wurde, etwas Neues, und das Erschrecken darüber war verständlich. Doch übersah man auf Bundesseite vielleicht dreierlei:

1. Auch Dr. Hans Becker und manche seiner Freunde, z.B. Erich Wingenroth, hatten stets den Bundesaustritt, also den Weg des Freien Brüdertums, als Sünde verurteilt und darin einen Absolutheitsanspruch gezeigt. Eine Existenzberechtigung erkannte Dr. Becker der Brüderbewegung nur insofern zu, als sie die Praktizierung der Einheit im BEFG und möglichst in weiteren organisatorischen Zusammenschlüssen suchte. Eine offene Allianzgesinnung, wie sie die Freien Brüder üben wollten, genügte ihm nicht.[222] Selbst ein Erich Sauer hatte für ihn gegen Gottes Willen, also »böse« gehandelt, was Dr. Becker mit der Bibel beweisen zu können meinte.[223] Wie er seinen zeitweiligen Weggenossen im Bund, Hugo Hartnack, betrachtete, dürfte klar sein. Viele Auseinandersetzungen der fünfziger Jahre beruhten auf diesem Gegensatz der beiden Führerpersönlichkeiten, dass Hans Becker das Handeln Hartnacks geistlich nicht tolerierte, jener dagegen weder Beckers unbedingte Einstellung zum Bund noch seine textkritischen Äußerungen in der Bibelauslegung akzeptieren wollte.

2. Um 1970 trat mit dem Ausscheiden Hugo Hartnacks, dem Heimgang Walter Schmidts, Hermann Lohs u.a. ein Generationswechsel in der Führung der Freien Brüder ein. Jetzt kamen Männer in die Verantwortung, die den BEFG unbeschwerter von persönlichen Erinnerungen und Beziehungen betrachteten und daher viel grundsätzlicher oder – wie sie sagten – »biblischer« zu beurteilen vermochten. Nimmt es wunder, dass die Söhne einer Bundesmitgliedschaft unvoreingenommener ablehnend gegenüberstehen als die mit der Hypothek ihrer persönlichen Geschichte beladenen Väter?

3. Schließlich ist nicht zu leugnen, dass die aus der Mitgliedschaft im BEFG resultierenden Gefahren, die die Freien Brüder im März 1971 aufweisen, etwa ein Jahrzehnt später die bundeszugehörigen »Brüder« tatsächlich stark betroffen haben. Die Probleme, die sich aus einem divergierenden Schriftverständnis, aus Beziehungen zur Ökumene und aus der Struktur einer Pastorenkirche für die »Brüder« ergeben, sind heute Gegenstand schwieriger Auseinandersetzungen im BEFG.

3. Eigenständigkeit im Bund?

Die Illusion der »Verschmelzung«

Damit aber sind die Probleme der »Brüder« im BEFG angesprochen. Leiden sie auf der einen Seite unter dem gespannten Verhältnis zu den Freien Brüdern, die eine Bundesmitgliedschaft nicht mehr in dem Maße zu tolerieren geneigt sind wie die Väter, sind sie auf der anderen Seite in einem Ringen begriffen, innerhalb einer ihrer Art nicht angemessen strukturierten Freikirche, in der sie eine Minderheit von 9% darstellen, ihre Identität zu wahren.

Der Wunsch führender Männer seit den Tagen der Austrittsbewegung, trotz allem mit den Baptisten im BEFG zusammenzubleiben und zu »verschmelzen«, hatte kaum der Wirklichkeit an der Basis der Gemeinden entsprochen. Das betraf selbst die meisten der 1949 noch bestehenden 19 sogenannten »gemischten Gemeinden«, die dem Ruf der Bundesleitung nach »Verschmelzung« nachgekommen waren. Z.T. trennte man sich wieder, »wobei besonders kleine baptistische Flügel zur Verselbständigung neigten«[224]. Die »gemischten« Gemeinden aber, die wirklich zu »Evangelisch-Freikirchlichen Gemeinden« mit einem hauptberuflichen Prediger wurden, zeigten im Leben und Bewusstsein der Gemeinde später höchstens noch Restelemente des Brüdertums, zumal sich gerade die aus Brüderkreisen stammenden Prediger, die das Hamburger Seminar besucht hatten, in der Regel – wie Günter Balders in seiner Jubiläumsschrift meint – als »waschechte Baptistenprediger« erwiesen.[224] Dass derartige Gemeinden noch immer in der Liste der Brüdergemeinden im Bund geführt werden, wird der Wirklichkeit nicht gerecht.

Dass die noch bewusst dem Brüdertum verhafteten Gemeinden weiterhin Schwierigkeiten hatten, sich in den Bund einzugewöhnen, zeigt die Tatsache, dass man auf der Dortmunder Bundesratstagung 1951 die Bereitschaft erklärte – zum wievielten Mal wohl seit 1945? –, »trotz einzelner negativer Erfahrungen als Bundesgemeinden beieinander zu bleiben«, was man als »Geschenk von Dortmund« betrachtete.[225] Mit sogenannten »Bundesbesuchen« von Bundesleitungsmitgliedern in den Gemeinden wollte man den Beschwerden begegnen, ebenso zehn Jahre später mit der Bildung eines »Brüderbeirates«, der als Arbeitsabteilung der Bundesleitung »auf die Festigung der Bundesgemeinschaft in bezug auf die ehemaligen BfC-Gemeinden« hinwirken sollte.[226]

Innere Emigration und »Minderstatus«

Ins Bewusstsein der Gemeindeglieder traten jedoch solche Erklärungen und Maßnahmen nicht. Die *Botschaft*, die ja der Gesamtbewegung zu dienen hatte, nahm vom Brüderbeirat wie von allen Bundesangelegenheiten keine Notiz, wie sich die »Brüder« in jenen Jahren überhaupt, je mehr unter baptistischer Leitung eine Fülle von Arbeitszweigen im Bund aufblühte, »aus der gemeinsamen Arbeit zugunsten eigener Aktivitäten zurückzogen«.[227]

1960 ermahnte der Bundesdirektor Karl Reichardt die Brüdergemeinden, im Blick auf die Berliner Bundesratstagung dafür zu sorgen, mit Delegierten angemessen vertreten zu sein.[228] Die Unlust, sich in die von der Bundesverfassung vorgegebenen organisatorischen Strukturen hineinzustellen, war unter den »Brüdern« allgemein verbreitet, und die Umbenennung der bisherigen Bundesvorsitzenden in »Präsidenten«, des Predigers-, Missions- und Jugendseminars in »Theologisches Seminar« und der Prediger in »Pastoren« konnte sie in ihrer inneren Ablehnung nur bestärken.

Zwar wurde auf der Bundesratstagung 1967 in Reutlingen noch einmal ein Vertreter der »Brüder«, Kurt Unger aus Berlin-Lichterfelde, Vizepräsident des Bundes, nachdem Dr. Becker, der langjährige stellvertretende Vorsitzende, 1963 heimgegangen war. Kurt Unger wurde aber schon 1969 durch einen baptistischen Prediger abgelöst, und als in demselben Jahr Karl Reichardt aus Altersgründen vom Amt des Bundesdirektors Abschied nahm, fand sich kein Vertreter der »Brüder« mehr, der gemäß den »Dortmunder Beschlüssen« von 1949 die Nachfolge als zweiter Bundesdirektor hätte antreten können. Kurt Unger, der nach seiner Abwahl als Vizepräsident für den viel wichtigeren, weil einflussreicheren Posten zur Verfügung stand, wurde nur »Bundesbeauftragter für die ehemaligen BfC-Gemeinden«, als der er die bisher durch den zweiten Bundesdirektor wahrgenommenen Aufgaben hinsichtlich der Betreuung der im Bund nicht völlig glücklichen Brüdergemeinden zu übernehmen hatte.

Damit war die Minderheit im Bund nicht nur in der Repräsentation (Präsidenten), sondern auch in der Geschäftsführung (Bundesdirektoren) auf einen »Minderstatus« herabgesunken.[229] Dem 1971 berufenen Ausschuss zur Erarbeitung einer neuen Verfassung für den BEFG gehörten keine Vertreter der »Brüder« mehr an. Als die neue Verfassung 1974 auf der Bundesratstagung in Duisburg angenommen wurde, konnte das »Zusatzprotokoll«, »das den

Belangen der früheren BfC-Gemeinden Rechnung« tragen sollte[230], nur die Tatsache unterstreichen, dass die Brüdergemeinden
- immer noch nicht in den Bund integriert waren und
- im BEFG, der praktisch ein Bund der Baptistengemeinden ist, nur einen »Zusatz« darstellten.

Identitätsverlust

Dabei fehlte es ihnen zunehmend an Zusammenhalt untereinander, woran auch der Brüderbeirat und der Bundesbeauftragte, dessen Amt später Joachim Zeiger übernahm, nichts zu ändern vermochten. War in früheren Zeiten die Verbindung unter den Brüdergemeinden durch Reisebrüder und Konferenzen aufrechterhalten worden, so waren erstere inzwischen sämtlich heimgegangen oder im Ruhestand, letztere waren schlecht besucht. Die in den fünfziger Jahren noch ansehnliche Elberfelder Konferenz hatte durch die emanzipatorischen Sturmjahre um 1970 einen Rückschlag erlitten, von dem sie sich bis heute nicht erholt hat. Ein Übriges tat der Rückzug der Freien Brüder, in deren Reihen man überhaupt die eifrigeren Konferenzbesucher findet, wie es die Dillenburger Konferenz eindrucksvoll beweist.

Doch nicht nur der Zusammenhalt schwand, Einsichtigen wurde klar, dass auch das Selbstverständnis als Brüdergemeinden im BEFG verloren ging[231] so dass sie kaum noch ihrer ursprünglichen Eigenart entsprechend zum Gesamtzeugnis der Kirche beitragen konnten. Dass manche Gemeinden meinten, ohne Prediger nicht mehr auskommen zu können und damit die bruderschaftliche Struktur der Gemeinde gefährdeten, dass die sonntägliche Feier des Abendmahls hier und da zum Anhängsel eines sogenannten Predigtgottesdienstes wurde, waren nur die äußeren Symptome für den kontinuierlichen Verlust der »Brüder«identität. Eine wachsende Entfremdung zu den Freien Brüdern war die Folge und beschleunigte zugleich die Entwicklung. Es war bezeichnend, dass nun auch die Frage nach der Existenzberechtigung der Brüderbewegung gestellt wurde, von manchen schon resignierend, von anderen verteidigend.[232]

Mangelndes Interesse an der Sache der »Brüder« zeigte sich auch gegenüber den Zeitschriften. Sicherlich haben alle christlichen Zeitschriften im Zeitalter der Medienflut Existenzschwierigkeiten und können ohne Subventionen kaum bestehen, aber gegenüber der *Botschaft* und der Jugendzeitschrift *Tenne*, die seit 1951 wieder bestand und unter der Schriftleitung von Horst Kanitz ein anspruchsvolles Niveau zu bieten bemüht war, machte sich seitens der Brüdergemeinden mangelnder Korpsgeist bemerkbar. So musste die *Tenne*, nachdem auch die Vereinigung mit der baptistischen Jugendzeitschrift *junge Mannschaft* zur *Neuen Tenne* (1971) keine Wirtschaftlichkeit erbracht hatte, im Juni 1974 ihr Erscheinen einstellen, zumal sie in den Kreisen der Freien Brüder nicht mehr angenommen wurde. Auch *Die Botschaft*, heute im 128. Jahrgang, wird weniger gelesen, als sie es eigentlich verdient hätte.

Neubesinnung?

Es war nach allem ein hoffnungsvolles Zeichen, dass schließlich einige Männer aus Bundesgemeinden die Initiative ergriffen und zu einer Neubesinnung aufriefen, und es war bezeichnend, dass diese Männer nicht zu der Generation derjenigen gehörten, die die Integration der Brüdergemeinden in den Bund, die sogenannte »Verschmelzung«, gewollt oder auch ein Vierteljahrhundert zu einer Entwicklung geschwiegen hatten, die die Gefahr des völligen Identitätsverlustes heraufbeschworen hatte. Es war vielmehr eine jüngere Generation, die sich dagegen wehrte, das Erbe der Väter einfach auf eine solche Weise aufgeben zu sollen.

Seitdem im September 1972 aus der Solinger Gemeinde heraus, wo der aus einer Siebenbürgener Brüderversammlung stammende Ernst Nikesch der Motor der Bewegung war, die Einladung zu Gesprächen erfolgte, ist das Fragen um einen eigenständigen Weg der Brüdergemeinden nicht mehr zur Ruhe gekommen. 1974 kam es auf einer ersten Kölner Delegiertenkonferenz, auf der man sich einstimmig für einen eigenständigen Weg der Brüdergemeinden im BEFG aussprach[233], zur Berufung eines Bruderrates, der sich u.a.
– die Förderung des Selbstverständnisses der Brüdergemeinden;
– die Vertretung dieser Zielsetzung im Bund;
– die Förderung der Kontakte unter den Brüdergemeinden zur Aufgabe machte.[234]

Es gab also einen schwachen Aufbruch unter den bundeszugehörigen »Brüdern«, und selbst die *Botschaft*, bis dahin völlig abstinent in Sachen »Brüdertum im Bund«, jubelte jetzt: »Es gibt einen Bruderrat!«[234] Die Zeitschrift brachte jetzt auch viele Artikel über das Brüdertum und dessen Selbstverständnis[235] und führt schließlich seit 1979 den Untertitel *Monatsschrift für Brüdergemeinden*.

Auf einer zweiten Delegiertenversammlung in Köln 1977 erhielt der Bruderrat den Auftrag,

> »für eine Neubesinnung und -belebung unserer Gemeinden zu arbeiten und die Eigenständigkeit der Brüdergemeinden im Bund zu fördern, damit diese ihre Identität und ihren geistlichen Auftrag nicht verlieren, sondern vielmehr neu erkennen und fördern«.[236]

Darüber sollten Gespräche mit der Bundesleitung geführt werden, und inzwischen standen im Rahmen des Bundes auch wieder zwei Reisebrüder für den die Gemeinden verbindenden Reisedienst zur Verfügung: Siegfried Lüling aus Volmarstein (seit April 1977) und Manfred Klatt, früher Missionar in Österreich, (seit Juli 1977), der auch die Schriftleitung der *Botschaft* inne hat.

Die Bemühungen mündeten schließlich 1980 in die Gründung einer »Arbeitsgemeinschaft der Brüdergemeinden im BEFG«, die jedes Jahr im Oktober ihre Tagung in Wuppertal-Elberfeld abhält, und 1982 in die Berufung Willi Rapps (Hohenlimburg) zum Bundesbeauftragten für die Brüdergemeinden, als der er zugleich den Dienst eines Reisebruders wahrnimmt.

Ausblick

Doch gelöst sind die Probleme damit noch längst nicht, denn wie nach einer nunmehr vierzigjährigen Geschichte der »Brüder« im BEFG nicht anders zu erwarten, gehen die Meinungen über eine angemessene Einordnung stark auseinander. Die einen sehen von vornherein eine Lösung nur in der Zusammenfassung aller »Brüder«, also auch der bundesfreien Brüder, unter einem allseits akzeptierten »Dach«, selbst wenn dies nur durch Austritt aus dem Bund zu erreichen sei[237] die anderen befürchten, dass die Freien Brüder einen »Semi-Exklusivismus« pflegen und die »Partnerschaft mit den Baptisten im gemeinsamen Bund« der »einzige Weg« sei, »vor einem Abgleiten in die Exklusivität bewahrt zu bleiben«[238].

Neben der Diskussion um strukturelle Fragen, wie die »Brüder« im Bund eine eigenständige Jugend- und Neulandarbeit durchführen, das brüderspezifische nicht-pastorale Leitbild hauptberuflicher Gemeindearbeiter verwirklichen und die Lösung von den ihnen immer noch fremden Vereinigungen erreichen können, sind neue Fragen aufgebrochen. Die Mitarbeit des BEFG in der der Ökumene nahestehenden »Arbeitsgemeinschaft christlicher Kirchen« (AcK) und das mehr oder weniger liberale Schriftverständnis eines Teils der baptistischen Pastorenschaft bieten neue Reibungspunkte, indem die »Arbeitsgemeinschaft der Brüdergemeinden« zu diesen Fragenkomplexen öffentliche Minderheitserklärungen abgibt, die von den Verlautbarungen der Bundesleitung oder des Bundesrates abweichen, was dem baptistischen Verständnis eines demokratischen Zentralismus widerspricht.

Unbestritten ist, dass die Begegnung von Baptisten und »Brüdern« zu ihrer beider Nutzen gewesen ist. Inwieweit allerdings bei den Baptisten die Schriftbetrachtung vertieft, das Abendmahl aufgewertet und die Mitarbeit des Einzelnen in der Gemeinde durch die Berührung mit den »Brüdern« auf eine breitere Grundlage gestellt worden sind, wie Günter Balders in seiner Jubiläumsschrift andeutet, mag der Verfasser von seinem Standpunkt aus nicht zu entscheiden. Sicher ist, dass der »missionarische Schwung«[239] der Baptistengemeinden den »Brüdern« wieder vom Evangelium her eine Verpflichtung vor Augen geführt hat, die ihren Vätern im 19. Jahrhundert noch selbstverständlich war. Und dass die biblische Glaubenstaufe nicht nur als Gehorsamsakt für den Einzelnen, sondern gerade als öffentliches Bekenntnis vor Gemeinde und Welt am Anfang des Glaubensweges zu stehen hat, ist den »Brüdern« ebenfalls durch die Nähe zur baptistischen Praxis deutlich geworden.

Ob das alles jedoch nur durch einen organisatorischen Zusammenschluss erfahren werden konnte, mag bezweifelt werden. Sicherlich hatten auch schon die Begegnungen, wie sie seit 1937 zwischen den »Brüdern« und den anderen evangelikalen Christen üblich wurden, ihre segensreiche Wirkung. Man denke nur an die Gemeinschaft in der VEF (Vereinigung Evangelischer Freikirchen) oder an das Zusammensein mit den Vertretern der Baptisten und Freien evangelischen Gemeinden auf den Elberfelder Konferenzen!

Und dass missionarischer Einsatz nicht von einer organisatorischen Verzahnung mit einer anderen Freikirche abhängig ist, haben die außermissionarischen Bemühungen vieler Brüdergemeinden in Verbindung mit dem Missionshaus in Wiedenest und im Raum der Freien Brüder deutlich bewiesen. Gerade auf dem außenmissionarischen Sektor hat in der Nachkriegszeit keine Gemeindegruppierung in Deutschland eine solche Kraft gezeigt wie die der »Brüder«, wobei das Prinzip der sendenden Gemeinde ein beachtlicher Beitrag zum Gesamtzeugnis der Kirche Jesu Christi darstellt (s.S. 350) und in vielen Gemeindegründungen auf dem Missionsfeld seine Bestätigung gefunden hat.

Auch ist schließlich die Verschiedenartigkeit zwischen den freikirchlichen Gruppen nicht nur negativ zu sehen, vollzieht sich doch das Reich Gottes in den unterschiedlichsten menschlichen Ausprägungen, Gaben und Erkenntnissen, was durch eine äußerlich strukturierte Einheit nur zu leicht unterdrückt oder uniformiert werden mag.

Dies aber wäre im Blick auf die Brüdergemeinden um so mehr zu bedauern, als es ihre besonders typischen »Prinzipien und Merkmale«[241] im Rahmen der neueren Gemeindebewegung verdienen, auch in Deutschland in das Gesamtzeugnis der Kirche Jesu Christi eingebracht zu werden. In einer Zeit, in der auf allen Gebieten und auch im freikirchlichen Raum die Institutionalisierung zunimmt, ist das Beispiel einer dem Neuen Testament entsprechenden bruderschaftlichen Gestaltung des Gemeindelebens kaum hoch genug zu bewerten.

Nicht nur das persönliche Leben will man in den Kreisen der »Brüder« der Leitung des Geistes Gottes unterstellen, sondern dieser Leitung versucht man auch in der Gemeinde durch eine möglichst weitgehende Praktizierung der »Priesterschaft aller Gläubigen« Raum zu geben. Das betrifft sowohl die gemeindlichen Zusammenkünfte als überhaupt jeden Bereich des Gemeindelebens, zu dem alle Brüder und Schwestern in der biblisch angemessenen Weise mit ihren Gaben ihren Beitrag leisten können und sollen. Es betrifft auch die bruderschaftliche Leitung der Gemeinde, die, fern von jeder Unterscheidung zwischen »Geistlichen« und »Laien« nicht von Vorständen oder Pastoren wahrgenommen wird, sondern vom verantwortlichen Brüder- bzw. Ältestenkreis, für den nicht demokratisches Mehrheitsprinzip, sondern geistliche Führung maßgebend ist.

Unverzichtbar sollte auch das Zeugnis von der Anbetung und Verherrlichung Gottes in der Person Jesu Christi bleiben, wie sie in der den »Brüdern« eigentümlichen Art, in der sonntäglichen Versammlung am Tisch des Herrn zur Mahlfeier, stattfindet (vgl. II,160ff.). Im Gedenken des Leidens und Sterbens des auferstandenen und gegenwärtigen Herrn wird hier »am tiefsten und umfassendsten die Gemeinschaft mit dem Haupt und allen Gliedern« der Gemeinde zum Ausdruck gebracht.

Dass die »Brüder« daneben in einer Zeit der Liberalisierung des Schriftverständnisses und der Säkularisierung biblischer Glaubensinhalte im »sozialen Evangelium« mit anderen evangelikalen Kreisen die vorbehaltlose Bindung an die Heilige Schrift als einzige Autorität ebenso teilen wie die heilsgeschichtlich-endzeitliche

Ausrichtung auf die Wiederkunft Christi, sollte immerhin erwähnt werden.

Um so bedauerlicher ist es, dass bei den deutschen Brüdergemeinden das missionarische Moment im Inland in den letzten Jahrzehnten zurückgetreten ist, und das bei einer zunehmenden Vergottlosung unsere Volkes. Es muss eingesehen werden, dass ein Bemühen nur um Identitätsfindung nicht ausreicht, die Gemeinden geistlich zu beleben. Das vermag allein der Heilige Geist zu bewirken, indem er nämlich jedem einzelnen in der Gemeinde vor Augen führt, dass ebenso wie in der Außenmission auch gegenüber unserem eigenen Volk und Land eine große missionarische Verpflichtung besteht. Persönlicher und gemeindlicher Einsatz in der Verkündigung des Evangeliums Jesu Christi könnte für die Brüdergemeinden die dringend erforderliche Neubelebung bedeuten.

Andererseits ist es nicht zu leugnen, dass auch die Wiederherstellung eines einheitlichen Zeugnisses der deutschen »Brüder« wesentlich zu einer Neubelebung beitragen könnte. Denn leider muss nach über 40 Jahren Gemeinsamkeit im BEFG das Fazit gezogen werden, dass die »Brüder« als Gesamtheit mit dem von ihnen mitbegründeten Bund nicht glücklich geworden sind. Von den fünf größeren freikirchlichen Gruppen, die es 1940 in Deutschland gab – Methodisten, Evangelische Gemeinschaft, Baptisten, Freie evangelische Gemeinden und »Brüder (BfC)« –, haben allein die »Brüder«, die sich der Gemeinschaft mit den anderen Christen geöffnet hatten, ihre äußere Einheit verloren, und zwar an der Mitgliedschaft im BEFG, und sie müssen fürchten, auch die Reste innerer Übereinstimmung zu verlieren.

Dabei wären gerade die »Brüder«, die in ihrem offenen Gemeindeverständnis wie kaum eine andere Gruppe die Einheit der Kinder Gottes bezeugt haben, verpflichtet, auch um die Einheit des Brüdertums zu ringen. Die Mahnung John Nelson Darbys, die man nach seinem Tod als Abschiedsschreiben in der Schublade fand, sollten die »Brüder« zu allererst auf ihren eigenen Kreis anwenden:

> »Bedenkt, dass ihr nichts seid als ›Christen‹ und dass an dem Tage, an dem ihr aufhört, einen gangbaren Weg der Gemeinschaft mit jedem lebendigen Christen offenzuhalten, ihr nichts anderes verdient, als zu verschwinden.«[240]

Als der langjährige Leiter des Hamburger Predigerseminars, Dr. Hans Luckey, im Jahr 1948 die Verschmelzung von Baptisten und »Brüdern« für gescheitert erklärte, zog er die Schlussfolgerung:

»Uns bleibt nur noch ein Zusammenleben auf Grund von 1. Korinther 13 übrig!« Warum eigentlich »Nur noch«? Stellt die Gemeinschaft in einer Organisation etwa höhere Ansprüche als der Maßstab göttlicher Liebe nach 1.Korinther 13?

Ob man nicht nach 40 Jahren kräfteraubender Auseinandersetzungen um das rechte Verhältnis der »Brüder« zu einem Bund, der ihrem Wesen offensichtlich nicht entspricht, zu dem Schluss kommen sollte, sich ohne organisatorische Bindung dem Anspruch von 1. Korinther 13 zu stellen?

Vielleicht ist das aber angesichts der Meinungsunterschiede in den bundeszugehörigen Brüdergemeinden gar nicht mehr möglich. Es mag in diesem Fall den deutschen »Brüdern« die Aufgabe gestellt sein – und hier mögen sich alle drei Zweige betroffen fühlen: Geschlossene, Freie und bundeszugehörige »Brüder« –, »ein Zusammenleben auf Grund von 1.Korinther 13« über äußere Trennungen hinweg zu bezeugen. Es wäre nicht die geringste unter den Möglichkeiten, mit einer »brüder«spezifischen Eigenart zum Gesamtzeugnis der Kirche Jesu Christi beizutragen, denn »die größte aber von diesen ist die Liebe«.

VIII. Die Entwicklung der Brüder-Gemeinden in der DDR seit 1945

Von Gerhard Brachmann

Die Teilung Deutschlands und ihre Auswirkungen auf die Entwicklung der Brüder-Gemeinden im Osten

Der Zusammenbruch des Hitler-Reiches stellte die Kirchen und Freikirchen und somit auch die Brüder-Gemeinden in Ost und West gleicherweise vor große Probleme.

In beiden Teilen Deutschlands dankte man Gott für das Ende der nazistischen Schreckensherrschaft und die Möglichkeit, wieder ungehindert zu Gottesdiensten zusammenkommen zu können, wenn auch oft in durch Kriegseinwirkungen beschädigten und unzureichenden Gemeinderäumen. Auf beiden Seiten sah man sich aber auch mit viel menschlicher Not konfrontiert und erkannte, dass jetzt nicht nur das Wort von der Liebe und Barmherzigkeit Gottes verkündigt werden dürfe, sondern dass man sie im Dienst der Bruderliebe praktisch wirksam werden lassen müsse.

Zu einer Rückbesinnung, verbunden mit einem offenen gemeinsamen Schuldbekenntnis hinsichtlich des Verhaltens der »Brüder« im NS-Staat, kam es unmittelbar nach dem Krieg auch im Osten nicht. Vielleicht sah man an dieser Stelle mehr auf die Verantwortlichkeit jener Männer, die in unmittelbarem Kontakt zu den staatlichen Organen des Hitlerregimes die Verhandlungen führten, die die Vereinigung im BfC und schließlich zum BEFG zur Folge gehabt hatten. Diese Männer aber lebten fast ausschließlich im Westen Deutschlands.

Schon immer war der Blick der Gemeinden im Osten nach Bad Homburg oder Elberfeld gerichtet gewesen, wo die Wiege der deutschen Brüder-Gemeinden gestanden hatte, wo auf den großen Konferenzen »die Weichen gestellt wurden«, von wo aus auch die meisten verantwortlichen und im vollzeitlichen Reisedienst stehenden Brüder kamen. Lastete darum nicht auf ihnen die Hauptverantwortung?

Dennoch darf gesagt werden – wenn dies auch an keiner Stelle in schriftlichen Dokumenten niedergelegt wurde – dass sich in Tagungen und Konferenzen Brüder erhoben, die sich selbst unter die Schuld der Vergangenheit stellten und zu allgemeiner Beugung und Buße aufriefen. Manche sahen in der schon bald erlahmenden erwecklichen Bewegung der Nachkriegsjahre eine Auswirkung mangelnder Bereitschaft, sich klar zum beschämenden Versagen in der Hitlerzeit zu bekennen.

Bei allem »Gemeinsamen« zwischen Ost und West zeichneten sich allerdings schon in den ersten Nachkriegsjahren Unterschiede in der Entwicklung ab, die den weiteren Weg von Kirchen und Freikirchen, des BEFG und damit auch der Brüder-Gemeinden bestimmten. Manche Fragen stellten sich in Ostdeutschland ganz anders als in den »Westzonen«. Bei aller Dankbarkeit und Freude über die Entlastung vom Druck und den Einengungen der Nazizeit befand man sich erstmals in der deutschen Geschichte in einem Staat, dessen Regierung sich bewusst zum Atheismus bekannte. Wie sollte sich der einzelne Christ, wie sollten sich Kirchen und Gemeinden in ihrer Gesamtheit zu diesem Staat und seiner Führung einstellen? Und welche Haltung würde dieser Staat ihnen gegenüber einnehmen? Welche Lehren sollten, ja mussten aus den gerade erst durchlebten und durchlittenen Erfahrungen der Hitlerzeit gezogen werden?

Verständlicherweise führte die allgemeine Verunsicherung zunächst zu einer abwartenden Haltung und leider vielfach zum Rückzug in eine Art christliches Getto. Erst in den sechziger Jahren fand man zaghaft zu einer Neuorientierung. Sie verlief in der Richtung, wie es damals Vertreter kirchlicher Bruderschaften in einem offenen Brief an Bischof Dibelius zum Ausdruck brachten, der die Frage nach dem rechten Verhalten der Christen zu ihrer Obrigkeit aufgeworfen hatte. In diesem Schreiben hieß es:

> »Die Heilige Schrift lehrt uns, in allen Menschen, die im Staat und in den politischen Gemeinden verantwortlich tätig sind, Werkzeuge Gottes zu sehen, unabhängig davon, auf welche Weise sie zu ihren übergeordneten Ämtern gekommen sind. Wir leben in keinem Staat außerhalb der Herrschaft Gottes ... Es wäre für Christen verantwortungslos, obrigkeitliche Personen deshalb abzulehnen, weil sie sich als Atheisten bezeichnen. Ebenso verantwortungslos wäre ein kritikloser Gehorsam, der sich darauf beruft, dass die Regierenden Christen seien. Christen beteiligen sich an staatlichen Bemühungen, die dem Wohl der Menschen dienen ... Sie sind davon befreit, sich an unmenschlichen und verlogenen Maßnahmen – im Westen und Osten –, zu beteiligen oder sie gutzuheißen, mit denen die bestehende Ordnung bewahrt oder eine neue heraufgeführt werden soll.« (Zeitschrift »Glaube und Gewissen« 9/60, S. 34)

Bei dem Ja zu dem Platz – im Ostteil Deutschlands – ging es im Grunde genommen doch um ein Ja zu dem Herrn, der alles Geschehen in Raum und Zeit überwaltet und den Gedanken und Zielen des Baus seiner Gemeinde und der Aufrichtung seines Reiches unterordnet.

Dieser Lernprozess, in den sich die »Brüder« mit allen Christen Ostdeutschlands gestellt sahen, führte zur Entdeckung vieler Möglichkeiten, wie man auch in einem atheistischen Staat das Christsein leben und wirksam bezeugen kann. Weithin ist dies allerdings erst der jungen Generation der siebziger Jahre gelungen.

1. Die »Bruderhilfe« in der »Ostzone«

Wie angedeutet, gehörte zu den bedrängendsten Aufgaben der Nachkriegszeit – im Osten wie im Westen – die praktische Hilfe für die vom Krieg und seinen Folgen am schwersten betroffenen Menschen. Schon Mitte August 1945 beschloss man auf der ersten wieder möglichen Zusammenkunft von Bundesvertretern aus den verschiedenen, durch den Krieg getrennten Vereinigungen, alle Kräfte zu einer »Bundesbruderhilfe« zusammenzufassen (vgl. »Bericht über Entstehung, Aufbau und Charakter der Bruderhilfe«). In einem Aufruf der »Bundespost« (2/1946) hieß es:

> »Die Not der Unseren, die als Flüchtlinge und Evakuierte unterwegs sind, ist riesengroß. Ihnen zu helfen ist unsere Liebespflicht! Tut alles schnell, reichlich und in heiliger Liebe: Sachspenden, Aufnehmen der Heimatlosen ...«

Schon im Januar 1946 konnte diese »Bruderhilfe« ihre Arbeit aufnehmen. Im Gebiet der Vereinigung Sachsen (später auch Thüringen), wo sich die meisten ostdeutschen Brüderversammlungen befanden, berief man auf einer Vereinigungstagung in Leipzig am 1.5.1946 Edgar Claus in diese Aufgabe. Er war von Beruf Stadtverwatungsoberinspektor, hatte am 1.9.1945 das Rentenalter erreicht und genoss seit Jahrzehnten durch seine gemeindliche und übergemeindliche Mitarbeit das Vertrauen vieler Geschwister in den Brüder-Gemeinden. Auch zu den verantwortlichen Brüdern des BEFG stand er in gutem Kontakt. Dazu kam noch, dass sich nahe seiner Wohnung in den gemieteten Räumen des sog. »Christlichen Volksdienstes« in Leipzig, Demmeringstr. 18, sehr günstig ein Lager für die eingehenden Spenden einrichten ließ.

In erster Linie war diese Bruderhilfe als »Selbsthilfe« gedacht.

Mit Geld- und Sachspenden wurde versucht, vor allen Dingen den vielen Flüchtlingen aus den Ostgebieten über die notvolle Zeit des Neuanfangs hinwegzuhelfen, aber auch den Bombengeschädigten in den Großstädten. Dazu kamen die mancherlei Hilfssendungen aus dem Ausland.

Sicher war es nicht immer leicht, zur rechten Zeit und am richtigen Platz und schließlich auch in der rechten Weise mit den vorhandenen Mitteln und Möglichkeiten das Richtige zu tun. Edgar Claus erfüllte diese Aufgabe verantwortungsbewusst, mit Weisheit und Liebe, so dass man auch dann, als es materieller Hilfeleistungen dieser Art nicht mehr bedurfte und der »Bruderhilfe« unversehens ganz neue Aufgaben zuwuchsen, ihn damit betraute. Diese neuen Aufgaben bezogen sich nun nicht mehr auf den ganzen Bereich des BEFG, sondern speziell auf die Brüder-Gemeinden der »Ostzone« und späteren DDR. Ein Protokoll des Jahres 1949 nennt 104 Brüder-Gemeinden mit 8419 Gliedern, die zu jener Zeit dem BEFG zugehörten, deren gemeinsame Anliegen in wachsendem Maß über die sog. »Bruderhilfe« in Leipzig vertreten wurden.

2. Bildung eines eigenen Reisebrüderkreises für den Osten Deutschlands

Bindeglied zwischen den Brüder-Gemeinden, die sich schon seit den letzten Jahrzehnten des vergangenen Jahrhunderts über das ganze deutsche Reichsgebiet ausgebreitet hatten, war der Reisedienst von Brüdern, die auf dem Gebiet der Verkündigung des Evangeliums, der Lehre und Seelsorge begabt waren. Sie stellten sich, meist erst im fortgeschrittenen Alter, vollzeitlich zur Verfügung.

Als man nach dem Krieg zu den ersten Reiseprediger-Dienstbesprechungen vom 19.-21.3.1946 in Weidenau und vom 20.-26.8.1946 in Schwelm einlud, gingen auch Einladungsschreiben an einige Brüder in der damaligen »Ostzone«. Es stellte sich jedoch heraus, dass man kaum noch mit Vertretern der dortigen Gemeinden bei Veranstaltungen in den »Westzonen« rechnen konnte. An der Konferenz in Weidenau nahm lediglich Johannes Marwitz aus Zeitz noch teil.

Das gab Anlass zu Überlegungen, den Reisedienst getrennt zu ordnen. Edgar Claus übersandte deshalb am 4.5.1946 eine Einteilung der sogenannten Reisebezirke für den Besuchs- und Seelsorgedienst in den Brüder-Gemeinden in der »russischen Zone« an folgende 12 Brüder, die vollzeitlich für diese Gebiete zur Verfügung standen:

W. Schwammkrug, P. Seifert, E. Ruthe, F. Feldhoff, R. Linke, H. Kapphengst, E. Jäckel, B. Herrmann, H. Riedel, J. Marwitz, K. Dannert, Fr. W. v. Schleinitz.

Während der Vereinigungskonferenz in Leipzig vom 20.-22.7.1946 traf man dann weitere Absprachen bezüglich des Reisedienstes. Noch hatte man keine gesonderten Reisebrüderkonferenzen, sondern traf sich in Verbindung mit den Missionsarbeitertagungen der Vereinigung Sachsen, an der Prediger und Reiseprediger, sowie Vertreter des Vereinigungsvorstandes teilnahmen.

Im Oktober 1947 hatte diese Begegnung der Reiseprediger in Vielau dann schon deutlicher den Charakter einer eigenen Dienstbesprechung, wo man in brüderlicher Absprache die verschiedenen »Dienstreisen« aufteilte. Ein weiterer Schritt zu einer eigenständigen Entwicklung im ostdeutschen Raum war dann die namens der Bundesleitung »an alle im Reisedienst in der Ostzone tätigen und für diesen Dienst interessierten Brüder« versandte Einladung zu einem klärenden Gespräch nach Berlin-Hohenstaufenstr. Dieses Zusammenkommen am 5.11.1947, unter Leitung von Paul Schmidt, Hugo Hartnack und Carl Koch, trug erstmalig den Charakter einer Reisebrüderkonferenz für den Bereich Ostdeutschlands. Folgende Brüder waren damals eingeladen:

O. Bender, Berlin
F. Buchholz, Brandenburg
E. Claus, Leipzig
K. Dannert, Zittau
B. Herrmann, Niederbobritzsch
E. Jäckel, Oelsnitz/V.
H. Kapphengst, Zwickau
R. Linke, Coswig
J. Marwitz, Zeitz
H. Preubsch, Oberlichtenau
H. Riedel, Auerbach-Hinterhain
E. Ruthe, Stenn
L. Scheffler, Berlin
P. Seifert, Zwickau
Fr. W. v. Schleinitz, Merseburg
O. Stuckmann, Greifswald
W. Schwammkrug, Chemnitz
O. Vetter, Plauen
P. Vollrath, Triebes

Von dieser Zeit an fanden regelmäßig zweimal im Jahr »Reisebrüderkonferenzen« (später »Vertrauensbrüderkonferenzen« genannt) an verschiedenen Orten in der »Ostzone« und späteren DDR statt. Im Frühjahr traf man sich meist in Sachsen (Leipzig, Vielau oder Plauen), im Herbst in Berlin-Lichterfelde, solange dies noch möglich war (bis Nov. 1960). Hier wurden außer den Reisen die mancherlei Anliegen übergemeindlicher Art besprochen; hier entschied man auch über die Berufung von Brüdern zum vollzeitlichen Reisedienst, und zwar immer unter der Voraussetzung, dass die Empfehlung der Heimatgemeinde des betreffenden Bruders vorlag. In Berlin nützte man zusätzlich die Gelegenheit zum Austausch mit Vertretern des westdeutschen verantwortlichen Bruderkreises und zum Abstimmen noch möglicher gemeinsamer Aktivitäten.

Für diesen nun selbständigen Reisebrüderkreis der ostdeutschen Brüder-Gemeinden, zu dem immer auch einige noch berufstätige verantwortliche Brüder eingeladen wurden, gewann die »Bruderhilfskasse« in Leipzig sehr bald eine wichtige Bedeutung. Ohne sie wäre die zunehmend eigenständige Entwicklung der Brüder-Gemeinden innerhalb des BEFG nicht denkbar gewesen, der ab 1949 auf Grund der neuen staatlichen Gegebenheiten nun eine Geschäftsstelle-Ost einrichtete, was zur Verselbständigung und Begründung des BEFG in der DDR führte.

In Anbetracht ihrer geistlichen Begabungen und ihres Einflusses in den Brüder-Gemeinden wurden Edgar Claus aus Leipzig, Reinhold Linke aus Coswig und Otto Vetter aus Plauen als Autoritäten im Reisebrüderkreis anerkannt, ohne dass man sie je als solche offiziell berufen oder bestätigt hätte. Sie berieten mit einigen anderen von ihnen hinzugezogenen Brüdern auch zwischenzeitlich die wichtigen Anliegen übergemeindlicher Art und bereiteten die Reisebrüdertagungen vor. Das Element der früheren »Offenen Brüder« kam dabei weniger zum Tragen, da von diesen keiner diesem engeren Leitungskreis angehörte.

Die zunächst noch weiterbestehende Bindung des Reisebrüderkreises an die Bundesgeschäftsstelle, die durch das Anstellungsverhältnis und die Zugehörigkeit eines großen Teiles der Brüder zur Predigtbruderschaft des Bundes bedingt war, empfand man damals nicht als »Belastung« oder »Einengung«. Mancherlei Beziehungen auf örtlicher und überörtlicher Ebene wurden zu Predigern und Gemeinden der anderen Gruppen des Bundes gepflegt und als geistliche Bereicherung angesehen. Die Zeit der Not der Nachkriegsjahre drängte die Fragen der unterschiedlichen Traditionen zurück. An ein Herauslösen aus der Bundesgemeinschaft wurde in den ersten 10 Jahren nach dem Krieg nicht gedacht.

3. Der erweckliche Aufbruch unter der Jugend

Wie überall bestand das besondere geistliche Problem der ostdeutschen Brüder-Gemeinden unmittelbar nach dem Krieg in den vielen Lücken, die der Krieg in die Reihen der verantwortlichen und dienenden Brüder gerissen hatte. Viele waren aus dem Krieg nicht zurückgekehrt, andere fielen aus Altersgründen aus, und leider wanderten auch viele nach Westdeutschland ab. Gerade der wertvolle Zuwachs aus den Reihen der Flüchtlinge aus Schlesien war zum großen Teil nur »vorübergehend«, da viele weiterzogen. Es darf aber bei diesem Rückblick dankbar festgestellt werden, dass die Jugend der Nachkriegsjahre den Ruf ihres Herrn in dieser Stunde weithin verstanden hat und bald an vielen Orten die geistliche Entwicklung der kommenden Jahre mitbestimmte und -prägte. Eine wichtige Rolle spielten dabei die »Jugendbibelwochen«. Die erste dieser Rüstzeiten fand im Oktober 1946 in Thierfeld/Erzgeb. statt. Karl Dannert, der schon vor dem Krieg Reiseprediger im Gebiet der Oberlausitz gewesen war, kehrte gerade in dieser Zeit aus der Kriegsgefangenschaft zurück. Seine erweckliche, praxisbezogene Verkündigung und das Erleben, wie sich Gott zum Glaubensgebet bekannte, lösten geistliche Bewegungen aus, die sich in viele Gemeinden hinein fortsetzten. Es ging nicht allein um Bekehrung, sondern um die wichtige Entdeckung, dass Jesus Christus dem Leben einen neuen Sinn und ein neues Ziel zu geben vermag. »100% für Jesus Christus!«, so bezeugten es viele Jugendliche. Und das war keinesfalls nur eine Parole. Viele stellten sich Jesus Christus aus Dankbarkeit zur Verfügung. Das wirkte sich zunächst in dem Eifer aus, in welchem nun das evangelistische Anliegen von der Jugend in die Gemeinden hineingetragen wurde. Auch der strenge Winter 1946/47 mit seinen Heizungsproblemen und den ständigen Stromabschaltungen konnte sie nicht hindern, Evangelisationswochen abzuhalten. Und der Herr bestätigte dieses Vertrauen, in dem er viel Frucht schenkte.

Der Andrang zu den Bibelwochen nahm derart zu, dass 1948 K. Dannert und E. Ruthe in einem Rundschreiben alle diejenigen zurückzutreten baten, die schon 1946 und 1947 an einer solchen Woche teilgenommen hatten, obwohl man für dieses Jahr immerhin 6 Bibelwochen für ca. 500 jugendliche Teilnehmer geplant hatte.

Sehr bald brach nun unter der jungen Generation der Brüder-Gemeinden eine Frage auf, die nach einer klaren Antwort verlangte. Sie lautete: Wie können wir Gottes Wort, mit dem wir so deutliche Erfahrungen in den Bibelwochen gemacht haben, noch besser kennenlernen? Wie erhalten wir Ausrüstung, dass wir geschickt werden zu Zeugnis und Dienst innerhalb der Gemeinde und in unserem Alltag?

Schon 1948/49 führte man darum die ersten sogenannten »Jugendbibelkurse« durch. Die großen Räume des Hauses in der Demmeringstr. 18 in Leipzig, die inzwischen nicht mehr als Lager der »Bruderhilfe« dienten, gestatteten es, mit mehr als 100 Jugendlichen, vor allem auch Sonntagsschulhelfern und Mitarbeitern aus den Jugendkreisen, eine Woche lang ein Zurüstungsprogramm durchzuführen. Allerdings stellte sich dabei sofort die weitere Frage: Wie würden diese noch jungen Christen, die die Liebe des Christus drängte, in ihren örtlichen Gemeinden angenommen? Würden ihnen auch Möglichkeiten zur Mitarbeit gegeben werden? Manches entwickelte sich ja hier in ungewohnten Bahnen, auf neuen Wegen, in anderen Formen, als man bisher gewohnt war. Junge Brüder und Schwestern beteten miteinander und erlebten, dass sich Gott zu ihnen bekannte. In den Gemeindegebetsstunden war dies weithin nicht üblich und möglich, da es dem Schriftverständnis in vielen Brüder-Gemeinden widersprach. So beschäftigte die Frage der Beteiligung der Schwestern in den Gebetsstunden in dieser Zeit auch verschiedentlich den Reisebrüderkreis.

Eine beachtliche Anzahl von Jugendlichen, die in den ersten Nachkriegsjahren ein so tiefgreifendes, umwälzendes Christuserlebnis gehabt hatten, wurde durch die Bibelkurse weiter geprägt und ausgerüstet und schließlich oft über den Bereich der Brüder-Gemeinden in Ostdeutschland und Westdeutschland hinaus in verschiedenster Weise vom Herrn gebraucht.

Diese Schulung und Zurüstung Jugendlicher zum Dienst und zur Mitarbeit im Gemeindeleben weckte ein gleiches Interesse in der zunächst zurückhaltenden mittleren und älteren Brüdergeneration. Die schon ausgangs der vierziger Jahre eingerichteten sogenannten »Rüstwochen« wollten über das hinaus, was die allgemeinen Konferenzen anboten, geistliche Weiterbildung, vor allem zum Verkündigungs- und Seelsorgedienst, vermitteln.

Wieder bot sich Leipzig mit seiner zentralen Lage und den Räumen der Demmeringstr. 18 als der geeignete Platz für eine solche Begegnung an, später dann das neue Gemeindezentrum, das in der Stadtmitte in der ersten Hälfte der fünfziger Jahre entstand. Die Einladung zu dieser Rüstwoche wurde speziell an »verantwortliche und dienende Brüder« der über 100 Brüder-Gemeinden in der DDR gerichtet. Mit einer ständig wachsenden Zahl von Teilnehmern (bis 250) aus allen Gemeindebezirken wurde diese Woche, die nun, ohne Unterbrechung bis jetzt, alljährlich stattfindet, zu einer starken Klammer für die von ihrer Tradition her recht unterschiedlich geprägten Brüder-Gemeinden.

Sowohl die Bibelarbeiten als auch die sogenannten »Sondervorträge« zu aktuellen Themen und nicht zuletzt der brüderliche Austausch führten zu einem Gemeinschaftserleben, das manche geistlichen Impulse gab, die sich bis in das örtliche Gemeindeleben hinein auswirkten. Wenn auch zuweilen die Wellen hochschlugen und verschiedene Erkenntnisse aufeinanderprallten, es wurde doch miteinander gesprochen und immer wieder Verständnis für den andersdenkenden Bruder gewonnen. So ist diese Einrichtung der »Brüderrüstwoche Leipzig« bis heute lebendig. Der Teilnehmerkreis verjüngte sich und die wachsende Zahl der Interessenten stellt die gastgebende Gemeinde inzwischen vor schwierige Probleme.

4. Das Anliegen »Bibelschule«

Wenn auch Bibelkurse und Rüstwochen mancherlei Möglichkeiten geistlicher Weiterbildung zum Dienst eröffneten, kam doch die Frage nach einer intensiveren Ausbildung nicht zur Ruhe, d.h. nach einer Bibelschule, wie sie bereits 1919 in Wiedenest, Bez. Köln, bestand, oder gar einem Seminar ähnlich dem baptistischen in Hamburg. In den vierziger und fünfziger Jahren konnten einige Brüder und Schwestern die immer noch offenen Wege nützen und Ausbildungsstätten in der Bundesrepublik besuchen. Nur wenige kamen zurück und fanden in einem entsprechenden Gemeindedienst oder in übergemeindlichen Aufgabenbereichen einen erfüllenden Wirkungskreis. Zu stark waren die Bedenken der verantwortlichen »Brüder« und die Sorge, dass sich daraus ein Predigerstand entwickeln könnte, der ihrem Verständnis vom allgemeinen Priestertum aller Gläubigen widersprach.

Auf der Reisebrüdertagung, die vom 29.3. bis 3.4.1959 in Vielau stattfand, kam es erstmals zu einem intensiveren Austausch, »ob die Bibelkurse von einer Woche Dauer genügen oder ob man nicht Weiteres tun müsse – eventuell durch Fernkurse«. Dieser Vorschlag war dann Gegenstand jahrelanger Überlegungen. Aus Mangel an geeigneten Mitarbeitern wurde er jedoch niemals realisiert.

Inzwischen führte die politische Entwicklung zwischen den beiden deutschen Staaten dazu, dass der BEFG in der DDR an die Einrichtung eines eigenen Predigerseminars denken musste. Ein entsprechender Beschluss wurde auf der Bundesleitungssitzung am 6.11.1958 in Berlin gefasst. Das Seminar sollte am 1.10.1959 eröffnet werden. Da in Berlin für die Einrichtung einer solchen Ausbildungsstätte keine Genehmigung erteilt wurde, fasste man als Standort Leipzig ins Auge.

Auf der genannten Sitzung wurde außerdem erwogen, ob diesem Seminar nicht eine Bibelschule – insbesondere für die Brüder-Gemeinden – angegliedert werden sollte und könnte. Damit hatte sich nun der Reisebrüderkreis zu beschäftigen. Unvermittelt stand etwas völlig Neues, bisher nie Dagewesenes und bis zu diesem Zeitpunkt weithin Abgelehntes vor diesem Brüderkreis und forderte eine baldige Entscheidung.

Volle Übereinstimmung bestand von Anfang an darin, sich an einem Seminar zur Ausbildung von Predigern nicht beteiligen zu wollen. So stellte F. Heinemann, damals 2. Vorsitzender der Bundesleitung-Ost und Vertreter der Brüder-Gemeinden in der DDR, auf der Sitzung der Bundesleitung im Februar 1959 in Frankfurt a.M. den Antrag, dem geplanten Seminar eine Abteilung B – Bibelschule – anzugliedern. Die Leitung dieser Bibelschule müsse allein in den Händen verantwortlicher Brüder der Brüder-Gemeinden liegen. Die Bundesleitung stimmte damals zu. Wie aber würde der Reisebrüderkreis in der DDR auf diesen »Alleingang« von F. Heinemann reagieren? Hatte es doch dieserhalb vorher keine verbindlichen Absprachen und Entscheidungen gegeben! Er begründete sein Vorgehen damit, dass er nicht versäumen wollte, den Brüder-Gemeinden die rechtliche Möglichkeit zu schaffen, eine Bibelschule einzurichten. Weitere Schritte könnten nun in Ruhe bedacht und entschieden werden. Die »Brüder« beauftragten daraufhin F. Heinemann, dem Arbeitskomitee des geplanten Seminars beizutreten.

Immer wieder findet in den Protokollen der Reisebrüderkonferenz jener Zeit die Not unzureichenden Dienstes und mangelnder seelsorgerlicher Betreuung der vielen kleinen Gemeinden Erwähnung, vor allem im Bezirk Mecklenburg. Man sprach von einer »Neuland-Missionssituation« und kam erstmals zu der Überlegung, ob nicht auch junge Brüder in solche Aufgabengebiete berufen werden könnten. Gedacht war an junge Männer von 22-25

Jahren, die schon geistliche Begabung und Bewährung zu erkennen gegeben hatten. Noch meldete man damals gegen diesen Vorschlag erhebliche Bedenken an, aber das Gespräch darüber riss in den folgenden Jahren nicht mehr ab. Bald trat es in eine bestimmte Beziehung zu dem Anliegen und Konzept einer Bibelschule für die Brüder-Gemeinden in der DDR So lautete dann ein besonderer Programmpunkt der Reisebrüdertagung am 12.8.1959 in Leipzig: »Errichtung einer Bibelschule in Verbindung mit dem baptistischen Seminar«. Über Jahre hinweg hielt man übrigens an einer stillen Übereinkunft fest, wegen mancher kritischen Stimmen möglichst nur von »Bibelkursen« oder »Bibellehrgängen«, nicht aber von einer »Bibelschule« zu sprechen. Vorüberlegungen hatte man inzwischen schon angestellt. Gedacht war z.B. an eine Bibelschule mit Kurzkursen von etwa 1-3 Monaten Dauer. Eine Umfrage sollte zunächst noch klären, ob junge Brüder überhaupt an einer solchen Zurüstung interessiert seien und sich für diese Zeit vom Beruf freimachen könnten. Ihnen wollte man die Zusicherung geben, während der Zeit der Kurse für den Lebensunterhalt ihrer Familien zu sorgen, falls die Heimatgemeinde dazu nicht in der Lage sei.

Schließlich wurde eine Kommission gebildet, die sich mit allen weiteren Fragen der Errichtung der neuen Bibelschule beschäftigen sollte. Ihr gehörten die Brüder R. Linke, F. Heinemann, H. Preubsch, A. Focking, W. Schwammkrug und H. Am Ende an.

Dennoch erwies es sich als ein Weg mit immer neuen Hindernissen, sowohl für das Seminar als auch für die Bibelschule. Auf der Reisebrüderkonferenz am 12.11.1959 in Berlin mussten die verantwortlichen Brüder zur Kenntnis nehmen, dass von der Ortsbehörde auch Leipzig als Standort für die beiden Ausbildungsstätten abgelehnt worden war. Die Arbeit des Seminars hatte deshalb »übergangsweise« inzwischen im Haus der Bethelschwestern in Buckow/Märk. Schweiz begonnen. F. Heinemann fragte beim Rat des Bezirkes Karl-Marx-Stadt an, ob in diesem Bereich die Bibelschule eingerichtet werden könne. Das Gemeindehaus in Burgstädt war zu dieser Zeit schon als der geeignete Ort im Gespräch. Da die Antwort der zuständigen Behörde weder zusagend noch ablehnend war, wurde in Absprache mit der Bundesleitung beschlossen, vorerst mit Lehrgängen von etwa zwei Monaten Dauer zu beginnen, für die es keiner besonderen Genehmigung bedurfte.

Überraschend legte Adolf Focking, Mitglied der Bibelschulkommission, zu dieser Zeit einen völlig neuen Vorschlag auf den Tisch. Bisher hatten die »Brüder« stets betont, dass es bei den geplanten Bibelschullehrgängen nur um Hilfen für den nebenberuflichen Dienst in den Gemeinden gehen könne. Nun wurde stattdessen angeregt, den Versuch zu wagen, solche zweimonatige Lehrgänge für junge Brüder durchzuführen, die man anschließend in ein achtwöchiges Dienstpraktikum senden sollte, eventuell in Begleitung eines älteren Reisepredigers. Anschließend könnte man sie dann an einem zweiten Kurs teilnehmen lassen. Sollte das der Anfang eines vollzeitlichen Dienstes junger Brüder sein? A. Focking fügte seinem Vorschlag vorsichtshalber hinzu: »Es müssen natürlich auch weitere Brüder aufgenommen werden, die nach den acht Wochen des Lehrgangs wieder in ihre berufliche Tätigkeit zurückgehen.«

Dennoch war nun durch einen Bruder, dessen Wort man im damaligen Reisebrüderkreis (nunmehr auch Vertrauensbrüderkreis genannt) großes Gewicht beimaß, ein mutiger Schritt nach vorn gewagt worden. Er konnte nicht ahnen, dass unmittelbar darauf binnen weniger Jahre die meisten Brüder, die die Geschichte der ersten 15 Jahre der Brüder-Gemeinden nach dem Krieg in Ostdeutschland geprägt hatten, vor Vollendung ihres 70. Lebensjahres vom Herrn abgerufen wurden und empfindliche Lücken im Reisepredigerkreis zurückließen. A. Focking dachte weitblickend an eine neue Reisepredigergeneration. Warum sollte sie nicht zuerst und vor allem eine Zurüstung durch Bibelschullehrgänge erhalten? Und musste man nicht an eine neue, veränderte Form des Reisedienstes überhaupt denken – mit bezirklich begrenztem Einsatz der Brüder? War es zu verantworten, jüngere Männer und Väter der wachsenden Belastung auszusetzen, wochenlang von ihren Familien getrennt sein zu müssen? Noch war man ja auf den Reisen auf die öffentlichen Verkehrsmittel angewiesen.

Hugo Hartnack, der an der erwähnten Vertrauensbrüdertagung im Nov. 1959 als Vertreter aus der BRD teilnahm, unterstützte zunächst ausdrücklich das Vorhaben einer Bibelschule mit dem Hinweis auf 2. Timotheus 2,2. Allerdings fügte er hinzu, dass es in den westdeutschen Brüder-Gemeinden schwer wäre, einen jungen Mann, der eine Bibelschulausbildung durchlaufen hätte, anschließend in einen vollzeitlichen Dienst zu berufen. Er würde wegen seiner Jugend und mangelnder Erfahrung nicht anerkannt.

Auch für den Vorschlag bezirklichen Reisedienstes fand H. Hartnack sehr positive Worte. Hier würde ein guter »Mittelweg« zwischen der bisherigen Form des Reisedienstes und dem eines Ortspredigers gewiesen. Mit diesen Vorstellungen war etwas ins Gespräch des Reisebrüderkreises der DDR eingebracht worden, was in den folgenden Jahrzehnten allmählich in die Praxis umgesetzt werden sollte. So tun heute die meisten Reiseprediger einen vornehmlich bezirklich begrenzten Dienst. Es ist die Dienstform, die sich inzwischen seit Jahren aus verschiedenen Gründen und unter veränderten staatlichen und familiären Gegebenheiten als fruchtbar erwiesen hat.

Hugo Hartnack kam damals sogar zu der bemerkenswerten Schlussfolgerung: »Die Art, wie ihr vorzugehen gedenkt, könnte vielleicht auch den Brüder-Gemeinden in Westdeutschland eine Hilfe sein. Es ist die Art, die der Brüderbewegung und ihren biblischen Erkenntnissen entspricht.«

Ernst Schrupp, der als Vertreter der Wiedenester Bibelschule an diesem Gespräch teilnahm, gab noch zu bedenken, dass man kein Vorbild – gedacht war offenbar an die Wiedenester Bibelschule – einfach übernehmen solle. Er sagte: »Die Wege, die wir beschreiten, um jungen Brüdern geistliche Zurüstung zu geben, können, den Verhältnissen entsprechend, verschieden sein. Das Ziel aber muss das gleiche sein.«

Er hielt es für möglich, in der DDR notfalls eine »wandernde Bibelschule« einzurichten, falls keine »ortsfeste« genehmigt würde. Diese Vorstellung wurde tatsächlich ein Stück verwirklicht, als man einige Jahre später einen Teil der Bibelschularbeit als »Abendkurse« in verschiedene örtliche Gemeinden hinein verlagerte, um damit einen größeren Interessentenkreis zu erreichen.

Dass die geplante Bibelschularbeit auch in den Gemeinden weithin dankbar begrüßt wurde, obwohl es sich doch um »etwas Neues« handelte, war eine erstaunliche und zugleich ermutigende Erfahrung für den verantwortlichen Brüderkreis, der mit so vielen Bedenken an dieses Projekt herangegangen war. So fasste er am 28./29.12.1959 schließlich den Beschluss, mit 15 Brüdern den ersten Lehrgang in der Zeit vom 2.5. bis 25.6.1960 in den Räumen der Gemeinde Burgstädt durchzuführen. Gleichzeitig wurde der 2. Lehrgang mit 13 Brüdern für den Zeitraum vom 12.9. bis 5.11.1960 geplant. P. Zschieschang, der seit 1957 im vollzeitlichen Dienst stand, wurde zum Leiter der Schule berufen, R. Preubsch und G. Brachmann und später K. Räuber als Lehrer. Schon im November 1960 kündigte man den ersten Fortsetzungslehrgang an und plante zusätzlich noch Kurzlehrgänge von einer Woche.

Als man dann auf der Vertrauensbrüderkonferenz im April 1961 auf das erste Bibelschuljahr zurückblickte, konnte man eine überwiegend positive Bilanz ziehen:

»Es wurde im Unterrichtsprogramm anfangs zu viel angeboten und verlangt. Auch an den Nachmittagen und sogar an den Abenden wurde unterrichtet, um in der kurzen verfügbaren Zeit so viel wie möglich zu vermitteln. Der Lehrstoff wurde dennoch von den Brüdern, die meist schon im Alter von über 30 Jahren standen, erstaunlich gut aufgenommen.«

An den seit 1962 an zentralen Gemeindeplätzen stattfindenden »Abendbibelschulen« konnten nun alle jene Interessenten teilnehmen, die aus beruflichen Gründen einen Kursus in Burgstädt nicht besuchen konnten. Allabendlich fanden sich jüngere und ältere Brüder und bald auch Schwestern eine Woche lang für mindestens 2-3 Stunden zu intensiver Bibelarbeit zusammen. Vornehmlich die Burgstädter Lehrbrüder unterrichteten in diesen Abendkursen in ihren Fächern. Damit gelang es, der Bibelschularbeit in den Herzen vieler Geschwister einen festen Platz zu geben und sie von dem berechtigten Anliegen dieser Arbeit zu überzeugen.

Eine neue Phase in der Entwicklung der Bibelschule wurde im Juni 1963 mit der Anfrage eingeleitet, ob man nicht Lehrgänge von längerer Dauer anstreben sollte. Anlass war die Feststellung der Reiseprediger, dass sich noch immer eine rückläufige Entwicklung in manchen Brüder-Gemeinden abzeichnete, deren Grund offenbar im Mangel an Dienst liegen würde. Lehrgänge von zweimal 8 Wochen würden keine ausreichende Zurüstung vermitteln und auch den Erwartungen der Bewerber nicht entsprechen, die eine echte Hilfe für ihren Dienst suchten. Deshalb wurde der Beschluss gefasst, zumindest den Versuch zu unternehmen, für unverheiratete Brüder einen Lehrgang von einem bis eineinhalb Jahren Dauer einzurichten. Man ging von der Vorstellung aus, jeweils 8 Wochen mit entsprechenden Zwischenpausen Unterricht zu geben, solange es nicht möglich wäre, eine behördliche Genehmigung für einen durchgängigen Jahreslehrgang zu erhalten.

Bald zeigte es sich, dass die bisherigen Räumlichkeiten im Burgstädter Gemeindehaus für eine solche Konzeption nicht genügten. So bemühte man sich, weitere wenn auch bescheidene Unterbringungsmöglichkeiten für Lehrer und Schüler zu schaffen.

Am 18.1.1965 wird in einem Rundschreiben ein neues Problem der Bibelschularbeit erwähnt. Es handelte sich um eine Information für die Gemeinden, dass auf Grund der bestehenden Schwierigkeiten bei der Lösung aus dem Arbeitsverhältnis nur ein zusammenhängender Lehrgang von 3 x 8 Wochen für die Zeit von Oktober 1965 bis Ostern 1966 geplant sei. Erst im Januar 1966 konnte dann tatsächlich dieser erweiterte Kursus mit 9 Brüdern begonnen werden. Damit war die Weiche für die Praxis der Bibelschularbeit der folgenden Jahrzehnte gestellt – mit Lehrgängen, die dann ein ganzes Jahr von September bis Ende August des jeweils folgenden Jahres, einschließlich eines Praktikums, umfassen sollten.

Seit 1968 fand diese Ausbildungsstätte auch das Interesse der anderen Gemeindegruppen im BEFG sowie anderer Freikirchen und der ev. luth. Kirche. Die Burgstädter Bibelschule wurde, was die Zusammensetzung der Schülerschaft betrifft, zu einer »Allianzbibelschule«.

Von 1968 an öffnete sie ihre Tore auch für Schwestern, wobei vor allem an Zurüstung für Kinder- und Jugendarbeit gedacht wurde, die im Gemeindeleben der sechziger Jahre stark an Bedeutung gewonnen hatten. Außerdem brachte es die längere Dauer der Lehrgänge zwangsläufig mit sich, dass sich das Durchschnittsalter der Bewerber auf 20-22 Jahre senkte. Unverändert blieb es jedoch Grundanliegen der Bibelschularbeit, junge Christen für die Mitarbeit in der örtlichen Gemeinde, und zwar neben ihrer beruflichen Tätigkeit, zuzurüsten, ihnen aber weder eine »Predigerausbildung« zu geben, noch anschließend einen vollzeitlichen Dienst in der Verkündigung oder Diakonie zu vermitteln. Dennoch kam die Frage nicht zur Ruhe, ob es in einzelnen Fällen nicht gut und nützlich sei, Brüdern die Chance einer weiteren Ausbildung zu geben, vielleicht mit Blickrichtung auf spezielle übergemeindliche Aufgaben.

1980 bis 1984 wurden durch Gottes gnädige Führung Erwerb und Umbau eines kirchlichen Diakonatsgebäudes in der Nähe des Burgstädter Gemeindehauses möglich. Endlich konnte man genügend geeignete Räume zur weiteren Entwicklung der Bibelschularbeit schaffen. Der Herr führte aus bedrückender Enge in die Weite und machte die »Brüder« gewiss, dass sie auf dem Weg vorangingen, den Er selbst gewiesen und bereitet hatte.

5. Schrifttum

Schon bald nach dem Zusammenbruch des Hitlerreiches unternahm man auch in der »Ostzone« erste Schritte, um für den Bereich des BEFG Lizenzen zur Herausgabe von Schrifttum zu erlangen.

1946 erhielt Otto Ekelmann, Prediger einer Berliner Baptistengemeinde, nach entsprechenden Gesprächen mit der sowjetischen Militäradministration die Erlaubnis zur Herausgabe des Blattes »Mitteilungen der Evangelisch-Freikirchlichen Gemeinden«, das ab

April 1946 alle zwei Monate mit einem Umfang von 8 Seiten erscheinen konnte, ab August dieses Jahres dann schon in einer Auflagenhöhe von 10.000 Stück. Alle Bundesgemeinden wurden aufgerufen, sich mit Beiträgen an der Gestaltung dieses Blattes zu beteiligen. In einem Schreiben vom 15.8.1946 hieß es:

> »Für die ersten Seiten werden Bibel- und Zeugnisarbeiten erbeten. Jede Arbeit muss schriftgebunden sein, frei von politischem Einschlag, in ernstem Ringen mit dem Bedürfnis der heutigen Stunde stehend. Sie muss dem weiteren Zusammenfinden der Gemeinden dienlich sein, wie uns der Herr in unserem Bund Seite an Seite führte.«

Im Kurzbericht des Bundeshauses 2/1947 wurde dann vermerkt:

> »Die sowjetische Militärverwaltung in Deutschland, Propagandaleitung in Berlin, hat nun die Lizenz für ein Monatsblatt ›Wort und Werk‹ erteilt. Dieses Blatt erscheint in einer Größe von 16 x 21 cm und einem Umfang von 12 Seiten, in einer Auflagenhöhe von 10.000 Stück monatlich, Lizenzträger ist O. Ekelmann, Berlin.«

Es handelte sich um die Fortführung und Erweiterung des obengenannten Mitteilungsblattes.

In dieser neuen Zeitschrift wurden fortan immer wieder auch Beiträge aus der Feder von Brüdern aus den Brüder-Gemeinden veröffentlicht. Trotzdem kam das Fragen nach einer eigenen Zeitschrift auch in den ostdeutschen Gemeinden nicht zur Ruhe.

Darum trafen sich am 15.5.1952 Vertreter des Vertrauensbrüderkreises mit Brüdern der Bundesleitung-Ost, um diesen dringenden Wunsch des gesamten Geschwisterkreises der Brüder-Gemeinden in der DDR vorzutragen. Zu Beginn dieses Gesprächs wurde die gute Nachricht mitgeteilt, dass die Auflagenhöhe von »Wort und Werk« nun auf 25.000 Stück erhöht werden könne und dass auch eine Erweiterung bzw. Vergrößerung des Formats auf das Doppelte (DIN A 4) genehmigt worden sei. Abgelehnt wurde dagegen das beantragte zweimalige Erscheinen im Monat. Zwei verschiedene Ausgaben der Zeitschrift für die Baptisten- und für die Brüder-Gemeinden unter dem gleichen Titel lehnten die Brüder der Bundesleitung entschieden ab. Schließlich einigte man sich auf folgenden Vorschlag:

> »Ab Juli 1952 sollen die 4 Innenseiten von ›Wort und Werk‹, gewissermaßen als selbständiges Blatt, ausschließlich Beiträgen aus den Brüder-Gemeinden zur Verfügung stehen, für deren Inhalt ihr Vertreter in der Schrifttumsabteilung des Bundes verantwortlich ist. Diese 4 Seiten werden mit der Überschrift ›DIE BOTSCHAFT‹ versehen.«

Neben erbaulichen und belehrenden Aufsätzen konnten auf diesen Seiten fortan auch Mitteilungen aus dem Bereich der Brüder-Gemeinden, z.B. über Rüstzeiten und Bibelwochen, veröffentlicht werden. Zusätzlich kam man noch zu folgender Vereinbarung:

> »Die Brüder-Gemeinden können unregelmäßig, im Abstand von mehreren Monaten (später alljährlich), eine Broschüre herausgeben, die den Titel ›Handreichung für die christliche Gemeinde‹ (später ›Handreichung für den Glaubensweg‹) tragen soll.«

Einen ersten Versuch dieser Art hatten die Verantwortlichen Brüder bereits mit einer 1951 herausgegebenen Sammelmappe von Einzelblättern unternommen. Sie trug den Titel »Wegzehrung für entschieden gläubige Christen«.

Seitens der Vertreter der Brüder-Gemeinden wurde damals, am 15.5.1952 deutlich zu verstehen gegeben, dass sich ihre Vorstellungen mit dieser Lösung keineswegs erfüllt hätten. Ihr erstrebtes Ziel war es gewesen, auch zu einer eigenen Schriftleitung zu kommen. Das blieb ihnen versagt, doch eine gewisse Eigenständigkeit im Schrifttumsbereich hatten sie gewonnen. Eine vieldiskutierte Frage blieb es im Lauf der nächsten 15 Jahre, warum bei vielen Gemeindegliedern kaum Interesse für das wenige Schrifttum bestand. Es hatte wohl darin seinen Grund, dass man sich bei den »Handreichungen« auf sogenannte Grundsatzliteratur festlegte. Entweder wurden Beiträge aus vergangener Zeit neu veröffentlicht oder neue im alten Stil verfasst, oft mit wenig Bezug zu den Gegenwartsfragen.

Es blieb zudem für viele Jahre eine mühevolle Sache, entsprechend begabte Brüder zur Mitarbeit zu gewinnen, sei es für die BOTSCHAFT oder für die Gestaltung der laufend erscheinenden neuen Bände der »Handreichung«.

Ein gewisser Durchbruch erfolgte erst in den siebziger Jahren, als man versuchte, den vielfältigen unterschiedlichen geistlichen Bedürfnissen des Leserkreises verstärkt Rechnung zu tragen und dies über den Bereich der Brüder-Gemeinden hinaus.

Inzwischen ist als 30. Band dieser »Handreichung für den Glaubensweg« als Lizenzausgabe des R. Brockhaus Verlages der 1. Band der Wuppertaler Studienbibel AT, 1. Mose 1-11 von H.J. Bräumer in Vorbereitung. Aber es gab noch weitere wichtige Objekte im Bereich »Schrifttum«, die auf langwierigen Wegen mit viel Geduld angestrebt wurden und schließlich verwirklicht werden konnten. Im November 1956 fasste der in Berlin tagende Reiseprediger-kreis den Beschluss, ein neues Liederbuch zu schaffen. Es sollte ein gemeinsames Liederbuch für die Brüder-Gemeinden in beiden deutschen Staaten werden. Nicht mehr als 230-250 Lieder waren vorgesehen, unter Beibehaltung der alten 192 »Geistlichen Lieder«. Im Dezember 1959 war es dann soweit, dass dieses Liederbuch, in der DDR gedruckt, erscheinen konnte, in einer Auflagenhöhe von 15.000 Stück.

Zur gleichen Zeit waren Bemühungen im Gang, in Absprache mit dem Brockhaus Verlag eine Kooperation in der Herausgabe der Wuppertaler Studienbibel NT anzustreben, deren erste Bände von F. Rienecker in den fünfziger Jahren in der BRD erschienen waren. Nun konnte im Oktober 1957 berichtet werden, dass der Band zum Philipper- und Kolosserbrief, erklärt von Dr. W. de Boor, in der DDR gedruckt worden sei und unseren Gemeindegliedern angeboten werden könnte. Weitere Bände folgten in Zusammenarbeit mit der Hauptbibelgesellschaft zu Berlin.

Mit besonderer Freude und Dankbarkeit wurde 1961 das Erscheinen der Elberfelder Perlbibel in der DDR begrüßt. Es folgte 1963 die Elberfelder Konkordanz und 1964 die Elberfelder Taschenbibel, 1965 schließlich das Liederbuch in Großformat.

Für Jahre konnte hier ein dringender Bedarf der Brüder-Gemeinden in der DDR abgedeckt werden. Darüberhinaus wurden all diese Aktivitäten in der Schrifttumsarbeit auch ein Stück partnerschaftlicher Beitrag in der Gemeinschaft der drei Gruppen des Bundes Evangelisch-Freikirchlicher Gemeinden und darüberhinaus der Freikirchen in der DDR.

6. Die weitere Entwicklung in der Bundesgemeinschaft

Manche Fragen des Zusammenlebens in dem während der Kriegsjahre geschlossenen Bund der Baptisten-, Brüder- und Elim-Gemeinden traten im Osten verständlicherweise zunächst zurück. Das starke Aufeinanderangewiesensein in den Nachkriegsjahren, die gemeinsamen Hilfsaktionen ungeachtet der Gemeindezugehörigkeit, die gemeinsamen Gottesdienste, wo dies die noch zerstörten oder beschädigten Gemeindehäuser erforderlich machten – dies alles drängte die Probleme der unterschiedlichen Traditionen und Erkenntnisse zurück. So wurde auch die Frage, ob dieser Bundesschluss (BEFG) wirklich nach Gottes Willen vollzogen worden sei und an welches Ziel man dabei gedacht habe, zunächst kaum gestellt. Auch die neuen politischen Gegebenheiten, in denen man sich erst zurechtfinden musste, ließen für Erwägungen eines eventuellen Austritts aus dem Bund keinen Raum. An den Gesprächen, die der Reisebrüderkreis 1947 in Weidenau und Schwelm dieserhalb führte, konnten schon fast keine Vertreter aus der »Ostzone« mehr teilnehmen. Es wurden zwar die »Ergebnisse« dieser Gespräche in den Reisepredigertagungen in Sachsen und Berlin diskutiert, und man äußerte schließlich auch Verständnis für den Austritt eines Teiles der Brüder-Gemeinden Westdeutschlands aus dem Bund. Für die Gemeinden in der DDR aber entschied sich der verantwortliche Brüderkreis, trotz aller auch hier auftretenden Sorgen und Bedenken, für ein Verbleiben in der Bundesgemeinschaft. Diese Entscheidung wurde im Lauf der folgenden Jahrzehnte des öfteren bekräftigt und bestätigt, wie es die Protokolle und Niederschriften des Vertrauensbrüderkreises zeigen.

Betroffen nahm man allerdings wahr, dass das Miteinander von Baptisten- und Brüder-Gemeinden, wo man zu einer örtlichen Verschmelzung fand, stets zu Lasten des Brüdertums ging und am Ende keineswegs einen neuen Gemeindetyp zur Folge hatte. Die Strukturen der Baptisten-Gemeinden erwiesen sich eben doch als die stärkeren, die sich durchzusetzen vermochten, z.B. in Zeitz, Gera und Eisenach.

Insofern hatten diese Erfahrungen aber eine positive Auswirkung, als sich daraus im Laufe der Zeit ein grundsätzlich neues Verständnis von Gemeinschaft innerhalb des Bundes herausbildete. In vielen Gesprächen, die zwischen Vertretern der verschiedenen Gruppen des Bundes geführt wurden, betonten diejenigen aus den Brüder-Gemeinden immer wieder, dass sie wohl die Bundesgemeinschaft bejahen würden, aber dies mit der deutlichen Absicht, das Brüdertum nicht aufgeben, sondern weiterpflegen zu wollen. Nur auf diese Weise wäre es möglich, einen echten Beitrag zum Ganzen der Gemeinschaft leisten zu können.

Dennoch hielt man bis Ende der siebziger Jahre an der Vorstellung von einer Verschmelzung auf baptistischer Seite fest und strebte sie als Ziel weiterhin an.

Aufmerksam hatte man während der Jahre 1948/49 in den ostdeutschen Brüder-Gemeinden die Entwicklung im westdeutschen BEFG verfolgt, obwohl die unmittelbaren Kontakte schon schwierig geworden waren. Z.B. konnte kein Vertreter aus dem Osten am »innerbundlichen Gespräch« am 2./3.8.1949 teilnehmen, das in Dortmund stattfand. Es sollte damals noch einmal der Versuch unternommen werden, die Spannungen, die inzwischen die Bundesgemeinschaft belasteten, in brüderlichem Geist zu überwinden und echte Lösungen für die wachsenden Probleme zu finden. So strebte man beispielsweise getrennte Kontenführung an und unterschied gemeinsame und getrennte Aufgaben. Dies alles aber wolle man seitens der Bundesleitung nur auf die drei Westzonen beschränkt wissen. So hieß es ausdrücklich im Abschlussprotokoll:

>»Die Gemeinden des Ostens bleiben davon unberührt, weil es dort nicht nötig war, das innerbundliche Gespräch zu führen – im Blick auf das gute Miteinander aller Gemeinden.«

Der damalige Berichterstatter für »Wort und Werk« (9/1949) gibt diese Einschränkung der. sog. Dortmunder Beschlüsse allerdings nicht zu erkennen, wenn er sagt:

>»In der Dortmunder Ordnung des Bundes werden in herzlicher Bruderliebe und Achtung vor dem angestammten Gut des anderen die angeschnittenen Fragen einer Klärung entgegengeführt und die Gestaltung des Zusammenlebens im Bund ohne innere Beschwernis ermöglicht. Es gibt fortan gemeinsame und getrennte Aufgaben ...«

Wenn also die Dortmunder Beschlüsse zunächst auch nicht für die Gemeinden Ostdeutschlands gedacht waren, so gelangten sie doch in die Hände der dortigen verantwortlichen Bruderschaft. Sie verfasste in deutlicher Anlehnung an die Ergebnisse dieses innerbundlichen Gesprächs am 30.11.1949 in Leipzig eine Entschließung mit folgendem Wortlaut:

>»Wir wurden uns völlig einmütig klar, das Jugendwerk und die Sonntagsschularbeit für ehemalige BfC-Gemeinden der gesamten Ostzone, einschließlich Berlin, als getrennte Aufgabe anzusehen.«

Dagegen wurde zunächst seitens der Bundesleitung-Ost Einspruch erhoben. Im Februar 1950 trat der Vertrauensbrüderkreis erneut zusammen. Paul Müller aus Velbert hatte offenbar in Plauen von der Dortmunder Tagung und ihren Beschlüssen berichtet. Ein zweites Mal schrieb nun der gesamte Reisepredigerkreis an die Bundesleitung mit folgenden eindringlichen Worten:

>»Wir halten es für unsere heilige Pflicht, das von unseren Vätern übernommene Sondergut an unsere Jugendlichen und Kinder weiterzugeben, wie das wohl auch von unseren Baptistengeschwistern als ihre selbstverständliche Pflicht für ihren Kreis angesehen werden dürfte. Wir können deshalb die uns zur Verfügung stehenden wenigen Kräfte nicht zersplittern, da wir sonst die aus der lehrhaften Erziehung der Jugend und Kinder in den Bibelwochen und Sonntagsschulen erwachsenden Aufgaben nicht erfüllen können.«

Keinesfalls war damit an eine Abgrenzung im Sinn eines Unterbindens jeglicher Gemeinsamkeiten gedacht. Deshalb heißt es in diesem Brief an die Bundesleitung weiter:

>»Wie bisher können auch durch die Bekanntgabe der Bibelwochen jederzeit Jugendliche anderer Bundesgemeinden an unseren Bibelwochen teilnehmen und umgekehrt. Ebenso werden die örtlichen gemeinsamen Veranstaltungen, z.B. unserer beider Jugendgruppen, soweit sie die Zustimmung der Gemeinden finden, empfohlen.«

Abschließend wird auch hier wieder ausdrücklich betont:

>»Unsere Stellung zum Bund wird hierdurch nicht im geringsten berührt.«

Die 33 Vertreter des damaligen verantwortlichen Brüderkreises für die Brüder-Gemeinden in der DDR unterschrieben ohne Ausnahme diesen Brief.

Eine eigenständige Entwicklung im Finanzbereich hatte sich bereits durch die Tätigkeit von Edgar Claus als Verantwortlichem der »Bruderhilfe« der sächsischen und thüringischen Vereinigung entwickelt. Nachdem diese Aufgabe Ende der vierziger Jahre erfüllt und abgeschlossen war, wurde aus dieser Stelle allmählich eine Verwaltungszentrale für die Brüder-Gemeinden in der DDR. Lediglich die Anstellung und Besoldung der Reiseprediger – sofern diese zur Predigerbruderschaft des Bundes gehörten – erfolgte noch über die Bundesgeschäftsstelle in Berlin. Immer wieder wurden von dort aus Klagen laut, dass die eingehenden Zahlungen seitens der Brüder-Gemeinden dafür nicht ausreichten. Auch eine Klärung der rechtlichen Verhältnisse der »Bruderhilfe« in Leipzig erwies sich inzwischen als unumgänglich.

Dies alles traf nun mit einem bedeutsamen Wechsel in der Leitung dieser sich entwickelnden Verwaltungsstelle zusammen. Im November 1956 hatte der Reisebrüderkreis beschlossen, Frido Heinemann, Chemnitz, von Beruf Steuerberater, als Nachfolger für den erkrankten Edgar Claus zu berufen. Schon am 10.2.1957 ging dann der treue und bewährte Mann der ersten Nachkriegsjahre heim, und es war eine freundliche Führung Gottes, dass er seine Arbeit noch an F. Heinemann übergeben konnte.

Deutlich äußerte zu dieser Zeit die Bundesleitung ihre Bedenken gegen eine eigenständige Fortführung der »Bruderhilfskasse«, da sie rechtlich gefährdet sei. Es wurde der Vorschlag unterbreitet, sie der Bundeskasse einzuverleiben. Im Gegensatz dazu schlugen die

Vertreter der Brüder-Gemeinden vor, die Bruderhilfskasse fortan als eine der getrennten Aufgabenbereiche der Brüder-Gemeinden offiziell anzuerkennen, zumal man sie auf Grund der jahrelang gebilligten Praxis seitens des Bundes eigentlich schon anerkannt hatte. Unter keinen Umständen waren sie bereit, diese gesonderte Kasse aufzugeben (Protokoll der RBT – Reisebrüdertagung – 29 4.-3.5.57). Die Bundesleitung stimmte schließlich ihrer Bitte zu.

So wurden bereits 1957 die ersten Reiseprediger in ein Anstellungsverhältnis der »Bruderhilfe« übernommen, die zu dieser Zeit nicht in einem Anstellungsverhältnis zum Bund standen. Im August 1959 schließlich regte Rolf Dammann, Leiter der Bundesgeschäftsstelle-Ost, an, die Gehaltszahlung auch für die Reiseprediger, die auf der Predigerliste des Bundes standen, über die »Bruderhilfe Leipzig« vorzunehmen.

Nun musste notwendigerweise eine rechtliche Grundlage für diese Einrichtung geschaffen werden, was bis jetzt immer noch nicht geschehen war. Damit wurde eine weitere Eigenständigkeit der Brüder-Gemeinden im Aufgabenbereich »Finanzen« eingeleitet. Der Beschluss lautete damals folgendermaßen:

> »Am 10.2.1961 hat die Bundesleitung in ihrer Sitzung eine Kommission aus den Brüdern Focking, Heinemann, Preubsch, Schäfer, Weist, Hund, Wank, Dammann, Reichardt und Thaut berufen, die die Zusammenarbeit der einzelnen Gruppen im Bund regeln soll.«

Sie trat am 18.4.1961 in Berlin zusammen und beschäftigte sich mit einer Vorlage, die der Reisepredigerkreis erarbeitet hatte. In dieser hieß es:

> »Während der RPT in Berlin (7.-11.11.60) wurde erneut die Frage der Rechtsstellung der ›Bruderhilfe‹ überdacht. Es erscheint uns dringend notwendig, ihre Stellung innerhalb des Bundes zu festigen, und zwar durch folgende Festlegung:
> 1. Die verantwortlichen Brüder der ehemaligen BfC-Gemeinden, soweit sie zur Bundesleitung zum Arbeitsausschuss oder zum Brüderbeirat gehören, regeln die besonderen Belange der ehemaligen BfC-Gemeinden selbständig.
> 2. Die Bruderhilfe in Leipzig ist die Geschäftsstelle im Bund Evangelisch-Freikirchlicher Gemeinden, die im besonderen die Interessen der ehem. BfC-Gemeinden in der DDR wahrnimmt. Sie unterliegt der Weisung der Brüder des Beirats, die in der DDR wohnen.«

Auch in jenem Gespräch am 10.2.1961 wurde seitens der Vertreter der Brüder-Gemeinden erneut versichert, dass sie keine Trennung

vom Bund anstrebten, sondern nur eine Klärung bestimmter Fragen der Zusammenarbeit. Es müsse für die Arbeit der Bruderhilfe in Leipzig eine Rechtsgrundlage für folgende Aufgaben geschaffen werden:
1. Empfang von Gaben (finanziell) der Gemeindeglieder der Brüder-Gemeinden,
2. Möglichkeit, bestimmte Literatur in ausreichendem Maß zu beschaffen,
3. Verwaltung der Bibelschule Burgstädt,
4. Regelung der Fragen, die die ehem. BfC-Gemeinden betreffen und die durch die Bundesgeschäftsstelle nicht geregelt werden können,
5. Regelung des Dienstes und der Vergütung der Reiseprediger. Für den Fall, dass die Bundesleitung dieser Regelung nicht zustimmen könnte, wurde angeregt, eine gesonderte Vereinigung für die Brüder-Gemeinden innerhalb des Bundes zu bilden. Gern wollte man die in den letzten 15 Jahren liebgewonnene Bezeichnung »Bruderhilfe« beibehalten.

Schließlich konnte Übereinstimmung darüber erzielt werden, dass die »Bruderhilfe« ihre Berechtigung habe und für ihre Arbeit einer entsprechenden Rechtsgrundlage bedürfe. Man hielt es jedoch für erforderlich, dieser Einrichtung einen der Aufgabenstellung entsprechenden Namen zu geben. So kam es am Ende zu folgender einmütigen Empfehlung an die Bundesleitung:

»Die Bundesleitung wird gebeten, Folgendes zu beschließen (am 18.4.1961):
1. Die Geschäftsstelle Leipzig, bisher mit »Bruderhilfe« bezeichnet, ist Geschäftsstelle des Bundes und untersteht der Bundesleitung (später »Verwaltungsstelle der Brüder-Gemeinden im BEFG« genannt).

Sie ist Außenstelle für die Brüder-Gemeinden des BEFG in Deutschland, KdöR (für das Gebiet der DDR). Durch diese Außenstelle werden die ehemaligen BfC-Gemeinden betreut (siehe die Vorschläge des Reisepredigerkreises mit den 5 Punkten als Aufgabenstellung – dazu 6. ›Regelung gemeindlicher Fragen‹).
2. Die Außenstelle Leipzig arbeitet mit der Bundesgeschäftsstelle 1034 Berlin zusammen, vor allem in den über den unmittelbaren Rahmen der BfC-Gemeinden hinausgehenden Angelegenheiten.
3. Die Außenstelle Leipzig wird zur Zeit von dem 2. Vorsitzenden in der DDR, Frido Heinemann, geleitet.«

Mit dieser Regelung war die Frage einer eigenen Vereinigung für die Brüder-Gemeinden zunächst vom Tisch genommen. Sie tauchte allerdings erneut auf, als in der Vertrauensbrüdertagung vom 4.-7.7.63 der Vorschlag von vor zwei Jahren wieder aufgegriffen und ihm einmütig zugestimmt wurde. Die Bundesleitung dachte zu dieser Zeit an eine Neugliederung der Vereinigungen im Bund der DDR. So ergab sich die Möglichkeit, diesen Vorschlag einzubringen, mit der erneuten Versicherung, dass man nicht an eine Trennung vom Bund denken würde. Ziel sei es vielmehr, mit der Bildung einer gesonderten Vereinigung für die Brüder-Gemeinden der tatsächlichen Lage Rechnung zu tragen. Die alljährlich in Leipzig stattfindende Rüstwoche würde etwa einer Vereinigungskonferenz entsprechen können.

Im Dezember 1963 stellte man in der Vertrauensbrüdertagung in Leipzig noch einmal fest, dass die Brüder-Gemeinden das Recht hätten, eine eigene Vereinigung innerhalb des Bundes zu bilden. Zu einer einmütigen Stellungnahme fand sich der damals versammelte Brüderkreis allerdings nicht.

So blieb die Frage der Mitarbeit in den Vereinigungen des Bundes das ungelöste Problem. Auch in den folgenden zwei Jahrzehnten fanden die meisten Brüder-Gemeinden keine Beziehungen zu den Vereinigungsstrukturen, was sich in der stets nur geringen Beteiligung an den Vereinigungskonferenzen zeigte. Eine Ausnahme bildeten lediglich der Bezirk Dresden und die Lausitz. Auch in jüngsten Anfragen in der Theologischen Woche 1983 in Schmiedeberg/Bez. Dresden und in den Ergebnissen des dort ins Leben gerufenen Arbeitskreises für »Strukturfragen« zeichnete sich bis heute keine befriedigende Lösung ab.

7. Die charismatische Bewegung- eine große Herausforderung für die Brüder-Gemeinden in der DDR

Schon in den sechziger Jahren traten in den Gemeinden der DDR Erscheinungen auf, die es in der Geschichte der Brüderbewegung bis dahin kaum gegeben hatte. Die erweckliche Bewegung der Nachkriegsjahre hatte ihre Stoßkraft inzwischen verloren. Die Evangelisationsversammlungen wurden nicht mehr so gut besucht, bewusste Entscheidungen für Jesus Christus waren selten. Der Ruf: »Wo gebetet wird, da geschieht etwas!« hatte nach dem Krieg die junge Generation motiviert und gesegnete Glaubens- und Gebetserfahrungen zur Folge gehabt. Aber diese geistliche Bewegung war inzwischen abgeebbt.

Wo geschahen denn noch die Dinge, die man einst in den ersten Bibelwochen und Evangelisationen nach dem Krieg erlebt hatte? »Warum erleben wir heute so wenig mit dem Herrn?«, fragten sich manche Gemeindeglieder, denen es besonders um die Zeugniskraft, das Wachstum und die Weiterentwicklung der Gemeinden ging.

Erstmals tauchte in den Protokollen der Reisebrüder-Tagung des Jahres 1957 eine Warnung vor sog. »schwarmgeistigen Bewegungen« auf, die nicht bei den Elim-Gemeinden, sondern in den Brüder-Versammlungen überraschenderweise zur Gefahr wurden. Vor allem handelte es sich um einige Brüder, die bezeugten, die Gabe der Heilung vom Herrn empfangen zu haben, und diese nun auf ihren Reisen in der Seelsorge praktizierten.

Auch die Evangelische Allianz und die Bundesleitung erließen zu dieser Zeit einen Aufruf an die Gemeinden. »Länger dürfen wir nicht schweigen!«, hieß es in einer solchen Verlautbarung. Besonders ernst nahm man die sich bis in die DDR ausbreitende Bewegung um Hermann Zaiss aus Solingen.

Vor allem die Gemeinden der Lausitz waren davon betroffen und gefährdet. Ernst Schrupp aus Wiedenest, der in diesem Jahr zu einer Jungbrüderwoche nach Leipzig eingeladen war, sprach aktuell zu dem Thema: »Unser Wandel im Geist zwischen Erstarrung und Schwärmerei« und zeigte, dass man zumindest teilweise erkannt hatte, wo die Ursachen für eine so überraschende Offenheit der Brüder-Gemeinden gegenüber schwärmerischen Einflüssen zu suchen waren.

Deutlich wies auch Erich Sauer auf diese Zusammenhänge in einem Beitrag in ›Wort und Werk‹ (6/57) hin. Ausgangspunkt war in seinem Artikel die Frage: »Warum brauchen wir Erweckung?« und er gab darauf folgende Antworten:

1. Weil weitgehend Müdigkeitserscheinungen zu erkennen sind,
2. weil es nur wenige Bekehrungen gibt,
3. weil wir das geistliche Erbe nicht zugrundegehen lassen dürfen,
4. weil wir als Volk Gottes vor schwarmgeistigen Verirrungen bewahrt oder von ihnen geheilt werden müssen.

Am Ende kam Erich Sauer zu der Schlussfolgerung:

> »Der Grund, warum unnüchterne Strömungen einziehen können, ist nicht selten der, dass infolge mangelnder Geisteskraft und geistlicher Dürre in sonst biblisch geordneten Gemeinden eine an sich berechtigte Sehnsucht nach wahrer Lebendigkeit und Geistesfülle in manchen Herzen erwacht, die aber ihre wahre Befriedigung nicht findet. In diese Hohlräume wirken

dann leicht schwarmgeistige Bewegungen hinein, und so kommt es zu ungesunden Verirrungen und Verzerrungen des geistlichen Lebens.«

Zunächst schien diese Gefahr in den Brüder-Gemeinden nach kurzer Zeit gebannt zu sein. Es blieb eine örtlich begrenzte Erscheinung, von der viele kaum etwas zu spüren bekamen.

Eine der positiven Auswirkungen war, dass neu über den biblischen Weg des Umgangs mit Kranken in der Gemeinde nach Jakobus 5 nachgedacht wurde.

Plötzlich tauchte im Jahr 1969 eine neue Frage auf, die bis dahin in den Brüder-Gemeinden kaum so konkret gestellt worden war:

»Kommen etwa deshalb manche Menschen unter der Verkündigung des Evangeliums so schwer zu einer bewussten Entscheidung für Jesus Christus und schließlich zu echter Nachfolge sowie wahrer Befreiung, weil sie ›okkult belastet‹ sind?«

Hin und her wurde damals in Kirchen und Freikirchen zum Thema »Seelsorge an okkult Belasteten« gesprochen. Das dunkle Gebiet des Aberglaubens und des Okkultismus wurde in fast allen Evangelisationen ausführlich angesprochen. Warnende Stimmen fehlten allerdings nicht, die zu besonnener Zurückhaltung aufrufen. So sah sich der Vertrauensbrüderkreis im Dezember 1969 genötigt, folgenden Rat zu geben:

»Die Frage okkulter Bindung soll nicht überbetont werden. ›Lösungsdienste‹ soll ein Bruder niemals allein tun. Beim Lossagegebet muss bewusst der Sieg Jesu in Anspruch genommen werden.«

Einige Brüder äußerten sich damals wie folgt:

»Die Macht der Sünde ist bei der Bekehrung noch nicht gebrochen, und okkulte Bindungen sind dann noch nicht unbedingt gelöst.«

Das blieb freilich nicht unwidersprochen. Es zeigte sich aber bereits zu dieser Zeit eine bedenkliche Hilflosigkeit gegenüber einer Sache, in der man weithin keine seelsorgerlichen Erfahrungen hatte und vielleicht auch keinen biblischen Durchblick. Das sollte sich für die Zukunft als unheilvoll erweisen. Plötzlich kam es im Frühjahr 1973 in Großbothen zur Seelsorge an einer Frau, die nach Meinung der sich um sie bemühenden Brüder von einem Heer von Dämonen besessen sein sollte. Man führte einen monatelangen Kampf, dessen siegreiches Ende man daran zu erkennen glaubte, dass aus dieser Frau, während sie im Trancezustand war, angeblich die Stimme eines Engels des Herrn sprach. Eben diese Stimme fing bald darauf an, laufend Anweisungen an einzelne Gemeindeglieder oder auch ganze Gemeinden zu erteilen und dabei den Anspruch göttlicher Autorität zu erheben.

Die Auswirkungen auf den ganzen Bereich der Brüder-Gemeinden und noch darüber hinaus waren alarmierend. Es gab Brüder in den örtlichen Gemeinden, die hier bald klarer sahen und ihr Verwundern über das Abwarten und Zögern des Vertrauensbrüderkreises deutlich zum Ausdruck brachten. So hieß es in einem Brief aus Karl-Marx-Stadt:

> »Wir können uns schwerlich vorstellen, dass verantwortliche Brüder nicht erkennen, welche Gefahr für den Fortbestand der Brüder-Gemeinden besteht, wenn hier nicht unverzüglich entschieden gehandelt wird« (29.7.1973).

Oberkirchenrat Dr. W. de Boor, zu dem seit Jahren ein herzliches brüderliches Verhältnis bestand, kam zu folgender Feststellung:

> »Wo ein Bote (Engel) unmittelbar von Gott her mit göttlicher Autorität zu reden behauptet, gibt es keine Vermittlung mehr. Da gibt es nur das Ja der Unterwerfung oder das ganze Nein. Wer sich aber unterworfen hat, sollte der noch Kritik – für ihn ja ›Kritik an Gott‹ – auch nur hören können?«

So erwies es sich in der Tat, dass hier keine Seelsorge, kein brüderlicher Rat mehr ein offenes Ohr fand. Die beiden Brüder gingen weiter von der Einzigartigkeit und Unvergleichbarkeit ihrer »Erfahrungen« aus und hielten es für unzumutbar, diese an Hand der Schrift prüfen oder gar in Frage stellen zu lassen.

Wie aber konnte es zu einer solchen Verblendung und Verirrung kommen? Diese Frage mussten sich alle Brüder-Gemeinden in der DDR und der verantwortliche Brüderkreis in Sonderheit stellen. Hatte sich mit dem Verlangen nach größerer Vollmacht zum Dienst das Verlangen in die Herzen eingeschlichen, selbst etwas sein zu wollen, Macht für sich selbst zu gewinnen, statt alle Ehre allein dem Herrn zu geben? Hatte das Trachten nach mehr »Erfahrungen« dazu geführt, sich vom klaren Boden der Schrift zu lösen? Gab es doch diesen »Hohlraum« in unserer Lehre und gemeindlichen Praxis, in den solche irrgeistigen Strömungen einfließen konnten?

Man fand zwar zu der schmerzlichen, unumgänglichen Entscheidung, am Ende zwei geschätzten und im Dienst bewährten Mitarbeitern die Berufung für den vollzeitlichen Dienst zu entziehen, aber mehr als fünf Jahre waren die Nachwirkungen ihres

Einflusses in vielen Brüder-Gemeinden noch zu spüren. Grund zum Danken war allein die Tatsache, dass Gott in seiner Barmherzigkeit vor einer Spaltung bewahren konnte. Nicht verschwiegen werden darf, dass man zu schnell – gar zu schnell – im Lauf der nächsten Jahre wieder zur allgemeinen Tagesordnung überging.

8. Weitere Entwicklung des Vertrauensbrüderkreises zum Bruderrat

Die Großbothener Ereignisse der siebziger Jahre und ihre Ausstrahlung auf viele Brüder-Gemeinden in der DDR hatten einen empfindlichen Mangel erkennen lassen: Es gab keinen Brüderkreis, der in übergemeindlichen Angelegenheiten autorisiert war, im Namen aller Brüder-Gemeinden in der DDR zu sprechen und verbindliche Entscheidungen zu treffen. Der schon seit den Nachkriegsjahren bestehende Reisebrüderkreis und spätere Vertrauensbrüderkreis wurde nicht als autorisierte Vertretung anerkannt. Das hatte nun bis an den Rand einer Spaltung geführt.

Deshalb kam man im Einvernehmen mit allen Gemeinden zu dem Entschluss, einen mit den entsprechenden Kompetenzen ausgestatteten »Bruderrat« zu bilden. Ihm sollten außer den Reisepredigern berufene Vertreter aller Gemeindebezirke in der DDR angehören. Dieser Bruderrat (etwa 40 Brüder) trat erstmals im Dezember 1974 in Schmiedeberg zusammen und beschloss eine entsprechende Ordnung. Aus seiner Mitte wählte er einen fünfköpfigen Beirat (einschließlich des Verwaltungsstellenleiters). Dieser war nicht als »Leitungskreis«, sondern als »Arbeitskreis« gedacht, um in der Zeit zwischen den Bruderratstagungen die anfallenden notwendigen Aufgaben zu erfüllen. Da laut beschlossener Ordnung die beiden Vertreter der Brüder-Gemeinden in der Bundesleitung auch diesem Beirat angehören sollten, war auch der Kontakt zu den verantwortlichen Brüdern des Bundes gewährleistet.

Dass diese »Neuordnung« dennoch den Verdacht erweckte, als ob hier ein Bund der Brüder-Gemeinden innerhalb des BEFG angestrebt würde, war auf den ersten Blick verständlich, aber in Anbetracht der Vorgeschichte nicht berechtigt. Allmählich setzte sich allerdings in den folgenden Jahren eine neue Vorstellung für das weitere Miteinander durch, die man mit dem Begriff »Partnerschaft« umschrieb. In ihr kam das Verlangen nach einem positiven, für alle Beteiligten fruchtbaren Verhältnis zum Ausdruck.

Auch die Elim-Gemeinden sahen sich dadurch veranlasst, ihrerseits einen Leitungskreis zu bilden, der fortan die besonderen Belange dieser Gemeindegruppe innerhalb des Bundes vertreten und regeln sollte.

Hinter der Vorstellung einer »Partnerschaft« stand der gewiss berechtigte Wunsch der zahlenmäßig kleineren Gemeindegruppen (Brüder-Gemeinden etwa 25% der Glieder des gesamten Bundes), eine Chance zu bekommen, ihrer besonderen Tradition und Prägung treu zu bleiben und gerade das ihnen vom Herrn Anvertraute als positiven Beitrag ins Ganze der Bundesgemeinschaft einzubringen.

Andererseits drückte sich darin der Wunsch aus, auch weiterhin sich dort Eigenständigkeit zu erhalten, wo nach langjähriger Erfahrung keine Übereinstimmung und kein fruchtbares Miteinander erreicht werden konnte. Das Ja zur Gemeinschaft blieb bestehen und das Verlangen, diese Gemeinschaft im genannten Sinn weiterzuentwickeln.

Ungelöst stand allerdings seit Jahrzehnten immer noch das Problem der Predigerordnung für den Kreis der Reiseprediger der Brüder-Gemeinden im Raum. 1982 war es dann so weit, dass seitens der Bundesleitung ein Anhang an die bisherige Ordnung beschlossen werden konnte, der die besonderen Gegebenheiten der Berufung und des Dienstes der Reiseprediger berücksichtigt und der schon seit Jahren geübten Praxis entspricht. Trotz dieser positiven Lösung blieb es bei einer unterschiedlichen Einstellung zur Frage einer Predigerordnung und der Zugehörigkeit zur Predigerbruderschaft des Bundes.

Abschließend lässt sich in der Gesamtentwicklung der letzten Jahre Folgendes feststellen: An den Orten, vor allem in den Städten, wo es zu direkten Begegnungen zwischen Gliedern der verschiedenen Bundesgemeinden auf örtlicher Ebene kommt, erweist sich partnerschaftliche Beziehung als Bereicherung und schafft weder Ängste noch sonstige Beschwernisse. Wo es aber auf dieser Ebene kaum oder gar keine Kontakte gibt, bleibt die Frage nach Wert und Gewinn der Bundesgemeinschaft ohne klare positive Antwort. Das Streben nach Absonderung tritt an die Stelle einer Bereitschaft und Offenheit für ein partnerschaftliches Miteinander.

Die Gemeinden aller drei Gruppen des Bundes werden in dieser Schule weiterhin Lernende bleiben müssen, nicht nur unter sich, sondern auf allen Ebenen, wo sie sich begegnen und über gemeinsame Aufgaben nachdenken und zu gemeinsamem Tun finden.

Die letzte Theologische Woche 1983 stand noch einmal unter der besonderen Thematik der »Einheit im Bund«. Unterschiedliche Standpunkte zeigten sich in der Frage der zukünftigen Bundesstrukturen, sowie in Fragen des Bibelverständnisses. Hier zu guten Lösungen und Klärungen zu finden, ist das Ziel zweier gegenwärtig noch tätiger Arbeitskreise.

Das Gespräch des Brüderbeirates mit den Brüdern H. Morét und R. Dammann lautete:

»In der letzten Zeit ist des öfteren auf örtlicher Ebene und auch in bezirklichen Brüderbesprechungen die Frage erörtert worden, wie sich gegenwärtig die Brüder-Gemeinden innerhalb des Bundes mit unseren Baptisten- und Elim-Geschwistern verstehen. Als Brüderbeirat können wir nicht achtlos an dieser Entwicklung vorübergehen. Mit unseren Gemeinden wissen wir zu schätzen, dass auch für uns die fast 40 Jahre gemeinsamen Weges manche geistliche Bereicherung und Befruchtung bedeuteten. Das möchten wir gern weiter fortführen und noch ausbauen. Andererseits muss unsere Sorge der Gemeinschaft der Brüder-Gemeinden im Bund gelten, dass ihre Einheit bewahrt werde. Wir sehen uns deshalb zu diesem offenen brüderlichen Wort verpflichtet. Es ist keineswegs Ausdruck wachsenden Misstrauens gegenüber der Bundesgemeinschaft, sondern von dem Anliegen einer guten, vertrauensvollen Zusammenarbeit getragen.

Folgende konkreten Punkte sollen bedacht und das darin zum Ausdruck gebrachte Begehren der Brüder-Gemeinden geprüft werden:

1. Es liegt nicht im Sinn der Geschwister unserer Gemeinden, auf eine Verschmelzung mit den Baptisten- und Elim-Gemeinden zuzustreben. Sie halten ein partnerschaftliches Verhältnis für geistlich fruchtbarer. Es hat sich inzwischen erwiesen, dass Gott allen drei Gruppen des Bundes von ihrer Geschichte und Tradition her etwas anvertraut hat, was zum Gewinn des Ganzen weiter gepflegt und erhalten werden sollte.
2. Gemeinsamkeit sollte dort angestrebt und fortgesetzt werden, wo dies nach beiderseitiger Überzeugung geistlich gewinnbringend ist. In allen anderen Fällen müsste Freiheit bestehen, den eigenen, vor Gott so erkannten Weg, weiterzugehen.
3. Die Baptisten-Gemeinden verblieben auch nach der Gründung des Bundes Evangelisch-Freikirchlicher Gemeinden im Baptistischen Weltbund und pflegen auf dieser Ebene mannigfaltige internationale Kontakte. Es ist deshalb unsere Bitte, auch den Vertretern der Brüder-Gemeinden in der Pflege solcher Kontakte zu den Brüder-Gemeinden des Auslandes behilflich zu sein.
4. Die überwiegende Zahl der Brüder-Gemeinden sagt ein volles Ja zur Gemeinschaft im Rahmen der Evangelischen Allianz, was die rege Teilnahme an den Blankenburger Konferenzen, der Allianzgebets-

woche und den Allianztagen zu erkennen gibt. Ebenso entschieden ist aber ihr Nein zum Ökumenischen Rat der Kirchen und einer Zusammenarbeit mit seinen Organisationen. Wir konnten bisher immer wieder den Brüder-Gemeinden versichern, dass die Bundesleitung nicht die Absicht hat, einen Beitritt des Bundes zum Ökumenischen Rat zu empfehlen oder gar zu beschließen. Darüberhinaus bitten wir, den Brüder-Gemeinden in Zukunft kein Material zuzusenden, das eine Teilnahme an ökumenischen Veranstaltungen oder eine Mitarbeit in ihnen empfiehlt.

5. In Anbetracht des wesentlich kleineren Kreises vollzeitiger Mitarbeiter ist es uns nicht möglich, für alle Arbeitskreise des Bundes geeignete Brüder zur Verfügung zu stellen. Deshalb müssen wir unsere Mitarbeit auf solche Arbeitskreise beschränken, bei denen es auch um wichtige Anliegen der Brüder-Gemeinden geht und somit deren Beitrag für unbedingt erforderlich anzusehen ist.

6. Wir können verstehen, dass in den Vereinigungen immer wieder Enttäuschung darüber besteht, dass die Geschwister der Brüder-Gemeinden an den Vereinigungsratstagungen und -konferenzen nur in geringer Zahl teilnehmen. Wir glauben nicht, dass hier Mangel an Wertschätzung solcher Gemeinschaft der Grund ist. Die Geschwister der Brüder-Gemeinden können sich aber verständlicherweise nicht ohne weiteres von der Tradition der über viele Jahrzehnte gepflegten Gemeinschaft auf ihren Konferenzen (z.B. Vielau, Rempesgrün, Berlin) lösen. Der zusätzliche Besuch der Vereinigungskonferenzen wird dann aber als Überforderung angesehen.

7. Wir bitten, die Frage der Aufnahme der im vollzeitlichen Dienst stehenden Brüder der Brüder-Gemeinden in der Predigerbruderschaft neu zu überdenken. Ihr Werdegang (Ausbildung) ist doch in den meisten Fällen ein anderer, was Probleme hinsichtlich der verschiedenen Predigerlisten (P- u. A-Liste) mit sich bringt.

i. A. des Brüderbeirats,
G. Brachmann

9. Jugend- und Kinderarbeit

Jugendstunden und Sonntagsschulen hatten schon lange neben den allgemeinen Sonntags- und Wochentagsversammlungen einen festen Platz im Leben der Brüder-Gemeinden; dagegen gab es erst kurz vor dem Krieg zaghafte Anfänge von »Jugendbibelkursen«. Wir zeigten, wie sich das seit den vierziger Jahren schlagartig änderte und die Erweckung, die Gott nach dem Krieg schenkte, eine intensive Jugendarbeit erforderlich machte. Zunächst übernahmen einige Reiseprediger für etliche Jahre diese Aufgabe neben anderem Gemeindedienst.

Im April 1961 konnte dann erstmalig ein junger Bruder vollzeitlich speziell für die Jugendarbeit der Brüder-Gemeinden berufen werden.

1963 erfolgte in Anbetracht der wachsenden Kinderarbeit und der Möglichkeiten, Kinderbibelwochen und Schulungswochenenden für Mitarbeiter im Kinderwerk durchzuführen, die Berufung eines Bruders vollzeitlich in diesen Dienstbereich. Bald erwies es sich, dass sich hier große missionarische Möglichkeiten auftaten. So stehen inzwischen mehrere Brüder und Schwestern vollzeitlich oder teilzeitlich in der Kinderarbeit.

10. Dienst an den Frauen

Frauenarbeit war in den Brüder-Gemeinden Ostdeutschlands zunächst völliges Neuland, trat aber in den Nachkriegsjahren bald ins Blickfeld. Betrachtete man anfänglich Rüstzeiten und Bibelwochen allein als Vorrecht der jungen Generation, schließlich auch der verantwortlichen Brüder in den Gemeinden, so waren es in den fünfziger Jahren zunächst die ledigen Schwestern, die eine speziell für diesen Personenkreis bestimmte Rüstzeit ins Leben riefen. Den Dienst in diesen Wochen taten allerdings über Jahre hinweg ausschließlich Brüder, denen nach bisherigem Verständnis allein der »Dienst am Wort« zukam.

Aber diese Frauenwochen wirkten mit der Zeit bahnbrechend für eine sich immer weiter ausdehnende, vielgestaltige Arbeit an jungen und älteren, verheirateten und unverheirateten Frauen, an Müttern mit Kindern und an berufstätigen Frauen. Eine Vielfalt von Rüstzeiten und Erholungswochen speziell für Frauen findet sich seitdem auf dem Rüstzeitenplan der Brüder-Gemeinden in der DDR.

Die siebziger Jahre brachten nochmals eine deutliche Weiterentwicklung, vor allem im Blick auf das Entstehen von immer mehr örtlichen Frauenkreisen in den Gemeinden, aber auch auf das Übertragen der Leitung und des Dienstes in den Rüstzeiten und Frauentagungen auf begabte, verantwortliche Schwestern.

1977 konnte erstmals eine Schwester, die zunächst im vollzeitlichen Dienst an den Kindern gestanden hatte, in die spezielle Aufgabe der Betreuung der Frauenkreise und der Planung von Rüsttagungen berufen werden. Ein weites Feld von Möglichkeiten des Dienstes, sowohl gemeindlich als missionarisch, hat sich hier inzwischen aufgetan und damit des Einsatzes der Frauen in den Brüder-Gemeinden mit ihren Gaben. Vieles ist gewiss noch im Werden, aber ein Durchbruch wurde geschaffen, der für die Zukunft mitentscheidend sein wird.

11. Möglichkeiten diakonischer Arbeit

Bereits in der Zeit der Anfänge der Brüderbewegung in Deutschland wurde erkannt, dass ein glaubhaftes Christuszeugnis eng mit der aus der Liebe Gottes erwachsenden Tat verbunden ist. Mission und Diakonie hatten schon an der Wiege der Brüderbewegung in England dicht beieinander gestanden, ja, waren untrennbar miteinander verbunden, wenn man an A.N.Groves und Georg Müller in Bristol denkt.

So begründete das Ehepaar Saal 1873 mit bescheidenen Anfängen im sog. Mathildenstift bei Meiningen in Thüringen das erste diakonische Werk der Brüder-Gemeinden in Deutschland, das bis heute auf dem Gebiet der DDR – seit 1883 in Schmalkalden-Aue - fortbesteht und sich aus kleinsten Anfängen zu einer Pflegeanstalt für Epileptiker, Geistesschwache und Pflegebedürftige weiterentwickelt hat.

Die in der Kriegszeit stark eingeengte und im Hitlerreich vielfach behinderte Arbeit konnte in den Nachkriegsjahren ungefährdet fortgeführt werden – von den Behörden nicht nur geduldet, sondern anerkannt und gefördert und von der Gesellschaft zunehmend geachtet.

Am 15.9.49 ging das Werk an den Bund Evangelisch-Freikirchlicher Gemeinden über. Bereits 1944 drohte die Arbeit auf Grund von Personalmangel zum Erliegen zu kommen, und man war dankbar, eine Arbeitsgemeinschaft mit dem baptistischen Mutterhaus Bethel in Berlin vereinbaren zu können. Heute nun besteht in Aue das größte diakonische Werk des BEFG in der DDR, und unter den freikirchlichen diakonischen Einrichtungen ist es in seiner Art einmalig. Seit 1951 ist die Anstalt an den Verband der Inneren Mission angeschlossen.

Dankbar konnten 1973 die Gemeinden des Bundes und der Brüder-Gemeinden insbesondere auf 100 Jahre diakonischer Arbeit in Aue zurückblicken. In der Festschrift jenes Jahres heißt es:

»Die evangelische Diakonie hatte und hat an vielfältigen Aufgaben, die der Dienst für den kranken Mitmenschen gerade dieser Art mit sich bringt, wesentlichen Anteil; gebietet der Herr den Seinen doch, sich gerade der Schwachen und Hilfsbedürftigen anzunehmen. In diesem Zusammenhang darf mit Befriedigung vermerkt werden, dass die diakonische Arbeit der Kirchen und Freikirchen durch Staat und Gesellschaft ebenso öffentliche Anerkennung wie hilfreiche Förderung findet.«

Auch im Denken und geistlichen Streben der jungen Generation der Brüder-Gemeinden zeichnet sich seit Jahren das Verlangen ab, sich im diakonischen Bereich einzusetzen – sei es in einem »Jahr-für-Gott-Einsatz« in einem der diakonischen Werke, oder auch in voller beruflicher Tätigkeit mit entsprechender Ausbildung. Die entscheidende Aussage Jesu findet vielfach Gehör: »Was ihr einem meiner geringsten Brüder getan habt, das habt ihr mir getan« (Mt 25,35f.).

Zum Dienst an den Hilfsbedürftigen gehört auch die Hilfe für die alten Menschen. So war die Aufgabe an den altgewordenen, unversorgten Gemeindegliedern in der Brüderbewegung in Deutschland schon Anfang dieses Jahrhunderts erkannt worden, als man das Altenheim »Friedenshort« in Wuppertal-Ronsdorf gründete und 1930 dann für das östliche Deutschland ein Altenheim in Crivitz/Mecklenburg.

Hier konnten damals 16 alte Geschwister aufgenommen werden. Heute aber, unter wesentlich besseren Bedingungen und räumlichen Möglichkeiten, sind es etwa 45. Auch während des Krieges hatte man hier niemals Mangel gehabt, sondern vielfältig die gnädige Bewahrung und Fürsorge Gottes erfahren. Die Zeit von 1945 bis 1947 war dann eine schwierige Zeit mit täglichen Nahrungsproblemen für 30 Personen und Beherbergungen von Flüchtlingen. Aber schon Pfingsten 1948 konnte die gewohnte Glaubenskonferenz für die Brüder-Gemeinden in Mecklenburg wieder in Crivitz durchgeführt werden und im September sogar die erste Rüstzeit für Jugendliche.

In Anbetracht der verhältnismäßig kleinen Kapazität blieb dieses diakonische Werk auch nach dem Krieg innerhalb der Bundesgemeinschaft ein Werk in spezieller Betreuung der Brüder-Gemeinden. Über seine eigentliche Aufgabe hinaus, altgewordenen Menschen einen geruhsamen Lebensabend zu bereiten und ihnen geistliche und seelsorgerliche Betreuung zu geben, will dieses Haus seit den Nachkriegsjahren auch für Rüstzeiten, Familien und

Erholungssuchende offen stehen. Das ist dank mancher baulicher Verbesserungen und Erweiterungen möglich geworden. Gerade die Begegnung alter und junger Christen hat sich für die Heimbewohner einerseits und die Jugendlichen andererseits als wichtig und gewinnbringend erwiesen. Auch die missionarische Ausstrahlung dieser »Stadt auf dem Berg« ist offensichtlich deutlicher geworden.

12. Möglichkeiten des Baus von Gemeindehäusern

Die Kriegsjahre hatten mancherlei Zerstörungen an Gemeindesälen und -häusern mit sich gebracht. Teils kamen die Gemeindeglieder, die sich nun wieder sammelten, aus dem Krieg zurückkehrten oder auch als Flüchtlinge aus den Ostgebieten eine neue Heimat suchten, in notdürftigen gemieteten Räumen zusammen oder wurden in anderen kirchlichen und freikirchlichen Gemeinden als Gäste aufgenommen. Es war erstaunlich, wie sich dennoch unter diesen oft primitiven Gegebenheiten Menschen unter Gottes Wort zusammenfanden. Viele hörten das Evangelium und kamen zum Glauben. Der große Hunger nach Gottes Wort ließ über diese Mängel hinwegsehen, zumal sich auch im häuslichen Wohnbereich vieles erst wieder allmählich normalisierte.

Zu Beginn der fünfziger Jahre leitete man zuerst in Leipzig Bemühungen ein, zu einem eigenen, den Großstadtverhältnissen entsprechenden Gemeindehaus zu kommen, das auch für übergemeindliche Veranstaltungen genügend Platz bieten sollte. Gott erhörte die jahrelangen Gebete und schenkte den Geschwistern einen überaus günstigen Bauplatz mit einer Ruine im Zentrum der Stadt. Mit viel Mühe und enormen Eigenleistungen entstand ein Gemeindehaus und anschließend ein Wohnhaus, das bis in die Gegenwart gleichzeitig Zentrum für die Brüdergemeinden in der DDR ist – der geeignete Platz zur Durchführung der alljährlich stattfindenden großen Brüderrüstwochen und vieler anderer Veranstaltungen.

Eine Fülle ähnlicher Aktivitäten schloss sich in anderen Großstädten und auch in kleineren Orten im Lauf der nächsten Jahrzehnte an, sowohl Neubauten als auch Restaurationen und Erweiterungsbauten – jedes fertiggestellte Objekt ein Wunder Gottes, verbunden mit einer Kette von Gebetserhörungen und Durchhilfen des Herrn, wenn es um Baugenehmigungen, Materialbeschaffung und Arbeitskräfte ging. Immer waren die Bauzeiten auch Zeiten der Erprobung und Bewährung der Bereitschaft zu Verzicht und Opfer.

Die Nachkriegsgeschichte der Brüder-Gemeinden in der DDR bestätigt die Erfahrung, die Paulus in Philipper 1,12ff. schildert. »Umstände«, die wir als hinderlich und bedrohlich für die Sache Jesu Christi ansehen, kann Gott zu ihrem Fortschritt gebrauchen. Gerade auf diese Weise kann er neue Wege ebnen und Türen öffnen, durch die seine Gemeinde vorwärtsgehen kann. Die Zukunft der Brüderbewegung in der DDR wird darum allein davon abhängen, ob sie sich nur traditionsorientiert weiterentwickelt oder ob sie sich mit ihrem geistlichen Vätererbe in guter Verwalterschaft den Herausforderungen und Aufträgen ihres Herrn in ihrer Gegenwart und Umwelt stellt, und dies in echter Partnerschaft im BEFG, die noch ein langer Lernprozess bleiben wird.

Literaturverzeichnis

Zur Geschichte der deutschen Brüderbewegung unter dem Nationalsozialismus liegt bereits eine Dokumentation von Friedhelm Menk und eine kürzere auf Baptisten und »Brüder« bezogene Darstellung von Klaus Bloedhorn jr. vor. Außerdem konnte dazu eine ungedruckte Arbeit von Heinzpeter Hempelmann benutzt werden. Mit den Problemen um BfC und BEFG beschäftigt sich W. J. Ouweneel in einem Deutschland betreffenden Kapitel seiner allgemeinen Geschichte der »Brüder«, während Hans Platte und Dieter Boddenberg dazu eine Dokumentation herausgegeben haben. Wertvolle Hinweise sind auch der Jubiläumsschrift von Günter Balders, den Lebenserinnerungen von Walter Brockhaus sowie ungedruckten Aufzeichnungen Otto Bastians zu entnehmen. Für die kirchenpolitische Situation um 1933 ist das Werk des jüngst verstorbenen Kirchenhistorikers Klaus Schalder unentbehrlich.

Diese mehrfach zitierten Werke und die Zeitschriften sind in der folgenden Abkürzungstabelle aufgeführt, die gesamte übrige Literatur (Monographien, Broschüren, Sonderdrucke, Zeitschriftenartikel und Ungedrucktes) ist im Quellennachweis zu finden.

Die Dissertation von Karl Zehrer, »Die Freikirchen und das Dritte Reich«, Leipzig 1978, konnte nicht eingesehen werden. Sie ist jedoch nach Günter Balders (S.108) zum Problem des Verbots der »Christlichen Versammlung« »völlig unzureichend und z.T. falsch«.

Abkürzungen

Balders	= Günter Balders (Hg.), *Ein Herr, ein Glaube, eine Taufe. 150 Jahre Baptistengemeinden in Deutschland 1834-1984.* Wuppertal/Kassel 1984. Darin: Günter Balders, Kurze Geschichte der deutschen Baptisten. S.17-167 Edwin Brand, Chronik 1945-1984. S. 301-338
Bastian	= Otto Bastian, *Die Evangelisch-Freikirchliche Gemeinde in der Zeit des Nationalsozialismus.* 1982 (ms)
Bloedhorn	= Klaus Bloedhorn jr., *Untertan der Obrigkeit? Baptisten- und Brüdergemeinden 1933-1950.* Witten-Stockum 1982
Brockhaus	= Walter Brockhaus, *Gottes Weg mit mir.* Wuppertal ^{2} 1970
Dok.	= Hans Platte / Dieter Boddenberg, *Versammlungen der »Brüder«. Bibelverständnis und Lehre, mit einer Dokumentation der Geschichte von 1937-1950.* Dillenburg 1977

Hempelmann	= Heinzpeter Hempelmann, *Das Verbot der »Christlichen Versammlung« 1937- Vorgeschichte und Folgen.* 1983 (ms)
Menk	= Friedhelm Menk, *»Brüder« unter dem Hakenkreuz – Das Verbot der »Christlichen Versammlungen« 1937*, 1980
Ouweneel	= W. J. Ouweneel, *Het Verhaal van de »Broeders«. 150 jaar falen en genade.* deel II (1890-1978). Winschoten 1978, S. 380-397
Scholder	=Klaus Scholder, *Die Kirchen und das Dritte Reich.* Bd. 1: Vorgeschichte und Zeit der Illusionen 1918-1934. Frankfurt/M. 1977
BO	= *Botschafter des Heils in Christo* (bis 1938) bzw. *Die Botschaft* (seit 1939, außer 1942-1948). R. Brockhaus Verlag. 1986 im 127. Jahrgang
GF	= *Gnade und Friede. Monatszeitschrift zur Förderung und Erbauung bibelgläubiger Christen.* Geschw. Dönges Verlag (bis 1939)
MWHF	= *Mitteilungen aus dem Werk des Herrn in der Ferne.* R. Brockhaus Verlag (1878-1937)
TE	= *Die Tenne.* Tenne-Verlag, Elberfeld, später R. Brockhaus Verlag. *Christliche Monatsschrift für die herangewachsene Jugend* (seit 1923, ab 1925 Halbmonatsschrift); *Christliches Erbauungsblatt und Unterhaltungsblatt für Jugend und Haus* (ab 1936); *Ein Blatt zur Förderung biblischen Christentums* (1938); *Halbmonatsschrift für die christusgläubige Jugend* (1939-1941); *Zeitschrift für den jungen Menschen* (ab 1951); zuletzt unter dem Titel *Neue Tenne* (1971-1974)
Amtsblatt	= *Amtsblatt des Bundes der Baptistengemeinden in Deutschland und des Bundes freikirchlicher Christen* (seit 15.8.1941); ab 15.12.1942 *Amtsblatt des Bundes Evangelisch-Freikirchlicher Gemeinden in Deutschland, KdöR* (bis 31. 1. 1945)
Bundespost	= Bund der Baptistengemeinden in Deutschland, Bundeshaus: *Bundespost*; ab 1942 Bund Evangelisch- Freikirchlicher Gemeinden in Deutschland, KdöR, Bundeshaus: *Bundespost. An alle Gemeinden!*
ms	= ungedruckt maschinenschriftlich
hs	= ungedruckt handschriftlich

Quellennachweis

(s. auch Literaturverzeichnis S. 413)

[1] Daniel 9,5.8
[2] 2. Korinther 4,7
[3] Menk 7

zu: *I. Die »Brüder« und der Staat*

[4] BO 9. 1861, 188-190; vgl. J. N. Darby: *Betrachtungen über das Wort Gottes. Apostelgeschichte bis 2. Korintherbrief.* Wermelskirchen 1955, S. 227-229; BO 78.1930, 253-258
[5] BO 9. 1861, 188; vgl. J. N. Darby a.a.O. 227f.
[6] BO 75. 1930, 255.257
[7] BO 9. 1861, 189; vgl. J. N. Darby a.a.O. 228
[8] BO 78. 1930, 254
[9] BO 9. 1861, 190; vgl. J. N. Darby a.a.O. 229
[10] Vgl. A. O. Meyer, *Bismarcks Glaube.* München 1933
[11] Ebenda, S. 32
[12] Ernst Deuerlein (Hg.), *Die Gründung des Deutschen Reiches 1870/71 in Augenzeugenberichten.* Düsseldorf 1970, S. 92.94
[13] Ernst Johann (Hg.), *Reden des Kaisers.* dtv 1966, S. 28
[14] Ebenda, S. 93
[15] Ebenda, S. 58
[16] Ebenda, S. 32
[17] Ebenda, S. 45
[18] Ernst Lange, *Hauptmann Willy Lange.* Diesdorf 1939
[19] Otto von Bismarck, *Politische Reden*, Bd. 6, S. 263ff., zit. bei A. 0. Meyer, S. 47
[20] Ulrich von Hassell, *Erinnerungen aus meinem Leben* 1848-1918. Stuttgart 1919,S. 190f.
[21] Ernst Lange a.a.O. 79.99
[22] Brockhaus 36f.
[23] BO 78. 1930, 255.258
[24] J N. Darby, *Die Brüder, ihre Lehre* usw. (1878). Elberfeld o.J.
[25] *Kleine Sammlung Geistlicher Lieder*, Nr. 67
[26] Otto Bastian, *Geschichte unserer Eltern und ihrer Vorfahren.* 1972 (ms), S. 39
[27] *Der Gärtner* 1975, 852, zit. bei Menk 39
[28] J. N. Darby, *Briefe*, 2. Teil, S. 131, zit. bei Menk 39ff.
[29] BO 63. 1915, 287
[30] Brockhaus 33; Otto Bastian a.a.O. 39f.
[31] Otto Bastian a.a.O. 39
[32] Brockhaus 34
[33] *Evangelisches Allianzblatt* 1915, 79, zit. bei Erich Beyreuther, *Der Weg der Evangelischen Allianz in Deutschland.* Wuppertal 1969, S. 86
[34] BO 62. 1914, Nr. 8
[35] BO 62. 1914, Nr. 9
[36] MWHF FeBr. 1917, 2 (Brief vom 16. 6. 1916)
[37] BO 63. 1915, 126
[38] BO 63. 1915, 288.296f.

[39] BO 63. 1915, 297f.
[40] BO 63. 1915, 298
[41] BO 64. 1916, 325f.
[42] Otto Bastian a.a.O. 23
[43] MWHF Juni 1912, 20f.
[44] MWHF Juni 1914, 20
[45] Brockhaus 34; Otto Bastian a.a.O. 39
[46] Vgl. Karl Kupisch, *Kirchengeschichte*, Bd. 5. Stuttgart 1975, S. 87
[47] Ulrich von Hassell, a.a.O. 221f.
[48] Vgl. Scholder 9.24f.
[49] *Evangelisches Allianzblatt* 1918, 184, zit. bei Erich Beyreuther a.a.O. 89
[50] Vgl. Erich Beyreuther a.a.O. 90
[51] Vgl. Scholder 139ff.
[52] Erich Beyreuther a.a.O. 91
[53] Ernst Lange a.a.O. 150f.;176
[54] Ebenda, S. 21
[55] Ebenda, S. 150
[56] BO 88. 1940, 68.233
[57] TE 7. 1929, 238f.
[58] TE 2. 1924, 252
[59] TE 2.1924,141
[60] TE 9. 1931, 96 (Leserbrief von Wilhelm Stücher)
[61] TE 2. 1924, 308
[62] TE 1. 1923, 188f.
[63] TE 2. 1924, 85f.
[64] TE 2. 1924, 141f.
[65] TE 2. 1924, 308; ebenso TE 3. 1925, 29.62
[66] TE 4. 1926, 334
[67] z.B. TE 5. 1927, 15
[68] TE 5. 1927, 77f.
[69] BO 76. 1928, 130-136; TE 6. 1928, 147-149

zu: *II. Die »Brüder« und der Nationalsozialismus*

1. Nationalsozialismus und ev. Christen vor 1933 (S. 41 bis 45)

[70] Vgl. Scholder 104ff.
[71] Vgl. Scholder 110ff.
[72] Wortgetreue Niederschrift eines Hitler-Anhängers, zit. bei Scholder 123
[73] W. Breucker, *Die Tragik Ludendorffs*, S. 107, zit. bei Scholder 115
[74] Vgl. Scholder 151
[75] Vgl. Scholder 172
[76] Karl Kupisch a.a.O. 92
[77] Scholder 142
[78] Erich Beyreuther a.a.O. 93
[79] Ulrich von Hasseil a.a.O. 118
[80] Scholder 137
[81] Vgl. Scholder 156f.
[82] Vgl. Scholder 176
[83] Scholder 177

zu: 2. Nationalsozialismus und »Brüder« vor 1933 (S. 46 bis 58)

[84] Brockhaus 59; Otto Bastian a.a.O. 40
[85] Oskar Katann, Zur Geschichte des Schlagwortes »Positives Christentum«, in: *Geschichte in Wissenschaft und Unterricht 7*. 1956, 103-110
[86] Brockhaus 60; ähnlich Otto Bastian in BO 124. 1983 (1), 19
[87] TE 3. 1925, 143
[88] TE 8. 1930, 118-120
[89] TE 8. 1930, 166
[90] TE 3. 1925, 144
[91] Persönliche Mitteilung von Oberstudiendirektor Dr. Habil. Ernst Busch, Düsseldorf, v. 19. 2. 1982; ähnlich Brockhaus 59
[92] Brockhaus 59
[93] TE 8. 1930, 266
[94] TE 8. 1930, 304
[95] TE 4. 1926, 91-94
[96] TE 8. 1930, 267
[97] TE 8. 1930, 304
[98] TE 10. 1932, 227ff.
[99] TE 10. 1932, 11
[100] TE 10. 1932, 28
[101] TE 9. 1931, 189
[102] TE 7. 1929,237
[103] TE 8. 1930, 306
[104] TE 10. 1932, 149
[105] TE 10. 1932, 79
[106] TE 10.1932, 149f.
[107] TE 10. 1932, 150
[108] TE 10. 1932, 168f.; 180-182
[109] TE 10. 1932, 169
[110] Brockhaus 60
[111] Erich Kordt, *Wahn und Wirklichkeit*. Stuttgart 1948, S. 40

zu: 3. Die »Brüder« im NS-Staat, 1933-1937 (S. 59 bis 83)

[112] Scholder 280
[113] Scholder 281 nach M. Domarus, *Hitler. Reden und Proklamationen 1932-1945*. Bd. 1. München 1965, S. 191ff.
[114] Scholder 282 nach M. Domarus a.a.O. 211
[115] *Völkischer Beobachter* v. 16. 3. 1933 (Berliner Ausgabe), zit. bei Scholder 282
[116] Zum Folgenden vgl. Scholder 283ff.
[117] *Allg. Evang.-Lutherische Kirchenzeitung* 66. 1933, Sp. 260, zit. bei Scholder 284
[118] *Verhandlungen des Reichstages*, VIII. Wahlperiode 1933, Bd. 457. Berlin 1934, S.28ff., zit. bei Scholder 286
[119] Protokoll der Sitzung in AEKU Berlin, Gen III, 17, Bd. III, pag. 225ff., zit. Bei Scholder 299
[120] G. Schäfer, *Die Evangelische Landeskirche in Württemberg und der Nationalsozialismus*. Eine Dokumentation zum Kirchenkampf Bd. I, S. 250, zit. bei Scholder 290
[121] Scholder 290
[122] Karl-Barth-Archiv, Basel, zit. bei Scholder 294

[123] *Der Wahrheitszeuge*, 26. 3. 1933, S. 102, zit. bei Bloedhorn; vgl. Balders 89ff.·
[124] *Der Wahrheitszeuge*, 23. 4. 1933, zit. bei Bloedhorn 31f.
[125] *Der Wahrheitszeuge*, 14. 5. 1933, S. 155, zit. bei Bloedhorn 32f.
[126] *Der Wahrheitszeuge*, 6. 8. 1933, S. 257f., zit. bei Bloedhorn 35
[127] Bloedhorn 36; vgl. Balders 91f.
[128] Vgl. Bloedhorn 18f. und 39
[129] Zum Folgenden vgl. Bloedhorn 37ff.
[130] BO 124. 1983 (1), 19; Otto Bastian, *Geschichte unserer Eltern und ihrer Vorfahren*. 1972 (ms), S. 34.56
[131] TE 11. 1933, 88
[132] TE 11. 1933, 124
[133] TE 12. 1934, 2
[134] TE 12. 1934, 303
[135] TE 12. 1934, 241
[136] TE 12. 1934, 247f.
[137] BO 124. 1983 (1), 19
[138] TE 13. 1935, 143
[139] TE 15. 1937, 2
[140] TE 11. 1933, 167
[141] TE 11. 1933, 266f.
[142] TE 12. 1934, 313
[143] TE 12. 1934, 110
[144] TE 11. 1933, 314
[145] TE 11. 1933, 316ff.
[146] TE 12. 1934, 12ff.
[147] TE 12. 1934, 19
[148] TE 12. 1934, 300ff.
[149] TE 14. 1936, 252ff.; 380ff.
[150] TE 14. 1936, 376
[150a] Vgl. B. Gebhardt, *Handbuch der deutschen Geschichte*, Bd. 4. 81959, S. 195
[150b] Menk 49f.; Hempelmann 74
[151] TE 12. 1934, 175
[152] TE 14. 1936, 8
[153] TE 14. 1936, 92
[154] TE 13. 1935, 270
[155] TE 13. 1935, 354f.
[156] TE 14. 1936, 135
[157] TE 14. 1936, 159
[158] TE 14. 1936, 174
[159] TE 14. 1936, 268
[160] Brockhaus 61
[161] BO 124. 1983 (1), 19
[162] Ernst Lange, *Hauptmann Willy Lange*. Diesdorf 1939, S. 176
[163] TE 15. 1937, 2f.
[164] TE 11. 1933, 124
[165] Vgl. Otto Bastian in: BO 124. 1983 (1), 19f.
[166] Vgl. Hempelmann 24
[167] Otto Bastian, *Geschichte unserer Eltern und ihrer Vorfahren*. 1972 (ms), S. 40
[168] Zit. in TE 11. 1933, 331
[169] TE 11. 1933, 381

[170] *Evangelisches Allianzblatt* 1932, 824, zit. bei Erich Beyreuther, *Der Weg der Evangelischen Allianz in Deutschland.* Wuppertal 1969, S. 107
[171] *Evangelisches Allianzblatt* 1933, 389, zit. bei Erich Beyreuther a.a.O. 108
[172] Erich Beyreuther a.a.O. 109f.
[172a] Vgl. auch Reinhold Kerstan, *Ein deutscher junge weint nicht.* Wuppertal 1981, S. 27
[173] Menk 51
[174] TE 14. 1936, 160
[175] TE 12. 1934, 184
[176] TE 14. 1936, 174
[177] BO 84. 1936, 13ff.
[178] BO 84. 1936, 17
[179] TE 12. 1934, 229
[180] TE 12. 1934, 271
[181] Zit. in: Karl Kupisch, *Kirchengeschichte*, Bd. 5. Stuttgart 1975, S. 102
[182] TE 13. 1935, 279
[183] TE 14. 1936, 262f.
[184] TE 14. 1936, 331; TE 15. 1937, 157ff.; 183ff.
[185] TE 14. 1936, 365; vgl. Balders 93f.
[186] Frhr. von Wedekind / Christian Schatz, Rundschr. v. 9. 5. 1933 (ms)
[187] Christian Schatz, *Rundbrief* Nr. 2 v. 26. 5. 1933 (ms)
[188] Christian Schatz, *Rundbrief* Nr. 3 v. 9. 6. 1933 (ms)
[189] Johannes Warns / Christian Schatz, *Rundbrief* Nr. 5 v. 26. 8. 1933 (ms)
[190] Johannes Warns / Christian Schatz, *Rundbrief* Nr. 7 v. 20. 10. 1933 (ms)
[191] Christian Schatz, *Rundbrief* Nr. 8 v. 28. 11. 1933 (ms)
[192] Christliche Versammlung Leipzig: Fragen für die Konferenz vom 11.3. bis 13. 3.1934 in Leipzig
[193] Notiz auf Konferenzprogramm (hs)
[194] Christian Schatz, *Rundbrief* Nr. 11 v. 25. 5. 1934 (ms)
[195] Heinrich Neumann u.a., *Rundbrief* Nr. 12 v. 15. 5. 1936 (ms)
[196] Christian Schatz, *Kurze Darlegung über Kirchenfreie christliche Gemeinden* (»Offene Brüder« genannt). o, J. (ms)
[197] Ernst und Wilhelm Brockhaus, *Vertrauliche Mitteilung* v. Oktober 1933, abgedruckt bei Menk 47f.
[198] Fritz von Kietzell, *Betrifft: »Christen ohne Sonderbekenntnis«.* 1935 (ms)
[199] Ebenda, S. 1
[200] Ebenda, S. 6f.

zu: III. Verbot und umstrittene Einheit

1. Das Verbot der »Christlichen Versammlung« (S. 84 bis 101)

[201] Dr. Richter / Ernst Brockhaus / Hugo Hartnack, An das Geheime Staatspolizeiamt, Berlin. Berlin, 29. 4. 1937 (= Dok. S. 16f., z.T.)
[202] Vgl. Reinhold Kerstan, *Ein deutscher junge weint nicht.* Wuppertal 1981
[203] Zum Folgenden vgl. die Arbeiten von Scholder, Kupisch, Hempelmann
[204] Vgl. zum Folgenden Werner Weber, Die kleineren Religionsgemeinschaften im Staatskirchenrecht des nationalsozialistischen Regimes, in: *Forschungen und Berichte aus dem öffentlichen Recht. Gedächtnisschrift für Walter Jellinek.* Hgg. v. O. Bachof u.a. 1955, 101-112

[205] Michael H. Kater, Die Ernsten Bibelforscher im Dritten Reich, in: *Vierteljahresheft für Zeitgeschichte* 17. 1969, 181-218
[206] TE 15.1937,198-200
[207] »*Arbeitsanweisungen 1937/38 für II 113*« aus dem Sicherheitsdienst des Reichsführers SS zur »Bekämpfung der konfessionellen Gegner«, zit. in: Werner Weber a.a.O. 109-111
[208] Vgl. Werner Haugg, *Das Reichsministerium für die kirchlichen Angelegenheiten*. Berlin 1940
[209] Werner Weber a.a.O. 111
[210] Heinz Boberach, Berichte des SO und der Gestapo über Kirchen und Kirchenvolk in Deutschland 1934-1944, in: *Veröffentlichungen der Kommission für Zeitgeschichte bei der Kath. Akademie in Bayern. Reihe A: Quellen*, Bd. 12. Mainz 1971, S. 78
[211] *Kölnische Zeitung*, Morgenblatt, Nr. 212 v. 28. 4. 1937 unter der Überschrift »Verbotene Sekten«
[212] Text bei Hempelmann 41; Abdruck des beglaubigten Originals bei Menk 69
[213] Walter Engels, Aktennotiz v. 7. 5. 1937 (ms), S. 2
[214] Dr. Hans Becker, *Die Wahrheit über den Bund freikirchlicher Christen*. o.J., S. 1
[215] Ebenda, S. 4; Walter Engels a.a.O. 2
[216] Walter Engels a.a.O. 1 und 4
[217] Ebenda, S. 3
[217a] Walter Engels, Velbert, 15. 5. 1937 (ms)
[218] Walter Engels, Aktennotiz v. 7. 5. 1937 (ms); vgl. auch Brockhaus 57
[219] Elberfelder Zusammenkunft vom 30. Mai 1937, S. 3
[220] Bastian 2
[221] Bastian 2f.; Willi Riemenschneider, *Es wird werden eine Herde und ein Hirte*. 1976 (ms), S. 3
[222] Bund der Baptistengemeinden: *Bundespost* v. 7. 5. 1937 (ms)
[223] Neumann / Schatz / Schleinitz, Rundschr. v. 3. 5. 1937; Christian Schatz, *Rundschreiben* v. 1. 7. 1937 (ms)
[224] H-nn in: *Evangelische Nachrichten aus dem Kirchenkreis Dortmund*, Anfang Mai 1937
[225] Brockhaus 58
[226] Walter Engels a.a.O.
[227] Dok. Nr. 1 (S. 15)
[228] Dr. Hans Becker a.a.O. 2
[229] Bericht Hugo Hartnacks auf Elberfelder Konferenz v. 12. 8. 1945; vgl. Wilh. Stücher nach Menk 99
[229a] Otto Bastian, Berchtesgaden, 23. 5. 1937 (ms)
[230] Dr. Richter / Ernst Brockhaus / Hugo Hartnack a.a.O.
[231] So auch Ouweneel 385
[232] Bastian 2
[233] Persönliche Mitteilung Hugo Hartnacks
[234] Dr. Hans Becker a.a.O. 3; Walter Engels a.a.O. 2
[235] Walter Engels a.a.O.; vgl. auch Dr. F. Richter, *Rundschreiben* v. 5. 5. 37 (ms)
[236] Betr.: Verbot der Christlichen Versammlung; vgl. Dr. F. Richter a.a.O.
[237] Einschreibebrief an den Führer und Reichskanzler v. 28.4.1937 (ms); ein weiteres Schreiben – an Rudolf Heß – bei Menk 70ff.
[238] Walter Engels a.a.O. 3
[239] Reichskanzlei: Az. Rk. Ee 273/37 A (ms)

[240] Walter Engels a.a.O.
[241] Der Regierungspräsident in Düsseldorf: Az. P 3400/30. 4. v. 5. 5. 1937 (ms)
[242] Werner Haugg a.a.O. 6
[243] Vgl. Erich Beyreuther, *Der Weg der Evangelischen Allianz in Deutschland.* Wuppertal 1969, S. 106
[244] Zum Verhältnis zwischen Gestapo und Reichsmin. f.d. kirchl. Angelegenheiten: Hempelmann 46ff.
[245] Werner Haugg a.a.O.
[246] Zit. bei Menk 65, Anm. 1 (ohne Quellenangabe)
[247] Dr. Hans Becker a.a.O.
[248] Paul Scheurlen, *Die Sekten der Gegenwart.* 4 1930, S. 169, zit. in: Elberfelder Zusammenkunft vom 30. Mai 1937, S. 11
[249] Ouweneel 385; Menk 86
[250] Z.B. Hugo Hartnack, Otto Bastian, Walter Brockhaus, Dr. habil. Ernst Busch
[251] Dr. Hans Becker a.a.O.; vgl. Carl Koch auf Elberfelder Konferenz v. 12. 8. 1945 (ms)
[252] Dr. Hans Becker a.a.O. 4
[252a] Dr. Hans Becker an Wilhelm Brockhaus, Dortmund, 20. 6. 1945 (ms)

zu: 2. Die Gründung des »Bundes freikirchlicher Christen« (S. 102 bis 121)

[253] Vgl. Dr. Hans Luckey, Hans Becker und die Brüder, in: *Die Gemeinde* 13. 1963, 12ff.; Walter Brockhaus, Dr. Hans Becker †, in: BO 104. 1963, 63f.
[254] Persönliche Mitteilung von Oberstudiendirektor Dr. habil. Ernst Busch, Düsseldorf v. 19.2.1982
[255] Brockhaus 64
[256] Dr. Hans Luckey a.a.O. 12
[257] Hempelmann 57
[257a] Dr. Hans Becker an Wilhelm Brockhaus, Dortmund, 20. 6. 1945 (ms)
[258] Persönliche Mitteilung Otto Bastians, Schwelm
[259] Dr. Hans Becker, *Die Wahrheit über den Bund freikirchlicher Christen*, o.J., S. 2
[260] Dr. Hans Becker a.a.O. 1; Walter Engels a.a.O. 1
[261] Brockhaus 58; Walter Engels a.a.O. 1
[262] Dr. Hans Becker a.a.O. 4
[263] Vgl. Hempelmann 57
[264] Dr. Hans Becker a.a.O. 5
[265] Dr. F. Richter, Rundschr. v. 5. 5. 1937 (ms) = Dok. Nr. 3 (S. 18)
[266] Protokoll der Zusammenkunft bei Hans Heinrichs in Velbert, 9. 5. 1937 (ms)
[267] Ebenda, S. 1
[268] Ebenda, S. 3
[269] Ebenda, S. 5; Otto Bastian, Berchtesgaden, 23. 5. 1937 (ms)
[270] Protokoll, S. 6
[271] Ebenda, S. 7
[272] Ebenda, S. 8
[273] Ebenda, S. 9; vgl. auch H. 1./St.: Bericht über die am 9. 5. 1937 stattgefundene Besprechung im Hause des Herrn H. Heinrichs, Velbert (ms) S. 3
[274] Ouweneel 386
[275] Dr. Hans Becker a.a.O., Anlage, S. 38ff.
[276] Dr. Hans Becker a.a.O., Anlage, S. 36f.
[277] Dr. Hans Becker a.a.O. 6

[278] Niederschrift Dr. Hans Beckers am 20. 5. 1937 (ms)
[279] Dr. Hans Becker, *Die Wahrheit über den Bund freikirchlicher Christen.* o.J., S. 7
[280] Brockhaus 58
[281] Niederschrift über die Zusammenkunft in Dortmund am 23. 5. 1937 (ms)
[282] Brief an Paul Müller (Velbert) v. 24. 5. 1937 (ms)
[283] Bericht eines Stündchenfreundes über die Ereignisse vom 20. bis 25. 5. 1937 (ms)
[284] Dr. F. Richter, *Rundschreiben* v. 21. 5. 1937 (ms) = Dok. Nr. 4 (S. 20)
[285] Dr. F. Richter, *Rundschreiben* v. 24. 5. 1937 (ms)
[286] Walter Engels, Ansprache im Mai 1937 (ms)
[287] Carl Koch an Dr. Hans Becker, 22. 5. 1937 (ms)
[288] Brief vom 24. 5. 1937 (ms)
[289] Z.B. Hermann Berning aus Mettmann in Velbert, Protokoll v. 9. 5. 1937, S. Sf.
[290] Otto Berning jr. an Otto Bastian, 24. 5. 1937 (ms)
[291] Persönliche Mitteilung Hugo Hartnacks
[292] Dr. Hans Becker a.a.O. 10
[293] Ebenda, S. 11
[294] Ebenda, S. 12
[295] Ebenda, S. 13
[296] Ebenda, S. 8
[297] Ebenda, S. 12f.
[298] Elberfelder Zusammenkunft v. 30. Mai 1937; z.T. in Dok. Nr. 6 (S. 22),
[299] Ebenda, S. 4
[300] Ebenda, S. 5
[301] Ebenda, S. 5f.
[302] Carl Koch an Dr. Hans Becker, 22. 5. 1937 (ms)
[303] Elberfelder Zusammenkunft vom 30. Mai 1937, S. 11
[304] Verschiedene persönliche Mitteilungen von Teilnehmern
[305] Elberfelder Zusammenkunft, S. 7
[306] Menk 77
[307] Paul Timmerbeil an Wilhelm Brockhaus, Schwelm, 4. 8. 1937 (ms)
[308] Elberfelder Zusammenkunft, S. 12

zu: 3. Die »Brüder« im »Bund freikirchlicher Christen« (S. 122 bis 155)

[309] Zit. nach Kopie
[310] Dr. F. Richter, *Rundschr.* v. 3. 6. 1937 (ms) = Dok. Nr. 5 (S. 21)
[311] Dr. Hans Becker, *Rundschr.* v. 15. 6. 1937 (ms); Dr. F. Richter, Rundschr. v. 15. 6.1937 (ms); *Richtlinien für die Ortsbeauftragten zur Anmeldung des BfC* (ohne Datum; ms)
[312] Siehe Dok. Nr. 7 (S. 23)
[313] z.B. *BfC-Rundschr.* 15/37 v. 6. 11. 1937
[313a] z.B. *BfC-Rundschr.* 14/38 v. 20. 10. 1938
[314] *BfC-Rundschr.* 11/37 v. 25. 9. 1937
[315] *BfC-Rundschr.* 16!37 v. 29. 12. 1937
[316] Protokoll der Düsseldorfer Bezirkstagung am 20. 2. 1938 (ms)
[317] Dr. Fr. Richter, *Rundschr.* v. 12. 6. 1937 (ms); Entwurf der Satzung des BfC (ohne Datum; ms)
[318] *BfC-Rundschr.* 6/37 v. 24. 7. 1937
[319] *BfC-Rundschr.* 8/37 v. 1. 9. 1937; *BfC-Rundschr.* 11137 v. 25. 9. 1937
[320] In dieser Fassung in: Dok. Nr. 8 (S. 24-27)

[321] *BfC-Rundschr.* 9/39 v. 4. 9. 1939
[322] *BfC-Rundschr.* 7138 v. 3. 5. 1938; BfC-Rundschr. 3/39 v. 1. 4. 1939
[323] *Die Ekklesia Gottes im Neuen Testament.* Bericht über die Elberfelder Konferenz des BfC (26.-29. Mai 1938). Dillenburg o,J.
[324] Dr. Hans Becker, *Motive und Begründung zur Verfassung des BfC* (3. Entwurf) v. 15. 4. 1939 (ms), S. 1
[325] Dr. Hans Becker a.a.O. 5; vgl. Hugo Hartnack in: GF 28. 1937, 165
[326] Dr. Hans Becker a.a.O. 4
[327] Dr. Hans Becker a.a.O. 6
[328] Mitteilung des Regierungspräsidenten in Düsseldorf v. 31. 1. 1938, Az. P3480/M1456
[329] *BfC-Rundschr.* 13/37 v. 12. 10. 1937
[330] *BfC-Rundschr.* 10/38 v. 8. 7. 1938
[331] Vgl. im Folgenden Verfassung des BfC: Dok. Nr. 8 (S. 24-27)
[332] *BfC-Rundschr.* 11/37 v. 25. 9. 1937
[333] Zuerst noch Reichsbrüderrat genannt; Zusammensetzung siehe *BfC-Rundschr.* 11/38 v. 1. 8. 1938 (Anhang)
[334] Otto Bastian an Dr. Hans Becker, Schwelm, 9. 7. 1937 (hs); Otto Ressing an Dr. Hans Becker, Schwelm, 14. 7. 1937 (ms)
[335] Einladung durch Dr. F. Richter v. 1. 2. 1938 (ms)
[336] Protokoll der Düsseldorfer Tagung am 20. 2. 1938 (ms); vgl. auch Otto Bastian an Dr. F. Richter, Schwelm, 8. 2. 1938 (ms)
[337] *BfC-Rundschr.* 14/38 v. 20. 10. 1938
[338] Vgl. Angabe im *BfC-Rundschr.* 12/38 v. 2. 8. 1938: »nahezu 35000«
[339] *Vorläufiges Verzeichnis der Ortsbeauftragten des BfC*; versandt mit BfC-Rundschr. 3/38 21. 1. 1938
[340] Anlage zum *BfC-Rundschr.* 9/38 v. 7. 7. 1938
[341] Verzeichnis der Gemeinden des BfC; versandt mit *BfC-Rundschr.* 7/39 v. 4. 7. 1939
[342] *BfC-Rundschr.* 16/37 v. 29. 12. 1937
[343] *BfC-Rundschr.* 5/37 v. 6. 7. 1937
[344] *BfC-Rundschr.* 10/37 v. 10. 9. 1937
[345] *BfC-Rundschr.* 7/39 v. 4. 7. 1939; GF 29. 1938, lllf.; 142f.; 158.; 173f.; GF 30. 1939, 78.; 127.; 143
[346] *BfC-Rundschr.* 12/38 v. 2. 8. 1938; hier auch Gesamtaufstellung über die Verwendung der Spenden
[347] Dr. Hans Becker an Otto Ressing, Dortmund, 22. 3. 1939; Otto Ressing an Dr. Hans Becker, Schwelm, 27. 3. 1939
[348] BfC-Rundschr. 6/37 v. 24. 7. 1937
[349] Der Reichsminister und Preußische Ministr des Innern, Berlin, 23. 5. 1938, Az.: VW II 19/38-9276 (ms-Kopie)
[350] *BfC-Rundschr.* 3/38 v. 21. 1. 38
[351] *BfC-Rundschr.* 14/37 v. 5. 11. 1937
[352] BfC-Rundschr. 9/38 v. 7. 7. 1938; GF 28. 1937, S. 167f.
[353] Dr. F. Richter an Otto Berning sen., Düsseldorf, 4. 11. 1938
[354] Elberfelder Zusammenkunft vom 30. Mai 1937, S. 9
[355] *Protokoll der Zusammenkunft bei Hans Heinrichs in Velbert,* 9. 5. 1937 (ms), S. 9
[356] *Liste der zum Reichsbrüderrat gehörenden Brüder* v. 1. 8. 1938
[357] *Liste der im Reisedienst für den Herrn tätigen Brüder*; versandt mit *BfC-Rundschr.* 11/38 V. 1. 8. 1938
[358] GF 28. 1937, 165f.

359 Ernst Brockhaus/Hugo Hartnack an die im Reisedienst stehenden Brüder, Wuppertal-Elberfeld, 11. 12. 1937 (ms)
360 Vgl. auch *BfC-Rundschr.* 2/39 v. 3. 4. 1939
361 Dr. Becker, *Mitteilung an die Ortsbeauftragten des BfC*, Dortmund, 25. 6. 1937, S. 11
362 GF 28. 1937, 166
363 Ebenda; vgl. auch *BfC-Rundschr.* 11/37 v. 25. 9. 1937
364 Verständigung betr. Übernahme des Reisedienstes, Siegen, 17. 2. 1939 (ms)
365 BO 85. 1937, 243ff.; 268ff.; 287ff.
366 *BfC-Rundschr.* 2/38 v. 20. 1. 1938; so auch für das Folgende
367 Brockhaus 62ff.
368 TE 18. 1940, Nr. 9/10
369 TE 18. 1940, Nr. 19/20
370 Walter Vogelbusch, Januar 1939 (ms)
371 TE-Beilage *Unsere Jugend* 1938, Nr. 5, 17f.
372 TE 16. 1938, 147f.
373 TE 17. 1939, 125
374 TE 17. 1939, 213
375 Brockhaus 63
376 BO 83.1935, Nr. 8
377 BO 86. 1938, 171
378 BO 85. 1937, 21
379 BO 85. 1937, 133ff.
380 Wilhelm Brockhaus an die Schriftenbesorger, 22. 7. 1937 (ms); derselbe an die *Botschafter*-Freunde, Ende Juli 1937 (ms)
381 BO 88. 1940, Nr. 15/16; vgl. auch BO 88. 1940, Nr. 1
382 BO 87. 1939, Nr. 1
383 BO 88. 1940, 105; vgl. auch BO 87. 1939, Nr. 5
384 BO 89. 1941, 144
385 TE 15. 1937, 172
386 TE 15. 1937, 212
387 TE-Beilage *Unsere Jugend* 1938, Nr. 5, 19; Walter Vogelbusch, Januar 1939 (ms); BO 87. 1939, Nr. 2; vgl. TE 16. 1938, 148
388 *BfC-Rundschr.* 4/39 v. 3. 4. 1939
389 GF 30. 1939. 168
389a *25 Jahre Christliche Verlagsgesellschaft Dillenburg.* 1982
390 GF 28. 1937, 153ff.; 161ff.; GF 29. 1938, 15f.; 19ff.; 46f.; 123ff.; GF 30. 1939, 2ff.
391 GF 29. 1938, 174ff.; GF 30. 1939, 14f.; 78f.
392 GF 29. 1938, 159f.; 186f.
393 GF 29. 1938, 172
394 BO 88. 1940, Nr. 1; BO 89. 1941, 24
395 Vgl. BO 88. 1940, Nr. 1
396 GF 30. 1939, 168
397 Dr. Hans Becker, *Mitteilung an die Ortsbeauftragten des BfC.* Dortmund, 25. 6.1937; versandt mit *BfC-Rundschr.* 5/37 v. 6. 7. 1937
398 Ebenda, S. 6f.
399 Ebenda, S. 7
400 Ebenda, S. 7f.
401 Ebenda, S. 8
402 Ebenda, S. 4

403 Otto Bastian an Dr. Hans Becker, 11. 7. 1937 (ms)
404 Dr. Hans Becker a.a.O. 9
405 Ebenda, S. 11
406 *Die Ekklesia Gottes im Neuen Testament. Bericht über die Elberfelder Konferenz des BfC* (26.-29. Mai 1938). Dillenburg o.J.
407 Brief an Walter Engels, 7. 7.1938 (ms)
408 Dr. Hans Becker a.a.O. 5
409 Dok. 28
410 *BfC-Rundschr.* 12137 v. 12. 10. 1937; BO 85. 1937, Nr. 11
411 BO 85. 1937, 282ff.
412 GF 29. 1938, 19ff.
413 Otto Bastian an Dr. F. Richter, 8. 2. 1938 (ms)
414 Otto Bastian an Dr. Hans Becker, 28. 10. 1937 (ms)

zu: 4. Der Zusammenschluss von Elberfelder und Offenen Brüdern (S. 156 bis 168)

415 Heinrich Neumann u.a., Berlin, 3. 5. 1937
416 Christian Schatz, 1. 7. 1937 (ms); Schatz/Neumann, *Mitteilungen an unsere KcG*, Bad Homburg, 12. 7. 1937 (ms)
417 Schatz/Neumann a.a.O.
418 Christian Schatz a.a.O.
419 TE 15. 1937, 11ff.; 37ff.; 65ff.
420 TE 15. 1937, 67
421 30. Bundesversammlung des Bundes der Baptistengemeinden in Dtld., Berlin, 22./23. 2. 1941; Rede von Paul Schmidt
421a Vgl. Günter Balders, 15 Thesen zur Entstehung des BEFG, These 6, in: *Theologisches Gespräch* 5-6/79, S. 15
422 Dr. Hans Luckey, Äußerer Zwang und innere Motive, in: *Die Gemeinde* 3/60, S. 4
423 Willi Riemenschneider, Der Bund Evangelisch-Freikirchlicher Gemeinden, in: *Die Gemeinde* 32/74, S. 6ff.; vgl. Wilhelm Geitz an Hugo Hartnack, Schwelm, 28. 1. 1945 (ms)
424 Ernst Lange, *Gedanken über die Einigungsvorschläge der Baptisten*, 25. 6. 1937 (ms)
425 Vgl. Balders 108
426 Vgl. Günter Balders a.a.O., These 7, S. 15
427 GF 28. 1937, 161f.; GF 29. 1938, 123ff.
428 GF 29. 1938, 123
429 Dr. Becker, Christian Schatz u.a., *An die Mitglieder des BfC und der KcG*. Kassel, 20. 8. 1937 = Dok. Nr. 9 (S. 29)
430 GF 28. 1937, 161f.
431 Dr. Becker, Christian Schatz u.a. a.a.O.
432 GF 29. 1938, 125
433 GF 29. 1938, 123
434 GF 28. 1937, 162
435 Dr. Becker, Christian Schatz u.a. a.a.O.
436 GF 29. 1938, 123
437 Heinrich Neumann an Theodor Küttner u.a., Berlin, 7. 9. 1937 (ms)
438 *Bundespost des Bundes der Baptistengemeinden*, Sommer 1939 (ms)
439 *BfC-Rundschr.* 10/37 v. 16. 9. 1937
440 GF 28. 1937, 162.164

[441] *BfC-Rundschr.* 9/37 v. 6. 9. 1937
[442] *BfC-Rundschr.* 11/37 v. 25. 9. 1937
[443] *BfC-Rundschr.* 12/37 v. 12. 10. 1937
[444] GF 28. 1937, 163
[445] Vgl. Rundschr. 18/37 v. 30. 12. 1937
[446] GF 28. 1937, 161ff.
[447] GF 28. 1937, 164
[448] GF 28. 1937, 165
[449] Heinrich Neumann a.a.O.
[450] Einladung der KcG Berlin, Hohenstaufenstraße, zur Berliner Konferenz (14.-17. 11. 1937), Berlin, Oktober 1937
[451] Karl Brachmann u.a. an Neumann/Schatz/v. Schleinitz, Leipzig, 1. 10. 1937 (ms)
[452] Franz Buchholz an Werner Frhr. von Schleinitz, Brandenburg, 8. 10. 1937 (ms)
[453] *Satzung des Bundes biblischer christlicher Gemeinden* (Entwurf), Okt. 1937 (ms)
[454] Christian Schatz an Theodor Küttner, 11. 10. 1937 (ms)
[455] Theodor Küttner, Leipzig, 21. 10. 1937 (ms)
[456] Theodor Küttner, Leipzig, 25. 10. 1937 (ms)
[457] Franz Buchholz an Heinrich Neumann, Brandenburg, 24. 10. 1937 (ms)
[458] Theodor Küttner an Christian Schatz, Leipzig, 4. 11. 1937 u. 5. 11. 1937 (ms)
[459] Paul Frey an Werner Frhr. von Schleinitz, 22. 11. 1937; Paul Frey an Theodor Küttner, 23. 11. 1937 (ms)
[460] Christian Schatz an Theodor Küttner, 1. 11. 1937; 5. 11. 1937 (ms)
[461] Christian Schatz an Theodor Küttner, 15. 10. 1937 (ms)
[462] Christian Schatz, (Rundbrief der) *KcG in Deutschland,* Bad Homburg, 1. 12. 1937
[463] Frhr. von Wedekind, *Gedanken zur Verschmelzung der Brüder* (BfC und Brüder KcG) anschl. an die Zusammenkunft in Berlin 15.-17. 11. 1937 (zus. mit Nr. 462)
[464] Neumann/Schatz/v. Schleinitz, Erklärung, Berlin, 16. 11. 1937 (zus. mit Nr. 462)
[465] *BfC-Rundschr.* 18!37 v. 30. 12. 1937
[466] *BfC-Rundschr.* 18a/37 v. 30. 12. 1937
[467] *BfC-Rundschr.* 18/37 v. 30. 12. 1937; *BfC-Rundschr.* 3/38 v. 21. 1. 1938
[468] *BfC-Rundschr.* 14/38 v. 20. 10. 1938
[469] *Verzeichnis der ehemals KcG in Deutschland, nunmehr Gemeinden des BfC*
[470] BfC-Rundschr. 5/38 v. 29., 3. 1938
[471] GF 29. 1938, 127
[472] GF 29. 1938, 126

zu: 5. Die Gegner des Bundes (S. 169 bis S. 197)

[473] *BfC-Rundschr.* 19/37 v. 31. 12. 1937
[474] Bruno Vogel, Ronneburg, 8. 9. 1937 (ms)
[475] »*Bund freikirchlicher Christen*« *oder* »*Kirche (Gemeinde, Versammlung) Jesu Christi*«? Siegen, Juni 1937 (ms), S. 6
[476] Brief v. 5. 7. 1937 (ms)
[477] Paul Tirnmerbeil an Dr. Hans Becker, Schwelm, 2. 8. 1937 (ms)
[478] Paul Tirnmerbeil an Wilhelm Brockhaus, Schwelm, 4. 8. 1937 (ms)
[479] August Schumacher an Dr. Hans Becker, 29. 9. 1937 (ms)
[480] Bruno Vogel, Ronneburg, 8. 9. 1937 (ms)
[481] Ouweneel 389
[482] Ebenda
[483] Franz Kaupp, Freudenstadt, 2. 12. 1937 (ms)

[484] Franz Kaupp, *Die Ekklesia Gottes*, Nov. 1937 (ms), S. 3
[485] Ebenda, S. 4
[486] Johannes Menninga, 1937 (ms)
[487] Vgl. Hempelmann 60; Menk 60; Ouweneel 394
[488] Gerhard Löwen an Dr. Hans Becker, Wuppertal-Elberfeld, 8. 6. 1937 (ms)
[489] »Bund freikirchlicher Christen« ... a.a.O., S. 7
[490] Dr. Hans Neuffer, Juni 1937 (ms)
[491] An die Geheime Staatspolizei, 27. 1. 1938 (abgedr. bei Menk 93-97)
[492] Ernst Busch an Otto Bastian, Bad Godesberg, 17. 9. 1937 (ms)
[493] Hempelmann 60; Anm. 96
[494] Vgl. Hempelmann 63
[495] Abgedruckt bei Menk 97
[496] Hempelmann 66
[497] Elsie Koll, *The Golden Thread*. Diary. 1982, S. 81
[498] Ouweneel 394
[499] Dr. Hans Becker, *Die Wahrheit über den BfC*. o.J., S. 7
[500] Franz Kaupp a.a.O. 3
[501] August Schumacher an Dr. Hans Becker, 22. 9. 1937 (ms)
[502] Franz Kaupp a.a.O. 7
[503] Johannes Menninga, 1937 (ms)
[504] Gerhard Löwen an Dr. Hans Becker, Wuppertal-Elberfeld, 8. 6. 1937 (ms)
[505] Dr. Hans Becker an Gerhard Löwen, Dortmund, 9. 6. 1937 (ms)
[506] Grete Oeckinghaus an August Schumacher, Dortmund, 30. 9. 1937 (ms)
[507] Dr. Hans Becker an August Schumacher, Dortmund, 19. 9. 1937 (ms)
[508] August Schumacher an Dr. Hans Becker, 29. 9. 1937 (ms)
[509] Franz Kaupp an Otto Bastian, 27. 2. 1939 (hs)
[510] Franz Kaupp, *Die Ekklesia Gottes*, Nov. 1937 (ms), S. 9
[511] Paul Timmerbeil an Dr. Hans Becker, Schwelm, 2. 8. 1937 (ms)
[512] *Elberfelder Zusammenkunft vom 30. Mai 1937*, Juni 1937, S. 8f.
[513] August Schumacher an Dr. Hans Becker, 13. 9. 1937 (ms)
[514] Menk 106
[515] Johannes Menninga, 1937 (ms}, S. 4
[516] Franz Kaupp a.a.O. 4
[517] So auch Paul Timmerbeil an Wilhelm Brockhaus, Schwelm, 4. 8. 1937 (ms)
[518] *Elberfelder Zusammenkunft* ... a.a.O. 9
[519] Ebenda, S. 6
[520] Franz Kaupp a.a.O. 3
[521] Adolf Hoppe an Hugo Hartnack, Düsseldorf, ca. Februar 1939 (ms)
[522] Bruno Vogel, Ronneburg, 8. 9. 1937 (ms)
[523] Franz Kaupp an Otto Bastian, 27. 2. 1939 (hs)
[524] Ouweneel 394
[525] *Bund freikirchlicher Christen oder Kirche (Gemeinde, Versammlung) Jesu Christi?* Siegen, Juni 1937 (ms), S. 1
[526] Elberfelder Zusammenkunft... a.a.O. 1ff.
[527] Johannes Menninga, 1937 (ms), S. 1
[528] Gerhard Löwen, *Acht Fragen*. 1937 (ms); ähnlich auch Otto Kunze, *Und nun, auf was harre ich ...*, 1937 (ms), S. 1f.
[529] Franz Kaupp, Freudenstadt, 2. 12. 1937 (ms)
[530] Johannes Menninga, 1937 (ms)
[531] *Bund freikirchlicher Christen oder* ... a.a.O. 5-7

[532] Zum Folgenden vgl. Ouweneel 391ff.; Menk 127ff.
[533] Ouweneel 392
[534] Bundesleitung des BfC (Hg.), *Ein Briefwechsel*, 1. Teil. Düsseldorf, Januar 1938, S. 3-10
[535] Ebenda, S. 10
[536] Ebenda, S. 3
[537] Ebenda, S. 4
[538] Ebenda, S. 5
[539] Ebenda, S. 10
[540] Ebenda, S. 11-23
[541] Bundesleitung des BfC (Hg.), *Ein Briefwechsel*, 2. Teil. Düsseldorf, Januar 1939, S. 4
[542] P. Baumer an Franz Kaupp, Frauenfeld (Schweiz), 6. 1. 1938, in: Franz Kaupp, Freudenstadt, 29. 3. 1938 (ms)
[543] Bundesleitung des BfC (Hg.), a.a.O. 1-6
[544] Ebenda, S. 3
[545] Ebenda, S. 5
[546] Ebenda, S. 7-18
[547] Ebenda, S. 11
[548] Zum Folgenden vgl. Ouweneel 394f.; HernPeimann 65ff.; Menk 179f.; 186ff.
[549] Z.B. in Frohnhausen, Bastian 9
[550] Franz Kaupp, Freudenstadt, 29. 3. 1938 (ms)
[551] Nr. 34 (Februar 1939)
[552] Ouweneel 395
[553] Briefwechsel darüber liegt vor; zuletzt Franz Kaupp, Freudenstadt, 7. 4. 1939 (hs)
[554] *BfC-Rundschr.* 5137 v. 6. 7. 1937
[555] *BfC-Rundschr.* 8/37 v. 1. 9. 1937
[556] *BfC-Rundschr.* 1/38 v. 18. 1. 1938
[557] Vgl. Paul Timmerbeil, 28. 4. 1938 (ms)
[558] *BfC-Rundschr.* 3/38 v. 21. 1. 1938
[559] So auch Hempelmann 61
[560] Otto Kunze, *Und nun, auf was harre ich, Herr?* 1937 (ms)
[561] Ernst Busch an Otto Bastian, Bad Godesberg, 17. 9. 1937 (ms)
[562] Dr. Hans Neuffer, Juni 1937 (ms)
[563] Paul Kuhlmann, *Ein Wort an die Brüder*. Barmen (1937)

zu: 6. Der Bund Evangelisch-Freikirchlicher Gemeinden (S. 198 bis 242)

[564] GF 30. 1939, 14f.; Dr. Richter, *An die Ortsbeauftragten der Reg. Bezirke Amsberg (nördl. Teil), Düsseldorf und Köln.* Düsseldorf, 12. 11. 1938 (ms)
[565] GF 29. 1938, 185
[566] Bund der Baptistengemeinden, *Bundespost*, Berlin, Sept. 1937 (ms)
[567] Heinrich Neumann an Theodor Küttner u.a., Berlin, 7. 9. 1937 (ms)
[568] Bund der Baptistengemeinden, *Protokoll der Bundesältesten am 14./15. 10. 1937 in Hamburg*, Pkt. 18 (ms)
[569] Bund der Baptistengemeinden, *Bundespost Nr. 7, Dezmber 1937* (ms)
[570] So auch Dr. Hans Luckey in: *Die Gemeinde* 17. 1. 1960, S. 5
[571] Christian Schatz, *Warum wir nicht in den Bund der Baptisten eintreten.* 21. 9. 1937 (ms)
[572] *Bericht über die Zusammenkunft der im Reisedienst tätigen Brüder des BfC auf Hohegrete vom 28.-30. Mai 1940*, S. 11

[572a] Fritz von Kietzell an Otto Bastian, Berlin, 6. 12. 1937 (ms)
[572b] Fritz von Kietzell an Dr. Hans Becker, Berlin, 6. 12. 1937 (ms)
[572c] Otto Bastian an Fritz von Kietzell, Schwelm, 8. 12. 1937 {ms)
[573] Ernst Lange, *Gedanken über den Vorschlag der Baptisten, einen neuen Bund zu bilden*, nach der Zusammenkunft in Kassel am 17. 9. 1937. Wernigerode, 1. 10. 1937
[574] Ernst Lange, *Vertrauliche Bemerkungen zu den »Gedanken . . .«.* Wernigerode, 15. 10. 1937 (ms)
[575] Christian Schatz an Theodor Küttner, 11. 10. 1937 (ms)
[576] Fritz Radczewski an Ernst Lange, Schneidemühl, 8. 11. 1937 (ms)
[577] Dr. Hans Becker, (An die Verhandlungsdelegationen der vier Freikirchen), Dortmund, 8. 10. 1937 (ms)
[578] Hugo Hartnack, *An die Brüder der Bundesleitung des BfC*, Dillenburg, 5. 3. 1938 (ms)
[579] Ernst Lange, *Gründe und Gegengründe für die Vereinigung der Bünde der Baptisten, freikirchlicher Christen und Freier evangelischer Gemeinden nach dem Vorschlag der Baptisten.* Wernigerode, 5. 3. 1938
[580] Christian Schatz, 8. 3. 1938 (ms)
[581] Willi Riemenschneider, Begegnungen und Bemühungen um Zusammenschluss der deutschen Freikirchen 1937-1941, in: Die Gemeinde, 18. 5. 1969, S. 12
[582] *Die Ekklesia Gottes im Neuen Testament. Bericht über die Elberfelder Konferenz des BfC (26.-29. Mai 1938).* Dillenburg 1938
[583] Näheres und Literatur bei Balders 111
[584] *Die Ekklesia Gottes ...* a.a.O. 5
[585] Walter Vogelbusch an Walter Engels, Kettwig, 7. 7. 1938 (ms)
[586] *Die Ekklesia Gottes ...* a.a.O. 6
[587] Bund der Baptistengemeinden, Bundespost 2/1938 (Juni), Pkt. 2 (ms)
[588] Bundesleitung des BfC, *An die Mitglieder des Reichsbrüderrates des BfC*, August 1938 (ms)
[589] Willi Riemenschneider a.a.O.; Bund der Baptistengemeinden, *Bundespost* 4/1938 (Dezember), Pkt. 1 (ms)
[590] *Richtlinien für das Zusammenleben und Zusammenarbeiten der örtlichen Gemeinden des Bundes der Baptistengemeinden, des Bundes Freier evangelischer Gemeinden und des Bundes freikirchlicher Christen.* Witten (Ruhr), 22. 11. 1938
[591] *BfC-Rundschr.* 15138 v. 28. 12. 1938
[592] Hugo Hartnack an Wilhelm Birkenstock u.a., Dillenburg/Betzdorf, 9. 1. 1939 (ms)
[593] Dr. Richter, *An die Ortsbeauftragten der Regierungsbezirke Amsberg (nördl. Teil), Düsseldorf, Köln.* Düsseldorf, 24. 10. und 5. 11. 1938 (ms)
[594] Dr. Richter, *An die Ortsbeauftragten wie eben.* Düsseldorf, 12. 11. 1938 (ms)
[595] Fragen zur Herbstkonferenz 1938 vom 13.-16. November in Berlin W30, Hohenstaufenstraße 65
[596] BO 87. 1939, 6
[597] Werner Schnepper, *An die Prediger der rhein.-westfäl. Baptistengemeinden, Prediger der westdeutschen Freien evangelischen Gemeinden, Lehrbrüder bzw. Ortsbeauftragten des BfC in Westdeutschland.* Wuppertal-Barmen, 18. 3. 1939 (ms)
[598] Entschließung, wie sie von den Brüdern des BfC auf der 2. Gemeinschaftstagung der Baptisten, des BfC und der FeG in Solingen-Auf-der-Höhe am Nachmittag des 20. April 1939 ausgearbeitet und in der gemeinsamen Abendversammlung aller Teilnehmer vor diesen verlesen wurde (ms)

[599] Willi Riemenschneider a.a.O. 11
[600] Stenogramm-Protokoll zur *Entschließung* ... am 20. 4. 1938 (ms)
[601] GF 30. 1939, 125f.
[602] BfC-Rundschr. 3/40 v. 5. 11. 1940
[603] 30. Bundesversammlung des Bundes der Baptistengemeinden in Dtld., Berlin, 22./23. 2. 1941: Rede von Paul Schmidt
[604] Balders 112
[605] Auf der Warte, in: GF 30. 1939, 125
[606] Paul Schmidt, *Unser Weg als BEFG in den Jahren 1941-1946*. Eßlingen 1946, S. 3
[607] 30. Bundesversammlung ... a.a.O.: Rede von Paul Schmidt; Willi Riemenschneier, Der BEFG, in: *Die Gemeinde* 33/74, S. 7
[608] Elberfelder Zusammenkunft vom 30. Mai 1937, 10. Juni 1937, S. 6
[609] *Bericht über die Zusammenkunft der im Reisedienst tätigen Brüder des BfC auf Hohegrete vom 28.-30. Mai 1940*, S. 12
[610] Dr. Hans Luckey, Äußerer Zwang und innere Motive, in: *Die Gemeinde* 3/60; 4/60
[611] GF 29. 1938, 123
[612] GF 29. 1938, 5
[613] *Der Wahrheitszeuge* 16/1938, in: GF 29. 1938, 142
[614] Paul Schmidt a.a.O. 4
[615] TE 15. 1937, 2; 11. 1933, 88; 267
[616] BO 86. 1938, 57
[617] Ebenda, S. 58
[618] GF 30. 1939, 168
[619] BO 87. 1939, Nr. 1; GF 30. 1939, 16
[620] TE 15. 1937, 170
[621] BO 85. 1937, 293 u.a.
[622] BO 85. 1937, 133
[623] BO 85. 1937, 293
[624] BO 85. 1937I 213
[625] *An alle aus dem Kreis der sogenannten Christlichen Versammlung, die trauern über den unter ihnen entstandenen Riss, und andere, die helfen möchten, ihn zu beseitigen: Unsere Schuld – der Weg zu Heilung (1938)*, S. 5
[626] Bund der Baptistengemeinden, *Bundespost* 6/1937 (November)
[627] Hugo Hartnack in: *Die Ekklesia Gottes im Neuen Testament. Bericht über die Elberfelder Konferenz des BfC (26.-29. Mai 1938)*, S. 5
[628] Werner Schnepper, Gemeinschaftstagung vom 26.-30. 9. 1938 in Weltersbach, in: Menk 160f.
[629] BO 87. 1939, Nr. 5
[630] TE 17. 1939, 278
[631] GF 29. 1938, 124
[632] BO 87. 1939, Nr. 1
[633] BO 85. 1937, 168
[634] GF 28. 1937, 155
[635] BO 85. 1937, 212f.; 267
[636] BO 89. 1941, 2
[637] GF 30. 1939, 2
[638] BO 87. 1939, Nr. 5
[639] z.B. GF 29. 1938, 48
[640] GF 29. 1938, 112

[641] GF 29. 1938, 46
[642] GF 29. 1938, 159
[643] z.B. in Kiel: Beilage zur TE 1939 (August)
[644] GF 30. 1939, 45
[645] BO 87. 1939, 74
[646] GF 30. 1939, 64
[647] BO 87. 1939, Nr. 8
[648] GF 30. 1939, 168
[649] *Sitzung der Kriegsbundesleitung des Bundes der Baptistengemeinden am 22. 5. 1940 in Hamburg, Pkt. 3*; Erich Sauer, Gemeinsame Ostmission, in: BO 88. 1940, 261f.
[650] Vgl. Dr. Hans Luckey a.a.O. 3/60, 5f.
[651] Paul Schmidt a.a.O. 4
[652] Balders 358f.
[653] 30. Bundesversammlung ... a.a.O.: Rede von Paul Schmidt
[654] Brockhaus 67; Walter Brockhaus an Erich Sauer, Wuppertal-Elberfeld, 3. 10. 1940 (abgedruckt bei Menk 163)
[655] *BfC-Rundschr.* 1/40 v. 1. 8. 1940
[656] Walter Brockhaus an die Brüder der Bundesleitung des BfC, 16. 10. 1940 (abgedruckt bei Menk 162.164); vgl. Günter Balders, 15 Thesen zur Entstehung des BEFG, These Nr. 2, in: *Theologisches Gespräch* 5-6/79, S. 14
[657] Brockhaus 68
[658] Paul Schmidt a.a.O. 4
[659] BO 89. 1941, 1
[660] Vgl. 30. Bundesversammlung ... a.a.O.: Rede von Dr. Hans Becker
[661] BO 88. 1940, 288
[662] Bt.: Einige Aufzeichnungen über die Aussprache gelegentlich der Zusammenkunft der Bundesleitung mit den Ortsbeauftragter und anderen Brüdern des BfC in Wuppertal-Elberfeld, 24. 11. 1940 (ms), S. 2
[663] BO 88. 1940, 261
[664] BO 89. 1941, 95
[665] Brockhaus 69
[666] *BfC-Rundschr.* 3/40 v. 5. 11. 1940
[667] Willi Riemenschneider, *Geschichtliche Daten des BfC* (ms)
[668] *BfC-Rundschr.* 3/40 v. 5. 11. 1940; Dr. Hans Becker, An die Brüder des Reichsbrüderrates des BfC, 5. 11. 1940 (ms)
[669] Otto Ressing an Heinrich Neumann, Schwelm, 16. 11. 1940 (ms)
[670] Ernst Berning an Erich Sauer, Schwelm, 15. 11. 1940; ähnlich auch Wilhelm Bornhüter an Geschäftsführung des BfC, Werdohl, 14. 11. 1940 (beide Briefe abgedruckt bei Menk 169f.)
[671] Bt. a.a.O. 1
[672] Walter Brockhaus an Erich Sauer, Wuppertal-Elberfeld, 14. 11.1940 (abgedr. bei Menk 168)
[673] *BfC-Rundschr.* 4/40 v. 19. 11. 1940
[674] Bt. a.a.O. 3ff.
[675] Dr. Hans Becker, An die Brüder des Bundesrates des BfC, hier: an Walter Vogelbusch, Dortmund, 28. 11. 1940 (ms)
[676] Ernst Bott an Erich Wingenroth, Wuppertal-Langerfeld, 29. 11. 1940 (ms)
[677] Bt. a.a.O. 9
[678] *BfC-Rundschr.* 5/40 v. 20. 12. 1940 (abgedr. in: BO 89. 1941, 23f.)

[679] *Sitzung der Bundesleitung des Bundes der Baptistengerneinden in Wuppertal-Elberfeld, Rolandstraße 15, 16. 12. 1940* (ms)
[680] *BfC-Rundschr.* 5/40 v. 20. 12. 1940; BO 88. 1940, 287f.
[681] Berthold Fey an Dr. Hans Luckey, 22. 1. 1941, in: Balders 113
[682] Willi Riemenschneider, Der BEFG II, in: *Die Gemeinde* 33/74, 7
[683] Dok. 47-57
[684] Auszug aus der amtlichen Niederschrift der Verhandlungen der 30. Versammlung des Bundes der Baptistengemeinden in Deutschland am 22. 2. 1941 in Berlin 034, Gubener Str. 10, in: Amtsblatt 1/1943 v. 10. 1. 1943; 30. Bundesversammlung ... a.a.O.
[685] BO 89. 1941, 96
[685a] Auszug aus der amtlichen Niederschrift ... a.a.O.; Paul Schmidt a.a.O. 4
[686] 30. Bundesversammlung ... a.a.O.; Rede von Paul Schmidt; vgl. Günter Balders, 15 Thesen ... a.a.O., S. 15 (hier: These 14)
[687] BO 89. 1941, 96; Paul Schmidt a.a.O. 4
[687a] Vgl. Balders 301ff.
[687b] Walter Schmidt/Herrmann Loh an Paul Schmidt/Erich Wingenroth, 15. 1. 1951 (ms)
[688] Ernst Berning an Otto Bastian, Schwelm, 10. 3. 1941 (ms)
[689] Balders 114
[690] Vgl. Günter Balders, 15 Thesen ... a.a.O., S. 16
[691] *BfC-Rundschr.* 1/41 v. 7. 3. 1941
[692] *Amtsblatt* 1/41 v. 15. 8. 1941
[693] *BfC-Rundschr.* 5/40 v. 2.0. 12. 1940; *BfC-Rundschr.* 1/41 v. 7. 3. 1941
[694] Heinz Boberach, Berichte des SO und der Gestapo über Kirchen und Kirchenvolk in Deutschland 1934-1944, in: *Veröffentlichungen der Kornmission für Zeitgeschichte bei der Kath. Akademie in Bayern. Reihe A: Quellen*, Bd. 12. Mainz 1971, S. 274
[695] Ebenda, S. 326
[696] Paul Schmidt a.a.O. 5
[697] Abgedruckt in jedem Jahrbuch des »BEFG in Deutschland«
[698] *Arbeitsausschuss der Bundesleitung des BfC, Wuppertal-Elberfeld, November 1942* = Dok. 18 (S. 46)
[699] Paul Schmidt /Walter Vogelbusch (Bundeshaus), Berlin, November 1942 = Dok. Anlage zum Rundschreiben 18 im Auszug (S. 47f.)
[700] Heinz Boberach a.a.O. 345
[701] Paul Schmidt, *Unser Weg als BEFG in den Jahren 1941-1946.* Eßlingen 1946, S. 5; Brockhaus 69
[702] Brockhaus 69
[703] *Amtsblatt* 9/43 v. 20. 9. 1943 (ms abgedr. in Dok. 49-54)
[704] *Amtsblatt* 10/43 v. 25. 10. 1943 (ms abgedr. in Dok. 55-57)
[705] Paul Schmidt/Walter Vogelbusch (Bundeshaus) a.a.O.
[706] Bund der Baptistengemeinden, *Sitzung der Kriegsbundesleitung mit den Brüdern des BfC in Dortmund*, 11. 2. 1941 (ms)
[707] *Amtsblatt* 2/41 v. 10. 9. 1941
[708] *BfC-Rundschr.* 1/41 v. 7. 3. 1941
[709] Paul Schmidt a.a.O. 5
[710] *Bundespost* Dezember 1942 (ms)
[711] *Amtsblatt* 2/41 v. 30. 9. 1941; BO 89. 1941, 120
[712] *Amtsblatt* 5/43 v. 1. 5. 1943; 6/43 v. 10. 6. 1943

713 Muster der Gemeindesatzung, in: *Amtsblatt* 3/43 v. 10. 3. 1943
714 *Amtsblatt* 3/43 v. 10. 3. 1943; 2/44 v. 29. 2. 1944
715 Balders 116
716 Im Entwurf »Vereinigungsprobleme« (ms), S. 1f.
717 *Amtsblatt* 6/43 v. 10. 6. 1943
718 Otto Ressing an Hugo Hartnack, Schwelm, 9. 6. 1943 (ms); Hugo Hartnack an Otto Ressing, Betzdorf, 11. 6. 1943 (ms)
719 *Amtsblatt* 7/43 v. 10. 7. 1943; 8/43 v. 10. 8. 1943
720 *Amtsblatt* 9/43 v. 20. 9. 1943
721 *Amtsblatt* 10/43 v. 25. 10. 1943
722 Schon im *Amtsblatt* 1/41 v. 15. 8. 1941
723 *BfC-Rundschr.* 1/41 v. 7. 3. 1941
724 Ernst Berning an Otto Bastian, Schwelm, 10. 3. 1941 (ms)
725 Siehe Verzeichnis der Abkürzungen
726 Bund der Baptistengemeinden, Bundeshaus, Berlin, 6. 8. 1941 (ms); R. Brockhaus Verlag, Wuppertal-Elberfeld, 28. 8. 1941 (ms)
727 *Amtsblatt* 1/41 v. 15. 8. 1941
728 *Amtsblatt* 2/41 v. 30. 9. 1941; 6/42 v. 10. 8. 1942; 3/44 v. 20. 3. 1944
729 *Amtsblatt* 9/44 v. 20. 9. 1944
730 *Amtsblatt* 8/43 v. 10. 8. 1943; *Mit Bibel und Botschaft fing's an.* 125 Jahre R.Brockhaus Verlag. 1978, S. 43
731 *Amtsblatt* 7/42 v. 10. 9. 1942
732 *Amtsblatt* 11/43 v. 31. 12. 1943; BEFG, Vereinigung Westfalen, Bochum/Dortmund, 5. 12. 1943 (ms)
733 *Amtsblatt* 1/41 v. 15. 8. 1941; BO 89. 1941, 119f.
734 *Protokoll über die Besprechung des Jugendpflegerkreises Rheinland-Nord am 19. 4. 1941 in Mülheim/Ruhr* (ms); Anschriftenverzeichnis der Gemeindejugendpfleger im Nordkreis der rhein. Vereinigung (ms)
735 *Amtsblatt* 3/44 v. 20. 3. 1944
736 Paul Schmidt a.a.O. 6; vgl. auch Balders 115f.
737 *Amtsblatt* 9/43 v. 20. 9. 1943; (ms) Dok. 49-54
738 *Amtsblatt* 10/43 v. 25. 10. 1943; (ms) Dok. 55-57 (hier: »Ausführungsanweisung«)
739 *Amtsblatt* 3/43 v. 10. 3. 1943
740 *Amtsblatt* 3/43 v. 10. 3. 1943; 2/44 v. 29. 2. 1944
741 *Amtsblatt* 2/42 v. 10. 3. 1942
742 *Amtsblatt* 4/41 v. 20. 12. 1941; 3/44 v. 20. 3. 1944; endgültige Fassung: 6/44 v. 16. 6. 1944; auch im Sonderdruck
743 Vgl. Balders 115f.
744 Bund der Baptistengemeinden, *Sitzung der Kriegsbundesleitung mit den Brüdern des BfC in Dortmund*, 11. 2. 1941 (ms)
745 *Amtsblatt* 4/42 v. 1. 6. 1942; 5/43 v. 1. 5. 1943
746 Balders 115
747 BO 89. 1941, Nr. 7/8; Walter Brockhaus, *Bericht über die Zusammenkunft der im Reisedienst tätigen Brüder des BfC, Wiedenest, 11.-14. März 1941*
748 BO 89. 1941, Nr. 7/8
749 Bundeshaus, Berlin, 27. 5. 1942 (ms); *Amtsblatt* 2/42 v. 10. 3. 1942; 3/42 v. 25. 4. 1942
750 *Amtsblatt* 9/43 v. 20. 9. 1943
751 Paul Schmidt a.a.O. 9

[752] BO 88. 1940, 261f.
[753] z.B. Bund der Baptistengemeinden, *Bundespost* 2/1942 (Juli); *Amtsblatt* 1/41 v. 15. 8. 1941; 2/41 V. 30. 9. 1941; 1/42 V. 31. 1. 1942 usw.
[754] Paul Schmidt an die Vereinigungen, in: *Vereinigung Westfalen*, Dortmund, 10. 3. 1944 (ms)
[755] *Amtsblatt* 9/44 v. 20. 9. 1944
[756] *Amtsblatt* 12/44 v. 20. 12. 1944
[757] Paul Schmidt, *Unser Weg als BEFG in den Jahren 1941-1946*. Eßlingen 1CJ4.6, S. 21
[758] Ebenda, S. 22
[759] Ebenda, S. 6
[760] Brockhaus 68
[761] Dr. Hans Luckey, Äußerer Zwang und innere Motive, in: *Die Gemeinde* 3/60 und 4/60
[762] Paul Schmidt a.a.O. 4ff.; Willi Riemenschneider, Der BEFG ll, in: *Die Gemeinde* 33/74
[763] Paul Schmidt a.a.O. 5
[764] Brockhaus 69
[765] BfC-Rundschr. 1/41 v. 7. 3. 1941
[766] *Bericht über die Zusammenkunft der im Reisedienst tätigen Brüder des BfC auf Hohegrete vom 28.-30. Mai 1940*, S. 11

zu: *IV. Die organisierten Brüder und der NS-Staat*

1. Der »Führer« (S. 243 bis 247)
[767] Vgl. Otto Bastian in: BO 124. 1983 (1), 19
[768] *BfC-Rundschr.* 6/38 v. 5. 4. 1938
[769] GF 29. 1938, 159
[770] *BfC-Rundschr.* 13!38 v. 19. 9. 1938
[771] *BfC-Rundschr.* 9/39 v. 4. 9. 1939
[772] TE 18. 1940, 121
[773] *30. Bundesversammlung des Bundes der Baptistengemeinden in Dtld.*, Berlin, 22.123. 2. 1941 (ms); Rede von Dr. Hans Becker
[774] BO 89. 1941, 111
[775] BO 88. 1940, 87
[776] Otto Bastian in: BO 124. 1983 (1), 20
[777] Hempelmann 75
[778] BO 87. 1939, Nr. 2
[779] GF 30. 1939, Nr. 11
[780] TE 17. 1939, 76
[781] GF 30. 1939, Nr. 12
[782] Menk 157
[783] *Amtsblatt* 8/44 v. 10. 8. 1944
[784] z.B. »Dank für die gnädige Errettung des Führers«, in: *Kirchliches Amtsblatt für die Evangelisch-lutherische Landeskirche Hannover*, 21. 7. 1944
[785] Vgl. Balders 105
[786] BO 88. 1940, 239
[787] *30. Bundesversammlung ... a.a.O.: Zum Ziel* (ms)
[788] Ebenda: *Dr. Hans Becker, Eine Hand* (ms)

zu: 2. Die Weltanschauung (S. 248 bis 254)

[789] *Handreichungen aus dem Wort Gottes* 22. 1937, Nr. 10, VIII
[790] BO 88. 1940, 68ff.
[791] TE 16. 1938, 129
[792] Z.B. BO 86. 1938, Nr. 11
[793] GF 28. 1937, 148
[794] BO 86. 1938, Nr. 12
[795] *BfC-Rundschr.* 13/37 v. 12. 10. 1937
[796] BO 88. 1940, 114
[797] TE 16. 1938, 63
[798] TE 17. 1939, 131
[799] TE 19. 1941, 81
[800] TE 16. 1938, 56
[801] TE 16. 1938, 67
[802] *Bericht über die Zusammenkunft der im Reisedienst tätigen Brüder des BfC auf Hohegrete vom 28.-30. Mai 1940*, S. 20
[803] *Handreichungen aus dem Wort Gottes* 22. 1937, Nr. 6/7/8, jeweils S. VIII
[804] TE 15. 1937, 171
[805] *BfC-Rundschr.* 15137 v. 6. 11. 1937
[806] *BfC-Rundschr.* 6/38 v. 5. 4. 1938
[807] *BfC-Rundschr.* 4/38 v. 25. 2. 1938
[807a] Dr. Fr. Richter, *An die Ortsbeauftragten der westdt. Reg.Bezirke*, Düsseldorf, 18. 2. 1938 (ms)
[808] BO 124. 1983 (1), 20
[809] Ouweneel 389
[810] *BfC-Rundschr.* 2138 v. 20. 1. 1938, S. 4
[811] TE 19. 1941, 11
[812] Hermann Rauschning, *Gespräche mit Hitler*. 1940, S. 237
[813] TE 16. 1938, 121
[814] TE 16. 1938, 100f.
[815] BO 86. 1938, 48.123; BO 87. 1939, Nr. 3; BO 88. 1940, 71
[816] TE 16. 1938, 3ff.
[817] TE 16. 1938, 5
[818] z.B. TE 17. 1939, 65
[819] TE 18. 1940, 165
[820] BO 85. 1937, 268
[821] BO 85. 1937 I 288ff.
[822] TE 17.1939,19
[823] TE 17. 1939, 43
[824] TE 16. 1938, 129
[825] TE 15. 1937, 155
[826] GF 28. 1937, 140
[827] TE 15. 1937, 262
[828] GF 28. 1937, 156
[829] GF 28. 1937, 157
[830] TE 16. 1938, 145
[831] TE 17. 1939, 175f.; 205f.; 239ff.
[832] TE 17. 1939, 241
[833] TE 18. 1940, 122

[834] Walter Brockhaus, *Ihr lieben Brüder an der Front!* Wuppertal-Elberfeld, Anfang Juli 1940
[835] Brockhaus 60
[836] Brockhaus 61

zu: 3. Der Krieg (S. 255 bis 262)

[837] Der Reichsminister für die kirchlichen Angelegenheiten: I 150 54/39 II, Berlin, 30. 8. 1939
[838] Der Reichsminister für die kirchlichen Angelegenheiten: I 157 06/39 li, Berlin, 4. 10. 1939
[839] BO 87. 1939, Nr. 10
[840] *BfC-Rundschr.* 9/39 v. 4. 9. 1939
[841] Balders 103ff.
[842] TE 18. 1940, 121
[843] BO 88. 1940, 160f.
[844] BO 88. 1940, 146
[845] *Bericht über die Zusammenkunft ... auf Hohegrete* a.a.O. 5
[846] BO 89. 1941, 137
[846a] *Amtsblatt* 2/41 v. 30. 9. 1941
[847] BEFG, Vereinigung Westfalen, *Rundbrief* 3. August 1941 (ms)
[848] BEFG, Vereinigung Westfalen, *Bericht der Vereinigungsleitung für das Konferenzjahr 1941/42, 19. 4. 1942* (ms)
[849] TE 16. 1938, 121
[850] TE 18. 1940, 142
[851] Walter Brockhaus a.a.O.
[852] BO 88. 1940, 190
[853] BO 88. 1940, 118
[854] BO 88. 1940, 134
[855] BO 88. 1940, 238
[856] TE 18. 1940, 122
[857] TE 18. 1940, 121
[858] BO 88. 1940, 257
[859] BO 88. 1940, 71f.
[860] GF 30. 1939, 167 (Abdruck aus: *Der Gärtner*)
[861] Brockhaus 99f.
[862] BO 87. 1939, 151
[863] BO 89. 1941, 87
[864] BO 89. 1941, 94
[865] z.B. BO 89. 1941, 63
[866] TE 18. 1940, 82
[867] BO 88. 1940, 68ff.
[868] BO 88. 1940, 230
[869] Walter Brockhaus a.a.O.; vgl. BO 88. 1940, Nr. 13/14
[870] *Amtsblatt* 1/42 v. 31. 1. 1942
[871] *Amtsblatt* 7/43 v. 10. 7. 1943
[872] *Amtsblatt* 2/44 v. 29. 2. 1944
[873] *Amtsblatt* 7/44 v. 10. 7. 1944
[874] *Amtsblatt* 12/44 v. 20. 12. 1944

zu: 4. Die Judenverfolgung (s. 263 bis 266)

[875] So auch Hempelmann 64
[876] Dok. Nr. 8 (S. 24)
[877] Balders 101
[878] Scholder 348-354
[879] BfC-Rundschr. 4/38 v. 25. 2. 1938
[880] Hempelmann 79
[881] Paul Kuhlmann, *Ein Wort an die Brüder*. Barmen (1937)
[882] Ernst Busch an Otto Bastian, Bad Godesberg, 17. 9. 1937 (ms)
[883] Brockhaus 69
[884] Karl Kupisch, *Kirchengeschichte*, Bd. 5. Stuttgart 1975, S. 113
[885] Bastian 20; BO 124. 1983 (1), 19ff.
[886] Bundeshaus, Berlin, 27. 5. 1942 (ms)
[887] BEFG, Vereinigung Westfalen, Dortmund, 20. 4. 1942 (ms)
[888] TE 19. 1941, 41f.
[889] Reinhold Kerstan, *Ein deutscher Junge weint nicht*. Wuppertal 1980, S. 27
[890] Karl Kupisch a.a.O. 116
[891] GF 30. 1939, 60f.
[892] Paul Schmidt, *Unser Weg als BEFG in den Jahren 1941-1946*. Eßlingen 1946

zu: 5. Der Kirchenkampf (S. 267 bis 270)

[893] BfC-Rundschr. 14/38 v. 20. 10. 1938
[894] BfC-Rundschr. 7139 v. 4. 7. 1939
[895] TE 15. 1937, 198-200
[896] Otto Bastian an Fritz von Kietzell, 3. 9. 1937 (ms)
[897] Bastian 15
[898] Wilhelm Steinberg an Otto Bastian, Schwelm, 25. 5. 1937 (ms)
[899] *Bund freikirchlicher Christen oder Kirche (Gemeinde, Versammlung) Jesu Christi?* Siegen, Juni 1937 (ms), S. 7
[900] Paul Kuhlmann a.a.O.
[901] Balders 87

zu: 6. Der »christentumsfreundliche« Staat (S. 271 bis 281)

[902] Paul Schmidt, *Unser Weg als BEFG in den Jahren 1941-1946*. Eßlingen 1946, S. 10ff.
[903] TE 15. 1937, 259
[904] TE 17. 1939, 215
[905] TE 15. 1937, 185
[906] TE 15. 1937, 159
[907] GF 29. 1938, 77
[908] GF 30. 1939, 48
[909] TE 16. 1938, 20
[910] TE 16. 1938, 3.; 117f.; 145f.; GF 30. 1939, 143
[911] TE 15. 1937, 158
[912] TE 15. 1937, 169
[913] GF 30. 1939, 107f.
[914] GF 30. 1939, 142

[915] *Bericht über die Zusammenkunft der im Reisedienst tätigen Brüder des BfC auf Hohegrete vom 28.-30. Mai 1940*, S. 19
[916] *Amtsblatt* 6/42 v. 10. 8. 1942
[917] *Amtsblatt* 1/42 v. 31. 1. 1942
[918] *Amtsblatt* 9/43 v. 20. 9. 1943
[919] Siehe auch Heinz Boberach, Berichte des SO und der Gestapo über Kirchen und Kirchenvolk in Deutschland 1934-1944, in: *Veröffentlichungen der Kommission für Zeitgeschichte bei der Kath. Akademie in Bayern. Reihe A: Quellen*, Bd. 12. Mainz 1971, S. 274, S. 363
[920] Brockhaus 64
[921] *BfC-Rundschr.* 10/38 v. 8. 7. 1938
[922] *Handreichungen aus dem Wort Gottes* 22. 1937, Nr. 11, V
[923] Paul Schmidt a.a.O. 11
[924] *BfC-Rundschr.* v. 22. 7. 1940 (ms); BO 88. 1940, 214
[925] BO 89. 1941, 94
[926] *Amtsblatt* 3/41 v. 9. 11. 1941; 4/41 v. 20. 12. 1941; 4/42 v. 1. 6. 1942
[927] BEFG, *Vereinigung Westfalen*, Dortmund, 10. 3. 1944 (ms)
[928] Paul Schmidt a.a.O. 12
[929] Heinz Boberach a.a.O. 325
[930] Ebenda, S. 326
[931] Ebenda, S. 345
[932] Ebenda, S. 361
[932a] Paul Schmidt a.a.O. 8.10.12
[933] BEFG, *Vereinigung Westfalen: Bericht der Vereinigungsleitung für das Konferenzjahr 1941/42, 19. 4. 1942* (ms)
[934] Brockhaus 81f.
[935] Paul Schmidt a.a.O. 11f.
[936] Die folgenden Ausführungen über Fritz von Kietzell beruhen z.T. auf Erinnerungen an Fritz von Kietzell und seine Familie (ms) von Hermann Vorsatz, Hamm, früher Berlin, eines Mitarbeiters an der *Tenne* nach 1930, und auf Informationen Egbert von Kietzells, Kassel, eines Sohnes Fritz von Kietzells
[937] Dr. Hans Becker an Otto Bastian, Dortmund, 26. 10. 1937 (ms)
[938] Fritz von Kietzell an Dr. Hans Becker, 6.12.1937 (ms); Fritz von Kietzell an Otto Bastian, Berlin-Lichterfelde, 6. 12. 1937 (ms)
[939] TE 8. 1930, 267
[940] Hermann Vorsatz a.a.O.; vgl. Anm. Nr. 936
[941] Brockhaus 70
[942] Persönliche Auskünfte und Jugenderinnerungen
[943] Paul Schmidt a.a.O. 7f.
[944] Bastian 24
[945] Paul Schmidt a.a.O. 8
[946] Balders 95
[947] Otto Bastian in: BO 124. 1983 (1), 21
[948] Paul Schmidt a.a.O. 6

zu: *V. Unbewältigte Vergangenheit und Gegenwart- Die verlorene Einheit*

1. Die verdrängte Vergangenheit (S. 282 bis 294)

[949] Vollständiger Text in: Erich Beyreuther, *Der Weg der Evangelischen Allianz in Deutschland*. Wuppertal 1969, S. 160-162

[950] Stuttgarter Erklärung v. 19. 10. 1945, in: Karl Kupisch (Hg.), *Quellen zur Geschichte des deutschen Protestantismus 1871-1945 (1965)*, S. 309
[951] BO 124. 1983 (1), 21
[952] So auch Balders 87
[953] *Die Gemeinde* 1/1946, 20f., in: Balders 303; vgl. auch Balders 117ff.
[954] Paul Schmidt a.a.O. 20
[955] *Bundespost* 3/1946 (Dezember)
[956] Pieper, Schmidt, Wiesemann, Dr. Sommer, Aufruf an die Gemeinden der VEF in Dtld., in: Paul Schmidt, Hugo Hartnack (Bundeshaus), Bad Pyrmont, 2. 4. 1947 (ms)
[957] Melle, Schmidt, Pieper, Wiesemann (VEF), An The Free Church Federal Council of England and Wales. Berlin, 29. 7. 1946, in: *Bundespost* 2/1946 (August)
[958] *Bundespost* 3/1947 (Oktober)
[959] Carl Koch/Fritz Surmann, Was soll nun werden? Dillenburg, April 1946
[960] Hugo Hartnack, (Bericht von der Wermelskirchener Konferenz, 23. 10. 1949), Betzdorf, 10. 11. 1949
[961] Hugo Hartnack u.a., *Wir antworten unseren Brüdern*. September 1950, S. 3
[962] *Bundespost* 1/1945 (September) – Paul Schmidt/Walter Vogelbusch, in: Balders 301
[963] Menk 190
[964] So auch Bastian 25
[965] BEFG, *Bundesbrief* 25. 6. 1945 = Dok. 19 (S. 59f.)
[966] Bastian 19
[967] Balders 106
[968] Paul Schmidt a.a.O. 8f.
[969] Balders 310
[970] Balders 120f.: Anm. Nr. 218
[971] Otto Bastian in: BO 124. 1983 (1), 21
[972] Paul Schmidt a.a.O. 21
[973] Balders 143
[974] *Bericht über die Konferenz ehemaliger BfC-Gemeinden Westdeutschlands im BEFG in Wuppertal-Elberfeld am 12./13. 8. 1945* (ms), S. 8
[975] Brockhaus 101
[976] Hugo Weber, *Die freikirchliche Gemeindebewegung im Oberbergischen*. 1982, S. 156
[977] Bastian 25
[978] *Bericht über die Konferenz ... am 12./13. 8. 1945* (ms), S. 1
[979] Ebenda, S. 8
[980] Ebenda, S. 10
[981] Ebenda, S. 11
[982] BO 101. 1960, 147
[983] Brockhaus 81f.
[984] Brockhaus 99f.
[985] Walter Brockhaus, *Ist etwa Ungerechtigkeit bei Gott?* ca. 1945/46 (ms)
[986] BO 124. 1983 (1), 19-21
[987] *Informationsdienst Arbeitskreis christlicher Publizisten*, 2. 1984, Nr. 10
[988] *Die Gemeinde* 36/1984, 2 (2. 9. 1984)
[989] Erich Beyreuther a.a.O. 114

zu: 2. Der BEFG in der Nachkriegszeit (1945-1950) (S. 295 bis 305)

[990] Ausführlicher bei Balders
[991] Paul Schmidt am 5. 7. 1945 in: BEFG, *Vereinigung Westfalen*, Bochum, 28. 7. 1945 (ms)
[992] Vgl. Rubrik »Unser Wiederaufbau« in *Bundespost*
[993] BEFG, Bundeshaus: Wiederaufbau, Bad Homburg, März 1949
[994] BEFG, *Vereinigung Westfalen*, Wanne-Eickel, 24. 12. 1947 (ms)
[995] Anlage zur *Bundespost* 1/1945 (September); *Richtlinien für die Durchführung der »Bruderhilfe«*, o. Datum
[996] Bruderhilfe (Carl Koch), Dillenburg, Ende Juli 1946 (ms); Dillenburg, 14. 9. 1946
[997] BEFG, Bundeshaus, *Betr. Bruderhilfe*. Bad Pyrmont, Februar 1946
[998] *Bundespost* 2/1946 (August); 3/1946 (Dezember)
[999] *Mitteilungen aus der »Bruderhilfe«*, Nr. 10. Dillenburg, Juni 1949, S. 5
[1] BEFG, Bruderhilfe, Dillenburg, Mai 1946; *Bundespost* 3/1946 (Dezember)
[1a] Anlage zu *Bundespost* 1/1945 (September)
[2] BEFG, Bruderhilfe, Dillenburg, 9. 9. 1948 (ms)
[3] *Bundespost* 4/1948 (Oktober); 40 Jahre Rehe 1945-1985
[4] *Bundespost* 4/1948 (Oktober)
[5] *Bundespost* 2/1950, 7. 4. 1950 (ms)
[6] Bruderhilfe, Dillenburg, 12. 10. 1949 (ms)
[7] Bruderhilfe, Betr. Not in der Ostzone. Dillenburg, 24. 11. 1949 (ms)
[8] *Bundespost* 4/1950, 7. 10. 1950 (ms)
[9] *Bundespost* 5/1950, 1. 12. 1950 (ms)
[10] Balders 127
[11] Balders 128
[12] *Bundespost* 2/1946 (August)
[13] Deutsche Mark 5. 1965, Nr. 42, 22, zit. in: H.-D. Roch, *Naive Frömmigkeit der Gegenwart. Eine kritische Untersuchung der Schriften Werner Heukelbachs.* ²1972 (= Studia Irenica XI), S. 25
[14] H.-D. Roch a.a.O. 12f.
[15] BEFG, Vereinigung Westfalen: Dortmund, 31. 5. 1947 (ms)
[16] *Bundespost* 1/1948 (Anfang Februar)
[17] Hans Metzger, *Wunder Gottes in der Zeltmission*. 1951, S. 11f.
[18] Ebenda, S. 15
[19] Ebenda, S. 14f.
[20] Ebenda, S. 102
[21] Ebenda, S. 21
[22] Hans Arndt, *Kinder und Jugendarbeit*. Anlage zur Bundespost 2/1945
[23] *Bundespost* 3/1946 (Dezember)
[24] *Bundespost* 3/1947 (Oktober)
[25] *Bundespost* 3/1948 (Juni)
[26] *Bundespost* 1/1948 (Anfang Februar)
[27] BEFG, Baukommission: Hamburg-Wandsbeck, 9. 4. 1948
[28] Brockhaus 101
[29] Balders 134.302
[30] Balders 302f.
[31] Balders 131. 306
[32] *Mit Bibel und Botschaft fing's an. 125 Jahre R. Brockhaus Verlag*. 1978, S. 55
[33] Balders 135

34 BO 90. 1949, 2
35 TE 20. 1951, Nr. 1
36 *Amtsblatt* 2/1941 v. 30. 9. 1941
37 Verfassung des BEFG, in: Dok. S. 49-57
38 *Bundespost* 2/1946 (August)
39 Balders 144
40 *Richtlinien für die Durchführung der »Bruderhilfe«*, o. Datum
41 Vgl. Balders 152
42 *Bundespost* 5/1948 (Dezember)
43 Balders 145
44 Balders 146

zu: 3. Das Wiedererstehen der »Christlichen Versammlung« (S. 306 bis 318)

45 Vgl. Hugo Hartnack u.a. in: *Bericht über die Konferenz ehemaliger BfC-Gemeinden Westdeutschlands im BEFG in Wuppertal-Elberfeld am 12./13. 8. 1945* (ms)
46 Dr. Wilhelm Langenbach, *Bericht über die Besprechung in Mettmann am 25. 2. 1946*. Mettmann, 4. 3. 1946 (ms)
47 *Bericht über die Konferenz ... am 12./13. 8. 1945* (ms)
48 Ernst Berning, Otto Bastian u.a.: Schwelm, 20. 10. 1945 (ms)
49 Ernst Berning an Otto Bastian, Schwelm, 16. 10. 1945 (ms); Richard Oeckinghaus, Absonderung? in: *Handreichung aus Gottes Wort*, Nr. 2, 1948, S. 8
50 *Bericht über die Konferenz ... am 12.113. 8. 1945* (ms)
51 Hans Jäger an Otto Bastian, Wuppertal-Ronsdorf, 23. 3. 1946 (ms)
52 Otto Bastian, *Gedanken über die Frage »Die ›Christliche Versammlung‹ vor und nach dem Verbot«*. 1945 (ms); Ernst Berning an Otto Bastian, Schwelm, 24. 9. 1945 (ms)
53 Oskar Marburger an Otto Bastian, Breckerfeld, Dezember 1945 (ms)
54 Wilhelm Geitz an Otto Bastian, Breckerfeld, 26. 10. 1945 (ms)
55 Erich Timmerbeil u.a. an Schwelmer BEFG-Gemeinde, Schwelm, 30. 10. 1945 (ms)
56 Ausführlich darüber bei Menk 190ff.
57 Anlage 2 zu: Dr. Rudi Weiß an Dr. Wilhelm Langenbach, Haiger, 14. 3. 1946
58 Otto Bastian an Wilhelm Geitz, Schwelm, 30. 11. 1945 (ms)
59 Z.B. Fritz Dißmann an Martin Siebert, Wiehl, 6. 2. 1946 (ms); Oskar Marburger an Otto Bastian, Breckerfeld, 18. 2. 1946 (ms)
60 Dr. Rudi Weiß an Dr. Wilhelm Langenbach, Haiger, 14. 3. 1946
61 Otto Bastian an Erich Timmerbeil, Schwelm, 20. 1. 1948 (ms)
62 Ernst Ebener, Ludwigsburg, 24. 1. 1950 (ms)
63 Elberfelder Zusammenkunft vom 30. Mai 1937. 10. Juni 1937
64 Hugo Hartnack an Otto Bastian, Betzdorf, 1. 3. 1946 (ms)
65 Paul Schmidt, *Unser Weg als BEFG in den Jahren 1941-1946*. Eßlingen 1946, S. 6
66 BEFG: *Bundesbrief* v. 25. 6. 1945 = Dok. 19 (S. 59f.)
67 *Bundespost* September 1945, in: Balders 301
68 Dr. Hans Becker an Wilhelm Brockhaus, Dortmund, 20. 6. 1945 (ms); Carl Koch, Rückblick und Ausblick, in: *Bericht über die Konferenz ... am 12./13. 8. 1945* (ms)
69 Mitteilung eines Augenzeugen
70 Franz Kaupp, Absonderung. 1973, S. 16
71 Dr. Rudi Weiß, Haiger, 10. 5. 1945 =Anlage 1 zu: Dr. Rudi Weiß an Dr. Wilhelm Langenbach, Haiger, 14. 3. 1946

[72] Carl Koch, Rückblick und Ausblick, a.a.O.
[73] Carl Koch/Fritz Surmann, *Was soll nun werden?* Dillenburg, April 1946, S. 11
[74] Richard Oeckinghaus, Absonderung? in: *Handreichung aus Gottes Wort*, Nr. 2. 1948
[75] Ernst Schrupp, Weltweite Liebe oder Absonderung? in: *Handreichung aus Gottes Wort*, Nr. 2. 1948
[76] Menk 204, Anm. 2
[77] Franz Kaupp a.a.O. 12
[78] Ebenda, S. 8
[79] *Ermunterung und Ermahnung* 1959, Nr. 10 (Oktober), S. 159
[80] Vgl. Kurt Karrenberg, Der Freie Brüderkreis, in: Kunz (Hg.), *Viele Glieder - ein Leib.* 1953, S. 227, Anm. 5
[81] E. H. Broadbent, *Gemeinde Jesu in Knechtsgestalt.* 1965, S. 374f.
zu: 4. Die Entstehung des Freien Brüderkreises (S. 319 bis 346)
[82] Dr. Wilhelm Langenbach, Mettmann, 4. 3. 1946 = Dok. 20 (S. 61f.)
[83] Ernst Berning an Otto Bastian, Schwelm, 4. 6. 1947 (ms)
[84] Ernst Berning an Otto Bastian, Schwelm, 24. 9. 1945 (ms); 24. 11. 1947 (ms)
[85] Erich Sauer an Otto Bastian, Wiedenest, 29. 4. 1947 (ms)
[86] Antwortenauswertung, Mettmann, 8. 5. 1946 (ms); Schwelm, 9. 5. 1946 (ms); Fritz Statz an Otto Bastian, Stuttgart, 10. 4. 1947 (ms)
[87] Dillenburg, April 1946
[88] Dr. Wilhelm Langenbach a.a.O.
[89] Fritz Surrmann u.a.: Lünen, 10. 4. 1946 (ms)
[90] Dr. Wilhelm Langenbach, Mettmann, 28. 4. 1946 (ms)
[91] Dr. Wilhelm Langenbach, Mettmann, 29. 5. 1946 (ms)
[92] Otto Bastian, *Erklärung vor der Versammlung Schwelm*, 26. 5. 1946 (ms)
[93] Bundespost 2/1946 (August)
[94] Wilhelm Krah, Dr. Rudi Weiß, *Einladung zur Dillenburger Herbstkonferenz 1946.* Dillenburg, August 1946
[95] Hugo Hartnack, *BEFG-Rundbrief Nr. 2 an alle früheren BfC-Gemeinden.* Betzdorf, 31. 10. 1946
[96] Kurt Karrenberg, *Ein offenes Wort an meine Brüder*, 29. 12. 1948 (ms), S. 1
[97] Fritz Statz an Otto Bastian, Stuttgart, 10. 4. 1947 (ms)
[98] Otto Bastian an Otto Berning, Schwelm, 25. 11. 1946 (ms)
[99] *Entstehung und Entwicklung der »Christlichen Versammlung« Mettmann.* 1975, S. 20
[100] Otto Bastian an Hugo Hartnack, Schwelm, 24. 1. 1947 (ms)
[101] Ernst Berning, Otto Bastian u.a. an den BEFG, Schwelm, 8. 12. 1946 (ms)
[102] Ernst Berning, *Erwägung.* 24. 11. 1947 (ms)
[103] Hugo Hartnack an Otto Bastian, Betzdorf, 16. 12. 1946 (ms)
[104] *Bericht über die Konferenz ehemaliger BfC-Gemeinden Westdeutschlands im BEFG in Wuppertal-Elberfeld am 12.1 13. 8. 1945* (ms)
[105] Kurt Karrenberg, *Ein offenes Wort an meine Brüder*, 29. 12. 1948 (ms)
[106] *Bundespost* 1/1947 (April) = Dok. 22 (S. 66f.)
[107] Otto Bastian an Hugo Hartnack, Schwelm, 22. 4. 1947 (ms)
[108] Otto Bastian an Hugo Hartnack, Schwelm, 20. 3. 1947 (ms)
[109] Wilhelm Bastian an Otto Bastian, Bad Pyrmont, 12. 5. 1947 (hs)
[110] o.J. (ms)

[111] Wuppertal-Beyenburg, 29. 1. 1947 (ms)
[112] Referat in Weidenau, 26. 3. 1947.
Sonderdruck bei R. Brockhaus, Mai 1947
[113] Referate in Wuppertal-Elberfeld, 13.-15. 5. 1947. Sonderdruck bei R. Brockhaus unter dem Titel »*Ekklesia und Bund*«, Juli 1947
[114] Hugo Hartnack, *BEFG-Rundbrief Nr. 3 an alle früheren BfC-Gemeinden*. Betzdorf, 21. 5. 1937 = Dok. 21 (S. 63ff.)
[115] Hugo Hartnack, (Einladungsschreiben mit Teilnehmerliste) Betzdorf, 13. 9. 1947 (ms)
[116] Hugo Hartnack/Paul Schmidt, *BEFG-Rundbrief Nr. 4 an alle früheren BfC-Gemeinden*. Betzdorf, 29. 6. 1948 (ms)
[117] Hugo Hartnack, *Mitteilung an die früheren BfC-Gemeinden*. Betzdorf, 25. 6. 1949 = Dok. 25 (S. 72ff.)
[118] Carl Baresel an Paul Schmidt, Stuttgart, 24. 1. 1949 (ms)
[119] Carl Koch, Dillenburg, 11. 4. 1949 (ms)
[120] Hugo Hartnack, *Organisation des Bundes. Expose*. Hamburg, 1. 11. 1948 = Dok. S. 76-78
[121] Paul Schmidt, *An alle ehemaligen BfC-Gemeinden* (Entwurf), 25. 4. 1949 (ms)
[122] Willi Riemenschneider an Paul Schmidt, Düsseldorf, 4. 5. 1949 (ms)
[123] Bundeshaus, *Bundesleitung an alle Bundesgemeinden, die aus dem früheren BfC stammen*. Bad Homburg, 14. 5. 1949 (ms)
[124] Erich Sauer, 1937 und 1941. Wiedenest 1949 (ms)
[125] Hugo Hartnack an eine Anzahl bekannter Brüder aus dem früheren BfC-Kreis. Betzdorf, 28. 2. 1949 (ms)
[126] Gemeinden Duisburg, Mülheim/Ruhr u.a. an Hugo Hartnack und Bundesleitung, Mülheim/Ruhr, 30. 4. 1949 (ms)
[127] Otto Bastian an Dr. Hans Becker, Schwelm, 17. 3. 1949 (ms)
[128] Hugo Hartnack/Carl Koch, Eine Stellungnahme zu dem von Br. Karrenberg verfassten Heft »Ein offenes Wort an meine Brüder«. Anlage zu: Hugo Hartnack/ Carl Koch, *Rundbrief Nr. 5 an die früheren BfC-Gemeinden*. Betzdorf, 20. 1. 1949
[129] Hugo Hartnack an Jakob Meister, Betzdorf, 21. 3. 1949 (ms)
[130] Carl Koch, Dillenburg, 11. 4. 1949 (ms)
[131] Wilhelm Brockhaus u.a., 22. 4. 1949 (ms)
[132] Hugo Hartnack, *Rundbrief Nr. 6 und 7 an alle früheren BfC-Gemeinden*. Betzdorf, 5. 4. 1949 bzw. 20. 4. 1949 (zusammen versandt) = Dok. 23 +24 (S. 68ff.)
[133] Otto Bender an Hugo Hartnack, Berlin-Wilmersdorf, 26. 4. 1949 (ms)
[134] Otto Bender, Rudolf Brockhaus, Jakob Heinemann u.a., *Erklärung*. Berlin-Wilmersdorf, 26. 4. 1949 (ms)
[135] Erich Wingeroth u.a., *Aktennotiz. Betr. Konferenz der Gruppe der Brüder Krah, Dönges, Karrenberg* am 26. 4. 1949 (ms)
[136] *Walter Schmidt an alle früheren BfC-Gemeinden in Westdeutschland*. Niederschelden/Sieg, 15. 7. 1949 = Dok. 26 (S. 79)
[137] Carl Koch an Dr. Hans Becker, Paul Schmidt u.a., Flammersbach, 16. 9. 1949 (ms)
[138] Hugo Hartnack, (Einladung zur Konferenz nach Wermelskirchen), Betzdorf, 5. 10. 1949 = Dok. 27 (S. 8Off.); Hugo Hartnack, (Bericht über die Wermelskirchener Konferenz), Betzdorf, 10. 11. 1949
[139] Hugo Hartnack an Jakob Meister, Betzdorf, 4. 4. 1949 (ms)
[140] Z.B. Liste vom 1. 1. 1968 (ms)
[141] Bundeshaus, *Bundesleitung an alle Bundesgemeinden, die aus dem früheren BfC stammen*. Bad Homburg, 14. 5. 1949 (ms)

[142] Otto Bastian an Erich Wingenroth, Schwelm, 30. 5. 1949 (ms)
[143] Erich Wingenroth (Bundeshaus), *Rundbrief Nr. 8 an alle Gemeinden aus dem früheren BfC*. Bad Homburg, 18. 5. 1949 (ms)
[144] Erich Wingenroth an Otto Bastian, Bad Homburg, 8. 9. 1949 (ms)
[145] Erich Wingenroth (Bundeshaus), *Rundbrief Nr. 9 an unsere Gemeinden aus dem früheren BfC*. Bad Homburg, 31. 5. 1949 (ms)
[146] Erich Wingenroth an Ernst Berning, 30. 11. 1949 (ms)
[147] Otto Bastian an Erich Wingenroth, Schwelm, 17. 6. 1949 (ms)
[148] Erich Wingenroth an Otto Bastian, Bad Homburg, 21.' 6. 1949 (ms)
[149] Karl Knüppel u.a. im Auftrag der Schwelmer Gemeinde an Erich Wingenroth, Schwelm, 17. 6. 1949 (ms)
[150] Otto Bastian an Erich Wingenroth, Schwelm, 16. 6. 1950 (ms)
[151] Otto Bastian an Dr. Hans Becker, Schwelm, 17. 3. 1949 (ms)
[152] Anlage zu: *Bundespost* 2/1949 v. 5. 8. 1949 (ms)
[153] Erich Wingenroth an Wilhelm Brockhaus und Otto Bastian, Bad Homburg, 12. 8. 1949 (ms)
[154] So auch Carl Koch; vgl. Nr. 137
[155] Ernst Berning, Otto Bastian u.a., an den BEFG, Schwelm, 11. 9. 1950 (ms)
[156] *Bundespost* 3/1949 v. 26. 9. 1949 (ms)
[157] Fritz Surmann an Erich Sauer, Lünen, 29. 4. 1949 (ms)
[158] Hugo Hartnack, (Einladung zur Wermelskirchener Konferenz), Betzdorf, 5. 10. 1949 = Dok. 27 (S. 80ff.)
[159] Hugo Hartnack, (Bericht über die Wermelskirchener Konferenz), Betzdorf, 10. 11. 1949
[160] Walter Schmidt, (Bericht über die Barmer Konferenz), Niederschelden/Sieg, S. 3. 1950
[161] Ernst Berning, Ernst Birk u.a, *Wir antworten unseren Brüdern*. September 1950 = Dok. 28 (S. 83-95)
[162] Balders 307
[163] Balders 139
[164] Vgl. *Wegweiser*. Dillenburg 1984

zu: *VI. Aufbruch in die Außenmission* (S. 347-354)

[165] Ernst Schrupp (Hg.), *Im Dienst von Gemeinde und Mission. 75 Jahre Bibelschule und Mission. 1905-1980*. Gummersbach o.J. (1980)
[166] Ernst Schrupp, Unser Auftrag in der Zeit, in: BO 93. 1952, 24ff.
[167] Erich Sauer, Unser Missionsauftrag, in: BO 93. 1952, 22ff.
[168] Balders 137f.
[169] Hanni Lützenbürger, *Aber Gottes Wort ist nicht gebunden*. Wetzlar 1977
[170] Balders 318
[171] Erich Geldbach u.a. (Hg.), *Evangelisches Gemeinde-Lexikon*. Wuppertal 1978, S. 25
[172] Balders 161.319
[173] *Entstehung und Entwicklung der »Christlichen Versammlung« in Mettmann*. 1975, S. 39f.
[174] BO 116. 1975, 20f.
[175] BO 111. 1970, 213
[176] BO 95. 1954, 349ff.
[177] BO 97. 1956, 318; BO 111. 1970, 45ff.
[178] BO 110. 1969, 167

zu: *VII. Einheit in der Vielfalt?* (S. 355-376)

[179] Kurt Karrenberg, Der Freie Brüderkreis, in: Kunz (Hg.), *Viele Glieder – ein Leib*. 1953, S. 228f.
[180] Hugo Hartnack in: *Mitteilungen für freie Brüderversammlungen* 1/62
[181] BO 100. 1959, 64f.; BO 105. 1964, 192; BO 121. 1980, 18f.
[182] 1968-1978. *10 Jahre »Stiftung Christliches Altenheim Lützeln«*; BO 110, 1969, 189; *Die Wegweisung* 20. 1980, 322; BO 122. 1981 (1), 16
[183] BO 100. 1959, 12ff.
[184] *Oberbergische Kinderheimat*, Nov. 1983/1
[185] Balders 170
[186] BO 104. 1963, 110f.
[187] Wortlaut der Stiftungsurkunde in: BO 94. 1953, Nr. 9
[188] 1945-1965. *20 Jahre Stiftung »Christliches Erholungsheim ›Westerwald‹«* Rehe; *40 Jahre Rehe. 1945-1985*; BO 111. 1970, 285
[189] BO 96. 1955, 254
[190] BO 106.1965,32
[191] BO 121. 1980, 16ff.
[192] *»Das Zeltmitteilungsblatt« der »Zeltmission zur Verbreitung biblischen Evangeliums e.V.«*, Wuppertal-Barmen. 32. Jahrgang, 1985
[193] *25 Jahre Neuland-Mission Plettenberg.* 1980
[194] BO 101. 1960, 423ff.
[195] Kurt Karrenberg a.a.O. 229
[196] BO 94. 1953, 5ff.
[197] BO 101. 1960, 146ff.
[198] BO 108. 1967, 127f.
[199] Paul Müller an Otto Bastian und Wilhelm Brockhaus, 2. 7. 1953 (ms)
[200] Otto Bastian an Erich Wingenroth, Schwelm, 16. 6. 1950 (ms)
[201] Erich Wingenroth an Otto Bastian, Bad Homburg, 15. 9. 1950 (ms); 1. 9. 1949 (ms)
[202] *Erich Wingenroth (Bundeshaus) an alle mit uns verbundenen Gemeinden des ehemaligen BfC in Westdeutschland*, Bad Homburg, 17. 2. 1955 (ms)
[203] Hugo Hartnack an Wilhelm Brockhaus, Betzdorf, 7. 3. 1955 (ms)
[204] Otto Bastian an Georg Göbel (Nürnberg), Schwelm, 1. 3. 1956 (ms)
[205] Otto Bastian an Edgar Claus (Leipzig), Schwelm, 24. 12. 1954 (ms)
[206] Hugo Hartnack an Dr. Rudi Weiß, Betzdorf, 12. 5. 1951 (ms)
[207] Hermann Loh, *Rundbrief* Burgsolms, Dezember 1954 (ms)
[208] Otto Bastian an Hugo Hartnack, Schwelm, 11.12.1954 (ms); Hans Metzger u.a.: Rundbrief. Rehe, 15. 12. 1954 (ms)
[209] Hugo Hartnack u.a., *Unsere Antwort*, 1. 3. 1955 (ms)
[210] Ernst Birk u.a., *Ein Wort zur Dillenburger Konferenz*, Oktober 1955 (ms)
[211] *25 Jahre Christliche Verlagsgesellschaft Dillenburg.* Dillenburg 1982
[212] Hugo Hartnack u.a., *Kurze Denkschrift über den Dillenburger Verlag.* Wuppertal, 2. 5. 1957 (ms)
[213] *Ausgesandt durch den Heiligen Geist.* Januar 1967, S. 1
[214] Otto Bastian an Ernst Nikesch, Schwelm, 24. 10. 1972 (ms)
[215] Gemeindehilfe Ost/Bibel- und Missionshilfe Ost (Paul Kalthoff), *Betr. Saalbau Budapest.* Dezember 1984
[216] Adolf Runkel, *An alle Brüder, die die äußeren Trennungen betrüben.* Remscheid, Juni 1959 (ms)

[217] *Aufgabe und Zielsetzung des »Holzhausener Kreises«.* Holzhausen, 17./18. 4. 1970 (ms)
[218] *Daniel Herm an die Mitglieder des »Holzhausener Kreises«*, Bergneustadt, 26. 4. 1971 (ms)
[219] *Besinnung über unsere Stellung zum BEFG.* März 1971
[220] Ernst Schrupp u.a., *An alle Versammlungen und Gemeinden im Brüderkreis.* Bergneustadt, 31. 3. 1971 (ms)
[221] Walter Schmidt/Hermann Loh an Erich Wingenroth/Paul Schmidt,15.1.1951 (ms)
[222] Otto Bastian an Karl Reichardt, Schwelm, 8. 5. 1958 (ms)
[223] Dr. Hans Becker an Herbert Mann (Bielefeld), Kettwig, 24. 5. 1959 (ms)
[224] Balders 140
[225] Balders 310
[226] Balders 152
[227] Balders 139
[228] Karl Reichardt (Bundeshaus), *An die uns verbundenen ehemaligen BfC-Gerneinden.* Bad Homburg, 27. 6. 1960 (ms)
[229] Ernst Paul Happe an Günter Hitzemann, Berlin, 5. 6. 1971 (ms)
[230] Balders 327f.
[231] Vgl. Ernst Paul Happe, *Die Zukunft der korporierten Brüderversammlungen.* Berlin, 3. 4. 1969 (ms)
[232] Richard Müller, Hat die Brüderbewegung noch Existenzberechtigung? in: *Mitteilungen für freie Brüderversammlungen* 12/67
[233] *Protokoll der Delegiertenkonferenz der Brüdergemeinden im BEFG*, Köln, 2. 3. 1974 (ms)
[234] BO 116. 1975, 143
[235] Z.B. Ernst Schrupp, Die Brüderbewegung und ihr Beitrag zum Ganzen, in: BO 114. 1973, 53ff.; Ernst Schrupp, Unser gemeindliches Selbstverständnis, in: BO 115. 1974, 193ff.; Gerhard Jordy, Geist, Gemeinschaft und Ordnung in der Brüderbewegung, in: BO 117. 1976, 233ff.; Otto Bastian, Das Gut der Väter: recht oder schlecht bewahrt? in: BO 120. 1979, 5ff.; Ernst Schrupp, Wir sind Brüdergemeinden, in: BO 121. 1980, 3ff.
[236] Protokoll der Delegiertenkonferenz der Brüdergemeinden im BEFG, Köln, 1. 10. 1977, in *Bruderratserklärung* vom 6. 6. 1980 (ms)
[237] Friedrich Hilliges u.a. an Kurt Unger, München, 19. 9. 1973 (ms)
[238] Joachim Zeiger, Referat in Solingen, 22. 9. 1973 (ms)
[239] Balders 140f.
[240] BO 87. 1939 I,76
[241] Vgl. Was sind Brüdergemeinden? Zum Selbstverständnis unserer Gemeinden. Hgg. v. Bruderrat der Brüdergemeinden (im BEFG). Wuppertal ²1983

Personenregister

Am Ende, Hermann 387
Ansorge, Otto 94f. Arndt, Johannes 329
Arnold, Wilhelm 171

Bakker, A. 171
Balders, Günter 288, 305, 368, 373
Baresel, Carl 226, 327, 329
Barth, Karl 44f., 72f.
Bastian, Otto 150, 155, 246, 270, 283, 288, 293, 307, 321, 331, 338, 350, 356-360
Becker, Hans 92, 96, 100-135, 144-247, 257, 261, 277, 280, 287, 289-292, 302, 308, 313f., 322-338, 345, 359, 361, 367, 369
Bender, Otto 338, 381
Berning, Ernst 128, 130, 132, 186, 200f., 225, 307, 320, 322, 342
Berninghaus, Ewald 171
Berninghaus, Richard 171
Beyreuther, Erich 294
Binder, Rolf 353
Birk, Ernst 321, 323, 342
Birkenstock Adolf 36f., 47f. Birkenstock Wilhelm 134, 171, 206
Bismarck, Otto von 20-22
Boddenberg, Dieter 359, 363, 366
Bonhoeffer, Dietrich 264
Brachmann, Gerhard 389, 407
Brachmann, Karl 164
Bracht, Fritz 342
Braun, Werner 329f., 338
Brockhaus, Bernd 358
Brockhaus, Carl 23, 137, 139
Brockhaus, Ernst 28, 80, 94f., 107f., 114, 117, 121, 124, 131, 135, 145, 152, 159f., 163, 171, 364
Brockhaus, Felix 186, 314
Brockhaus, Karl 365
Brockhaus, Rolf 300, 357f., 361f.
Brockhaus, Rudolf (Wt.-Elberfeld) 17-19, 24, 26f., 29-31, 38f., 49, 58, 94, 108, 133, 137, 140, 186, 255, 358, 364
Brockhaus, Rudolf (Wt.-Barmen; Bruder von Ernst Br.) 310
Brockhaus, Ulrich 359
Brockhaus, Walter 24, 47, 56, 58, 68, 103, 138f., 145, 168, 206, 220, 222f., 226, 233, 241, 244, 265, 276, 278, 291f., 299, 303, 359
Brockhaus, Wilhelm 80, 94, 107f., 114, 117, 121, 125, 140-144, 152, 163, 171, 205, 209, 215, 217, 223, 226, 233, 255, 291, 300, 307, 309, 322, 332, 338, 358, 360f.
Brüning, Heinrich 41
Bubenzer, Otto 171, 310, 314
Buchholz, Franz 164, 381
Busch, Ernst 174, 198, 265

Chapman, Robert Cleaver 319
Claus, Edgar 303, 379-382, 397

Dammann, Rolf 398, 406
Dannert, Karl 206, 298, 381, 383
Dannert, Willy 131, 206
Darby, John Nelson 17f., 24f., 40, 108, 316, 375
Delamore, E. B. 186
Deterding, Heinrich 338
Diabo 226
Dibelius, Otto 61, 378
Diehl, Günther 138
Dieterich 117
Dirks, Dietrich 350
Doehring, Bruno 44
Dönges, Emil 145

Ebener, Ernst 312f. Ekelmann, Otto 391f.
Engels, Walter 94, 107, 113, 121, 223, 226, 233, 303
Ernst, Paul 291

Fehr, Hans 226f., 233, 302f., 329
Feldhoff, F. 381
Feldhoff, Fritz 342
Flex, Walter 261
Focking, Adolf 387f., 398
Franco, Francisco 272
Frey, Paul 165

Gelin, Max 272
Gibert, Andre 186f.
Goebbels, Joseph 65, 255, 258
Göbel, Georg 338
Göring, Hermann 41, 272
Graham, Billy 305
Greb, Wilhelm 152, 225, 342
Groß, Christian 186, 310
Grote, Fritz 102
Groves, A. N. 409
Gschwind, A. 186

Haile Selassie 67
Happe, Gustav 338
Hartnack, Hugo 94f., 107f., 113f., 117, 121, 125, 134f., 142-152, 160-163, 181, 199-238, 290, 302-345, 357-367, 381, 388
Hassel, Ulrich von 22, 33, 44
Haugg, Werner 231
Hauß, Friedrich 142
Heinemann, Frido 386f., 397-399

Heinz, Heinz 138, 304
Helling, Adolf 152, 163
Hengeveld, G. 186
Herm, Daniel 351
Herrmann, B. 381
Heukelbach, Werner 131f., 297, 299, 303, 254
Heydrich, Reinhard 122, 198, 231
Hilfe, Gottfried 206
Himmler, Heinrich 89-91, 98, 107, 122, 198, 231
Hindenburg, Paul von 53, 64f.
Hitler, Adolf 29f., 32, 41-43, 45-47, 52f., 58-60, 64-67, 69, 72, 74-80, 82f., 85f., 88f., 97f., 119f., 172, 198, 211f, 215, 228, 242-260, 271f., 277f., 283, 344
Hitzemann, Günter 293f
Hohage, Arno 358
Humburg, Paul 141
Hund 398

Jäckel, E. 381
Jakubski, Karl 77

Kalthoff, Paul 365
Kanitz, Horst 358, 371
Kapphengst, Hermann 381
Karrenberg, Kurt 323f., 331-333, 357f., 361
Kaupp, Franz 172, 175, 179, 182, 184f., 193-198, 314, 316
Kausemann, Josef 298
Keip 74
Kerrl, Hanns 89, 98f.
Kerstan, Reinhold 266
Kienbaum, Hanna 356
Kietzell, Fritz von 37, 49-55, 63, 66-68, 72, 75, 80f., 90, 101, 107, 109, 117, 121, 125, 134, 144f., 152, 154, 200, 206, 269f., 277f.
Kinder, Christian 78
Klatt, Manfred 359, 372
Koch, Karl 107, 117, 121, 285, 296f., 303f., 315, 321, 329-332, 339, 381
Köhler, Christoph 347
Köhler, Heinz 125, 144, 152, 206, 223, 303, 332, 347, 350, 360
König, Hermann 132, 134, 168, 206
Köster, A. 233
Koll, Gustav 28
Koll, Wilhelm 174
Krause, Willi 357
Kretzer, Rudolf 287
Kroeker, Jakob 142
Kuczewski, P. 233
Künneth, Walter 45, 47, 264
Küttner, Theodor 144, 164
Kuhlmann, Ernst 349
Kuhlmann, Paul 198, 265, 270

Kunze, Otto 145, 171, 198

Lange, Ernst 68, 125, 134, 152, 158-160, 199, 201, 206, 226
Lange, Willy 23f., 26, 252
Langenbach, Wilhelm 321, 333
Linke, Reinhold 134, 303, 333, 381f., 387
Löwen, Gerhard 173, 175f., 179, 183f., 186
Loh, Hermann 359, 362f., 366f.
Luckey, Hans 125, 152, 236, 238, 271, 303, 327, 329, 375f.
Ludendorff, Erich 42f.
Lück, Alfred 359
Lüling, Edgar 356
Lüling, Siegfried 372
Lüllau, Franz 279
Luther, Martin 20, 22, 272

Mackensen, August von 252
Mann, Paul 134
Marwitz, Johannes 380f.
Meinecke, Friedrich 248
Meister, Abraham 144
Meister, Jakob 285, 301-303, 329
Melle, Otto 74, 88, 99, 246, 268, 284
Menge, E. 186
Menninga, Johannes 94, 171, 173, 175, 177f., 183, 186, 314
Metzger, Hans 134, 138, 297-299, 303, 332f., 337
Meyer, Paul 357
Milchsack, Hermann 310
Moret, Herbert 406
Morgner, Ernst 134
Mott, John R. 22, 141
Müller, Fritz 171
Müller, Georg 409
Müller, Ludwig 74, 77, 89
Müller, Otto 310
Müller, Paul (Stuttgart) 350
Müller, Paul (Velbert/Siegen) 107, 299, 303, 330, 338, 357, 359f., 396
Müller, Peter 171
Muske, Otto 226, 300
Mussolini, Benito 50, 64, 66f.

Nagel, Gustav 33f., 44
Nehring, Otto 74
Neuffer, Hans 102, 117, 173, 198
Neuffer, Prof. W. 233, 303
Neumann, Heinrich 79, 134, 156f., 160, 163f., 167, 223, 226, 233, 303, 342, 356
Niemöller, Martin 303f.
Nikesch, Ernst 371

Oeckinghaus, Else 103
Oeckinghaus, Hans 107
Oeckinghaus, Richard 107, 315
Ouweneel, W. J. 171, 251
Pechmann, Frhr. von 61
Pfeiffer, Walter 214, 357
Pius XI. 86
Platte, Johannes 363, 366
Pletsch, Ewald 353
Pohl, Paul 226, 233
Posek, Julius Anton von 25
Preubsch, Herbert 381, 387, 398
Preubsch, Ronald 389
Puttkamer, Ursula Freiin von 277

Räuber, Karl 389
Ralph, A. W. 186
Rapp, Willi 372
Reichardt, Karl 302, 338, 360, 369, 398
Richter, Fritz 94, 106f., 117, 121, 123f., 128, 160, 166, 220, 251, 314
Riedel, H. 381
Riemenschneider, Willi 329, 338
Rienäcker, Fritz 142
Rockel, Hans 283, 285
Rockschies, Friedrich 61f., 74, 219, 223, 226, 233, 238, 262, 301, 314
Röhm, Ernst 56
Rosenberg, Alfred 53
Ruck, Heinrich 28f.
Runkel, Adolf 365
Ruppel, Fritz 358f.
Ruthe, Erich 381, 383

Saal, Johannes 409
Saffran 226
Sauer, Erich 125, 134, 142, 144, 207, 221, 223, 238f., 299, 303, 320, 330f., 344f., 347, 350f., 367, 401
Schatz, Christian 74-80, 134, 156f., 160, 163-165, 167-169, 200-202, 205, 209, 223, 226f, 233, 335
Scheffler, Leopold 381
Schemm, 272
Scheurlen, 100
Schlauer, 142
Schleinitz, Werner Frhr. von 79, 134, 156, 160, 164, 167, 226, 233, 303, 381
Schmidt, Paul 162, 214, 218f., 223-246, 262, 267f., 271f., 281, 283f., 288-290, 302-304, 314, 325, 327-329, 337f., 361, 381
Schmidt, Walter 333, 342, 358f., 363, 366f.
Schneider, Wilhelm 134
Schneider, Johannes 288f.
Schnepel, Erich 141

Schnepper, Werner 207
Schröder, Eberhard 226
Schröder, Otto 66, 94, 171
Schrupp, Ernst 304, 315, 347f., 350f., 357f., 389, 401
Schrupp, Heinrich 325
Schulte, Anton 354
Schumacher, August 107-109, 171, 175-178
Schwammkrug, Walter 381, 387
Schwefel, Paul 102, 171, 314
Seifert, Paul 381
Siebert, Martin 289, 303, 330, 332
Simoleit, F. W. 233
Soltau, Otto 303
Spade, August 107, 134, 206
Speidel, A. 223, 233
Statz, Fritz 353
Stoecker, Adolf 44
Strathmann, Hermann 45
Stuckmann, Otto 381
Stücher, Wilhelm 174, 178, 186, 310, 314
Surmann, Fritz 285, 303, 315, 321, 330, 332, 340, 344

Tapernoux, Ph. 186f.
Tapken, Bernhard 134, 206
Tapper, Johannes 121, 134, 206
Thaut, Rudolf 398
Theis, M. 186
Thomas, Arthur 310
Thomas, Herrmann 112
Tiesema, J. 186
Tillmanns, Helmut 358, 366
Timmerbeil, Paul 170f., 177, 186
Tönges, Karl 152

Unger, Kurt 302, 369

Vetter, Karl 353
Vetter, Otto 381f.
Viebahn, Georg von 23, 26, 51
Vogel, Bruno 170
Vogelbusch, M. 98
Vobelbusch, Walter 121, 136, 139, 160, 205, 223, 226, 233, 290, 302, 314, 328
Vollrath, P. 381
Voorhoeve, Johannes N. 107-109, 186, 189

Wächter, Eduard 152, 199
Walter, Immanuel 297
Walther, Johannes 350, 358
Warns, Johannes 76-79, 347

Wedekind, August Frhr. von 74f., 167f.
Weist, Herbert 398
Weiß, Rudi 315, 319, 321, 332, 361
Wever, Eugen 258f.
Wever, Rudolf 310
Widmaier, S. 186
Wilhelm I. 20, 64
Wilhelm II. 20f., 24f., 32, 52, 67
Windgasse, Willi 174, 193
Wingenroth, Erich 302f., 321, 337-339, 360f., 367
Winterhoff, Albert 171
Wjst, Walter 353, 364
Wöhrle, W. 199
Wüster, Adolf 365

Zahn-Harnack, Agnes von 61
Zaiss, Hermann 401
Zeiger, Joachim 370
Ziliox, Wilhelm 338
Zimmermann, Bernhard 226, 233
Zschieschang, Paul 389

Buchempfehlung

Gerhard Jordy/
Joachim Pletsch (Hrsg.)
Weil ER Gemeinde baut
60 Jahre „Freier Brüderkreis"
1949-2009
Taschenbuch, 144 Seiten

Auf der Wermelskirchener Konferenz am 23. Oktober 1949 kam es zur Entstehung des Freien Brüderkreises. Es war das Ergebnis eines Prozesses, der das Auseinanderbrechen der deutschen Brüderbewegung nach dem Zweiten Weltkrieg besiegelte.

Was zunächst als bedauerlich einzuschätzen war, beinhaltete auch die Chance zu einem Neubeginn. Was kennzeichnet den Freien Brüderkreis heute? Welches Profil zeigt er gegenüber anderen Gemeindebewegungen? Wie kann er sich den Herausforderungen der Zukunft stellen?

Best.-Nr. 273.685
EUR (D) 6,90 EUR (A) 7,10 SFR 10,50
ISBN 978-3-89436-685-8

Christliche Verlagsgesellschaft mbH
Kompetent. Profiliert. Engagiert

Buchempfehlung

Mirko Merten (Hrsg.)
Ahmt ihren Glauben nach
Persönlichkeiten aus dem Freien Brüderkreis
Gebunden, 128 Seiten

Innerhalb der Brüderbewegung gibt es seit 1949 den sogenannten „Freien Brüderkreis". Dieses Buch enthält Texte von Männern aus diesem Kreis, die ihn in den vergangenen Jahrzehnten geprägt haben. Dabei geht es um Gemeindefragen, um praktische Hilfen für das persönliche Glaubensleben und verschiedene andere zentrale geistliche Themen.

Predigten und Vorträge der vorgestellten Brüder sind auf einer beigefügten MP3-CD zu hören.

Best.-Nr. 273.686
EUR (D) 9,90 EUR (A) 10,20 SFR 14,90
ISBN 978-3-89436-686-5

Christliche Verlagsgesellschaft mbH
Kompetent. Profiliert. Engagiert.